U0006603

李宗侗（一八九五—一九七四）

字文伯，河北省高陽縣人。自幼聰明過人。十七歲時到法國留學，畢業於法國巴黎大學。一九二四年返國，受聘於國立北京大學，兼法文系主任，曾出任故宮博物院秘書長等職。一九四八年，受聘為國立臺灣大學歷史系教授。後歷兼國史館史料審查委員、編譯館編審委員、臺灣省文獻委員會顧問、中華文化復興運動推行委員會委員等職。對中國古代史頗有研究，在學術上時有獨特見解。

夏德儀（一九〇一—一九九八）

號卓如，為臺灣大學歷史系文史淵博精深知名教授。一九〇一年出生於江蘇，北大歷史系畢業，一九四六年來臺任教，先後開授中國通史、中國近代史、中國外交史等課程。教學之餘並擔任中學歷史教科書編委，以及參與臺灣文獻叢刊的史料編纂工作。一九九四年完成《百吉老人自訂年譜》一書。退休後定居美國，一九九八年去世於美國。

國立編譯館中華叢書編審委員會 主編

資治通鑑今註

第十一冊

唐紀

李宗侗 夏德儀等 校註

臺灣商務印書館

目次【第十一冊】

卷一百九十六　唐紀十二

司馬光編集
曲守約註

起重光赤奮若，盡昭陽單閼三月，凡二年有奇。（辛丑至癸卯，西元六四一年至六四三年）

太宗文武大聖大廣孝皇帝中之中

貞觀十五年（西元六四一年）

(一)春，正月，甲戌，以吐蕃祿東贊為右衛大將軍。上嘉祿東贊善應對㊀，以琅邪公主外孫㊁段氏妻之，辭曰：「臣國中自有婦，父母所聘，不可棄也。且贊普㊂未得謁㊃公主，陪臣何敢先娶！」上益賢之。然欲撫以厚恩，竟不從其志。丁丑，命禮部尚書江夏王道宗，持節送文成公主㊄於吐蕃，贊普大喜，見道宗盡子壻㊅禮，慕中國衣服儀衛㊆之美，為公主別築城郭宮室而處㊇之，自服紈綺㊈，以見公主。其國人皆以赭塗面，公主惡之，贊普下令禁之，亦漸革其猜暴㊉之性，遣子弟入國學⑪受詩書。

(二)乙亥，突厥候利苾可汗始帥部落濟河，建牙⑫於故定襄城⑬，有戶三萬，勝兵㉔四萬，馬九萬匹，仍㉕奏言：「臣非分蒙恩㉖，為部落之長，願子子孫孫為國家一犬守吠北門㉗，若薛延陀侵逼，請從家屬入長城。」詔許之㉘。

㈢上將幸洛陽，命皇太子監國，留右僕射高士廉輔之。辛巳，行及溫湯㉙，衛士崔卿、刁文懿憚於行役，冀㉚上驚而止，乃夜射行宮，矢及寢庭㉛者五，皆以大逆論㉜。

㈣三月，戊辰，幸襄城宮，地既煩熱㉝，復多毒蛇，庚午，罷襄城宮，分賜百姓㉞，免閻立德官。

㈤夏，四月，辛卯朔，詔以來年二月有事於泰山㉟。

㈥上以近世陰陽雜書㊱，訛偽尤多，命太常博士㊲呂才與諸術士㊳刊定可行者，凡四十七卷，己酉，書成，上之，才皆為之敘，質㊴以經史，其序宅經㊵，以為：「近世巫覡㊶，妄分五姓㊷，如張王為商，武庾為羽，似取諧韻㊸，至於以柳為宮，以趙為角，又復不類㊹，或同出一姓，分屬宮商，或複姓數字，莫辨徵羽㊺，此則事不稽古，義㊻理乖僻㊼者也。」敘祿命，以為：「祿命之書，多言或中〔三八〕，人乃信之，然長平阬卒，未聞共犯三刑〔三九〕，南陽貴士，何必俱當六合〔四〇〕！今亦同年同祿〔四一〕，而貴賤懸殊〔四二〕，共命〔四三〕共胎，而壽夭更異〔四四〕。按魯莊公法應貧賤〔四五〕，又尪〔四六〕弱短陋，惟得長壽〔四七〕。秦始皇法無官爵，縱得祿，少奴婢，為人無始有終〔四八〕。漢武帝、後魏孝文帝，皆法無官爵，宋武帝祿與命，並當空亡〔四九〕，唯宜長子，雖有次子，法當早夭。此皆祿命不驗〔五〇〕之著明者也。」其敍葬，以為：「孝經云：『卜〔五一〕其宅兆〔五二〕，而安厝〔五三〕之。』蓋以窀穸〔五四〕既終，永安體魄〔五五〕，而朝市〔五六〕遷變，泉石交侵〔五七〕，不可前知，故謀之龜筮〔五八〕。近歲或選年月，或相〔五九〕墓田，以為一事失所，禍及死生，按禮，天子諸侯大夫葬，皆有月數〔六〇〕，是古人不擇年月也。春秋九月丁巳葬定公，雨不克葬〔六一〕，戊午，日下昃〔六二〕乃克葬，是不擇日也。鄭葬簡公，司墓之室當路〔六三〕，毀之，則朝而窆〔六四〕，不毀，則日中而窆，子產不毀，是不擇時也。古之葬者皆於國都之北，兆域〔六五〕有常處，是不擇地也。今葬書以為子孫富貴貧賤壽夭，皆因卜葬所致。夫子文為令尹而三已〔六六〕，柳下惠為士師而三黜〔六七〕，計〔六八〕其丘隴〔六九〕，未嘗改移，而野俗（七〇）無識，妖巫妄言，遂於擗踊（七一）之際（七二），擇葬地以希官爵，荼毒（七三）之秋，選葬時以規（七四）財利。或云辰日不可哭泣，遂莞爾（七五）而對弔客。或云同屬（七六）忌於臨壙（七七），遂吉服不送其親（七八），傷教敗禮（七九），莫斯為甚（八〇）。」術士皆惡其言（八一），而識者皆以為確論（八二）（八三）。

（七）丁巳，果毅都尉（八四）席君買帥精騎百二十，襲擊吐谷渾丞相宣王，破之，斬其兄弟三人。【考異】舊傳云：「鄯州刺史杜鳳舉與威信王合兵擊丞相王，破之，殺其兄弟三人。」今從實錄。初丞相宣王專國政，陰謀襲弘化公主（八五），劫其王諾曷鉢奔吐蕃，諾曷鉢聞之，輕騎（八六）奔鄯善城（八七），其臣威信王以兵迎之，故君買為之討誅宣王，國人猶驚擾，遣戶部尚書唐儉（八八）等慰撫之。

（八）五月，壬申，并州父老詣闕，請上封泰山畢，還幸晉陽，上許之。

（九）丙子，百濟來告其王扶餘璋之喪，遣使冊命其嗣子義慈（八九）。

（十）己酉，有星，孛於太微（九〇），太史令（九一）薛頤上言，未可東封；辛亥，起居郎（九二）褚遂良亦言之。丙辰，詔罷封禪。

（十一）太子詹事（九三）于志寧遭母喪，尋（九四）起復（九五）就職。太子治宮室，妨農功(九六)，又好鄭衞之樂，志寧諫不聽，又寵昵(九七)宦官，常在左右。志寧上書，以為：「自易牙以來，宦官覆亡國家者非一，今殿下親寵此屬，使陵易(九八)衣冠，不可長也(九九)。」太子役使司馭(一〇〇)等，半歲不許分番(一〇一)，又私引突厥達哥友(一〇二)入宮，志寧上書切諫，太子大怒，遣刺客張思政(一〇三)紇干承基殺之。二人入其第，見志寧寢處苫塊(一〇四)，竟不忍殺而止(一〇五)。

(十二)西突厥沙鉢羅葉護可汗數遣使入貢。秋七月，甲戌，命左領軍將軍張大師持節即其所號，立為可汗，賜以鼓纛(一〇六)。上又命使者多齎金帛，歷諸國市(一〇七)良馬。魏徵諫曰：「可汗位未定(一〇八)，而先市馬，彼必以為陛下志在市馬，以立可汗為名耳(一〇九)。使可汗得立，荷德(一一〇)必淺，若不得立，為怨實深。諸國聞之，亦輕中國。市或不得，得亦非美，苟能使彼安寧，則諸國之馬，不求自至矣。」上欣然止之。乙毗咄陸可汗與沙鉢羅葉護互相攻，乙毗咄陸浸(一一一)彊大，西域諸國多附之，未幾，乙毗咄陸使石國吐屯(一一二)擊沙鉢羅葉護，擒之以歸，殺之(一一三)。

㈢丙子，上指殿屋謂侍臣曰：「治天下如建此屋，營構㈣既成，勿數改移，苟易一榱㈤，正一瓦，踐履動搖，必有所損。若慕奇功，變法度，不恒其德，勞擾實多。」

㈣上遣職方郎中㈥陳大德使高麗，八月己亥，自高麗還。大德初入其境，欲知山川風俗，所至城邑，以綾綺遺其守者，曰：「吾雅㈦好山水，此有勝處㈧，吾欲觀之。」守者喜，導之遊歷，無所不至，往往見中國人，自云：「家在某郡，隋末從軍，沒於高麗，高麗妻以遊女，與高麗錯居㈨，殆將半矣㈩。」因問親戚存沒，大德紿㈢之曰：「皆無恙。」咸涕泣相告，數日後，隋人望之而哭者，徧於郊野。大德言於上曰：「其國聞高昌亡，大懼，館候㈢之勤，加於常數㈢。」上曰：「高麗本四郡地耳㈣，吾發卒數萬攻遼東，彼必傾國㈤救之，別遣舟師出東萊，自海道趨平壤，水陸合勢，取之不難。但山東州縣，彫瘵㈥未復，吾不欲勞之耳。」

㈤乙巳，上謂侍臣曰：「朕有二喜一懼，比年㈦豐稔㈧，長安斗粟直三四錢，一喜也；北虜久服，邊鄙無虞㈨，二喜也。治安則驕侈易生，驕侈則危亡立至，此一懼也。」

(十六)冬十月，辛卯，上校獵伊闕，壬辰，幸嵩陽㉚，辛丑，還宮。

(十七)并州大都督長史李世勣在州十六年，令行禁止㉛，民夷懷服㉜。上曰：「隋煬帝勞百姓，築長城，以備突厥，卒無所益㉝。朕唯置李世勣於晉陽，而邊塵不驚㉞，其為長城，豈不壯哉㉟！」十一月，庚申，以世勣為兵部尚書㊱。

(十八)壬申，車駕西歸長安。

(十九)薛延陀真珠可汗聞上將東封，謂其下曰：「天子封泰山，士馬㊲皆從，邊境必虛，我以此時，取思摩如拉朽耳㊳。」乃命其子大度設後同羅、僕骨、紇迴、靺鞨、霫等兵，合二十萬，度漠南，屯白道川，據善陽嶺㊴，以擊突厥。俟利苾可汗不能禦，帥部落入長城，保朔州，遣使告急。癸酉，上命營州都督張儉帥所部騎兵及奚、霫、契丹，壓㊵其東境；以兵部尚書李世勣為朔州道行軍總管，將兵六萬、騎千二百，屯羽方；右衛大將軍李大亮為靈州道行軍總管，將兵四萬、騎五千，屯靈武㊶；右屯衛大將軍張士貴將兵一萬七千，為慶州道行軍總管，出雲中；涼州都督李襲譽為涼州道行軍總管，出其西。諸將辭行，上戒之曰：「薛延陀負㊷其彊盛，踰漠而南，行數千里，馬已疲瘦，凡用兵之道，見利速進，不利速退，薛延陀不能掩㊸思摩不備，急擊之，思摩入長城，又不速退。吾已勅思摩燒薙㊹秋草，彼糧糗㊺日盡，野無所獲，頃偵者來云：『其馬齧㊻林木枝皮略盡。』卿等當與思摩共為掎角㊼，不須速戰，俟其將退，一時奮擊，破之必矣㊽。」

(廿)十二月，戊子，車駕至京師。

(廿一)己亥，薛延陀遣使入見，請與突厥和親。甲辰，李世勣敗薛延陀於諸真水㊾。初薛延陀擊西突厥沙鉢羅及阿史那社爾，皆以步戰取勝，及將入寇，乃大教步戰，使五人為伍，一人執馬，四人前戰，戰勝，則授以馬，追奔，於是大度設將三萬騎逼長城，欲擊突厥，而思摩已走，知不可得，遣人登城罵之。會李世勣引唐兵至，塵埃漲天，大度設懼，將其眾自赤柯濼㊿北走，世勣選麾下及突厥精騎六千，自直道邀(五一)之，踰白道川，追及於青山，大度設走累日，至諸真水，勒(五二)兵還戰，陳亘(五三)十里，突厥先與之戰，不勝，還走，大度設乘勝追之，遇唐兵，薛延陀萬矢俱發，唐馬多死；世勣命士卒皆下馬，執長矟(五四)，直前衝之，薛延陀眾潰；副總管薛萬徹以數千騎收其執馬者，薛延陀失馬，不知所為，唐兵縱擊，斬首三千餘級，捕虜五萬餘人。大度設脫身走，萬徹追之，不及其眾，至漠北，值大雪，人畜凍死者什八九(五五)。李世勣還軍定襄，突厥思結居五臺者(五六)，叛走，州兵追之，會世勣軍還，夾擊，悉誅之。丙子，薛延陀使者辭還，上謂之曰：「吾約汝與突厥以大漠為界，有相侵者，我則討之。汝自恃其強，踰漠攻突厥，李世勣所將纔數千騎耳，汝已狼狽如此。歸語可汗，凡舉措(五七)利害，可善擇其宜。」

(廿)上問魏徵：「比來朝臣，何殊(五八)不論事？」對曰：「陛下虛心采納，必有言者。凡臣狗(五九)國者寡，愛身(六〇)者多，彼畏罪故不言耳。」上曰：「然。人臣關(六一)說忤旨(六二)，動及刑誅(六三)，與夫蹈湯火冒白刃者，亦何異哉！是以禹拜昌言(六四)，良(六五)為此也。」房玄齡、高士廉遇少府少監(六六)竇德素於路，問北門(六七)近何營繕(六八)，德素奏之，上怒，讓玄齡等曰：「君但知南牙(六九)政事，北門小營繕，何預(七〇)君事？」玄齡等拜謝(七一)。魏徵進曰：「臣不知陛下何以責玄齡等，而玄齡等亦何所謝。玄齡等為陛下股肱(七二)耳目，於中外事，豈有不應知者！使(七三)所營為是，當助陛下成之；為非，當請陛下罷之。問於有司，理則宜然。不知何罪而責，亦何罪而謝也。」上甚愧之。

(廿三)上嘗臨朝，謂侍臣曰：「朕為人主，常兼將相之事。」給事中張行成退而上書，以為：「禹不矜伐，而天下莫與之爭(七四)，陛下撥亂反正(七五)，羣臣誠不足望清光(七六)，然不必臨朝言之，以萬乘之尊，乃與羣臣校(七七)功爭能，臣竊為陛下不取(七八)。」上甚善之。

【今註】(一)善應對：善於對答。(二)外孫：外甥及外甥女之子及女，統名曰外孫。(三)贊普：吐蕃人號其王曰贊普。(四)謁：謁見，此為娶意。(五)文成公主：按《新唐書．吐蕃傳》上，文成公主乃係宗室之女。(六)子壻：壻份與子同，故謂之子壻。(七)儀衛：猶儀仗。(八)處：居。(九)紈綺：紈，細絹；綺，細綾。綺音ㄑㄧˇ。(一〇)猜暴：猜忌暴戾。(一一)國學：唐國子監設國子學、太學、四門學，統名曰國學。(一二)建牙：建牙帳。(一三)故定襄城：杜佑曰：「故定襄城在朔州馬邑郡北三百許里。」(一四)勝兵：

堪執干戈者。⑮仍：因。⑯非分蒙恩：謂所蒙之恩，出於份外。⑰守吠北門：於北面關隘之處，如犬狗然，盡守吠之責。⑱突厥侯利苾可汗始帥部落濟河……請從家屬入長城，詔許之：按此段乃錄自《新唐書・突厥傳》上，字句大致相同。⑲行及溫湯：胡三省曰：「新豐有驪山溫湯，華州有溫湯府。」⑳冀：希冀。㉑寢庭：寢室之庭院。㉒皆以大逆論：胡三省曰：「十惡，二曰謀大逆。注云：『為謀毀宗廟山陵及宮闕。』刑統議曰：『此條之人，干紀犯順，違道悖德，逆莫大焉，故曰大逆。』以大逆論者，未是犯大逆正條，以其干紀犯順，以大逆論罪。」㉓煩熱：煩燥燠熱。㉔分賜百姓：謂將前營襄城宮之地，分以賜於百姓。㉕有事於泰山：謂祭封泰山。㉖陰陽雜書：指六壬、擇日、占星、遁甲等言。㉗太常博士：《唐六典》卷十四：「太常博士四人，從七品上，掌辨五禮之儀式，奉先王之法制，適變隨時而損益焉。」㉘術士：方術之士。㉙質：正。㉚宅經：住宅之部，以經為稱，故謂之宅經。㉛巫覡：男曰巫，女曰覡，音檄。㉜妄分五姓：蓋將諸姓氏分為宮商角徵羽五類，以部居之。㉝諧韻：諧調韻腳。㉞又復不類：謂又非為諧韻者。㉟莫辨徵羽：謂不能分辨其究屬於徵，抑屬於羽。㊱稽古：稽考古籍。㊲乖僻：乖謬偏僻。㊳多言或中：所言之中，亦間或有合者。㊴長平阬卒，未聞共犯三刑：胡三省曰：「長平之戰，死者四十五萬人。三刑：寅刑巳，巳刑申，申刑寅，丑刑戌，戌刑未，未刑丑，子刑卯，卯刑子。又辰辰、午午、酉酉、亥亥，謂之自刑。」㊵南陽貴士，何必俱當六合：漢光武中興，南陽人士多貴。胡三省曰：「六合：子與丑合，寅與亥合，卯與戌合，辰與酉合，巳與申合，午與未合。」㊶同祿：同爵祿。㊷懸殊：

絕異。㊸共命：同一壽命。㊹更異：更相殊異。㊺按魯莊公法應貧賤：《舊唐書‧呂才傳》：「敍祿命云：『案春秋魯桓公六年七月，魯莊公生，今檢長曆，莊公生當乙亥之歲，建申之月，以此推之，莊公乃當祿之空亡。依祿命書，法合貧賤；又犯勾絞六害，背驛馬三刑，當此三者，並無官爵。』」按文下於秦始皇、漢武帝、及後魏孝文帝，皆詳有列述，以其無關重要，爰僅舉一則，以資示例，而將論及其餘諸人者，俱從闕焉。㊻尪：羸，音汪。㊼惟得長壽：謂但反身長且壽。㊽縱得祿，少奴婢，為人無始有終：呂才傳作：「假得祿，合奴婢尚少，為人無始有終，老而彌吉。」是上文之的釋。㊾並當空亡：胡三省曰：「甲巳、申酉、乙庚、午未、丙辛、辰巳、丁壬、寅卯、戊癸、子丑、戌亥，謂之截路空亡。甲子旬戌亥、甲戌旬申酉、甲申旬午未、甲午旬辰巳、甲辰旬寅卯、甲寅旬子丑，謂之旬中空亡。」㊿不驗：不靈驗。(51)卜：擇。(52)宅兆：宅，陰宅；兆，塋域。(53)厝：同措，置也。(54)窀穸：古字作屯夕，謂長夜或墓穴。(55)體魄：猶骸骨。(56)朝市：猶市井。(57)交侵：並侵。(58)筮：以蓍草占卦曰筮，音誓。(59)相：相視。(60)天子諸侯大夫葬，皆有月數：《左傳》隱元年：「天子七月而葬，同軌畢至，諸侯五月，同盟至，大夫三月，同位至。」(61)雨，不克葬：以雨故，不能葬。(62)昃：日過午曰昃，音仄。(63)司墓之室當路：〈呂才傳〉作：「司墓大夫室當葬路。」是其明釋。(64)窆：葬下棺也，音貶。(65)兆域：塋兆之區域。(66)三巳：三次罷巳。(67)黜：貶斥。(68)計：計考。(69)丘隴：此謂墳墓。(70)野俗：山野世俗之人。(71)擗踊：謂椎胸頓足。擗音辟。(72)際：際會。(73)荼毒：痛苦，音途。(74)規：求取。(75)莞爾：微笑貌。(76)同屬：屬謂十二屬，謂其所屬者相同，如同屬牛，同屬馬是也。(七七)壙：墓穴。(七八)不送其親：謂不送其親之葬。(七九)傷教敗禮：傷毀教化，敗壞禮義。(八〇)莫斯為甚：斯，此，謂無有如此之甚者。(八一)術士皆惡其言：以此乃攻詰術士所持之說。(八二)確論：確切之理論。(八三)上以近世陰陽雜書……而識者皆以為確論：按此段乃錄自《舊唐書・呂才傳》，除刪削外，字句大致相同。(八四)果毅都尉：《新唐書・兵志》：「太宗貞觀十年，更號統軍為折衝都尉，別將為果毅都尉。諸府總曰折衝府。」(八五)弘化公主：帝以宗室女為弘化公主，下嫁吐谷渾。(八六)輕騎：謂乘駿馬而攜物甚少。(八七)鄯善城：今新疆鄯善縣，在吐魯番縣東南。(八八)戶部尚書唐儉：按《唐六典》卷三：「戶部尚書一人，正三品，開皇三年改為民部，皇朝因之，貞觀二十三年改為戶部。」是斯時尚未改名戶部。《舊唐書・吐谷渾傳》，作民部尚書，較得其實。(八九)遣使冊命其嗣子義慈：《舊唐書・百濟傳》作：「遣使冊命義慈為柱國，封帶方郡王、百濟王。」(九〇)五月己酉，有星孛於太微：按《新唐書・太宗紀》十五年文作：「六月己酉，有星孛於太微。」《舊唐書・天文志》下則云：「十五年六月十九日，星孛於太微，犯郎位，七月甲戌滅。」是己酉上當添六月二字。孛，彗星，音ㄅㄟˋ。(九一)太史令：《唐六典》卷十：「太史局令二人，從五品下。」(九二)起居郎：《舊唐書・職官志》二：「起居郎，從六品上。」(九三)太子詹事：《唐六典》卷二十六：「太子詹事府，詹事一人，正三品。」(九四)尋：不久。(九五)起復：胡三省曰：「按會要，武德年制，文官遭父母喪，聽去職。起復者，起之於苫塊之中，而復其官職也。亦謂之奪情。」(九六)妨農功：妨害農事。(九七)寵昵：寵幸親昵。(九八)陵易衣冠：欺陵忽易士大夫之流。(九九)不可長也：謂此種風氣，不可任之增長。(100)司馭：《唐六典》卷二十七：「太子廄牧署，有翼馭十五人，駕士三十人。」(101)分番：謂分成番次，而上二宮。(102)引突厥達哥支：《舊唐書．于志寧傳》作達哥文，《新唐書》作達哥支，俱以形近而相歧異。(103)張思政：新、舊《唐書．于志寧傳》，俱作張師政。(104)苫塊：孔穎達曰：「寢苫枕塊，謂孝子居於廬中，寢臥於苫，頭枕於塊處。」(105)太子詹事于志寧遭母喪……竟不忍殺而止：按此段乃錄自《舊唐書．于志寧傳》，字句大致相同。(106)纛：羽葆幢，音毒。(107)市：買。(108)位未定：名位尚未確定。(109)為名耳：為名義耳。(110)荷德：猶感德。(111)浸：漸。(112)石國吐屯：吐屯，突厥官名，使分主諸國，此乃主石國者。(113)乙毗咄陸可汗與沙鉢羅葉護……擒之以歸，殺之：按此殺乃錄自《舊唐書．突厥傳》，字句大致相同。(114)營構：經營構築。(115)榱：屋橑，秦名為屋椽，周謂之榱，音ㄘㄨㄟ。(116)職方郎中：《唐六典》卷五：「職方郎中一人，從五品上，掌天下之地圖，及城隍鎮戍烽候之數，辨其邦國都鄙之遠邇，及四夷之歸化者。」(117)雅：甚。(118)勝處：佳勝之處。(119)錯居：錯雜而居。(120)殆將半矣：謂家數幾將有一半。(121)紿：誑。(122)館候：客館侍候之殷勤。(123)常數：平常禮數。(124)高麗本四郡地耳：漢武帝置臨屯、真番、樂浪、玄菟四郡，高麗據有其地。(125)傾國：傾盡全國之兵力。(126)彫瘵：彫敝瘵病，音債。(127)比年：連年。(128)稔：穀熟。(129)無虞：無憂。(130)校獵伊闕，幸嵩陽：《舊唐書．地理志》一：「河南道、河南府，武德四年討平王世充，置洛州，領嵩陽、伊闕等九縣。」(131)令行禁止：所令者行，所禁者止。(132)懷服：懷恩歸服。(133)卒無所益：卒無有效益。(134)邊塵不驚：謂無風塵之警。(135)其為長城，豈不壯哉：謂堪稱為甚雄壯之長城。㊱并州大都督府長史李世勣……以世勣為兵部尚書：按此段乃錄自《舊唐書．李勣傳》，字句大致相同。㊲士馬：兵士馬騎。㊳如拉朽：謂如摧枯拉朽，拉朽言朽木以繩拉之，無不立倒者。㊴善陽嶺：胡三省曰：「善陽嶺，在朔州善陽縣北。」㊵歷：臨歷。㊶靈武：《舊唐書．地理志》一：「關內道、靈州，領靈武等五縣。」㊷負：恃。㊸掩：掩襲。㊹薙：除草，音替。㊺糗：乾飯。音ㄑㄧㄡˇ。㊻齧：啃咬。㊼掎角：偏引其角。音ㄐㄧˇ。㊽薛延陀真珠可汗聞上將東封……一時奮擊，破之必矣：按此段《新唐書．回鶻下薛延陀傳》亦載之，而較簡略。㊾諾真水：胡三省曰：「出雲中古城西北行四百許里，至諾真水。」㊿濼：自淮以北，率以積水處為濼。音ㄌㄨㄛˋ。(51)邀：攔截。(52)勒：部勒，猶率領。(53)亘：綿亙。(54)矟：矛長丈八尺，音朔。(55)薛延陀遣使入見，請與突厥和親……值大雪，人畜凍死者什八九：按此段《新唐書．回鶻下薛延陀傳》亦載之，文字大致相同。(56)五臺：今山西省五臺縣。(57)舉措：舉止。(58)殊：甚。(59)狥：通殉。(60)愛身：愛惜身家。(61)闕：白。(62)忤旨：違忤旨意。(63)動及刑誅：謂一動而忤旨意，即及刑誅。(64)禹拜昌言：見《書．大禹謨》。昌言，美言。(65)良：誠、實。(66)少府少監：《唐六典》卷二十二：「少府少監二人，從四品下。少府監之職，掌百工伎巧之政令，總中尚、左尚、右尚、織染、掌治五署之官屬，庀其工徒，謹其繕作，少監為之二。」(67)北門：指玄武門言。(68)營繕：營造繕補。(69)南牙：唐正牙在南，故曰南牙，自唐以後，亦書作衙。(70)預：干。(71)拜謝：拜而謝罪。(72)股肱：股，大腿；肱，臂上。(73)使：假使。(74)禹不矜伐而天下莫與之爭：《書．大禹謨》：「帝曰：『來禹，汝惟不矜，天下莫與汝爭能，汝惟不伐，天下莫與汝爭功。』」矜，矜持；伐，誇伐。㉕撥亂反正：謂治亂世使之復正。㉖清光：清乃尊敬之辭，光，喻日月之光。㉗校：校量。㉘臣竊為陛下不取：謂臣私不取陛下此行

十六年（西元六四二年）

㈠春，正月，乙丑，魏王泰上括地志㊀。泰好學，司馬蘇勗說泰以古之賢王，皆招士著書，故泰奏請修之㊁，於是大開館舍，廣延時俊㊂，人物輻湊㊃，門庭如市，泰月給㊄踰於太子，諫議大夫㊅褚遂良上疏，以為：「聖人制禮，尊嫡卑庶，世子用物，不會與王者共之㊆，庶子雖愛，不得踰嫡，所以塞㊇嫌疑之漸，除禍亂之源也。若當親者㊈疏，當尊者卑，則佞巧之姦⑩，乘機而動矣。昔漢竇太后寵梁孝王⑪，卒以憂死；宣帝寵淮陽憲王⑫亦幾至於敗。今魏王新出閤⑬，宜示以禮則，訓以謙儉，乃為良器，此所謂聖人之教，不肅⑭而成者也。」上從之。上又令泰徙居武德殿，魏徵上書，以為：「陛下愛魏王，常欲使之安全，宜每抑其驕奢，不處

嫌疑之地[15]。今移居此殿，乃在東宮之西，海陵[16]昔嘗居之，時人不以為可，雖時異事異，然亦恐魏王之心不敢安息[17]也。」上曰：「幾致此誤。」遽[18]遣泰歸第[19]。

㈡辛未，徙死罪者實西州[20]，其犯流徙則充戍[21]各以罪輕重為年限。

㈢敕天下括浮遊無籍[22]者，限來年末附畢[23]。

㈣以兼中書侍郎岑文本為中書侍郎[24]，專知機密。

㈤夏，四月，壬子，上謂諫議大夫褚遂良曰：「卿猶知[25]起居注[26]，所書可得觀乎？」對曰：「史官書人君言動，備記善惡，庶幾人君不敢為非，未聞自取而觀之也。」上曰：「朕有不善，卿亦記之邪！」對曰：「臣職當載筆[27]，不敢不記。」黃門侍郎劉洎曰：「借使[28]遂良不記，天下亦皆記之。」上曰：「誠然。」

㈥六月，庚寅，詔：「息隱王[29]可追復皇太子，海陵剌王元吉追封巢王，謚並依舊。」

㈦甲辰，詔自今[30]皇太子出用[31]庫物，所司勿為限制。於是太子發取無度，左庶子[32]張玄素上書，以為：「周武帝平定山東，隋文帝混一江南，勤儉愛民，皆為令主，有子不肖，卒亡宗祀。聖上以殿下親則父子，事兼家國，所應用物不為節限，恩旨未踰六旬，用物已過七萬，驕奢之極，孰云過此！況宮臣正士，未嘗在側，羣邪淫巧，昵近深宮，在外瞻仰，已有此失，居中隱密，寧可勝計！苦藥利病，苦言利行㉝，伏惟居安思危，日慎一日㉞。」太子惡其書㉟，令戶奴㊱伺玄素早朝，密以大馬箠擊之，幾斃㊲。

㈧秋，七月，戊子，以長孫無忌為司徒㊳，房玄齡為司空。

㈨庚申，制自今有自傷殘㊴者，據法加罪，仍從賦役㊵。隋末賦役重數㊶，人往往自折支體，謂之福手福足㊷，至是，遺風㊸猶存，故禁之。

㈩特進魏徵有疾，上手詔問之，且言：「不見數日，朕過多矣，今欲自往，恐益為勞㊹，若有聞見，可封狀進來。」徵上言：「比者弟子陵師㊺，奴婢忽主㊻，下多輕上，皆有為而然㊼，漸不可長㊽。」又言：「陛下臨朝，常以至公為言，退而行之，未免私僻㊾，或畏人知，橫加㊿威怒，欲蓋彌(51)彰，竟有何益！」徵宅無堂(五二)，上命輟小殿之材(五三)以構之，五日而成，仍賜以素屏風、素褥、几杖等，以遂其所尚(五五)。徵上表謝，上手詔稱：「處卿至此，蓋為黎元與國家，豈為一人(五六)，何事過謝(五七)。」

(十一)八月，丁酉，上曰：「當今國家，何事最急(五八)？」諫議大夫褚遂良曰：「今四方無虞，唯太子諸王宜有定分(五九)，最急。」上曰：「此言是也。」時太子承乾失德，魏王泰有寵，羣臣日有疑議(六〇)，上聞而惡之，謂侍臣曰：「方今羣臣忠直，無踰魏徵，我遣傅太子，用絕天下之疑。」九月，丁巳，以魏徵為太子太師。徵疾少愈，詣朝堂表辭(六一)，上手詔諭以：「周幽晉獻(六二)，廢嫡立庶，危國亡家，漢高祖幾廢太子，賴四皓然後安(六三)，我今賴公，即其義(六四)也。知公疾病，可臥護之(六五)。」徵乃受詔。

(十二)癸亥，薛延陀真珠可汗遣其叔父沙鉢羅泥熟俟斤來請昏，獻馬三千、貂皮三萬八千、馬腦鏡一。

(十三)癸酉，以涼州都督郭孝恪行(六六)安西都護、西州刺史。高昌舊民與鎮兵及謫徒者(六七)，雜居(六八)西州，孝恪推誠(六九)撫御，咸得其歡心(七〇)。

(十四)西突厥乙毗咄陸可汗既殺沙鉢羅葉護，幷其眾，又擊吐火羅[七一]滅之，自恃彊大，遂驕倨[七二]，拘留唐使者，侵暴[七三]西域，遣兵寇伊州[七四]，郭孝恪將輕騎二千，自烏骨邀擊，敗之。乙毗咄陸又遣處月處密二部圍天山[七五]，孝恪擊走之，乘勝進拔處月俟斤所居城，追奔至遏索山，降處密之眾而歸[七六]。初高昌既平，歲發兵千餘人戍守其地，褚遂良上疏，以為：「聖王為治，先華夏而後夷狄[七七]。陛下興兵取高昌，數郡蕭然[七八]，累年不復[七九]。歲調千餘人屯戍，遠去鄉里，破產辦裝[八〇]，又謫徙罪人，皆無賴子弟，適足[八一]騷擾邊鄙，豈能有益行陳[八二]。所遣多復逃亡，徒煩[八三]追捕。加以道塗所經，沙磧千里，冬風如割，夏風如焚，行人往來，遇之多死，設使張掖酒泉，有烽燧之警，陛下豈得高昌一夫斗粟之用[八四]，終當發隴右諸州兵食[八五]以赴之耳。然則河西者，中國之心腹，高昌者，他人之手足，奈何糜弊[八六]本根，以事無用之土乎[八七]！且陛下得突厥吐谷渾，皆不有其地，為之立君長以撫之，高昌獨不得與為比[八八]乎？叛而執之，服而封之，刑莫威焉[八九]，德莫厚焉[九〇]。願更擇高昌子弟可立者，使君其國〔九一〕，子子孫孫負荷〔九二〕大恩，永為唐室藩輔〔九三〕，內安外寧，不亦善乎？」【考異】貞觀政要載遂良疏云：「數郡蕭然，五年不復。」下言：「十六年西突厥遣兵寇西州。」按實錄此年唯有西突厥寇伊州，不云寇西州，蓋以伊州隸西州屬部，故云爾。自十四年滅高昌，距此適三年耳，何得云五年不復？或者三字誤為五字耳。舊傳置此疏於十八年，蓋亦因此而誤。十八年無西突厥寇西州事。故附於此。上弗聽〔九四〕。及西突厥入寇，上悔之，曰：「魏徵褚遂良勸我復立高昌〔九五〕，吾不用其言，今方自咎耳〔九六〕。」乙毗咄陸西擊康居，道過米國〔九七〕，破之，虜獲甚多，不分與其下，其將泥熟啜〔九八〕輒奪取之，乙毗咄陸怒，斬泥熟啜以徇〔九九〕，眾皆憤怨，泥熟啜部將胡祿屋襲擊之，乙毗咄陸眾散，走保白水胡城，於是弩失畢諸部，及乙毗咄陸所部屋利啜等，遣使詣闕，請廢乙毗咄陸，更立可汗。上遣使齎璽書立莫賀咄〔一〇〇〕之子為乙毗射匱可汗，乙毗射匱既立，悉禮遣乙毗咄陸所留唐使者，帥所部擊乙毗咄陸於白水胡城，乙毗咄陸出兵擊之，乙毗射匱大敗，乙毗咄陸遣使招其故部落，故部落皆曰：「使我千人戰死，一人獨存，亦不汝從。」乙毗咄陸自知不為眾所附〔一〇一〕，乃西奔吐火羅〔一〇二〕。【考異】舊突厥傳云：「都護郭孝恪敗咄陸，十五年，屋利啜等請立可汗。」按上已云十五年，冊授沙鉢羅葉護可汗，下不應更云十五年，疑六字誤為五字耳。二十年實錄敘咄陸兵散居白水胡城事，亦云：「是歲貞觀十五年也。」按十六年實錄：「九月癸酉，以涼州都督郭孝恪為安西都督。」則咄陸寇伊州，應在其後，豈得十五年已敗散乎！突厥傳誤，蓋亦由此。今因孝恪為都護，幷言之。

(十五)冬，十月，丙申，殿中監郢縱公㉓宇文士及卒。上嘗止樹下，愛之，士及從而譽之不已，上正色曰：「魏徵常勸我遠佞人，我不知佞人為誰，意疑是汝，今果不謬。」士及叩頭謝。

(十六)上謂侍臣曰：「薛延陀屈強㉔漠北，今御㉕之止有二策，苟非發兵殄滅之，則與之婚姻，以撫之耳。二者何從？」房玄齡對曰：「中國新定，兵凶戰危，臣以為和親便㉖。」上曰：「然，朕為民父母，苟可利之，何愛一女㉗。」先是左領軍將軍契苾何力母姑臧夫人、及弟賀蘭州都督沙門㉘，皆在涼州，上遣何力歸覲㉙，且撫其部落。時薛延陀方彊，契苾部落皆欲歸之，何力大驚曰：「主上厚恩如是，奈何遽㉚為叛逆！」其徒㉛曰：「夫人都督先已詣㉜彼，若之何不往？」何力曰：「沙門孝於親，我忠於君，必不汝從。」其徒執之，詣薛延陀，置真珠牙帳前，何力箕倨㉝，拔佩刀東向大呼曰：「豈有唐烈士㉞，而受屈虜庭！天地日月，願知我心㉟。」因割左耳以誓。真珠欲殺之，其妻諫而止。上聞契苾叛，曰：「必非何力之意。」左右曰：「戎狄氣類㉖相親，何力入薛延陀，如魚趨水耳。」上曰：「不然，何力心如鐵石㉗，必不叛我。」會㉘有使者自薛延陀來，具言㉙其狀，上為之下泣，謂左右曰：「何力果如何！」即命兵部侍郎崔敦禮持節諭薛延陀，以新興公主妻之，以求何力，何力由是得還，拜右驍衞大將軍㉚。

(七)十一月，丙辰，上校獵於武功。

(八)丁巳，營州都督張儉奏高麗東部大人泉蓋蘇文㉛弒其王武，蓋蘇文兇暴，多不法，其王及大臣議誅之，蓋蘇文密知之，悉集部兵，若㉜校閱者，幷盛陳酒饌於城南，召諸大臣共臨視，勒兵㉝盡殺之，死者百餘人，因馳入宮，手弒㉞其王，斷為數段，棄溝中，立王弟子藏為王，自為莫離支，其官如中國吏部兼兵部尚書也，於是號令遠近，專制國事。蓋蘇文狀貌雄偉，意氣豪逸㉟，身佩五刀，左右莫敢仰視，每上下馬，常令貴人武將，伏地而履之㊱；出行，必整隊伍，前導者長呼㊲，則人皆奔迸㊳，不避阬谷，路絕行者，國人甚苦之㊴。

(十九)壬戌，上校獵於岐陽(三〇)，因幸慶善宮(三一)，召武功故老宴賜，極歡而罷，庚午，還京師。

(廿)壬申，上曰：「朕為兆民之主，皆欲使之富貴，若教以禮義，使之少敬長，婦敬夫，則皆貴矣；輕徭薄斂(三二)，使之各治生業，則皆富矣。若家給人足，朕雖不聽管絃，樂在其中矣。」

(廿一)亳州(三三)刺史裴行莊奏請伐高麗，上曰：「高麗王武職貢不絕，為賊臣所弒，朕哀之甚深，固不忘也。但因喪乘亂而取之，雖得之不貴。且山東彫弊，吾未忍言用兵也。」

(廿二)高祖之入關也，隋武勇郎將(三四)、馮翊、黨仁弘將兵二千餘人，歸高祖於蒲反，從平京城，尋除陝州總管，大軍東討(三五)，仁弘轉餉不絕(三六)，歷南寧戎(三七)廣州都督。仁弘有材略，所至著聲迹(三八)，上甚器之。然性貪，罷廣州，為人所訟(三九)，贓百餘萬，罪當死。上謂侍臣曰：「吾昨見大理五奏誅仁弘(四〇)，哀其白首就戮，方晡食(四一)遂命撤案，然為之求生理(四二)，終不可得，今欲曲法，就公等乞之(四三)。」十二月，壬午，朔，上復召五品已上集大極殿(四四)前，謂曰：「法者，人君所受於天，不可以私(四五)而失信。今朕私黨仁弘，而欲赦之，是亂其法，上負於天，欲席藁(四六)於南郊，日一進蔬食(四七)，以謝罪於天三日。」房玄齡等皆曰：「生殺之柄，人主所得專也，何至自貶責如此！」上不許，羣臣頓首固請於庭，自旦至日昃(四八)，上乃降手詔，自稱：「朕有三罪：知人不明，一也；以私亂法，二也；善善未賞，惡惡未誅，三也。以公等固諫，且依來請(四九)。」於是黜仁弘為庶人，徙欽州。

(七三)癸卯，上幸驪山溫湯，甲辰，獵於驪山，上登山，見圍有斷處(五〇)，顧謂左右曰：「吾見其不整而不刑，則墮(五一)軍法，刑之，則是吾登高臨下(五二)，以求人之過也。」乃託(五三)以道險，引轡(五四)入谷以避之。乙巳，還宮。

(七四)刑部以反逆緣坐(五五)律，兄弟沒官為輕，請改從死，敕八座(五六)議之。議者皆以為：「秦漢魏晉之法，反者皆夷(五七)三族，今宜如刑部請，為是。」給事中崔仁師駁曰：「古者父子兄弟，罪不相及，奈何以亡秦酷法，變隆周中典(五八)，且誅其父子，足累其心(五九)，此而不顧，何愛兄弟？」上從之[六〇]。

(廿五)上問侍臣曰：「自古或君亂而臣治，或君治而臣亂，二者孰愈？」魏徵對曰：「君治，則善惡賞罰當[六一]，臣安得而亂之？苟為不治，縱暴愎諫[六二]，雖有良臣，將安所施[六三]？」上曰：「齊文宣得楊遵彥，非君亂而臣治乎？」對曰：「彼纔能救亡耳，烏足為治哉。」

【今註】㊀括地志：乃地理之書，其意蘊為搜刮宇內地理之事而盡載之。㊁故泰奏請修之：《舊唐書・濮王泰傳》：「蘇勗勸泰奏請撰括地志，泰遂奏引著作郎蕭德言、秘書郎顧胤、記室參軍蔣亞卿、功曹參軍謝偃等，就府修撰。」㊂時俊：當時之俊彥。㊃輻湊：如湊集於車輻，言其多也。㊄月給：月給之俸料。㊅諫議大夫：《唐六典》卷八：「諫議大夫四人，正五品上。掌侍從贊相、規諫諷諭。」㊆世子用物，不會與王者共之：不會猶不合，謂世子用物不應與王者相同。㊇塞：止。㊈當親者：理應親者。㊉佞巧之姦：諂佞取巧之姦人。[十一]漢竇太后寵梁孝王：見漢景帝紀。[十二]宣帝寵淮陽憲王：見宣帝元帝紀。[十三]魏王新出閤：唐制，幼王居於閤中，及長，則出閤以專當其位。[十四]不肅：不嚴肅。[十五]不處嫌疑之地：謂不使之居於嫌疑之地。[十六]海陵：元吉追封海陵剌王。[十七]安息：安定。[十八]遽：立。[十九]魏王泰上括地志……遽遣泰歸第：按此段乃錄自《舊唐書・太宗諸子濮王泰傳》，字句大致相同。[二〇]實西州：以充實西州之戶口。[二一]充戍：充當屯戍之役。[二二]浮遊無籍：飄浮遊蕩而無籍貫者。㉓附籍畢：辦理附籍手續完畢。㉔以兼中書侍郎岑文本為中書侍郎：按《舊唐書・太宗紀》作兼中書侍郎，《新唐書》同紀則作中書舍人，新舊書本傳，亦無言其兼中書侍郎事，當以改從《新唐書》為是。㉕知：知掌。㉖起居注：《唐六典》卷八：「起居注者，紀錄人君動止之事。」㉗臣職當載筆：《禮記・曲禮》：「史載筆。」謂載筆以事記述。㉘借使：猶假使。㉙息隱王：太子建成。㉚自今：謂自今以後。㉛出用：猶支用。㉜左庶子：《唐六典》卷二十六：「太子左春坊，左庶子二人，正四品上。掌侍從贊相禮儀，駁正啟奏，監省封題。」㉝苦言利行：謂逆耳之言，有利於行事。㉞日慎一日：謂日復一日，而謹慎之。㉟惡其書：惡其所上之書。㊱戶奴：謂官奴掌守門戶者。㊲左庶子張玄素上書……密以大馬箠擊之，幾斃：按此段乃錄自《舊唐書・張玄素傳》，字句大致相同。㊳七月戊子，以長孫無忌為司徒：按新舊《唐書・太宗紀》，戊子皆作戊午，當改從之。㊴自傷殘：自傷殘其肢體者。㊵仍從賦役：謂仍課征其賦役。㊶重數：苛重頻數。㊷謂之福手福足：蓋以手足之折殘，而可豁免賦役，豈非由之而獲福乎！㊸遺風：遺留之風氣。㊹恐益為勞：謂恐以探病之故，而益加煩勞。㊺陵師：陵侮師長。㊻忽主：輕忽主人。㊼皆有為而然：謂皆有原因而始如此。㊽漸不可長：漸浸之風，不可使之滋長。㊾私僻：偏私頗僻。㊿橫加：猶妄加，謂無理而加者。(五一)彌：益。(五二)徵宅無堂：程大昌曰：「魏徵宅在丹鳳門直出南面，永興坊內。」(五三)命輟小殿之材：命輟止營建小殿之材料。(五四)素：質樸。(五五)所尚：所好尚。(五六)一人：此指魏徵言。(五七)何事過謝：謂何等事故而如此過度感謝。(五八)最急：最為急要。

(五九)定分：確定之身分。(六〇)疑議：疑惑之議論。(六一)表辭：上表辭謝。(六二)周幽晉獻：周幽王廢太子而立褒姒之子，為犬戎所殺，周室遂微；晉獻公廢公子立驪姬之子，晉國大亂。(六三)漢高祖幾廢太子，賴四皓然後安：見漢高紀及考異。(六四)義：道理。(六五)可臥護之：可臥於病牀，而調護之。(六六)行：階高擬卑曰行。(六七)鎮兵及謫徙者：鎮兵，謂鎮守之兵；謫徙，謂死罪流徙謫徙者。(六八)雜居：同居。(六九)推誠：推布誠心。(七〇)以涼州都督郭孝恪行安西都護……咸得其歡心：按此段乃錄自《舊唐書・郭孝恪傳》，字句大致相同。(七一)吐火羅：杜佑：「吐火羅，後魏時吐呼羅都葱嶺西五百里，在烏滸河南，即嬀水也。」(七二)驕倨：驕矜倨傲。(七三)侵暴：侵略暴虐。(七四)伊州：《舊唐書・地理志》三：「河西道、伊州，隋伊吾郡，隋末西域雜胡據之，貞觀四年歸化，置西伊州，六年，去西字。」(七五)天山：胡三省曰：「西州西南有南平、安昌兩城，又百二十里至天山軍。」(七六)西突厥乙毗咄陸可汗既殺沙鉢羅葉護……降處密之眾而歸：按此段乃錄自《舊唐書・突厥傳》下，字句大致相同。(七七)先華夏而後夷狄：以華夏為重，而以夷狄為次。(七八)蕭然：蕭條。(七九)不復：不能恢復承平之舊。(八〇)破產辦裝：蓋唐代兵士遠戍，皆須自辦行裝，故貧窮之家，常有因而破產者。(八一)適足：恰足。(八二)行陳：陳讀曰陣。(八三)徒煩：徒只煩勞。(八四)豈得高昌一夫斗粟之用：豈得，謂豈能得；一夫斗粟，用示數目之最少者。(八五)諸州兵食：諸州之兵士及糧食。(八六)糜弊：糜爛困弊。(八七)以事無用之土乎：以從事經營無用之土地乎。(八八)為比：猶相比擬。(八九)刑莫威焉：謂刑罰無有如此之威肅者。(九〇)德莫厚焉：謂恩德無有如此之篤厚者。(九一)使君其國：謂使為其國之君。(九二)負荷：感戴大恩。(九三)藩輔：藩屏輔佐。(九四)初高昌既平……不亦善乎，上弗聽：按此段乃錄自《舊唐書・褚遂良傳》，字句大致相同。(九五)復立高昌：謂復立高昌之君，以主其國政。(九六)今方自咎耳：今始自咎責悔恨。(九七)米國：胡三省曰：「米國一名彌末，一曰弭秣賀，治末息德城，北百里距康居國。」(九八)啜：音ㄔㄨㄛˋ。(九九)以狗：以狗於眾。(一〇〇)莫賀咄：莫賀咄見卷一百九十三之二年。咄，音ㄉㄨㄛ。(一〇一)所附：所歸附。(一〇二)乙毗咄陸西擊康居……乃西奔吐火羅：按考異云今因孝恪為都護，並言之。知此非盡為十六年之事，特以郭孝恪為安西都護之故，而連言之，然於編年之體則為殊出矣。(一〇三)郅縱公：賀琛《謚法》：「敗亂百度曰縱，怠德敗禮曰縱。」(一〇四)屈強：猶倔強，謂頑強也。(一〇五)御：控御。(一〇六)臣以為和親便：臣以為和親為較便利。(一〇七)上謂侍臣曰，薛延陀屈強漠北……何愛一女：按此段《新唐書・回鶻下薛延陀傳》亦載之，字句大致相同。(一〇八)契苾何力母姑臧夫人及弟賀蘭州都督沙門：胡三省曰：「鐵勒諸部初降，以契苾部置榆溪州，後又分置賀蘭州。何力來降見一百九十四卷。」(一〇九)覲：省視。(一一〇)遽：突。(一一一)其徒：其眾。(一一二)詣：至。(一一三)箕踞：《舊唐書・契苾何力傳》作：「箕踞。」謂箕踞而坐，以示不恭之狀。(一一四)豈有唐烈士：〈何力傳〉作：「豈有大唐烈士。」唐人發言及撰文，於唐率稱大唐，今此大字，更欲藉以宏揚唐之聲威，故絕不可省。(一一五)天地日月，願知我心：此乃指天地日月以明誓也。(一一六)氣類：謂同氣質種類者。(一一七)鐵石：以喻其堅硬而不可變易。(一一八)會：適逢。(一一九)具言：詳言。(一二〇)先是左領軍將軍契苾何力……何力由是得還，拜右驍衛大將軍：按此段乃錄自《舊唐書・契苾何力傳》，字句大致相同。(一二一)泉蓋蘇文：《新唐書・高麗傳》：「有蓋蘇文者，或號蓋金，姓泉氏，自云生水中，以惑眾。」㉒若：宛如。㉓勒兵：率兵。㉔手弑：親弑。㉕豪逸：豪邁放逸。㉖而履之：謂而履登之以上下。㉗長呼：猶高呼。㉘迸：散走，音ㄅㄥˋ。㉙營州都督張儉奏高麗……國人甚苦之：按此段乃錄自《舊唐書·高麗傳》，字句大致相同。㉚岐陽：《舊唐書·地理志》一：「關內道、鳳翔府、岐陽，貞觀七年割扶風、岐陽二縣置。」㉛慶善宮：《新唐書·地理志》一：「關內道、京兆府、武功縣，慶善宮、臨渭水，武德元年高祖以舊第置宮，後廢為慈德寺。」㉜輕徭薄斂：輕徭役，薄賦斂。㉝亳州：《舊唐書·地理志》一：「河南道、亳州，隋譙郡，武德四年平王世充，改為亳州。」音ㄅㄛˋ。㉞隋武勇郎將：《隋書·百官志》下：「其驍果置左右雄武府，雄武郎將以領之，以武勇郎將為副。從四品。」㉟大軍東討：指討王世充之役。㊱轉餉不絕：謂轉運糧餉而不乏絕。㊲戎州：胡三省曰：「梁以犍為郡置戎州，隋廢州為郡，唐復改郡為州。」㊳聲迹：聲望績迹。㊴訟：告訟。㊵吾昨見大理五奏誅仁弘：《舊唐書·刑法志》：「自今已後，（決囚）宜二日中五覆奏。」㊶方晡食：謂方日晡而食時。㊷求生理：謂求尋獲生而不被誅之理由。㊸乞之：乞其性命。㊹太極殿：《唐六典》卷七：「宮城南面三門，中曰承天，其北曰太極門，其內曰太極殿，朔望則坐而視朝焉，蓋古之中朝也。」㊺以私：以偏私。㊻席藁：以藁草為席而臥其上。㊼蔬食：粗糲之食。㊽日昃：日過午。㊾來請：所申陳之請求。㊿斷處：問斷之處。(51)墮：讀曰隳，廢也。(52)臨下：臨視低處。(53)託：託辭。(54)引轡：轡，馬轡，此乃引馬之意。(55)緣坐：連坐。(56)八座：隋唐以左右僕射、及令、六尚書為八座。(57)夷：誅夷。(58)中典：《周禮·秋官》：「刑平國，用中典。」父子兄弟，罪不相及，周法也。㊴足累其心：足以繫累其心，而使之不敢為逆。㊵刑部以反逆緣坐律……何愛兄弟，上從之：按此段乃錄自《舊唐書·崔仁師傳》，字句大致相同。㊶善惡賞罰當：謂善惡賞罰，皆得其宜。㊷愎諫：謂任性而行，不聽諫言。音ㄅㄧˋ。㊸將安所施：將安所施其能。

十七年（西元六四三年）

㈠春，正月，丙寅，上謂羣臣曰：「聞外間士人，以太子有足疾㊀，魏王穎悟㊁，多從遊幸，遽生異議，徼幸之徒，已有附會者。太子雖病足，不廢步履，且禮，嫡子死，立嫡孫㊂，太子男已五歲，朕終不以孽㊃代宗㊄，啟窺窬㊅之源也。」

㈡鄭文貞公魏徵寢疾，上遣使者問訊，賜以藥餌，相望於道㊆，又遣中郎將李安儼宿其第，動靜以聞㊇。上復與太子同至其第，指衡山公主，欲以妻其子叔玉，戊辰，徵薨，命百官九品以上皆赴喪，給羽葆㊈鼓吹，陪葬昭陵。其妻裴氏曰：「徵平生儉素，今葬以一品羽儀㊉，非亡者之志。」悉辭不受，以布車載柩而葬。上登苑西樓(二一)，望哭盡哀，上自製碑文，并為書石(二二)。上思徵不已，謂侍臣曰：「人以銅為鏡，可以正衣冠(二三)，以古為鏡，可以見興替(二四)，以人為鏡，可以知得失。魏徵沒，朕亡一鏡矣(二五)。」

㈢鄠尉(二六)游文芝告代州都督劉蘭成謀反，戊申，蘭成坐腰斬，右武候將軍丘行恭探蘭成心肝食之，上聞而讓(二七)之曰：「蘭成謀反，國有常刑，何至如此！若以為忠孝，則太子諸王先食之矣，豈至卿邪！」行恭慙而拜謝。

㈣二月，壬午，上問諫議大夫褚遂良曰：「舜造漆器(二八)，諫者十餘人，此何足諫？」對曰：「奢侈者，危亡之本(二九)，漆器不已(三〇)，將以金玉為之，忠臣愛君，必防其漸(三一)，若禍已成，無所復諫矣。」上曰：「然，朕有過，卿亦當諫其漸。朕見前世帝王拒諫者，多云：『業已為之。』或云：『業已(三二)許之。』終不為改。如此，欲無危亡，得乎(三三)？」時皇子為都督刺史者，多幼穉，遂良上疏，以為：「漢宣帝云：『與我共治天下者，其惟良二千石乎(三四)！』今皇子幼稚，未知從政(三五)，不若且留(三六)京師，教以經術，俟其長而遣之。」上以為然。

㈤壬辰，以太子詹事張亮為洛州都督，侯君集自以有功而下吏㉗，怨望有異志，亮出為洛州，君集激之曰：「何人相排㉘？」亮曰：「非公而誰？」君集曰：「我平一國來，逢嗔如屋大㉙，安能仰排㉚？」因攘袂㉛曰：「鬱鬱㉜殊不聊生㉝公能反乎？與公反㉞。」亮密㉟以聞。上曰：「卿與君集皆功臣，語時，旁無他人，若下吏，君集必不服㊱，如此，事未可知，卿且勿言。」待君集如故㊲。

㈥鄜州都督尉遲敬德表乞骸骨，乙巳，以敬德為開府儀同三司，五日一參。

㈦丁未，上曰：「人主惟有一心，而攻之者甚眾，或以勇力，或以辯口，或以諂諛，或以姦詐，或以嗜欲，輻湊㊳攻之，各求自售㊴，以取寵祿㊵，人主少懈，而受其一，則危亡隨之。此其所以難也㊶。」戊申，上命圖畫功臣趙公長孫無忌、趙郡元王孝恭㊷、萊成公杜如晦、鄭文貞公魏徵、梁公房玄齡、申公高士廉、鄂公尉遲敬德、衛公李靖、宋公蕭瑀、褒忠壯公段志玄、夔公劉弘基、蔣忠公屈突通、鄖節公殷開山、譙襄公柴紹(43)、邳襄公長孫順德、鄖公張亮、陳公侯君集、郯襄公張公謹、盧公程知節、永興文懿公虞世南、渝襄公劉政會、莒公唐儉、英公李世勣、胡壯公秦叔寶等於凌煙閣(44)。

(八)齊州都督、齊王祐性輕躁，其舅尚乘直長(45)陰弘智說之曰：「王兄弟既多，陛下千秋萬歲後(46)，宜得壯士以自衛。」祐以為然，弘智因薦妻兄燕弘信，祐悅之，厚賜金玉，使陰(47)募死士(48)。上選剛直之士，以輔諸王，為長史司馬(49)，諸王有過以聞。祐昵近羣小，好畋獵，長史權萬紀驟諫(50)，不聽，壯士昝君謩、梁猛彪得幸於祐，萬紀皆劾逐之(51)，祐潛召還，寵之逾(52)厚。上數以書切(53)責祐，萬紀恐幷獲罪，謂祐曰：「王審(54)能自新，萬紀請入朝言之。」乃條(55)祐過失，迫令表首(56)，祐懼而從之。萬紀至京師，言祐必能悛(57)改，上甚喜，勉萬紀而數祐前過(58)，以敕書戒之，祐聞之，大怒曰：「長史賣我，勸我而自以為功(59)，必殺之。」上以校尉(60)、京兆韋文振謹直，用為祐府典軍(61)，文振數諫，祐亦惡之。

萬紀性褊(六二)，專以刻急(六三)拘持(六四)祐，城門外不聽出，悉解縱鷹犬(六五)，斥君謩猛彪，不得見祐，會萬紀宅中，有塊(六六)夜落，萬紀以為君謩猛彪謀殺己，悉收繫(六七)，發驛(六八)以聞，幷劾與祐同為非(六九)者數十人。上遣刑部尚書劉德威往按(七〇)之，事頗有驗(七一)，詔祐與萬紀俱入朝。祐既積忿，遂與燕弘信兄弘亮等謀殺萬紀，萬紀奉詔先行，祐遣弘亮等二十餘騎，追射殺之。祐黨共逼韋文振，欲與同謀，文振不從，馳走數里，追及殺之。寮屬股慄(七二)，稽首(七三)伏地，莫敢仰視，祐因私署(七四)上柱國、開府等官，開庫物(七五)行賞，驅民入城，繕甲兵樓堞(七六)，置拓東王(七七)、拓西王等官，吏民棄妻子，夜縋出亡者(七八)相繼，祐不能禁。三月，丙辰，詔兵部尚書李世勣等，發懷、洛、汴、宋、潞、滑、濟、鄆(七九)、海九州兵討之。上賜祐手敕曰：「吾常戒汝勿近小人，正為此耳(八〇)。」祐召燕弘亮等五人，宿於臥內，餘黨分統士眾，巡城自守。祐每夜與弘亮等對妃宴飲，以為得志，戲笑之際，語及官軍，弘亮等曰：「王不須憂，弘亮等右手持酒巵(八一)，左手為王揮刀拂之(八二)。」祐喜，以為信然，傳檄諸縣，皆莫肯從。時李世勣兵未至，而青淄等數州兵已集(八三)其境，齊府兵曹(八四)杜行敏等陰謀執祐，祐左右及吏民非同謀者，無不響應，庚申夜，四面鼓譟(八五)，聲聞數十里，祐黨有居外者，眾皆攢刃(八六)殺之。祐問何聲，左右紿(八七)云：「英公(八八)統飛騎(八九)，已登城矣。」行敏分兵，鑿垣(九〇)而入，祐與弘亮等被甲執兵入室，閉扉拒戰，行敏等千餘人圍之，自旦至日中，不克(九一)。行敏謂祐曰：「王昔為帝子，今乃國賊，不速降，立為煨燼(九二)矣。」因命積薪，欲焚之。祐自牖間謂行敏曰：「即啟扉，獨慮燕弘亮兄弟死耳。」行敏曰：「必相全(九三)。」祐等乃出，或抉弘亮目，投睛於地，餘皆撾(九四)折其股，而殺之。執祐出牙前示吏民，還鏁(九五)之於東廂，齊州悉平。乙丑，敕李世勣等罷兵。祐至京師，賜死於內侍省(九六)，同黨誅者四十四人，餘皆不問(九七)。

(九)祐之初反也，齊州人羅石頭面數其罪，援槍前欲刺之，為燕弘亮所殺。祐引騎擊高村，村人高君狀遙責祐曰：「主上提三尺劍，取天下，億兆蒙德，仰之如天，王忽驅城中數百人，欲為逆亂，以犯君父，無異一手搖泰山，何不自量之甚也！」祐縱擊虜之，慙不能殺，敕贈石頭亳州刺史，以君狀為榆社令（九八），以杜行敏為巴州刺史，封南陽郡公，其同謀執祐者，官賞有差（九九）。上檢祐家文疏（一〇〇），得記室、郟城（一〇一）孫處約諫書，嗟賞之（一〇二），累遷中書舍人。庚午，贈權萬紀齊州都督，賜爵武都郡公（一〇三），謚曰敬，韋文振左武衛將軍，賜爵襄陽縣公（一〇四）。

(十)初太子承乾喜聲色及畋獵，所為奢靡，畏上知之，對宮臣常論忠孝，或至於涕泣，退歸宮中，則與羣小相褻狎（一〇五），宮臣有欲諫者，太子先揣知其意，輒迎拜，斂容危坐（一〇六），引咎自責，言辭辯給（一〇七），宮臣拜荅不暇。宮省秘密，外人莫知，故時論初皆稱賢。太子作八尺銅鑪，六隔大鼎（一〇八），募亡奴（一〇九），盜民間馬牛，親臨烹煑，與所幸廝役共食之。又好効突厥語及其服飾，選左右貌類突厥者，五人為一落，辮髮羊裘而牧羊，作五狼頭纛（一一〇）及幡旗，設穹廬（一一一），太子自處其中，斂羊而烹之，抽佩刀，割肉相啗（一一二）。又嘗謂左右曰：「我試作可汗死，汝曹效其喪儀。」因僵臥於地，眾悉號哭，跨馬環走，臨其身㉓，剺面㉔，良久，太子欻起㉕，曰：「一朝有天下㉖，當帥數萬騎，獵於金城㉗西，然後解髮為突厥，委身㉘思摩㉙，若當一設㉚，不居人後矣。」左庶子于志寧、右庶子孔穎達數諫太子，上嘉之，賜二人金帛，以風勵㉛太子，仍遷志寧為詹事㉜。志寧與左庶子張玄素數上書切諫，太子陰使人殺之，不果。漢王元昌㉝所為多不法，上數譴責之，由是怨望㉞，太子與之親善，朝夕同遊戲，分左右為二隊，太子與元昌，各統其一，被氈甲，操竹矟㉟，布陳大呼交戰，擊刺流血，以為娛樂，有不用命者，披樹檛之㊱，至有死者，且曰：「使我今日作天子，明日於苑中置萬人營，與漢王分將㊲，觀其戰鬬，豈不樂哉！」又曰：「我為天子，極情㊳縱欲㊴，有諫者，輒殺之，不過殺數百人，眾自定矣㊵㊶。」

㈩魏王泰多藝能，有寵於上，見太子有足疾，潛有奪嫡之志，折節下士㊷，以求聲譽。上命黃門侍郎韋挺攝㊸泰府事，後命工部尚書杜楚客代之，二人俱為泰要結㊹朝士，楚客或懷金以賂權貴，因說以魏王聰明，宜為上嗣[35]，文武之臣，各有附託[36]，潛為朋黨。太子畏其逼，遣人詐為泰府典籤[37]上封事，其中皆言泰罪惡，敕捕之，不獲[38]。太子私幸太常樂童稱心[39]，與同臥起，道士秦英、韋靈符挾左道[40]，得幸太子，上聞之，大怒，悉收稱心等殺之，連坐死者數人，誚讓[41]太子甚至。太子意[42]泰告之，怨怒愈甚，思念稱心不已，於宮中構室，立其像，朝夕奠祭，徘徊流涕；又於苑中作冢，私贈官樹碑。上意浸[43]不懌[44]，太子亦知之，稱疾不朝謁者，動涉[45]數月，陰養刺客紇干承基等，及壯士百餘人，謀殺魏王泰[46]。吏部尚書侯君集之壻賀蘭楚石為東宮千牛[47]，太子知君集怨望，數令楚石引君集入東宮，問以自安之術，君集以太子暗劣[48]，欲乘釁圖之，因勸之反，舉手謂太子曰：「此好手[49]，當為殿下用之[50]。」又曰：「魏王為上所愛，恐殿下有庶人勇[51]之禍，若有敕召，宜密為之備。」太子大然之[52]，太子厚賂君集及左屯衛中郎將、頓丘[53]李安儼，使詗[54]上意，動靜相語。安儼先事隱太子，隱太子敗，安儼為之力戰，上以為忠，故親任之，使典宿衞。安儼深自託㊄㊄於太子，漢王元昌亦勸太子反，且曰：「比見上側有美人，善彈琵琶，事成，願以垂賜(五六)。」太子許之(五七)。(十二)洋州刺史開化公趙節，慈景之子(五八)也，母曰長廣公主(五九)，駙馬都尉杜荷，如晦之子也，尚城陽公主(六〇)，皆為太子所親暱，預其反謀，凡同謀者，皆割臂以帛拭血燒灰，和酒飲之，誓同生死，潛謀引兵入西宮(六一)(六二)。杜荷謂太子曰：「天文(六三)有變，當速發以應之。殿下但稱暴疾危篤(六四)，主上必親臨視，因茲(六五)可以得志。」太子聞齊王祐反於齊州，謂紇干承基等曰：「我宮西牆，去大內正可二十步(六六)耳，與卿為大事，豈比齊王乎(六七)。」會治祐反事，連承基，承基坐繫大理獄，當死(六八)

【今註】㈠太子有足疾：承乾病足，不良於行。㈡穎悟：聰穎明悟。㈢且禮，嫡子死，立嫡孫：《禮記》：「公儀仲子之喪，舍其孫而立其子。檀弓曰：『我未之前聞也。』問子服伯子曰：『仲子舍其孫而立其子，何也？』曰：『昔文王舍伯邑考而立武王，微子舍其孫腯而立衍也，夫仲子亦猶行古之道也。』子游問諸孔子，曰：『否，立孫。』」㈣孽：支、庶子。㈤宗：嫡子。㈥窺窬：窬，門旁小竇，謂窺伺其釁隙也。㈦相望於道：猶絡繹不絕。㈧動靜以聞：謂一舉一動，皆以奏聞。

[九]羽葆：以羽所為之葆幢。[一〇]羽儀：羽葆儀仗。[一一]上登苑西樓：禁苑之西樓。[一二]書石：書於碑石之上。[一三]正衣冠：使所著衣冠，各得其所。[一四]興替：興廢。[一五]鄭文貞公魏徵寢疾……朕亡一鏡矣：按此段乃錄自《舊唐書・魏徵傳》，字句大致相同。[一六]鄠尉：今陝西首鄠縣，音戶。尉，大縣從九品上，中下縣從九品下。（見《舊唐書・職官志》三。）[一七]讓：責。[一八]舜造漆器：胡三省曰：「說苑：『堯釋天下，舜受之，作為飲器，斬木而裁之，猶漆黑之，諸侯侈國之不服者十有三。』」[一九]本：本源。[二〇]漆器不已：謂為漆器不已。[二一]漸：漸滋。[二二]業已：業亦已意。[二三]得乎：謂豈可得乎。[二四]漢宣帝云，與我共治天下者，其惟二千石乎：見卷二十四漢宣帝地節二年。[二五]從政：謂從政之道。[二六]且留：暫且留於。[二七]而下吏：而下之於法吏。[二八]排：排斥。[二九]逢嗔如屋大：嗔，怒，謂逢嗔怒如屋宇之大。音ㄔㄣ。[三〇]仰排：《舊唐書・侯君集傳》作抑排。[三一]攘袂：拂袖，乃表示忿怒之態。[三二]鬱鬱：沈悶。[三三]殊不聊生：謂此生活，甚無聊賴。[三四]與公反：謂若能反，則與公反。若能反三字以可猜推而行省去。[三五]密：秘密。[三六]服：首服。[三七]以太子詹事張亮為洛州都督……待君集如故：按此段乃錄自《舊唐書・侯君集傳》，字句大致相同。[三八]輻湊：猶圍集。[三九]自售：謂自售其術。[四〇]寵祿：恩寵爵祿。[四一]此其所以難也：謂此為人主之所以難也。[四二]趙郡元王孝恭：書爵又書謚者，則其人已死。[四三]柴紹：胡三省：「柴紹當作許紹。」[四四]凌煙閣：《南部新書》：「凌煙閣在西內三清殿側，畫功臣皆北面。閣中有中隔，內面北寫功高侯王，隔外面次第功臣。」程大昌曰：「閣中凡設三隔，內一層畫功高宰輔，外一層寫功高侯王，又外一層次第功臣。」[四五]尚乘直長：《唐六典》

卷十二：「尚乘局直長十人，正七品下。尚乘奉御掌內外閑廐之馬，辨其麤良而率其習馭，直長為之貳。」㊻陛下千秋萬歲後：此乃死之代語。㊼陰：暗。㊽死士：敢死之士。㊾為長史司馬：《舊唐書・職官志》三：「王府官屬，長史一人，從四品上，司馬一人，從四品下。」㊿驟諫：屢諫。(51)劾逐之：糾劾而驅逐之。(52)逾：通愈。(53)切：嚴切。(54)審：猶確。(55)條：條列。(56)迫令表首：迫令表陳自首。(57)悛：亦改，音ㄑㄩㄢ。(58)數祐前過：謂數列其前過而責之。(59)長史賣我，勸我而自以為功：胡三省曰：「言萬紀勸祐令自首，而自以為匡輔之功，是為所賣也。」(60)校尉：《新唐書・兵志》：「士以三百人為團，團有校尉。」(61)用為祐府典軍：《舊唐書・職官志》三：「親王親事府典軍二人，正五品上，副典軍二人，從五品上，掌率校尉以下守衞陪從之事。」(62)褊：褊隘。(63)刻急：刻薄嚴急。(64)拘持：拘束挾持。(65)悉解縱鷹犬：謂將其所豢養之鷹犬，皆釋放之。(66)有塊：有物一塊。(67)收繫：收而繫於獄中。(68)發驛：發驛遞。(69)為非：猶為惡。(70)按：按問。(71)驗：證據。(72)股慄：腿股戰慄。(73)稽首：俯首。(74)署：委署。(75)庫物：府庫之物。(76)堞：城上短墻。(77)拓東王：意謂拓闢東方之王。(78)夜縋出亡者：乘夜縋城而出，以逃亡者。(79)鄆：音運。(80)正為此耳：謂正為今日之故。(81)酒巵：酒杯。(82)揮刀拂之：揮動刀劍擊之。(83)集：集合。(84)齊府兵曹：《唐六典》卷二十九：「親王府兵曹參軍事一人，正七品上，掌武官簿書、考課、儀衞、假使等事。」(85)鼓譟：擊鼓叫喊。(86)攢刃：簇聚刀劍而殺之。(87)紿：欺騙，音殆。(88)英公：李世勣之封號。(89)飛騎：《新唐書・兵志》：「貞觀十二年，始置左右屯營於玄武門，領以諸衞將軍，號飛騎。其法取戶二等以上，長六尺闊壯者，試弓馬四次，上翹關舉五，負米五斛，行三十步者。」(九〇)鑿垣：於城垣鑿可容足之小洞，以便攀踏而上。(九一)不克：猶不下。(九二)煨燼：猶灰燼。(九三)必相全：謂必相保全。(九四)撾：擊，音ㄓㄨㄚ。(九五)鏁：同鎖。(九六)內侍省：《唐六典》卷十二：「內侍省、隋內侍省置內侍二人，煬帝大業三年改內侍省為長秋監，皇朝依開皇復為內侍省。」(九七)齊州都督齊王祐性輕躁……同黨誅者四十四人，餘皆不問：按此一大段乃錄自《舊唐書・太宗諸子庶人祐傳》，字句大致相同。(九八)榆社：《舊唐書・地理志》二：「河東道、遼州、榆社，晉武鄉縣，義寧元年分置榆社縣。」(九九)有差：有等差。(一〇〇)文疏：文書牋疏。(一〇一)郟城：《舊唐書・地理志》一：「河南道、汝州、郟城，隋舊縣。」音夾。(一〇二)嗟賞之：猶歎賞之。(一〇三)武都郡公：《唐六典》卷二：「司封郎中掌邦之封爵，四曰郡公，正二品，食邑二千戶。」(一〇四)襄陽縣公：同上：「五曰縣公，從二品，食邑一千五百戶。」(一〇五)褻狎：玩褻狎昵。(一〇六)危坐：猶正坐。(一〇七)辯給：明辯捷給。(一〇八)六隔大鼎：隔通鬲，實五斛，斗二升曰斛。據文意，六隔乃能容七斗二升之大鼎也。然《新唐書・承乾傳》，則作六熟鼎，謂為六鼎，二說互不相同。(一〇九)亡奴：謂官奴之亡命在逃者。(一一〇)五狼頭纛：旗上畫五狼頭。(一一一)穹廬：氈帳。(一一二)啗：同啖，食也。(一一三)臨其身：臨死者之旁。(一一四)剺面：以刀割面，音棃。《新唐書・回紇傳》：「磨延啜死，國人欲以公主殉，主曰：『回紇萬里結昏，本慕中國，吾不可以殉。』乃止。然剺面哭，亦從其俗云。」是剺面乃戎狄之普遍喪俗，非特突厥為然也。(一一五)欻起：忽起，音ㄏㄨ。(一一六)一朝有天下：意為只要一朝據有天下。(一一七)金城：胡三省曰：「恐當作金河。」金河乃唐與突厥接壤之處，故作金河較恰。（一八）委身：猶歸附。（一九）思摩：《舊唐書・突厥傳》有傳，曾封為懷化郡王。（二〇）設：設為突厥官名，典掌兵馬。（二一）風勵：諷示勉勵。（二二）詹事：《唐六典》卷二十六：「太子詹事府，詹事一人，正三品。統東宮三寺、十率府之政令，舉其綱紀，而修其職務。」（二三）漢王元昌：太宗弟。（二四）怨望：望亦怨。（二五）稍：通槊。（二六）披樹撾之：胡三省曰：「披其手足，引之就樹而撾之。」撾，擊也。（二七）分將：猶分領之。（二八）極情：窮情。（二九）縱欲：縱恣嗜欲。（三〇）眾自定矣：謂眾自無敢諫者。（三一）初太子承乾喜聲色……不過殺數百人，眾自定矣：按此段乃錄自《新唐書・常愍王承乾傳》，字句大致相同。（三二）折節下士：猶屈躬禮士。（三三）攝：攝代。（三四）要結：要約交結。（三五）上嗣：君上之嫡嗣。（三六）各有託附：謂有附太子，亦有從魏王者。（三七）泰府典籤：《唐六典》卷二十六：「親王府典籤二人，從八品下。掌宣傳教令事。」（三八）魏王泰多藝能……敕捕之不獲：按此段乃錄自《舊唐書・濮王泰傳》，字句大致相同。（三九）太常樂童稱心：樂童，童子能執樂隸籍太常者，稱心其名也。《舊唐書・承乾傳》：「有太常樂人，年十餘歲，美姿容，善歌舞，承乾特加寵幸，號曰稱心。」（四〇）左道：邪道。（四一）誚讓：責讓，音ㄑ一ㄠˋ。（四二）意：臆度。（四三）浸：漸。（四四）懌：喜悅，音一ˋ。（四五）涉：猶歷。（四六）太子私幸太常樂童稱心……謀殺魏王泰：按此段乃錄自《舊唐書・恒山王承乾傳》，字句大致相同。（四七）東宮千牛：《唐六典》卷二十八：「太子左右內率府有千牛十六人，其下有千牛備身八人，掌執千牛刀，侍奉左右。」（四八）暗劣：昏暗庸劣。（四九）此好手：意謂此有能幹之人。（五〇）吏部尚書侯君集之壻……當為殿下用之：按此段乃錄自《舊唐書・侯君集傳》，字句大致相同。（五一）庶人勇：隋文帝子。(五二)大然之：甚以為是。(五三)頓丘：故治在今河北省清豐縣西南。(五四)詗：偵，音ㄒㄩㄥˋ。(五五)託：結託。(五六)垂賜：猶賜下，垂為謙遜語辭。(五七)漢王元昌亦勸太子反……願以垂賜，太子許之：按此數句乃錄自《舊唐書・漢王元昌傳》，字句幾全相同。(五八)趙節，慈景之子：趙慈景，高祖使之攻河東，為堯君素所殺。(五九)長廣公主：《新唐書・高祖十九女傳》：「長廣公主下嫁趙慈景。慈景死，公主更嫁楊師道。」(六〇)城陽公主：同書〈太宗諸女傳〉：「城陽公主，下嫁杜荷。」(六一)西宮：謂大內，以在東宮西，故稱之。(六二)凡同謀者皆割臂……潛謀引兵入西宮：按此數句乃錄自《舊唐書・漢王元昌傳》，字句大致相同。(六三)天文：猶天象。(六四)危篤：危重。(六五)茲：此。(六六)正可二十步：恰約二十步。(六七)豈比齊王乎：謂豈齊王遠而難成之可比乎。(六八)太子聞齊王祐反於齊州……承基坐繫大理獄，當死：按此段乃錄自《舊唐書・恒山王承乾傳》，字句大致相同。

卷一百九十七 唐紀十三

司馬光編集
曲守約註

起昭陽單閼四月，盡旃蒙大荒落五月，凡二年有奇。（癸卯至乙巳，西元六四三年至六四五年）

太宗文武大聖大廣孝皇帝中之下

貞觀十七年（西元六四三年）

㈠夏，四月，庚辰朔，承基上變㈠，告太子謀反，敕長孫無忌、房玄齡、蕭瑀、李世勣與大理中書門下參鞫㈡之。反形已具㈢，上謂侍臣：「將何以處承乾？」羣臣莫敢對，通事舍人㈣來濟進曰：「陛下不失為慈父，太子得盡天年㈤，則善矣。」上從之，濟、護兒之子也㈥。乙酉，詔廢太子承乾為庶人，幽於右領軍府。上欲免漢王元昌死，羣臣固爭，乃賜自盡於家，而宥其母妻子㈦。侯君集、李安儼、趙節、杜荷等皆伏誅。左庶子張玄素、右庶子趙弘智、令狐德棻等以不能諫爭，皆坐免為庶人㈧。餘當連坐者，悉赦之。詹事于志寧以數諫，獨蒙勞勉。以紇干承基為祐川府㈨折衝都尉，爵平棘縣公。

(二)侯君集被收，賀蘭楚石復詣闕告其事，上引君集，謂曰：「朕不欲令刀筆吏辱公，故自鞫公耳。」君集初不承(一〇)，引楚石具陳始末，又以所與承乾往來啟(一一)示之，君集辭窮，乃服。上謂侍臣曰：「君集有功，欲乞其生(一二)，可乎！」羣臣以為不可，上乃謂君集曰：「與公長訣(一三)矣。」因泣下，君集亦自投於地，遂斬之於市，君集臨刑，謂監刑將軍曰：「君集蹉跌(一四)至此，然事陛下於藩邸，擊取二國(一五)，乞全一子，以奉祭祀。」上乃原(一六)其妻及子，徙嶺南，籍沒其家(一七)，得二美人，自幼飲人乳而不食。初上使李靖教君集兵法，君集言於上曰：「李靖將反矣。」上問其故，對曰：「靖獨教臣以其粗，而匿(一八)其精，以是知之。」上以問靖，靖對曰：「此乃君集欲反耳。今諸夏已定，臣之所教，足以制四夷，而君集固求盡臣之術，非反而何？」江夏王道宗嘗從容言於上曰：「君集志大而智小，自負微功，恥在房玄齡李靖之下，雖為吏部尚書，未滿(一九)其志，以臣觀之，必將為亂。」上曰：「君集材器，亦何施不可〔二〇〕，朕豈惜重位，但次第〔二一〕未至耳。豈可億度〔二二〕，妄生猜貳〔二三〕邪。」及君集反誅，上乃謝道宗曰：「果如卿言。」李安儼父年九十餘，上愍之，賜奴婢以養之。

(三)太子承乾既獲罪，魏王泰日入侍奉，上面許立為太子，岑文本劉洎亦勸之，長孫無忌固請晉王治，上謂侍臣曰：「昨青雀〔二四〕投我懷，云：『臣今日始得為陛下子，乃更生〔二五〕之日也。臣有一子，臣死之日，當為陛下殺之，傳位晉王。』人唯不愛其子？朕見其如此，甚憐之。」諫議大夫褚遂良曰：「陛下言大失，願審思勿誤〔二六〕也。安有陛下萬歲後，魏王據天下，肯殺其愛子，傳位晉王者乎？陛下日者〔二七〕既立承乾為太子，復寵魏王，禮秩〔二八〕過於承乾，以成今日之禍，前事不遠，足以為鑒。陛下今立魏王，願先措置〔二九〕晉王，始得安全耳。」上流涕曰：「我不能爾〔三〇〕。」因起入宮。魏王泰恐上立晉王治，謂之曰：「汝與元昌善，元昌今敗，得無憂乎？」治由是憂形於色，上怪屢問其故，治乃以狀告，上憮然〔三一〕，始悔立泰之言矣。上面責〔三二〕承乾，承乾曰：「臣為太子，復何所求，但為泰所圖，時與朝臣謀自安之術，不逞之人㉝，遂教臣為不軌耳。今若泰為太子，所謂落其度內㉞㉟。」承乾既廢，上御兩儀殿㊱，羣臣俱出，獨留長孫無忌、房玄齡、李世勣、褚遂良，謂曰：「我三子一弟，所為如是㊲，我心誠無聊賴㊳。」因自投㊴於牀，無忌等爭前扶抱，上又抽佩刀欲自刺，遂良奪刀，以授晉王治。無忌等請上所欲㊵，上曰：「我欲立晉王。」無忌曰：「謹奉詔，有異議者，臣請斬之。」上謂治曰：「汝舅許汝矣，宜拜謝！」治因拜之。上謂無忌等曰：「公等已同我意，未知外議㊶何如？」對曰：「晉王仁孝，天下屬心㊷久矣，乞陛下試召問百官，有不同者，臣負陛下萬死㊸㊹。」上乃御太極殿㊺，召文武六品以上，謂曰：「承乾悖逆㊻，泰亦凶險，皆不可立，朕欲選諸子為嗣，誰可者？卿輩明言之。」眾皆讙呼㊼曰：「晉王仁孝，當為嗣。」上悅，是日，泰從百餘騎，至永安門㊽，勅門司㊾盡辟其騎㊿，引泰入肅章門(51)，幽於北苑(52)。

㈣丙戌，詔立晉王治為皇太子，御承天門樓(53)，赦天下，酺(54)三日。上謂侍臣曰：「我若立泰，則是太子之位可經營(五五)而得，自今太子失道，藩王窺伺者，皆兩棄之(五六)。傳諸子孫，永為後法。且泰立，承乾與治皆不全(五七)，治立，則承乾與泰皆無恙(五八)矣(五九)。」

臣光曰：「唐太宗不以天下大器，私其所愛，以杜(六〇)禍亂之原，可謂能遠謀矣(六一)。」

㊄丁亥，以中書令楊師道為吏部尚書。初長廣公主(六二)適趙慈景，生節，慈景死，更適師道，師道與長孫無忌等共鞫承乾獄，陰為趙節道地(六三)，由是獲譴(六四)。上至公主所，公主以首擊地(六五)，泣謝子罪，上亦拜泣曰：「賞不避仇讎，罰不阿(六六)親戚，此天至公之道，不敢違也。以是負姊(六七)。」

㊅己丑，詔以長孫無忌為太子太師，房玄齡為太傅，蕭瑀為太保，李世勣為詹事，瑀世勣並同中書門下三品，同中書門下三品自此始(六八)。又以左衞大將軍李大亮領右衞率(六九)，前詹事于志寧、中書侍郎馬周為左庶子，吏部侍郎蘇勗、中書舍人高季輔為右庶子，刑部侍郎張行成為少詹事(七〇)，諫議大夫褚遂良為賓客(七一)。

㈦李世勣嘗得暴疾，方云〔七二〕：「須〔七三〕灰可療。」上自翦須為之和藥〔七四〕，世勣頓首出血泣謝，上曰：「為社稷，非為卿也，何謝之有！」世勣嘗侍宴，上從容謂曰：「朕求羣臣可託幼孤者，無以踰公，公往不負李密〔七五〕，豈負朕哉！」世勣流涕辭謝，齧〔七六〕指出血，因飲沉醉，上解御服以覆之〔七七〕。

㈧癸巳，詔解魏王泰雍州牧、相州都督、左武候大將軍，降爵為東萊郡王。泰府僚屬，為泰所親狎者，皆遷嶺表，以杜楚客兄如晦有功，免死，廢為庶人；給事中崔仁師，嘗密請立魏王泰為太子，左遷鴻臚少卿〔七八〕。庚子，定太子見三師儀，迎於殿門外〔七九〕，先拜，三師荅拜，每門，讓於三師，三師坐，太子乃坐，其與三師書，前後稱名惶恐。

㈨五月，癸酉，太子上表：「以承乾泰衣服不過隨身，飲食不能適口，幽憂可愍，乞勑有司，優加供給。」上從之。黃門侍郎劉洎上言：「以太子宜勤學問，親師友，今入侍宮闈〔八〇〕動踰旬朔〔八一〕，師保以下〔八二〕，接對甚希，伏願少抑下流之愛〔八三〕，弘遠大之規〔八四〕，則海內幸甚！」上乃命洎與岑文本、褚遂良、馬周，更日㈧㈤詣東宮，與太子遊處㈧㈥談論㈧㈦。

㈩六月，己卯朔，日有食之。

㈩㈠丁亥，太常丞㈧㈧鄧素使高麗還，請於懷遠鎮增戍兵，以逼高麗。上曰：「遠人不服，則修文德㈧㈨以來之，未聞一二百戍兵㈨〇能威絕域㈨㈠者也。」

㈩㈡丁酉，右僕射高士廉遜位，許之，其開府儀同三司、勳封㈨㈡如故，仍同門下中書三品，知政事。

㈩㈢閏月，辛亥，上謂侍臣曰：「朕自立太子，遇物㈨㈢則誨之，見其飯，則曰：『汝知稼穡之艱難，則常有斯飯矣。』見其乘馬，則曰：『汝知其勞逸，不竭其力，則常得乘之矣。』見其乘舟，則曰：『水所以載舟，亦所以覆舟；民猶水也，君猶舟也㈨㈣。』見其息於木下，則曰：『木從繩則正，后從諫則聖㈨㈤。』」

㈩㈣丁巳，詔太子知左右屯營㈨㈥兵馬事，其大將軍以下，並受處分㈨㈦。

㈩㈤薛延陀真珠可汗，使其姪突利設來納幣，獻馬五萬匹，牛橐駞萬頭，羊十萬口。庚申，突利設獻饌，上御相思殿(九八)，大饗羣臣，設十部樂(九九)，突利設再拜上壽(一〇〇)，賜賚(一〇一)甚厚。契苾何力上言：「薛延陀不可與昏(一〇二)。」上曰：「吾已許之矣，豈可為天子而食言(一〇三)乎！」何力對曰：「臣非欲陛下遽(一〇四)絕之也，願且遷延(一〇五)其事。臣聞古有親迎之禮，若敕夷男使親迎，雖不至京師，亦應至靈州，彼必不敢來，則絕之有名(一〇六)矣。夷男性剛戾(一〇七)，既不成昏，其下復攜貳(一〇八)，不過一二年，必病死。二子爭立，則可以坐制之(一〇九)矣(一一〇)。」上從之，乃徵真珠可汗使親迎，仍發詔將幸靈州，與之會。真珠大喜，欲詣靈州，其臣諫曰：「脫(一一一)為所留，悔之無及。」真珠曰：「吾聞唐天子有聖德，我得身往(一一二)見之，死無所恨。且漠北必當有主，我行決矣，勿復多言。」上發使三，道受(一一三)其所獻雜畜，薛延陀先無庫廄，真珠調斂諸部(一一四)，往返萬里，道涉沙磧，無水草，耗死(一一五)將半，失期不至。議者或以為：「聘財未備，而與為昏，將使戎狄輕中國。」上乃下詔，絕其昏，停幸靈州，追還三使(一一六)。

⒃褚遂良上疏，以為：「薛延陀本一俟斤，陛下盪平沙塞㉗，萬里蕭條，餘寇奔波㉘，須有酋長，璽書鼓纛㉙，立為可汗，比者復降鴻私㉚，許其姻媾，西告吐蕃，北諭思摩，中國童幼，靡㉛不知之。御幸北門，受其獻食，羣臣四夷，宴樂終日，咸言陛下欲安百姓，不愛一女，凡在含生㉜，孰不懷德？今一朝生進退之意㉝，有改悔之心，臣為國家惜茲聲聽㉞，所顧㉟甚少，所失殊多，嫌隙既生，必搆邊患。彼國蓄見欺㊱之怒，此民懷負約㊲之慙，恐非所以服遠人，訓戎士㊳也。陛下君臨天下，十有七載，以仁恩結庶類㊴，以信義撫戎夷，莫不欣然，負之無力㊵，何惜不使有始有卒乎㊶！夫龍沙㊷以北，部落無筭㊸，中國誅之，終不能盡，當懷之以德，使為惡者，在夷不在華，失信者在彼不在此㊹，則堯舜禹湯不及陛下遠矣。」上不聽㊺。是時羣臣多言國家既許其昏，受其聘幣，不可失信戎狄，更生邊患。

⒄上曰：「卿曹皆知古而不知今，昔漢初匈奴彊，中國弱，故飾子女㊻，捐金絮㊼以餌㊽之，得事之宜㊾。今中國彊，戎狄弱，以我

徒兵[四〇]一千，可擊胡騎數萬，薛延陀所以匍匐稽顙[四一]，惟我所欲，不敢驕慢者，以新[四二]為君長，雜姓[四三]非其種族[四四]，欲假中國之勢，以威服之耳。彼同羅、僕骨、回紇等十餘部，兵各數萬，并力[四五]攻之，立可破滅，所以不敢發者，畏中國所立[四六]故也。今以女妻之，彼自恃大國之婿，雜姓誰敢不服，戎狄人面獸心，一旦微不得意，必反噬為害。今吾絕其昏，殺其禮[四七]，雜姓知我棄之，不日將瓜剖[四八]之矣。卿曹第[四九]志之[五〇]。」

臣光曰：「孔子稱去食去兵，不可去信[五一]，唐太宗審[五二]知薛延陀不可妻，則初勿許其昏可也，既許之矣，乃復恃彊，棄信而絕之，雖滅薛延陀，猶可羞也。王者發言出令，可不慎哉[五三]！」

(六)上曰：「蓋蘇文弒其君，而專國政，誠不可忍，以今日兵力，取之不難，但[五四]不欲勞百姓。吾欲且使契丹、靺鞨擾[五五]之，何如？」長孫無忌曰：「蓋蘇文自知罪大，畏大國[五六]之討，必嚴設守備。陛下姑為之隱忍[五七]，彼得以自安，必更驕惰，愈肆[五八]其惡，然後討之，未晚也。」上曰：「善。」戊辰，詔以高麗王藏為上柱國、遼東郡王、高麗王，遣使持節冊命。丙子，徙東萊王泰為順陽王。

(十九)初太子承乾失德(五九)，上密謂中書侍郎兼左庶子杜正倫曰：「吾兒足疾，乃可耳(六〇)，但疏遠賢良，狎昵羣小，卿可察之(六一)。果不可教示，當來告我。」正倫屢諫不聽，乃以上語告之，太子抗表(六二)以聞，上責正倫漏泄，對曰：「臣以此恐(六三)之，冀其遷善耳。」上怒，出正倫為穀州(六四)刺史。及承乾敗。秋，七月，辛卯，復左遷正倫為交州都督(六五)。

(廿)初魏徵嘗薦正倫及侯君集有宰相材，請以君集為僕射，且曰：「國家安不忘危，不可無大將，諸衛兵馬(六六)宜委君集專知(六七)。」上以君集好誇誕(六八)，不用，及正倫以罪黜，君集謀反誅，上始疑徵阿黨(六九)。又有言：「徵自錄前後諫辭以示起居郎褚遂良者。」上愈不悅，乃罷叔玉尚主，而踣(七〇)所撰碑(七一)。

(廿一)初上謂監修國史(七二)房玄齡曰：「前世史官所記，皆不令人主見之，何也？」對曰：「史官不虛美，不隱惡(七三)，若人主見之必怒，故不敢獻也。」上曰：「朕之為心，異於前世，帝王欲自觀國史，知前日之惡，為後來之戒。公可撰次〔七四〕以聞。」諫議大夫朱子奢上言：「陛下聖德在躬，舉無過事〔七五〕，史官所述，義歸盡善，陛下獨覽起居，於事無失，若以此法傳示子孫，竊恐曾玄之後，或非上智，飾非〔七六〕護短，史官必不免刑誅，如此則莫不希風〔七七〕順旨，全身遠害〔七八〕，悠悠〔七九〕千載，何所信乎！所以前代不觀，蓋為此也。」上不從，玄齡乃與給事中許敬宗等刪為高祖、今上實錄，癸巳，書成，上之。上見書六月四日事〔八〇〕，語多微隱〔八一〕，謂玄齡曰：「周公誅管蔡以安周〔八二〕，季友鴆叔牙以存魯〔八三〕，朕之所為，亦類是〔八四〕耳，史官何諱〔八五〕焉！」即命削去浮詞〔八六〕，直書其事。

(廿)八月，庚戌，以洛州都督張亮為刑部尚書，參預朝政。以左衛大將軍、太子右衛率李大亮為工部尚書。大亮身居三職〔八七〕，宿衛兩宮，恭儉忠謹，每宿直〔八八〕，必坐寐〔八九〕達旦，房玄齡甚重之，每稱：「大亮有王陵周勃之節〔九〇〕，可當大位。」初大亮為龐玉兵曹，為李密所獲，同輩皆死，賊帥張弼見而釋之，遂與定交〔九一〕，及大亮貴，求弼欲報其德，弼時為將作丞〔九二〕，自匿不言，大亮遇諸途而識之，持弼而泣，多推家貲(九三)以遺弼，弼拒不受，大亮言於上，乞悉以其官爵授弼，上為之擢弼為中郎將(九四)。時人皆賢大亮不負恩，而多(九五)弼之不伐(九六)也(九七)。

(廿三)九月，庚辰，新羅遣使言：「百濟攻取其國四十餘城，復與高麗連兵，謀絕新羅入朝之路，乞兵救援。」上命司農丞(九八)相里玄獎齎璽書賜高麗，曰：「新羅委質國家，朝貢不乏，爾與百濟，各宜戢(九九)兵，若更攻之，明年發兵擊爾國矣(三〇〇)。」

(廿四)癸未，徙承乾於黔州，甲午，徙順陽王泰於均州(三〇一)。上曰：「父子之情，出於自然，朕今與泰生離(三〇二)，亦何心自處(三〇三)！然朕為天下主，但使百姓安寧，私情亦可割(三〇四)耳。」又以泰所上表示近臣曰：「泰誠為俊才，朕心念之，卿曹所知(三〇五)；但以社稷之故，不得不斷之以義(三〇六)，使之居外者，亦所以兩全(三〇七)之耳(三〇八)。」

(廿五)先是諸州長官或上佐(三〇九)，歲首(三一〇)親奉貢物入京師，謂之朝集使(三一一)，亦謂之考使(三一二)，京師無邸(三一三)，率僦屋(三一四)，與商賈雜居，上始命有司為之作邸。

(七六)冬，十一月，己卯，上祀圜丘㉕。

(七七)初上與隱太子巢刺王有隙，密明公贈司空封德彝，陰持兩端，楊文幹之亂，上皇欲廢隱太子而立上㉖，德彝固諫而止，其事甚秘，上不之知，薨後乃知之，壬辰，治書侍御史唐臨始追劾其事，請黜官奪爵。上命百官議之，尚書唐儉等議：「德彝罪暴身後㉗，恩結生前㉘，所歷眾官，不可追奪，請降贈改諡。」詔黜其贈官，改諡曰謬㉙，削所食實封㉚㉛。

(七八)勑選良家女，以實東宮。癸巳，太子遣左庶子于志寧辭之，上曰：「吾不欲使子孫生於微賤㉜耳，今既致辭㉝，當從其意。」

(七九)上疑太子仁弱，密謂長孫無忌曰：「公勸我立雉奴，雉奴懦㉞，恐不能守社稷，奈何？吳王恪英果㉟類我，我欲立之，何如？」無忌固爭，以為不可。上曰：「公以恪非己之甥邪？」無忌曰：「太子仁厚，真守文㊱良主，儲副㊲至重，豈可數易㊳！願陛下熟思之。」上乃止㊴。十二月，壬子，上謂吳王恪曰：「父子雖至親，及其有罪，則天下之法，不可私也。漢已立昭帝，燕王旦不服，陰圖不軌㉜，霍光折簡㉝誅之，為人臣子，不可不戒。」

(卅)庚申，車駕幸驪山溫湯，庚午，還宮。

【今註】㊀上變：猶告變。㊁與大理中書門下參鞫：胡三省曰：「唐制，凡國之大獄，三司參決，三司謂給事中、中書舍人、與御史參鞫也。今令三省與大理參鞫，重其事。」㊂反形已具：謂反形已備。㊃通事舍人：《唐六典》卷九：「通事舍人十六人，從六品上，掌朝見引納及辭謝者，於殿廷通奏。」㊄得盡天年：此謂不遭誅戮。㊅濟，護兒之子也：來護兒，隋將，死於宇文化及之難。㊆宥其母妻子：元昌母孫嬪。宥，赦。㊇承基上變，告太子謀反……皆坐免為庶人：按此段雖錄自《舊唐書・恒山王承乾傳》，而稍有溢出。㊈祐川府：胡三省曰：「唐志，岷州有祐川府。隋志，岷州臨洮縣，後周置祐川郡。唐蓋因周郡名以為府也。」㊉不承：不承認。⑪啟：牋啟。⑫生：生命。⑬訣：訣別。⑭蹉跌：失誤，音磋。⑮擊取二國：謂吐谷渾、高昌。⑯原：原宥。⑰侯君集被收……徙嶺南，籍沒其家：按此段乃錄自《舊唐書・侯君集傳》，字句大致相同。⑱匿：藏。⑲滿：滿足。⑳何施不可：謂凡職皆可勝任。㉑次第：次序等第。㉒億度：億，未見而意之；度，度量。㉓猜貳：猜忌疑貳。㉔青雀：胡三省曰：「泰小字青雀。」㉕更生：再生。㉖審思勿誤：審悉思之而勿令錯誤。㉗日者：猶昔日。㉘禮秩：猶禮數。㉙措置：安置。㉚太子承乾既獲罪……上流涕曰我不能爾：按此段乃錄自《舊唐書・褚遂良傳》，字句大致相同。㉛憮然：悵然，音

ㄨˇ。㉜面責：親責。㉝不逞之人：按不逞乃唐代之恒言。《舊唐書・濮王泰傳》：「承乾曰：『不逞之人，遂教臣為不軌之事。』」同書〈長平王叔良附幼良傳〉：「常引不逞百餘人為左右，多侵暴市里，行旅苦之。」《新唐書・兵志》：「魚朝恩遂置北軍獄，募坊市不逞，誣捕大姓，沒產為賞。」同書〈逆臣安祿山傳〉：「將相第家，委寶貨不貲，羣不逞爭取之，累日不能盡。」皆其例也。按古代之不逞，乃為不快，而作不法者，乃自唐始，且常如此使用之，故曰不逞乃唐代之恒言也。㉞度內：猶算中。㉟上面責承乾……所謂落其度內：按此段乃錄自《舊唐書・濮王泰傳》，字句幾全相同。㊱兩儀殿：《唐六典》卷七：「太極殿次北曰朱明門，又北曰兩儀門，其內曰兩儀殿，常日聽朝而視事焉，蓋古之內朝也。」㊲我三子一弟，所為如是：三子，謂齊王祐、太子承乾、魏王泰，一弟，謂漢王元昌。㊳聊賴：聊亦賴。㊴自投：猶自觸。㊵請上所欲：全文為請問上之所欲。㊶外議：外間之議論。㊷屬心：猶歸心。㊸萬死：謂罪當萬死。㊹承乾既廢，上御兩儀殿……臣負陛下，萬死：按此段乃錄自《舊唐書・長孫無忌傳》，字句大致相同。㊺太極殿：《唐六典》卷七：「宮城南面三門，中曰承天，其北曰太極門，其內曰太極殿，朔望則坐而視朝焉，蓋古之中朝也。」㊻悖逆：亂逆，音ㄅㄟˋ。㊼讙呼：大呼。㊽永安門：《唐六典》卷七：「宮城南面三門：中曰承天，東曰長樂，西曰永安。」㊾門司：《唐六典》卷八：「城門郎四人，從六品上，掌京城、皇城、宮殿諸門開闔之節，奉其管鑰而出納之。轄有門僕八百人，分番上下，掌送管鑰。」㊿盡辟其騎：謂令其騎盡避至遠處。(五一)肅章門：《唐六典》卷七：「太極殿次北曰朱明門，左曰虔化門，右曰肅章門。」(五二)北苑：程大昌曰：「太極宮之北有內苑，以其在宮北，故亦曰北苑。苑之北門曰啟運門，又北即禁苑，禁苑廣矣。」(五三)御承天門樓：《唐六典》卷七：「宮城南面三門，中曰承天，若元正冬至，大陳設燕會，赦過宥罪，除舊布新，受萬國之朝貢，四夷之賓客，則御承天門以聽政，蓋古之外朝也。」(五四)酺：王德布，大飲酒也，音蒲。(五五)經營：猶營求。(五六)皆兩棄之：謂兩者同皆棄之。(五七)皆不全：皆不得保全。(五八)無恙：無憂。(五九)上謂侍臣曰，我若立治……則承乾與泰，皆無恙矣：按此段乃錄自《舊唐書．濮王泰傳》，字句大致相同。(六〇)杜：塞。(六一)能遠謀矣：能謀其遠大者。(六二)長廣公主：據《新唐書．公主傳》，乃高祖之女。(六三)道地：謂鋪路立地，亦即袒護之意。(六四)譴：譴責。(六五)擊地：撞地。(六六)阿：阿私。(六七)負姊：有負於姊。(六八)同中書門下三品自此始：《新唐書．百官志序》：「同中書門下三品，謂同侍中中書令也。」(六九)領右衞率：《唐六典》卷二十八：「太子左右衞率府率各一人，正四品上，掌東宮兵仗羽衞之政令，以總諸曹之事。」(七〇)少詹事：《唐六典》卷二十六：「少詹事一人，正四品上。」(七一)賓客：《唐六典》卷二十六：「太子賓客四人，正三品，掌侍從規諫，贊相禮儀而先後焉。」(七二)方云：藥方云。(七三)須：通鬚。(七四)和藥：調和藥餌。(七五)公往不負李密：見卷一百八十六武德元年。(七六)齧：以齒斷物，音ㄋㄧㄝˋ。(七七)李世勣嘗得暴疾……上解御服以覆之：按此段乃錄自《舊唐書．李勣傳》，字句大致相同。(七八)鴻臚少卿：《唐六典》卷十八：「鴻臚寺少卿二人，從四品下。」(七九)迎於殿門外：東宮之殿門也。(八〇)宮闈：闈，宮中門，此謂宮庭。(八一)旬朔：旬月。(八二)師保以下：自師保以下之人。(八三)抑下流之愛：謂抑止普通之恩愛。(八四)規：

規模。(八五)更日：輪換日期。(八六)遊處：遊幸燕處。(八七)黃門侍郎劉洎上言……與太子遊處談論：按此段乃錄自《舊唐書・劉洎傳》，字句大致相同。(八八)太常丞：《唐六典》卷十四：「太常丞二人，從五品上。掌判寺事。凡大享太廟，則修七祀於太廟西門之內，若禘享，則兼修配享功臣之禮。」(八九)文德：文教德化。(九〇)戍兵：戍守之兵。(九一)能威絕域：能威服絕遠之地。(九二)勳封：勳爵、封邑。(九三)遇物：凡遇事物。(九四)水所以載舟，亦所以覆舟，民猶水也，君猶舟也：胡三省曰：「孔子家語之語。」(九五)木從繩則正，后從諫則聖：《書・說命》之言，后，君王。(九六)左右屯營：謂左右十二衞屯營。(九七)處分：猶處置。(九八)上御相思殿：胡三省曰：「按褚遂良疏云：『御幸北門，受其獻食。』則相思殿蓋在玄武門內。」(九九)設十部樂：增樂為十部，見卷一百九十五，十四年。(一〇〇)上壽：敬酒而口稱延年益壽之語。(一〇一)賚：賜，音睞。(一〇二)昏：通婚。(一〇三)食言：吐言而又吞食之，喻無信也。(一〇四)遽：立。(一〇五)遷延：遷易遲延。(一〇六)有名：有名義。(一〇七)戾：狠戾。(一〇八)攜貳：猶離異。(一〇九)坐制之：坐而制服之。(一一〇)契苾何力上言……則可以坐制之矣：按此段乃錄自《舊唐書・契苾何力傳》，字句大致相同。(一一一)脫：猶萬一。(一一二)身往：親往。(一一三)道受：於道中受納。(一一四)調斂諸部：征調賦斂諸部之雜畜。(一一五)耗死：消耗及死亡者。(一一六)乃徵真珠可汗使親迎……停幸靈州，追還三使：按此段《新唐書・回鶻下薛延陀傳》亦載之，文字大致相同。(一一七)沙塞：沙漠之邊塞。(一一八)奔波：奔走波蕩。(一一九)璽書鼓纛：皆立可汗之事物。(一二〇)鴻私：鴻大之恩私。(一二一)靡：無。(一二二)含生：含有生機，按與生靈意同。(一二三)生進退之意：此指退言，進字乃連類而及者，不為義。(一二四)聲聽：聲譽聽聞。(一二五)所顧：所顧全者。(一二六)見欺：被欺。(一二七)負約：違負誓約。(二八)戎士：戰士。(二九)庶類：眾類。(三〇)莫不欣然，負之無力：負之無力，謂不勝也，二句之意，簡言之，即莫不不勝欣忭。(三一)何惜不使有始有卒乎：謂何惜一女，而不使有始有卒乎。(三二)龍沙：胡三省曰：「匈奴庭謂之龍城，無常處，故沙幕因謂之龍沙。」(三三)無筭：無數。(三四)在彼不在此：與上文之在夷不在華同意。(三五)褚遂良上疏以為薛延陀……不及陛下遠矣，上不聽：按此段乃錄自《舊唐書・褚遂良傳》，字句大致相同。(三六)飾子女：資飾子女，此乃指女言。(三七)捐金絮：猶賜金帛。(三八)餌：餌誘。(三九)得事之宜：謂得事之當。(四〇)徒兵：步兵。(四一)稽顙：猶頓首。(四二)新：猶纔。(四三)雜姓：異雜之族姓。(四四)非其種族：謂非其同一種族。(四五)并力：合力。(四六)畏中國所立：畏薛延陀乃係中國所立。(四七)殺其禮：降殺其禮儀。(四八)瓜剖：瓜分。(四九)第：但。(五〇)上曰，卿曹皆知古而不知今……卿曹第志之：按此段《新唐書・回鶻下薛延陀傳》亦載之，而較為簡略。(五一)孔子稱去食去兵，不可去信：見《論語・顏淵》。(五二)審：確。(五三)可不慎哉：謂豈可不謹慎乎。(五四)但：只。(五五)擾：騷擾。(五六)大國：此指唐言。(五七)隱忍：匿怨容忍。(五八)愈肆：愈發恣肆。(五九)失德：謂德行不良。(六〇)乃可耳：意謂尚無關重要。(六一)察之：猶注意之。(六二)抗表：上表。(六三)恐：恐懼。(六四)穀州：《舊唐書・地理志》一：「河南道、河南府新安，義寧二年置新安郡，武德元年改為穀州，領新安、澠池、東垣三縣。」(六五)初太子承乾失德……復左遷正倫為交州都督：按此段乃錄自《舊唐書・杜正倫傳》，字句大致相同。(六六)諸衞兵馬：即十二衞之兵馬，可看《舊唐書・職官志》三。(六七)知：典掌。(六八)誇誕：誇大誕妄。(六九)阿黨：阿私營黨。(七〇)踣：仆，音ㄅㄛˊ。(七一)初魏徵嘗薦正倫及侯君集……而踣所撰碑：

按此段乃錄自《舊唐書・魏徵傳》，而稍有溢出。(七三)監修國史：胡三省曰：「歷代史官隸秘書省著作局，皆著作郎掌修國史。北齊詔魏收撰史，又詔平原王高隆之總監之，書名而已。貞觀三年始移史館於禁中，在門下省北，宰相監修國史，自是著作郎始罷史職。」(七四)撰次：次，次第，此猶編撰。(七五)舉無過事：謂所行者皆無過錯。(七六)飾非：猶文過。(七七)希風：望風。(七八)全身遠害：謂保全身家，違遠患害。(七九)悠悠：綿遠貌。(八〇)上見書六月四日事：謂誅建成元吉之事。(八一)微隱：隱昧。(八二)周公誅管蔡以安周：周公，弟也。管叔，兄也，成王幼，周公攝政，管蔡流言，挾武庚以叛，周公誅之，以安周室。(八三)季友鴆叔牙以存魯：魯公子慶父、叔牙、季友，皆桓公子也。莊公疾，問後於叔牙，牙曰：「慶父才。」問季友，友曰：「臣以死奉般。」遂鴆叔牙而立般。（詳見《史記・魯世家》。）(八四)類是：同此。(八五)諱：謂諱而不書。(八六)浮詞：浮虛之詞。(八七)三職：胡三省曰：「三職、即謂為工部尚書，及衞兩宮也。」(八八)宿直：每當值宿衞。(八九)坐寐：謂不解衣而寐。(九〇)節：節操。(九一)定交：訂定交誼。(九二)將作丞：《舊唐書・職官志》一：「將作監丞，從六品下。」(九三)推家貲：推捨家資。(九四)中郎將：據《舊唐書・職官志》一，中郎將有正四品下及從四品上二種。(九五)多：贊美。(九六)不伐：不伐其功。(九七)以左衞大將軍李大亮為工部尚書……而多弼之不伐也：按此段乃錄自《舊唐書・李大亮傳》，字句大致相同。(九八)司農丞：《唐六典》卷十九：「司農寺丞六人，從六品上。」(九九)戢：止。(一〇〇)新羅遣使言，百濟攻取其國……明年發兵擊爾國矣：按此段乃錄自《舊唐書・新羅國傳》，字句大致相同。(一〇一)均州：《舊唐書・地理志》二：「山南道、均州，隋浙陽郡之武當縣，義寧二年，割淅陽之武當、淅陽二縣置武當郡，武德元年改為均州。」㉒生離：生而離別。㉓自處：自居。㉔割：割捨。㉕卿曹所知：謂卿曹之所知悉。㉖斷之以義：以大義決斷之。㉗兩全：謂兩全其美。㉘又以泰所上表示近臣曰……亦所以兩全之耳：按此段乃錄自《舊唐書・濮王泰傳》，字句大致相同。㉙上佐：高級僚佐。㉚歲首：謂正月元旦。㉛朝集使：自隋以來有之。㉜亦謂之考使：以其簿籍本州官員之殿最，而考銓之，故又名曰考使。㉝邸：邸舍。㉞僦屋：租賃屋舍，音ㄐㄧㄡˋ。㉟上祀圓丘：貞觀禮，冬至祀昊天上帝於圓丘。㊱楊文幹之亂，上皇欲廢隱太子而立上：見卷一百九十一武德七年。㊲罪暴身後：罪戾暴露於身死之後。㊳恩結生前：恩澤結於活存之時。㊴改謚曰謬：謚法，名與實爽曰謬，蔽仁傷賢曰謬。㊵削所食實封：《唐六典》卷二司封郎中條：「魏氏五等，皆以鄉亭多假空名，不食本邑。隋氏始立王公侯以下制度，皇朝因之，然戶邑率多虛名，其言食實封者，乃得真戶。舊制，戶皆三丁已上，一分入國，開元中定制，以三丁為限，租賦全入封家。」㊶初上與隱太子巢刺王有隙……削所食實封：按此段乃錄自《舊唐書・封倫傳》，字句大致相同。㊷生於微賤：謂生於家門微賤之妃嬪。㊸致辭：上言辭謝。㊹懦：懦弱。㊺英果：英俊果毅。㊻守文：守文法。㊼儲副：指太子。㊽數易：屢次更易。㊾吳王恪英果類我……願陛下熟思之，上乃止：按此段乃錄自《新唐書・太宗九王傳》，次序稍有顛倒。㊿不軌：猶不法。(51)折簡：猶行文書。

十八年（西元六四四年）

㈠春，正月，乙未，車駕幸鐘官城㊀，庚子，幸鄠㊁縣，壬寅，幸驪山溫湯㊂。

㈡相里玄獎至平壤，莫離支已將兵擊新羅，破其兩城，高麗王使召之，乃還。玄獎諭㊃使勿攻新羅，莫離支曰：「昔隋人入寇㊄，新羅乘釁侵我地五百里，自非歸我侵地，恐兵未能已。」玄獎曰：「既往之事，焉可追論。至於遼東諸城，本皆中國郡縣，中國尚且不言，高麗豈得必求故地。」莫離支竟不從㊅。二月，乙巳朔，玄獎還，具言其狀，上曰：「蓋蘇文弒其君，賊其大臣，殘虐其民，今又違我詔命，侵暴㊆鄰國，不可以不討。」諫議大夫褚遂良曰：「陛下指麾㊇，則中原清晏㊈，顧眄，則四夷讋⑩服，威望大矣。今乃渡海，遠征小夷，若指期克捷，猶可也，萬一蹉跌⑪，傷威損望，更興忿兵，則安危難測矣。」李世勣曰：「間者薛延陀入寇⑫，陛下欲發兵窮討，魏徵諫而止，使至今為患，曏用⑬陛下之策，北鄙㉔安矣。」上曰：「然，此誠徵之失，朕尋悔之，而不欲言，恐塞㉕良謀故也。」上欲自征高麗，褚遂良上疏，以為：「天下譬猶一身，兩京，心腹也㉖，州縣，四支也，四夷，身外之物也，高麗罪大，誠當致討㉗，但命二三猛將，將四五萬眾，仗陛下威靈㉘，取之如反掌耳。今太子新立，年尚幼穉，自餘藩屏㉙，陛下所知，一旦棄金湯之全㉚，踰遼海之險，以天下之君，輕行遠舉㉛，皆愚臣之所甚憂也㉜。」上不聽。時羣臣多諫征高麗者，上曰：「八堯九舜，不能冬種㉝，野夫童子，春種而生，得時㉞故也。夫天有其時，人有其功。蓋蘇文陵上虐下，民延頸㉟待救，此正高麗可亡之時也，議者紛紜㊱，但不見此耳。」

㈢己酉，上幸靈口㊲，乙卯，還宮。

㈣三月，辛卯，以左衞將軍薛萬徹守右衞大將軍㊳。上嘗謂侍臣曰：「於今名將，惟世勣、道宗、萬徹三人而已。世勣道宗不能大勝，亦不大敗，萬徹非大勝，則大敗㊴。」

㈤夏，四月，上御兩儀殿，皇太子侍，上謂羣臣曰：「太子性行㉚，外人㉛亦聞之乎？」司徒無忌曰：「太子雖不出宮門，天下無不欽仰㉜聖德。」上曰：「吾如治年時，頗不能循常度㉝，治自幼寬厚，諺曰：『生狼猶恐如羊。』冀其稍壯，自不同耳㉞。」無忌對曰：「陛下神武，乃撥亂㉟之才，太子仁恕，實守文之德㊱，趣尚雖異，各當其分㊲，此乃皇天所以祚㊳大唐，而福蒼生者也。」

㈥辛亥，上幸九成宮㊴，壬子，至太平宮㊵。謂侍臣曰：「人臣順旨㊶者多，犯顏㊷則少，今朕欲自聞其失，諸公其直言無隱！」長孫無忌等皆曰：「陛下無失。」劉洎曰：「頃有上書不稱旨㊸者，陛下皆面加窮詰㊹，無不慙懼而退，恐非所以廣言路。」馬周曰：「陛下比來賞罰，微以喜怒，有所高下㊺，此外不見其失。」上皆納之。上好文學而辯敏㊻，羣臣言事者，上引古今以折㊼之，多不能對。劉洎上書諫曰：「帝王之與凡庶㊽，聖哲之與庸愚，上下相懸㊾，擬倫斯絕㊿，是知以至愚而對至聖，以極卑而對至尊，徒思自強(51)，不可得也。陛下降恩旨，假慈顏(52)，凝旒(53)以聽其言，虛襟(54)以納其說，猶恐羣下未敢對颺(55)，況動(56)神機，縱天辯(57)，飾辭以折(五八)其理，引古以排(五九)其議，欲令凡庶何階(六〇)應答！且多記則損心，多語則損氣，心氣內損(六一)，形神外勞，初雖不覺，後必為累(六二)，須為社稷自愛，豈為性好(六三)自傷乎！至如秦政(六四)彊辯，失人心於自矜(六五)，魏文(六六)宏才，虧眾望於虛說，此材辯(六七)之累，較然(六八)可知矣。」上飛白答之(六九)曰：「非慮無以臨下(七〇)，非言無以述慮(七一)，比有談論，遂致(七二)煩多，輕物(七三)驕人，恐由茲道。形神心氣，非此為勞(七四)。今聞讜言，虛懷以改(七五)。」

(七)己未，至顯仁宮(七六)。

(八)上將征高麗，秋，七月，辛卯，勅將作大監閻立德等，詣洪饒江三州(七七)，造船四百艘，以載軍糧。甲午，下詔遣營州都督張儉等帥幽營二都督兵，及契丹、奚、靺鞨，先擊遼東，以觀其勢。以太常卿(七八)韋挺為饋運使，以民部侍郎崔仁師副之，自河北諸州，皆受挺節度，聽以便宜從事(七九)；又命太僕少卿(八〇)蕭銳運河南諸州糧入海。銳，瑀之子也。

(九)八月，壬子，上謂司徒無忌等曰：「人苦不自知其過，卿可為朕明言之。」對曰：「陛下武功文德，臣等將順之不暇(八一)，又何過之可言？」上曰：「朕問公以己過，公等乃曲相諛悅(八二)，朕欲面舉公等得失，以相戒而改之，何如？」皆拜謝。上曰：「長孫無忌善避嫌疑(八三)，應物(八四)敏速，決斷事理，古人不過，而總兵(八五)攻戰，非其所長。高士廉涉獵古今(八六)，心術明達，臨難不改節(八七)，當官無朋黨，所乏者骨鯁(八八)規諫耳。唐儉言辭辯捷，善和解人(八九)，事朕三十年，遂無言及於獻替(九〇)。楊師道性行純和，自無愆違(九一)，而情實怯懦，緩急(九二)不可得力。岑文本性質敦厚，文章華贍(九三)，而持論恒據經遠(九四)，自當不負於物(九五)。劉洎性最堅貞，有利益(九六)，然其意尚然諾，私於朋友。馬周見事敏速，性甚貞正，論量(九七)人物，直道而言，朕比任使，多能稱意。褚遂良學問稍長(九八)，性亦堅正，每寫(九九)忠誠，親附於朕，譬如飛鳥依人，人自憐之(一〇〇)(一〇一)。」

(十)甲子，上還京師。

(十一)丁卯，以散騎常侍劉洎為侍中(一〇二)，行中書侍郎岑文本為中書令，太子左庶子、中書侍郎馬周守中書令。文本既拜(一〇三)，還家有憂色，母問其故，文本曰：「非勳非舊㉔，濫荷寵榮㉕，位高責重㉖，所以憂懼。」親賓有來賀者，文本曰：「今受弔，不受賀也。」文本弟文昭為校書郎㉗，喜賓客，上聞之，不悅，嘗從容謂文本曰：「卿弟過爾㉘交結，恐為卿累，朕欲出為外官㉙，何如？」文本泣曰：「臣弟少孤，老母特所鍾愛㉚，未嘗信宿㉛離左右，今若出外，母必愁悴㉜，儻無此弟，亦無老母矣。」因歔欷㉝嗚咽，上愍其意，而止，惟召文昭嚴戒之，亦卒無過㉞。

⑾九月，以諫議大夫褚遂良，為黃門侍郎㉟，參預朝政。

⑿焉耆貳於西突厥，西突厥大臣屈利啜為其弟娶焉耆王女，由是朝貢多闕，安西都護郭孝恪請討之，詔以孝恪為西州道㊱行軍總管，帥步騎三千，出銀山道以擊之。會焉耆王弟頡鼻㊲兄弟三人至西州，孝恪以頡鼻弟栗婆準為鄉導，焉耆城四面皆水，恃險而不設備，孝恪倍道兼行㊳，夜至城下，命將士浮水而度，比曉登城，執其王突騎支，獲首虜七千級㊴，留栗婆準攝國事，而還。孝恪去三日，屈利啜引兵救焉耆，不及，執栗婆準㊵，以勁騎五千追孝恪

至銀山，孝恪還擊，破之，追奔數十里。辛卯，上謂侍臣曰：「孝恪近奏稱八月十一日，往擊焉耆，二十日應至，必以二十二日破之，朕計其道里，使者今日至矣。」言未畢，驛騎至。西突厥處那啜㉑使其吐屯㉒攝焉耆，遣使入貢，上數之曰：「我發兵擊得焉耆，汝何人而據之！」吐屯懼，返其國，焉耆立栗婆準從父兄薛婆阿那支為王，仍附於處那啜㉓。

⒁乙未，鴻臚㉔奏高麗莫離支貢白金，褚遂良曰：「莫離支弒其君，九夷㉕所不容㉖，今將討之，而納其金，此郜鼎之類也㉗。臣謂不可受。」上從之。上謂高麗使者曰：「汝曹皆事高武，有官爵，莫離支弒逆，汝曹不能復讎，今更為之遊說，以欺大國，罪孰大焉㉘！」悉以屬大理㉙。

⒂冬，十月，辛丑朔，日有食之。

⒃甲寅，車駕行幸洛陽，以房玄齡留守京師，右衛大將軍、工部尚書李大亮副之。

⒄郭孝恪鏁㉚焉耆王突騎支及其妻子，詣行在，敕宥之。丁巳，

上謂太子曰：「焉耆王不求賢輔，不用忠謀，自取滅亡，係頸(三一)束手，漂搖(三二)萬里，人以此思懼，則懼可知矣(三三)。」己巳，畋于澠池之天池(三四)。十一月，壬申，至洛陽。

(十八)前宜州刺史鄭元璹(三五)已致仕，上以其嘗從隋煬帝伐高麗，召詣行在問之，對曰：「遼東道遠，糧運艱阻(三六)，東夷善守城，攻之不可猝下。」上曰：「今日非隋之比，公但聽之。」

(十九)張儉等值遼水漲，久不得濟，上以為畏懦(三七)，召儉詣洛陽，至具陳山川險易(三八)，水草美惡，上悅(三九)。

(廿)上聞洛州(四〇)刺史程名振善用兵，召問方略(四一)，嘉其才敏，勞勉(四二)之曰：「卿有將相之器(四三)，朕方將任使。」名振失(四四)不拜謝，上試責怒，以觀其所為，曰：「山東鄙夫(四五)，得一刺史，以為富貴極邪！敢於天子之側，言語麤疏，又復不拜。」名振謝曰：「疏野(四六)之臣，未嘗親奉聖問，適方心思所對(四七)，故忘拜耳。」舉止自若(四八)，應對愈明辯，上乃歎曰：「房玄齡處朕左右，二十餘年，每見朕譴責餘人(四九)，顏色無主(五〇)，名振平生未嘗見朕，朕一旦責之，曾無震慴(五一)，辭理不失(五二)，真奇士也。」即日拜右驍衛將軍(五三)。

(廿)甲午，以刑部尚書張亮為平壤道行軍大總管，帥江淮嶺峽兵(五四)四萬，長安洛陽募士(五五)三千，戰艦五百艘，自萊州泛海趨平壤，又以太子詹事、左衛率李世勣為遼東道行軍大總管，帥步騎六萬及蘭河二州(五六)降胡，趣遼東，兩軍合勢(五七)並進。庚子，諸軍大集於幽州，遣行軍總管姜行本、少府少監丘行淹先督眾工造梯衝(五八)於安蘿山，時遠近勇士應募及獻攻城器械者，不可勝數，上皆親加損益，取其便易(五九)，又手詔諭天下以：「高麗蓋蘇文弒主虐民，情何可忍！今欲巡幸幽薊，問罪遼碣(六〇)，所過營頓(六一)，無為勞費。」且言：「昔隋煬帝殘暴其下，高麗王仁愛其民，以思亂之軍，擊安和(六二)之眾，故不能成功。今略言必勝之道有五(六三)：一曰以大擊小，二曰以順討逆，三曰以治乘亂，四曰以逸待勞，五曰以悅當怨，何憂不克(六四)？布告元元(六五)，勿為疑懼。」於是凡頓舍供費之具，減者大半。

(廿一)十一月，辛丑(六六)，武陽懿公李大亮卒於長安，遺表(六七)請罷高麗之師，家餘米五斛，布三十匹，親戚早孤，為大亮所養，喪之如父者〔六八〕十有五人〔六九〕。

(二三)壬寅，故太子承乾卒於黔州，上為之廢朝，葬以國公禮。

(二四)甲寅，詔諸軍及新羅、百濟、奚、契丹分道擊高麗。

(二五)初上遣突厥俟利苾可汗北度河，薛延陀真珠可汗恐其部落翻動〔七〇〕，意甚惡之，豫蓄輕騎於漠北，欲擊之，上遣使戒勅，無得相攻。真珠可汗對曰：「至尊〔七一〕有命，安敢不從！然突厥翻覆難期〔七二〕，當其未破之時，歲犯中國，殺人以千萬計，臣以為至尊克之，當翦〔七三〕為奴婢，以賜中國之人，乃反養之如子，其恩德至矣，而結社率竟反〔七四〕，此屬獸心，安可以人理〔七五〕待也！臣荷恩深厚，請為至尊誅之。」自是數相攻。

(二六)俟利苾之北度也，有眾十萬，勝兵四萬人，俟利苾不能撫御〔七六〕，眾不愜服〔七七〕，戊午，悉棄俟利苾南度河，請處於勝夏之間〔七八〕，上許之〔七九〕。羣臣皆以為：「陛下方遠征遼左〔八〇〕，而置突厥於河南〔八一〕，距京師不遠〔八二〕，豈得不為後慮！願留鎮洛陽，遣諸將東征。」上曰：

「夷狄亦人耳，其情與中夏(八三)不殊(八四)，人主患德澤不加，不必猜忌異類，蓋德澤洽(八五)，則四夷可使如一家，猜忌多，則骨肉不免為讎敵。煬帝無道，失人(八六)已久，遼東之役，人皆斷手足(八七)，以避征役，玄感以運卒，反於黎陽(八八)，非戎狄為患也。朕今征高麗，皆取願行者，募十得百(八九)，募百得千，其不得從軍者，皆憤歎鬱邑(九〇)，豈比隋之行怨民哉(九一)。突厥貧弱，吾收而養之，計(九二)其感恩，入於骨髓，豈肯為患！且彼與薛延陀嗜欲略同，彼不北走薛延陀，而南歸我，其情(九三)可見矣。」顧謂褚遂良曰：「爾知起居(九四)，為我志(九五)之，自今十五年，保(九六)無突厥之患。」俟利苾既失眾，輕騎入朝，上以為右武衛將軍。

【今註】(一)鐘官城：胡三省曰：「漢鐘官在上林苑中，至唐時蓋故城猶存也，其地當在鄠杜二縣界。」(二)鄠：今陝西省鄠縣，音戶。(三)乙未，車駕幸鐘官城……壬寅，幸驪山溫湯。按此段乃錄自《新唐書・太宗紀》，字句幾全相同。(四)諭：曉諭。(五)昔隋人入寇：謂隋煬帝伐高麗時。(六)玄獎諭使勿攻新羅……莫離支竟不從：按此段乃錄自《舊唐書・高麗傳》，字句大致相同。(七)侵暴：侵略暴虐。(八)指麾：謂旌旗一指。(九)清晏：清平晏安。(一〇)讋：懼，音摺。(一一)蹉跌：意外之失誤。

⑫間者薛延陀入寇：指十五年擊突厥思摩。⑬曏用：謂昔若用。⑭北鄙：北方邊鄙。⑮塞：杜塞。⑯兩京心腹也：全文為兩京乃心腹也，或兩京則心腹也。⑰致討：予以討伐。⑱威靈：威聲神靈。⑲自餘藩屏：謂其餘藩王。⑳金湯之全：金城湯池之萬全。㉑遠舉：遠動。㉒諫議大夫褚遂良曰，陛下指麾……皆愚臣之所甚憂也：按此段乃錄自《舊唐書・褚遂良傳》，字句大致相同。㉓八堯九舜，不能冬種：謂雖種亦不能生也。㉔時：時機。㉕延頸：延長其頸，喻焦灼也。㉖紛紜：紛擾紜亂。㉗靈口：《新唐書・太宗紀》作零口，宋白《續通典》：「京兆新豐縣界有零水，零口，蓋零水之口。」㉘守右衛大將軍：以卑攝高曰守。㉙以左衛將軍薛萬徹……非大勝，則大敗：按此段乃錄自《舊唐書・薛萬徹傳》，字句大致相同。㉚性行：性情行為。㉛外人：猶民間。㉜欽仰：欽敬仰慕。㉝不能循常度：謂不能遵循經常之法度，亦即所謂倜儻不羈之人。㉞自不同耳：謂改變寬厚為英果。㉟撥亂：治亂世而反之於正。㊱實守文之德：按此德常與才連言，故亦即才意，特避上才之複，而改之耳。㊲分：本份。㊳祚：祚祿。㊴九成宮：《元和郡縣志》二：「九成宮在陝西省麟遊縣西一里，即隋仁壽宮。每歲避暑，春往冬還，義寧元年廢。唐貞觀五年，復修舊宮避暑，改名九成。」㊵太平宮：《新唐書・地理志》一：「京兆府，鄠縣，東南三十里，有隋太平宮。」㊶順旨：順從君上意旨。㊷犯顏：謂犯顏直諫。㊸稱旨：合意。㊹窮詰：窮極詰問。㊺微以喜怒有所高下：謂稍以或喜或怒之故，而上下其手。㊻辯敏：辯給明敏。㊼折：折難。㊽凡庶：平凡之眾人。㊾懸：懸殊。㊿擬倫斯絕：謂無物喻可資比擬。(51)自強：強力應對。(52)慈顏：按唐人多

用慈以形狀皇帝。《舊唐書．裴寂傳》：「寂頓首而言曰：『臣初發太原，以有慈旨，清平之後，許以退耕。』」同書〈李百藥傳〉：「上封建論曰：『自陛下仰順聖慈，嗣膺寶曆。』」同書〈張玄素傳〉：「雖有邪臣間之，何能致慈父之隙。」又李善〈上文選注表〉：「伏願鴻慈，曲垂照覽。」皆其例也。(53)凝旒：旒，冕飾，前後垂玉。《禮．玉藻》：「天子玉藻，十有二旒。」凝旒，謂固定首耳，凝神以聽。音ㄌㄧㄡˊ。(54)虛襟：虛懷。(55)對颺：颺與揚同，謂答受美命而稱揚之。(56)動：動用。(57)天辯：天指帝言，此乃本於《尚書》之：「天位艱哉」，及張衡〈東京賦〉之：「歷載三六，偷安天位。」而唐人則更盛用之，爰舉數例為證於下：《舊唐書．長孫無忌傳》：「伏願天澤，諒其愚款。」同書〈房玄齡傳〉：「抗表諫曰：『臣心識昏憒，豈足論聖功之深遠，談天德之高大哉。』」同書〈桓彥範傳〉：「況經兩度，事彰天恩。」又同書〈僕固懷恩傳〉：「上表曰：『夙夜思奉天顏，豈暫心離魏闕。』」(58)折：破折。(59)排：排擊。(60)何階：階乃藉資以上登者，引伸之亦即由也，何階，即何由也。(61)心氣內損：猶心氣損於內。(62)累：病累。(63)性好：性之所好。(64)秦政：即秦始皇。(65)自矜：自己矜伐。(66)魏文：魏文帝曹丕。(67)材辯：謂有材能辯。(68)較然：顯然。(69)上飛白答之：〈劉洎傳〉上文言：「太宗工王羲之書，尤善飛白，嘗宴三品已上於玄武門，帝操筆作飛白字賜羣臣。」是太宗常以飛白書贈答羣臣也。《書苑精華》：「李約曰：『飛白，古飛少白多，其體猶拘八分，故王僧虔云，飛白八分之輕者。』」(70)臨下：臨馭臣下。(71)述慮：敍述思慮。(72)遂致：猶竟至。(73)輕物：六朝時，物與人之意頗相類。(74)非此為勞：謂尚非為此勞疲。(75)劉洎上書諫曰帝王之與凡庶……虛懷以改：按此段乃錄自《舊唐書・劉洎傳》，文字完全相同，乃《通鑑》錄文而不修改之罕見者。(七六)至顯仁宮：胡三省曰：「是時幸九成宮，為避暑也，至八月甲子，始自九成宮還京師。顯仁宮在河南壽安縣，幸東都則為中頓，幸九成宮，非其所經之路。岐州郿縣有隋安仁宮，顯恐當作安。」(七七)洪饒江三州：皆在今江西省及其附近，洪州治所為豫章，饒州為鄱陽，江州為潯陽。(七八)太常卿：《唐六典》卷十四：「太常寺卿一人，正三品。掌邦國禮樂郊廟社稷之事。」(七九)聽以便宜從事：謂凡與事有便宜者，則先行著手，然後奏聞。(八〇)太僕少卿：《唐六典》卷十七：「太僕寺少卿二人，從四品上。」(八一)將順之不暇：《孝經》：「君子之事上也，將順其美，匡救其惡。」不暇猶不及。(八二)諛悅：諂諛悅媚。(八三)嫌：亦疑，與疑為複合辭。(八四)應物：謂應付事物。(八五)總兵：謂總領大兵。(八六)涉獵古今：謂涉獵古今典籍。(八七)節：節操。(八八)骨鯁：猶鯁直。(八九)善和解人：謂人有糾紛，善為和解之。(九〇)獻替：獻進廢替。(九一)愆違：與愆過、愆失同意。(九二)緩急：謂緩急之事，此指急言，緩字乃連類而及，無意。(九三)華贍：華麗豐贍。(九四)經遠：常遠之道。(九五)不負於物：不負於眾庶。(九六)有利益：《舊唐書・長孫無忌傳》作：「言多利益。」是此乃指言。(九七)論量：評論衡量。(九八)稍長：猶較長。(九九)寫：輸泄。(一〇〇)憐之：愛之。(一〇一)上謂司徒無忌等曰，人苦不自知……人自憐之：按此段乃錄自《舊唐書・長孫無忌傳》，字句大致相同。(一〇二)以散騎常侍劉洎為侍中：《舊唐書・職官志》一：「侍中、左右散騎常侍，皆正三品。」(一〇三)既拜：既拜官。(一〇四)非勳非舊：非勳臣及故舊。(一〇五)寵榮：寵幸恩榮。(一〇六)責重：責任重大。(一〇七)校書郎：《唐六典》卷十：「校書郎八人，正九品上，掌讎校典籍，刊正文字，皆辨其紕繆，以正四庫之圖史焉。」⑱過爾：《舊唐書・岑文本傳》作：「過多。」此猶過於之意。⑲外官：京外之官。⑳鍾愛：謂聚全愛於其一身。㉑信宿：一宿曰宿，再宿曰信。㉒愁悴：憂愁憔悴。㉓歔欷：悲泣氣咽而抽息也。㉔文本既拜……亦卒無過：按此段乃錄自《舊唐書・岑文本傳》，字句大致相同。㉕黃門侍郎：《唐六典》卷八：「黃門侍郎二人，正四品上。掌貳侍中之職，凡政之弛張，事之與奪，皆參議焉。」㉖西州道：《舊唐書・地理志》三：「隴右道、西州中都督府，本高昌國，貞觀十三年平高昌，置西州都督府。」㉗阜：《舊唐書・焉耆傳》，皆作鼻。㉘倍道兼行：謂晝夜兼行。㉙獲首虜七千級：〈焉耆傳〉作：「首虜千餘級。」數不相同。㉚會焉耆王弟頡鼻兄弟三人……執栗婆準：按此段乃錄自《舊唐書・焉耆傳》，字句大致相同。㉛處那啜：按〈焉耆傳〉作：「處般啜。」㉜吐屯：突厥官名。㉝西突厥處那啜使其吐屯攝焉耆……仍附於處那啜：按此段乃錄自《舊唐書・焉耆傳》，字句大致相同。㉞鴻臚：《唐六典》卷十八：「鴻臚卿之職，掌賓客及凶儀之事。凡四方夷狄君長朝見者，辨其等位，以賓待之。」按此乃指鴻臚寺之官吏也。㉟九夷：《後漢書・東夷傳》：「東方有九夷：曰畎夷、于夷、方夷、黃夷、白夷、赤夷、玄夷、風夷、陽夷。」按亦不必拘泥，此可釋作眾夷。㊱不容：不容納。㊲此郜鼎之類也：《左傳》桓二年：「夏四月，取郜大鼎于宋，戊申，納於大廟，非禮也。」㊳罪孰大焉：謂為罪何有大於此者。㊴以屬大理：以付於大理寺之有司。㊵鏁：同鎖。㊶係頸：係通繫，以繩繫其頸。㊷漂搖：猶漂泊。㊸則懼可知矣：全文為則為懼之深可知矣。(三四)畋于滙池之天池：《水經注》：「熊耳山際有池，池水東南流，水側有一池，世謂之滙池。」(三五)鄭元璹：鄭元璹仕隋，為右武候將軍，從伐高麗。(三六)艱阻：艱難阻滯。(三七)畏懦：畏懼怯懦。(三八)山川險易：山川之險峻與坦夷。(三九)張儉等值遼水漲……水草美惡，上悅：按此段乃錄自《舊唐書・張儉傳》，字句大致相同。(四〇)洺州：唐屬河北道，在今河北省境，音名。(四一)方略：方策謀略。(四二)勞勉：慰勞勉勵。(四三)器：器量。(四四)失：猶忘。(四五)山東鄙夫：按《舊唐書・程務挺傳》，名振洺州平恩人，故此山東乃指太行山以東而言。鄙夫，謂卑鄙之人。(四六)疏野：疏遠粗野。(四七)心思所對：心思所要應對之言。(四八)舉止自若：自若，自如，謂毫無畏懼而致改其常態。(四九)餘人：其餘之人。(五〇)顏色無主：謂顏色不能自主，亦即驚懼失色也。(五一)震懾：震慄懾懼。(五二)不失：不誤。(五三)上聞洺州刺史程名振善用兵……即日拜右驍衞將軍：按此段乃本於《舊唐書・程務挺傳》，而稍有溢出。(五四)嶺峽兵：嶺，嶺外諸州，廣、循、韶、賀諸州是；峽，峽中諸州，夔、硤、歸諸州是。(五五)募士：召募之士卒。(五六)蘭河二州：據《舊唐書・地理志》三，俱屬隴右道。(五七)合勢：勢力合於一起。(五八)梯衝：雲梯及衝車。(五九)便易：便利簡易。(六〇)遼碣：《禹貢錐指》：「自後漢迄隋，言此山之所在，曰絫縣，曰臨渝，曰肥如，曰盧龍，縣名四變，而山則一，要皆在今昌黎縣東絫縣故城之南也。」此遼碣則指遼東而言。(六一)營頓：猶供頓。(六二)安和：安謐和洽。(六三)今略言必勝之道有五：按措辭微嫌生硬，似當改為今略言必勝之道，或今略言必勝之五道。(六四)五曰以悅當怨，何憂不克。按上四者，皆以四字為句，則何憂不克非與上文相連，而係總論上事明矣。夫既若此，則何憂不克，殊嫌孤單而意欠充足，似當於何憂上添秉茲五長諸字。(六五)元元：猶眾庶。(六六)十一月辛丑：按上文已有十一月壬申，此十一當係十二之誤。(六七)遺表：遺留之奏表。(六八)喪之如父者：《舊唐書・李大亮傳》作：「服之如父者。」意乃謂著如父喪之服者。(六九)武陽懿公李大亮卒於長安……喪之如父者，十有五人：按此段乃錄自《舊唐書・李大亮傳》，字句大致相同。(七〇)翻動：翻覆變動。(七一)至尊：指唐天子。(七二)難期：《舊唐書・突厥傳》上作：「難信。」是期猶信也。(七三)翦：翦除。(七四)結社率竟反：見卷一百九十五，十三年。(七五)人理：人之道理。(七六)撫御：安撫控御。(七七)悏服：猶悅服。(七八)勝夏之間：謂勝夏二州之境。(七九)初上遣突厥俟利苾可汗北度河……請處於勝夏之間，上許之：按此段乃錄自《舊唐書・突厥傳》上，字句大致相同。(八〇)遼左：亦即遼東，史家率以東為左，而西為右。(八一)河南：黃河之南。(八二)距京師不遠：《舊唐書・地理志》一：「關內道，勝州去京師一千八百三十里。夏州去京師一千一百一十里。」(八三)中夏：猶言中國。(八四)不殊：不異。(八五)德澤洽：德澤洽遍。(八六)失人：謂失人心。(八七)人皆斷手足：人皆自斷手足，以為殘廢。(八八)玄感以運卒，反於黎陽：見卷一百八十二隋煬帝大業九年。(八九)募十得百：謂募召十人，而應徵者，竟有百人之多。(九〇)鬱邑：愁貌。(九一)豈比隋之行怨民哉：謂豈比隋之為怨於民哉。(九二)計：估計。(九三)其情：其實。(九四)爾知起居：爾掌起居注。(九五)志：記。(九六)保：擔保或保證。

十九年（西元六四五年）

㈠春，正月，韋挺坐不先行㊀視漕渠，運米六百餘艘，至盧思臺側㊁，淺塞不能進，械送㊂洛陽，丁酉，除名㊃。以將作少監李道裕代之，崔仁師亦坐免官。

㈡滄州刺史席辯坐贓污。二月，庚子，詔朝集使臨觀而戮之㊄。

㈢庚戌，上自將諸軍發洛陽，以特進㊅蕭瑀為洛陽宮留守。乙卯，詔朕發定州後，宜令皇太子監國。開府儀同三司致仕尉遲敬德上言：「陛下親征遼東，太子在定州，長安洛陽，心腹空虛，恐有玄感之變。且邊隅小夷，不足以勤㊆萬乘。願遣偏師征之，指期㊇可殄㊈。」上不從，以敬德為左一馬軍總管，使從行㊉。

㈣丁巳，詔諡殷太師比干曰忠烈，所司封其墓⑪，春秋祠以少牢⑫，給隨近⑬五戶供灑掃⑭。

㈤上之發京師也，命房玄齡得以便宜從事，不復奏請。或詣留臺⑮稱有密，玄齡問密謀所在，對曰：「公則是也⑯。」玄齡驛送行在。上聞留守有表送告密人，上怒，使人持長刀於前，而後見之，問告者為誰，曰：「房玄齡。」上曰：「果然，叱令腰斬。」

璽書讓玄齡，以不能自信(一七)，更有如是者，可專(一八)決之。癸亥，上至鄴，自為文祭魏太祖(一九)，曰：「臨危制變(二〇)料敵設奇，一將之智有餘，萬乘之才不足。」是月，李世勣軍至幽州(二一)。三月，丁丑，車駕至定州(二二)。丁亥，上謂侍臣曰：「遼東本中國之地，隋氏四出師(二三)而不能得，朕今東征，欲為中國報子弟之讎(二四)，高麗雪君父之(二五)恥耳。且方隅大定(二六)，惟此未平，故及朕之未老，用士大夫(二七)餘力以取之。朕自發洛陽，唯噉肉飯(二八)，雖春蔬亦不之進，懼其煩擾故也。」上見病卒，召至御榻(二九)前存慰(三〇)，付州縣療之，士卒莫不感悅。有不預征名(三一)，自願以私裝(三二)從軍，動以千計(三三)，皆曰：「不求縣官(三四)勳賞(三五)，惟願效死(三六)遼東。」上不許。

(六)上將發，太子悲泣數日，上曰：「今留汝鎮守，輔以俊賢(三七)，欲使天下識汝風采(三八)。夫為國之要，在於進賢退不肖(三九)，賞善罰惡，至公無私，汝當努力行此，悲泣何為？」命開府儀同三司高士廉攝(四〇)太子太傅，與劉洎、馬周、少詹事(四一)張行成、右庶子高季輔，同掌機務(四二)，輔太子；長孫無忌、岑文本與吏部尚書楊師道從行。

㈦壬辰，車駕發定州，親佩弓矢，手結㊸雨衣於鞍後，命長孫無忌攝侍中，楊師道攝中書令。李世勣軍發柳城㊹，多張㊺形勢，若出懷遠鎮㊻者，而潛師北趣甬道，出高麗不意。夏，四月，戊戌朔，世勣自通定㊼濟遼水，到玄菟㊽，高麗大駭，城邑皆閉門自守。壬寅，遼東道副大總管、江夏王道宗將兵數千至新城【考異】唐曆：「張儉懼敵，不敢深入，江夏王道宗固請，將百騎覘賊，帝許之，因問往返幾日，對曰，往十日，周覽十日，返十日，總經一月，望謁陛下。遂秣馬束兵，經歷險阻，直登遼東城南，觀其地形險易，安營置陳之所，及還，賊已引兵斷其歸路，道宗擊之，盡殪，斬關而出，如期謁見。帝嘆曰，賁育之勇，何以過此！賜金五十斤、絹千匹。」今從實錄。折衝都尉㊾曹三良引十餘騎直壓㊿城門，城中驚擾，無敢出者。營州都督張儉將胡兵為前鋒，進度遼水趨建安城(51)，破高麗兵，斬首數千級。

㈧太子引高士廉同楊視事，又令更(52)為士廉設案，士廉固辭。

㈨丁未，車駕發幽州，上悉以軍中資糧器械簿書委岑文本，文本夙夜(53)勤力，躬自(54)料配(55)，籌筆(56)不去手，精神耗竭，言辭舉措，頗異平日(57)。上見而憂之，謂左右曰：「文本與我同行，恐不與我同返。」是日遇暴疾而薨，其夕，上聞嚴鼓(58)聲，曰：「文本殞沒，所不忍聞。」命撤之（五九）。時右庶子許敬宗在定州，與高士廉等同知機要，文本薨，上召敬宗，以本官檢校中書侍郎（六〇）。

（十）壬子，李世勣、江夏王道宗攻高麗蓋牟（六一）城，丁巳，車駕至北平。癸亥，李世勣等拔蓋牟城，獲二萬餘口，糧十餘萬石。張亮帥舟師自東萊渡海，襲卑沙城，其城四面懸絕（六二），惟西門可上，程名振引兵夜至，副總管王大度先登。五月，己巳，拔之，獲男女八千口，分遣總管丘孝忠等曜兵於鴨綠水（六三），李世勣進至遼東城下。庚午，車駕至遼澤（六四），泥淖（六五）二百餘里，人馬不可通，將作大匠（六六）閻立德布土作橋，軍不留行。壬申，度澤東，乙亥，高麗步騎四萬救遼東，江夏王道宗將四千騎逆擊（六七）之，軍中皆以為眾寡懸絕（六八），不若深溝高壘（六九），以俟車駕之至。道宗曰：「賊恃眾有輕我心，遠來疲頓（七〇），擊之必敗。且吾屬為前軍，當清道以待乘輿，乃更以賊遺君父乎！」李世勣以為然（七一）。果毅都尉（七二）馬文舉曰：「不遇勍敵，何以顯壯士（七三）！」策馬趨敵，所向皆靡（七四），眾心稍安。既合戰，行軍總管張君乂退走，唐兵不利，道宗收散卒，登高而望，見高麗陳亂，與驍騎數十衝之，左右出入(七五)，李世勣引兵助之，高麗大敗，斬首千餘級。丁丑，車駕度遼水，撤橋，以堅士卒之心，軍於馬首山，勞賜江夏王道宗，超拜(七六)馬文舉中郎將，斬張君乂。上自將數百騎至遼東城下，見士卒負土填塹，上分其尤重者，於馬上持之，從官爭負土致城下(七七)，李世勣攻遼東城，晝夜不息，旬有二日，上引精兵會之，圍其城數百重，鼓譟聲震天地，甲申，南風急，上遣銳卒登衝竿之末，爇(七八)其西南樓，火延燒城中，因麾(七九)將士登城，高麗力戰，不能敵，遂克之，所殺萬餘人，得勝兵萬餘人，男女四萬口，以其城為遼州(八〇)。乙未，進軍白巖城(八一)，丙申，右衛大將軍李思摩中弩矢，上親為之吮血，將士聞之，莫不感動。

(十)烏骨城(八二)遣兵萬餘，為白巖聲援，將軍契苾何力以勁騎八百擊之，何力挺身陷陳(八三)，槊中其腰，尚輦奉御(八四)薛萬備單騎往救之，拔(八五)何力於萬眾之中，而還。何力氣益憤，束瘡(八六)而戰，從騎奮擊，遂破高麗兵，追奔數十里，斬首千餘級，會暝(八七)而罷。萬備，萬徹之弟也。

【今註】㈠行視：巡行察視。㈡至盧思臺側：胡三省曰：「據舊書，盧思臺去幽州八百里，此漕渠蓋即曹操伐烏丸所開泉州渠也。上承桑乾河。」㈢械送：加以刑械而押送。㈣除名：除去名籍。㈤臨觀而戮之：蒞臨觀視而誅戮之。㈥特進：《舊唐書・職官志》一：「特進，文散官，正二品。」㈦以勤：猶以勞。㈧指期：與剋期意同。㈨殄：滅。音ㄊㄧㄢˇ。㈩開府儀同三司致仕尉遲敬德上言……為左一馬軍總管，使從行：按此段乃錄自《舊唐書・尉遲敬德傳》，字句大致相同。⑪封其墓：封修其墓。⑫少牢：僅羊豕二牲。⑬隨近：猶附近。⑭供灑掃：供灑掃之役。⑮留臺：留守尚書臺。⑯公則是也：謂所言有密者，乃為公也。⑰不能自信：謂不能相信帝之委付。⑱專：專自。⑲上至鄴，自為文祭魏太祖：胡三省曰：「魏太祖葬鄴城西。隋煬帝於鄴故都大慈寺置鄴縣，貞觀八年始築今治所小城。」⑳制變：謂制定變異之策。㉑至幽州：《舊唐書・地理志》二：「幽州至東都，一千六百里。」㉒至定州：同志二：「定州至洛陽，一千二百里。」㉓隋氏四出師：隋文帝開皇十八年伐高麗，煬帝大業八年、九年、十年三伐高麗。㉔報子弟之讎：謂報其子弟被殺之讎。㉕高麗雪君父之恥：謂為高麗雪君父之恥，為字乃承上而省。㉖方隅大定：猶四方大定。㉗士大夫：此指將校言。㉘唯噉肉飯：唯啖肉及飯。㉙御榻：御床。㉚存慰：存問撫慰。㉛有不預征名：謂有不預東征之名籍者。㉜私裝：私人之資裝。㉝自願以私裝從軍，動以千計：從軍下當以添一者字為佳。㉞縣官：此與漢代之縣官同意，乃指天子而言。㉟勳賞：勳爵賞賜。㊱效死：猶致死。㊲俊賢：俊彥賢能。㊳風采：風度神采。㊴退不肖：退黜不肖。㊵攝：代理。㊶少詹事：《唐六典》卷二十六：「少詹事一人，正四品上。」㊷機務：樞機之務。㊸手結：謂親自捆繫。㊹柳城：營州治所。㊺多張：多設。㊻懷遠鎮：《新唐書・地理志》四：「營州柳城郡有懷遠等四守捉城。」二者乃係一地。㊼通定：胡三省曰：「通定鎮在遼水西，隋大業八年，伐遼所置。甬道、隋起浮橋度遼水所築。」㊽玄菟：漢武帝滅高句驪，置玄菟郡，治沃沮城，在今韓國咸鏡道及遼寧省東部、吉林省南部之地。㊾折衝都尉：《舊唐書・職官志》一：「折衝都尉、武德令，統軍正四品下，後改為折衝都尉，垂拱令，始分為上中下府。上府正四品上，中府從四品下，下府正五品下。」㊿壓：壓迫。(51)建安城：胡三省曰：「自遼東城西行三百里，至建安城，漢平郭縣地。」(52)更：另。(53)夙夜：朝夕。(54)躬自：親自。(55)料配：料理支配。(56)籌筆：籌所以計算，筆所以書寫。(57)平日：猶尋常。(58)嚴鼓：晉灼曰：「嚴鼓，疾擊之鼓。」(59)上悉以軍中資糧器械簿書委岑文本……命撤之：按此段乃錄自《舊唐書・岑文本傳》，字句大致相同。(60)時右庶子許敬宗在定州……檢校中書侍郎：按此段乃錄自《舊唐書・許敬宗傳》，字句大致相同。(61)蓋牟：胡三省曰：「蓋牟城在遼東城東北，唐取之，以其地為蓋州。」(62)懸絕：猶峭絕。(63)鴨綠水：杜佑曰：「鴨綠水在平壤城西北四百五十里，源出靺鞨長白山，漢書謂之馬訾水，今謂之混同江。」(64)遼澤：遼水澤沼地帶。(65)泥淖：淖亦泥。音ㄋㄠˋ。(66)將作大匠：《唐六典》卷二十三：「將作監，大將一人，從三品。掌供邦國修建土木工匠之政令。」㊅逆擊：迎擊。㊆懸絕：猶殊絕。㊇深溝高壘：謂堅營固守。㊈疲頓：疲乏困頓。㊉高麗步騎四萬救遼東……李世勣以為然：按此段乃錄自《舊唐書・江夏王道宗傳》，次序稍有更易。(七二)果毅都尉：《新唐書・兵志》：「貞觀十年，更號統軍為折衝都尉，別將為果毅都尉。」(七三)顯壯士：謂顯壯士之能。(七四)靡：披靡。(七五)左右出入：出入其左方右方。(七六)超拜：不次封拜。(七七)致城下：送之於城下。(七八)爇：燒，ㄖㄨㄛˋ。(七九)麾：指揮。(八〇)上自將數百騎至遼東城下……以其城為遼州：按此段乃錄自《舊唐書・高麗傳》，字句大致相同。(八一)白巖城：《舊唐書・契苾何力傳》及〈高麗傳〉俱作白崖城。(八二)烏骨城：胡三省曰：「自登州東北海行至烏湖島，又行五百里，東傍海壖，過青泥浦、桃花浦、杏人浦、石人江、橐駞灣，乃至烏骨江。」(八三)陷陳：猶衝鋒。(八四)尚輦奉御：《舊唐書・職官志》一：「尚輦奉御，從五品上。」(八五)拔：拔出。(八六)束瘡：束裹創傷。(八七)會暝：遇夜色昏暗。

卷一百九十八　唐紀十四

起旃蒙大荒落六月，盡著雍涒灘三月，凡二年有奇。（乙巳至戊申，西元六四五年六四八年）

司馬光編集
曲守約註

太宗文武大聖大廣孝皇帝下之上

貞觀十九年（西元六四五年）

㈠六月，丁酉，李世勣攻白巖城西南，上臨其西北，城主㊀孫代音㊁潛遣腹心請降，臨城投刀鉞㊂為信㊃，且曰：「奴願降，城中有不從者。」上以唐幟與其使，曰：「必降者，宜建之㊄城上。」代音建幟城中，人以為唐兵已登城，皆從之。上之克遼東也，白巖城請降，既而中悔，上怒其反覆，令軍中曰：「得城，當悉以人物賞戰士㊅。」

李世勣見上將受其降，帥甲士數十人請曰：「士卒所以爭冒矢石，不顧其死者，貪虜獲耳㊆。今城垂拔㊇，奈何更受其降，孤㊈戰士之心。」上下馬謝曰：「將軍言是也。然縱兵殺人，而虜其妻孥〔一〇〕，朕所不忍，將軍麾下〔一一〕有功者，朕以庫物〔一二〕賞之，庶因將軍，贖此一城〔一三〕。」世勣乃退。得城中男女萬餘口〔一四〕，上臨水設幄〔一五〕受其降，仍賜之食，八十以上賜帛有差，他城之兵在白巖者，悉慰諭〔一六〕，給糧仗〔一七〕，任其所之。先是遼東城長史為部下所殺，其省事〔一八〕奉妻子奔白巖，上憐其有義，賜帛五匹，為長史造靈輿〔一九〕，歸之平壤。以白巖城為巖州，以孫代音為刺史。

㈡契苾何力瘡重，上自為傅藥，推求〔二〇〕得刺何力者高突勃，付何力，使自殺之，何力奏稱：「彼為其主，冒白刃刺臣，乃忠勇之士也。與之初〔二一〕不相識，非有怨讎。」遂捨之〔二二〕。

㈢初莫離支遣加尸城七百人戍蓋牟城，李世勣盡虜之，其人請從軍自效〔二三〕，上曰：「汝家皆在加尸，汝為我戰，莫離支必殺汝妻子，得一人之力，而滅一家，吾不忍也〔二四〕。」戊戌，皆廩賜遣之。己亥，以蓋牟城為蓋州。丁未，車駕發遼東，丙辰，至安市城，進兵攻之，丁巳，高麗北部耨薩〔二五〕延壽惠真〔二六〕帥高麗靺鞨兵十五萬救安市，上謂侍臣曰：「今為延壽策有三：引兵直前，連安市城為壘㉗，據高山之險，食城中之粟，縱靺鞨掠吾牛馬，攻之，不可猝下，欲歸，則泥潦為阻，坐困㉘吾軍，上策也；拔城中之眾，與之宵遁，中策也；不度㉙智能，來與吾戰，下策也。卿曹觀之，必出下策，成擒在吾目中矣。」高麗有對盧㉚年老習事，謂延壽曰：「秦王內芟㉛羣雄，外服戎狄，獨立為帝，此命世㉜之材，今舉海內之眾而來，不可敵也。為吾計者，莫若頓兵㉝不戰，曠日持久，分遣奇兵，斷其運道，糧食既盡，求戰不得，欲歸無路，乃可勝也。」延壽不從，引軍直進，去安市城四十里，上猶恐其低徊㉞不至，命左衛大將軍阿史那社爾將突厥千騎以誘之，兵始交而偽走，高麗相謂曰：「易與㉟耳。」競進乘㊱之，至安市城東南八里，依山而陳，上悉召諸將問計，長孫無忌對曰：「臣聞臨敵將戰，必先觀士卒之情，臣適行經諸營，見士卒聞高麗至，皆拔刀結旆㊲，喜形於色，此必勝之兵也。陛下未冠，身親行陣，凡出奇制勝㊳，皆上稟㊴聖謀㊵，諸將奉成筭㊶而已，今日之事乞陛下指蹤㊷。」上笑曰：「諸公以此見讓，朕當為諸公商度㊸。」乃與無忌等從數百騎，乘高㊹望之，觀山川形勢，可以伏兵及出入之所。高麗靺鞨合兵為陳，長四十里，江夏王道宗曰：「高麗傾國以拒王師，平壤之守必弱，願假臣精卒五千，覆㊺其本根，則數十萬之眾，可不戰而降。」上不應。遣使紿㊻延壽曰：「我以爾國彊臣弒其主，故來問罪，至於交戰，非吾本心，入爾境，芻粟㊼不給，故取爾數城，俟爾國修臣禮，則所失必復矣。」延壽信之，不復設備，上夜召文武計事，命李世勣將步騎萬五千陳於西嶺，長孫無忌將精兵萬一千為奇兵，自山北出於狹谷，以衝其後，上自將步騎四千，挾鼓㊽角，偃旗幟，登北山上，敕諸軍聞鼓角，齊出奮擊，因命有司張受降幕㊾於朝堂㊿之側。

㈣戊午，延壽等獨見李世勣布陳，勒兵欲戰，上望見無忌軍塵起(51)，命作鼓角，舉旗幟，諸軍鼓譟並進，延壽等大懼，欲分兵禦之，而其陳已亂，會有雷電，龍門(52)人薛仁貴著奇服(53)，大呼陷陳，所向無敵，高麗兵披靡，大軍乘之，高麗兵大潰，斬首二萬餘級。上望見仁貴，召拜游擊將軍(54)(55)。仁貴，安都(56)之六世孫，名禮，以字行。

㈤延壽等將餘眾，依山自固，上命諸軍圍之。長孫無忌悉撤(五七)橋梁，斷其歸路，己未，延壽惠真帥其眾三萬六千八百人請降，

【考異】實錄云：「李勣奏曰，向若陛下不自親行，臣與道宗將數萬人，攻安市城，未克，延壽等十餘萬抽戈齊至，城內兵士復應開門而出，臣救首救尾，旋踵即敗，必為延壽等縛送向平壤，為莫離支所笑。今日臣敢謝陛下性命恩澤。帝素狎勣，笑而領之。」按勣後獨將兵取高麗，豈必太宗親行邪！此非史官虛美，乃勣諛辭耳，今不取。

入軍門，膝行而前，拜伏請命(五八)。上語之曰：「東夷少年，跳梁(五九)海曲，至於摧堅決勝(六〇)，故當不及老人。自今復敢與天子戰乎！」皆伏地不能對。上簡(六一)耨薩以下酋長三千五百人，授以戎秩(六二)，遷之內地(六三)，餘皆縱之，使還平壤，皆雙舉手，以顙頓地(六四)，歡呼聞數十里外。收靺鞨三千三百人，悉阬之(六五)。獲馬五萬匹，牛五萬頭，鐵甲萬領(六六)，佗器械稱是(六七)。高麗舉國大駭，後黃城銀城皆自拔遁去，數百里無復人煙。上驛書報太子，仍與高士廉等書曰：「朕為將如此，何如？」更名所幸山曰駐蹕山。秋，七月，辛未，上徙營安市城東嶺，己卯，詔標識(六八)戰死者尸，俟軍還，與之俱歸。戊子，以高延壽為鴻臚卿，高惠真為司農卿。張亮軍過建安城下，壁壘未固，

士卒多出樵牧，高麗兵奄(六九)至，軍中駭擾(七〇)，亮素怯，踞胡床(七一)直視不言，將士見之，更以為勇，總管張金樹等鳴鼓勒兵(七二)，擊高麗，破之(七三)。

(六)八月，甲辰，候騎獲莫離支諜者高竹離，反接(七四)詣軍門，上召見，解縛，問曰：「何瘦之甚？」對曰：「竊道閒行(七五)，不食數日矣。」命賜之食，謂曰：「爾為諜，宜速反命(七六)，為我寄語(七七)莫離支，欲知軍中消息，可遣人徑詣(七八)吾所，何必間行辛苦也！」竹離徒跣(七九)，上賜屩(八〇)而遣之。丙午，徙營於安市城南，上在遼外，凡置營但明斥候(八一)，不為塹壘，雖逼其城，高麗終不敢出為寇抄(八二)，軍士單行(八三)野宿(八四)，如中國焉。上之伐高麗也，薛延陀遣使入貢，上謂之曰：「語爾可汗，今我父子東征高麗，汝能為寇，宜亟來。」真珠可汗惶恐，遣使致謝，且請發兵助軍，上不許。及高麗敗於駐驆山，莫離支使靺鞨說真珠，啗(八五)以厚利，真珠懾服不敢動。【考異】實錄：「上謂近臣曰，以我量之，延陀其死矣。」聞者莫能測。按太宗雖明，安能料薛延陀之死。今不取。

(七)九月，壬申，真珠卒，上為之發哀(八六)。初真珠請以其庶長子(八七)

可汗，居東方，統雜種，嫡子拔灼為肆葉護可汗，居西方，統薛延陀。詔許之，皆以禮冊命㊇。曳莽性躁擾，輕用兵，與拔灼不協，真珠卒，來會喪，既葬，曳莽恐拔灼圖己，先還所部，拔灼追襲殺之，自立為頡利俱利薛沙多彌可汗㊈。

㈧上之克白巖也，謂李世勣曰：「吾聞安市城險而兵精，其城主材勇，莫離支之亂，城守不服，莫離支擊之，不能下，因而與之㊉。建安兵弱而糧少，若出其不意，攻之必克。公可先攻建安，建安下，則安市在吾腹中㊈㊀，此兵法所謂城有所不攻者也。」對曰：「建安在南，安市在北，吾軍糧皆在遼東，今踰㊈㊁安市而攻建安，若賊斷吾運道，將若之何？不如先攻安市，安市下，則鼓行㊈㊂而取建安耳。」上曰：「以公為將，安得不用公策？勿誤吾事㊈㊃。」世勣遂攻安市，安市人望見上旗蓋㊈㊄輒乘城鼓譟，上怒，世勣請克城之日，男女皆阬之，安市人聞之，益堅守，攻久不下。高延壽高惠真請於上曰：「奴既委身㊈㊅大國，不敢不獻其誠，欲天子早成大功，奴得與妻子相見。安市人顧惜㊈㊆其家，人自為戰，未易猝拔，今奴以高麗十餘萬眾，望旗沮潰(九八)，國人膽破，烏骨城耨薩老耄(九九)，不能堅守，移兵臨之，朝至夕克，其餘當道小城，必望風奔潰，然後收其資糧，鼓行而前，平壤必不守矣。」羣臣亦言：「張亮兵在沙城(一〇〇)，召之，信宿可至，乘高麗兇懼(一〇一)，併力拔烏骨城，度鴨綠水，直取平壤，在此舉矣。」上將從之，獨長孫無忌以為：「天子親征，異於諸將，不可乘危徼幸(一〇二)，今建安新城之虜，眾猶十萬，若向烏骨，皆躡吾後(一〇三)。不如先破安市，取建安，然後長驅而進，此萬全之策也。」上乃止。

(九)諸軍急攻安市，上聞城中雞彘(一〇四)聲，謂李世勣曰：「圍城積久，城中煙火日微(一〇五)，今雞彘甚喧，此必饗士(一〇六)，欲夜出襲我，宜嚴兵備之。」是夜，高麗數百人縋(一〇七)城而下，上聞之，自至城下召兵急擊，斬首數十級，高麗退走。江夏王道宗督眾，築土山於城東南隅，浸(一〇八)逼其城，城中亦增高其城，以拒之，士卒分番(一〇九)交戰，日六七合，衝車礮石，壞其樓堞(一一〇)，城中隨立木柵，以塞其缺。道宗傷足，上親為之針，築山晝夜不息，凡六旬，用功五十萬，山頂去城數丈，下臨城中，道宗使果毅㉑傳伏愛將兵屯山頂，以備敵，山頹壓城，城崩，會伏愛私離㉒所部，高麗數百人從城缺㉓出戰，遂奪據土山，塹㉔而守之。上怒，斬伏愛以狥㉕，命諸將攻之，三日不能克，道宗徒跣詣旗下㉖請罪，上曰：「汝罪當死，但朕以漢武殺王恢㉗，不如秦穆用孟明㉘，且有破蓋牟遼東之功，故特赦汝耳。」上以遼左早寒，草枯水凍，士馬難久留，且糧食將盡，癸未，敕班師，先拔遼蓋二州戶口渡遼，乃耀㉙兵於安市城下而旋。城中皆屏跡㉚不出，城主登城拜辭，上嘉其固守，賜縑百匹，以勵事君㉛㉜。命李世勣江夏王道宗將步騎四萬為殿㉝，乙酉，至遼東，丙戌，度遼水，遼澤泥潦㉞，車馬不通，命長孫無忌將萬人翦草填道，水深處以車為梁㉟，上自繫薪於馬鞘㊱以助役。冬，十月，丙申朔，上至蒲溝，駐馬督填道，諸軍度渤錯水㊲，暴風雪，士卒沾濕，多死者，敕然㊳火於道以待之。凡征高麗，拔玄菟、橫山、蓋牟、磨米、遼東、白巖、卑沙、麥谷、銀山、後黃十城，徙遼蓋巖三州戶口入中國者七萬人。【考異】實錄上：「云，徙三州戶口入內地者，前後七萬人。」下：「癸丑詔書云，獲戶十萬，口十有八萬。」蓋併不徙者言之耳。新城、建安、駐蹕三大戰，斬首四萬餘級，戰士死者幾二千人，戰馬死者什七八。上以不能成功，深悔之，歎曰：「魏徵若在，不使我有是行也。」命馳驛祀徵以少牢，復立所製碑，召其妻子詣行在，勞賜之㉙。

㈩丙午，至營州㉚，詔遼東戰亡士卒骸骨，並集柳城㉛東南，命有司設大牢，上自作文以祭之，臨哭盡哀。其父母聞之曰：「吾兒死，而天子哭之，死何所恨㉜！」上謂薛仁貴曰：「朕諸將皆老，思得新進驍勇者，將之㉝，無如卿者，朕不喜得遼東，喜得卿也㉞。」丙辰，上聞太子奉迎將至，從飛騎㉟三千人，馳入臨渝關㊱，道逢太子。上之發定州也，指所御褐袍㊲謂太子曰：「俟見汝，乃易此袍耳。」在遼左雖盛暑流汗，弗之易，及秋穿敗㊳，左右請易之，上曰：「軍士衣多弊，吾獨御新衣，可乎㊴！」至是太子進新衣，乃易之。諸軍所虜高麗民萬四千口，先集幽州，將以賞軍士，上愍其父子夫婦離散，命有司平其直㊵，悉以錢布贖為民㊶，讙㊷呼之聲，三日不息㊸。十一月，辛未，車駕至幽州，高麗民迎於城東，拜舞呼號，宛轉㊹於地，塵埃彌望㊺。庚辰，過易州境，司馬陳元璹使民於地室蓄火，種蔬而進之㊻，上惡其諂㊼，免元璹官。丙戌，車駕至定州，丁亥，吏部尚書楊師道坐所署用，多非其才，左遷㊽工部尚書。壬辰，車駕發定州。十二月，辛丑，上病癰㊾，御步輦㊿而行，戊申，至并州，太子為上吮癰，扶輦步從者數日。辛亥，上疾瘳(51)，百官皆賀。

(十)上之征高麗也，使右領軍大將軍執失思力，將突厥屯夏州之北，以備薛延陀，薛延陀多彌可汗既立，以上出征未還，引兵寇河南(52)，上遣左武候中郎將、長安田仁會與思力合兵擊之，思力羸形(53)偽退，誘之深入，及夏州之境，整陳以待之，薛延陀大敗，追奔六百餘里，耀威磧北(54)而還(55)。【考異】高宗實錄云：「會延陀死，耀威漠北而還。」其意指真珠為延陀也。按真珠憚太宗威靈，不敢入寇，又死在九月，而此云冬來寇，必非真珠也。田仁會傳作十八年，亦誤也。多彌復發兵寇夏州，己未，敕禮部尚書、江夏王道宗發朔、并、汾、箕(56)、嵐、代、忻、蔚、雲九州兵，鎮朔州，右衛大將軍代州都督薛萬徹、左驍衛大將軍阿史那社爾，發勝、夏、銀、綏、丹、延、鄜、坊、石、隰十州兵，鎮勝州。勝州都督宋君明、左武候將軍薛孤吳發靈、原、寧、鹽、慶五州兵鎮靈州。又令執失思力發靈勝二州突厥兵，與道宗等相應，薛延陀至塞下，知有備，不敢進。

(十一)初上留侍中劉洎輔皇太子於定州，仍兼左庶子、檢校民部尚書、總吏禮戶部三尚書事(五七)。上將行，謂洎曰：「我今遠征，爾輔太子，安危所寄(五八)，宜深識我意。」對曰：「願陛下無憂，大臣有罪者，臣謹即行誅(五九)。」上以其言妄發，頗怪之，戒曰：「卿性疏而太健(六〇)，必以此敗，深宜慎之。」及上不豫(六一)，洎從內出，色甚悲懼，謂同列曰：「疾勢如此，聖躬可憂。」或譖於上曰：「洎言國家事不足憂，但當輔幼主，行伊霍故事(六二)，大臣有異志者，誅之，自定矣(六三)。」上以為然(六四)，庚申，下詔稱：「洎與人竊議，窺窬(六五)萬一，謀執朝衡(六六)，自處伊霍(六七)，猜忌大臣，皆欲夷戮，宜賜自盡(六八)，【考異】實錄云：「黃門侍郎褚遂良誣奏之曰，國家之事，不足慮也，正當輔少主，行伊霍，大臣有異志者誅之，自然定矣。太宗疾愈，詔問其故，洎以實對，遂良執證之不已；洎引中書令馬周以自明，太宗問周，周對與洎所陳不異，帝以詰遂良，又證周諱之，洎遂及罪。」按此事中人所不為，遂良忠直之臣，且素無怨仇，何至如此！蓋許敬宗惡遂良，故修實錄時，以洎死歸咎於遂良耳。今不取。免其妻孥(六九)(七〇)。

(十三)中書令馬周攝吏部尚書，以四時選為勞(七一)，請復以十一月選，至三月畢，從之(七二)。

(十四)是歲，右親衛中郎將(七三)裴行方，討茂州(七四)叛羌黄郎弄，大破之，窮其餘黨，西至乞習山，臨弱水(七五)而歸。

【今註】㈠城主：知一城之首領，隋唐時通名之曰城主。㈡孫代音：新、舊《唐書・高麗傳》，皆作孫伐音。㈢鉞：大斧。㈣信：信號。㈤建之：建立之。㈥當悉以人物賞戰士：謂當盡以其男女及財物賞賜戰士。㈦貪虜獲耳：貪求其俘虜及取獲耳。㈧垂拔：將下。㈨孤：孤負。㈩妻孥：妻子。(十一)麾下：猶部下。(十二)庫物：府庫之物。(十三)贖此一城：謂贖此一城之生命。(十四)李世勣攻白巖城西南……得城中男女萬餘口：按此段乃錄自《舊唐書・高麗傳》，字句大致相同。(十五)幄：帷幄。(十六)慰諭：安慰曉諭。(十七)糧仗：糧資器仗。(十八)省事：胡三省曰：「省事，吏職也，自後魏以來有之，賀拔岳之攻尉遲菩薩也，菩薩使省事傳語，是也。」(十九)靈輿：載靈柩之車。(二十)推求：推問訪求。(二一)初：猶本。(二二)契苾何力瘡重……非有怨讎，遂捨之：按此段乃錄自《舊唐書・契苾何力傳》，字句大致相同。(二三)自效：猶立功。(二四)初莫離支遣加尸城七百人……吾不忍也：按此段乃錄自《舊唐書・高麗傳》，字句大致相同。(二五)高麗北部耨薩：《新唐書・高麗傳》：「其州縣六十，大城置耨薩一，比都督。」(二六)惠真：《舊唐書・高麗傳》作惠貞，〈薛仁貴傳〉及《新唐書・高麗傳》則作惠真。當以惠真為是。㉗為壘：猶為營。㉘坐困：坐而困窘。㉙度：度量。㉚對盧：《舊唐書・高麗傳》：「其官大者，號大對盧，比一品，總知國事。」㉛芰：芰夷。㉜命世：著名於世。㉝頓兵：停頓兵士。㉞低徊：徘徊。㉟易與：猶容易對付。㊱乘：凌乘之。㊲結旆：結其旗尾。音ㄆㄟˋ。㊳制勝：猶獲勝。㊴禀：禀承。㊵聖謀：天子之謀略。㊶成算：已定之策算。㊷指蹤：以獵為喻，指示獸蹤，則狗得以追殺。㊸商度：猶商量。㊹乘高：登高。㊺覆：傾覆。㊻紿：欺。㊼芻粟：芻草糧粟。㊽挾鼓角：〈高麗傳〉作：「潛鼓角。」與下偃旗幟正相連貫，當以潛字為勝。㊾幕：帳幕。㊿朝堂：行營備宮省之制，故亦有朝堂。(51)塵起：謂軍已行動。(52)龍門：故城在今山西省河津縣西。(53)薛仁貴著奇服：《舊唐書・薛仁貴傳》：「太宗親征遼東，仁貴謁將軍張士貴，應募請從行。仁貴欲立奇功，乃異其服色，著白衣。」此其有關一切之說明也。(54)游擊將軍：《舊唐書・職官志》一：「游擊將軍，武散官，從五品下。」(55)龍門人薛仁貴……召拜游擊將軍：按此段乃錄自《舊唐書・薛仁貴傳》，字句大致相同。(56)薛安都：薛安都為將，以勇聞於宋魏之間。(57)撤：撤去。(58)請命：請宥其性命。(59)跳梁：喻叛亂者跋扈之情狀。(60)摧堅決勝：摧堅壘，決勝負。(61)簡：揀選。(62)戎秩：武秩。(63)內地：猶國內。(64)以顙頓地：以額挨地久之。(65)收靺鞨三千三百人，悉阬之：以靺鞨犯陣故也。(66)鐵甲萬領：領為甲之計算單位，領亦有作襲或套者。(67)稱是：符稱上述之數。(68)標識：為木標以記。(69)奄至：突至。(70)駭擾：驚駭擾亂。(71)胡床：即今之交椅。(72)勒兵：率兵。(73)張亮軍過建安城下……鳴鼓勒兵，擊高麗，破之：按此段乃錄自《舊唐書・張亮傳》，字句大致相同。(七四)反接：雙手反縛。(七五)間行：不由大道而行。(七六)反命：返回覆命。(七七)寄語：傳語。(七八)徑詣：直至。(七九)跣：赤足。(八〇)屩：草履。(八一)但明斥候：猶但設斥候。(八二)寇抄：侵寇抄掠。(八三)單行：單人行走。(八四)野宿：宿於郊野。(八五)啗：猶餌，同啖。(八六)上之伐高麗也，薛延陀遣使入貢……真珠卒，上為之發哀：按此段乃錄自《新唐書・回鶻下薛延陀傳》，字句大致相同。(八七)庶長子：非皇后或正夫人所生，其長者名庶長子。(八八)皆以禮冊命：皆按禮儀而冊命之。(八九)初真珠請以其庶長子曳莽……自立為頡利俱利薛沙多彌可汗：按此段乃錄自《新唐書・回鶻下薛延陀傳》，字句大致相同。又俱利下，新書多一失字，當從添。(九〇)與之：謂與之以城。(九一)腹中：猶囊中。(九二)踰：越。(九三)鼓行：謂明目張膽。(九四)勿誤吾事：全文為惟期勿誤吾事而已。(九五)旗蓋：旌旗幢蓋。(九六)委身：託身。(九七)顧惜：顧念愛惜。(九八)沮潰：沮喪崩潰。(九九)耄：七十以上，音ㄇㄠˋ。(一〇〇)沙城：即卑沙城。(一〇一)兇懼：大懼。(一〇二)僥幸：謂於分外冀有所獲。(一〇三)躡吾後：躡蹤於吾之後。(一〇四)彘：豬。(一〇五)微：少。(一〇六)饗饗士：宴饗士卒。(一〇七)縋：以繩懸束而下。(一〇八)浸：漸。(一〇九)番：次。(一一〇)堞：城上短墻。(一一一)果毅：《舊唐書・高麗傳》作：「果毅都尉。」(一一二)私離：未獲上級准許而離，謂之私離。(一一三)城缺：城之缺口。(一一四)塹：穿塹。(一一五)狥：狥示於眾。(一一六)旗下：此指帝前而言。(一一七)漢武殺王恢：見卷十八元光元年。(一一八)秦穆用孟明：秦穆公使孟明帥師東襲鄭，為晉師所敗，穆公復用孟明，孟明增修其政，帥師伐晉，晉人不敢出，遂霸西戎。(一一九)耀兵：誇耀兵威。(一二〇)屏跡：猶斂跡。(一二一)以勵事君：〈高麗傳〉作：「以勵事君之節。」是乃本文之全意也。(一二二)江夏王道宗督眾……賜縑百匹，以勵事君：按此段乃錄自《舊唐書・高麗傳》，字句大致相同。㉓殿：殿後。㉔泥潦：泥濘水潦。㉕為梁：為橋梁。㉖馬鞘：胡三省曰：「蓋馬鞍頭也。」音ㄕㄠ。㉗上至蒲溝，諸軍度渤錯水：胡三省曰：「蒲溝、渤錯水，皆在遼澤中。」㉘然：通燃。㉙勞賜之：慰勞而賞賜之。㉚至營州：《舊唐書・地理志》二：「河北道、營州，至洛陽三千九百一十里。」㉛柳城：屬營州。㉜其父母聞之曰，吾兒死，而天子哭之，死何所恨：按此多係史官虛美之辭，當以刪去為宜。㉝將之：以為將。㉞上謂薛仁貴曰……喜得卿也：按此段乃錄自《舊唐書・薛仁貴傳》，字句大致相同。㉟飛騎：快騎。㊱臨渝關：即今河北省之山海關。㊲褐袍：褐，粗毛所織成者，乃鄙陋之服。㊳敗：破敗。㊴可乎：謂豈可乎。㊵平其直：謂平估其值。㊶以錢布贖為民：以錢布贖買而免為民。㊷讙：同歡，喜悅。㊸諸軍所虜高麗民萬四千口……讙呼之聲，三日不息：按此段乃錄自《舊唐書・高麗傳》，字句大致相同。㊹宛轉：乃拜舞之態。㊺彌望：猶盡望。㊻於他室蓄火，種蔬而進之：北方富貴之家，於冬季常如此種蔬以為食。㊼謟：謟佞。㊽左遷：貶降。㊾癰：癰疽，音ㄩㄥ。㊿步輦：以人挽者。(51)瘳：愈。音ㄔㄡ。(52)寇河南：此河南乃北河之南，即朔方新秦之地。(53)羸形：謂示以羸弱之形。(54)磧北：猶漠北。(55)上之征高麗也……耀威磧北而還：按此段乃錄自《新唐書・執失思力傳》，字句大致相同。(56)箕州：《舊唐書・地理志》二：「河東道、遼州，武德三年，分并州之樂平、和順、平城、石文四縣置遼州，八年改遼州為箕州。」(57)檢校民部尚書，總吏禮戶部三尚書事：胡三省曰：「劉洎既檢校民部尚書，又總吏禮，是為三尚書事。民部之外，安得復有戶部哉？唐六典，貞觀二十三年，始改民部為戶部。」（五八）所寄：所託。（五九）行誅：執行誅戮。（六〇）健：即健，剛強也。（六一）不豫：有病。（六二）伊霍故事：伊尹霍光之廢立故事。（六三）自定矣：自安定矣。（六四）上以為然：因洎於上前，先有誅有罪大臣之言，遂信譖者之言為然。（六五）窺窬：窺伺。（六六）衡：鈞衡，亦即宰相之權柄。（六七）自處伊霍：自居伊霍之立。（六八）賜自盡：謂令自盡其性命。（六九）免其妻孥：謂免罪其妻孥。（七〇）初上留侍中劉洎輔皇太子……免其妻孥：按此段乃錄自《舊唐書・劉洎傳》，字句大致相同。（七一）以四時選為勞：《新唐書・選舉志》二：「貞觀二年，侍郎劉林甫言：『隋制以十一月為選始，至春乃畢，今選者眾，請四時注擬。』」（七二）中書令馬周攝吏部尚書……至三月畢，從之：按此段乃錄自《新唐書・選舉志》二，字句大致相同。（七三）右親衛中郎將：《舊唐書・職官志》一：「太子親勳翊衛中郎將，從四品上。」（七四）茂州：《舊唐書・地理志》四：「劍南道、茂州，隋汶山郡，武德元年改為會州，貞觀八年改為茂州。」（七五）臨弱水：胡三省曰：「蜀之西山有弱水。」

二十年（西元六四六年）

㈠春，正月，辛未，夏州都督喬師望、右領軍大將軍執失思力等擊薛延陀，大破之，虜獲二千餘人，多彌可汗輕騎遁去，部內騷然㈠矣。

㈡丁丑，遣大理卿孫伏伽等二十二人，以六條巡察四方㈡，刺史縣令以下，多所貶黜，其人㈢詣闕稱冤者，前後相屬㈣。上令褚遂良類狀㈤以聞，上親臨決，以能進擢者㈥二十人，以罪死者七人，流以下除免者㈦，數百千人。

㈢二月，乙未，上發并州㈧，三月，己巳，車駕還京師。上謂李靖曰：「吾以天下之眾，困於小夷㈨，何也？」靖曰：「此道宗所解㈩。」上顧問江夏王道宗，具陳在駐蹕時，乘虛取平壤之言，上悵然曰：「當時匆匆，吾不憶也。」

㈣上疾未全平㈡，欲專保養，庚午，詔軍國機務並委皇太子處決㈢，於是太子間日㈢聽政於東宮，既罷，則入侍藥膳，不離左右。上命太子暫出遊觀，太子辭，不願出，上乃置別院於寢殿側，使太子居之。褚遂良請遣太子旬日一還東宮，與師傅講道義㈣，從之。上嘗幸未央宮，辟仗㈤已過，忽於草中見一人帶橫刀㈥，詰之，曰：「聞辟仗至，懼不敢出，辟仗者不見，遂伏不敢動。」上遽引還㈦，顧謂太子：「茲事行之㈧，則數人當死，汝於後㈨速縱遣之。」又嘗乘腰輿⑳，有三衛㉑誤拂御衣，其人懼，色變，上曰：「此間無御史㉒，吾不汝罪也。」

㈤陝人㉓常德玄告刑部尚書張亮養假子五百人㉔，與術士公孫常語云，名應圖讖㉕，又問術士程公穎曰：「吾臂有龍鱗起，欲舉大事，可乎？」上命馬周等按㉖其事，亮辭不服，上曰：「亮有假子五百人，養此輩何為？正欲反耳！」命百官議其獄，皆言亮反當誅，獨將作少匠㉗李道裕言亮反形未具㉘，罪不當死㉙。上遣長孫無忌、房玄齡就獄與亮訣，曰：「法者，天下之平㉚，與公共之，公自不謹，與凶人㉛往還㉜，陷入於法，今將奈何？公好去㉝。」己丑，亮與公穎俱斬西市，籍沒其家，歲餘刑部侍郎缺㉞，上命執政妙擇㉟其人，擬數人皆不稱旨㊱，既而曰：「朕得其人矣。往者李道裕議張亮獄云：『反形未具。』此言當矣㊲。朕雖不從，至今悔之。」遂以道裕為刑部侍郎㊳。

㈥閏月，癸巳朔，日有食之。

㈦戊戌，罷遼州都督府及巖州。

(八)夏，四月，甲子，太子太保蕭瑀解(三九)太保，仍同中書門下三品。

(九)五月，甲寅，高麗王藏及莫離支蓋金遣使謝罪，并獻二美女，上還之(四〇)。金，即蘇文也。

(十)六月，丁卯，西突厥乙毗射匱可汗遣使入貢，且請昏，上許之，且使割龜茲、于闐、疏勒、朱俱波(四一)、葱嶺五國以為聘禮(四二)。

(十一)薛延陀多彌可汗性褊急(四三)，猜忌無恩，廢棄父時貴臣，專用己所親昵，國人不附。多彌多所誅殺，人不自安，回紇酋長吐迷度與僕骨同羅共擊之，多彌大敗。乙亥，詔以江夏王道宗、左衞大將軍阿史那社爾為瀚海安撫大使，又遣右領衞大將軍執失思力(四四)將突厥兵，右驍衞大將軍契苾何力將涼州及胡兵，代州都督薛萬徹、營州都督張儉各將所部兵，分道並進，以擊薛延陀。上遣校尉宇文法詣烏羅護(四五)靺鞨，遇薛延陀阿波設之兵於東境，法帥靺鞨擊破之。薛延陀國中驚擾，曰：「唐兵至矣。」諸部大亂。多彌引數千騎奔阿史德時健部落(四六)，回紇攻而殺之，並其宗族殆盡，遂據其地。諸俟斤互相攻擊，爭遣使來歸命。薛延陀餘眾西走，猶七萬餘口，共立真珠可汗兄子咄摩支為伊特勿失可汗，歸其故地，尋去可汗之號，遣使奉表，請居鬱督軍山之北。使兵部尚書崔敦禮就安集之(四七)。敕勒九姓酋長以其部落素服薛延陀種，聞咄摩支來，皆恐懼，朝議恐其為磧北之患，乃更遣李世勣與九姓敕勒共圖之。上戒世勣曰：「降則撫之，叛則討之(四八)。」己丑，上手詔以：「薛延陀破滅，其敕勒諸部，或來降附，或未歸服，今不乘機，恐貽後悔。朕當自詣靈州招撫，其去歲征遼東兵皆不調發。」

(十二)時太子當從行，少詹事張行成上疏，以為：「皇太子從幸靈州，不若使之監國(四九)，接對百寮，明習庶政，既為京師重鎮(五〇)，且示四方盛德，宜割(五一)私愛，俯從公道。」上以為忠，進位銀青光祿大夫(五二)(五三)。

(十三)李世勣至鬱督軍山，【考異】勣傳作烏德鞬山，唐歷云即鬱督軍山，虜語兩音也。鐵勒傳云至於天山。今從唐歷。其酋長梯真達官帥眾來降。薛延陀咄摩支南奔荒谷，世勣遣通事舍人(五四)蕭嗣業往招慰，咄摩支詣嗣業降(五五)，其部落猶持兩端(五六)，世勣縱兵追擊，前後斬五千餘級，虜男女三萬餘人(五七)。秋，七月，咄摩支至京師，拜右武衛大將軍。

(十四)八月，甲子，立皇孫忠為陳王。

(十五)己巳，上行幸靈州。

(十六)江夏王道宗兵既渡磧，遇薛延陀阿波達官眾數萬拒戰，道宗擊破之，斬首千餘級，追奔二百里(五八)。道宗與薛萬徹各遣使招諭敕勒諸部，其酋長皆喜，頓首請入朝。庚午，車駕至浮陽(五九)，回紇、拔野古、同羅、僕骨、多濫葛思結、阿跌、契苾跌結渾斛薛等十一姓，各遣使入貢。【考異】舊回紇鐵勒傳作多覽葛，今從實錄及本紀唐歷。又回紇傳、陳彭年唐紀作斛薩，鐵勒傳作解薛，今從實錄。實綠又有契丹奚，云十三姓。按契丹奚本非薛延陀所統，又內附已久，胥從征遼，非至此乃降。今從舊本紀。稱：「薛延陀不事大國，暴虐無道，不能與奴等為主(六〇)，自取敗死，部落鳥散(六一)，不知所之。奴等各有分地(六二)，不從薛延陀去，歸命天子，願賜哀憐，乞置官司，養育奴等(六三)。」上大喜，辛未，詔回紇等使者宴樂，頒賚(六四)拜官，賜其酋長璽書，遣右領軍中郎將安永壽報使(六五)。

(十七)壬申，上幸漢故甘泉宮(六六)，詔以：「戎狄與天地俱生，上皇(六七)並列，流殃(六八)構禍(六九)，乃自運初(七〇)，朕聊命偏師，遂擒頡利，始弘廟略(七一)，已滅延陀，鐵勒百餘萬戶，散處北溟，遠遣使人，委身(七二)內屬，請同編列(七三)，並為州郡(七四)，混元(七五)以降，殊未前聞。宜備禮告廟。」仍頒示普天(七六)。

(六)庚辰，至涇州，丙戌，踰隴山(七七)，至西瓦亭(七八)觀馬牧(七九)，九月，上至靈州(八〇)。敕勒諸部俟斤遣使相繼詣靈州者，數千人，咸云：「願得天至尊(八一)為奴等天可汗，子子孫孫，常為天至尊，奴死無所恨(八二)。」甲辰，上為詩序其事曰：「雪恥酬(八三)百王，除凶報千古。」公卿請勒石(八四)於靈州，從之。

(九)特進同中書門下三品宋公蕭瑀性狷介(八五)，與同寮多不合，嘗言於上曰：「房玄齡與中書門下眾臣，朋黨不忠，執權膠固(八六)，陛下不詳知，但未反耳！」上曰：「卿言得無太甚！人君選賢才，以為股肱心膂(八七)，當推誠任之。人不可以求備，必捨其所短，取其所長，朕雖不能聰明，何至頓迷臧否(八八)，乃至於是！」瑀內不自得，既數忤旨(八九)，上亦銜之(九〇)，但以其忠直居多，未忍廢也。上嘗謂張亮曰：「卿既事佛，何不出家？」瑀因自請出家，上曰：「亦知公雅好桑門〔九一〕，今不違公意。」瑀須臾復進曰：「臣適〔九二〕思之，不能出家。」上以瑀對羣臣發言反覆，尤不能平〔九三〕，會稱足疾不朝，或至朝堂而不入見，上知瑀意終怏怏〔九四〕。冬，十月，手詔數其罪曰：「朕於佛教，非意所遵〔九五〕，求其道者，未驗福於將來，修其教者，翻受辜於既往〔九六〕。至若梁武窮心於釋氏，簡文銳意〔九七〕於法門，傾帑藏〔九八〕以給僧祇〔九九〕，殫人力以供塔廟〔一〇〇〕，及乎三淮沸浪，五嶺騰煙〔一〇一〕，假餘息於熊蹯，引殘魂於雀鷇〔一〇二〕，子孫覆亡而不暇，社稷俄頃而為墟〔一〇三〕，報施之徵〔一〇四〕，何其謬〔一〇五〕也！瑀踐覆車之餘軌〔一〇六〕，襲亡國之遺風，棄公就私〔一〇七〕，未明隱顯之際〔一〇八〕，身俗口道〔一〇九〕，莫辨邪正之心，修累葉之殃源〔一一〇〕，祈一躬之福本，上以違忤君主，下則扇習〔一一一〕浮華，自請出家，尋復違異〔一一二〕，一迴一惑〔一一三〕，在乎瞬息之間，自可自否，變於帷扆之所〔一一四〕，乖棟梁之體，豈具瞻之量〔一一五〕乎！朕隱忍〔一一六〕至今，瑀全無悛〔一一七〕改，可商州刺史〔一一八〕。」仍除其封〔一一九〕〔一二〇〕。

(廿)上自高麗還，蓋蘇文益驕恣〔一二一〕，雖遺使奉表，其言率皆詭誕〔一二二〕，又待唐使者倨慢〔一二三〕，常窺伺邊隙，屢敕令勿攻新羅，而侵陵不止。

壬申，詔勿受其朝貢，更議討之。

(廿一)丙戌，車駕還京師。冬，十月，己丑，上以幸靈州，往還冒寒疲頓，欲於歲前專事保攝。十一月，己丑，詔㉞：「祭祀、表疏、胡客、兵馬、宿衞、行魚契、給驛㉟、授五品以上官、及除解㊱決死罪，皆以聞，餘並取皇太子處分㊲㊳。」

(廿二)十二月，己丑，羣臣累請封禪，從之，詔造羽衞㊴，送洛陽宮。

(廿三)戊寅，回紇俟利發吐迷度、僕骨俟利發歌濫拔延、多濫葛俟斤末、拔野古俟利發㊵屈利失、同羅俟利發時健啜、思結酋長烏碎及渾、斛薛、奚結、阿跌、契苾、白霫酋長皆來朝。庚辰，上賜宴於芳蘭殿㊶，命有司每五日一會。

(廿四)癸未，上謂長孫無忌曰：「今日吾生日，世俗皆為樂，在朕翻成傷感。今日臨㊷天下，富有四海㊸，而承歡膝下，永不可得，此子路所以有負米之恨也㊹。詩云：『哀哀父母，生我劬勞㊺。』奈何以劬勞之日，更為宴樂乎！」因泣數行下㊻，左右皆悲。

(廿五)房玄齡嘗以微譴歸第，褚遂良上疏，以為：「玄齡自義旗之始，翼贊㊲聖功，武德之季，冒死決策㊳，貞觀之初，選賢立政，人臣之勤㊴，玄齡為最。自非有罪在不赦，搢紳同尤㊵，不可遐棄㊶。陛下若以其衰老，亦當諷諭㊷使之致仕，退之以禮，不可以淺鮮㊸之過，棄數十年之勳舊。」上遽召出之㊹，頃之，玄齡復避位還家，久之，上幸芙蓉園㊺，玄齡敕子弟汛掃㊻門庭，曰：「乘輿㊼且至。」有頃，上果幸其第，因載玄齡還宮。

【今註】㊀騷然：騷亂。㊁以六條巡察四方：用漢之六條以巡行考察四方之州縣。㊂其人：指貶黜者。㊃相屬：相連屬。㊄類狀：將所上之狀，分類集合以聞。㊅以能進擢者：以材能而升擢者。㊆流以下除免者：配流以下而除免其罪者。㊇上發并州：《舊唐書．地理志》二：「并州至京師，一千三百六十里。」㊈小夷：指高麗言。㊉解：瞭解。⑪全平：全愈平復。⑫處決：處斷。⑬間日：隔日。⑭講道義：謂講論道義。⑮辟仗：胡三省曰：「辟仗者，衞士在駕前，攘辟左右，止行人，所謂陳兵清道而後行也。辟音闢。」⑯帶橫刀：謂用皮襻帶之，刀橫掖下。⑰引還：引車而還。⑱茲事行之：茲事若執行之。⑲汝於後：汝於後面。⑳腰輿：謂輿牀役夫於腰部負之。㉑三衞：謂親衞、勳衞、翊衞。此則指充三衞之一衞士。㉒此間無御史：《唐六典》卷十三：「御史大夫之職，掌邦國刑憲典章之政令，以肅正朝列，中丞為之貳。」㉓陝人：即陝州陝縣人之省稱。㉔養假子五百人：《舊唐書・張亮傳》作：「有義兒五百人。」是二者名雖不同，而其所指則一也。除此二名外，又有作養子者。《舊唐書・輔公祏傳》：「伏威潛忌之，為署其養子闞棱為左將軍，王雄誕為右將軍。」亦有作養兒者。《新唐書・逆臣傳》：「時楊貴妃有寵，祿山請為妃養兒，帝許之。」足知其名稱之繁夥矣。㉕圖讖：圖籙讖緯。音ㄔㄣˋ。㉖按：按問。㉗將作少匠：《舊唐書・職官志》一：「從四品下。」㉘未具：猶未顯露。㉙陝人常德玄告刑部尚書張亮……亮反形未具，罪不當死：按此段乃錄自《舊唐書・張亮傳》，字句大致相同。㉚天下之平：謂天下之最公平者。㉛凶人：凶險之人。㉜往還：猶往來。㉝公好去：乃與之決別之辭。㉞缺：空缺。㉟妙擇：精擇。

㊱稱旨：合意。㊲當矣：謂當於理。㊳歲餘刑部侍郎缺……遂以道裕為刑部侍郎：按此段乃錄自《舊唐書・張亮傳》，字句大致相同。又由歲餘以下諸字觀之，知非本年之事，乃隨事而附書者。

㊴解：解去。㊵高麗王藏及莫離支……上還之：按此段乃錄自《舊唐書・高麗傳》，字句大致相同。

㊶于闐、疏勒、朱俱波：胡三省曰：「于闐時兼有漢戎盧、扞彌、渠勒皮山五國故地。疏勒在葱嶺東北，判汗國治葱嶺中都城。」杜佑曰：「朱俱波亦曰朱俱槃，漢子合國也，去疏勒八九百里。」㊷西突厥乙毗射匱可汗遺使入貢……以為聘禮：按此段乃錄自《舊唐書・突厥傳》下，字句大致相同。

㊸褊急：性情躁急，音扁。㊹右領衞大將軍執失思力：按右領衞當作右領軍衞。㊺烏羅護：胡三省曰：「烏羅護直京師東北六千里，一曰烏羅渾，即後魏之烏洛侯也，東鄰靺鞨，大抵風俗皆靺鞨也。」

㊻奔阿史德時健部落：《新唐書・回鶻下薛延陀傳》，阿史德作阿史那，阿史那為北狄大族，當以作

那為是。㊼就安集之：就其所在而安集之。㊽薛延陀多彌可汗性褊急……降則撫之，叛則討之：按此一大段乃揉合《舊唐書・鐵勒傳》及《新唐書・回鶻下薛延陀傳》而成，字句大致相同。㊾太子從幸靈州，不若使之監國：《左傳》閔二年：「冢子，君行則守，有守則從，從曰撫軍，守曰監國。」㊿重鎮：謂重要鎮撫之人。(51)割：割捨。(52)銀青光祿大夫：《舊唐書・職官志》一：「銀青光祿大夫，文散官，從三品。」(53)時太子當從行……進位銀青光祿大夫：按此段乃錄自《舊唐書・張行成傳》，字句大致相同。(54)通事舍人：《唐六典》卷九：「通事舍人十六人，從六品上。掌朝見、引納及辭謝者，於殿廷通奏。」(55)李世勣至鬱督軍山……咄摩支詣嗣業降：按此段乃錄自《舊唐書・李勣傳》，字句大致相同。(56)猶持兩端：謂欲降又不欲降。(57)其部落猶持兩端……虜男女三萬餘人：按此數句乃錄自《舊唐書・鐵勒傳》，字句大致相同。(58)江夏王道宗兵既渡磧……追奔二百里：按此段乃錄自《新唐書・回鶻下薛延陀傳》，字句大致相同。(59)車駕至浮陽：《舊唐書・太宗紀》二十年文，浮陽作涇陽，《新唐書・回鶻傳》亦同，此乃唐京兆之涇陽，當改從之。(60)為主：作主人。(61)鳥散：如鳥獸散。(62)分地：分領之地。(63)車駕至浮陽……乞置官司，養育奴等：按此段乃錄自《舊唐書・太宗紀》二十年文，字句幾全相同。(64)頒賚：頒賜幣帛。(65)報使：為使者回報。(66)漢故甘泉宮：胡三省曰：「甘泉宮在京兆雲陽縣界磨石嶺，又曰磨盤嶺，又曰車盤嶺。」(67)上皇：指上古之皇帝。(68)流殃：流布災殃。(69)構禍：構造禍患。(70)乃自運初：謂乃自唐興運之初。(71)始弘廟略：始一弘施廟略。(72)委身：託身。(73)編列：編戶之民。(74)並為州郡：皆歸而畫為州郡。(75)混元：太極元氣，函三為一，混沌未分，謂之混元。亦即世界開闢之始。㊆普天：普天之下，亦即天下。㊇踰隴山：據《新唐書・地理志》一，在隴州汧源縣界。㊈西瓦亭：《元和郡縣志》卷三：「原州，平高縣，瓦亭故關在縣南七十里，即隴山北垂，隗囂使牛邯軍瓦亭，即此是也。」㊉觀馬牧：觀所牧之馬。《新唐書・兵志》：「馬者，兵之用也，監牧所以蕃馬也。其制起於近世。唐之初起，得突厥馬二千匹，又得隋馬三千於赤岸澤，徙之隴右，監牧之制始於此。」㊀靈州：《舊唐書・地理志》一：「靈州在京師西北一千二百五十里。」㊁天至尊：至尊謂天子，天至尊乃謂天下諸國之至尊也，此稱與天可汗之命意相同。㊂敕勒諸部俟斤……奴死無所恨：按此段《新唐書・回鶻下薛延陀傳》亦載之，而文字稍有不同。㊃酬：酬答。㊄勒石：刻石。㊅狷介：耿介自守，不與人苟合。㊆膠固：喻如膠之固，言甚固也。㊇心膂：心腹膂臂。㊈頓迷臧否：於善惡突昏迷若此。㊉忤旨：逆意。音ㄨˇ。㊀銜之：銜恨而怨之。㊁桑門：即佛門。㊂適：纔。㊃不能平：謂意不能平。㊄怏怏：不平貌。㊄非意所遵：猶意不遵之。㊅翻受辜於既往：猶反受禍於生前。㊆銳意：猶聚精會神。㊇帑藏：謂儲藏財貨之庫。音ㄊㄤˇ。㊈僧祇：僧徒與神祇。㊉以供塔廟：謂以供建築塔廟。㊀及乎三淮沸浪，五嶺騰煙：按沸浪騰煙，本作沸騰，以喻變動之激烈。《詩・小雅・十月之交》：「百川沸騰。」《文選・嵇康憂憤詩》：「欲寡其過，謗議沸騰。」《全唐文・駱賓王兵部奏姚州破賊露布》：「喑嗚則乾坤搖蕩，呼吸則海嶽沸騰。」皆其例證。唐人對此，復踵事增華，遂衍成為沸浪騰煙之語。又因此語頗為鮮麗，遂轉相徵引，《舊唐書・狄仁傑傳》所上之表，中亦有三淮沸浪，五嶺騰煙，錄載竟一字不易，亦足見文士對此語之贊賞矣。㉒假餘息於熊蹯，引殘魂於雀鷇：熊蹯楚成王事，雀鷇趙武靈王事，引以喻梁武餓死於臺城。鷇謂須母哺而食之小鳥，音遘。㉓而為墟：而為丘墟，亦即空虛。㉔徵：驗。㉕謬：乖謬。㉖覆車之餘軌：指信佛言。㉗棄公就私：棄公務，就私好。㉘未明隱顯之際：未知為宦與為民之分。㉙身俗口道：身事俗務而口言釋道。㉚殃源：殃禍之源泉。㉛扇習：扇動傳習。㉜違異：違反殊異。㉝一迴一惑：一迴轉一昏惑。㉞帷扆之所：謂天子朝羣臣之所。㉟量：器量。㊱隱忍：隱吞容忍。㊲悛：改竄，音ㄑㄩㄢ。㊳朕隱忍至今，瑀全無悛改，可商州刺史：按可商州刺史，與上事稍欠連貫，《舊唐書．蕭瑀傳》全無悛改下有：「宜即去茲朝闕，出牧小藩。」諸字，則可商州刺史之因由，大為明白，似宜斟酌增入。㊴仍除其封：謂因除去其封號。㊵特進同中書門下三品宋公蕭瑀……仍除其封：按此段乃錄自《舊唐書．蕭瑀傳》，字句大致相同。又所錄太宗手詔之文，全係對偶，而《通鑑》於此等處，率化偶為散，此則仍襲用原之駢儷，亦書出多手，而義例未克畫一之明證也。㊶驕恣：驕傲恣肆。㊷詭誕：詭異誇誕。㊸倨慢：倨傲怠慢。㊹冬十月己丑，上以幸靈州，往還冒寒疲頓，欲於歲前專事保攝，十一月己丑詔：按不得於連二月中有二己丑，且上已有冬十月手詔數其罪之冬十月三字，則冬十月己丑當作十一月己丑，而下之十一月己丑五字，應全行刪去，於詔字處改成下詔曰，如此則怡然理順，而無訛謬矣。㊺祭祀表疏胡客兵馬宿衛行魚契給驛：胡三省曰：「祭祀，謂郊廟社稷明堂也。表疏，在朝羣臣及四方所上者。胡客，四夷朝貢之客。兵馬，調遣征伐，及番上宿衛者也。符寶郎掌天子八寶及國之符節，辨其所用，有事則請之於內，既事則奉而藏之。藏其左而班其右，以合中外之契。一曰銅魚符，所以起軍旅易守長；二曰傳符，所以給郵驛，通制命；三曰隨身魚符，所以明貴賤，應徵召；四曰木契，所以重鎮守，慎出納；五曰旌節，所以委良能，假賞罰。魚符之制，王畿之內，左三右一，王畿之外，左五右一，左者在內，右者在外，行用之日，從第一為首，後事須用，以次發之，周而復始，大事兼敕書，小事但降符函封，遣使合而行之。傳符之制，太子監國曰雙龍符，左右各十，京都留守曰麟符，左二十，其右一十有九，東方曰青龍符，西方曰騶虞符，南方曰朱雀符，北方曰玄武符，左四右三，左者進內，右者付外。隨身魚符之制，左二右一，太子以玉，親王以金，庶官以銅。佩以為飾，刻姓名者去官而納焉，不刻者傳而佩之。木契之制，太子監國，則王畿之內，左右各三，王畿之外，左右各五，庶官鎮守，則左右各十。旌節之制，命大將帥及遣使於四方，則請而假之，旌以專賞，節以專殺。」（按胡文自符寶郎掌天子八寶以下，係全錄自《唐六典》卷八。）㉖除解：猶罷免。㉗處分：處理。㉘十一月己丑詔……並取皇太子處分：按此段《新唐書・太宗紀》亦載之，文字完全相同。㉙羽衛：羽葆仗衛。㉚俟利發：乃回紇諸種君王之稱。㉛芳蘭殿：胡三省曰：「按閣本大明宮圖，玄武門右玄武殿後，有紫蘭殿，大樂宴胡客，率引入玄武門。今此芳蘭殿豈紫蘭殿邪！」㉜臨天下：君臨天下。㉝富有四海：有四海之富。㉞此子路所以有負米之恨也：《家語・致思》：「子路見孔子曰：『昔由事二親之時，常食藜藿之實，為親負米百里之外；親沒之後，南游於楚，後車百乘，積粟萬鍾，累茵而坐，列鼎而食，願欲食藜藿，為親負米，不可得也。』子曰：『由也事親，可謂生事盡力，死事盡思者也。』」㉟哀哀父母，生我劬勞：《詩．小雅．蓼莪》之詞，劬，苦也。㊱泣數行下：泣淚數行並下。㊲翼贊：輔佐。㊳武德之季，冒死決策：季，末，指誅建成元吉而言。㊴勤：勞。㊵同尤：同怨。㊶遐棄：棄於遠處。㊷諷諭：諷示曉諭。㊸淺鮮：些少。㊹房玄齡嘗以微譴歸第……上遽召出之：按此段乃本自《舊唐書．房玄齡傳》，而改刪處頗多。㊺芙蓉園：胡三省曰：「芙蓉園在京城東南隅，秦之隑州，漢之樂遊苑，唐之曲江，同此地也。長安志曰：『隋營宮城，宇文愷以其地在京城東南隅，地高不便，故闕此地，不為居人坊巷，而鑿之為池，以厭勝之。又會黃渠水自城外南來，入城為芙蓉池，且為芙蓉園也。』」㊻汛掃：灑掃，音ㄒㄩㄣˋ。㊼乘輿：天子之代稱。

二十一年（西元六四七年）

㈠春，正月，開府儀同三司申文獻公高士廉疾篤，辛卯，上幸其第，流涕與訣㈠，壬辰，薨。上將往哭之，房玄齡以上疾新愈，固諫，上曰：「高公非徒君臣，兼以故舊姻戚㈡，豈得聞其喪，不往哭乎？公勿復言。」帥左右自興安門㈢出，長孫無忌在士廉喪所，聞上將至，輟哭，迎諫於馬首曰：「陛下餌金石㈣，於方，不得臨喪(五)，奈何不為宗廟蒼生自重(六)！且臣舅臨終，遺言深不欲以北首夷衾(七)，輒屈鑾駕(八)。」上不聽，無忌中道伏臥，流涕固諫，上乃還入東苑，南望而哭，涕下如雨；及柩出橫橋(九)，上登長安故城西北樓，望之慟哭(一〇)。

㈡丙申，詔以回紇部為瀚海府，僕骨為金微府，【考異】舊書作金徽，今從實錄、唐曆。多濫葛為燕然府，拔野古為幽陵府，同羅為龜林府，思結為盧山府(一一)，渾為臯蘭州，斛薛為高闕州，奚結為雞鹿州，阿跌為雞田州，契苾為榆溪州，思結別部為蹛林州，白霫為寘顏州，各以其酋長為都督、刺史，各賜金銀繒帛及錦袍(一二)。勑勒大喜，捧戴(一三)歡呼拜舞，宛轉塵中(一四)。及還，上御天成殿宴，設十部樂而遣之，諸酋長奏稱：「臣等既為唐民，往來天至尊所，如詣父母，請於回紇以南，突厥以北，開一道，謂之參天可汗道(一五)，置六十八驛，各有馬及酒肉以供過使(一六)，歲貢貂皮，以充租賦，仍請能屬文人，使為表疏。」上皆許之。於是北荒(一七)悉平，然回紇吐迷度已私自稱可汗(一八)，官號皆如突厥故事(一九)(二〇)。

㈢丁酉，詔以明年仲春，有事泰山，禪社首㉑，餘並依十五年議。

㈣二月，丁丑，太子釋奠于國學㉒。

㈤上將復伐高麗，朝議以為：「高麗依山為城，攻之不可猝拔㉓，前大駕親征，國人㉔不得耕種，所克之城，悉取其穀，繼以旱災，民太半乏食。今若數遣偏師，更迭㉕擾其疆埸，使彼疲於奔命㉖，釋耒入堡㉗，數年之間，千里蕭條，則人心自離，鴨綠之北㉘，可不戰而取矣。」上從之。三月，以左武衛大將軍牛進達為青丘道㉙行軍大總管，右武候將軍李海岸副之，發兵萬餘人，乘樓船自萊州汎海㉚而入；又以太子詹事李世勣為遼東道行軍大總管，右武衛將軍孫貳朗等副之，將兵三千人，因營州都督府兵自新城道入㉛，兩軍皆選習水善戰者，配之。

㈥辛卯，上曰：「勝於戎狄，所以能取古人所不能取，臣古人所不能臣者，皆順眾人之所欲故也。昔禹帥九州之民，鑿山槎木㉜，疏百川注㉝之海，其勞甚矣，而民不怨者，因人之心，順地之勢，與民同利故也。」

(七)是月，上得風疾，苦京師盛暑。夏，四月，乙丑，命修終南山太和廢宮為翠微宮(三四)。

(八)丙寅，置燕然都護府(三五)統瀚海等六都督、皐蘭等七州，以揚州都督府司馬(三六)李素立為之，素立撫以恩信(三七)，夷落(三八)懷之，共率馬牛(三九)為獻，素立唯受其酒一盃，餘悉還之。

(九)五月，戊子，上幸翠微宮，冀州進士張昌齡獻翠微宮頌，上愛其文，命於通事舍人裏供奉(四〇)。初昌齡與進士王公治皆善屬文，名振京師，考功員外郎王師旦知貢舉(四一)，黜之，舉朝莫曉其故，及奏第(四二)，上怪無二人名，詰(四三)之。師旦對曰：「二人雖有辭華(四四)，然其體(四五)輕薄，終不成令器(四六)，若置之高第，恐後進(四七)效之，傷陛下雅道(四八)。」上善其言。

(十)壬辰，詔百司依舊啟事皇太子(四九)。

(十一)庚辰，上御翠微殿(五〇)，問侍臣曰：「自古帝王雖平定中夏，不能服戎狄，朕才不逮(五一)古人，而成功過之，自不諭其故，諸公各率意(五二)以實言之。」羣臣皆稱：「陛下功德如天地，萬物不得而名言(五三)。」上曰：「不然，朕所以能及此者，止由五事耳。自古帝王多疾(五四)勝己者，朕見人之善，若己有之；人之行能，不能兼備(五五)，朕常棄其所短，取其所長；人主往往進賢，則欲寘諸懷(五六)，退不肖，則欲推諸壑(五七)，朕見賢者則敬之，不肖者則憐(五八)之，賢不肖各得其所；人主多惡正直，陰誅顯戮(五九)，無代無之，朕踐祚以來，正直之士，比肩(六〇)於朝，未嘗黜責一人，自古皆貴中華，賤夷狄，朕獨愛之如一，故其種落，皆依朕如父母。此五者，朕所以成今日之功也。」顧謂褚遂良曰：「公嘗為史官(六一)，如朕言，得其實乎？」對曰：「陛下盛德，不可勝載，獨以此五者自與(六二)，蓋謙謙之志耳。」

(十二)李世勣軍既渡遼，歷南蘇等數城(六三)，高麗多背城(六四)拒戰，世勣擊破其兵，焚其羅郭(六五)而還。

(十三)六月，癸亥，以司徒長孫無忌領揚州都督，實不之任。

(十四)丁丑，詔以隋末喪亂，邊民多為戎狄所掠，今鐵勒歸化(六六)，宜遣使詣燕然等州，與都督相知(六七)，訪求沒落(六八)之人，贖以貨財，給糧遞還本貫(六九)，其室韋、烏羅護、靺鞨三部人為薛延陀所掠者，亦令贖還。

(十五)癸未，以司農卿李緯為戶部尚書，時房玄齡留守京師，有自京師來者，上問玄齡何言，對曰：「玄齡聞李緯拜尚書，但云李緯美髭鬢(七〇)。」帝遽改除緯洛州刺史。【考異】唐歷云：「居無何，改緯太子詹事。」今從舊傳。

(十六)秋，七月，牛進達、李海岸入高麗境，凡百餘戰，無不捷，攻石城，拔之，進至積利城下，高麗兵萬餘人出戰，海岸擊破之，斬首二千級(七一)。

(十七)上以翠微宮險隘(七二)，不能容百官，庚子，詔更營玉華宮於宜春之鳳皇谷(七三)。庚戌，車駕還宮。

(十八)八月，壬戌，詔以薛延陀新降，土功屢興，加以河北水災，停明年封禪。

(十九)辛未，骨利幹遣使入貢，丙戌，以骨利幹為玄闕州，拜其俟斤為刺史，骨利幹於鐵勒諸部為最遠(七四)，晝長夜短，日沒後天色正曛(七五)，煮羊脾適熟(七六)，日已復出矣(七七)。【考異】實錄、唐歷皆作羊脾，僧一行大衍歷義及舊天文志、唐統紀皆作髀，新天文志云胹羊髀。按止言羊脾者取其易熟故也，若煮羊肺及髀，則雖中國通夕，亦未爛矣。今從大衍歷義。

(廿)己丑，齊州人段志沖上封事，請上致政於皇太子(七八)，太子聞之，憂形於色，發言流涕。長孫無忌等請誅志沖，上手詔曰：「五岳陵霄(七九)，四海亘地，納汙藏疾(八〇)，無損高深。志沖欲以匹夫，解位天子(八一)，朕若有罪，是其直(八二)也，若其無罪，是其狂(八三)也。譬如尺霧障天，不虧於大，寸雲點(八四)日，何損於明。」

(廿一)丁酉，立皇子明為曹王(八五)，明母楊氏，巢剌王之妃也，有寵於上，文德皇后之崩也，欲立為皇后，魏徵諫曰：「陛下方比德唐虞，奈何以辰嬴自累(八六)。」乃止，尋以明繼元吉後。

(廿二)戊戌，敕宋州刺史王波利等發江南十二州工人(八七)，造大船數百艘，欲以征高麗。

(廿三)冬，十月，庚辰，奴剌(八八)啜匐俟友帥其所部萬餘人內附。

(廿四)十一月，突厥車鼻可汗遣使入貢，車鼻名斛勃，本突厥同族，世為小可汗，頡利之敗，突厥餘眾欲奉以為大可汗，時薛延陀方強，車鼻不敢當(八九)，帥其眾歸之。或說薛延陀：「車鼻貴種，有勇略(九〇)，為眾所附，恐為後患，不如殺之。」車鼻知之，逃去，薛延陀遣數千騎追之，車鼻勒兵與戰，大破之，乃建牙於金山之北(九一)，自稱乙注車鼻可汗，突厥餘眾，稍稍(九二)歸之，數年間，勝兵(九三)三萬人，時出抄掠薛延陀。及薛延陀敗，車鼻勢益張，遣其子沙鉢羅特勒入見，又請身自入朝，詔遣將軍郭廣敬徵之，車鼻特(九四)為好言，初(九五)無來意，竟不至(九六)。【考異】實錄：「詔遣雲麾將軍安調遮，右屯衛郎將韓華迎之，車鼻徒飾其辭，初無來意，韓華將招歌邏祿共刼之，車鼻覺其謀，華與車鼻子陟苾特勒相射而死，調遮亦被殺。」今從舊突厥傳。

(七五)癸卯，徙順陽王泰為濮王。

(七六)壬子，上疾愈，三日一視朝。

(七七)十二月，壬申，西趙酋長趙磨帥萬餘戶內附(九七)，以其地為明州。

(七八)龜茲王伐疊卒，弟訶黎布失畢立，浸失臣禮，侵漁(九八)鄰國，上怒，戊寅，詔使持節崑丘道(九九)行軍大總管、左驍衛大將軍阿史那社爾、副大總管左驍衛大將軍契苾何力、安西都護郭孝恪等，將兵擊之，仍命鐵勒十三州(一〇〇)、突厥、吐蕃、吐谷渾連兵進討(一〇一)。

(七九)高麗王使其子莫離支任武入謝罪，上許之。

【今註】(一)訣：訣別。(二)兼以故舊親戚：高士廉、長孫后之母舅也，士廉識帝於龍潛，因以甥女妻帝。㊂興安門：胡三省曰：「按六典，大明宮南面五門，次西曰興安門。但貞觀以前，人主常居大極宮，高宗龍朔之後，方居大明宮，然此時已營永安宮，永安即大明也。或者帝自永安宮而出興安門歟！按舊書高士廉傳，『上出興安門，至延喜門，長孫無忌迎諫馬首。』延喜門直皇城之東北隅，而興安門直大明宮城之西南隅，由大明之興安門至皇城之延喜門，其路迂且遠。意太極宮中別自有興安門也。」㊃餌金石：謂服藥餌。㊄於方不得臨喪：《舊唐書・高士廉傳》作：「餌石臨喪，經方明忌。」是方乃經方或藥方也。㊅自重：自重其身體。㊆北首夷衾：死者北首，夷衾，古喪禮所用覆尸柩之衾，見《儀禮・士喪禮》：「牀笫夷衾。」注疏。㊇鑾駕：猶乘輿。㊈橫橋：《三輔黃圖》卷一：「長安城北出西頭第一門曰橫門，門外有橋曰橫橋。」㊉開府儀同三司申文獻公高士廉……望之慟哭：按此段乃錄自《舊唐書・高士廉傳》，字句大致相同。⑪思結為盧山府：府者，都督府。⑫錦袍：《新唐書・回鶻傳》：「天子方招寵遠夷，作絳黃瑞錦文袍、寶刀珍器賜之。」此錦袍之詳細特徵也。⑬捧戴：謂捧戴所賜之物。⑭宛轉塵中：蜿蜒旋轉於塵氛之中。⑮參天可汗道：謂參謁天可汗之路。⑯以供過使：以供往來經過之使者。⑰北荒：北方荒服之地。⑱已私自稱可汗：《舊唐書・回紇傳》作：「已自稱可汗。」不如刪去私字，反更明白流暢。⑲故事：猶舊制。⑳詔以回紇部為瀚海府……皆如突厥故事：按此段與《新唐書・回鶻傳》所載，大致相同，而與《舊唐書・回紇傳》所載之部落及府州名稱，則多有歧異。㉑禪社首：《新唐書・地理志》二：「河南道、兗州、乾封縣，有社首山。」禪，封禪。㉒二月丁丑，太子釋奠於國學：《舊唐書・禮儀志》四：

「春秋二仲，行釋奠之禮。許敬宗奏：『今請國學釋奠，令國子祭酒為初獻，祝辭稱皇帝謹遣，仍令司業為亞獻，國子博士為終獻。』」㉓猝拔：猶速拔。㉔國人：指高麗國言。㉕更迭：更互。㉖奔命：奔赴命令。㉗釋耒入堡：放下耒耜入守城堡。㉘鴨綠之北：指高麗言。㉙青丘道：《漢書・司馬相如傳》：「子虛賦云：『夫齊東陼鉅海，觀乎成山，射乎之罘，秋獵乎青丘，彷徨乎海外。』服虔曰：『青丘國在海東三百里。』」㉚汎海：浮海。㉛以左武衞大將軍牛進達……自新城道入：按此段《新唐書・高麗傳》亦載之，字句大致相同。㉜槎木：逆斫木，音ㄔㄚˊ。㉝注：注滙。㉞翠微宮：《新唐書・地理志》一：「京兆府，長安，南五十里，太和谷有太和宮，武德八年置，貞觀十年廢，二十一年復置，曰翠微宮，籠山為苑。」㉟置燕然都護府：《新唐書・回鶻傳》：「即故單于臺置燕然都護府。」宋白曰：「在西受降城東南四十里。」㊱揚州都督府司馬：《舊唐書・職官志》三：「大都督府，司馬二人，從四品下。」㊲恩信：恩德威信。㊳夷落：夷狄之部落。㊴共率馬牛：謂共約依率而征歛馬牛。㊵於通事舍人裏供奉：以資淺不得除正官，命於通事舍人班裏供奉。㊶考功員外郎王師旦知貢舉：《唐六典》卷二：「考功員外郎一人，從六品上。掌天下貢舉之職，開元二十四年，敕以為權輕，專令禮部侍郎一人知貢舉。」唐禮部選士自此始。㊷及奏第：及奏及第者。㊸詰：詰問。㊹辭華：文辭才華。㊺其體：其文體。㊻令器：美器。㊼後進：後進之士。㊽雅道：雅正之道。㊾詔百司依舊啟事皇太子：《新唐書・太宗紀》作：「命百司決事於皇太子。」合二文觀之，蓋謂命百司將所決之事，啟奏於皇太子，以候其作最後之定奪也。㊿上御翠微殿：翠微宮之正殿。(五一)逮：及。(五二)率意：依據己意。(五三)萬物不得而名言：謂萬民不得而名之，亦不得而言之。(五四)疾：厭惡。(五五)兼備：全備。(五六)寘諸懷：寘之於懷抱，謂甚親之。(五七)推諸壑：推之於溝壑，所謂疾之則欲其死也。(五八)憐：憐憫。(五九)陰誅顯戮：暗誅明戮。(六〇)比肩：猶並列。(六一)公嘗為史官：褚遂良嘗知起居注。(六二)自與：謂自以為長。(六三)歷南蘇等數城：《漢書・地理志》第八下：「高句驪，又有南蘇水，西北經塞外。」補注：「一統志：『蘇子河在興京城北半里，蓋即南蘇水也。隋大業七年伐高麗，遣段文振出南蘇道。唐顯慶中，置南蘇州於此。』」(六四)背城：據城。(六五)羅郭：指外城言。(六六)歸化：歸從王化。(六七)相知：相知會。(六八)沒落：猶淪亡。(六九)遞還本貫：乘驛歸還本籍。(七〇)但云李緯美髭鬢：髭，口上鬚。意謂其無他優長。(七一)牛進達、李海岸入高麗境……斬首二千級：按此段《新唐書・高麗傳》亦載之，字句大致相同。(七二)險隘：險阻狹隘。(七三)營玉華宮於宜春之鳳凰谷：《新唐書・地理志》一：「關內道、坊州、宜君，貞觀二十年置玉華宮，宮在北四里鳳凰谷。」《舊唐書・地理志》一亦作宜君，春當改作君。(七四)骨利幹於鐵勒諸部為最遠：《新唐書・回鶻傳》下：「骨利幹處瀚海北，其地北距海，去京師最遠，又北度海，則晝長夜短。」(七五)曛：黑。(七六)適熟：纔熟。(七七)日沒後天色正曛，煮羊胛適熟，日已復出矣：按所言者，皆北極之特徵，故其地實與北極相近。(七八)致政於皇太子：謂將政事致交於皇太子。(七九)陵霄：陵插霄漢。(八〇)藏疾：猶藏垢。(八一)解位天子：謂欲使天子解位。(八二)直：質直。(八三)狂：狂妄。(八四)點：謂遮住日之一點。(八五)丁酉，立皇子明為曹王：按《新唐書・太宗紀》作：「九月丁酉。」丁酉上當添九月二字。(八六)奈何以辰嬴自累：《左傳》：「晉太子圉為質於秦，秦穆公以女妻之，圉將逃歸，謂之曰：『與子歸乎？』嬴氏不敢從，圉遂逃歸。及晉公子重耳入秦，秦穆公納女五人，懷嬴與焉，謂之辰嬴。」(八七)發江南十二州工人：十二州為：宣、潤、常、蘇、湖、杭、越、台、婺、括、睦、洪。(八八)奴剌：胡三省曰：「奴剌部落居吐谷渾、党項之間。」音ㄌㄚˊ。(八九)不敢當：不敢當大可汗之位。(九〇)勇略：勇武謀略。(九一)建牙於金山之北：胡三省曰：「其地三垂斗絕，惟一面可容車騎。」(九二)稍稍：漸漸。(九三)勝兵：勝任為兵卒者。(九四)特：猶徒。(九五)初：猶本。(九六)突厥車鼻可汗遣使入貢……竟不至：按此段乃錄自《舊唐書・突厥傳》上，字句大致相同。(九七)西趙酋長趙磨帥萬餘戶內附：《舊唐書・西南蠻傳》：「西趙蠻在東謝之南，其界東至夷子，西至昆明，南至西洱河，山洞阻深，莫知道里。首領趙氏，世為酋長，有戶萬餘。」(九八)侵漁：漁，漁獵，此俱指侵略言。(九九)崑丘道：《爾雅》：「三城為崑崙丘。」故因名曰崑丘道。(一〇〇)鐵勒十三州：以其州外兼含有府，故新舊《唐書・龜茲傳》，皆作十三部，部字較為賅括，當改從之。(一〇一)龜茲王伐疊卒……連兵進討：按此段乃錄自《舊唐書・龜茲傳》，字句大致相同。

二十二年（西元六四八年）

(一)春，正月，己丑，上作帝範(一)十二篇，以賜太子，曰：「君體、建親、求賢、審官、納諫、去讒、戒盈、崇儉、賞罰、務農、閱武、崇文㈡。」且曰：「脩身治國，備在㈢其中。一旦不諱㈣，更無所言矣。」又曰：「汝當更求古之哲王，以為師，如吾不足法也。夫取法於上，僅得其中㈤，取法於中，不免為下。吾居位已來，不善多矣，錦繡珠玉，不絕於前㈥，宮室臺榭，屢有興作㈦，犬馬鷹隼，無遠不致㈧，行遊四方，供頓㈨煩勞，此皆吾之深過，勿以為是，而法之。顧我弘濟蒼生，其益多，肇造（一〇）區夏（一一），其功大，益多損少，故人不怨，功大過微，故業不墮（一二）。然比之盡美盡善，固多愧矣。汝無我之功勤（一三），而承我之富貴，竭力為善，則國家僅安，驕惰奢縱，則一身不保（一四）。且成遲（一五）敗速者，國也，失易得難者，位也，可不惜（一六）哉！可不慎哉！」

㈡中書令兼右庶子馬周病，上親為調藥，使太子臨問（一七），庚寅，薨。

㈢戊戌，上幸驪山溫湯。

㈣己亥，以中書舍人崔仁師為中書侍郎，參知機務。

㈤新羅王金善德卒，以善德妹真德為柱國，封樂浪郡王，遣使冊命㈧。

㈥丙午，詔以右武衛大將軍薛萬徹為青丘道行軍大總管，右衛將軍裴行方副之，將兵三萬餘人，及樓船戰艦，自萊州泛海，以擊高麗。

㈦長孫無忌檢校中書令，知尚書門下省事㈨。

㈧戊申，上還宮。

㈨結骨自古未通中國㈩，聞鐵勒諸部皆服，二月，其俟利發失鉢屈阿棧入朝。其國人皆長大㈪，赤髮綠睛，有黑髮者，以為不祥。上宴之於天成殿，謂侍臣曰：「昔渭橋斬三突厥首㈫，自謂功多，今斯人在席，更不以為怪邪㈬！」失鉢屈阿棧請除一官，執笏而歸㈭，誠百世之幸。戊午，以結骨為堅昆都督府，以失鉢屈阿棧為右屯衛大將軍、堅昆都督，隸燕然都護㈮。又以阿史德時健俟斤部落置祁連州，隸營州都督。是時四夷大小君長，爭遣使入獻見㈯，道路不絕，每元正朝賀，常數百千人。辛酉，上引見諸胡使者，謂侍臣曰：「漢武帝窮兵㉗三十餘年，疲弊中國，所獲無幾，豈如今日綏㉘之以德，使窮髮之地㉙，盡為編戶㉚乎！」

(十)上營玉華宮，務令儉約，惟所居殿覆以瓦，餘皆茅茨㉛，然備設太子宮，百司苞山絡野㉜，所費已巨億㉝計。乙亥，上行幸玉華宮，己卯，畋於華原㉞。

(十一)中書侍郎崔仁師坐有伏閤自訴者，仁師不奏，除名，流連州㉟。

(十二)三月，己丑，分瀚海都督俱羅勃部，置燭龍州。

【考異】舊傳本冀州，今從新書本紀。

(十三)甲午，上謂侍臣曰：「朕少長兵間，頗能料敵㊱，今崑丘行師處月處密二部，及龜茲用事者羯獵顛那利，每懷首鼠㊲，必先授首，弩失畢其次也㊳。」

(十四)庚子，隋蕭后卒，詔復其位號，謚曰愍，使三品護葬，備鹵簿儀衛，送至江都，與煬帝合葬。

(十五)充容㊴、長城㊵徐惠㊶以上東征高麗，西討龜茲，翠微玉華，營繕相繼，又服玩頗華靡㊷，上疏諫，其略曰：「以有盡之農功㊸，填無窮之巨浪㊹，圖未獲之他眾，喪已成之我軍。昔秦皇并吞六國，反速危亡之基，晉武奄有三方㊺，翻成覆敗之業，豈非矜功恃大，棄德輕邦㊻，圖利忘危，肆情縱欲之所致乎！是知地廣，非常安之術，人勞，乃易亂之源也。」又曰：「雖復茅茨示約，猶興木石之疲㊼，和雇㊽取人，不無煩擾㊾之弊。」又曰：「珍玩伎巧，乃喪國之斧斤，珠玉錦繡，實迷心之酖毒。」又曰：「作法於儉，猶恐其奢，作法於奢，何以制後㊿？」上善其言，甚禮重之(51)。

【今註】㊀帝範：謂為帝王之軌範。㊁君體、建親、求賢、審官、納諫、去讒、戒盈、崇儉、賞罰、務農、閱武、崇文：按此乃帝範十二篇之篇目。㊂備在：全在。㊃一旦不諱：謂一旦死去。㊄僅得其中：謂僅得乎中等者。㊅不絕於前：謂不絕於目及身。㊆興作：興起建作。㊇無遠不致：產地無論如何遙遠，亦皆致而有之。㊈供頓：路行及頓息之供給。㊉肇造：始造。⑪區夏：猶區宇或華夏。⑫墮：讀曰隳。⑬功勤：功勞。⑭一身不保：謂雖一身，亦不得保。⑮成遲：成功遲緩。⑯惜：愛惜。⑰臨問：駕臨問疾。⑱新羅王金善德卒……遣使冊命：按此段乃錄自《舊唐書・新羅傳》，字句大致相同。⑲長孫無忌檢校中書令，知尚書門下省事：長孫無忌蓋總三省之事。⑳結骨自古未通中國：《新唐書・回鶻傳》下，結骨作黠戛斯。文云：「地當伊吾之西，焉耆北白山之旁。直回紇西北三千里。」㉑長大：高大。㉒昔渭橋斬三突厥首：謂武德九年，頡利犯便橋之事。㉓今斯人在席，更不以為怪邪：謂今此人在席，豈不功更多乎！㉔請除一官，執笏而歸：《舊唐書・輿服志》一：「五品已上執象笏，自有唐已來，一例上圓下方。六品已下執竹木為笏，上挫下方。」㉕結骨自古未通中國……堅昆都督、隸燕然都護：按此段與《新唐書・回鶻傳下黠戛斯傳》，文字大致相同。㉖入獻見：入貢獻參見。㉗窮兵：窮兵黷武。㉘綏：安。㉙窮髮之地：《莊子・逍遙遊》：「窮髮之北。」成玄英疏：「地以草為毛髮，北方塞沍之地，草木不生，故名窮髮，所謂不毛之地。」此指上之骨利幹言。㉚編戶：編入戶籍。㉛茨：屋以草蓋為茨。㉜百司苞山絡野：謂百司署廨，包山遍野。絡為網絡，亦即遍意。㉝巨億：億億。㉞華原：《舊唐書・地理志》一：「關內道，京兆府，屬有華原縣。」㉟連州：據同志四，連州屬嶺南道。㊱料敵：料度敵情。㊲首鼠：謂首鼠兩端。㊳弩失畢其次也：胡三省曰：「弩失畢當作布失畢，龜茲王也。」其次也，謂其次授首。㊴充容：《唐會要》：「舊制，昭儀、昭容、昭媛、脩儀、脩容、脩媛、充儀、充容、充媛各一人，為九嬪，正二品。」㊵長城：據《舊唐書・地理志》三，屬江南道湖州。㊶徐惠：徐孝德之女。㊷華靡：華麗侈靡。㊸農功：謂農夫之收成。㊹巨浪：指泛海征高麗言。㊺晉武奄有三方：魏蜀吳三方鼎峙，至晉混一。㊻輕邦：輕視邦國。㊼猶興木石之疲：謂猶興木石疲民之役。㊽和雇：名曰和雇，實多以低省工資而強人為之。㊾煩擾：煩勞騷擾。㊿制後：為後人之法度。(51)充容長城徐惠……甚禮重之：按此段乃錄自《舊唐書・太宗賢妃徐氏傳》，字句大致相同。又上疏諫之文，本為一篇，而中連加又曰又曰之語，以示另行徵引。此法亦甚有意義。蓋為避免冗長而不陷於平板，則此實一有效之變化辦法。且藉又曰，亦可摘其要者，而將前後之不重要者，順便加以省略。故又曰之法，實具有二種特殊之效用焉。

卷一百九十九　唐紀十五

司馬光編集
曲守約註

起著雍涒灘四月，盡旃蒙單閼九月，凡七年有奇。（戊申至乙卯，西元六四八年至六五五年）

太宗文武大聖大廣孝皇帝下之下

貞觀二十二年（西元六四八年）

㈠夏，四月，丁巳，右武候將軍梁建方擊松外蠻㈠，破之。初，巂州都督劉伯英上言：「松外諸蠻，蹔降復叛，請出師討之，以通西洱天竺之道㈡。」敕建方發巴蜀十三州㈢兵討之，蠻酋雙舍帥眾拒戰，建方擊敗之，殺獲千餘人，羣蠻震慴㈣，亡竄㈤山谷，建方分遣使者，諭以利害，皆來歸附，前後至者七十部㈥，戶十萬九千三百。建方署㈦其酋長蒙和等為縣令，各統所部，莫不感悅。因遣使詣西洱河㈧，其帥楊盛大駭，具船將遁，使者曉諭以威信，盛遂請降。其地有楊、李、趙、董等數十姓，各據一州，大者六百，小者二三百戶，無大君長，不相統一，語雖小訛㈨，其生業㈩風俗，大略與中國同。自云本皆華人，其所異者，以十二月為歲首。

㈡己未，契丹辱紇主曲據帥眾內附，以其地置玄州，以曲據為刺史，隸營州都督府(一一)。

㈢甲子，烏胡鎮將(一二)古神感將兵浮海擊高麗，遇高麗步騎五千，戰於易山(一三)，破之，其夜高麗萬餘人襲神感船，神感設伏，又破之，而還(一四)。

㈣初西突厥乙毗咄陸可汗以阿那賀魯為葉護，居多邏斯水，在西州北千五百里，統處月、處密、始蘇、歌邏祿、失畢五姓之眾(一五)，乙毗咄陸奔吐火羅，乙毗射匱可汗遣兵迫逐之，部落亡散，乙亥，賀魯帥其餘眾數千帳(一六)內屬，詔處之於庭州莫賀城(一七)，拜左驍衛將軍(一八)。賀魯聞唐兵討龜茲，請為鄉導，仍從數十騎入朝，上以為崑丘道行軍總管，厚宴賜而遣之。

㈤五月，庚子，右衛率長史(一九)王玄策擊帝那伏帝王阿羅那順(二〇)，大破之。初中天竺王尸羅逸多兵最彊，四天竺皆臣之(二一)，玄策奉使，至天竺諸國，皆遣使入貢，會尸羅逸多卒，國中大亂，其臣阿羅那順自立，發胡兵攻玄策，玄策帥從者三十人與戰，力不敵，悉為所擒，阿羅那順盡掠諸國貢物，玄策脫身宵遁，抵吐蕃西境，以書徵㉒隣國兵，吐蕃遣精銳千二百人，泥婆國㉓遣七千餘騎赴之，玄策與其副蔣師仁帥二國之兵，進至中天竺所居茶餺和羅城，連戰三日，大破之，斬首三千餘級，赴水溺死者且萬人，阿羅那順棄城走，更收㉔餘眾，還與師仁戰，又破之，擒阿羅那順，餘眾奉其妃及王子阻乾陀衞江㉕，師仁進擊之，眾潰，獲其妃及王子，虜男女萬二千人，於是天竺響震，城邑聚落降者五百八十餘所，俘阿羅那順以歸。以玄策為朝散大夫㉖㉗。

㈥六月，乙丑，以白霫部為居延州。

㈦癸酉，特進宋公蕭瑀卒，太常議謚㉘曰德，尚書議謚曰肅㉙，上曰：「謚者，行之迹，當得其實，可謚曰貞褊公。」子銳嗣，尚上女襄城公主，上欲為之營第，公主固辭曰：「婦事舅姑，當朝夕侍側，若居別第，所闕多矣。」上乃命即瑀第而營之㉚。

㈧上以高麗困弊，議以明年發三十萬眾，一舉滅之。或以為：

「大軍東征，須備經歲之糧，非畜乘所能載，宜具舟艦，為水運，隋末劍南獨無寇盜，屬者遼東之役，劍南復不預及，其百姓富庶，宜使之造舟艦。」上從之。秋，七月，遣右領左右府長史㉛強偉，於劍南道伐木造舟艦，大者或長百尺，其廣半之，別遣使行水道，自巫峽抵江揚，趣萊州。

㈨庚寅，西突厥相屈利啜請帥所部，從討龜茲。

㈩初左武衛將軍、武連縣公㉜武安㉝李君羡直玄武門㉞，時太白屢晝見，太史占云：「女主昌。」民間又傳祕記云：「唐三世之後，女主武王，代有天下。」上惡之。會與諸武臣宴宮中，行酒令㉟，使各言小名，君羡自言名五娘，上愕㊱然，因笑曰「何物女子㊲，乃爾勇健㊳！」又以君羡官稱封邑，皆有武字，深惡之，後出為華州刺史。有布衣㊴員道信自言能絕粒㊵，曉佛法，君羡深敬信之，數相從屏人語㊶，御史奏君羡與妖人交通，謀不軌。壬辰，君羡坐誅㊷，籍沒其家㊸。

(十一)上密問太史令李淳風：「祕記所云，信有㊹之乎？」對曰：「臣仰稽[45]天象，俯察曆數，其人已在陛下宮中為親屬，自今不過三十年，當王天下，殺唐子孫殆盡，其兆[46]既成[47]矣。」上曰：「疑似者，盡殺之，何如？」對曰：「天之所命，人不能違[48]也。王者不死，徒多殺無辜。且自今以往[49]三十年，其人已老，庶幾頗有慈心，為禍或淺。今借使[50]得而殺之，天或生壯者，肆其怨毒[51]，恐陛下子孫無遺類矣。」上乃止[52]。

(十一)司空梁文昭公房玄齡留守京師，疾篤，上徵赴玉華宮，肩輿入殿，至御座側，乃下，相對流涕，因留宮下。聞其小愈，則喜形於色，加劇，則憂悴。玄齡謂諸子曰：「吾受主上厚恩，今天下無事，唯東征未已，羣臣莫敢諫，吾知而不言，死有餘責[53][54]。」乃上表諫，以為：「老子曰：『知足不辱，知止不殆[55]。』陛下功名威德，亦可足矣，拓地開疆，亦可止矣。且陛下每決一重囚，必令三覆五奏[56]，進素膳，止音樂者，重人命也。今驅無罪之士卒，委之[57]鋒刃之下，使肝腦塗地，獨不足愍乎！向使高麗違失臣節，誅之可也，侵擾百姓，滅之可也，它日[58]能為中國患，除之可也，今無此三條(五九)，而坐煩(六〇)中國，內為前代雪恥，外為新羅報讎，豈非所存(六一)者小，所損者大乎！願陛下許高麗自新，焚陵波(六二)之船，罷應募之眾，自然華夷慶賴(六三)，遠肅邇安(六四)。臣旦夕入地，儻蒙錄此哀鳴(六五)，死且不朽(六六)。」玄齡子遺愛尚上女高陽公主，上謂公主曰：「彼病篤如此，尚能憂我國家。」上自臨視，握手與訣，悲不自勝(六七)，癸卯，薨。

(十三)柳芳曰：「玄齡佐太宗，定天下，及終相位，凡三十二年，天下號為賢相，然無迹可尋，德亦至矣(六八)。故太宗定禍亂，而房杜不言功，王魏(六九)善諫諍，而房杜讓其賢，英衛(七〇)善將兵，而房杜行其道(七一)，理致太平(七二)，善歸人主，為唐宗臣(七三)，宜哉(七四)。」

(十四)八月，己酉朔，日有食之。

(十五)丁丑，敕越州都督府及婺洪等州造海船及雙舫(七五)千一百艘。

(十六)辛未，遣左領軍大將軍執失思力出金山道，擊薛延陀餘寇。

(十七)九月，庚辰，崑丘道行軍大總管阿史那社爾擊處月處密，破之，餘眾悉降。

(十八)癸未，薛萬徹等伐高麗還〔七六〕，萬徹在軍中，使氣陵物〔七七〕，裴行方〔七八〕奏其怨望，坐除名〔七九〕，流象州〔八〇〕。

(十九)己丑，新羅奏為百濟所攻，破其十三城。

(廿)己亥，以黃門侍郎褚遂良為中書令。

(廿一)彊偉等發民造船，役〔八一〕及山獠，雅邛眉三州獠反，壬寅，遣茂州都督張士貴、右衛將軍梁建方，發隴右峽中兵二萬餘人以擊之，蜀人苦造船之役，或乞輸直〔八二〕，雇潭州人造船，上許之。州縣督迫〔八三〕嚴急，民至賣田宅，鬻子女，不能供，穀價踊貴〔八四〕，劍外騷然。上聞之，遣司農少卿長孫知人馳驛往視之，知人奏稱：「蜀人脆〔八五〕弱，不耐勞劇〔八六〕，大船一艘，庸絹〔八七〕二千二百三十六匹，山谷已伐之木，挽曳未畢，復徵船庸，二事併集〔八八〕，民不能堪，宜加存養〔八九〕。」上乃敕潭州船庸，皆從官給。

(廿二)冬，十月，癸丑，車駕還京師。

(廿三)回紇吐迷度兄子烏紇蒸其叔母〔九〇〕，烏紇與俱陸莫賀達官俱羅勃，皆突厥車鼻可汗之壻也，相與謀殺吐迷度，以歸車鼻，烏紇夜引十餘騎襲吐迷度，殺之，燕然副都護元禮臣使人誘烏紇，許奏以為瀚海都督，烏紇輕騎詣禮臣謝(九一)，禮臣執而斬之，以聞。上恐回紇部落離散，遣兵部尚書崔敦禮往安撫之，久之，俱羅勃入見，上留之不遣(九二)(九三)。

(卅四)阿史那社爾既破處月處密，引兵自焉耆之西，趨龜茲北境，分兵為五道，出其不意，焉耆王薛婆阿那支棄城奔龜茲，保其東境，社爾遣兵追擊，擒而斬之，立其從父弟先那準為焉耆王(九四)，使修職貢(九五)。龜茲大震，守將多棄城走，社爾進屯磧口(九六)，去其都城(九七)三百里，遣伊州刺史韓威帥千餘騎為前鋒，右衛將軍曹繼叔(九八)次之，至多褐城，龜茲王訶利布失畢，其相那利羯獵顛(九九)帥眾五萬拒戰，鋒刃甫接，威引兵偽遁，龜茲悉眾追之，行三十里，與繼叔軍合，龜茲懼，將卻，繼叔乘之，龜茲大敗，逐北八十里(一〇〇)。甲戌，以回紇吐迷度子前左屯衛大將軍婆閏為左驍衛大將軍大俟利發、瀚海都督(一〇一)。【考異】舊回紇傳云：「詔西突厥可汗阿史那賀魯統五啜、五俟斤二十餘部，居多羅斯水南，去西州馬行十五日程。回紇不肯西屬突厥。」按賀魯時為將軍，自多邏斯水入居庭州，永徽二年，乃西遁，自稱可汗，所統咄陸五啜弩失畢五俟斤，唐未嘗以回紇隸之也。今不取。

(七五)十一月，庚子，契丹帥窟哥、奚帥可度者並帥所部內屬，以契丹部為松漠府㉒，以窟哥為都督，又以其別帥達稽等部為峭落等九州㉓，各以其辱紇主為刺史。以奚部為饒樂府，以可度者為都督，又以其別帥阿會等部為弱水等五州㉔，亦各以其辱紇主為刺史。辛丑，置東夷校尉官於營州㉕。

(七六)十二月，庚午，太子為文德皇后作大慈恩寺成㉖。

(七七)龜茲王布失畢既敗走，保都城，阿史那社爾進軍逼之，布失畢輕騎西走，社爾拔其城，使安西都護郭孝恪守之。沙州刺史蘇海政、尚輦奉御㉗薛萬備，帥精騎追布失畢，行六百里，布失畢窘急，保撥換城㉘，社爾進軍攻之，四旬。閏月，丁丑，拔之，擒布失畢及羯獵顛。那利脫身走，潛引西突厥之眾，并其國兵萬餘人，襲擊孝恪㉙，孝恪營於城外，龜茲人或告之，孝恪不以為意㉚，那利奄至，孝恪帥所部千餘人將入城，那利之眾已登城矣，城中降胡與之相應，共擊孝恪，矢刃如雨，孝恪不能敵，將復出，死於西門㉛。城中大擾，倉部郎中崔義超㉜召募得二百人，衛軍資㉝財物，與龜茲戰於城中，曹繼叔、韓威亦營於城外，自城西北隅擊之，那利經宿乃退，斬首三千餘級，城中始定。後旬餘日，那利復引山北㉔龜茲萬餘人趣都城，繼叔逆擊，大破之，斬首八千級，那利單騎走，龜茲人執之以詣軍門㉕，阿史那社爾前後破其大城五，遣左衞郎將權祗甫詣諸城，開示禍福，皆相帥請降，凡得七百餘城㉖，虜男女數萬口。社爾乃召其父老，宣國威靈，諭以伐罪之意，立其王之弟葉護為王，龜茲人大喜，西域震駭，西突厥、于闐、安國爭饋駝馬軍糧，社爾勒石紀功而還㉗。

(廿八)戊寅，以崑丘道行軍總管、左驍衞將軍阿史那賀魯為泥伏沙鉢羅葉護，賜以鼓纛，使招討西突厥之未服者。

(廿九)癸未，新羅相金春秋及其子文王入見㉘。春秋，真德之弟也。上以春秋為特進，文王為左武衞將軍，春秋請改章服㉙，從中國，內出冬服賜之㉚。

【今註】 ㈠松外蠻：《新唐書・地理志》五：「劍南道、嶲州、昌明，貞觀二十二年，開松外蠻置牢州，及松外、尋聲、林開三縣。」㈡以通西洱天竺之道：胡三省曰：「此即漢武帝欲通之道，而為昆明所蔽者也。」㊂巴蜀十三州：益、眉、榮、梓、利、綿、遂、巴、盧、渠、達、集、渝。㊃震懾：震動懾懼。㊄亡竄：奔亡逃竄。㊅七十部：七十部落。㊆署：任。㊇西洱河：胡三省曰：「新書曰：『西洱河，蠻道，由郎州走三千里。』時建方自巂州道千五百里，遣奇兵奄至其地。」㊈小訛：小小差歧。㊉生業：猶生產。⑪契丹辱紇主曲據帥眾內附……隸營州都督府：按此段《新唐書・契丹傳》亦載之，字句大致相同。⑫烏胡鎮將：胡三省曰：「烏胡鎮當置於海中，烏胡島自登州東北海行，過大謝島、龜歆島、淤島，而後至烏湖島，又三百里北渡烏湖海。」⑬易山：《新唐書・高麗傳》，易山作曷山。⑭烏胡鎮將古神感……神感設伏，又破之而還：按此段《新唐書・高麗傳》亦載之，字句大致相同。⑮統治蘇、歌邏祿、失畢之眾：新舊《唐書・突厥傳》下，始作姑，失畢作弩失畢，當從改添。⑯數千帳：猶中國之數千戶。⑰庭州莫賀城：《新唐書・地理志》：「隴右道，北庭大都護府，自庭州西延城西六十里，有沙鉢城守捉。」胡三省曰：「蓋即莫賀城也。以賀魯後立為沙鉢羅葉護可汗，故改城名也。」⑱初西突厥乙毗咄陸可汗……拜左驍衛將軍：按此段乃錄自《舊唐書・突厥傳》下，字句大致相同。⑲右衛率長史：《舊唐書・職官志》三：「太子左右衛率府，長史各一人，正七品上。」⑳擊帝那伏帝王阿羅那順：按新舊《唐書・天竺傳》，俱作其臣那伏帝阿羅那順，然《舊唐書・太宗紀》則作：「王玄策擊帝那伏帝國，獲其王阿羅那順。」是王乃指其王言，有無皆可，兩者相差者惟一帝字。㉑初中天竺王尸羅逸多兵最彊，四天竺皆臣之：《新唐書・天竺傳》：「天竺國漢身毒國也，或曰摩伽陀，曰婆羅門。去京師九千六百里，居蔥嶺南，幅圓三萬里，分東西南北中五天竺，皆城邑數百。南天竺瀕海，北天竺距雪山，東天竺際海，與扶南、林邑接，西天竺與罽賓、波斯接，中天竺在四天竺之會，都城曰茶鎛和羅城，濱迦毗黎河。」㉒徵：徵發。㉓泥婆國：新舊唐書皆作泥婆羅國，當從添羅字。《新唐書‧西域泥婆羅傳》：「泥婆羅直吐蕃之西樂陵川，臣於吐蕃。」㉔收：收集。㉕乾陀衞江：《水經注》：「崑崙山，釋氏曰阿耨達山，河水出其東北陬。其崑崙山西有大水出焉，曰新頭河，西南流逕烏長國，又東南流逕中天竺國，亦曰恒河，又西逕四大塔北，又西逕陀衞國北。」所謂乾陀衞江，蓋即此也。㉖朝散大夫：《舊唐書‧職官志》一：「朝散大夫，文散官，從五品下。」㉗右衞率長史王玄策……以玄策為朝散大夫：按此段《新唐書‧天竺傳》亦載之，文字大致相同。㉘太常議謚：《唐六典》卷十四：「太常博士，凡王公以上擬謚，皆跡其功德而為之褒貶。議謚，職事官三品以上，散官二品以上，佐史錄行狀，申考功勘校，下太常，擬謚訖，申省議定，奏聞。」㉙尚書議謚曰肅：周公謚法：「剛德克就曰肅。」㉚特進宋公蕭瑀卒……上乃命即瑀第而營之：按此段乃錄自《舊唐書‧蕭瑀傳》，字句大致相同。㉛右領左右府長史：胡三省曰：「領左右府亦分為左右，各有長史，此即左右千牛府也。」《舊唐書‧職官志》三：「諸衞長史，從六品上。」㉜武連公：《舊唐書‧地理志》四：「劍南道，劍州，隋晉安郡，武德元年改為始州，先天二年，改始州為劍州。」㉝武安：同志二，河北道、磁州領武安縣，後改隸於洺州。㉞直玄武門：胡三省曰：「左右武衞將軍，乃南牙諸衞將軍，直玄武門，則掌北門宿衞。」㉟行酒令：胡三省：「行酒令者，一人為令伯，餘人以次行之，下文使各言小名，即酒令也。」(三六)愕：驚。(三七)何物女子：猶今言什麼女子。(三八)乃爾勇健：《舊唐書・薛萬徹附李君羨傳》作：「如此勇猛。」乃爾即如此之意譯。(三九)布衣：平民。(四〇)絕粒：謂不食五穀。(四一)屏人語：屏去左右，而二人相與密語。(四二)坐誅：坐罪被誅。(四三)初左武衛將軍武連縣公……君羨坐誅，籍沒其家：按此段乃錄自《舊唐書・薛萬徹附李君羨傳》，字句大致相同。(四四)信有：猶誠有。(四五)稽：考察。(四六)兆：朕兆。(四七)既成：已成。(四八)違：違避。(四九)以往：猶以後。(五〇)借使：假使。(五一)怨毒：怨恨狠毒。(五二)遺類：遺餘之噍類。(五三)上密問太史公李淳風……無遺類矣，上乃止：按此段乃錄自《舊唐書・李淳風傳》，而經刪改後，文字洗鍊多矣。(五四)餘責：猶餘罪。(五五)殆：危殆。(五六)陛下每決一重囚，必令三覆五奏：見卷一百九十三，五年。(五七)委之：猶付之。(五八)它日：將來。(五九)三條：三條事因。(六〇)坐煩：無故而煩勞。(六一)所存：猶所益。(六二)陵波：冒犯風波。(六三)慶賴：喜慶仰賴。(六四)遠肅邇安：遠者肅靖，近者安謐。(六五)哀鳴：《論語・泰伯》：「曾子有疾，孟敬子問之。曾子言曰：『鳥之將死，其鳴也哀，人之將死，其言也善。』」(六六)死且不朽：雖死而所受之恩，終不朽滅。(六七)司空梁文昭公房玄齡……悲不自勝：按此段乃錄自《舊唐書・房玄齡傳》，字句大致相同。(六八)天下號為賢相，然無跡可尋，德亦至矣：按此與《論語・泰伯》：「子曰：『泰伯其可謂至德也已矣，三以天下讓，民無得而稱焉。』」之說法，頗相類同。(六九)王魏：王珪、魏徵。(七〇)英衛：英國公李勣，衛國公李靖。(七一)英衛善將兵，而房杜行其道：《新唐書・房玄齡傳》贊，行其道作濟以文。(七二)理致太平：按理乃避唐高宗諱而改者，本當作治，《通鑑》不察，竟沿襲之。(七三)宗臣：宗社之臣。(七四)柳芳曰玄齡佐太宗……宜哉：按柳芳乃唐之史官，《新唐書・房玄齡傳》贊，曾載錄其自故太宗定禍亂以下之文。(七五)雙舫：謂二船連於一處。(七六)九月癸未，薛萬徹等伐高麗還：按萬徹本年六月間伐高麗之役，甚有戰功，新、舊《唐書》本傳曾詳載之，《新唐書・太宗紀》亦書曰：「六月丙子，薛萬徹及高麗戰於泊灼城，敗之。」而《通鑑》獨付之闕如，未知何故。(七七)陵物：即陵人。(七八)裴行方：據《舊唐書・薛萬徹傳》，行方時為右衞將軍，佐薛萬徹東征。(七九)除名：除去名籍。(八〇)薛萬徹等伐高麗還……坐除名，流象州：按此段乃錄自《舊唐書・薛萬徹傳》，字句大致相同。(八一)役：徭役。(八二)輸直：輸納造船之工值。(八三)督迫：督促逼迫。(八四)踊貴：踴躍，亦即騰也，故踊貴亦多作騰貴。(八五)脆：堅韌之反。(八六)勞劇：謂劇烈勞役。(八七)庸絹：雇庸所予之絹。(八八)併集：併合。(八九)存養：存卹安養。(九〇)蒸其叔母：以下通上為蒸，其叔母即吐迷度之妻。(九一)謝：謂謝其保薦之恩。(九二)不遺：不遣其歸國。(九三)回紇吐迷度兄子烏紇……上留之不遣：按此段《新唐書・回鶻傳》亦載之，字句大致相同。(九四)立其從父弟先那準為焉耆王：《新唐書・焉耆傳》作：「立突騎支弟婆伽利為王。」此則從《舊唐書・焉耆傳》文。(九五)阿史那社爾既破處月處密……為焉耆王，使修職貢：按此段乃錄自《舊唐書・焉耆傳》，字句大致相同。(九六)磧口：《舊唐書・龜茲傳》作積石，《新唐書・阿史那社爾傳》作磧石。(九七)其都城：胡三省曰：「龜茲都伊邏盧城，北依白山，亦曰阿羯田山。」(九八)右衞將軍曹繼叔：按《舊唐書・龜茲傳》作右驍衞將軍，《新唐書・阿史那社爾傳》及〈龜茲傳〉，則皆作右騎衞將軍。(九九)其相那利羯獵顛：按《舊唐書・焉耆傳》作其相那利將羯獵顛。是羯獵顛乃其大將，當從添將字。⑳龜茲大震……逐北八十里：按此段乃錄自《舊唐書・龜茲傳》，字句大致相同。㉑以回紇吐迷度子……瀚海都督：按此段乃錄自《舊唐書・回紇傳》，字句幾全相同。㉒松漠府：杜佑曰：「松漠之地，在柳城郡之北。」㉓又以其別帥達稽等部，為峭落等九州：據《新唐書・契丹傳》，九州為：峭落州、彈汗州、無逢州、羽陵州、日連州、徒河州、萬丹州、匹黎州及赤山州。㉔又以其別帥阿會等部為弱水等五州：據《新唐書・北狄奚傳》，五州為：弱水州、都黎州、洛瓖州、大魯州及渴野州。㉕契丹帥窟哥……置東夷校尉官於營州：按此段《新唐書》北狄契丹奚二傳亦載之，字句幾全相同。㉖太子為文德皇后作大慈恩寺成：《西京雜記》：「西京外城朱雀街東第三橋，皇城之東第一街進業坊、隋無漏寺之故基，太子即其地建寺，為文德皇后祈福。竹木深邃，為京城觀游之最。」㉗尚輦奉御：《舊唐書・職官志》一：「尚輦奉御，從五品上。」㉘撥換城：胡三省曰：「自安西府西出拓厥關，渡白馬河西百餘里，至撥換城。」㉙龜茲王布失畢既敗走……襲擊孝恪：按此段乃錄自《舊唐書・龜茲傳》，字句大致相同。㉚為意：《舊唐書・郭孝恪傳》作為慮，較佳。㉛孝恪營於城外……死於西門。按此段乃錄自《舊唐書・郭孝恪傳》，字句大致相同。㉜崔義超：新、舊《唐書・龜茲傳》，皆作崔義起。㉝衞軍資：保衞軍資。㉞山北：蓋白山之北。㉟城中大擾……龜茲人執之以詣軍門：按此段乃錄自《舊唐書・龜茲傳》，字句大致相同。㊱凡得七百餘城：《新唐書・龜茲傳》作：「諭降小城七百餘。」同書〈阿史那社爾傳〉，則作七十餘城。數不相同。㊲阿史那社爾前後破其大城五……社爾勒石紀功而還：《新唐書・阿史那社爾傳》及〈龜茲傳〉亦共載之，字句大致相同。㉗新羅相金春秋及其子文王入見：按《新唐書・新羅傳》：「妹真德襲王，明年，遣子文王及弟伊贊子春秋來朝。」是此當改作新羅王子文王及其相金春秋入見，則所言者方不模棱。㉘章服：章徽衣服。㉙新羅相金春秋……內出冬服賜之：按此段《新唐書・新羅傳》亦載之，字句大致相同。

二十三年（西元六四九年）

㈠春，正月，辛亥，龜茲王布失畢及其相那利等至京師，上責讓而釋之，以布失畢為左武衛中郎將㊀。【考異】實錄云：「左武衛翊衛中郎將，舊傳為武翊衛中郎將。按會要，武德五年改左右翊衛為左右衛。然則於時已無翊衛之名。且布失畢不獨兼兩衛之官，今去翊衛字㊁。」

㈡西南徒莫祇等蠻內附，以其地為傍望覽丘四州，隸郎州都督府㊂。

㈢上以突厥車鼻可汗不入朝，遣右驍衛郎將高侃發回紇、僕骨等兵襲擊之，兵入其境，諸部落相繼來降，拔悉密吐屯肥羅察降，以其地置新黎州㊃。【考異】高宗實錄云：「初突厥車鼻可汗遣其子車鉢羅入貢，太宗遣使徵之不至，太宗大怒，遣右驍衛郎將高侃，引回紇僕骨等兵襲擊之，其下諸部落，相次歸降，其子羯漫陀，先統拔悉密部，泣諫其父，請歸國，車鼻不聽；羯漫陀遂背父來降，以其地為新黎州。」舊傳云：「二十三年，遣右驍衛郎將高侃，潛引回紇僕骨等兵眾襲擊之，其酋長歌邏祿泥孰闕俟利發乃拔塞匐處木昆莫賀咄俟斤等，帥部落，背車鼻，相繼來降，車鼻長子羯漫陀先統拔悉密部，車鼻未敗前，遣其子菴鏁入朝，太宗嘉之，拜左屯衛將軍，更置新黎州，以統其眾。」今從太宗實錄。

㈣二月，丙戌，置瑤池都督府㊄，隸安西都護，戊子，以左衛將軍阿史那賀魯為瑤池都督㊅。

㈤三月，丙辰，置豐州都督府，使燕然都護李素立兼都督。

㈥去冬旱，至是始雨，辛酉，上力疾㊆至顯道門外，赦天下。丁卯，敕太子於金液門聽政㊇。

㈦夏，四月，乙亥，上行幸翠微宮。

㈧上謂太子曰：「李世勣才智有餘，然汝與之無恩，恐不能懷服。我今黜之，若其即行，俟我死，汝於後用為僕射，親任之，若徘徊顧望，當殺之耳㊈。」五月，戊午，以同中書門下三品李世勣為疊州都督，世勣受詔，不至家而去。

㈨辛酉，開府儀同三司、衛景武公李靖薨。

㈩上苦利⑩增劇，太子晝夜不離側，或累日不食，髮有變白者，上泣曰：「汝能孝愛如此，吾死何恨！」丁卯，疾篤，召長孫無忌入含風殿㊁，上臥，引手捫無忌頤，無忌哭悲不自勝，上竟不得有所言，因令無忌出；已巳，復召無忌及褚遂良入臥內，謂之曰：「朕今悉以後事付公輩，太子仁孝，公輩所知，善輔導之。」謂太子曰：「無忌遂良在，汝勿憂天下㊁。」又謂遂良曰：「無忌盡忠於我，我有天下，多其力也㊂，我死，勿令讒人間之。」仍令遂良草遺詔，有頃上崩㊃。太子擁㊄無忌頸，號慟將絕，無忌攬涕㊅，請處分眾事以安內外，太子哀號不已。無忌曰：「主上以宗廟社稷付殿下，豈得效匹夫唯哭泣乎！」乃祕不發喪，庚午，無忌等請太子先還，飛騎勁兵及舊將皆從，辛未，太子入京城，大行御馬㊆輿侍衛如平日，繼太子而至，頓於兩儀殿㊇，以太子左庶子于志寧為侍中，少詹事張行成兼侍中，以檢校刑部尚書、右庶子兼吏部侍郎高季輔兼中書令。壬申，發喪於太極殿㊈，宣遺詔，太子即位，軍國大事，不可停闕，平常細務委之有司，諸王為都督刺史者，並聽奔喪，濮王泰不在來限。罷遼東之役及諸土木之功，四夷之人入仕於朝，及來朝貢者數百人，聞喪，皆慟哭，翦髮剺面，割耳流血灑地㊉。

(十一)六月，甲戌朔，高宗即位，赦天下。

(十二)丁丑，以疊州都督李勣為特進，檢校洛州刺史㉑，洛陽宮留守。

(十三)先是太宗二名，令天下不連言者，勿避，至是始改官名犯先帝諱者㉒。

(十四)癸未，以長孫無忌為太尉兼檢校中書令，知尚書門下三省事，無忌固辭知尚書省事，帝許之，仍令以太尉同中書門下三品㉓。

(十五)癸巳，以李勣為開府儀同三司，同中書門下三品。

(十六)阿史那社爾之破龜茲也，行軍長史薛萬備請因兵威，說于闐王伏闍信入朝，社爾從之。秋七月，己酉，伏闍信隨萬備入朝，詔入謁梓宮㉔㉕。

(十七)八月，癸酉，夜地震，晉州尤甚，壓殺五千餘人。

(十八)庚寅，葬文皇帝于昭陵㉖，廟號太宗㉗。阿史那社爾、契苾何力請殺身殉葬，上遣人諭以先旨，不許。蠻夷君長為先帝所擒服者，頡利等十四人，皆琢石為其像，刻名列於北司馬門內。

(十九)丁酉，禮部尚書許敬宗奏弘農府君廟應毀㉘，請藏主於西夾室㉙，從之。

(廿)九月，乙卯，以李勣為左僕射。

(廿一)冬，十月，以突厥諸部置舍利等五州，隸雲中都督府㉚。蘇農等六州隸定襄都督府㉛。

(廿二)乙亥，上問大理卿唐臨繫囚之數，對曰：「見囚㉜五十餘人，唯二人應死。」上悅，上嘗錄㉝繫囚，前卿㉞所處者，多號呼稱冤，臨所處㉟者，獨無言，上怪問其故，囚曰：「唐卿所處，本自無冤。」上歎息良久，曰：「治獄者，不當如是邪㊱㊲！」

(廿三)上以吐蕃贊普弄讚為駙馬都尉㊳，封西海郡王，贊普致書於長孫無忌等云：「天子初即位，臣下有不忠者，當勒兵㊴赴國討除之㊵。」

(廿四)十二月，詔濮王泰開府置僚屬，車服珍膳，特加優異㊶。

【今註】㈠辛亥龜茲王布失畢……為左武衛中郎將：按此段《新唐書·龜茲傳》亦載之，字句大致相同。㈡考異今去翊衛字：胡三省曰：「按唐六典，左右衛有親勳翊三衛中郎將，其餘諸衛府，各有翊衛中郎將，翊衛二字恐不可去。」㈢郎州都督府：《舊唐書·地理志》四：「劍南道，郎州，武德元年開南中，置南寧州，貞觀八年改南寧為郎州。」以其地本夜郎國也。㈣上以突厥車鼻可汗不入朝……以其地置新黎州：按此段乃錄自《舊唐書・突厥傳》，字句大致相同。㈤置瑤池都督府：胡三省曰：「此因穆天子傳，西王母觴天子於瑤池之上，而命名也。」㈥以左衞將軍阿史那賀魯為瑤池都督：按新、舊《唐書・突厥傳》，皆作左驍衞將軍，當從添驍字。㈦力疾：奮力帶疾。㈧至顯道門外，敕太子於金液門聽政：按顯道金液二門，俱不載於《唐六典》卷七，未知何故。㈨上謂太子曰：「李世勣才智有餘，然汝與之無恩，恐不能懷服。我今黜之，若其即行，俟我死，汝於後用為僕射，親任之，若徘徊顧望，當殺之耳。」：按此段《通鑑》所述，有過於任用機數及不近情理（若徘徊顧望，當殺之耳）之處，而新、舊《唐書・李勣傳》皆無此語，《舊唐書》為：「太宗寢疾，謂高宗曰：『汝於李勣無恩，我今將責出之，我死後，汝當授以僕射，即荷汝恩，必致其死力。』」《新唐書》則云：「帝疾謂太子曰：『爾於勣無恩，今以事出之，我死，宜即授以僕射，彼必致死力矣。』」既均無此等字句，則自以刪去為宜。㈩苦利：謂苦痢疾。⑪含風殿：在翠微宮。⑫汝勿憂天下：謂汝無憂天下之事。⑬多其力也：多屬其力。⑭有頃上崩：按《舊唐書・太宗紀》云年五十二，《新唐書》本紀則作年五十三，說不相同。⑮擁：擁抱。⑯攬涕：收涕。⑰大行御馬輿：大行皇帝之靈柩以馬輿載之。⑱兩儀殿：《唐六典》卷七：「太極殿之北曰朱明門，又北曰兩儀門，其內曰兩儀殿，常日聽朝而視事焉，蓋古之內朝也。」⑲發喪於太極殿：《唐六典》卷七：「太極殿，朔望則坐而視朝焉，蓋古之中朝也。」⑳四夷之人，聞喪皆慟哭，剪髮剺面，割耳流血灑地：按此乃蕃夷之喪俗。蓋蕃夷喪俗，其重者乃為身殉。《舊唐書・阿史那社爾傳》：「屬太宗崩，請以身殉葬，高宗遣使喻以先旨，不許。」同書〈契苾何力傳〉：「太宗崩，何力欲殺身以殉，高宗諭而止之。」次則為剺面。《新唐書・常王愍王承乾傳》：「又好突厥言，承乾作可汗死，使眾號哭，剺面奔馬環臨之。」同書〈回紇傳〉：「磨延啜死，國人欲以公主殉，主曰：『回紇萬里結昏，本慕中國，吾不可以殉。』乃止。然剺面哭，亦從其俗云。」然非喪事，亦有剺面割耳者。《舊唐書・酷吏來俊臣傳》：「俊臣因令其黨羅告斛瑟羅反，將圖其婢，諸蕃長詣闕割耳剺面訟冤者數十人，乃得不族。」藉又知割耳剺面為殘毀軀體而示欲自殺之意。故此實係次於身殉之舉動也。㉑檢校洛州刺史：謂攝理洛州刺史。㉒至是始改官名犯先帝諱者：孔穎達曰：「曲禮：『卒哭乃諱。』注云：『敬鬼神之名也。諱，避也。』生者不相避名，衛侯名惡，大夫有名惡，君臣同名，春秋不非。案昭七年衛侯惡卒，穀梁傳云：『昭元年有衛齊惡，今衛侯惡，何謂？君臣同名也，君子不奪人親所名也。』」㉓仍令以太尉同中書門下三品：胡三省曰：「唐制，三公正一品，無忌既為太尉，而令同中書門下三品，當時朝議之失也。」㉔梓宮：天子之棺，以梓木為之，故名。音ㄗˇ。㉕阿史那社爾之破龜茲也……入謁梓宮：按此段乃錄自《舊唐書・于闐傳》，字句大致相同。㉖昭陵：《新唐書・地理志》：「京兆府醴泉，昭陵在西北六十里九嵕山。」㉗廟號太宗：胡三省曰：「自唐太宗後，為臣子者率稱其君之廟號，豈非子孫臣民亦病其謚號大多非實，而古者祖有功宗有德之義微乎！」㉘許敬宗奏弘農府君廟應毀：據《舊唐書・高祖紀》，弘農府君、魏弘農太守重耳也，於高宗為七世祖，親盡應毀。㉙夾室：太廟有東西夾室，夾太室兩旁，故謂之夾室。㉚置舍利等五州隸雲中都督府：《舊唐書・地理志》一：「關內道、雲中都督府，党項部落寄在朔方縣界。管小州五：舍利（通鑑作舍利）州、思璧州、阿史那州、綽部州、白登州。」㉛蘇農等六州隸定襄都督府：同志一：「定襄都督府寄治寧朔縣界，管小州四：阿德州、執失州、蘇農州、拔延州。」乃四而非六。㉜見囚：見音現。㉝錄：錄問。㉞前卿：以前之大理寺卿。㉟處：處分。㊱不當如是邪：正意謂應如是。㊲上問大理卿唐臨繫囚之數……治獄者不當如是邪：按此段乃錄自《舊唐書・唐臨傳》，字句大致相同。㊳駙馬都尉：胡三省曰：「漢武帝置三都尉：曰奉車都尉，曰駙馬都尉，曰騎都尉。唐以騎都尉為勳官，駙馬都尉以授尚主者，奉車都尉不復除授。」㊴勒兵：猶率兵。㊵上以吐蕃贊普弄讚為駙馬都尉……當勒兵赴國討除之：按此段乃錄自《舊唐書・吐蕃傳》，字句大致相同。㊶優異：謂優渥而異於他王。

高宗天皇大聖大弘孝皇帝上之上

永徽元年（西元六五〇年）

㈠春，正月，辛丑朔，改元。

㈡丙午，立妃王氏為皇后。后，思政之孫也㊀。以后父仁祐為特進、魏國公。

㊂己未，以張行成為侍中。

㊃辛酉，上召朝集使，謂曰：「朕初即位，事有不便於百姓者，悉宜陳，不盡者，更封奏㊁。」自是，日引刺史十人入閤，問以百姓疾苦，及其政治。

㊄有洛陽人李弘泰誣告長孫無忌謀反，上命立斬之，無忌與褚遂良同心輔政，上亦尊禮二人，恭己以聽之㊂，故永徽之政，百姓阜安㊃，有貞觀之遺風。

㊅太宗女衡山公主應適長孫氏，有司以為服既公除㊄，欲以今秋成昏，于志寧上言：「漢文立制，本為天下百姓，公主服本斬衰㊅，縱使服隨例除，豈可情㊆隨例改，請俟三年喪畢成昏。」上從之。

㊆二月，辛卯，立皇子孝為許王，上金為杞王，素節為雍王㊇。

㊇夏，五月，壬戌，吐蕃贊普弄讚卒，其嫡子早死，立其孫為贊普，贊普幼弱，政事皆決於國相祿東贊，祿東贊性明達嚴重㊈，行兵有法，吐蕃所以彊大，威服氐羌㊉，皆其謀也㊀。

(九)六月，高侃擊突厥，至阿息山，車鼻可汗召諸部兵，皆不赴，與數百騎遁去，侃帥精騎追至金山，擒之以歸，其眾皆降㊂。

(十)初阿史那社爾虜龜茲王布失畢，立其弟為王，唐兵既還，其酋長爭立，更相攻擊。秋，八月，壬午，詔復以布失畢為龜茲王，遣歸國，撫其眾。

(土)九月，庚子，高侃執車鼻可汗至京師㊂，釋之，拜左武衛將軍，處其餘眾於鬱督軍山，置狼山都督府以統之㊃，以高侃為衛將軍㊄，於是突厥盡為封內之臣，分置單于瀚海二都護府，單于領狼山、雲中、桑乾三都督，蘇農等一十四州㊅，瀚海領瀚海、金徽、新黎等七都督，仙萼等八州㊆，各以其酋長為刺史都督。

(土)癸亥，上出畋，遇雨，問諫議大夫、昌樂谷那律曰：「油衣㊇若為㊈則不漏？」對曰：「以瓦為之，必不漏㊉。」上悅，為之罷獵㊁。【考異】舊書那律傳㊂云：「嘗從太宗出獵，在塗遇雨，有此語，意欲太宗不為畋獵，太宗悅，賜帛二百段。」唐錄政要高宗出獵有此月日，唐統紀亦在此年，今從之。

(圭)李勣固求解職。冬，十月，戊辰，解勣左僕射，以開府儀同三司同中書門下三品。

(十四)己未，監察御史、陽武㉓韋思謙劾奏中書令褚遂良，抑買㉔中書譯語人㉕地，大理少卿張叡冊以為准估㉖無罪。思謙奏曰：「估價之設，備國家所須，臣下交易，豈得准估為定。叡冊舞文㉗，附下罔上，罪㉘當誅。」是日，左遷遂良為同州刺史，叡冊循州刺史，思謙名仁約，以字行。

(十五)十二月，庚午，梓州都督謝萬歲、兗州都督謝法興，與黔州都督李孟嘗，討琰州叛獠㉙，萬歲、法興入洞招慰，為獠所殺㉚。

【今註】㊀后，思政之孫也：王思政為西魏守潁川，沒於東魏。㊁更封奏：謂更封奏以聞。㊂恭己以聽之：猶敬以聽之。㊃阜安：豐阜安康。㊄公除：謂為國家行事之便而除。㊅斬衰：乃五服中之最重者，即三年之服也。㊆情：親子之情。㊇立皇子孝為許王，上金為杞王，素節為雍王：《新唐書・高宗諸子傳》：「後宮鄭生孝，楊生上金，蕭淑妃生素節。」㊈嚴重：嚴肅沈重。㊉威服氐羌：謂以兵威使氐羌畏服。⑪吐蕃贊普弄讚卒……皆其謀也：按此段乃錄自《舊唐書・吐蕃傳》，字句大致相同。⑫高侃擊突厥……擒之以歸，其眾皆降：按此段乃錄自《舊唐書・突厥傳》上，字句大致相同。⑬九月庚子，高侃執車鼻可汗至京師：按新、舊《唐書・高宗紀》皆作九月癸卯，當改從之。⑭高侃執車鼻可汗……置狼山都督府以統之：按此段乃錄自《舊唐書・突厥傳》上，字句大致相同。㉕以高偘為衞將軍：胡三省曰：「唐無衞將軍，衞字之上，須有脫字。」㉖單于領狼山、雲中、桑乾三都督，蘇農等一十四州：胡三省曰：「新書作蘇農二十四州，舊書作一十四州。又考是後調露元年，溫傅奉職二部反，二十四州皆叛應之。則二字為是。然單于都護府所領，見於史者，蘇農等四州，舍利等五州，及桑乾府所領郁射、藝失、卑失、叱略等四州，呼延府所領賀魯、葛邏、跌跌等三州，財十九州耳。其五州逸，無所考。又有定襄呼延二都督，而無狼山都督，是其廢置離合，不可詳也。狼山府，顯慶三年廢為州。」宋白曰：「振武軍舊為單于都護府，即漢定襄郡之盛樂縣也，在陰山之陽，黃河之北，西南至東受降城百二十里。」㉗瀚海領瀚海、金徽、新黎等七都督，仙蕚等八州：胡三省曰：「金徽當作金微。瀚海都護府領瀚海、金微、新黎、幽陵、龜林，堅昆六都督府，其一逸。仙蕚、浚稽、余吾、稽落、居延、寘顏、榆溪、渾河、燭龍，凡八州。」宋白曰：「瀚海都護後移於回紇本部。」㉘油衣：炙轂子曰：「惟絹油之製及帽油，陳始有之。」㉙若為：謂如何作之。㉚以瓦為之必不漏：據《舊唐書・儒學谷那律傳》，謂出此言，意欲太宗不為畋獵。㉛上出畋遇雨……為之罷獵：按此段乃錄自《舊唐書・儒學谷那律傳》，字句大致相同。㉜考異曰舊書那律傳：按此當書其全名，作谷那律，谷字不可省。㉝陽武：《隋書・地理志》中，滎陽郡屬有陽武縣。㉞抑買：抑低價錢而購買之。㉟中書譯語人：《唐六典》卷九：「中書侍郎，凡四夷來朝，臨軒則授其表疏。」既接待四夷使者，故自必設有譯語人也。㊱准估：謂準依估定之價。㊲舞文：舞弄文法。㊳附下罔上：依附臣下，欺罔君上。㊴梓州都督謝萬歲、兗州都督謝法興，與黔州都督李孟嘗，對琰州叛獠：《舊唐書・地理志》三：「黔州下都督府武德四年置都督府，督務、牂、充等州。牂州領縣二，充州領縣八，琰州領縣四，已上國初置，並屬黔中道羈縻州，永徽已後併省。」是梓當改作牂，兖當改作充。又按此錯誤，全沿自《新唐書・南蠻南平獠傳》，足知《通鑑》亦有採錄《新唐書》者。㈢梓州都督謝萬歲……為獠所殺：按此段乃錄自《新唐書・南平獠傳》，字句幾全相同。

二年（西元六五一年）

㈠春，正月，乙巳，以黃門侍郎宇文節、中書侍郎柳奭並同中書門下三品。奭，亨之兄子，王皇后之舅也。

㈡左驍衛將軍、瑤池都督阿史那賀魯招集離散，廬帳㈠漸盛，聞太宗崩，謀襲取西庭二州，庭州刺史駱弘義知其謀，表言之，上遣通事舍人橋寶明㈡馳往慰撫，寶明說賀魯令長子咥運入宿衛，授右驍衛中郎將，尋復遣歸。咥運乃說其父擁眾㈢西走，擊破乙毗射匱可汗，併其眾，建牙於雙河及千泉㈣，自號沙鉢羅可汗，咄陸五啜㈤努失畢五俟斤㈥皆歸之，勝兵數十萬，與乙毗咄陸可汗連兵，處月處密及西域諸國多附之，以咥運為莫賀咄葉護(七)。

(三)焉耆王婆伽利卒，國人表請復立故王突騎支。夏，四月，詔加突騎支右武衛將軍，遣還國(八)。

(四)金州刺史滕王元嬰驕奢縱逸，居亮陰(九)中，畋遊無節(一〇)，數夜開城門，勞擾百姓，或引彈彈人(一一)，或埋人雪中，以戲笑(一二)。上賜書切讓(一三)之，且曰：「取適(一四)之方，亦應多緒(一五)，晉靈荒君，何足為則(一六)。朕以王至親，不能致王於法(一七)，今書王下上考(一八)以愧王心(一九)。」元嬰與蔣王惲皆好聚斂(二〇)，上嘗賜諸王帛各五百段，獨不及二王，敕曰：「滕叔(二一)蔣兄(二二)自能經紀(二三)，不須賜物，給麻兩車，以為錢貫(二四)。」二王大慙。

(五)秋，七月，西突厥沙鉢羅可汗寇庭州，攻陷金嶺城及蒲類縣(二五)，殺略(二六)數千人，詔左武候大將軍梁建方(二七)，右驍衛大將軍契苾何力為弓月道(二八)行軍總管，右驍衛將軍高德逸、右武候將軍薛孤吳仁(二九)為副，發秦成岐雍府兵三萬人，及回紇五萬騎，以討之(三〇)。

(六)癸巳，詔諸禮官學士議明堂制度，以高祖配五天帝(三一)，太宗配五人帝㉝。

㈦八月，己巳，以于志寧為左僕射，張行成為右僕射，高季輔為侍中，志寧、行成仍同中書門下三品。

㈧己卯，郎州白水蠻㉞反寇麻州㉟，遣左領軍將軍趙孝祖等發兵討之㊱。

㈨九月，癸巳，廢玉華宮為佛寺，戊戌，更命九成宮為萬年宮。

㈩庚戌，左武候引駕㊲盧文操踰墻盜左藏㊳物，上以引駕職在糾繩㊴，乃自為盜，命誅之。諫議大夫蕭鈞諫曰：「文操情實難原㊵，然法不至死。」上乃免文操死，顧侍臣曰：「此真諫議也。」

⑾閏月，長孫無忌等上所刪定律令式㊶，甲戌，詔頒之四方。

⑿上謂宰相曰：「聞所在官司行事，猶互觀顏面㊷，多不盡公。」長孫無忌對曰：「此豈敢言無，然肆情曲法，實亦不敢㊸，至於小小收取人情，恐陛下尚不能免。」無忌以元舅㊹輔政，凡有所言，上無不嘉納㊺。

⒀冬，十有一月，辛酉，上祀南郊。

(十四)癸酉，詔：「自今京官及外州有獻鷹隼及犬馬者，罪之。」

(十五)戊寅，特浪羌酋董悉奉求、辟惠羌酋卜檐莫，各帥種落萬餘戶，詣茂州內附㊻。竇州㊼義州㊽蠻酋李寶誠等反，桂州都督劉伯英討平之。

(十六)郎州道總管趙孝祖討白水蠻，蠻酋禿磨蒲及儉彌于帥眾，據險拒戰，孝祖皆擊斬之，會大雪，蠻飢凍，死亡略盡㊾。孝祖奏言：「貞觀中討昆州㊿烏蠻(五一)，始開青蛉(五二)弄棟(五三)為州縣，弄棟之西，有小勃弄、大勃弄二川(五四)，恒扇誘弄棟，欲使之反。其勃弄以西，與黃瓜、葉榆(五五)、西洱河相接，人眾殷實(五六)多於蜀川，無大酋長，好結讎怨，今因破白水之兵，請隨便(五七)西討，撫而安之。」敕許之(五八)。

(十七)十二月，壬子，處月朱邪孤注殺招慰使單道惠，與突厥賀魯相結(五九)。

(十八)是歲，百濟遣使入貢，上戒之，使勿與新羅高麗相攻，不然，吾將發兵討汝矣。

【今註】㊀廬帳：謂廬居及帳處者，指定居及游牧二者而言。㊁橋寶明：《新唐書・西突厥傳》，作喬寶明。㊂擁眾：猶率眾。㊃雙河及千泉：胡三省曰：「自雙河西南抵賀魯牙帳二百里，千泉屬石國界，又在賀魯牙帳西南。新書曰：『素葉城西四百里至千泉地贏二百里南，雪山三垂，平陸多泉，地因名之。』」㊄咄陸五啜：《新唐書・突厥傳》下：「咄陸有五啜：曰處木昆律啜，胡祿屋（舊唐書同傳作居）闕啜，攝舍提暾啜突騎施賀邏施啜，鼠尼施處半啜。」㊅努失畢五俟斤：《新唐書・突厥傳》下：「弩失畢有五俟斤：曰阿悉結闕俟斤、哥舒闕俟斤、拔塞幹暾沙鉢俟斤、阿悉結沙孰俟斤、哥舒處半俟斤。」㊆左驍衛將軍、瑤池都督……以咥運為莫賀咄葉護：按此段與《新唐書・突厥傳》之文較相類，而《舊唐書》則稍簡略。㊇焉耆王婆伽利卒……遣還國：按此段《新唐書・焉耆傳》亦載之，字句大致相同。㊈亮陰：天子居喪之廬。㊉無節：無有節度。⑪引彈：謂引拉彈弓而加丸其上。⑫以戲笑：即以為戲笑。⑬切讓：嚴切責讓。⑭取適：取快適。⑮多緒：多端。⑯晉靈荒君，何足為則：《左傳》：「晉靈公不君，從臺上彈人，以觀其避丸。」⑰致王於法：猶置王於法。⑱下上考：謂上中下三大等，而此乃下等內上中下三級之上級也。⑲金州刺史滕王元嬰……以愧王心：按此段乃錄自《舊唐書・滕王元嬰傳》，字句大致相同。⑳聚斂：謂聚斂財貨。㉑滕叔：滕王高祖子，故於高宗為叔父行。㉒蔣兄：蔣王惲，太宗子，故呼之曰兄。㉓自能經紀：謂自能經紀財物。㉔以為錢貫：以為穿錢之繩貫。㉕攻陷金嶺城及蒲類縣：《新唐書・地理志》：「隴右道，西州，交河縣，北行八十里入谷，又百三十裏經柳谷渡、金沙嶺，百六十里至庭州。」又：「北庭大都護府，後庭，本蒲類，隸西州，後來屬，寶應元年更名。」㉖殺略：殺傷略奪。㉗左武候大將軍梁建方：按新舊《唐書・突厥傳》下，候皆作衛，當改從之。㉘弓月道：據《新唐書・地理志》北庭大都護府條，弓月城在庭州西千有餘里。㉙右武候將軍薛孤吳仁：按《新唐書・突厥傳》下，候作衛，薛作薩。㉚西突厥沙鉢羅可汗寇庭州……及回紇五萬騎以討之：按此段《新唐書・突厥傳》亦載之，文字大致相同。㉛五天帝：五天帝注已見卷七十九晉武帝泰始二年。㉜五人帝：東方帝太皞、西方帝少皞、南方帝炎帝、北方帝顓頊、中央帝黃帝。㉝詔諸禮官學士議明堂制度……太宗配五人帝：按此數句乃錄自《舊唐書・禮儀志》二。㉞郎州白水蠻：《舊唐書・地理志》四：「劍南道，朗州，武德元年開南中，置南寧州，貞觀八年，改南寧為朗州。」㉟麻州：《新唐書・地理志》七：「諸蠻州，麻州，貞觀二十二年，析朗州置，隸戎州都督府。」㊱八月己巳以于志寧為左僕射……趙孝祖等發兵討之：按此段《新唐書・高宗紀》亦載之，字句大致相同。㊲左武候引駕：《唐六典》卷二十五：「左右金吾衛大將軍，至隋置左右武候府，各大將軍一人，大業三年，改為左右武候衛，皇朝因之，龍朔二年改為左右金吾衛。掌宮中及京城晝夜巡警之法，以執禦非違。又置引駕三衛六十人，並於左右衛取明閑隊仗法用，兼能糾彈事者充。」引駕謂導引大駕也。㊳左藏：宋白曰：「左藏掌邦國庫藏，右藏掌國寶貨藏。」㊴糾繩：糾察繩治。㊵原：原宥。㊶長孫無忌等上所刪定律令式：《舊唐書・刑法志》：「永徽初勅太尉長孫無忌等共撰定律令格式。舊制不便者皆隨刪改，遂分格為兩部：曹司常務為留司格，天下所共者為散頒格。其散頒格下州縣，留司格但留本司行用焉。」是此次所上者兼有格，《舊唐書・高宗紀》，即作頒新定律令格式，當添增格字為是。(四二)顏面：顏色情面。(四三)不敢：謂不敢為之。(四四)元舅：大舅。(四五)嘉納：嘉許採納。(四六)特浪羌酋董悉奉求，辟惠羌酋卜檐莫，各帥種落萬餘戶，詣茂州內附：《新唐書・地理志》七下：「蓬魯州，永徽二年，特浪生羌董悉奉求，辟惠生羌卜檐莫等種落萬餘戶內附，又析置州三十二。隸茂州都督府。」(四七)竇州：《新唐書・地理志》七上：「嶺南道，竇州，懷德郡下，本南扶州，武德四年以永熙郡之懷德置，以獠叛僑治瀧州，貞觀八年更名。」(四八)義州：《舊唐書・地理志》四：「嶺南道，牢州，本巴蜀徼外蠻夷地，漢牂柯郡地，武德二年置義州，五年改為智州，貞觀十二年改為牢州，以牢石為名。」(四九)略盡：猶幾盡。(五〇)昆州：《新唐書・地理志》七下：「諸蠻州，昆州，本隋置，隋亂廢，武德元年，開南中，復置。隸戎州都督府。」(五一)昆州烏蠻：《新唐書・南蠻兩爨蠻傳》：「自彌鹿、升麻、二川，南至步頭，謂之東爨烏蠻。」(五二)青蛉：《新唐書・地理志》七下：「諸蠻州，髳州，本西濮州，武德四年置，貞觀十一年更名。縣四：濮水、青蛉、岐星、銅山。」(五三)弄棟：同志七下：「裒州，武德七年置，本弄棟地，南接姚州。」(五四)有小勃弄大勃弄二川：同志七下：「匡州、本南雲州，武德七年置，貞觀八年更名，漢永昌郡也。縣二：勃弄、匡川。」又二川下，《新唐書・兩爨蠻傳》，川下有一蠻字，以下句為恒扇誘弄棟，知應添一蠻字為是。(五五)葉榆：胡三省曰：「葉榆亦漢武帝開為縣，有葉榆澤，屬益州郡，後漢屬永昌郡，晉屬雲南郡，後分屬東河陽郡。」(五六)殷實：富實。(五七)隨便：隨其方便。(五八)郎州道總管趙孝祖……敕許之：按此段乃錄自《新唐書・南蠻兩爨蠻傳》，字句大致相同。㊄處月朱邪孤注……與突厥賀魯相結：按此數句乃錄自《新唐書・高宗紀》。

三年（西元六五二年）

㈠春，正月，己未朔，吐谷渾、新羅、高麗、百濟並遣使入貢。

㈡癸未，梁建方㈠、契苾何力等大破處月朱邪孤注於牢山㈡，孤注夜遁，建方使副總管高德逸輕騎追之，行五百餘里，生擒孤注，斬首九千級。軍還，御史劾奏㈢：「梁建方兵力足以追討，而逗留㈣不進，高德逸勑令市馬，自取駿者。」上以建方等有功，釋不問。大理卿李道裕奏言：「德逸所取之馬，筋力㈤異常，請實中廄㈥。」上謂侍臣曰：「道裕法官，進馬非其本職，妄希我意㈦，豈朕行事，不為臣下所信邪！朕方自咎，故不復黜道裕耳。」

㈢己巳，以同州刺史褚遂良為吏部尚書，同中書門下三品。

㈣丙子，上饗太廟，丁亥，饗先農㈧，躬耕籍田。

㈤二月，甲寅，上御安福門樓㈨，觀百戲，乙卯，上謂侍臣曰：

「昨登樓，欲以觀人情及風俗奢儉，非為聲樂㊀。朕聞胡人善為擊鞠㊁之戲，嘗一觀之，昨初升樓，即有羣胡擊鞠，意謂朕篤好㊂之也。帝王所為，豈宜容易㊃。朕已焚此鞠，冀杜㊃胡人窺望之情。亦因以為誡。」

㈥三月，辛巳，以宇文節為侍中，柳奭為中書令，以兵部侍郎，三原㊄韓瑗守㊅黃門侍郎，同中書門下三品。

㈦夏，四月，趙孝祖大破西南蠻，斬小勃弄酋長歿盛，擒大勃弄酋長楊承顛，自餘皆屯聚保險㊆，大者有眾數萬，小者數千人，孝祖皆破降之，西南蠻遂定㊇。

㈧甲午，澧州刺史、彭思王元則薨。

㈨六月，戊申，遣兵部尚書崔敦禮等將幷汾步騎萬人，往茂州㊈，發薛延陀餘眾渡河，置祁連州以處之㊉。

㈩秋，七月，丁巳，立陳王忠為皇太子，赦天下，王皇后無子，柳奭為后謀，以忠母劉氏微賤，勸后立忠為太子，冀其親己，外則諷㊀長孫無忌等，使請於上，上從之㊁。乙丑，以于志寧兼太子少師，張行成兼少傅，高季輔兼少保。

⑾丁丑，上問戶部尚書高履行，去年進戶㉓多少，履行奏：「去年進戶，總一十五萬。」因問隋代及今日見戶，履行奏：「隋開皇中，戶八百七十萬，即今㉔戶三百八十萬㉕。」履行，士廉之子也。

⑿九月，守中書侍郎來濟同中書門下三品。

⒀冬，十一月，庚寅，弘化長公主自吐谷渾來朝㉖。

⒁癸巳，濮王泰薨於均州㉗。

⒂散騎常侍房遺愛尚太宗女高陽公主，公主驕恣甚，房玄齡薨，公主教遺愛與兄遺直異財㉘，既而反譖㉙遺直，遺直自言，太宗深責讓㉚主，由是寵衰，主怏怏㉛不悅。會御史劾盜得浮屠㉜辯機寶枕㉝，云主所賜，主與辯機私通，餉遺億計㉞，更以二女子侍遺愛。太宗怒，腰斬辯機，殺奴婢十餘人。主益怨望，太宗崩，無戚容㉟，上即位，主又令遺愛與遺直更相訟，遺愛坐出為房州㊱刺史，遺直為隰州刺史。又浮屠智勗等數人私侍主，主使掖庭令㊲陳

玄運伺宮省禨祥(三八)(三九)。

(十六)先是駙馬都尉薛萬徹(四〇)坐事除名，徙寧州刺史，入朝，與遺愛款昵(四一)，對遺愛有怨望語，且曰：「今雖病足，坐置(四二)京師，鼠輩猶不敢動(四三)。」因與遺愛謀，若國家有變(四四)，當奉司徒荊王元景為主(四五)。元景女適遺愛弟遺則，由是與遺愛往來。元景嘗自言：「夢手把日月。」駙馬都尉柴令武，紹之子也(四六)，尚巴陵公主(四七)，除衛州刺史，託(四八)以主疾，留京師求醫，因與遺愛謀議相結(四九)。

(十七)高陽公主謀黜遺直，奪其封爵(五〇)，使人誣告遺直無禮於己(五一)，遺直亦言遺愛及主罪，云：「罪盈惡稔(五二)，恐累臣私門(五三)。」上令長孫無忌鞫之，更獲遺愛及主反狀(五四)，司空、安州都督吳王恪(五五)母，隋煬帝女也，恪有文武才，太宗常以為類己，欲立為太子，無忌固爭而止(五六)。由是與無忌相惡(五七)。恪名望素高，為物情(五八)所向，無忌深忌之，欲因事誅恪，以絕眾望(五九)，遺愛知之，因言與恪同謀，冀如紇干承基得免死(六〇)。

【今註】(一)癸未，梁建方：按《新唐書・高宗紀》永徽三年文，癸未作癸亥，以上文之己未及下文之甲子推之，當以作癸未為是。㈡牢山：胡三省曰：「新書，牢山亦曰賭蒲，東北距烏德鞬山，度馬行十五日。」㈢劾奏：謂加以彈劾而奏之曰。㈣逗留：逗止停留。㈤筋力：指筋骨力量而言。㈥中廐：猶內廄。㈦妄希我意：妄自希猜我之意旨。㈧先農：即神農。㈨安福門樓：《唐六典》卷七：「皇城在京城之中，西面二門，北曰安福，南曰順義。」㈩聲樂：聲色音樂。⑪擊鞠：鞠以韋為之，實以柔物，今謂之毬子。按古乃謂之蹴鞠，其起源甚早。劉向《別錄》：「蹴鞠，黃帝所造；或云起於戰國。古人蹋蹴以為戲。」漢魏以降，（見《漢書．霍去病傳》，及《文選．何晏景福殿賦與》注。）沿而不衰，迄至李唐，則更大盛。其見於史傳者，《舊唐書．柳亨傳》：「上疏曰：『承前貴戚，鮮克由禮，或打毬擊鼓，比周伎術；或飛鷹奔犬，盤遊藪澤。此甚為不道，非進德修業之本也。』」同書〈節愍太子傳〉：「楊璬等皆主婿年少，唯以蹴鞠猥戲，取狎於重俊，竟無調護之意。」又同書〈姜謩附皎傳〉：「玄宗即位，數召入臥內，命之捨敬，坐侍宴私，與后妃連榻，間以擊毬鬪雞，常呼之為姜七，而不名也。」皆其證也。且由文，知中土人士，亦酷喜之，胡人特不過善為之耳。又此名稱，除擊鞠外，亦有作打毬者，擊毬者，蹴鞠者，（統見上所徵例）蹋鞠者，（見《漢書．霍去病傳》：「穿域蹋鞠。」）及蹴球者。（見下引之《唐音癸籤》。）足知其異名之夥頤矣。又其遊戲之法，《唐音癸籤》曾具載之，爰加移錄，以洞悉其概況，文云：「唐變古蹴鞠戲為蹴球。其法，植修竹，高數文，絡網於上，為門以度毬，毬工分左右朋，以角勝負。」⑫篤好：猶深好。⑬容易：猶隨便，或輕率。⑭杜：塞。⑮三原：今陝西省三原縣。⑯守：以卑攝高曰守。

⑰保險：保守險要之地。⑱趙孝祖大破西南蠻……西南蠻遂定：按此段乃錄自《新唐書・南蠻兩爨蠻傳》，字句大致相同。⑲茂州：胡三省曰：「茂州，考之新舊志，無之，當置之於薛延陀故地也。」⑳發薛延陀餘眾渡河，置祁連州以處之：按《舊唐書・鐵勒傳》：「永徽元年，延陀首領先逃逸者請歸國，高宗更置溪彈州以安恤之。」而《新唐書・薛延陀傳》，永徽間所置者，亦僅嵠彈州一州而已，豈此祁連州即嵠彈州之別名歟？抑各為一州耶？以史料簡略，故未可審知。㉑諷：諷示。㉒立陳王忠為皇太子……使請於上，上從之：按此段乃錄自《舊唐書・燕王忠傳》，字句大致相同。㉓進戶：謂新增進之戶。㉔即今：猶言當今，唐人多有此語。㉕上問戶部尚書高履行……即今戶三百八十萬：按此段乃錄自《舊唐書・高宗紀》，字句大致相同。㉖弘化長公主自吐谷渾來朝：弘化公主，貞觀十三年降吐谷渾慕容諾曷鉢。㉗冬十一月癸巳，濮王泰薨於均州：按《舊唐書・高宗紀》：「十二月癸巳，濮陽王泰薨。」是癸巳上當添十二月三字。又《通鑑》載有封謚者，當述其死時，例於其封號及名字中將謚法嵌入，故此當本《舊唐書・濮王泰傳》謚曰恭之文，添一恭字，而書曰濮恭王泰薨於均州。（本條係採自李玄伯先生之說。）㉘異財：猶今言分家。㉙譖：誣告，音ㄗㄣˋ。㉚責讓：讓亦責，二字為複合辭。㉛怏怏：心不滿足。㉜浮屠：即僧人。㉝寶枕：珍寶之睡枕。㉞餉遺億計：按《新唐書・太宗女合浦公主傳》作：「餉億計。」是餉亦遺也。㉟戚容：哀容。㊱房州：《舊唐書・地理志》二：「山南道，房州，隋房陵郡，武德元年改為遷州，其年又於竹山縣置房州。」㊲掖庭令：《唐六典》卷十二：「掖庭局，令二人，從七品下。掌宮禁女工之事，

凡宮人名籍，司其除附，功桑養蠶，會其課業。」㊳禨祥：吉凶之先見者，此謂吉凶消息。㊴散騎常侍房遺愛……伺宮省禨祥：按此段《新唐書・太宗女合浦公主傳》亦載之，字句大致相同。㊵駙馬都尉薛萬徹：尚高祖女丹陽公主。㊶款昵：交結親昵。㊷坐置：猶坐居。㊸鼠輩猶不敢動：謂諸人尚不敢與我相抗。㊹有變：有變故。㊺先是駙馬都尉薛萬徹……當奉司徒荊王元景為主：按此段乃錄自《舊唐書・薛萬徹傳》，字句大致相同。㊻柴令武紹之子也：柴紹尚高祖女平陽公主。㊼巴陵公主：太宗女。㊽託：假託。㊾謀議相結：謂相與謀議而結於一起。㊿封爵：封邑及官爵。(51)無禮於己：謂強姦也。(52)惡稔：謂罪惡已成。(53)私門：即私家。(54)高陽公主謀黜遺直……更獲遺愛及主反狀：按此段乃錄自《舊唐書・房玄齡傳》，字句大致相同。(55)安州都督吳王恪：《舊唐書・吳王恪傳》：「十二年，累授安州都督，高宗即位，拜司空，梁州都督。」史傳書官，當以其現時之官職為稱，故安州自當改作梁州。(56)恪有文武才，太宗常以為類己，欲立為太子，無忌固爭而止：事見卷一百九十七貞觀十七年。(57)相惡：謂相仇恨。(58)物情：即人心。(59)司空安州都督吳王恪……以絕眾望：按此段乃錄自《舊唐書・吳王恪傳》，字句大致相同。(60)因言與恪同謀，冀如紇干承基得免死：事見卷一百九十六、卷一百九十七貞觀十七年。

四年（西元六五三年）

㈠春，二月甲申，詔遺愛、萬徹、令武皆斬，元景、恪、高陽、巴陵公主，並賜自盡。上泣謂侍臣曰：「荊王，朕之叔父，吳王，朕兄，欲匄㊀其死，可乎？」兵部尚書崔敦禮以為不可，乃殺之。萬徹臨刑大言曰㊁：「薛萬徹大健兒㊂，留為國家効死力㊃，豈不佳㊄！乃坐房遺愛，殺之乎㊅！」吳王恪且死，罵曰：「長孫無忌竊弄威權，構害良善㊆，宗社㊇有靈，當族滅不久㊈。」乙酉，侍中兼太子詹事宇文節、特進太常卿江夏王道宗、左驍衛大將軍駙馬都尉執失思力㊉，並坐與房遺愛交通，流嶺表。節與遺愛親善，及遺愛下獄，節頗左右之⑪。江夏王道宗素與長孫無忌、褚遂良不協⑫，故皆得罪。戊子，廢恪母弟蜀王愔為庶人，置巴州。房遺直貶春州銅陵尉。萬徹弟萬備流交州，罷房玄齡配饗⑬。

㈡開府儀同三司李勣為司空⑭。

㈢初林邑⑮王范頭利卒，子真龍立，大臣伽獨⑯弒之，盡滅范氏，伽獨自立，國人弗從，乃立頭利之壻婆羅門為王，國人咸思范氏，復罷婆羅門，立頭利之女為王，女不能治國，有諸葛地者，頭利之姑子也，父為頭利所殺，南奔真臘(一七)，大臣可倫翁定遣使迎而立之，妻以女王，眾然後定(一八)。夏，四月，戊子，遣使入貢。

(四)秋，九月，壬戌，右僕射、北平定公(一九)張行成薨。甲戌，以褚遂良為右僕射、同中書門下三品如故，仍知選事(二〇)。

(五)冬，十月，庚子，上幸驪山溫湯，乙巳，還宮(二一)。

(六)初睦州(二二)女子陳碩真以妖言惑眾，與妹夫章叔胤舉兵反，自稱文佳皇帝，以叔胤為僕射，甲子夜，叔胤帥眾攻桐廬(二三)，陷之，碩真撞鍾(二四)焚香，引兵二千攻陷睦州及於潛(二五)，進攻歙州(二六)，不克。敕揚州刺史房仁裕發兵討之，碩真遣其黨童文寶將四千人，寇婺州(二七)，刺史崔義玄發兵拒之，民間訛言碩真有神(二八)，犯其兵者，必滅族，士眾兇懼(二九)。司功參軍(三〇)崔玄籍曰：「起兵仗順，猶且無成，況憑妖妄，其能久乎！」義玄以玄籍為前鋒，自將州兵繼之，至下淮戍，遇賊，與戰，左右以楯蔽義玄，義玄曰：「刺史避箭，人誰致死(三一)！」命撤之。於是士卒齊奮(三二)，賊眾大潰，斬首級千級，聽其餘眾歸首(三三)，進至睦州境，降者萬計。十一月，庚戌，房仁裕軍合，獲碩真、叔胤，斬之，餘黨悉平，義玄以功拜御史大夫㉔。

㈦癸丑，以兵部尚書崔敦禮為侍中。

㈧十二月，庚子，侍中蓨憲公㉕高季輔薨。

㈨是歲，西突厥乙毗咄陸可汗卒，其子頡苾達度設號真珠葉護，始與沙鉢羅可汗有隙，與五弩失畢共擊沙鉢羅，破之，斬首千餘級。

【今註】㈠匄：乞免，同丐。㈡大言曰：大聲言曰。㈢大健兒：按健兒乃唐代之流行稱謂。《舊唐書‧隱太子建成傳》：「建成先令慶州總管楊文幹募健兒送京師。」同書〈李恒傳〉：「上皇在成都，健兒郭千仭夜謀亂。」又同書〈李國貞附錡傳〉：「以胡奚雜類虯鬚者為一將，名曰蕃落健兒。」《邠志》：「邠軍，天寶以前眾號十萬，實六萬，明皇晚年置長征健兒。」杜甫〈哀王孫〉：「朔方健兒好身手，昔何勇銳今何愚！」皆其例也。上雖皆指兵士而言，然其用意實在頌揚及鼓舞兵士行動之勇健，因知健兒一稱，唐代於兵士外，其餘之人，亦必用之，而大健兒者，特不過謂健兒中之尤勇猛者。㈣効死力：猶供獻死力。㈤豈不佳：《舊唐書‧薛萬徹傳》作：「固好。」是佳亦即好也。㈥萬徹臨刑大言曰……乃坐房遺愛殺之乎：按此段乃錄自《舊唐書‧薛萬徹傳》，字句大致相同。㈦構害：媒構陷害。㈧宗社：宗廟社稷。㈨族滅不久：謂立即滅族。㈩駙馬都尉執失思力：《新唐書・諸公主傳》：「高祖女九江公主，下嫁執失思力。」⑪左右之：猶輔助之。⑫不協：不和。

⑬配饗：鄭樵曰：「盤庚云：『茲予大享于先王，爾祖其從與享之。』周制，凡有功者祭於大烝；漢制，祭功臣於庭，生時，侍燕於庭，死則降在庭位，謂之配饗。」⑭開府儀同三司李勣為司空：按新舊《唐書・高宗紀》皆作：「二月己亥，李勣為司空。」開府上當添己亥二字。⑮林邑：《舊唐書・林邑傳》：「林邑國，漢日南象林之地，在交州南千餘里，其國延袤數千里，北與驩州接。」

⑯六臣伽獨：據《舊唐書》，其全名為摩訶漫多伽獨。⑰真臘：《新唐書・真臘傳》：「真臘一曰吉蔑，本扶南屬國，去京師二萬七百里。東距車渠，西屬驃，南瀕海，北與道明接，東北抵驩州。其王刹利伊金那貞觀初幷扶南，有其地。」⑱初林邑王范頭利卒……妻以女王，眾然後定：按此段《新唐書・環王傳》亦載之，字句大致相同。⑲北平定公：《謚法》：「純行不爽曰定。」⑳選事：銓選之事。㉑秋九月壬戌，右僕射北平定公張行成薨……十月乙巳還宮：按此段乃錄自《新唐書・高宗紀》，而稍有添益。㉒睦州：《舊唐書・地理志》三：「江南東道，睦州，隋遂安郡，武德四年平汪華，改為睦州。」㉓桐廬：唐屬睦州，今浙江省桐廬縣。㉔撞鍾：鍾通鐘，謂擊鍾也。㉕於潛：今浙江省於潛縣。㉖歙州：《舊唐書・地理志》三：「江南東道，歙州，隋新安郡，武德四年平汪華，置歙州總管，管歙、睦、衢三州，貞觀元年罷都督府。」㉗婺州：《舊唐書・地理志》三：「江南東道，婺州，隋東陽郡，武德四年平李子通，置婺州。」㉘有神：有神法。㉙兇懼：甚懼。

㉚司功參軍：《舊唐書・職官志》三：「上州、司功、司倉、司戶、司法、司兵、司士六曹參軍事各

一人，並從七品下。中州則並正八品下。」㉛人誰致死：謂誰肯致死力。㉜奮：奮發。㉝歸首：歸順自首。㉞陳碩真遣其黨童文寶……義玄以功拜御史大夫：按此段乃錄自《舊唐書・崔義玄傳》，字句大致相同。㉟蔣憲公：《謚法》：「博聞多能曰憲。」

五年（西元六五四年）

㈠春，正月，壬戌，羌酋凍就內附，以其地置劍州㊀。

㈡三月，戊午，上行幸萬年宮㊁。【考異】實錄戊午以下皆為二月，按長歷二月丁丑朔無戊午，戊午三月十二日也。

㈢庚申，加贈武德功臣屈突通等十三人官。初王皇后無子，蕭淑妃有寵，【考異】新舊唐書或作蕭淑妃，或作蕭良娣，實錄皆作良娣，廢王后詔亦曰良娣蕭氏。按當時後宮位號無良娣名，唯漢世太子宮有良娣，疑高宗在東宮時，蕭為良娣，及即位拜淑妃也。王后疾之。上之為太子也，入侍太宗，見才人㊂武氏而悅之，太宗崩，武氏隨眾感業寺㊃為尼，忌日㊄，上詣寺行香，見之，武氏泣，上亦泣。王后聞之，陰令武氏長髮㊅，勸上內㊆之後宮，欲以間㊇淑妃之寵。武氏巧慧㊈，多權數㊉，初入宮，卑辭屈體以事后，后愛之，數稱其美於上。未幾大幸，拜為昭儀⑪，后及淑妃寵皆衰，更相與共譖之，上皆不納。昭儀欲追贈其父而無名[一二]，故託以褒賞功臣，而武士護預焉。

㈣乙丑，上幸鳳泉湯[一三]，乙巳，還萬年宮。

㈤夏，四月，大食[一四]發兵擊波斯[一五]，殺波斯王伊嗣侯，伊嗣侯之子卑路斯奔吐火羅，大食兵去，吐火羅發兵，立卑路斯為波斯王，而還[一六]。

㈥閏月，丙子，以處月部置金滿州[一七]。

㈦丁丑夜，大雨，山水漲溢[一八]，衝玄武門[一九]，宿衛士皆散走，右領軍郎將[二〇]薛仁貴曰：「安有宿衛之士，天子有急，而敢畏死乎？」乃登門梲[二一]大呼，以警宮內，上遽出，乘高[二二]，俄而水入寢殿[二三]，水溺衛士及麟遊[二四]居人，死者三千餘人。

㈧壬辰，新羅女王金真德卒，詔立其弟春秋為新羅王[二五]。

㈨六月，丙午，恒州大水，呼沱溢漂，溺五千三百家。

㈩中書令柳奭以王皇后寵衰[二六]，內不自安，請解政事，癸亥，罷為吏部尚書[二七]。

(十一)秋，七月，丁酉，車駕至京師[二八]。

(十二)戊戌，上謂五品以上曰：「頃在先帝左右，見五品以上論事，或仗下面陳㉙，或退上封事，終日不絕，豈今日獨無事邪？何公等皆不言也！」

(十三)冬，十月，雇雍州四萬一千人㉚築長安外郭，三旬而畢。癸丑，雍州參軍薛景宣上封事，言：「漢惠帝城長安，尋晏駕㉛，今復城之，必有大咎㉜。」于志寧等以景宣言涉不順，請誅之，上曰：「景宣雖狂妄，若因上封事得罪，恐絕言路㉝。」遂赦之。

(十四)高麗遣其將安固將高麗靺鞨兵擊契丹，松漠都督李窟哥禦之，大敗高麗於新城㉞。

(十五)是歲大稔，洛州粟米㉟斗兩錢半，秔米斗十一錢。

(十六)王皇后蕭淑妃與武昭儀更相譖訴，上不信后淑妃之語，獨信昭儀。后不能曲事上左右，母魏國夫人柳氏及舅中書令柳奭入見六宮㊱，又不為禮，武昭儀伺后所不敬者，必傾心與相結，所得賞賜分與之，由是后及淑妃動靜㊲，昭儀必知之，皆以聞於上。后寵雖衰，然上未有意廢也。會昭儀生女，后憐而弄之㊳，后出，昭儀潛扼殺之，覆之以被，上至，昭儀陽歡笑，發被觀之，女已死矣，即驚啼，問左右，左右皆曰：「皇后適來此。」上大怒曰：「后殺吾女。」昭儀因泣，數其罪，后無以自明，上由是有廢立之志㊴㊵。又畏大臣不從，乃與昭儀幸太尉長孫無忌第，酣飲極驩，席上拜無忌寵姬子三人，皆為朝散大夫㊶，仍載金寶繒綿十車以賜無忌，上因從容言皇后無子，以諷㊷無忌，無忌對以佗語，竟不順旨，上及昭儀皆不悅而罷。昭儀又令母楊氏詣無忌第，屢有祈請，無忌終不許；禮部尚書許敬宗亦數勸無忌，無忌厲色折㊸之㊹。

【今註】㊀劍州：《新唐書・地理志》七下：「劍南道諸羌州、劍州，永徽五年，以大首領凍就部落置，隸松州都督府。」㊁上行幸萬年宮：依上永徽二年文，知為九成宮之所改者。㊂才人武氏：《舊唐書・后妃傳》序：「唐因隋制，皇后之下有才人九人，正五品。」㊃感業寺：《長安志》：「貞觀二十三年五月，太宗上僊，其年即以安業坊濟度尼寺為靈寶寺，盡度太宗嬪御為尼，以處之。」程大昌曰：「以通鑑及長安志及呂大防長安圖參定，通鑑言武氏在感業寺，長安志在安業寺，惟此差不同；然志能言寺之位置及始末，則安業者是也。」按《舊唐書・則天紀》及〈高宗廢后王氏傳〉，皆作居感業寺，知應以作感業為是。感業者乃感念先帝之功業，是更與設寺之含意相符。㊄忌日：

謂太宗之死日。㊅長髮：謂蓄髮令長。㊆內：讀納。㊇間：離隔。㊈巧慧：工巧聰慧。㊉權數：權變術數。㊁昭儀：按《舊唐書・則天皇后傳》，昭儀為九嬪之一，正二品。㊂昭儀欲追贈其父而無名：據《舊唐書・后妃傳》序，父為士彠，貞觀中累遷工部尚書、荊州都督，封應國公。無名謂無名義。㊂鳳泉湯：《新唐書・地理志》一：「關內道，鳳翔府，郿縣，有鳳泉湯。」㊃大食：《舊唐書・大食傳》：「大食國本在波斯之西。大業中有波斯胡人，牧駞於俱紛摩地那之山，忽有獅子人語，謂之曰：『此山西有三穴，穴中大有兵器，汝可取之；穴中并有黑石白文，讀之便作王位。』胡人依言，果見穴中有石及矟刃甚多，上有文教其反叛。於是糾合亡命，渡恒曷水，刼奪商旅，其眾漸盛，遂割據波斯西境，自立為王。波斯、拂菻各遣兵討之，皆為所敗。」㊄波斯：《新唐書・波斯傳》：「波斯居達遏水西，距京師萬五千里而贏。東與吐火羅、康接，北鄰突厥可薩部，西南皆瀕海，西北贏四千里，拂菻也。人數十萬。其先波斯匿王，大月氏別裔，王因以姓，又為國號。」㊅大食發兵擊波斯……立卑路斯為波斯王，而還：按此段乃錄自《舊唐書・波斯傳》，字句大致相同。㊆以處月部置金滿州：《新唐書・地理志》七下：「金滿州都督府，永徽五年，以處月部落置為州，隸輪臺，龍朔二年為府，隸北庭都護府。」㊇閏月丁丑，夜大雨，山水漲溢：按《舊唐書・高宗紀》作：「閏五月丁丑，夜大雨，水漲暴溢。」《新唐書・五行志》三作：「永徽五年五月丁丑，夜大雨。」《新唐書》雖無閏字，當係誤脫，足知此閏乃為五月，閏下自應添一五字。㊈玄武門：《新唐書・五行志》三：「丁丑夜大雨，麟遊縣山水衝萬年宮玄武門。」知此玄武門乃萬年宮之門名也。

⑳右領軍郎將：據《舊唐書・職官志》三，左右衞至左右金吾衞，其屬各有左右中郎將府，有中郎將一人，四品下，左右郎將各一人，正五品上。㉑桄：門前橫木。音ㄍㄨㄤ。㉒乘高：登高。㉓山水漲溢……俄而水入寢殿：按此段乃錄自《舊唐書・薛仁貴傳》，字句大致相同。㉔麟遊：《新唐書・地理志》一：「關內道、鳳翔府、麟遊縣，義寧元年置。以麟遊及京兆之上宜、扶風郡之普潤置鳳棲郡，二年以仁壽宮中獲白麟，更郡曰麟遊。西五里有九成宮，本隋仁壽宮，貞觀五年復置更名，永徽二年曰萬年宮。周垣千八百步，並置禁苑及府庫官寺等。」㉕新羅女王金真德卒，詔立其弟春秋為新羅王：按此乃本自《舊唐書・新羅傳》文。㉖中書令柳奭以王皇后寵衰：《舊唐書・高宗廢后王氏傳》：「武昭儀寵遇日厚，后懼不自安，密與母柳氏求巫祝厭勝，事發，帝大怒，斷柳氏不許入宮中，后舅中書令柳奭罷知政事。」此后寵衰及罷知政事之經過也。㉗恒州大水……罷為吏部尚書：按此段乃錄自《舊唐書・高宗紀》，而稍有溢出。㉘秋七月丁酉，車駕至京師：按新《舊唐書・高宗紀》皆作九月丁酉，是七當改作九。㉙仗下面陳：胡三省曰：「唐制，常朝諸衞皆立仗，仗下宰執諫官奏事。」㉚雇雍州四萬一千人：按《舊唐書・高宗紀》作：「和雇京兆百姓四萬一千人。」夫所云和雇者，乃謂工資係經雙方商量而同意者，此本為最合理之酬報，然事實上，則政府所雇之人，其付與之酬報，率在當時通行工資之下，特不過採用此美名耳。唐中葉以後之宮市、和糴，皆係此種情形，故遂為言者抨擊之鵠的焉。此雇上當添一和字，以符當時之真象。㉛晏駕：乃死之代語，表面之意，謂宮車晚出也。㉜咎：咎殃。㉝言路：進言之路。㉞高麗遣其將安固，將高麗靺鞨兵

擊契丹，松漠都督李窟哥禦之，大敗高麗於新城：按此事《新唐書》高麗及契丹二傳亦載之。㉟秔米：稻之不黏者，音ㄍㄥ。㊱入見六宮：入見六宮之人。《新唐書・后妃高宗則天皇后傳》作：「見內人尚宮。」㊲動靜：猶舉止。㊳憐而弄之：愛而撫弄之。㊴志：按古志意心三字可互用，故志亦即意或心也。㊵王皇后蕭淑妃與武昭儀……上由是有廢立之志：按此段所言之事，《新唐書・后妃高宗則天皇后傳》亦載之，而文字則間不相同。蓋宋祁撰傳，力求簡括，而《通鑑》為書，則甚重明達，斯二者之文，所以多歧殊也。㊶朝散大夫：《舊唐書・職官志》一：「朝散大夫，文散官，從五品下。」㊷諷：諷示。㊸折：駁折。㊹乃與昭儀幸太尉長孫無忌第……無忌厲色折之：按此段乃錄自《舊唐書・長孫無忌傳》，而間有溢出。

六年（西元六五五年）

㈠春，正月，壬申朔，上謁昭陵，甲戌，還宮。

㈡己丑，嶲州道㈠行軍總管曹繼叔破胡叢、顯養、車魯㈡等蠻於斜山，拔十餘城㈢。

㈢庚寅，立皇子弘為代王，賢為潞王。

㈣高麗與百濟靺鞨連兵侵新羅北境，取三十三城，新羅王春秋遣使求援㊃。二月，乙丑，遣營州都督程名振、左衛中郎將蘇定方發兵擊高麗。

㈤夏，五月，壬午，名振等度遼水，高麗見其兵少，開門度貴端水逆戰㊄，名振等奮擊，大破之，殺獲千餘人，焚其外郭及村落而還。

㈥癸未，以右屯衛大將軍程知節㊅為葱山道㊆行軍大總管，以討西突厥沙鉢羅可汗。

㈦壬辰，以韓瑗為侍中，來濟為中書令㊇。

㈧六月，武昭儀誣王后與其母魏國夫人柳氏為厭勝，【考異】舊傳云：「后懼不自安，密與母柳氏求巫祝厭勝，事發，故廢。」今從實錄。敕禁后母柳氏不得入宮。秋，七月，戊寅，貶吏部尚書柳奭為遂州刺史，奭行至扶風㊈，岐州長史于承素希旨㊉，奏奭漏洩禁中語，復貶榮州[十一]刺史。

㈨唐因隋制，後宮有貴妃、淑妃、德妃、賢妃，皆視[十二]一品，上欲特置宸妃[十三]，以武昭儀為之，韓瑗、來濟諫，以為故事[十四]無之[十五]，乃止。【考異】唐歷在此年四月，今據實錄，四月，韓瑗來濟未為侍中中書令。唐歷又云，瑗濟諫帝不從。按立武后詔書，猶云昭儀武氏，然則未嘗為宸妃也。今從會要。

（十）中書舍人，饒陽李義府為長孫無忌所惡，左遷壁州（一六）司馬，敕未至門下（一七），義府密知之，問計於中書舍人，幽州王德儉，德儉曰：「上欲立武昭儀為后，猶豫未決者，直恐宰臣異議耳（一八）。君能建策立之，則轉禍為福矣。」義府然之，是日代德儉直（一九）宿，叩閤（二〇）上表，請廢皇后王氏，立武昭儀，以厭（二一）兆庶之心。上悅，召見與語，賜珠一斗，留居舊職（二二），昭儀又密遣使勞勉之，尋超拜中書侍郎。【考異】舊傳云：「高宗將立武后（二三），義府密申叶贊，擢拜中書侍郎同中書門下三品，監修國史，賜爵廣平縣男。」新書本紀年表皆云：「是歲七月，義府為中書侍郎參知政事。」實錄但云超拜中書侍郎，宰輔圖十一月自中書侍郎參知政事，今從之。於是衞尉卿許敬宗、御史大夫崔義玄、中丞袁公瑜，皆潛布腹心於武昭儀矣。

（十一）乙酉，以侍中崔敦禮為中書令。

（十二）八月，尚藥奉御（二四）蔣孝璋員外特置（二五），仍同正員（二六），員外同正自孝璋始（二七）。

（十三）長安令裴行儉聞將立武昭儀為后，以國家之禍，必自此始，與長孫無忌、褚遂良私議其事，袁公瑜聞之，以告昭儀母楊氏，行儉坐左遷西州都督府長史（二八）。行儉，仁基之子也（二九）（三〇）。

(十四)九月，戊辰，以許敬宗為禮部尚書。上一日退朝，召長孫無忌、李勣、于志寧、褚遂良入內殿，遂良曰：「今日之召，多為中宮㉛，上意既決，逆㉜之必死。太尉元舅，司空功臣，不可使上有殺元舅及功臣之名。遂良起於草茅㉝，無汗馬之勞㉞，致位至此，且受顧託，不以死爭之，何以下見㉟先帝！」勣稱疾不入，無忌等至內殿，上顧謂無忌曰：「皇后無子，武昭儀有子，今欲立昭儀為后，何如？」遂良對曰：「皇后名家㊱，先帝為陛下所娶，先帝臨崩，執陛下手謂臣曰：『朕佳兒佳婦㊲，今以付卿。』此陛下所聞，言猶在耳，皇后未聞有過，豈可輕廢！臣不敢曲從陛下，上違先帝之命㊳。」上不悅，而罷。明日，又言之，遂良曰：「陛下必欲易皇后，伏請妙擇㊴天下令族，何必武氏。武氏經事㊵先帝，眾所具知㊶，天下耳目，安可蔽㊷也！萬代之後，謂陛下為如何㊸，願留三思㊹。臣今忤陛下，罪當死。」因置笏於殿階㊺，解巾叩頭流血，曰：「還陛下笏，乞放歸田里㊻。」上大怒，命引出。昭儀在簾中，大言曰：「何不撲殺㊼此獠㊽。」無忌曰：「遂良受先朝顧命，有罪，不可加刑。」【考異】唐歷云：「無忌等將入，遂良曰，今者多為中宮事，遂良欲諫，何如？無忌曰，公但極言，無忌接公。及入，上再三顧無忌曰，莫大之罪，無過絕嗣，皇后無子，今欲廢之，立武士彠女，何如？無忌曰，自貞觀二十三年後，先朝託付遂良，望陛下問其可否。」按如此，則是無忌賣遂良也，今不取。(四九)于志寧不敢言。

(十五)韓瑗因間(五〇)奏事，涕泣極諫，上不納；明日又諫，悲不自勝(五一)，上命引出。瑗又上疏諫曰：「匹夫匹婦(五二)，猶相選擇，況天子乎？皇后母儀萬國(五三)，善惡由之(五四)，故嫫母(五五)輔佐黃帝，妲己傾覆殷王(五六)，詩云：『赫赫宗周，褒姒滅之(五七)。』每覽前古(五八)，常興歎息，不謂(五九)今日塵黷聖代(六〇)，作而不法，後嗣何觀(六一)。願陛下詳之(六二)，無為後人所笑。使臣有以益國(六三)，葅醢之戮，臣之分也。昔吳王不用子胥之言，而麋鹿遊於姑蘇(六四)，臣恐海內失望，棘荊生於闕庭(六五)，宗廟不血食(六六)，期有日矣(六七)(六八)。」

(十六)來濟上表諫曰：「王者立后，上法乾坤，必擇禮教名家(六九)，幽閑令淑(七〇)，副(七一)四海之望，稱神祇之意。是放周文造舟以迎大姒(七二)，而興關睢之化(七三)，百姓蒙祚(七四)，孝成縱欲，以婢為后，使皇統亡絕，社稷傾淪(七五)。有周之隆既如彼，大漢之禍又如此，惟陛下詳察(七六)。」

上皆不納。

(七七)它日，李勣入見，上問之曰：「朕欲立武昭儀為后，遂良固執[七七]，以為不可，遂良既顧命大臣，事當且已乎[七八]？」對曰：「此陛下家事[七九]，何必更問外人[八〇]。」上意遂決。許敬宗宣言[八一]於朝曰：「田舍翁[八二]多收十斛麥，尚欲易婦[八三]，況天子欲立后，何豫[八四]諸人事，而妄生異議乎[八五]！」昭儀令左右以聞。庚午，貶遂良為潭州都督。

【今註】㊀巂州道：《舊唐書・地理志》四：「劍南道，巂州都督府，隋越巂郡，武德元年改為巂州，二年又置昆明縣。」㊁車魯：《新唐書・南蠻兩爨蠻傳》作東魯。㊂巂州道行軍總管曹繼叔……拔十餘城：按此段《新唐書・南蠻兩爨蠻傳》亦載之，字句幾全相同。㊃高麗與百濟靺鞨連兵侵新羅北境……新羅王春秋遣使求援：按此數句乃錄自《舊唐書・新羅傳》。㊄開門度貴端水逆戰：按《舊唐書・程務挺附名振傳》：「又率兵破高麗於貴端水，焚其新城。」是貴端水當在新城西南附近之處。㊅右屯衞大將軍程知節：按新舊《唐書・高宗紀》，右皆作左，當改從之。㊆葱山道：即葱嶺。㊇癸未以右屯衞大將軍程知節……來濟為中書令：按此段乃參錄新舊《唐書・高宗紀》，字句大致相同。㊈扶風：今陝西省扶風縣。㊉希旨：猶承望意旨。[十一]榮州：《舊唐書・地理志》四：

「劍南道，榮州，隋資陽郡之牢縣，武德元年置榮州。」㉒視：猶比。㉓宸妃：意為皇妃或帝妃。㉔故事：謂舊事，亦即舊制度也。㉕韓瑗來濟諫，以為故事無之：語見《舊唐書・來濟傳》。㉖壁州：《舊唐書・地理志》二：「山南西道，壁州，武德八年，分巴州始寧縣，改置壁州。」㉗門下：謂門下省。㉘直恐宰臣異議耳：直，只，謂只恐宰臣有異議耳。㉙直：通值。㉚叩閤：叩擊閤門。㉛厭：滿足。㉜中書舍人饒陽李義府……留居舊職：按此段《新唐書・姦臣李義府傳》亦載之，字句大致相同。㉝考異曰舊傳云高宗將立武后：按《舊唐書・李義府傳》作：「高宗將立武昭儀為皇后。」夫既引原文，則自應將原文據實錄入，而不加更改為是。㉞尚藥奉御：《唐六典》卷十一：「尚藥局奉御二人，正五品下，掌合和御藥及診候之事。」㉟員外特置：謂正式員額之外而特別設置者。㊱同正員：與正式官員相同。㊲尚藥奉御蔣孝璋……自孝璋始：按此數句乃錄自《舊唐書・高宗紀》。㊳行儉坐左遷西州都督府長史：胡三省曰：「唐制，長安、萬年、河南、洛陽、太原、晉陽六縣，謂之京縣，京縣令正五品上。西州中都督府，中部督府長史亦正五品上，但從輦轂下出佐邊州，故為左遷。」㊴行儉，仁基之子也：裴仁基隋將，歸李密，為王世充所殺。㊵長安令裴行儉……仁基之子也：按此段乃錄自《舊唐書・裴行儉傳》，字句大致相同。㊶多為中宮：謂多為中宮廢立之事。㊷逆：忤。㊸草茅：猶草莽。㊹汗馬之勞：猶有戰爭之功。㊺下見：於地下見。㊻皇后名家：謂皇后出自名家，或皇后乃名家之女。㊼朕佳兒佳婦：《舊唐書・褚遂良傳》作：「我好兒好婦。」按此實係原來之口吻而佳兒佳婦，乃《通鑑》所改撰者。㊽之命：之顧命。㊾妙擇：猶精擇。然古代則多用妙字。㊵經事：曾事。㊶具知：皆知。㊷蔽：掩蔽。㊸謂陛下為如何：言謂陛下為何等之君。㊹願留三思：願留意而三思之。㊺因置笏於殿階：按隋唐時，於君上前示意辭職，常將所執之笏置於地上。《隋書・劉行本傳》：「行本於是正當上前曰：『臣所言非私。』因置笏於地而退，上斂容謝之，遂原所笞者。」《舊唐書・褚遂良傳》：「遂良致笏於殿陛曰：『還陛下此笏。』仍解巾叩頭流血。」皆其明證。㊻放歸田里：謂放遣而歸還鄉里。㊼撲殺：擊殺。㊽此獠：乃詈人語，以蠻獠率知識淺陋，故言獠，亦即無知之徒之意。㊾考異曰：「唐歷云：『無忌等將入……立武士擭女，何如。』」……按此段正《舊唐書・褚遂良傳》之所引錄。又：「無忌曰：『自貞觀二十三年後，……望陛下問其可否。』」《舊唐書・長孫無忌傳》亦採載之。是此二節，《舊唐書》撰者認皆符於事理，故悉加錄用，而非如考異所認：「按如此，則是無忌賣遂良也，今不取。」試細核之，唐歷之文，實亦事理之可有者，考異所云，殊未可全信。㊿因間：乘有空間時。(51)悲不自勝：謂不勝悲哀。(52)匹夫匹婦：指平民言。(53)母儀萬國：謂為萬國婦女之所儀式。(54)善惡由之：意為善惡由之而變。(55)嫫母：何承天《纂文》：「嫫母醜人也，黃帝愛幸之。」音謨。(56)妲己傾覆殷王：妲己有蘇氏之美女，紂愛之，唯妲己之言是聽，卒以亡殷。(57)赫赫宗周，褒姒滅之：《詩・小雅・正月》之辭。韓瑗之意，謂嫫母以醜而佐黃帝有天下，妲己褒姒以美豔而亡殷周，是女在德不在色也。(58)前古：猶往古。(59)不謂：不料。(60)塵黷聖代：謂所興歎息，竟以塵黷聖代人君之耳目。(61)作而不法，後嗣何觀：《左傳》曹劌諫魯莊公之辭。意謂制作而不合理法，則令後嗣將何以觀瞻。

（六二）詳之：謂詳慮之。（六三）使臣有以益國：謂假使臣能以有益於邦國。（六四）昔吳王不用子胥之言，而麋鹿遊於姑蘇：《漢書・伍被傳》：「昔子胥諫吳王，吳王不用，迺曰：『臣今見麋鹿遊姑蘇之臺也。』」師古曰：「吳地記云：『因山為名，西南去國三十五里。』」（六五）荊棘生於闕庭：乃國家殘破之象。（六六）血食：謂有子孫殺牲畜以祭祀也。（六七）期有日矣：猶不久也。（六八）瑗又上疏諫曰，匹夫匹婦……宗廟不血食，期有日矣：按此段《舊唐書》本傳不錄，《新唐書》雖載之，而較《通鑑》刪削為多，由之可知《新唐書》與《通鑑》錄文之態度及刪改之情形矣。（六九）禮教名家：謂講求禮教之名家之女。（七〇）幽閑令淑：謂幽靜、閑雅、令美、淑善。（七一）副：猶稱。（七二）周文造舟，以迎太姒：太妃文王之妃。（七三）而興關雎之化：太姒佐文王以興王業，故關雎美其德。（七四）祚：福。（七五）孝成縱欲，以婢為后，使皇統亡絕，社稷傾淪：皇統，王者之大統。傾淪，傾覆淪亡。事見漢成帝紀。（七六）來濟上表諫曰……惟陛下詳察：按此段《新唐書・來濟傳》亦載之，字句微有不同。（七七）固執：謂固執己見。（七八）事當且已乎：謂事將應罷止乎。（七九）家事：家中之事。（八〇）它日李勣入見，上問之曰……此陛下家事，何必更問外人：按此言於高宗之立武后，具有決定性質。然《舊唐書》本傳竟付之闕如，《新唐書》則悉加錄入，《通鑑》亦沿而書之，錄入實屬有識。（八一）宣言：猶大言。（八二）田舍翁：按此乃鄙視人之辭。有作田舍翁者。《通鑑・唐紀》十：「上嘗罷朝，怒曰：『會須殺此田舍翁。』」《舊唐書・王珪傳》：「太宗曰：『昔漢高祖田舍翁耳，提三尺劍定天下。』」亦有作田舍奴者。《集異記》卷二：「王之渙揶揄二子曰：『田舍奴，我豈妄哉！』因大諧笑，飲醉竟日。」又有作田舍子者。《新唐書・姦臣許敬宗傳》：「帝將立武昭儀，大臣切諫，而敬宗陰揣帝私，即妄言曰：『田舍子賸穫十斛麥，尚欲更故婦，天子富有四海，立一后，謂之不可，何哉？』」按《辭海》田舍子條云：「按南部新書作田舍翁。」是田舍子猶田舍翁也。又有作田舍公者。《宋書・武帝紀》：「孝武大明中，壞上所居陰室，於其處起玉燭殿，與羣臣觀之，牀頭有土鄣，壁上葛燈籠，麻繩拂；侍中袁顗盛稱上儉素之德。孝武不答，獨曰：『田舍公得此，以為過矣。』」又有作田舍漢者。《隋唐嘉話》：「太宗罷朝，怒曰：『會殺此田舍漢。』文德后問誰觸忤陛下。帝曰：『豈過魏徵，每事廷辱我，使我常不自得。』」凡此皆與田舍翁相類之詈人語也。㈢易婦：謂更易舊婦。㈣豫：干豫。㈤許敬宗宣言於朝曰……而妄生異議乎：按此段《新唐書・姦臣許敬宗傳》亦載之，字句微有不同。又關於立武后事，《新唐書》除〈長孫無忌傳〉及〈褚遂良傳〉與舊書相同外，於韓瑗、來濟、李勣、許敬宗四傳中，亦備載其言論意見，而此則不見於《舊唐書》之諸傳中，亦足見《舊唐書》所根據之原史，為武氏刪改之劇烈，及《舊唐書》撰者之依樣葫蘆，而不細加鈎稽矣。今《新唐書》與《通鑑》將此唐代巨大事件，一一為之抉出，使忠貞之士與姦佞之徒，大白於世，寧非於世道人心得奏鍼砭之效歟！

卷二百 唐紀十六

司馬光編集
曲守約註

起旃蒙單閼十月，盡玄黓閹茂七月，凡六年有奇。（乙卯至壬戌，西元六五五年至六六二年）

高宗天皇大聖大弘孝皇帝上之下

永徽六年（西元六五五年）

㈠冬，十月，己酉，下詔稱王皇后蕭淑妃謀行鴆毒，廢為庶人，母及兄弟並除名，流嶺南。許敬宗奏故特進贈司空王仁祐告身尚存㈠，使逆亂餘孽㈡獲得為蔭，並請除削。從之。

㈡乙卯，百官上表，請立中宮，乃下詔曰：「武氏門著勳庸㈢，地華纓黻㈣，往以才行㈤，選入後庭，譽重椒闈，德光蘭掖㈥。朕昔在儲貳㈦，特荷先慈㈧，常得侍從，弗離朝夕，宮壼㈨之內，恒自飭躬㈩，嬪嬙之間，未嘗迕目⑪。聖情鑒悉，每垂賞歎⑫，遂以武氏賜朕，事同政君⑬，可立為皇后。」丁巳，赦天下。

㈢是日，皇后上表稱：「陛下前以妾為宸妃，韓瑗來濟面折⑭庭爭，此既事之極難，豈非深情為國㉕，乞加褒賞。」上以表示瑗等，瑗等彌憂懼，屢請去位，上不許。

㈣十一月，丁卯朔，臨軒命司空李勣齎璽綬冊皇后武氏。是日，百官朝皇后於肅義門，故后王氏故淑妃蕭氏並囚於別院，上嘗念之，閒行㉖至其所，見其室封閉極密，惟竅壁㉗以通食器，惻然傷之，呼曰：「皇后淑妃安在？」王氏泣對曰：「妾等得罪為宮婢，何得更有尊稱㉘！」又曰：「至尊若念疇昔，使㉙妾等再見日月㉚，乞名此院為回心院㉛。」上曰：「朕即有處置㉜。」武后聞之大怒，遣人杖王氏及蕭氏各一百，斷去手足，捉酒甕中，曰：「令二嫗骨醉。」數日而死㉝，又斬之。王氏初聞宣敕，再拜曰：「願大家㉞萬歲，昭儀承恩，死自吾分㉟。」淑妃罵曰：「阿武妖猾㊱，乃至於此，願它生我為貓，阿武為鼠，生生扼其喉㊲。」由是宮中不畜貓。尋又改王氏姓為蟒氏㊳，蕭氏為梟氏，武后數見王蕭為祟，被髮瀝血㊴如死時狀，後徙居蓬萊宮㊵，復見之，故多在洛陽，終身㊶不歸長安㊷。

㈤己巳，許敬宗奏曰：「永徽爰始，國本未生㉝，權引彗星，越升明兩㉞，近者元妃載誕，正胤降神㉟，重光㊱日融㊲，爝暉㊳宜息，安可反植枝幹㊴，久易位㊵於天庭，倒襲裳衣㊶，使違方於震位㊷。又父子之際，人所難言㊸，事或犯鱗㊹，必嬰嚴憲㊺，煎膏染鼎，臣亦甘心㊻㊼。」上召見問之，對曰：「皇太子，國之本也，本猶未正，萬國無所係心㊽。且在東宮者，所出本微㊾，今知國家已有正嫡，必不自安，竊位而懷㊿自疑，恐非宗廟之福。願陛下熟計之。」上曰：「忠已自讓。」對曰：「能為太伯(五一)，願速從之(五二)(五三)。」

㈥西突厥頡苾達度設數遣使請兵討沙鉢羅可汗，甲戌，遣豐州都督元禮臣冊拜頡苾達度設為可汗，禮臣至碎葉城(五四)，沙鉢羅發兵拒之，不得前，頡苾達度設部落多為沙鉢羅所併，餘眾寡弱，不為諸姓所附，禮臣竟不冊拜而歸。

㈦中書侍郎李義府參知政事，義府容貌溫恭(五五)，與人語必嬉怡(五六)微笑，而狡險忌克(五七)，故時人謂義府笑中有刀(五八)，又以其柔而害物，謂之李貓(五九)(六〇)。

【今註】㊀司空王仁祐告身尚存：胡三省曰：「凡受官者皆給以符，謂之告身。司空正一品，凡三品以上，蔭及曾孫。」㊁餘孽：餘姦。㊂庸：功。㊃地華纓黻：地，門地；華，美；纓，猶冠冕；黻通紱，綬帶。㊄才行：才能德行。㊅椒闈蘭掖：皆指宮禁而言。㊆儲貳：按此辭以係指太子而言，甚屬重要，故其異名，特為繁夥，茲盡量將含有儲字者列舉於下，亦研究名稱撰構有意義之舉動也。1.儲貳。《晉書・成都王穎傳》：「皇太子國之儲貳。」《舊唐書・李勣傳》：「太宗謂曰：『我兒新登儲貳，鄉舊長史，今以宮事相委。』」2.儲副。《後漢書・种暠傳》：「太子國之儲副。」《舊唐書・杜正倫傳》：「太宗謂曰：『國之儲副，自古所重，必擇善人為之輔佐。』」3.儲兩。《隋書・楊素傳》：「及朕本以藩王，謬膺儲兩。」同書〈魏澹傳〉：「漢之儲兩，俱沒其諱。」4.儲嗣。《漢書・疏廣傳》：「太子國儲嗣君。」《北齊書・後主穆后傳》：「武平元年六月生皇子恒，於時後主未有儲嗣。」5.儲宮。《文選・潘尼贈陸機出為吳王郎中令詩》：「羽儀儲宮。」《隋書・楊素附約傳》：「又儲宮以所欲不行，每切齒於執政。」6.儲君。《公羊傳》僖五年注：「儲君，副主。」《舊唐書・狄仁傑傳》：「遽出中宗，謂仁傑曰：『還卿儲君。』」7.儲后。《文選・王融曲水詩序》：「儲后睿哲在躬，妙善居質。」《舊唐書・燕王忠傳》：「于志寧等固請立忠為儲后，高宗許之。」8.儲闈。《舊唐書・房琯傳》：「詔曰：『何以儀刑王國，訓導儲闈？』」9.儲幄。《舊唐書・狄仁傑傳》後史臣曰：「儲幄之任，可謂得人。」10.儲皇。《全唐文・元結大唐中興頌》：「儲皇撫戎。」11.儲嫡。《後漢書・安帝紀》：「降奪儲嫡，開萌邪蠹。」12.皇儲。《文選・陸機答賈長淵詩》：「思媚皇儲，高步承華。」《舊唐書・張玄素傳》：「擢授三品，翼贊皇儲。」13.宮儲。《舊唐書・張玄素傳》：「且宮儲之寄，於國為重。」14.東儲。《舊唐書・王鉷傳》：「時右相李林甫怙權用事，志謀不利於東儲。」凡此，皆以儲為辭根而制撰者。考蔡邕〈勸學篇〉：「儲，副君也。」（玄應《一切經音義》卷二引。）斯故凡稱太子之語，多以儲字為語根焉。至其餘諸字，則貳、副、兩為一系，君、后、皇為一系，嗣、嫡為一系，闈、幄為一系，東、宮為一系，每系中諸字之含意，幾全相類。而各系之字亦皆與太子之特徵有關，斯所以名雖紛紜，而其標指，則洞然可曉悟也。㊇先慈：此乃指先皇言，說已見上。㊈宮壼：壼，宮中道也：宮壼指宮庭而言。音ㄎㄨㄣˇ。⑩飭躬：猶修身。⑪迕目：逆而視之，亦即反目。⑫賞歎：贊美。⑬事同政君：政君事見卷二十七漢宣帝甘露三年。⑭面折：當面折撓。⑮深情為國：猶竭心為國。⑯閒行：猶私行。⑰竅壁：壁間穿鑿孔穴。⑱何得更有尊稱：謂何得更被稱為皇后。⑲疇昔：往昔。⑳再見日月：通作再見天日。㉑回心院：乃回心轉意之意。㉒處置：猶處理。㉓上嘗念之……數日而死：按此段乃錄自《舊唐書・高宗廢后王氏傳》，字句大致相同。㉔大家：指皇帝言。㉕昭儀承恩，死自吾分：謂武昭儀既承恩寵，則死自吾分內之事。㉖妖猾：妖惡狡猾。㉗生生扼其喉：謂世世扼其咽喉，使不得進讒言。㉘尋又改王氏姓為蟒氏：蓋由王而聯想及王莽，遂改之為蟒氏也。㉙瀝血：猶淌血。㉚蓬萊宮：胡三省曰：「大明宮接西內宮城之東北，曰東內，本永安宮，貞觀八年置，八月更名大明宮，以備太上皇清暑。後高宗以風痺，厭西內湫濕，龍朔二年始大興葺，曰蓬萊宮。」《雍錄》：「大明宮本太極宮之後苑，高宗改名蓬萊宮，取後蓬萊池為名。」㉛終身：猶終生。㉜淑妃罵曰，阿武妖猾……終身不歸長安：按此段乃錄自《舊唐書・高宗廢后王氏傳》，字句大致相同。又文中所述，係多年之事，而彙於一處，乃連類而及者也。㉝國本未生：謂真正之太子，尚未生誕。㉞權引彗星，越升明兩：《易・離卦象》曰：「明兩作，離，大人以繼明照於四方。」明兩，謂日月也。㉟近者元妃載誕，正胤降神：言武后之子代王弘，當立。㊱重光：崔豹《古今注》：「漢文帝為太子，樂人歌四章，以贊太子之德：一曰日重光，二曰月重輪，三曰星重暉，四曰海重潤。」㊲日融：謂日益光明。㊳爓暉：《莊子・逍遙遊》：「日月出矣，而爓火不息，其於光也，不亦難乎。」疏：「爓火，炬火也。」㊴反植枝幹：謂枝幹倒置。㊵易位：更易位置。㊶倒襲衣裳：謂倒著衣裳。㊷使違方於震位：違方，猶違位。震，長子也，以守社稷宗廟，而為祭主。㊸父子之際，人所難言：際，間，人所難言，謂他人難以進言。按此二句，乃漢武帝語田千秋之語。㊹事或犯鱗：驪龍頷下，有逆鱗徑尺，嬰之則死。喻人主之威，不可犯也。說見《韓非子・說難》。㊺必嬰嚴憲：謂必嬰受嚴刑。㊻甘心：謂甘心受之。㊼許敬宗奏曰，永徽爰始……臣亦甘心：按此段乃錄自《舊唐書・燕王忠傳》，字句大致相同。㊽無所係心：謂人心無所繫屬。㊾本微：謂本來微賤。㊿懷：心懷。(51)太伯：周太伯，讓王位於弟季歷。(52)從之：從其所請。(53)對曰，皇太子國之本也……能為太伯，願速從之：按此段《新唐書・高宗諸子燕王忠傳》亦載之，字句大致相同。(54)碎葉城：《新唐書・地理志》七下：「焉耆都督府，貞觀十八年滅焉耆，置有碎葉城。調露元年，都護王方翼築，四面十二門，為屈曲隱出伏沒之狀云。」(五五)溫恭：溫和恭敬。(五六)嬉怡：嬉，猶今語之嬉嬉哈哈，怡，謂面呈怡悅之色。(五七)狡險忌克：狡詐、陰險、忌妬、酷克。(五八)笑中有刀：即笑裏藏刀。(五九)柔而害物，謂之李貓：貌似柔和，而內實狠毒，與貓之性情相似，故遂呼之為李貓焉。(六〇)中書侍郎李義府……謂之李貓：按此段乃錄自《舊唐書·李義府傳》，字句幾全相同。

顯慶元年（西元六五六年）

㈠春，正月，辛未，以皇太子忠為梁王、梁州刺史，立皇后子代王弘為皇太子，生四年矣。忠既廢，官屬皆懼罪亡匿㈠，無敢見者，右庶子李安仁獨候㈡忠，泣涕拜辭而去。安仁，綱之孫也㈢。

㈡壬申，赦天下改元。

㈢二月，辛亥，贈武士彠司徒，賜爵周國公。

㈣三月，以度支侍郎杜正倫㈣為黃門侍郎同三品。

㈤夏，四月，壬子，矩州㈤人謝無靈舉兵反，黔州都督李子和討平之。

㈥己未，上謂侍臣曰：「朕思養人㈥之道，未得其要，公等為朕陳之。」來濟對曰：「昔齊桓公出遊，見老而饑寒者，命賜之食，老人曰：『願賜一國之饑者。』賜之衣，曰：『願賜一國之寒者。』公曰：『寡人之廩府(七)，安足以周(八)一國之饑寒？』老人曰：『君不奪農時，則國人皆有餘(九)食矣；不奪蠶要，則國人皆有餘衣矣。』故人君之養人，在省(一〇)其征役而已。今山東役丁，歲別數萬(一一)，役之則人大勞，取庸(一二)則人大費(一三)，臣願陛下量(一四)公家所須外，餘悉免之。」上從之。

㈦六月，辛亥，禮官奏：「停太祖世祖(一五)配祀，以高祖配昊天於圓丘，太宗配五帝於明堂。」從之。

㈧秋，七月，乙丑，西洱蠻酋長楊棟附、顯和蠻酋長王郎祁、郎昆梨盤四州(一六)酋長王伽衝等，帥眾內附(一七)。

㈨癸未，以中書令崔敦禮為太子少師、同中書門下三品。八月，丙申，固安昭公(一八)崔敦禮薨。

㈩辛丑，蔥山道行軍總管程知節擊西突厥，與歌邏處月二部(一九)，戰於榆慕谷，大破之，斬首千餘級，副總管周智度攻突騎施、處木昆(二〇)等部於咽城，拔之，斬首三萬級(二一)。

(十)乙巳，龜茲王布失畢入朝。

(十一)李義府恃寵用事，洛州婦人淳于氏美色，繫大理獄，義府屬大理寺丞(二二)畢正義，枉法(二三)出之，將納為妾，大理卿段寶玄疑而奏之。上命給事中劉仁軌等鞫之，義府恐事洩，逼正義自縊於獄中(二四)。上知之，原義府罪不問。侍御史、漣水(二五)王義方欲奏彈(二六)之，先白(二七)其母曰：「義方為御史，視姦臣不糾則不忠，糾(二八)之則身危而憂及於親，為不孝，二者，不能自決(二九)，柰何？」母曰：「昔王陵之母殺身，以成子之名(三〇)，汝能盡忠以事君，吾死不恨。」義方乃奏：「義府於輦轂(三一)之下，擅(三二)殺六品寺丞，就云(三三)正義自殺，亦由畏義府威(三四)，殺身以滅口(三五)，如此，則生殺之威(三六)，不由上出。漸不可長(三七)，請更加勘當(三八)。」於是對仗(三九)叱義府令下，義府顧望(四〇)不退，義方三叱，上既無言，義府始趨出。義方乃讀彈文，上釋義府不問，而謂義方毀辱(四一)大臣，言辭不遜(四二)，貶萊州司戶(四三)(四四)。

(十二)九月，括州暴風(四五)，海溢，溺四千餘家。

㈣冬，十一月，丙寅，生羌酋長浪我利波等帥眾內附，以其地置拓拱二州(46)。

㈤十二月，程知節引軍至鷹娑川(47)，遇西突厥二萬騎，別部鼠尼施(48)等二萬餘騎繼至，前軍總管蘇定方帥五百騎，馳往擊之，西突厥大敗，追奔二十里，殺獲千五百餘人，獲馬及器械，綿亘山野(49)，不可勝計。副大總管王文度害其功，言於知節(50)曰：「今茲(51)雖云破賊，官軍亦有死傷，乘危輕脫(52)，乃成敗之法耳(53)，何急而為此？自今常結方陳，置輜重在內，遇賊則戰，此萬全策也。」又矯稱別得旨(54)，以知節恃勇輕敵，委文度為之節制(55)，遂收軍不許深入，士卒終日跨馬被甲結陳，不勝疲頓(56)，馬多瘦死。定方言於知節曰：「出師欲以討賊，今乃自守，坐自困敝(57)，若遇賊必敗，懦怯如此，何以立功？且主上以公為大將，豈可更遣軍副(58)專其號令(59)！事必不然，請囚文度，飛表(60)以聞。」知節不從，至恒篤城(61)，有羣胡歸附，文度曰：「此屬伺我旋師，還復(62)為賊，不如盡殺之，取其資財。」定方曰：「如此，乃自為賊耳，何名伐叛(六三)！」文度竟殺之，分其財，獨定方不受，師旋，文度坐矯詔當死，特除名(六四)，知節亦坐逗遛(六五)，追賊不及，減死(六六)免官(六七)。

(十六)是歲，以太常卿、駙馬都尉高履行(六八)為益州長史。

(十七)韓瑗上疏為褚遂良訟冤曰：「遂良體國(六九)忘家，捐身徇物(七〇)，風霜其操(七一)，鐵石其心，社稷之舊臣，陛下之賢佐，無聞罪狀，斥去朝廷，內外甿(七二)黎，咸嗟舉措(七三)。臣聞晉武弘裕，不貽劉毅之誅(七四)，漢祖深仁，無恚周昌之直(七五)，而遂良被遷，已經(七六)寒暑，違忤(七七)陛下，其罰塞焉(七八)。伏願緬(七九)鑒無辜，稍寬非罪(八〇)，俯矜微款(八一)，以順人情。」上謂瑗曰：「遂良之情(八二)，朕亦知之，然其悖戾(八三)好犯上，故以此責之，卿何言之深(八四)也！」對曰：「遂良社稷忠臣，為讒諛(八五)所毀，昔微子去而殷國以亡(八六)，張華存而綱紀不亂(八七)，陛下無故棄逐舊臣，恐非國家之福。」上不納。瑗以言不用，乞歸田里，上不許(八八)。

(十八)劉洎之子訟其父冤，稱貞觀之末，為褚遂良所譖而死(八九)，李義府復助之，上以問近臣，眾希(九〇)義府之旨，皆言其枉。給事中、長安樂彥瑋獨曰：「劉洎大臣，人主暫有不豫(九一)，豈得遽自比伊霍，今雪(九二)洎之罪，謂先帝用刑不當乎(九三)！」上然其言，遂寢其事(九四)。

【今註】㊀亡匿：逃亡藏匿。㊁候：候望。㊂安仁，綱之孫也：李綱著節於隋唐之間。㊃以度支侍郎杜正倫：按《舊唐書・高宗紀》：「永徽七年七月，改戶部尚書為度支尚書，侍郎亦然。」夫既如此，則三月時自仍為戶部尚書。《新唐書》本紀作戶部侍郎洵得其實。又《新唐書・高宗紀》，列此事於三月丙戌，當從添丙戌二字。㊄矩州：《新唐書・地理志》七下：「江南道，諸蠻州，矩州，武德四年置。」㊅養人：即養民，乃避諱而改者也。㊆廩府：倉廩府庫。㊇周：周濟。㊈餘：餘剩。(一〇)省：輕省。(一一)歲別數萬：謂每歲更加數萬。(一二)取庸：取雇庸之直。(一三)大費：謂費用太重。(一四)量：量度。(一五)太祖世祖：《舊唐書・高祖紀》：「皇祖諱虎，武德初追尊景皇帝，廟號太祖。皇考諱昞，武德初追尊元皇帝，廟號世祖。」(一六)郎昆黎盤四州：《新唐書・地理志》七下：「諸蠻州，南寧州，漢夜郎地，武德元年開南中，因故同樂縣置治味，八年復治味更名郎州，開元五年復故名。又昆州，本隋置，隋亂廢，武德元年開南中，復置。又黎州，本西寧州，武德七年析南寧州二縣置，貞觀八年更名。又盤州，本西平州，武德四年置，貞觀八年更名。」(一七)西洱蠻酋長楊棟附……王伽衝等帥眾內附：按此段乃錄自《新唐書・南蠻兩爨蠻傳》，字句幾全相同。(一八)固安昭公：謚法：「容儀恭美曰昭，昭德有勞曰昭。」(一九)與歌邏處月二部：按新舊《唐書・高宗紀》及《新唐書・突厥傳》

下，俱作歌邏祿，當從添祿字。⑳突騎施處木昆：《新唐書・突厥傳》下：「咄陸有五啜：曰處木昆律啜，突騎施賀邏施啜。」是此乃昔咄陸之二啜也。㉑葱山道行軍總管程知節……拔之，斬首三萬級：按此段《新唐書・突厥傳》下亦載之，而稍為簡略。㉒大理寺丞：《唐六典》卷十八：「大理寺丞六人，從六品上，掌分判寺事，凡有犯皆據其本狀，以正刑名。」㉓枉法：屈法。㉔李義府恃寵用事……逼正義自縊於獄中：按此段乃錄自《舊唐書・李義府傳》，字句大致相同。㉕漣水：今江蘇省漣水縣。㉖奏彈：上奏章而彈劾之。㉗白：告。㉘糾：糾劾。㉙決：決斷。㉚昔王陵之母殺身，以成子之名：事見卷九漢高帝九年。㉛輦轂：轂，車輪近軸之處，謂皇帝輦駕之旁。㉜擅：專擅。㉝就云：《舊唐書・忠義王義方傳》作：「縱令。」二辭之意，頗為相似。㉞畏義府威：《舊唐書》作：「畏義甫之權勢。」是威即威勢之省略。㉟滅口：謂使不得言。㊱生殺之威：按此威乃係威權之意。㊲漸不可長：浸漸不可任其滋長。㊳勘當：勘驗以求其確當。㊴對仗：面對衞仗。㊵顧望：猶觀望。㊶毀辱：毀謗汚辱。㊷遜：遜順。㊸萊州司戶：《舊唐書・地理志》一：「河南道，萊州中，漢東萊郡，隋因之，武德四年討平綦順置萊州。」同書〈職官志〉三：「中州司戶參軍事一人，正八品下。」㊹侍御史漣水王義方……貶萊州司戶：按此段乃錄自舊《唐書・忠義王義方傳》，字句大致相同。㊺九月括州暴風：按新舊《唐書・高宗紀》皆作：「九月庚辰。」當從添庚辰二字。又《舊唐書・地理志》三：「江南道，處州，隋永嘉郡，武德四年平李子通，置括州，大曆十四年夏五月，改為處州。」㊻置拓拱二州：胡三省曰：「拓州，蓬山郡。」又《新唐書・地理志》七下：「劍南道、諸羌州、拱州，顯慶元年以鉢南伏浪恐部置，隸松州都督府。」㊼鷹娑川：《新唐書・地理志》七下：「鷹娑都督府，以處鼠尼施處半部置。隸北庭都護府。」㊽鼠尼施：按《舊唐書・突厥傳》下，其全稱為鼠尼施處半啜，乃咄陸五啜之一，上引之《新唐書》文亦同。㊾獲馬及器械，綿亘山野：按《舊唐書・蘇定方傳》作：「獲馬二千疋，死馬及所棄甲仗，綿亘山野。」是綿亘山野者，乃為死亡及遺棄之物。今獲馬而云綿亘山野，似嫌稍違事理。㊿害：猶嫉。(51)今茲：今此。(52)輕脫：謂不慎重。(53)乃成敗之法耳：謂乃或成或敗之法，而意之重點，實指敗言。(54)矯稱別得旨：謂假託云另得聖旨。(55)節制：節度制裁。(56)疲頓：疲困勞頓。(57)坐自困敝：謂坐而自致困窘疲敝。(58)軍副：軍中之副首領。(59)專其號令：專制其命令。(60)飛表：謂上快速之表章，此辭乃唐代所習用者。(61)恒篤城：《新唐書・突厥傳》下作：「怛篤城。」此從《舊唐書・蘇定方傳》。(62)還復：猶轉復。(63)何名伐叛：謂何得名之曰伐叛乎。(64)特除名：特別為之減刑而除去名籍。(65)逗遛：謂逗遛不進。(66)減死：較死罪減降一等。(67)程知節引軍至鷹娑川……減死免官：按此段乃錄自《舊唐書・蘇定方傳》，字句大致相同。(68)駙馬都尉高覆行：據《新唐書・太宗諸女傳》，高覆行尚太宗女東陽公主。(69)體國：猶忠國。(70)捐身狥物：謂捐棄身家而狥於諫立武后。(71)風霜其操：其操行若風霜之嚴凜。(72)甿：田民，音萌。(73)咸嗟舉措：謂對此舉動，皆表嗟嘆駭異。(74)晉武弘裕，不貽劉毅之誅：弘裕，恢弘寬裕。事見卷八十一卷太康三年。(75)漢祖深仁，無恚周昌之直：漢祖漢高祖，高祖欲廢太子，昌期期以為不可。恚怒，音ㄨㄟˋ。(76)經：經歷。(77)違忤：違逆。(七八)其罰塞焉：謂其罰已足當其咎。(七九)緬：遠。(八〇)非罪：亦即無辜之意。(八一)款：誠。(八二)情：實。(八三)悖戾：悖逆惡戾。(八四)深：猶甚。(八五)讒諛：謂讒毀阿諛之人。(八六)昔微子去而殷國以亡：胡三省曰：「殷紂暴虐日甚，微子抱樂器以奔周，武王乃告諸侯曰：『殷有重罪，不可不伐。』遂伐紂，滅之。」(八七)張華存而綱紀不亂：事見卷八十二至卷八十三。(八八)韓瑗上疏為褚遂良訟冤曰……乞歸田里，上不許：按此段乃錄自《舊唐書・韓瑗傳》，字句大致相同。(八九)劉洎之子，訟其父冤，稱貞觀之末，為褚遂良所譖而死：事見卷一百九十八貞觀十九年。(九〇)希：承望。(九一)不豫：猶有疾。(九二)雪：雪洗。(九三)謂先帝用刑不當乎：言豈非謂先帝用刑有失乎。(九四)寢其事：寢置其事，而不處理。

二年（西元六五七年）

㈠春，正月，癸巳，分哥邏祿部置陰山大漠二都督府㈠。

㈡閏月，壬寅，上行幸洛陽。

㈢庚戌，以左屯衞將軍蘇定方為伊麗道行軍總管，帥燕然都護㈡渭南任雅相、副都護蕭嗣業，發回紇等兵，自北道討西突厥沙鉢羅可汗。嗣業，鉅之子也。初右衞大將軍阿史那彌射及族兄左屯衛大將軍步真，皆西突厥酋長，太宗之世，帥眾來降㊂，至是詔以彌射步真為流沙安撫大使，【考異】舊西突厥咄陸傳：「咄陸可汗泥熟父莫賀設，貞觀七年，遣鴻臚少卿劉善因冊為吐谷妻狀奚利苾咄陸可汗。明年，泥熟卒，弟同娥設立，為咥利失可汗。」彌射傳云㊃：「彌射者，室點密可汗五代孫也，世統十姓部落，在本蕃為莫賀咄葉護。貞觀六年，詔遣鴻臚少卿劉善因就蕃立為奚利邲咄陸可汗，其族兄步真欲自立，謀殺彌射，彌射既與步真有隙，以貞觀十三年，率所部處月處密部落入朝。其後步真遂自立為咄陸葉護，部落不服，步真復攜家屬入朝。彌射後從太宗征高麗，有功，封平襄縣伯，顯慶二年，轉右武衛大將軍。」新傳略同。今欲以咄陸彌射為二人，則事多相類，以為一人，則事又相違，疑不能明，故但云西突厥酋長㊄。自南道招集舊眾㊅。

(四)二月，辛酉，車駕至洛陽宮。

(五)庚午，立皇子顯為周王，壬申，徙雍王素節為郇王。

(六)三月，甲辰，以潭州都督褚遂良為桂州都督。

(七)癸丑，以李義府兼中書令。

(八)夏，五月，丙申，上幸明德宮避暑，上自即位，每日視事。庚子，宰相奏天下無虞㊆，請隔日視事，許之。

(九)秋，七月，丁亥朔，上還洛陽宮。

(十)王玄策之破天竺㊇也，得方士那羅邇娑婆寐以歸，自言有長生之術，太宗頗信之，深加禮敬，使合長生藥㊈，發使四方，求奇藥異石⑩，又發使詣婆羅門諸國采藥，其言率皆迂誕⑪無實，苟欲以延歲月(一二)，藥竟不就，乃放還。上即位，復詣長安，又遣歸。玄策時為道王友(一三)，辛亥，奏言：「此婆羅門實能合長年藥，自詭必成(一四)，今遣歸，可惜失之。」玄策退，上謂侍臣曰：「自古安有神仙，秦始皇漢武帝求之，疲弊生民，卒無所成。果有不死之人，今皆安在？」李勣對曰：「誠如聖言，此婆羅門今茲(一五)再來，容髮衰白，已改於前，何能長生！陛下遣之，內外皆喜。」娑婆寐竟死於長安。

㈩許敬宗李義府希皇后旨，誣奏：「侍中韓瑗、中書令來濟與褚遂良潛謀不軌(一六)，以桂州用武之地，授遂良桂州都督，欲以為外援。」八月，丁卯，瑗坐貶振州(一七)刺史，濟貶台州(一八)刺史，終身不聽朝覲。又貶褚遂良為愛州(一九)刺史，榮州刺史柳奭為象州(二〇)刺史。

【考異】唐歷：「三月甲辰，貶遂良為桂州都督，奭愛州刺史。」據實錄，奭坐韓瑗貶象州，新舊書唐歷皆云愛州，誤也。今從實錄。

(十一)遂良至愛州，上表自陳：「往者濮王(二一)承乾交爭之際，臣不顧死亡，歸心陛下，時岑文本劉洎奏稱：『承乾惡狀已彰，身在別所(二二)，其於東宮，不可少時虛曠(二三)，請且遣濮王往居東宮。』臣又抗言固爭，皆陛下所見。卒與無忌等四人，共定大策㉔。及先朝大漸㉕，獨臣與無忌同受遺詔，陛下在草土之辰㉖，不勝哀慟，臣以社稷寬譬㉗，陛下手抱臣頸，臣與無忌區處㉘衆事，咸無廢闕，數日之間，內外寧謐㉙。力小任重，動罹㉚愆過，螻蟻餘齒㉛，乞陛下哀憐。」表奏不省㉜㊂。

(十三)己巳，禮官奏：「四郊迎氣，存太微五帝之祀，南郊明堂，廢緯書六天之義，其方丘祭地之外，別有神州，亦請合為一祀。」從之㉞。

(十四)辛未，以禮部尚書許敬宗為侍中，兼度支尚書杜正倫為兼中書令。

(十五)冬，十月，戊戌，上行幸許州。乙巳，畋於滍水之南，壬子，至汜水曲㉟。十二月，乙卯朔，車駕還洛陽宮。

(十六)蘇定方擊西突厥沙鉢羅可汗，至金山北，先擊處木昆部，大破之，其俟斤嬾獨祿等帥萬餘帳來降，定方撫之，發其千騎與俱㊱。右領軍郎將薛仁貴上言：「泥孰部㊲素不伏賀魯，為賀魯所破，虜其妻子，今唐兵有破賀魯諸部(三八)，得泥孰妻子者宜歸之，仍加賜賚，使彼明知賀魯為賊，而大唐為之父母(三九)，則人致其死，不遺力矣(四〇)。」上從之。泥孰喜，請從軍共擊賀魯(四一)。定方至曳咥河(四二)西，沙鉢羅帥十姓兵(四三)且十萬，來拒戰，定方將唐兵及回紇萬餘人擊之。沙鉢羅輕定方兵少，直進圍之，定方令步兵據南原，攢矟外向(四四)，自將騎兵，陳於北原。沙鉢羅先攻步軍，三衝不動，定方引騎兵擊之，沙鉢羅大敗，追奔三十里，斬獲數萬人。明日，勒兵復進，於是胡祿屋(四五)等五弩失畢悉眾來降，沙鉢羅獨與處木昆屈律啜數百騎，西走。時阿史那步真出南道，五咄陸部落聞沙鉢羅敗，皆詣步真降。定方乃命蕭嗣業、回紇婆閏將胡兵，趨邪羅斯川(四六)，追沙鉢羅，定方與任雅相將新附之眾，繼之，會大雪，平地二尺，軍中咸請俟晴而行，定方曰：「虜恃雪深，謂我不能進，必休息士馬，亟追之，可及；若緩之，彼遁逃浸遠(四七)，不可復追。省日兼功(四八)，在此時矣。」乃蹋雪晝夜兼行，所過，收其部眾，至雙河，與彌射步真合，去沙鉢羅所居二百里，布陳長驅，徑至其牙帳(四九)，沙鉢羅與其徒將獵，定方掩其不備，縱兵擊之，獲數萬人，得其鼓纛(五〇)。沙鉢羅與其子咥運、閻啜等，脫走(五一)趣石國，定方於是息兵，諸部各歸所居，通道路(五二)，置郵驛(五三)，掩骸骨(五四)，問疾苦，畫疆場(五五)，復生業(五六)，凡為沙鉢羅所掠者，悉括還之(五七)，十姓安堵(五八)如故。乃命蕭嗣業將兵追沙鉢羅，定方引軍還，沙鉢羅至石國西北蘇咄城，人馬饑乏，遣人齎珍寶入城市馬，城主伊沮達官(五九)詐以酒食出迎，誘之入，閉門執之，送於石國。蕭嗣業至石國，石國人以沙鉢羅授之(六〇)。乙丑，分西突厥地置濛池、崑陵二都護府，【考異】舊書賀魯傳云：「定方行至曳咥河西，賀魯率胡祿居闕啜等二萬餘騎列陳而待，定方率任雅相等與之交戰，賊眾大敗，斬大首領都搭達官等二百餘人，賀魯及闕啜輕騎奔竄，渡伊西麗河(六一)，兵馬溺死者甚眾。彌射進軍至伊麗水，處月處密等部各帥眾來降，彌射又進次雙河。賀魯先使步失達官鳩集散卒，據柵拒戰，彌射步真攻之大潰，又與蘇定方攻賀魯於碎葉水，大破之。」舊書本紀：「三年二月定方平賀魯，甲寅西域平，以其地置濛池崑陵二都督府。」據實錄擒賀魯置二都督皆在此月，本紀又非奏到月日。今從實錄。以阿史那彌射為左衛大將軍、崑陵都護，興昔亡可汗(六二)押五咄陸部落，阿史那步真為右衛大將軍、濛池都護，繼往絕(六三)可汗押五弩失畢部落，遣光祿卿(六四)盧承慶持節冊命，仍命彌射與步真與承慶據(六五)諸姓降者，準(六六)其部落大小，位望(六七)高下，授刺史以下官。

(十七)丁卯，以洛陽宮為東都(六八)，洛州官吏員品(六九)，並如雍州。

(十八)是歲，詔自今僧尼不得受父母及尊者禮拜(七〇)，所司明有(七一)法制(七二)禁斷(七三)。

(十九)以吏部侍郎劉祥道為黃門侍郎，仍(七四)知吏部選事。祥道以為：「今選司取士傷濫(七五)，每年入流(七六)之數，過一千四百，雜色(七七)入流，曾不銓簡(七八)，即日(七九)內外文武官，一品至九品，凡萬三千四百六十五員，約準三十年，則萬三千餘人略盡(八〇)矣，若年別(八一)入流者五百人，足充所須之數，望有釐革(八二)。」既而杜正倫亦言入流人太多，上命正倫與祥道詳議，而大臣憚於改作，事遂寢(八三)。祥道，林甫之子(八四)也(八五)。

【今註】㊀分哥邏祿部置陰山、大漠二都督府：《新唐書・地理志》七下：「陰山州都督府，顯慶三年分葛邏祿三部置三府，以謀落部置。又大漠州都督府，以葛邏祿熾俟部置。」㊁燕然都護：《舊唐書・地理志》一：「關內道，安北大都護府，北至陰山七十里，至回紇界七百里。」《新唐書・地理志》一：「安北大都護府，本燕然都護府，龍朔三年曰瀚海都督府，總章二年更名，開元二年治中受降城。」㊂初右衛大將軍阿史那彌射及族兄左屯衛大將軍步真，皆西突厥酋長，太宗之世，帥眾來降：《舊唐書・突厥傳》下：「阿史那彌射者，室點密可汗五代孫也，在本蕃為莫賀咄葉護。貞觀六年，遣使立為奚利邲咄陸可汗。其族兄武真欲自立為可汗，遂謀殺彌射，彌射既與步真有隙，率所部入朝。其後步真以其部落不服，亦攜家屬入朝，授左屯衞大將軍。」㊃考異曰遣鴻臚少卿劉善因冊為吐谷妻狀奚利苾陸可汗：按《舊唐書・突厥傳》下咄陸可汗泥熟章作：「冊為吞阿婁拔奚利邲咄陸可汗。」《新唐書・突厥傳》下除少一奚字外，餘均相同，當改從之。㊄考異曰：「今欲以咄陸彌射為二人，則事多相類，以為一人，則事又相違，疑不能明，故但云西突厥酋長。」：胡三省曰：「余按彌射為咄陸可汗，唐所冊也，步真為咄陸葉護，自稱也。咄陸之號雖同，而可汗葉護，位之尊卑有異，不必泥咄陸之號而傳疑，而彌射步真實二人也。余前注所引者，新傳也，其辭略，考異所引者，舊傳也，其辭詳，大略同也。又參考新舊書，劉善因冊可汗事，與通鑑有六年七年之差，而新舊書可汗號，有婁拔妻狀之差，舊書又多一奚字，而貞觀中，立彌射為奚利邲咄陸可汗，則新舊書同，詳而考之，劉善因冊泥孰為奚利邲咄陸可汗，明年而泥孰死，弟同娥設立，為沙鉢羅咥利失可汗，又三年而咥利失不為眾所歸，西部又立欲谷設為乙毗咄陸可汗，二可汗兵爭，咥利失乙毗相繼走死他國，而射匱實承之，太宗崩，賀魯反，而射匱為賀魯所併。西突厥世次，曉然可考，而新舊書於彌射傳，皆云貞觀中遣劉善因立彌射為奚利邲咄陸可汗，以泥孰傳觀之，則善因所立者泥孰也，以彌射傳觀之，則善因所立者彌射也，考異所疑，當以此耳。」㊅以左屯衞將軍蘇定方……自南道招集舊眾：按此段《新唐書・突厥傳》下亦載之，而稍為簡略。㊆無虞：無憂。㊇王玄策之破天竺。見上卷貞觀二十二年。㈨使合長生藥：胡三省曰：「太宗令娑婆寐於金飈門合延年藥。」㈩異石：石亦藥也，合而稱之，則曰藥石。(一一)迂誕：迂闊怪誕。(一二)延歲月：延稽歲月。(一三)道王友：道王名元慶，乃高祖之子。《舊唐書・職官志》三：「王府官屬，友一人，從五品下，掌陪侍規諷。」(一四)自詭必成：謂自己詭言，必可合成。(一五)今茲：今年。(一六)不軌：猶為逆。(一七)振州：《舊唐書・地理志》四：「嶺南道，振州，隋臨振郡，武德五年置振州，與崖州同在大海洲中，至京師八千六百六里。」(一八)台州：《舊唐書・地理志》三：「江南道，台州，隋永嘉郡之臨海縣，武德四年置海州，五年改為台州，在京師東南四千一百七十七里。」(一九)愛州：同志四：「嶺南道，愛州，隋九真郡，武德五年置愛州。至京師八千八百里。」(二〇)象州：同志四：「嶺南道，象州，隋始安郡之桂林縣，武德四年平蕭銑置象州，至京師四千九百八十九里。」(二一)濮王：濮王泰。(二二)身在別所：即《舊唐書・承乾傳》所云之「幽之別室。」(二三)虛曠：空虛曠闕。(二四)卒與無忌等四人，共定大策：事見卷一百九十七貞觀十七年。(二五)大漸：謂將死之際。(二六)在草土之辰：謂在寢苫枕塊之時。(二七)臣以社稷寬譬：謂臣以社稷之重，用相寬喻。(二八)區處：猶處置。(二九)謐：靜，音蜜。(三〇)罹：獲。(三一)螻蟻餘齒：謂螻蟻之軀，殘暮之年。(三二)不省：謂不省覽，亦即不准之意。(三三)時岑文本劉洎奏稱……乞陛下哀憐，表奏不省：按此段《新唐書・褚遂良傳》亦載之，字句大致相同。(三四)禮官奏：「四郊迎氣，存太微五帝之祀，南郊明堂，廢緯書六天之義，其方丘祭地之外，別有神州，亦請合為一祀。從之：《新唐書・禮樂志》三：「禮曰：『以禋祀祀昊天上帝。』此天也。（鄭）玄以為天皇大帝者，北辰耀魄寶也。又曰：『兆五帝於四郊。』此五行精氣之神也。玄以為青帝靈威仰、赤帝赤熛怒、黃帝含樞紐、白帝白招拒、黑帝汁（胡注拒作炬，汁作叶，當改從。）光紀者，五天也，由是有六天之說，後世莫能廢焉。唐初貞觀禮，冬至祀昊天上帝於圓丘，正月辛日祀感生帝靈威仰於南郊，以祈穀，而孟夏雩于南郊，季秋大享於明堂，皆祀五天帝。至高宗時，禮官以謂太史圓丘祭昊天上帝在壇上，而耀魄寶在壇第一等，則昊天上帝非耀魄寶可知，而祠令及顯慶禮猶著六天之說。顯慶二年禮部尚書許敬宗與禮官等議曰：『六天出於緯書，而南郊圓丘一也。玄以為二物，郊及明堂本以祭天，而玄皆以為祭太微五帝，傳曰：『凡祀，啟蟄而郊，郊而後耕，郊祀後稷以祈農事。』而玄謂周祭感帝靈威仰，配以後稷，因而祈穀，皆繆論也。由是盡黜玄說，而南郊祈穀、孟夏雩、明堂大享，皆祭昊天上帝。」㉟汜水曲：胡三省曰：「在鄭州新鄭縣界。」㊱蘇定方擊西突厥沙鉢羅可汗……定方撫之，發其千騎與俱：按此段乃錄自《舊唐書・蘇定方傳》，字句大致相同。㊲泥孰部：乃弩失畢五俟斤之一。㊳今唐兵有破賀魯諸部：《舊唐書・薛仁貴傳》，唐兵作漢兵。是當時多稱漢兵，而《通鑑》則改為唐兵也。㊴而大唐為之父母：謂大唐乃其父母。㊵不遺力矣：全文為不遺餘力矣。㊶右領軍郎將薛仁貴上言……請從軍共擊賀魯：按此段乃錄自《舊唐書・薛仁貴傳》，字句大致相同。㊷曳咥河：胡三省曰：「曳咥河在伊麗河東。」㊸帥十姓兵：據《新唐書・突厥傳》下，咄陸有五啜，弩失畢有五俟斤，是為突厥十姓。㊹攢稍外向：謂將稍密集排列，而鋒刃向外。㊺胡祿屋：按新舊《唐書・突厥傳》下，其全稱乃為胡祿屋闕啜。㊻邪羅斯川：《舊唐書・突厥傳》下：「賀魯居於多邏斯川，在西州直北一千五百里。」此邪羅斯川當在伊麗水之西。㊼浸遠：漸遠。㊽省日兼功：謂節省時日，兼倍功績。㊾徑至其牙帳：胡三省曰：「賀魯牙帳在金牙山，直石國東北。」㊿纛：旗。(51)脫走：脫身走。(52)通道路：使道路通達。(53)郵驛：郵亦驛。(54)掩骸骨：掩埋尸骸。(55)畫疆埸：畫分區域。(56)復生業：恢復其生產之業。(57)括還之：悉搜括而歸還之。(58)安堵：猶安居。(59)伊沮達官：按《新唐書・突厥傳》下作：「伊涅達干。」(60)定方至曳咥河西……石國人以沙鉢羅授之：按此段《新唐書・突厥傳》下亦載之，字句大致相同。(61)考異曰：「賀魯及闕啜輕騎奔竄，渡伊西麗河。」按《舊唐書・突厥傳》下作伊麗河，無西字，當從刪。(62)興昔亡可汗：按此稱全係以意撰構，謂以前滅亡，而今又興復之。(63)繼往絕：與興昔亡之意，大略相同，二者蓋由興滅繼絕之語而來。(64)光祿卿：《唐六典》卷十五：「光祿寺卿一人，從三品，掌邦國酒醴膳羞之事。」(65)據：根據。(66)準：依按。(67)位望：職位地望。(68)以洛陽宮為東都：《唐六典》卷七：「東都皇宮在皇城之北，東西四里一百八十步，南北二里八十五步，周回十三里二百四十一步。」(69)員品：員數品秩。(70)禮拜：敬禮跪拜。(71)明有：胡三省曰：「有當作為。」(72)法制：法律制度。(73)禁斷：禁止斷絕。(74)仍：仍舊。(75)傷濫：傷於浮濫。(76)入流：謂入九品流內敍品。(77)雜色：指流外官言。(78)銓簡：銓選簡擇。(79)即日：今日。(80)略盡：死罷大約可盡。(81)年別：別，甄別，猶年選也。(82)釐革：改革。(83)寢：寢廢。(84)林甫之子：劉林甫貞觀初為吏部侍郎，請四時聽選。(85)以吏部侍郎劉祥道為黃門侍郎……祥道林甫之子也：按此段乃錄自《舊唐書・劉祥道傳》，字句大致相同。又本傳僅言其顯慶二年遷黃門侍郎，而未言其確實月日，《通鑑》不得已，遂編於本年之末焉。

三年（西元六五八年）

㈠春，正月，戊子，長孫無忌等上所修新禮㊀，詔中外行之。先是議者謂貞觀禮節文㊁未備，故命無忌等修之，時許敬宗、李義府用事，所損益多希旨，學者非之㊂。太常博士㊃蕭楚材等以為豫備凶事㊄，非臣子所宜言，敬宗義府深然之，遂焚國恤㊅一篇，由是凶禮遂闕。

㈡初龜茲王布失畢妻阿史那氏與其相那利私通，布失畢不能禁，由是，君臣猜阻㊆，各有黨與，互來告難㊇。上兩召之，既至囚那利，遣左領軍郎將雷文成送布失畢歸國，至龜茲東境泥師城，龜茲大將羯獵顛發眾拒之，仍㊈遣使降於西突厥沙鉢羅可汗；布失畢據城自守，不敢進。詔左屯衛大將軍楊冑發兵討之，會布失畢病卒，冑與羯獵顛戰，大破之，擒羯獵顛及其黨，盡誅之，乃以其地為龜茲都督府。戊申，立布失畢之子素稽為龜茲王兼都督㊉。

㈢二月，丁巳，上發東都，甲戌，至京師。

㈣夏，五月，癸未，徙安西都護府於龜茲，以舊安西復為西州都督府，鎮高昌故地(一一)。

㈤六月，營州都督兼東夷都護程名振、右領軍中郎將薛仁貴(一二)將兵攻高麗之赤烽鎮，拔之(一三)，斬首四百餘級，捕虜百餘人。高麗遣其大將豆方婁帥眾三萬，拒之，名振以契丹逆擊，大破之，斬首二千五百級。【考異】舊書仁貴傳云：「顯慶二年，副程名振經略遼東(一四)，破高麗於貴端城，斬首三千級。」今從實錄。

㈥秋，八月，甲寅，播羅哀獠(一五)酋長多胡桑等帥眾內附。

㈦冬，十月，庚申，吐蕃贊普來請婚。

㈧中書令李義府有寵於上，諸子孩抱者並列清貴，而義府貪冒無厭，母妻及諸子女壻，賣官鬻獄，其門如市，多樹朋黨，傾動朝野。中書令杜正倫每以先進自處，義府恃恩，不為之下，由是有隙，與義府訟於上前，上以大臣不和，兩責之。十一月，乙酉，貶正倫橫州(一六)刺史，義府普州(一七)刺史，正倫尋卒於橫州。

㈨阿史那賀魯既被擒，謂蕭嗣業曰：「我本亡虜，為先帝所存(一八)，先帝遇我厚，而我負之，今日之敗，天所怒也。吾聞中國刑人必於市，願刑我於昭陵之前，以謝先帝(十九)。」上聞而憐之，賀魯至京師，甲午，獻於昭陵，敕免其死，分其種落為六都督府(二十)，其所役屬諸國，皆置州府，西盡波斯，並隸安西都護府(二十一)(二十二)。賀魯尋死，葬於頡利墓側。

㈩戊戌，以許敬宗為中書令，大理卿辛茂將為兼侍中(二十三)。

(十一)開府儀同三司鄂忠武公尉遲敬德薨(二十四)。敬德晚年閑居，學延年術，修飾池臺，奏清商樂，以自奉養，不交通賓客，凡十六年，年七十四以病終，朝廷恩禮甚厚(二十五)。

(十二)是歲，愛州刺史褚遂良卒。

(十三)雍州司士(二十六)許禕與來濟善，侍御史張倫與李義府有怨，吏部尚書唐臨奏以禕為江南道巡察使(二十七)，倫為劍南道巡察使，是時，義府雖在外，皇后嘗保護之，以臨為挾私(二十八)選授。

【今註】㈠長孫無忌等上所修新禮：《新唐書・禮樂志》一：「高宗又詔太尉長孫無忌等增之（指貞觀禮），為一百三十卷，是為顯慶禮。」㈡節文：節目文辭。㈢長孫無忌等上所修新禮……學者非之：按此段乃錄自《新唐書・禮樂志》一，字句大致相同。㊃太常博士：《唐六典》卷十四：「太常博士四人，從七品上。掌辨五禮之儀式，奉先王之法制，適變隨時而損益焉。」㊄豫備凶事：豫先準備凶喪之事。㊅國恤：國憂。㊆猜阻：猜疑阻隔。㊇難：患難。㊈仍：因。㊉初龜茲王布失畢妻阿史那氏……立布失畢之子素稽為龜茲王，兼都督：按此段《新唐書・龜茲傳》亦載之，字句大致相同。⑪以舊安西復為西州都督府，鎮高昌故地：《新唐書・地理志》四：「隴西道，西州，交河郡，中都督府，貞觀十四年平高昌，以其地置。」⑫右領軍中郎將薛仁貴：按《舊唐書・薛仁貴傳》，僅言其為右領軍郎將，《通鑑》顯慶二年文，亦云右領軍郎將薛仁貴。是中字當衍。⑬營州都督程名振、右領軍中郎將薛仁貴將兵攻高麗之赤烽鎮拔之：按攻高麗之赤烽鎮，新舊《唐書・高麗傳》，〈薛仁貴傳〉及〈程務挺傳〉俱不載，惟實錄及《新唐書・高宗紀》載之，足見宋祁所為之傳亦多沿襲舊文，而間有疏於考稽者。⑭考異曰：「舊書仁貴傳云：『顯慶二年，副程名振經略遼東。』」：按《舊唐書・薛仁貴傳》作：「詔仁貴副程名振於遼東經略。」《新唐書》同傳則作：「詔副程名振經略遼東。」是考異誤以《新唐書》之文為《舊唐書》也。既云舊書，則自宜全依舊書之文。⑮播羅哀獠：胡三省曰：「播羅哀，羅寶生獠部落之名。」⑯橫州：《舊唐書・地理志》四：「嶺南道，橫州，隋鬱林郡之寧浦縣，武德四年置簡州，貞觀八年改為橫州，至京師五千五百三十九里。」⑰普州：同志三：「劍南道、普州，隋資陽郡之安岳縣，武德二年分資州之岳隆、康居、普慈四縣置普州。至京師二千三百六十里。」⑱我本亡虜，為先帝所存：事見上卷貞觀二十二年。

⑲以謝先帝：謂以謝罪於先帝。⑳分其種落為六都督府：《新唐書・突厥傳》下：「以木昆部（據同傳上文，當作處木昆部）為匐延（胡注廷作延）都督府，突騎施索葛莫賀部為嗢鹿都督府，突騎施阿利施部為絜山都督府，胡祿屋闕部為鹽泊都督府，攝舍提暾部為雙河都督府，鼠尼施處半部為鷹娑都督府。」㉑其所役屬諸國，皆置州府，西盡波斯，並隸安西都護府：按《新唐書・地理志》下，安西都護府轄四鎮都督府，州三十四，西域府十六，州七十二。㉒阿史那賀魯既被擒……並隸安西都護府：按此段乃錄自《舊唐書・突厥傳》下，字句大致相同。㉓戊戌，以許敬宗為中書令，大理卿辛茂將為兼侍中：按許敬宗與辛茂將同時除拜之日期，據《舊唐書・高宗紀》，乃為十一月戊子，至《通鑑》所言之戊戌，《舊唐書》則云係命許敬宗為權檢校中書令之日，文中既言為中書令，則戊戌自以改作戊子為是。㉔開府儀同三司鄂忠武公尉遲敬德薨：按《舊唐書・高宗紀》，載敬德薨於十一月甲辰，當從添甲辰二字。㉕開府儀同三司尉遲敬德薨……朝廷恩禮甚厚：按此段乃錄自《舊唐書・尉遲敬德傳》，字句大致相同。㉖雍州司士：《舊唐書・職官志》三：「上州，司士參軍事一人，從七品下。」胡三省曰：「掌津梁舟車、舍宅工藝。」㉗侍御史張倫與李義府有怨，吏部尚書唐臨奏以倫為劍南道巡察使：按是時李義府為普州刺史，正屬劍南道巡察使之所管轄，今以張倫為之，於義府自必不利，皇后因欲保護義府，故遂謂唐臨為挾私選授，以便得加更易。㉘挾私：挾帶私情。

四年（西元六五九年）

㈠春，正月，乙丑，免臨官。

㈡三月，壬午，西突厥興昔亡可汗與真珠葉護戰於雙河，斬真珠葉護㊀。

㈢夏，四月，丙辰，以于志寧為太子太師㊁，同中書門下三品。乙丑，以黃門侍郎許圉師參知政事。【考異】舊傳云：「三年同中書門下三品。」新傳無年，今從實錄。

㈣武后以太尉趙公長孫無忌受重賜而不助己㊂，深怨之，及議廢王后，燕公于志寧中立不言，武后亦不悅。許敬宗屢以利害說無忌，無忌每面折㊃之，敬宗亦怨。武后既立，無忌內不自安，后令敬宗伺其隙而陷之。會洛陽人李奉節告太子洗馬韋季方、監察御史李巢朋黨事，敕敬宗與辛茂將鞫之，敬宗按之急㊄，季方自刺，不死，敬宗因誣奏季方欲與無忌構陷忠臣近戚，使權㊅歸無忌，伺隙謀反，今事覺，故自殺。上驚曰：「豈有此邪！舅為小人所間㊆，小生疑阻㊇則有之，何至於反！」敬宗曰：「臣始末推究㊈，反狀已露，陛下獲以為疑，恐非社稷之福。」【考異】實錄：「洛陽人李奉節上封事，告太子洗馬韋季方、監察御史李巢交通朝貴，有朋黨之事，詔敬宗與辛茂將鞫之，敬宗按之甚急，季方事迫，自刺不死。又搜奉節得私書，有題與趙師者，遂奏言趙師即無忌也，陰為隱語，欲陷忠良，伺隙謀反。上驚曰，豈當有此？或容惡人間搆，小生疑阻，至於即反，猶恐不然，敬宗奏曰，臣始末推鞫，自奉節有趙師之言，又得偽書，是季方所作，即疑無忌欲反，使其潛行構間，斥除忠臣近戚，此計若行，自然權歸無忌。蹤迹已露，陛下猶有所疑，恐非社稷之福。」舊無忌傳云：「敬宗使人上封事，稱監察御史李巢與無忌交通謀反，詔敬宗與茂將鞫之。」唐歷統紀與實錄略同。按奉節乃告事之人，推鞫者豈得反搜奉節之家，且與趙師者誰之私書，若是季方書，安得在奉節家？若在奉節家，奉節當執以興訟，何待搜而後得？又既云趙師是無忌，乃是實與無忌書，何得謂之偽書？實錄敘此事殊鹵莽，首尾差舛，不可知其詳實，故略取大意而已。舊傳所云，雖為簡徑，然高宗初無疑無忌之心，故李弘泰告無忌反，高宗立斬之，何至奉節而獨令敬宗鞫之也？且實錄在前而詳，列傳在後而略，故亦未可據也。

上泣曰：「我家不幸，親戚間屢有異志，往年高陽公主與房遺愛謀反[一〇]，今元舅復然，使朕慙見天下之人。茲事若實，如之何？」對曰：「遺愛乳臭兒[一一]，與一女子謀反，勢何所成！無忌與先帝謀取天下，天下服其智，為宰相三十年[一二]，天下畏其威[一三]，若一旦竊發，陛下遣誰當之。今賴宗廟之靈[一四]，皇天疾惡，因按[一五]小事，乃得大姦，實天下之慶也。臣竊恐無忌知季方自刺，窘急發謀，攘袂[一六]一呼，同惡雲集，必為宗廟之憂。臣昔見宇文化及父述為煬帝所親任，結以婚姻，委[一七]以朝政，述卒，化及復典禁兵[一八]，一夕於江都作亂，先殺不附己者，臣家亦豫其禍[一九]，於是大臣蘇威裴矩之徒，皆舞蹈馬首，唯恐不及，黎明遂傾隋室[二〇]。前事不遠，願陛下速決之。」上命敬宗更加審察，明日，敬宗復奏曰：「昨夜季方已承與無忌同反，臣又問季方：『無忌與國至親，累朝寵任，何恨而反？』季方答云：『韓瑗嘗語無忌云，柳奭褚遂良勸公立梁王為太子，今梁王既廢，上亦疑公，故出高履行於外㉑。自此無忌憂恐，漸為自安之計。後見長孫祥又出，韓瑗得罪，日夜與季方等謀反。』臣參驗辭狀㉒，咸相符合，請收捕，準法㉓。」上又泣曰：「舅若果爾，朕決不忍殺之，天下將謂朕何？後世將謂朕何？」敬宗對曰：「薄昭，漢文帝之舅也，文帝從代來，昭亦有功，所坐止於殺人，文帝使百官素服哭而殺之，至今天下以文帝為明主。今無忌忘兩朝之大恩，謀移㉔社稷，其罪與薄昭不可同年而語㉕也。幸而姦狀自發，逆徒引服㉖，陛下何疑，獲不早決，古人有言：『當斷不斷，反受其亂。』安危之機，間不容髮㉗。無忌今之姦雄，王莽司馬懿之流也，陛下少更遷延㉘，臣恐變生肘腋，悔無及矣。」上以為然，竟不引問無忌，戊辰，下詔削無忌太尉及封邑，以為揚州都督，於黔州安置，準一品供給㉙。祥，無忌之從父兄子也。前此㉚自工部尚書出為荊州長史，故敬宗以此誣之。

㈤敬宗又奏：「無忌謀逆，由褚遂良、柳奭、韓瑗構扇[31]而成，奭仍潛通宮掖，謀行鴆毒，于志寧亦黨附無忌。」於是詔追削遂良官爵，除奭瑗名，免志寧官，遣使發道次[32]兵，援送[33]無忌詣黔州，無忌子秘書監駙馬都尉沖[34]等皆除名流嶺表，遂良子彥甫彥沖流愛州，於道殺之，益州長史高履行累貶洪州[35]都督。

㈥五月，丙申，兵部尚書任雅相、度支尚書盧承慶並參知政事。承慶，思道之孫也[36]。

㈦涼州刺史趙持滿多力善射，喜任俠[37]，其從母為韓瑗妻，其舅駙馬都尉長孫銓[38]，無忌之族弟也，銓坐無忌流嶲州。許敬宗恐持滿作難，誣云無忌同反[39]，驛召至京師，下獄，訊掠[40]備至，終無異辭，曰：「身可殺也，辭不可更。」吏無如之何，乃代為獄辭結奏[41]，戊戌，誅之，尸於城西，親戚莫敢視[42]。友人王方翼歎曰：「欒布哭彭越[43]，義也，文王葬枯骨，仁也，下[44]不失義，上不失仁，不亦可乎！」乃收而葬之，上聞之，不罪也。方翼，廢后之從祖兄也。長孫銓至流所，縣令希旨，杖殺之。

(八)六月，丁卯，詔改氏族志為姓氏錄。初太宗命高士廉等修氏族志(四五)，升降(四六)去取，時稱允當(四七)，至是許敬宗等以其書不敘武氏本望(四八)，奏請改之，乃命禮部郎中孔志約等比類升降(四九)，以后族為第一等，其餘悉以仕唐官品高下為準，凡九等，於是士卒以軍功致位五品豫士流(五〇)，時人謂之勳格(五一)(五二)。

(九)許敬宗議封禪儀，己巳，奏請以高祖太宗俱配昊天上帝，太穆文德二皇后俱配皇地祇，從之。

(十)秋，七月，命御史往高州追長孫恩，象州追柳奭，振州追韓瑗，並枷鏁(五三)詣京師，仍命州縣簿錄(五四)其家，恩，無忌之族弟也。壬寅，命李勣、許敬宗、辛茂將與任雅相、盧承慶更共覆按(五五)無忌事。【考異】唐歷，是日以台州刺史來濟為庭州刺史，來濟韓瑗事同一體，瑗方下獄，濟豈得移官？舊書云，五年徙庭州，近是。許敬宗又遣中書舍人袁公瑜等詣黔州，再鞫無忌反狀，至則逼無忌令自縊，詔柳奭韓瑗所至斬決(五六)，使者殺柳奭於象州。【考異】舊傳云：「奭累貶愛州刺史，高宗就愛州殺之。」今從實錄。韓瑗已死，發驗而還(五七)。【考異】舊瑗傳云：「四年卒官，明年長孫無忌死，遣使殺之，使至，瑗已死。」褚遂良傳：「三年卒官，後二歲，追削官爵。」實錄或因無忌徙黔州，終言之，然諸書多在此月，蓋因實錄年代記云：「七月辛未，遣使逼無忌自縊。」按長歷七月丙子朔，無辛未，不可據也。籍沒三家，近親皆流嶺南為奴婢。常州刺史長孫祥坐與無忌通書，處絞。長孫恩流檀州(五八)。【考異】唐統紀、唐歷皆云長孫恩。新書云族弟恩，統紀唐歷長孫銓流嶲州，縣令希旨殺之，在此下。實錄銓流嶲州，許敬宗懼其甥趙持滿作難，遂殺持滿。是銓流嶲州在前，今從之。

(十)八月，壬子，以普州刺史李義府兼吏部尚書，同中書門下三品，義府既貴，自言本出趙郡，與諸李敘昭穆(五九)，無賴之徒，藉其權勢，拜伏(六〇)為兄叔者甚眾。給事中李崇德初與同譜，及義府出為普州，即除之(六一)，義府聞而銜之，及復為相，使人誣構其罪，下獄，自殺。

(十一)乙卯，長孫氏柳氏緣無忌奭貶降者十三人，高履行貶永州刺史，于志寧貶榮州刺史，于氏貶者九人，自是政歸中宮矣。

(十二)九月，詔以石、米、史、大安、小安、曹、拔汗那、悒怛、疏勒、朱駒半等國(六二)，置州縣府百二十七。

(十三)冬，十月，丙午，太子加元服(六三)，赦天下。

(十四)初太宗疾山東士人，自矜門地(六四)，昏姻多責(六五)資財，命修氏族志，例降一等，王妃主壻，皆取勳臣家(六六)，不議(六七)山東之族。而魏徵、房玄齡、李勣家皆盛與(六八)為昏，常左右(六九)之，由是舊望(七〇)不減，或一姓之中，更分某房、某眷(七一)，高下懸隔。李義府為其子求昏不獲，恨之，故以先帝之旨，勸上矯(七二)其弊。壬戌，詔：「後魏隴西李寶、太原王瓊、滎陽鄭溫、范陽盧子遷、盧渾盧輔、清河崔宗伯、崔元孫、前燕博陵崔懿、晉趙郡李楷等子孫，不得自為婚姻(七三)。」仍定天下嫁女受財之數，毋得受陪門財(七四)。然族望為時所尚，終不能禁，或載女竊送夫家，或女老不嫁，終不與異姓為婚，其衰宗落譜(七五)，昭穆所不齒(七六)者，往往反自稱禁婚家(七七)，益增厚價(七八)。

(十六)閏月，戊寅，上發京師，令太子監國，太子思慕不已，上聞之，遽召(七九)赴行在。戊戌，車駕至東都。

(十七)十一月，丙午，以許圉師為散騎常侍、檢校侍中。

(十八)戊午，侍中兼左庶子辛茂將薨。

(十九)思結俟斤都曼帥疏勒、朱俱波、謁般陀(八〇)三國反，擊破于闐。癸亥，以左驍衛大將軍蘇定方為安撫大使，以討之。

(廿)以盧承慶同中書門下三品。

(廿一)右領軍中郎將薛仁貴等與高麗將溫沙門，戰於橫山，破之(八一)。

(廿二)蘇定方軍至業葉水(八二)，思結保馬頭川，定方選精兵萬人，騎三千匹，馳往襲之，一日一夜行三百里，詰旦，至城下，都曼大驚，戰於城外，都曼敗，退保其城，及暮，諸軍繼至，遂圍之，都曼懼而出降(八三)。

【今註】(一)西突厥興昔亡可汗……斬真珠葉護：按此段《新唐書・突厥傳》下亦載之，字句大致相同。(二)四月丙辰，以于志寧為太子太師：按《舊唐書・高宗紀》，丙辰作己未，此則與《新唐書》本紀所載相同。(三)武后以太尉趙公長孫無忌受重賜而不助己：事見上卷永徽五年。(四)面折：謂當面加以折駁。(五)按之急：按問之甚嚴急。(六)權：權柄。(七)所間：所離間。(八)小生疑阻：少生猜疑及間隔。(九)始末推究：謂自始至末，詳加推究。(一〇)往年高陽公主與房遺愛謀反：事見上卷永徽三年。(一一)乳臭兒：謂乳臭未乾之小兒。(一二)為宰相三十年：無忌自貞觀初為相，至是三十餘年。(一三)威：威勢。(一四)靈：神靈。(一五)按：按問。(一六)攘袂：舉袂。(一七)委：任。(一八)禁兵：禁衞之兵。(一九)臣家亦豫其禍：許敬宗之父善心，江都亂時，亦為宇文化及所害。(二〇)黎明遂傾隋室：事見卷一百八十六高祖武德元年。(二一)故出高履行於外：履行，無忌舅子，去年出為益州長史。(二二)辭狀：供辭中之情狀。(二三)準法：謂依法處斷。(二四)移：遷移。(二五)同年而語：按即同日語，而同日亦即同時之意。(二六)引服：自引首服。㉗間不容髮：謂其間不容絲髮，喻甚近促也。㉘遷延：徘徊遲延。㉙準一品供給：《唐六典》卷四：「凡親王已下常食料：每日細白米二升，粳米粱米各一斗五升，粉一升，油五升，鹽一升，醋二升，蜜三合，粟一斗，梨七顆，酥一合，乾棗一升，木橦十根，炭十斤，蔥韮豉蒜薑椒之類各有差。每月給羊二十口，豬肉六十斤，魚三十頭，各一尺，酒九斗。」㉚前此：謂在此以前。㉛構扇：構釀扇動。㉜發道次兵：發沿道經行處所駐之兵。㉝援送：猶援送。㉞無忌子駙馬都尉冲：《新唐書・諸公主傳》：「太宗女長樂公主下嫁長孫冲。」㉟洪州：《舊唐書・地理志》三：「江南西道，洪州，隋豫章郡，武德五年平林士弘，置洪州總管政。」㊱承慶，思道之孫也：盧思道仕於高齊，以文稱。㊲喜任俠，謂喜為任俠之行。㊳駙馬都尉長孫銓：據《新唐書・諸公主傳》，太宗女新城公主下嫁長孫銓。㊴誣云無忌同反：胡三省曰：「誣云之下，恐脫與字。」㊵訊掠：訊問拷掠。㊶結奏：結其罪而奏之。㊷莫敢視：謂莫敢探視。㊸欒布哭彭越：事見卷十二漢高帝十一年。㊹下：臣下。㊺命高士廉等修氏族志：事見卷一百九十五貞觀十二年。㊻升降：於氏族等級之升降。㊼允當：平允恰當。㊽本望：謂祖先之著名望者。㊾比類升降：按照類等而重為升降。㊿豫士流：參豫士人之流。《舊唐書・李義府傳》作：「盡入書限。」謂盡入姓氏錄記述之內。㊿動格：謂以功勳為程式。㊿詔改氏族志為姓氏錄……謂之勳格：按此段乃錄自《舊唐書・李義府傳》，字句大致相同。㊿並枷鏁：謂皆加枷鎖之刑具，鏁同鎖。㊿簿錄：依簿籍所載而收錄之。㊿覆按：再加按問。㊿斬決：斬斷其首。㊿發驗而還：《舊唐書・韓瑗傳》作：「更發棺驗尸而還。」是其的釋。(五八)檀州：《舊唐書・地理志》二：「河北道，檀州，後漢奚縣，屬漁陽郡，隋置安樂郡，武德元年改為檀州。在京師東北二千六百五十七里。」(五九)敍昭穆：敍列行輩。(六〇)拜伏：謂伏地而拜。(六一)即除之：謂即除去義府之名，而不與同譜。(六二)詔以石、米、史、大安、小安、曹、拔汗那、悒怛、疏勒、朱駒半等國：《新唐書・西域傳》下：「康者一曰薩末鞬，君姓溫，本月氏人，枝庶分王，曰安，曰曹，曰石，曰米，曰何，曰火尋，曰戊地，曰史，世謂九姓，皆氏昭武。大安一曰布豁，元魏謂忸蜜者。東北至東安百里所，西瀕烏滸河，治阿濫謐城，即康居小君長罽王故地。東安或曰小國，曰喝汗，在那密水之陽，東距河二百里許，治喝汗城。東曹居波悉山之陰，漢貳師城也。北至石，西至康，東北寧遠，皆四百里許。西曹者，隋時曹也，南接史及波覽，治瑟底痕城。中曹治迦底真城。拔汗那即寧遠，或曰鏺汗，元魏時謂破洛那，去京師八千里，居西鞬城，在真珠河之北，後分為二，一治呼悶城，一治渴塞城。悒怛國，漢大月氏之種，大月氏為烏孫所奪，西過大宛，擊大夏臣之。嚈噠王姓也，後裔以姓為國，訛為悒怛。疏勒一曰佉沙，距京師九千里而贏。」(六三)加元服：加冠。(六四)矜門地：矜誇門閥資地。(六五)責：責求。(六六)皆取勳臣家：皆取勳臣家之子女。(六七)不議：不計議，亦即不考慮。(六八)盛與：猶多與。(六九)左右：猶輔助之。(七〇)舊望：指山東士族之地望。(七一)眷：眷屬，與房名異而質同。(七二)矯：正。(七三)不得自為婚姻：《舊唐書・李義府傳》：「舊姓雖皆淪替，猶相矜尚，自為婚姻。義府奏隴西李等七家，不得相與為婚。」是自婚謂舊姓諸望族互相自為婚姻，而與七家相與為婚之意，實相類同，《通鑑》則係取上文以入書者。(七四)陪門財：胡三省曰：「陪門財者，女家門望素高，而議姻之家非耦，令其納財以陪門望。」⑮落譜：謂為望族譜牒之所不載。⑯昭穆所不齒：望族行輩所不齒列者。⑰禁婚家：即上文之不得自為婚姻。⑱厚價：厚取陪門之財。⑲遽召：乘傳而召命之。⑳朱俱波謁般陀：《新唐書．西域傳》上疏勒條：「朱俱波亦名朱俱槃，漢子合國也，并有西夜、蒲犂、依耐、得若四種地，直于闐西千里，葱嶺北三百里。喝盤陀或曰渴館檀，亦謂渴羅陀，由疏勒西南入劍末谷不忍嶺六百里。其國也，距瓜州四千五百里，直朱俱波西，南距懸度山，北抵疏勒。」㉑右領軍中郎將薛仁貴等……戰於橫山，破之：按此段乃錄自《舊唐書．薛仁貴傳》，字句大致相同。㉒業葉水：胡三省曰：「自庭州輪臺縣西行三百許里，至業葉河。」㉓蘇定方軍至業葉水……都曼懼而出降：按此段乃錄自《舊唐書．蘇定方傳》，字句大致相同。

五年（西元六六〇年）

㈠春，正月，定方獻俘於乾陽殿㊀，法司請誅都曼，定方請曰：「臣許以不死，故都曼出降，願匄㊁其餘生。」上曰：「朕屈法以全卿之信。」乃免之㊂。

㈡甲子，上發東都。二月，辛巳，至并州。三月，丙午，皇后宴親戚故舊鄰里於朝堂㊃，婦人於內殿㊄班賜有差。詔并州婦人年八十以上，皆版授郡君㊅。

㈢百濟恃高麗之援，數侵新羅，新羅王春秋上表求救，辛亥，以左武衛大將軍蘇定方為神丘道行軍大總管，帥左驍衛將軍劉伯英等水陸十萬，以伐百濟。【考異】舊書定方傳、新羅傳皆云，定方為熊津道大總管，實錄定方傳亦同，今從此年實錄、新唐書本紀。又舊本紀、唐歷皆云：「四年十二月癸亥，以定方為神丘道大總管，劉伯英為嵎夷道行軍總管。」按定方時討都曼，未為神丘道總管，舊書唐歷皆誤，今從實錄。以春秋為嵎夷道行㊆軍總管，將新羅之眾，與之合勢。

㈣夏，四月，丙寅，上發幷州，癸巳，至東都。五月，作合璧宮，壬戌，上幸合璧宮㊇。

㈤戊辰，以定襄都督阿史德樞賓、左武候將軍延陀梯真㊈、居延州都督李合珠㊉，並為冷岍道⑪行軍總管，各將所部兵以討叛奚，仍命尚書右丞崔餘慶充使，摠護⑫三部兵，奚尋遣使降⑬。更以樞賓等為沙磚道行軍總管，以討契丹，擒契丹松漠都督阿卜固送東⑭都。

㈥六月，庚午朔，日有食之。

㈦甲午，車駕還洛陽宮。

㈧房州刺史梁王忠年浸長，頗不自安，或私衣婦人服，以備刺客(一五)。又數自占吉凶，或告其事。秋七月，乙巳，廢忠為庶人，徙黔州，囚於承乾故宅(一六)(一七)。

(九)丁卯，度支尚書同中書門下三品盧承慶坐科調失所(一八)，免官。

(十)八月，吐蕃祿東贊遣其子起政將兵擊吐谷渾，以吐谷渾內附故也。

(十一)蘇定方引兵自成山濟海，百濟據熊津江口以拒之，定方進擊，破之，百濟死者數千人，餘皆潰走，定方水陸齊進，直趣其都城(一九)，未至二十餘里，百濟傾國來戰，大破之，殺萬餘人，追奔入其郭。百濟王義慈及太子隆逃于北境，定方進圍其城，義慈次子泰自立為王，帥眾固守，隆子文思曰：「王與太子皆在，而叔遽擁兵(二〇)自王，借使(二一)能却唐兵，我父子必不全矣。」遂帥左右踰城來降，百姓皆從之，泰不能止。定方命軍士登城立幟，泰窘迫(二二)，開門請命(二三)。於是義慈、隆及諸城主皆降。百濟故有五部，分統三十七郡、二百城，七十六萬戶，詔以其地置熊津五都督府(二四)，以其酋長為都督刺史(二五)。

⑿壬午，左武衛大將軍鄭仁泰將兵討思結㉖、拔也固、僕骨、同羅四部，三戰皆捷，追奔百餘里，斬其酋長而還。

⒀冬，十月，上初㉗苦風眩㉘，頭重，目不能視，百司奏事，上或使皇后決之。后性明敏，涉獵㉙文史，處事㉚皆稱旨㉛，由是始委以政事，權與人主侔㉜矣。

⒁十一月，戊戌朔，上御則天門樓㉝，受百濟俘，自其王義慈以下皆釋之，蘇定方前後滅三國，皆生擒其主㉞。赦天下。

⒂甲寅，上幸許州。十二月，辛未，畋於長社㉟，己卯，還東都。

⒃壬午，以左驍衛大將軍契苾何力為浿江道㊱行軍大總管，左武衛大將軍蘇定方為遼東道行軍大總管，左驍衛將軍劉伯英為平壤道行軍大總管㊲，蒲州刺史程名振為鏤方道總管，將兵分道擊高麗。青州刺史劉仁軌坐督海運覆船，以白衣㊳從軍自効㊴。【考異】舊傳云：「監統水軍征遼，以後期，坐免官。」按仁軌從軍乃在百濟，非征遼也。今從張鷟朝野僉載。

【今註】㈠正月定方獻俘於乾陽殿：據《舊唐書．蘇定方傳》，乾陽殿在東都洛陽宮。又《新唐書．高宗紀》作正月癸卯，當以添癸卯二字。㈡匃：同丐。㈢定方獻俘於乾陽殿……朕屈法以全卿之信，乃免免之：按此段《新唐書・蘇定方傳》亦載之，字句大致相同。㊃皇后宴親戚故舊鄰里於朝堂：則天幷州文水人，故其親戚故舊多在幷州。又天子行幸，所至皆有朝堂，太宗伐高麗，張受降幕於朝堂之側，是也。㊄內殿：皇后所居為內殿。㊅版授郡君：《唐六典》卷一：「四品若勳官二品有封母妻為郡君，若內命婦一品之母為正四品郡君，二品母為從四品郡君，三品四品母並為正五品郡君。」是郡君有三等也。㊆嵎夷道：乃因《書・堯典》：「宅嵎夷曰暘谷。」而命之。㊇作合璧宮：胡三省曰：「時改八關宮為合璧宮，在東都苑內。」㊈延陀梯真：梯真乃薛延陀種。㊉李合珠：《新唐書・奚傳》作：「李含珠。」⑪冷岍道：胡三省曰：「岍與[山刑]同，即冷徑山，奚與契丹依阻此山以自固，其地在潢水之南，黃龍之北。」《新唐書・奚傳》作冷陘，音ㄒㄧㄥˊ，聲同。⑫捴護：捴，同總，謂總監護。⑬以定襄都督阿史德樞賓……奚尋遣使降：按此段《新唐書・北狄奚傳》亦載之，字句大致相同。⑭以討契丹，擒契丹松漠都督阿卜固，送東都：按此數句，乃錄自《舊唐書・薛仁貴傳》。⑮以備刺客：以防備刺客。⑯徙黔州，囚於承乾故宅：太宗貞觀十七年，徙太子承乾於黔州。⑰房州刺史梁王忠……囚於承乾故宅：按此段乃錄自《舊唐書・高宗子燕王忠傳》，字句大致相同。⑱度支尚書盧承慶坐科調失所：《唐六典》卷三：「戶部（亦即度支）尚書之職，凡傜賦職貢之方，經費賙給之算，藏貨贏儲之準，悉以悉之。」今科調失所，為不任其職，故免所居官。⑲直趣其都城：《北史・百濟傳》：「百濟都俱拔城，亦曰故麻城。」《新唐書・蘇定方傳》及〈百濟傳〉，俱作真都城，如此，則都上乃脫真字。⑳遽擁兵：謂竟即據兵。㉑借使：猶假使。

㉒窘迫：窘急危迫。㉓請命：亦即請降。㉔置熊津五都督府：《新唐書・百濟傳》：「乃析置熊津、馬韓、東明、金漣、德安五都督府。」㉕蘇定方引兵自成山濟海……以其酋長為都督刺史：按此段《新唐書・百濟傳》亦載之，字句大致相同。㉖左武衛大將軍鄭仁泰將兵討思結：按《新唐書・高宗紀》，皆作悉結。㉗初：始。㉘風眩：中風而暈眩。㉙涉獵：猶粗通。㉚處事：處決事務。㉛稱旨：合意。㉜侔：等。㉝則天門樓：胡三省曰：「唐六典，東都宮城南面三門，中曰應天，後以武后號則天，遂更曰應天也。」㉞蘇定方前後滅三國，皆生擒其主：三主為：賀魯、都曼、義慈。㉟長社：《舊唐書・地理志》一：「河南道，許州，長社縣，郭下，隋潁川縣，武德四年改為長社，取舊名。」㊱浿江道：浿水在高麗國中。㊲以左驍衛大將軍契苾何力……劉伯英為平壤道行軍大總管：按此段《新唐書・高宗紀》亦載之，文字大致相同。㊳白衣：猶白丁。㊴自効：自己効力。

龍朔元年（西元六六一年）

㈠春，正月，乙卯，募河南北㊀淮南六十七州兵，得四萬四千餘人，詣平壤鏤方行營㊁。戊午，以鴻臚卿蕭嗣業為扶餘道行軍總管，帥回紇等諸部兵詣平壤。

㈡二月，乙未晦，改元

㈢三月，丙申朔，上與羣臣及外夷宴於洛城門㊂。觀屯營新教之舞，謂之一戎大定樂㊃。時上欲親征高麗，以象用武之勢也。

㈣初蘇定方既平百濟，留郎將劉仁願鎮守百濟府城，又以左衞中郎將王文度為熊津都督，撫其餘眾，文度濟海而卒。百濟僧道琛、故將福信聚眾據周留城，迎故王子豐於倭國，而立之，引兵圍仁願於府城，詔起劉仁軌檢校帶方州㊄刺史，【考異】僉載云：「劉仁願以仁軌檢校帶方州刺史。」今從本傳。將王文度之眾，便道發新羅兵以救仁願。仁軌喜曰：「天將富貴此翁㊅矣。」於州司㊆請唐歷及廟諱以行，曰：「吾欲掃平東夷，頒大唐正朔於海表㊇。」仁軌御軍嚴整，轉鬭㊈而前，所向皆下。百濟立兩柵於熊津江口，仁軌與新羅兵合擊破之，殺溺死者萬餘人，道琛乃釋府城之圍，退保任存城㊉。【考異】實錄或作任孝城，未知孰是，今從其多者。新羅糧盡，引還，道琛自稱領軍將軍，福信自稱霜岑將軍，招集徒眾，其勢益張。仁軌眾少，與仁願合軍，休息士卒⑪。上詔新羅出兵，新羅王春秋奉詔，遣其將金欽將兵救仁軌等，至古泗，福信邀擊，敗之，欽自葛嶺道遁還，新羅不敢復出。福信尋殺道琛，專總國兵。

㈤夏，四月，丁卯，上幸合璧宮。

㈥庚辰，以仁雅相(一二)為浿江道行軍總管，契苾何力為遼東道行軍總管，蘇定方為平壤道行軍總管，與蕭嗣業及諸胡兵凡三十五軍，水陸分道並進(一三)。上欲自將太軍繼之，癸巳，皇后抗表(一四)諫親征高麗，詔從之。

㈦六月，癸未，以吐火羅、嚈噠、罽賓、波斯等十六國(一五)，置都督府八、州七十六(一六)，【考異】唐歷云置州二十六，今從統紀。縣一百一十，軍府一百二十六，並隸安西都護府。

㈧秋，七月，甲戌，蘇定方破高麗於浿江(一七)，屢戰皆捷，遂圍平壤城。

㈨九月，癸巳朔，特進新羅王春秋卒，以其子法敏為樂浪郡王、新羅王。

㈩壬子，徙潞王賢為沛王，賢聞王勃善屬文(一八)，召為修撰，勃，通之孫也(一九)。時諸王鬬雞，勃戲為檄周王雞文(二〇)，【考異】舊傳云檄英王雞。按中宗為英王時，沛王賢已為太子，當云周王。上見之，怒曰：「此乃交構之漸⑪。」斥勃出沛府⑫。

㈩高麗蓋蘇文遣其子男生，以精兵數萬守鴨綠水，諸軍不得度，契苾何力至，值冰大合，何力引眾乘冰度水，鼓譟而進，高麗大潰，追奔數十里，斬首三萬級，餘眾悉降，男生僅以身免。會有詔班師，乃還⑬。

(十一)冬，十月，丁卯，上畋於陸渾⑭，戊申，又畋於非山⑮，癸酉，還宮。

(十二)回紇酋長婆閏卒，姪比粟毒代領其眾，【考異】新書傳云：「婆閏卒，子比粟嗣。」今從舊傳。與同羅僕固犯邊，詔左武衞大將軍鄭仁泰為鐵勒道行軍大總管，燕然都護劉審禮、左武衞將軍薛仁貴為副，鴻臚卿蕭嗣業為仙萼道行軍總管，右屯衞將軍孫仁師為副，將兵討之。審禮，德威之子也。

【今註】㈠河南北：《舊唐書・高宗紀》作河南河北，添一河字較妥。㈡乙卯募河南北、淮南……詣平壤鏤方行營：按此數句乃錄自《舊唐書・高宗紀》。㈢宴於洛城門：《唐六典》卷七：「洛陽宮城西北出曰洛城門，其內曰德昌殿，德昌南出曰延慶門，又南曰韶暉門，西南曰洛城南門，其內曰洛城殿。」㊃一戎大定樂：取一戎衣天下大定之義。《舊唐書・音樂志》二：「大定樂出自破陣樂，舞者百四十人，被五彩文甲，持槊歌，和云：『八紘同軌樂。』以象平遼東而邊隅大定也，自破陣舞以下，皆雷大鼓，雜以龜茲之樂，聲振百里，動蕩山谷，大定樂加金鉦。」㊄帶方州：帶方州置於百濟界，因古地名以名州。㊅此翁：今語仍有我這老翁之言，是此明指劉仁軌而言。㊆於州司：按劉仁軌自青州刺史，白衣從軍，此蓋於青州州司請之。㊇海表：海外。㊈轉鬬：輾轉戰鬬。㊉初蘇定方既平百濟……退保任存城：按此段乃錄自《舊唐書・劉仁軌傳》，字句大致相同。⑪新羅糧盡引還……與仁願合軍，休息士卒：按此段《新唐書・百濟傳》亦載之，字句大致相同。⑫庚辰，以仁雅相：按新舊《唐書・高宗紀》，仁當作任。⑬庚辰，以任雅相為浿江道行軍總管……水陸分道並進：按此段《新唐書・高宗紀》亦載之，字句大致相同。⑭抗表：上表。⑮以吐火羅、嚈噠、罽賓、波斯等十六國：按罽音計，十六國除上四國外，其餘諸國，據《新唐書・地理志》七下西域府十六條為：訶達羅支國、解蘇國、骨咄施國、帆延國、石汗那國、護時犍國、怛沒國、烏拉喝國、多勒建國、俱密國、護密多國、及久越得犍國。⑯置都督府八，州七十六：按《新唐書・地理志》七下西域府十六、州七十二條云：「龍朔元年以隴州南由令王名遠為吐火羅道置州縣使，自于闐以西，波斯以東，凡十六國，以其王都為都督府，以其屬部為州縣。凡州八十八、縣百一十、軍府百二十六。以吐火羅國都為月支都督府，領州二十五；以厭達國都為大汗都督府，領州十五；以訶達羅支國都為條支都督府，領州九；以解蘇國都為天馬都督府，領州二；以骨咄施國都為高附都督府，領州二；以罽賓國都為修鮮都督府，領州十；以帆延國都為寫鳳都督府，領州四；以石汗那國都為悅般州都督府；以護時犍國都為奇沙州都督府，領州二；以怛沒國都為姑墨州都督府；以烏拉喝國都為旅獒州都督府；以多勒建國都為崑墟州都督府；以俱密國都為至拔州都督府；以護密多國都為鳥飛州都督府；以久越得犍國都為王庭州都督府；以波斯國都為波斯都督府。」《新唐書》所載領州之數，與《通鑑》所引統紀不合。⑰秋七月甲戌，蘇定方破高麗於浿江：按《新唐書・高宗紀》及〈高麗傳〉，七月俱作八月，當改從之。⑱屬文：即綴文。⑲勃，通之孫也：王通，隋末大儒，謚文中子。⑳時諸王鬪雞，勃戲為檄周王雞文：按鬪雞之俗，遠起於春秋魯國之季氏，而頗流行於六朝之際。《樂府詩集》：「鄴都故事曰：『魏明帝太和中築鬪雞臺，趙王石虎亦以芥羽漆砂鬪雞於此。』故曹植詩云：『鬪雞東郊道，走馬長楸間。』是也。」又《荊楚歲時記》：「寒食鬪雞。」皆其明證。降至隋唐，則更為盛行。《隋書・宇文化及附智及傳》：「智及幼頑凶，好與人羣鬪，所共遊處，皆不逞之徒，相聚鬪雞，習放鷹狗。」《舊唐書・姜謩附皎傳》：「玄宗即位，數召入臥內，命之捨敬，坐侍宴私，與后妃連榻，間以擊毬鬪雞，常呼之為姜七而不名也。」又〈東城父老傳〉：「唐明皇喜民間清明鬪雞，立雞坊於兩宮間。」甚至宮庭，亦嗜為之，可知其風靡之程度矣。㉑交構之漸：謂互相構釁之浸漸。㉒徙潞王賢為沛王……斥勃出沛府：按此段乃錄自《舊唐書・文苑王勃傳》，字句大致相同。㉓高麗蓋蘇文遣其子男生……會有詔班師，乃還：按此段乃錄自《舊唐書・契苾何力傳》，字句幾全相同。㉔陸渾：據《舊唐書・地理志》一，陸渾縣屬河南道，河南府。㉕戊申又畋於非山：按《新唐書・高宗紀》，戊申作戊辰，以下之癸酉推之，當以作戊辰為是。

二年（西元六六二年）

㈠春，正月，辛亥，立波斯都督卑路斯為波斯王。

㈡二月，甲子，改百官名，以門下省為東臺，中書省為西臺，尚書省為中臺，侍中為左相，中書令為右相，僕射為匡政，左右丞為肅機，尚書為太常伯，侍郎為少常伯，其餘二十四司、御史臺、九寺、七監、十六衛，並以義訓更其名㈠，而職任如故。

㈢甲戌，浿江道大總管任雅相薨於軍，雅相為將，未嘗奏親戚故吏從軍㈡，皆移㈢所司補授，謂人曰：「官無大小，皆國家公器㈣，豈可苟便其私。」由是軍中賞罰皆平，人服其公。

㈣戊寅，左驍衛將軍、白州㈤刺史沃沮道總管龐孝泰與高麗戰於蛇水之上，軍敗，與其子十三人皆戰死。蘇定方圍平壤，久不下，會大雪，解圍而還㈥。

㈤三月，鄭仁泰等敗鐵勒於天山。鐵勒九姓聞唐兵將至，合眾十餘萬以拒之，選驍健者數十人挑戰，薛仁貴發三矢，殺三人，餘皆下馬請降，仁貴悉阬之。度磧北，擊其餘眾，獲葉護兄弟三人而還。軍中歌之曰：「將軍三箭定天山，壯士長歌入漢關(七)。」思結多濫葛等部落先保天山，聞仁泰等將至，皆迎降，仁泰等縱兵擊之，掠其家以賞軍，虜相帥遠遁，將軍楊志追之，為虜所敗。候騎告仁泰：「虜輜重在近，往可取也。」仁泰將輕騎萬四千，倍道(八)赴之，遂踰大磧，至仙蕚河(九)，不見虜，糧盡而還，值大雪，士卒饑凍，弃捐(一〇)甲兵(一一)，殺馬食之，馬盡，人自相食，比入塞，餘兵纔八百人。軍還，司憲大夫(一二)楊德裔劾奏：「文泰等，誅殺已降，使虜逃散，不撫(一三)士卒，不計資糧，遂使骸骨蔽野，弃甲資寇(一四)，自聖朝開創以來，未有如今日之喪敗者。仁貴於所監臨，貪淫自恣，雖矜所得，不補所喪，並請付法司推科(一五)。」詔以功贖罪，皆釋之。以右驍衛大將軍契苾何力為鐵勒道安撫使，左衛將軍姜恪副之，以安輯其餘眾。何力簡精騎五百，馳入九姓中，虜大驚，何力乃謂曰：「國家知汝皆脅從(一六)，赦汝之罪，罪在酋長，得之則已。」其部落大喜，共執其葉護及設特勒等二百餘人，以授何力，何力數其罪而斬之，九姓遂定⑰。

㈥甲午，車駕發東都，辛亥，幸蒲州，夏，四月，庚申朔，至京師。

㈦辛巳，作蓬萊宮。

㈧五月，丙申，以許圉師為左相。

㈨六月，乙丑，初令僧尼道士女官致敬父母⑱。

㈩秋，七月，戊子朔，赦天下。

(十一)丁巳，熊津都督劉仁願、帶方州刺史劉仁軌，大破百濟於熊津之東，拔真峴城。初仁願仁軌等屯熊津城，【考異】去歲，道琛福信圍仁願於百濟府城，今云尚在熊津城，或者共是一城，不則，圍解之後，徙屯熊津城耳。上與之敕書以：「平壤軍回，一城不可獨固⑲，宜拔就新羅。若金法敏藉卿留鎮，宜且停彼⑳，若其不須，即宜泛海還也。」將士咸欲西歸。仁軌曰：「人臣狥公家㉑之利，有死無二㉒，豈得先念其私㉓！主上欲滅高麗，故先誅百濟，留兵守之，制㉔其心腹，雖餘寇充斥㉕，而守備甚嚴，宜礪兵㉖秣馬，擊其不意，理無不克。既捷之後，士卒心安，然後分兵據險，開張㉗形勢，飛表㉘以聞，更求益兵㉙，朝廷知其有成，必命將出師，聲援纔接㉚，凶醜自殲，非直㉛不弃成功，實亦永清海表。今平壤之軍既還，熊津又拔㉜，則百濟餘燼，不日更興，高麗逋寇㉝，何時可滅？且今以一城之地，居敵中央，苟或動足，即為擒虜，縱入新羅，亦為羇客㉞，脫㉟不如意，悔不可追。況福信凶悖㊱殘虐，君臣猜離㊲，行相㊳屠戮，正宜堅守觀變，乘便取之，不可動也。」眾從之。時百濟王豐與福信等以仁願等孤城無援，遣使謂之曰：「大使等何時西還，當遣相送㊴。」仁願仁軌知其無備，忽出擊之，拔其支羅城及尹城、大山、沙井等柵，殺獲甚眾，分兵守之。福信等以真峴城險要，加兵㊵守之，仁軌伺其稍懈，引新羅兵夜傅㊶城下，攀草而上，比明，入據其城，遂通新羅運糧之路，仁願乃奏請益兵，詔發淄青萊海㊷之兵七千人，以赴熊津㊸。

(十一)福信專權，與百濟王豐浸㊹相猜忌，福信稱疾，臥於窟室，欲俟豐問疾而殺之，豐知之，帥親信襲殺福信，遣使詣高麗倭國乞師，以拒唐兵㊺。

【今註】㊀其餘二十四司、御史臺、九寺、七監、十六衞，並以義訓更其名：改吏部為司列，司勳、司封如故，考功為司績，戶部為司元，度支為司度，金部為司珍，倉部為司庾，禮部為司禮，祠部為司禋，主客為司審，膳部為司膳，兵部為司戎，職方為司城，駕部為司輿，庫部為司庫，刑部為司刑，都官為司僕，比部為司計，司門為司關，工部為司平，屯田為司田，虞部為司虞，水部為司川，凡二十四司，郎中皆改為大夫。改御史臺曰憲臺，大夫曰大司憲，中丞曰司憲大夫。改太常寺曰奉常寺，光祿寺曰司宰寺，衞尉寺曰司衞寺，宗正寺曰司宗寺，太僕寺曰司馭寺，大理寺曰詳刑寺，鴻臚寺曰同文寺，司農寺曰司稼寺，太府寺曰外府寺，凡九寺，卿皆曰正卿，少卿皆曰大夫。改祕書省曰蘭臺監，監曰大史，少監曰侍郎，丞曰大夫，殿中省為中御府監，監曰大監，國子監為司成館，祭酒曰大司成，司業曰少司成，少府監為內府監，將作監為繕工監，大匠曰大監，少匠曰少監，都水監為司津監，凡七監。左右衞府、驍衞府、武衞府，皆省府字，左右威衞曰左右武威衞，左右領軍衞曰左右戎衞，左右候衞曰左右金吾衞，左右監門府曰左右監門衞，左右千牛府曰左右奉宸衞，凡十六衞。按此俱載於《唐六典》及《舊唐書・職官志》。㊁未嘗奏親戚故吏從軍：蓋若奏之從軍，則朝廷必授以官職。㊂移：移交。㊃國家公器：國家公有之器位。㊄白州：《舊唐書・地理志》四：「嶺南道，白州，隋合浦郡之合浦縣地，武德四年置南州，六年改為白州。」㊅左驍衞將軍龐孝泰……

會大雪，解圍而還：按此段《新唐書・高麗傳》亦載之，而稍為簡略。㊆鐵勒九姓聞唐兵將至……壯士長歌入漢關：按此段乃錄自《舊唐書・薛仁貴傳》，字句大致相同。㊇倍道：謂晝夜兼行。㊈仙蕚河：胡三省曰：「新書，回鶻牙北六百里，至仙娥河。」㊉弃捐：弃同棄，捐亦棄，二字為複合辭。⑪甲兵：鎧甲兵杖。⑫司憲大夫：《唐六典》卷十三：「御史中丞二人，正五品，貞觀中避高祖諱，省持書侍御史，依前代置御史中丞，龍朔二年改曰司憲大夫，咸亨元年復故。掌邦國刑憲典章之政令，以肅正朝列。」⑬撫：撫恤。⑭資寇：資給寇敵。⑮推科：胡三省曰：「推問而科處其罪。」⑯脅從：被脅迫而隨從者。⑰以右驍衛大將軍契苾何力為鐵勒道……九姓遂定：按此段乃錄自《舊唐書・契苾何力傳》，字句大致相同。⑱初令僧尼、道士、女官致敬父母：按《舊唐書・高宗紀》，女官作女冠，又同書〈則天皇后紀〉：「令釋教在道法之上，僧尼處道士女冠之前。」足知女官實與女冠相同。⑲不可獨固：謂不可獨自固守。⑳宜且停彼：宜且停留彼處。㉑公家：亦即官家，國家。㉒有死無二：猶有死無他。㉓私：指私利言，承上之公利而省。㉔制：控制。㉕充斥：充溢。㉖礪兵：磨礪兵器。㉗開張：開設。㉘飛表：猶快表。㉙益兵：增益援兵。㉚纔接：剛一接合。㉛直：猶只。㉜熊津又拔：胡三省曰：「拔謂拔軍就新羅，或拔軍西還。」㉝逋寇：逃逋之寇。㉞羇客：猶羈旅。㉟脫：猶萬一。㊱凶悖：凶惡荒悖。㊲猜離：猜疑攜離。㊳行相：將相。㊴當遣相送：謂當遣人相送。㊵加兵：猶增兵。㊶傅：通附，近也。㊷萊海之兵：萊，萊州。海，海州，海州在今江蘇省北部。㊸丁巳，熊津都督劉仁願……以赴熊津：按此段乃錄自《舊唐書・劉仁軌傳》，字句大致相同。㊹浸：漸。㊺福信專權……以拒唐兵：按此段乃錄自《舊唐書・百濟傳》，字句大致相同。

卷二百一 唐紀十七

司馬光編集
曲守約 註

起玄默閹茂八月，盡上章敦牂，凡八年有奇。（壬戌至己巳，西元六六二年至六六九年）

高宗天皇大聖大弘孝皇帝中之上

龍朔二年（西元六六二年）

㈠八月，壬寅，以許敬宗為太子少師，同東西臺三品，知西臺事。

㈡九月，戊寅，初令八品九品衣碧㊀。

㈢冬，十月，丁酉，上幸驪山溫湯，太子監國，丁未，還宮。

㈣庚戌，西臺侍郎㊁、陝人上官儀同東西臺三品。

㈤癸丑，詔以四年正月有事於泰山㊂，仍以來年二月幸東都。

㈥左相許圉師之子奉輦直長㊃自然，遊獵犯人田㊄，田主怒，自然以鳴鏑㊅射之，圉師杖自然一百，而不以聞，田主詣司憲訟之，司憲㊆大夫楊德裔不為治，西臺舍人袁公瑜遣人易姓名㊇，上封事告之。上曰：「圉師為宰相，侵陵㊈百姓，匿而不言，豈非作威作福！」圉師謝曰：「臣備位樞軸(一〇)，以直道事陛下，不能悉允(一一)眾心，故為人所攻訐(一二)，至於作威福者，或手握彊兵，或身居重鎮(一三)，臣以文吏，奉事聖明(一四)，惟知閉門自守，何敢作威福？」上怒曰：「汝恨無兵邪！」許敬宗曰：「人臣如此，罪不容誅(一五)。」遽令引出，詔特免官。【考異】舊本紀，十一月辛未，圉師下獄；新本紀，十一月辛未，圉師貶虔州刺史。今據實錄，辛未免官，久之，貶虔州刺史。舊紀貶虔州刺史在三年二月，新本紀誤。

(七)癸酉，立皇子旭輪為殷王(一六)。

(八)十二月，戊申，詔以方討高麗百濟，河北之民，勞於征役，其封泰山，幸東都，並停。

(九)颶海道總管蘇海政受詔討龜茲，敕興昔亡、繼往絕二可汗發兵，與之俱。至興昔亡之境，繼往絕素與興昔亡有怨，密謂海政曰：「彌射謀反(一七)，請誅之。」時海政兵纔(一八)數千，集軍吏謀曰：「彌射若反，我輩無噍類(一九)，不如先事(二〇)誅之。」乃矯稱敕令大總管齎帛數萬段，賜可汗及諸酋長，興昔亡帥其徒受賜，海政悉收斬之，其鼠尼施、拔塞幹兩部(二一)亡走，海政與繼往絕追討平之(二二)。

軍還，至疏勒南，弓月部復引吐蕃之眾來，欲與唐兵戰，海政以師老㉓，不敢戰，以軍資賂吐蕃，約和㉔而還。由是諸部落皆以興昔亡為寃，各有離心，繼往絕尋卒。

（十）十姓無主，有阿史那都支及李遮匐收其餘眾，附於吐蕃。

（十一）是歲，西突厥寇庭州，刺史來濟將兵拒之，謂其眾曰：「吾久當死，幸蒙存全，以至今日，當以身報國㉕。」遂不釋㉖甲冑，赴敵而死㉗。

【今註】㈠衣碧：衣青綠者。㈡西臺侍郎：即中書侍郎。㈢有事於泰山：即封泰山。㈣奉輦直長：《唐六典》卷十一：「尚輦局直長四人，正七品下，龍朔二年改為奉輦直長。」㈤犯人田：謂凌犯人之田地。㈥鳴鏑：箭而發響聲者。㈦司憲：即御史臺。㈧易姓名：猶變姓名。㈨侵陵：侵犯欺陵。㈩樞軸：猶中樞。⑪允：允洽。⑫訐：攻人之陰私，音ㄐㄧㄝˋ。⑬至於作威作福者，或手握彊兵，或身居重鎮：全文為至於作威作福者，率為手握彊兵，或身居重鎮之人。⑭聖明：謂聖明之主。⑮不容誅：不容於誅，亦即雖誅亦不足以蔽其辜。⑯立皇子旭輪為殷王：旭輪後改名旦，是為睿宗。⑰彌射謀反：阿史那彌射是為興昔亡可汗，見《舊唐書・突厥傳》下。⑱纔：猶僅。⑲噍類：生存之人口，音ㄐㄧㄠˋ。⑳先事：猶先行。㉑其鼠尼施、拔塞幹兩部：《舊唐書・突厥傳》下賀魯傳：「其咄陸有五啜，五曰鼠尼施處半啜，弩失畢有五俟斤，三曰拔塞幹暾沙鉢俟斤。」
㊂飀海道總管蘇海政……海政與繼往絕追討平之：按此段乃錄自《舊唐書・突厥傳》下，字句大致相同。㊃師老：師旅疲老。㊄約和：結約和好。㊅報國：《舊唐書・來濟傳》作：「報國恩。」是報國即報國家之恩德也。㊆釋：猶脫。㊇是歲西突厥寇庭州……赴敵而死：按此段乃錄自《舊唐書・來濟傳》，字句大致相同。

三年（西元六六三年）

㈠春，正月，左武衛將軍鄭仁泰㊀討鐵勒叛者餘種，悉平之。

㈡乙酉，以李義府為右相㊁，仍知選事。

㈢二月，徙燕然都護府於回紇，更名瀚海都護，徙故瀚海都護於雲中古城，更名雲中都護。以磧為境，磧㊂北州府皆隸瀚海，磧南隸雲中㊃。

㈣三月，許圉師再貶虔州㊄刺史，楊德裔以阿黨，流庭州，圉師子文思、自然並免官。

㈤右相、河間郡公李義府典選，恃中宮之勢，專以賣官為事，銓綜無次(六)，怨讟(七)盈路。上頗聞之，從容謂義府曰：「卿子及壻頗不謹(八)，多為非法，我尚為卿掩覆(九)，卿宜戒之。」義府勃然(一〇)變色，頸頰俱張(一一)曰：「誰告陛下？」上曰：「但我言(一二)如是，何必就我索其所從得邪！」義府殊不引咎，緩步而去，上由是不悅。望氣者杜元紀謂義府所居第有獄氣(一三)，宜積錢二十萬緡，以厭(一四)之。義府信之，聚斂尤急，義府居母喪，朔望給哭假，輒微服(一五)與元紀出城東，登古冢，候望氣色。或告義府窺覘災眚(一六)，陰有異圖(一七)，又遣其子右司議郎(一八)津，召長孫無忌之孫延，受其錢七百緡，除延司津監(一九)，右金吾倉曹參軍楊行穎告之。夏，四月，乙丑，下義府獄，遣司刑太常伯(二〇)劉祥道與御史詳刑(二一)共鞫之，仍命司空李勣監焉，事皆有實。戊子，詔義府除名流嶲州，津除名流振州，諸子及壻並除名，流庭州(二二)，朝野莫不稱慶。或作河間道行軍元帥劉祥道破銅山大賊李義府露布(二三)，牓之(二四)通衢。義府多取人奴婢，及敗，各散歸其家，故其露布云：「混奴婢而亂放(二五)，各識家而競入(二六)。」

㈥乙未，置雞林大都督府於新羅國，以金法敏為之。

㈦丙午，蓬萊宮含元殿成，上始移仗㉗居之，更命故宮曰西內㉘。戊申，始御紫宸殿聽政㉙。

㈧五月，壬午，柳州㉚蠻酋吳君解反，遣冀州長史劉伯英、右武衞將軍馮士翽發嶺南兵討之。

㈨吐蕃與吐谷渾互相攻，各遣使上表論曲直，更來求援，上皆不許。吐谷渾之臣素和貴㉛有罪，逃奔吐蕃，具言吐谷渾虛實，吐蕃發兵擊吐谷渾，大破之，吐谷渾可汗曷鉢㉜與弘化公主帥數千帳，棄國走依涼州，請徙居內地㉝，上以涼州都督鄭仁泰為青海道行軍大總管，帥右武衞將軍獨孤卿雲、辛文陵等，分屯涼鄯二州，以備吐蕃。六月，戊申，又以左武衞大將軍蘇定方為安集大使，節度諸軍，為吐谷渾之援㉞。

㈩吐蕃祿東贊屯青海，遣使者論仲琮㉟入見，表陳吐谷渾之罪，且請和親，上不許，遣左衞郎將劉文祥使於吐蕃，降璽書責讓之㊱。

(十一)秋，八月，戊申，上以海東㊲累歲用兵，百姓困於征調㊳，士卒戰溺死者甚眾，詔罷三十六州所造舡㊴。遣司元太常伯㊵竇德玄等分詣十道，問人疾苦，黜陟官吏。德玄，毅之曾孫㊶也。

(十二)九月，戊午，熊津道行軍總管、右威衞將軍孫仁師等，破百濟餘眾及倭兵於白江，拔其周留城。初劉仁願劉仁軌既克真峴城，詔孫仁師將兵浮海助之，百濟王豐南引倭人，以拒唐兵，仁師與仁願仁軌合，兵勢大振；諸將以加林城水陸之衝㊷，欲先攻之。仁軌曰：「加林險固，急攻，則傷士卒，緩之，則曠日持久㊸。周留城虜之巢穴，羣凶所聚，除惡務本㊹，宜先攻之。若克周留，諸城自下。」於是仁師仁願與新羅王法敏，將陸軍以進，仁軌與別將杜爽、扶餘隆將水軍及糧船，自熊津入白江，以會陸軍；同趣周留城，遇倭兵於白江口，四戰皆捷，焚其舟四百艘，煙炎灼天㊺，海水皆赤。百濟王豐脫身奔高麗，王子忠勝忠志等帥眾降，百濟盡平。唯別帥遲受信據任存城，不下㊻。

(十三)初百濟西部人黑齒常之，長七尺餘，驍勇有謀略，仕百濟，為達率兼郡將，猶中國刺史也，蘇定方克百濟，常之帥所部隨眾降，定方縶㊼其王及太子，縱兵劫掠，壯者多死，常之懼，與左右十餘人遁歸本部，收集亡散，保任存山，結柵以自固，旬月間，歸附者三萬餘人。定方遣兵攻之，常之拒戰，唐兵不利，常之復取二百餘城，定方不能克而還㊽。常之與別部將沙吒相如，各據險以應福信，百濟既敗，皆帥其眾降，劉仁軌使常之相如自將其眾，取任存城，仍以糧仗㊾助之。孫仁師曰：「此屬獸心㊿，何可信也！」仁軌曰：「吾觀二人，皆忠勇有謀，敦信(51)重義，但曏者所託未得其人，今正是其感激立效(52)之時，不用疑也。」遂給其糧仗，分兵隨之，攻拔任存城，遲受信棄妻子奔高麗(53)。詔劉仁軌將兵鎮百濟，召孫仁師劉仁願還。百濟兵火之餘(54)，此屋(55)彫殘，僵尸滿野，仁軌始命瘞骸骨，籍戶口，理村聚，署官長，通道塗，立橋梁，補隄堰，復陂塘，課耕桑，賑貧乏，養孤老(56)，立唐社稷，頒正朔及廟諱，百濟大悅，闔境(57)各安其業。然後脩屯田，儲糗(58)糧，訓士卒，以圖高麗。

(十四)劉仁願至京師，上問之曰：「卿在海東，前後奏事皆合機宜(59)，復有文理(六〇)，卿本武人，何能如是？」仁願曰：「此皆劉仁軌所為，非臣所及(六一)也。」上悅，加仁軌六階(六二)，正除(六三)帶方州刺史，為築第長安，厚賜其妻子，遣使齎璽書勞勉之(六四)。上官儀曰：「仁軌遭黜削(六五)，而能盡忠，仁願秉節制(六六)，而能推賢，皆可謂君子矣。」

(十五)冬，十月，辛巳朔，詔太子每五日於光順門(六七)內視諸司奏事，其事之小者，皆委太子決之。

(十六)十二月，庚子，詔改來年元。

(十七)壬寅，以安西都護高賢為行軍總管，將兵擊弓月，以救于闐。

(十八)是歲，大食擊波斯、拂菻(六八)，破之，南侵婆羅門，吞滅諸胡，勝兵四十餘萬(六九)。

【今註】㊀左武衞將軍鄭仁泰：按《舊唐書・高宗紀》作：「左武衞大將軍。」當從添大字。㊁乙酉，以李義府為右相：按新《舊唐書・高宗紀》，乙酉皆作乙丑，當改從之。㊂磧：指大漠言。音ㄑㄧˋ。㊃磧南隸雲中：胡三省曰：「雲中都護府，治金河，即秦漢雲中舊城，東北至朔州三百七十里，麟德元年，更名單于大都護府。」㊄虔州：《舊唐書・地理志》三：「江南道，虔州，隋南康郡，武德五年平江左，置虔州，在京師東南四千一十七里。」㊅無次：無有次序。㊆讟：痛怨，音

ㄉㄨˋ。⑧謹：謹慎。⑨掩覆：掩蓋。⑩勃然：變色貌。⑪頸頰俱張：謂頸頰之筋俱起，乃忿怒之貌。《舊唐書・李義府傳》作：「顋頸俱起」，其意亦同。⑫但我言：只我言。⑬獄氣：有獄事之氣。⑭厭：抑壓。⑮微服：猶便服。⑯災眚：災異妖眚，音ㄕㄥˇ。⑰異圖：猶異謀。⑱右司議郎：《唐六典》卷二十六：「太子司議郎四人，正六品上，龍朔二年改為太子左司議郎。掌侍從規諫，駁正啟奏，以佐庶子中允之闕。」⑲司津監：《唐六典》卷二十三：「都水監使者二人，正五品上，皇朝改為都水署，隸將作令，貞觀中復改為都水使者，從五品上，龍朔二年改為司津監，掌川澤津梁之政令。」⑳司刑太常伯：即刑部尚書。㉑詳刑：即大理。唐自永徽以後，大獄以尚書刑部、御史臺、大理寺官雜按，謂之三司。㉒諸子及壻並除名，流庭州：按新舊《唐書・李義甫傳》，庭州俱作延州，當改從之。㉓露布：軍中告捷之文書。㉔牓之：揭貼之。㉕混奴婢而亂放：混雜奴婢而亂行放出。㉖各識家而競入：各認其家而競歸入。按此二句，胡三省曰：「學者為文，類有所祖，漢高帝為太上皇營新豐，後人誌其事，其辭云：『混雞犬而亂放，各識家而競入。』此語所祖而自來矣。」㉗移仗：移儀仗。㉘更命故宮曰西內：胡三省曰：「故宮謂太極宮，自武德以來，人主居之，自是以後，謂之西內。」㉙始御紫宸殿聽政：《唐六典》卷七：「大明宮南面五門，正南曰丹鳳門，丹鳳門內正殿曰含元殿，其北曰宣政門，門內曰宣政殿，宣政北曰紫宸門，其內曰紫宸殿，即內朝正殿也。」㉚柳州：《舊唐書・地理志》四：「嶺南道，柳州，隋始安郡之馬平縣，武德四年平蕭銑，置南昆州，貞觀八年改為柳州。」㉛素和貴：《新唐書・吐谷渾傳》作：「素知貴。」㉜吐谷渾可汗曷鉢：按新舊《唐書．吐谷渾傳》，皆作：「諾曷鉢。」當從添諾字。㉝棄國走依涼州，請徙居內地：《唐會要》：「吐谷渾自永嘉之末，始西度洮水，建國於羣羌之故地，龍朔三年為吐蕃所滅，凡三百五十年。」㉞吐蕃與吐谷渾互相攻……為吐谷渾之援：按此段與《新唐書》本傳之文，較為類同，而以《舊唐書》述事多闕漏，故不取。㉟使者論仲琮：《新唐書．吐蕃傳》：「其官有大相曰論茝，副相曰論茝扈莽，各一人，亦號大論小論。」是論乃官號也。㊱吐蕃祿東贊屯青海……降璽書責讓之：按此段《新唐書．吐蕃傳》亦載之，字句大致相同。㊲海東：指高麗、百濟言。㊳征調：猶賦役。㊴舡：船，音ㄒㄧㄤ。㊵司元太常伯：即戶部尚書。㊶德玄，毅之曾孫：竇毅，太穆皇后之父。㊷水陸之衝：水陸之要衝。㊸曠日持久：謂須費時甚久。㊹除惡務本：除惡務宜從根本處著手。㊺煙炎灼天：炎讀曰燄，灼，燒紅。㊻戊午，熊津道行軍總管……據任存城不下：按此段乃錄自《舊唐書．劉仁軌傳》，字句幾全相同。㊼縶：縛。㊽初百濟西部人黑齒常之……定方不能克而還：按此段乃錄自《舊唐書．黑齒常之傳》，字句幾全相同。㊾糧仗：糧食器仗。㊿獸心：即禽獸之心。(五一)敦信：厚信。(五二)立效：立功。(五三)常之與別將沙吒相如……遲受信棄妻子奔高麗：按此段乃錄自《舊唐書．劉仁軌傳》，字句大致相同。(五四)之餘：猶之後。(五五)比屋：猶連家。(五六)始命瘞骸骨，籍戶口，理村聚，署官長，通道塗，立橋梁，補隄堰，復陂塘，課耕桑，賑貧乏，養孤老：按此乃刪省《舊唐書．劉仁軌傳》文而成，而舊傳恰足為此文之詮釋，錄而出之，亦一有趣之事也。舊文為：「始令收斂骸骨，瘞埋弔祭之，修錄戶口，署置官長，開通塗路，整理村落，建立橋梁，補葺堤堰，修復陂塘，勸課耕種，賑貸貧乏，存問孤老。」(57)闔境：全境。(58)糗：鄭玄云：「糗謂熬米麥使熟，又擣之以為粉也。」音ㄑㄧㄡˇ。(59)機宜：事機之宜。(60)文理：文辭理致。(61)所及：謂所能為之。(62)加仁軌六階：勳有級，官有階。(63)正除：猶真除。(64)劉仁願至京師……遣使齎璽書勞勉之：按此段乃錄自《舊唐書・劉仁軌傳》，字句大致相同。(65)仁軌遭黜削：此指白衣從軍自効而言。(66)秉節制：秉持節制之權。(67)光順門：《唐六典》卷七：「大明宮、紫宸殿，內朝正殿也，殿之南面紫宸門，左曰崇明門，右曰光順門。」(68)拂菻：《新唐書・拂菻傳》：「拂菻，古大秦也，居西海上，一曰海西國。去京師四萬里，在苫西，北直突厥可薩部，西瀕海，東南接波斯，地方萬里。」(69)是歲大食擊波斯拂菻……勝兵四十餘萬：按此段《新唐書・大食傳》亦載之，字句大致相同。

麟德元年（西元六六四年）

㈠春，正月，甲子(一)，改雲中都護府為單于大都護府，以殷王旭輪為單于大都護。初李靖破突厥(二)，遷三百帳於雲中城，阿史德氏為之長，至是部落漸眾，阿史德氏詣闕，請如胡法，立親王為可汗，以統之。上召見，謂曰：「今之可汗，古之單于也。」故更為單于都護府，而使殷王㊂遙領之。

㈡二月，戊子，上行幸萬年宮㊃。

㈢夏，四月，壬子，衞州刺史道孝王元慶薨。

㈣丙午，魏州刺史鄅公孝協坐贓賜死，司宗卿㊄、隴西王博乂奏孝協父叔良死王事㊅，孝協無兄弟，恐絕嗣。上曰：「畫一㊆之法，不以親疏異制㊇，茍害百姓，雖皇太子亦所不赦，孝協有一子，何憂乏祀乎？」孝協竟自盡於第。

㈤五月，戊申朔，遂州刺史許悼王孝薨㊈。

㈥乙卯，於昆明之弄棟川置姚州都督府㊉。

㈦秋，七月，丁未朔，詔以三年正月有事於岱宗。

㈧八月，丙子，車駕還京師，幸舊宅⑪，留七日，壬午，還蓬萊宮。

㈨丁亥，以司列太常伯⑫劉祥道兼右相，大司憲⑬竇德玄為司元太常伯⑭，檢校左相⑮。

㈩冬，十月，庚辰，檢校熊津都督劉仁軌上言⑯：「臣伏覩所存[一七]戍兵，疲羸者多，勇健者少[一八]，衣服貧敝[一九]，唯思西歸，無心展効[二〇]。臣問：『以往在海西，見百姓人人應募，爭欲從軍，或請自辦[二一]衣糧，謂之義征，何為今日士卒如此？』咸言：『今日官府[二二]與曩時不同，人心亦殊，曩時東西征役，身沒王事，並蒙敕使[二三]弔祭，追贈官爵，或以死者官爵，回授[二四]子弟。凡度遼海者，皆賜勳一轉[二五]，自顯慶五年以來，征人屢經渡海，官不記錄[二六]，其死者亦無人誰何[二七]，州縣每發百姓為兵，其壯而富者，行錢參逐[二八]，皆亡匿得免，貧者，身雖老弱，被發即行。頃者破百濟，及平壤苦戰，當時將帥號令，許以勳賞，無所不至，及達西岸，惟聞枷鏁推禁[二九]，奪賜破勳[三〇]，州縣追呼，無以自存[三一]，公私困弊，不可悉言[三二]。以是昨發海西之日，已有逃亡自殘[三三]者，非獨至海外而然也。又本因征役，授勳級以為榮寵，而比年出征，皆使勳官挽引[三四]，勞苦與白丁[三五]無殊，百姓不願從軍，率皆由此。』臣又問：『曩日士卒，留鎮[三六]五年，尚得支濟[三七]，今爾等始經一年，何為如此單露[三八]。』咸言：『初發家日，惟令備一年資裝[三九]，今已二年，未有還期。』臣檢校(四〇)軍士所留衣，今冬僅可充事(四一)，來秋以往(四二)，全無準擬(四三)。陛下留兵海外，欲殄滅高麗，百濟高麗舊相黨援，倭人雖遠，亦共為影響，若無鎮兵，還成一國。今既資戍守，又置屯田，所籍士卒同心同德(四四)，而眾有此議，何望成功？自非有所更張(四五)，厚加慰勞，明賞重罰，以起士心(四六)。若止如今日，以前處置，恐師眾疲老，立效(四七)無日。逆耳之事，或無人為陛下盡言，故臣披露肝膽，昧死(四八)奏陳(四九)。」上深納其言，遣右威衛將軍劉仁願將兵渡海，以代舊鎮之兵，仍敕仁軌俱還，仁軌謂仁願曰：「國家懸軍海外，欲以經略高麗，其事非易，今收穫未畢，而軍吏與士卒一時代去(五〇)，軍將(五一)又歸，夷人新服，眾心未安，必將生變，不如且留舊兵，漸令收穫，辦具資糧，節級(五二)遣還。軍將且留鎮撫，未可還也。」仁願曰：「吾前還海西，大遭讒謗，云：『吾多留兵眾(五三)，謀據海東。』幾不免禍。今日唯知准敕(五四)，豈敢擅有所為！」仁軌曰：「人臣苟利於國，知無不為，豈恤(五五)其私。」乃上表陳便宜，自請留鎮海東(五六)，上從之，仍以扶餘隆為熊津都尉，

【考異】實錄作熊津都督。按時劉仁軌檢校熊津都督，豈可復以隆為之。明年實錄稱熊津都尉扶餘隆，與金法敏盟。今從之。使招輯其餘眾。

(十)初武后能屈身忍辱，奉順上意，故上排羣議(五七)而立之，及得志，專作威福，上欲有所為，動為后所制(五八)，上不勝其忿。有道士郭行真出入禁中，嘗為厭勝之術(五九)，宦者王伏勝發之，上大怒，密召西臺侍郎同東西臺三品上官儀議之，儀因言：「皇后專恣(六〇)，海內所不與(六一)，請廢之。」上意亦以為然，即命儀草詔。左右奔告於后，后遽詣上自訴，詔草猶在上所，上羞縮不忍(六二)，復待之如初，猶恐后怨怒，因紿(六三)之曰：「我初(六四)無此心，皆上官儀教我。」儀先為陳王諮議(六五)，與王伏勝俱事故太子忠，后於是使許敬宗誣奏儀、伏勝與忠謀大逆。十二月，丙戌，儀下獄，與其子庭芝、王伏勝皆死，籍沒其家(六六)。戊子，賜忠死於流所(六七)。右相劉祥道坐與儀善，罷政事，為司禮太常伯(六八)，左肅機(六九)鄭欽泰等朝士流貶者甚眾，皆坐與儀交通故也。自是，上每視事，則后垂簾於後，政無大小，皆與聞之，天下大權，悉歸中宮，黜陟殺生，決於其口，天子拱手(七〇)而已。中外謂之二聖(七一)。【考異】唐歷：「羣臣朝謁，萬方表奏，皆呼為二聖。帝坐於東間，后坐於西間，后隨其愛憎，生殺在口。」按武后雖悍戾，豈得高宗尚在，與高宗對坐，受羣臣朝謁乎！恐不至此，今從實錄。

(十二)太子右中護(七二)檢校西臺侍郎樂彥瑋、西臺侍郎孫處約並同東西臺三品。

【今註】(一)麟德元年：按《舊唐書・高宗紀》：「龍朔三年十月丙申，絳州麟見於介山，丙午，含元殿前麟趾見。」故遂改元為麟德焉。(二)初李靖破突厥：見卷一百九十三太宗貞觀四年。(三)殷王：即後之睿宗。(四)戊子上行幸萬年宮：永徽元年，改九成宮為萬年宮。按《新唐書・高宗紀》作：「三月戊子，如福昌宮，癸卯，如萬年宮。」雖《舊唐書》本紀亦作：「戊子，幸萬年宮。」然《新唐書》既分別言之，則幸萬年宮之期，當以癸卯為是，應改從之。(五)司宗卿：即宗正卿。(六)孝協父叔良死王事：叔良太祖之孫，高祖時叔良擊突厥，中流矢薨。(七)畫一：謂畫一不二，亦即整齊之意。(八)異制：異殊其規定。(九)許悼王孝薨：孝，上子，後宮所生。(一〇)於昆明之弄棟川，置姚州都督府：《舊唐書・地理志》四：「劍南道姚州，武德四年置，在姚府舊城北百餘步。麟德元年，移姚州治於弄棟川。」(一一)舊宅：指帝為晉王時之故居。(一二)司列太常伯：即吏部尚書。(一三)大司憲：即御史大夫。(一四)司元太常伯：即戶部尚書。(一五)左相：即侍中。(一六)上言：即上表言。(一七)存：存留。(一八)疲羸者多，勇健者少：按《舊唐書・劉仁軌傳》作：「手腳沈重者多，勇健奮發者少。」劉之全文，幾近於當時語體，而其所用之辭彙，亦常為當時所特有者。而《通鑑》則力為修改，成為爾雅之文言，以致失去原有之氣氛及意義，實值加以商榷。即如此句之勇健奮發，其奮發二字，實更為重要，蓋若兵士無奮發向上，求取勝利之心，則士氣焉得不衰頹，而戰爭奚能永勝利哉！而《通鑑》則僅錄勇健，而割捨奮發，足知《通鑑》此舉，於原文影響之巨大矣。⑲衣服貧敝：本傳作：「衣服單寒。」⑳無心展效：無心展陳績效，亦即無心立功。㉑辦：辦置。㉒官府：猶官署。㉓敕使：天子所遣之使。㉔回授：按此乃唐代之特殊術語，《舊唐書·段志玄傳》：「太宗顧謂曰：『當與卿子五品。』志玄頓首，固請迴授母弟志感，太宗遂授志感左衞郎將。」同書〈程務挺傳〉：「拜其子齊之為尚乘奉御，務挺泣請迴授其弟。」《唐六典》卷二司封郎中條：「至郡公有餘爵，聽回授子孫。」皆其例證。核回授，猶轉授也。㉕賜勳一轉：猶賜勳一級。㉖官不記錄：官府不記錄其功勳。㉗誰何：胡三省曰：「誰何，問也，問其為誰，緣何而死也。」㉘行錢參逐：胡三省曰：「謂州縣官發人為兵，其吏卒之參陪隨逐者，富民行錢與之，相為掩蔽，得以亡匿。」按此處固可如此作釋，然《舊唐書》之原文，則殊不若此。該文云：「人身少壯，家有錢財，參逐官府者，東西藏避，並即得脫。無錢參逐者，雖是老弱，推背即來。」詳文意參逐乃謂參謁而逐隨其意，亦即賄賂之謂。衡之原文，實應作如是解釋。㉙推禁：推問囚禁。㉚奪賜破勳：奪回賞賜，破撤爵勳。㉛自存：自己生存。㉜悉言：盡言。㉝自殘：自殘傷其肢體，以不克充兵役。㉞挽引：謂挽引舟車。㉟白丁：無宮職之平民。㊱留鎮：留戍鎮守。㊲支濟：支持完濟。㊳單露：指衣裝單薄破露而言。㊴初發家日，惟令備一年資裝：《新唐書·兵志》：「五十人為隊，隊有正，十人為火，火有長。火備六馱馬，凡火具烏布幕、鐵馬盂、布槽、鍾、鑊、鑿、碓、筐、斧、鉗、鋸皆一，甲牀二，鐮二，隊具火鑽一、胷馬繩一、首羈足絆皆三，人具弓一、矢三十、胡祿、横刀、礪石、大觿、氈帽、氈裝、行縢皆一，麥飯九斗，米二斗，皆自備，并其介冑戎具，藏於庫，有所征行，則視其入而出給之。」是乃所自備資裝之情形也。㊵檢校：猶檢查。㊶充事：充當事情，亦即應付事情。㊷來秋以往：來秋以後。㊸準擬：準備豫擬。㊹所籍士卒同心同德：按本傳作：「事藉兵士同心同德。」是籍當為藉之訛。㊺更張：謂改絃更張。㊻以起士心：以興起士卒之心。㊼立效：建立功效。㊽昧死：冒死。㊾檢校熊津都督劉仁軌上言……昧死奏陳：按此段乃錄自《舊唐書・劉仁軌傳》，字句間有改易。㊿代去：瓜代而去。(51)軍將：軍中之將領。(52)節級：胡三省曰：「節級，猶今人言節次也。」按《新唐書・劉仁軌傳》作：「等級。」即期次之意。(53)兵眾：兵卒。(54)准敕：准依詔敕。(55)恤：顧。(56)遣右威衞將軍劉仁願將兵渡海……自請留鎮海東：按此事《新唐書・劉仁軌傳》亦載之，惟較為簡略。(57)排羣議：排抑羣議。(58)所制：所牽制。(59)有道士郭行真，出入禁中，嘗為厭勝之術：按此乃受武后之命，為厭勝以咒害高宗。(60)專恣：專擅恣肆。(61)所不與：謂所不贊成。(62)不忍：謂不忍廢之。(63)紿：欺。(64)初：猶本。(65)陳王諮議：忠自陳王立為皇太子。《舊唐書・職官志》三：「王府咨議參軍一人，正五品上。掌訏謨左右。」(66)初武后能屈身忍辱……與其子庭芝、王伏勝皆死，籍沒其家：按此段《新唐書・上官儀傳》亦載之，而稍為簡略。(67)賜忠死於流所：顯慶五年，忠徙黔州。(68)司禮太常伯：即禮部尚書。(69)左肅機：即尚書左丞。(70)拱手：謂拱手而無所作為。(71)二聖：唐代稱天子常曰聖人，此二聖即二天子也。㊂太子右中護：左右中護即左右庶子。

二年（西元六六五年）

㈠春，正月，丁卯，吐蕃遣使入見，請復與吐谷渾和親，仍求赤水㊀地畜牧，上不許。

㈡二月，壬午，車駕發京師㊁，丁酉，至合璧宮。

㈢上語及隋煬帝，謂侍臣曰：「煬帝拒諫而亡，朕常以為戒，虛心求諫，而竟無諫者，何也？」李勣對曰：「陛下所為盡善，羣臣無得而諫。」

㈣三月，甲寅，以兼司戎太常伯㊂姜恪同東西臺三品。恪，寶誼之子也。

㈤辛未，東都乾元殿㊃成。閏月，壬申朔，車駕至東都。

㈥疏勒、弓月引吐蕃侵于闐，敕西州都督崔知辯、左武衛將軍曹繼叔將兵救之㊄。【考異】實錄作西川都督。按於時未有西川之名，必西州也。

㈦夏，四月，戊辰，左侍極㊅陸敦信、檢校右相西臺侍郎孫處約、太子右中護、檢校西臺侍郎樂彥瑋，並罷政事。

(八)秘閣郎中(七)李涼風以傅仁均戊寅曆(八)，推步浸疏(九)，乃增損劉焯皇極曆(一〇)，更撰麟德曆(一一)。五月，辛卯，行之。

(九)秋，七月，己丑，兗州都督鄧康王元裕薨。

(十)上命熊津都尉扶餘隆與新羅王法敏，釋去舊怨。八月，壬子，同盟於熊津城，劉仁軌以新羅、百濟、耽羅(一二)、倭國使者浮海西還，會祠泰山，高麗亦遣太子福男來侍祠(一三)。

(十一)冬，十月，癸丑，皇后奏稱：「封禪舊儀，祭皇地祇，太后昭配(一四)，而令公卿行事，禮有未安，至日，妾請帥內外命婦奠獻(一五)。」詔：「禪社首，以皇后為亞獻，越國太妃燕氏(一六)為終獻。」

(十二)壬戌，詔：「封禪壇所設上帝、后土位，先用藁秸(一七)陶匏等，並宜改用茵褥(一八)罍爵，其諸郊祀，亦宜準此(一九)。」又詔：「自今郊廟享宴，文舞用功成慶善之樂，武舞用神功破陣之樂(二〇)。」

(十三)丙寅，上發東都，從駕文武儀仗，數百里不絕，列營置幕(二一)，彌亘原野，東自高麗，西至波斯烏長(二二)諸國，朝會者，各帥其屬扈從㉓，穹廬氈幕㉔，牛羊駝馬，填咽㉕道路。時比歲㉖豐稔㉗，米斗至五錢，麥豆不列於市㉘。

㈣十一月，戊子，上至濮陽㉙，竇德玄騎從，上問：「濮陽謂之帝丘，何㉚也？」德玄不能對，許敬宗自後躍馬而前曰：「昔顓頊居此，故謂之帝丘。」上稱善。敬宗退謂人曰：「大臣不可以無學，吾見德玄不能對，心實羞之。」德玄聞之，曰：「人各有能有不能，吾不強對以所不知，此吾所能也㉛。」李勣曰：「敬宗多聞，信美矣，德玄之言，亦善也㉜。」

㈤壽張人張公藝九世同居，齊隋唐㉝皆旌表其門，上過壽張，幸其宅，問所以能共居之故。公藝書忍字百餘以進㉞，上善之，賜以縑帛。

㈥十二月，丙午，車駕至齊州，留十日，丙辰，發靈巖頓㉟，至泰山下，有司於山南為圓壇，山上為登壇，社首山上為降禪方壇㊱。

【今註】㈠赤水：即河源之赤水，本吐谷渾地。㈡二月壬午，車駕發京師：按《舊唐書・高宗紀》作正月壬午，《新唐書》同紀則作二月，此與《新唐書》之文相同。㈢司戎太常伯：即兵部尚書。

㊃乾元殿：《唐六典》卷七：「東都皇宮，在皇城之北，其內曰乾元門，其內曰乾元殿。」乃洛陽宮正殿，武后垂拱四年，毀為明堂。㊄疏勒弓月引吐蕃侵于闐……曹繼叔將兵救之：按此段《新唐書・高宗紀》亦載之，正作西州而不作西川。㊅左侍極：即左右散騎常侍。㊆祕閣郎中：龍朔二年，改太史局為秘閣局，令為郎中。㊇傅仁均戊寅曆：戊寅曆始行，見卷一百八十七高祖武德二年。㊈推步浸疏：所推步者漸形疏謬。㊉劉焯皇極曆：隋時劉焯造甲子元曆，謂之皇極曆，為張胄玄所擯，不得行。⑪秘閣郎中李淳風……更撰麟德曆：按此段乃錄自《舊唐書・李淳風傳》，字句大致相同。⑫耽羅：《新唐書・東夷流鬼傳》：「有儋羅者，國居新羅武州南島上，初附百濟，後附新羅。」⑬高麗亦遣太子福男來侍祠：按《新唐書・高麗傳》作：「乾封元年，藏遣子男福從天子封泰山。」以其諸男名男生、男建、男產推之，此亦當作男福。⑭太后昭配：《新唐書・禮樂志》四：「祀皇地祇，以太穆皇后、文德皇后配。」是昭即文德皇后也。⑮妾請帥內外命婦奠獻：胡三省曰：「內命婦，自三妃至采女，以備古者三夫人、九嬪、二十七世婦、八十一御妻。又有六尚、二十四司、二十四典、二十四掌。龍朔二年又置贊德、宣儀、承閨、承旨、衞仙、供奉、侍櫛、侍巾，亦分為九品，皆內官也。外命婦：皇姑封大長公主，皇姊妹封長公主，皇女封公主，皇太子之女封郡主，王之女封縣主，王母妻為妃一品，及國公母妻為國夫人，三品以上母妻為郡夫人，五品、勳官三品，封母妻為縣君，散官並同職事，勳官四品、封母妻為鄉君，其母並加太字，各視其夫子之品。」⑯越國太妃燕氏：燕氏越王貞之母，蓋太宗妃嬪，此時唯燕氏在也。⑰稾秸：稾，枯禾；秸，同稭，禾稾

去其皮。⑱茵褥：茵，重席；褥，以布實絮其中。⑲準此：依此。⑳自今郊廟享宴，文舞用功成慶善之樂，武舞用神功破陳之樂：按此文亦載於《新唐書・禮樂志》十一，至二樂之得名及舞法，則備詳於《新唐志》，茲不具。㉑幕：帳幕。㉒烏長：胡三省曰：「自吐火羅踰五種，至婆羅覩邏北，踰山行六百里，得烏長國。」㉓扈從：隨從天子車駕之人。㉔毳幕：氈帳，音ㄘㄨㄟˋ。㉕塡咽：充塞。㉖比歲：連年。㉗稔：五穀成熟。㉘麥豆不列於市：麥豆乃粗下之糧，以年豐無人買之，故市不列之。㉙濮陽：今河南省濮陽縣。㉚帝丘：帝王之丘墟。㉛此吾所能也：猶此吾所應為者。㉜壽張：今山東省壽張縣。㉝齊隋唐：此齊乃為北齊。㉞書忍字百餘以進：意謂所以能共居者，惟有凡事忍忍而已。㉟靈巖頓：在今濟南之西南，馳名之靈巖寺在焉。㊱降禪方壇：謂自山而降，所封禪之方壇。

乾封元年（西元六六六年）

㈠春，正月㊀，戊辰朔，上祀昊天上帝於泰山南，己巳，登泰山，封玉牒㊁上帝冊，藏以玉匱㊂，配帝冊㊃，藏以金匱，皆纏以金繩，封以金泥㊄，印以玉璽，藏以石礷。庚午，降，禪於社首，祭皇地祇，上初獻畢，執事者皆趨下，宦者執帷，皇后升壇亞獻㊅，帷帟㊆皆以錦繡為之，酌酒、實俎豆、登歌㊇，皆用宮人。壬申，上御朝覲壇，受朝賀，赦天下，改元，文武官三品已上，賜爵一等，四品已下，加一階。先是階無泛加㊈，皆以勞考敘進，至五品三品，仍奏取進止㊉，至是始有泛階，比及末年，服緋者滿朝矣⑪。

㈡時大赦，惟長流⑫人不聽還，李義府憂憤發病卒。自義府流竄，朝士日憂其復入，及聞其卒，眾心乃安。

㈢丙戌，車駕發泰山，辛卯至曲阜，贈孔子太師，以少牢致祭。癸未，至亳州⑬，謁老君廟⑭，上尊號曰太上玄元皇帝。丁丑，至東都，留六日，甲申，幸合璧宮。夏四月，甲辰，至京師，謁太廟。

㈣庚戌，左侍極兼檢校右相陸敦信以老疾辭職，拜大司成⑮兼左侍極，罷政事。

㈤五月，庚寅，鑄乾封泉寶⑯錢，一當十，俟期年，盡廢舊錢⑰。

㈥高麗泉蓋蘇文卒，長子男生代為莫離支，初知國政，出巡諸城，使其弟男建、男產知留後⑱事。或謂二弟曰⑲：「男生惡二弟之逼，意欲除之，不如先為計。」二弟初未之信，又有告男生者曰：「二弟恐兄還奪其權，欲拒兄不納。」男生潛遣所親往平壤伺⑳之，二弟收掩㉑得之，乃以王命召男生，男生懼，不敢歸，男建自為莫離支，發兵討之，男生走保別城，使其子獻誠詣闕求救。六月，壬寅，以右驍衛大將軍契苾何力為遼東道安撫大使，將兵救之，以獻誠為右武衛將軍，使為鄉導，又以右金吾衛將軍龐同善、營州都督高侃為行軍總管，同討高麗㉒。

(七)秋，七月，乙丑朔，徙殷王旭輪為豫王，以大司憲兼檢校太子左中護劉仁軌為右相㉓。初仁軌為給事中，按畢正義事㉔，李義府怨之，出為青州刺史。會討百濟，仁軌當浮海運糧，時未可行，義府督之，遭風失船，丁夫溺死甚眾，命監察御史袁異式往鞫之，義府謂異式曰：「君能辨事㉕，不憂無官。」異式至謂仁軌曰：「君與朝廷何人為讎？宜早自為計㉖。」仁軌曰：「仁軌當官不職㉗，國有常刑㉘，公以法斃之，無所逃命㉙，若使遽自引決㉚，以快讎人，竊所未甘㉛。」乃具獄以聞，異式將行，仍自掣其鎖㉜。獄上，義府言於上曰：「不斬仁軌，無以謝百姓㉝。」舍人源直心曰：「海風暴起，非人力所及(三四)。」上乃命除名，以白衣從軍自效。義府又諷(三五)劉仁願，使害之，仁願不忍殺。及為大司憲，異式懼不自安，仁軌瀝觴(三六)告之曰：「仁軌若念疇昔之事，有如此觴(三七)。」仁軌既知政事，異式尋遷詹事丞(三八)，時論紛然，仁軌聞之，遽薦為司元大夫(三九)。監察御史杜易簡謂人曰：「斯所謂矯枉過正矣(四〇)。」

(八)八月，辛丑，司元太常伯兼檢校左相竇德玄薨。

(九)初武士彠娶相里氏，生男元慶、元爽，又娶楊氏，生三女，長適越王府法曹賀蘭越石，次皇后，次適郭孝慎。士彠卒，元慶、元爽及士彠兄子惟良、懷運皆不禮(四一)於楊氏，楊氏深銜之(四二)，越石、孝慎及孝慎妻並早卒，越石妻生敏之及一女而寡，后既立，楊氏號榮國夫人(四三)，越石妻號韓國夫人，惟良自始州長史超遷司衛少卿(四四)，懷運自瀛州長史遷淄州刺史，元慶自右衛郎將為宗正少卿(四五)，元爽自安州戶曹累遷少府少監(四六)。榮國夫人嘗置酒，謂惟良等曰：「頗憶疇昔之事乎？今日之榮貴復何如？」對曰：「惟良等幸以功臣子弟，早登宦籍，揣分(四七)量才，不求貴達，豈意以皇后之故，曲荷朝恩，夙夜憂懼，不為榮也㊽。」榮國不悅，皇后乃上疏請出惟良等為遠州刺史，外示謙抑，實惡之也。於是以惟良檢校始州刺史，元慶為龍州刺史，元爽為濠州刺史，元慶至州，以憂卒，元爽坐事流振州而死。韓國夫人及其女，以后故，出入禁中，皆得幸於上。韓國尋卒，其女賜號魏國夫人。上欲以魏國為內職㊾心難后未決㊿，后惡之，會惟良懷運與諸州刺史詣泰山朝覲，從至京師，惟良等獻食，【考異】舊傳云：「后諷上幸楊氏宅，惟良等獻食。」今從實錄。后密置毒醢中，使魏國食之，暴卒，因歸罪於惟良懷運，丁未，誅之，改其姓為蝮(51)氏(52)。懷運兄懷亮早卒，其妻善氏尤不禮於榮國，坐惟良等沒入掖庭，榮國令后以他事束棘鞭之，肉盡見骨而死。

(十)九月，龐同善大破高麗兵，泉男生帥眾與同善合，詔以男生為特進、遼東大都督、兼平壤道安撫大使；封玄菟郡公(53)。

(十一)戊子，金紫光祿大夫致仕廣平宣公劉祥道薨，子齊賢嗣。齊賢為人方正，上甚重之。為晉州司馬，將軍史興宗嘗從上獵苑中，因言晉州產佳鷂，劉齊賢今為司馬，請使捕之，上曰：「劉齊賢豈捕鷂者邪！卿何以此待之㊄。」

㈩冬，十二月，己酉，以李勣為遼東道行軍大總管，以司列少常伯㊄、安陸㊄郝處俊副之，以擊高麗，龐同善、契苾何力並為遼東道行軍副大總管、兼安撫大使如故，其水陸諸軍總管并運糧使竇義積、獨孤卿雲、郭待封等，並受勣處分㊄。河北諸州租賦，悉詣遼東給軍用。待封，孝恪之子也㊄。勣欲與其壻京兆杜懷恭偕行，以求勳效㊄，懷恭辭以貧，勣贍㊅之，復辭以無奴馬，又贍之，懷恭辭窮㊅，乃亡匿岐陽山中，謂人曰：「公欲以我立法耳。」勣聞之流涕曰：「杜郎疏放㊅，此或有。」乃止。

【今註】㈠乾封：蓋以帝封泰山，祀昊天上帝而為號也。㈡封玉牒：玉牒即玉版，封謂作封禪用者。㈢藏以玉匱：謂以玉櫃藏之。匱通櫃。㈣配帝冊：謂祀昊天上帝所配祀之皇帝。㈤封以金泥：謂以金屑塗飾其封面。㈥亞獻：次獻。㈦帷帟：《周禮》注：「在旁曰帷，在上曰帟。」《禮記》注：「帟，幕之小者，所以承塵。」音亦。㈧登歌：《周禮．大師職》曰：「大祭祀，帥瞽登歌，令奏擊拊。」㈨泛加：猶浮加，亦即無功而加。㈩仍奏取進止：謂因奏上而聽取進否。㈪服緋者滿朝矣：《新唐書．車服志》上：「顯慶以後，以紫為三品之服，緋為四品之服，淺緋為五品之服，深綠為六品之服。」是服緋者，乃指四品五品之秩而言。〔一二〕長流：謂長久流徙。〔一三〕癸未至亳州：按新舊《唐書・高宗紀》皆作：「二月己未次亳州。」當從添改。〔一四〕謁老君廟：《新唐書・地理志》二：「亳州，真源縣，本谷陽，乾封元年更名，有老子祠。」〔一五〕拜大司成：即國子祭酒。〔一六〕鑄乾封泉寶：《舊唐書・食貨志》：「乾封泉寶，徑一寸，重二銖六分。」〔一七〕鑄乾封泉寶錢……盡廢舊錢：按此段乃錄自《舊唐書・食貨志》，文字大致相同。〔一八〕留後：留守後方。〔一九〕或謂二弟曰：為求眉目清晰，當作其二弟，或直作建產，而作建產更佳。〔二〇〕伺：窺伺。〔二一〕收掩：掩襲收捕。〔二二〕男生走保別城……同討高麗：按此段《新唐書・高麗傳》亦載之，字句大致相同。〔二三〕乙丑，徙殷王旭輪為豫王，以大司憲兼檢校太子左中護劉仁軌為右相：按新、舊《唐書・高宗紀》，仁軌為右相之日，皆作庚午，當於以大司憲上，添庚午二字。〔二四〕初仁軌為給事中，按畢正義事：事見上卷顯慶元年。〔二五〕君能辨事：謂君若能辨此事。〔二六〕早自為計：意謂可早自裁。〔二七〕不職：不稱職。〔二八〕常刑：謂有常法以處罰之。〔二九〕逃命：逃避命令。〔三〇〕引決：猶自裁。〔三一〕甘：甘心。〔三二〕自掣其鎖：胡三省曰：「恐鎖不入簧，行後，得私開之也。」〔三三〕謝百姓：謝罪於百姓。〔三四〕所及：猶所能為。〔三五〕諷：諷示。〔三六〕瀝觴：瀝酒於觴。〔三七〕有如此觴：按此乃明誓之語辭，謂以此酒觴所奉敬之鬼神，必降災禍於余。〔三八〕詹事丞：據《舊唐書・職官志》一，詹事丞之全稱為太子詹事府丞，秩正六品上。〔三九〕司元大夫：即戶部郎中。〔四〇〕初仁軌為給事中……所謂矯枉過正矣：按此段不過舉仁軌與袁異式之一事，以明仁軌之矯枉過正，然此事殊屬猥瑣，無關仁軌生平大節，故刪去之，亦無不可。〔四一〕不禮：謂不致敬禮。〔四二〕深銜之：深銜恨之。(43)榮國夫人：唐制，國夫人位一品。(44)司衞少卿：即衞尉少卿。(45)宗正少卿：此時已改宗正為司宗。(46)少府少監：此時已改少府監為內府監。(47)揣分：揣度已之本分。(48)不為榮也：謂並不以為光榮。(49)以魏國為內職：以魏國夫人任宮內之職。(50)心難后未決：謂心中懼后而未敢決。(51)蝮：蛇類，音覆。(52)初武士彠娶相里氏……改其姓為蝮氏：按此段《新唐書・高宗則天皇后傳》亦載之，字句大致相同。(53)龐同善大破高麗兵……封玄菟郡公：按此段《新唐書・高麗傳》亦載之，字句大致相同，惟《新唐書》將所封特進以下之爵，皆屬之同善，則係錯誤，而應據《舊唐書・高麗傳》加以訂正者也。(54)金紫光祿大夫致仕廣平宣公劉祥道薨……卿何以此待之：按此段乃錄自《舊唐書・劉祥道傳》，字句幾全相同。(55)司列少常伯：即吏部侍郎。(56)安陸：胡三省曰：「安陸縣，漢屬江夏郡，宋分屬安陸郡，隋唐屬安州。」(57)處分：猶節度。(58)待封孝恪之子也：郭孝恪事太宗，戰死於龜茲。(59)勳效：功勳績效。(60)贍：恤給。(61)辭窮：謂再無辭可言。(62)疏放：疏略放任。

二年（西元六六七年）

㈠春，正月，上耕籍田，有司進耒耜，加以彫飾，上曰：「耒耜農夫所執，豈宜如此之麗！」命易之既而耕之，九推乃止㈠。

㈡自行乾封泉寶錢，穀帛踊貴，商賈不行㈡，癸未，詔罷之。

㈢二月，丁酉，涪陵悼王愔薨。

㈣辛丑，復以萬年宮為九成宮㈢。

㈤生羌十二州為吐蕃所破。三月，戊寅，悉罷之。

㈥上屢責侍臣不進賢，眾莫敢對，司列少常伯李安期對曰：「天下未嘗無賢，亦非羣臣敢蔽賢也。比來公卿有所薦引，為讒者已指為朋黨，滯淹者未獲伸㈣，而在位者先獲罪，是以各務杜口㈤耳。陛下果推至誠以待之，其誰不願舉所知，此在陛下，非在羣臣也。」上深以為然㈥。安期，百藥之子也。

㈦夏，四月，乙卯，西臺侍郎楊弘武㈦、戴至德、正諫大夫兼東臺侍郎李安期、東臺舍人㈧昌樂張文瓘、司列少常伯兼正諫大夫河北趙仁本，並同東西臺三品。弘武，素之弟子；至德，胄之兄子也。

㈧時造蓬萊、上陽㈨、合璧等宮，頻征伐四夷，廄馬萬匹，倉庫漸虛。張文瓘諫曰：「隋鑒㈩不遠，願勿使百姓生怨。」上納其言，減廄馬數千匹㈡。

(九)秋，八月，己丑朔，日有食之。
(十)辛亥，東臺侍郎同東西臺三品李安期出為荊州長史。
(土)九月，庚申，上以久疾，命太子弘監國。
(土)辛未，李勣拔高麗之新城，使契苾何力守之。勣初度遼，謂諸將曰：「新城，高麗西邊要害，不先得之，餘城未易取也。」遂攻之，城人師夫仇等縛城主，開門降，勣引兵進擊一十六城，皆下之。龐同善、高侃尚在新城，泉男建遣兵襲其營，左武衛將軍薛仁貴擊破之，侃進至金山，與高麗戰，不利，高麗乘勝逐北，仁貴引兵橫擊(三)之，大破高麗(三)，斬首五萬餘級，拔南蘇、木底、蒼巖三城(四)，與泉男生軍合。郭待封以水軍自別道趣平壤，勣遣別將馮師本載糧仗(五)以資之，師本船破失期，待封軍中饑窘，欲作書與勣，恐為虜所得，知其虛實，乃作離合詩(六)以與勣，勣怒曰：「軍事方急，何以詩為！必斬之。」行軍管記(七)、通事舍人元萬頃為釋其義，勣乃更遣糧仗赴之。萬頃作檄高麗文曰：「不知守鴨綠之險。」泉男建報曰：「謹聞命矣。」即移兵據鴨綠津(八)，唐兵不得度，上聞之，流萬頃於嶺南(一九)。

(十三)郝處俊在高麗城下，未及成列(二〇)，高麗奄至(二一)，軍中大駭，處俊據胡床(二二)，方食乾糒，潛簡精銳擊敗之，將士服其膽略(二三)。

(十四)冬，十二月，甲午詔：「自今祀昊天上帝、五帝、皇地祇、神州地祇，並以高祖太宗配，仍合祀昊天上帝、五帝於明堂。」

(十五)是歲，海南獠陷瓊州(二四)。

【今註】㊀九推乃止：胡三省曰：「耕籍之制，月令及鄭玄注周禮，皆云天子三推；盧植注禮記曰：『天子耕籍，一發九推耒。』此用盧說也。」㊁商賈不行：謂商賈因穀帛一日數漲，而為之停止交易。㊂復以萬年宮為九成宮：永徽二年，改九成宮為萬年宮，今復之。㊃伸：伸展。㊄杜口：閉口。㊅上屢責侍臣不進賢……上深以為然：按此段乃錄自《舊唐書・李百藥傳》，而間有改易。又是對本傳未言準確日期，《通鑑》置於此月下，似亦無確據。既若此，則反不如附於本年末端之為愈也。㊆夏四月乙卯西臺侍郎楊弘武：按新舊《唐書・高宗紀》，皆作六月乙卯，四當改作六。㊇正諫大夫、東臺舍人：龍朔二年，改諫議大夫為正諫大夫，給事中為東臺舍人。㊈上陽宮：《唐六典》卷七：「上陽宮在東都皇城之西南，南臨洛水，西拒穀水。東面三門，南曰提象門，其內曰觀風殿，其西則有西上陽宮，兩宮夾殿水虹橋以通往來。」㊉隋鑒：隋亡之鑒戒。(一一)時造蓬萊、上陽、合璧等宮……減廄馬數千匹：按此段乃錄自《舊唐書・張文瓘傳》，字句大致相同。(十二)橫擊：猶截擊。(十三)李勣拔高麗之新城……引兵橫擊之，大破高麗：按此段《新唐書・高麗傳》亦載之，字句大致相同。(十四)拔南蘇、木底、蒼巖三城：據《新唐書・地理志》七下，三城後置為三州，皆依舊城之名。(十五)糧仗：糧草器仗。(十六)離合詩：離析字畫，合之成文，以見其意。(十七)管記：一名記室，猶今之秘書。(十八)鴨綠津：鴨綠水之津渡處。(十九)郭待封以水軍自別道趣平壤……流萬頃於嶺南：按此段乃錄自《舊唐書・文苑元萬頃傳》，字句大致相同。(二十)成列：成陣。(二十一)奄至：突至。(二十二)胡床：即今之交椅。(二十三)郝處俊在高麗城下……將士服其膽略：按此段乃錄自《舊唐書・郝處俊傳》，字句幾全相同。(二十四)瓊州：《舊唐書・地理志》四：「嶺南道，瓊州，本隋朱崖郡之瓊山縣，貞觀五年置瓊州。」

總章元年（西元六六八年）

㈠春，正月，壬子，以右相劉仁軌為遼東道副大總管。

㈡二月，壬午，李勣等拔高麗扶餘城㈠。薛仁貴既破高麗於金山，乘勝，將三千人，將攻扶餘城㈡，諸將以其兵少止之，仁貴曰：「兵不在多，顧用之何如耳㈢。」遂為前鋒以進，與高麗戰，大破之，殺獲萬餘人，遂拔扶餘城，扶餘川中四十餘城，皆望風請服㈣。

㈢侍御史洛陽賈言忠奉使自遼東還，上問以軍事，言忠對曰：「高麗必平。」上曰：「卿何以知之？」對曰：「隋煬帝東征而不克者，人心離怨㈤故也。先帝東征而不克者，高麗未有釁㈥也。今高藏微弱，權臣擅命，蓋蘇文死，男建兄弟，內相攻奪，男生傾心㈦內附，為我鄉導，彼之情偽㈧，靡不知之。以陛下明聖，國家富彊，將士盡力，以乘高麗之亂，其勢必克，不俟再舉矣。且高麗連年饑饉，妖異㈨屢降，人心危駭㈩，其亡可翹足⑾待也⑿。」上又問遼東諸將孰賢⒀，對曰：「薛仁貴勇冠三軍，龐同善雖不善鬬，而持軍⒁嚴整，高侃勤儉自處⒂，忠果有謀，契苾何力沈毅能斷，雖頗忌前⒃，而有統御之才，然夙夜⒄小心，忘身憂國，皆莫及李勣也。」上深然其言。泉男建復遣兵五萬人救扶餘城，與李勣等遇於薛賀水⒅，合戰，大破之，斬獲三萬餘人，進攻大行城，拔之。

㈣朝廷議明堂制度略定，三月，庚寅，赦天下，改元⒆。

㈤戊寅，上幸九成宮。

㈥夏，四月，丙辰，彗星見於五車㉚，上避正殿，減常膳，撤樂。許敬宗等奏請復常，曰：「彗見東北，高麗將滅之兆也。」上曰：「朕之不德，謫㉛見於天，豈可歸咎小夷！且高麗百姓，亦朕之百姓也。」不許，戊辰，彗星滅㉜。

㈦辛巳，西臺侍郎同東西臺三品楊弘武薨。

㈧八月，辛酉，卑列道行軍總管、右威衛將軍劉仁願坐征高麗逗留，流姚州。

㈨癸酉，車駕還京師㉞。

㈩九月，癸巳，李勣拔平壤，勣既克大行城，諸軍出他道者，皆與勣會，進至鴨綠柵，高麗發兵拒戰，勣等奮擊，大破之，追奔二百餘里，拔辱夷城，諸城遁逃及降者，相繼。契苾何力先引兵至平壤城下，勣軍繼之，圍平壤月餘，高黎王藏遣泉男產帥首領九十八人，持白幡㉟詣勣降，勣以禮接之，泉男建猶閉門拒守，頻遣兵出戰，皆敗，男建以軍事委僧信誠，信誠密遣人詣勣，請為內應，後五日，信誠開門，勣縱兵登城，鼓譟焚城四月㊱，男建自刺不死，遂擒之，高麗悉平㉗。

㈩冬，十月，戊午，以烏茶國㉘婆羅門㉙盧迦逸多㉚為懷化大將軍㉛，逸多自言能合不死藥，上將餌之。東臺侍郎郝處俊諫曰：「脩短有命，非藥可延。貞觀之末，先帝服那羅邇娑婆寐藥，竟無效，大漸㉜之際，名醫不知所為，議者歸罪娑婆寐，將加顯戮，恐取笑戎狄㉝而止。前鑒不遠，願陛下深察。」上乃止㉞。

(十一)李勣將至，上命先以高藏等獻於昭陵，具軍容，奏凱歌，入京師，獻於太廟。十二月，丁巳，上受俘于含元殿㉟，以高藏政非己出，赦以為司平太常伯㊱員外同正㊲，以泉男產為司宰少卿㊳，僧信誠為銀青光祿大夫，泉男生為右衛大將軍，李勣以下封賞有差。泉男建流黔中，扶餘豐流嶺南。分高麗五部百七十六城、六十九萬餘戶為九都督府㊴、四十二州、百縣，置安東都護府於平壤以統之。擢其酋帥有功者為都督、刺史、縣令，與華人參理㊵。以右威衛大將軍薛仁貴檢校安東都護，總兵二萬人以鎮撫之㊶。丁卯，上祀南郊，告平高麗，以李勣為亞獻，己巳，謁太廟。

(一三)渭南尉(四二)劉延祐弱冠登進士第，政事為畿縣(四三)最，李勣謂之曰：「足下春秋(四四)甫爾(四五)，遽擅(四六)大名，宜稍自貶抑，無為獨出人右(四七)也。」

(一四)時有敕征遼軍士逃亡，限內(四八)不首(四九)，及首而更逃者，身斬(五〇)，妻子籍沒。太子上表，以為：「如此之比(五一)，其數至多，或遇病，不及隊伍(五二)，怖懼而逃；或因樵採，為賊所掠；或渡海漂沒；或深入賊庭，為所傷殺，軍法嚴重，同隊恐并獲罪(五三)，即舉(五四)以為逃，軍旅之中，不暇勘當(五五)，直據隊司(五六)通狀(五七)，關移(五八)所屬，妻子沒官，情實可哀。書曰：『與其殺不辜，寧失不經(五九)。』伏願逃亡之家，免其配沒(六〇)。」從之(六一)。

(一五)甲戌，司戎太常伯姜恪兼檢校左相，司平太常伯閻立本守右相。

(一六)是歲，京師及山東、江淮旱饑。

【今註】㊀扶餘城：扶餘國之故墟，故城存其名。㊁薛仁貴既破高麗於金山，乘勝，將三千人，將攻扶餘城：按上已言李勣等拔高麗扶餘城，知此乃係追敍，既如此，則薛仁貴上自須加一初字，文理方可連貫。㊂顧用之何如耳：謂但如何用之而已。㊃薛仁貴既破高麗於金山……皆望風請服：按此段乃錄自《舊唐書・薛仁貴傳》，字句大致相同。㊄離怨：攜離怨恨。㊅亹：通釁，隙也。㊆傾心：猶竭心。㈧情偽：實偽。㈨妖異：妖孽怪異。㈩危駭：危懼驚駭。⑪翹足：翹足則可立見，故其意為速。⑫侍御史洛陽賈言忠奉使自遼東還……其亡可翹足待也：按此段《新唐書・高麗傳》亦載之，而稍為簡略。⑬上又問遼東諸將孰賢：乃謂征遼東之諸將也。⑭持軍：猶治軍。⑮自處：猶自守。⑯忌前：謂忌人在己之上。⑰夙夜：猶晝夜。⑱薛賀水：《新唐書・高麗傳》，作薩賀水。⑲三月庚寅，赦天下改元：按此與《新唐書》本紀所載者相同，然《舊唐書》本紀則作二月丙寅。⑳彗星見於五車：《晉書・天文志》：「五車，五星，五車者，五帝車舍也，五帝坐也。」《舊唐書》本紀則作：「有彗星見於畢昴之間。」㉑謫：猶罰。㉒戊辰彗星滅：按《舊唐書・高宗紀》作：「乙亥，彗星滅。」查《舊唐書・天文志》下：「總章元年四月，彗見五車，二十二日星滅。」丙辰後二十二日，正係戊辰，足知《通鑑》之正確矣。㉓夏四月丙辰，彗星見於五車……戊辰，彗星滅：按此段乃本於《舊唐書・高宗紀》及〈天文志〉下，字句大致相同。㉔癸酉，車駕還京師：蓋自九成宮歸。㉕白幡：白幡乃示投降之意。㉖焚城四月：胡三省曰：「月當作角，否則作周。」㉗九月癸巳，李勣拔平壤城……高麗悉平：按此段《新唐書・高麗傳》亦載之，字句大致相同。又此段結構與本年章：「壬午，李勣等拔高麗扶餘城，薛仁貴既破高麗於金山。」頗相同。依上所言，為脈理清晰計，勣既克上，亦應添一初字。又按《通鑑》他處行文義例，此九月癸巳李勣拔平壤諸字，可移於男建自刺不死，遂擒之，之下，而書曰九月癸巳，勣遂拔平壤。如此則自無時代次第顛倒之缺陷矣。㉘烏荼國：胡三省曰：「烏荼國一曰烏萇直，天竺南，東距勃律六百里，西罽賓四百里。」

㉙婆羅門：僧也。㉚盧迦逸多：《舊唐書・郝處俊傳》作盧迦阿逸多。㉛懷化大將軍：《舊唐書・職官志》一：「懷化大將軍，正三品，顯慶三年置，以授初附首領。」㉜大漸：將死。㉝取笑戎狄：取笑於戎狄。㉞以烏荼國婆羅門盧迦逸多……願陛下深察，上乃止：按此段乃錄自《舊唐書・郝處俊傳》，字句大致相同。㉟含元殿：《唐六典》卷七：「大明宮正殿曰含元殿，殿即龍首山之東趾也，階上高於平地四十餘尺，南去丹鳳門四百餘步，東西廣五百步，今元正冬至於此聽朝也。」㊱司平太常伯：即工部尚書。㊲員外同正：按《舊唐書・高宗紀》：「永徽六年，尚藥奉御蔣孝璋員外特置，仍同正員。」員外同正自此始。㊳司宰少卿：即光祿少卿。㊴分高麗為九都督府：據《新唐書・地理志》七下，九都督府為：新城州、遼城州、哥勿州、衛樂州、舍利州、居素州、越喜州、去旦州、建安州。㊵參理：理乃唐人避高宗諱而改者，《通鑑》因而不變。㊶上受俘於含元殿……總兵二萬人以鎮撫之：按此段《新唐書・高麗傳》亦載之，字句大致相同。㊷渭南尉：《舊唐書・職官志》三：「諸州上縣尉從九品上，中下縣尉從九品下。」㊸畿縣：京兆府所屬之縣，城內為京縣，城外則為畿縣。㊹春秋：猶年齡。㊺甫爾：剛如此。㊻遽：即。㊼出人右：出人上。㊽限內：限期之內。㊾不首：不自首。㊿身斬：本身處斬。(51)如此之比：猶如此之類。(52)不及隊伍：謂趕不上隊伍。(53)軍法嚴重，同隊恐并獲罪：按所謂軍法嚴重，同隊恐并獲罪，《舊唐書・孝敬皇帝弘傳》曾詳言之，文云：「軍法嚴重，皆須相傔，（《說文新附》：「傔，從也。」）若不及傔，及不因戰亡，即同隊之人，兼合有罪。」(54)舉：《舊唐書》本傳作注，謂注書也。舉當係報告

之意。㊵勘當：勘驗確當。㊶隊司：隊伍中之官吏。㊷通狀：所上之狀。㊸關移：移乃文書之一種，此與關合書，乃係通告之意。㊹與其殺不辜，寧失不經：為《書．大禹謨》之言，蔡沈注：「經，常也，與其殺之而害彼之生，寧姑全之而自受失刑之責。」㊺配沒：配流籍沒。㊻時有敕征遼軍士逃亡……免其配沒，從之：按此段乃錄自《舊唐書．孝敬皇帝弘傳》，字句大致相同。

二年（西元六六九年）

㈠春，二月，辛酉，以張文瓘為東臺侍郎，以右肅機檢校太子中護、譙人李敬玄為西臺侍郎，並同東西臺三品。先是同三品，不入銜，至是始入銜㈠。【考異】陳紀在乾封二年，文瓘始同三品御。今從舊本紀，陳字必誤。㈡

㈡癸亥，以雍州長史盧承慶為司刑太常伯㈢，承慶常考內外官，有一官督運，遭風失米，承慶考之曰㈣：「監運損糧，考中下。」其人容色自若，無言而退，承慶重其雅量㈤，改注曰：「非力所及，考中中。」既無喜容，亦無愧詞，又改曰：「寵辱不驚，考中上。」

㈢三月，丙戌，東臺侍郎郝處俊同東西臺三品。

㈣丁亥，詔定明堂制度，其基八觚㈥，其宇上圓，覆以清陽玉葉㈦，其門牆、階級、窗櫺、楣㈧柱、抑㈨窠㈩、枅⑾栱⑿，皆法天地陰陽律曆之數。詔下之後，眾議猶未決，又會饑饉，竟不果立。

㈤夏，四月，己酉朔，上幸九成宮。

㈥高麗之民多離叛者，敕徙高麗戶三萬八千二百⒀於江淮之南，及山南京西諸州空曠之地，留其貧弱者，使守安東。

㈦六月，戊申朔，日有食之。

㈧秋，八月，丁未朔，詔以十月幸涼州。時隴右虛耗，議者多以為未宜遊幸，上聞之，辛亥，御延福殿⒁，召五品已上謂曰：「自古帝王，莫不巡守，故朕欲巡視遠俗⒂，若果⒃為不可，何不面陳，而退有後言，何也？」自宰相以下莫敢對，詳刑大夫⒄來公敏獨進曰：「巡守雖帝王常事，然高麗新平，餘寇尚多，西邊經略，亦未息兵，隴右戶口彫弊⒅，鑾輿⒆所至，供億⒇百端㉑，誠為未易㉒。外間實有竊議，但明制已行，故羣臣不敢陳論耳。」上善其言，為之罷西巡，未幾，擢公敏為黃門侍郎。

㈨甲戌，改瀚海都護府為安北都護府。九月，丁丑朔，詔徙吐谷渾部落就涼州南山。議者恐吐蕃侵暴，使不能自存，欲先發兵擊吐蕃。右相閻立本以為去歲饑歉，未可興師，議久不決，竟不果徙。

㈩庚寅，大風海溢，漂永嘉、安固㉓六千餘家。

(十一)冬，十月，丁巳，車駕還京師。

(十二)十一月，丁亥，徙豫王旭輪為冀王，更名輪。

(十三)司空、太子太師、英貞武公㉔李勣寢疾，上悉召其子弟在外者，使歸侍疾，上及太子所賜藥，勣則餌之㉕，子弟為之迎醫㉖，皆不聽進，曰：「吾本山東田夫，遭值聖明，致位三公，年將八十，【考異】舊傳云：「勣年八十六，臨終語弟弼云，年將八十㉗。」新傳改云年踰八十。按新舊傳、實錄皆云大業末，翟讓聚眾為盜，勣年十七往從之，自大業十三年至此五十二年，若據舊傳年八十六，則年十七，當在開皇時，不得云大業末也。總章元年賈言忠對高宗云，勣年登八十，去此止一年。若據新傳，勣滅高麗時年已八十五，亦不得云年登八十。今從實錄。期豈能復就醫工㉘求治。」一旦，忽謂其弟司衛少卿弼曰：「吾今日少愈，可共置酒為樂。」於是子孫悉集，酒闌㉙謂弼曰：「吾自度必不起，故欲與曹為別耳，汝曹勿悲泣，聽我約束㉚，我見房杜平生勤苦，僅能立門戶，遭不肖子㉛，蕩覆㉜無餘，吾有此子孫㉝，今悉付汝㉞。葬畢，汝即遷入我堂，撫養孤幼，謹察視之。其有志氣不倫㉟，交遊非類者，皆先撾殺㊱，然後以聞㊲。」自是不復更言。十二月，戊申薨，上聞之，悲泣，葬日，幸未央宮㊳，登樓望轜車㊴慟哭，起冢象陰山、鐵山、烏德鞬山，以旌其破突厥、薛延陀之功。勣為將，有謀善斷，與人議事，從善如流㊵，戰勝則歸功於下，所得金帛，悉散之將士，故人思致死㊶，所向克捷㊷。臨事選將，必訾㊸相其狀貌豐厚㊹者遣之。或問其故，勣曰：「薄命之人，不足與成功名。」閨門㊺雍睦㊻而嚴，其姊嘗病，勣已為僕射，親為之煮粥，風回爇㊼其須鬢，姊曰：「僕妾幸多㊽，何自苦如是！」勣曰：「非為無人使令㊾也，顧姊老勣亦老，雖欲久為姊煮粥，其可得乎㊿！」勣常謂人：「我年十二三時為亡(51)賴賊，逢人則殺，十四五為難當(52)賊，有所不愜(53)則殺人，十七八為佳賊，臨陳乃殺之，二十為大將，用兵以救人死。」勣長子震早卒，震子敬業襲爵。【考異】劉餗小說云：「高宗時，羣蠻為寇，討之，輒不利，乃除徐敬業為刺史，發卒郊迎，敬業盡放令還，單騎至府，賊聞新刺史至，皆繕理以待，敬業一無所問，處置他事，已畢，方曰，賊安在？曰，在南岸，乃從二佐吏，而往觀之，莫不駭愕，賊初持兵覘望，及見舡中無人及兵仗，更閉營藏隱，敬業直入其營內，告云，國家知汝等，為貪吏所害，非有他惡，可悉歸田，後去者為賊，唯召其帥，責以不早降之意，各杖數十而遣之，境內肅然。其祖英公壯其膽略，曰，吾不辨此，然破我家，必此兒也。」按敬業武后時舉兵，旋踵敗亡，若有智勇，何至如此。今不取。

（十四）時承平既久，選人（五五）益多，是歲司列少常伯（五六）裴行儉始與員外郎（五七）張仁禕，設長名姓歷牓，引銓注之法，又定州縣升降，官資（五八）高下，其後遂為永制（五九），無能革之者。大略唐之選法，取人以身言書判（六〇），計資量勞（六一）而擬官，始集而試，觀其書判，已試而銓，察其身言，已銓而注（六二）詢其便利，已注而唱（六三），集眾告之，然後類以為甲，先簡僕射（六四），乃上門下（六五），給事中讀，侍郎省（六六），侍中審之，不當者，駁下（六七）。既審，然後上聞，主者受旨奉行，各給以符，謂之告身（六八）。兵部武選亦然。課試之法，以騎射（六九）及翹關負米（七〇），人有格限（七一）未至，而能試文三篇，謂之宏詞，試判（七二）三條，謂之拔萃（七三），入等者得不限而授（七四），其黔中、嶺南、閩中州縣官，不由吏部，委都督選擇士人（七五）補授。凡居官，以年為考（七六），六品以下，四考為滿（七七）。

【今註】㈠以張文瓘為東臺侍郎、同東西臺三品。先是同三品不入銜，至是始入銜：按《舊唐書・高宗紀》：「二月，東臺侍郎同東西臺三品兼知左史事張文瓘署位，始入銜。」是文意乃謂張文瓘先未同東西臺三品，而今始同三品也。㊁考異曰，陳紀在乾封二年，文瓘始同三品御，今從舊本紀，陳字必誤：按尋文意，御當係銜之誤，陳字亦當為陳紀之訛。㊂司刑太常伯：即刑部尚書。㊃考之曰：考評之曰。㊄雅量：猶大量。㊅觚：稜。㊆清陽玉葉：胡三省曰：「按淮南子清陽為天，故覆明堂以清陽之色。玉葉，非必以玉為之，蓋亦瓦之類，謂之葉者，尚朴之意，猶次之以茅也；曰玉者，示寶貴之耳。」㊇楣：門戶上橫梁。㊈枊：屋短柱，音昂。[一〇]楶：柱頭斗拱，音節。[一一]枅：屋櫨，即柱上橫木，所以承棟者，音堅。[一二]栱：大杙，音拱。[一三]高麗之民多離叛者，敕徙高麗戶三萬八千二百：按《舊唐書・高宗紀》列此事於五月庚子，當添書此四字於此則之上。又為符文意計，高麗之民上復應添一以字。又三萬《舊唐書》作二萬。[一四]延福殿：九成宮中有延福殿。[一五]遠俗：遠方之風俗。[一六]果：猶實。[一七]詳刑大夫：即大理少卿。[一八]彫弊：彫喪疲弊。[一九]鑾輿：天子之車駕。[二〇]供億：供給而以億安之。[二一]百端：極言其事物之多。[二二]未易：謂不容易。[二三]永嘉安固：《舊唐書・地理志》三：「江南道，溫州，隋永嘉郡之永嘉縣，武德五年置嘉州，領永嘉、永寧、安固、樂成、橫陽五縣，貞觀元年，廢嘉州，以縣屬括州。」[二四]英貞武公：英，封國名，貞武其謚也。[二五]餌之：猶食之。[二六]迎醫：猶延醫。[二七]考異曰：「舊傳云：『勣年八十六，臨終語弟弼云，年將八十』」：按《舊唐書・李勣傳》云：「尋薨，年七十六。」是非作八十六也。又臨終以下文，亦不見《舊唐書》本傳，未知考異何所據而云然？[二八]醫工：猶今言之醫生。[二九]酒闌：酒盡。[三〇]約束：此猶分付。[三一]房杜遭不肖子：謂房遺愛及杜荷。[三二]蕩覆：蕩滌傾覆。[三三]吾有此子孫：意謂吾所有子孫。㉞付汝：交付於汝。㉟不倫：猶不類。㊱撾殺：擊殺，音ㄓㄨㄚ。㊲以聞：以聞於上。㊳未央宮：《舊唐書・李勣傳》作：「未央古城。」㊴轜車：喪車，所以載柩，音而。㊵從善如流：謂從善如流水之速暢。㊶致死：效死力。㊷司空太子太師英貞武公李勣寢疾……所向克捷：按此段乃錄自《舊唐書・李勣傳》，字句大致相同。㊸訾：量。㊹豐厚：豐滿敦厚。㊺闔門：猶家門。㊻雍睦：雍容和睦。㊼爇：燒，音ㄖㄨㄛˋ。㊽須：通鬚。㊾僕妾幸多：謂幸僕妾甚多。㊿使令：令亦使。(51)臨事選將……雖欲久為姊煮粥，其可得乎：按此段《新唐書》亦載之，字句大致相同。(52)亡：讀曰無。(53)難當：猶難敵。(54)愜：愜意。(55)選人：參加選舉之人。(56)司列少常伯：即吏部侍郎。(57)員外郎：《舊唐書・職官志》二：「吏部員外郎二人，並從六品上。」(58)官資：官之階資。(59)司列少常伯裴行儉……遂為永制：按此段乃錄自《舊唐書・裴行儉傳》，字句大致相同。(60)取人以身言書判：《新唐書・選舉志》二：「凡擇人之法有四：一曰身，體貌丰偉，二曰言，言辭辯正；三曰書，楷法遒美；四曰判，文理優長。」(61)計資量勞：計核年資，量度功勞。(62)注：注擬。(63)唱：謂高聲誦之。(64)先簡僕射，先上於僕射。(65)門下：門下省。(66)侍郎省：〈選舉志〉作：「黃門侍郎省之。」是其詳釋。(67)駁下：批駁而交於下層官署。(68)大略唐之選法……各給以符，謂之告身：按此段《新唐書》亦載之，字句大致相同。(69)以騎射：按騎射之制，《唐六典》卷五曾言之，文曰：「兵部員外郎掌貢舉，有二科：一曰平射，試射長垜，三十發不出第三院為第；二曰武舉，其試用有七，二曰騎射，發而並中為上，或中或不中為次上，總不中為次。」(70)翹關負米：翹關，舉關也。

胡三省曰：「翹關長丈七尺，徑三寸半，凡十舉，後手持關距出處無過一尺。負米者，負米五斛，行二十步，皆為中第。」㊆格限：格式限度。㊇判：判案。㊈拔萃：猶拔等。㊉不限而授：謂不依格限而授予官位。㊊土人：本地之人。㊋以年為考：以滿一年為一考。㊌四考為滿：經四考及格，則遷陞一級。

咸亨元年（西元六七〇年）

㈠春，正月，丁丑，右相劉仁軌請致仕，許之。

㈡三月，甲戌朔，以旱赦天下，改元。

㈢丁丑，改蓬萊宮為含元宮㈠。

㈣壬辰，太子少師許敬宗請致仕，許之。

㈤敕突厥酋長子弟㈡事東宮，西臺舍人徐齊聃上疏，以為：「皇太子當引文學端良之士寘左右，豈可使戎狄醜類㈢入侍軒闈㈣！」又奏：「齊獻公㈤即陛下外祖，雖子孫有犯㈥，豈應上延祖禰㈦，今周忠孝公㈧廟甚修，而齊獻公廟毀廢，不審陛下何以垂示海內，彰孝理㈨之風？」上皆從之。齊聃，充容之弟也。

(六)夏，四月，吐蕃陷西域十八州，又與于闐襲龜茲撥換城，陷之，罷龜茲、于闐、焉耆、疏勒四鎮。辛亥，以右衛大將軍薛仁貴(一〇)為邏娑道(一一)行軍大總管，左衛員外大將軍阿史那道真、左衛將軍郭待封副之，以討吐蕃(一二)，且援送吐谷渾還故地。

(七)庚午，上幸九成宮。

(八)高麗酋長劍牟岑(一三)反，立高藏外孫安舜為主，以左監門大將軍高侃為東州道行軍總管(一四)，發兵討之，安舜殺劍牟岑，奔新羅(一五)。

(九)六月，壬寅朔，日有食之。

(十)秋，八月，丁巳，車駕還京師。

(十一)郭待封先與薛仁貴並列，及征吐蕃，恥居其下，仁貴所言，待封多違之。軍至大非川(一六)，將趣烏海，仁貴曰：「烏海(一七)險遠，軍行甚難，輜重自隨，難以趨利(一八)。宜留二萬人，為兩柵於大非嶺上，輜重悉置柵內。吾屬帥輕銳，倍道兼行，掩(一九)其未備，破之必矣。」仁貴帥所部前行，擊吐蕃於河口(二〇)，大破之，斬獲甚眾，進屯烏海，以俟待封。待封不用仁貴策，將輜重徐進，未至烏海，遇吐蕃二十餘萬，待封軍大敗，還走，悉棄輜重。仁貴退屯大非川，吐蕃相論欽陵㉑將兵四十餘萬就擊之，唐兵大敗，死傷略盡，仁貴、待封與阿史那道真並脫身免，與欽陵約和而還㉒。敕大司憲㉓樂彥瑋即軍，按㉔其敗狀，械送京師，三人皆免死除名。欽陵，祿東贊之子也，與弟贊婆、悉多干、勃論，皆有才略，祿東贊卒，欲陵代之，三弟將兵居外，鄰國畏之。

(十二)關中旱饑。九月，丁丑，詔以明年正月幸東都。

(十三)甲申，皇后母魯國忠烈夫人楊氏卒，敕文武九品以上及外命婦㉕，並詣宅弔哭。

(十四)閏月，癸卯，皇后以久旱，請避位㉖，不許。

(十五)壬子，加贈司徒、周忠孝公武士彠為太尉、太原王，夫人為王妃。

(十六)甲寅，以左相姜恪為涼州道行軍大總管，以禦吐蕃。

(十七)冬，十月，乙未，太子右中護同東西臺三品趙仁本為左肅機，罷政事。

㈥庚寅，詔官名皆復舊㊼。

【今註】㈠改蓬萊宮為含元宮：即含元殿，以為宮名。㈡酋長子弟：謂酋長及其子弟。㈢醜類：猶惡類。㈣軒闥：按此辭乃由軒掖蛻化而來，為宮中之意。㈤齊獻公：乃文德皇后父長孫晟。㈥有犯：謂犯罪。㈦禰：生稱父，死稱考，入廟稱禰。㈧周忠孝公：為皇后父武士彠。㈨孝理：即孝治，以避諱而改。㈩以右衞大將軍薛仁貴：按新、舊《唐書・高宗紀》，右衞皆作右威衞，當從添威字。㈡邏娑道：邏娑川，吐蕃贊普牙在焉，有邏岁城。㈢吐蕃陷西域十八州……以討吐蕃：按此段乃錄自《舊唐書・高宗紀》，字句大致相同。㈢劍牟岑：按《新唐書・高宗紀》及〈高麗傳〉，皆作鉗牟岑。㈣東州道行軍總管：高麗在東，時已列置州縣，故曰東州。㈤高麗酋長劍牟岑反……奔新羅：按此段《新唐書・高麗傳》亦載之，字句大致相同。㈥大非川：胡三省曰：「自鄯州鄯城縣西行三百餘里，至大非川。」㈦烏海：杜佑曰：「吐蕃國出鄯城五百里，過烏海，暮春之月，山有積雪，地有冷瘴，令人氣急，不甚為害。」㈧趨利：趨赴便利之機。㈨掩：掩襲。㈩河口：積石河口。㈡論欽陵：論本為吐蕃統理國事之官，後遂以之為氏。㈢郭待封先與薛仁貴並列……與欽陵約和而還：按此段乃錄自《舊唐書・薛仁貴傳》，字句大致相同。㈢大司憲：即御史大夫。㈣按：按問。㈤外命婦：指宮內官以外者而言。㈥避位：讓位。㊼庚寅，詔官名皆復舊：按新、舊《唐書・高宗紀》，皆作十二月庚寅，庚寅上當添十二月三字。

卷二百二 唐紀十八

司馬光編集
曲守約註

起重光協洽，盡重光大荒落，凡十一年。（辛未至辛巳，西元六七一年至六八一年）

高宗天皇大聖大弘孝皇帝中之下

咸亨二年（西元六七一年）

㈠春，正月，甲子，上幸東都㊀。【考異】舊本紀及太子弘傳：「正月乙巳，幸東都，留太子弘於京師，監國。明年十月，己未，又云，皇太子監國。」新本紀、唐歷、統紀皆連歲言太子監國。按離長安時已留太子監國，及自東都將還，豈得又令監國？按實錄此月無監國事，唯明年十月有之，今從之。

㈡夏，四月，甲申，以西突厥阿史那都支為左驍衛大將軍兼匐延都督㊁，以安集五咄陸之眾㊂。

㈢初武元慶等既死，皇后奏以其姊子賀蘭敏之為士彠之嗣，襲爵周公，改姓武氏，累遷弘文館學士㊃、左散騎常侍。魏國夫人之死也，上見敏之，悲泣曰：「曏吾出視朝，猶無恙，退朝，已不救，何蒼猝如此！」敏之號哭不對，后聞之，曰：「此兒疑我。」由是惡之。敏之貌美，蒸㊄於太原王㊅妃，及居妃喪，釋衰絰㊆奏妓㈧，司衛少卿楊思儉女有殊色，上及后自選以為太子妃，昏有日矣，敏之逼而淫之，后於是表言敏之前後罪惡，請加竄逐，六月，丙子，敕流雷州㈨，復其本姓，至韶州，以馬韁絞死㈩。朝士坐與敏之交遊，流嶺南者甚眾。

㈣秋，七月，乙未朔，高侃破高麗餘眾於安市城。

㈤九月，丙申，潞州刺史徐王元禮薨。

㈥冬，十一月，甲午朔，日有食之。

㈦車駕自東都幸許汝。十二月，癸酉，校獵於葉縣㈡，丙戌，還東都。

【今註】㈠正月甲子上幸東都：按新、舊《唐書・高宗紀》，甲子皆作乙巳，當改從之。㈡匐延都督：《新唐書・地理志》七下：「顯慶三年，禽賀魯，以處木昆部置匐延都督府。」㈢以西突厥阿史那都支……以安集五咄陸之眾：按此數句，《新唐書・突厥傳》下亦載之。㈣弘文館學士：《舊唐書・職官志》二：「門下省，弘文館，武德初置修文館，後改為弘文館。學士無員數，自武德已來，皆妙簡賢良為學士，故事，五品已上稱學士，六品已上為直學士。掌詳正圖籍，教授生徒，凡朝廷有制度沿革，禮儀輕重，得參議焉。」㈤蒸：與上輩私通。㈥太原王：武士彠之封號。㈦衰絰：

喪服。㈧奏妓：奏妓樂。㈨雷州：《舊唐書・地理志》四：「嶺南道，雷州，隋合浦郡之海康縣，武德五年平蕭銑，置南合州，貞觀八年改為雷州，至京師六千五百一十二里。」㈩初武元慶等既死……以馬韁絞死：按此段《新唐書・外戚武士彠傳》亦載之，字句大致相同。㈠葉縣：今河南省葉縣。

三年（西元六七二年）

㈠春，正月，辛丑，以太子左衞副率㈠梁積壽為姚州道行軍總管，將兵討叛蠻。

㈡庚戌，昆明蠻㈡十四姓、萬三千戶內附，置殷、敦、總三州㈢。

㈢二月，庚午，徙吐谷渾於鄯州浩亹水㈣南。吐谷渾畏吐蕃之彊，不安其居，又鄯州㈤地狹，尋徙靈州，以其部落置安樂州，以可汗諾曷鉢為刺史，吐谷渾故地皆入於吐蕃。

㈣己卯，侍中永安郡公姜恪薨。

㈤夏，四月，庚午，上幸合璧宮。

㈥吐蕃遣其大臣仲琮入貢，上問以吐蕃風俗，對曰：「吐蕃地薄氣寒，風俗朴魯(六)，然法令嚴整，上下一心，議事常自下(七)而起，因人所利而行之，斯所以能持久也。」上詰以吞滅吐谷渾，敗薛仁貴，寇逼涼州(八)事，對曰：「臣受命貢獻而已，軍旅之事，非所聞也(九)。」上厚賜而遣之(一〇)。癸未，遣都水使者黃仁素使於吐蕃。

(七)秋，八月，壬午，特進高陽郡公許敬宗卒。太常博士袁思古議：「敬宗棄長子於荒徼(一一)，嫁少女於夷貊(一二)案謚法：『名與實爽(一三)曰繆。』請謚為繆。」敬宗孫太子舍人彥伯訟思古與許氏有怨，請改謚，太常博士王福時議，以為：「得失一朝(一四)，榮辱千載(一五)，若嫌隙有實，當據法推繩(一六)，如其不然，義(一七)不可奪。」戶部尚書戴至德謂福時曰：「高陽公任遇如是，何以謚之為繆？」對曰：「昔晉司空何曾既忠且孝，徒以日食萬錢，秦秀謚之為繆(一八)，許敬宗忠孝不逮於曾，而飲食男女之累(一九)過之。謚之曰謬，無負(二〇)許氏矣！」詔集五品已上更議，禮部尚書陽思敬(二一)議：「按謚法：『既過能改曰恭。』請謚曰恭。」詔從之。敬宗嘗奏，流其子昂於嶺南，又以女嫁蠻酋馮盎之子，多納其貨，故思古議及之(二二)。福時，勃之父也。

(八)九月，癸卯，徙沛王賢為雍王。

(九)冬，十月，己未，詔太子監國。壬戌，車駕發東都。

(十)十一月，戊子朔，日有食之。

(土)甲辰，車駕至京師。

(土)十二月，高侃與高麗餘眾戰於白水山，破之，新羅遣兵救高麗，侃擊破之。

(圭)癸卯，以左庶子劉仁軌同中書門下三品。

(古)太子罕接宮臣(三)，典膳丞(四)、全椒(五)邢文偉輒減所供膳，并上書諫太子，太子復書，謝以多疾，及入侍，少暇，嘉納其意。頃之，右史(六)缺，上曰：「邢文偉事吾子，能撤膳進諫，此直士也，擢為右史。」太子因宴集，命宮臣擲倒(七)，次至左奉裕率(八)王及善，及善曰：「擲倒自有伶官，臣若奉令，恐非所以羽翼(九)殿下也。」太子謝之。上聞之，賜及善縑百匹，尋遷左千牛衛將軍(三)。

【今註】(一)太子左衞副率：《唐六典》卷二十八：「太子左右衞率府副率各二人，從四品上。」(二)昆明蠻：《新唐書・南蠻兩爨蠻傳》：「爨蠻西有昆明蠻，一曰昆彌，以西洱河為境，即葉榆河也，距京師九千里。」㊂置殷敦總三州：同傳：「殷州居戎州西北，總州居西南，敦州居南，遠不過五百餘里，近三百里。」㊃浩亹水：《水經注》：「浩亹河出允吾西北塞外，東逕浩亹縣故城南，又東流注于湟水，俗呼為閤門河。」㊄以其部落置安樂州：《新唐書・地理志》一：「關內道，威州，本安樂州，咸亨三年，以靈州之故鳴沙縣地置州以居之。」㊅朴魯：純朴質魯。㊆議事常自下而起：謂議事程式，自下而上，凡下民之議有理據者，則上必從之。㊇寇逼涼州：吐蕃既滅吐谷渾，又破西域，則自寇逼涼州。㊈非所聞也：猶未得與聞。㊉吐蕃遣其大臣仲琮入貢……厚賜而遣之：按此段《新唐書・吐蕃傳》亦載之，字句大致相同。⑪棄長子於荒徼：《舊唐書・許敬宗傳》：「敬宗長子昂，與敬宗繼室通，烝之不絕，敬宗怒，加昂以不孝，奏請流於嶺外。」徼，邊陲，音ㄐㄧㄠˋ。⑫嫁少女於夷貊：謂以少女嫁蠻酋馮盎之子。⑬爽：乖違。⑭得失一朝：謂報復怨恨，或勝或敗，乃係短時期之事。⑮榮辱千載：而榮辱則延繼至千載之後。⑯推繩：推案糾繩。⑰義：義理。⑱昔晉司空何曾既忠且孝，徒以日食萬錢，秦秀謚之為繆：見卷八十晉武帝咸寧四年。⑲累：疵累。⑳負：辜負。㉑禮部尚書陽思敬：按《舊唐書・許敬宗傳》，陽作袁。㉒特進高陽郡公許敬宗卒……故思古議及之：按此段乃錄自《舊唐書・許敬宗傳》，字句大致相同。㉓接宮臣：接見宮臣。㉔典膳丞：《唐六典》卷二十六：「東宮典膳局，典膳郎二人，正六品上，丞二人，正八品下，掌進膳嘗食之事。」㉕全椒：今安徽省，全椒縣。㉖右史：《唐六典》卷九：「起居舍人二人，從六品上，龍朔二年，改為右史，掌修記言之史，錄天子之制誥德音，如記事之制，以紀時政之損益，季終則授之於國史。」㉗擲倒：技戲名，以頭履地，倒行而足舞，漢晉時云逆行連倒，南朝梁始有此名。見《通典．樂典》。㉘左奉裕：《唐六典》卷二十八：「太子左右內率府率各一人，正四品上，領東宮千牛備身侍奉之事，龍朔二年，改為左右奉御率。」㉙羽翼：猶輔佐。㉚千牛衞將軍：《唐六典》卷二十五：「左右千牛衞將軍各一人，從三品。千牛刀即人主防身之刀也，取莊子庖丁言解千牛而芒刃不滅之義。後魏有千牛備身，隋煬帝置備身府，皇朝改為左右千牛府。」

四年（西元六七三年）

㈠春，正月，丙辰，絳州刺史鄭惠王元懿薨。

㈡三月，丙申，詔劉仁軌等改修國史，以許敬宗等所記，多不實故也㊀。

㈢夏，四月，丙子，車駕幸九成宮。

㈣閏五月，燕山道總管、右領軍大將軍李謹行大破高麗叛者於瓠蘆河㊁之西，俘獲數千人，餘眾皆奔新羅，時謹行妻劉氏留伐奴城，高麗引靺鞨攻之，劉氏擐甲㊂帥眾守城，久之，虜退，上嘉其功，封燕國夫人。謹行，靺鞨人，突地稽㊃之子也，武力絕人㊄，為眾夷所憚。

㈤秋，七月，婺州大水㊅，溺死者五千人。

㈥八月，辛丑，上以瘧疾，令太子於延福殿受諸司啟事。

㈦冬，十月，壬午，中書令閻立本薨。

㈧乙巳，車駕還京師。

㈨十二月，丙午，弓月、疏勒二王來降。西突厥興昔亡可汗之世，諸部離散，弓月及阿悉吉㊆皆叛，蘇定方之西討也，擒阿悉吉以歸，弓月南結吐蕃，北招咽麪㊇，共攻疏勒，降之。上遣鴻臚卿蕭嗣業發兵討之，嗣業兵未至，弓月懼與疏勒皆入朝，上赦其罪，遣歸國。

【今註】㊀以許敬宗等所記，多不實故也：按許敬宗所修國史不實之處，具詳於《舊唐書・許敬宗傳》，可參閱之。㊁瓠蘆河：據《舊唐書・劉仁軌傳》，此瓠蘆河當在高麗南界，新羅七重城之北。㊂擐甲：貫甲。㊃突地稽：卷一百八十九高祖武德四年。㊄絕人：猶過人。㊅七月，婺州大水：按《舊唐書・高宗紀》作：「七月辛巳，婺州暴雨，水泛溢。」當從添辛巳二字。㊆阿悉吉：即阿悉結闕俟斤。㊇咽麪：胡三省曰：「咽麪亦鐵勒種，居得嶷海。」

上元元年（西元六七四年）

㈠春，正月，壬午㊀，以左庶子、同中書門下三品劉仁軌為雞林道㊁大總管，衛尉卿李弼、右領軍大將軍李謹行副之，發兵討新羅。時新羅王法敏既納高麗叛眾，又據百濟故地，使人守之，上大怒，詔削法敏官爵，其弟右驍衛員外大將軍，臨海郡公仁問在京師，立以為新羅王，使歸國㊂。

㈡三月，辛亥朔，日有食之。

㈢賀蘭敏之既得罪，皇后奏召武元爽之子承嗣於嶺南㊃，襲爵周公，拜尚衣奉御㊄。夏，四月，辛卯，遷宗正卿㊅。

㈣秋，八月，壬辰，追尊宣簡公為宣皇帝㊆，妣張氏為宣莊皇后，懿王為光皇帝㊇，妣賈氏為光懿皇后，太武皇帝為神堯皇帝，太穆皇后為太穆神皇后，文皇帝為太宗文武聖皇帝，文德皇后為文德聖皇后，皇帝稱天皇，皇后稱天后，以避先帝先后之稱。改元，赦天下㊈。

㈤戊戌，敕文武官三品以上服紫，金玉帶，四品服深緋㊉、金帶，五品服淺緋、金帶，六品服深綠，七品服淺綠，並銀帶，八品服深青，九品服淺青，並鍮㊁石帶，庶人服黃，銅鐵帶，自非庶人㊂，不聽服黃㊂。

㈥九月，癸丑，詔追復長孫晟、長孫無忌官爵，以無忌曾孫翼襲爵趙公，聽無忌喪歸，陪葬昭陵㊃。

㈦甲寅，上御翔鸞閣㊄，觀大酺㊅，分音樂為東西朋㊆，使雍王賢主東朋㊇，周王顯主西朋，角勝為樂。郝處俊諫曰：「二王春秋尚少，志趣未定，當推棃讓棗㊈，相親如一，今分二朋，遞相㊉誇競，俳優㊁小人，言辭無度㊂，恐其交爭勝負，譏誚失禮，非所以崇禮義㊂，勸敦睦也㊃。」上瞿然㊄曰：「卿遠識㊅，非衆人所及也。」遽㊆止之㊇。是日，衛尉卿李弼暴卒於宴所，為之廢酺一日。

㈧冬，十一月，丙午朔，車駕發京師，己酉，校獵華山之曲武器，戊辰，至東都。

㈨箕州錄事參軍張君澈等誣告刺史蔣王惲、及其子汝南郡王煒謀反，敕通事舍人薛思貞馳傳㉙往按之。十二月，癸未，惲惶懼自縊死。上知其非罪，深痛惜之，斬君澈等四人㉚。

㈩戊子，于闐王伏闍雄來朝㉛。

(十一)辛卯，波斯王卑路斯來朝。

(十二)壬寅，天后上表，以為：「國家聖緒㉜，出自玄元皇帝㉝。請令王公以下，皆習老子，每歲明經準孝經論語策試㉞。」又請自今父在為母服齊衰三年㉟，又京官㊱八品以上，宜量加俸祿，及其餘便宜合㊲十二條，詔書褒美，皆行之。

(十三)是歲，有劉曉者上疏論選，以為：「今選曹㊳以檢勘㊴為公道㊵，書判為得人，殊不知考其德行才能。況書判借人㊶者眾矣，又禮部取士，專用文章為甲乙㊷，故天下之士，皆捨德行而趨文藝，有朝登甲科而夕陷刑辟㊸者，雖日誦萬言，何關理體㊹，文成七步㊺，未足化人㊻。況盡心卉木之間㊼，極筆㊽煙霞之際㊾，以斯成俗㊿，豈非大謬！夫人之慕名，如水趨下，上有所好，下必甚焉(51)。陛下若取士，以德行為先，文藝為末，則多士雷奔(52)，四方風動(53)矣。」

【今註】㊀正月壬午：按新、舊《唐書・高宗紀》，皆作二月壬午，正當改作二。㊁雞林道：高宗以新羅國為雞林州。㊂以劉仁軌為雞林道大總管……立以為新羅王：按此段《新唐書・新羅傳》亦載之，次序雖有顛倒，而文字則大致相同。㊃召武元爽之子承嗣於嶺南：乾封元年，元爽流振州。㊄拜尚衣奉御：按《舊唐書・高宗紀》及《新唐書・外戚武承嗣傳》，皆作尚輦奉御，衣當改作輦。㊅宗正卿：《舊唐書・職官志》三：「宗正寺，卿一員，從三品上。掌九族六親之屬籍，以別昭穆之序，並領崇玄署。」㊆宣簡公為宣皇帝：後魏金門鎮將熙諡宣簡公。㊇懿王為光皇帝：後魏幢主天錫諡懿王。㊈追尊宣簡公為宣皇帝……改元赦天下：按此段乃錄自《舊唐書・高宗紀》，字句大致相同。㊉緋：紅色，音ㄈㄟ。⑪鍮石：按鍮石之說法甚多，然以黃銅為較近確。音偷。⑫自非庶人：謂工商雜戶。⑬敕文武官三品以上服紫……不聽服黃：按此段乃錄自《舊唐書・高宗紀》，字句大致相同。⑭詔追復長孫晟、長孫無忌官爵……陪葬昭陵：按此段乃錄自《舊唐書・高宗紀》，字句大致相同。⑮翔鸞閣：《唐六典》卷七：「大明宮丹鳳門內，正殿曰含元殿，夾殿兩閣，左曰翔鸞閣，右曰棲鳳閣，與殿飛廊相接。」⑯酺：王德布，大飲酒也，音蒲。⑰朋：猶隊。⑱主東朋：為東朋之主。⑲當推梨讓棗：讓梨乃孔融故事。胡三省曰：「梁元帝遺武陵王書有是言。」

⑳遞相：猶互相。㉑俳優：優伶，音排。㉒度：法度。㉓崇禮義：敦崇禮義。㉔勸敦睦也：獎勸和睦。㉕瞿然：驚視貌。㉖卿遠識：謂卿之識見甚遠。《舊唐書・郝處俊傳》作：「卿之遠識。」二者皆可通。㉗遽：立即。㉘上御翔鸞閣……非眾人所及也，遽止之：按此段乃錄自《舊唐書・郝處俊傳》，字句大致相同。㉙馳傳：乘傳車馳往。㉚箕州錄事參軍張君澈……斬君澈等四人：按此段《新唐書・太宗諸子蔣王惲傳》亦載之，字句大致相同。㉛于闐王伏闍雄來朝：《新唐書・西域于闐傳》：「阿史那社爾之平龜茲也，其王伏闍信大懼……伏闍信乃隨使者來會，上元初，身率子弟酋領七十人來朝，帝以其地為毗沙都督府，析十州，授伏闍雄都督。」按《新唐書》於上元初身率子弟酋領來朝之王，未析言其究係何君，而由上下文觀之，則宛似仍為伏闍信。殊不知此實訛謬，蓋上元初入朝之王，乃為伏闍雄也。查《舊唐書・西域于闐傳》：「伏闍信於是隨萬備來朝，高宗嗣位，拜右驍衞大將軍……垂拱三年，其王伏闍雄復來入朝。」是伏闍信與伏闍雄乃係二人。又《舊唐書》本傳雖未言伏闍信之死年，及伏闍雄繼位之日，然高宗紀咸亨五年文則云：「十二月戊子，于闐王伏闍雄來朝。」是此年之君王已為伏闍雄矣。而《新唐書》於上元初身率子弟前，未言伏闍信之死，及伏闍雄之立，自屬疏漏無疑。㉜緒：緒胤。㉝玄元皇帝：老子，姓李名耳，唐祖之，乾封元年尊為玄元皇帝。㉞請令王公以下，皆習老子，每歲明經準孝經論語策試：按《新唐書・選舉志》：「上元二年，加試貢士老子策，明經二條，進士三條。」即此議之具體實施也。㉟請自今父在為母服齊衰三年：胡三省曰：「古禮，父在，為母服朞。」㊱京宮：在京之官。㊲合：合共。㊳選曹：掌

銓選之官員。㊴檢勘：胡三省曰：「檢勘者，謂考其功過，察其假名承偽，隱冒升降。」㊵公道：猶公平。㊶借人：假借於人手。㊷為甲乙：為甲乙之等第。㊸刑辟：刑罰大辟。㊹理體：即治道。㊺文成七步：指曹植為詩之迅捷言。㊻化人：治化庶民。㊼盡心卉木之間：猶盡心於風花雪月之間。㊽極筆：猶窮巧。㊾際：間。㊿成俗：成為俗尚。(51)下必甚焉：下必愈甚。(52)雷奔：如雷聲之奔，以喻其喧囂眾多。(53)風動：謂如風之動，無不偃靡。

二年（西元六七五年）

㈠春，正月，丙寅，以于闐國為毗沙都督府，分其境內為十州，以于闐王尉遲伏闍雄為毗沙都督㈠。

㈡辛未，吐蕃遣其大臣論吐渾彌來請和，且請與吐谷渾復修鄰好，上不許㈡。

㈢三月，劉仁軌大破新羅之眾於七重城，又使靺鞨浮海，略新羅之南境㈢，斬獲甚眾，仁軌引兵還，詔以李謹行為安東鎮撫大使，屯新羅之買肖城，以經略之，三戰皆捷。新羅乃遣使入貢，且謝罪，上赦之，復新羅王法敏官爵，金仁問中道而還，改封臨海郡公㈣。

㈣三月，丁巳，天后祀先蠶於邙山之陽㈤，百官及朝集使皆陪位。

㈤上苦風眩㈥甚，議使天后攝知國政，中書侍郎同三品郝處俊曰：「天子理外，后理內，天之道也㈦。昔魏文著令，雖有幼主，不許皇后臨朝㈧，所以杜禍亂之萌也。陛下奈何以高祖太宗之天下不傳之子孫，而委㈨之天后乎？」中書侍郎、昌樂李義琰曰：「處俊之言至忠，陛下宜聽之。」上乃止㈩。

㈥天后多引文學之士，著作郎⑾元萬頃、左史⑿劉禕之等，使之撰列女傳、臣軌⒀、百僚新戒、樂書，凡千餘卷，朝廷奏議及百司表疏，時密令參決⒁，以分宰相之權，時人謂之北門學士⒂⒃。禕之，子翼之子也⒄。

㈦夏，四月，庚辰，以司農少卿韋弘機為司農卿⒅，弘機兼知東都營田，受詔完葺⒆宮苑，有宦者於苑中犯法，弘機杖之，然後奏聞，上以為能，賜絹數十匹，曰：「更有犯者，卿即杖之，不必奏也。」

(八)初左千牛將軍、長安趙瓌尚高祖女常樂公主，生女，為周王顯妃，公主頗為上所厚，天后惡之，辛巳，妃坐廢，幽閉[二〇]於內侍省[二一]，食料給生者，防人[二二]候其突煙[二三]，而已數日，煙不出，開視死腐矣[二四]。瓌自定州刺史，貶栝州刺史，令公主隨之官，仍絕其朝謁[二五]。

(九)太子弘仁孝謙謹，上甚愛之，禮接士大夫，中外屬心[二六]，天后方逞[二七]其志，太子奏請數迕旨[二八]，由是失愛於天后。義陽宣城二公主，蕭淑妃之女也，坐母得罪，幽於掖庭，年踰三十不嫁，太子見之驚惻[二九]，遽奏請出降[三〇]，上許之，天后怒，即日以公主配當上翊衛[三一]權毅、王遂古。己亥，太子薨於合璧宮，時人以為天后酖之也[三二]。【考異】新書本紀云：「己亥天后殺皇太子。」新傳云：「后將逞志，弘奏請，數怫旨，從幸合璧宮，遇酖薨。」唐歷云：「弘仁孝英果，深為上所鍾愛，自升為太子，敬禮大臣鴻儒之士，未嘗居有過之地。以請嫁二公主，失愛於天后，不以壽終。」實錄舊傳皆不言弘遇酖。按李泌對肅宗云：「高宗有八子，睿宗最幼。天后所生四子，自為行第，故睿宗第四，長曰孝敬皇帝，為太子監國，仁明孝悌，天后方圖臨朝，乃酖殺孝敬，立雍王賢為太子。」新書蓋據此及唐歷也。按弘之死其事不明，今但云時人以為天后酖殺也。疑以傳疑。

(十)壬寅，車駕還洛陽宮。五月，戊申，下詔[三三]：「朕方欲禪位皇太子，而疾遽不起，宜申往命[三四]，加以尊名，可謚為孝敬皇帝[三五]。」

六月，戊寅，立雍王賢為皇太子，赦天下。(十)天后惡慈州刺史杞王上金，有司希旨奏其罪。秋，七月，上金(三六)坐解官(三七)，澧州安置。

(十一)八月，庚寅，葬孝敬皇帝於恭陵(三八)。

(十二)戊戌，以戴至德為右僕射，庚子，以劉仁軌為左僕射，並同中書門下三品如故，張文瓘為侍中，郝處俊為中書令，李敬玄為吏部尚書兼左庶子，同中書門下三品如故。劉仁軌戴至德更日受牒訴(三九)，仁軌常以美言許之(四〇)，至德必據理難詰(四一)，未嘗與奪(四二)，實有冤結(四三)者，密為奏辯，由是時譽皆歸仁軌。或問其故，至德曰：「威福者人主之柄(四四)人臣安得盜取之。」上聞深重之(四五)。有老嫗欲詣仁軌陳牒，誤詣至德，至德覽之未終，嫗曰：「本謂是解事僕射，乃不解事(四六)僕射邪！歸(四七)我牒。」至德笑而授之，時人稱其長者(四八)(四九)。文瓘時兼大理卿，囚聞改官，皆慟哭(五〇)，文瓘性嚴正，諸司奏議，多所糾駮(五一)，上甚委之(五二)。

【今註】(一)以于闐國為毗沙都督府……伏闍雄為毗沙都督：按此段《新唐書・西域于闐傳》亦載之，

字句大致相同。㈡吐蕃遣其大臣論吐渾彌來請和……復修鄰好，上不許：按此數句《新唐書・吐蕃傳》亦載之。㈢略新羅之南境：謂侵略新羅之南境。㈣劉仁軌大破新羅之眾於七重城……改封臨海郡公：按此段《新唐書・新羅傳》亦載之，字句大致相同。㈤天后祀先蠶於邙山之陽：《新唐書・禮樂志》五：「皇后歲祀一，季春吉巳享先蠶，遂以親桑。」按其禮儀甚繁，具詳志文，茲不具。㈥風眩：眩暈。㈦天子理外，后理內，天之道也：《禮記・昏儀》：「天子聽男教，后聽女順，天子理陽道，后治陰德，天子聽外治，后聽內職，教順成俗，外內和順，國家理治，此之謂盛德。」㈧昔魏文著令，雖有幼主，不許皇后臨朝：事見卷六十九魏文帝黃初三年。㈨委：委託。㈩上苦風眩甚……陛下宜聽之，上乃止：按此段乃錄自《舊唐書・郝處俊傳》，字句大致相同。⑪著作郎：《唐六典》卷十：「著作局，著作郎二人，從五品上，掌修撰碑誌、祝文祭文，與佐郎分判局事。」⑫左史：龍朔中，改起居郎為左史。⑬臣軌：意為人臣之軌範。⑭參決：參豫決斷。⑮時人謂之北門學士：不經南衙，於北門出入，故云然。⑯天后多引文學之士……時人謂之北門學士：按此段乃錄自《舊唐書・文苑中元萬頃傳》，字句大致相同。⑰禕之，子翼之子也：劉子翼仕隋，以學行著。⑱司農卿：《唐六典》卷十九：「司農寺卿一人，從三品，掌邦國倉儲委積之政令。」⑲完葺：完繕修葺，音緝。⑳幽閉：幽禁關閉。㉑內侍省：《舊唐書・職官志》三：「內侍省，晉置大長秋卿，為後宮官，以宦者為之。隋為內侍省，煬帝改為長秋監，武德復為內侍。」㉒防人：防監之人。㉓候其突煙：候望其煙突是否有煙。㉔死腐矣：死而腐爛矣。㉕絕其朝謁：不許其朝謁天子。㉖屬心：猶歸心。㉗逞：快。㉘迕旨：逆旨。㉙驚惻：驚訝而惻憐之。㉚出降：公主出嫁曰出降。㉛當上翊衛：親勳翊三衛皆番上，當上謂當番上者。㉜太子弘仁孝謙謹……時人以為天后酖之也：按此段乃錄自《舊唐書・孝敬皇帝弘傳》，字句大致相同。㉝五月戊申下詔：按《舊唐書・高宗紀》，戊申作己亥，查四月已有己亥，此不得復有此日。《通鑑》從《新唐書》本紀作戊申，得之。㉞往命：以往之詔命。㉟可謚為孝敬皇帝：胡三省曰：「帝子謚皇帝，始此。」㊱杞王上金：《新唐書・高宗諸子傳》：「後宮楊生上金。」㊲秋七月，上金坐解官：按《新唐書・高宗紀》作：「七月辛亥。」七月下當從添辛亥二字。㊳恭陵：《新唐書・地理志》二：「河南府緱氏縣，有恭陵，在太平山，本懊來山，天祐元年更名。」㊴更日受牒訴：更日謂每人輪值一日。牒乃舊制公文之一種，秦漢已有之。《漢書・匡衡傳》：「楊興曰：『但以無階朝廷，故隨牒在遠方。』」顏注：「隨牒，謂隨選舉之恒牒。」《後漢書・李固傳》：「固奏免百餘人，此等遂共作飛章，虛誣固罪曰：『其列在官牒者，凡四十九人。』」即其例也。至唐而更為通行，唐書傳志，幾常常見之。究其體制，則《唐六典》卷一左右司郎中條，曾有明確說明，文云：「凡下之所以達上，其制亦有六，曰表、狀、牋、啓、辭、牒。表上於天子，其近臣亦為狀；牋啓於皇太子，然於其長亦為之；非公文所施，九品以上公文皆曰牒，庶人曰辭。」㊵仁軌常以美言許之：《舊唐書・戴胄附至德傳》作：「劉仁軌每遇申訴冤滯者，輒美言許之。」是其詳釋。㊶難詰：問難詰責。㊷與奪：謂贊與之或非奪之。㊸冤結：謂有冤屈而無法自申者。㊹威福者人主之柄：本傳作：「夫慶賞刑罰，人主之權柄。」威福即指慶賞刑罰而言。㊺劉仁軌戴至德更日受牒訴……上聞深重之：按此段乃錄自《舊唐書・戴冑附至德傳》，字句大致相同。㊻解事：猶今言之懂事，亦即通人情之意。㊼歸：歸還。㊽長者：謂忠厚長者。㊾有老嫗欲詣仁軌陳牒……時人稱其長者。按此段《新唐書・戴冑附至德傳》亦載之，字句大致相同。㊿文瓘時兼大理卿，囚聞改官，皆慟哭：蓋以言文瓘斷獄之清平也。㊶糾駮：糾正駮斥。㊷文瓘時兼大理卿……上甚委之：按此段乃錄自《舊唐書・張文瓘傳》，字句幾全相同。

儀鳳元年（西元六七六年）

㈠春，正月，壬戌，徙冀王輪為相王㈠。

㈡納州獠反㈡，敕黔州都督發兵討之。

㈢二月，甲戌，徙安東都護府於遼東故城。【考異】實錄：「咸亨元年，楊昉高侃討安西，始拔安東都護府，自平壤城移於遼東州，儀鳳元年，二月甲戌，以高麗餘眾反叛，移安東都護府於遼東城。」蓋咸亨元年言移府者，終言之也，儀鳳元年言高麗反者，本其所以移也，會要無咸亨元年移府事，此年云移於遼東故城，今從之。先是，有華人任東官㈢者，悉罷之，徙熊津都督府於建安㈣故城，其百濟戶口先徙於徐兗等州者，皆置於建安。

㈣天后勸上封中嶽，癸未，詔以今冬有事於嵩山㈤。

㈤丁亥，上幸汝州之溫湯㊅。

㈥三月，癸卯，黃門侍郎來恒、中書侍郎薛元超並同中書門下三品。恒，濟之兄㊆；元超，收之子也㊇。

㈦甲辰，上還東都。

㈧閏月，吐蕃寇鄯、廓、河、芳等州㊈，敕左監門衛中郎將令狐智通發興、鳳等州⑩兵以禦之。己卯，詔以吐蕃犯塞，停封中嶽。乙西，以洛州牧周王顯為洮州道行軍元帥，將工部尚書劉審禮等十二總管，并州大都督、相王輪為涼州道行軍元帥，將左衛大將軍契苾何力等，以討吐蕃，二王皆不行⑪。

㈨庚寅，車駕西還。

㈩甲寅，中書侍郎李義琰同中書門下三品⑫。戊午，車駕至九成宮。

(十一)六月，癸亥，黃門侍郎、晉陵高智周同中書門下三品⑬。

(十二)秋，八月，乙未，吐蕃寇疊州。

(十三)壬寅，敕桂、廣、交、黔等都督府，比來注擬土人⑭，簡擇未精⑮，自今每四年，遣五品已上清正官⑯充使，仍令御史同往注擬，時人謂之南選⑰。

⒁九月，壬申，大理奏左威衛大將軍權善才、左監門中郎將范懷義誤斫昭陵柏，罪當除名⑱，上特命殺之。大理丞⑲、太原狄仁傑奏二人罪不當死，上曰：「善才等斫陵柏，我不殺，則為不孝。」仁傑固執不已，上作色⑳令出，仁傑曰：「犯顏直諫，自古以為難，臣以為遇桀紂則難㉑，遇堯舜則易㉒，今法不至死，而陛下特㉓殺之，是法不信於人也，人何所措其手足㉔？且張釋之有言，設有盜長陵一杯土㉕，陛下何以處之㉖？今以一株柏殺二將軍，後代謂陛下為何如矣㉗！臣不敢奉詔者，恐陷陛下於不道㉘，且羞見釋之於地下故也。」上怒稍解，二人除名，流嶺南。後數日，擢仁傑為侍御史。初仁傑為并州法曹，同僚鄭崇質當使絕域㉙，崇質母老且病，仁傑曰：「彼母如此，豈可使之有萬里之憂㉚。」詣長史藺仁基，請代之行。仁基素與司馬李孝廉不叶㉛，因相謂曰：「吾輩豈可不自愧乎！」遂相與輯睦㉜。

㈤冬，十月，車駕還京師。

㈥丁酉，祫享太廟，用太學博士史璩㉝議，禘後三年而祫，祫後二年而禘㉞。

㈦郇王素節，蕭淑妃之子也，警敏㉟好學，天后惡之，自岐州㊱刺史，左遷申州刺史。乾封初，敕曰：「素節既有舊疾，不須入朝。」而素節實無疾，自以久不得入覲，乃著忠孝論，王府倉曹參軍張柬之因使㊲潛封㊳其論以進，后見之，誣以贓賄㊴，丙午，降封鄱陽王，袁州㊵安置㊶。

㈧十一月，壬申，改元㊷，赦天下。

㈨庚寅，以李敬玄為中書令。

㈩十二月，戊午，以來恒為河南道大使，薛元超為河北道大使，尚書左丞鄭陵崔知悌、國子司業㊸鄭祖玄為江南道大使，分道巡撫。

【今註】㈠正月壬戌，徙冀王輪為相王：按《舊唐書・高宗紀》，壬戌作戊戌，此乃從《新唐書・高宗紀》之文。㈡納州獠反：《新唐書・地理志》七下：「納州都寧郡，儀鳳二年開山洞置，隸瀘州都督府。」又同書〈高宗紀〉作：「丁卯，納州獠寇邊。」納州上當添丁卯二字。㈢東官：東州之官，亦即高麗、百濟、新羅之官。㊃皆置於建安：意謂皆移置於建安。㊄嵩山：在今河南省登封縣北。㊅汝州之溫湯：《新唐書・地理志》二：「河南道，汝州，梁縣，西南五十里有溫湯，可以熟米，又有黃女湯，高宗置溫湯頓。」㊆恒，濟之兄：來濟盡忠，而又死於封疆。㊇元超，收之子也：薛收事太宗於潛躍。㊈吐蕃寇鄯廓河芳等州：按鄯廓河三州皆屬於隴右道。又《舊唐書・地理志》三：「隴右道，疊州，常芬縣，隋同昌郡之常芬縣，武德元年置芬州，神龍元年廢芳州為常芬縣。」按芬州之芬，疑係芳字之訛。㊉興鳳等州：俱屬於唐山南西道。在今陝西省漢中一帶。⑪乙酉，以洛州牧周王顯為洮州道行軍元帥……二王皆不行：按此段乃錄自《舊唐書・高宗紀》，字句大致相同。⑫甲寅，中書侍郎李義琰同中書門下三品：按新、舊《唐書・高宗紀》皆列於四月之下，當添夏四月三字。⑬癸亥，黃門侍郎晉陵高智周同中書門下三品：按《舊唐書・高宗紀》，癸亥作癸丑，此則從《新唐書》本紀之文。⑭注擬土人：注擬土人之官位。⑮精：精確。⑯清正官：清平廉正之官員。⑰南選：嶺南之銓選。⑱除名：猶免職。⑲大理丞：《唐六典》卷十八：「大理丞六人，從六品上，掌分判寺事，凡有犯，皆據其本狀，以正刑名。」⑳作色：變色。㉑臣以為遇桀紂則難：蓋謂遇桀紂無道之君，犯顏直諫，不特不聽，且易遭殺戮，故曰難也。㉒遇堯舜則易：解與上相似。㉓特：特獨。㉔措其手足：措，安置，意謂不知如何行動。㉕一杯土：《史記・張釋之傳》作：「一抔土。」謂雙手一掬之土。㉖處之：處分之。㉗為何如矣：謂為何如主矣。㉘於不道：謂於不道之境。㉙絕域：絕遠之地域。㉚彼母如此，豈可使之有萬里之憂：按《舊唐書・狄仁傑傳》作：「太夫人有危疾，而公遠使，豈可貽親萬里之憂。」是之乃指其親言，《通鑑》此處行文，殊易使人模糊不清。㉛不叶：不和協。㉜大理奏左威衛大將軍權善才……遂相與輯睦：按此段乃錄自《舊唐書・狄仁傑傳》，字句大致相同。㉝太學博士史璨：《唐六典》卷二十一：「太學博士三人，正六品上。掌教文武官五品已上，及郡縣公子孫、從三品曾孫之為生者。」《新唐書・禮樂志》三，史璨作史玄璨。㉞禘後三年而祫，祫後二年而禘：《新唐書・禮樂志》三：「禘祫大祭也，祫以昭穆合食于太祖，而禘以審諦其尊卑，此祫禘之義，而為禮者失之。至於年數不同，祖宗失位，而議者莫知所從。禮曰：『三年一祫，五年一禘。』傳曰：『五年再殷祭。』高宗上元三年十月當祫，而有司疑其年數。太學博士史玄璨等議，以為：『新君喪畢而祫，明年而禘，自是之後，五年而再祭，蓋後禘去前禘五年，而祫常在禘後三年，禘常在祫後二年。魯宣公八年禘，僖公蓋二年喪畢而祫，明年而禘，至八年而再禘。昭公二十年禘，至二十五年又禘，此可知也。』議者以玄璨等言有經據，遂從之。」㉟警敏：機警聰敏。㊱中州：至京師二千七百九十六里。㊲因使：因為使。㊳潛封：暗封藏。㊴贓賄：賄賂之贓物。㊵袁州：《舊唐書・地理志》三：「江南道，袁州，在京師東南三千五百八十里。」㊶郇王素節，蕭淑妃之子也……袁州安置：按此段乃錄自《舊唐書・許王素節傳》，字句大致相同。㊷改元：按《舊唐書・高宗紀》：「壬申，以陳州言鳳凰見於宛丘，改上元三年曰儀鳳元年。」是改元儀鳳者，乃取鳳凰來儀之意也。㊸國子司業：《唐六典》卷二十一：「國子司業二人，從四品上。掌邦國儒學訓導之政令。」

二年（西元六七七年）

㈠春，正月，乙亥，上耕籍田。

㈡初劉仁軌引兵自熊津還，扶餘隆畏新羅之逼，不敢留，尋亦還朝。二月，丁巳，以工部尚書高藏為遼東州都督，封朝鮮王，遣歸遼東，安輯高麗餘眾。高麗先在諸州者，皆遣與藏俱歸，又以司農卿扶餘隆為熊津都督，封帶方王，亦遣歸安輯百濟餘眾，仍移安東都護府於新城㊀，以統之。時百濟荒殘，命隆寓居高麗之境，藏至遼東謀叛，潛與靺鞨通，召還，徙邛州㊁而死，散徙其人於河南隴右諸州，貧者留安東城傍，高麗舊城沒於新羅，餘眾散入靺鞨及突厥，隆亦竟不敢還故地，高氏、扶餘氏遂亡㊂。

㈢三月，癸亥朔，以郝處俊高智周並為左庶子㊃，李義琰為右庶子。

㈣夏，四月，左庶子張大安同中書門下三品。大安，公謹之子也㊄。詔以河南北旱，遣御史中丞崔謐等分道存問賑給，侍御史、寧陵㈥劉思立上疏，以為：「今麥㈦秀蠶老，農業方殷㈧，敕使撫巡，人皆竦抃㈨，忘其家業，冀此天恩㈩，聚集參迎⑾，妨廢⑿不少。既緣賑給，須立簿書⒀，本欲安存，更成煩擾。望且⒁委州縣賑給，待秋務閑⒂，出使褒貶。」疏奏，謐等遂不行。

㈤五月，吐蕃寇扶州之臨河鎮，擒鎮將杜孝昇，令齎書說松州都督武居寂，使降，孝昇固執不從，吐蕃軍還，捨孝昇而去，孝昇復帥餘眾拒守，詔以孝昇為游擊將軍⒃。

㈥秋，八月，徙周王顯為英王，更名哲。

㈦命劉仁軌鎮洮河軍⒄。冬，十二月，乙卯，詔大發兵討吐蕃。

㈧詔以顯慶新禮多不師古⒅，其五禮並依周禮行事，自是，禮官益無憑守⒆，每有大禮，臨時撰定。

【今註】㈠仍移安東都護府於新城：去年春移安東都護府於遼東故城，今又移於新城。㈡邛州：《舊唐書．地理志》四：「劍南道、邛州，隋臨邛郡之依政縣，武德元年置邛州。在京師西南二千五百一十五里。」音ㄑㄩㄥˊ。㈢以工部尚書高藏為遼東州都督……高氏扶餘氏遂亡：按此段乃揉合新舊《唐書．高麗百濟傳》而成。非係一時之事，為連類而附書於一起者。㈣以郝處俊、高智周並為左庶子：《唐六典》卷二十六：「太子左春坊左庶子二人，正四品上。掌侍從贊相禮儀，駁正啟奏，監省封題。」㈤大安：公謹之子也：張公謹太宗朝功臣。㈥寧陵：據《舊唐書・地理志》一，寧陵屬河南道宋州。㈦麥秀：謂麥已抽穗。㈧殷：盛。㈨竦抃：直立鼓掌。㈩天恩：皇帝之恩澤。

⑪參迎：參竭迎拜。⑫妨廢：妨礙荒廢。⑬簿書：簿籍文書。⑭且：暫且。⑮務閑：農務閑暇。

⑯游擊將軍：《舊唐書・職官志》一：「游擊將軍從五品下。」⑰八月命劉仁軌鎮洮河軍：按《新唐書・高宗紀》作：「八月辛亥，劉仁軌為洮河軍鎮守使。」命上當添辛亥二字。又《通鑑》及正史行文文例，甚少如此條命劉仁軌鎮洮河者，亦應改如《新唐書》之式為是。⑱師古：師法古禮。⑲憑守：憑依循守。

三年（西元六七八年）

㈠春，辛酉，百官及蠻夷酋長朝天后於光順門㈠。

㈡劉仁軌鎮洮河，每有奏請，多為李敬玄所抑，由是怨之。仁軌知敬玄非將帥才，欲中傷㈡之，奏言西邊鎮守，非敬玄不可，敬玄固辭㈢，上曰：「仁軌須朕，朕亦自往，卿安得辭？」丙子，以敬玄代仁軌為洮河道大總管、兼安撫大使，仍檢校鄯州都督。【考異】

實錄云：「與仁軌相知鎮守，而敬玄之敗，仁軌不預。」新舊傳皆云以代仁軌，今從之。又命益州大都督府長史李孝逸等發劍南、山南兵以赴之㈣。孝逸，神通之子也。癸未，遣金吾將軍曹懷舜等分往河南北募猛士，不問布衣㈤及仕宦。

㈢夏，四月，戊申，赦天下，改來年元為通乾。

㈣五月，壬戌，上幸九成宮，丙寅，山中雨，大寒，從兵有凍死者。

㈤秋，七月，李敬玄奏破吐蕃於龍支㈥。

㈥上初即位，不忍觀破陳樂，命撤之。辛酉，太常少卿韋萬石奏：「久寢不作，懼成廢缺，請自今大宴會，復奏之。」上從之。

㈦九月，辛酉，車駕還京師。

㈧上將發兵討新羅，侍中張文瓘臥疾在家，自輿入見，諫曰：「今吐蕃為寇，方發兵西討，新羅雖云不順，未嘗犯邊，若又東征，臣恐公私不勝其弊㈦。」上乃止。癸亥，文瓘薨㈧。

㈨丙寅，李敬玄將兵十八萬，與吐蕃將論欽陵戰於青海之上，兵敗，工部尚書右衛大將軍、彭城僖公㈨劉審禮為吐蕃所虜，時審禮將前軍深入，頓於濠所，為虜所攻，敬玄懦怯，按兵不救，聞審禮戰沒，狼狽還走，頓於承風嶺(一〇)，阻泥溝(一一)以自固；虜屯兵高岡以壓之。左領軍員外將軍黑齒常之夜帥敢死之士五百人，襲擊虜營，虜眾潰亂，其將跋地設引兵遁去，敬玄乃收餘眾還鄯州(一二)。【考異】朝野僉載曰：「中書令李敬玄為元帥，吐蕃至樹敦城，聞劉尚書沒蕃，著鞾不得，狼狽而走，遺卻麥飯，首尾千里，地上尺餘。」言之太過，今不取。

(十)審禮諸子自縛詣闕，請入吐蕃贖其父，敕聽次子易從詣吐蕃省之，比至，審禮已病卒。【考異】新本紀，審禮死之，按舊傳永隆二年，審禮卒於蕃中，新紀誤也。今終言之。易從晝夜號哭，不絕聲，吐蕃哀之，還其尸。易從徒跣，負之以歸(一三)(一四)。上嘉黑齒常之之功，擢拜左武衛將軍，充河源軍(一五)副使(一六)。

(十一)李敬玄之西征也，監察御史、原武(一七)婁師德應猛士詔，從軍(一八)，及敗，敕師德收集散亡，軍乃復振，因命使於吐蕃，吐蕃將論贊婆迎之赤嶺(一九)，師德宣導上意，諭(二〇)以禍福，贊婆甚悅，為之數年不犯邊，師德遷殿中侍御史，充河源軍司馬，【考異】御史臺記充河源軍使。今從舊傳。兼知營田事(二一)。

(十二)上以吐蕃為憂，悉召侍臣謀之，或欲和親以息民，或欲嚴設守備，俟公私富實而討之，或欲亟發兵擊之。議竟不決，賜食而遣之。太學生宋城㉒魏元忠上封事，言禦吐蕃之策，以為：「理國之要㉓，在文與武，今言文者，則以辭華㉔為首，而不及經綸㉕；言武者，則以騎射為先，而不及方略。是皆何益於理亂哉！故陸機著辯亡之論㉖，無救河橋之敗㉗，養由基射穿七札，不濟鄢陵之師㉘，此已然之明效㉙也。古語有之：『人無常俗㉚，政有理亂，兵無彊弱，將有巧拙。』故選將當以智略㉛為本，勇力為末。今朝廷用人，類取㉜將門子弟及死事之家㉝，彼皆庸人㉞，豈足當閫外㉟之任！李左車、陳湯、呂蒙、孟觀㊱皆出貧賤，而立殊功，未聞其家代為將也。夫賞罰者，軍國之切務㊲，苟有功不賞，有罪不誅，雖堯舜不能以致理。議者皆云：『近日征伐，虛有賞格㊳，而無事實。』蓋由小才之吏，不知大體㊴，徒惜勳庸，恐虛倉庫㊵，不知士不用命，所損幾何㊶！黔首㊷雖微，不可欺罔，豈得懸不信之令，設虛賞之科㊸，而望其立功乎！自蘇定方征遼東，李勣破平壤，賞絕㊹不行，勳仍淹滯，不聞斬一臺郎，戮一令史㊺，以謝勳人。大非川之敗，薛仁貴郭待封等，不即重誅㊻，鄉使早誅仁貴等，則自餘諸將豈敢失利於後哉！臣恐吐蕃之平，非旦夕可冀㊼也㊽。又出師之要，全資㊾馬力，臣請開畜馬之禁，使㊿百姓皆得畜馬。若官軍大舉，委州縣長吏，以官錢增價市之，則皆為官有。彼胡虜恃馬力以為彊，若聽人間(51)市而畜之，乃是損彼之彊，為中國之利也。」先是禁百姓畜馬，故元忠言之，上善其言，召見，令直中書省，仗內供奉(52)(53)。

(七三)冬，十月，丙午，徐州刺史密貞王元曉薨。

(七四)十一月，壬子，黃門侍郎同中書門下三品來恒薨(54)。

(七五)十二月，詔停來年通乾之號(55)，以反語不善故也(56)。

【今註】㈠光順門：《唐六典》卷七：「大明宮，宣政北曰紫宸門，紫宸門左曰崇明門，右曰光順門。」㈡中傷：攻擊而傷害之。㈢劉仁軌鎮洮河……敬玄固辭：按此段乃錄自《舊唐書・劉仁軌傳》，字句大致相同。㈣丙子以敬玄代仁軌為洮河道大總管……發劍南山南兵以赴之：按此段乃錄自《舊唐書・吐蕃傳》，字句大致相同。㈤布衣：平民。㈥龍支：《舊唐書・地理志》三：「隴右道，鄯州龍支縣，漢允吾縣，屬金城郡，後魏改為龍支，積石山在今縣南。」㈦不勝其弊：不勝其困弊。(八)上將發兵訪新羅……癸亥，文瓘薨：按此段乃錄自《舊唐書・張文瓘傳》，字句大致相同。(九)彭城僖公：《謚法》：「剛克曰僖。」又：「小心畏忌曰僖。」(一〇)承風嶺：杜佑曰：「承風嶺在廓州廣威縣西南，東北去鄯州三百一十三里，故吐谷渾界。」(一一)阻泥溝：以泥溝為險阻。(一二)李敬玄將兵十八萬……敬玄乃收餘眾還鄯州：按此段乃錄自《舊唐書・吐蕃傳》及〈黑齒常之傳〉，字句大致相同。(一三)還其尸，易從徒跣，負之以歸：按《舊唐書・劉德威傳》作：「還其父尸柩，易從徒跣萬里，扶護歸彭城。」《舊唐書》之說，較近情理，負之當改作扶護為是。(一四)審禮諸子自縛詣闕……負之以歸：按此段乃錄自《舊唐書・劉德威傳》，字句大致相同。(一五)河源軍：杜佑曰：「河源軍在鄯州西一百二十里。」(一六)上嘉黑齒常之之功……充河源軍副使：按此數句乃錄自《舊唐書・黑齒常之傳》。(一七)原武：據《舊唐書・地理志》一，原武屬河南道鄭州。(一八)應猛士詔，從軍：時詔募猛士，以討吐蕃，師德應募從軍。(一九)赤嶺：宋白曰：「石堡城西三十里有山，土石皆赤，北接大山，南連小雪山，號曰赤嶺，去長安三千五百里。」(二〇)論：曉諭。(二一)李敬玄之西征也……兼知營田事：按此段《新唐書・婁師德傳》亦載之，字句大致相同。(二二)宋城：據《舊唐書・地理志》一，宋城屬河南道宋州。(二三)理國之要：理乃治之避諱而改者，此表文中之理，多係如此情況。(二四)辭華：辭章華藻。(二五)經綸：規劃政治。(二六)陸機著辯亡之論：陸機痛吳之亡，著〈辯亡論〉，迹吳之所以興及其所以亡。其文收錄於《文選》中。(二七)河橋之敗：見卷八十五晉惠帝大安二年。(二八)養由基射穿七札，不濟鄢陵之師：七札謂七層鎧甲，事見《左傳》成十六年。(二九)明效：明證。(三〇)人無常俗：人間無長久之風俗。㉛智略：智慧謀略。㉜類取：猶多取。㉝死事之家：死王事者之子孫。㉞庸人：凡庸之人。㉟閫外：城郭以外，亦即京城之外。㊱李左車、陳湯、呂蒙、孟觀：李左車見卷十漢高帝三年。陳湯見卷二十九元帝建昭三年。呂蒙見獻帝紀卷六十五至卷六十八。孟觀見八十三卷、晉惠帝元康九年。㊲切務：切要之務。㊳賞格：賞賜之格條。㊴大體：猶大要。㊵恐虛倉庫：蓋賞賜之物，皆出自倉庫，故恐賞賜多而使倉庫空虛也。㊶所損幾何：所損者將有多少。㊷黔首：百姓。㊸科：格條。㊹賞絕：賞賜停斷。㊺不聞斬一臺郎，戮一令史：胡三省曰：「尚書謂曹郎，皆謂之臺郎，動轉淹滯，則司勳之責耳。司勳令史三十三人。」㊻大非川之敗，薛仁貴郭待封等不即重誅：見上卷咸亨元年。即，就。㊼冀：冀望。㊽太學生宋城魏元忠上封事……非旦夕可冀也：按此段乃錄自《舊唐書·魏元忠傳》，字句大致相同。㊾資：資仗。㊿禁：禁令。(51)人間：即民間，乃避諱而改。(52)仗內供奉：胡三省曰：「仗內供奉、朝會得隨百官入見。」(53)又出師之要，全資馬力……仗內供奉：按此段《新唐書·魏元忠傳》亦載之，字句大致相同。(54)十一月壬子來恒薨：按《新唐書·高宗紀》作：「閏十一月壬子。」十一月上當添一閏字。(55)十二月，詔停來年通乾之號：按《新唐書·高宗紀》作：「十二月癸丑，罷通乾號。」十二月下當添癸丑二字。(56)以反語不善故也：胡三省曰：「通乾反語為天窮。」

調露元年（西元六七九年）

㈠春，正月，己酉，上幸東都㊀，司農卿韋弘機作宿羽、高山、上陽等宮㊁，制度壯麗。上陽宮臨洛水，為長廊亘一里，宮成，上徙御之。侍御史狄仁傑劾奏弘機導上為奢泰，弘機坐免官。【考異】舊傳云：「儀鳳中，機坐家人犯盜，為憲司所劾，免官。」狄仁傑傳：「時司農卿韋機，兼領將作少府，造宿羽高山上陽等宮，莫不壯麗，仁傑奏其太過云，機竟坐免官。」統紀云：「駕幸東都，上遊韋弘機所造宿羽高山等宮，乘高臨深，有登眺之美，乃即敕弘機造高館，及成，臨幸，即上陽宮也。」今據實錄，營宮在前。左司郎中㊂王本立恃恩用事，朝廷畏之，仁傑奏其姦，請付法司，上特原之。仁傑曰：「國家雖乏英才，豈少本立輩，陛下何惜罪人㊃，以虧王法。必欲曲赦本立，請棄臣於無人之境㊄，為忠貞將來之戒㊅。」本立竟得罪，【考異】御史臺記曰：「狄仁傑以司農，發太原運句會欠米萬餘斛。高宗怒曰，仁傑偷我米，命殺之。吏部侍郎魏玄同曰，仁傑健而疏，只是句當失所，臣委知不偷，請以官爵保明。高宗意解，仁傑不坐。」案仁傑傳未嘗為司農，今不取。由是朝廷肅然㊆㊇。

㈡庚戌，右僕射、太子賓客㊈、道恭公㊉戴至德薨。

㈢二月，壬戌，吐蕃贊普卒，子器弩悉弄立，生八年矣，時器弩悉弄與其舅麴薩若詣羊同㊁發兵，有弟生六年，在論欽陵軍中，國人畏欽陵之彊，欲立之，欽陵不可，與薩若共立器弩悉弄。上聞贊普卒，命裴行儉乘間圖之。行儉曰：「欽陵為政，大臣輯睦，未可圖也。」乃止。

㈣夏，四月，辛酉，郝處俊為侍中。

㈤偃師人明崇儼以符呪[一二]幻術，為上及天后所重，官至正諫大夫[一三]。五月，壬午，崇儼為盜所殺，求賊，竟不得[一四]，【考異】御史臺記：「鄭仁恭本滎陽人也，自監察累遷刑部郎中，儀鳳中，明崇儼以奇術承恩寵，夜遇刺客，敕三司亟推鞫，妄承引連坐者甚眾，高宗怒，促有司行刑。仁恭奏曰，此輩必死之囚，願假其數日之命。高宗曰，卿以為枉邪！仁恭曰，臣識慮淺短，非的以為枉，恐萬一非實，則怨氣生。遂緩之旬餘，果獲賊矣。朝廷稱之。」今從實錄。贈崇儼侍中。

㈥丙戌，命太子監國，太子處事明審[一五]，時人稱之。

㈦戊戌，作紫桂宮於澠池之西[一六]。

㈧六月，辛亥，赦天下，改元。

㈨初西突厥十姓可汗阿史那都支、及其別帥李遮匐與吐蕃連和，侵逼安西，朝議欲發兵討之，吏部侍郎裴行儉曰：「吐蕃為寇，審禮覆沒，干戈未息，豈可復出師西方。今波斯王卒[一七]，其子泥洹師為質在京師，【考異】實錄作泥涅師。按舊傳作泥湼師[一八]。唐歷作泥洹師。今從統紀。宜遣使者送歸國，道過二虜，以便宜取之，可不血刃[一九]而擒也。」上從之，命行儉冊立波斯王，【考異】波斯王卑路斯入朝未還，請遣使送歸。今從實錄、唐歷、統紀、舊傳。[二〇]仍為安撫大食使[二一]，行儉奏肅州刺史王方翼以為己副，仍令檢校安西都護。

(十)秋，七月，己卯朔，詔以今年冬至有事於嵩山。

(十一)初裴行儉嘗為西州長史，及奉使過西州，吏人郊迎，行儉悉召其豪傑子弟千餘人自隨，且揚言㉒：「天時方熱，未可涉遠，須稍涼，乃西上。」阿史那都支覘知之，遂不設備。行儉徐召四鎮諸胡酋長㉓，謂曰：「昔在西州，縱獵甚樂，今欲尋舊賞㉔，誰能從吾獵者？」諸胡子弟爭請從行，近得萬人㉕，行儉陽為畋獵，校勒㉖部伍，數日遂倍道西進，去都支部落十餘里，先遣都支所親問其安否，外示閑暇，似非討襲，續使促召相見。都支先與李遮匐約秋中㉗拒漢使，猝聞軍至，計無所出㉘，帥其子弟迎謁，遂擒之，因傳其契箭㉙，悉召諸部酋長，執送碎葉城，簡其精騎輕齎㉚，晝夜進掩遮匐，途中獲都支還使，與遮匐使者同來，行儉釋遮匐使者，使先往諭遮匐以都支已就擒，遮匐亦降。於是囚都支遮匐以歸㉛，遣波斯王自還其國，留王方翼於安西，使築碎葉城㉜。

(十二)冬，十月，單于大都護府突厥阿史德溫傅，奉職二部俱反，立阿史那泥熟匐為可汗，二十四州酋長㉝皆叛應之，眾數十萬，遣鴻臚卿單于大都護府長史蕭嗣業，右領軍衛將軍花大智㉞、右千牛衛將軍李景嘉等，將兵討之。嗣業等先戰屢捷，因不設備，會大雪，突厥夜襲其營，嗣業狼狽拔營走，眾遂大亂，為虜所敗，死者不可勝數，大智景嘉引步兵，且行且戰㉟，得入單于都護府。嗣業減死，流桂州，大智景嘉並免官㊱。

㈦突厥寇定州，刺史霍王元軌命開門偃旗㊲，虜疑有伏，懼而宵遁。州人李嘉運與虜通謀，事洩，上令元軌窮其黨與，元軌曰：「彊寇在境，人心不安，若多所逮繫㊳，是驅之使叛也。」乃獨殺嘉運，餘無所問㊴，因自劾違制。上覽表大喜，謂使者曰：「朕亦悔之。向無王㊵，失定州矣。」自是朝廷有大事，上多密敕問之㊶。

㈧壬子，遣左金吾衛將軍曹懷舜屯井陘，右武衛將軍崔獻屯龍門，以備突厥，突厥扇誘奚契丹，侵掠營州，都督周道務遣戶曹、始平㊷唐休璟將兵擊破之。

㈨庚申，詔以突厥背誕㊸，罷封嵩山。

(十六)癸亥，吐蕃文成公主遣其大臣論塞調傍㊹來告喪，并請和親，上遣郎將宋令文㊺詣吐蕃，會贊普之葬㊻。

(十七)十一月，戊寅朔，以太子左庶子、同中書門下三品高智周為御史大夫，罷知政事。

(十八)癸未，上宴裴行儉，謂之曰：「卿有文武兼資㊼，今授卿二職。」乃除禮部尚書，兼檢校右衛大將軍。甲辰，以行儉為定襄道行軍大總管，將兵十八萬，并西軍檢校豐州都督程務挺、東軍、幽州都督李文暕，總三十餘萬，以討突厥，並受行儉節度㊽。務挺，名振之子也。

【今註】㊀正月己酉上幸東都：按《新唐書・高宗紀》作：「正月戊子。」此則從《舊唐書・高宗紀》之文。㊁宿羽高山等宮：按《唐六典》卷七，宿羽、高山二宮，皆在東都禁苑中。㊂左司郎中：《唐六典》卷一：「左右司郎中各一人，從五品上。各掌付十有二司之事，以舉正稽違，省署符目。」㊃何惜罪人：為何愛惜犯罪之人。㊄棄臣於無人之境：猶棄臣於荒遠之地。㊅為忠貞將來之戒：謂以告戒人臣將來之為忠貞者，此乃反言之者。㊆肅然：謂肅然不敢為非。㊇左司郎中王本立恃恩用事……由是朝廷肅然：按此段乃錄自《舊唐書・狄仁傑傳》，字句大致相同。㊈太子賓客：

《唐六典》卷二十六：「太子賓客四人，正三品。掌侍從規諫，贊相禮儀，而先後焉。」⑩道恭公：《謚法》：「尊賢讓善曰恭。」⑪羊同：胡三省曰：「宋祁載劉元鼎之言曰：『黃河上流，由洪濟橋西南行二千里，水益狹，春可涉，秋夏乃勝舟，其南三百里三山，中高而四下，曰紫山，直大羊同國，古所謂崑崙者也，虜曰悶摩黎山。東距長安五千里，河源出其間。』唐會要曰：『大羊同國，東接吐蕃，西接小羊同，北直于闐，東西千里。』」⑫符咒：符籙咒水。⑬正諫大夫：按《舊唐書・職官志》二：「正議大夫，文散官，正四品上。」而無正諫之職，又同書〈章懷太子傳〉，亦作正議大夫，是正諫即正議也。⑭崇儼為盜所殺，求賊，竟不得：按《舊唐書・方伎明崇儼傳》：「崇儼又私奏章懷太子不堪承繼大位，太子密知之，潛使人害之。」是主使者，乃太子也。考異備引《御史臺記》之文，既若此，則此則亦當錄入，以備一說。⑮明審：明確精審。⑯作紫桂宮於澠池之西：《新唐書・地理志》二：「河南道，河南府，澠池，治西五里有紫桂宮，儀鳳二年置，調露二年曰避暑宮。」⑰今波斯王卒：波斯為大食所滅，其王卑路斯入朝，而死。⑱考異曰：「按舊傳作泥涅師」：查《舊唐書・裴行儉傳》作：「泥涅師。」⑲血刃：謂交戰殺人。⑳考異曰：「波斯王卑路斯入朝未還，請遣使送歸。今從實錄、唐歷、統紀、舊傳」：查言波斯王卑路斯入朝，而未言係何書之文，自屬漏略。㉑初突厥十姓可汗阿史那都支……仍為安撫大食使：按此段乃錄自《舊唐書・裴行儉傳》，字句大致相同。㉒揚言：謂揚聲言之，而實際則多恰正相反。㉓四鎮諸胡酋長：據《新唐書・地理志》七下，四鎮為：龜茲、毗沙、焉耆、疏勒四都督府。㉔舊賞：舊日之賞心樂事。㉕近得萬人：本傳作：「僅萬人。」僅乃唐代之特殊用語，意謂共也。此近得萬人亦係共得萬人之意。㉖校勒：校閱部勒。㉗秋中：秋季之中。㉘計無所出：猶無計可施。㉙傳其契箭：夷狄無符信，以箭為契信。《舊唐書・突厥傳》下：「沙鉢羅咥利失可汗，分其國為十部，每部令一人統之，號為十設，每設賜以一箭，故稱十箭焉。」即其例也。㉚輕齎：謂攜帶物品，力求輕便。音ㄐㄧ。㉛初裴行儉嘗為西州長史……於是囚都支遮匐以歸：按此段乃錄自《舊唐書・裴行儉傳》，字句大致相同。㉜築碎葉城：胡三省曰：「碎葉城，焉耆都督府治所也。方翼築，四面十二門，為屈曲隱出伏沒之狀。」㉝二十四州酋長：置二十四州，見卷一百九十九永徽元年。㉞花大智：按《新唐書・突厥傳》上，花作苑。此乃從《舊唐書・高宗紀》之文。㉟且行且戰：謂又走又戰。㊱單于大都護府突厥阿史德溫傅……大智景嘉並免官：按此段《新唐書・突厥傳》上亦載之，字句大致相同。㊲偃旗：將旗捲置地上。㊳逮繫：逮捕囚繫。㊴問：推問。㊵向無王：謂向使無王之此舉。㊶突厥寇定州……上多密敕問之：按此段乃錄自《舊唐書・霍王元軌傳》，字句大致相同。㊷始平：《舊唐書・地理志》一：「關內道、京兆府、興平縣，隋始平縣，天授二年隸稷州，大足元年還雍州。」㊸背誕：背叛荒誕。㊹大臣論塞調傍：按《舊唐書・吐蕃傳》上，塞作寒，此從《舊唐書・高宗紀》之文。㊺上遣郎將宋令文：按《舊唐書・高宗紀》，宋令文作來令文，此則從《舊唐書・吐蕃傳》上之文。㊻吐蕃文成公主……會贊普之葬：按此段乃錄自《舊唐書・吐蕃傳》上，字句大致相同。㊼卿有文武兼資：按有字於文為贅，可省。㊽以行儉為定襄道行軍大總管……並受行儉節度：按此段乃錄自《舊唐書・裴行儉傳》，字句大致相同。

永隆元年（西元六八〇年）

㈠春，二月，癸丑，上幸汝州之溫湯，戊午，幸嵩山處士三原㊀田遊巖所居㊁，己未，幸道士宗城潘師正所居，【考異】舊傳師正趙州贊皇人，今從實錄。上及天后太子皆拜之。乙丑，還東都。

㈡三月，裴行儉大破突厥於黑山㊂，擒其酋長奉職，可汗泥熟匐為其下所殺，以其首來降。初行儉行至朔川，【考異】舊傳作朔州，今依實錄及統紀。㊃謂其下曰：「用兵之道，撫士貴誠㊄，制敵貴詐，前日蕭嗣業糧運，為突厥所掠，士卒凍餒，故敗。今突厥必復為此謀，宜有以詐之。」乃詐為糧車三百乘，每車伏壯士五人，各持陌刀㊅勁弩，以羸兵數百為之援㊆，且伏精兵於險要以待之，虜果至，羸兵棄車散走，虜驅車就水草，解鞍牧馬，欲取糧，壯士自車中躍出擊之，虜驚走，復為伏兵所邀㊇，殺獲殆盡，自是糧運行者，虜莫敢近。軍至單于府北，抵暮下營，掘塹已周㊈，行儉遽命移就高岡，諸將皆言：「士卒已安堵(一〇)，不可復動。」行儉不從，趣(一一)使移，是夜風雨暴至，前所營地，水深丈餘，諸將驚服，問其故，行儉笑曰：「自今但從我命，不必問其所由知也。」奉職既就擒，餘黨走保狼山(一三)，詔戶部尚書崔知悌馳傳詣定襄，宣慰將士，且區處(一四)餘寇。行儉引軍還。

(三)夏，四月，乙丑，上幸紫桂宮。

(四)戊辰，黃門侍郎、聞喜(一五)裴炎、崔知溫，中書侍郎、京兆王德真，並同中書門下三品。知溫，知悌之弟也。

(五)秋，七月，吐蕃寇河源，左武衛將軍黑齒常之擊却之，【考異】實錄：「吐蕃大將贊婆及素和貴等，帥眾三萬進寇河源，屯兵於良非川。辛巳，河西鎮撫大使李敬玄統眾與賊戰於湟川，官軍敗績，副使左武衛將軍黑齒常之帥精騎三千夜襲賊營，殺獲二千餘級，贊婆等遂退，擢常之為河源軍經略大使，詔敬玄留鎮鄯州，以為之援。」按儀鳳三年九月，敬玄已與吐蕃戰，敗於青海，常之夜襲虜營，賊乃退，與此事頗相類。舊書敬玄傳止一敗，無再敗，常之傳：「儀鳳中，從敬玄擊吐蕃，走跋地設，充河源軍副使。時贊婆等屯良非川，常之夜襲賊營，走之，擢為大使。」事似同時。新書敬玄傳：「戰青海，又戰湟川，凡再敗。」常之傳：「儀鳳三年襲跋地設，調露中襲贊婆。」唐歷、統紀皆無今年敬玄敗事。又實錄：「今年八月丁巳，敬玄貶衡州刺史，辛巳至丁巳，纔三十七日。」賈耽皇華四達記，自長安至鄯州，約一千七百餘里，時高宗又在東都，若敬玄敗後，累表稱疾，得報乃來至東都，必數日乃貶，非三十七日之內所能容也。今略去敬玄湟州敗事，但云吐蕃寇河源，常之擊卻之而已。擢常之為河源軍經略大使。常之以河源衝要，欲加兵戍之，而轉輸險遠，乃廣置烽戍(一六)七十餘所，開屯田五千餘頃，歲收五百餘萬石，由是，戰守有備(一七)焉。先是，劍南募兵，於茂州(一八)西南築安戎城，以斷吐蕃通蠻之路，吐蕃以生羌為鄉導，攻陷其城，以兵據之，由是西洱(一九)諸蠻，皆降於吐蕃，吐蕃盡據羊同、党項及諸羌之地，東接涼、松、茂、巂等州，南鄰天竺，西陷龜茲、疏勒等四鎮，北抵突厥，地方萬餘里，諸胡之盛，莫與為比(二〇)。

(六)丙申，鄭州刺史江王元祥薨。

(七)突厥餘眾圍雲州，代州都督竇懷悊、右領軍中郎將程務挺，將兵擊破之。

(八)八月，丁未，上還東都。

(九)中書令、檢校鄯州都督李敬玄軍既敗，屢稱疾請還，上許之，既至無疾，詣中書視事，上怒，丁巳，貶衡州刺史(二一)。

(十)太子賢聞宮中竊議(二二)，以賢為天后姊韓國夫人所生，內自疑懼，明崇儼以厭勝(二三)之術，為天后所信，常密稱太子不堪承繼，英王(二四)貌類太宗，又言相王相最貴。天后嘗命北門學士撰少陽正範(二五)及孝子傳，以賜太子，又數作書誚讓(二六)之，太子愈不自安，及崇儼死，賊不得，天后疑太子所為。太子頗好聲色，與戶奴趙道生等狎昵㉗，多賜之金帛，司議郎韋承慶上書諫不聽，天后使人告其事，詔薛元超、裴炎與御史大夫高智周等雜鞫㉘之，於東宮馬坊搜得皂甲㉙數百領㉚，以為反具㉛，道生又款稱㉜太子使道生殺崇儼，上素愛太子，遲回㉝欲宥之，天后曰：「為人子懷逆謀，天地所不容㉞，大義滅親，何可赦也。」甲子，廢太子賢為庶人，遣右監門中郎將令狐智通等送賢詣京師，幽於別所，黨與皆伏誅，仍焚其甲於天津橋南㉟，以示士民。承慶，思謙之子也。乙丑，立左衞大將軍、雍州牧英王哲為皇太子，改元，赦天下。

⑾太子洗馬劉訥言常撰㊱俳諧集㊲以獻賢，賢敗，搜得之，上怒曰：「以六經教人，猶恐不化㊳，乃進俳諧鄙說，豈輔道㊴之義邪！」流訥言於振州㊵。【考異】新傳云：「除名為民，復坐㊶事流死振州。」今從實錄。

⑿左衞將軍高真行之子政㊷為太子典膳丞，事與賢連，上以付其父，使自訓責，政入門，真行以佩刀刺其喉，真行兄戶部侍郎審行又刺其腹，真行兄子琁斷其首，棄之道中。上聞之，不悅，貶

真行為睦州刺史，審行為渝州刺史。真行，士廉之子也。左庶子、中書門下三品張大安坐阿附㊸太子，左遷普州刺史，其餘宮僚，上皆釋㊹其罪，使復位，左庶子薛元超等皆舞蹈拜恩，右庶子李義琰獨引咎㊺涕泣，時論㊻美之。

(十三)九月，甲申，以中書侍郎同中書門下三品王德真為相王府長史㊼，罷政事。

(十四)冬，十月，壬寅，蘇州刺史曹王明、沂州刺史嗣蔣王煒，皆坐故太子賢之黨，明降封零陵郡王，黔州安置㊽。煒除名，道州安置。

(十五)丙午，文成公主薨於吐蕃。

(十六)己酉，車駕西還。

(十七)十一月，壬申朔，日有食之。

【今註】㈠三原：今陝西省三原縣。㈡幸嵩山處士三原田遊巖所居：按高宗幸田遊巖所居及其應對，具詳《舊唐書・隱逸田遊巖傳》，可參閱之。㈢黑山：胡三省曰：「黑山一名殺胡山，在豐州中受降城正北如東八十里，亦謂之呼延谷。」㈣考異曰：「舊傳作朔州，今依實錄及統紀」：胡三省曰：「余按唐朔州治善陽縣，漢定襄地，單于府治金河縣，漢雲中郡城也。自朔州至單于府三百五十七里，以裴行儉軍行次舍考之，先至朔州，而後至單于府北，則舊傳朔州為是。」㊄撫士貴誠：安撫士卒，貴以誠意。㊅陌刀：長刀，步兵所持。㊆以羸兵數百為之援：《舊唐書・裴行儉傳》作：「以羸兵數百人援車。」謂扶車而行，援下當添一車字。㊇邀：遮截。㊈巳周：謂四周巳行完成。㊉安堵：猶安居。㈡趣：讀曰促。㈢狼山：胡三省曰：「狼山歌邏祿右廂部落所居也，永徽元年置狼山州，屬雲中都護府。」㈢裴行儉大破突厥於黑山……餘黨走保狼山：按此段乃錄自《舊唐書・裴行儉傳》，字句大致相同。㈣區處：區分處置。㈤聞喜：《舊唐書・地理志》二：「河東道，河中府，聞喜縣，漢縣，隋為桐鄉縣，武德元年分置聞喜縣。」㈥烽戍：烽燧屯戍。㈦戰守有備：戰守皆有準備。㈧茂州：《舊唐書・地理志》四：「劍南道、茂州，隋汶山郡，武德元年改為會州，貞觀八年改為茂州。」㈨西洱：即西洱河。㈩先是劍南募兵……諸胡之盛，莫與為比：按此段乃錄自《舊唐書・吐蕃傳》上，字句幾全相同。㈡中書令檢校鄯州都督李敬玄……貶衡州刺史：按此段乃錄自《舊唐書・李敬玄傳》，字句大致相同。㈢竊議：暗自議論。㈢厭勝：壓制勝伏。㈣英王：即後即位之中宗。㈤少陽正範：顏延之〈曲水詩〉序：「正體毓德於少陽。」注：「東宮，少陽位也。」意謂為太子者之楷範。㈥誚讓：責讓。㈦狎昵：狎習親昵。㈧雜鞠：同鞠。㈨皂甲：黑色之鎧甲。㈢領：領乃甲之單位，與襲意同。㈢太子賢聞宮中竊議……以為反具：按此段乃錄自《舊唐書・章懷太子傳》，字句大致相同。㈢款稱：款伏稱言。㈢遲回：遲延低回。㈣所不容：所不容納。㉟仍焚其甲於天津橋南：《舊唐書・地理志》一：「河南道，東都，北據邙山，南對伊闕，洛水貫都，有河漢之象。」跨洛為橋，曰天津橋。又唐代常以之為梟首示眾之處。《舊唐書》張行成附易之傳：「張柬之等起羽林兵，迎太子至玄武門，斬關而入，誅易之昌宗於迎仙院，並梟首於天津橋南。」又同書〈桓彥範傳〉：「斬易之昌宗於廊下，並梟首於天津橋南，士庶見者莫不懽叫相賀。」既若此，故焚甲亦於此地焉。㊱常撰：常通嘗。㊲俳諧集：猶今之笑話集。音ㄆㄞ。㊳不化：謂不能化之於正。㊴輔道：道與導通。㊵振州：《舊唐書・地理志》四：「嶺南道，振州，至京師八千六百六里。」與崖州同在大海洲中。㊶考異曰：「新傳云：『除名為民，復坐事，流死振州。』今從實錄」：按《新唐書・章懷太子傳》：「貶大安普州刺史，流訥言於振州，坐徙者十餘人。」是《新唐書》固亦言因此事流訥言於振州也。㊷左衞將軍高真行之子政：按新《舊唐書・高士廉傳》，政皆作岐。㊸阿附：阿諛依附。㊹釋：免。㊺引咎：引以為自己之罪。㊻時論美之：時人之議論，皆稱美之。按唐代頗重時論，史家評人，常引時論以為評騭之依據，事散見諸列傳中，茲不具。㊼相王府長史：《舊唐書・職官志》三：「親王府長史一人，從四品上，統領府寮，紀綱職務。」㊽黔州安置：《舊唐書・地理志》三：「江南道，黔州，在京師南三千一百九十三里。」

開耀元年（西元六八一年）

㈠春，正月，突厥寇原慶等州。乙亥，遣右衛將軍李知十等屯涇慶二州，以備突厥㊀。

㈡庚辰，以初立太子，敕宴百官及命婦於宣政殿㊁，引九部伎及散樂㊂，自宣政門入，太常博士袁利貞上疏，以為：「正寢非命婦宴會之地㊃，路門非倡優進御㊄之所，請命婦會於別殿，九部伎自東西門入，其散樂伏望停省。」上乃更命置宴於麟德殿㊅，宴日，賜利貞帛百段㊆。利貞，昂之曾孫也。利貞族孫誼為蘇州刺史，自以其先自宋太尉淑以來㊇，盡忠帝室，謂琅邪王氏雖奕世台鼎㊈，而為歷代佐命㊉，恥與為比(一一)(一二)。嘗曰：「所貴於名家者，為其世篤(一三)忠貞，才行(一四)相繼故也，彼鬻婚姻(一五)，求祿利者，又烏足(一六)貴乎？」時人是其言(一七)。

㈢裴行儉軍既還，突厥阿史那伏念復自立為可汗，與阿史德溫傅連兵為寇。癸巳，以行儉為定襄道大總管，以右武衛將軍曹懷舜、幽州都督李文暕為副，將兵討之。

㈣二月，天后表請赦杞王上金、鄱陽王素節之罪，以上金為沔州刺史，素節為岳州刺史，仍不聽朝集㈧。

㈤三月，辛卯，以劉仁軌兼太子少傅，餘如故。以侍中郝處俊為太子少保，罷政事，少府監㈨裴匪舒善營利，奏賣苑中馬糞，歲得錢二十萬緡，上以問劉仁軌，對曰：「利則厚矣，恐後代稱唐家賣馬糞，非嘉名也。」乃止。匪舒又為上造鏡殿成，上與仁軌觀之，仁軌驚趨下殿，上問其故，對曰：「天無二日，土無二王㈩，適視四壁，有數天子，不祥孰甚焉㈪！」上遽令剔去㈫。

㈥曹懷舜與裨將竇義昭，將前軍擊突厥，或告：「阿史那伏念與阿史德溫傅在黑沙㈬，左右纔二十騎以下，可徑往取也。」懷舜等信之，留老弱於瓠蘆泊，帥輕銳倍道進，至黑沙無所見，人馬疲頓㈭，乃引兵還，會薛延陀部落欲西詣伏念，遇懷舜軍，因請降，懷舜等引兵徐還，至長城北，遇溫傅小戰，各引去，至橫水㈮，遇伏念，懷舜義昭與李文暕及裨將劉敬同，四軍合為方陳，且戰且行，經一日，伏念乘便風㈯擊之，軍中擾亂，懷舜等棄軍走，軍遂大敗，死者不可勝數，懷舜等收散卒，斂金帛㈰，以賂伏念，與之約和，殺牛為盟，伏念北去，懷舜等乃得還㉘。夏，五月，丙戌，懷舜免死，流嶺南。

㈦己丑，河源道經略大使黑齒常之將兵擊吐蕃論贊婆於良非川，破之，收其糧畜而還，常之在軍七年，吐蕃深畏之，不敢犯邊㉙。

㈧初太原王妃之薨也㉚，天后請以太平公主為女官，以追福㉛，及吐蕃求和親，請尚太平公主，上乃為立太平觀，以公主為觀主㉜，以拒之。至是，始選光祿卿、汾陰薛曜之子紹尚焉，紹母，太宗女城陽公主也㉝。秋，七月，公主適薛氏，自興安門㉞南至宣陽坊㉟西，燎炬相屬，夾路槐木多死㊱，紹兄顗以公主寵盛，深憂之，以問族祖戶部郎中克構，克構曰：「帝甥尚主，國家故事，苟以恭慎行之，亦何傷？然諺曰：『娶婦得公主，無事取官府㊲』，不得不為之懼也。」天后以顗妻蕭氏及顗弟緒妻成氏，非貴族，欲出之，曰：「我女豈可使與田舍女為妯娌㊳邪！」或曰：「蕭氏，瑀之姪孫，國家舊姻。」乃止㊴。

㈨夏州羣牧使㊵安元壽奏：「自調露元年九月以來，喪馬一十八萬餘匹，監牧吏卒為虜所殺掠者八百餘人。」

(十)薛延陀達渾等五州四萬餘帳[41]來降。

(十一)甲午，左僕射兼太子少傅、同中書門下三品劉仁軌固請解僕射，許之。

(十二)閏七月，丁未，裴炎為侍中，崔知溫、薛元超並守中書令。

(十三)上徵田遊巖為太子洗馬，在東宮，無所規益[42]，右衞副率蔣儼以書責之曰：「足下負巢由[43]之俊節[44]，傲唐虞之聖主，聲出區宇[45]，名流海內，主上屈萬乘之重，申三顧之榮[46]，遇子以商山之客[47]，待子以不臣之禮，將以輔導儲貳[48]，漸染芝蘭[49]耳。皇太子春秋鼎盛[50]，聖道未周，僕以不才，猶參庭[51]諍，足下受調護[52]之寄，是可言之秋，唯唯[53]而無一談，悠悠[54]以卒年歲，向使不飡周粟[55]，僕何敢言？祿及親矣，以何酬塞。想為不達，謹書起予[56]。」遊巖竟不能答。

(十四)庚申，上以服餌[57]令太子監國。

(十五)裴行儉軍於代州之陘口[58]，多縱反間，由是阿史那伏念與阿史德溫傳浸(五九)相猜貳，伏念留妻子輜重於金牙山(六〇)，以輕騎襲曹懷舜，行儉遣裨將何迦密自通漠道，程務挺自石地道掩取之，伏念與曹懷舜約和而還，比至金牙山，失其妻子輜重，士卒多疾疫，乃引兵北走細沙，行儉又使副總管劉敬同、程務挺等將單于府兵追躡之，伏念請執溫傳以自效(六一)，然尚猶豫，又自恃道遠，唐兵必不能至，不須設備。敬同等軍到，伏念狼狽，不能整其眾(六二)，遂執溫傳，從間道詣行儉降。候騎告以塵埃漲天(六三)而至，將士皆震恐，行儉曰：「此乃伏念執溫傳來降，非他盜也(六四)，然受降如受敵(六五)，不可無備。」乃命嚴備，遣單使迎前勞之，少選(六六)，伏念果帥酋長縛溫傳詣軍門請罪，行儉盡平突厥餘黨，以伏念溫傳歸京師(六七)。

(十六)冬，十月，丙寅朔，日有食之。

(十七)壬戌，裴行儉等獻定襄之俘。乙丑，改元。丙寅，斬阿史那伏念(六八)、阿史德溫傳等五十四人於都市。初行儉許伏念以不死，故降，裴炎疾(六九)行儉之功，奏言：「伏念為副將張虔勗、程務挺所逼，又回紇等自磧北南向逼之，窮窘而降耳。」遂誅之。行儉歎曰：「渾濬爭功(七〇)，古今所恥，但恐殺降，無復來者(七一)。」因稱疾不出(七二)。

(六)丁亥，新羅王法敏卒，遣使立其子政明。

(九)十一月，癸卯，徙故太子賢於巴州(七三)。

【今註】㊀突厥寇原慶等州……以備突厥：按此段乃錄自《舊唐書・高宗紀》，字句大致相同。㊁宣政殿：《唐六典》卷七：「丹鳳門內正殿曰含元殿，其北曰宣政門，門內曰宣政殿。」㊂散樂：杜佑曰：「散樂，即百戲也。」㊃正寢非命婦宴會之地：《舊唐書・文苑上袁朗附利貞傳》作：「前殿正寢，非命婦宴會之地。」按此既在宣政殿，則自指前殿而非正寢也。㊄進御：猶進入獻伎。㊅麟德殿：胡三省曰：「麟德殿，麟德中所作也。閣本大明宮圖，翰林院密邇麟德殿。韋執誼曰：『翰林院在右銀臺門內，麟德殿在西重廊之後。』」㊆以初立太子敕宴百官……宴日賜利貞帛百段：按此段乃錄自《舊唐書・文苑上袁朗傳》，字句大致相同。㊇自以其先自宋太尉淑以來：袁淑死於宋元兇之難，袁顗以死奉子勛，袁昂盡節於齊室，袁憲盡忠於陳後主。㊈奕世台鼎：謂累世為宰輔。(一〇)歷代佐命：琅琊王氏股肱晉室，而王弘為宋室佐命，王儉為齊室佐命，梁室之興，侯景之篡，王亮王克為勸進之首。(一一)為比：為伍。(一二)利貞族孫誼為蘇州刺史，自以其先……恥與為比：按《舊唐書・文苑上袁朗傳》，以此言為袁朗所云，似較近情理。(一三)世篤：世重。(一四)才行：才能德行。(一五)舋婚姻：

謂向男家索取婚禮。⑯烏足：何足。⑰利貞族孫誼為蘇州刺史……時人是其言：按此段乃錄自《舊唐書・文苑上袁朗傳》，字句大致相同。⑱仍不聽朝集：謂仍不許朝謁。⑲少府監：《唐六典》卷二十二：「少府監一人，從三品，掌百工伎巧之政令。掌治五署之官屬，庀其二徒，謹其繕作。」⑳土無二王：猶地無二王。㉑不祥孰甚焉：謂不善之事，何有甚於此者。㉒剔去：除去。㉓黑沙：黑沙城，後突厥默啜以為南庭。㉔疲頓：疲乏勞頓。㉕至橫水：胡三省曰：「橫水去金河一百四十許里。」㉖便風：即順風。㉗歛金帛：收歛軍中之金帛。㉘曹懷舜與裨將竇義昭……懷舜等乃得還：按此段《新唐書・突厥傳》上亦載之，而稍較簡略。㉙河源道經略大使黑齒常之……吐蕃深畏之，不敢犯邊：按此段乃錄自《舊唐書・黑齒常之傳》，字句大致相同。㉚太原王妃之薨也：武士彠封太原王，妃從其爵，亦曰榮國夫人。咸亨元年薨。㉛天后請以太平公主為女官，以追福：《新唐書・高宗三女傳》：「榮國夫人死，后丐主為道士，以幸冥福。」是其的釋。㉜觀主：謂太平觀之主持者。㉝始還汾陰薛曜之子紹尚焉，紹母，太宗女城陽公主也：按《新唐書・太宗諸女傳》：「城陽公主下嫁杜荷，坐太子承乾事誅，又嫁薛瓘。」《唐會要》亦同之。本此，則曜當改作瓘。㉞興安門：《唐六典》卷七：「大明宮南面五門，正南曰丹鳳門，西曰建福門，次日興安門。南當皇城之啟夏門，舊京城入苑之北門。」㉟南至宣陽坊：胡三省曰：「自興安門而南，歷三坊至宣陽坊，萬年縣治在焉。」㊱夾路槐木多死：為燎炬之所燒死。㊲無事取官府：謂無事而取擾於官府，則禍必將及身。㊳妯娌：兄弟之妻相呼曰妯娌。妯音ㄓㄡˊ。㊴國家舊姻：蕭瑀子銳尚太宗女襄城公主。

(四〇)夏州羣牧使：胡三省曰：「唐諸牧監掌羣牧孳課之事，凡諸羣牧立南北東西四使，以分統之，其馬皆印，每歲終監牧使巡按孳數，以功過相除，為之考課。」(四一)薛延陀達渾等五州四萬餘帳：按《新唐書・地理志》七下：「達渾都督府、以延陀部落置。領州五：姑衍州、步訖若州、嵠彈州、鶻州、低粟州。」本此，則達渾等五州，當改作達渾都督府所屬五州，方與事實相符。(四二)規益：規諫裨益。(四三)巢由：巢父、許由。(四四)俊節：清俊之節操。(四五)區宇：猶宇內。(四六)申三顧之榮：三顧用諸葛亮事，上幸嵩山，嘗至遊巖所居，故云然。(四七)遇子以商山之客：漢四皓隱於商山。(四八)儲貳：即太子。(四九)芝蘭：香草，以喻美善。(五〇)鼎盛：方當富盛之時。(五一)庭諍：於宮庭中而諍諫之。(五二)調護：《漢書・張良傳》：「高帝謂四皓曰：『煩公幸卒調護太子。』」調護謂調理保護。(五三)唯唯：猶今之連聲是是，而無言，以示己意。(五四)悠悠：時光行貌。(五五)不飡周粟：夷齊採薇西山，不食周粟。(五六)謹書起予：《論語・八佾》：「子曰：『起予者商也。』」此謂謹為書以啟發之。(五七)庚申，上以服餌：謂服藥餌。按《新唐書・高宗紀》作庚戌，此則從《舊唐書・高宗紀》文。(五八)代州之陘口：《新唐書・地理志》三：「河東道、代州、鴈門，上有東陘關、西陘關。」陘口，即陘關之口。音刑。(五九)浸：漸。(六〇)金牙山：胡三省曰：「突厥之初，建牙於金山，其後分為東西突厥，凡建牙之地，率謂之金牙山。蘇定方直抵金牙山，擒賀魯，此西突厥可汗所居之金牙山也。裴行儉遣程務挺等掩金牙山，取伏念妻子，此東突厥可汗所居之金牙山也。可汗所居謂之金帳，故亦金牙言之。」(六一)以自效：以自效功。(六二)不能整其眾：不能整齊其卒伍。(六三)漲天：漲騰而瀰漫天宇。(六四)此乃伏念執溫傳來降，非他盜也：按《舊唐書・裴行儉傳》，非他下無盜也二字，衡諸情理，較為得之。(六五)如受敵：謂如迎接敵人。(六六)少選：少頃。(六七)候騎告以塵埃漲天……以伏念溫傅歸京師：按此段乃錄自《舊唐書・裴行儉傳》，字句大致相同。(六八)冬十月丙寅朔，日有食之。壬戌，裴行儉等獻定襄之俘。乙丑，改元。丙寅，斬阿史那伏念：按一月內不得有二丙寅，知後之丙寅誤也。又《新唐書・高宗紀》，壬戌及乙丑二日下事，皆列於九月之中，當從而移置之。(六九)疾：嫉妬。(七〇)渾濬爭功：事見卷八十一晉武帝太康元年。言若爭伏念之死，則是與張虔勗、程務挺爭功。(七一)無復來者：謂無再來降者。(七二)初行儉許伏念以不死……因稱疾不出：按此段乃錄自《舊唐書・裴行儉傳》，字句大致相同。(七三)巴州：《舊唐書・地理志》二：「山南道，巴州，至京師二千三百六十里。」

卷二百三　唐紀十九

司馬光編集
曲守約註

起玄默敦牂，盡柔兆閹茂，凡五年。（壬午至丙戌，西元六八二年至六八六年）

高宗天皇大聖大弘孝皇帝下

永淳元年（西元六八二年）

㈠春，二月，作萬泉宮於藍田。

㈡癸未，改元，赦天下。

㈢戊午，立皇孫重照為皇太孫㊀，上欲令開府置官屬，問吏部郎中㊁王方慶，對曰：「晉及齊皆嘗立太孫㊂，其太子官屬即為太孫官屬，未聞太子在東宮，而更立太孫者也。」上曰：「自我作古㊃可乎？」對曰：「三王不相襲禮，何為不可！」乃奏置師傅等官，既而上疑其非法，竟不補授。方慶，裒之曾孫也㊄㊅，名綝，以字行。

㈣西突厥阿史那車薄帥十姓反。

㈤夏，四月，甲子朔，日有食之。

㈥上以關中饑饉，米斗三百，將幸東都。丙寅，發京師，留太子監國，使劉仁軌、裴炎、薛元超輔之，時出幸倉猝，扈從之士，有餓死於中道者。上慮道路多草竊，命監察御史魏元忠檢校車駕前後，元忠受詔，即閱視赤縣獄(七)，得盜一人，神采(八)語言異於眾，命釋桎梏，襲冠帶(九)，乘驛以從，與之共食宿，託以詰盜(一〇)，其人笑，許諾，比及東都，士馬萬數(一一)，不亡一錢。

㈦辛未，以禮部尚書、聞喜憲公裴行儉為金牙道行軍大總管，帥右金吾將軍閻懷旦等三總管，分道討西突厥，師未行，行儉薨。行儉有知人之鑒(一二)，初為吏部侍郎，前進士(一三)王勮、咸陽尉、欒城蘇味道，皆未知名，行儉一見，謂之曰：「二君後當相次(一四)掌銓衡，僕有弱息(一五)，願以為託。」是時，勮弟勃與華陰楊炯、范陽(一六)盧照鄰、義烏(一七)駱賓王，皆以文章有盛名，司列少常伯(一八)李敬玄尤重之，以為必顯達。行儉曰：「士之致遠，當先器識(一九)而後才藝，勃等雖有文華，而浮躁淺露，豈享爵祿之器邪！楊子稍沈靜，應至令長⑳，餘得令終㉑幸矣㉒。」既而勃度海墮水，烱終於盈川㉓令，照鄰惡疾不愈，赴水死，賓王反誅㉔，勮味道皆典選，如行儉言。行儉為將帥，所引偏裨，如程務挺、張虔勗、王方翼、劉敬同、李多祚、黑齒常之，後多為名將。行儉常命左右取犀角麝香，而失之㉕，又敕賜馬及鞍，令史㉖輒馳驟，馬倒鞍破，二人皆逃去；行儉使人召還，謂曰：「爾曹皆誤耳㉗，何相輕之甚邪㉘！」待之如故。破阿史那都支，得馬腦盤㉙，廣二尺餘，以示將士，軍吏王休烈捧盤升階，跌而碎之，惶恐叩頭流血，行儉笑曰：「爾非故為㉚，何至於是！」不復有追惜㉛之色。詔賜都支等資產金器三千餘物㉜，雜畜稱是，並分給親故及偏裨，數日而盡㉝。

(八)阿史那車薄圍弓月城，安西都護王方翼引軍救之，破虜眾於伊麗水㉞，斬首千餘級，俄而三姓咽麪與車薄合兵拒方翼，方翼與戰於熱海㉟，流矢貫方翼臂，方翼以佩刀截之，左右不知，所將胡兵謀執方翼，以應車薄，方翼知之，悉召會議，陽出㊱軍資賜之，以次引出，斬之。會大風，方翼振金鼓㊲，以亂其聲，誅七十餘人，其徒莫之覺。既而分遣裨將，襲車薄咽麪，大破之，擒其酋長三百人，西突厥遂平㊳，閻懷旦竟不行。方翼尋遷夏州都督，徵入議邊事㊴，上見方翼衣有血漬，問之，方翼具對熱海苦戰之狀，上視瘡，歎息，竟以廢后近屬㊵，不得用而歸㊶。

㈨乙酉，車駕至東都。

㈩丁亥，以黃門侍郎潁川㊷郭待舉、兵部侍郎岑長倩、秘書員外少監檢校中書侍郎鼓城㊸郭正一、吏部侍郎鼓城魏玄同，並與中書門下同承受進止平章事。上欲用待舉等，謂韋知溫曰：「待舉等資任尚淺，且令預聞政事，未可與卿等同名㊹。」自是外司四品已下知政事者，始以平章事為名㊺。長倩，文本之兄子也㊻。

(十一)先是玄同為吏部侍郎，上言銓選之弊，以為：「人君之體㊼，當委任而責成功㊽，所委㊾者當，則所用者㊿自精矣。故周穆王命伯冏為太僕正，曰：『慎簡(51)乃僚。』是使羣司(52)各求其小者，而天子命(53)其大者也。乃至漢氏得人，皆自州縣補署(54)，五府辟召(55)，然後升於天朝(56)。自魏晉以來，始專委選部。夫以天下之大，士人之眾，而委之數人之手，用刀筆以量才(五七)，案簿書而察(五八)行，借使(五九)平(六〇)如權衡，明(六一)如水鏡，猶力有所極(六二)，照有所窮，況所委非人，而有愚闇阿私(六三)之弊乎？願略依周漢之規(六四)，以救魏晉之失。」

疏奏，不納(六五)。

(十二)五月，東都霖雨，乙卯，洛水溢，溺(六六)民居千餘家，關中先水後旱蝗，繼以疾疫，米斗四百，兩京間死者相枕(六七)於路，人相食(六八)。

(十三)上既封泰山，欲遍封五嶽，秋，七月，作奉天宮於嵩山南(六九)。監察御史裏行(七〇)李善感諫曰：「陛下封泰山，告太平，致羣瑞(七一)與三皇五帝比隆(七二)矣。數年以來，菽(七三)粟不稔(七四)，餓殍(七五)相望，四夷交侵(七六)，兵車歲駕(七七)，陛下宜恭默思道，以禳(七八)災譴(七九)。乃更廣營宮室，勞役不休，天下莫不失望。臣忝備國家耳目(八〇)，竊以此為憂。」上雖不納，亦優容之。而褚遂良韓瑗之死，中外以言為諱(八一)，無敢逆意直諫，幾二十年，及善感始諫，天下皆喜，謂之：「鳳鳴朝陽(八二)。」

(十四)上遣宦者，緣江徙(八三)異竹，欲植苑(八四)中，宦者科舟(八五)載竹，所在縱暴(八六)，過荊州，荊州長史蘇良嗣囚之，上疏切諫，以為：「致遠方異物，煩擾道路(八七)，恐非聖人(八八)愛人之意。又小人竊弄威福(八九)，虧損皇明(九〇)(九一)。」上謂天后曰：「吾約束(九二)不嚴，果為良嗣所怪。」手詔慰諭良嗣，令棄竹江中。良嗣，世長之子也。

(十五)黔州都督謝祐希天后意，逼零陵王明令自殺。上深惜之，黔府官屬皆坐免官(九三)，祐後寢於平閣，與婢妾十餘人共處，夜失其首，垂拱中，明子零陵王俊、黎國公傑為天后所殺，有司籍其家，得祐首，漆為穢器(九四)，題云謝祐，乃知明子使刺客取之也。

(十六)太子留守京師，頗事遊畋，薛元超上疏規諫，上聞之，遣使者慰勞元超，仍(九五)召赴東都。

(十七)吐蕃將論欽陵寇柘松翼等州(九六)，詔左驍衛郎將李孝逸、右衛郎將衛蒲山，發秦渭等州兵分道禦之。

(十八)冬，十月，丙寅，黃門侍郎劉景先同中書門下平章事(九七)。

(十九)是歲，突厥餘黨阿史那骨篤祿(九八)、阿史德元珍(九九)等招集亡散，據黑沙城反，入寇并州及單于府之北境，殺嵐州刺史王德茂。右領軍衛將軍、檢校代州都督薛仁貴將兵擊元珍於雲州，虜問唐大將為誰，應之曰：「薛仁貴。」虜曰：「吾聞仁貴流象州，死久矣，何以紿我⑳？」仁貴免冑示之面㉑，虜相顧失色，下馬列拜㉒，稍稍引去，仁貴因奮擊，大破之，斬首萬餘級，捕虜二萬餘人㉓。

(廿)吐蕃入寇河源軍，軍使婁師德將兵擊之於白水澗，八戰八捷，上以師德為比部員外郎、左驍衛郎將河源軍經略副使，曰：「卿有文武材，勿辭也。」

【今註】㈠戊午立皇孫重照為皇太孫：按《新唐書・高宗紀》，戊午上有三月二字，當從添。㈡吏部郎中：《唐六典》卷二：「吏部郎中二人，從五品上。掌考天下文吏之班秩品命。」㈢晉及齊皆嘗立太孫：晉惠帝立太孫臧，齊武帝立太孫昭業。㈣作古：作為故事。㈤方慶裒之曾孫也：胡三省曰：「梁王裒之曾孫，江陵陷，裒徙入關，遂為咸陽人。裒當作褒。」㈥立皇孫重照為皇太孫……方慶褒之曾孫也。按此段乃錄自《舊唐書・高宗紀》，而紀文稍較簡略。㈦赤縣獄：西京以長安萬年為赤縣。㈧神采：神情風采。㈨襲冠帶：猶著冠帶。⑩詰盜：猶察盜。⑪萬數：謂萬餘，此數為唐代之特殊用語。⑫知人之鑒：知人之識見。⑬前進士：《唐國史補》：「進士得第，謂之前進士。」⑭相次：相繼續。⑮弱息：弱子。⑯范陽：《新唐書・地理志》三：「河北道，涿州，屬范陽縣，本涿，武德七年更名。」⑰義烏：同志五：「江南道，婺州，屬有義烏縣。」⑱司列少常伯：即吏部侍郎。⑲器識：器度識見。⑳應至令長：大縣曰令，小縣曰長。㉑令終：善終。㉒幸矣：則甚幸矣。㉓盈川：《舊唐書・地理志》三：「江南道，衢州，盈川縣，如意元年分龍丘置，縣西有刑溪，陳時土人留異惡刑字，改名盈川，因以為縣名。」㉔賓王反誅：謂同徐敬業反。㉕而失之：而遺失之。㉖令史：此禮部令史。㉗爾曹皆誤耳：謂爾曹之逃去，皆屬不當。㉘何相輕之甚邪：胡三省曰：「謂懼罪責而逃，是以常人見待，相輕之甚也。」按相輕之甚也，似當作相輕甚矣，方合文意。㉙馬腦盤：馬腦，文石，琢以為盤。㉚故為：故意為之。㉛追惜：追悔憐惜。㉜詔賜都支等資產金器三千餘物：按資產上應有一之字，方足示此資產乃係都支等之所有者。㉝以禮部尚書聞喜憲公裴行儉……數日而盡：按此段乃錄自《舊唐書・裴行儉傳》，字句大致相同。㉞車薄圍弓月城，安西都護王方翼引軍救之，破虜眾於伊麗水：胡三省曰：「自弓月城過思渾川蟄失蜜城，渡伊麗河，至碎葉界。」㉟熱海：據《新唐書・地理志》七下，熱海在碎葉城之東。㊱陽出：猶佯出。㊲振金鼓：擊金鼓。㊳阿史那車薄圍弓月城……西突厥遂平：按此段與《新唐書・王方翼傳》亦載之，字句大致相同。㊴方翼尋遷夏州都督，徵入議邊事：按本傳：「明年，召方翼議西域事。」是徵入議邊事以下，皆係明年之事，特以與王方翼有關，遂連書於此，然實為編年體之破格者。㊵竟以廢后近屬：廢后，方翼從祖女弟。㊶方翼尋遷夏州都督……不得用而歸：按此段《新唐書・王方翼傳》亦載之，字句大致相同。㊷潁川：《舊唐書・地理志》一：「河南道，許州長社縣，隋潁川縣，武德四年改為長社。」㊸鼓城：同志二：「河北道定州，貞觀元年，以廢廉州之鼓城來屬。」㊹謂韋知溫曰，待舉等資任尚淺，未可與卿等同名：由文知韋知溫乃係三品之職，檢《新唐書・宰相表》上，謂：「永隆元年，裴炎崔知溫並同中書門下三品。」又《舊唐書・高宗紀》亦作崔知溫，是韋乃崔之訛。㊺以黃門侍郎潁川郭待舉……始以平章事為名：按此段乃錄自《舊唐書・高宗紀》，字句大致相同。㊻長倩，文本之兄子也：岑文本輔太宗。㊼人君之體：謂人君之要。㊽而責成功：謂而責求其成績。㊾委：即上文之委任。㊿則所用者：謂則所能為用者。(五一)慎簡：慎審簡選汝之僚佐。(五二)羣司：眾有司。(五三)命：任命。(五四)補署：補充署任。(五五)辟召：辟任徵召。(五六)天朝：即朝廷。(五七)用刀筆以量才：刀筆猶簿書，謂用簿書之事以衡量其才之高下。(五八)察行：察其德行之優劣。(五九)借使：假使。(六〇)平：公平。(六一)明：明確。(六二)極：窮。(六三)阿私：阿黨偏私。(六四)規：規章。(六五)先是玄同為吏部侍郎……以救魏晉之失，疏奏不納：按此段乃錄自《舊唐書・魏玄同傳》，雖字句相同，而次第則多行移置。(六六)溺：淹溺。(六七)相枕：相枕藉。(六八)東都霖雨……人相食：按此段乃錄自《舊唐書・高宗紀》，字句大致相同。(六九)作奉天宮於嵩山南：嵩山在今河南省登封縣北。(七〇)監察御史裏行：胡三省曰：「裏行者，資序未至，未正除監察御史，令於監察御史班裏行也。」(七一)致羣瑞：獲致眾多祥瑞。(七二)比隆：比隆盛。(七三)菽：眾豆之總名，音叔。(七四)稔：成熟。(七五)殍：餓死，音ㄆㄧㄠˇ。(七六)交侵：並來入侵。(七七)歲駕：猶歲動。(七八)禳：除。(七九)災譴：災殃罪譴。(八〇)國家耳目：天子之耳目。(八一)為諱：為忌諱。(八二)鳳鳴朝陽：《詩・卷阿》：「鳳凰鳴矣，于彼高岡，梧桐生矣，於彼朝陽。』」然唐人此語，實取意於《世說・賞譽篇》，該文云：「張華見褚陶，語陸平原曰：『君兄弟龍躍雲津，顧彥先鳳鳴朝陽，謂東南之寶已盡，不意復見褚生。』」蓋乃以喻高才之逢時也。(八三)徙：移徙。(八四)苑：禁苑。(八五)科舟：徵發舟楫。(八六)縱暴：縱肆暴虐。(八七)煩擾道路：勞煩騷擾沿路居民。(八八)聖人：即君上。(八九)竊弄威福：竊作威福。(九〇)皇明：聖皇之睿明。(九一)上遣宦者緣江徙異竹……虧損皇明：按此段乃錄自《舊唐書・蘇世長附良嗣傳》，字句大致相同。(九二)約束：猶管束。(九三)黔州都督謝祐希天后意……黔府官屬皆坐免官：按此段乃錄自《舊唐書・曹王明傳》，字句大致相同。(九四)漆為穢器：穢器即溺器，亦即古代所云之飲器也。(九五)仍：因。(九六)柘松翼等州：《舊唐書・地理志》四：「劍南道，柘州，永徽後置。」又：「松州，隋同昌郡之嘉誠縣，武德元年置松州。」又：「翼州，隋汶山郡之翼斜縣，武德元年分置翼州。」(九七)劉景先同中書門下平章事：按《新唐書・高宗紀》作劉齊賢，然〈宰相表〉上則作劉景先，又《舊唐書》本紀亦作劉景先，知二者乃係一人，而因稱名稱字，致相歧殊。(九八)骨篤祿：按《舊唐書・突厥傳》上作骨咄祿，文云：「骨咄祿者，頡利之疏屬，其祖父本是單于右雲中都督舍利元英下首領也，世襲吐屯啜。」(九九)阿史德元珍：《舊唐書・突厥傳》上骨咄祿章：「時有阿史德元珍，在單于檢校降戶部落，嘗坐事為單于長史王本立所拘縶，會骨咄祿入寇，元珍請依舊檢校部落，本立許之，因而便投骨咄祿，骨咄祿得之甚喜，立為阿波達干，令專統兵馬事。」(一〇〇)紿我：騙我。(一〇一)免胄示之面：免去兜鍪，示以面貌，蓋由面貌可以識之審也。(一〇二)列拜：《新唐書・薛仁貴傳》作：「羅拜。」意謂羅列而拜。(一〇三)右領軍衛將軍薛仁貴……捕虜二萬餘人：按此段《新唐書・薛仁貴傳》亦載之，字句大致相同。

弘道元年（西元六八三年）

㈠春，正月，甲午朔，上行幸奉天宮。

㈡二月，庚午，突厥寇定州，刺史霍王元軌擊却之，乙亥，復寇媯州㊀。三月，庚寅，阿史那骨篤祿、阿史德元珍圍單于都護府，執司馬張行師，殺之㊁，遣勝州都督王本立、夏州都督李崇義，將兵分道救之。

㈢太子右庶子、同中書門下三品李義琰改葬父母，使其舅氏遷舊墓，上聞之，怒曰：「義琰倚勢，乃陵其舅家，不可復知政事。」義琰聞之，不自安，以足疾乞骸骨。庚子，以義琰為銀青光祿大夫，致仕㊂。

㈣癸丑，守中書令㊃崔知溫薨。

㈤夏，四月，己未，車駕還東都。

㈥綏州步落稽㊄白鐵余埋銅佛於地中，久之，草生其上，紿其鄉人曰：「吾於此數見佛光。」擇日集眾，掘地，果得之，因曰：「得見聖佛㈥者，百疾皆愈。」遠近赴之，鐵余以雜色囊盛之數十重，得厚施，乃去一囊㈦，數年間歸信者眾，遂謀作亂，據城平縣，自稱光明聖皇帝，置百官，進攻綏德、大斌二縣㈧，殺官吏，焚民居㈨，遣右武衛將軍程務挺與夏州都督王方翼討之，甲申，攻拔其城，擒鐵余，餘黨悉平㈩。【考異】僉載云延州稽胡，又云自號月光王，又云儀鳳中，務挺斬平之。今從實錄。

㈦五月，庚寅，上幸芳桂宮，至合璧宮㈩㈠，遇大雨而還。

㈧乙巳，突厥阿史那骨篤祿等寇蔚州，殺刺史李思儉，豐州都督崔智辯將兵邀之於朝那山北，兵敗，為虜所擒㈩㈡。

㈨朝議欲廢豐州，遷其百姓於靈夏，豐州司馬㈩㈢唐休璟上言，以為：「豐州阻河為固㈩㈣，居賊衝要，自秦漢已來，列為郡縣，土宜耕牧。隋季喪亂，遷百姓於寧慶二州，致胡虜深侵，以靈夏為邊境。貞觀之末，募人實之㈩㈤，西北始安，今廢之，則河濱之地，復為賊有，靈夏等州，人不安業，非國家之利也。」乃止㈩㈥。

㈩六月，突厥別部寇掠嵐州，偏將楊玄基擊走之。

(十)秋，七月，己丑，立皇孫重福為唐昌王。

(十一)庚辰，詔以今年十月有事於嵩山，尋以上不豫，改用來年正月。

(十二)甲辰，徙相王輪為豫王，更名旦。

(十三)中書令兼太子左庶子薛元超病瘖，乞骸骨，許之。

(十四)八月，己丑，以將封嵩山，召太子赴東都，留唐昌王重福守京師，以劉仁軌為之副。冬，十月，己卯，太子至東都。

(十五)癸亥，車駕幸奉天宮。

(十六)十一月，丙戌，詔罷來年封嵩山，上疾甚故也。上苦頭重，不能視，召侍醫(一七)秦鳴鶴診之，鳴鶴請刺頭出血，可愈。天后在簾中，不欲上疾愈，怒曰：「此可斬也，乃欲於天子頭刺血。」鳴鶴叩頭請命。上曰：「但刺之，未必不佳。」乃刺百會腦戶二穴(一八)。上曰：「吾目似明矣。」后舉手加額曰：「天賜也。」自負綵百匹賜鳴鶴。

(十七)戊戌，以右武衛將軍程務挺為單于道安撫大使，招討阿史那骨篤祿等。

(九)詔太子監國，以裴炎、劉景先、郭正一同東宮平章事。

(廿)上自奉天宮疾甚，宰相皆不得見，丁未，還東都⑲，百官見於天津橋南。

(廿一)十二月，丁巳，改元⑳，赦天下。上欲御則天門樓，宣赦，氣逆不能乘馬，乃召百姓入殿前宣之。是夜召裴炎入受遺詔輔政，上崩於貞觀殿，遺詔太子柩前即位，軍國大事有不決者，兼取天后進止㉑。廢萬泉、芳桂、奉天等宮。庚申，裴炎奏太子未即位，未應宣敕，有要速處分㉒，望宣天后令㉓，於中書門下施行。甲子，中宗即位，尊天后為皇太后，政事咸取決焉。太后以澤州刺史韓王元嘉等地尊望重，恐其為變，並加三公等官㉔，以慰其心。

(廿二)甲戌，以劉仁軌為左僕射，裴炎為中書令，戊寅，以劉景先為侍中。故事、宰相於門下省議事，謂之政事堂，故長孫無忌為司空，房玄齡為僕射，魏徵為太子太師，皆知門下省事，及裴炎遷中書令，始遷政事堂於中書省。

(廿三)壬午，遣左威衛將軍王果、左監門將軍令狐智通、右金吾將軍楊玄儉、右千牛將軍郭齊宗，分往并、益、荊、揚四大都督府，與府司相知鎮守㉖。

㉗中書侍郎同平章事郭正一為國子祭酒，罷政事。

【今註】㈠嬀州：《舊唐書・地理志》二：「河北道，嬀州，隋涿郡之懷戎縣，武德七年置北燕州，貞觀八年改名嬀州，取嬀水為名。」音ㄍㄨㄟ。㈡二月突厥寇定州……執司馬張行師殺之：按此段《新唐書・突厥傳》上骨咄祿章亦載之，字句大致相同。㈢太子右庶子李義琰……以義琰為銀青光祿大夫，致仕：按此段新唐書李義琰傳亦載之，而稍較簡略。㈣守中書令：胡三省曰：「舊制，凡九品已上職事官，皆帶散位，謂之本品職事，則隨才敍用，或去閑入劇，或去高就卑，遷徙出入，參差不定。散位則一切以門蔭結品，然後以勞考進敍。武德令，職事解散官，欠一階不至為兼職事，卑者不解散官。貞觀令，以職事高者為守職事，卑者為行，仍帶散位，其欠一階，仍舊為兼，或帶散官，或為守，參而用之。其兩職事亦為兼，頗相錯亂。咸亨二年，始一切為守。」㈤步落稽：通名之曰稽胡。㈥聖佛：猶神佛。㈦得厚施，乃去一囊：謂得厚施，則去一囊與施者，以護佑之。㈧據城平縣，進攻綏德大斌二縣：據《舊唐書・地理志》一，三縣皆屬關內道之綏州。㈨民居：猶民舍。㈩白鐵余據城平縣……餘黨悉平：按此段乃錄自《舊唐書・程務挺傳》，字句大致相同。㈡芳桂宮：《新唐書・地理志》二：「河南道，澠池，治西五裏有紫桂宮，儀鳳二年置，調露二年曰避暑宮，永淳元年曰芳桂宮。」㈢突厥阿史那骨篤祿等寇蔚州……兵敗為虜所擒：按此段乃錄自《舊唐書・高宗紀》，字句大致相同。㈢豐州司馬：《舊唐書・職官志》三：「下都督府司馬一人，從五品上。」㈣阻河為固：阻隔黃河，以為險固。㈤實之：充實之。㈥朝議欲廢豐州……非國家之利也，乃止：按此段乃錄自《舊唐書・唐休璟傳》，字句幾全相同。㈦侍醫：《唐六典》卷十一：「尚藥局侍御醫四人，從六品上。掌診候調和。」㈧刺百會腦戶二穴：《鍼灸經》：「百會一名三陽，五會在前頂後寸半頂央旋毛中，可容豆，鍼二分，得氣中即瀉。腦戶一名合顱，在枕骨上強後寸半，禁鍼，鍼令人啞。」㈨戊戌，以右武衞將軍程務挺……丁未，還東都：按此段乃錄自《舊唐書・高宗紀》，字句大致相同。㈩十二月丁巳改元：按《舊唐書・高宗紀》，丁巳作己酉，此則從《新唐書》紀文。㈡進止：《舊唐書・高宗紀》作：「處分。」進止即處分之一部分。㈢改元，赦天下……兼取天后進止：按此段乃錄自《舊唐書・高宗紀》，字句大致相同。㈢有要速處分：謂有重要及須快速處分之事。㈣宣天后令：宣行天后之命令。㈤太后以澤州刺史韓王元嘉等，地尊望重，並加三公等官：按與韓王元嘉同加三公之銜者，據《新唐書・則天紀》為：霍王元軌為司徒，舒王元名為司空。㈥相知鎮守：謂互相知會，共同鎮守。

則天順聖皇后上之上

光宅元年（西元六八四年）

㈠春，正月，甲申朔，改元嗣聖㊀，赦天下。

㈡立太子妃韋氏為皇后，擢后父玄貞自普州參軍為豫州刺史㊁。癸巳，以左散騎常侍、杜陵㊂韋弘敏為太府卿，同中書門下三品。

㈢中宗欲以韋玄貞為侍中，又欲授乳母之子五品官，裴炎固爭，中宗怒曰：「我以天下與韋玄貞，何不可㊃？而惜侍中邪㊄！」炎懼，白太后，密謀廢立。二月，戊午，太后集百官於乾元殿，裴炎與中書侍郎劉禕之、羽林將軍㊅程務挺、張虔勗勒兵入宮，宣太后令，廢中宗為廬陵王，扶下殿。中宗曰：「我何罪？」太后曰：「汝欲以天下與韋玄貞，何得無罪㊆！」乃幽於別所。己未，立雍州牧豫王旦為皇帝，政事決於太后，居睿宗於別殿，不得有所預，立豫王妃劉氏為皇后。后，德威之孫也㊇。

㈣有飛騎㊈十餘人飲於坊曲，一人言：「曏知別無勳賞，不若奉廬陵。」一人起，出詣北門㊉告之，座未散，皆捕得，繫羽林獄㊀，言者斬，餘以知反不告，皆絞，告者，除五品官。告密之端，自此興㊁矣。

(五)壬子，以來平郡王成器(一三)為皇太子，睿宗之長子也，赦天下，改元文明(一四)。庚申，廢皇太孫重照為庶人，命劉仁軌專知西京留守事，流韋玄貞於欽州。太后與劉仁軌書曰：「昔漢以關中事委蕭何，今託公，亦猶是矣。」仁軌上疏辭，以衰老不堪(一五)居守，因陳呂后禍敗事，以申規戒。太后使秘書監武承嗣齎璽書慰諭之曰：「今以皇帝諒闇(一六)不言，眇身(一七)且代親政，遠勞勸戒，復辭衰疾，又云：『呂氏見嗤(一八)於後代，祿產(一九)貽禍於漢朝，』引喻良深(二〇)，愧慰交集。公忠貞之操，終始不渝(二一)，勁直之風(二二)，古今罕比，初聞此語，能不罔然(二三)，靜而思之，是為龜鏡(二四)。況公先朝舊德，遐邇具瞻(二五)，願以匡救為懷，無以暮年致請(二六)。」

(六)辛酉，太后命左金吾將軍丘神勣詣巴州，檢校故太子賢宅，以備外虞(二七)，其實風(二八)使殺之。神勣，行恭之子也(二九)。

(七)甲子，太后御武成殿(三〇)，皇帝帥王公以下上尊號。丁卯，太后臨軒(三一)，遣禮部尚書武承嗣冊嗣皇帝，自是太后常御紫宸殿(三二)，施慘紫帳(三三)以視朝。

(八)丁丑，以太常卿、檢校豫王府長史王德真為侍中，中書侍郎、檢校豫王府司馬劉禕之同中書門下三品。

(九)三月，丁亥，徙杞王上金為畢王，鄱陽王素節為葛王。

(十)丘神勣至巴州，幽故太子賢於別室，逼令自殺，【考異】則天實錄賢死在二月丘神勣往巴州下。舊本紀在三月，唐歷遣神勣舉哀追封皆有日，今從之。太后乃歸罪於神勣，戊戌，舉哀於顯福門㉞，貶神勣為疊州刺史，己亥，追封賢為雍王㉟，神勣尋復入為左金吾將軍。

(十一)夏，四月，開府儀同三司、梁州都督滕王元嬰薨㊱。

(十二)辛酉，徙畢王上金為澤王，拜蘇州刺史，葛王素節為許王，拜絳州刺史。

(十三)癸酉，遷廬陵王於房州，丁丑，又遷於均州故濮王宅㊲。

(十四)五月，丙申，高宗靈駕西還。

(十五)閏月，以禮部尚書武承嗣為太常卿，同中書門下三品㊳。

(十六)秋，七月，戊午，廣州都督路元叡為崑崙㊴所殺，元叡闇懦㊵，僚屬恣橫㊶，有商舶至，僚屬侵漁㊷不已，商胡訴於元叡，元叡索枷㊸欲繫治之，羣胡怒，有崑崙袖劍直登聽事㊹，殺元叡及左右十餘人而去，無敢近者，登舟入海，追之不及。

(十七)溫州㊺大水，流四千餘家。

(十八)突厥阿史那骨篤祿等寇朔州。

(十九)八月，庚寅，葬天皇大帝于乾陵㊻，廟號高宗。

(廿)初，尚書左丞馮元常為高宗所委㊼，高宗晚年多疾，每曰：「朕體中不佳㊽，可與元常平章㊾以聞。」元常嘗密言中宮威權太重，宜稍抑損，高宗雖不能用，深以其言為然。及太后稱制，四方爭言符瑞，嵩陽令樊文獻瑞石，太后命於朝堂示百官，元常奏：「狀涉諂詐㊿，不可誣罔(51)天下。」太后不悅，出為隴州刺史。元常，子琮之曾孫也(52)。

(廿一)丙午，太常卿同中書門下三品武承嗣罷為禮部尚書。

(廿二)栝州大水，流二千餘家。

(廿三)九月，甲寅，赦天下，改元，旗幟皆從金色(53)，八品以下舊服青者，更服碧(54)。改東都為神都，宮名太初，又改尚書省為文昌臺，左右僕射為左右相，六曹為天地四時六官，門下省為鸞臺，中書省為鳳閣，侍中為納言，中書令為內史，御史臺為左肅政臺，增置右肅政臺[五五]，其餘省寺監率之名[五六]，悉以義類改之[五七]。

(五四)以左武衛大將軍程務挺為單于道安撫大使[五八]，以備突厥。

(五五)武承嗣請太后追王其祖，立武氏七廟，太后從之。裴炎諫曰：「太后母臨天下，當示至公，不可私於所親，獨不見[五九]呂氏之敗乎？」太后曰：「呂后以權委生者[六〇]，故及於敗，今吾追尊亡者，何傷乎？」對曰：「事當防微杜漸，不可長[六一]耳。」太后不從[六二]。己巳，追尊太后五代祖克己為魯靖公，妣為夫人，高祖居常為太尉、北平恭肅王，曾祖儉為太尉、金城義康王，祖華為太尉、太原安成王，考士彠為太師、魏定王，祖妣皆為妃。裴炎由是得罪，又作五代祠堂於文水[六三]。

(五六)時諸武用事，唐宗室人人自危，眾心憤惋。會眉州刺史英公李敬業、及弟盩厔[六四]令敬猷、給事中唐之奇、長安主簿駱賓王、詹事司直[六五]杜求仁，皆坐事，敬業貶柳州司馬，敬猷免官，之奇貶栝蒼(六六)令，賓王貶臨海(六七)丞，求仁貶黟(六八)令。求仁，正倫之姪也。盩厔尉魏思溫嘗為御史，復被黜，皆會於揚州，各自以失職怨望，乃謀作亂，以匡復廬陵王為辭，思溫為之謀主，使其黨監察御史薛仲璋求奉使江都(六九)，令雍州人韋超詣仲璋告變，云：「揚州長史陳敬之謀反。」仲璋收敬之繫獄，居數日，敬業乘傳(七〇)而至，矯稱(七一)揚州司馬，來之官，云：「奉密旨，以高州酋長馮子猷謀反，發兵討之。」於是開府庫，令士曹參軍李宗臣就錢坊(七二)，驅囚徒工匠，授以甲，斬敬之於繫所，【考異】實錄作薛璋，御史臺記云：「薛仲璋矯使揚州，與徐敬業等謀反，夜與江都令韋知止子茂道計議，倉曹參軍閻識微發之，長史陳敬之不察，抑識微，令遜謝仲璋，佯事竟，還出郭門，羣官畢從，其黨韋超遮道告密，復留繫問，遂斬敬之。」今事從實錄，仲璋從臺記。錄事參軍孫處行拒之，亦斬以徇，僚吏無敢動者，遂起一州之兵，復稱嗣聖元年，開三府：一曰匡復府，二曰英公府，三曰揚州大都督府。敬業自稱匡復府上將，領揚州大都督，以之奇、求仁為左右長史，宗臣、仲璋為左右司馬，思溫為軍師，賓王為記室，旬日間得勝兵十餘萬，移檄州縣，略曰：「偽臨朝武氏者，人非溫順(七三)，地實寒微，昔充太宗下陳(七四)，嘗以更衣入侍(七五)，洎乎晚節(七六)，穢亂春宮[七七]，密隱先帝之私，陰圖後庭之嬖，踐元后於翬翟[七八]，陷吾君於聚麀[七九]。」又曰：「殺姊屠兄[八〇]，弒君鴆母[八一]，人神之所同嫉[八二]，天地之所不容[八三]。」又曰：「包藏禍心，竊窺神器，君之愛子，幽之於別宮[八四]，賊之宗盟，委之以重任[八五]。」又曰：「一抔[八六]之土未乾，六尺之孤安在？」又曰：「試觀今日之域中，竟是誰家之天下。」太后見檄問曰：「誰所為。」或對曰：「駱賓王。」太后曰：「宰相之過也，人有如此才，而使之流落不偶[八七]乎！」敬業求得人貌類故太子賢者，紿眾云：「賢不死，亡在此城中，令吾屬舉兵。」因奉以號令[八八]。楚州司馬李崇福帥所部三縣[八九]應敬業，盱眙[九〇]人劉行舉獨據縣不從，敬業遣其將尉遲昭攻盱眙，詔以行舉為游擊將軍，以其弟行實為楚州刺史。

（七七）甲申，以左玉鈐衛大將軍[九一]李孝逸為揚州道大總管，將兵三十萬，以將軍李知十、馬敬臣為之副，以討李敬業。

（七八）武承嗣與其從父弟右衛將軍三思，以韓王元嘉、魯王靈夔屬尊[九二]位重，屢勸太后因事誅之，太后謀於執政劉禕之、韋思謙，皆無言，內史裴炎獨固爭，太后愈不悅。三思，元慶之子也。及李敬業舉兵，薛仲璋，炎之甥也，炎欲示閑暇，不汲汲(九三)議誅討，太后問計於炎，對曰：「皇帝年長，不親政事，故豎子(九四)得以為辭(九五)，若太后返政，則不討自平矣！」監察御史、藍田崔詧聞之，上言：「炎受顧託，大權在己，若無異圖(九六)，何故請太后歸政？」太后命左肅政大夫(九七)、金城(九八)騫味道、侍御史櫟陽(九九)魚承曄鞫之，收炎下獄，**【考異】**新傳云：「炎謀乘太后出遊龍門，以兵執之，還政天子。會久雨，太后不出而止。」若炎實有此謀，則太后殺之宜矣。且炎有此謀，必有同黨，當炎下獄，崔詧、李景諶輩無事猶欲陷之，況有此迹，其同黨能不首告乎？又朝野僉載：「裴炎為中書令，時徐敬業欲反，令駱賓王畫計，取裴炎同起事，賓王足踏壁，靜思食頃，乃為謠曰，一片火，兩片火，緋衣小兒當殿坐。教炎莊上小兒誦之，并都下小兒皆唱。炎乃訪學者，令解之，召賓王，數啖以寶物綿綺，皆不言，又賂以音樂妓女駿馬，亦不語。乃將古忠臣烈士圖共觀之，見司馬宣王，賓王欻然起曰，此英雄丈夫也，即說自古大臣執政，多移社稷。炎大喜，賓王曰，但不知謠讖如何耳？炎告以謠言，片火緋衣之事，賓王即下北面而拜曰，此真人矣。遂與敬業等合謀，揚州兵起，炎從內應，書與敬業等合謀，唯有青鵝字，人有告者，朝臣莫之能解，則天曰，此青字者十二月，鵝字者我自與也。遂誅炎。」此皆當時構陷炎者所言耳，非其實也。炎被收(一〇〇)，辭氣不屈，或勸炎遜辭以免(一〇一)，炎曰：「宰相下獄，安有全理(一〇二)。」鳳閣舍人(一〇三)李景諶證炎必反，劉景先及鳳閣侍郎義陽胡元範皆曰：「炎社稷元臣(一〇四)，有功於國，悉心(一〇五)奉上(一〇六)，天下所知。臣敢明其不反。」太后曰：「炎反有端(一〇七)，顧卿不知耳！」對曰：「若裴炎為反，則臣等亦反也。」太后曰：「朕知裴炎反，知卿等不反。」文武間證炎不反者甚眾，太后皆不聽(一八)，俄并景先元範下獄。丁亥，以騫味道檢校內史、同鳳閣鸞臺三品，李景諶同鳳閣鸞臺平章事。

(廿九)魏思溫說李敬業曰：「明公以匡復(一九)為辭，宜帥大眾，鼓行而進，直指洛陽，則天下知公志在勤王(二〇)，四面(二一)響應矣。」薛仲璋曰：「金陵有王氣，且大江天險，足以為固，不如先取常潤(二二)，為定霸之基，然後北向以圖中原，進無不利，退有所歸，此良策也。」思溫曰：「山東豪傑以武氏專制，憤惋不平，聞公舉事(二三)，皆自蒸麥飯為糧(二四)，伸鋤為兵(二五)，以俟南軍之至，不乘此勢，以立大功，乃更蓄縮(二六)，自謀巢穴，遠近聞之，其誰不解體(二七)？」敬業不從，使唐之奇守江都，將兵度江，攻潤州，思溫謂杜求仁曰：「兵勢合則彊，分則弱，敬業不并力(二八)度淮，收山東之眾，以取洛陽，敗在眼中矣。」壬辰，敬業陷潤州，執刺李思文，【考異】唐紀云李思文拒守四十餘日而陷。按敬業九月丁丑起兵，十一月庚申敗，纔四十四日耳。今不取。以李宗臣代之。思文，敬業之叔父也，知敬業之謀，先遣使間道上變(二九)，為敬業所攻，拒守久之，力屈而陷。思溫請斬以徇，敬業不許，謂思文曰：「叔黨於武氏，宜改姓武。」潤州司馬劉延嗣不降，敬業將斬之，思溫救之得免，與思文皆囚於獄中。延嗣，審禮從父弟也。曲阿令、河間尹元貞引兵救潤州，戰敗，為敬業所擒，臨以白刃，不屈而死⑳。

（卅）丙申，斬裴炎於都亭㉑。炎將死，顧兄弟曰：「兄弟官皆自致㉒，炎無分毫之力，今坐炎流竄㉓，不亦悲乎！」籍沒其家，無甑㉔石之儲。劉景先貶普州刺史，胡元範流瓊州而死。裴炎弟子太僕寺丞㉕伷㉖先年十七，上封事，請見言事，太后召見，詰之曰：「汝伯父謀反，尚何言㉗。」伷先曰：「臣為陛下畫計耳，安敢訴冤？陛下為李氏婦，先帝棄天下，遽攬㉘朝政，變易嗣子，疏斥㉙李氏，封崇㉚諸武，臣伯父忠於社稷，反誣以罪，戮及子孫，陛下所為如是，臣實惜之。陛下早宜復子明辟㉛，高枕深居，則宗族可全，不然，天下一變，不可復救矣。」太后怒曰：「胡白㉜，小子敢發此言。」命引出。伷先反顧曰：「今用臣言，猶未晚。」如是者三，太后命於朝堂杖之一百，長流瀼州㉝㉞。

(卅一)炎之下獄也，郎將姜嗣宗使至長安，劉仁軌問以東都事，嗣宗曰：「嗣宗覺裴炎有異於常，久矣(三五)。」仁軌曰：「使人覺之邪！」嗣宗曰：「然。」仁軌曰：「仁軌有奏事，願附使人(三六)以聞。」嗣宗曰：「諾。」明日，受仁軌表而還。表言：「嗣宗知裴炎反，不言。」太后覽之，命拉嗣宗於殿庭，絞於都亭。

(卅二)丁酉，追削李敬業祖考官爵，發冢斲棺，復姓徐氏。

(卅三)李景諶罷為司賓少卿(三七)，以右史武康沈君諒、著作郎崔詧，為正諫大夫，同平章事。

(卅四)徐敬業聞李孝逸將至，自潤州回軍拒之，屯高郵(三八)之下阿溪，使徐敬猷逼淮陰(三九)，別將韋超、尉遲昭屯都梁山(四〇)。李孝逸軍至臨淮，偏將雷仁智與敬業戰，不利，孝逸懼，按兵不進。殿中侍御史魏元忠謂孝逸曰：「天下安危，在茲一舉。四方承平日久，忽聞狂狡(四一)，注心傾耳(四二)，以俟其誅，今大軍久留不進，遠近失望，萬一朝廷更命它將，以代將軍，將軍何辭以逃逗撓(四三)之罪乎？」孝逸乃引軍而前(四四)，壬寅，馬敬臣擊斬尉遲昭於都梁山。十一月，辛亥，以左鷹揚大將軍黑齒常之為江南道大總管，討敬業。韋超擁眾據都梁山，諸將皆曰：「超憑險自固，士無所施其勇，騎無所展其足，且窮寇死戰，攻之多殺士卒，不如分兵守之；大軍直趣江都，覆其巢穴(四五)。」支度使(四六)薛克陽(四七)曰：「超雖據險，其眾非多，今多留兵，則前軍勢分，少留兵，則終為後患，不如先擊之，其勢必舉(四八)，舉都梁，則淮陰高郵，望風瓦解矣(四九)。」魏元忠請先擊徐敬猷，諸將曰：「不如先攻敬業，敬業敗，則敬猷不戰自擒矣。若擊敬猷，則敬業引兵救之，是腹背受敵也。」元忠曰：「不然，賊之精兵，盡在下阿，烏合而來，利在一決(五〇)，萬一失利，大事去矣。敬猷出於博徒，不習軍事，其眾單弱(五一)，人情易搖(五二)，大軍臨之，駐馬(五三)可克，敬業雖欲救之，計程必不能及。我克敬猷，乘勝而進，雖有韓白(五四)，不能當其鋒矣。今不先取弱者，而遽攻其彊，非計也。」孝逸從之，引兵擊超，超夜遁，進擊敬猷，敬猷脫身走(五五)。庚申，敬業勒兵，阻溪拒守，後軍總管蘇孝祥夜將五千人，以小舟度溪，先擊之，兵敗，孝祥死，士卒赴溪溺死者過半(五六)。

(卅五)左豹韜衛(五七)果毅、漁陽成三朗為敬業所擒，唐之奇紿其眾曰：「此李孝逸也。」將斬之，三朗大呼曰：「我果毅成三朗，非李將軍也。官軍今大至矣，爾曹破在朝夕，我死，妻子受榮，爾死，妻子籍沒(五八)，爾終不及我也。」遂斬之(五九)。

(卅六)孝逸等諸軍繼至，戰數不利，孝逸懼，欲引退，魏元忠與行軍管記劉知柔言於孝逸曰：「風順荻乾，此火攻之利。」固請決戰，敬業置陳既久，士卒多疲倦顧望，陳不能整，孝逸進擊之，因風縱火(六〇)，敬業大敗，斬首七千級，溺死者不可勝紀，敬業等輕騎走入江都，挈妻子奔潤州，將入海，奔高麗。孝逸進屯江都，分遣諸將追之，乙丑，敬業至海陵界，阻風(六一)，其將王那相斬敬業、敬猷及駱賓王首，來降(六二)。【考異】唐紀：「初官軍逆風不利，俄而風回甚勁，孝逸縱火，賊懼燒而潰，敬業敬猷、之奇、求仁、賓王走歸江都，焚薄書，攜妻子，潛蒜山下，手書召宗臣。敬業初與宗臣木契為約，時亡其契，宗臣疑而不赴。或云宗臣已歸順，敬業入海，欲奔東夷，至海陵界，阻風，偽將王那相斬之，來降，餘黨赴水死。」今從實錄唐統紀。餘黨唐之奇、魏思溫皆捕得，傳首神都(六三)，揚潤楚三州平。

(卅七)陳嶽論曰：「敬業苟能用魏思溫之策，直指河洛，專以匡復為事，縱軍敗身戮，亦忠義在焉。而妄希金陵王氣，是真為叛逆，不敗何待？」

(四八)敬業之起也，使敬猷將兵五千，徒江西上，略地和州，前弘文館學士、歷陽高子貢(六四)帥鄉里數百人拒之，敬猷不能西，以功拜朝散大夫(六五)、成均助教(六六)。

(四九)丁卯，郭待舉罷為左庶子，以鸞臺侍郎韋方質為鳳閣侍郎同平章事。方質，雲起之孫也(六七)。

(五〇)十二月，劉景先又貶吉州員外長史(六八)，郭待舉貶岳州刺史。

(五一)初裴炎下獄，單于道安撫大使、左武衞大將軍程務挺，密表申理，由是忤旨(六九)，務挺素與唐之奇、杜求仁善，或譖之曰：「務挺，與裴炎、徐敬業通謀。」癸卯，遣左鷹揚將軍裴紹業即軍中斬之，【考異】唐統紀曰：「既而太后震怒，召羣臣，謂曰：朕於天下無負，羣臣皆知之乎？羣臣曰，唯。太后曰，朕事先帝，二十餘年憂天下至矣，公卿富貴，皆朕與之，天下安樂，朕長養之，及先帝棄羣臣，以天下託顧於朕，不愛身，而愛百姓，今為賊首，皆出於將相，羣臣何負朕之深也！且卿輩有受遺老臣，倔彊難制，過裴炎者乎？有將門貴種，能糾合亡命過徐敬業者乎？有握兵宿將，攻戰必勝，過程務挺者乎？此三人者，人望也；不利於朕，朕能戮之。卿等有能過此三者，當即為之；不然，須革心事朕，無為天下笑。羣臣頓首，不敢仰視，曰，唯太后所使。」恐武后亦不至輕淺如此，今不取。籍沒其家，突厥聞務挺死，所在(七〇)宴飲相慶，又為務挺立祠，每出師，必禱之(七一)。太后以夏州都督王方翼與務挺連職，素相親善，且廢后近屬，徵下獄，流崖州⑬而死。

【今註】㊀改元嗣聖：此太子即位，踰年所改之元也。㊁豫州刺史：《舊唐書・地理志》一：「河南道，蔡州，隋汝南郡，武德三年置豫州總管府，寶應元年改為蔡州。」㊂杜陵：胡三省曰：「自漢宣帝起杜陵邑，至後魏為縣，屬京兆，隋遷京城，始并杜陵入大興縣，唐改大興曰萬年。」㊃何不可：謂有何不可。㊄而惜侍中邪：謂而竟吝惜一侍中耶。㊅羽林將軍：《唐六典》卷二十五：「左右羽林軍衞將軍各二人，從三品。漢置南北軍，掌衞京師，南軍若今諸衞也，北軍若今左右羽林也。至武帝置羽林，象天有羽林星，主車騎也，又云為國羽翼，如林之盛。皇朝名武衞，所領兵為羽林，龍朔二年為左右羽林軍。大將軍將軍之職，掌統領北衙禁兵之法令，而督攝左右廂飛騎之儀仗，以統諸曹之職。若大朝會，則率其儀仗以周衞階陛，若大駕行幸，則夾馳道而為內仗。」《新唐書・兵志》：「夫所謂天子禁軍者，南北衙兵也，南衙，諸衞兵是也，北衙者禁軍也。貞觀時置北衙七營，選材力驍壯，月以一營番上。龍朔二年，始取府兵、越騎、步射置左右羽林軍。」㊆中宗欲以韋玄貞為侍中……何得無罪：按此段乃錄自《舊唐書・裴炎傳》，字句大致相同。㊇后德威之孫也：劉德威，審禮之父。㊈飛騎：置飛騎見卷一百九十五貞觀十二年。㊉北門：玄武門。⑪羽林獄：羽林軍之獄中。⑫興：起。⑬以來平郡王成器：按新、舊《唐書・睿宗諸子傳》，來皆作永，當改從之。⑭壬子以來平郡王成器為皇太子，赦天下改元文明：按新、舊《唐書・則天紀》，皆云己未立豫王輪為皇帝時，大赦天下，改元。此則云壬子立成器為太子時改元，《通鑑》所書，似較近確。

⑮不堪：不勝。⑯諒闇：天子居喪之廬。⑰眇身：微眇之身，乃自己之謙辭。⑱嗤：嗤笑。⑲祿產：呂祿、呂產，為呂后之親屬。⑳引喻良深：引喻之含意，甚為深長。㉑渝：變。㉒風：風節。㉓罔然：迷惘。㉔龜鏡：俱可供作鑒誡。㉕具瞻：共同瞻仰。㉖無以暮年致請：謂無以暮年之故，而請辭退。㉗外虞：外憂。㉘風：通諷。㉙神勣，行恭之子也：丘行恭為將，歷事高祖太宗。㉚武成殿：《唐六典》卷七：「洛陽皇宮南面三門，中曰應天，左曰興教，右曰光政，光政之內曰廣運，其北曰明福，明福之東曰武成門，其內曰武成殿。」㉛臨軒：臨軒檻。㉜紫宸殿：胡三省曰：「《唐六典》洛陽宮不載紫宸殿，以西京大明宮準之，紫宸殿內朝也，其位置當在乾元殿後。」㉝慘紫帳：紫色之淺者為慘紫。㉞顯福門：《唐六典》卷七：「洛陽皇宮，光政之內曰廣運，其北曰明福。」乃避中宗諱顯而改者也。㉟丘神勣至巴州……追封賢為雍王：按此段乃錄自《舊唐書・章懷太子傳》，字句大致相同。㊱夏四月，開府儀同三司梁州都督滕王元嬰薨：按《新唐書・則天紀》：「四月丁巳，滕王元嬰薨。」四月下當添丁巳二字。㊲均州故濮王宅：即貞觀末濮王泰遷均州所居故宅。㊳閏月，以禮部尚書武承嗣為太常卿，同中書門下三品：按《新唐書・則天紀》作閏月甲子，當從添甲子二字。㊴崑崙：胡三省曰：「崑崙國在林邑南，去交趾海行三百餘日，習俗文字與婆羅門同。」㊵闇懦：昏暗怯懦。㊶恣橫：恣肆暴橫。㊷浸漁：侵擾漁獵。㊸索枷：索求枷鎖。㊹聽事：唐後多作廳事。㊺溫州：《舊唐書・地理志》三：「江南道，溫州，隋永嘉郡之永嘉縣，武德五年置嘉

州。貞觀元年廢嘉州，以縣屬括州。上元二年分括州之永嘉、安固二縣，置溫州。」(四六)葬天皇大帝於乾陵：據《新唐書・地理志》一，乾陵在京兆府，奉天縣北五里梁山。(四七)所委：所委任。(四八)朕體中不佳：即朕身中有病。(四九)平章：辨別而章明之。(五〇)狀涉諂詐：謂情狀涉於諂媚欺詐。(五一)誣罔：誣妄欺罔。(五二)元常，子琮之曾孫也：馮子琮仕於高齊。(五三)旗幟皆從金色：《舊唐書・則天紀》作：「旗幟尚白。」是金色即白色也。(五四)舊服青者更服碧：青色之深者為碧。(五五)御史臺為左肅政臺，增置右肅政臺：《唐六典》卷十三：「御史臺，光宅元年改曰左肅政臺，專知在京百司；更置右肅政臺，專知按察諸州。」(五六)省寺監率之名：秘書殿中二省，九卿寺，少府、將作、國子、軍器等監，東宮十率。(五七)悉以義類改之：謂皆以相似之意義及種類而更改之。(五八)以左武衛大將軍程務挺為單于道安撫大使：按《新唐書・則天紀》作：「九月丙辰。」以上當添丙辰二字。(五九)獨不見：豈不見。(六〇)委生者：委於生存之人。(六一)長：滋長。(六二)武承嗣請太后追王其祖……太后不從：按此段乃錄自《舊唐書・裴炎傳》，字句大致相同。(六三)文水：據《舊唐書・地理志》二，屬河東道并州。(六四)盩厔：屬關內道岐州，音舟窒。(六五)詹事司直：《唐六典》卷二十六：「太子詹事府，太子司直二人，正七品上。掌彈劾宮僚，糾舉職事。」(六六)括蒼：《舊唐書・地理志》三：「江南道，處州，麗水縣，隋平陳改為括州，又分松陽縣東界置括蒼縣。」(六七)臨海：今浙江省臨海縣。(六八)黟：今安徽省黟縣，音伊。(六九)江都：帶揚州。(七〇)傳：驛站之傳車。(七一)矯稱：假稱。(七二)錢坊：鑄錢之場坊。(七三)溫順：溫和馴順。(七四)下陳：下列。(七五)嘗以更衣入侍：衛子夫以更衣，得幸漢武帝，賓王用此事。(七六)晚節：

猶晚年。(七七)春宮：指東宮言。(七八)翬翟：后服，翬音暉。(七九)聚麀：《禮記》曰：「夫惟禽獸無禮，故父子聚麀。」麀，雌鹿，謂父子共私一女子也。音一ㄡ。(八〇)殺姊屠兄：姊謂韓國夫人，兄謂元爽元慶。(八一)弒君鴆母：胡三省曰：「此以高宗晏駕，及太原王妃之死為后罪。」(八二)嫉：恨。(八三)所不容：謂天地之所不容納。(八四)君之愛子，幽之於別宮：指居睿宗於別殿而言。(八五)賊之宗盟，委之以重任：謂用武承嗣等。(八六)一抔：一掬手。(八七)不偶：不合，此謂不獲用於世。(八八)時諸武用事……令吾屬舉兵，因奉以號令：按此段乃錄自《舊唐書‧李勣附敬業傳》，字句大致相同。(八九)楚州司馬李崇福帥所部三縣：《舊唐書‧地理志》三：「淮南道，楚州，隋江都郡之南陽縣，武德四年臧君相歸附，立為東楚州，領山陽、安宜、鹽城三縣。」又《新唐書‧則天紀》作十月癸未，楚州上當添此四字。(九〇)盱眙：屬楚州。(九一)左玉鈐衛大將軍：是年改左右領軍衛為左右玉鈐衛。(九二)屬尊：支屬尊貴。(九三)汲汲：欲速之意。(九四)豎子：詈人語，謂卑賤無知。(九五)為辭：為藉口辭。(九六)異圖：猶異謀。(九七)左肅政大夫：即左御史大夫。(九八)金城：據《舊唐書‧地理志》三，金城屬隴右道之蘭州。(九九)櫟陽：據同書〈地理志〉一，櫟陽屬關內道之京兆府。音藥。(〇〇)被收：被收繫。(〇一)遜辭以免：謂謙遜其辭，以求免禍。(〇二)安有全理：安有生全之理。(〇三)鳳閣舍人：即中書舍人。(〇四)元臣：猶元老。(〇五)悉心：盡心。(〇六)奉上：侍奉主上。(〇七)端：端兆。(〇八)武承嗣與其從父弟右衛將軍三思……證炎不反者甚眾，太后皆不聽：按此段乃錄自《舊唐書‧裴炎傳》，字句大致相同。(〇九)匡復：謂匡正而使天子復位。(一〇)勤王：謂王室有亂，起兵靖難。(一一)四面：即四方。(一二)常潤：二州名，在今江蘇省長江之南。(一三)舉事：猶起事。⑭蒸麥飯為糧：即所謂之乾糒也。⑮伸鋤為兵：將鋤頭伸開，以為兵器。⑯蓄縮：藏縮。⑰解體：猶心意離散。⑱并力：合力。⑲上變：向朝廷告有變亂。⑳曲阿令河間尹元貞……臨以白刃，不屈而死：按此段乃錄自《舊唐書・忠義上尹元貞傳》，字句大致相同。㉑斬裴炎於都亭：洛陽都亭。㉒自致：自己獲得。㉓流竄：貶徙。㉔甔：通擔。㉕太僕寺丞：《唐六典》卷十七：「太僕寺丞四人，從六品上，掌判寺事。」㉖伷：音宙。㉗尚何言：謂尚有何言。㉘攬：掌攬。㉙疏斥：疏遠排斥。㉚封崇：封拜尊崇。㉛明辟：此謂皇帝之位。㉜胡白：猶今言胡說。㉝瀼州：《舊唐書・地理志》四：「嶺南道，瀼州，貞觀十二年，清平公李弘節遣欽州首領寧師京尋劉方故道，行達交阯，開拓夷獠，置瀼州，北至容州二百八十二里。」㉞裴炎弟子太僕寺丞伷先……長流瀼州：按此段《新唐書・裴炎附伷傳》亦載之，字句大致相同。㉟有異於常久矣：謂有異於尋常，為時已久。㊱使人：指姜嗣宗言。㊲司賓少卿：是年改鴻臚寺為司賓寺，少卿從四品下。㊳高郵：今江蘇省高郵縣。㊴淮陰：今江蘇省淮陰縣。㊵都梁山：盱眙縣有都梁山。㊶狂狡：狂亂狡黠之徒。㊷注心傾耳：專心聆聽。㊸逗撓：逗留阻撓。㊹徐敬業屯高郵之下阿溪……孝逸乃引軍而前：按此段乃錄自《舊唐書・魏元忠傳》，字句大致相同。㊺展：亦施。㊻支度使：胡三省曰：「唐制，凡天下邊軍有支度使，以計資糧仗之用，所費皆申度支會計，以長行旨為準。」㊼薛克陽：《舊唐書・淮安王神通附孝逸傳》，陽作構。㊽舉：猶拔。㊾韋超擁眾據都梁山……則淮陰、高郵望風瓦解矣：按此段乃錄自《舊唐書・淮安王神通附孝逸傳》，字句大致相同。㊿一決：一決雌雄。

(五一)單弱：單薄軟弱。(五二)易搖：易於搖動。(五三)駐馬：謂時間之短促。(五四)韓白：韓信白起。(五五)魏元忠請先擊徐敬猷……敬猷脫身走：按此段乃錄自《舊唐書・魏元忠傳》，字句大致相同。(五六)後軍總管蘇孝祥夜將五千人……溺死者過半：按此段《新唐書・李勣附敬業傳》亦載之，字句大致相同。(五七)左豹韜衛：是年改左右威衛為左右豹韜衛。(五八)籍沒：謂依籍簿而沒入官府。(五九)左豹韜衛果毅成三朗……爾終不及我也，遂斬之：按此段乃錄自《舊唐書・忠義上成三郎傳》，字句大致相同。(六〇)縱火：放火。(六一)敬業至海陵界阻風：《九域志》：「揚州東至海陵界九十八里，又自海陵東至海一百七里。」(六二)孝逸等諸軍繼至……及駱賓王首來降：按此段《新唐書・李勣附敬業傳》亦載之，字句大致相同。(六三)神都：即東都。(六四)略地和州，歷陽高子貢：《舊唐書・地理志》三：「淮南道，和州，隋歷陽郡，武德三年杜伏威歸國，改為和州。屬有歷陽縣。」(六五)朝散大夫：《舊唐書・職官志》一：「朝散大夫從五品下。」(六六)成均助教：武后改國子監為成均監。《唐六典》卷二十一：「助教二人，從六品上，掌佐博士分經以教授焉。」(六七)方質，雲起之孫也：韋雲起仕隋唐之間。(六八)吉州員外長史：按《舊唐書・職官志》，州皆長史一人，此員外長史，乃員額之外而特設置者，自係散官之類。(六九)忤旨：忤逆意旨。(七〇)所在：猶各地。(七一)初裴炎下獄……每出師，必禱之：按此段乃錄自《舊唐書・程務挺傳》，字句幾全相同。(七二)崖州：《舊唐書・地理志》四：「嶺南道，崖州，至京師七千四百六十里。」

垂拱元年（西元六八五年）

㈠春，正月，丁未㊀朔，赦天下，改元。

㈡太后以徐思文為忠，特免緣坐㊁，拜司僕少卿，謂曰：「敬業改卿姓武，朕今不復奪也。」【考異】實錄云：「思文表請改姓武，許之。」蓋太后有此言，思文因請之也。今從唐紀。

㈢庚戌，以騫味道守內史㊂。

㈣戊辰，文昌左相㊃同鳳閣鸞臺三品、樂城文獻公劉仁軌薨。

㈤二月，癸未，制朝堂所置登聞鼓及肺石㊄，不須防守，有撾鼓㊅立石㊆者，令御史受狀㊇，以聞。

㈥乙巳，以春官尚書㊈武承嗣、秋官尚書㊉裴居道、右肅政大夫韋思謙，並同鳳閣鸞臺三品。

㈦突厥那史那骨篤祿㊁等數寇邊，以左玉鈐衛中郎將淳于處平為陽曲道行軍總管，擊之。

㈧正諫大夫同平章事沈君諒罷。

㈨三月，正諫大夫同平章事崔詧罷。

(十)丙辰，遷廬陵王於房州⑫。

(十一)辛酉，武承嗣罷。

(十二)辛未，頒垂拱格⑬。

(十三)朝士有左遷，詣宰相自訴者，內史騫味道曰：「此太后處分⑭。」同中書門下三品劉禕之⑮曰：「緣坐⑯改官，由臣下奏請。」太后聞之。夏，四月，丙子，貶味道為青州刺史，加禕之太中大夫⑰，謂侍臣曰：「君臣同體，豈得歸惡於君，引善自取乎！」

(十四)癸未，突厥寇代州，淳于處平引兵救之，至忻州⑱，為突厥所敗，死者五千餘人。

(十五)丙午，以裴居道為內史⑲，納言王德真流象州⑳。

(十六)己酉，以冬官尚書㉑蘇良嗣為納言。

(十七)壬戌，制內外九品以上及百姓，咸令自舉㉒。

(十八)壬申，韋方質同鳳閣鸞臺三品。

(十九)六月，天官尚書㉓韋待價同鳳閣鸞臺三品。待價，萬石之兄也。

(廿)同羅、僕固等諸部叛，遣左豹韜衛將軍劉敬同發河西騎士，出居延海㉔以討之，同羅僕固等皆敗散，敕僑置安北都護府於同城㉕，以納降者。

（廿一）秋，七月，己酉，以文昌左丞魏玄同為鸞臺侍郎、同鳳閣鸞臺三品。

（廿二）詔：「自今祀天地，高祖太宗高宗皆配坐。」用鳳閣舍人元萬頃等之議也。

（廿三）九月，丁卯，廣州都督王果討反獠，平之。

（廿四）冬，十一月，癸卯，命天官尚書韋待價為燕然道行軍大總管，以討吐蕃。初西突厥興昔亡、繼往絕可汗既死，十姓無主，部落多敗亡，太后乃擢興昔亡之子左豹韜衛翊府中郎將㉖元慶，為左玉鈐衛將軍，兼崑陵都護，襲興昔亡可汗，押五咄陸部落㉗。

（廿五）麟臺正字㉘、射洪㉙陳子昂上疏，以為朝廷遣使巡察四方，不可任非其人，及刺史縣令不可不擇，比年百姓，疲於軍旅，不可不安㉚，其略曰：「夫使不擇人，則黜陟㉛不明，刑罰不中，朋黨者進，貞直者退，徒使百姓脩飾道路㉜，送往迎來，無所益也。諺曰：『欲知其人，觀其所使。』不可不慎也。」又曰：「宰相，陛下之腹心，刺史、縣令，陛下之手足，未有無腹心手足，而能獨理(三三)者也。」又曰：「天下有危機，禍福因之而生，機靜則有福，機動則有禍，百姓是也。百姓安，則樂其生，不安，則輕其死，輕其死，則無所不至，祅(三四)逆乘釁，天下亂矣(三五)(三六)。」又曰：「隋煬帝不知天下有危機，而信貪佞之臣，冀收夷狄之利(三七)，卒以滅亡，其為殷鑒，豈不大哉！」

(其)太后脩故白馬寺(三八)，以僧懷義為寺主。懷義，鄠(三九)人，本姓馮，名小寶，賣藥洛陽市，因千金公主(四〇)以進，得幸於太后，太后欲令出入禁中，乃度為僧(四一)，名懷義；又以其家寒微，令與駙馬都尉薛紹合族(四二)，命紹以季父事之，出入乘御馬，宦者十餘人侍從，士民遇之者，皆奔避，有近之者，輒檛其首，流血，委之(四三)而去，任其生死。見道士，則極意毆(四四)之，仍髡(四五)其髮而去。朝貴皆匍匐(四六)禮謁(四七)，武承嗣、武三思皆執(四八)僮僕之禮以事之，為之執轡(四九)，懷義視之若無人，多聚無賴少年，度為僧，縱橫犯法，人莫敢言。右臺御史(五〇)馮思勗屢以法繩(五一)之，懷義遇思勗於途，令從者毆之，幾死(五二)。

【今註】㊀垂拱元年：意為欲無為而治也。㊁緣坐：緣親黨而坐罪。㊂內史：中書令。㊃文昌左相：即尚書左僕射。㊄朝堂所置登聞鼓及肺石：登聞鼓在西朝堂，肺石在東朝堂。核肺石之設，乃本自《周禮・秋官・大司寇》之文，文云：「以肺石達窮民，凡遠近惸獨老幼之欲有復於上而其長弗達者，立於肺石三日，士聽其辭，以告於上而罪其長。」注：「赤石也。」㊅撾鼓：擊鼓。㊆立石：即上言之立於石上。㊇狀：即今所謂之狀子。㊈春官尚書：即禮部尚書。㊉秋官尚書：即刑部尚書。(一一)突厥那史那骨篤祿：按那史之那乃阿之訛。(一二)房州：《舊唐書・地理志》二：「山南西道，房州，在京師南一千二百九十五里。」(一三)垂拱格：謂垂拱時所制之格式。(一四)此太后處分：謂此乃太后所處分者，意欲將其怨責全諉於太后。(一五)同中書門下三品劉禕之：按此時之官銜當為同鳳閣鸞臺三品。(一六)緣坐：因坐罪。(一七)加禕之太中大夫：胡三省曰：「太中大夫從四品上，劉禕之本職豫王府司馬，王府司馬從四品下。」(一八)忻州：在今山西省境，同欣。(一九)丙午，以裴居道為內史：按《新唐書・則天紀》，列此於五月下，丙午上當添五月二字。(二〇)流象州：象州至京師四千九百八十九里。(二一)冬官尚書：即工部尚書。(二二)咸令自舉：令有才者，咸得自言，以求進用。(二三)天官尚書：光宅元年改吏部為天官。(二四)居延海：《新唐書・地理志》四：「隴右道，甘州，刪丹縣，北渡張掖河，西北行，出合黎山峽口，傍河東壖屈曲東北行千里，有寧寇軍，故同城守捉也，軍東北有居延海。」㉕同城：即上刪丹之同城守捉。㉖翊府中郎將：唐諸衛皆有翊府中郎將。㉗初西突厥興昔亡、繼往絕可汗既死……押五咄陸部落：按此段乃錄自《舊唐書・突厥傳》下，字句幾全相同。㉘麟臺正字：光宅元年改秘書省為麟臺。《唐六典》卷十：「秘書省正字四人，正九品上，掌詳定典籍，正其文字。」㉙射洪：今四川省射洪縣。㉚不可不安：謂不可不安息之。㉛黜陟：貶黜、陞陟。㉜脩飾道路：即修治道路，原文以避高宗諱而改者也。㉝獨理：即獨治，說同上。㉞祆：通妖。㉟陳子昂上疏，以為朝廷遣使巡察四方，不可任非其人，及刺史縣令不可不擇，比年百姓，疲於軍旅，不可不安。其略曰……天下亂矣：按此款式，乃將下面所引之文，先作提要，以簡介之，使讀者得預有梗概之領會。然後再詳引原文。此義例於移錄長文時，頗可斟酌採用。㊱其略曰夫使不擇人……祆逆乘釁，天下亂矣：按此段《新唐書・陳子昂傳》亦載之，而字句間有不同。㊲冀收夷狄之利：謂冀滅夷狄，以收其利。㊳脩故白馬寺：胡三省曰：「姚思廉曰：『漢明帝時，西域以白馬負佛經送洛，因立白馬寺。』魏收曰：『漢立白馬寺於洛城雍關西。』按此故洛城也，唐之洛城，乃隋所遷。」㊴鄠：今陝西省鄠縣，音戶。㊵千金公主：《新唐書・諸公主傳》：「高祖女安定公主，始封千金，下嫁溫挺，挺死，又嫁鄭敬玄。」㊶太后欲令出入禁中，乃度為僧：以宮中內道場常舉行法事，故僧侶遂得緣以出入。除此條外，爰再舉一例以明之。《舊唐書・桓彥範傳》：「又曰：『臣聞京師喧喧，道路籍籍，皆云胡僧慧範矯託佛教，詭惑后妃，故得出入禁闈，撓亂時政。』」足知唐代宮庭之准許浮屠出入矣。㊷薛紹合族：謂通其昭穆，薛紹尚后女太平公主。㊸委之：棄之。㊹毆：擊。㊺髡：剪斷。㊻匍匐：跪地爬行。㊼禮謁：施禮謁拜。㊽執：行。㊾轡：馬之轡繩。㊿右臺御史：即右肅政臺御史。(五一)繩：繩治。(五二)太后脩故白馬寺……令從者毆之，幾死：按此段乃錄自《舊唐書・外戚武承嗣附薛懷義傳》，字句大致相同。

二年（西元六八六年）

(一)春，正月，太后下詔，復政於(一)皇帝，睿宗知太后非誠心，奉表固讓。太后復臨朝稱制，辛酉，赦天下。

(二)二月，辛未朔，日有食之。

(三)右衛大將軍李孝逸既克徐敬業，聲望甚重，武承嗣等惡之，數譖於太后，左遷施州(二)刺史。

(四)三月，戊申，太后命鑄銅為匭，其東曰延恩，獻賦頌求仕進者投之，南曰招諫，言政得失者投之，西曰伸冤，有冤抑(三)者投之，北曰通玄，言天象災變及軍機秘計者投之，命正諫、補闕、拾遺(四)一人掌之。先責識官(五)，乃聽投表疏。徐敬業之反也，侍御史魚承曄之子保家教敬業作刀車及弩，敬業敗僅得免，太后欲周知人間事，保家上書，請鑄銅為匭，以受天下密奏，其器共為一室，中有四隔，上各有竅㈥，以受表疏，可入不可出。太后善之。未幾

【考異】統紀唐歷皆云八月作銅匭，今從實錄。舊本紀又朝野僉載作魚思咺，云：「上欲作匭，召工匠，無人作得者，思咺應制為之，甚合規矩，遂用之。」今從御史臺記。

其怨家投匭告保家為敬業作兵器，殺傷官軍甚眾，遂伏誅。

㈤太后自徐敬業之反，疑天下人多圖己，又自以久專國事，且內行不正，知宗室大臣怨望，心不服，欲大誅殺以威㈦之，乃盛開告密之門，有告密者，臣下不得問，皆給驛馬㈧，供五品食㈨，使詣行在。雖農夫樵人，皆得召見，廩於客館㈩。所言或稱旨，則不次(一一)除官，無實者，不問。於是四方告密者蜂起，人皆重足屏息(一二)。有胡人索元禮知太后意，因告密召見，擢為游擊將軍(一三)，令案制獄(一四)。元禮性殘忍(一五)，推一人必令引數十百人，太后數召見賞賜，以張其權(一六)。於是尚書都事(一七)長安周興，萬年人來俊臣之徒效之，紛紛繼起(一八)，興累遷至秋官侍郎，俊臣累遷至御史中丞，相與私畜無賴數百人，專以告密為事，欲陷一人，輒令數處俱告，事

狀如一。俊臣與司刑評事(一九)、洛陽萬國俊，共撰羅織經數千言，教其徒網羅無辜，織成反狀，構造布置，皆有支節。太后得告密者，輒令元禮等推之，競為訊囚酷法，有定百脈、突地吼、死豬愁、求破家、反是實等名號，或以椽關手足而轉之，謂之鳳皇曬翅，或以物絆其腰，引枷向前，謂之驢駒拔橛，或使跪捧枷，累甓其上，謂之仙人獻果，或使立高木，引枷尾向後，謂之玉女登梯，或倒懸石縋其首，或以醋灌鼻，或以鐵圈轂其首而加楔，至有腦裂髓出者。每得囚，輒先陳其械具，以示之，皆戰栗流汗，望風自誣，每有赦令，俊臣輒令獄卒先殺重囚，然後宣示。太后以為忠，益寵任之，中外畏此數人，甚於虎狼。

(六)麟臺正字陳子昂上疏，以為：「執事者疾徐敬業首亂唱禍(二〇)，將息姦源，窮其黨與，遂使陛下大開詔獄(二一)，重設嚴刑，有迹涉嫌疑，辭相逮引(二二)，莫不窮捕考案(二三)，至有姦人熒惑(二四)，乘險(二五)相誣，糾告(二六)疑似，冀圖爵賞，恐非伐罪弔人(二七)之意也。臣竊觀當今天下，百姓思安久矣，故揚州構逆，殆有五旬，而海內晏然(二八)，纖塵不動，陛下不務玄默㉙，以救疲人，而反任威刑，以失其望，臣愚暗昧，竊有大惑。伏見諸方告密，囚累百千輩，及其窮竟㉚，百無一實，陛下仁恕，又屈法容之，遂使姦惡之黨，快意相讎，睚眥㉛之嫌，即稱有密，一人被訟，百人滿獄，使者推捕，冠蓋如市㉜，或謂陛下愛一人而害百人，天下喁喁㉝，莫知寧所㉞。臣聞隋之末代，天下猶平，楊玄感作亂，不踰月而敗，天下之弊，未至土崩，蒸人㉟之心，猶望樂業，煬帝不悟㊱，遂使兵部尚書樊子蓋專行屠戮，大窮黨與，海內豪士㊲，無不罹殃，遂至殺人如麻，流血成澤，天下靡然，始思為亂。於是雄傑並起，而隋族亡矣㊳。夫大獄一起，不能無濫，冤人吁嗟，感傷㊴和氣，羣生癘疫，水旱隨之，人既失業，則禍亂之心，怵然㊵而生矣。古者明王重慎刑法，蓋懼此也。昔漢武帝時巫蠱獄起，使太子奔走，兵交宮闕，無辜被害者，以千萬數，宗廟幾覆㊶，賴武帝得壺關三老書，廓然感悟，夷江充三族㊷，餘獄不論，天下以安爾。古人云：『前事之不忘，後事之師㊸。』伏願陛下念之。」太后不聽。

㈦夏，四月，太后鑄大儀，置北闕㊹。

㈧以岑長倩為內史㊺。六月，辛未，以蘇良嗣為左相同鳳閣鸞臺三品，韋待價為㊻右相，己卯，以韋思謙為納言。蘇良嗣遇僧懷義於朝堂，懷義偃蹇㊼不為禮，良嗣大怒，命左右捽㊽曳，批㊾其頰數十，懷義訴於太后，太后曰：「阿師當於北門出入，南牙㊿，宰相所往來，勿犯也。」

㈨太后託言懷義有巧思，故使入禁中營造，補闕長社(51)王求禮上表，以為：「太宗時，有羅黑黑善彈琵琶，太宗閹(52)為給使，使教宮人，陛下若以懷義有巧性，欲宮中驅使者，臣請閹之，庶不亂(53)宮闈。」表寢不出。

㈩秋，九月，丁未，以西突厥繼往絕可汗之子斛瑟羅為右玉鈐衛將軍，襲繼往絕可汗押五弩失畢部落(54)。

(十一)己巳，雍州言新豐縣東南有山踊出(55)，【考異】統紀在十二月，今從實錄。改新豐為慶山縣，四方畢賀。江陵(56)人俞文俊上書：「天氣不和，而寒暑并(57)，人氣不和，而疣贅(58)生，地氣不和，而塠阜出。今陛下以女主處陽位，反易剛柔(五九)，故地氣塞隔(六〇)，而山變為災。陛下謂之慶山，臣以為非慶也。臣愚以為宜側身(六一)脩德，以答天譴(六二)，不然殃禍至矣。」太后怒，流於嶺外，後為六道使所殺。

(十二)突厥入寇，左鷹揚衛(六三)大將軍黑齒常之拒之，至兩井，遇突厥三千餘人，見唐兵皆下馬擐甲(六四)，常之以二百餘騎衝之，皆棄甲走，日暮，突厥大至，常之令營中然火，東南又有火起(六五)，虜疑有兵相應，遂夜遁(六六)。

(十三)狄仁傑為寧州刺史，右臺監察御史、晉陵郭翰巡察隴右，所至多所按劾(六七)，入寧州境，耆老歌刺史德美者盈路，翰薦之於朝，徵為冬官侍郎(六八)。

【今註】(一)復政：復歸政事。(二)施州：《舊唐書・地理志》三：「江南道，施州，隋清江郡之清江縣，義寧二年置施州，在京師南二千七百九里。」(三)冤抑：謂冤枉而不得伸者。(四)命正諫補闕拾遺：正諫即諫議大夫，正五品上。《舊唐書・職官志》二：「門下省，左補闕二員，從七品上。左拾遺二員，從八品上。天后垂拱元年二月勅置左右補闕各二員，左右拾遺各二員，掌供奉諷諫，行立次左右史之下。」(五)先責識官：胡三省曰：「識官，猶今之保識。」(六)竅：孔竅。(七)以威之：以威嚇之。㊇皆給驛馬：胡三省曰：「唐制，乘傳日四驛，乘驛日六驛。凡給馬者，一品八匹，二品六匹，三品五匹，四品五品四匹，六品三匹，七品以下二匹。給傳乘者，一品十馬，二品九馬，三品八馬，四品五品四馬，六品七品二馬，八品九品一馬。三品已上敕召者，給四馬，五品三馬，六品已下有差。一驛三十里。」㊈供五品食：《唐六典》卷四：「四品五品常食料，七盤，每日細米二升，麪二升三合，酒一升半，羊肉三分，瓜兩顆，鹽豉蔥薑葵韮之類各有差，木橦春二分，冬三分五釐，炭春三斤，冬五斤。」⑩廩於客館：客館屬鴻臚寺典客令，廩謂廩給。⑪不次：猶超次。⑫重足屏息：重足猶累足，屏息謂不敢呼吸，皆係恐懼之態。⑬游擊將軍：《舊唐書・職官志》一：「游擊將軍，武散官，從五品上。」⑭制獄：謂下制書所審理之獄訟。⑮推：推訊。⑯以張其權：以張大其權勢。⑰尚書都事：《唐六典》卷一：「尚書都省有都事六人，從七品上，皇朝置六者，當六曹之數。」⑱太后自徐敬業之反……紛紛興超：按此段乃錄自《舊唐書・酷吏索元禮傳》，字句大致相同。⑲司刑評事：光宅元年，改大理為司刑，評事從八品。⑳首亂唱禍：即首唱亂禍。㉑詔獄：與制獄同。㉒逮引：及引。㉓考案：考訊案驗。㉔熒惑：炫惑。㉕乘險：乘趁險釁。㉖糾告：糾舉告發。㉗伐罪弔人：人乃民之避諱，謂憐憫不聊生之民，而討伐有罪也。㉘晏然：安然。㉙玄默：玄虛靜默。㉚窮竟：猶終結。㉛睚眥：張目忤視。㉜冠蓋如市：冠蓋指官爵高尊之人，如市言其多也。㉝喁喁：眾人向慕，如魚張口上向。音ㄩㄥˊ。㉞寧所：安寧之所。㉟蒸人：眾人。㊱不悟：不覺悟。㊲豪士：豪傑之士。㊳隋族亡矣：謂隋滅亡族誅矣。㊴感傷：感動而傷害。㊵怵然：誘。㊶幾覆：幾遭傾覆。㊷賴武帝得壺關三老書，廓然感悟，夷江充三族：事見卷二十二漢武帝征和二年三年。廓然，開豁貌。㊸前事之不忘，後事之師：謂前事不被忘記，則後來發生之事，常可取為師則。㊹置北闕：胡三省曰：「北闕蓋在玄武門外。」㊺以岑長倩為內史：按《新唐書・則天紀》作庚辰，以上當從添庚辰二字。㊻韋侍價：按侍乃待之訛。㊼偃蹇：驕傲。㊽捽：持頭髮，音ㄗㄨㄛˊ。㊾批：擊。㊿南牙：即南衙。(五一)長社：據《舊唐書・地理志》一，長社屬河南道許州。(五二)閹：去男子之勢。(五三)亂：淫亂。(五四)以西突厥繼往絕可汗之子……押五弩失畢部落：按此段乃錄自《舊唐書・突厥傳》下，字句大致相同。(五五)己巳，雍州言新豐縣東南有山踊出：程大昌曰：「武后改新豐為慶山縣，其說曰：『時因雷雨，踊出一山。』故取以為名。而其何以輒湧也？不言其以也。此即在位小人，共加傅會也。至兩京道里志則言其詳矣，曰：『慶山踊出，初時六七尺，漸高至三百尺。』則非一旦驟為三百尺也。自六七尺，日日累增，至三百尺，是積力為之，非一夜雷雨，頓能突兀如許也。此為人力所成，大不難見。」(五六)江陵：帶荊州。(五七)寒暑併：寒暑併吞。(五八)疣贅：疣，乃皮膚上之贅生物，音ㄧㄡˊ。疣贅又常作贅疣。(五九)剛柔：剛屬陽，柔屬陰。(六〇)塞隔：閉塞隔絕。(六一)側身：乃示虔敬之意。(六二)譴：責。(六三)左鷹揚衛：光宅元年，以左右武衛改。(六四)擐甲：貫穿鎧甲。(六五)東南又有火起：按《舊唐書・黑齒常之傳》作：「時東南忽有大風起。」(六六)突厥入寇，左鷹揚衛大將軍……遂夜遁：按此段乃錄自《舊唐書・黑齒常之傳》，字句大致相同。(六七)按劾：按問糾劾。(六八)狄仁傑為寧州刺史……徵為冬官侍郎：按此段乃錄自《舊唐書・狄仁傑傳》，字句大致相同。

卷二百四 唐紀二十

司馬光編集
曲守約註

起彊圉大淵獻，盡重光單閼，凡五年。（丁亥至辛卯，西元六八七年至六九一年）

則天順聖皇后上之下

垂拱三年（西元六八七年）

㈠春，正月，丁卯，封皇子成美為恒王，【考異】唐歷、舊本紀、新傳，皆作成義，今從實錄。隆基為楚王㊀，隆範為衞王，隆業為趙王。

㈡二月，丙辰，突厥骨篤祿等寇昌平㊁，命左鷹揚大將軍黑齒常之帥諸軍討之。

㈢三月，乙丑，納言韋思謙以太中大夫致仕㊂。

㈣夏，四月，命蘇良嗣留守西京，【考異】實錄、新舊本紀、統紀，皆無良嗣出守西京年月，今據唐歷。時尚方監㊃裴匪躬檢校京苑㊄，將鬻苑中蔬果，以收其利，良嗣曰：「昔公儀休相魯，猶能拔葵去織婦㊅，未聞萬乘之主，鬻蔬果也㊆。」乃止。

(五)壬戌，裴居道為納言。五月，丙寅，夏官侍郎、京兆張光輔為鳳閣侍郎同平章事。

(六)鳳閣侍郎同鳳閣鸞臺三品劉禕之竊謂鳳閣舍人、永年(八)賈大隱曰：「太后既廢昏立明(九)，安用(一〇)臨朝稱制(一一)，不如返正，以安天下之心(一二)。」大隱密奏之，太后不悅，謂左右曰：「禕之我所引(一三)，乃復叛我。」或誣禕之受歸誠州(一四)都督孫萬榮金，又與許敬宗妾有私(一五)，太后命肅州刺史王本立推之(一六)，本立宣敕示之，禕之曰：「不經鳳閣鸞臺，何名為敕(一七)？」太后大怒，以為拒捍(一八)制使(一九)，庚午，賜死於家。禕之初下獄，睿宗為之上疏申理(二〇)，親友皆賀之，禕之曰：「此乃所以速吾死(二一)也。」臨刑，沐浴，神色自若(二二)，自草謝表，立成數紙。麟臺郎(二三)郭翰、太子文學(二四)周思鈞稱歎其文，太后聞之，左遷翰巫州(二五)司法，思鈞播州(二六)司倉(二七)。

(七)秋，七月，壬辰，魏玄同檢校納言(二八)。

(八)嶺南俚戶舊輸半課(二九)，交趾都護(三〇)劉延祐使之全輸，俚戶不從，延祐誅其魁首(三一)，其黨李思慎等作亂，攻破安南府城，殺延祐，桂州司馬曹玄靜將兵討思慎等，斬之。**【考異】**舊書馮元常傳云：「元常自眉州刺史轉廣州都督，屬安南首領李嗣仙殺都督劉延祐，剽陷州縣，敕元常誅之，帥士卒濟南海，先馳檄，示以威恩，喻以禍福，嗣仙徒黨多相帥歸降，因縱兵誅其魁首，安慰居人而旋。」今從實錄。

(九)突厥骨篤祿元珍寇朔州㉜，遣燕然道大總管黑齒常之擊之，以左鷹揚大將軍李多祚為之副，大破突厥於黃花堆㉝，追奔四十餘里，突厥皆散走磧北㉞。多祚世為靺鞨酋長，以軍功㉟得入宿衛㊱，黑齒常之每得賞賜，皆分將士㊲，有善馬為軍士所損㊳，官屬請笞㊴之，常之曰：「奈何以私馬笞官兵乎㊵！」卒不問㊶。

(十)九月，己卯，虢州人楊初成詐稱郎將㊷，矯制㊸於都市募人，迎廬陵王於房州，事覺伏誅。

(十一)冬，十月，庚子，右監門衛中郎將㊹爨寶璧與突厥骨篤祿元珍戰，全軍皆沒㊺，寶璧輕騎遁歸，寶璧見黑齒常之有功，表請窮追餘寇，詔與常之計議，遙為聲援㊻，寶璧欲專其功，不待常之，引精卒萬三千人先行出塞二千餘里，掩擊㊼其部落，既至，又先遣人告之，使得嚴備㊽，與戰遂敗。太后誅寶璧，改骨篤祿曰不卒祿㊾㊿。

(十一)命魏玄同留守西京。

(十二)武承嗣又使人誣李孝逸，自云：「名中有兔，兔，月中物，當有天分(五二)。」太后以孝逸有功。十一月，戊寅，減死，除名，流儋州(五三)而卒。【考異】新紀：「天授元年，殺梁公李孝逸。」孝逸初封梁郡公，以平徐敬業功，改封吳國公，垂拱三年減死，除名，配流儋州，當削爵矣。新傳云流儋州薨，紀傳自相違。唐歷云：「四月十一日，誅益州長史李孝逸。」亦舊任也。統紀誅李孝逸并其黨崔元昉、裴安期，唐歷并其黨崔知賢、董元昉、裴安期等。今從實錄及舊傳。

(十三)太后欲遣韋待價將兵擊吐蕃，【考異】實錄：「十二月丙辰，命待價為安息道大總管，督二十六總管以討吐蕃。」不言師出勝敗如何，至永昌元年五月，又云：「命待價擊吐蕃，七月敗於寅識迦河。」按本傳不云兩曾將兵，今刪此事。鳳閣侍郎韋方質奏請如舊制，遣御史監軍，太后曰：「古者明君遣將，閫外(五三)之事，悉以委(五四)之，比聞御史監軍(五五)，軍中事無大小，皆須承稟(五六)，以下制上，非令典(五七)也。且何以責(五八)其有功？」遂罷之。

(十四)是歲，天下大饑，山東關內尤甚。

【今註】㊀春正月丁卯封皇子隆基為楚王：按《新唐書・則天紀》垂拱三年文作：「閏正月丁卯，封皇帝子隆基為楚王。」是正月當添作閏正月。㊁昌平：按《新唐書・地理志》三：「幽州，昌平縣，北十五里有軍都陘，西北三十五里有納款關，即居庸故關，亦謂之軍都關。」蓋突厥欲由居庸關以入塞也。㊂致仕：謂辭官。㊃尚方監：《唐六典》卷二十二：「少府監，光宅元年改為尚方監。

設監二人，從四品下。」㊄京苑：西京之苑囿。㊅昔公儀林相魯，猶能拔葵去織婦：《漢書·董仲舒傳》：「故公儀子（師古曰：「公儀休。」）相魯，之其家，見織帛，怒而出其妻；食於舍，而茹葵，慍而拔其葵曰：『吾已食祿，又奪園夫紅女利虖！』」去織婦，謂出其妻也。㊆時尚方監裴匪躬檢校京苑……未聞萬乘之主，鬻蔬果也，乃止：按此段乃錄自《舊唐書·蘇世長附良嗣傳》，字句大致相同。㊇永年：今河北省永年縣。㊈廢昏立明：廢昏，指廢中宗，立明，指立睿宗。㊉安用：何用。⑪臨朝稱制：謂涖臨朝廷而發號施令。⑫以安天下之心：謂以安定天下之人心。⑬禕之我所引：劉禕之自北門學士至為相，故云然。《舊唐書·劉禕之傳》，引下多一用字，文意較足，當從添入。⑭歸誠州：《新唐書·地理志》七下：「松漠都督府，貞觀二十二年，以內屬契丹窟哥部置，其別帥七部，分置峭落等八州。」八州內，歸誠州居其一。⑮有私：謂有曖昧關係。⑯推之：推鞫之。⑰不經鳳閣鸞臺，何名為敕：蓋唐代制敕，皆須由中書省（即鳳閣）之中書令，及門下省（即鸞臺）之侍中，審署申覆，方得施行，而此則由武后直接頒發，而未經由二省，故禕之遂認為其非制敕也。⑱拒捍：拒絕捍格。⑲制使：天子所遣之使臣。⑳申理：申訴辨理。㉑速吾死：使吾之死期加速。㉒自若：謂宛如平日。㉓麟臺郎：光宅元年，改秘書郎為麟臺郎。㉔太子文學：《唐六典》卷二十六：「太子司經局，文學三人，正六品，掌分知經籍，侍奉文章。」㉕巫州：《舊唐書·地理志》三江南道：「巫州，貞觀八年，分辰州龍標縣置，在京師南三千一百五十八里。」㉖播州：同志三江南道：「播州，隋牂柯郡之牂柯縣，貞觀十一年置播州，在京師南四千四百五十裏。」㉗鳳閣侍郎、同鳳閣鸞臺三品劉禕之……思鈞播州司倉：按此段乃錄自《舊唐書・劉禕之傳》，字句大致相同。㉘檢校納言：檢校非實職，意猶攝代。㉙半課：謂賦稅之半。㉚交趾都護：《舊唐書・地理志》四嶺南道：「安南都督府，隋交趾郡，武德五年，改為交州總管府。調露元年八月，改交州都督府為安南都護府。」㉛魁首：魁亦首，二字為同意之複合辭，猶首領也。㉜朔州：《舊唐書・地理志》二河東道：「朔州，隋馬邑縣，武德四年置朔州。」㉝黃瓜堆：胡三省曰：「意即黃花堆。按朔州有黃花堆，在神武川。」㉞磧北：沙漠之北，音ㄑㄧˋ。㉟軍功：戰功。㊱宿衞：夜間值宿以護衞君上。㊲皆分將士：謂皆分予將士。㊳所損：所損傷。㊴笞：以杖擊之。㊵奈何以私馬笞官兵乎：謂如何以私馬受傷之故，而處罰官兵乎。㊶黑齒常之每得賞賜……以私馬笞官兵乎，卒不問：按此段乃錄自《舊唐書・黑齒常之傳》，字句大致相同。㊷郎將：據《舊唐書・職官志》三，十二衞大將軍，各有左右郎將一人，正五品上。㊸矯制：謂假託制敕。㊹右監門衞中郎將：《舊唐書・職官志》三：「左右監門衞中郎將四人，正四品下。」㊺皆沒：皆覆沒。㊻聲援：援之以聲勢。㊼掩擊：掩襲而攻擊之。㊽嚴備：戒備。㊾不卒祿：謂不得終享其祚祿也，蓋咒之之辭。㊿庚子，右監門衞中郎將爨寶璧……改骨篤祿曰不卒祿：按此段乃揉合《舊唐書・黑齒常之傳》及〈突厥傳上骨咄祿傳〉而成，字句大致相同。(51)武承嗣又使人誣李孝逸，自云：「名中有兔，兔月中物，當有天分」：按《舊唐書・淮安王神通附孝逸傳》作：「武承嗣又使人誣告孝逸往任益州，嘗自解逸字云：『走邊兔者，常在月中，月既近天，合有天分。』」必合二文觀之，然後意義方得明晰。又天分者，謂分當為天子，此辭在唐代頗為流行，散見於《舊唐書》諸列傳，茲不具錄。(五二)儋州：《舊唐書・地理志》四嶺南道：「儋州，隋儋耳郡，武德五年置儋州，至京師七千四百四十二里。」音擔。(五三)閫外：此指京師以外。(五四)委：任。(五五)監軍：監督軍事。(五六)承稟：承奉啟稟。(五七)令典：美好典制。(五八)責：求。

四年（西元六八八年）

㈠春，正月，甲子，於神都㊀立高祖太宗高宗三廟，四時享祀如西廟㊁之儀。又立崇先廟，以享武氏祖考，太后命有司議崇先廟室數，司禮博士㊂周悰請為七室，又減唐太廟為五室。春官㊃侍郎賈大隱奏：「禮天子七廟，諸侯五廟，百王不易㊄之義。今周悰別引浮議㊅，廣述異聞，直㊆崇臨朝權儀㊇，不依國家常度，皇太后親承顧託，光顯㊈大猷㊉，其崇先廟室，應如諸侯之數，國家宗廟，不應輒有變移。」太后乃止。

㈡太宗高宗之世，屢欲立明堂，諸儒議其制度，不決而止，及太后稱制，獨與北門學士議其制，不問諸儒，諸儒以為：「明堂當在國陽(一一)丙巳之地，三里之外，七里之內。」太后以為去宮太遠(一二)。二月，庚午，毀乾元殿，於其地作明堂(一三)，以僧懷義為之使，凡役數萬人。

⑶夏，四月，戊戌，殺太子通事舍人(一四)郝象賢。象賢，處俊之孫也。初太后有憾於處俊(一五)，會奴誣告象賢反，太后命周興鞫之，致象賢族罪(一六)。象賢家人詣朝堂，訟冤於監察御史、樂安(一七)任玄殖，玄殖奏象賢無反狀(一八)，玄殖坐免官。象賢臨刑，極口(一九)罵太后，發揚(二〇)宮中隱慝(二一)，奪市人柴以擊刑者，金吾兵(二二)共格殺(二三)之，太后命支解其尸，發其父祖墳，毀棺焚尸，自是終太后之世，法官每刑人，先以木丸塞其口(二四)。

⑷武承嗣使鑿白石為文，曰：「聖母臨人，永昌帝業(二五)。」末紫石(二六)雜(二七)藥物填之。庚午，使雍州人唐同泰奉表獻之，稱獲之於洛水，太后喜，命其石曰寶圖(二八)，擢同泰為游擊將軍(二九)(三〇)。五月，戊辰，詔當親拜洛受寶圖，有事南郊，告謝昊天(三一)，禮畢，御明堂，朝羣臣，命諸州都督刺史及宗室外戚，以拜洛前十日集神都。乙

亥，太后加尊號為聖母神皇。

㈤六月，丁亥朔，日有食之。

㈥壬寅，作神皇三璽。

㈦東陽大長公主㉜削封邑，并二子徙巫州。公主適高履行，太后以高氏，長孫無忌之舅族，故惡之㉝。

㈧江南道巡撫大使冬官㉞侍郎狄仁傑以吳楚多淫祠㉟，奏焚其一千七百餘所，獨留夏禹、吳太伯、季札㊱、伍員四祠㊲。

㈨秋，七月，丁巳，赦天下，更命寶圖為天授聖圖，洛水為永昌洛水，封其神為顯聖㊳侯；加特進㊴，禁漁釣，祭祀比四瀆㊵，名圖所出曰聖圖泉，泉側置永昌縣，又改嵩山為神嶽，封其神為天中王㊶，拜太師，使持節神嶽大都督，禁芻牧㊷。又以先於汜水㊸得瑞石，改汜水為廣武。

㈩太后潛謀革命，稍除㊹宗室，絳州刺史韓王元嘉、青州刺史霍王元軌、邢州刺史魯王靈夔、豫州刺史越王貞，及元嘉子通州刺史黃公譔、元軌子金州刺史江都王緒、虢王鳳子申州刺史東莞公融、靈夔子范陽王藹、貞子博州刺史琅邪王沖，在宗室中，皆以才行(四五)有美名，太后尤忌之。元嘉等內(四六)不自安，密有匡復(四七)之志，【考異】舊傳垂拱三年七月，誤也，今從實錄。譔謬為書與貞云：「內人(四八)病浸(四九)重，當速療之，若至今冬，恐成痼疾(五〇)。」太后召宗室朝明堂，諸王因遞相(五一)驚(五二)曰：「神皇欲於大饗之際(五三)，使人告密，盡收宗室，誅之無遺。」譔詐為皇帝璽書(五四)與沖云：「朕遭幽縶(五五)，諸王宜各發兵救我。」沖又詐為皇帝璽書云：「神皇欲移李氏社稷，以授武氏。」八月，壬寅，沖召長史蕭德琮等令募兵，【考異】實錄作丙午，蓋據奏到之日也。舊傳本紀作壬寅。按沖以戊申死，而實錄又云沖起兵七日而敗，然則壬寅是也，今從之。分告韓、霍、魯、越、及貝州刺史紀王慎，令各起兵，共趣神都。太后聞之，以左金吾將軍丘神勣為清平道(五六)行軍大總管，以討之。

(十一)沖募兵得五千餘人，欲度河取濟州，先擊武水(五七)，武水令郭務悌詣魏州求救，莘(五八)令馬玄素將兵千七百人，中道邀(五九)沖，恐力不敵，入武水，閉門拒守。沖推草車，塞其南門，因風縱火(六〇)，焚之，欲乘火突入(六一)，火作(六二)，而風回(六三)，沖軍不得進，由是氣沮(六四)。

堂邑(六五)董玄寂為沖將兵擊武水，謂人曰：「琅邪王與國家交左戰，此乃反也。」沖聞之，斬玄寂以徇(六六)，眾懼，而散入草澤，不可禁止，惟家僮右數十人在，沖還走博州，戊申，至城門，為守門者所殺。【考異】丘神勣傳云：「為勣官吳希智、白丁孟青棒所殺。」今從實錄及沖傳。凡起兵七日而敗。丘神勣至博州，官吏素服出迎(六七)，神勣盡殺之，凡破(六八)千餘家。

(十二)越王貞聞沖起，亦舉兵於豫州(六九)，遣兵陷上蔡(七〇)。九月，丙辰，命左豹韜(七一)大將軍麴崇裕為中軍大總管，岑長倩為後軍大總管，將兵十萬以討之。又命張光輔為諸軍節度(七二)，削沖屬籍(七三)，更姓虺(七四)氏。貞聞沖敗，欲自鎖詣闕謝罪，會所署新蔡(七五)令傅延慶募得勇士二千餘人，貞乃宣言於眾曰：「琅邪(七六)已破魏相數州，有兵二十萬，朝夕至矣(七七)。」發屬縣兵共得五千，分為五營，使汝南(七八)縣丞裴守德等將之，署(七九)九品以上官五百餘人，所署官皆受迫脅(八〇)，莫有鬬志，惟守德與之同謀，貞以其女妻之，署大將軍，委以腹心(八一)。貞使道士及僧誦經，以求事成，左右及戰士皆帶辟兵符(八二)，麴崇裕等軍至豫州城東四十里，貞遣少子規及裴守德拒戰，兵潰(八三)而歸，貞大懼，閉閤自守。崇裕等至城下，左右謂貞曰：「王豈可坐待戮辱(八四)！」貞、規、守德及其妻皆自殺，【考異】實錄：「庚戌貞舉兵，九月丙寅，豫州平。」又云：「舉兵二十日而敗。」庚戌至丙寅纔十七日，蓋皆據奏到之日耳。與沖皆梟首東都闕下(八五)。

(三)初范陽王藹遣使語貞及沖曰：「若四方諸王，一時並起(八六)，事無不濟。」諸王往來，相約結(八七)未定，而沖先發，惟貞狼狽(八八)應之，諸王皆不敢發，故敗。

(四)貞之將起兵也，遣使告壽州刺史趙瓌，瓌妻常樂長公主(八九)謂使者曰：「為我語越王，昔隋文帝將篡周室，尉遲迥周之甥也，猶能舉兵，匡救社稷(九〇)，功雖不成，威震海內，足為忠烈(九一)。況汝諸王、先帝之子，豈得不以社稷為心(九二)？今李氏危若朝露(九三)，汝諸王不捨生取義，尚猶豫不發，欲何須(九四)邪？禍且(九五)至矣。大丈夫當為忠義鬼，無為徒死(九六)也(九七)。」及貞敗，太后欲悉誅韓魯等諸王，命監察御史、藍田(九八)蘇珦按其密狀(九九)，珦訊問，皆無明驗(一〇〇)，或告珦與韓魯通謀(一〇一)，太后召珦詰(一〇二)之，珦抗論不回(一〇三)，太后曰：「卿大雅之士(一〇四)，朕當別有任使，此獄不必卿也(一〇五)。」乃命珦於河西監軍(一〇六)，更使〔〇七〕周興等按之，於是收韓王元嘉、魯王靈夔、黃公譔、常樂公主於東都，迫脅，皆自殺，【考異】舊傳：「靈夔流振州，自縊死。」今從實錄。更其姓曰虺，親黨皆誅。

(十五)以文昌左丞〔〇八〕狄仁傑為豫州刺史，時治越王貞黨與，當坐者六七百家，籍沒〔〇九〕者五千口，司刑〔一〇〕趣〔一一〕使行刑，仁傑密奏：「彼皆詿誤〔一二〕，臣欲顯奏〔一三〕，似為逆人申理，知而不言，恐乖〔一四〕陛下仁恤〔一五〕之旨〔一六〕。」太后特原之，皆流豐州，道過寧州，寧州父老迎勞之曰：「我狄使君活汝邪〔一七〕。」相攜哭於德政碑〔一八〕下，設齋三日，而後行〔一九〕〔二〇〕。時張光輔尚在豫州，將士恃功，多所求取〔二一〕，仁傑不之應，光輔怒曰：「州將〔二二〕輕元帥邪！」仁傑曰：「亂河南者，一越王貞耳，今一貞死，萬貞生〔二三〕。」光輔詰其語〔二四〕，仁傑曰：「明公總兵三十萬，所誅者止於越王貞，城中聞官軍至，踰城出降者，四面成蹊〔二五〕，明公縱將士〔二六〕暴掠〔二七〕，殺已降以為功，流血丹野〔二八〕，非萬貞而何？恨不得尚方〔二九〕斬馬劍加於明公之頸，雖死如歸〔三〇〕耳。」光輔不能詰〔三一〕，歸奏仁傑不遜〔三二〕，左遷復州〔三三〕刺史〔三四〕。

(十六)丁卯，左肅政大夫(三五)騫味道、夏官(三六)侍郎王本立並同平章事。

(十七)太后之召宗室朝明堂也，東莞公融密遣使問成均助教(三七)高子貢，子貢曰：「來必死。」融乃稱疾(三八)不赴，越王貞起兵，遣使約融，融倉猝不能應，為官屬(三九)所逼，執使者(四〇)以聞，擢拜右贊善大夫(四一)。未幾，為支黨所引(四二)。冬，十一月，己亥，戮於市，籍沒其家(四三)，高子貢亦坐誅。濟州刺史薛(四四)顗、顗弟緒、緒弟駙馬都尉紹，皆與琅邪王沖通謀，顗聞沖起兵，作兵器，募人(四五)，沖敗，殺錄事參軍(四六)高纂以滅口(四七)。十一月，辛酉，顗、緒伏誅，紹以太平公主故(四八)，杖一百，餓死於獄。

(十八)十二月，乙酉，司徒青州刺史霍王元軌坐與越王連謀，廢徙黔州(四九)，載以檻車，行(五〇)至陳倉，而死(五一)。江都王緒、殿中監(五二)郕公裴承先(五三)皆戮於市。承先，寂之孫也(五四)。

(十九)命裴居道留守西京。

(廿)左肅政大夫同平章事騫味道素不禮於殿中侍御史周矩(五五)，屢言其不能了事(五六)。會有羅告(五七)味道者，敕矩按之，矩謂味道曰：「公常責(五八)矩不了事，今日為公了之。」乙亥，味道及其子辭玉皆伏誅(五九)。【考異】御史臺記，味道陷周興獄，今從實錄。

(廿)己酉，太后拜洛受圖(六〇)，皇帝皇太子皆從，內外文武百官、蠻夷各依方敘立(六一)，珍禽奇獸雜寶列於壇前，文物鹵簿(六二)之盛，唐興以來未之有也。

(廿一)辛亥，明堂成，高二百九十四尺，方三百尺，凡三層，下層法四時，各隨方色(六三)；中層法十二辰，上為圓蓋，九龍捧之；上層法二十四氣，亦為圓蓋。(六四)。上施鐵鳳，高一丈，飾以黃金，中有巨木十圍(六五)，上下通貫，栭櫨撐檐(六六)藉以為本，下施鐵渠(六七)，為辟雍(六八)之象(六九)，號曰萬象神宮(七〇)，宴賜羣臣，赦天下，縱(七一)民入觀。改河南為合宮縣(七二)。又於明堂北起天堂五級(七三)，以貯大像(七四)，至三級，則俯視明堂(七五)矣。【考異】舊薛懷義傳云：「明堂大屋凡三層，計高三百尺，又於明堂北起天堂，廣袤亞明堂。」今從小說及通典。僧懷義以功拜左威衛大將軍梁國公。【考異】實錄云：「懷義監造明堂，以功擢授左武衛大將軍，固辭不拜。時有右玉鈐衛將軍王茲徵、長上果毅元蕭然，請與懷義為兒，既而陰有異圖，欲奉之為主，懷義密奏其狀，由是慈徵等坐斬，進拜懷義輔國大將軍，封盧國公，賜物三千段，又表辭不受。」今從舊傳。侍御史王求禮上書曰：「古之明堂，茅茨(七六)不翦(七七)，采椽(七八)不斲(七九)，今者飾以珠玉，塗以丹青，鐵鷟(八〇)入雲，金龍隱霧(八一)，昔殷辛(八二)瓊臺，夏癸(八三)瑤室，無以加(八四)也。」太后不報。

(二三)太后欲發梁鳳巴蜑(八五)，自雅州(八六)開山通道，出擊生羌，因襲吐蕃。正字陳子昂(八七)上書，以為：「雅州邊羌(八八)，自國初以來，未嘗為盜，今一旦無罪戮之，其怨必甚，且懼誅滅(八九)，必蜂起為盜，西山盜起(九〇)，則蜀之邊邑，不得不連兵(九一)備守，兵久不解，臣愚以為西蜀之禍，自此結(九二)矣。臣聞吐蕃愛蜀富饒，欲盜之久矣，徒(九三)以山川阻絕(九四)，障隘(九五)不通，勢不能動，今國家乃亂邊(九六)羌，開隘道，使其收奔亡之種(九七)，為鄉導(九八)以攻邊，是借寇兵為賊除道(九九)，舉全蜀以遺之也。蜀者，國家之寶庫(一〇〇)，可以兼濟中國。今執事者，乃圖僥幸(一〇一)之利，以事西羌(一〇二)，得其地，不足以稼穡，財，不足以富國(一〇三)，徒為糜費(一〇四)，無益聖(一〇五)德，況其成敗未可知哉？夫蜀之所恃者，險也，人之所以安者，無役(一〇六)也，今國家乃開其險，役其人，險開，則便寇，人役，則傷財，臣恐未見羌戎，已有姦盜在其中(一〇七)矣。且蜀人尪劣(一〇八)，不習兵戰，山川阻曠(一〇九)，去中夏遠，今無故生西羌吐蕃之患，臣見其不及百年，蜀為戎矣(一一〇)。國家近廢安北，拔單于，棄龜茲，放疏勒㉑，天下翕然㉒，謂之盛德者，蓋以陛下務在養人，不在廣地也。今山東飢，關隴弊㉓，而狥㉔貪夫之議，謀動甲兵㉕，興大役，自古國亡家敗，未嘗不由黷兵㉖，願陛下熟計之。」既而役不果興㉗㉘。

【今註】㈠神都：洛陽。㈡西廟：西京宗廟。㈢司禮博士：《唐六典》卷十四：「太常寺，光宅元年，改曰司禮。太常博士四人，從七品上，掌辨五禮之儀式，奉先王之法制，適變隨時而損益焉。」㈣春官：光宅元年，改禮部為春官。㈤易：更易。㈥浮議：謂不切實之議論。㈦直：猶只。㈧臨朝權儀：臨朝者之權宜禮儀。㈨光顯：大顯。㈩猷：謀猷。⑪國陽：謂京師之南。⑫太宗高宗之世……太后以為去宮太遠：按此段乃錄自《舊唐書・禮儀志》二，字句大致相同。⑬毀乾元殿，於其地作明堂：《唐六典》卷七：「東都，皇宮，南面三門，其內曰乾元門，若西京之太極門，其內曰乾元殿，則明堂也。證聖元年營造，上圜下方，八窗四闥，高三百尺，元正冬至，有時而御焉。」⑭太子通事舍人：《唐六典》卷二十六：「太子通事舍人八人，正七品下。掌導引東宮諸臣辭見之禮，及承令勞問之事。」⑮太后有憾於處俊：指上元二年，諫高宗之事。⑯致象賢族罪：謂斷象賢以滅族之罪。⑰樂安：隋棣州，唐改樂安郡，故治在今山東省惠民縣南。⑱無反狀：無反逆之罪狀。⑲極口：謂凡所能言者皆言之。⑳發揚：猶揭發。㉑隱慝：隱私奸慝之事跡。㉒金吾兵：謂左右金吾衛所屬之兵卒。㉓格殺：格拒而殺戮之。㉔殺太子通事舍人郝象賢……先以木丸塞其口：按此段雖本自《舊唐書・郝處俊附象賢傳》，而敍事稍有溢出。㉕永昌帝業：亦即帝業永昌。㉖末紫石：謂槌碎紫石為末屑也。㉗雜：混雜。㉘圖：圖籙。㉙游擊將軍：《舊唐書・職官志》一：「游擊將軍，從五品下。」㉚武承嗣使鑿白石為文……擢同泰為游擊將軍：按此段乃錄自《舊唐書・則天紀》，字句大致相同。㉛昊天：天之泛稱，音ㄏㄠˋ。㉜東陽大長公主：太宗之女。㉝東陽大長公主削封邑……故惡之：按此段《新唐書・諸公主太宗女傳》亦載之，字句大致相同。㉞冬官：光宅元年改工部為冬官。㉟淫祠：淫濫而不正當之祠宇。㊱季札：謂吳公子季札，甚有賢名於時。㊲江南道巡撫大使、冬官侍郎狄仁傑……獨留夏禹、吳太伯、季札、伍員四祠：按此段乃錄自《舊唐書・狄仁傑傳》，字句大致相同。㊳顯聖：謂顯神聖。㊴特進：《舊唐書・職官志》一：「特進，文散官，正二品。」㊵祭祀比四瀆：《唐六典》卷四祠部郎中條：「凡祭祀其差有三：若昊天上帝等為大祀，日月星辰，社稷先代帝王，岳鎮海瀆為中祀。」㊶天中王：以嵩山在中國之中，故遂謂之在天地之中，因而以天中王之號封焉。㊷芻牧：芻，樵採；牧，放牧。㊸汜水：《舊唐書・地理志》一河南道：「孟州，汜水，隋縣，武德四年分置成皋，貞觀元年省入汜水，垂拱四年，改為廣武。」音祀。㊹稍除：漸除。㊺才行：才識德行。㊻內：指心內。㊼匡復：匡正恢復。㊽內人：謂其妻。㊾浸：漸。㊿痼疾：謂不能治療之病。(51)遞相：猶互相。(52)驚：驚恐。(53)際：間。(54)璽書：謂天子之詔勅。(55)幽縶：幽錮囚縶。(56)清平道：《舊唐書・地理志》二河北道：「博州、清平縣，漢貝丘縣，隋改為清平。」則天見其吉祥，遂取以為稱焉。(57)武水：故城在今山東省聊城縣西南。(58)莘：今山東省莘縣。(59)邀：攔截。(60)縱火：放火。(61)突入：突門而入。(62)火作：火起。(63)回：回轉。(64)氣沮：氣焰沮喪。(65)堂邑：今山東省堂邑縣。(66)以徇：以尸陳列於眾前。(67)官吏素服出迎：以敗亡之餘，故著喪服以出迎也，此乃古之遺制。(68)破：破滅。(69)亦舉兵於豫州：按《舊唐書・越王貞傳》，豫州皆作蔡州。考同書〈地理志〉一河南道：「蔡州，隋汝南郡，武德三年平王世充，置豫州總管府，寶應元年，改為蔡州。」是名雖不同，而所指之地則一。(70)上蔡：今河南省上蔡縣。(71)左豹韜衛：《舊唐書・職官志》三：「左右威衛，光宅改為左右豹韜衛。」(72)節度：謂節制支度。(73)屬籍：宗屬之名籍。(74)虺：蛇類，音ㄏㄨㄟˇ。(75)新蔡：今河南省新蔡縣。(76)琅琊：即上之琅琊王沖。(77)朝夕至矣：謂非朝即夕，言其至之速也。(78)汝南：今河南省汝南縣。(79)署：署任。(80)迫脅：逼迫威脅。(81)委以腹心：謂任以切要之事。(82)辟兵符：可以避免兵器傷害之符籙。(83)潰：敗散。(84)戮辱：猶誅戮。(85)絳州刺史韓王元嘉，青州刺史霍王元軌……與沖皆梟首東都闕下：按此段乃錄自《舊唐書・越王貞傳》，次序雖有顛倒，然字句則大致相同。(86)一時並起：同時齊起。(87)約結：約會結合。(88)狼狽：行動乖方。(89)常樂長公主：據〈越王貞傳〉，為高祖第七女。(90)昔隋文帝將篡周室，尉遲迥周之甥也，猶能舉兵，匡救社稷：事見卷一百七十四陳宣帝太建十四年。(91)足為忠烈：謂足為忠烈之士。(92)為心：猶為意。(93)危若朝露：朝露日出即晞，故取以喻危險之烈。(94)須：待。(95)且：將。(96)徒死：謂空死而毫無建樹。(97)貞之將起兵也……無為徒死也：

按此段雖本自《舊唐書・越王貞傳》，而改易之處甚多，兩相對照而體會之，當可於綴文方面，獲益不淺。(九八)藍田：今陝西省藍田縣。(九九)密狀：秘密為逆之情狀。(一〇〇)驗：證。(一〇一)通謀：猶合謀。(一〇二)詰：詰問。(一〇三)抗論不回：謂據事直爭，而不撓回。(一〇四)大雅之士：謂甚為公正之士。(一〇五)不必卿也：謂不必使卿按之。(一〇六)及貞敗，太后欲悉誅韓魯等諸王……乃命珣於河西監軍：按此段乃錄自《舊唐書・蘇珣傳》，字句大致相同。(一〇七)更使：改使。(一〇八)文昌左丞：光宅元年，改尚書左丞為文昌左丞。(一〇九)籍沒：謂依簿籍所載，而將其家人口財物，全沒收之。(一一〇)司刑：司刑寺即大理寺。(一一一)趣：讀曰促。(一一二)詿誤：牽累，音卦。(一一三)顯奏：謂明上奏疏。(一一四)乖：違。(一一五)仁恤：仁愛存恤。(一一六)旨：意。(一一七)寧州父老迎勞之曰，我狄使君活汝邪：仁傑為寧州刺史，見上卷垂拱二年。使君乃刺史之尊稱。(一一八)德政碑：官吏之有政化者，治民於其去後，常樹碑以頌念之，即所謂德政碑是也。此乃指狄仁傑之德政碑而言。(一一九)設齋三日而後行：按此設齋，乃寧州父老用以報答狄仁傑治寧之恩，而唐代常用齋僧之式，以資酬答。《舊唐書・程務挺傳》：「閱婦人有乳汁者九十餘人，悉放遣之，鄴人感其仁恕，為之設齋，以報其恩。」同書〈虞世南傳〉：「下制曰：『昨因夜夢，忽覩其人，宜資冥助，申朕思舊之情，可於其家為設五百僧齋，並為造天尊象一區。』」皆其例也。(一二〇)以文昌左丞狄仁傑為豫州刺史……設齋三日而後行：按此段乃錄自《舊唐書・狄仁傑傳》，字句大致相同。(一二一)求取：謂求取財物。(一二二)州將：漢代稱刺史曰州將。(一二三)萬貞生：謂萬亂河南者生。(一二四)詰其語：詰問其辭語之意。(一二五)四面成蹊：蹊，徑，以喻其多。(一二六)縱將士：縱恣將士。(一二七)暴掠：暴虐刦掠。(一二八)流血丹野：喻死人之多。㉙尚方：漢少府屬官有尚方令、丞，掌作御刀劍及玩好器物。㉚雖死如歸：如歸，謂如歸故鄉，言雖死亦無憾也。㉛詰：此謂詰責。㉜不遜：猶傲慢。㉝復州：《舊唐書・地理志》二山南道：「復州，隋沔陽郡，武德五年改為復州，在京師東南一千八百里。……」㉞時張光輔尚在豫州……左遷復州刺史：按此段雖本於《舊唐書・狄仁傑傳》，而字句則間有不同。㉟左肅政大夫：《舊唐書・職官志》三：「御史臺，光宅元年，分臺為左右，號曰左右肅政臺，左臺專知京百司，大夫一員，正三品。」㊱夏官：光宅元年，改兵部為夏官。㊲成均助教：《唐六典》卷二十一：「國子監，光宅元年改為成均監。助教二人，從六品上，掌佐博士，分經以教授焉。」㊳稱疾：號稱有病。㊴官屬：指僚吏言。㊵執使者：謂執越王所遣之使人。㊶右贊善大夫：《唐六典》卷二十六：「太子左贊善大夫五人，正五品上。掌翼贊太子以規諷也。右贊善大夫掌如其左。」㊷支黨所引：支猶黨，謂為同黨之所援引。㊸太后之召宗室朝明堂也……戮於市，籍沒其家：按此段乃錄自《舊唐書・虢王鳳附融傳》，字句大致相同。㊹顗：音ㄧˇ。㊺募人：謂募人以為士卒。㊻錄事參軍：《舊唐書・職官志》三：「上州錄事參軍事一人，從七品上，掌勾稽省署抄目，監符印。」㊼以滅口：謂殺之以免其言語。㊽以太平公主故：據《新唐書・公主傳》，太平公主乃則天之愛女，薛紹死後，而改嫁武攸暨者。㊾黔州：《舊唐書・地理志》三江南道：「黔州，隋黔安郡，武德元年改為黔州，在京師南三千一百九十三里。」㊿檻車：乃車之一種，其上有欄，以載犯人，而免其逃逸。(51)司徒青州刺史霍王元軌……行至陳倉而死：按此段乃錄自《舊唐書・霍王元軌傳》，字句大致相同。(52)殿中監：《唐六典》卷十一：「殿中省，監一人，從三品，掌乘輿服御之政令。」〔五三〕裴承先：按《舊唐書・裴寂傳》作承先，同書〈霍王元軌傳〉及《新唐書・則天紀》，則作承光，此則據〈裴寂傳〉而入書者。〔五四〕承先，寂之孫也：裴寂，武德開國功臣。〔五五〕素不禮於殿中侍御史周矩：謂於周矩，素不加以禮遇。殿中侍御史，據《舊唐書・職官志》二，從七品下，掌殿廷供奉之儀式。〔五六〕了事：謂了理事情，簡言之，亦即辦事。〔五七〕羅告：羅織而控告之。〔五八〕責：斥責。〔五九〕乙亥，味道及其子辭玉皆伏誅：按《新唐書・則天紀》，乙亥作己亥，以下之己酉推之，當以作己亥為是。〔六〇〕太后拜洛受圖：謂拜於洛水，而受唐同泰所獻之偽石。〔六一〕各依方敍立：謂各依方位及次第而立。〔六二〕鹵簿：蔡邕《獨斷》：「天子出，車駕次第，謂之鹵簿。」按此兼括有文武百官、諸國使者之車騎。〔六三〕各隨方色：各隨四方之色。〔六四〕中層法十二辰，上為圓蓋，九龍捧之，上層，法二十四氣，亦為圓蓋：按此皆係正文，不宜分兩行書之，致誤為注文，自十二辰起，訖為圓蓋止，皆宜大字單行書寫。〔六五〕圍：乃計度圓周之名，有言五寸，有言一尺者，說法甚為紛歧，然大抵以上三說較為通行。〔六六〕栭櫨橕棿：栭音而，梁上柱，《說文》：「屋枅上標。」櫨音盧，柱上柎曰欂櫨，《廣韻》：「枅也，柱也。」橕，斜柱。棿，屋梠。〔六七〕鐵渠：以鐵為渠以通水。〔六八〕辟雍：《周禮・春官》孫詒讓正義：「鄭鍔云：『周五學，中曰辟雍，環之以水。』」〔六九〕象：形象。〔七〇〕明堂成，高二百九十四尺……號曰萬象神宮：按此段乃錄自《舊唐書・禮儀志》二，字句大致相同。〔七一〕縱：縱放聽任。〔七二〕合宮縣：以萬象皆在一宮，而為名也。〔七三〕五級：五層。〔七四〕以貯大像：胡三省曰：「懷義所作夾紵大像也。」按大像即佛像。〔七五〕俯視明堂：謂明堂在其下方。(七六)茅茨：以茅葦蓋屋。(七七)不翦：不翦以求其整齊。(七八)采椽：以櫟木所為之椽。(七九)斲：同斫。(八〇)鐵鷟：以鐵所鑄之鸑鷟（即鳳凰）。(八一)金龍隱霧：以黃金所鑄之龍，隱於霧中，按與入雲之意頗相似。(八二)殷辛：紂。(八三)夏癸：桀。(八四)加：猶過。(八五)巴蜑：為二種族名。(八六)雅州：《舊唐書・地理志》四劍南道：「雅州，隋臨邛郡，武德元年改為雅州。」(八七)正字陳子昂：按《舊唐書・文苑陳子昂傳》，子昂時為麟臺正字，考《唐六典》卷十，秘書省，天授初改為麟臺監，正字四人，正九品下，掌詳定典籍，正其文字。(八八)邊羌：邊界之羌。(八九)誅滅：猶誅夷。(九〇)西山盜起：胡三省曰：「西山在成都西松茂二州，都督府所統，諸州皆西山羌也。」(九一)連兵：連合兵卒。(九二)結：構結。(九三)徒：但。(九四)阻絕：阻隔險絕。(九五)障隘：障塞關隘。(九六)亂：擾亂。(九七)奔亡之種：指生羌言。(九八)鄉導：鄉通嚮，謂導引之以其方向及地位也。(九九)除道：平除道路，使之得易進也。(一〇〇)寶庫：貴重之府庫。(一〇一)僥幸：謂非可必得者。(一〇二)以事西羌：謂從事於西羌之討伐。(一〇三)財不足以富國：財乃蒙上文得其地而刪省者，其完全之形式，乃為得其財。(一〇四)糜費：損耗。(一〇五)聖：指天子言。(一〇六)無役：無征役。(一〇七)在其中：指蜀中或國中，均可。(一〇八)尪劣：尪弱陋劣。(一〇九)阻曠：險阻曠遠。(一一〇)蜀為戎矣：謂蜀為戎羌之土地矣。(一一一)國家近廢安北，拔單于，棄龜茲，放疏勒：胡三省曰：「廢安北，拔單于，以突厥畔援也；棄龜茲，放疏勒，以吐蕃侵逼也。」廢拔棄放，皆係放棄之意，特用字力免其雷同耳。(一一二)翕然：合聚之意，音ㄒㄧˋ。(一一三)弊：疲弊。(一一四)徇：循順。(一一五)甲兵：猶兵革，謂戰爭也。(一一六)黷兵：謂窮兵黷武。(一一七)役不果興：謂結果役未興起。(一一八)太后欲發梁鳳巴蜑……既而役不果興：按此段乃錄自《舊唐書・文苑陳子昂傳》，雖刪節甚劇，然字句仍大致相同。

永昌元年（西元六八九年）

㈠春，正月，乙卯朔，大饗㊀萬象神宮，太后服袞冕㊁，搢大圭㊂，執鎮圭㊃，為初獻，皇帝為亞獻，太子為終獻。先詣昊天上帝座，次高祖太宗高宗，次魏國先王㊄，次五方帝座，太后御則天門㊅，赦天下，改元。丁巳，太后御明堂，受朝賀，戊午，布政㊆於明堂，頒九條以訓百官，己未，御明堂，饗羣臣。

㈡二月，丁酉，尊魏忠孝王曰周忠孝太皇，妣曰忠孝太后，文水陵㊇曰章德陵，咸陽陵㊈曰明義陵，置崇先府官。戊戌，尊魯公曰太原靖王，北平王曰趙肅恭王，金城王曰魏義康王，太原王曰周安成王。

㈢三月，甲子，張光輔守納言㊉。壬申，太后問正字陳子昂當今為政之要，子昂退上疏，以為：「宜緩刑崇德㊀，息兵革㊁，省賦役㊂，撫慰宗室，各使自安。」辭婉意切㊃，其論甚美，凡三千言。

㈣癸酉，以天官尚書武承嗣為納言，張光輔守內史⑮。

㈤夏，四月，甲辰，殺辰州別駕汝南王煒、連州別駕鄱陽公諲等宗室十二人，徙其家於巂州⑯。煒，惲之子⑰；諲，元慶之子⑱也。己酉，殺天官⑲侍郎、藍田鄧玄挺。玄挺女為諲妻，又與煒善，諲謀迎中宗於廬陵，以問玄挺，煒又嘗謂玄挺曰：「欲為急計⑳，何如？」玄挺皆不應，故坐知反不告，同誅。

㈥五月，丙辰，命文昌右相㉑韋待價為安息道行軍大總管，擊吐蕃。

㈦浪穹州蠻酋㉒傍時昔等二十五部，先附吐蕃，至是來降，以傍時昔為浪穹州刺史，令統其眾。

㈧己巳，以僧懷義為新平軍大總管，【考異】舊傳為清平道大總管，今從實錄。㉓北討突厥，行至紫河㉔，不見虜，於單于臺刻石紀功而還㉕。

㈨諸王之起兵也，貝州刺史紀王慎獨不預謀，亦坐繫獄。秋，七月，丁巳，檻車徙巴州，更姓虺氏，行及蒲州而卒㉖㉗。八男，徐州刺史東平王續等，相繼被誅，【考異】舊傳云：「慎長子和州刺史東平王續最知名，早卒。」今從實錄。家徙嶺南。女東光縣主㉘楚媛，幼以孝謹㉙稱，適司議郎㉚裴仲將，相敬如賓，姑有疾，親嘗藥膳，接遇娣姒㉛，皆得歡心。時宗室諸女皆以驕奢相尚，誚㉜楚媛獨儉素，曰：「所貴於富貴者，得適志㉝也，今獨守勤苦，將以何求？」楚媛曰：「幼而好禮，今而行之，非適志歟，觀自古女子，皆以恭儉為美㉞，縱侈為惡㉟，辱親是懼，何所求乎？富貴儻來之物㊱，何足驕人！」眾皆慙服㊲。及慎凶問㊳至，楚媛號慟，嘔血數升，免喪，不御膏沐㊴者，垂㊵二十年。

(十)韋待價軍至寅識迦河㊶，與吐蕃戰，大敗，待價既無將領之才，狼狽失據，士卒凍餒，死亡甚眾，乃引軍還，太后大怒，丙子，待價除名，流繡州㊷，斬副大總管安西大都護閻溫古㊸，安西副都護唐休璟收其餘眾，撫安西土，太后以休璟為西州都督。

(十一)戊寅，以王本立同鳳閣鸞臺三品。

(十二)徐敬業之敗也㊹，弟敬真流繡州，逃歸，將奔突厥，過洛陽，洛州司馬弓嗣業㊺、洛陽令張嗣明㊻資遣之，至定州，為吏所獲，嗣業縊死(四七)，嗣明敬真多引海內知識(四八)，云有異圖(四九)，冀(五〇)以免死。於是朝野之士，為所連引，坐死者(五一)甚眾。嗣明誣內史張光輔云：「征豫州日(五二)，私論圖讖(五三)天文，陰懷兩端。」八月，甲申，光輔與敬真、嗣明等同誅，籍沒其家(五四)。乙未，秋官(五五)尚書太原張楚金、陝州刺史郭正一、鳳閣侍郎元萬頃、洛陽令魏元忠，並免死，流嶺南。楚金等皆為敬真所引，云與敬業通謀，臨刑，太后使鳳閣舍人王隱客馳騎，傳聲赦之(五六)，聲達於市，當刑者，皆喜躍讙呼，宛轉(五七)不已。元忠獨安坐自如，或使之起，元忠曰：「虛實未知。」隱客至又使起，元忠曰：「俟宣敕已。」既宣敕，乃徐起，舞蹈再拜(五八)，竟無憂喜之色(五九)(六〇)。是日陰雲四塞，既釋楚金等，天氣晴霽。【考異】唐曆：「七月二十四日，張楚金絞死，八月二十一日，郭正一絞死。」年代紀：「七月甲戌，楚金絞死。」新書紀：「八月辛丑，殺郭正一。」今據實錄，楚金等皆流配未死。舊書楚金、正一、萬頃傳皆云：「流嶺南。」御史臺記云：「元忠將刑，至於市，神色自若，則天以楊楚功，免死流放，復敘授御史中丞，復陷來俊臣獄，復至市，將刑，神色如初，其傍諸王子戮者，三十餘尸，重疊委積，元忠顧視曰，大丈夫少選居此積矣，曾不介懷。會鳳閣舍人王隱客馳騎傳呼，敕罷刑，復放嶺南。」又云：「前後坐棄市流放者、四。」舊傳云：「前後三被流。」今從舊傳。

(六一)九月，壬子，以僧懷義為新平道行軍大總管，將兵二十萬討突厥骨篤祿。

(十四)初高宗之世，周興以河陽(六一)令召見，上欲加擢用，或奏以為非清流(六二)，罷之。興不知，數於朝堂俟命，諸相皆無言，地官(六三)尚書檢校納言魏玄同時同平章事，謂之曰：「周明府(六四)可去矣。」興以為玄同沮(六五)己，銜之(六六)，玄同素與裴炎善，時人以其終始不渝，謂之耐久朋(六七)。周興奏誣(六八)玄同言：「太后老矣，不若奉嗣君為耐久(六九)。」太后怒，閏月，甲午，賜死於家。監刑御史房濟謂玄同曰：「丈人(七〇)何不告密？冀得召見，可以自直(七一)。」玄同歎曰：「人殺鬼殺(七二)，亦復何殊(七三)，豈能作告密人邪。」乃就死(七四)。又殺夏官(七五)侍郎崔詧於隱處(七六)，自餘(七七)內外大臣坐死及流貶者，甚眾。

(十五)彭州(七八)長史劉易從亦為徐敬真所引，戊申，就州誅之。易從為人，仁孝忠謹，將刑於市，吏民憐其無辜，遠近奔赴，競解衣投地曰：「為長史求冥福(七九)。」有司平準(八〇)，直十餘萬。

(十六)周興等誣右武衛大將軍、燕公黑齒常之謀反，徵(八一)下獄。冬，十月，戊午，常之縊死。

(十七)己未，殺宗室鄂州(八二)刺史嗣鄭王璥(八三)等六人。【考異】唐歷云撫州別駕，舊傳璥作敬(八四)，今從新本紀。

庚申，嗣滕王脩琦等六人，免死流嶺南。【考異】統紀云：「元嬰男脩瑤等五人，免死配流。」今從舊傳。

(十八)丁卯，春官(八五)尚書范履冰、鳳閣侍郎邢文偉並同平章事。

(十九)己卯，詔太穆神皇后(八六)、文德聖皇后，宜配皇地祇(八七)，忠孝太后(八八)從配(八九)。

(廿)右衛冑曹參軍(九〇)陳子昂上疏，以為：「周頌成康，漢稱文景，皆以能措刑(九一)故也。今陛下之政，雖盡善矣，然太平之朝，上下樂化(九二)，不宜有亂臣賊子，日犯天誅(九三)。比者(九四)大獄增多，逆徒滋廣(九五)，愚臣頑昧(九六)，初謂皆實，乃去月十五日，陛下特察繫囚李珍等無罪，百僚慶悅，皆賀聖明，臣乃知亦有無罪之人，掛於疏網者。陛下務在寬典(九七)，獄官務在急刑，以傷陛下之仁，以誣太平之政，臣竊恨之。又九月二十一日，敕免楚金等死，初有風雨，變為景雲(九八)。臣聞：『陰慘者，刑也，陽舒(九九)者，德(一〇〇)也。』聖人法天，天亦助聖(一〇一)，天意如此，陛下豈可不承順之哉？今又陰雨，臣恐過在獄官。凡繫獄之囚，多在極法(一〇二)，道路之議(一〇三)，或是或非，陛下何不悉召見之，自詰(一〇四)其罪。罪有實者，顯示明刑(一〇五)，濫(一〇六)者，嚴懲獄吏，使天下咸服，人知政刑㉗，豈非至德克明㉘哉！」

【今註】㊀饗：祭祀。㊁袞冕：古禮服。袞，卷龍衣；冕，冠冕。㊂搢大圭：搢，謂插於紳帶之間，《周禮．春官》注：「大圭長三尺，杼上終葵首，天子服之。」㊃鎮圭：《周禮．春官．大宗伯》注：「鎮，安也，所以安四方。鎮圭者，蓋以四鎮之山為瑑飾，圭長尺有二寸。」㊄魏國先王：指武士彠。㊅則天：即法天。㊆布政：敷布政事。㊇文水陵：武氏之先葬文水。㊈咸陽陵：武士彠及其妻葬咸陽。㊉守納言：以卑攝高曰守。《舊唐書．職官志》二：「門下省，侍中二員，正三品，光宅元年，改為納言。」⑪崇德：謂崇尚道德。⑫兵革：謂戰爭。⑬省賦役：輕省賦役。⑭意切：意旨懇切。⑮內史：《唐六典》卷九：「中書省，中書令二人，正三品，光宅二年，改中書為鳳閣，令為內史。」⑯雋州：《舊唐書．地理志》四劍南道：「嶲州，隋越嶲郡，武德元年改為嶲州，在京師西南三千六百五十四里。」又雋當改作嶲。⑰煒，惲之子：蔣王惲，太宗子。⑱諲，元慶之子：道王元慶，高祖子，音因。⑲天官：光宅元年改吏部為天官。⑳急計：緊急之計，指迎中宗言。㉑文昌右相：《唐六典》卷九：「中書省，中書令，龍朔二年，改省為西臺，令為右相。」雖未有文昌之稱，然疑即中書省也。㉒浪穹州蠻酋：按《新唐書．南詔傳》下，南詔六蠻，浪穹詔乃其中之一。㉓以僧懷義為新平軍大總管，考異曰：「舊傳為清平道大總管，今從實錄」：胡三省曰：「按新平豳州軍，出豳州而北伐也。」㉔紫河：杜佑曰：「勝州榆林縣有金河、紫河，自馬邑郡善陽縣界流入。」㉕以僧懷義為新平軍大總管……刻石紀功而還：按此段乃錄自《舊唐書・外戚武承嗣附薛懷義傳》，而稍有溢出。㉖檻車徙巴州，行及蒲州而卒：胡三省曰：「紀王慎徙巴州，蓋今取道相衞，自河北路西上，不得至東都，歷絳至蒲而卒。」㉗諸王之起兵也……行及蒲州而卒：按此段乃錄自〈紀王慎傳〉，字句大致相同。㉘女東光縣主：《唐六典》卷二：「王之女封縣主，視正二品。」㉙孝謹：孝順謹慎。㉚司議郎：按《舊唐書・職官志》一，文散官六品上有朝議郎，六品下有承議郎，而無司議郎之職，未審其屬何品。㉛娣姒：《爾雅・釋親》：「長婦謂稚婦為娣婦，娣婦謂長婦曰姒婦。」注：「今相呼先後，或云妯娌。」㉜誚：譏誚，音ㄑㄧㄠˋ。㉝適志：順適意志。㉞皆以恭儉為美：謂皆以恭儉為美德。㉟縱侈為惡：謂以放縱奢侈為惡行。㊱儻來之物：謂偶或得來之物。㊲慙服：慚愧佩服。㊳凶問：凶信。㊴不御膏沐：謂不用粧飾品。㊵垂：將近。㊶軍至寅識迦河：據《舊唐書・韋挺附待價傳》，寅識迦河當在弓月西南。㊷繡州：《舊唐書・地理志》四嶺南道：「繡州，隋鬱林郡之阿林縣，武德四年置林州，六年改為繡州。至京師六千九十里。」㊸韋待價軍至寅識迦河……斬副大總管閻溫古：按此段乃錄自《舊唐書・韋挺附待價傳》，字句大致相同。㊹徐敬業之敗也：事見上卷光宅元年。㊺洛州司馬弓嗣業：按《舊唐書・豆盧欽望附張光輔傳》，弓嗣業作房嗣業。㊻洛陽令張嗣明：按《新唐書・則天紀》作弓嗣明，《舊唐書・張光輔傳》敗作張嗣明，此從《舊唐書》文。㊼嗣業縊死：〈張光輔傳〉作：「嗣業於獄中自縊死。」蓋案發後，諸人皆被逮繫也。㊽知識：謂相知相識之人。㊾異圖：謂思為叛逆。㊿冀：希。

(五一)坐死：坐罪而死者。(五二)征豫州日：謂征越王貞時。(五三)圖讖：圖籙讖緯。(五四)徐敬業之敗也……與嗣明等同誅，籍沒其家：按此段乃錄自《舊唐書・豆盧欽望附張光輔傳》，字句大致相同。(五五)秋官：光宅元年，改刑部為秋官。(五六)傳聲赦之：謂於行路中，大聲呼喊，言欲赦某某。(五七)宛轉：猶輾轉，即不停喜躍歡呼。(五八)舞蹈再拜：乃對君上所行之最敬禮，舞蹈與距踊相類。(五九)竟無憂喜之色：按此乃指喜言，憂字無意，乃連類而及者。(六〇)臨刑，太后使鳳閣舍人王隱客馳騎……竟無憂喜之色：按此段雖本於《舊唐書・魏元忠傳》，而字句則多有改易。(六一)河陽：據《舊唐書・地理志》一，河陽縣屬河南道，孟州。(六二)或奏以為非清流：周興發身於尚書都事，流外官也。(六三)地官：光宅元年，改戶部為地官。(六四)周明府：唐人呼縣令為明府。(六五)沮：敗壞。(六六)銜之：銜恨之。(六七)耐久朋：謂經久不變之朋友。(六八)誣：誣罔。(六九)不若奉嗣君為耐久：謂不及奉立中宗，時間較為經久。(七〇)丈人：尊人之稱，通多用於年高德劭者。(七一)自直：自行申理，而得其直也。(七二)鬼殺：指有病而死者。(七三)何殊：有何殊異。(七四)興以為玄同沮己……豈能作告密人邪，乃就死：按此段乃錄自《舊唐書・魏玄同傳》，字句大致相同。(七五)夏官：光宅元年，改兵部為夏官。(七六)於隱處：指非在市朝而言。(七七)自餘：猶其餘。(七八)彭州：《舊唐書・地理志》四劍南道：「彭州，垂拱二年，分益州四縣置。」(七九)冥福：陰冥中之福祿。(八〇)平準：公平準擬其所值。(八一)徵：徵召。(八二)鄂州：《舊唐書・地理志》三江南道：「鄂州，隋江夏郡，武德四年平蕭銑，改為鄂州。」(八三)嗣鄭王璥：按璥乃鄭王元懿之子。(八四)考異：「舊傳璥作敬。」：按武英殿本〈鄭王元懿傳〉亦作璥，未審據何本而云然。(八五)春官：光宅元年，改禮部為春官。(八六)太穆神皇后：乃高祖之皇后。(八七)地祇：地神。(八八)忠孝太后：則天尊其母為忠孝太后。(八九)從配：從配享。(九〇)右衛胄曹參軍：《唐六典》卷二十四：「胄曹參軍事一人，正八品下。掌其戎杖器械，及公廨興造決罰之事。」按唐諸衛府皆設有之。(九一)措刑：謂刑法置而不用。(九二)樂化：喜樂政化。(九三)天誅：天憲之誅戮。(九四)比者：近者。(九五)滋廣：愈多。(九六)頑昧：頑固愚昧。(九七)寬典：猶寬刑。(九八)景雲：即卿雲。(九九)陽舒：陽和舒泰。(一〇〇)德：德澤。(一〇一)助聖：輔助聖人。(一〇二)極法：謂死刑。(一〇三)道路之議：謂行路人之議論。(一〇四)詰：問。(一〇五)顯示明刑：刑以顯示於眾。(一〇六)濫：謂淫濫無度。(一〇七)人知政刑：謂人皆知政刑不濫。(一〇八)克明：謂得以大昭明。

天授元年（西元六九〇年）

㈠十一月㊀庚辰朔，日南至，太后享萬象神宮，赦天下，始用周正，改永昌元年十一月為載初元年正月，以十二月為臘月，夏正月為一月，以周漢之後為二王後，舜禹成湯之後為三恪㊁，周隋之嗣同列國㊂。

㈡鳳閣侍郎河東㊃宗秦客改造天地等十二字以獻㊄，丁亥，行之。太后自名曌，改詔曰制㊅。秦客，太后從父姊之子也。

㈢乙未，司刑少卿㊆周興奏除唐親屬籍㊇。

㈣臘月，辛未，以僧懷義為右衛大將軍，賜爵鄂國公。

㈤春，一月，戊子，武承嗣遷文昌左相，岑長倩遷文昌右相，同鳳閣鸞臺三品，鳳閣侍郎武攸寧為納言，邢文偉守內史，左肅政大夫同鳳閣鸞臺三品，王本立罷為地官尚書。攸寧，士彠之兄孫也。時武承嗣、三思用事，宰相皆下之㊈。地官尚書同鳳閣鸞臺三品韋方質有疾，承嗣、三思往問之，方質據牀㊉不為禮，或諫之，方質曰：「死生有命，大丈夫安能曲事近戚㈡，以求苟免乎㈢！」尋為周興等所搆㈢，甲午，流儋州㈣，籍沒其家。

㈥二月，辛酉，太后策貢士㈤於洛城殿㈥貢士殿試自此始。

㈦丁卯，地官尚書王本立薨。【考異】新紀，丁卯殺王本立，御史臺記，本立為周興所誅，今從實錄。

㈧三月，丁亥，特進同鳳閣鸞臺三品蘇良嗣薨。

㈨夏，四月，丁巳，春官尚書同平章事范履冰坐嘗舉犯逆者㈦，下獄死。【考異】新紀、五月戊子殺范履冰，今從實錄、唐歷。

㈩醴泉㈧人侯思止始以賣餅為業，後事游擊將軍高元禮為僕㈨，素詭譎⑳無賴㉑，恒州刺史裴貞杖一判司㉒，判司使思止告貞與舒王元名謀反。秋，七月，辛巳，元名坐廢，徙和州㉓，壬午，殺其子豫章王亶，貞亦族滅，擢思止為游擊將軍㉔。

(十)時告密者往往得五品，思止求為御史，太后曰：「卿不識字，豈堪御史㉕！」對曰：「獬豸何嘗識字，但能觸邪耳㉖。」太后悅，即以為朝散大夫、侍御史㉗。它日㉘，太后以先所籍沒宅賜之，思止不受，曰：「臣惡反逆之人，不願居其宅。」太后益賞之。衡水㉙人王弘義素無行，嘗從鄰舍乞瓜不與，乃告縣官瓜田中有白兔，縣官使人搜捕，蹂踐瓜田立盡㉚；又游趙貝，見閭里㉛耆老㉜作邑齋㉝遂告以謀反，殺二百餘人，擢授游擊將軍，俄遷殿中侍御史㉞。

(十一)或告勝州都督王安仁謀反，敕弘義按之，安仁不服，弘義即於枷上刎其首，又捕其子適至，亦刎其首，函之以歸，道過汾州司馬毛公，與之對食，須臾，叱毛公下階，斬之，槍揭其首入洛，見者無不震栗㉟。時置制獄㊱於麗景門㊲內，入是獄者，非死不出。弘義戲呼曰例竟門（三八）。朝士人人自危，相見莫敢交言（三九），道路以目（四〇）。或因入朝，密遭掩捕，每朝輒與家人訣（四一）曰：「未知復相見否？」

（十三）時法官競為深酷，唯司刑丞（四二）徐有功、杜景儉【考異】實錄及新紀、表傳，皆作景佺，蓋實錄以草書致誤，新書因承之耳。今從舊統紀。獨存平恕，被告者皆曰：「過來俟必死，遇徐杜必生。」有功，文遠之孫也（四三），名弘敏，以字行。初為蒲州司法（四四），以寬為治，不施敲朴（四五），吏相約有犯徐司法杖者，眾共斥之，迨（四六）官滿，不杖一人，職事亦修（四七）。累遷司刑丞，酷吏所誣構者，有功皆為直之，前後所活數十百家（四八）。嘗廷爭獄事，太后厲色詰（四九）之，左右為戰栗（五〇），有功神色不撓（五一），爭之彌切（五二），太后雖好殺，知有功正直，甚敬憚之。景儉，武邑（五三）人也。

（十四）司刑丞、滎陽（五四）李日知亦尚平恕，少卿胡元禮欲殺一囚，日知以為不可，往復數四（五五），元禮怒曰：「元禮不離刑曹，此囚終無生理（五六）。」日知曰：「日知不離刑曹，此囚終無死法（五七）。」竟以兩狀列上，日知果直（五八）。

（十五）東魏國寺僧法明等撰大雲經四卷，表上之，言太后乃彌勒佛（五九）

下生，當代唐為閻浮提主(六〇)，制頒於天下。

(十六)武承嗣使周興羅告(六一)隋州刺史澤王上金，舒州刺史許王素節(六二)謀反，徵詣行在(六三)，素節發舒州，聞遭喪哭者，歎曰：「病死何可得，乃更哭邪(六四)！」丁亥，至龍門(六五)，縊殺之(六六)上金自殺，悉誅其諸子及支黨(六七)。

(十七)太后欲以太平公主妻其伯父士讓之孫攸暨(六八)，攸暨時為右衛中郎將(六九)，太后潛使人殺其妻而妻之，公主方額廣頤(七〇)，多權略(七一)，太后以為類己(七二)，寵愛特厚，常與密議天下事。舊制食邑諸王不過千戶，公主不過三百五十戶，太平食邑獨累加至三千戶(七三)(七四)。

(十八)八月，甲寅，殺太子少保納言裴居道，癸亥，殺尚書左丞(七五)張行廉，辛未，殺南安王穎等宗室十二人。又鞭殺故太子賢二子，唐之宗室，於是殆盡矣。其幼弱存者，亦流嶺南，又誅其親黨(七六)數百家，【考異】實錄作數千家，今從舊本紀。(七七)惟千金長公主以巧媚得全，自請為太后女，仍改姓武氏，太后愛之，更(七八)號延安大長公主。

(十九)九月，丙子，侍御史(七九)、汲(八〇)人傅遊藝，帥關中百姓九百餘人，詣闕上表，請改國號曰周，賜皇帝姓武氏。太后不許，擢遊藝為給事中(八一)。於是百官及帝室宗戚(八二)、遠近百姓、四夷酋長、沙門道士合六萬餘人，俱上表，如遊藝所請；皇帝亦上表，自請賜姓武氏。戊寅，羣臣上言：「有鳳皇自明堂飛入上陽宮(八三)，還集左臺(八四)梧桐之上，久之，飛東南去，及赤雀數萬，集朝堂。」庚辰，太后可皇帝及羣臣之請，壬午，御則天樓(八五)，赦天下，以唐為周，改元(八六)，乙酉，上尊號曰聖神皇帝，以皇帝為皇嗣，賜姓武氏，以皇太子為皇孫。丙戌，立武氏七廟於神都，追尊周文王曰始祖文皇帝，妣姒氏(八七)曰文定皇后(八八)，平王少子武曰睿祖康皇帝，妣善氏曰康睿皇后，太原靖王曰嚴祖成皇帝，妣曰成莊皇后，趙肅恭王曰肅祖章敬皇帝，魏義康王曰烈祖昭安皇帝，周安成王曰顯祖文穆皇帝，忠孝太皇曰太祖孝明高皇帝，妣皆如考謚，稱皇后。立武承嗣為魏王，三思為梁王，攸寧為建昌王，士彠兄孫攸歸、重規、載德、攸暨、懿宗、嗣宗、攸宜、攸望、攸緒、攸止，皆為郡王，諸姑姊皆為長公主。又以司賓卿(八九)、溧陽(九〇)史務滋為納言，鳳閣侍郎宗秦客、檢校內史給事中傅遊藝為鸞臺侍郎平章事，遊藝與岑長倩、右玉鈐衛大將軍張虔勗、左金吾大將軍丘神勣、侍御史來子珣等並賜姓武，秦客潛勸太后革命，故首為內史(九一)，遊藝朞年(九二)之中，歷衣青綠朱紫(九三)，時人謂之四時仕宦(九四)。

(廿)敕改州為郡，或謂太后曰：「陛下始革命，而廢州，不祥(九五)。」太后遽追止之。

(廿一)命史務滋等十人巡撫諸道，太后立兄孫延基等六人為郡王。

(廿二)冬，十月，甲子，檢校內史宗秦客坐贓，貶遵化(九六)尉(九七)，弟楚客，亦以姦贓流嶺外。

(廿三)丁卯，殺流人(九八)韋方質。【考異】舊傳云：「配流儋州，尋卒。」今從統紀、新本紀。

(廿四)辛未，內史邢文偉坐附會宗秦客，貶珍州(九九)刺史，頃之，有制使(一〇〇)至州，文偉以為誅己，遽自縊死。

(廿五)壬申，敕兩京諸州各置大雲寺一區(一〇一)，藏大雲經，使僧升高座講解，其撰疏(一〇二)僧雲宣等九人，皆賜爵縣公(一〇三)，仍賜紫袈裟(一〇四)，銀龜袋(一〇五)。

(二六)制天下武氏⑯，咸蠲⑰課役⑱。

(二七)西突厥十姓自垂拱以來，為東突厥所侵掠，散亡略盡，濛池都護繼往絕可汗斛瑟羅，收其餘眾六七萬人，入居內地，拜右衛大將軍，改號竭忠事主可汗⑲。

(二八)道州刺史李行褒⑳兄弟為酷吏所陷，當族，秋官郎中徐有功固爭，不能得，秋官侍郎周興奏：「有功出反囚㉑，當斬。」【考異】新舊傳，有功爭行褒，皆在爭裴行本下。按行本得罪，在長壽元年一月，時周興已貶死矣，行褒坐謀復李氏，必在革命後，今置此年之末。太后雖不許，亦免有功官。然太后雅重㉒有功，久之，復起為侍御史。有功伏地流涕，固辭曰：「臣聞鹿走山林，而命懸㉓庖廚，勢使之然㉔也。陛下以臣為法官，臣不敢枉㉕陛下法，必死是官矣。」太后固授之，遠近聞者相賀㉖。

(二九)是歲，以右衛大將軍泉獻誠為左衛大將軍，太后出金寶㉗，命選南北牙㉘善射者五人，賭之，獻誠第一，以讓右玉鈐衛大將軍薛咄摩㉙，咄摩復讓獻誠，獻誠乃奏言：「陛下令選善射者，今多非漢官㉚，竊恐四夷輕漢㉛，請停此射。」太后善而從之㉜。

【今註】㊀天授元年：是年九月，方改元天授。㊁以周漢之後為二王後，舜禹成湯之後為三恪：胡三省曰：「古者建國，有賓有恪，三王之後，賓也，待以客禮。師古曰：『恪，敬也。』待之加敬，亦如賓也。鄭玄以二王三恪通為五代，後人多祖其說。唐本以後周及隋後為二王後，今改之。」㊂周隋之嗣同列國：此周謂後周，同列國，言同列國之諸侯。㊃河東：蒲州。㊄改造天地等十二字以獻：胡三省曰：「十二字：照為曌，天為𠀑，地為埊，日為𡆠，月為𡝝，星為〇，君為𠺞，臣為𢘑，人為𤯔，載為𡔈，年為𠡦，正為𠙺。」㊅太后自名曌，改詔曰制：以避后名。㊆司刑少卿：《唐六典》卷十八：「大理寺，光宅元年改為司刑寺，少卿二人，從四品上。」㊇唐親屬籍：謂唐宗室之屬籍。㊈宰相皆下之：宰相皆自居其下。㊉據牀：謂踞坐於牀上。⑪近戚：密近之貴戚。⑫以求苟免乎：謂以求苟免於危禍乎。⑬搆：誣搆。⑭儋州：《舊唐書・地理志》四嶺南道：「儋州，隋儋耳郡，武德五年置儋州，至京師七千四百四十二里。」⑮策貢士：謂策試貢士。⑯洛城殿：《唐六典》卷七：「皇宮，其西北出曰洛城門，其西南曰洛城南門，其內曰洛城殿。」⑰犯逆者：犯大逆之罪者。⑱醴泉：今陝西省醴泉縣。⑲為僕：為僮僕。⑳詭譎：詭謾譎詐。㉑無賴：猶輕簿。㉒判司：胡三省曰：「唐謂州曹諸司參軍為判司。」㉓徙和州：《舊唐書・地理志》三淮南道：「和州，隋歷陽郡，武德三年杜伏威歸國，改為和州。在京師東南二千六百八十三里。」又按同書〈舒王元名傳〉：「永昌年，與子亶俱為丘神勣所陷，被殺。」是與《通鑑》之說有殊。㉔游擊將軍：《舊唐書・職官志》一：「游擊將軍，武散官，從五品上。」㉕豈堪御史：謂豈能任御史。㉖獬豸何嘗識字，但能觸邪耳：《異物志》：「東北荒中有獸，名獬豸，一角，性忠直，見人鬪，則觸不直者；聞人論，則咋不直者。」音ㄒㄧㄝˋ ㄓˋ。㉗即以為朝散大夫侍御史：按《唐六典》卷二：「正五品下曰朝議大夫，從五品下曰朝散大夫。」此宜較游擊將軍之從五品上，高貴一級，自當為朝議大夫。又《舊唐書・職官志》三：「御史臺侍御史，從六品下。掌糾舉百寮，推鞫獄訟。」㉘它日：異日。㉙衡水：《舊唐書・地理志》二河北道：「冀州，衡水縣，古無此名，隋開皇十七年置。」㉚立盡：猶立平。㉛閭里：與閭巷、閭閻同意。㉜耆老：耆為七十以上之通稱。音ㄑㄧˊ。㉝邑齋：設齋以飯全邑之僧侶。㉞殿中侍御史：《舊唐書・職官志》三：「殿中侍御史六人，從七品下，掌殿廷供奉之儀式。」㉟栗：通慄。㊱制獄：即他代之詔獄，謂下於獄者，乃奉詔逮捕之人。㊲麗景門：《唐六典》卷七：「洛陽皇城西面二門，南曰麗景，北曰宣耀。」㊳例竟門：胡三省曰：「竟，盡也，言入此門者，例盡其命也。」㊴交言：謂交通言語。㊵道路以目：本謂道路之人，以怒目視之。此則言於道路相見，僅以目色示意而已。㊶訣：訣別。㊷司刑丞：《唐六典》卷十八：「大理寺，光宅元年改為司刑寺。丞六人，從六品上，掌分判寺事，凡有犯皆據其本狀，以正刑名。」㊸有功，文遠之孫也：徐文遠見卷一百八十五高祖武德元年。㊹蒲州司法：胡三省曰：「唐制，法曹司法參軍，掌鞫獄麗法，督盜賊，知贓賄沒入。」㊺敲朴：謂以杖擊扑人也。㊻迨：及。㊼修：修理。㊽數十百家：謂數十家以至一百家。㊾詰：責。㊿栗：通慄。(51)不撓：猶不變。(52)時法官競為深酷……爭之彌切：按此段乃錄自《舊唐書・徐有功傳》，字句大致相同。(53)武邑：今河北省武邑縣。(五四)滎陽：故治在今河南省成皋縣南境。(五五)數四：猶再四，極言其次數之多。(五六)終無生理：謂終無能活之道理。(五七)終無死法：謂終不得當以死罪。(五八)果直：謂其意見果獲申直。(五九)彌勒佛：菩薩名，釋迦佛懸記其將來繼紹佛位。(六〇)閻浮提主：胡三省曰：「釋氏以入世為閻浮提。」(六一)羅告：羅織其罪而奏告也。(六二)澤王上金，許王素節：皆高宗子。(六三)行在：謂天子臨時駐蹕之處，此指洛陽言。(六四)病死何可得，乃更哭邪：謂有病而死，何可易得，乃反為之啼哭耶。此乃素節有激而言，非理之正者。(六五)龍門：《舊唐書·許王素節傳》作：「行至郡城南龍門驛。」蓋在洛陽附近之南方。(六六)舒州刺史許王素節……至龍門縊殺之：按此段乃錄自《舊唐書·許王素節傳》，字句大致相同。(六七)支黨：宗支羽黨。(六八)太后欲以太平公主，妻其伯父士讓之孫攸暨：垂拱四年，薛紹下獄死，太平公主寡居。(六九)右衛中郎將：《舊唐書·職官志》一：「左右千牛衛、左右監門衛中郎將，四品下。」(七〇)廣頤：頰頤寬大。(七一)權略：權變謀略。(七二)類己：似己。(七三)舊制，食邑，諸王不過千戶，公主不過三百五十戶。太平食邑，獨累加至三千戶：《舊唐書·外戚武承嗣附太平公主傳》：「永淳已前，朝制，親王食實封八百戶，有至一千戶，公主出降三百戶，公主（按應作長公主）加五十戶。太平食湯沐之邑一千二百戶，聖曆初加至三千戶，神龍元年預誅張易之謀有功，食實封通前五千戶。」(七四)太后欲以太平公主……獨累加至三千戶：按此段乃錄自《舊唐書·武承嗣附太平公主傳》，字句大致相同。(七五)尚書左丞：《唐六典》卷一：「尚書左丞一人，正四品上。」(七六)親黨：親戚宗黨。(七七)考異曰：「實錄作數千家，今從舊本紀」：按《舊唐書·則天紀》，無數百家之文，未審何據而云然。(七八)更：改。(七九)侍御史：《舊唐書·職官志》三：「御史臺侍御史四員，從六品下。」(八〇)汲：今河南省汲縣。(八一)給事中：《舊唐書·職官志》二：「門下省給事中四員，正五品上，掌陪侍左右，分判省事。」(八二)宗戚：宗室親戚。(八三)上陽宮：《唐六典》卷五：「東都上陽宮，在皇城之西南，苑之東垂也。南臨洛水，西拒穀水，東面即皇城右掖門之南。上元中營造，高宗晚年，常居此宮以聽政焉。」(八四)左臺：左肅政臺。(八五)則天樓：則天門樓。(八六)改元：改元天授。(八七)睿祖康皇帝妣善氏：《新唐書·則天紀》，善氏作姜氏，疑當作姜。(八八)曰康睿皇后：《新唐書·則天紀》，睿作惠。(八九)司賓卿：光宅元年改鴻臚為司賓。鴻臚卿從三品。(九〇)溧陽：今江蘇省溧陽縣。(九一)故首為內史：謂故首封為內史。(九二)朞年：一年。(九三)歷衣青錄朱紫：按錄乃綠之訛。《舊唐書·輿服志》：「大業元年，始令五品以上，通服朱紫，六年復詔五品已上，通著紫袍，六品已下兼用緋綠，胥吏以青。武德初，因隋舊制，四年八月，勅三品已上，大科紬綾及羅，其色紫，五品已上，小科紬綾及羅，其色朱。」(九四)時人謂之四時仕宦：蓋謂每季一易服色，亦即每季一遷官職。(九五)廢州不詳：以州周同音故。(九六)遵化：《舊唐書·地理志》四嶺南道：「欽州遵化，隋舊置。欽州至京師，五千二百五十一里。」(九七)甲子檢校內史宗秦客坐贓貶遵化尉：按《新唐書·則天紀》作十月甲午，以下文之丁卯推之，當以甲子為是。(九八)流人：流放之人。(九九)珍州：《舊唐書·地理志》三江南道：「珍州，夜郎，漢夜郎郡之地，貞觀十七年置於舊播州城，以縣界有隆珍山，因名珍州，至京師四千一百里。」(一〇〇)制使：胡三省曰：「以奉制出使，故謂之制使，猶言詔使也。」(一〇一)各置大雲寺一區：按唐代稱寺廟之單位通曰區，猶今言座也。㉒撰疏：謂撰大雲經之義疏。㉓縣公：《唐六典》卷二：「五曰縣公，從二品，食邑一千五百戶。」㉔紫袈裟：亦曰緇衣，以其色濁而名。其製法，先將布割截為長方形小片，更綴合之而成，宛如田畔，故亦云割截衣，又云田相衣。紫乃三品已上官所著者。㉕銀龜袋：《新唐書·車服志》：「高宗給五品以上隨身魚銀袋，以防召命之詐，出內必合之，三品以上金飾帶。垂拱中，都督刺史始賜魚，天授二年改佩魚皆為龜，其後三品以上，龜袋飾以金，四品以銀，五品以銅。中宗初，罷龜袋，復給以魚。」㉖制天下武氏：下制，凡天下姓武者。㉗蠲：免，音ㄐㄩㄢ。㉘課役：賦稅力役。㉙西突厥十姓，自垂拱以來……改號竭忠事主可汗：按此段乃錄自《舊唐書·突厥傳》下，字句大致相同。㉚道州刺史李行褒：按新舊《唐書·徐有功傳》，皆作李仁褒，當改從之，又考異所云之行褒，亦當改作仁褒。㉛出反囚：謂出脫謀反之囚犯。㉜雅重：甚重。㉝懸：繫。㉞然：如此。㉟枉：枉撓。㊱道州刺史李行褒兄弟……遠近聞者相賀：按此段《新唐書·徐有功傳》亦載之，字句大致相同。㊲金寶：謂金銀珠寶。㊳南北牙：謂南北二牙之文武官員。㊴以讓右玉鈐衞大將軍薛咄摩：按《舊唐書·高麗傳》，作薛吐摩支。㊵陛下令選善射者，今多非漢官：泉獻誠，高麗泉勇生之子，薛咄摩，薛延陀之種，故云然。㊶竊恐四夷輕漢：謂竊恐四夷以漢官不善射，而轉輕漢。㊷是歲以右衞大將軍……太后善而從之：按此段乃錄自《舊唐書·高麗傳》，字句大致相同。

二年（西元六九一年）

㈠正月，癸酉朔，太后始受尊號於萬象神宮㈠，旗幟尚赤。甲戌，改置社稷於神都。辛巳，納武氏神主於太廟，唐太廟之在長安者，更命曰享德廟，【考異】案實錄，此年三月己卯，改唐太廟為享德廟，據此，已附武氏七廟主，不當至三月方改唐廟。新本紀，元年十月辛未，改唐太廟為享德廟，以武氏七廟為太廟。今從唐統紀。四時唯享高祖已下，餘四室㈡皆閉不享。又改長安崇先廟㈢為崇尊廟。乙酉，日南至，大享明堂，祀昊天上帝，百神從祀，武氏祖宗配饗，唐三帝亦同配。

㈡御史中丞知大夫事㈣李嗣真以酷吏縱橫㈤，上疏以為：「今告事紛紜㈥，虛多實少㈦，恐有凶慝㈧，陰謀離間陛下君臣。古者獄成，公卿參聽，王必三宥，然後行刑㈨。比日獄官，單車奉使㈩，推鞫既定，法家⑪依斷⑫，不令重推。或臨時專決，不復聞奏。如此，則權由臣下，非審慎⑬之法，儻有冤濫⑭，何由可知！況以九品之官，專命推覆，操殺生之柄⑮，竊人主之威⑯，案覆既不在秋官，省審⑰復不由門下，國之利⑱器，輕以假人，恐為社稷之禍。」

太后不聽。饒陽尉姚貞亮等數百人表請上尊號曰：「上聖大神皇帝。」不許。

㈢侍御史來子珣誣尚衣奉御⑲劉行感兄弟謀反，皆坐誅。

㈣春，一月，地官尚書武思文及朝集使二千八百人，表請封中嶽⑳。

㈤己亥，廢唐興寧、永康、隱陵署官㉑，唯量㉒置守戶。

㈥左金吾大將軍丘神勣以罪誅。

㈦納言史務滋與來俊臣同鞫劉行感獄，俊臣奏務滋與行感親密，意欲寖㉓其反狀。太后命俊臣并推之，務滋恐懼自殺。

㈧或告文昌右丞周興與丘神勣通謀，太后命來俊臣鞫之，俊臣與興方推事對食㉔，謂興曰：「囚多不承㉕，當為何法？」興曰：「此甚易耳，取大甕，以炭四周炙之，令囚入中，何事不承？」俊臣乃索大甕，火圍如興法，因起謂興曰：「有內狀推兄，請兄入此甕。」興惶恐，叩頭伏罪。法當死，太后原之。二月，流興嶺南，在道為仇家所殺。興與索元禮、來俊臣競為暴刻，興、元禮所殺各數千人，俊臣所破千餘家，元禮殘酷尤甚，太后亦殺之，以慰人望。

(九)徙左衞大將軍、千乘王武攸曁為定王。

(十)立故太子賢之子光順為義豐王。【考異】舊傳為安樂王，今從唐歷、統紀。

(十一)甲子，太后命始祖墓曰德陵，睿祖墓曰喬陵，嚴祖墓曰節陵，肅祖墓曰簡陵，烈祖墓曰靖陵，顯祖墓曰永陵，改章德陵為昊陵，顯義陵為順陵。

(十二)追復李君羨官爵㉖。

(十三)夏，四月，壬寅朔，日有食之。

(十四)癸卯，制以釋教開革命之階㉗，升於道教之上。

(十五)命建安王攸宜留守長安。

(十六)丙辰，鑄大鍾，置北闕。

(十七)五月，以岑長倩為武威道行軍大總管，擊吐蕃，中道召還，軍竟不出。

(十八)六月，以左肅政大夫格輔元為地官尚書㉘，與鸞臺侍郎樂思晦，鳳閣侍郎任知古並同平章事。思晦，彥暐之子也㉙。

㈨秋，七月，徙關內戶數十萬以實洛陽。

㈩八月，戊申，納言武攸寧罷為左羽林大將軍，夏官尚書歐陽通為司禮卿㉚，兼判納言事。

㈩一庚申，殺玉鈐衛大將軍張虔勗㉛，來俊臣鞫虔勗獄，虔勗自訟於徐有功，俊臣怒，命衛士以刀亂斫殺之㉜，梟首於市。

㈩二義豐王光順、嗣雍王守禮㉝、永安王守義、長信縣主等，皆賜姓武氏，與睿宗諸子，皆幽閉宮中，不出門庭者十餘年。守禮、守義，光順之弟也。

㈩三或告地官尚書武思文初與徐敬業通謀，甲子，流思文於嶺南，復姓徐氏㉞。

㈩四九月，乙亥，殺岐州刺史雲弘嗣，來俊臣鞫之，不問一款㉟，先斷其首，乃偽立案㊱奏之。其殺張虔勗亦然，敕旨皆依，海內鉗口㊲。鸞臺侍郎同平章事傅遊藝夢登湛露殿㊳，以語所親，所親告之，壬辰，下獄自殺㊴。

(三五)癸巳，以左羽林衛大將軍、建昌王武攸寧為納言，洛州司馬狄仁傑為地官侍郎，與冬官侍郎裴行本，並同平章事。太后謂仁傑曰：「卿在汝南，甚有善政㊵，卿欲知譖㊶卿者名乎？」仁傑謝曰：「陛下以臣為過㊷，臣請改之，知臣無過，臣之幸也，不願知譖者名。」太后深歎美之。

(三六)先是，鳳閣舍人脩㊸武張嘉福，使洛陽人王慶之等數百人上表，**【考異】**御史臺記作千餘人，今從舊傳。請立武承嗣為皇太子㊹，文昌右相同鸞臺鳳閣三品岑長倩以皇嗣在東宮㊺，不宜有此議，奏請切責上書者，告示令散。太后又問地官尚書同平章事格輔元，輔元固稱不可，由是大忤諸武意，故斥長倩令西征吐蕃，未至，徵還，下制獄。承嗣又譖輔元，來俊臣又脅長倩子靈原，令引司禮卿兼判納言事歐陽通等數十人，皆云同反，通為俊臣所訊，五毒備至，終無異詞，俊臣乃詐為通款㊻。冬，十月，己酉，長倩、輔元、通等皆坐誅。

(三七)王慶之見太后，太后曰：「皇嗣我子，奈何廢之？」慶之對曰：「神不歆非類，民不祀非族㊼，今誰有天下，而以李氏為嗣乎？」太后諭遣之，慶之伏地，以死泣請，不去，太后乃以印紙遺之曰：「欲見我，以此示門者。」自是慶之屢求見，太后頗怒之，命鳳閣侍郎李昭德賜慶之杖(48)，昭德引出光政門(49)外，以示朝士曰：「此賊欲廢我皇嗣，立武承嗣。」命撲(50)之，耳目皆血出，然後杖殺之。【考異】舊傳云：「延載初，鳳閣舍人張嘉福，令洛陽人王慶之，率輕薄惡少數百人，詣闕上表，請立武承嗣為皇太子，則天不許。」唐曆，昭德永昌元年自御史中丞貶振州淩水尉。實錄，長壽元年始為相，舊傳，杖殺慶之，在為相後。按御史臺記，昭德自中丞轉鳳閣侍郎，蓋暫貶淩水尉，尋召還為鳳閣侍郎也。杖殺慶之，據御史臺記，乃是為鳳閣侍郎時，非為相後也。舊傳或以載初為延載，慶之上表或在載初年，實錄因岑長倩、格輔元之死，說及耳。今參取實錄、御史臺記及舊傳之語。其黨乃散。昭德因言於太后曰：「天皇，陛下之夫，皇嗣，陛下之子，陛下身(51)有天下，當傳之子孫，為萬代業(52)，豈得以姪為嗣乎？自古未聞姪為天子，而為姑立廟者也。且陛下受天皇顧託，若以天下與承嗣，則天皇不血食矣(53)。」太后亦以為然。昭德，乾祐之子也(54)(55)。

（廿）壬辰，殺鸞臺侍郎同平章事樂思晦(56)、右衛將軍李安靜。安靜，綱之孫也。太后將革命，王公百官皆上表勸進，安靜獨正色拒之，及下制獄，來俊臣詰其反狀，安靜曰：「以我唐家老臣，須(57)殺即殺，若問謀反，實無可對。」俊臣竟殺之。

(廿九)太學生(五八)王循之上表乞假(五九)還鄉，太后許之，狄仁傑曰：「臣聞君人者，唯殺生之柄不假(六〇)人，自餘皆歸之有司，故左右丞徒以下不句(六一)，左右相流以上乃判(六二)，為其漸貴(六三)故也。彼學生求假，丞簿事耳(六四)，若天子為之發敕，則天下之事，幾(六五)敕可盡乎(六六)！必欲不違其願，請普為立制而已(六七)。」太后善之。

【今註】㈠太后始受尊號於萬象神宮：胡三省曰：「漢哀帝自稱陳聖劉太平皇帝，尊號蓋昉於此。太后以女主而受尊號，尤為非古。是後，玄宗自先天二年至天寶十三載，五十年間，六受徽號，人主遂視為故常矣。」㈡餘四室：四室為：宣帝、元帝、光帝、景帝。㈢崇先廟：垂拱四年立。㈣御史中丞知大夫事：《舊唐書．職官志》三：「御史臺、大夫一員，正三品，中丞二員，正四品下。」以卑攝高，故曰知也。㈤縱橫：謂縱橫無忌。㈥紛紜：謂繁多。㈦虛多實少：虛妄者多，真實者少。㈧慝：姦邪。㈨古者獄成，公卿參聽，王必三宥，然後行刑：《禮記．王制》：「成獄辭，史以獄成告於正，正聽之，正以獄成告於大司寇，大司寇聽之棘木之下，大司寇以獄之成告於王，王命三公參聽之，三公以獄之成告於王，王三宥，然後制刑。」參聽，謂共同參加而聽斷之。宥，寬恕。㈩單車奉使：謂一人奉命，出為使者。(十一)法家：即法司，法官。(十二)依斷：依而判斷。(十三)審慎：審重謹慎。(十四)冤濫：冤枉淫濫。(十五)操殺生之柄：按古常以柄為權，故即操生殺之權。(十六)威：威勢。

⑰省審：省察審核。⑱國之利器：此謂刑罰。⑲尚衣奉御：《唐六典》卷十一：「尚衣局奉御二人，從五品上，掌供天子衣服，詳其制度，辨其名數，而供其進御。」⑳中嶽：嵩山。㉑廢唐興寧、永康、隱陵署官：據《舊唐書・高祖紀》，元帝陵曰興寧，景帝陵曰永康。按《唐六典》卷十四：「永康、興寧二陵署，令各一人，從七品下，丞一人，從八品下。隱章懷等七太子陵署，各令一人，從八品下，丞一人，從九品下。」核隱即太子建成。㉒量：量度。㉓寢：寢止。㉔方推事對食：謂方以推鞫之事，而在衙中同桌共食，蓋唐代官吏於在衙署辦公時，於中午及晚間，率由官家供給膳食。㉕承：召承。㉖追復李君羨官爵：君羨誅見卷一百九十九太宗貞觀二十二年。㉗以釋教開革命之階：謂大雲經也。㉘六月以左肅政大夫格輔元為地官尚書：按《新唐書・則天紀》作：「六月庚戌，左肅政臺御史大夫格輔元為地官尚書。」六月下當添庚戌二字。㉙思晦，彥暐之子也：樂彥暐見卷二百高宗顯慶元年。㉚司禮卿：光宅元年，改太常為司禮。㉛殺玉鈐衛大將軍張虔勗：按玉鈐衛有左右之分，據《新唐書・則天紀》，此乃右玉鈐衛，當從添右字。㉜殺玉鈐衛大將軍張虔勗……以刀亂斫殺之：按此段乃錄自《舊唐書・酷吏來俊臣傳》，字句大致相同。㉝嗣雍王守禮：《唐六典》卷二：「司封郎中掌邦之封爵，凡有九等：一曰王，正一品，二曰郡王，從一品。皇兄弟皇子皆封國，謂之親王，親王之子承嫡者為嗣王，皇太子諸子並為郡王。」㉞流思文於嶺南，復姓徐氏：思文改姓，見上卷光宅元年。㉟不問一款：胡三省曰：「獄辭之出於囚口者為款，款，誠也，言所吐者皆誠實也。」㊱案：胡三省曰：「案，考也，據也，獄辭之成者曰案，言可考據也。凡官

文書可考據者皆曰案。」㊲鉗口：猶緘口。㊳湛露殿：蓋取《詩・小雅・湛露》：「湛湛露斯。」以為殿名也。毛傳：「湛湛，露茂盛貌。」㊴鸞臺侍郎同平章事傅游藝……壬辰，下獄自殺：按此段乃錄自《舊唐書・酷吏傳游藝傳》，字句大致相同。㊵卿在汝南，甚有善政：指垂拱四年刺豫州時。㊶譖：誣謗，音ㄗㄣˋ。㊷以臣為過：謂以臣為有過。㊸脩武：今河南省獲嘉縣。㊹先是鳳閣舍人脩武張嘉福……請立武承嗣為皇太子：按此段乃錄自《舊唐書・李昭德傳》，文字大致相同。㊺切責：嚴切責斥。㊻詐為通款：詐為歐陽通之伏款。㊼神不歆非類，民不祀非族：左傳晉大夫狐突之言。歆，饗也，音ㄒㄧㄣ。㊽賜慶之杖：謂擊之以杖。㊾光政門：《唐六典》卷七：「東都皇宮南面三門：中曰應天，左曰興教，右曰光政。」㊿撲：擊。(五一)身：猶親。(五二)萬代業：萬代之基業。(五三)不血食：謂不得廟饗。(五四)昭德，乾祐之子也：李乾祐即貞觀初救裴仁軌者。(五五)昭德因言於太后曰……昭德，乾祐之子也：按此段乃錄自《舊唐書・李昭德傳》，字句大致相同。(五六)壬辰殺鸞臺侍郎同平章事樂思晦：按《新唐書・則天紀》，壬辰作壬戌。(五七)須：要。(五八)太學生：《唐六典》卷二十一：「太學，學生五百人，太學博士掌教文武官五品已上，及郡縣公子孫、從三品曾孫之為生者，五分其經以為之業，每經各百人。」(五九)假：休假。(六〇)假：借。(六一)徒以下不句：謂士庶以下之事，則不勾當。(六二)流以上乃判：謂流外流內以上官員之事，乃為之判理。(六三)漸貴：稍貴。(六四)丞簿事耳：《唐六典》卷二十一：「國子監丞一人，從六品下，掌判監事。主簿一人，從七品下。」(六五)幾：猶豈。(六六)可盡乎：可盡為之乎。(六七)請普為立制而已：謂請普遍為立制度而已。

司馬光編集
曲守約註

卷二百五　唐紀二十一

起玄黓執徐，盡柔兆涒灘，凡五年。（壬辰至丙申，西元六九二年至六九六年）

則天順聖皇后中之上

長壽元年（西元六九二年）㊀

㈠正月，戊辰朔，太后享㊁萬象神宮。

㈡臘月，立故于闐王尉遲伏闍雄之子瑕為于闐王㊂。

㈢春，一月，丁卯，太后引見存撫使所舉人㊃，無問㊄賢愚，悉加擢㊅用，高者試㊆鳳閣舍人、給事中，次試員外郎、侍御史、補闕拾遺、校書郎㊇，【考異】統紀：「天授二年二月，十道舉人，石艾縣令王山齡等六十人，擢為拾遺補闕，懷州錄事參軍霍獻可等二十四人為御史，并州錄事參軍徐昕等二十四人為著作佐郎及評事，內黃尉崔宣道等二十三人為衞佐。」疑與此只是一事。試官自此始。時人為之語曰：「補闕連車載，拾遺平斗量㊈。欋㊉推侍御史，椀脫校書郎。」有舉人㊁沈全交續之曰：「䴴心㊂存撫使，眯目㊂聖神皇。」為御史紀先知所擒，劾其誹謗朝政，請杖之朝堂，然後付法㊃。太后笑曰：

「但使卿輩不濫，何恤[一五]人言，宜釋其罪。」先知大慙。

(四)太后雖濫以祿位[一六]收天下人心，然不稱職者，尋亦黜[一七]之，或加刑誅，挾刑賞之柄，以駕御天下，政由己出，明察善斷，故當時英賢，亦競[一八]為之用。

(五)寧陵[一九]丞、廬江[二〇]郭霸以諂諛於[二一]太后，【考異】新傳名弘霸，舊傳、御史臺記皆單名霸，唯統紀延載元年云弘霸，僉載云應革命舉，蓋正謂此時也。今從臺記。拜監察御史，中丞魏元忠病，霸往問之，因嘗其糞，喜曰：「大夫糞甘，則可憂，今苦[二二]，無傷[二三]也。」元忠大惡之，遇人輒告之[二四]。

(六)戊辰，以夏官尚書楊執柔同平章事。執柔，恭仁弟之孫也。太后以外族用之[二五]。

(七)初隋煬帝作東都[二六]，無外城，僅有短垣[二七]而已，至是鳳閣侍郎李昭德始築之。

(八)左臺中丞來俊臣羅告同平章事任知古、狄仁傑、裴行本、司禮卿崔宣禮、前文昌左丞盧獻、御史中丞魏元忠、潞州刺史李嗣真謀反。【考異】舊來俊臣傳云：「地官尚書狄仁傑、益州長史任令暉、冬官尚書李遊道、秋官尚書袁智弘、司賓卿崔基、文昌左史盧獻[二八]等六人，並為羅告。」李嶠傳云：「太后使給事中李嶠、與大理少卿張德裕、侍御史劉憲覆其獄，德裕等雖知其枉，懼罪，並從俊臣所奏。嶠曰豈有知其枉濫，而不為申明哉。孔子曰見義不為無勇也。乃與德裕等列其枉狀，由是忤旨，出為潤州司馬。」按嶠平生行事，恐不能如此，今不取。先是來俊臣奏請降敕，一問即承㉙反者，得減死，及知古等下獄，俊臣以此誘之，仁傑對曰：「大周革命，萬物惟新，唐室舊臣，甘從誅戮，反是實㉚。」俊臣乃少寬之。判官王德壽謂仁傑曰：「尚書定減死矣，德壽業受驅策㉛，欲求少階級㉜，煩尚書引㉝楊執柔，可乎？」仁傑曰：「皇天后土，遣狄仁傑為如此事㉞！」以頭觸柱，血流被面㉟，德壽懼而謝之㊱㊲。侯思止鞫魏元忠，元忠辭氣不屈，思止怒，命倒曳之，元忠曰：「我薄命，譬如墜驢，足絓於鐙，為所曳耳。」思止愈怒，更曳之，元忠曰：「侯思止，汝若須魏元忠頭，則截取，何必使承反也！」狄仁傑既承反，有司待報㊳行刑，不復嚴備，仁傑裂衾帛，書冤狀，置綿衣中，謂王德壽曰：「天時方熱，請授家人，去其綿。」德壽許之，仁傑子光遠得書，持之告變㊴，得召見，則天覽之，以問俊臣，對曰：「仁傑等下獄，臣未嘗褫㊵其巾帶，寢處甚安，苟無事實，安肯承反？」太后使通事舍人㊶周綝往視之，俊臣蹔假仁傑等巾帶，羅立㊷於西，使綝視之，綝不敢視，惟東顧唯諾而已㊸㊹。

⑼俊臣又詐為仁傑等謝死表㊺使綝奏之。樂思晦男未十歲，沒入司農㊻，上變，得召見，太后問狀，對曰：「臣父已死，臣家已破，但惜陛下法為俊臣等所弄㊼，陛下不信臣言，乞擇朝臣之忠清，陛下素所信任者，為反狀以付俊臣，無不承反矣。」太后意稍寤㊽，召見仁傑等，問曰：「卿承反，何也？」對曰：「不承，則已死於拷掠㊾矣。」太后曰：「何為作謝死表？」對曰：「無之。」出表示之，乃知其㊿詐，於是出此七族(51)。庚午，貶知古，江夏(52)令，仁傑，彭澤(53)令，宣禮，夷陵(54)令，元忠，涪陵(55)令，獻，西鄉(56)令，流行本、嗣真於嶺南。俊臣與武承嗣等固請誅之，太后不許，俊臣乃獨稱行本罪尤重，請誅之，秋官郎中徐有功駮(57)之，以為：「明主有更生(58)之恩，俊臣不能將順，虧損恩信(59)。」殿中侍御史、貴鄉(60)霍獻可，宣禮之甥也，言於太后曰：「陛下不殺崔宣禮，臣請隕命於前。」以頭觸殿階，血流霑地，以示為人臣者不私其親，太后皆不聽。獻可常以綠帛裹其傷，微露之於幞

頭〔六一〕下，冀太后見之以為忠。

(十)甲戌，補闕薛謙光上疏，以為：「選舉之法，宜得實才，取捨之間，風化〔六二〕所繫，今之選人，咸稱覓舉〔六三〕，奔競相尚，諠訴無慙〔六四〕，至於才應〔六五〕經邦〔六六〕，惟令試策，武能制敵，止驗彎弧〔六七〕。昔漢武帝見司馬相如賦，恨不同時，及置之朝廷，終文園令〔六八〕，知其不堪公卿之任故也。吳起將戰，左右進劍，起曰：『將者提鼓〔六九〕揮桴〔七〇〕，臨敵決疑〔七一〕，一劍之任，非將事也〔七二〕。』然則虛文〔七三〕豈足以佐時，善射豈足以克敵，要在〔七四〕文吏察其行能，武吏觀其勇略，考居官之臧〔七五〕否，行舉者賞罰而已〔七六〕。」

(十一)來俊臣求金於左衛大將軍泉獻誠，不得，誣以謀反，下獄，乙亥，縊殺之〔七七〕。

(十二)庚辰，司刑卿、檢校陝州刺史李游道為冬官尚書同平章事。

(十三)二月，己亥，吐蕃黨項部落萬餘人內附，分置十州。

(十四)戊午，以秋官尚書袁智弘同平章事。

(十五)夏，四月，丙申，赦天下，改元如意。

㈥五月，丙寅，禁天下屠殺及捕魚蝦，江淮旱饑，民不得采魚蝦(七八)，餓死者甚眾。

㈦右拾遺張德生男三日，私殺羊，會同僚(七九)，補闕杜肅懷一餤(八〇)，上表告之，明日，太后對仗謂德曰(八一)：「聞卿生男，甚喜(八二)。」德拜謝。太后曰：「何從得肉？」德叩頭服罪。太后曰：「朕禁屠宰，吉凶不預(八三)，然卿自今召客，亦須擇人。」出肅表示之，肅大慙，舉朝欲唾其面。

㈧吐蕃酋長曷蘇帥部落請內附，以右玉鈐衛將軍張玄遇為安撫使，將精卒二萬迎之。六月，軍至大渡水西，曷蘇事洩，為國人所擒，別部酋長昝捶(八四)帥羌蠻八千餘人內附，玄遇以其部落置萊川州(八五)而還(八六)。【考異】唐紀作昝搖，今從實錄。

㈨辛亥，萬年主簿徐堅上疏，以為：「書有五聽之道(八七)，令著三覆之奏(八八)，竊見比有敕推按反者，令使者得實，郎行斬決，人命至重，死不再生，萬一懷枉，吞聲赤族(八九)，豈不痛哉！此不足肅(九〇)姦逆而明典刑，適所以長威福而生疑懼(九一)，臣望絕(九二)此處分，依法覆奏。又法官之任，宜加簡擇，有用法寬平(九三)，為百姓所稱者，願親而任之，有處事深酷，不允(九四)人望，願疏而退之。」堅，齊晌之子也(九五)。

(廿)夏官侍郎李昭德密言於太后曰：「魏王承嗣權太重。」太后曰：「吾姪也，故委以腹心(九六)。」昭德曰：「姪之於姑，其親何如子之於父？子猶有篡弒其父者，況姪乎？今承嗣既陛下之姪，為親王，又為宰相，權侔(九七)人主，臣恐陛下不得久安天位(九八)也。」太后矍然(九九)曰：「朕未之思(一〇〇)。」

(廿一)秋，七月，戊寅，以文昌左相同鳳閣鸞臺三品武承嗣為特進，納言武攸寧為冬官尚書，夏官尚書同平章事楊執柔為地官尚書，並罷政事(一〇一)，以秋官侍郎新鄭(一〇二)崔元綜為鸞臺侍郎，夏官侍郎李昭德為鳳閣侍郎，檢校天官(一〇三)侍郎姚璹為文昌(一〇四)左丞，檢校地官侍郎李元素為文昌右丞，與司賓卿(一〇五)崔神基並同平章事。【考異】舊昭德傳：「舉明經，累遷至鳳閣侍郎，長壽二年，增直夏官侍郎，以昭德為之，是歲，遷鳳閣鸞臺平章事。」新紀表傳皆云：「昭德自夏官侍郎遷鳳閣侍郎同平章事。」蓋昭德自鳳閣為夏官，自夏官復為鳳閣也。婁師德傳：「長壽元年，增直夏官侍郎(一〇六)。」今從之。崔神基，實錄作崔基，今從新紀表。璹，思廉之孫(一〇七)；元素，敬玄之(一〇八)弟也。辛巳，以營繕大匠(一九)王璿為夏官尚書同平章事。

(廿二)承嗣亦毀昭德於太后，太后曰：「吾任昭德，始得安眠，此代吾勞，汝勿言也(二〇)(二一)。」是時酷吏恣橫(二二)，百官畏之側足(二三)，昭德獨廷奏其姦。

(廿三)太后好祥瑞，有獻白石赤文(二四)者，執政詰其異(二五)，對曰：「以其赤心(二六)。」昭德怒曰：「此石赤心，它石盡反邪(二七)！」左右皆笑(二八)。襄州(二九)人胡慶以丹漆書龜腹曰：「天子萬萬年。」詣闕獻之，昭德以刀刮盡(三〇)，奏請付法(三一)，太后曰：「此心亦無惡(三二)。」命釋之。

(廿四)太后習猫(三三)，使與鸚鵡共處，出示百官，傳觀未遍，猫飢，搏(三四)鸚鵡食之，太后甚慙。

(廿五)太后自垂拱以來，任用酷吏，先誅唐宗室貴戚數百人，次及大臣數百家，其刺史郎將以下(三五)，不可勝數，每除(三六)一官，戶婢(三七)竊相謂曰：「鬼朴(三八)又來矣。」不旬月(三九)，輒遭掩捕族誅。監察御史、朝邑(四〇)嚴善思公直(四一)敢言，時告密者，不可勝數，太后亦厭其煩，命善思按問，引虛(四二)伏罪者八百五十餘人，羅織之黨，為之不振[33]，乃相與構陷善思，坐流驩州[34]。太后知其枉[35]，尋復召為渾儀監丞[36]。善思，名譔，以字行。

(六)右補闕、新鄭朱敬則以太后本任威刑，以禁異議，今既革命，眾心已定，宜省刑尚寬[37]，乃上疏，以為：「李斯相秦，用刻薄變詐，以屠諸侯[38]，不知易之以寬和，卒至土崩，此不知變[39]之禍也。漢高祖定天下，陸賈、叔孫通說之以禮義，傳世十二，此知變之善[40]也。自文明草昧，天地屯蒙[41]，三叔[42]流言，四凶[43]構難，不設鉤距[44]，無以應天順人，不切刑名[45]，不可摧姦息暴[46]，故置神器，開告端[47]，曲直之影必呈，包藏之心盡露，神通助直，無罪不除，蒼生晏然[48]，紫宸[49]易主[50]。然而急趨無善迹[51]，促柱少和聲[52]，向時[53]之妙策，乃當今之芻狗[54]也。伏願覽秦漢之得失，考時事之合宜，審糟粕之可遺[55]，覺蘧廬[56]之須毀，去萋菲之牙角[57]，頓[58]姦險[59]之鋒芒，窒[60]羅織之源，掃[61]朋黨之迹[62]，使天下蒼生，坦然[63]大悅，豈不樂哉！」太后善之，賜帛三百段。

(七)侍御史周矩上疏曰：「推劾之吏，皆相矜以虐[64]，泥耳籠頭，枷研楔轂(六五)，摺膺籤爪，懸髮薰耳，號曰獄持，或累日節食，連宵緩問，晝夜搖撼，使不得眠，號曰宿囚，此等既非木石，且救目前，苟求賒死(六六)。臣竊聽輿議(六七)，皆稱天下太平，何苦須反(六八)，豈被告者，盡是英雄，欲求帝王邪？但不勝楚毒自誣(六九)耳。願陛下察之。今滿朝側息(七〇)不安，皆以為陛下朝與之密(七一)，夕與之讎，不可保(七二)也。周用仁而昌，秦用刑而亡，願陛下緩刑用仁，天下幸甚。」太后頗采其言(七三)，制獄稍衰。【考異】御史臺記云：「書奏，遂授洛州司功。」舊薛懷義傳云：「矩劾奏懷義，遷矩天官員外郎，竟為懷義所構，下獄免官。」御史臺記又云：「時天官選曹無緒，敕矩監之，侍郎李景諶為矩所制，乃引為員外，不閑於吏道，自此左出矣。」據舊傳，矩劾奏薛懷義在後，若此年出為洛州司功，則不當復劾懷義，但舊傳矩疏在載初元年二月，是時制獄未息，今因朱敬則疏終言之。

(廿八)太后春秋(七四)雖高，善自塗澤(七五)，雖左右不覺其衰。丙戌，敕以齒落更生(七六)。九月，庚子，御則天門，赦天下，改元(七七)，更以九月為社(七八)。

(廿九)制於并州置北都。

(卅)癸丑，同平章事李遊道、王璿、袁智弘、崔神基、李元素、春官侍郎孔思元、益州長史任令輝，皆為王弘義所陷，流嶺南。

（卅）左羽林中郎將（七九）來子珣坐事流愛州（八〇），尋卒。

（卅一）初新豐（八一）王孝傑從劉審禮擊吐蕃，為副總管，與審禮皆沒於吐蕃（八二）。贊普見孝傑，泣曰：「貌類吾父。」厚禮之（八三），後竟得歸，累遷右鷹揚衞將軍（八四）。孝傑久在吐蕃，知其虛實，會西州都督唐休璟請復取龜茲、于闐、疏勒、碎葉四鎮，敕以孝傑為武威軍總管，與武衞大將軍阿史那忠節（八五）將兵擊吐蕃；冬，十月，丙戌，大破吐蕃，復取四鎮（八六），置安西都護府於龜茲，發兵戍之。

【今註】（一）是年四月，改元如意，九月改元長壽，自四月以前，猶是天授三年。（二）享：謂祭而使神靈得以享之。（三）立故于闐王尉遲伏闍雄之子瑕為于闐王：按新舊《唐書・于闐傳》，瑕皆作璥，當改從之。（四）存撫使所舉人：遣存撫使，見上卷天授元年。（五）無問：猶不論。（六）擢：擢拔。（七）試：試署，非真除者。（八）試侍御史、補闕、拾遺、校書郎：《舊唐書・職官志》一：「殿中侍御史、左右補闕，從七品上。左右拾遺，從八品上。校書郎，正九品上。」（九）補闕連車載，拾遺平斗量：胡三省曰：「容齋隨筆以為此語，出於張寶。」按此即所謂車載斗量也。平斗者，蓋斗盛物後，率以概劃之，以求其上端齊平，而齊平亦即滿之意也。（一〇）欋：《爾雅・釋名》：「齊魯謂四齒杷為欋。」按杷用以推土使平，與下之盌脫，為先以盌盛而後脫出，皆係指雜濫無疑。（一一）舉人：此指應舉之人而言。⑫黐心：言心為漿糊所糊，而昏迷不明。通作糊。⑬眯目：謂目為塵埃所迷，亦不清楚之意。⑭然後付法：然後付法司斷罪。⑮恤：憂。⑯祿位：俸祿官位。⑰黜：罷免。⑱競：爭。⑲寧陵：在今河南省葵丘縣東南。⑳廬江：故治在今安徽省合肥縣。㉑干：求。㉒今苦：猶今臭。㉓無傷：猶無妨。㉔寧陵丞廬江郭霸……遇人輒告之：按此段乃錄自《舊唐書・酷吏郭霸傳》，字句大致相同。㉕太后以外族用之：太后母楊氏。㉖初隋煬帝作東都：見卷一百八十大業元年。㉗短垣：矮墻。㉘〔考異〕舊來俊臣傳云：「司賓卿崔基，文昌左史盧獻。」：按《舊唐書・酷吏來俊臣傳》作：「司賓卿崔神基，文昌左丞盧獻。」當從添改。㉙承：招承。㉚反是實：謂造反是實。㉛驅策：猶驅使。㉜欲求少階級：猶欲求稍為之地。㉝引：援引。㉞皇天后土，遣狄仁傑為如此事：謂皇天后土鑒臨，狄仁傑焉能為如此等昧心之事耶！㉟被面：滿面。㊱謝之：謂向之謝過。㊲左臺中丞來俊臣羅告同平章事任知古、狄仁傑……德壽懼而謝之：按此段乃錄自《舊唐書・狄仁傑傳》，字句大致相同。㊳待報：謂待制書報可。㊴告變：告有變故。㊵褫：脫去，音ㄔˇ。㊶通事舍人：《舊唐書・職官志》二：「中書省通事舍人十六人，從六品上，掌朝見引納及辭謝者，於殿廷通奏。」㊷羅立：謂羅列而立。㊸惟東顧唯諾而已：惟首向東顧，唯唯諾諾而已，言畏懼而不敢持異議也。㊹狄仁傑既承反……惟東顧唯諾而已：按此段乃錄自《舊唐書・狄仁傑傳》，字句大致相同。㊺謝死表：謂謝死罪應死之表。㊻沒入司農：《唐六典》十九：「司農寺卿之職，掌邦國倉儲委積之政令。」謂籍沒而在司農寺為僕隸也。㊼所弄：所舞弄。㊽寤：醒寤。㊾拷掠：指鞭箠而言。(五〇)太后意稍寤……出表示之，乃知其詐：按此段乃錄自《舊唐書・狄仁傑傳》，字句大致相同。(五一)七族：七人之家族。(五二)江夏：今湖北省武昌縣。(五三)彭澤：今江西省彭澤縣。(五四)夷陵：在今湖北省宜昌縣境。(五五)涪陵：今四川涪陵縣。(五六)西鄉：今陝西省西鄉縣。(五七)駮：駁斥之，同駁。(五八)更生：再生。(五九)流行本嗣真於嶺南……虧損恩信：按此段乃錄自《舊唐書・徐有功傳》，字句大致相同。(六〇)貴鄉：據《舊唐書・地理志》二，貴鄉縣屬河北道、魏州。(六一)幞頭：一名帕首，幘巾之屬，後周武帝所制，裁幅巾出四腳以幞頭，故名。(六二)風化：風俗教化。(六三)覓舉：謂尋覓掌選舉之人而舉薦之。(六四)無慙：不知羞慚。(六五)應：猶適。(六六)經邦：經營邦國。(六七)彎弧：彎弓。(六八)昔漢武帝見司馬相如賦，恨不同時，及置之朝廷，終文園令：《漢書・司馬相如傳》：「蜀人楊得意為狗監，侍上，上讀子虛賦而善之，曰：『朕獨不得與此人同時哉！』得意曰：『臣邑人司馬相如自言為此賦。』上召以為郎，後為孝文園令，病死而卒。」(六九)提鼓：《周禮・夏官・大司馬》：「師帥執提。」注：「提謂馬上鼓，有曲木提持鼓，立馬髦上者，故謂之提。」(七〇)揮桴：揮，動；桴，擊鼓杖，音浮。(七一)決疑：謂決定勝負。(七二)非將事也：非將軍之事。(七三)虛文：猶空文。(七四)要在：重要者則在於。(七五)臧：善。(七六)行舉者賞罰而已：於選舉者，當則賞之，不當則罰之，如是而已。(七七)來俊臣求金於左衛大將軍泉獻誠……乙亥，縊殺之：按此數句乃錄自《舊唐書・高麗傳》，文字大致相同。(七八)采魚蝦：謂採捕魚蝦。(七九)會同僚：宴會同僚。(八〇)懷一餤：正字通：「唐賜進士有紅綾餤，南唐有玲瓏餤，皆餅也。」一音淡。此謂置一餅於懷中。(八一)對仗謂德曰：時德因朝參，立於仗內，故太后對而謂之曰。(八二)甚喜：謂甚可喜賀。(八三)吉凶不預：謂吉凶之事，則不在禁屠宰之內。(八四)別部酋長昝捶：《舊唐書・吐蕃傳》作昝捶，《新唐書・吐蕃傳》則作昝插，此從《舊唐書》文。(八五)玄遇以其部落置萊川州：按新舊《唐書・吐蕃傳》，萊皆作葉，又《新唐書・地理志》七下，黎州都督府屬有米川州，是共有不同之三名也。以情理考之，似當以作葉川州為是。(八六)吐蕃酋長曷蘇帥部落……置萊川州而還：按此段乃錄自《舊唐書・吐蕃傳》，字句大致相同。(八七)書有五聽之道：《周禮・秋官・小司寇》：「以五聲聽獄訟，求民情：一曰辭聽，觀其所出言，不直則煩；二曰色聽，觀其顏色，不直則赧然；三曰氣聽，不直則喘；四曰耳聽，觀其聽聆，不直則惑；五曰目聽，觀其眸子，不直則眊然。」(八八)令著三覆之奏：見卷一百九十三太宗貞觀五年。(八九)呑聲赤族：呑聲謂飲恨，赤族即滅族。(九〇)肅：肅清。(九一)長威福而生疑懼：長官吏之威福而生百姓之疑懼。(九二)絕：斷絕。(九三)寬平：寬恕和平。(九四)不允：不孚。(九五)堅，齊聃子也：徐齊聃見卷二百一高宗咸亨元年。(九六)故委以腹心：謂故委以腹心之任。(九七)倅：均齊。(九八)天位：天子之位。(九九)矍然：驚視貌，音ㄐㄩㄝˊ。(一〇〇)夏官侍郎李昭德密言於太后曰……朕未之思：按此段雖本於《舊唐書・李昭德傳》，而字句間有不同。(一〇一)秋七月戊寅，以文昌左相、同鳳閣鸞臺三品武承嗣為特進，罷政事：按《舊唐書・則天紀》載於八月，《新唐書》同紀則曰八月戊寅，是七月當改作八月。(一〇二)新鄭：今河南省新鄭縣。(一〇三)天官：光宅元年，改吏部為天官。(一〇四)文昌：光宅元年，改尚書省曰文昌臺。(一〇五)司賓卿：即鴻臚卿。(一〇六)考異長壽元年，增直夏官侍郎：按《舊唐書・李昭德傳》，直當作置，又下之直亦同之。(一〇七)璹，思廉之孫：姚思廉事隋及唐。

⑱元素，敬玄之弟：李敬玄相高宗。⑲營繕大匠：《舊唐書・職官志》三：「將作監，光宅改為營繕監，大匠一員，從三品，掌供邦國修建土木工匠之政令。」⑳此代吾勞，汝勿言也：按《舊唐書・李昭德傳》作：「是代我勞苦，非汝所及也。」乃其詳釋。㉑承嗣亦毀昭德於太后……汝勿言也：按此段乃錄自《舊唐書・李昭德傳》，字句大致相同。㉒恣橫：縱恣橫行。㉓側足：猶累足，謂畏而不敢前也。又百官畏之側足，似當改作百官為之側足，方符通例，且又上下相貫。㉔赤文：謂紋理色赤。㉕詰其異：詰問其奇異之點。㉖以其赤心：謂石之中心為赤色，而赤心乃以象徵心之丹誠。㉗它石盡反邪：謂豈它石盡為反逆耶。㉘太后好祥瑞……它石盡反邪，左右皆笑：按此段乃錄自《舊唐書・李昭德傳》，字句大致相同。㉙襄州：《舊唐書・地理志》二山南道：「襄州，隋襄陽郡，武德四年平王世充，改為襄州。」㉚以刀刮盡：謂以刀刮盡其以丹漆所書之字。㉛付法：付法司治罪。㉜亦無惡：謂亦無惡意。㉝習貓：狎習家貓。㉞搏：捕。㉟郎將以下：《舊唐書・職官志》三：「武官，親府，勳一府等五府，左右郎將各一人，正五品上。」㊱除：拜除。㊲戶婢：胡三省曰：「戶婢，官婢之直宮中門戶者。」㊳鬼朴：謂朴神將所擊殺者，樸當作扑。㊴旬月：按旬月有兩義：一謂滿月，一為十閱月，說見《名山表異錄》。㊵朝邑：今陝西省朝邑縣。㊶公直：公平正直。㊷引虛：自引為虛誣。㊸不振：不振作。㊹驩州：《舊唐書・地理志》四嶺南道：「驩州至京師，陸路一萬二千四百五十二里，水路一萬七千里。」㊺枉：冤枉。㊻渾儀監丞：《舊唐書・職官志》二：「秘書省司天臺，久視元年改為渾儀監，少監二人，本曰太史丞，從七品下。」㊼尚寬：

尚寬和。㊳屠諸侯：屠滅諸侯。㊴不知變：不知改變。㊵善：猶福。㊶自文明草昧，天地屯蒙：胡三省曰：「草，造也，昧，蒙也，造物之始，始於冥昧，言后稱制之初，改元文明，造始之時也。屯者，物之始，蒙者，物之穉，言后稱制之初，猶天地生物之始。」㊷三叔：指韓霍諸王。㊸四凶：指徐敬業等。㊹鉤距：《漢書・趙廣漢傳》補注：「鉤若鉤取物也，距與致同，鉤距謂鉤而致之。」㊺不切刑名：謂不嚴切刑法。㊻息暴：止息兇暴之人。㊼故置神器開告端：謂鑄軌以開告密之門。㊽晏然：安然。㊾紫宸：北辰紫微星居中，而眾星拱之，以象帝座，故曰紫宸。㊿蒼生晏然，紫宸易主：謂雖紫宸易主，而蒼生晏然。(51)急趨無善迹：以步趨為喻。(52)促柱少和聲：以琴瑟為喻，和聲謂諧和之聲。(53)向時：以前。(54)芻狗：胡三省曰：「芻狗，祭祀所用，既祭，則棄之矣。」(55)審糟粕之可遺：以酒為喻，漉取其醇汁，而去其糟粕。審，明。(56)蘧廬：《莊子・天運》注：「蘧廬，猶傳舍也。」(57)去萋菲之牙角：《詩・小雅・巷伯》：「萋兮斐兮，成是貝錦，彼譖人者，亦已大甚。」傳：「萋斐，文章相錯也。」牙角，謂譖人之齒舌，亦即讒言。此係將詩四句並為一句，而其主要意旨，乃為去譖人之讒言。(58)頓：猶挫折。(59)姦險：謂姦邪險惡之人。(60)窒：塞。(61)掃：除。(62)迹：蹤迹。(63)坦然：猶安然。(64)相矜以虐：謂以暴虐相矜尚。(65)枷研楔轂：胡三省曰：「枷研，以重枷研其頸；楔轂，以鐵圈轂其首而加楔。」(66)賒死：胡三省曰：「賒，遠也，言伏法而死，較死於獄中為稍賒也。」(67)輿議：眾議。(68)何苦須反：謂何苦必須造反。(69)自誣：謂自誣服耳。(70)側息：側足屏息，皆不安之貌。(71)密：親密。(72)不可保：謂不可保信。(73)采其言：採納其言。㉔春秋：年齡。㉕塗澤：猶粧飾。㉖更生：復生。㉗九月庚子，赦天下改元：至是，方改元長壽，自此以後，方是長壽。㉘更以九月為社：社日改在九月之中。㉙左羽林中郎將：《舊唐書・職官志》三：「左右羽林軍、翊府中郎將，四品下。」㉚愛州：《舊唐書・地理志》四嶺南道：「愛州，隋九真郡，武德五年置愛州，至京師八千八百里。」㉛新豐：故城在今陝西省臨潼縣東北。㉜與審禮皆沒於吐蕃：劉審禮沒，見卷二百二高宗儀鳳三年。㉝厚禮之：謂厚加敬禮。㉞右鷹揚衛將軍：《舊唐書・職官志》三：「左右武衛，光宅改為左右鷹揚衛。」㉟與武衛大將軍阿史那忠節：胡三省曰：「此時既改武衛為鷹揚衛，不應復以舊官名命忠節，豈史家仍襲舊官名而書之邪！」㊱初新豐王孝傑……大破吐蕃，復取四鎮：按此段乃錄自《舊唐書・王孝傑傳》，字句大致相同。

二年（西元六九三年）

㈠春，正月，壬辰朔，太后享萬象神宮，以魏王承嗣為亞獻，梁王三思為終獻，太后自制神宮樂，用舞者九百人。

㈡戶婢㊀團兒為太后所寵信，有憾於皇嗣，乃譖皇嗣妃劉氏㊁、德妃竇氏為厭呪㊂，癸巳，妃與德妃朝太后於嘉豫殿，既退，同時殺之，【考異】新本紀：「臘月癸亥，殺皇嗣妃劉氏德妃竇氏。」舊傳云：「正月二日。」今從之。瘞㊃於宮中，莫知所在。德妃，抗之曾孫也㊄。皇嗣畏忤旨，不敢言，居太后前，容止㊅自如。團兒復欲害皇嗣，有言其情於太后者，太后乃殺團兒。【考異】劉子玄太上實錄云：「韋國兒諂佞多端，天后尤所信任，欲私於上而拒焉，怨望遂作桐人，潛埋於二妃院內，譖殺之，又矯制按問上。」今從則天實錄。

㈢是時，告密者皆誘人奴婢告其主㊆，以求功賞。德妃父孝諶㊇為潤州刺史，有奴妄為妖異，以恐㊈德妃母龐氏，龐氏懼，奴請夜祠禱解㊉，因發⑪其事，下監察御史龍門薛季昶⑫按之，季昶誣奏，以為與德妃同呪詛，先涕泣不自勝⑬，乃言曰：「龐氏所為，臣子所不忍道⑭。」太后擢季昶為給事中，龐氏當斬，其子希瑊詣侍御史徐有功訟冤，有功牒⑮所司停刑，上奏論之，以為無罪。季昶奏：「有功阿黨惡逆⑯，請付法。」法司處有功罪當絞，令史⑰以白有功，有功嘆曰：「豈我獨死，諸人永不死邪。」既食，掩扇而寢⑱。人以為有功苟自強⑲，必內憂懼，密伺之，方熟寢，太后召有功，迎謂曰：「卿比按獄，失出何多？」對曰：「失出⑳人臣之小過，好生㉑聖人之大德。」太后默然，由是龐氏得減死，與其三子皆流嶺南，孝諶貶羅州㉒司馬，有功亦除名㉓。【考異】舊有功傳：「有功為御史，坐龐氏除名，尋起為左司郎中。」竇孝諶傳：「長壽二年，龐氏為酷吏所陷。」御史臺記：「有功自秋官員外郎，坐龐氏除名為流人。月餘，授御史。」按實錄：「有功天授初累補司刑丞、秋官員外郎，稍遷郎中，後以公事免，萬歲通天元年，擢拜殿中侍御史。」今從之。

㈣戊申，姚璹奏請令宰相撰時政記㉔，月送史館，從之，時政記自此始。

㈤臘月，丁卯，降皇孫成器為壽春王，恒王成義為衡陽王，楚王隆基為臨淄王，衛王隆範為巴陵王，趙王隆業為彭城王，皆睿宗之子也。

㈥春，一月，庚子，以夏官侍郎婁師德同平章事。師德寬厚清慎，犯而不校㉕，與李昭德俱入朝，師德體肥行緩，昭德屢待之，不至，怒罵曰：「田舍夫㉖。」師德徐笑曰：「師德不為田舍夫，誰當為之！」其弟除代州刺史，將行，師德謂曰：「吾備位㉗宰相，汝復為州牧㉘，榮寵過盛，人所疾㉙也，將何以自免？」弟長跪㉚曰：「自今雖有人唾某面㉛，某拭之而已，庶㉜不為兄憂。」師德愀然㉝曰：「此所以為吾憂也。人唾汝面，怒汝也，汝拭之，乃逆(三四)其意，所以重(三五)其怒，夫唾不拭自乾，當笑而受之(三六)(三七)。」

(七)甲寅，前尚方監(三八)裴匪躬、內常侍(三九)范雲仙坐私謁皇嗣，腰斬於市，【考異】舊來俊臣傳云：「按張虔勗、范雲仙於洛陽牧院，虔勗等不堪其苦，自訟於徐有功，俊臣命衞士，以亂刀斫殺之。雲仙亦言歷事先朝，稱所司冤苦，俊臣命截去其舌，士庶膽破，無敢言者。」按張虔勗天授二年被殺，雲仙此年坐謁皇嗣斬，今從實錄。自是公卿以下，皆不得見。

(八)又有告皇嗣潛有異謀者，太后命來俊臣鞫其左右，左右不勝楚毒，皆欲自誣(四〇)，太常工人(四一)京兆安金藏大呼謂俊臣曰：「公既不信金藏之言，請剖心，以明皇嗣不反。」即引佩刀自剖其胷，五藏皆出，流血被地，太后聞之，令轝入宮中，使醫內五藏，以桑皮線縫之，傅(四二)以藥，經宿(四三)始蘇(四四)，太后親臨視之，歎曰：「吾有子不能自明，使汝至此。」即命俊臣停推(四五)，睿宗由是得免。

(九)罷舉人習老子(四六)，更習太后所造臣軌(四七)。

(十)二月，丙子，新羅王政明卒，遣使立其子理洪為王(四八)。

(十一)乙亥，禁人間錦(四九)，侍御史侯思止私畜錦，李昭德按之，杖殺於朝堂。

(十二)或告嶺南流人謀反，太后遣司刑評事(五〇)萬國俊攝(五一)監察御史，就按之，國俊至廣州，悉召流人，矯制賜自盡，流人號呼不服，國俊驅就水曲，盡斬之，一朝殺三百餘人，然後詐為反狀，還奏，因言諸道流人，亦必有怨望謀反者，不可不早誅。太后喜，擢國俊為朝散大夫(五二)，行侍御史(五三)。更遣右翊衛兵曹參軍(五四)劉光業、司刑評事王德壽、苑南面監丞(五五)鮑思恭、尚輦直長(五六)王大貞、右武威衛兵曹參軍屈貞筠，皆攝監察御史，詣諸道按流人，光業等以國俊多殺蒙賞，爭効之，光業殺七百人，德壽殺五百人，自餘少者不減(五七)百人，其遠年雜犯流人，亦與之俱斃。太后頗知其濫，制六道流人未死者，并家屬皆聽還鄉里(五八)，國俊等亦相繼死，或得罪流竄(五九)。【考異】實錄曰：「光業等亦受鸞臺侍郎傅遊藝之旨。」按天授二年，遊藝已死。舊遊藝傳曰：「遊藝請則天發六道使，雖身死之後，竟從其謀。」武后本遣萬國俊一使，國俊還言諸道流人亦反，故更遣五使耳，遊藝豈豫知遣六道使，此所謂天下之惡皆歸焉者也。潘遠紀聞曰：「補闕李秦授寓直中書，進封事曰，陛下自登極，誅斥李氏及諸大臣，其家人親族流放在外，以臣所料且數萬人，如一旦同心，招集為逆，出陛下不意，臣恐社稷必危。讖曰代武者劉，夫劉者流也，陛下不殺此輩，臣恐為禍必速。天后納之，夜中召入謂曰，卿名秦授，天以卿授朕也，何啟予心。即拜考功員外郎，仍知制誥，賜朱紱、女妓十人、金帛稱是，與謀發敕使十人，於十道安慰流者，其實賜墨敕與牧守，有流放者殺之。天后度流人已死，又使使者安慰流人曰，吾前發十道使安慰流人，何使者不曉吾意，擅加殺害，深為酷暴，其擅殺流人使，並所在鎖項，將在害流入處斬之，以快亡魂。諸流人未死，或它事繫者，兼家口放還。」按當時止誅嶺南一道，因萬國俊言，更發五道使，非併發十道使也。十道在近地者，何嘗有流人也。國俊既以多殺受賞，餘使或病死，或自以它罪流竄，必無并斬之理。今並從實錄及舊傳。

(十三)來俊臣誣冬官尚書蘇幹云：「在魏州，與琅邪王冲通謀(六〇)。」

夏，四月，乙未，殺之[六一]。

(十四)五月，癸丑，棣州[六二]河溢。

(十五)秋，九月，丁亥朔，日有食之。

(十六)魏王承嗣等五千人，表請加尊號曰金輪聖神皇帝。

(十七)乙未，太后御萬象神宮，受尊號，赦天下，作金輪等七寶[六三]，每朝會，陳之殿庭。

(十八)庚子，追尊昭安皇帝曰渾元昭安皇帝，文穆皇帝曰立極文穆皇帝，孝明高皇帝曰無上孝明高皇帝，皇后從帝號。

(十九)辛丑，以文昌左丞同平章事姚璹為司賓卿，罷政事，以司賓卿萬年[六四]豆盧欽望為內史，文昌左丞韋巨源同平章事，秋官侍郎吳人陸元方為鸞臺侍郎同平章事。巨源，孝寬之玄孫也[六五]。

【今註】㊀戶婢：司宮禁門戶之婢。㊁德妃竇氏：按〈睿宗昭成順聖皇后竇氏傳〉，后即玄宗之母。㊂厭咒：厭勝詛咒。㊃瘞：埋，音ㄧˋ。㊄德妃，抗之曾孫也：竇抗，太穆皇后之從兄。㊅容止：容貌舉止。㊆皆誘人奴婢告其主：謂皆引誘他人之奴婢，以告其主人。㊇諶：音ㄔㄣˊ。㊈恐：恐嚇。㊉禱解：祈福解殃。[十一]發：告發。[十二]監察御史薛季昶：《舊唐書．徐有功傳》，作給事中薛季昶。蓋乃書其理此案有功而封之官職，而《通鑑》則錄其初處此事之官位，致互不同也。㉓先涕泣不自勝：謂先涕泣甚烈。㉔不忍道：不忍言。㉕牒：為唐代公文之一種，多用於平行機關。㉖惡逆：姦惡叛逆。㉗令史：《唐六典》卷十三：「御史臺，侍御史四人，令史十五人。」在九品下錄事之後，蓋乃流外官也。㉘掩扇而寢：以扇掩面而寢。㉙苟自強：謂暫且自勉強。㉚失出：謂誤出人於罪。㉛好生：好使之生而不死。㉜羅州：《舊唐書・地理志》四嶺南道：「羅州，隋高涼郡之石龍縣地，武德五年，於縣置羅州，至京師六千五百二十二里。」㉝德妃父孝諶為潤州刺史……有功亦除名：按此段乃錄自《舊唐書・徐有功傳》，字句大致相同。㉞姚璹奏請令宰相撰時政記：胡三省曰：「會要：『璹以為帝王謨訓，不可闕於紀述，史官疏遠，無因得書，請自今以後，所論軍國政要，宰臣一人撰錄，號為時政記。』」㉟犯而不校：謂有違犯之者，不予計校。㊱怒罵曰田舍夫：按《新唐書・婁師德傳》，作田舍子，蓋子為人，亦即夫也，故意實相同。唐代詈人，多喜用此語，以譏人之村鄙。㊲備位：猶具位，謂徒居其位，而不克勝其事也。㊳州牧：即州刺史。㊴疾：恨。㊵長跪：謂雙膝跽跪而上身挺直。㊶唾某面：按某，猶餘也。如此用法，漢代已有之。《漢書・高帝紀》：「九年，上奉玉卮為太上皇壽曰：『始大人常以臣亡賴，不能治產業，不如仲力，今某之業所就，孰與仲多！』」同書〈楚元王交傳〉：「高祖曰：『某非敢忘封之也，為其母不長者。』」考此二某字，原本亦許為高祖名之邦字，（古人對他人談話，為示謙遜，率自稱其名。）而史官為尊敬皇帝計，遂避諱而改書作某，後人不察，竟以某為余之代稱，且凡人皆可用之。此風習至唐代，更為流行，爰舉以下數例，以見一斑。王勃〈上武侍極啟〉：「某聞玄螭掩耀，光銷赤董之芒。」張說〈洛州張司馬集序〉：「某室邇蘭芬，族聯棣蕚。」李翺〈韓公行狀〉：「且曰：『某伯兄德行高，曉方藥，食必視本草，年止於四十二。某疏愚，食不擇禁忌，位為侍郎。』」杜牧〈罪言〉：「國家大事，某不當官，言之實有罪，故作罪言。」又李商隱〈上河東啟〉：「某悼傷已來，光陰未幾。」㉜庶：庶幾之省。庶幾，希冀也。㉝愀然：愁貌，音ㄑㄧㄠˇ。㉞逆：違逆。㉟重：加重。㊱師德曰，人唾汝面，怒汝也，汝拭之，乃逆其意，所以重其怒。夫唾不拭自乾，當笑而受之：按此即《新唐書‧婁師德傳》所云：「教之耐事」之忍耐行為也。㊲師德寬厚清慎……當笑而受之：按此段《新唐書‧婁師德傳》亦載之，而較為簡略。㊳尚方監：光宅元年，改少府監為尚方監。㊴內常侍：《唐六典》卷十二：「內侍省，內常侍六人，正五品下，內侍之職，掌在內侍奉，出入宮掖，宣傳制令，內常侍為之貳。」㊵自誣：自誣服。㊶太常工人：太常寺之工人。㊷傳以藥：傅抹以藥。㊸經宿：經歷一宿。㊹始蘇：方為蘇醒。㊺停推：停止推案。㊻罷舉人習老子：習老子見卷二百二高宗上元元年。㊼臣軌：言為人臣軌範。㊽二月丙子，新羅王政明卒，遣使立其子理洪為王：按《舊唐書‧新羅傳》作：「天授三年，政明卒，則天為之舉哀，遣使弔祭，冊立其子理洪為新羅王。」日期有異。㊾禁人間錦：謂禁民間私藏錦綾。㊿司刑評事：《舊唐書‧職官志》三：「大理寺，光宅為司刑，評事十二人，從八品下。」(五一)攝：兼理。(五二)朝散大夫：《舊唐書‧職官志》一：「朝散大夫，文散官，從五品下。」(五三)行侍御史：階高擬卑則曰行。(五四)右翊衛兵曹參軍：《唐六典》卷二十四：「左右衞大將軍各一人，煬帝大業十三年，復置左右衞為左右翊衞，皇朝復左右衞府。」是翊字衍。又同卷：「兵曹參軍事各二人，正八品下。掌五府外府武官之職員，凡番第上下，簿書名數，皆受而過大將軍以配焉。」(55)苑南面監丞：《舊唐書・職官志》三：「司農寺，京都苑四面監監各一人，從六品下，丞二人正八品下。四面監掌所管面苑內宮館園池，與其種植修葺之事，丞掌判監事。」(56)尚輦直長：《唐六典》卷十一：「尚輦局奉御二人，從五品上，直長四人，正七品下。奉御掌輿輦繖傘之事，分其次序而辨其名數，直長為之貳。」(57)不減：不少於。(58)制六道流人未死者，并家屬，皆聽還鄉里：按《舊唐書・酷吏萬國俊傳》作：「制六道使所殺之家口未歸者，並遞還本管。」是六道乃指上所遣使者所至之道而言。(59)或告嶺南流人謀反……或得罪流竄：按此段乃錄自《舊唐書・萬國俊傳》，字句大致相同。(60)與琅琊王沖通謀：沖舉兵，見上卷垂拱四年。(61)夏四月乙未，殺之：按《新唐書・則天紀》，四月作五月。(62)棣州：《舊唐書・地理志》一河南道：「棣州，後漢樂安郡，隋渤海郡之厭次，武德四年置棣州。」(63)作金輪等七寶：胡三省曰：「七寶：曰金輪寶，曰白象寶，曰女寶，曰馬寶，曰珠寶，曰主兵臣寶，曰主藏臣寶。」(64)萬年：屬關內道，京兆府。(65)巨源，孝寬之玄孫也：韋孝寬事宇文氏，為名將。

延載元年（西元六九四年）㊀

㈠正月，丙戌，太后享萬象神宮。

㈡突厥可汗骨篤祿卒，其子幼，弟默啜自立為可汗。臘月，甲戌，默啜寇靈州㈡。

㈢室韋㈢反，遣右鷹揚衛大將軍李多祚擊破之。

㈣春，一月，以婁師德為河源等軍檢校營田大使㈣。

㈤二月，武威道總管王孝傑破吐蕃敎論贊刃、突厥可汗俀子㈤等於冷泉及大嶺，各三萬餘人，碎葉鎮守使韓思忠破泥熟俟斤等萬餘人。【考異】此事諸書皆無，唯統紀有之，統紀：「又破吐蕃萬泥勳沒馱城，」此語不可曉，今刪去。

㈥庚午，以僧懷義為代北道行軍大總管，【考異】實錄新紀皆云伐逆道，今從舊懷義傳。以討默啜。

㈦三月甲申，以鳳閣舍人蘇味道為鳳閣侍郎同平章事，李昭德檢校內史，更以僧懷義為朔方道行軍大總管，以李昭德為長史，蘇味道為司馬，帥契苾明、曹仁師、沙吒忠義等十八將軍以討默啜，未行，虜退而止㈥。昭德嘗與懷義議事，失其旨，懷義撻之，昭德惶懼請罪。

㈧夏，四月，壬戌，以夏官尚書武威道大總管王孝傑同鳳閣鸞臺三品。

㈨五月，魏王承嗣等二萬六千餘人上尊號曰越古金輪聖神皇帝㊆。甲午，御則天門樓，受尊號，赦天下，改元。

㈩天授中，遣監察御史壽春㊇裴懷古安集㊈西南蠻，六月，癸丑，永昌蠻酋薰期帥部落二十餘萬戶內附㊉。

(十一)河內(一一)有老尼，居神都麟趾寺，與嵩山人韋什方等，以妖妄惑眾(一二)，尼自號淨光如來，云能知未然，什方自云吳赤烏(一三)年生。又有老胡亦自言五百歲，云見薛師，已二百年矣(一四)，容貌愈少，太后甚信重之，賜什方姓武氏。秋，七月，癸未，以什方為正諫大夫(一五)同平章事，制云：「邁軒代(一六)之廣成(一七)，逾漢朝之河上(一八)。」八月，什方乞還山，制罷遣之(一九)。

(十二)戊辰，以王孝傑為瀚海道行軍總管，仍受朔方道行軍大總管薛懷義節度。

(十三)己巳，以司賓少卿姚璹為納言，左肅政中丞原武楊再思(二〇)為鸞臺侍郎，洛州司馬杜景儉為鳳閣侍郎㉑，並同平章事，豆盧欽望請京官九品已上輸兩月俸㉒，以贍軍㉓。轉帖㉔百官令拜表㉕，百官但赴拜，不知何事，拾遺王求禮謂欽望曰：「明公祿厚㉖，輸之無傷㉗，卑官貧迫㉘，奈何不使其知，而欺奪㉙之乎？」欽望正色㉚拒之，既上表，求禮進言曰：「陛下富有四海㉛，軍國有儲，何籍㉜貧官九品之俸，而欺奪之！」姚璹曰：「求禮不識大體㉝。」求禮曰：「如姚璹為識大體者邪！」事遂寢㉞。

(十四)戊寅，鸞臺侍郎同平章事崔元綜坐事流振州㉟。

(十五)武三思帥四夷酋長，請鑄銅鐵為天樞㊱，立於端門㊲之外，銘紀功德，黜唐頌周。以姚璹為督作㊳使，諸胡聚錢百萬億，買銅鐵不能足，賦民間農器以足之㊴。

(十六)九月，壬午朔，日有食之。

(十七)殿中丞㊵來俊臣坐贓，貶同州參軍，王弘義流瓊州㊶，【考異】統紀云：「萬歲通天元年正月，監察御史紀履忠劾奏御史中丞來俊臣，犯狀有五，請下獄理罪。」御史臺紀：「履忠與來俊臣不協，具衣冠而彈之，不果，黜授顏城尉。俊臣誅，授左領軍衛胄曹。」新傳云：「俊臣納賈人金，為御史紀履忠所劾，下獄當死，后忠其上變，得不誅，免為民。」按舊傳云：「俊臣為履忠所告，下獄，長壽二年除殿中丞，又坐贓出為同州參軍，萬歲通天元年，召為合宮尉。」統紀云：「萬歲通天元年，紀履忠劾奏。」誤也。王弘義傳云：「延載元年，俊臣貶，弘義亦流瓊州。」是俊臣長壽二年已前，坐贓下獄，此年又坐贓貶，今從舊傳。詐稱敕追還，至漢北〔四二〕，侍御史胡元禮遇之，按驗〔四三〕得其姦狀，杖殺之〔四四〕。內史李昭德恃太后委遇〔四五〕，頗專權使氣〔四六〕，人多疾〔四七〕之，前魯王府功曹參軍〔四八〕丘愔上疏攻之，其略曰：「陛下天授以前，萬機獨斷〔四九〕，自長壽以來，委任昭德，參奉〔五〇〕機密，獻可替否，事有便利，不預諮謀〔五一〕〔五二〕，要待〔五三〕晝日將行〔五四〕，方乃別生駁異〔五五〕，揚露專擅〔五六〕，顯示於人。歸美引愆，義不知此〔五七〕。」又曰：「臣觀其膽，乃大於身〔五八〕，鼻息〔五九〕所衝，上拂雲漢〔六〇〕。」又曰：「蟻穴壞隄〔六一〕，針芒〔六二〕寫氣〔六三〕，權重〔六四〕一去，收〔六五〕之極難。」長上果毅〔六六〕，鄧注又著石論〔六七〕數千言，述昭德專權之狀，鳳閣舍人逢弘敏取奏之，太后由是惡昭德，壬寅，貶昭德為南賓尉〔六八〕，尋又免死流竄〔六九〕〔七〇〕。

(十八)太后出梨花一枝，以示宰相，宰相皆以為瑞〔七一〕，杜景儉獨曰：「今草木黃落，而此更發榮〔七二〕，陰陽不時〔七三〕，咎在臣等。」因拜謝〔七四〕。太后曰：「卿真宰相也〔七五〕。」

(十九)冬，十月，壬申，以文昌右丞李元素為鳳閣侍郎，左肅政中丞周允元檢校鳳閣侍郎，並同平章事。允元，豫州人也。

(廿)嶺南獠反，以容州都督(十六)張玄遇為桂永等州經略大使，以討之。

【今註】㊀是年五月改元。㊁突厥可汗骨篤祿卒……默啜寇靈州：按此段乃錄自《舊唐書・突厥傳》上，字句大致相同。㊂室韋：《舊唐書・室韋傳》：「室韋者，契丹之別類也。居猺越河北，其國在京師東北七千里，東至黑水靺鞨，西至突厥，南接契丹，北至於海。」㊃春一月，以婁師德為河源等軍檢校營田大使：按《新唐書・則天紀》，作一月甲午，當從添甲午二字。㊄傒子：胡三省曰：「傒子，西突厥部所立也。」㊅更以僧懷義為朔方道行軍大總管……未行，虜退而止：按此段乃錄自《舊唐書・外戚武承嗣附薛懷義傳》，字句大致相同。㊆上尊號曰越古金輪聖神皇帝：俱舍論：「若王生在剎帝利種，紹灑頂位，於十五日受齋戒時，沐浴首身，受勝齋戒，升高臺殿，臣僚輔翼，東方忽有金輪寶現，其輪千輻，具足轂輞眾相，圓淨如巧匠成，舒妙光明來應王所。」上尊號之金輪，即係根據此說。㊇壽春：今安徽省壽縣。㊈安集：安撫懷集。㊉永昌蠻酋薰期帥部落二十餘萬戶內附：按《新唐書・南蠻下兩爨蠻傳》：「姚州境有永昌蠻，居古永昌郡地，長壽時，大首領董期率部落二萬內屬。」薰一作董，二十萬之十字疑衍。(十一)河內：舊縣名，漢野王縣，隋改曰河內，民國改曰沁陽，在今河南省。(十二)惑眾：惑亂士眾。(十三)赤烏：三國吳大帝年號，（西元二三八）。(十四)云見薛師已二百年矣：《舊唐書・武承嗣附薛懷義傳》：「懷義本姓馮小寶，以鬻臺貨為業，則天甚恩遇之，乃改姓薛，令與太平公主壻薛紹合族。」故謂曰薛師。⑮正諫大夫：按《唐六典》卷二郎中條，無正諫大夫之稱，惟有正四品上曰正議大夫之文，疑正諫即正議也。⑯軒代：黃帝名軒轅，代世也，意謂黃帝之世。⑰廣成：《莊子・在宥》：「廣成子在於空同之上，黃帝往見而問至道之精。廣成子曰：『我守其一，以處其和，故我修身千二百歲矣，吾形未常衰。』黃帝再拜稽首曰：『廣成子之謂天矣。』」⑱逾漢朝之河上：逾，越。《神仙傳》卷二：「河上公者，莫知其姓字，漢文帝時，公結草為菴於河之濱，帝讀老子經有所不解數事，即幸其菴，躬問之。公乃授素書二卷與帝，曰：『熟研之，此經所疑皆了，不事多言也。』」⑲制罷遣之：罷謂免其官職之正諫大夫及同平章事。⑳左肅政中丞、原武楊再思：按作中丞，乃從《舊唐書・則天紀》之文；然《新唐書・則天紀》及〈宰相表〉，則作御史大夫，說不相同。原武，縣名，屬唐河南道之鄭州。㉑洛州司馬杜景儉為鳳閣侍郎：按《舊唐書・則天紀》及〈杜景儉傳〉，皆作杜景儉；而《新唐書・則天紀》、〈宰相表〉、及〈杜景佺傳〉，則皆作杜景佺，未審何故。㉒請京官九品已上輸兩月俸：胡三省曰：「唐制：一品，月俸八千，食料一千八百，雜用一千二百；二品，月俸六千五百，食料一千五百，雜用一千；三品，月俸五千一百，食料一千一百，雜用九百；四品，月俸三千五百，食料七百，雜用七百；五品，月俸三千，食料雜用六百；六品，月俸二千，食料雜用四百；七品，月俸一千七百五十，食料雜用三百五十；八品，月俸一千三百，食料三百，雜用二百五十；九品，月俸一千五十，食料二百五十，雜用二百；行署，月俸一百四十，食料三十。」㉓以贍軍：以供軍需。㉔轉帖：胡三省曰：「轉帖者，止書一帖，使吏以轉示百官。」(二五)拜表：謂上表，蓋臣子上表天子，例須先拜而後上之，故云拜表也。(二六)祿厚：俸祿優厚。(二七)無傷：無妨害。(二八)卑官貧迫：卑微之官，則饑寒交迫。(二九)奪：指奪其祿言。(三〇)正色：嚴厲其色。(三一)富有四海：即有四海之富。(三二)籍：依簿籍所載之官吏俸額，而一一徵斂之。(三三)不識大體：不知體要。(三四)寢：止。(三五)振州：《舊唐書．地理志》四嶺南道：「振州，隋臨振郡，武德五年置振州，至京師八千六百六里。」(三六)為天樞：其形疑當為圓柱體。(三七)端門：《唐六典》卷七：「皇城在都城之西北隅，南面三門，中曰端門。」(三八)督作：監督造作。(三九)賦民間農器以足之：賦斂民間農器所用之銅鐵，以足其數額。(四〇)殿中丞：《舊唐書．職官志》三：「殿中省，監一員，從三品，丞二人，從五品上。丞掌副監事，兼勾檢稽失，省署抄目。」(四一)瓊州：《舊唐書．地理志》四嶺南道：「瓊州，本隋珠崖郡之瓊山縣，貞觀五年置瓊州，與崖州道裏相類。」按同志云：「崖州至京師七千四百六十里。」(四二)至漢北：此注指漢水以北之地帶而言。(四三)按驗：按問考驗。(四四)王弘義流瓊州……得其姦狀，杖殺之：按此段乃錄自《舊唐書．酷吏王弘義傳》，字句大致相同。(四五)委遇：任遇。(四六)使氣：謂氣勢凌人。(四七)疾：恨。(四八)魯王府功曹參軍：《唐六典》卷二十九：「親王府，功曹參軍事一人，正七品上，掌文官簿書，考課陳設儀式等事。」(四九)獨斷：猶自斷。(五〇)參奉：參預奉承。(五一)替：廢。(五二)事有便利不預諮謀：謂事之便利與否，不預為諮告謀議。(五三)要待：須待。(五四)晝日將行：胡三省曰：「凡制敕皆進畫日而後行。」按《舊唐書．李昭德傳》，日作旨，當改從之。詳胡注之畫日，疑亦原係旨字，而為後人所妄改者。(五五)駮異：駮辨及異議。(五六)專擅：皆係專意。(五七)歸美引愆，義不如此：胡三省曰：「善則稱君，過則稱己，人臣之義也。」引愆，謂引為己咎。(五八)乃大於身：謂其膽量竟大於其身軀。(五九)鼻息：鼻管所喘之氣。(六〇)雲漢：即霄漢。(六一)蟻穴壞隄：蟻穴之微，若泄水不止，則全堤亦將為之頹圮。(六二)針芒：指極細纖之端尖。(六三)寫氣：寫通瀉，謂氣將為之宣瀉無遺。(六四)權重：權柄威重。(六五)收：收回。(六六)長上果毅：《唐六典》卷五：「凡應宿衞官，各從番第，長上折衝、果毅應宿衞者，並一日上，兩日下。」按長上，謂永久當值也。(六七)又著石論：按《舊唐書・李昭德傳》，石論作碩論，謂重大之議論，當以作碩為是。(六八)南賓尉：《舊唐書・地理志》四嶺南道：「欽州領欽江南賓等五縣，至京師五千二百五十一里。」(六九)免死流竄：謂免其死罪而流竄邊裔。(七〇)內史李昭德恃太后委遇……尋又免死流竄：按此段乃錄自《舊唐書・李昭德傳》，字句大致相同。又文中於引丘愔之疏，不連貫書之，而分劃為數小節，每小節上加又曰二字，以免讀者讀時萌生冗長之感，此種方式，實亦有時可資採取。(七一)瑞：祥瑞。(七二)發榮：猶發花。(七三)不時：不合時節。(七四)因拜謝：《舊唐書・杜景儉傳》作再拜謝罪，蓋謝包有謝恩與謝罪兩種，省略之，由上文亦可知曉，但不如明言，使讀者更易領悟。(七五)太后出梨花一枝……卿真宰相也：按此段乃錄自《舊唐書・杜景儉傳》，字句大致相同。(七六)容州都督：《舊唐書・地理志》四嶺南道：「容州下都督府，隋合浦郡之北流縣，武德四年平蕭銑，置銅州，貞觀元年改為容州，以容山為名。」

天冊萬歲元年（西元六九五年）㊀

㈠正月，辛巳朔，太后加號慈氏㊁越古金輪聖神皇帝，赦天下，改元證聖。

㈡周允元與司刑少卿皇甫文備奏：「內史豆盧欽望、同平章事韋巨源、杜景儉、蘇味道、陸元方附會李昭德，不能匡正㊂。」欽望貶趙州㊃，巨源貶麟州㊄，【考異】舊紀傳、新紀表傳皆作鄜州，統紀作瀛州，實錄唐歷作麟州，今從之。景儉貶溱州㊅，味道貶集州㊆，元方貶綏州㊇刺史㊈。

㈢初明堂既成，太后命僧懷義作夾紵大像㊉，其小指中，猶容數十人⑪，於明堂北構天堂，以貯之，堂始構，為風所摧⑫，更構之，日役⑬萬人，采木江嶺⑭，數年之間，所費以萬億計，府藏為之耗竭。懷義用財如糞土⑮，太后一聽之⑯，無所問，每作無遮會⑰，用錢萬緡，士女雲集，又散錢十車，使之爭拾，相蹈踐有死者。所在公私田宅，多為僧有。懷義頗厭⑱入宮，多居白馬寺，所度力士⑲為僧者滿千人，侍御史周矩疑有姦謀，固請按之，太后曰：「卿姑退，朕即令往⑳。」矩至臺，懷義亦至，乘馬就階而下，坦腹於牀㉑，矩召吏將按之，遽躍馬而去，矩具奏其狀，太后曰：「此道人㉒病風㉓，不足詰，所度僧，惟卿所處㉔。」悉流遠州㉕，遷矩天官員外郎㉖。

㊃乙未，作無遮會於明堂，鑿地為阬㉗，深五丈，結綵為宮殿，佛像皆於阬中引出之，云：「自地湧出。」又殺牛取血畫大像，首高二百尺㉘，云：「懷義刺膝血㉙為之。」丙申，張像於天津橋㉚南設齋，時御醫㉛沈南璆，亦得幸於天后，懷義心慍㉜，是夕，密燒㉝天堂，延及明堂，火照城中如白晝，比明皆盡，暴風裂血像為數百段，太后恥而諱之，但云內作工徒㉞，誤燒麻主㉟，遂涉㊱明堂。時方酺㊲宴，左拾遺劉承慶請輟朝㊳停酺，以答㊴天譴㊵，太后將從之，姚璹曰：「昔成周宣榭，卜代愈隆，漢武建章㊶，盛德彌永，今明堂布政之所，非宗廟也，不應自貶損㊷。」太后乃御端門，觀酺如平日㊸，命更造明堂天堂，仍以懷義充使。又鑄銅為九州鼎㊹【考異】舊傳云：「懷義帥人作號頭安置之。」按天冊萬歲元年二月，懷義死，神功元年九鼎始成，舊傳誤也。或懷義死時方鑄耳。及十二神㊺，

皆高一丈㊻，各置其方㊼。先是河內老尼晝食一麻一米，夜則烹宰宴樂，畜弟子百餘人，淫穢㊽靡㊾所不為，武什方自言，能合長年藥㊿，太后遣乘驛於嶺南采藥，及明堂火，尼入唁(51)太后，太后怒，叱之曰：「汝常言能前知，何以不言明堂火？」因斥還河內，弟子及老胡等皆逃散。又有發(52)其姦者，太后乃復召尼還麟趾寺，弟子畢集，敕給使(53)掩捕(54)，盡獲之，皆沒為官婢。什方還至偃師，聞事露(55)，自絞死。

(五)庚子，以明堂火告廟，下制求直言，劉承慶上疏，以為：「火發既從麻主，後及總章(56)，所營佛舍，恐勞無益(57)，請罷之。又明堂所以統和天人，一旦焚毀，臣下何心猶為酺宴，憂喜相乘(58)，傷於情性。又陛下垂制(59)博訪，許陳至理，而左史張鼎以為：『今既火流王屋，彌顯大周之祥(60)，』通事舍人逄敏奏稱：『彌勒(61)成道時，有天魔燒宮七寶臺，須臾散壞(62)。』【考異】僉載以七寶臺散壞為姚璹之語，今從實錄。斯實謟妄(63)之邪言，非君臣之正論，伏願陛下乾乾(64)翼翼(65)，無戾(66)天人之心，而興不急之役(67)，則兆人蒙賴，福祿無窮。」

(六)獲嘉[六八]主簿彭城[六九]劉知幾表陳四事，其一，以為：「皇業權輿[七〇]，天地開闢，嗣君即位，黎元更始，時則藉非常之慶[七一]，以申再造[七二]之恩。今六合清晏[七三]，而赦令不息，近則一年再降[七四]，遠則每歲無遺[七五]，至於違法悖禮之徒，無賴不仁[七六]之輩，編戶[七七]，則寇攘[七八]為業，當官，則贓[七九]賄是求，而元日[八〇]之朝，指期[八一]天澤[八二]，重陽之節，佇降皇恩[八三]，如其忖度[八四]，咸果釋免。或有名垂結正[八五]，罪將斷決[八六]，竊行貨賄，方便規求[八七]，故致稽延[八八]，畢霑寬宥，用使俗多頑悖[八九]，時罕廉隅[九〇]，為善者不預恩光[九一]，作惡者獨承徼幸[九二]。古語曰：『小人之幸，君子之不幸[九三]。』斯之謂也。望陛下而今而後，頗節於赦，使黎氓[九四]知禁，姦宄[九五]肅清。」其二，以為：「海內具僚[九六]，九品以上，每歲逢赦，必賜階勳[九七]，至於朝野宴集，公私聚會，緋服眾於青衣[九八]，象板多於木笏[九九]，皆榮非德舉[一〇〇]，位罕才升[一〇一]，不知何者為妍蚩[一〇二]，何者為美惡，臣望自今以後，稍息私恩，使有善者，逾[一〇三]効忠勤，無才者，咸知勉勵。」其三，以為：「陛下臨朝踐極[一〇四]，取士太廣[一〇五]，六品以下，職事清官，遂乃方[一〇六]

之士芥，比之沙礫⑰，若遂不加沙汰⑱，臣恐有穢皇風⑲。」其四，以為：「今之牧伯⑳，遷代㉑太遠，倏來忽往，蓬轉萍流㉒，既懷苟且㉓之謀，何暇循㉔良之政。望自今刺史，非三歲以上不可遷官，仍明察㉕功過，尤甄賞罰㉖。」疏奏，太后頗嘉之㉗。是時，官爵易得而法網嚴峻，故人競為趨進，而多陷刑戮，知幾乃著思慎賦㉘，以刺時見志㉙焉。

㈦丙午，以王孝傑為朔方道行軍總管，擊突厥。

㈧春，二月，己酉朔，日有食之。

㈨僧懷義益驕恣，太后惡之，既焚明堂，心不自安，言多不順，太后密選宮人有力者百餘人，以防㉚之。壬子，執之於瑤光殿前樹下，使建昌王武攸寧帥壯士毆㉛殺之，【考異】舊傳云：「人有發其陰謀者，太平公主乳母張夫人令壯士縛而縊殺之，送尸白馬寺，其侍者僧徒皆流竄遠惡處。」李商隱宜都內人傳云：「武后篡既久，頗放縱，耽內習，不敕宗廟，四方日有叛逆，防豫不暇，時宜都內人以唾壺進，思有以諫者，后坐帷下，倚檀几與語，問四方事。宜內人曰，大家知女卑於男邪！后曰，知。內人曰，古有女媧，亦不正是天子。佐伏羲理九州耳，後世孃姥有越出房閤斷天下事，皆不得其正，多是輔昏主，不然抱小兒，獨大家改夫姓，改去釵釧，襲服冠冕，符瑞日至，大臣不敢動，真天子也。然今內之弄臣狎人，朝夕進御者，久未屏去，妾疑此未當天意。后曰，何？內人曰，女陰也，男陽也，陽尊而陰卑，雖大家以陰事主天，然宜體取剛亢明烈，以銷羣陽，陽銷然後陰得志也。今狎弄日至，處大家夫宮尊位，其勢陰求陽也，陽勝而陰亦微，不可久也。大家始今日，能屏去男妾，獨立天下，則陽之剛亢明烈可有矣。如是，過萬萬世，男子益削，女子益專，妾之願在此。后雖不能盡用，然即日下令誅作明堂者。」此蓋文士寓言，今從實錄。

送尸白馬寺，焚之，以造塔。

㈩甲子，太后去慈氏越古之號。

㈩㈠三月，丙辰，鳳閣侍郎同平章事周允元薨。

㈩㈡夏，四月，天樞成，高一百五尺，徑十二尺㉓，八面各徑五尺㉔，下為鐵山，周百七十尺，以銅為蟠龍麒麟縈繞㉕之，上為騰雲㉖承露盤，徑三丈，四龍人立㉗，捧火珠高一丈，工人毛婆羅造模㉘，武三思為文，刻百官及四夷酋長名，太后自書其榜㉙曰：「大周萬國頌德天樞。」

㈩㈢秋，七月，辛酉，吐蕃寇臨洮，以王孝傑為肅邊道行軍大總管，以討之。

㈩㈣九月，甲寅，太后合祭天地於南郊，加號：「天冊金輪大聖皇帝。」赦天下，改元㉚。

㈩㈤冬，十月，突厥默啜遣使請降，太后喜，冊授左衛大將軍、歸國公㉛。

【今註】㈠是年九月改元天冊萬歲：天冊者，謂天所冊封者。㈡慈氏：梵語彌勒，義譯曰慈氏，為菩薩名，故慈氏亦即菩薩也。㊂匡正：匡亦正，二字意同。㊃趙州：《舊唐書・地理志》二河北道：「趙州去京師東北一千八百四十三里。」㊄麟州：同志一關內道：「麟州去京師一千四百四十里。」㊅溱州：同志三江南道：「溱州至京師三千四百八十里，屬黔州都督府。」㊆集州：同志三劍南道：「集州在京師西南一千四百二十五里。」㊇綏州：同志一關內道：「綏州在京師東北一千里。」㊈欽望貶趙州……元方貶綏州刺史：按諸人之貶，新《舊唐書・則天紀》皆作戊子，欽望上當添戊子二字。㊉夾紵大像：紵，麻屬，今人謂之紵麻。胡三省曰：「夾紵者，以紵布夾縫為大像，後所謂麻主是也。」⑪其小指中猶容數十人：以夾紵中空，故云其小指中猶容數十人，然究未免太誇大矣。⑫摧：摧毀。⑬日役：每日役使。⑭江嶺：謂江南嶺表。⑮用財如糞土：糞土乃甚廉賤之物，以喻用錢之不愛惜。⑯一聽之：全聽任之。⑰無遮會：按無遮會，印度國俗常舉行之。無遮者，寬容無阻之意，即聖賢道俗貴賤上下，一律參預，平等行財法二施之大法會也。⑱厭：厭倦。⑲力士：謂孔武有力之人。⑳朕即令往：謂令往肅政臺。㉑坦腹於牀：坦腹而坐於牀上。㉒道人：通稱僧曰道人。㉓病風：患瘋癲之症。㉔惟卿所處：謂任卿意加以處分。㉕初明堂既成……悉流遠州：按此段雖本於《舊唐書・外戚武承嗣附薛懷義傳》，而敍事則間有溢出。㉖天官員外郎：《舊唐書・職官志》二：「吏部尚書，光宅元年改為天官尚書，員外郎二員，並從六品上。」㉗阬：同坑。㉘首高二百尺：謂自首至足，高二百尺。㉙刺膝血：以刺膝部所出之血。㉚天津橋：橋名，在洛陽縣西南洛水之上。《河南通志》：「隋煬帝時建，用大船連以鐵鎖，長一百三十步；南北夾起重樓四所，各高百餘丈，貞觀中，甃石為岸。」㉛御醫：《唐六典》卷十一：「殿中省，尚藥局，侍御醫四人，從六品上，掌診候調和。」㉜慍：怒，音ㄩㄣˋ。㉝密燒：秘密焚燒。㉞工徒：工人、役徒。㉟麻主：說見上。㊱涉：涉及。㊲酺：《說文》：「王德布，大飲酒也。」《正字通》：「唐無酺禁，亦賜酺者，蓋聚作伎樂，高年賜酒麪也。」音蒲。㊳輟朝：停止上朝。㊴答：答謝。㊵譴：責。㊶昔成周宣榭，漢武建章：胡三省曰：「左傳宣十五年夏：『成周宣榭火。』班書曰：『榭所以藏樂器，宣其名也。』漢武時柏梁臺災，乃大營建章。姚璹引二事，傅以己說，以逢君之惡。」㊷自貶損：指上輟朝停酺而言。㊸如平日：謂如平時。㊹鑄銅為九州鼎：胡三省曰：「神都鼎曰豫州，高一丈八尺，受千八百石；冀州鼎曰武興，雍州鼎曰長安，兗州鼎曰日觀，青州鼎曰少陽，徐州鼎曰車源，揚州鼎曰江都，荊州鼎曰江陵，梁州鼎曰咸都，八州鼎高一丈四尺，各受千二百石。」㊺十二神：即十二肖屬。《纂海集》：「十二肖屬，子以鼠配，午以馬配，丑以牛，未以羊，寅以虎，申以猴，卯酉兔雞也，龍蛇配辰巳，狗豬配戌亥。」㊻皆高一丈：依文意，則九州鼎及十二神皆高一丈，然九州鼎其最低之八州鼎，已各高一丈四尺，實非一丈也，文云皆高一丈，乃合十二神而籠統言耳，固未可據為實錄也。㊼各置其方：謂各置於其相當之方位。㊽淫穢：淫濫汙穢。㊾靡：無。㊿長年藥：即長生不老之藥。(51)唁：弔。(52)發：告發。(53)給使：《唐六典》卷十二：「宮闈局，內給使無常員，齊置有散給使五十人，皇朝因之。凡宦人無官品者，稱內給使，其小給使學生五十人，內給使掌諸門進物出物之曆。」(54)掩捕：潛捕之。(55)聞事露：聞事敗露。(56)總章：高宗年號。(五七)恐勞無益：恐徒勞無益。(五八)乘：憑陵。(五九)垂制：頒下制詔。(六〇)今既火流王屋，彌顯大周之祥：胡三省：「武王伐紂，既渡河，有火至於王屋，流為烏。馬融曰：『王屋，王所居室。』」(六一)彌勒：菩薩名。釋迦佛懸記其將來繼紹佛位，於華林園龍華樹下三會說法，廣度一切人天。(六二)散壞：飛散毀壞。(六三)謟妄：謟諛虛妄。(六四)乾乾：健強不息。(六五)翼翼：恭敬貌。(六六)戾：違。(六七)不急之役：指營造言。(六八)獲嘉：今河南省獲嘉縣。(六九)彭城：故治，即今江蘇省銅山縣。(七〇)權輿：始。(七一)非常之慶：指上皇業權輿，天地開闢，嗣君即位，黎元更始而言。(七二)再造：猶再生。(七三)清晏：清平安晏。(七四)一年再降：謂一年兩次。(七五)每歲無遺：猶每歲皆有。(七六)無賴不仁：謂輕薄兇暴。(七七)編戶：編於戶籍，亦即平民。(七八)寇攘：寇暴攘奪。(七九)贓：納賄曰贓。(八〇)元日：正月初一。(八一)指期：猶指望。(八二)天澤：君上之恩澤。(八三)皇恩：大恩。(八四)忖度：忖亦度，音ㄘㄨㄣˇ。(八五)結正：謂結案當為正法。(八六)斷決：斬決。(八七)方便規求：行各種方便，以資圖求。(八八)故致稽延：故意使之遲延。(八九)俗多頑悖：俗指人言，謂人多冥頑荒悖。(九〇)廉隅：清廉。(九一)恩光：恩波。(九二)徼幸：謂不應得而得之恩。(九三)古語曰小人之幸，君子之不幸：胡三省曰：「太宗亦嘗引是言。」(九四)黎氓：氓，野民，與黎民意頗相同。(九五)姦宄：宄亦姦，音軌。(九六)具僚：備僚位者。(九七)階勳：據《唐六典》卷二，凡敍階二十九，文散階二十九，武散階亦二十九，凡勳十有二等，十二轉。(九八)緋服眾於青衣：《新唐書．車服志》：「武德以後，以紫為三品之服，緋為四品之服，淺緋為五品之服。深青為八品之服，淺青為九品之服。」緋，赤色，音非；眾，多。(九九)象板多於木笏：胡三省曰：「唐制，五品已上，笏用象，九品已上用木。」⑩非德舉：非以德行而被選舉。⑪位罕才升：官位少由才能而行升進。⑫妍蚩：美惡。⑬逾：通愈，唐代多以逾為愈。⑭踐極：踐皇極。⑮大廣：讀作太廣。⑯方：比擬。⑰土芥沙礫：皆以喻多而且賤。⑱沙汰：猶淘汰。⑲皇風：皇家之風教。⑳牧伯：古州刺史名牧，其長曰伯。㉑遷代：遷移代替。㉒蓬轉萍流：如飛蓬之轉徙，如浮萍之流蕩，喻無定也。㉓苟且：敷衍而不認真。㉔循：奉法順理。㉕明察：明確考察。㉖尤甄賞罰：於賞罰之官吏，更宜特加甄別。㉗獲嘉主簿彭城劉知幾……太后頗嘉納之：按此段《新唐書・劉子玄傳》亦載之，而刪削則更為烈厲。㉘思慎：謂應知謹慎。㉙見志：猶見意。㉚防：防範。㉛敺：同毆，擊也。㉜徑十二尺：柱之直徑為十二尺。㉝八面各徑五尺：此徑乃指寬度而言，蓋此天樞，乃八角形之高柱也。㉞縈繞：圍繞。㉟騰雲：以狀盤之高，宛如在雲中。㊱四龍人立：謂四龍向上昇首，如人立然。㊲造模：製造天樞之模範。㊳榜：榜額。㊴改元：改元天冊萬歲。㊵突厥默啜遣使請降……歸國公：按此數句，乃錄自《舊唐書・突厥傳》上。

萬歲通天元年（西元六九六年）㈠

㈠臘月，甲戌，太后發神都，甲申，封神嶽㈡，【考異】統紀作壬午，實錄作甲申。按去歲下制云：「臘月十六日，有事於神嶽。」長歷是月甲戌朔，壬午九日，甲申十一日，皆非十六日，今從實錄。赦天下，改元萬歲登封，天下百姓無出今年租稅，大酺九日。丁亥，禪㊂於少室㊃。己丑，御㊄朝覲壇受賀，癸巳，還宮，甲午，謁太廟。

㈡右千牛衛將軍、安平王武攸緒少有志行㊅，恬澹寡欲，扈從㊆封中嶽還，即求棄官，隱於嵩山之陽，太后疑其詐，許之，以觀其所為，攸緒遂優游嚴壑㊇，冬居茅椒㊈夏居石室㊉，一如山林之士。太后所賜及王公所遺野服[一一]器玩，攸緒一皆置之不用，塵埃凝積[一二]，買田使奴耕種，與民無異。【考異】舊傳云：「聖曆中，棄官隱嵩山。」今從實錄。

㈢春，一月，甲寅，以婁師德為肅邊道行軍副總管，擊吐蕃，己巳，以師德為左肅政大夫，知政事如故。【考異】實錄云：「己巳，秋官尚書婁師德為肅政御史大夫，知政事如故。」舊傳云：「萬歲登封元年，轉左肅政御史大夫，仍依舊知政事。證聖元年吐蕃寇洮州，令師德與夏官尚書王孝傑討之。」按證聖年號在登封前，此傳尤為謬誤。新傳云：「師德為河源、積石、懷遠軍，及河蘭鄯廓州檢校營田大使，入遷秋官尚書，改左肅政御史大夫，並知政事。證聖中與王孝傑拒吐蕃於洮州。」今據實錄，延載元年一月自宰相出為營田大使。新書宰相表：「長壽二年師德平章事，延載元年出軍營田大使[一三]，萬歲通天元年一月甲寅，師德為左肅政御史大夫，肅邊道行軍總管。」統紀云：「秋官尚書知政事婁師德，充副總管，討吐蕃。」蓋師德之出為營田大使，不解宰相之職也。今從實錄新本紀。

㈣改長安崇尊廟[一四]為太廟。

㈤二月，辛巳，尊神嶽天中王為神嶽天中[一五]黃帝，靈妃為天中[一六]黃后，啟為齊聖皇帝，封啟母神為玉京太后[一七]。

㈥三月，壬寅，王孝傑、婁師德與吐蕃將論欽陵贊婆戰於素羅汗山⑱。

㈦唐兵大敗，孝傑坐免為庶人，師德貶原州⑲員外司馬⑳。【考異】新紀四月庚子貶師德，而無免孝傑日。新表三月壬寅孝傑免。按實錄三月壬寅撫州火下，言孝傑敗，蓋皆據奏到之日耳。二人同罪，貶必同時，不容隔月，不知果在何日。今但依實錄，因其軍敗，終言貶官之事而已。師德因署移牒㉑，驚曰：「官爵盡無邪！」既而曰：「亦善，亦善，不復介意㉒。」

㈧丁巳，新明堂成，高二百九十四尺，方三百尺，規模率小於舊，上施金塗㉓鐵鳳，高二丈，後為大風所損，更為銅火珠，羣龍捧之，號曰通天㉔宮。赦天下，改元萬歲通天。

㈨大食㉕請獻師子㉖，姚璹上疏，以為：「師子專食肉，遠道傳致㉗，肉既難得，極為勞費㉘。陛下鷹犬不蓄，漁獵悉停，豈容菲薄於身㉙，而厚給㉚於獸！」乃却之㉛。

㈩以檢校夏官侍郎孫元亨同平章事㉜。

(十一)夏，五月，壬子，營州㉝契丹松漠都督李盡忠、歸誠州刺史孫萬榮舉兵反，攻陷營州，殺都督趙文翽。盡忠，萬榮之妹夫也，皆居於營州城側。文翽剛愎㉞，契丹饑，不加賑給，視酋長如奴僕，故二人怨而反。乙丑，遣左鷹揚衛將軍曹仁師、右金吾衛大將軍張玄遇、左威衛大將軍李多祚、司農少卿麻仁節等二十八將討之。秋，七月，辛亥，以春官尚書梁王武三思為榆關道㉟安撫大使，姚璹副之，以備契丹。改李盡忠為李盡滅，孫萬榮為孫萬斬，盡忠尋自稱無上可汗㊱，據營州，以萬榮為前鋒，略㊲地所向皆下，旬日兵至數萬，進圍檀州㊳，清邊前軍副總管張九節擊却之。八月，丁酉，曹仁師、張玄遇、麻仁節與契丹戰于硤石谷㊴，唐兵大敗㊵。先是契丹破營州，獲唐俘數百，囚之地牢㊶，聞唐兵將至，使守牢霫㊷紿㊸之曰：「吾輩家屬飢寒，不能自存㊹，唯俟官軍至，即降耳。」既而契丹引出其俘，飼以糠粥，慰勞㊺之曰：「吾養汝則無食，殺汝又不忍，今縱㊻汝去。」遂釋之，俘至幽州，具言其狀，諸軍聞之，爭欲先入。至黃麞谷㊼，虜又遣老弱迎降，故遺老牛瘦馬於道側，仁師等三軍棄步卒，將騎兵先進，契丹設伏，橫擊㊽之，飛索以䋄玄遇㊾仁節，生獲之，將卒死者填山谷，鮮有脫者。契丹得軍印，詐為牒[50]令玄遇等署[51]之，牒總管燕匪石、宗懷昌等云：「官軍已破賊，若至營州，軍將皆斬[52]，兵不敘勳[53]。」匪石等得牒，晝夜兼行[54]，不遑[55]寢食以赴之，士馬疲弊，契丹伏兵於中道邀[56]之，全軍皆沒[57]。

(十二)九月，制天下繫囚及庶士[58]家奴驍勇者，官償其直[59]，發以擊契丹。初令山東近邊諸州置武騎團兵[60]，以同州刺史建安王武攸宜為右武威衛大將軍，充清邊道行軍大總管，以討契丹。右拾遺陳子昂為攸宜府參謀[61]，上疏曰：「恩制[62]免天下罪人，及募諸色[63]奴充兵，討擊契丹，此乃捷急[64]之計，非天子之兵。且比來刑獄久清，罪人全少[65]，奴多怯弱，不慣征行[66]，縱其募集，未足可用[67]。況今天下忠臣義士，萬分未用其一，契丹小孽[68]，假命[69]待誅，何勞免罪贖奴，損國大體[70]。臣恐此策，不可威示天下[71]。」

(十三)丁巳，突厥寇涼州，執都督許欽明。【考異】實錄云：「吐蕃寇涼州，都督許欽明為賊所殺。」按明年正月，默啜寇靈州，以欽明自隨。又默啜將襲孫萬榮，殺欽明以祭天，實錄云吐蕃，誤也。欽明，紹之曾孫也[72]。時出按部[73]，突厥數萬，奄至[74]城下，欽明拒戰，為所虜，欽明兄欽寂時為龍山軍

（七五）討擊副使，與契丹戰於崇州（七六），軍敗，被擒。虜將圍安東，令欽寂說其屬城未下者，安東都護（七七）裴玄珪在城中，欽寂謂曰：「狂賊天殃（七八），滅在朝夕，公但勵（七九）兵謹守，以全忠節。」虜殺之。

(十四)吐蕃復遣使請和親，太后遣右武衛胄曹參軍（八〇）貴鄉（八一）郭元振往察其宜（八二），吐蕃將論欽陵請罷安西四鎮（八三）戍兵，并求分十姓突厥（八四）之地，元振曰：「四鎮十姓與吐蕃種類本殊（八五），今請罷唐兵，豈非有兼并之志（八六）乎？」欽陵曰：「吐蕃苟貪土地，欲為邊患，則東侵甘涼（八七），豈肯規利（八八）於萬里之外邪？」乃遣使者隨元振入請之，朝廷疑未決，元振上疏，以為：「欽陵求罷兵割地，此乃利害之機，誠不可輕舉措（八九）也。今若直拒其善意，則為邊患必深，四鎮之利遠（九〇），甘涼之害近，不可不深圖也。宜以計緩（九一）之，使其和望（九二）未絕，則善矣。彼四鎮十姓，吐蕃之所甚欲也，而青海吐谷渾，亦國家之要地也，今報之，宜曰：『四鎮十姓之地，本無用於中國，所以遣兵戍之，欲以鎮撫西域，分吐蕃之勢（九三），使不得併力（九四）東侵也。今若果無東侵之志，當歸我吐谷渾諸部及青海故地（九五），則五俟斤(九六)部亦當以歸吐蕃。』如此，則足以塞欽陵之口(九七)，而亦未與之絕也。若欽陵小有乖違，則曲在彼矣。且四鎮十姓款附(九八)日久，今未察其情之向背，事之利害，遙割而棄之，恐傷諸國之心，非所以御四夷也(九九)。」太后從之。【考異】御史臺記：「論欽陵必欲得四鎮及益州通市，乃和親，朝廷不許，制書至河源，納言婁師德患之，曰，制書到，彼必入寇，奈何？監察御史南陽張彥先，時按河源積石諸軍，謂師德曰，但稽制書，虜必狐疑，吾乃先為之備，虜至，必不捷矣。師德從之。欽陵入寇，果無功，由是，得罪於其國。」按師德，延載元年一月日，同平章事充河源、積石、懷遠等軍營田大使，萬歲通天元年一月，為肅邊道行軍總管，與王孝傑同擊吐蕃，敗於素羅千山，尋貶原州司馬，是歲，吐蕃復求和，欽陵請割四鎮之地，神功元年正月，師德復同平章事，九月乃守納言。御史臺說誤也。

㈤元振又上言：「吐蕃百姓疲於徭戍(一〇〇)，早願和親，欽陵利於統兵專制，獨不欲歸款，若國家歲發和親使，而欽陵常不從命，則彼國之人，怨欽陵日深，望國恩(一〇一)日甚，設欲大舉其徒(一〇二)，固亦難矣。斯亦離間之漸，可使其上下猜阻(一〇三)，禍亂內興矣。」太后深然之(一〇四)。元振名震，以字行。

㈥庚申，以并州長史王方慶為鸞臺侍郎，與殿中監(一〇五)萬年李道廣並同平章事。

㈦突厥默啜請為太后子，并為其女求昏(一〇六)，悉歸河西降戶(一〇七)，帥其部眾，為國討契丹。太后遣豹韜衛(一八)大將軍閻知微，左衛郎將攝(一九)司賓卿田歸道，冊授默啜左衛大將軍、遷善可汗。知微，立德之孫(二〇)；歸道，仁會之子也(二一)。

(十八)冬，十月，辛卯，契丹李盡忠卒，孫萬榮代領其眾，突厥默啜乘間(二二)襲松漠，虜盡忠、萬榮妻子而去。太后進拜默啜為頡跌利施大單于、立功報國可汗(二三)。

(十九)孫萬榮收合餘眾，軍勢復振，遣別帥駱務整、何阿小為前鋒，攻陷冀州，殺刺史陸寶積，屠吏民數千人，又攻瀛州(二四)，河北震動(二五)。制起彭澤令狄仁傑為魏州刺史。前刺史獨孤思莊畏契丹猝至，悉驅百姓入城，繕脩守備，仁傑至悉遣還農，曰：「賊猶在遠，何煩(二六)如是。萬一(二七)賊來，吾自當之。」百姓大悅(二八)。

(廿)時契丹入寇，軍書填委(二九)，夏官郎中，硤石(三〇)姚元崇剖析如流(三一)，皆有條理(三二)，太后奇之，擢為夏官侍郎(三三)。

(廿一)太后思徐有功用法平(三四)，擢拜左臺殿中侍御史，聞者無不相賀。鹿城(三五)主薄、宗城(三六)潘好禮，著論稱有功蹈道(三七)依仁，固守誠節㉘，不以貴賤死生，易其操履㉙。設客問曰：「徐公於今，誰與為比？」主人曰：「四海至廣，人物至多，或匿迹韜光㉚，僕不敢誣㉛，若所聞見，則一人而已，當於古人中求之。」客曰：「何如張釋之？」主人曰：「釋之所行者甚易，徐公所行者甚難，難易之間，優劣見矣。張公逢漢文之時，天下無事，至如盜高廟玉環及渭橋驚馬㉜，守法而已。豈不易哉！徐公逢革命之秋㉝，屬惟新之運㉞，唐朝遺老，或包藏禍心，使人主有疑，如周興、來俊臣乃堯年之四凶也，崇飾㉟惡言，以誣盛德，而徐公守死善道㊱，深相明白㊲，幾陷囹圄㊳，數挂網羅㊴，此吾子所聞，豈不難哉！」**【考異】**朝野僉載云：「時來俊臣羅織人罪，皆先進狀，敕依，即奏籍沒。徐有功出死囚，亦先進狀，某人罪合免，敕依，然後斷雪。」有功好出罪，皆先奉進止，非是自專，蓋時人見俊臣所誅，有功所雪，往往得其所欲，疑以為先進狀耳。若有功一一先奉進止，何至三陷死刑乎。今不取。客曰：「使為司刑卿㊵，乃得展㊶其才矣。」主人曰：「吾子徒見徐公用法平允，謂可置司刑㊷，僕覩其人，方寸之地，何所不容㊸，若其用之，何事不可㊹，豈直㊺司刑而已哉！」

【今註】㈠是年三月始改元。㈡神嶽：後以嵩山為神嶽。㈢禪：封禪。㈣少室：胡三省曰：「戴延之曰：『嵩山三十六峯，東曰太室，西曰少室，相去十七里，嵩其總名也。謂之室，以其下各有石室焉。少室高八百六十丈，方十里，與太室相埒，但小耳。』」㊄御：駕臨。㊅志行：志識德行。㊆扈從：隨從天子車駕。㊇巖壑：巖嶺谿壑。㊈茅椒：以茅椒編之為室，性暖可以禦寒。㊉石室：即石窟。⑪野服：野人之服。⑫塵埃凝積：言其不用之久也。⑬考異新書〈宰相表〉出軍營田大使：按〈宰相表〉：「延載元年二月，師德為秋官尚書，充河源積石懷遠等軍營田大使。」出下當添書充河源積石懷遠等諸字，方合文例，否則出軍二字，實為不辭。⑭崇尊廟：崇尊廟見上卷天授元年。⑮天中：以嵩嶽處天下之中，故封之曰天中王。⑯靈妃：《新唐書·則天紀》作天靈妃，當從添一天字。⑰封啟母神為玉京太后：胡三省曰：「夏后啟母石在嵩山。」⑱素羅汗山：據《舊唐書·婁師德傳》，素羅汗山在洮州界。⑲原州：《舊唐書·地理志》「關內道：「原州，隋平涼郡，武德元年平薛仁杲，置原州，在京師西北八百里。」」⑳王孝傑婁師德與吐蕃……師德貶原州員外司馬：按此段乃錄自《舊唐書·婁師德傳》，字句大致相同。㉑因署移牒：署，簽署；移牒，文書名。㉒介意：耿耿於心。㉓金塗：所謂泥金是也。㉔通天：謂上通蒼穹。㉕大食：即阿剌伯帝國。㉖師子：通作獅子。㉗傳致：傳遞致送。㉘勞費：勞苦耗費。㉙豈容菲薄於身：豈容許於身之享受，則菲薄之。㉚給：資給。㉛大食請獻師子……而厚給於獸，乃却之：按此段乃錄自《舊唐書·姚璹傳》，字句大致相同。㉜以檢校夏官侍郎孫元亨同平章事：按《新唐書·則天紀》，列此事於四月癸酉，當從添四月癸酉四字。㉝營州：《舊唐書·地理志》「河北道：「營州上都督府，隋柳城郡，武德元年改為營州總管府，在京師東北三千五百八十九里。」」㉞愎：戾，音ㄅㄧˋ。㉟榆關道：胡三省曰：「榆關在勝州界，與突厥接，非所以備契丹也。營州城西四百八十里有榆關守捉城，所謂臨渝之險也，榆當作渝。史於此以後，多以渝作榆，讀者宜詳考。」㊱無上可汗：謂至高無上之可汗，與天可汗之意頗相似。㊲略：侵略。㊳檀州：《舊唐書・地理志》二河北道：「檀州，後漢奚縣，屬漁陽郡，隋置安樂郡，武德元年改為檀州。」㊴硤石谷：《新唐書・地理志》三：「平州，北平郡下，初治臨渝，武德元年徙治盧龍。有西狹石、東狹石等十二戍。」㊵營州契丹松漠都督李盡忠……戰於硤石谷，唐兵大敗：按此段乃錄自《舊唐書・契丹傳》，字句大致相同。㊶地牢：挖地為坑，以為牢獄。㊷守牢霫：使守牢之霫，核霫乃匈奴之別種，《舊唐書》有傳。㊸紿：欺騙，音迨。㊹存：存活。㊺慰勞：謂安慰其所受之勞苦。㊻縱：放。㊼黃麞谷：據《舊唐書・則天紀》，黃麞谷在西硤石。㊽橫擊：攔擊。㊾飛索以緆玄遇：胡三省曰：「字書無緆字，今讀與搨同。謂拋繩圈空中以套獲之。」㊿牒：文書名，多用於同等機關。(51)署：簽署名字。(52)若至營州，軍將皆斬：謂破賊之官軍，若先至營州，則汝等後至者，將領將皆斬首，蓋所以促其速來也。(53)敍勳：敍錄其功勳。(54)兼行：謂兼程而行，亦即晝夜不息之意。(55)遑：暇。(56)邀：攔截。(57)沒：覆沒。(58)庶士：謂庶民及士大夫。(59)官償其直：謂官償其身價。(60)武騎團兵：團兵乃地方自衛之武力，就地方人組成而訓練之，以保衛其所居之地方。(61)右拾遺陳子昂為攸宜府參謀：胡三省曰：「以才官參謀軍事，不列為品秩。」(62)恩制：以制旨為免天下罪人，故曰恩制。(63)諸色：諸種。(64)捷急：速急。(65)全少：猶甚少。(66)征行：謂征戰及行軍。(67)未足可用：猶未必可用。(68)小孽：詈人之辭，音ㄋ一ㄝˋ。(六九)假命：假借性命。(七〇)體：要。(七一)威示天下：於此處，猶示威於四方。(七二)欽明，紹之曾孫也：許紹預凌煙閣二十四功臣之列。(七三)按部：巡按所轄之州地。(七四)奄至：遽至。(七五)龍山軍：胡三省曰：「龍山，即慕容氏和龍之山也。」(七六)崇州：《舊唐書．地理志》二河北道：「武德五年，分饒樂郡都督府置崇州、鮮州，處奚可汗部落。」(七七)安東都護：《新唐書．地理志》三：「安東上都護府，總章元年，李勣平高麗國，置安東都護府於平壤城以統之。上元三年徙遼東郡故城，儀鳳二年又徙新城，開元二年徙於平州。」宋白曰：「營州東南二百七十里有保定軍，舊安東都護府。」(七八)天殃：謂天將降之災殃。(七九)勵兵：激勵士卒。(八〇)右武衛胄曹參軍：《唐六典》卷二十四：「左右武衛胄曹參軍事各一人，正八品下，掌戎杖器械，及公廨興造決罰之事。」(八一)貴鄉：屬唐河北道魏州。(八二)宜：事宜。(八三)安西四鎮：長壽元年置四鎮戍兵。(八四)十姓突厥：指五咄陸，五弩失畢言。(八五)殊：異。(八六)志：猶意。(八七)甘涼：皆州名。(八八)規利：求利。(八九)舉措：行動。(九〇)利遠：於唐之利益較遠，亦即較少也。(九一)緩：緩延。(九二)和望：求和之希望。(九三)分吐蕃之勢：按《舊唐書．郭元振傳》作：「分蕃國之力。」核分蕃國乃指諸蕃國而言，而非專指吐蕃一國。雖事實上，當時主要者乃為吐蕃，然如此措辭，究為含蓄和平。故當以仍作蕃國為是。(九四)併力：合力。(九五)歸我吐谷渾諸部，及青海故地：吐谷渾地沒吐蕃，見卷二百二高宗咸亨三年，薛仁貴敗於大非川，青海亦沒。(九六)五俟斤：西突厥五弩失畢部，各有酋長，曰五俟斤。(九七)口：藉口。(九八)款附：誠附。(九九)非所以御四夷也：按〈郭元振傳〉作：「非制馭之長算也。」文意全同〈郭元振傳〉所云。(一〇〇)徭戍：徭役戍守。(一〇一)望國恩：

謂望獲國恩。㉒徒：徒卒。㉓猜阻：猜疑阻隔。㉔元振上疏以為……禍亂內興矣，太后深然之：按此段乃錄自《舊唐書・郭元振傳》，字句大致相同。㉕殿中監：《舊唐書・職官志》三：「殿中省，監一員，從三品，掌天子服御，備其禮物，供其職事。」㉖昏：通婚。㉗悉歸河西降戶：據《舊唐書・突厥傳》，此乃盡歸河西突厥降唐之戶於突厥也。㉘豹韜衛：《舊唐書・職官志》三：「左右威衛，光宅改為左右豹韜衛，神龍復為威衛。」㉙攝：代理。㉚知微，立德之孫：閻立德以巧思稱。㉛歸道，仁會之子：仁會為著名良吏。㉜間：間隙。㉝突厥默啜乘間襲松漠……立功報國可汗：按此段乃錄自《舊唐書・突厥傳》上，字句大致相同。㉞冀州、瀛州：皆在唐河北道界，亦即今之河北省。㉟孫萬榮收合餘軍……河北震動：按此段乃錄自《舊唐書・契丹傳》，字句大致相同。㊱煩：麻煩。㊲萬一：猶脫若。㊳制起彭澤令狄仁傑……吾自當之，百姓大悅：按此段乃錄自《舊唐書・狄仁傑傳》，字句大致相同。㊴填委：填塞委積，以喻多也。㊵硤石：據《舊唐書・姚崇傳》，硤石屬陝州。㊶剖析如流：剖解分析，速如流水。㊷條理：〈姚崇傳〉作條貫，知二辭意實相同。㊸時契丹入寇……擢為夏官侍郎：按此段乃錄自《舊唐書・姚崇傳》，字句大致相同。㊹用法平：謂用法平允。㊺鹿城：據《舊唐書・地理志》二，鹿城屬河北道冀州。㊻宗城：據同志二，宗城屬河北道貝州。㊼蹈道：履道。㊽誠節：隋避忠諱，用忠節處率作誠節，其實亦即忠節也。㊾操履：猶操行。㊿匿跡韜光：匿韜皆係藏意。(51)誣：誣罔。(52)盜高廟玉環，及渭橋驚馬：事見卷十四漢文帝二年。(53)秋：猶時。(54)運：運會。(55)崇飾：猶增飾。(56)守死善道：謂矢守善道，生死以之。㊲明白：猶發明。㊳囹圄：牢獄。㊴數挂網羅：謂數掛刑網。㊵司刑卿：《舊唐書・職官志》三：「大理寺，光宅改為司刑，卿一員，從三品，掌邦國折獄詳刑之事。」㊶展：施展。㊷置司刑：猶為司刑。㊸容：容納。㊹何事不可：謂何事不可為。㊺直：猶但，只。

卷二百六　唐紀二十二

司馬光編集
曲守約註

起強圉作噩，盡上章困敦六月，凡三年有奇。（丁酉至庚子，西元六九七年至七〇〇年）

則天順聖皇后中之下

神功元年（西元六九七年）

㈠正月，己亥朔，太后享通天宮㊀。

㈡突厥默啜寇靈州，以許欽明自隨，欽明至城下，大呼求美醬粱米㊁及墨，意欲城中選良將，引精兵，夜襲虜營，而城中無諭㊂其意者。

㈢箕州刺史劉思禮學相人㊃於術士張憬藏㊄，憬藏謂思禮當歷箕州，位至太師，思禮念太師人臣極貴㊅，非佐命㊆無以致之㊇，乃與洛州錄事參軍㊈綦連耀謀反，陰㊉結朝士，託相術，許人富貴⑪，俟其意悅，因說以綦連耀有天命⑫，公必因之以得富貴。鳳閣舍人王勮兼天官侍郎事，用思禮為箕州刺史，明堂尉⑬吉頊⑭聞其謀，以告合宮尉(一五)來俊臣，使上變告之，太后使河內王武懿宗推(一六)之，懿宗令思禮廣引朝士，許免其死，凡小忤意(一七)，皆引(一八)之，於是思禮引鳳閣侍郎同平章事李元素、夏官侍郎同平章事孫元亨、知天官侍郎事石抱忠、劉奇、給事中周譒、及王勮兄涇州刺史勔、弟監察御史助等，凡三十六家，皆海內名士，窮楚毒，以成其獄，壬戌，皆族誅之，親黨連坐流竄(一九)者，千餘人。

㈣初懿宗寬(二〇)思禮於外，使誣引諸人，諸人既誅，然後收思禮，思禮悔之。懿宗自天授以來，太后數使之鞫獄，喜誣陷人，時人以為周來之亞(二一)。來俊臣欲擅其功，復羅(二二)告吉頊，頊上變，得召見，僅免，俊臣由是復用，而頊亦以此得進。

㈤俊臣黨人羅告司刑府史(二三)樊甚謀反，誅之。甚子訟冤於朝堂，無敢理(二四)者，乃援刀自刳其腹，秋官侍郎上邽(二五)劉如璿見之，竊嘆而泣。俊臣奏如璿黨惡逆(二六)，下獄，處以絞刑，制流瀼州(二七)。

㈥尚乘奉御(二八)張易之，行成之族孫也，年少美姿容，善音律，太平公主薦易之弟昌宗入侍禁中，昌宗復薦易之，兄弟皆得幸於太后㉙㉚，常傅朱粉，衣錦繡，昌宗累遷散騎常侍，易之為司衛少卿㉛，拜其母臧氏、韋氏為太夫人，賞賜不可勝紀；仍敕鳳閣侍郎李迥秀為臧氏私夫㉜。迥秀，大亮之族孫也㉝。武承嗣、三思、懿宗、宗楚客、晉卿，皆候㉞易之門庭，爭執鞭轡㉟，謂易之為五郎㊱，昌宗為六郎㊲。

(七)癸亥，突厥默啜寇勝州，平狄軍㊳副使安道買擊破之。

(八)甲子，以原州司馬婁師德守鳳閣侍郎㊴，同平章事。

(九)春，三月，戊申，清邊道總管王孝傑、蘇宏暉等將兵十七萬，與孫萬榮戰于東硤石谷㊵，唐兵大敗㊶，孝傑死之。孝傑遇契丹，帥精兵為前鋒，力戰，契丹引退，孝傑追之，行背懸崖㊷，契丹回兵薄㊸之，宏暉先遁，孝傑墜崖死，將士死亡殆盡。【考異】朝野僉載云：「孝傑將四十萬眾，被賊誘退，逼就懸崖，漸漸挨排，一一落澗，坑深萬丈，尸與崖平，匹馬無歸，單兵莫返。」張鷟語事，多過其實，今不盡取。管記㊹洛陽張說馳奏其事，太后賜孝傑官爵，遣使斬宏暉以徇，使者未至，宏暉以立功得免㊺。

(十)武攸宜軍漁陽㊻，聞孝傑等敗沒，軍中震恐，不敢進，契丹乘勝寇幽州，攻陷城邑，剽掠吏民，攸宜遣將擊之，不克。

㈩閻知微、田歸道同使突厥，冊(47)默啜為可汗，知微中道遇突厥使者，輒與之緋袍銀(48)帶，且上言：「虜使至都，宜大為供張(49)。」歸道上言：「突厥背誕(50)積年，方今悔過，宜待聖恩寬宥(51)。今知微擅與之袍帶，使朝廷無以復加(52)，宜令反初服(53)，以俟朝恩(54)。又小虜使臣，不足大為供張。」太后然之。知微見默啜，舞蹈吮其靴鼻(55)，歸道長揖不拜，默啜囚歸道，將殺之，歸道辭色不撓(56)，責其無厭(57)，為陳禍福，阿波達干元珍(58)曰：「大國使者不可殺也。」默啜怒稍解，但拘留不遣(59)。初咸亨中，突厥有降者，皆處之豐、勝、靈、夏、朔、代六州，至是默啜求六州降戶及單于都護府之地(60)，并穀種、繒(61)帛、農器、鐵，太后不許，默啜怒，言辭悖慢(62)。姚璹、楊再思以契丹未平，請依默啜所求給之。麟臺少監(63)知鳳閣侍郎贊皇(64)李嶠曰：「戎狄貪而無信，此所謂借寇兵資盜糧(65)也。不如治兵以備之。」璹、再思固請與之，乃悉驅六州降戶數千帳(66)以與默啜，并給穀種四萬斛，雜綵五萬段，農器三千事(67)，鐵四萬斤，并許其昏。默啜由是益彊(六八)。田歸道始得還，與閻知微爭論於太后前，歸道以為默啜必負約(六九)，不可恃和親，宜為之備，知微以為和親必可保。【考異】舊歸道傳云：「聖曆初，默啜請和，遣閻知微冊為立功報國可汗，知微擅與使者緋袍，歸道上言不可。及默啜將至單于都護府，乃令歸道攝司賓卿，迎勞之。默啜請六胡州，不許，遂拘繫歸道。」突厥傳云：「李盡忠、孫萬榮陷營府，默啜請為國討契丹，許之。默啜部眾漸盛，則天遣使冊為立功報國可汗。」朝野僉載云：「歸道為知微副，見默啜不拜，默啜倒懸將殺之，元珍諫，乃放之。」按神功元年，姚璹左遷益州長史，則與之穀帛，必在此前，非聖曆初也。實錄：「萬歲通天元年九月丁卯，以默啜不同契丹之逆，遣閻知微冊為遷善可汗。」則於時未為立功報國可汗也。冊拜此號，實錄無之，不知的在何時，今因契丹未平，姚璹未出，附見於此。歸道在朝，為左衛郎將，何得預論默啜？蓋在道見知微所為，而上言之耳。其事則兼采諸書可信者，存之。

(十二)夏，四月，鑄九鼎成，徙置通天宮(七〇)，豫州鼎高丈八尺(七一)，受千八百石，餘州高丈四尺，受千二百石，各圖(七二)山川物產於其上，共用銅五十六萬七百餘斤。太后欲以黃金千兩塗之，姚璹曰：「九鼎神器，貴於天質(七三)自然，且臣觀其五采，煥炳(七四)相雜，不待金色，以為炫燿。」太后從之。自玄武門(七五)曳(七六)入，令宰相諸王，帥南北牙宿衛兵十餘萬人，并仗內大牛白象共曳之。

(十三)前益州長史王及善已致仕，會契丹作亂，山東不安，起為滑州(七七)刺史，太后召見，問以朝廷得失，及善陳治亂之要(七八)十餘條。太后曰：「外州末事(七九)，此為根本，卿不可出。」癸酉，留為內史。

(十四)癸未，以右金吾衛大將軍武懿宗為神兵道行軍大總管，與右豹韜衛將軍何迦密將兵擊契丹。五月，癸卯，又以婁師德為清邊道副大總管，右武威衛將軍沙吒忠義為前軍總管，將兵二十萬擊契丹。先是，有朱前疑者，上書云：「臣夢陛下壽滿八百。」即拜拾遺。又自言：「夢陛下髮白再玄(八〇)，齒落更生。」遷駕部郎中(八一)。出使還上書曰：「聞嵩山呼萬歲。」賜以緋筭袋(八二)。時未五品，於綠衫上佩之(八三)。會發兵討契丹，敕京官出馬一匹供軍，酬以五品，前疑買馬輸之，屢抗表(八四)求進階，太后惡其貪鄙。六月，乙丑，敕還其馬，斥歸田里。

(十五)右司郎中(八五)、馮翊喬知之有美妾(八六)曰碧玉，知之為之不昏(八七)。武承嗣藉以教諸姬，遂留不還，知之作綠珠怨(八八)以寄之，碧玉赴井死，承嗣得詩於裙帶，大怒，諷(八九)酷吏羅告族之(九〇)。【考異】唐歷：「天授元年十月，誅喬知之。」新本紀：「八月壬戌，殺右司郎中喬知之。」盧藏用陳氏別傳、趙儋陳子昂旌德碑，皆云：「契丹以營州叛，建安郡王武攸宜親總戎律，特詔右補闕喬知之及公參謀幃幕，及軍罷，以父年老，表乞歸侍。」攸宜討契丹在萬歲通天元年，明年平契丹，子昂集有西還至散關答喬補闕詩云：「昔君事戎馬，余得奉戎旃，攜手同沙塞，關河緬幽燕。歎此南歸日，猶聞北戍邊。」疑知之之死，在神功年後，但唐歷、統紀、新紀殺知之皆在天授元年，今據子昂詩，必無誤者。然猶聞北戍邊，則軍未罷也。又武后云，來俊臣死後，不聞有反者，故置於此。據朝野僉載，知之以婢碧玉事，為武承嗣諷人羅告之，斬於市南，破家籍沒，此時知之在邊，蓋承嗣先銜之，至此乃殺之耳。

(十六)司僕(九一)少卿來俊臣倚勢貪淫(九二)，士民妻妾有美者，百方(九三)取之，或使人羅告其罪，矯稱敕(九四)以取其妻，前後羅織誅人，不可勝計，自宰相以下，籍其姓名而取之，【考異】朝野僉載云：「俊臣嘗以三月三日，萃其黨於龍門，豎石題朝士姓名，以卜之，令投石遙擊，倒者則先令告，至暮投李昭德不中。」今不取。自言才比石勒。監察御史李昭德素惡俊臣，又嘗庭辱秋官侍郎皇甫文備，二人共誣昭德謀反，下獄，俊臣欲羅告武氏諸王及太平公主，又欲誣皇嗣及廬陵王(九五)與南北牙同反，冀因此盜國權(九六)。河東人衞遂忠告之，諸武及太平公主恐懼，共發其罪，繫獄，有司處以極刑，太后欲赦之，奏上，三日不出(九七)。王及善曰：「俊臣凶狡貪暴，國之元惡(九八)，不去之，必動搖朝廷。」太后遊苑中，吉頊執轡，太后問以外事，對曰：「外人唯怪來俊臣奏不下。」太后曰：「俊臣有功於國，朕方思之。」頊曰：「于安遠告虺貞反(九九)，既而果反，今止為成州司馬(一〇〇)。俊臣聚結不逞(一〇一)，誣構(一〇二)良善，贓賄如山，冤魂塞路(一〇三)，國之賊也，何足惜哉！」太后乃下其奏。丁卯，昭德俊臣同棄市，時人無不痛昭德而快俊臣，仇家噉俊臣之肉，斯須而盡，抉眼剝面，披腹出心，騰蹋成泥。

太后知天下惡之，乃下制數㉔其罪惡，且曰：「宜加赤族㉕之誅，以雪蒼生之憤㉖，可準法㉗籍沒其家。」士民皆相賀於路，曰：「自今眠者，背始帖席矣㉘。」俊臣以告綦連耀功，賞奴婢十人，俊臣閱司農㉙婢無可者，以西突厥可汗斛瑟羅家有細婢㉚，善歌舞，欲得以為賞口㉛，乃使人誣告斛瑟羅反，諸酋長詣闕割耳剺面㉜，訟冤者數千人，會俊臣誅，乃得免㉝。俊臣方用事，選司㉞受其屬請㉟，不次㊱除官者，每銓數百人，俊臣敗，侍郎皆自首㊲，太后責之，對曰：「臣負陛下，死罪，臣亂國家法，罪止一身，違俊臣語，立見滅族㊳。」太后乃赦之。上林令㊴侯敏素諂事俊臣，其妻董氏諫之曰：「俊臣國賊，指日㊵將敗，君宜遠之。」敏從之，俊臣怒，出為武龍令㊶，敏欲不往，妻曰：「速去，勿留。」俊臣敗，其黨皆流嶺南，敏獨得免。太后徵于安遠為尚食奉御㊷，擢吉頊為右肅政中丞。

㈦以檢校夏官侍郎宗楚客同平章事㊸。武懿宗軍至趙州，聞契丹將駱務整數千騎將至冀州，懿宗懼，欲南遁，或曰：「虜無輜重㊹，以抄掠㉕為資，若按兵拒守，勢必離散，從而擊之，可有大功。」懿宗不從，退據相州，委棄㉖軍資器仗甚眾，契丹遂屠趙州㉗。甲午，孫萬榮為奴所殺，萬榮之破王孝傑也，於柳城西北四百里，依險築城㉘，留其老弱婦女，所獲器仗資財，使妹夫乙冤羽守之，引精兵寇幽州，恐突厥默啜襲其後，遣五人至黑沙㉙語默啜曰：「我已破王孝傑百萬之眾，唐人破膽，請與可汗乘勝，共取幽州。」三人先至，默啜喜，賜以緋袍，二人後至，默啜怒其稽緩㉚，將殺之，二人曰：「請一言而死。」默啜問其故，二人以契丹之情告，默啜乃殺前三人，而賜二人緋㉛，使為鄉導，發兵取契丹新城㉜，殺所獲涼州都督許欽明以祭天，圍新城，三日克之，盡俘以歸。使乙冤羽馳報萬榮。時萬榮方與唐兵相持，軍中聞之，恟㉝懼，奚㉞人叛萬榮，神兵道總管楊玄基擊其前，奚兵擊其後，獲其將何阿小，萬榮軍大潰，【考異】朝野僉載：「突厥破萬榮新城，羣賊聞之失色，眾皆潰散。」不云為玄基所破。實錄但云為玄基及奚所破，不云突厥取新城。要之，契丹聞新城破，眾心已離，唐與奚人擊之遂潰耳。今兩存之。帥輕騎數千東走。前軍總管張九節遣兵邀之於道，萬榮窮蹙㉟，與其奴逃至潞水㊱東，息於林下，嘆曰：「今欲歸唐，罪已大，歸突厥，亦死，歸新羅，亦死㊲，將安之㊳乎？」奴斬其首以降，梟之四方館門㊴，其餘眾及奚霫，皆降於突厥。

(十八)戊子，特進武承嗣、春官尚書武三思並同鳳閣鸞臺三品。

(十九)辛卯，制以契丹初平，命河內王武懿宗、婁師德，及魏州刺史狄仁傑分道安撫河北。懿宗所至殘酷，民有為契丹所脅從㊵，復來歸者，懿宗皆以為反，生刳取其膽。先是何阿小嗜殺人，河北人為之語曰：「唯此兩何㊶，殺人最多㊷。」

(廿)秋，七月，丁酉，昆明內附，置竇州。

(廿一)武承嗣、武三思並罷政事。

(廿二)庚午，武攸宜自幽州凱旋，武懿宗奏河北百姓從賊者，請盡族之㊸。左拾遺王求禮庭折之㊹曰：「此屬素無武備，力不勝賊，苟從之㊺以求生，豈有叛國之心！懿宗擁㊻彊兵數十萬，望風㊼退走，賊徒滋蔓，又欲委罪㊽於草野詿誤㊾之人，為臣不忠，請先斬懿宗，以謝河北㊿(51)。」懿宗不能對。司刑卿杜景儉亦奏此皆脅從之人，請悉原之，太后從之。

(廿三)八月，丙戌，納言姚璹坐事左遷益州長史，以太子宮尹豆盧欽望為文昌右相、鳳閣鸞臺三品(五二)。【考異】新表：「庚子，狄仁傑兼納言，武三思檢校內史，欽望為文昌右相，同三品。」舊紀傳及新紀皆無之，此月無甲子(五三)，仁傑三思除命在明年，新表誤重復。

(廿四)九月，壬辰，大享通天宮，大赦，改元(五四)。

(廿五)庚戌，婁師德守納言。

(廿六)甲寅，太后謂侍臣曰：「頃者周興、來俊臣按獄，多連引朝臣，云其謀反，國有常法，朕安敢違？中間疑其不實，使近臣就獄引問(五五)，得其手狀(五六)，皆自承服(五七)，朕不以為疑。自興俊臣死，不復聞有反者。然則前死者不有冤(五八)邪？」夏官侍郎姚元崇對曰：「自垂拱以來，坐謀反死者，率皆興等羅織，自以為功，陛下使近臣問之，近臣亦不自保(五九)，何敢動搖(六〇)？所問者，若有翻覆，懼遭慘毒，不若速死(六一)。賴天啟聖心，興等伏誅，臣以百口(六二)為陛下保(六三)，自今內外之臣，無復反者。若微有實狀，臣請受知而不告之罪。」太后悅曰：「曩時(六四)宰相皆順成其事，陷(六五)朕為淫刑之主，聞卿所言，深合朕心。」賜元崇錢千緡(六六)。時人多為魏元忠訟冤者，太后復召為肅政中丞，元忠前後坐棄市(六七)流竄者四，【考異】舊傳云三被流，今從御史臺記。嘗侍宴，太后問曰：「卿往者數負謗(六八)，何也？」對曰：「臣猶鹿耳，羅織之徒，欲得臣肉為羹，臣安所(六九)避之(七〇)？」

(七一)冬，閏十月，甲寅，以幽州都督狄仁傑為鸞臺侍郎，司刑卿杜景儉為鳳閣侍郎，並同平章事。仁傑上疏，以為：「天生四夷，皆在先王封略(七一)之外，故東拒滄海，西阻流沙(七二)，北橫(七三)大漠，南阻五嶺(七四)，此天所以限夷狄，而隔中外(七五)也。自典籍所紀，聲教(七六)所及，三代不能至者，國家盡兼(七七)之矣。詩人矜薄伐於太原(七八)，美化行於江漢(七九)，則三代之遠裔(八〇)，皆國家之域中也(八一)。若乃用武方外(八二)，邀功(八三)絕域(八四)，竭府庫之實(八五)，以爭不毛(八六)之地，得其人不足增賦(八七)，獲其土不可耕織，苟求冠帶遠夷(八八)之稱，不務固本安人之術，此秦皇漢武之所行，非五帝三王之事業也。始皇窮兵極武(八九)，務求廣地，死者如麻(九〇)，致天下潰叛(九一)，漢武征伐四夷，百姓困窮，盜賊蜂起，末年悔悟，息兵罷役(九二)，故能為天所祐(九三)。近者國家頻歲(九四)出師，所費滋廣(九五)，西戍四鎮，東戍安東，調發日加，百姓虛弊(一九六)。今關東饑饉(一九七)，蜀漢逃亡，江淮已南，徵求(一九八)不息，人不復業(一九九)，相率為盜，本根一搖，憂患不淺(二〇〇)。其所以然者，皆以爭蠻貊(二〇一)不毛之地，乖(二〇二)子養(二〇三)蒼生之道也。昔漢元納賈捐之謀，而罷朱崖郡(二〇四)，宣帝用魏相之策，而棄車師之田(二〇五)，豈不欲慕尚虛名，蓋憚勞人力也。近貞觀中克平九姓，立李思摩為可汗(二〇六)，使統諸部者，蓋以夷狄叛則伐之，降則撫之，得推亡固存之義(二〇七)，無遠戍勞人之役(二〇八)，此近日之令典，經邊之故事也。竊謂宜立阿史那斛瑟羅為可汗，委(二〇九)之四鎮，繼高氏絕國(二一〇)，使守安東，省軍費於遠方，并甲兵(二一一)於塞上，使夷狄無侵侮之患，則可矣，何必窮其窟穴，與螻蟻校長短(二一二)哉！但當敕邊兵，謹守備，遠斥候(二一三)，聚資糧，待其自致(二一四)，然後擊之，以逸待勞，則戰士力倍，以主禦客(二一五)，則我得其便，堅壁(二一六)清野，則寇無所得。自然二賊(二一七)深入，則有顛躓(二一八)之慮，淺入，必無寇獲(二一九)之益，如此數年，可使二虜不擊而服(二二〇)矣(二二一)。」事雖不行，識者是之。

(廿八)鳳閣舍人李嶠知天官選事，始置員外官(二二二)數千人。

(廿九)先是，曆官以是月為正月，以臘月為閏，太后欲正月甲子朔冬至，乃下制以為去晦仍見月㉝，有爽㉞天經㉟，可以今月為閏，來月為正月。

【今註】㈠時以契丹破滅，九鼎就成，以九月大享，改元為神功。㈡粱米：胡三省曰：「陶弘景曰：『凡曰粱米，皆是粟類，惟其牙頭色異為分別耳。有青黃白三種，青粟味短色惡，不如黃白粟。』」㈢諭：曉。㈣相人：相人之術。㈤術士張憬藏：憬藏，《舊唐書・方伎傳》有傳。㈥念太師人臣極貴：念太師於人臣中，為最尊貴者。㈦佐命：輔佐王命，亦即開國元勳。㈧致之：猶得之。㈨洛州錄事參軍：《舊唐書・職官志》三：「上州錄事參軍事一人，從七品上，掌勾稽省署抄目，監符印。」㈩陰：暗。⑪許人富貴：謂於相者，言其必將富貴。⑫天命：為天子之命運。⑬明堂尉：《舊唐書・地理志》一關內道：「京兆府，萬年縣，隋大興縣，武德元年改為萬年，乾封元年分置明堂縣，治永樂坊。」⑭頊：音ㄒㄩ。⑮合宮尉：永昌元年，改東都河南縣為合宮縣。⑯推：推問。⑰凡小忤意：謂凡稍逆意者。⑱引：牽引。⑲流竄：流從竄逐。⑳寬：寬待。㉑亞：次。㉒羅告：羅織其罪而告之。㉓司刑府史：《唐六典》卷十八：「大理寺，光宅元年改為司刑寺，府二十八人，史五十六人。」不在流內之列。㉔理：申理。㉕上邽：故地在今甘肅省天水縣西南。㉖黨惡逆：謂與惡逆為黨。㉗瀼州：《舊唐書・地理志》四嶺南道：「瀼州，貞觀十二年，清平公李弘節遣欽州首領寧師京尋劉方故道，行達交阯，開拓夷獠，置瀼州。東至欽州六百三十里。」㉘尚乘奉御：《舊唐書・職官志》三：「殿中省，尚乘局奉御二人，從五品上，掌內外閑廄之馬，辨其麤良，而率其習馭。」㉙行成之族孫也：張行成事太宗。㉚兄弟皆得幸於太后：《舊唐書・張行成附易之傳》所云：「俱承辟陽之寵者。」是也。㉛司尉少卿：《唐六典》卷十六：「衞尉寺，龍朔二年改為司衞寺，咸亨中復舊，光宅元年又改為司衞寺。少卿二人，從四品上，衞尉卿之職，掌邦國器械文物之政令，少卿為之貳。」㉜私夫：非正式丈夫。㉝迴秀，大亮之族孫也：李大亮歷事高祖、太宗。㉞候：侍候。㉟爭執鞭轡：謂當易之乘馬時，爭為之執鞭牽轡。㊱謂易之為五郎：按郎之稱，在六朝及唐，實多用於年輕貌美，風流蕭灑之人。㊲尚乘奉御張易之……昌宗為六郎：按此段乃錄自《舊唐書・張行成附易之昌宗傳》，字句大致相同。㊳平狄軍：胡三省曰：「代州北有大武軍，調露元年改曰神武軍，天授二年改曰平狄軍。」㊴守鳳閣侍郎：以卑攝高曰守。㊵東硤石谷：已見上卷。㊶戊申，清邊道總管王孝傑與孫萬榮戰於東硤石谷，唐兵大敗：按《新唐書・則天紀》，列此事於庚子，而於下戊申曰云：「赦河南北。」是兵敗之日，當為庚子無疑。㊷行背懸崖：謂行至背負懸崖之處。㊸薄：迫。㊹管記：《舊唐書・王孝傑傳》作：「時張說為節度管記。」蓋為節度使府之管記室。㊺戊申，清邊道總管王孝傑……宏暉以立功得免：按此段乃錄自《舊唐書・王孝傑傳》，字句大致相同。㊻漁陽：《舊唐書・地理志》二河北道：「薊州，漁陽縣，秦右北平郡所治，隋為漁陽縣，武德元年屬幽州，開元十八年於縣置薊州，乃隸之。」㊼冊：冊封。㊽與之緋袍銀帶：《新唐書・車服志》：「緋為四品之服，金帶。深綠為六品之服，淺綠為七品之服，皆銀帶。」是蓋隨意與之，而非遵守嚴格之規定也。(四九)供張：供應張設。(五〇)背誕：謂行為背謬荒誕。(五一)宥：赦。(五二)使朝廷無以復加：謂朝廷所賜之物，無以加其上者。(五三)反初服：反著原來之服裝。(五四)朝恩：指朝廷頒賜之袍帶。(五五)吮其靴鼻：吮猶吻，靴鼻，謂靴前端有一長突起處，狀如鼻也，吻靴鼻，乃禮之最卑遜者。(五六)撓：回、折。(五七)無厭：不知足。(五八)阿波達干元珍：胡三省曰：「突厥官二十八等，自設至達干，皆世其官，此即阿史德元珍。」(五九)不遣：謂不遣之使歸。(六〇)閻知微、田歸道同使突厥……及單于都護府之地：按此段乃錄自《舊唐書・良吏田仁會附歸道傳》，所述事之次第，雖間有不同，而文字則大致相仿。(六一)繒：帛之總名，音增。(六二)悖慢：悖謬傲慢。(六三)麟臺少監：《唐六典》卷十：「秘書省監一人，天授初改為麟臺監。少監二人，從四品上。」(六四)贊皇：今河北省贊皇縣，以贊皇山而得名。(六五)借寇兵資盜糧：謂借敵兵而復資給之以糧草，患必不救矣，寇與盜此處所指者相同。(六六)數千帳：猶中土之數千戶。(六七)事：猶件。(六八)初咸亨中，突厥有降者……默啜由是益彊：按此段乃錄自《舊唐書・突厥傳》上，除李嶠之言語為多溢外，餘則大致相同。(六九)負約：違負盟約。(七〇)四月，鑄九鼎成，徙置通天宮：按《新唐書・則天紀》作四月戊辰，當從添戊辰二字。(七一)豫州鼎高丈八尺：豫州鼎獨高大，以其為神都畿也。(七二)圖：此謂鑄刻。(七三)天質：猶本質。(七四)煥炳：謂光芒煥發。(七五)玄武門：《唐六典》卷七：「東都上陽宮，又西曰壽昌門，門北出曰玄武門。」(七六)曳：拖曳。(七七)滑州：唐屬河南道。(七八)之要：之重要者。(七九)外州末事：謂外州之事，與之相較，皆呈微末。（八〇）玄：黑。（八一）駕部郎中：《舊唐書・職官志》二：「兵部尚書屬駕部郎中一員，從五品上，掌邦國輿輦、車乘、傳驛、廄牧，官私馬牛雜畜簿籍，辯其出入，司其名數。」（八二）緋筭帶：筭同算。《新唐書・車服志》：「初職事官，三品以上賜金裝刀礪石，一品以下，則有手巾算袋，佩刀礪石。」（八三）時未五品，於綠衫上佩之：據《新唐書・車服志》，淺緋為五品之服，深綠為六品之服，故文云然。（八四）抗表：上表。（八五）右司郎中：《舊唐書・職官志》一：「尚書左右諸司郎中，貞觀二年，並改為從五品上。」（八六）美妾：此妾乃指婢而言。（八七）不昏：不娶。（八八）綠珠怨：晉石崇有愛妾曰綠珠，事見卷八十三晉惠帝永康二年。（八九）諷：諷示。（九〇）右司郎中馮翊喬知之有美妾……諷酷吏羅告族之：按此事《新唐書・外戚武士彠附承嗣傳》亦載之，惟碧玉則作窈娘。（九一）司僕：光宅改太僕為司僕。（九二）貪淫：貪汙淫濫。（九三）方：猶計。（九四）矯稱敕：假稱敕旨。（九五）廬陵王：即中宗。（九六）國權：國之權柄。（九七）奏上，三日不出：謂三日不報。（九八）元惡：首惡。（九九）告虺貞反：貞即越王貞，事見上卷垂拱四年。（一〇〇）今止為成州司馬：指于安遠言。（一〇一）不逞：謂不法，此乃唐代之特殊用語。（一〇二）誣構：誣陷構害。（一〇三）如山、塞路：皆以喻其多。（一〇四）數：責。（一〇五）赤族：夷族。（一〇六）憤：憤恨。（一〇七）準法：依法。（一〇八）自今眠者，背始帖席矣：謂得以安眠。（一〇九）司農寺：《唐六典》卷十九：「司農丞，凡官戶奴婢，男女成人，先以本色媲偶，若給賜，許其妻子相隨，若犯籍沒，以其所能，各配諸司，婦人巧者入掖庭。」（一一〇）細婢：小婢。（一一一）賞口：賞賜之生口。（一一二）剺面：猶割面。（一一三）俊臣閱司農婢無可者……會俊臣誅，乃得免：按此段乃錄自《舊唐書・酷吏來俊臣傳》，字句大致相同。（一一四）選司：銓選之有司。⑮屬請：屬付請託。⑯不次：不依等次。⑰自首：自首其罪。⑱立見滅族：謂即被滅族。⑲上林令：《唐六典》卷十九：「上林署令二人，從七品下，漢武帝置，掌上林苑屬，皇朝因之。掌苑囿園池之事。」⑳指日：謂可限定日期，即不久也。㉑武龍令：胡三省曰：「武龍縣屬田州，開蠻洞置，舊書作武籠，云失廢置年月。又涪州有武龍縣，武德二年，分涪陵置。」㉒尚食奉御：《舊唐書・職官志》三：「殿中省，尚食局奉御二人，正五品下，掌謹其儲供，辨名數。」㉓以檢校夏官侍郎宗楚客同平章事：按《新唐書・則天紀》作：「己卯，尚方少監宗楚客同平章事。」當從添己卯二字。㉔輜重：此言糧草。㉕以抄掠：以抄奪搶掠。㉖委棄：猶拋棄。㉗武懿宗軍至趙州……契丹遂屠趙州：按此段乃錄自《舊唐書・外戚武承嗣附懿宗傳》，字句大致相同。㉘柳城：屬唐河北道，營州。㉙黑沙：據《舊唐書・突厥傳》，黑沙乃為突厥南庭。㉚稽緩：稽留延緩。㉛緋：緋袍之省。㉜新城：即上文言於柳城西北四百里所築之城。㉝忷：同恟，擾恐。㉞奚：《舊唐書・奚傳》：「奚國蓋匈奴之別種也，所居亦鮮卑故地，即東胡之界也，東接契丹，西至突厥。」㉟窮蹙：窮急窘蹙。㊱潞水：胡三省曰：「鮑丘水從塞外來，南過幽州潞縣，謂之潞水。」㊲亦死：謂亦將被殺。㊳安之：何至。㊴梟之四方館門：梟之謂梟其首以示眾也。胡三省曰：「後魏置諸國使邸，其後又作四館以處四方來降者。梁武帝普通元年至隋煬帝，置四方館於建國門外，以待四方使客，各掌其方國及互市事，屬鴻臚。唐以四方館中書省，通事舍人主之。」㊵脅從：脅迫隨從。㊶兩何：武懿宗封河內王，與何阿小為兩何。㊷武懿宗所至殘酷……殺人最多：按此段乃錄自《舊唐書・

外戚武承嗣附懿宗傳》，字句大致相同。(四三)族之：族誅之。(四四)庭折之：於朝庭中駁折之。(四五)苟從之：謂只苟且從之。(四六)擁：猶據。(四七)望風：望風塵。(四八)委罪：任罪。(四九)詿誤：牽累而犯罪也，音卦。(五〇)以謝河北：以謝罪於河北百姓。(五一)武懿宗奏河北百姓從賊者……斬懿宗以謝河北：按此段乃錄自《舊唐書・外戚武承嗣附懿宗傳》，字句大致相同。(五二)太子宮尹豆盧欽望為文昌右相，鳳閣鸞臺三品：天授中，改太子詹事為太子宮尹。鳳閣上，當據《新唐書・宰相表》，加一同字。(五三)考異「此月無甲子」：按甲子乃庚子之誤。(五四)九月壬辰，大赦改元：按《新唐書・則天紀》，壬辰作壬寅，以下之庚戌推之，當以作壬寅為是。(五五)引問：引而問之。(五六)手狀：親手所書之狀。(五七)承服：承認服罪。(五八)冤：冤枉。(五九)不自保：不自保其性命。(六〇)動搖：動搖其斷案。(六一)不若速死：不若速死之為愈。(六二)百口：謂全家百口，古常作此語，亦足見該時家中人口之眾多矣。(六三)保：保任。(六四)繇時：謂以前。(六五)陷：陷害。(六六)甲寅，太后謂侍臣曰……賜元崇錢千緡：按此段乃錄自《舊唐書・姚崇傳》，字句大致相同。(六七)棄市：殺而棄尸於市。(六八)負謗：《舊唐書・魏元忠傳》作：「負謗鑠。」鑠謂自外妄加之罪也。(六九)安所：何所。(七〇)時人多為魏元忠訟冤者……臣安所避之：按此段乃錄自《舊唐書・魏元忠傳》，字句大致相同。(七一)封略：猶封疆，《舊唐書・狄仁傑傳》，即作封疆。(七二)流沙：指甘肅敦煌以西沙漠之地而言。(七三)橫：橫亘。(七四)五嶺：在今江西湖南南邊之山嶺地帶。(七五)中外：中國、外國。(七六)聲教：聲威教化。(七七)兼之：兼併之。(七八)詩人矜薄伐於太原：矜，誇美。薄伐於太原，乃《詩・小雅・六月》中之語句，全聯為：「薄伐玁狁，至於太原。」詩人為此，蓋美吉甫佐宣王北伐而有功也。(七九)美化行於江漢：美，贊美。《詩・周南・漢廣篇》，乃美文王之道被於南國，而化行乎江漢之域。(八〇)遠裔：遠邊。(八一)皆國家之域中也：謂皆在今國家之域中。(八二)方外：〈狄仁傑傳〉，方外作荒外，意相類。(八三)邀功：求功。(八四)絕域：絕遠之域。(八五)實：指財物言。(八六)不毛：不生五穀。(八七)賦：賦稅。(八八)冠帶遠夷：使遠夷成為冠帶之族。(八九)極武：猶黷武。(九〇)如麻：以喻其多。(九一)潰叛：崩潰叛亂。(九二)罷役：此指罷戰爭言。(九三)祐：保祐。(九四)頻歲：猶連年。(九五)滋廣：猶愈多。(九六)虛弊：空虛疲弊。(九七)饉：蔬不熟也。(九八)徵求：徵發求取。(九九)復業：復於舊業。(一〇〇)不淺：謂甚大。(一〇一)貊：音陌。(一〇二)乖：違。(一〇三)子養：如養育子女。(一〇四)昔漢元納賈捐之之謀，而罷朱崖郡：事見卷二十八初元二年。(一〇五)宣帝用魏相之策，而棄車師之田：事見卷二十五元康二年。(一〇六)克平九姓，立李思摩為可汗：見卷一百九十貞觀十三年。(一〇七)得推亡固存之義：《書・仲虺之誥》：「推亡固存，邦乃其昌。」推，除去。(一〇八)役：役政。(一〇九)委：任。(一一〇)繼高氏絕國：《舊唐書・高麗傳》，高麗王姓高氏，故此高氏，即高麗也。(一一一)甲兵：著鎧甲之兵卒，亦即武裝最精銳者。(一一二)校長短：猶較勝負。(一一三)遠斥候：設斥候於遠處，以便速知敵人之至。(一一四)自致：猶自至。(一一五)以主禦客：以主人之位而抵禦來客。(一一六)壁：營壘。(一一七)二賊：與下之二虜，皆指突厥、吐蕃而言。(一一八)顛躓：顛覆躓仆。(一一九)寇獲：猶掠獲。(一二〇)不擊而服：不待攻擊而自歸服。(一二一)仁傑上疏，以為天生四夷……不擊而服矣：按此段乃錄自《舊唐書・狄仁傑傳》，字句大致相同。(一二二)始置員外官：謂正式名額以外之官員。(一二三)去晦仍見月：去晦謂前月晦也。(一二四)爽：猶違。(一二五)天經：天之常道。

聖曆元年（西元六九八年）

㈠正月甲子朔，冬至，太后享通天宮，【考異】實錄云：「正月壬戌，享通天宮。」按長歷，此年一月壬戌朔，實錄誤也。今從廣曆、統紀、新本紀。」赦天下，改元。

㈡夏官侍郎宗楚客罷政事（一）。

㈢春，二月，乙未，文昌右相同鳳閣鸞臺三品豆盧欽望罷為太子賓客（二）。

㈣武承嗣三思營求為太子（三），數使人說太后曰：「自古天子，未有以異姓（四）為嗣者。」太后意未決，狄仁傑每從容言於太后曰：「文皇帝（五）櫛風沐雨（六），親冒（七）鋒鏑（八），以定天下，傳之子孫。大帝（九）以二子（一〇）託（一一）陛下，陛下今乃欲移之他族，無乃非天意（一二）乎！且姑姪之與母子，孰親（一三）？陛下立子，則千秋萬歲後，配食太廟，承繼無窮，立姪，則未聞姪為天子，而祔（一四）姑於廟者也。」太后曰：「此朕家事，卿勿預知（一五）。」仁傑曰：「王者以四海為家，四海之內，孰非臣妾（一六）？何者不為陛下家事？君為元首，臣為股肱（一七），義同一體(八)，況臣備位宰相，豈得不預知乎？」又勸太后召還廬陵王(九)，王方慶、王及善亦勸之，太后意稍寤(二〇)。它日，又謂仁傑曰：「朕夢大鸚鵡兩翼皆折，何也？」對曰：「武者陛下之姓，兩翼，二子也，陛下起二子，則兩翼振(二一)矣。」太后由是無立承嗣三思之意。孫萬榮之圍幽州也，移檄朝廷曰：「何不歸我廬陵王？」

(五)吉頊與張易之、昌宗皆為控鶴監供奉(二二)，易之兄弟親狎(二三)之，頊從容說二人曰：「公兄弟貴寵(二四)如此，非以德業(二五)取之也，天下側目切齒(二六)多矣(二七)，不有大功於天下，何以自全(二八)？竊(二九)為公憂之。」二人懼，流涕問計，頊曰：「天下士庶，未忘唐德，咸復思(三〇)廬陵王，主上春秋(三一)高，大業須有所付(三二)，武氏諸王，非所屬意(三三)。公何不從容勸上立廬陵王，以繫(三四)蒼生之望，如此，非徒(三五)免禍，亦可以長保富貴矣。」二人以為然，承間(三六)屢為太后言之，太后知謀出於頊，乃召問之，頊復為太后具陳(三七)利害，太后意乃定。【考異】世有狄梁公傳，云李邕撰，其辭鄙誕，殆非邕所為。其言曰：「后納諸武之議，將移宗社，擬立武三思為儲副，遷廬陵於房陵。諸武陰計，日夜獻謀曰，陛下姓武，合立武氏，未有天子而取別姓將為後者也。天后既已許禮，問羣臣曰，朕年齒將衰，國無儲主，今欲擇善，誰可當之，朕雖得人，終在羣議。諸宰臣多聞計定，言皆希旨；仁傑獨立無一言，天后問曰，卿獨無言，當有異見。公曰，有之。臣上觀乾象，無易主之文，中察人心，實未厭唐德。天后曰，卿何以知之？公曰，頃者匈奴犯邊，陛下使梁王思於都市召募，一月之外，不滿千人，後盧陵王踵之，未經二旬，數盈五萬。以此觀之，人心未去，陛下將欲繼統，非盧陵王，餘實非臣所知。天后震怒，命左右扶而去之。」按盧陵王為河北元帥，在立為太子後，且當是時，睿宗為皇嗣，若仁傑請以盧陵王繼統，則是勸太后廢立也，此固未可信。或者仁傑以盧陵母子至親，而幽囚房陵，勸召還左右，則有之矣。談賓錄曰：「聖曆二年臘月，張易之兄弟貴寵逾分，懼不全，請計於天官侍郎吉頊，頊曰，公兄弟承恩深矣，非有大功於天下，自古罕有全者。唯有一策，苟能行之，豈止全家，亦當享茅土之封耳。除此之外，非頊所謀。易之兄弟泣請之。頊曰，天下思唐德久矣，主上春秋高，武氏諸王，殊非所屬意，公何不從容請立盧陵，以繫生人之望。易之乃承間屢言之，則天意乃易，既知頊首謀，乃召問頊，頊曰，盧陵、相王皆陛下之子，高宗切託於陛下，惟陛下裁之。則天意乃定。」御史臺記曰：「則天置控鶴府，頊與易之、昌宗同於府供奉，與昌宗親狎，昌宗自以貴寵踰分，懼不全，問計於頊，頊云云。」如談賓錄，蓋太后寵信諸武，誅鉏李氏，雖己子盧陵亦廢徙房陵，故仁傑勸召還左右，以強李氏抑諸武耳。張吉之能為唐社稷謀也，欲求己利耳，若仍立皇嗣，則己有何功，故勸太后立盧陵為太子，而太后從之，然則欲召還盧陵者，仁傑之志也，立為太子，張吉之謀也。談賓言聖曆二年，及以頊為天官侍郎，臺記謂睿宗為相王，則皆誤也。新狄仁傑傳云：「張易之嘗從容問自安計，仁傑曰，唯勸迎盧陵王可以免禍。」計仁傑亦安肯與易之輕言此事。狄梁公傳又云：「後經旬召公入，曰，朕昨夜夢與人雙陸，頻不見勝，何也？對曰：雙陸不勝，蓋為宮中無子，此是上天之意，假此以示陛下，安可久虛儲位哉？天后曰，是朕家事，斷在胸中，卿豈合預焉。仁傑對曰，臣聞王者以天下為家，四海之內，悉為臣妾，何者不為陛下家事？君為元首，臣為股肱，臣安得不預焉？又命扶出，竟不納。」按於時，皇嗣在宮中，不得言無子，及久虛儲位也。朝野僉載云：「則天曾夢一鸚鵡，羽毛甚偉，兩翅俱折，以問宰臣，羣公默然，內史狄仁傑曰，鵡者陛下姓也，兩翅折者，陛下二子盧陵、相王也。陛下起此二子，兩翅全也。魏王武承嗣、三思連項皆赤，後契丹圍幽州，檄朝廷曰，還我盧陵相王來。則天乃憶狄公之言，謂之曰，卿曾為我占夢，今乃應矣。朕欲立太子，何者為得？仁傑曰，陛下內有賢子，外有賢姪，取捨詳擇，斷在宸衷。則天曰，我自有聖子，承嗣三思是何疥癬，承嗣等懼，掩耳而走，即降敕，追盧陵。河內王等奏不許入城，龍門安置，賊徒轉盛；陷沒冀州，則天急，乃立盧陵王為太子，充元帥，初募兵無有應者，聞太子行，北邙山頭兵滿，無容人處，賊自退散。」按是時睿宗未為相王，又仁傑若言內有賢子，外有賢姪，乃是懷兩端也。今採眾說之可信者，存之。

三月，己巳，託言(三八)盧陵王有疾，遣職方員外郎(三九)瑕丘(四〇)徐彥伯，召盧陵王及其妃諸子，詣行在療疾，戊子，盧陵王至神都。【考異】統紀云：「癸丑，遣職方員外郎徐彥伯往房州，召盧陵王男女，入都醫療。」狄梁公傳曰：「後潛發內人十人至房州，宣敕云，我兒在此，令內人就看州縣長吏，仰數出數入，無令混雜，陰令內人一人以代盧陵王，令盧陵王衣內人衣服，以舊數還，州縣不悟，數日，達京，朝廷百僚一無知者。」舊傳曰：「盧陵王自房陵還宮，太后匿之帳中，又召狄仁傑，以廬陵為言，仁傑慷慨敷奏，言發涕流，遽出廬陵謂仁傑曰，還卿儲君。仁傑降階泣賀，既已，奏曰，太子還宮，人無知者，物議安審是非，則天以為然，乃復置中宗於龍門，具禮迎歸，人情感悅。」狄梁公傳曰：「天后御一小殿，垂簾於後，左右隱蔽，外不能知，乃命公坐於階下，曰，前者所議，事實非小，寤寐反覆，思卿所言，彌覺理非，甚乖朕意。忠臣事主，豈在多違。今日之間，須易前見，以天下之位，在卿一言，可朕意即兩全，逆朕心即俱斃。公從容言曰，陛下所書，天子之位，可得專之，以臣所知，是太宗文武皇帝之位，陛下豈得而自有也？太宗身陷鋒鏑，經綸四海，所以不告勞者，蓋為子孫，豈為武三思邪！陛下身是大帝皇后，大帝寢疾，權使陛下監國，大帝崩後，合歸冢嫡，陛下遂奄有神器，十有餘年，今議纘承，豈可更易。且姑與母孰親？子與姪孰近？云云。太后於是歔欷流涕，命左右褰簾，手撫公背，大叫曰，卿非朕之臣，是唐社稷之臣。回謂廬陵王曰，拜國老，今日國老與爾天子，公免冠頓首，涕血灑地，左右扶策，久不能起。天后曰，即具所言，宣付中外，擇日禮冊。公揮涕而言曰，自古以來，豈有偷人作天子？廬陵王留在房州，天下所悉知，今日在內，臣亦不知，臣欲奉詔，若同衞太子之變，陛下何以明臣？天后曰，安可卻向房陵，只於石像驛安置，具法駕，陳百僚，就迎之。於是大呼萬歲，儲位乃定。」按武后若密召廬陵王，宮人十人既知其謀，洛陽至房陵，往來道路甚遠，豈得外人都不知乎？又實錄豈能搆虛立徐彥伯往迎之事，及有廬陵王至自房州之日？又於時若儲位已定，豈可自三月來，九月始立為太子？蓋廬陵既至，太后以長幼之次欲立之，皇嗣亦以此遜位，故遷延半載，今皆取實錄為正。

(六)夏，四月，庚寅朔，太后祀太廟。

(七)辛丑，以婁師德充隴右諸軍大使，仍檢校㊶營田事。

(八)六月，甲午，命淮陽王武延秀入突厥，納默啜女為妃，豹韜衞大將軍閻知微攝春官尚書，右武衞郎將㊷楊齊莊攝司賓卿，【考異】實錄作楊鸞莊，今從僉載舊傳。㊸齎金帛巨億以送之。延秀，承嗣之子也㊹。鳳閣舍人襄陽㊺張柬之諫曰：「自古㊻未有中國親王娶夷狄女者。」由是㊼忤旨，出為合州㊽刺史。

(九)秋，七月，鳳閣侍郎同平章事杜景儉罷為秋官尚書㊾。

(十)八月，戊子，武延秀至黑沙南庭，突厥默啜謂閻知微等曰：「我欲以女嫁李氏，安用武氏兒邪？此豈天子之子乎？我突厥世受李氏恩，聞李氏盡滅，唯兩兒在，我今將兵輔立之(五〇)。」乃拘延秀於別所，以知微為南面可汗，言欲使之主唐民也，遂發兵，襲靜難、平狄、清夷(五一)等軍。靜難軍使慕容玄崱以兵五千降之，虜勢大振，進寇嬀、檀等州(五二)。前從閻知微入突厥者，默啜皆賜之五品、三品之服，太后悉奪之。默啜移書數(五三)朝廷曰：「與我蒸穀種，種(五四)之不生，一也；金銀器皆行濫(五五)，非真物，二也；我與使者緋紫(五六)，皆奪之，三也；繒帛皆疏惡(五七)，四也；我可汗女當嫁天子兒，武氏小姓，門戶不敵(五八)，罔冒(五九)為昏，五也。我為此起兵，欲取河北耳。」監察御史裴懷古從閻知微入突厥，默啜欲官之，不受，因將殺之，逃歸，抵晉陽(六〇)，形容羸悴(六一)，突騎(六二)譟聚(六三)，以為間諜，欲取其首以求功，有果毅(六四)嘗為人所枉(六五)，懷古按直之(六六)，大呼曰：「裴御史也。」救之，得全。至都引見，遷祠部員外郎(六七)。時諸州聞突厥入寇，方秋(六八)爭發(六九)民修城，衛州刺史太平(七〇)敬暉謂僚屬曰：「吾聞金湯(七一)，非粟不守(七二)，奈何捨收穫而事城郭乎(七三)？」悉罷之，使歸田，百姓大悅。

(十一)甲午，鸞臺侍郎同平章事王方慶罷為麟臺監(七四)。太子太保、魏宣王武承嗣恨不得為太子，思怏怏(七五)，戊戌，病薨。庚子，春官尚書武三思檢校內史，狄仁傑兼納言。太后命宰相各舉尚書郎一人，仁傑舉其子司府丞(七六)光嗣拜地官員外郎(七七)，已而稱職，太后喜曰：「卿足繼祁奚矣(七八)。」

(十二)通事舍人(七九)河南元行沖博學多通，仁傑重之，行沖數規諫仁傑(八○)，且曰：「凡為家者，必有儲蓄、脯醢(八一)以適口，參(八二)朮(八三)以攻疾，僕竊計明公之門，珍味多矣，行沖請備藥物之末(八四)。」仁傑笑曰：「吾藥籠中物，何可一日無也(八五)。」行沖，名澹，以字行(八六)。

(十三)以司屬卿(八七)武重規為天兵中道大總管(八八)，右武衛將軍沙吒忠義為天兵西道總管，幽州都督下邽(八九)張仁願為天兵東道總管，將兵三十萬，以討突厥默啜。又以左羽林衛大將軍閻敬容為天兵西道後軍總管，將兵十五萬為後援。癸丑，默啜寇飛狐(九○)，乙卯，陷定州，殺刺史孫彥高及吏民數千人。【考異】朝野僉載曰：「文昌左丞孫彥高無它識用，性惟頑愚，出為定州刺史。歲餘，默啜賊至，圍其郛郭，彥高卻瑱宅門，不敢詣聽事，文按須徵發者，於小牕內接入通判，仍簡郭下精健，自援其家。賊既乘城，四面並入，彥高乃謂奴曰，牢關門戶，莫與鑰匙。其愚怯也皆此類。俄而陷沒，刺史之宅先殲焉。」又曰：「彥高被突厥圍城數重，彥高乃入匱中藏，令奴曰，牢掌鑰匙，賊來索，慎勿與。」恐不至此，今不取。

(十四)九月，甲子，以夏官尚書武攸寧同鳳閣鸞臺三品。

(十五)改默啜為斬啜，默啜使閻知微招諭(九一)趙州，知微與虜連手蹋(九二)萬歲樂於城下，將軍陳令英在城上，謂曰：「尚書位任非輕(九三)，乃為虜蹋歌，獨(九四)無慙乎！」知微微吟曰：「不得已萬歲樂(九五)。」戊辰，默啜圍趙州，長史唐般若(九六)翻城應之(九七)，刺史高叡與妻秦氏仰藥詐死(九八)，虜輿之詣默啜，默啜以金獅子帶(九九)紫袍示之曰：「降則拜官，不降則死。」叡顧其妻，妻曰：「酬報(一〇〇)國恩，正在今日。」遂俱閉目不言，經再宿，虜知不可屈，乃殺之。虜退，唐般若族誅，贈叡冬官尚書，諡曰節。叡，熲之孫也(一〇一)。

(十六)皇嗣固請遜位於廬陵王，太后許之，壬申，立廬陵王哲為皇太子，復名顯，赦天下。甲戌，命太子為河北道元帥，以討突厥。【考異】實錄云丙子，據唐歷，甲戌，皇太子顯充河北道行軍大元帥。狄梁公傳亦云皇太子為元帥，以公為副。是先立為太子，後為元帥也。今從新本紀。先是(一〇二)募人月餘，不滿千人，及聞太子為元帥，應募者雲集，未幾，數盈五萬。戊寅，以狄仁傑為河北道行軍副元帥，右丞宋元爽為長史，右臺中丞(二三)崔獻為司馬，左臺中丞吉頊為監軍使。時太子不行，命仁傑知元帥事。太后親送之，藍田(二四)令薛訥，仁貴之子也，太后擢為左威衛將軍、安道經略，將行，言於太后曰：「太子雖立，外議猶疑未定(二五)，苟此命不易(二六)，醜虜不足平也(二七)。」太后深然之。王及善請太子赴外朝，以慰人心，從之。【考異】實錄辛巳皇太子朝見，或作廟見，蓋睿宗為皇嗣時，止於宮中朝謁，不出外朝。今及善始請太子與羣臣俱於外庭朝謁耳。

(七)以天官侍郎蘇味道為鳳閣侍郎同平章事，味道前後在相位數歲，依阿(二八)取容，嘗謂人曰：「處事不宜明白，但模稜持兩端可矣。」時人謂之蘇摸稜(二九)(三〇)。

(八)癸未，突厥默啜盡殺所掠趙定等州男女萬餘，自五回道去(三一)，所過，殺掠不可勝紀，沙吒忠義等但引兵(三二)躡之，不敢逼。【考異】舊突厥傳云：「默啜盡寇掠趙定等州，男女八九萬人。」統紀云：「河北積年豐熟，人畜被野，狄斬啜虜趙定恒易等州財帛億萬，子女羊馬而去，河朔諸州怖其兵威，不敢追躡。」今從實錄。狄仁傑將兵十萬追之，無所及。默啜還漠北，擁兵四十萬，據地萬里，西北諸夷皆附之，甚有輕中國之心。

(十九)冬，十月，制都下㉓屯兵，命河內王武懿宗、九江王武攸歸領之。

(廿)癸卯，以狄仁傑為河北道安撫大使。時北人為突厥㉔所驅逼者，虜退，懼誅，往往亡匿。仁傑上疏，以為：「朝廷議者，皆罪契丹突厥所脅從㉕之人，言其迹㉖雖不同，心㉗則無別。誠以山東近緣軍機，調發傷重㉘，家道㉙悉破，或至逃亡，重以官典㉚侵漁㉛，因事而起，枷杖之下，痛切肌膚㉜，事迫情危㉝，不循禮義，愁苦之地，不樂其生㉞，有利則歸，且圖賒死㉟。此乃君子之愧辱㊱，小人之常行也。又諸城入偽㊲，或待天兵㊳，將士求功，皆云攻得㊴，臣憂濫賞㊵，亦恐非辜㊶，以經與賊同㊷，是為惡地，至於汚辱妻子㊸，劫掠貨財，兵士信知不仁㊹，簪笏未能以免㊺，乃是賊平之後，為惡更深㊻。且賊務招攜，秋毫不犯㊼，今之歸正，即是平人㊽，翻被破傷，豈不悲痛。夫人猶水也，壅之則為泉，疏之則為川，通塞隨流㊾，豈有常性。今負罪之伍㊿，必不在家，露宿草行(五一)，潛竄(五二)山澤，赦之則出，不赦則狂(五三)，山東羣盜，緣茲聚結，臣以邊塵暫起㊹，不足為憂，中土㊺不安，此為大事。罪之則眾情恐懼，恕之則反側㊻自安。伏願曲赦河北諸州，一無所問。」制從之㊼。仁傑於是撫慰百姓，得突厥所驅掠者，悉遞還本貫㊽，散糧運㊾以賑貧乏，修郵驛㊿以濟(51)旋師(52)，恐諸將及使者妄求供頓(53)，乃自食疏糲(54)，禁其下無得侵擾百姓，犯者必斬，河北遂安。

(廿)以夏官侍郎姚元崇、秘書少監李嶠(55)並同平章事。

(廿一)突厥默啜離趙州，乃縱閻知微使還，太后命磔(56)於天津橋南，使百官共射之，既乃冎其肉，剉其骨，夷其三族，疏親有先未相識而同死者。【考異】朝野僉載云：「則天磔知微於西市，命百宮射之，河內王懿宗去七步，射一發，皆不中，怯懦如此。知微身上箭如蝟毛，剉其骨肉，夷其九族，小兒年七八歲，嫗抱向西市，百姓哀之，擲餅果，與者仍相爭奪，以為戲笑。監刑御史不忍害，奏捨之。」今從實錄。褒公段瓚，志玄之子也(57)，先沒於突厥，突厥在趙州，瓚邀楊齊莊(58)與之俱逃，齊莊畏懦不敢發，瓚先歸，太后賞之，齊莊尋(59)至，敕河內王武懿宗鞫之，懿宗以為齊莊意懷猶豫(60)，遂與閻知微同誅，既射之如蝟，氣殜殜未死，乃決其腹，割心投於地，猶趌趌然躍不止。擢(61)田歸道為夏宮侍郎，甚見親委(62)。

(廿三)蜀州(六三)每歲遣兵五百人戍姚州(六四)，路險遠，死亡者多，蜀州刺史張柬之上言，以為：「姚州本哀牢(六五)之國，荒外(六六)絕域(六七)，山高水深，國家開以為州，未嘗得其鹽布(六八)之稅，甲兵之用(六九)，而空竭府庫，驅率平人(七〇)，受役蠻夷(七一)，肝腦塗地(七二)，臣竊為國家惜(七三)之。請廢姚州(七四)，以隸巂州(七五)，歲時朝覲(七六)，同之蕃國。瀘南(七七)諸鎮，亦皆廢省(七八)，於瀘北置關，百姓非奉使無得交通往來。」疏奏不納(七九)。

【今註】(一)夏官侍郎宗楚客罷政事：按《新唐書・則天紀》作丙寅，當從添丙寅二字。(二)太子賓客：《舊唐書・職官志》三：「東宮官屬，太子賓客四員，正三品，古無此官，皇家顯慶元年春始置四員，掌侍從規諫，贊相禮儀。」(三)營求：謂設法以求之。(四)異姓：此指李氏言。(五)文皇帝：太宗諡文皇帝。(六)櫛風沐雨：以喻苦辛。(七)冒：犯。(八)鏑：同鏑，箭鏃。(九)大帝：高宗諡天皇大帝。(一〇)二子：謂廬陵王及皇嗣睿宗。(一一)託：託付。(一二)天意：此指先帝之意。(一三)孰親：謂何者為親。(一四)祔：後死者合食於先祖之廟。(一五)預知：謂干預知管。(一六)臣妾：男為臣，女為妾。(一七)股肱：猶手足。(一八)義同一體：理同一身體之各部分。(一九)召還廬陵王：廬陵王光宅元年遷均州，垂拱元年遷房州。(二〇)寤：醒寤。(二一)振：即不折，乃針對上文之折而言。(二二)拱鶴監供奉：胡三省曰：「是年置拱鶴監，以處近倖。」按鶴古代以為仙人所乘。商芸小說：「有客相從，各言所志，或願為揚州刺史，或願多貲財，或願騎鶴上昇。其一人曰：『腰纏十萬貫，騎鶴上揚州。』欲兼三者。」是其明證。故拱鶴之意，乃謂侍奉仙人之騎乘，而此仙人，即則天皇帝也。㉓狎：習。㉔貴寵：顯貴寵幸。㉕德業：功德業績。㉖側目切齒：皆怨恨意。㉗多矣：謂怨恨之人甚多。㉘自全：自己保全。㉙竊：猶私。㉚復思：仍思。㉛春秋：年齡。㉜付：託付。㉝屬意：謂意所欲者。㉞以繫：以維繫。㉟非徒：非但。㊱承間：承遇間隙。㊲具陳：詳陳。㊳託言：假託言。㊴職方員外郎：《舊唐書・職官志》二：「兵部尚書屬職方郎中一員，從五品上，員外郎一員，正六品上。郎中，員外郎之職，掌天下地圖，及城隍鎮戍烽堠之數，辯其邦國都鄙之遠近，及四夷之歸化。」㊵瑕丘：故城在今山東省滋陽縣西。㊶檢校：猶代攝。㊷右武衛郎將：《舊唐書・職官志》三：「左右驍衛，中郎將一人，四品下，左右郎將各一人，正五品上。中郎將領本府之屬以宿衛，左右郎將貳之。」㊸考異曰，實錄作楊鸞莊，今從僉載舊傳。按武英殿本《舊唐書・突厥傳》上，亦作楊鸞莊，未審《通鑑》據何本而云然。㊹命淮陽王武延秀入突厥……延秀，承嗣之子也：按此段乃錄自《舊唐書・突厥傳》上，字句大致相同。㊺襄陽：今湖北省襄陽縣。㊻自古：謂自古以來。㊼忤：逆。㊽合州：《舊唐書・地理志》三山南道：「合州，隋涪陵郡，武德元年改為合州，在京師南二千四百五十里。」㊾七月鳳閣侍郎杜景儉罷為秋官尚書：《新唐書・則天紀》作七月辛未，當從添辛未二字。㊿謂閻知微等曰：「我欲以女嫁李氏，安用武氏兒邪？此豈天子之子乎？我突厥世受李氏恩，聞李氏盡滅，唯兩兒在，我今將兵輔立之」：按此段所依之《舊唐書・突厥傳》，原文乃係語體，爰整錄之，以見唐時白話之格調，及改成文言後，兩者不同之情形。文曰：「默啜謂知微等曰：『我女擬嫁與李家天子兒，你今將武家兒來，此是天子兒否？我突厥積代已來降附李家，今聞李家天子種末總盡，唯有兩兒在，我今將兵助立。』」(五一)清夷軍：胡三省曰：「垂拱中，置清夷軍於嬀州界。杜佑曰：『在城內，南去范陽二百十里。』」(五二)乃拘延秀於別所……進寇嬀檀等州：按此段乃錄自《舊唐書・突厥傳》上，字句大致相同。(五三)數：責。(五四)蒸穀種：蒸煮之穀種。(五五)行濫：皆粗惡也。(五六)緋紫：指五品及三品之服言。(五七)疏惡：疏，不細緻；惡，惡劣。(五八)不敵：不當。(五九)罔冒：誣罔冒充。(六〇)晉陽：今山西省太原縣治。(六一)羸悴：羸弱憔悴，音ㄌㄟˊ。(六二)突騎：騎兵名，謂用以突陣也。(六三)譟聚：諠譟而聚圍之。(六四)果毅：部隊名。(六五)枉：誣枉。(六六)按直之：謂按問而申直之。(六七)祠部員外郎：《舊唐書・職官志》二：「禮部尚書屬祠部郎中一員，從五品上，員外郎一員，從六品上。郎中，員外郎之職，掌祠祀、享祭、天文、漏刻、國忌、廟諱、卜筮、醫藥、僧尼之事。」(六八)方秋：正當秋季。(六九)爭發：競行徵發。(七〇)太平：故治在今山西省汾城縣。(七一)金湯：謂金城湯池。(七二)非粟不守：非有粟不足以守之。(七三)事城郭：謂從事城郭之修築。(七四)麟臺監：天授初改秘書監為麟臺監。(七五)怏怏：心不滿足。(七六)司府丞：《舊唐書・職官志》三：「太府寺，光宅改為司府。丞四人，從六品上。」(七七)地官員外郎：同志二：「戶部尚書，光宅元年改為地官尚書，員外郎二員，並五品上，郎中員外郎之職，掌分理戶口井田之事。」(七八)卿足繼祁奚矣：《左傳》襄三年：「祁奚請老，晉侯問嗣焉，稱解狐，其讎也，將立之而卒。又問焉，對曰：『午也可。』於是使祁午為中軍尉。君子謂：『祁奚於是能舉善矣，稱其讎，不為諂，立其子，不為比。』」(七九)通事舍人：《唐六典》卷九：「中書省通事舍人十六人，從六品上，掌朝見引納，及辭謝者於殿廷通奏。」(八〇)規諫：規勸諫諍。(八一)脯醢：脯，乾肉，音甫。醢，肉醬，音ㄏㄞˇ。(八二)參：人參。(八三)朮：山薊，分白蒼二種，音ㄓㄨˊ。(八四)請備藥物之末：謂請備充一不重要之藥石。(八五)何可一日無也：謂何可一日無君也。(八六)通事舍人河南元行沖……行沖名澹，以字行：按此段《舊唐書・元行沖傳》亦載之，文字大致相同。(八七)司屬卿：光宅改宗正為司屬。(八八)為天兵中道大總管：胡三省曰：「緣此，後置天兵軍於并州城中。」核天兵，謂天子之兵卒也。(八九)下邽：舊縣名，故址在今陝西省渭南縣境。(九〇)飛狐：舊縣名，本漢廣昌縣地，隋改飛狐，以縣北有飛狐口，故名。即今河北省淶源縣。(九一)招諭：招降曉諭。(九二)躡：謂跳踊而為之節。(九三)尚書位任非輕：以知微使突厥時，銜為攝春官尚書，故云然。(九四)獨：豈。(九五)不得已，萬歲樂：蓋謂躡萬歲樂，乃屬不得已也。(九六)長史唐般若：按《舊唐書・突厥傳》、〈忠義傳〉，及《新唐書・則天紀》，皆作唐波若，當改從之。(九七)翻城：翻越城垣。(九八)仰藥詐死：按《舊唐書・忠義高叡傳》作：「叡覺之，將自殺不死。」是此詐宜改作不字，方較妥當。(九九)金獅子帶：簡稱則曰金帶，乃三品以上之章服。(一〇〇)酬報：報答。(一〇一)默啜圍趙州……叡，熲之孫也：按此事《舊唐書・忠義高叡傳》亦載之，而所敘者，多不相同，未審何故。(一〇二)先是：先此。(一〇三)右臺中丞：《舊唐書・職官志》三：「御史臺，光宅元年分臺為左右，號曰左右肅政臺。中丞二員，正四品下。」(一〇四)藍田：今陝西省藍田縣。(一〇五)猶疑未定：謂猶疑尚未確定。(一〇六)不易：不更改。(一〇七)藍田令薛訥……醜虜不足平也：

按此段乃錄自《舊唐書・薛訥傳》，字句大致相同。⑧依阿：遵依阿順，而不獨持異議。⑨模稜：與摸稜同，是非無所決擇之謂。⑩味道前後在相位數歲……時人謂之蘇摸稜：按此段乃錄自《舊唐書・蘇味道傳》，字句大致相同。⑪自五回道去：《水經注》：「代郡廣昌縣東南有大嶺，世謂之廣昌嶺。嶺高四十餘里，二十里中，委折五回，方得達其上嶺，故嶺有五回之名。」⑫躡：追躡。⑬都下：即都中。⑭亡匿：逃亡藏匿。⑮脅從：脅迫隨從。⑯迹：行迹。⑰心：投降之心。⑱傷重：謂失之於重。⑲家道：按此為唐代之特殊用語，謂家計或家產也。《南史・徐克孝傳》：「家道壁立。」《舊唐書・王丘傳》：「下制曰：『聞其家道屢空，醫藥靡給。』」同書〈狄仁傑傳〉：「上疏曰：『近緣軍機，調發傷重，家道悉破，或至逃亡，剔屋賣田。』」皆其例也。⑳官典：猶國法。㉑侵漁：侵佔而漁肉之。㉒痛切肌膚：猶痛徹肌膚。㉓情危：情況危殆。㉔不樂其生：謂不喜安生。㉕賒死：謂延緩其死期。㉖愧辱：恥辱。㉗諸城入偽：此謂諸城投降突厥。㉘或待天兵：謂或待天兵，來即反正。㉙皆云攻得：蓋有非攻而自來降者，亦皆云攻得。㉚濫賞：盡以攻取之物賞將士，則為濫賞。㉛非辜：以從虜之罪罪一切士民，則中必有非辜蒙枉者。㉜以經與賊同：以曾經與賊合同。㉝汚辱妻子：謂姦淫婦女。㉞兵士信知不仁：謂誠知無行之兵士必施為之。㉟簪笏未能以免：簪笏指為官員者，謂即為官員者，亦未能免。㊱為惡更深：猶為惡更甚。㊲且賊務招攜，秋毫不犯：胡三省曰：「言除賊務在招撫攜貳，秋毫無所侵犯也。」㊳平人：即平民，人乃避諱所改。㊴隨流：謂隨水流之情形。㊵伍：猶徒。㊶露宿草行：宿於露天之下，行於草莽之中。

㊷潛竄：潛伏逃竄。㊸則狂：謂為狂妄之行。㊹邊塵蹔起：謂邊塞風塵之警，暫時興起。㊺中土：猶國內。㊻反側：指反逆之人。㊼以狄仁傑為河北道安撫大使……一無所問，制從之：按此段乃錄自《舊唐書・狄仁傑傳》，字句大致相同。㊽遞還本貫：差人逐驛送還本籍。㊾糧運：謂自他處運輸之糧。㊿郵驛：郵亦驛，二者名異物同。(51)濟：輔助。(52)旋師：還師。(53)供頓：頓舍時所須之供給物品。(54)疏糲：疏，麤也，糲，脫粟也，一斛粟得六斗米為糲。(55)以秘書少監李嶠：按《唐六典》卷十：「秘書省監一人，天授初改為麟臺監，神龍元年復舊。」是此時仍名麟臺監也。秘書二字，當改作麟臺，以符當時之官名。(56)磔：張。(57)段瓚，志玄之子也：段志玄從起晉陽，征伐有功。(58)楊齊莊：按上文，當作楊鸞莊。(59)尋：不久。(60)猶豫：猶疑不決。(61)擢：升遷。(62)親委：親任。(63)蜀州：《舊唐書・地理志》四劍南道：「蜀州，垂拱二年，分益州四縣置。」(64)姚州：同志四劍南道：「姚州，武德四年置。漢武帝開西南夷，置益州郡，雲南即屬邑也；後置永昌郡，雲南、哀牢、博南皆屬邑也。武德四年，安撫大使李英，以此州內人多姓姚，故置姚州。至京師四千九百里。」(65)姚州本哀牢之國：哀牢見卷四十五漢明帝永平十二年。(66)荒外：荒服之外。(67)絕域：絕遠之域。(68)鹽布：姚州地出鹽布，故即以此稅之。(69)甲兵之用：接上文，謂未嘗徵發其兵卒。(70)平人：平民。(71)受役蠻夷：謂受役於蠻夷之境。(72)肝腦塗地：猶犧牲性命。(73)惜：哀惜。(74)嶲州：《舊唐書・地理志》四劍南道：「嶲州中都督府，隋越嶲郡，武德元年改為嶲州，在京師西南三千六百五十四里。」(75)覲：見，音ㄐㄧㄣˋ。(76)同之蕃國：與蕃國相同。(77)瀘南：謂瀘水之南。《方

輿紀要》：「瀘水，其源曰若水，下流曰瀘水，入金沙江。」㉖廢省：廢除。㉗蜀州每歲遣兵五百人戍姚州……疏奏不納：按此段乃錄自《舊唐書・張柬之傳》，字句大致相同。

二年（西元六九九年）

㈠正月，丁卯朔，告朔於通天宮①。

㈡壬戌，以皇嗣為相王，領太子右衛率②。

㈢甲子，置控鶴監丞、主簿等官③，率皆嬖寵④之人，頗用才能文學之士以參之⑤，以司衛卿⑥張易之為控鶴監，銀青光祿大夫張昌宗、左臺中丞吉頊、殿中監田歸道、夏官侍郎李迥秀、鳳閣舍人薛稷、正諫大夫臨汾⑦員半千⑧，皆為控鶴監內供奉，稷⑨，元超之從子也。半千以古無此官，且所聚多輕薄之士，上疏請罷之，由是忤旨，左遷水部郎中⑩⑪。

㈣臘月，戊子，以左臺中丞吉頊為天官侍郎，右臺中丞魏元忠為鳳閣侍郎，並同平章事。

㈤文昌左丞宗楚客與弟司農卿晉卿坐贓賄滿萬餘緡，及第舍⑫過度，楚客貶播州(一三)司馬，晉卿流峯州(一四)。太平公主觀其第，歎曰：「見其居處，吾輩乃虛生耳(一五)！」

(六)辛亥，賜太子姓武氏，赦天下。太后生重眉，成八字，百官皆賀。

(七)河南北置武騎團，以備突厥(一六)。

(八)春，一月，庚申，夏官尚書同鳳閣鸞臺三品武攸寧罷為冬官尚書。

(九)二月，己丑，太后幸嵩山，過緱氏(一七)，謁升仙太子(一八)廟，壬辰，太后不豫，遣給事中欒城閻朝隱禱少室山(一九)，朝隱自為犧牲(二〇)，沐浴伏俎上(二一)請代太后命(二二)，太后疾小愈，厚賞之，丁酉，自緱氏還。

(十)初吐蕃贊普器弩悉弄尚幼，論欽陵兄弟用事，皆有勇略，諸胡畏之，欽陵居中秉政(二三)，諸弟握兵分據方面，贊婆常居東邊，為中國患者三十餘年，器弩悉弄浸長(二四)，陰與大臣論巖謀誅之，會欽陵出外，贊普詐云出畋(二五)，集(二六)兵，執欽陵親黨二千餘人，殺之，遣使召欽陵兄弟，欽陵等舉兵不受命，贊普將兵討之，欽陵兵潰(二七)，自殺。夏，四月，贊婆帥所部千餘人來降。【考異】實錄：「贊婆及其兄弟莽布支等來降，以莽布支左羽林衛員為外大將軍，封安國公。」按贊婆弟名悉多于數論，明年吐蕃將莽布支寇涼州，與唐休璟戰，未詳實錄所云，今刪去。㉘太后命左武衛鎧曹參軍郭元振與河源軍大使夫蒙令卿將騎迎之，以贊婆為特進、歸德王㉙㉚。欽陵子弓仁以所統吐谷渾七千帳來降，拜左玉鈐衛將軍、酒泉郡公。

(十一)壬辰，以魏元忠檢校并州長史，充天兵軍大總管，以備突厥，婁師德為天兵軍副大總管，仍充隴右諸軍大使，專掌㉛懷撫㉜吐蕃降者。

(十二)太后春秋高，慮身後太子與諸武不相容㉝，壬寅，命太子、相王、太平公主、與武攸暨等為誓文，告天地於明堂㉞，銘㉟之鐵券，藏於史館。

(十三)秋，七月，命建安王武攸宜留守西京，代會稽王武攸望。

(十四)丙辰，吐谷渾部落一千四百帳內附。

(十五)八月，癸巳，突騎施烏質勒㊱遣其子遮弩入見，遣侍御史㊲元城解琬安撫烏質勒及十姓部落。

(十六)制州縣長史非奉有勑旨，毋得擅㊳立碑。

㈦內史王及善雖無學術，然清正難奪㊴，有大臣之節㊵，張易之兄弟每侍內宴，無復人臣禮，及善屢奏，以為不可。太后不悅，謂及善曰：「卿既年高，不宜更侍遊宴，但檢校閣中㊶可也。」及善因稱病，謁假㊷月餘，太后不問，及善歎曰：「豈有中書令而天子可一日不見乎！事可知矣㊸。」乃上疏乞骸骨㊹，太后不許，庚子，以及善為文昌左相㊺，太子宮尹豆盧欽望為文昌右相，仍並同鳳閣鸞臺三品。【考異】新紀表，及善同平章事，今從實錄。朝野僉載曰：「王及善才行庸猥，風神鈍濁，為內史時，人號為鳩集鳳池。俄遷文昌右相，無它政，但不許令使奴驢入臺，終日迫逐，無時蹔捨，時人號驅驢宰相。」此蓋張文成惡及善，毀之耳。今從舊傳。鸞臺侍郎同平章事楊再思罷為左臺大夫，丁未，相王兼檢校安北大都護，以天官侍郎陸元方為鸞臺侍郎同平章事。

㈧納言、隴右諸軍大使婁師德薨。師德在河隴，則後四十餘年，恭勤㊻不怠，民夷安之。性沈厚寬恕，狄仁傑之入相也，師德實薦之，而仁傑不知，意頗輕師德，數擠㊼之於外。太后覺之，嘗問仁傑曰：「師德賢乎？」對曰：「為將能謹守邊陲，賢則臣不知㊽。」又曰：「師德知人乎？」對曰：「臣嘗同僚，未聞其知人也。」

太后曰：「朕之知卿，乃師德所薦也，亦可謂知人矣。」仁傑既出，歎曰：「婁公盛德，我為其所包容(49)久矣，吾不得窺其際(50)也。」是時羅織紛紜(51)，師德久為將相，獨能以功名終，人以是重之(52)。

(19)戊申，以武三思為內史。

(20)九月，乙亥，太后幸福昌(53)，戊寅，還神都。

(21)庚子，邢貞公王及善薨(54)。河溢，漂濟源(55)百姓廬舍千餘家。

(22)冬，十月，丁亥，論贊婆(56)至都，太后寵待，賞賜甚厚，以為右衛大將軍，使將其眾守洪源谷(57)。

(23)太子相王諸子復出閤(58)。

(24)太后自稱制以來，多以武氏諸王及駙馬都尉為成均祭酒，博士助教(59)亦多非儒士，又因郊丘(60)明堂(61)，拜洛封嵩(62)，取弘文國子生為齋郎(63)，因得選補，由是學生不復習業，二十年間，學校殆廢，而鄉時酷吏所誣陷者，其親友流離，未獲原宥(64)。鳳閣舍人韋嗣立上疏，以為：「時俗浸輕(65)儒學，先王之道，廢弛(66)不講，宜令王公以下子弟皆入國學，不聽以他岐(六七)仕進。又自揚豫(六八)以來，制獄漸繁，酷吏乘間，專欲殺人以求進(六九)，賴陛下聖明，周、丘、王、來相繼誅殛(七〇)，朝野慶泰(七一)，若再覩陽和(七二)。至如仁傑、元忠，往遭案鞫，亦皆自誣，非陛下明察，則以為葅醢矣。今陛下升而用之，皆為良輔(七三)，何乃前非而後是哉？誠由枉陷與甄明(七四)耳。臣恐歸之負冤得罪者甚眾，亦皆如是，伏望陛下弘天地之仁，廣雷雨(七五)之施，自垂拱以來，罪無輕重，一皆昭洗(七六)，死者追復官爵，生者聽還鄉里，如此則天下知昔之枉濫，非陛下之意，皆獄吏之辜(七七)，幽明(七八)歡欣，感通和氣(七九)。」太后不能從。嗣立，承慶之異母弟也，母王氏遇承慶甚酷，每杖承慶，嗣立必解衣請代(八〇)，母不許，輒私自杖，母乃為之漸寬。承慶為鳳閣舍人，以疾去職，嗣立時為萊蕪(八一)令，太后召謂曰：「卿父嘗言臣有兩兒，堪事陛下，卿兄弟在官，誠如父言，朕今以卿代兄，更不用它人。」即日拜鳳閣舍人(八二)。是歲，突厥默啜立其弟咄悉匐為左廂察，骨篤祿子默矩為右廂察，各主兵(八三)二萬餘人，其子匐俱為小可汗(八四)，位在兩察上，主處木昆等十姓兵四萬餘人，又號為拓西可汗(八五)。

【今註】㈠告朔於通天宮：告朔，古禮也。㈡領太子右衛率：《舊唐書・職官志》三：「太子左右衛率府，率各一員，正四品上，掌東宮兵仗羽衛之政令。」領，兼領。㈢置控鶴監丞、主簿等官：聖曆元年已置拱鶴監，今方備官。㈣嬖寵：嬖愛寵幸。㈤以參之：以參預之。㈥司尉卿：龍朔改衛尉為司尉。㈦臨汾：今山西省臨汾縣。㈧員半千：《舊唐書・文苑員半千傳》：「師事學士王義方，義方嘉重之，嘗謂之曰：『五百年一賢，足下當之矣。』因改名半千。」按此即依孟子之五百年必有賢者興而改者也，其改名之經過，甚饒意趣。員音云。㈨稷，元超之從子：薛元超事高宗。㈩水部郎中：《舊唐書・職官志》二：「工部尚書屬水部郎中一員，從五品上，掌天下川瀆陂池之政令，以導達溝洫堰決河渠，凡舟楫溉灌之利，咸總而舉之。」(一一)半千以古無此官……左遷水部郎中：按此段乃錄自《舊唐書・文苑員半千傳》，字句大致相同。(一二)第舍：猶第宅。(一三)播州：《舊唐書・地理志》三江南道：「播州，在京師南四千四百五十里。」(一四)峯州：《舊唐書・地理志》四嶺南道：「峯州，隋交趾郡之嘉寧縣，武德四年置峯州，至京師七千七百一十里。」(一五)見其居處，吾輩乃虛生耳：極言其雄偉壯麗，而未得見、得居，故云虛此一生。(一六)河南北置武騎團以備突厥：按上卷萬歲通天元年，初令山東近邊諸州，置武騎團兵，此則擴而充之，以延及於內地。(一七)緱氏：漢置緱氏縣，以山名，故城在今河南省偃師縣南。(一八)升仙太子：胡三省曰：「升仙太子，周王子晉也。世傳晉升仙後，桓良遇之於嵩山，曰：『七月七日，待我於緱氏山頭。』果乘白鶴駐山頂，舉手謝時人而去，後人因為立祠。後加號升仙太子。」⑲少室山：嵩山中之峯名。⑳犧牲：充祭祀所用之牛羊豕。㉑沐浴伏俎上：先行沐浴，以使身體清潔，蓋如此，鬼神方歆享之。俎，切肉之薦，俗稱椹板。㉒命：性命。㉓秉政：執政。㉔浸長：漸長。㉕畋：獵。㉖集：召集。㉗潰：潰散。㉘考異：「實錄：『贊婆及其兄弟莽布支等來降。』按贊婆弟名悉多於敷論，明年吐蕃將莽布支寇涼州，與唐休璟戰。未詳實錄所云，今刪去。」按《舊唐書・吐蕃傳》，莽布支乃贊婆之兄子，又與唐休璟作戰者，乃吐蕃將趨莽布支，若如〈吐蕃傳〉所書，則上諸矛盾，盡可化釋。㉙左武衛鎧曹參軍：《唐六典》卷二十四：「左右衛大將軍屬冑曹參軍事各一人，正八品下，隋左右衛府有鎧曹行參軍一人，皇朝因之，長安中改為冑曹，神龍初復為鎧曹。掌其戎杖器械，及公廨興造決罰之事。」㉚初吐蕃贊普器弩悉弄尚幼……為特進，歸德王：按此段乃錄自《舊唐書・吐蕃傳》，字句大致相同。㉛掌：猶知，謂主持也。㉜懷撫：懷徠安撫。㉝不相容：不相容納。㉞告天地於明堂：謂於明堂中祭告天地。㉟銘：刻。㊱突騎施烏質勒：《舊唐書・突厥傳》下：「突騎施烏質勒者，西突厥之別種也，初隸在斛瑟羅下，號為莫賀達干。斛瑟羅則天時入朝，不敢還蕃，其地並為烏質勒所併。」㊲侍御史：《舊唐書・職官志》三：「御史臺侍御史四員，從六品下。掌糾舉百寮，推鞫獄訟。」㊳擅專自。㊴清正難奪：《舊唐書・王及善傳》作：「每以清正見知，臨事難奪。」是其詳釋。㊵節：節操。㊶檢校閣中：檢校省閣中事。㊷謁假：〈王及善傳〉作請假，二者字異意同。㊸事可知矣：

謂其不見依重，從可知矣。㊹乞骸骨：謂乞全性命而行引退。㊺內史王及善雖無學術……庚子以及善為文昌左相：按此段乃錄自《舊唐書・王及善傳》，字句大致相同。㊻恭勤：恭恪勤慎。㊼擠：排擠。㊽賢則臣不知：意乃謂其不賢也。㊾我為其所包容：《舊唐書・婁師德傳》作：「吾為婁公所含。」是包容亦即含也。㊿窺其際：窺其涯際。(51)紛紜：猶繁亂。(52)納言、隴右諸軍大使婁師德薨……人以是重之：按此段乃錄自《舊唐書・婁師德傳》，字句大致相同。(53)福昌：《舊唐書・地理志》一河南道：「河南，福昌縣，隋宜陽縣，武德元年仍改熊州之宜陽為福昌縣。」蓋因隋福昌宮以為名。(54)庚子，邢貞公王及善薨：按《新唐書・則天紀》作：「庚辰」。以上之戊寅推之，當以作庚辰為是。(55)濟源：《舊唐書・地理志》二河北道：「懷州，隋河內郡，武德四年，懷州領河內、武德、軹、濟源四縣。」(56)論贊婆：論乃吐蕃之官名，故加否皆可。(57)洪源谷：胡三省曰：「洪源谷在涼州昌松縣界。」(58)太子相王諸子復出閤：相王諸子幽宮中，見卷二百四天授二年。(59)成均祭酒，博士助教：《唐六典》卷二十一：「國子監祭酒一人，從三品，光宅元年，改為成均監祭酒。祭酒之職，掌邦國儒學訓導之政令。國子博士二人，正五品上，助教二人，從六品上。國子博士掌教文武官三品以上，及國公子孫，從二品已上曾孫之為生者，五分其經，以為之業。助教，掌佐博士，分經以教授焉。」(60)郊丘：謂祭圜丘於南郊。(61)明堂：享萬眾神宮及享通天宮，皆明堂也。(62)拜洛封嵩：垂拱四年拜洛，萬歲通天元年封嵩山。(63)取弘文國子生為齋郎：《舊唐書・職官志》二：「門下省弘文館，學生三十人，其學生教授考試，如國子學之制焉。」胡三省曰：「齋郎者，執豆籩，奉樽彝罍洗，以供祭祀之事。」（六四）原宥：猶赦免。（六五）浸輕：漸輕。（六六）廢弛：廢替鬆弛。（六七）他岐：其他岐異之路，亦即非正路也。（六八）揚豫：謂徐敬業起兵於揚州，趙王貞起兵於豫州。（六九）以求進：以求升進。（七〇）周丘王來，相繼誅殛：胡三省曰：「天授二年，周興流死，丘神勣誅；延載元年，王弘義誅；神功元年，來俊臣誅。」（七一）慶泰：慶賀康泰。（七二）陽和：和煖之陽光。（七三）良輔：賢良之宰輔。（七四）甄明：甄別而察明之。（七五）雷雨：猶雲雨或雨露。（七六）昭洗：昭白雪洗。（七七）辜：罪。（七八）幽明：謂人神。（七九）感通和氣：和氣為之感通而生。（八〇）請代：請代兄受杖。（八一）萊蕪：今山東省萊蕪縣。（八二）鳳閣舍人韋嗣立上疏……即日拜鳳閣舍人：按此段乃錄自《舊唐書．韋思謙附嗣立傳》，字句大致相同。（八三）主兵：猶領兵。（八四）其子匐俱為小可汗：按上雖有立其弟咄悉匐為左廂察之文，然因下有各主兵二萬餘人之語，使文章成一段落。則另起之其子匐俱上，當如《舊唐書．突厥傳》，添又立二字，方使文義，得以明顯。（八五）拓西可汗：處木昆十姓，為西突厥所部，故號拓西。

久視元年（西元七〇〇年）（一）

（一）正月，戊寅，內史武三思罷為特進太子少保，【考異】新紀表皆云：「戊午，貶吉頊為琰川尉，壬申，三思罷。」中間未嘗復入相，明年十一月壬申又云：「三思罷。」日及官皆同，蓋誤重複耳。今從實錄。天官侍郎同平章事吉頊貶安固尉（二）。【考異】實錄但云坐事貶流，僉載新書皆云貶琰川尉，今從御史臺記。太后以頊有幹略（三），故委以腹心[四]，項與武懿宗爭趙州之功於太后前，項魁岸[五]辯口，懿宗短小傴僂[六]，項視懿宗，聲氣陵厲[七]，太后由是不悅，曰：「項在朕前，猶卑[八]我諸武，況異時詎[九]可倚[一〇]邪[一一]？」它日，項奏事方援古引今，太后怒曰：「卿所言，朕飫聞[一二]之，無多言。太宗有馬名師子驄，肥逸[一三]無能調馭[一四]者，朕為宮女，侍側，言於太宗曰：『妾能制之，然須三物，一鐵鞭，二鐵檛[一五]，三匕首。鐵鞭擊之不服，則以檛檛其首，又不服，則以匕首斷其喉。』太宗壯朕之志。今日卿豈足污朕匕首邪[一六]！」項惶懼[一七]流汗，拜伏求生，乃止。諸武怨其附太子，共發其弟冒官[一八]事，由是坐貶，辭日，得召見，涕泣言曰：「臣今遠離闕庭[一九]，永無再見之期，願陳一言。」太后命之坐，問之，項曰：「合水土為泥，有爭乎？」太后曰：「無之。」又曰：「分半為佛，半為天尊[二〇]，有爭乎？」曰：「有爭[二一]矣。」項頓首曰：「宗室外戚各當其[二二]分，則天下安，今太子已立，而外戚猶為王，此陛下驅之使它日必爭，兩不得安也。」太后曰：「朕亦知之，然業已[二三]如是，不可何如[二四]。」

㈡臘月，辛巳，立故太孫重潤為邵王，其弟重茂為北海王。

㈢太后問鸞臺侍郎陸元方以外㉕事，對曰：「臣備位宰相，有大事不敢以不聞，人間細事㉖，不足煩聖德㉗。」由是忤旨，庚寅，罷為司禮卿㉘。元方為人清謹㉙，再為宰相，太后每有遷除㉚，多訪之，元方密封以進，未嘗漏露㉛，臨終悉取奏藁㉜焚之，曰：「吾於人多陰德㉝，子孫其未衰乎㉞㉟！」以西突厥竭忠事主可汗斛瑟羅為平西軍大總管，鎮碎葉㊱。

㈣丁酉，以狄仁傑為內史。

㈤庚子，以文昌左丞韋巨源為納言。【考異】新紀表：「庚子，文昌左相韋巨源為納言，十月丁巳，罷。」先時不言巨源為左相，舊紀傳皆無之，蓋左丞誤為左相耳。

㈥乙巳，太后幸嵩山。春，一月，丁卯，幸汝州之溫湯，戊寅，還神都，作三陽宮於告成㊲之石淙。

㈦二月，乙未，同鳳閣鸞臺三品豆盧欽望罷為太子賓客㊳。

㈧三月，以吐谷渾青海王宣超為烏地也拔勤忠可汗㊴。

㈨夏，四月，戊申，太后幸三陽宮避暑，有胡僧邀㊵車駕，觀葬舍利(四一)，太后許之。狄仁傑跪於馬前，曰：「佛者，夷狄之神，不足以屈天下之主(四二)。彼胡僧詭譎(四三)，直(四四)欲邀致萬乘，以惑遠近之人耳。山路險狹，不容侍衛(四五)，非萬乘所宜臨也。」太后中道而還，曰：「以成吾直臣之氣(四六)。」

(十)五月，己酉朔，日有食之。

(十一)太后使洪州(四七)僧胡超合長生藥，三年而成，所費巨萬(四八)，太后服之，疾小瘳(四九)。癸丑，赦天下，改元久視(五〇)，去天冊金輪大聖之號。

(十二)六月，改控鶴為奉宸府(五一)，以張易之為奉宸令，太后每內殿曲宴，輒引諸武、易之及弟秘書監昌宗飲博(五二)嘲謔(五三)，太后欲掩其迹(五四)，乃命易之、昌宗與文學之士李嶠等修三教珠英(五五)於內殿，武三思奏昌宗乃王子晉後身(五六)，太后命昌宗衣羽衣(五七)，吹笙，乘木鶴於庭中，文士皆賦詩以美之。太后又多選美少年為奉宸內供奉，右補闕朱敬則諫曰：「陛下內寵有易之昌宗足矣，近聞右監門衛長史(五八)侯祥等，明自媒衒(五九)，醜慢不恥(六〇)，求為奉宸內供奉，無禮無儀(六一)，溢於朝聽(六二)。臣職在諫諍，不敢不奏。」太后勞(六三)之曰：「非卿直言，朕不知此。」賜綵百段(六四)。易之昌宗競以豪侈相勝，弟昌儀為洛陽令，請屬(六五)無不從，嘗早朝，有選人姓薛，以金五十兩并狀(六六)，邀其馬而賂之，昌儀受金，至朝堂，以狀授天官侍郎張錫，數日，錫失其狀，以問昌儀，昌儀罵曰：「不了事人(六七)，我亦不記，但姓薛者，即與之。」錫懼，退索在銓姓薛者六十餘人，悉留注官(六八)。錫，文瓘之兄子(六九)也。

(十三)初契丹將李楷固善用緆索(七〇)，及騎射舞槊(七一)，每陷陳如鶻(七二)入烏羣，所向披靡(七三)，黃麞之戰，張玄遇麻仁節皆為所緆，又有駱務整者，亦為契丹將，屢敗唐兵。及孫萬榮死，二人皆來降，有司責其後至，奏請族之，狄仁傑曰：「楷固等並驍勇絕倫(七四)，能盡力於所事(七五)，必能盡力於我。若撫(七六)之以德(七七)，皆為我用矣。」奏請赦之，所親皆止之，仁傑曰：「苟利於國，豈為身謀(七八)。」太后用其言，赦之。又請與之官，太后以楷固為左鈐衛將軍，務整為右武威衛將軍，使將兵擊契丹，餘黨悉平之。

【今註】㊀是年五月始改元。㊁吉頊貶安固尉：按考異曰：「僉載、新書，皆云貶琰川尉，今從御史臺記。」核《舊唐書．酷吏吉頊傳》：「十月，以弟作偽官，貶琰川尉，後改安固尉。」是先貶琰川尉，後改安固尉，特所記者前後不同，而非互相歧異也。㊂幹略：能幹才略。㊃委以腹心：任以為腹心。㊄魁岸：魁梧高岸。㊅傴僂：背彎。㊆陵厲：陵轢嚴厲。㊇卑：卑視。㊈詎：豈。㊉倚：倚賴。⑪太后以頊有幹略……詎可倚邪：按此段乃錄自《舊唐書．酷吏吉頊傳》，字句大致相同。⑫飫聞：飽聞，音ㄩˋ。⑬肥逸：肥大駿逸。⑭調馭：調習駕馭。⑮檛：箠、鞭。⑯豈足污朕匕首邪：言不足以殺之。⑰惶懼：驚惶恐懼。⑱冒官：謂造假資歷而為官也。⑲闕庭：猶宮闕，然唐代則喜以庭字與他字連綴。⑳爭：爭鬭。㉑天尊：即佛。㉒分：職分。㉓業已：俱係已意。㉔不可何如：謂不可如何，亦即無法更改。㉕外事：外間之事。㉖細事：小事或瑣事。㉗煩聖德：《舊唐書．陸元方傳》作：「煩聖覽。」覽謂聽覽。㉘司禮卿：光宅改太常卿為司禮卿。㉙清謹：清靜謹慎。㉚遷除：升遷除拜。㉛未嘗漏露：〈陸元方傳〉作：「未嘗露其私恩。」二文之意，稍有不同。由上者，則漏露，謂漏露消息，而下則謂未嘗向遷除者炫示其恩情。二者皆為居宮應守之規箴，而後者則更有涉於個人之品德及修養焉。㉜奏藁：奏疏之草藁。㉝多陰德：謂多有陰德。㉞子孫其未衰乎：謂子孫其將不衰微乎。㉟太后問鸞臺侍郎陸元方以外事……子孫其未衰乎：按此段乃錄自《舊唐書．陸元方傳》，字句大致相同。㊱碎葉：《新唐書．地理志》七下：「四鎮都督府屬焉耆都督府，有碎葉城，調露元年，都護王方翼築，四面十二門，為屈曲隱出伏沒之狀云。」㊲告成：

《新唐書・地理志》二：「河南府，陽城縣，萬歲登封元年，將封嵩山，改陽成曰告成。」(三八)太子賓客：《舊唐書・職官志》三：「太子賓客四員，正三品，古無此官，皇家顯慶元年春，始置四員，掌侍從規諫，贊相禮儀。」(三九)以吐谷渾青海王宣超為烏地也拔勤忠可汗：按宣超，《舊唐書・吐谷渾傳》作宣趙，此則從《新唐書》本傳。又烏地也拔勤忠，新、舊《唐書・吐谷渾傳》，皆作烏地也拔勒豆，當改從之。(四〇)邀：請。(四一)舍利：亦云舍利子，為佛身荼毘（即火化）後結成似珠狀之物，光瑩堅固，椎擊不破，依戒定慧熏修而得者也。其色凡三種，骨為白舍利，髮為黑舍利，肉為赤舍利。(四二)屈天下之主：謂屈天下之主之駕。(四三)詭譎：狡詭譎詐。(四四)直：但，只。(四五)不容侍衛：謂不容侍衛於兩旁翼衛。(四六)氣：氣節。(四七)洪州：屬唐江南西道，首縣為豫章，今江西省南昌縣。(四八)巨萬：謂萬萬。(四九)瘳：差，音ㄔㄡ。(五〇)久視：《老子》：「深根固柢，長生久視之道。」是久視即長生也。(五一)改控鶴為奉宸府：按宸原指北辰而言，後則以宸極以擬君王，唐代此風尤盛。奉宸府乃為奉侍天子之府。(五二)飲博：飲酒博奕。(五三)嘲謔：嘲笑戲謔。(五四)欲掩其迹：欲掩其男女猥褻之迹。(五五)三教珠英：三教，儒釋道，珠英，猶英華也。(五六)後身：猶託生。(五七)羽衣：仙者之服，以其似鳥，能輕舉高飛。(五八)右監門衛長史：《唐六典》卷二十五：「左右監門衛，長史各一人，從六品上。掌判諸曹及諸禁門之事，以省其出入巡檢，而司其籍。」(五九)明自媒衒：謂公開自己介紹衒賣。(六〇)醜慢不恥：《舊唐書・張行成附易之傳》：「侯祥云：『陽道壯偉，過於薛懷義，專欲自進，堪奉宸內供奉。』」是即其醜慢不恥之言行也。(六一)無儀：無式則。(六二)溢於朝聽：溢滿於朝臣之耳目。(六三)勞：

慰勞。(六四)改控鶴為奉宸府……朕不知此，賜綵百段：按此段乃錄自《舊唐書・張行成附易之傳》，字句大致相同。(六五)請屬：請求屬託。(六六)狀：文狀。(六七)不了事人：謂不能辨事之人。(六八)悉留注官：謂皆保留而注擬以官職。(六九)錫，文瓘之兄子：張文瓘見卷二百一高宗乾封二年。(七〇)緆索：於繩中作活結，欲捉敵人時，則拋於空中，而降下以套縛之。(七一)槊：矛，音朔。(七二)鶻：隼。(七三)披靡：披散偃靡。(七四)絕倫：謂無與倫比。(七五)所事：所事之主。(七六)撫：安撫。(七七)德：恩德。(七八)豈為身謀：豈為自身利害計算。

卷二百七　唐紀二十三

司馬光編集
曲守約　註

起上章困敦七月，盡旃蒙大荒落正月，凡四年有奇。（庚子至乙巳，西元七〇〇年至七〇五年）

則天順聖皇后下

久視元年（西元七〇〇年）

㈠秋，七月，獻俘於含樞殿㈠，太后以楷固為左玉鈐衛大將軍燕國公，賜姓武氏，召公卿合宴㈡，舉觴屬仁傑㈢曰：「公之功也。」將賞之。對曰：「此乃陛下威靈㈣，將帥盡力，臣何功之有！」固辭不受。

㈡閏月，戊寅，車駕還宮㈤。

㈢己丑，以天官侍郎張錫為鳳閣侍郎同平章事，鸞臺侍郎同平章事李嶠罷為成均祭酒。錫，嶠之舅也。故罷嶠政事。

㈣丁酉，吐蕃將麴莽布支寇涼州，圍昌松㈥，隴右諸軍大使唐休璟與戰於洪源谷，麴莽布支兵甲鮮華㈦，休璟謂諸將曰：「諸論既死[八]，麴莽布支新為將，不習軍事，望之雖如精銳，實易與耳[九]。請為諸君破之。」乃被甲先陷陳[一〇]，六戰皆捷，吐蕃大奔，斬首二千五百級，獲二裨將[一一]而還[一二]。

㈤司府[一三]少卿楊元亨、尚食奉御[一四]楊元禧，皆弘武之子[一五]也。元禧常忤張易之，易之言於太后：「元禧、楊素之族，素父子隋之逆臣，子孫不應供奉[一六]。」太后從之。壬寅，制楊素及其兄弟子孫皆不得任京官[一七]，左遷元亨睦州[一八]刺史，元禧貝州[一九]刺史。

㈥庚戌，以魏元忠為隴右諸軍大使[二〇]，擊吐蕃。

㈦庚申，太后欲造大像，使天下僧尼日出一錢，以助其功[二一]。狄仁傑上疏諫，其略曰：「今之伽藍[二二]制過宮闕，功[二三]不使鬼，止在役人，物不天來[二四]，終須地出，不損百姓，將何以求？」又曰：「游僧皆託佛法，詿誤[二五]生人，里陌[二六]動[二七]有經坊[二八]，闤闠[二九]亦立精舍[三〇]，化誘所急，切[三一]於官徵，法事所須，嚴於制敕[三二]。」又曰：「梁武簡文捨施無限[三三]，及三淮沸浪，五嶺騰煙[三四]，列剎[三五]盈衢，無救危亡之禍，緇衣[三六]蔽路[三七]，豈有勤王[三八]之師？」又曰：「雖斂[三九]

僧錢，百未支一(四〇)，尊容(四一)既廣(四二)，不可露居(四三)，覆(四四)以百層，尚憂未遍(四五)，自餘廊宇，不得全無。如來(四六)設教，以慈悲為主，豈欲勞人，以存(四七)虛飾？」又曰：「比來水旱不節(四八)，當今邊境未寧，若費官財，又盡人力，一隅(四九)有難，將何以救之？」太后曰：「公教朕為善，何得相違(五〇)！」遂罷其役(五一)(五二)。

㈧阿悉吉薄露叛(五三)，遣左金吾將軍田揚名、殿中侍御史(五四)封思業討之，軍至碎葉，薄露夜於城傍剽掠而去，思業將騎追之，反為所敗。揚名引西突厥斛瑟羅之眾攻其城，旬餘不克，九月，薄露詐降，思業誘而斬之，遂俘(五五)其眾。

㈨太后信重內史梁文惠公狄仁傑，羣臣莫及，常謂之國老(五六)而不名。仁傑好面引(五七)廷爭，太后每屈意從之。嘗從太后遊幸，遇風吹仁傑巾(五八)墜，而馬驚不能止，太后命太子追執其鞚(五九)而繫之(六〇)。仁傑屢以老疾乞骸骨，太后不許，入見常止其拜，曰：「每見公拜，朕亦身痛(六一)。」仍免其宿直(六二)，戒其同僚曰：「自非軍國大事，勿以煩公。」辛丑薨(六三)，太后泣曰：「朝堂空矣。」自是朝廷有大事，眾或不能決，太后輒歎曰：「天奪吾國老，何太早邪！」太后嘗問仁傑：「朕欲得一佳士用之，誰可者？」仁傑曰：「未審陛下欲何所用之？」太后曰：「欲為將相。」仁傑對曰：「文學縕藉（六四），則蘇味道、李嶠固其選矣。必欲取卓犖（六五）奇才，則有荊州長史張柬之，其人雖老，宰相才也。」太后擢柬之為洛州司馬（六六）。數日又問，仁傑對曰：「前薦柬之，尚未用也。」太后曰：「已遷矣。」對曰：「臣所薦者可為宰相，非司馬也。」乃遷秋官侍郎，久之卒用為相。仁傑又嘗薦夏官侍郎姚元崇、監察御史曲阿桓彥範、太州（六七）刺史敬暉等數十人，【考異】梁公傳云：「張柬之、桓彥範、敬暉、崔玄暐、袁恕己，皆公所薦，公嘗退食之後，謂五公曰，所恨衰老，身先朝露，不得見五公盛事，冀各保愛，願盡本心。五公心知目擊，懸悟公意。公寢疾，王公候問，偶對終日，竟無一言，少頃流涕及枕，但相視而已，五公退出，遞不測其由。袁恕己曰，豈不氣力轉羸，須問家事乎？張柬之曰，未聞大賢廢國謀家者也，斯須，命張柬之、袁恕己、桓彥範三公入，餘二公立於門外，曰，向者無言；蓋以二公之故，此二公能斷而不能密，若先與議之，事必外泄，一泄之後，則國異而家亡也。至是時，或不與共之，事亦不就。梁王三思掌權，可先取而後行也，不然則必反生大禍。狄公沒後，間歲餘，五公潛會於幽間之處，敍公當時之言，重結盟約，輒饌之後，相顧欲言，未至其時，恐負前諾，欲言又止，前後數四，桓彥範乃敍其言，言猶未畢，聞戶牖之外，聲若雷霆，須臾風雨，咫尺莫辨，所坐牀褥，悉擲於階下，五公戰懼，不知所據，乃相謂曰，此是狄公忠烈之至，假此靈變，以驚眾心，不欲吾輩先論此事，未至其時，不可復言也。斯須，天清日明，不異於初。易之等既誅，袁謂張公曰，昔有遺言，使先收三思，豈可捨諸？張公曰，但大事畢功，此是機上之物，豈可逃乎？後梁王交通於內，五公果為所譖，俱遭流竄，所期興廢年月，遺約軌摸，少無異也。」按柬之等五人，偶同時在位，協力立功，仁傑豈能預知其事？舉此五人，專欲使之輔立太子邪？且易之等若有可誅之便，太子有可立之勢，仁傑身為宰相，豈待五年之後，須柬之等然後發邪？此蓋作傳者因五人建興復之功，附會其事，云此仁傑所舉，受教於仁傑耳。其言譎恠無稽，今所不取。舊傳惟舉柬之、彥範、暉三人姓名，今從之。率為名臣。或謂仁傑曰：「天下桃李，悉在公門矣(六八)。」仁傑曰：「薦賢為國，非為私也。」初仁傑為魏州刺史(六九)，有惠政，百姓為之立生祠，後其子景暉為魏州司功參軍(七〇)，貪暴為人患，人遂毀其像焉(七一)。

(十)冬，十月，辛亥，以魏元忠為蕭關(七二)道大總管，以備突厥。

(十一)甲寅，制復以正月為十一月，一月為正月(七三)，赦天下。

(十二)丁巳，納言韋巨源罷，以文昌右丞韋安石為鸞臺侍郎同平章事。安石，津之孫也(七四)。時武三思、張易之兄弟用事，安石數面折(七五)之。嘗侍宴禁中，易之引蜀商宋霸子等數人在坐同博(七六)，安石跪奏曰：「商賈賤類，不應得預此會。」顧左右(七七)逐出之，座中皆失色，太后以其言直，勞(七八)勉之，同列皆歎服(七九)。【考異】舊傳曰：「時鳳閣侍郎陸元方在座，退而告人曰，此乃真宰相，非吾屬所及也。」按新紀元已罷相，今不取。丁卯，太后幸新安，壬申，還宮。

(十三)十二月，甲寅，突厥掠隴右諸監馬萬餘匹而去。

(十四)時屠禁尚未解(八〇)，鳳閣舍人全節(八一)崔融上言，以為：「割烹犧牲，弋獵禽獸，聖人著之典禮，不可廢闕(八二)。又江南食魚，河西(八三)

食肉，一日不可無。富者未革(八四)，貧者難堪(八五)，況貧賤之人，仰(八六)屠為生，日戮一人，終不能絕(八七)，但資恐喝(八八)，徒長姦欺(八九)。為政者苟順月令，合禮經(九〇)，自然物遂(九一)其生，人得其性矣。」戊午，復開屠禁，祠祭用牲牢如故。

【今註】(一)獻俘於含樞殿：乃李楷固獻契丹之俘。含樞殿蓋在三陽宮。(二)召公卿合宴：謂召公卿與將帥合宴。(三)舉觴屬仁傑：舉觴向仁傑，而令之飲。(四)威靈：威武神靈。(五)車駕還宮：自三陽宮還洛陽宮。(六)寇涼州，圍昌松：《舊唐書・地理志》三隴右道：「涼州，隋武威郡，武德二年平李軌，置涼州。屬昌松縣。」(七)鮮華：鮮明華麗。(八)諸論既死：諸論死，見上卷聖曆二年。(九)容易與耳：謂實容易對付。(一〇)陳：古陣字。(一一)裨將：副將。(一二)吐蕃將麴莽布支寇涼州……獲二裨將而還：按此段乃錄自《舊唐書・唐休璟傳》，字句大致相同。(一三)司府：光宅元年，改太府寺為司府寺。(一四)尚食奉御：《舊唐書・職官志》三：「殿中省，尚食局奉御二人，正五品下。」(一五)皆弘武之子：楊弘武見卷二百一高宗乾封二年。(一六)不應供奉：謂不應供奉天子。(一七)京官：謂京師內之官。(一八)睦州：《舊唐書・地理志》三江南道：「睦州，隋遂安郡，武德四年平汪華，改為睦州，在京師東南三千六百五十九里。」(一九)貝州：同志二河北道：「貝州，隋清河郡，武德四年平竇建德，置貝州，在京師東北一千七百八十二里。」(二〇)庚戌，以魏元元忠為隴右諸軍大使：按《新唐書・則天紀》作：

「八月庚戌。」庚戌上，當添八月二字。㉑功：事功。㉒伽藍：梵語僧伽藍摩之略。義譯曰眾園，謂眾僧所住之園林也；世因稱佛寺為伽藍。㉓功：猶工。㉔物不天來：物不由天而降。㉕詿誤：牽累。㉖里陌：里閭街陌。㉗動：謂動不動，亦即常也。㉘經坊：誦經之坊，亦即佛寺。㉙闤闠：崔豹《古今注》：「闤市垣，闠市門。」亦即市廛。闠音潰。㉚精舍：僧侶精研佛法之室，名曰精舍。㉛切：嚴切。㉜制勅：皆與詔書相類。㉝無限：無限度。㉞沸浪騰煙：謂烽燧競起，干戈擾攘。㉟剎：寺院。㊱緇衣：僧徒。㊲蔽路：猶滿路。㊳勤王：謂王室有難，起兵靖亂。㊴斂：收斂。㊵百未支一：謂百事尚未作一事。㊶尊容：指佛像言。㊷廣：廣大。㊸露居：居於露天之中。㊹覆：覆蓋。㊺尚憂未遍：尚憂未能遍覆蓋之。㊻如來：釋氏謂佛為如來。㊼存：猶立。㊽水旱不節：水旱不調。㊾一隅：一方。㊿違：違背。(51)役：役作。(52)太后欲造大像……遂罷其役：按此段乃錄自《舊唐書．狄仁傑傳》，字句大致相同。又徵引之式，乃將原文分作多段，而屢用又曰以起發之，使讀之無冗長之感，此亦堪加注意之格式也。(53)阿悉吉簿露反：阿悉吉即《舊唐書．突厥傳》下，弩失畢五俟斤之阿悉結闕俟斤。(54)殿中侍卿史：《舊唐書．職官志》三：「御史臺，殿中侍御史六人，從七品下，掌殿廷供奉之儀式。」(55)俘：俘擄。(56)國老：即國之大老，蓋最尊敬之稱謂也。(57)面引：謂面引人之過。(58)巾：巾幘，帽屬。(59)鞚：馬勒，音控。(60)繫之：繫其巾。(61)朕亦身痛：朕亦身體不安。(62)宿直：夜間當直。(63)辛丑薨：按《新唐書．則天紀》作九月辛丑，辛丑上當添九月二字。(64)縕藉：含蓄有餘。(65)卓犖：特異，音ㄌㄨㄛˋ。(66)擢柬之為洛州司馬：胡三省曰：「自大州長史，進神州司馬，故曰擢。」〔六七〕太州：胡三省曰：「武德三年，以并州之太谷、祈縣置太州，六年州廢，當是此時復置也。」〔六八〕天下桃李，悉在公門矣：《韓詩外傳》七：「子質事魏文侯，獲罪而北遊，謂簡主曰：『從今之後，不復樹德於人矣。』簡主曰：『夫春樹桃李，夏得蔭其下，秋得食其實；春樹蒺藜，夏不可採其葉，秋得其刺。』」程大昌《演繁露》謂：「今世通以所薦士為桃李者，說皆本此。」〔六九〕仁傑為魏州刺史：見卷二百五萬歲通天元年。〔七〇〕魏州司功參軍：《舊唐書・職官志》三：「上州，司功參軍事一人，從七品下。掌官吏考課，祭祀禎祥，道佛學校，表疏醫藥陳設之事。」〔七一〕太后嘗問仁傑……人遂毀其像焉：按此段乃錄自《舊唐書・狄仁傑傳》，字句大致相同。〔七二〕蕭關：《舊唐書・地理志》一關內道：「原州，蕭關縣，貞觀六年置銀州，領突厥降戶，寄治於平高縣界地樓城，高宗時於蕭關置地鞬縣，神龍元年，廢地鞬縣置蕭關縣。」〔七三〕以正月為十一月，一月為正月：以十一月為正月，事見卷二百四天授元年，以一月為正月，乃用夏正建寅。〔七四〕安石，津之孫也：韋津死隋事，見卷一百八十五高祖武德元年。〔七五〕折：《舊唐書・韋安石傳》作：「折辱。」是其詳釋。〔七六〕博：樗蒱。〔七七〕顧左右：謂顧以示意。〔七八〕勞：慰勞。〔七九〕時武三思、張易之兄弟用事……同列皆歎服：按此段乃錄自《舊唐書・韋安石傳》，字句大致相同。〔八〇〕時屠禁尚未解：時屠禁見卷二百長壽元年。〔八一〕全節：《舊唐書・地理志》一河南道：「歷城，漢縣，屬齊南郡。舊志有平陵縣，貞觀十七年，齊王祐起兵，平陵人不從順，遂改為全節。元和十年，併全節入歷城縣。」〔八二〕廢闕：廢止空闕。〔八三〕河西：指隴右一帶而言。〔八四〕未革：未革食肉之習。〔八五〕難堪：難堪久不食肉。㈥仰：仰賴。㈦終不能絕：終不能絕止私宰。㈧但資恐喝：但資以恐嚇。㈨徒長姦欺：徒長姦偽欺詐之風。㈩禮經：禮之常道。(十一)遂：成。

長安元年（西元七〇一年）㈠

㈠春，正月，丁丑，以成州言佛迹見，改元大足㈡。【考異】朝野僉載云：「司刑寺囚三百餘人，秋分後無計可作，乃於圓獄外羅牆角邊，作聖人迹五尺，至夜半，三百人一時大叫，內使推問，云，昨夜有一聖人見，身長三丈，面作金色，云汝等並冤枉，不須怕懼，天子萬年，即有恩赦放汝，把火照之，見有偽迹，即大赦天下，改為大足元年，識者相謂曰，武家理天下，足也。」按改元在春不在秋，又無赦，今不取。

㈡二月，己酉，以鸞臺侍郎柏人㈢李懷遠同平章事。三月，鳳閣侍郎同平章事張錫坐知選漏泄禁中語，贓滿數萬，當斬，臨刑釋之，流循州㈣。時蘇味道亦坐事與錫俱下司刑㈤獄，錫乘馬，意氣自若，舍於三品院㈥，帷屏㈦食飲，無異平居。味道步至繫所，席地而臥，蔬食㈧而已。太后聞之，赦味道，復其位㈨。

㈢是月大雪，蘇味道以為瑞㈩，帥百官入賀。殿中侍御史王求禮止之曰：「三月雪為瑞雪，臘月雷為瑞雷乎(十一)？」味道不從(十二)，既入，求禮獨不賀，進言曰：「今陽和(十三)布氣，草木發榮(十四)，而寒雪為災，豈得誣以為瑞！賀者皆諂諛㉕之士也。」太后為之罷朝。時又有獻三足牛者，宰相復賀，求禮颺言㉖曰：「凡物反常皆為妖㉗，此鼎足㉘非其人㉙，政教不行之象㉚也。」太后為之愀然㉛。

【考異】統紀在延載元年，僉載在久視二年，統紀云左拾遺，僉載云侍御史。御史臺記云殿中侍御史，統紀云：「味道無以對。」舊傳云：「求禮止之，味道不從。」今年從僉載，官從臺記，事則參取諸書。

㈣夏，五月，乙亥，太后幸三陽宮。

㈤以魏元忠為靈武道行軍大總管㉜，以備突厥。天官侍郎鹽官顧悰同平章事㉝。

㈥六月，庚申，以夏官尚書李迥秀同平章事。迥秀性至孝，其母本微賤，妻崔氏常叱媵婢㉞，母聞之不悅，迥秀即時出之。或曰：「賢室㉟雖不避嫌疑，然過非七出㊱，何遽㊲如是？」迥秀曰：「娶妻本以養親，今乃違忤顏色㊳，安敢留也！」竟出之。

㈦秋，七月，甲戌，太后還宮。

㈧甲申，李懷遠罷為秋官尚書。

㈨八月，突厥默啜寇邊，命安北大都護相王為天兵道元帥，統諸軍擊之，未行而虜退。

㈩丙寅，武邑人蘇安恒上疏曰：「陛下欽先聖㉙之顧託，受嗣子㉚之推讓，敬天順人㉛，二十年矣。豈不聞帝舜褰裳㉜，周公復辟㉝？舜之於禹，事祗族親㉞，旦與成王，不離叔父㉟，族親何如子之愛？叔父何如母之恩？今太子孝敬是崇㊱，春秋既壯，若使統臨宸極㊲，何異陛下之身㊳，陛下年德既尊，寶位將倦㊴，機務煩重，浩蕩㊵心神，何不禪位東宮，自怡㊶聖體。自昔理㊷天下者，不見二姓而俱王也，當今梁、定、河內、建昌諸王㊸，承陛下之蔭覆㊹，並得封王，臣謂千秋萬歲之後㊺，於事非便，臣請黜㊻為公侯，任以閑簡㊼。臣又聞陛下有二十餘孫，今無尺寸㊽之封，此非長久之計也。臣請分土而王之，擇立師傅，教其孝敬之道，以夾輔周室，屏藩㊾皇家，斯為美矣。」疏奏，太后召見，賜食㊿慰諭而遣之。

(十一)太后春秋(五一)高，政事多委張易之兄弟，邵王重潤(五二)與其妹永泰郡主、主婿魏王武延基竊議其事，易之訴於太后。九月，壬申，太后皆逼令自殺。【考異】重潤傳曰：「重潤為人所構，與其妹永泰郡主婿武延基等，竊議張易之兄弟，何得恣入宮中，則天令杖殺。」今從實錄。

延基，承嗣之子也。

(十二)丙申，以相王知左右羽林衛大將軍事。

(十三)冬，十月，壬寅，太后西入關，辛酉，至京師，赦天下，改元(五三)。

(十四)十一月，戊寅，改含元宮為大明宮(五四)。

(十五)天官侍郎安平(五五)崔玄暐性介直(五六)，未嘗請謁(五七)，執政惡之，改文昌左丞，月餘，太后謂玄暐曰：「自卿改官以來，聞令史設齋自慶(五八)，此欲盛為姦貪耳。今還卿舊任。」乃復拜天官侍郎，仍賜綵七十段(五九)。

(十六)以主客郎中(六〇)郭元振為涼州都督、隴右諸軍大使。先是涼州南北境不過四百餘里，突厥吐蕃頻歲(六一)奄至(六二)城下，百姓苦之，元振始於南境硤口置和戎城，北境磧(六三)中置白亭軍(六四)，控(六五)其衝要，拓(六六)州境千五百里，自是寇不復至城下。元振又令甘州刺史李漢通開置屯田，盡水陸之利(六七)，舊涼州粟麥斛至數千，及漢通收率(六八)之後，一縑糴數十斛，積軍糧支(六九)數十年。元振善於撫御(七〇)，在涼州五年，夷夏畏慕（七一），令行禁止（七二），牛羊被野（七三），路不拾遺（七四）。

【今註】（一）是年十月始改元長安。（二）以成州言佛迹見，改元大足：按原意為大像之足，轉而為大豐足也。（三）柏人：《舊唐書·地理志》二河北道：「邢州，堯山縣，漢柏仁縣，貞觀初屬邢州，天寶元年改為堯山。」（四）循州：同志四嶺南道：「循州，隋龍川郡，武德五年改為循州，至東都四千八百里。」（五）司刑：光宅中改大理為司刑。（六）三品院：胡三省曰：「先是制獄既繁，司刑寺別置三品院，以處三品以上官之下獄者。」（七）帷屏：帷帳屏障。（八）蔬食：猶粗糲之食。（九）時蘇味道亦坐事與錫俱下司刑獄……赦味道，復其位：按此段《新唐書》亦載之，而較簡略，又《新唐書》云為證聖元年，年代與《通鑑》有異。（一〇）瑞：祥瑞。（一一）三月雪為瑞雪，臘月雷為瑞雷乎：按其全文，應如《舊唐書·王求禮傳》作：「如三月雪為瑞雪，則臘月雷亦瑞雷也。」較捭闔跌蕩有致。（一二）是月大雪……味道不從：按此段乃錄自《舊唐書·王求禮傳》，字句大致相同。（一三）陽和：猶陽春。（一四）榮：榮華。（一五）諂諛：諂媚阿諛。（一六）颺言：孔安國曰：「大言而疾曰颺。」通揚。（一七）妖：妖孽。（一八）此鼎足：三公鼎足承君。（一九）非其人：非其適當之人。（二〇）象：象徵。（二一）愀然：容色變也，音ㄑㄧㄠˇ。（二二）以魏元忠為靈武道行軍大總管：按《新唐書·則天紀》作丁丑，當從添丁丑二字。（二三）天官侍郎鹽官顧悰同平章事：按《新唐書·則天紀》作丙申，當從添丙申二字，又《舊唐書·地理志》三江南道：「杭州，鹽官縣，漢海鹽縣，地有鹽官，吳遂名縣。武德七年省入錢塘，貞觀四年，復分錢塘置。」

㉔媵婢：隨嫁之婢，音一ㄥ丶。㉕賢室：賢乃尊他人之辭。室，妻室。㉖過非七出：《大戴禮・本命》：「婦有七去：不順父母去，無子去，淫去，妒去，有惡疾去，多言去，竊盜去。」按去猶出也。㉗遽：立即。㉘違忤顏色：謂違忤親之顏色。㉙先聖：謂高宗。㉚嗣子：謂皇嗣相王。㉛敬天順人：謂敬天順人，而蒞帝位。㉜褰裳：提裳而離位，以讓於舜。㉝復辟：此謂復其原位。㉞族親：《史記》，舜黃帝之八代孫，禹黃帝之玄孫，故云族親。㉟旦與成王，不離叔父：周公，武王之弟，成王之叔父，旦其名也。㊱崇：崇尚。㊲宸極：帝位。㊳何異陛下之身：謂何異陛下身自臨之。㊴寶位將倦：將厭倦帝位。㊵浩蕩：謂大大搖蕩。㊶怡：怡悅。㊷理：乃避治之諱而改者。㊸當今梁定河內建昌諸王：武三思封梁王，攸暨封定王，懿宗封河內王，攸寧封建昌王。㊹蔭覆：恩蔭庇覆。㊺千秋萬歲之後：意謂君王死後。㊻黜：貶降。㊼閑簡：閑散清簡之職。㊽尺寸：極喻其少，乃指土地而言。㊾屏藩：屏障藩翰。㊿賜食：賜以膳食。(51)春秋：年齡。(52)邵王重潤：乃中宗之長子。(53)赦天下，改元：改元長安。(54)改含元宮為大明宮：胡三省曰：「長安東內本曰大明宮，高宗龍朔三年曰蓬萊宮，咸亨元年曰含元宮，今復舊名。」(55)安平：《舊唐書・地理志》二河北道：「深州，安平，漢縣，屬涿州，武德初置深州，以縣屬，十七年州廢，屬定州，先天二年來屬。」(56)介直：耿介正直。(57)請謁：謂請謁上司。(58)聞令史設齋自慶：據《唐六典》卷二，吏部尚書屬主事，從八品下，令史則在主事之下，不列品秩。又唐吏部，四司令史，共有八十二人。按齋乃施僧所設者，此當猶設筵耳。(59)賜綵七十段：胡三省曰：「唐制，凡賜十段，其率：絹三匹，

布三端，綿四屯。若雜綵十段，則絲布二匹，紬二疋，綾二疋，縵四疋。」(六〇)主客郎中：《唐六典》卷四：「主客郎中一人，從五品上，掌二王後及諸蕃朝聘之事。」(六一)頻歲：頻年，猶比年。(六二)奄至：突至。(六三)磧：沙漠，音ㄑㄧˋ。(六四)白亭軍：《新唐書・地理志》四隴右道：「涼州西北五百里，有白亭軍，本白亭守捉，天寶十四載為軍。」(六五)控：控制。(六六)拓：開拓。(六七)盡水陸之利：盡水利謂以水灌溉。(六八)收率：胡三省曰：「收率者，收民而率其耕。」(六九)支：供支。(七〇)撫御：安撫駕御。(七一)畏慕：畏服仰慕。(七二)令行禁止：謂所令者行，所禁者止。(七三)被野：滿野。(七四)以主客郎中郭元振為涼州都督……路不拾遺：按此段乃錄自《舊唐書・郭元振傳》，字句大致相同。

二年（西元七〇二年）

㈠春，正月，乙酉，初設武舉㊀。

㈡突厥寇鹽夏二州。三月，庚寅，突厥破石嶺㊁，寇并州，以雍州長史薛季昶攝右臺大夫㊂，充山東防御軍大使，滄、瀛、幽、易、恒、定等州諸軍，皆受季昶節度㊃。夏，四月，以幽州刺史張仁願專知幽、平、嬀、檀防禦，仍與季昶相知㊄，以拒突厥。

㈢五月，壬申，蘇安恒復上疏曰：「臣聞天下者，神堯文武㊅之天下也，陛下雖居正統[七]，實因唐氏舊基[八]。當今太子追回[九]，年德俱盛，陛下貪其寶位[一〇]，而忘母子深恩；將何聖顏[一一]以見唐家宗廟？將何誥命[一二]以謁大帝[一三]墳陵？陛下何故日夜積憂，不知鍾鳴漏盡[一四]？臣愚以為天意人事，還歸李家，陛下雖安天位，殊不知物極則反，器滿則傾。臣何惜一朝[一五]之命，而不安萬乘之國哉！」太后亦不之罪。

㈣乙未，以相王為并州牧，充安北道行軍元帥，以魏元忠為之副。

㈤六月，壬戌，召神都留守韋巨源詣京師，以副留守李嶠代之。

㈥秋，七月，甲午，突厥寇代州。

㈦司僕[一六]卿張昌宗兄弟貴盛，勢傾朝野[一七]。八月，戊午，太子、相王、太平公主上表，請封昌宗為王，制不許。壬戌，又請，乃賜爵鄴國公。敕：「自今有告言揚州及豫博餘黨[一八]，一無所問，內外官司無得為理。」

㈧九月，乙丑朔，日有食之，不盡，如鉤，神都見其既。

㈨壬申，突厥寇忻州。

(十)己卯，吐蕃遣其臣論彌薩來求和。

(十一)庚辰，以太子賓客武三思為大谷道大總管⑲，洛州長史敬暉為副。辛巳，又以相王旦為并州道元帥，三思與武攸宜、魏元忠為之副，姚元崇為長史，司禮少卿鄭杲為司馬，然竟不行。

(十二)癸未，宴論彌薩於麟德殿⑳。時涼州都督唐休璟入朝，亦預宴，彌薩屢窺之，太后問其故，對曰：「洪源之戰，此將軍猛厲㉑無敵，故欲識㉒之。」太后擢休璟為右武威、金吾二衛大將軍。休璟練習邊事，自碣石以西，踰四鎮，綿亘萬里，山川要害，皆能記之㉓。

(十三)冬，十月，甲辰，天官侍郎同平章事顧琮薨。

(十四)戊申，吐蕃贊普將萬餘人寇茂州，都督陳大慈與之四戰，皆破之㉔，斬首千餘級。

(十五)十一月，辛未，監察御史魏靖上疏，以為：「陛下既知來俊臣之姦，處以極法，乞詳覆㉕俊臣等所推大獄，伸其枉濫㉖。」太后乃命監察御史蘇頲按覆俊臣等舊獄，由是雪免㉗者甚眾。【考異】

松窗雜錄：「中宗嘗召宰相蘇瓌、李嶠子進見，二丞相子皆童年，迎撫於赭袍前，賜與甚厚。因語二兒曰，爾宜意所通書可為奏吾者，言之。頲應曰，木從繩則正，後從諫則聖。嶠子亡其名，亦進曰，斮朝涉之脛，剖賢人之心。上曰蘇瓌有子，李嶠無兒。」按頲此年已為御史，瓌為相時頲為中書舍人，父子同掌樞密，非童年也。今不取。頲，夔之曾孫也㉘。

(十六)戊子，太后祀南郊，赦天下。

(十七)十二月，甲午，以魏元忠為安東道安撫大使，羽林衛大將軍李多祚、檢校幽州都督，右羽林衛將軍薛訥、左武衛將軍駱務整為之副。

(十八)戊申，置北庭都護府於庭州㉙，侍御史張循憲為河東采訪使，有疑事不能決㉚，病之㉛，問侍吏曰：「此有佳客㉜，可與議事者乎？」吏言前平鄉㉝尉猗氏㉞張嘉貞有異才，循憲召見，詢以事，嘉貞為條析理分㉟，莫不洗然㊱，循憲因請為奏㊲，皆意所未及，循憲還見太后，太后善其奏，循憲具言嘉貞所為，且請以己之官授之。太后曰：「朕寧㊳無一官自進賢邪！」因召嘉貞入見內殿，與語大悅，即拜監察御史，擢循憲司勳郎中㊴㊵。賞其得人也。

【今註】㈠初設武舉：《唐六典》卷五：「有二科，一曰平射，試射長垛，三十發不出第三院為第。二曰武舉，其試用有七：一曰射長垛，入中院為上，入次院為次上，入外院為次；二曰騎射，發而並中為上，或中或不中為次上，總不中為次；三曰馬槍，三拔四拔為上，二拔為次上，一拔及不中為次；四曰武射，射草人中者為次上，雖不中而不法，雖法而不中者為次；五曰材貌，以身長六尺已上者為次上，已下為次；六曰言語，有神彩堪充領者為次上，無者為次；七曰舉重，謂翹關，率以五次為上第，皆試其高第者以奏聞。」㊁石嶺：《新唐書・地理志》三河東道：「忻州，定襄縣有石嶺關。」㊂右臺大夫：即右肅政臺御史大夫。㊃節度：謂節制支度。㊄相知：相關知，亦即互相商量。㊅神堯文武：高祖神堯皇帝，太宗文武皇帝。㊆正統：猶帝位。㊇基：基業。㊈當今太子追回：謂召廬陵王自房陵回，復為太子。⑩寶位：帝位。⑪聖顏：聖指天子言，顏，顏面。⑫將何誥命：將，持，誥命乃謁墳陵所讀之文書。⑬大帝：高宗稱天皇大帝。⑭不知鍾鳴漏盡：胡三省曰：「魏田豫告老曰：『譬猶鍾鳴漏盡，而夜行不休，此罪人也。』」⑮一朝：即一旦。⑯司僕：光宅元年改太僕寺為司僕寺。⑰勢傾朝野：勢力傾壓朝野之人。⑱揚州及豫博餘黨：揚州事見卷二百三光宅元年，豫博事見卷二百四垂拱四年。⑲大谷道大總管：按《舊唐書・地理志》二，河東道太原府轄有太谷縣，當以此而取名也。⑳麟德殿：胡三省曰：「麟德殿在大明宮右銀臺門、內殿西重廊之後，即翰林院，是殿有三面，亦曰三殿。」㉑猛厲：勇猛銳厲。㉒識：認識。㉓自碣石以西，踰四鎮，山川要害，皆能記之：胡三省曰：「碣石在遼西，四鎮在西域，此言唐之西北二邊，其山川要害，休璟皆能記之也。」㉔吐蕃贊普將萬餘人寇茂州，都督陳大慈與之四戰，皆破之：按《舊唐書・吐蕃傳》及《新唐書・則天紀》，皆作吐蕃寇悉州，茂州都督陳大慈。茂州上當從添悉州二字。

又悉州、茂州，據《舊唐書・地理志》四，皆屬劍南道。㉕詳覆：詳審覆勘。㉖枉濫：冤枉淫濫。㉗雪免：雪洗豁免。㉘太后乃命監察御史蘇頲……頲，夔之曾孫也：按此數句乃錄自《舊唐書・蘇瓌附頲傳》，字句大致相同。㉙置北庭都護府於庭州：《新唐書・地理志》四：「北庭都護府本庭州，貞觀十四年平高昌置，長安二年為北庭都護府。」㉚決：斷。㉛病之：患之。㉜佳客：猶能人。㉝平鄉：據《舊唐書・地理志》二，平鄉縣屬河北道邢州。㉞猗氏：據同志二，猗氏縣屬河東道、河中府。㉟條析理分：胡三省曰：「隨條而析之，隨理而分之。」㊱洗然：猶明暢。㊲奏：奏表。㊳寧：豈。㊴司勳郎中：《舊唐書・職官志》二：「吏部尚書屬司勳郎中一員，從五品上，掌邦國官人之勳級。」㊵侍御史張循憲為河東采訪使……擢循憲司勳郎中：按此段與《新唐書・張嘉貞傳》，字句大致相同，舊唐書本傳，則頗簡略。

三年（西元七〇三年）

㈠春，三月，壬戌朔，日有食之。

㈡夏，四月，吐蕃遣使獻馬千匹、金二千兩以求昏。

㈢閏月，丁丑，命韋安石留守神都。己卯，改文昌臺為中臺㈠，以中臺左丞李嶠知納言事。

㈣新羅王金理洪卒，遣使立其弟崇基為王㊁。

㈤六月，辛酉，突厥默啜遣其臣莫賀干來㊂，請以女妻皇太子之子。

㈥寧州㊃大水，溺殺二千餘人。

㈦秋，七月，癸卯，以正諫大夫朱敬則同平章事。【考異】新紀云壬寅，唐歷云十四日癸卯，今從之。

㈧戊申，以相王旦為雍州牧。【考異】唐歷十八日丁未，今從實錄。

㈨庚戌，以夏官尚書、檢校涼州都督唐休璟同鳳閣鸞臺三品。時突騎施酋長烏質勒與西突厥諸部相攻，【考異】武平一景龍文館記作烏折勒，今從新舊書。安西道絕，太后命休璟與諸宰相議其事，頃之奏上，太后即依其議施行，後十餘日，安西諸州請兵應接程期㊄，一如休璟所畫。太后謂休璟曰：「恨用卿晚。」謂諸宰相曰：「休璟練習㊅邊事，卿曹㊆十不當一㊇。」時西突厥可汗斛瑟羅用刑殘酷，諸部不服，烏質勒本隸斛瑟羅號莫賀達干，能撫其眾，諸部歸之，斛瑟羅不能制，烏質勒置都督二十員，各將兵七千人，屯碎葉西北，後攻陷碎葉，徙其牙帳(九)居之。斛瑟羅部眾離散，因入朝，不敢復還(一〇)，烏質勒悉併其地(一一)。

(十)九月，庚寅朔，日有食之，既(一二)。

(十一)初，左臺大夫、同鳳閣鸞臺三品魏元忠為洛州長史，洛陽令張昌儀恃諸兄之勢，每牙直上長史聽事(一三)，元忠到官，叱下之；張易之奴暴亂都市(一四)，元忠杖殺之。及為相，太后召易之弟岐州刺史昌期，欲以為雍州長史，對仗(一五)問宰相曰：「誰堪雍州者(一六)？」元忠對曰：「今之朝臣，無以易(一七)薛季昶(一八)。」太后曰：「季昶久任京府(一九)，朕欲別除一官，昌期何如？」諸相皆曰：「陛下得人矣。」元忠獨曰：「昌期不堪。」太后問其故，元忠曰：「昌期少年，不閑(二〇)吏事，曏在岐州，戶口逃亡且(二一)盡，雍州帝京(二二)，事任繁劇，不若季昶彊幹(二三)習事。」太后默然而止。元忠又嘗面奏：「臣自先帝以來，蒙被恩渥(二四)，今承乏宰相(二五)，不能盡忠死節(二六)，使小人在側，臣之罪也。」太后不悅，由是諸張深怨之。

(十二)司禮丞(二七)高戩，太平公主之所愛也，會太后不豫，張昌宗恐太后一日晏駕㉘，為元忠所誅，乃譖元忠與戩私議云：「太后老矣，不若挾太子㉙為久長。」太后怒，下元忠、戩獄，將使與昌宗廷辨之，昌宗密引鳳閣舍人張說，賂以美官，使證元忠㉚，說許之。明日太后召太子、相王、及諸宰相，使元忠與昌宗參對㉛，往復不決，昌宗曰：「張說聞元忠言，請召問之。」太后召說㉜，說將入，鳳閣舍人南和㉝宋璟謂說曰：「名義㉞至重，鬼神難欺，不可黨邪陷正，以求苟免。若獲罪流竄，其榮㉟多矣；若事有不測，璟當叩閤㊱力爭，與子同死，努力為之，萬代瞻仰㊲，在此舉也㊳。」殿中侍御史濟源張廷珪曰：「朝聞道，夕死可矣㊴。」左史劉知幾曰：「無汚青史，為子孫累。」

(十三)及入，太后問之，說未對，元忠懼，謂說曰：「張說欲與昌宗共羅織魏元忠邪？」說叱之曰：「元忠為宰相，何乃效委巷㊵小人之言！」昌宗從傍迫趣說，使速言，說曰：「陛下視之，在陛下前，猶逼臣如是，況在外乎？臣今對廣朝㊶，不敢不以實對。臣實不聞元忠有是言，但昌宗逼臣，使誣證之耳。」易之昌宗遽呼曰：

「張說與魏元忠同反。」太后問其狀，對曰：「說嘗謂元忠為伊周，伊尹放㊷太甲，周公攝王位，非欲反而何？」說曰：「易之兄弟小人，徒㊸聞伊周之語，安知伊周之道。日者㊹元忠初衣紫㊺，臣以郎官往賀，元忠語客曰：『無功受寵，不勝慙懼㊻。』臣實言曰：『明公居伊周之任，何愧三品㊼！』彼伊尹周公皆為臣至忠，古今慕仰，陛下用宰相，不使學伊周，當使學誰邪？且臣豈不知今日附昌宗，立取台衡㊽，附元忠，立致族滅，但臣畏元忠冤魂，不敢誣㊾之耳。」太后曰：「張說反覆小人，宜并繫治之。」它日，更引問㊿，說對如前，太后怒，命宰相與河內王武懿宗共鞫之，說所執如初。

(14)朱敬則抗疏(51)理(52)之曰：「元忠素稱忠正，張說所坐(53)無名(54)，若令抵罪(55)，失天下望。」蘇安恒亦上疏，以為：「陛下革命之初，人以為納諫之主，暮年以來，人以為受佞之主。自元忠下獄，里巷恟恟(56)，皆以為陛下委信(57)姦宄(58)，斥逐(59)賢良，忠臣烈士皆撫髀(60)於私室，而箝口(61)於公朝，畏迕(62)易之等意，徒取死而無益。

方今賦役煩重，百姓凋弊(六三)，重以(六四)讒慝(六五)專恣(六六)，刑賞失中，竊恐人心不安，別生它變，爭鋒於朱雀門(六七)內，問鼎於大明殿(六八)前，陛下將何以謝之(六九)？何以禦之？」易之等見其疏，大怒，欲殺之，賴朱敬則及鳳閣舍人桓彥範、著作郎(七〇)陸澤(七一)、魏知古保救，得免。

【考異】舊傳云：「易之欲遣刺客殺之。」若遣刺客，必不遣人知，敬則等安能保護？蓋欲白太后殺之耳。

(十五)丁酉，貶魏元忠為高要尉(七二)，戩、說皆流嶺表。元忠辭日，言於太后曰：「臣老矣，今向嶺南，十死一生，陛下它日必有思臣之時。」太后問其故，時易之昌宗皆侍側，元忠指之曰：「此二小兒終為亂階(七三)。」易之等下殿，叩膺(七四)自擲(七五)稱冤，太后曰：「元忠去矣。」

(十六)殿中侍御史景城(七六)王晙復奏，申理元忠，宋璟謂之曰：「魏公幸已得全，今子復冒威怒，得無狼狽(七七)乎？」晙曰：「魏公以忠獲罪，晙為義所激(七八)，顛沛(七九)無恨。」璟歎曰：「璟不能申魏公之枉，深負(八〇)朝廷矣。」太子僕(八一)崔貞慎等八人餞元忠於郊外，易之詐為告密人柴明狀、稱(八二)貞慎等與元忠謀反。太后使監察御史丹徒(八三)馬懷素鞫之，謂懷素曰：「茲事皆實，略問，速以聞。」頃之，中使督趣者數四，曰：「反狀昭然，何稽留(八四)如此！」懷素請柴明對質(八五)，太后曰：「我自不知柴明處(八六)，但據狀鞫之，安用告者？」懷素據實以聞，太后怒曰：「卿欲縱(八七)反者邪！」對曰：「臣不敢縱反者。元忠以宰相謫官，貞慎等以親故(八八)追送，若誣以為反，臣實不敢。昔欒布奏事彭越頭下，漢祖不以為罪(八九)，況元忠之刑(九〇)，未如彭越，而陛下欲誅其送者乎！且陛下操生殺之柄(九一)，欲加之罪，取決聖衷，可矣。若命臣推鞫，臣不敢不以實聞。」太后曰：「汝欲全不罪邪！」對曰：「臣智識愚淺，實不見其罪。」太后意解(九二)，貞慎等由是獲免(九三)。太后嘗命朝貴(九四)宴集，易之兄弟皆位在宋璟上(九五)，易之素憚璟，欲悅其意，虛位(九六)揖之，曰：「公方今第一人，何乃下坐(九七)！」璟曰：「才劣位卑，張卿以為第一，何也？」天官侍郎鄭杲謂璟曰：「中丞奈何卿五郎(九八)？」【考異】新舊傳皆作鄭善果。按善果乃高祖時人，新舊傳皆誤，當從御史臺記。璟曰：「以官言之，正當為卿，足下非張卿家奴，何郎之有(九九)？」舉坐悚惕(一〇〇)。時自武三思以下皆謹事㉑易之兄弟，璟獨不為之禮，諸張積怒，常欲中傷㉒之，太后知之，故得免㉓。

(七)丁未，以左武衛大將軍武攸宜充西京留守。冬，十月，丙寅，車駕發西京，乙酉，至神都。

(八)十一月，突厥遣使謝許昏，丙寅，宴於宿羽臺㉔，太子預焉。宮尹㉕崔神慶上疏，以為：「今五品以上所以佩龜者，為別敕徵召，恐有詐妄㉖，內出㉗龜合，然後應命。況太子國本㉘，古來徵召，皆用玉契㉙，此誠重慎之極也。昨緣突厥使見，太子應預朝參，直有㉚文符下宮㉛，曾不降敕處分㉜。臣愚謂太子非朔望朝參，應別召者，望降墨敕及玉契。」太后甚然之㉝。

(九)始安⑭獠⑮歐陽倩擁眾⑯數萬攻陷州縣，朝廷思得良吏以鎮⑰之，朱敬則稱司封郎中⑱裴懷古有文武才，制以懷古為桂州都督，仍充招慰討擊使，懷古纔及嶺上，飛書⑲示以禍福，倩等迎降，且言為吏所侵逼，故舉兵自救耳。懷古輕騎赴之，左右曰：「夷獠無信，不可忽⑳也。」懷古曰：「吾仗忠信，可通神明㉑，而況人乎？」遂詣㉒其營，賊眾大喜，悉歸所掠貨財，諸洞酋長，素持兩端者㉓，皆來款附㉔，嶺外悉定㉕。

(廿)是歲，分命使者以六條察州縣。

(廿一)吐蕃南境諸部皆叛，贊普器弩悉弄自將擊之，卒於軍中，諸子爭立，久之，國人立其子棄隸蹜贊為贊普，生七年矣㉖㉗。

【今註】㊀改文昌臺：光宅元年，改尚書省為文昌臺。㊁新羅王金理洪卒，遣使立其弟崇基為王：按新、舊《唐書・新羅傳》，皆作遣立理洪弟興光為新羅王。未審《通鑑》何以歧異若此？㊂突厥默啜遣其臣莫賀干來：按新、舊《唐書・突厥傳》上，皆作莫賀達干，又《舊唐書・突厥傳》下：「突騎施烏質勒，初隸在斛瑟羅下，號為莫賀達干。」是莫賀達干乃突厥之官稱，自以從添一達字為是。㊃寧州大水：據《舊唐書・地理志》一，寧州屬關內道。㊄程期：謂路程日期。㊅練習：諳練熟習。㊆曹：猶輩。㊇時突騎施酋長烏質勒……卿曹十不當一：按此段乃錄自《舊唐書・唐休璟傳》，字句大致相同。㊈牙帳：突厥君王所居之帳，名曰牙帳。㊉斛瑟羅部眾離散，因入朝，不敢復還：胡三省曰：「天授元年，斛瑟羅入居內地，神功元年，書來俊臣誣陷斛瑟羅，則其入朝，必不在是年。此因書烏質勒事，敍其得國之由，遂及斛瑟羅失國事耳。」⑪時西突厥可汗斛瑟羅用刑殘酷……烏質勒悉并其地：按此段乃錄自《舊唐書・突厥傳》下，字句大致相同。⑫既：盡。⑬每牙直上長史聽事：凡牙參者，立於庭下，聽事，唐率作廳事。㉔暴亂都市：謂為暴亂於都市。㉕對仗：謂朝參時，問立於仗內之宰相曰。㉖誰堪雍州者：謂誰堪為雍州長史。㉗無以易：無可更易。㉘昶：音ㄔㄤˇ。㉙京府：京中府寺。㉚閑：閑習。㉛且：將。㉜雍州帝京：雍州乃帝都所在。㉝彊幹：彊毅能幹。㉞恩渥：謂厚恩，音握。㉟承乏宰相：謂朝廷乏人，已得承之，備位宰相。㊱死節：猶盡節。㊲司禮丞：《唐六典》卷十四：「太常寺卿，光宅元年改為司禮，丞二人，從五品上，掌判寺事。」㊳晏駕：鑾駕晚出，乃謂死也。㊴挾太子：謂挾輔太子。㊵使證元忠：使證實元忠之言。㊶參對：參預對證。㊷元忠又嘗面奏……太后召說：按此段乃錄自《舊唐書・魏元忠傳》，字句大致相同。㊸南和：據《舊唐書・地理志》二，南和縣，屬河北道邢州。㊹名義：名譽行義。㊺榮：光榮。㊻叩閤：言叩閤門而力爭也。程大昌曰：「凡內閤便殿，皆可謂之閤。」㊼瞻仰：瞻視仰慕。㊽舍人南和宋璟謂說曰……在此舉也：按此段乃錄自《舊唐書・宋璟傳》，字句大致相同。㊾朝聞道夕死可矣：《論語》孔子之言。㊿委巷：小巷。(51)廣朝：猶大庭廣眾。(52)放：放逐。(53)徒：但。(54)日者：往者。(55)初衣紫：《新唐書・車服志》：「其後以紫為三品之服，緋為四品之服。」(56)慚懼：慚愧憂懼。(57)何愧三品：謂何愧三品之位。(58)台衡：胡三省曰：「三台為泰階，北斗杓三星為玉衡，宰輔得人則玉衡正，而泰階平，故謂宰輔為台衡。」(59)誣：誣罔。(60)引問：引而推問。(61)抗疏：上疏。(62)理：申理。(63)所坐：所坐之罪。(64)無名：猶無事實，蓋有事實，則自有其名矣。(65)抵罪：當之於罪。(66)恟恟：喧擾。(67)委信：任信。(68)宄：姦也，外為盜，內為宄，音軌。(五九)斥逐：貶斥放逐。(六〇)撫髀：《說文通訓定聲》：「撫通拊。」撫髀，謂以手拍股，示忿恨也。(六一)箝口：猶緘口。音ㄑㄧㄢˊ。(六二)迕：逆。(六三)凋弊：凋殘疲弊。(六四)重以：加以。(六五)慝：惡，音ㄊㄜˋ。(六六)專恣：專橫縱恣。(六七)朱雀門：胡三省曰：「謂宮城南門。」(六八)大明殿：胡三省曰：「大明殿即含元殿。」(六九)何以謝之：謂罪己而使之釋戈。(七〇)著作郎：《舊唐書・職官志》二：「中書省，著作局，著作郎二人，從五品上，掌修撰碑誌、祝文、祭文，與佐郎分判局事。」(七一)陸澤：據《舊唐書・地理志》二，陸澤屬河北道深州。(七二)高要尉：據《舊唐書・地理志》四，高要縣屬嶺南道端州。端州至京師四千九百三十五里。(七三)亂階：亂之階梯。(七四)叩膺：擊胸。(七五)自擲：自投於地。(七六)景城：據《舊唐書・地理志》二，景城屬河北道滄州。(七七)狼狽：謂狼狽不堪。(七八)激：激使。(七九)顛沛：仆跋，《後漢書》注：「顛沛，狼狽也。」(八〇)負：辜負。(八一)太子僕：《唐六典》卷二十七：「太子僕寺僕一人，從四品，掌車輿騎乘儀仗之政令，及喪葬之禮物，辨其次敍與其出入，而供給之。」(八二)狀稱：上狀控稱。(八三)丹徒：今江蘇省鎮江縣治。(八四)稽留：稽延遲留。(八五)對質：相對而互相質問。(八六)不知柴明處：謂不知柴明之地址。(八七)縱：放。(八八)親故：親戚故舊。(八九)昔欒布奏事彭越頭下，漢祖不以為罪：欒布事見卷十二漢高帝十一年。(九〇)元忠之刑：元忠所受之刑。(九一)柄：權柄。(九二)解：開解。(九三)太子僕崔貞慎等八人……貞慎等由是獲免：按此段乃錄自《舊唐書・馬懷素傳》，字句大致相同。(九四)朝貴：朝廷顯貴之臣。(九五)易之兄弟皆位在宋璟上：《舊唐書・宋璟傳》：「時易之兄弟皆為列卿，位三品，璟本階六品。」故云然。(九六)虛位揖之：空虛己之座位而揖璟坐之。(九七)下坐：坐於下方。(九八)中丞奈何卿五郎：〈宋璟傳〉：「當時朝列，皆以二張內寵，不名官，呼易之為五郎，昌宗為六郎。」(九九)足下非張卿家奴，何郎之有：胡三省曰：「門生家奴，呼其主為郎，今俗猶謂之郎主。」(一〇〇)悚惕：振悚惕懼。(一〇一)謹事：敬事。(一〇二)中傷：暗中傷害之。(一〇三)太后嘗命朝貴宴集……太后知之，故得免：按此段乃錄自《舊唐書・宋璟傳》，字句大致相同。(一〇四)宿羽臺：胡三省曰：「宿羽臺在東都宿羽宮中，高宗調露元年所起。」(一〇五)宮尹：《舊唐書・職官志》三：「太子詹事，天授為宮尹。」(一〇六)詐妄：欺詐偽妄。(一〇七)內出：指大內而言。(一〇八)國本：國之根本。(一〇九)皆用玉契：《新唐書・車服志》：「隨身魚符者，以明貴賤，應召命。左二右一，左者進內，右者隨身。皇太子以玉契召，勘合乃赴，親王以金，庶官以銅，皆題其位、姓名，皆盛以魚袋。天授二年，改佩魚皆為龜。」張鷟《朝野僉載》：「唐以鯉魚為符，遂為魚符。至偽周，武姓也，玄武龜也，因改魚符為龜符。」(一一〇)直有：只有。(一一一)下宮：下於東宮。(一一二)處分：處置。(一一三)宮尹崔神慶上疏……降墨敕及玉契，太后甚然之：按此段乃錄自《舊唐書・崔義元附神慶傳》，字句大致相同。(一一四)始安：《舊唐書・地理志》四嶺南道：「桂州，隋始安郡，武德四年平蕭銑置。」(一一五)獠：范成大《桂海虞衡志》：「獠依山林而居，無酋長版籍，蠻之荒忽無常者也。以射生食動為活，蟲豸能蠕動者，皆取食。」(一一六)擁眾：據眾。(一一七)鎮：鎮撫。(一一八)司封郎中：《舊唐書・職官志》二：「吏部尚書屬司封郎中一員，從五品上，掌國之封爵。」(一一九)飛書：快速之書。(一二〇)忽：猶輕率。(一二一)神明：即鬼神。(一二二)詣：至。(一二三)素持兩端者：謂平素降叛不定者。(一二四)款附：誠附。(一二五)始安獠歐陽倩……嶺外悉定：按此段乃錄自《舊唐書・良吏裴懷古傳》，字句大致相同。㉖生七年矣：猶〈吐蕃傳〉之「時年七歲」。

㉗吐蕃南境諸部皆叛……生七年矣：按此段乃錄自《舊唐書・吐蕃傳》，字句大致相同。

四年（西元七〇四年）

㈠春，正月，丙申，冊拜右武衞將軍阿史那懷道為西突厥十姓可汗。懷道，斛瑟羅之子也。

㈡丁未，毀三陽宮，以其材作興泰宮於萬安山㊀。二宮皆武三思建議為之，請太后每歲臨幸，功費甚廣㊁，百姓苦之。左拾遺㊂盧藏用上疏，以為：「左右近臣，多以順意㊃為忠，朝廷具僚㊄，皆以犯忤為戒，致陛下不知百姓失業㊅，傷陛下之仁。陛下誠能以勞人為辭㊆，發制罷之，則天下皆知陛下苦己㊇而愛人也。」不從。藏用，承慶之弟孫也㊈。

㈢壬子，以天官侍郎韋嗣立為鳳閣侍郎同平章事。

㈣夏官侍郎同鳳閣鸞臺三品李迥秀頗受賄賂，監察御史馬懷素劾奏之。二月，癸亥，迥秀貶廬州㊉刺史。

㈤壬申，正諫大夫同平章事朱敬則以老疾致仕，敬則為相，以用人(一一)為先，自餘細務(一二)不之視(一三)。

㈥太后嘗與宰相議及刺史縣令。三月，己丑，李嶠唐休璟等奏：「竊見朝廷物議(一四)，遠近人情，莫不重內官，輕外職，每除授牧伯(一五)，皆再三披訴(一六)，比來所遣(一七)外任，多是貶累(一八)之人，風俗不澄(一九)，實由於此。望於臺閣寺監(二〇)妙簡(二一)賢良，分典(二二)大州，共康(二三)庶績(二四)。臣等請輟近侍(二五)，率先具僚(二六)。」太后命書名探之(二七)，得韋嗣立及御史大夫楊再思等二十人，癸巳，制各以本官檢校(二八)刺史，嗣立為汴州刺史。其後政績可稱者，唯常州刺史薛謙光，徐州刺史司馬鍠而已。

㈦丁丑，徙平恩王重福為譙王。

㈧以夏官侍郎宗楚客同平章事(二九)。鳳閣侍郎同鳳閣鸞臺三品蘇味道謁(三〇)歸葬其父，制州縣供葬事(三一)；味道因之，侵毀(三二)鄉人墓田，役使過度(三三)，監察御史蕭至忠劾奏之，左遷坊州(三四)刺史(三五)。至忠，引之玄孫也(三六)。

(九)夏，四月，壬戌，同鳳閣鸞臺三品韋安石知納言，李嶠知內史事。

(十)太后幸興泰宮㊲。

(十一)太后復稅天下僧尼，作大像於白司馬阪㊳，令春官尚書武攸寧檢校㊴，糜費㊵巨億。李嶠上疏，以為：「天下編戶㊶，貧弱者眾，造像錢見有一十七萬餘緡㊷，若將散施，人與一千，濟㊸得一十七萬餘戶，拯㊹饑寒之弊㊺，省勞役之勤㊻，順諸佛慈悲之心，霑㊼聖君亭育㊽之意㊾，人神胥悅㊿，功德無窮，方作過後(51)因緣(52)，豈如見(53)在果報(54)！」監察御史張廷珪上疏，諫曰：「臣以時政論之，則宜先邊境，蓄府庫(55)(56)，養人力；以釋教論之，則宜救苦厄(57)，滅諸相，崇無為。伏願陛下察臣之愚(58)，行佛之意，務以理(59)為上，不以人廢言。」太后為之罷役，仍召見廷珪，深賞慰(60)之(61)。

(十二)鳳閣侍郎同鳳閣鸞臺三品姚元崇以母老，固請歸侍。六月，辛酉，以元崇行相王府長史(62)，秩位並同三品。乙丑，以天官侍郎崔玄暐同平章事。

㈢召鳳閣侍郎同平章事、檢校汴州刺史韋嗣立赴興泰宮。

㈣丁丑，以李嶠同鳳閣鸞臺三品，嶠自請解㈢內史。

㈤壬午，以相王府長史姚元崇兼知夏官尚書、同鳳閣鸞臺三品。

㈥秋，七月，丙戌，以神都副留守楊再思為內史。再思為相，專以諂媚取容㈣，司禮少卿㈤張同休，易之之兄也，嘗召公卿宴集，酒酣，戲再思曰：「楊內史面似高麗㈥。」再思欣然，即翦紙帖巾，反披紫袍，為高麗舞㈦，舉坐㈧大笑。時人或譽張昌宗之美，曰：「六郎面似蓮花。」再思獨曰：「不然。」昌宗問其故，再思曰：「乃蓮花似六郎耳㈨㈩。」

㈦甲午，太后還宮。

㈧乙未，司禮少卿張同休、汴州刺史張昌期、尚方少監㈠張昌儀皆坐贓下獄，命左右臺㈡共鞫之。丙申，敕張易之張昌宗作威作福，亦命同鞫㈢。辛丑，司刑正㈣賈敬言奏：「張昌宗強市人田，應徵銅二十斤。」制可。乙巳，御史大夫李承嘉、中丞桓彥範奏：「張同休兄弟贓共四千餘緡，張昌宗法應免官㈤。」昌宗奏臣有功於國，所犯不至免官，太后問諸宰相：「昌宗有功乎？」楊再思曰：「昌宗合神丹(七六)，聖躬服之有驗(七七)，此莫大之功。」太后悅，赦昌宗罪，復其官。左補闕戴令言作兩腳狐賦，以譏再思(七八)，再思出令言為長社(七九)令。

(十九)丙午，夏官侍郎同平章事宗楚客有罪，左遷原州都督，充靈武道行軍大總管。

(廿)癸丑，張同休貶岐山(八〇)丞，張昌儀貶博望(八一)丞。鸞臺侍郎知納言事、同鳳閣鸞臺三品韋安石舉奏張易之等罪，敕付安石及右庶子(八二)同鳳閣鸞臺三品唐休璟鞫之，未竟而事變。八月，甲寅，以安石兼檢校揚州刺史，【考異】唐歷云五月戊午，今從實錄。庚申，以休璟兼幽營都督、安東都護。休璟將行，密言於太子曰：「二張恃寵不臣，必將為亂，殿下宜備之。」

(廿一)相王府長史兼知夏官尚書事、同鳳閣鸞臺三品姚元崇上言：「臣事相王，不宜典兵馬(八三)，臣不敢愛死(八四)，恐不益於王。」辛酉，改春官尚書(八五)，餘如故。元崇字元之，時突厥叱列元崇反(八六)，太后命元崇以字行㊇。

㊆突厥默啜既和親，戊寅，始遣淮陽王武延秀還㊈。

㊉九月，壬子，以姚元之充靈武道行軍大總管，辛酉，以元之為靈武道安撫大使。元之將行，太后令舉外司㊈堪為宰相者，對曰：「張柬之沈厚㊈有謀，能斷大事，且其人已老，惟陛下急用之㊈。」冬，十月，甲戌，以秋官侍郎張柬之同平章事，時年且八十矣。

㊃乙亥，以韋嗣立檢校魏州刺史，餘如故。

㊄壬午，以懷州長史河南房融同平章事。

㊅太后命宰相各舉堪為員外郎者，韋嗣立薦廣武令岑羲曰：「但恨其伯父長倩㊈為累。」太后曰：「苟或有才，此何所累？」遂拜天官員外郎㊈。由是諸緣坐㊈者，始得進用。

㊆十一月，丁亥，以天官侍郎韋承慶為鳳閣侍郎同平章事。

㊇癸卯，成均祭酒同鳳閣鸞臺三品李嶠罷為地官尚書。

㊈十二月，甲寅，敕大足已來新置官並停。

(卅)丙辰，鳳閣侍郎同平章事韋嗣立罷為成均祭酒，檢校魏州刺史如故，以兄承慶入相故也。

(卅一)太后寢疾，居長生院(九五)，宰相不得見者累月(九六)，惟張易之、昌宗侍側。疾少閒(九七)，崔玄暐奏言：「皇太子相王，仁明孝友，足侍(九八)湯藥，宮禁事重，伏願不令異姓(九九)出入。」太后曰：「德卿厚意(一〇〇)(一〇一)。」易之昌宗見太后疾篤，恐禍及己，引用黨援，陰(一〇二)為之備，屢有人為飛書(一〇三)及牓(一〇四)其書於通衢，云：「易之兄弟謀反。」太后皆不問。辛未，許州人楊元嗣告昌宗嘗召術士李弘泰占相，弘泰言：「昌宗有天子相，勸於定州造佛寺，則天下歸心。」【考異】實錄云：「長安四年秋，元嗣告之，太后令鳳閣侍郎韋承慶推鞫。」按十一月丁亥，承慶始為鳳閣侍郎，今從唐歷。太后命韋承慶及司刑卿(一〇五)崔神慶，御史中丞宋璟鞫之。神慶，神基之弟(一〇六)也。承慶、神慶奏言：「昌宗款稱(一〇七)弘泰之語，尋已奏聞，準法首原(一〇八)。弘泰妖言，請收行法(一〇九)。」璟與大理丞(一一〇)封全禎奏：「昌宗寵榮如是，復召術士占相，志欲何求？弘泰稱筮得純乾(一一一)，天子之卦，昌宗儻(一一二)以弘泰為妖妄，何不執送有司？雖云奏聞，終是包藏禍心。法當處斬破家㉔，請收付獄，窮理其罪。」太后久之不應，璟又曰：「儻不即收繫，恐其搖動眾心。」太后曰：「卿且停推，俟更檢詳㉕文狀。」璟退，左拾遺江都㉖李邕進曰：「向觀宋璟所奏，志安社稷，非為身㉗謀，願陛下可其奏。」太后不聽，尋敕璟揚州推按㉘，又敕璟按幽州都督屈突仲翔贓污，又敕璟副李嶠安撫隴蜀，璟皆不肯行，奏曰：「故事，州縣官有罪，品高，則侍御史，卑則監察御史按之㉙，中丞非軍國大事，不當出使，今隴蜀無變，不識陛下遣臣出外，何也？臣皆不敢奉制。」【考異】御史臺記云：「易之昌宗冀璟使後，當列狀誅璟。」按易之等若果可以列狀誅璟，則何必待其出使，然後為之！此蓋璟方奏請收禁昌宗，故太后欲遣璟出，以散其事耳。璟必欲收禁，故辭不肯行，太后自省理屈，故不迫遣耳。不然璟若無事不行，太后豈不能以拒違制命罪之邪！又云：「時璟家禮會，易之等伺其夕以刺之，有密告璟者，乘庫車於它所而免。」按若實有其迹，璟安得不自陳於太后，若無其迹，則人妄言耳。今不取。司刑少卿桓彥範上疏，以為：「昌宗無功荷㉚寵，而包藏禍心，自招其咎㉛，此乃皇天降怒，陛下不忍加誅，則違天不祥㉜。且昌宗既奏訖，則不當更與弘泰往還，使之求福禳災㉝，是則初無悔心，所以奏者，擬㉞事發，則云先已奏陳，不發，則俟時為逆，此乃奸臣詭計。若云可捨㉟，誰為可刑！況事已再發，陛下皆釋不問，使昌宗益自負得計，天下亦以為天命不死，此乃陛下養成其亂也。苟逆臣不誅，社稷亡矣。請付鸞臺鳳閣三司㉖，考竟㉗其罪。」疏奏不報㉘。崔玄暐亦屢以為言，太后令法司議其罪，玄暐弟司刑少卿昇處以大辟，宋璟復奏收昌宗下獄，太后曰：「昌宗已自奏聞。」對曰：「昌宗為飛書所逼，窮㉙而自陳，勢非得已。且謀反大逆，無容首免㉚。若昌宗不伏大刑㉛，安用國法！」太后溫言解㉜之，璟聲色逾㉝厲，曰：「昌宗分外㉞承恩，臣知言出禍從，然義激㉟於心，雖死不恨。」楊再思恐其忤旨，遽㊱宣敕令出。璟曰：「聖主在此，不煩㊲宰相擅㊳宣敕命。」太后乃可其奏，遣昌宗詣臺，璟庭立而按之，事未畢，太后遣中使召昌宗，特敕赦之。璟歎曰：「不先擊小子腦裂，負此恨㊴矣。」太后乃使昌宗詣璟謝，璟拒不見㊵。

【考異】御史臺記、唐歷、舊傳並云收按易之等。按璟止鞫昌宗占相事耳，無緣及易之，今所不取。舊張易之傳云：「宋璟請按易之，則天陽許，尋敕宋璟使幽州，按都督屈突仲翔，令司禮卿崔神慶希旨雪昌宗兄弟㊶。」唐歷云：「桓彥範上疏，不報，璟登時出使。」按璟傳云：「特敕原易之，仍令詣璟謝。」實錄云：「令韋承慶、崔神慶與璟推鞫。」當是璟執正其罪，而神慶寬之耳，則是昌宗赦免時，璟在都不出使也。非璟出使後，神慶始鞫之也，舊宋璟易之傳自相違，今從御史臺記。

(卌)左臺中丞桓彥範、右臺中丞㊷東光㊸袁恕己共薦詹事司直㊹陽嶠為御史，楊再思曰：「嶠不樂搏擊(四五)之任，如何？」彥範曰：「為官擇人，豈必待其所欲，所不欲者，尤須與之，所以長難進(四六)之風，抑躁求(四七)之路。」乃擢為右臺侍御史。嶠，休之之玄孫(四八)也。先是李嶠、崔玄暐奏：「往屬革命之時，人多逆節(四九)，遂致刻薄之吏，恣行酷法，其周興等所劾破家者，並請雪免。」司刑少卿桓彥範又奏陳之，表疏前後十上，太后乃從之(五〇)。

【今註】(一)作興泰宮於萬安山：《新唐書・地理志》二：「河南府，壽安縣，西南四十里萬安山有興泰宮，長安四年置，並析置泰興縣。」(二)甚廣：猶甚巨。(三)左拾遺：《舊唐書・職官志》二：「門下省屬左拾遺二員，從八品上，補闕拾遺之職，掌供奉諷諫，扈從乘輿。」(四)順意：阿順意旨。(五)具僚：備位之官。(六)失業：廢業。(七)為辭：為藉口辭。(八)苦己：刻苦自己。(九)藏用，承慶之弟孫也：盧承慶見卷二百顯慶二年。(一〇)盧州：《舊唐書・地理志》三淮南道：「盧州，隋盧江郡，武德三年改為盧州，在京師東南二千三百八十七里。」(一一)用人：任用人才。(一二)細務：瑣碎之事。(一三)視：視事。古有作視事者，以其多閱覽表狀；亦有作聽事者，以其重在聽其奏對，而聽事一名，即其具體之明證也。(一四)朝廷物議：謂朝廷臣僚之議論。(一五)牧伯：指州刺史言。(一六)披訴：謂披襟陳訴，以示有不得已之情，而不欲赴任。(一七)遣：派。(一八)貶累：貶黜罪累。(一九)不澄：不克澄清。(二〇)臺閣寺監：

皆官署之名。㉑妙簡：精簡。㉒典：知掌。㉓康：褒大。㉔庶績：眾事。㉕輟近侍：謂罷近侍之職。㉖率先具僚：謂為眾僚之先導。㉗書名探之：謂分書百官姓名於一紙，置於匣內，而探拈之，此與探籌之方法，頗相類似。㉘檢校：攝理。㉙以夏官侍郎宗楚客同平章事：按《新唐書・則天紀》作：「己亥，夏官侍郎宗楚客同鳳閣鸞臺平章事。」當從添己亥二字。㉚謁：按謁及《舊唐書・蘇味道傳》之請，俱係請假之謂。㉛州縣供葬事：謂州縣供給葬事之所需者。㉜侵毀：侵占毀壞。㉝過度：過於限度。㉞坊州：《舊唐書・地理志》一關內道：「坊州，隋上郡之內部縣，周天和七年，元皇帝作牧鄜州，於此置馬坊，武德二年，分鄜州置坊州，在京師東北三百四十七里。」㉟蘇味道謁歸葬其父……左遷坊州刺史：按此段乃錄自《舊唐書・蘇味道傳》，字句大致相同。㊱至忠，引之玄孫也：蕭引見卷一百七十陳宣帝太建二年。㊲太后幸興泰宮：《新唐書・則天紀》作：「丙子，如興泰宮。」當從添丙子二字。㊳白司馬阪：胡三省曰：「洛城北邙山，有白司馬阪。」㊴檢校：謂檢察造大像之事。㊵糜費：耗費。㊶編戶：編於戶籍之民。㊷緡：即貫。㊸濟：救濟。㊹拯：救。㊺弊：困弊。㊻勤：猶勞。㊼霑：霑蒙。㊽亭育：謂生成庶類。㊾意：恩意。㊿胥悅：皆悅。(51)過後：猶以後。(52)因緣：佛家語，謂一切事物，皆因緣和合而生也。凡一事一物之生，直接與以強力者為因，間接助以弱力者為緣。(53)見：通現。(54)太后復稅天下僧尼……豈如見在果報：按此段乃錄自《舊唐書・李嶠傳》，字句大致相同。(55)蓄府庫：猶充實府庫。(56)養：培養。(57)苦厄：困苦厄難。(58)察臣之愚：謂察臣之愚衷。(59)理：避治之諱而改者。(60)賞慰：賞勞慰勉。(六一)監察御史張廷珪上疏……深賞慰之：按此段乃錄自《舊唐書・張廷珪傳》，字句幾全相同。(六二)行相王府長史：階高擬卑曰行。(六三)解：解去。(六四)取容：猶取悅。(六五)司禮少卿：《舊唐書・職官志》三：「太常寺卿一員，光宅改為司禮卿，少卿二人，正四品。」(六六)面似高麗：謂面似高麗人。(六七)即剪紙帖巾，反披紫袍，為高麗舞：《舊唐書・音樂志》卷二：「方舞四人，假髻，玉支釵，紫絲布褶，白大口袴，五綵接袖。靺東夷之樂名也，舉東方則三方可知矣。」按高麗舞當大致似之。(六八)舉座：全座。(六九)乃蓮花似六郎耳：蓮花之美，自有蓮花時，即已如此，而今云其似六郎，本末顛倒，抹殺事實，真諂之尤者。(七〇)以神都副留守楊再思為內史……蓮花似六郎耳：按此段乃錄自《舊唐書・楊再思傳》，字句大致相同。(七一)尚方少監：《舊唐書・職官志》三：「少府監，光宅改為尚方，監一員，從三品，少監二員，從四品下。」(七二)左右臺：左右肅政臺。(七三)同鞫：謂同被鞫訊。(七四)司刑正：《唐六典》卷十八：「大理寺，卿一人，從三品，光宅元年改為司刑寺，正二人，從五品下，掌參議刑獄，評正科條之事。」(七五)法應免官：謂依法應予免官。(七六)合神丹：合鍊神丹，古方士製丹，多曰鍊丹。(七七)有驗：有靈驗。(七八)戴令言作兩腳狐賦，以譏再思：胡三省曰：「言再思妖媚如狐，特兩腳耳。」(七九)長社：《舊唐書・地理志》一河南道：「許州，長社縣，隋潁川縣，武德四年改為長社，取舊名。」(八〇)岐山：今陝西省岐山縣。(八一)博望：故城在今河南省南陽縣東北。(八二)右庶子：《唐六典》卷二十六：「太子右春坊，右庶子二人，正四品下，掌侍從三右，獻納啟奏，宣傳令言。」(八三)不宜典兵馬：夏官即兵部，故云然。(八四)愛死：惜死。(八五)春官尚書：光宅元年改禮部為春官。(八六)時突厥叱列元崇反：按《舊唐書・姚崇傳》作叱利元崇，《新唐書》同傳則作叱剌，各不相同。(八七)相王府長史兼知夏官尚書事姚元崇……太后命元崇以字行：按此段乃錄自《舊唐書・姚崇傳》，字句大致相同。(八八)始遣淮陽王武延秀還：武延秀被拘，見上卷，聖曆元年。(八九)外司：外朝諸司官。(九〇)沈厚：沈重深厚。(九一)元之將行……惟陛下急用之：按此段乃錄自《舊唐書・張柬之傳》，字句大致相同。(九二)長倩：長倩死見卷二百四天授二年。(九三)天官員外郎：《唐六典》卷二：「吏部尚書一人，正三品上，光宅元年，改為天官尚書。員外郎從六品上。周官太宰屬官有上士，蓋今員外郎之任也。宋百官階次有員外郎，美遷為尚書郎。隋文帝開皇六年，尚書二十四司各置員外郎一人，品從第六，謂曹郎本員之外，復置郎也。皇朝尚書諸曹各置員外郎，吏部置二人，從六品上。」(九四)緣坐：猶連坐。(九五)太后寢疾居長生院：胡三省曰：「長生院即長生殿，明年五王誅二張，進至太后所寢長生殿，同此處也。蓋唐寢殿皆謂之長生殿，此武后寢疾之長生殿，洛陽宮寢殿也；肅宗大漸，越王係授甲長生殿，長安大明宮之寢殿也；白居易長恨歌所謂，『七月七日長生殿，夜半無人私語時。』華清宮之長生殿也。」(九六)累月：猶數月。(九七)疾少閒：疾少差。(九八)足侍：足可侍奉。(九九)異姓：指二張言。(一〇〇)德卿厚意：《舊唐書・崔玄暐傳》作：「深領卿厚意。」是其的釋。(一〇一)崔玄暐奏言皇太子相王……德卿厚意：按此段乃錄自《舊唐書・崔玄暐傳》，字句大致相同。(一〇二)陰：暗。(一〇三)飛書：此謂匿名信。(一〇四)牓：謂牓而貼之。(一〇五)司刑：光宅改大理為司刑。(一〇六)神慶，神基之弟：崔神基武后時為司賓卿，同鳳閣鸞臺平章事。(一〇七)款稱：謂伏款言。(一〇八)準法首原：胡三省曰：「法，自首者原其罪，承慶神慶欲準此條，以脫昌宗之罪。」〔九〕請收行法：謂請收錄而依法執行之。〔一〇〕大理丞：《舊唐書・職官志》三：「大理寺丞六人，從六品上，掌分判寺事。」〔一一〕純乾：全為乾卦。〔一二〕儻：設如，為設假辭。〔一三〕破家：猶籍沒。〔一四〕且停推：謂暫且停止推究。〔一五〕檢詳：檢察審詳。〔一六〕江都：江都縣帶揚州。〔一七〕身：己。〔一八〕尋敕璟揚州推按：謂尋敕璟至揚州推按。〔一九〕品高，則侍御史，卑則監察御史按之：《舊唐書・職官志》三：「御史臺，侍御史四員，從六品下，掌糺舉百寮，推鞫獄訟。監察御史十員，正八品上，掌分察巡按郡縣屯田、鑄錢、嶺南選補。」〔二〇〕荷：承受。〔二一〕咎：罪。〔二二〕不祥：不善。〔二三〕禳災：除災。〔二四〕擬：準備。〔二五〕若云可捨：謂若此云可捨。〔二六〕請付鸞臺鳳閣三司：胡三省曰：「三司謂尚書刑部，大理寺，御史臺也。唐制，大獄則召大三司考竟，又詔中書門下同鞫之。」〔二七〕考竟：猶考定。〔二八〕司刑少卿桓彥範上疏……考竟其罪，疏奏不報：按此段雖錄自《舊唐書・桓彥範傳》，而字句不相同之處頗多。〔二九〕窮：窮困。〔三〇〕無容首免：不允許以自首得免。〔三一〕大刑：猶極刑。〔三二〕解：解勸。〔三三〕逾：通愈。〔三四〕分外：猶格外。〔三五〕激：動。〔三六〕遽：急。〔三七〕不煩：不勞。〔三八〕擅：專擅。〔三九〕負此恨：永懷此恨。〔四〇〕宋璟復奏收昌宗下獄……璟拒不見：按此段乃錄自《舊唐書・宋璟傳》，字句大致相同。〔四一〕考異：「舊張易之傳：『今司禮卿崔神慶，希旨雪昌宗兄弟。』」：按《舊唐書・張行成附易之傳》作：「今司禮卿崔神慶鞫之，神慶希旨。」當從添鞫之神慶四字，然後文意方明。〔四二〕左臺中丞桓彥範，右臺中丞：《舊唐書・職官志》三：「御史臺，光宅元年分臺為左右，號曰左右肅政臺，左臺專知京百司，右臺按察諸州。」〔四三〕東光：今河北省東光縣。〔四四〕詹事司直：《唐六典》

卷二十六：「太子詹事府，太子司直二人，正七品上，掌彈劾宮寮，糾舉職事。」㊺搏擊：喻如鷹隼，以搏擊眾鳥也。㊻難進：謂謙遜而不欲進。㊼躁求：躁競營求。㊽嶠，休之玄孫：陽休之仕高齊貴顯。㊾逆節：叛逆之行。㊿先是李嶠崔玄暐奏……太后乃從之：按此段乃錄自《舊唐書・桓彥範傳》，字句大致相同。

中宗大和大聖大昭孝皇帝上

神龍元年（西元七〇五年）

㈠春，正月，壬午朔，赦天下，改元。【考異】新紀：「長安五年正月壬午，大赦，甲子，太子監國改元㊀。」按則天實錄，「神龍元年正月壬午朔，大赦，改元。」舊紀、唐歷、統紀、會要皆同，紀年通譜亦以神龍為武后年號，中宗因之，新紀誤也。自文明以來得罪者，非揚豫博三州㊁及諸反逆魁首㊂，咸赦除之。

㈡太后疾甚，麟臺監張易之、春官侍郎張昌宗居中用事，張柬之、崔玄暐與中臺右丞㊃敬暉、司刑少卿桓彥範、相王府司馬袁恕己謀誅之，柬之謂右羽林衞大將軍李多祚曰：「將軍今日富貴，誰所致也？」多祚泣曰：「大帝㊄也。」柬之曰：「今大帝之子，為二豎㊅所危，將軍不思報大帝之德㊆乎？」多祚曰：「苟利國家，惟相公處分⑧，不敢顧身及妻子⑨。」因指天地以自誓，遂與定謀⑩。初柬之與荊府⑪長史閿鄉⑫楊元琰相代，同泛江⑬，至中流，語及太后革命事，元琰慨然有匡復⑭之志，及柬之為相，引元琰為右羽林將軍，謂曰：「君頗記江中之言乎？今日非輕授也⑮。」柬之又用彥範、暉及右散騎侍郎⑯李湛皆為左右羽林將軍，委以禁兵。易之等疑懼，乃更以其黨武攸宜為右羽林大將軍，易之等乃安。

(三)俄而姚元之自靈武至，柬之彥範相謂曰：「事濟⑰矣。」遂以其謀告之。彥範以事白其母，母曰：「忠孝不兩全，先國後家，可也。」時太子於北門起居⑱，彥範暉謁見，密陳其策，太子許之。癸卯，柬之、玄暐、彥範與左威衞將軍薛思行等帥左右羽林兵五百餘人，至玄武門，遣多祚、湛及內直郎⑲駙馬都尉安陽⑳王同皎，詣東宮迎太子，太子㉑疑不出，同皎曰：「先帝以神器付殿下，橫遭㉒幽廢㉓，人神同憤㉔，二十三年矣。今天誘其衷，北門南牙㉕同心協力，以誅凶豎㉖，復李氏社稷，願殿下蹔㉗至玄武門，以副㉘眾望。」太子曰：「凶豎誠當夷滅㉙，然上體不安，得無驚怛㉚？諸公更為後圖㉛。」李湛曰：「諸將相不顧家族，以徇社稷㉜，殿下奈何欲納之鼎鑊乎！請殿下㉝自出止之。」【考異】舊李湛傳曰：「湛與右羽林大將軍李多祚等詣東宮，迎皇太子，拒而不時出。湛進啟曰，逆豎反道亂常，將圖不軌，宗社危敗，實在須臾。湛等諸將與南衙執事，克期誅翦，伏願殿下暫至玄武門，以副眾望。太子曰，凶豎悖亂，誠合誅夷，然聖躬不豫，慮有驚動，公等且止，以俟後圖。湛曰，諸將棄家族，共宰相同心，匡輔社稷，殿下奈何欲陷之鼎鑊！殿下速出，自止遏。太子乃上馬就路。」按劉子玄中宗實錄唐歷統紀，皆以此為王同皎之言，而舊傳以為李湛進說，今從實錄唐歷等，參取舊傳。太子乃出，同皎扶抱太子上馬，從至玄武門，斬關㉞，而入。太后在迎仙宮，柬之等斬易之昌宗於廡下㉟，進至太后所寢長生殿，環繞侍衛，太后驚起，問曰：「亂者誰邪？」對曰：「張易之昌宗謀反，臣等奉太子令誅之，恐有漏泄㊱，故不敢以聞。稱兵㊲宮禁，罪當萬死。」太后見太子曰：「乃汝邪！小子既誅，可還東宮。」彥範進曰：「太子安得更歸！昔天皇以愛子託陛下，今年齒已長，久居東宮，天意人心久思李氏，羣臣不忘太宗天皇㊳之德，故奉太子，誅賊臣，願陛下傳位太子，以順天人之望。」李湛，義府之子也㊴。太后見之，謂曰：「汝亦為誅易之將軍邪？我於汝父子不薄，乃有今日。」湛慙，不能對。又謂崔玄暐曰：「它人皆因人以進㊵，惟卿朕所自擢，亦在此邪？」對曰：「此乃所以報陛下之大德。」於是收張昌期、同休、昌儀皆斬之，與易之昌宗梟首天津南㊶。是日，袁恕己從相王統南牙兵以備非常，收韋承慶、房融及司禮卿崔神慶繫獄，皆易之之黨也。

㈣初昌儀新作第，甚美，逾於王主㊷，或夜書其門曰：「一日絲，能作幾日絡㊸！」滅去㊹，復書之，如是六七。昌儀取筆注其下曰：「一日亦足。」乃止。

㈤甲辰，制太子監國，赦天下，以袁恕己為鳳閣侍郎同平章事，分遣十使㊺，齎璽書，宣慰諸州。乙巳，太后傳位於太子，丙午，中宗即位，赦天下，惟張易之黨不原㊻，其為周興等所枉者，咸令清雪㊼，子女配沒者，皆免之㊽。相王加號安國相王，拜太尉同鳳閣鸞臺三品，太平公主加號鎮國太平公主，皇族先配沒者，子孫皆復屬籍㊾，仍量㊿敘官爵(五一)。

㈥丁未，太后徙居上陽宮，李湛留宿衞(五二)。戊申，帝帥百官詣上陽宮，上太后尊號曰則天大聖皇帝。庚戌，以張柬之為夏官尚書同鳳閣鸞臺三品，崔玄暐為內史，袁恕己同鳳閣鸞臺三品，敬暉、桓彥範皆為納言，並賜爵郡公。李多祚賜爵遼陽郡王，王同皎為右千牛將軍，琅邪郡公李湛為右羽林大將軍、趙國公，自餘官賞有差。【考異】中宗實錄：「初冬官侍郎朱敬則以張易之等，權寵日盛，恐有異圖。時敬暉為左羽林將軍，敬則謂之曰，公若假皇太子之令，舉北軍，誅易之兄弟，兩飛騎之力耳。暉等竟用其策。及易之昌宗伏誅，暉遂矜功自恃，故賞不及於敬則，俄出為鄭州刺史。」按敬則長安四年以老罷知政事，累轉冬官侍郎，而則天實錄，誅易之時，有庫部員外郎朱敬則，恐誤。張柬之等之討張易之也，殿中監㉓田歸道將千騎㉔宿玄武門，敬暉遣使就索千騎，歸道先不預謀，拒而不與，事寧㉕，暉欲誅之，歸道以理自陳，乃免歸私第，帝嘉其忠壯，召拜太僕少卿㉖。

【今註】㊀考異：「新紀：『長安五年正月壬午，大赦，甲子太子監國，改元。』」：按《新唐書・中宗紀》，甲子作甲辰，以下文之丙午推之，當以作甲辰為是。㊁揚豫博三州：揚指徐敬業；豫，越王貞；博，貞子沖。㊂魁首：謂首領。㊃中臺右丞：光宅元年，改尚書左右丞為文昌左右丞，長安三年，又改為中臺左右丞。㊄大帝：指高宗。㊅二豎：指張易之、張昌宗。㊆德：恩德。㊇處分：處置。㊈不顧身及妻子：《舊唐書・李多祚傳》作：「終不顧妻子性命。」是顧身即顧己之性命。㊉柬之謂右羽林衛大將軍李多祚曰……遂與定謀：按此段乃錄自《舊唐書・李多祚傳》，字句間有不同。⑪荊府：荊州都督府，省曰荊府。⑫閿鄉：據《舊唐書・地理志》二，閿鄉屬河南道虢州，音旻。⑬泛江：泛舟於江。⑭匡復：匡正恢復。⑮今日非輕授也：意謂乃有所用也。⑯右散騎侍郎：《唐六典》卷九：「右散騎常侍二人，從三品。」據《舊唐書・李義府附湛傳》，湛時為右散騎常侍，且唐無散騎侍郎之職，自以作常侍為是。⑰濟：成。⑱太子於北門起居：胡三省曰：「洛陽宮北門亦曰玄武門，不從端門入，而從北門入，問起居取便近也。」⑲內直郎：《唐六典》卷二十六：「內直局，內直郎二人，從六品下，掌符璽繖扇几案衣服之事。」⑳安陽：今河南省安陽縣。㉑時太子於北門起居……詣東宮迎太子：按此段乃錄自《舊唐書・桓彥範傳》，字句大致相同。㉒橫遭：謂無罪而遭。㉓幽廢：幽囚廢黜。㉔天誘其衷：《左傳》成十三年：「天誘其衷，成王隕命。」謂上帝使其暴露其私衷也，有自然破敗之意。㉕北門南牙：胡三省曰：「南牙謂宰相，北門謂羽林諸將。」㉖凶豎：凶惡之豎子。㉗蹔：同暫。㉘副：稱滿。㉙夷滅：夷平誅滅。㉚驚怛：驚駭。㉛諸公更為後圖：《舊唐書・李義府附湛傳》作：「公等且止，以俟後圖。」較符當時所言之意旨。㉜以徇社稷：謂以徇社稷之難。㉝殿下：唐呼太子之稱。㉞斬關：斬斷關門之管鎖。㉟廡：廊廡。㊱漏洩：指消息漏洩。㊲稱兵：猶舉兵。㊳太宗天皇：按《舊唐書・高宗紀》：「高宗天皇大聖大弘孝皇帝。」是天皇乃高宗也。㊴李湛、義府之子也：李義府高宗時為相。㊵皆因人以進：此謂皆因他人以進職。㊶梟首天津南：謂梟首天津橋南。㊷王主：謂諸王及諸公主。㊸一日絲能作幾日絡：胡三省曰：「言其且誅滅，能作樂得幾日也。」㊹滅去：抹拭而去。㊺分遣十使：十道各遣一使。㊻不原：不原宥。㊼清雪：猶洗雪。㊽子女配沒者皆免之：《新唐書・中宗紀》：「放宮女三千人。」是此子女配沒者，有部分曾沒為宮女。㊾屬籍：宗屬之籍。㊿量：酌量。㊿敍官爵：銓敍其官爵。㉑留宿衞：謂留充宿衞。㉒殿中監：《舊唐書・職官志》三：「殿中省，監一員，從三品，掌天子服御。」㉓將千騎：《新唐書・兵志》：「貞觀初，太宗擇善射者百人，為二番，於北門長上，曰百騎，以從田獵。武后改百騎曰千騎。」㉔事寧：事息。㉕太僕少卿：《舊唐書・職官志》三：「太僕寺，少卿二人，從四品上。」

卷二百八 唐紀二十四

司馬光編集
曲守約 註

起旃蒙大荒落二月，盡強圉協洽，凡二年有奇。（乙巳至戊申，西元七〇五年至七〇八年）

中宗大和大聖大昭孝皇帝中

神龍元年（西元七〇五年）

㈠二月，辛亥，帝帥百官詣上陽宮問太后起居，【考異】實錄唐歷皆云乙亥，誤也，當是辛亥。自是每十日一往。

㈡甲寅，復國號曰唐㈠，郊廟社稷陵寢百官旗幟服色文字，皆如永淳以前故事，復以神都為東都㈡，北都為幷州㈢，老君為玄元皇帝㈣。

㈢乙卯，鳳閣侍郎同平章事韋承慶貶高要尉㈤，正諫大夫同平章事房融除名，流高州㈥，司禮卿崔神慶流欽州㈦。

㈣楊再思為戶部尚書同中書門下三品、西京留守。

㈤太后之遷上陽宮也，太僕卿同中書門下三品姚元之獨嗚咽流涕，桓彥範、張柬之謂曰：「今日豈公涕泣時邪！恐公禍由此始。」元之曰：「元之事則天皇帝久，乍(八)此辭違(九)，悲不能忍。且元之前日從公誅姦逆，人臣之義也(一〇)，今日別舊君，亦人臣之義也(一一)。雖獲罪，實所甘心。」是日出為亳州(一二)刺史(一三)。

(六)甲子，立妃韋氏為皇后，赦天下，追贈后父玄貞為上洛王，母崔氏為妃。左拾遺賈虛己上疏，以為：「異姓不王，古今通制，今中興之始，萬姓喁喁(一四)，以觀陛下之政，而先王后族，非所以廣德美(一五)於天下也。且先朝贈后父太原王(一六)，殷鑒不遠，須防其漸。若以恩制(一七)已行，宜令皇后固讓，則益增謙沖(一八)之德矣。」不聽(一九)。初韋后生邵王重潤、長寧、安樂二公主，上之遷房陵也，安樂公主生於道中，上特愛之，上在房陵，與后同幽閉，備嘗艱危，情愛甚篤(二〇)，上每聞敕使至，輒惶恐(二一)欲自殺，后止之曰：「禍福無常(二二)，寧失一死(二三)，何遽(二四)如是！」上嘗與后私誓曰：「異日幸復見天日(二五)，當惟卿所欲，不相禁制(二六)(二七)。」及再為皇后，遂干預(二八)朝政，如武后在高宗之世。桓彥範上表，以為：「易稱：『無攸遂，在中饋，貞吉（二九），』書稱：『牝雞之晨，惟家之索（三〇）。』伏見陛下每臨朝，皇后必施帷幔（三一）坐殿上，預聞政事，臣竊觀自古帝王，未有與婦人共政而不破國亡身者也。且以陰乘陽（三二），違天也，以婦陵夫，違人也（三三）。伏願陛下覽古今之戒（三四），以社稷蒼生為念，令皇后專居中宮，治陰教（三五），勿出外朝干國政（三六）（三七）。」

(七)先是胡僧慧範以妖妄（三八）遊權貴（三九）之門，與張易之兄弟善，韋后亦重之，及易之誅，復稱慧範預其謀，以功加銀青光祿大夫（四〇），賜爵上庸縣公（四一），出入宮掖（四二），上數微行（四三）幸其舍。彥範復表言：「慧範執左道（四四）以亂政，請誅之。」上皆不聽（四五）。

(八)初武后誅唐宗室，有才德者先死，惟吳王恪（四六）之子鬱林侯千里，褊躁（四七）無才，又數獻符瑞，故獨得免，上即位，立為成王，拜左金吾大將軍（四八）。武后所誅唐諸王妃主（四九）駙馬等，皆無人葬埋，子孫或流竄嶺表，或拘囚歷年（五〇），或逃匿民間，為人傭保（五一），至是制：「州縣求訪其柩（五二），以禮改葬，追復官爵，召其子孫，使之承襲，無子孫者，為擇後置（五三）之。」既而宗室子孫相繼而至，皆召見，涕泣舞蹈，各以親疏襲爵拜官有差(五四)。

(九)二張之誅也，洛州長史薛季昶謂張柬之、敬暉曰：「二凶雖除，產祿猶在(五五)，去草不去根，終當復生。」二人曰：「大事已定，彼猶機上肉(五六)耳，夫何能為！所誅已多，不可復益(五七)也。」季昶歎曰：「吾不知死所(五八)矣(五九)。」朝邑(六〇)尉武強(六一)劉幽求亦謂桓彥範、敬暉曰：「武三思尚存，公輩終無葬地(六二)，若不早圖，噬臍無及(六三)。」不從(六四)。【考異】御史臺記曰：「張柬之勒兵於景運門，將收諸武誅之。彥範以事既竟，不欲廣誅，遽解其兵，柬之固爭不果。」狄梁公傳曰：「袁謂張公曰，昔有遺言，使先收梁王武三思，豈可捨諸！張公曰，但大事畢功，此皆機上之物，豈有逃乎？」按舊唐書薛季昶傳、敬暉傳、唐統紀、唐歷、狄梁公傳皆云，張柬之敬暉不欲誅武三思，唯御史臺記以為柬之固爭，而彥範不從。新唐書彥範傳亦云：「薛季昶勸誅三思，會日暮事遽，彥範不欲廣殺，因曰，三思機上肉耳，留為天子藉手。季昶歎曰，吾無死所矣。」按柬之時為宰相，首建此謀，當是與桓敬等皆不可，不應獨由彥範也。

(十)上女安樂公主適三思子崇訓。上官婉兒，儀之女孫也，儀死(六五)，沒入掖庭，辯慧善屬文，明習吏事，則天愛之，自聖曆以後，百司表奏，多令參決(六六)，及上即位，又使專掌制命，益委任之，拜為婕妤(六七)(六八)，用事於中，三思通焉，故黨於武氏；又薦三思於韋后，引入禁中，上遂與三思圖議(六九)政事。張柬之等皆受制於三思矣。【考異】舊傳云：「誅易之明日，三思因韋后之助，潛入宮中，內行相事，反易國政；居數日，五王皆失柄，受制於三思矣。」事似傷速，今微加刪改。上使韋后與三思雙陸（七〇），而自居傍為之點籌（七一），三思遂與后通（七二），由是武氏之勢復振。張柬之等數勸上誅諸武，上不聽。柬之等曰：「革命之際，宗室諸李，誅夷略盡（七三），今賴天地之靈（七四），陛下返正（七五），而武氏濫官僭爵（七六），按堵（七七）如故，豈遠近所望（七八）邪！願頗抑損其祿位（七九），以慰天下（八〇）。」又不聽。柬之等或撫牀（八一）歎憤，或彈指（八二）出血，曰：「主上昔為英王，時稱勇烈（八三），吾所以不誅諸武者，欲使上自誅之，以張（八四）天子之威耳。今反如此，事勢已去，知復奈何（八五）！」

（十）上數微服（八六），幸武三思第，監察御史清河（八七）崔皎密疏諫曰：「國命（八八）初復，則天皇帝在西宮（八九），人心猶有附會（九〇），周之舊臣，列居朝廷，陛下奈何輕（九一）有外遊，不察豫且（九二）之禍。」上洩之，三思之黨切齒（九三）。

（十一）丙寅，以太子賓客武三思為司空、同中書門下三品。左散騎常侍譙王重福，上之庶子也，其妃，張易之之甥，韋后惡之，譖於上曰：「重潤之死，重福為之（九四）也。」由是貶濮州員外刺史（九五），又改均州（九六）刺史，常令州司防守之（九七）。

（十三）丁卯，以右散騎常侍安定王武攸暨為司徒、定王。

（十四）辛未，相王固讓太尉及知政事，許之；又立為皇太弟，相王固辭而止。

（十五）甲戌，以國子祭酒始平祝欽明同中書門下三品，黃門侍郎知侍中事韋安石為刑部尚書，罷知政事。

（十六）丁丑，武三思、武攸暨固辭新官爵及政事，許之，並加開府儀同三司。

（十七）立皇子義興王重俊為衞王，北海王重茂為溫王，仍以重俊為洛州牧。

（十八）三月，甲申，制文明已來，破家[九八]子孫，皆復舊資廕[九九]，唯徐敬業裴炎不在免限。

（十九）丁亥，制酷吏周興來俊臣等已死者，追奪官爵，存者，皆流嶺南惡地。

（廿）己丑，以袁恕己為中書令。

（廿一）以安車[一〇〇]徵安平王武攸緒於嵩山[一〇一]，既至，除太子賓客，固請還山，許之。

(廿二)制梟氏、蟒氏皆復舊姓〔〇二〕。

(廿三)術士鄭普思、尚衣奉御〔〇三〕葉靜能皆以妖妄，為上所信重。夏，四月，墨敕〔〇四〕以普思為祕書監，靜能為國子祭酒。桓彥範崔玄暐固執不可，上曰：「已用之，無容遽改〔〇五〕。」彥範曰：「陛下初即位，下制云：『政令皆依貞觀故事。』貞觀中，魏徵、虞世南、顏師古為祕書監，孔穎達為國子祭酒，豈普思靜能之比〔〇六〕乎〔〇七〕？」庚戌，左拾遺李邕上疏，以為：「詩三百，一言以蔽之，曰思無邪〔〇八〕。若有神仙能令人不死，則秦始皇漢武帝得之矣。佛能為人福利，則梁武帝得之矣。堯舜所以為帝王首者，亦修人事而已〔〇九〕。尊寵此屬，何補於國〔一〇〕！」上皆不聽。

(廿四)上即位之日，驛召魏元忠於高要〔一一〕，丁卯，至都，拜衛尉卿〔一二〕同平章事。

(廿五)甲戌，以魏元忠為兵部尚書，韋安石為吏部尚書，李懷遠為右散騎常侍，唐休璟為輔國大將軍，崔玄暐檢校益府長史，楊再思檢校楊府長史，祝欽明為刑部尚書，並同中書門下三品，元忠等皆以東宮舊僚褒㉓之也。

(廿六)乙亥，以張柬之為中書令。

(廿七)戊寅，追贈故邵王重潤為懿德太子。

(廿八)五月，壬午，遷周廟七主於西京崇尊廟㉔，制武氏三代諱，奏事者皆不得犯。

(廿九)乙酉，立太廟、社稷於東都。

(卅)以張柬之等及武攸暨、武三思、鄭普思等十六人，皆為立功之人，賜以鐵券，自非反逆，各恕十死㉕。

(卅一)癸巳，敬暉等帥百官上表，以為：「五運㉖迭興㉗，事不兩大㉘，天授革命之際，宗室誅竄殆㉙盡，豈得與諸武並封？今天命惟新，而諸武封建㉚如舊，並居京師，開闢㉛以來，未有斯理。願陛下為社稷計，順遐邇心㉜，降其王爵，以安內外㉝。」上不許。敬暉等畏武三思之讒，以考功員外郎崔湜為耳目，伺㉞其動靜，湜見上親三思而忌暉等，乃悉以暉㉟等謀告三思，反為三思用，三思引為中書舍人。湜，仁師之孫也㉖㉗。

(卅二)先是，殿中侍御史、南皮㉘鄭愔㉙諂事二張，二張敗，貶宣州㉚司士參軍，坐贓㉛，亡入東都，私謁武三思。初見三思，哭甚哀，既而大笑，三思素貴重，甚㉜怪之，愔曰：「始見大王而哭，哀大王將戮死而滅族也，後乃大笑，喜大王之得愔也。大王雖得天子之意㉝，彼五人皆據將相之權㉞，膽略㉟過人，廢太后如反掌㊱，大王自視勢位，與太后孰重？彼五人日夜切齒，欲噬大王之肉，非盡大王之族，不足以快其志。大王不去此五人，危如朝露㊲，而晏然㊳尚自以為泰山之安，此愔所以為大王寒心㊴也。」三思大悅，與之登樓，問自安之策，引為中書舍人，與崔湜皆為三思謀主。

(卅三)三思與韋后日夜譖暉等，云：「恃功專權，將不利於社稷。」上信之。三思等因為上畫策，不若封暉等為王，罷其政事，外不失尊寵功臣㊵，內實奪之權㊶。上以為然。甲午，以侍中齊公敬暉為平陽王㊷，桓彥範為扶陽王，中書令漢陽公張柬之為漢陽王，南陽公袁恕己為南陽王，特進同中書門下三品博陵公崔玄暐為博陵王，【考異】統紀曰：「太后善自粉飾，雖子孫在側，不覺其衰老。及在上陽宮，不復櫛纇，形容羸悴。上入見大驚，太后泣曰，我自房陵迎汝來，固以天下授汝矣，而五賊貪功，驚我至此。上悲泣不自勝，伏地拜謝死罪，由是三思等得入其謀。」按中宗頑鄙不仁，太后雖毀容涕泣，未必能感動移其意，其所以疏忌五王，自用韋后三思之言耳，今不取。五王尊卑、先後不定，實錄誅張易之時，以張柬之為首，賜鐵券，以崔玄暐為首，封王及謫為司馬長流，皆以敬暉為首。舊傳及開元復官詔，並以桓彥範為首。按長安四年六月，玄暐為鸞臺侍郎平章事，十月，張柬之自秋官侍郎同平章事，十一月，守鳳閣侍郎，誅易之時唯此二人為相。神龍元年正月，袁恕己自司刑少卿為鳳閣侍郎、同平章事，庚戌，張柬之為夏官尚書，玄暐守內史，敬暉桓彥範並為納言。三月，恕己守中書令，四月，柬之為中書令，敬暉為侍中。五王遷轉先後如此。疑實錄但以誅易之時，柬之首謀，故以柬之為首，暉與彥範同為侍中，疑侍中在中書令上，故削諸武表及罷政事，皆以暉為首，賜鐵券時，玄暐已加特進，暉等罷政，方加特進，而玄暐如舊。疑特進雖散階，而品秩最高，故以玄暐為首。彥範與暉同為侍中，而彥範被禍最酷，疑開元詔及史官特以為首，未必以當時位次也。天后中宗時，侍中疑在中書令上。罷知政事，賜金帛鞍馬，令朝朔望，仍賜彥範姓韋氏，與皇后同籍㊸，尋又以玄暐檢校益州長史，知都督事，又改梁州㊹刺史。三思令百官復修則天之政，不附武氏者斥之，為五王所逐者復之，大權盡歸三思矣。五王之請削武氏諸王也，求人為表，眾莫肯為，中書舍人岑羲為之㊺，語甚激切㊻，中書舍人偃師㊼畢構次當讀表，辭色明厲，三思既得志，羲改秘書少監，出構為潤州㊽刺史。

（卌四）易州刺史趙履溫，桓彥範之妻兄也，彥範之誅二張，稱履溫預其謀，召為司農少卿㊾，履溫以二婢遺彥範，及彥範罷政事㊿，履溫復奪其婢(五一)。上嘉宋璟忠直，屢遷黃門侍郎(五二)，武三思嘗以事屬璟，璟正色拒之曰：「今太后既復子明辟(五三)，王當以侯就第，何得尚干朝政，獨不見產祿(五四)之事乎(五五)！」

(卅五)以韋安石兼檢校中書令(五六)，魏元忠兼檢校侍中，又以李湛為右散騎常侍，趙承恩為光祿卿，楊元琰為衛尉卿。先是元琰知三思浸(五七)用事，請棄官為僧，上不許，敬暉聞之，笑曰：「使我早知，勸上許之，髡(五八)去胡頭，豈不妙哉！」元琰多鬚類胡，故暉戲之。元琰曰：「功成名遂(五九)，不退將危，此乃由衷(六〇)之請，非徒(六一)然也。」暉知其意，瞿然(六二)不悅，及暉等得罪，元琰獨免。

(卅六)上官婕妤勸韋后襲則天故事，上表請天下士庶為出母服喪三年(六三)，又請百姓年二十三為丁，五十九免役(六四)，改易制度，以收時望(六五)。制皆許之。

(卅七)癸卯，制降諸武梁王三思為德靜王，定王攸暨為樂壽王(六六)，河內王懿宗等十二人皆降為公，以厭(六七)人心。

(卅八)甲辰，以唐休璟為左僕射，同中書門下三品如故，豆盧欽望為右僕射。六月，壬子，以左驍衛大將軍裴思說(六八)充靈武軍大總管，以備突厥。

(卅九)癸亥，命右僕射豆盧欽望，有軍國重事，中書門下可共平章〔六九〕。先是僕射為二宰相，其後多兼中書門下之職，午前決朝政，午後決省事〔七〇〕。至是欽望專為僕射，不敢預政事，故有是命。是後，專拜僕射者，不復為宰相矣。又以韋安石為中書令，魏元忠為侍中，楊再思為檢校中書令。

(四十)丁卯，祔孝敬皇帝於太廟〔七一〕，號義宗。

(四一)戊辰，洛水溢，流二千餘家〔七二〕。

(四二)秋，七月，辛巳，以太子賓客韋巨源同中書門下三品，西京留守如故。特進漢陽王張柬之表請歸襄州養疾，乙未，以柬之為襄州刺史，不知州事，給全俸〔七三〕。

(四三)河南北十七州大水，八月，戊申，以水災求直言，右衛騎曹參軍〔七四〕、西河〔七五〕宋務光上疏，以為：「水陰類，臣妾之象，恐後庭有干外朝之政者，宜杜絕其萌〔七六〕。今霖雨不止，乃閉坊門以禳之〔七七〕，至使里巷謂坊門為宰相，言朝廷使之燮理〔七八〕陰陽也。又太子國本，宜早擇賢者而立之。又外戚太盛，如武三思等，宜解其機要，厚以祿賜。又鄭普思、葉靜能以小技竊大位，亦朝政之蠹也。」疏奏不省(七九)。

(四四)壬戌，追立妃趙氏為恭皇后(八〇)，孝敬皇帝妃裴氏為哀皇后。九月，壬午，上祀昊天上帝皇地祇於明堂，以高宗配。

(四五)初上在房陵，州司制約(八一)甚急(八二)，刺史河東(八三)張知謇、靈昌(八四)崔敬嗣獨待遇以禮，供給豐贍(八五)，上德之(八六)，擢知謇自貝州刺史為左衞將軍，賜爵范陽公，敬嗣已卒，求得其子汪，嗜酒不堪釐(八七)職，除五品散官(八八)(八九)。改葬上洛王韋玄貞，其儀皆如太原王故事。

(四六)癸巳，太子賓客同中書門下三品韋巨源罷為禮部尚書，以其從父安石為中書令故也。

(四七)以左衞將軍、上邽(九〇)紀處訥兼檢校太府卿，處訥娶武三思之妻姊故也。

(四八)冬，十月，命唐休璟留守京師。癸亥，上幸龍門，乙丑，獵於新安而還。辛未，以魏元忠為中書令，楊再思為侍中。

(四九)十一月，戊寅，羣臣上皇帝尊號曰應天皇帝，皇后曰順天皇后。壬午，上與后謁謝太廟，赦天下，相王太平公主加實封，皆滿萬戶。

(五〇)己丑，上御洛城南樓(一九一)，觀潑寒胡戲(一九二)。清源(一九三)尉呂元泰上疏，以為：「謀時寒若(一九四)，何必裸身揮水(一九五)鼓舞衢路以索之(一九六)？」疏奏不納。

(五一)壬寅，則天崩於上陽宮，年八十二，遺制去帝號，稱則天大聖皇后，王蕭二族及褚遂良、韓瑗、柳奭親屬皆赦之(一九七)。上居諒陰，以魏元忠攝冢宰(一九八)三日，元忠素負忠直之望(一九九)，中外賴(二〇〇)之。武三思憚之，矯太后遺制(二〇一)，慰諭元忠，賜實封百戶，元忠捧制，感咽(二〇二)涕泗，見者曰：「事去矣(二〇三)。」

(五二)十二月，丁卯，上始御同明殿(二〇四)，見羣臣。

(五三)太后將合葬乾陵，給事中嚴善思上疏，以為：「乾陵玄宮(二〇五)以石為門，鐵錮(二〇六)其縫，今啟其門，必須鐫鑿(二〇七)，神明(二〇八)之道，體尚幽玄(二〇九)，動眾加功，恐多驚黷(二一〇)。況合葬非古，漢時諸陵，皇后多不合葬，魏晉已降，始有合者，望於乾陵之傍，更擇吉地為陵。若神道有知，幽塗自當通會㉒，若其無知，合之何益。」不從㉓。

㉔是歲，戶部奏天下戶六百一十五萬，口三千七百一十四萬有畸㉕。

【今註】㊀復國號曰唐：天授元年，武后更國號曰周，今復舊。㊁復以神都為東都：光宅元年，改東都曰神都。㊂北都為并州：天授元年，以并州為北都。㊃老君為玄元皇帝：高宗乾封元年，上老子尊號曰玄元皇帝，武后革命，改曰老君。㊄高要尉：《舊唐書・地理志》四嶺南道：「端州，高要縣，州所治，至京師四千九百三十五里。」㊅高州：同志四嶺南道：「高州，隋高梁郡，貞觀二年，分西平、杜陵置恩州，高州移治良德縣，至京師六千二百六十二里。」㊆欽州：同志四嶺南道：「欽州至京師五千二百五十一里。」㊇乍：突。㊈辭違：辭別違離。㊉人臣之義也：《舊唐書・姚崇傳》作：「是臣子之常道。」是其的釋。⑪亦人臣之義也：〈姚崇傳〉作：「亦人臣之終節。」可互闡釋。⑫亳州：據《舊唐書・地理志》二，亳州屬河南道，至京師一千七百里，至東都八百九十八里。⑬太后之遷上陽宮也……是日出為亳州刺史：按此段乃錄自《舊唐書・姚崇傳》，字句大致相同。⑭喁喁：謂眾人向慕，如魚張口向上，音ㄩㄥˊ。⑮廣德美：謂廣大道德美政。⑯先朝贈后父太原王：高宗贈武后父士彠太原郡王。⑰恩制：猶恩詔。⑱謙沖：猶謙遜。⑲追贈后父玄貞為上洛王……益增謙沖之德矣，不聽：按此段乃錄自《舊唐書・外戚韋溫傳》，字句大致相同。⑳篤：厚。㉑惶恐：驚惶恐懼。㉒無常：猶無定。㉓寧失一死：謂豈能免脫一死。㉔遽：惶恐。㉕幸復見天日：謂僥倖復得帝位。㉖禁制：禁止限制。㉗初韋后生邵王重潤……不相禁制：按此段乃錄自《舊唐書・中宗韋庶人傳》，字句大致相同。㉘干預：干涉參預。㉙易稱無攸遂，在中饋，貞吉：為《易・家人卦》六二爻辭。王弼注：「六二居內處中，履得其位，以陰應陽，盡婦人之正義，無所必遂，職乎中饋，巽順而已，是以貞吉也。」㉚書稱牝雞之辰，惟家之索：為《書・牧誓》之辭。辰作晨。孔安國曰：「索盡也。」喻婦人知外事，雌代雄鳴則家盡，婦奪夫政則國亡。㉛帷幔：猶幃簾。㉜乘陽：猶陵陽，與下之陵，互文見義。㉝違人也：謂違人倫之常則。㉞戒：鑒戒。㉟治陰教：《禮記・昏義》：「故曰天子聽男教，后聽女順，天子理陽道，后治陰德，天子聽外治，后聽內職，教順成俗，外內和順，國家理治，此之謂盛德。」陰教謂女教。㊱干國政：干預國政。㊲桓彥範上表以為……勿外朝干國政：按此段乃錄自《舊唐書・桓彥範傳》，次序雖稍有顛倒，然字句則大致相同。㊳妖妄：謂妖異妄誕。㊴權貴：權勢顯貴。㊵銀青光祿大夫：《舊唐書・職官志》一：「銀青光祿大夫，文散官，從三品。」㊶上庸縣公：《唐六典》卷二：「司封郎中掌邦之封爵，五曰縣公從二品，食邑一千五百戶。」㊷宮掖：猶宮闈。㊸微行：私服而出行。㊹左道：通謂旁門左道，左道即邪道也。㊺先是胡僧慧範……請誅之，上皆不聽：按此段乃自《舊唐書・桓彥範傳》，改撰而成。㊻吳王恪：乃太宗之子。㊼褊躁：謂狹急暴躁，音扁。㊽初武后誅唐宗室……拜左金吾大將軍：按此段乃錄自《舊唐書・太宗諸子吳王恪附千里傳》，字句大致相同。㊾妃主：妃嬪公主。㊿歷年：猶經年。(51)傭保：僮僕。(52)柩：謂棺中有尸者。(53)置：立。(54)差：等差。(55)產祿猶在：此產祿謂武三思等。(56)機上肉：猶俎上肉。(57)益：增益。(58)死所：死之處所。(59)二張之誅也……吾不知死所矣。按此段雖錄自《舊唐書・敬暉傳》，而間有溢出。(60)朝邑：今陝西省朝邑縣。(61)武強：今河北省武強縣。(62)葬地：葬身之地。(63)噬臍無及：《左傳》莊六年：「若不早圖，後君噬齊。」注：「若嚙腹齊，喻不可及也。」齊同臍。(64)朝邑尉武強劉幽求……噬臍無及，不從：按此段乃錄自《舊唐書・劉幽求傳》，字句大致相同。(65)上官婉兒，儀之女孫也，儀死：上官儀死，見卷二百一高宗麟德元年。(66)參決：參預決斷。(67)婕妤：《舊唐書・后妃傳》序：「唐因隋制，皇后之下有婕妤九人，正三品。」音捷予。(68)上官婉兒，儀之女孫也……拜為婕妤：按此段乃錄自《舊唐書・后妃中宗上官昭容傳》，字句大致相同。(69)圖議：圖謀計議。(70)雙陸：雙陸者，投瓊以行十二棊，各行六棊，故謂之雙陸。(71)點籌：計點籌碼之多少。(72)上使韋后與武三思雙陸……三思遂與后通：按此數句，乃錄自《舊唐書・后妃中宗韋庶人傳》，字句大致相同。(73)略盡：幾盡。(74)靈：神靈。(75)返正：返歸正位。(76)僭爵：僭據尊爵。(77)按堵：謂安居。(78)望：希望。(79)祿位：俸祿爵位，二者實指一物而言。(80)以慰天下：以慰天下之心。(81)撫牀：《說文通訓定聲》：「撫通拊。」謂擊牀。(82)彈指：擊指掌。(83)勇烈：勇敢英烈。(84)張：張大。(85)柬之等或撫牀歎憤……知復奈何：按此段乃錄自《舊唐書・敬暉傳》，字句大致相同。(86)微服：私服。(87)清河：今河北省清河縣。(八八)國命：國之曆數。(八九)西宮：胡三省曰：「上陽宮，在洛陽宮城之西，故曰西宮。」(九〇)附會：猶附向。(九一)輕：輕易。(九二)豫且：胡三省曰：「白龍魚服，見困豫且。」(九三)切齒：至恨之貌。(九四)重潤之死，重福為之：重潤死，見上卷長安元年。(九五)濮州員外刺史：《舊唐書・地理志》一河南道：「濮州在京師東北一千五百七十里。」員外謂在正員之外，與同正員之意全相同。(九六)均州：《舊唐書・地理志》二山南道：「均州，在京師東南九百三十里。」(九七)左散騎常侍譙王重福……常令州司防守之：按此段乃錄自《舊唐書・中宗子庶人重福傳》，字句大致相同。(九八)破家：破滅之家。(九九)資廕：資歷官廕。(一〇〇)安車：《禮・曲禮》注：「安車，坐乘，若今小車。」疏：「古者乘四馬之車，立乘，此臣既老，故乘一馬小車坐乘也。」(一〇一)徵武攸緒於嵩山：武攸緒隱嵩山，見卷二百五萬歲通天元年。(一〇二)制梟氏蟒氏皆復舊姓：梟蟒氏見卷二百高宗永徽六年。(一〇三)尚衣奉御：《舊唐書・職官志》三：「殿中省，尚衣局奉御二人，從五品上，掌衣服，詳其制度，辨其名數。」(一〇四)墨敕：胡三省曰：「墨敕出於禁中，不由中書門下。」(一〇五)遽改：便改。(一〇六)之比：謂之能比擬。(一〇七)術士鄭普思，尚衣奉御葉靜能……豈普思靜能之比乎：按此段乃錄自《舊唐書・桓彥範傳》，字句大致相同。(一〇八)詩三百，一言以蔽之，曰思無邪：《論語》孔子之言。(一〇九)亦修人事而已：《舊唐書・文苑李邕傳》作：「故在人事敦睦，九族平章。」斯即所修之人事也。(一一〇)左拾遺李邕上疏……何補於國。按此段乃錄自《舊唐書・文苑李邕傳》，字句大致相同。(一一一)驛召魏元忠於高要：魏元忠貶，見上卷長安三年。(一一二)衞尉卿：《舊唐書・職官志》三：「尉衞寺，卿一員，從三品。掌邦國器械文物之事。」(一一三)褒之：

謂褒陞之。⑭西京崇尊廟：按《新唐書・中宗紀》作崇恩廟，此則從《舊唐書》本紀。⑮自非反逆，各恕十死：謂除反逆外，各恕其十次死罪。⑯五運：謂五德之運。⑰迭興：謂更迭而興。⑱事不兩大：謂事勢上不能兩大並立。⑲殆：幾。⑳封建：謂封侯建國，此則指封爵言。㉑開闢：謂天地開闢。㉒遐邇心：遠近人之心。㉓敬暉等帥百官上表……以安內外：按此段乃錄自《舊唐書・外戚武承嗣傳》，字句大致相同。㉔伺：伺候。㉕忌暉：《舊唐書・崔仁師附湜傳》作：「疏忌功臣。」是其詳釋。㉖湜，仁師之孫也：崔仁師見卷一百九十二太宗貞觀元年。㉗敬暉等畏武三思之讒……湜，仁師之孫也：按此段乃錄自《舊唐書・崔仁師傳》，字句大致相同。㉘南皮：今河北省南皮縣。㉙愔：音音。㉚宣州：《舊唐書・地理志》三江南西道：「宣州在京師東南三千五百五十一里。」㉛坐贓：坐贓污罪。㉜恠：怪俗字。㉝得天子之意：謂天子喜之。㉞彼五人皆據將相之權：五人謂張柬之、敬暉、桓彥範、崔玄暐及袁恕己。㉟膽略：膽量謀略。㊱如反掌：以喻其易。㊲危如朝露：日出則露立晞，故以喻危險之速。㊳晏然：安然。㊴寒心：戰慄。㊵外不失尊寵功臣：謂外不失尊寵功臣之名。㊶奪之權：謂奪其權。㊷敬暉為平陽王：據《舊唐書・桓彥範傳》，此諸王皆係郡王，核《唐六典》卷二：「司封郎中掌邦之封爵凡九等，二曰郡王，從一品，食邑五千戶。」㊸以侍中齊公敬暉為平陽王……與皇后同籍：按此段乃錄自《舊唐書・桓彥範傳》，字句大致相同。㊹梁州：《舊唐書・地理志》二山南西道：「梁州興元府，隋漢川郡，武德元年置梁州，至京師一千二百二十三里。」㊺五王之請削武氏諸王也，求人為表，眾莫肯為，中書舍人岑羲為之：

按岑羲所為之表，具載《舊唐書・外戚武承嗣附三思傳》，上文敬暉等帥百官上表，以為五運迭興云云，即該表之節錄也。㊻激切：激動懇切。㊼偃師：今河南省偃師縣。㊽潤州：《舊唐書・地理志》三江南東道：「潤州在京師東南二千八百二十一里。」㊾司農少卿：《舊唐書・職官志》三：「司農寺，少卿二員，從四品上。」㊿罷政事：謂罷知政事。(51)易州刺史趙履溫……履溫復奪其婢：按此段乃錄自《舊唐書・桓彥範傳》，字句大致相同。又此非甲午桓彥範罷知政事同日之事，而《通鑑》所以並列於此者，以其月日不可知，而事則與此相關，遂連類及之，然不可謂非編年體之困窮處也。(52)黃門侍郎：《舊唐書・職官志》二：「門下侍郎二員，咸亨改為黃門侍郎，正四品上。」(53)明辟：明位。(54)產祿：漢呂產呂祿，後俱為朱虛侯劉章所殺。(55)上嘉宋璟忠直……獨不見產祿之事乎：按此段乃錄自《舊唐書・宋璟傳》，字句大致相同。(56)以韋安石兼檢校中書令：按《新唐書・中宗紀》，此與上以侍中齊公敬暉為平陽王，為同日封免之事，而《通鑑》插入是日以後之文之事甚多，竟於韋安石兼檢校中書令之日期，無法標出，《通鑑》此段敘錄，實不無可商酌處也。(57)浸：漸。(58)髡：剔髮。(59)名遂：猶名就。(60)由衷：謂出於誠心。(61)徒：空。(62)瞿然：驚視貌。(63)請天下士庶為出母服喪三年：出母謂出生之母，核其所以為此舉者，乃用以感動帝心，而令其思念武后也。(64)又請百姓二十三為丁，五十九免役：《舊唐書・食貨志》：「男女始生者為黃，四歲為小，十六為中，二十一為丁，六十為老。神龍元年，韋庶人為皇后，務欲求媚於人，上表請以二十二為丁，五十八為老，制從之。」所云之年齡有異。(65)時望：時人之所仰望。(66)降諸武梁王三思為德靜王，定王攸暨為樂壽王：蓋皆降封縣王，據《舊唐書・地理志》一及二，德靜縣屬關內道夏州，樂壽縣屬河北道深州。(六七)厭：滿足。(六八)以左驍衛大將軍裴思說：按《新唐書・中宗紀》作裴思諒。(六九)有軍國重事，中書門下可共平章：按《新唐書・中宗紀》作：「豆盧欽望平章軍國重事。」是中書門下，乃謂中書門下同三品之官。(七〇)省事：尚書省之事。(七一)祔孝敬皇帝於太廟：祔，謂後死者合食於先祖。故太子弘謚孝敬皇帝，為中宗之兄。(七二)流：漂流。(七三)特進張柬之為襄州刺史，不知州事，給全俸：不知州事，蓋雖為刺史，而不知管州中之事。胡三省曰：「唐制，特進正二品，郡王從一品，從品高。第一品月奉八千，食料一千八百，雜用一千二百；上州刺史從三品，月奉五千一百，雜用九百。」(七四)右備騎曹參軍：《唐六典》卷二十四：「左右備騎曹參軍事各一人，正八品下，掌外府馬及雜畜之簿帳。」(七五)西河：據《舊唐書・地理志》二，西河屬河東道汾州。(七六)萌：萌芽。(七七)乃閉坊門以禳之：宋白曰：「唐制，久雨，則閉坊市北門以祈晴。」(七八)燮理：和調。(七九)不省：猶不報。(八〇)追立趙妃為恭皇后：趙妃死見卷二百二高宗上元二年。(八一)制約：管制約束。(八二)急：嚴急。(八三)河東：據《舊唐書・地理志》二，河東縣，屬河東道，河中府。(八四)靈昌：據同志一，靈昌縣，屬河南道滑州。(八五)豐贍：豐滿贍足。(八六)德之：謂感其恩德。(八七)釐：治理。(八八)五品散官：《唐六典》卷二：「從五品下曰朝散大夫，隋文帝置朝散大夫為正四品散官，煬帝改為從五品下。」(八九)初上在房陵，州司制約甚急……除五品散官：按此段乃錄自《舊唐書・崔光遠傳》，而敘事稍有溢出。(九〇)上邽：故地在今甘肅省、天水縣西南。音ㄍㄨㄟ。(九一)洛城南樓：《唐六典》卷七：「東都皇宮，西南曰洛城南門，其內曰洛城殿。」（九二）潑寒胡戲：胡三省曰：「潑寒胡戲即乞寒胡戲，本出於胡，出西域康國，十一月，鼓舞乞寒，以水交潑為樂，武后末年，始以季冬為之。」（九三）清源：據《舊唐書．地理志》二，清源縣，屬河東道幷州。（九四）謀時寒若：為《書．洪範》之文，注：「君能謀，則時寒順之，若，順也。」（九五）揮水：潑水。（九六）以索之：謂以乞寒。（九七）王蕭二族及褚遂良、韓瑗、柳奭親屬，皆赦之：武后之立，王皇后蕭淑妃幽廢，不得良死，褚遂良韓瑗以諫死，柳奭以王后親屬死，其親屬皆流竄。（九八）冢宰：猶首宰。（九九）望：名望。（一〇〇）賴：仰賴。（一〇一）矯太后遺制：假託太后遺詔。（一〇二）感咽：感激嗚咽。（一〇三）見者曰事去矣：謂知其將不復論武氏之事。（一〇四）同明殿：《唐六典》卷七：「東都皇宮有同明殿。」（一〇五）玄宮：猶神宮。（一〇六）錮：封錮。（一〇七）鐫鑿：以刀斧鑿之。（一〇八）神明：鬼神。（一〇九）體尚幽玄：謂重要者為崇尚幽靜玄默。（一一〇）驚黷：驚動黷犯。（一一一）幽塗自當通會：謂於陰間自當交通會合。（一一二）太后將合葬乾陵……合之何益，不從：按此段乃錄自《舊唐書．方伎嚴善思傳》，字句大致相同。（一一三）有畸：有餘。

二年（西元七〇六年）

㈠春，正月，戊戌，以吏部尚書李嶠同中書門下三品，中書侍郎于惟謙同平章事。

㈡閏月，丙午，制太平、長寧、安樂、宜城、新都、定安、金城公主，並開府㈠，置官屬。

㈢武三思以敬暉、桓彥範、袁恕己尚在京師，忌㈡之，乙卯，出為滑洺豫三州刺史。【考異】實錄、新紀、新舊列傳，皆不見崔玄暐及暉等出為刺史年月，惟舊紀及統紀、唐歷有此三人，蓋玄暐先已出矣，但不知何時。然暉等貶為司馬時，乃刺朗、亳、郢、均四州，蓋於後又經遷徙矣。唐歷、統紀以為在王同晈誅後，今從之。

㈣賜閿鄉僧萬回號法雲公㈢。

㈤甲戌，以突騎施酋長烏質勒為懷德郡王。

㈥二月，乙未，以刑部尚書韋巨源同中書門下三品，仍與皇后敘宗族。

㈦丙申，僧慧範等九人並加五品階，賜爵郡縣公㈣，道士史崇恩㈤等加五品階，除國子祭酒同正㈥，葉靜能加金紫光祿大夫㈦。

㈧選左右臺㈧及內外五品以上官二十人為十道巡察使㈨，委之察吏撫人，薦賢直獄⑩，二年一代⑪，考其功罪而進退之。易州刺史魏人姜師度、禮部員外郎馬懷素、殿中侍御史臨漳源乾曜、監察御史靈昌盧懷慎、衛尉少卿滏陽李傑⑫皆預焉。

(九)三月，甲辰，中書令韋安石罷為戶部尚書，戶部尚書蘇瓌為侍中、西京留守。瓌，頲之父也。唐休璟致仕(一三)。

(十)初少府監丞(一四)弘農(一五)宋之問及弟兗州司倉(一六)之遜，皆坐附會張易之，貶嶺南，逃歸東都，匿於友人光祿卿、駙馬都尉王同皎家，同皎疾武三思及韋后所為，每與所親言之，輒切齒，之遜於簾下聞之，密遣其子曇及甥校書郎李悛告三思，欲以自贖，三思使曇、悛及撫州司倉冉祖雍上書告同皎與洛陽人張仲之、祖延慶、武當丞壽春(一七)周憬等，潛結壯士，謀殺三思，因勒(一八)兵詣闕(一九)廢皇后。上命御史大夫李承嘉、監察御史姚紹之按其事，又命楊再思、李嶠、韋巨源參驗(二〇)，仲之言三思罪狀，事連宮壼(二一)，再思、巨源陽寐(二二)不聽，嶠與紹之命反接(二三)送獄，仲之還顧，言不已，紹之命檛(二四)之，折其臂，仲之大呼曰：「吾已負汝(二五)，死當訟汝於天。」庚戌，同皎等皆坐斬，【考異】御史臺記曰：「同皎與張仲之等謀誅三思，為宋談所發，御史大夫李承嘉、御史姚紹之按問，事連椒宮，內敕宰相問對，諸宰佯假寐無所聞，獨嶠與承嘉竊議司皎仲之等遇族。」又曰：「張仲之等謀誅武三思，宋之遜子曇知其謀，將殺之，未果，會冉祖雍李悛於路白之，雍悛以聞。」又曰：「張仲之、宋之遜、祖延慶謀於衣袖中發銅弩射三思，伺其便，未果，之遜子曇密發之，敕李承嘉與紹之按於新開門內。初紹之將直其事，未定，敕宰相對問，諸相畏三思，但僶俛佯不聞，仲之延慶言諸相中，有附會三思者，屢與承嘉耳言，復說誘紹之，事乃變。遂密置人力十餘，命引仲之對問，至則塞口，反接送繫所，紹之還，謂仲之曰，張三事不諧矣，仲之固言三思反狀，紹之命檛之而臂折，仲之大呼天者六七，謂紹之反賊，我臂且折矣，已輸你，當訴爾於天曹，乃自誣反，而遇族。」朝野僉載曰：「初，之遜諂附張易之兄弟，出為兗州司倉，遂亡歸，王同晈匿之於小房，晈慷慨之士也，忿逆韋與武三思亂國，與一二所親論之，每至切齒，之遜於簾下竊聽之，遣姪曇上書告之，以希逆韋之旨，武三思等果大怒，奏誅同晈之黨。」實錄：「同晈與周憬等，潛謀誅三思，乃招集將士，期以則天靈駕發引，因劫殺三思，李悛等知而告三思，三思因言同晈等謀反，竟坐斬。」唐歷統紀亦與實錄略同，而云：「仲之誤泄於友人宋之問；之問偽應之，祖雍之遜亦預其謀，既而背之，李悛，之問甥也，命以告三思，因言同晈謀反。」舊傳云：「之問左遷瀧州參軍，未幾，逃還，匿於張仲之家，仲之與同晈等謀殺武三思，之問令兄子發其事以自贖，及同晈等獲罪，起之問為鴻臚主簿。」按三思得幸於中宗韋后，權傾天下，同晈等若擅殺之，豈得晏然無事，苟無脅君之志，豈得輕為此謀？又曰袖中發銅弩，此則殆同兒戲，蓋忿疾三思，或與仲之憬等有欲殺之言，而之遜等以告三思，三思因教曇等，誣告同晈，云謀於靈駕發引日，劫殺三思，因廢皇后謀反耳。今從僉載。籍沒其家。周憬亡入比干廟中，大言曰：「比干古之忠臣，知吾此心，三思與皇后淫亂，傾危㉖國家，行當㉗梟首都市，恨不及見耳。」遂自剄㉘㉙。之問、之遜、曇、悛、祖雍並除京官㉚，加朝散大夫㉛。

㈩武三思與韋后日夜譖敬暉等不已，復左遷暉為朗州刺史，崔玄暐為均州刺史㉜，桓彥範為亳州刺史，袁恕己為郢州刺史，與暉等同立功者，皆以為黨與，坐貶。

(十一)大置員外官，自京師及諸州凡二千餘人，宦官超遷七品以上員外官者，又將千人。魏元忠自端州還為相㉝，不復彊諫，惟與時俯仰㉞，中外失望。酸棗㉟尉袁楚客致書元忠，以為：「主上新服㊱厥命，惟新厥德，當進君子退小人，以興大化㊲，豈可安其榮寵，循默㊳而已。今不早建太子，擇師傅而輔之，一失也；公主開府置僚屬，二失也；崇長緇衣㊴，使遊走權門，借勢納賂，三失也；俳優小人㊵盜竊品秩，四失也；有司選進賢才，皆以貨㊶取勢求，五失也；寵進宦者，殆滿千人，為長亂之階㊷，六失也；王公貴戚，賞賜無度，競為侈靡，七失也；廣置員外官，傷財害民，八失也；先朝宮女得自便㊸居外，出入無禁，交通請謁，九失㊹也；左道之人，熒惑㊺主聽，盜竊祿位，十失㊻也。凡此十失，君侯㊼不正，誰與正之哉？」元忠得書，愧謝㊽而已。

⑬夏，四月，改贈后父韋玄貞為酆王，后四弟㊾皆贈郡王。

⑭己丑，左散騎常侍、同中書門下三品李懷遠致仕。

⑮處士韋月將上書，告武三思潛通㊿宮掖，必為逆亂，上大怒，命斬之。黃門侍郎宋璟奏請推按(51)，上益怒，不及整巾，屣履(52)出側門(53)，謂璟曰：「朕謂已斬，乃猶未邪！」命趨斬之。璟曰：「人言中宮(54)私於三思，陛下不問而誅之，臣恐天下必有竊議，固

請按之。」上不許。璟曰：「必欲斬月將，請先斬臣，不然，臣終不敢奉詔。」上怒少解(五五)。左御史大夫蘇珦、給事中徐堅、大理卿長安尹思貞，皆以為方夏行戮，有違(五六)時令，上乃命與杖(五七)，流嶺南，過秋分一日平曉(五八)，廣州都督周仁軌斬之。【考異】朝野僉載曰：「周仁軌過秋分一日平曉斬之，有敕捨之而不及。」統紀月將死附此年末，唐紀在二月，舊傳、唐歷皆在五王死後。按此年七月殺敬暉等，若在後，徐堅表不得云朱夏在辰，思貞不得云發生之日也。今約其書，附於此月。

(十六)御史大夫李承嘉附武三思，詆(五九)尹思貞於朝，思貞曰：「公附會(六〇)姦臣，將圖不軌(六一)，先除忠臣邪！」承嘉怒，劾奏思貞；出為青州刺史(六二)(六三)。或謂思貞曰：「公平日訥於言(六四)，及廷折(六五)承嘉，何其敏(六六)邪！」思貞曰：「物不能鳴者(六七)，激之則鳴，承嘉恃威權相陵(六八)，僕義不受屈(六九)，亦不知言之從何而至也(七〇)。」

(十七)武三思惡宋璟，出之檢校貝州刺史(七一)。

(十八)五月，庚申，葬則天大聖皇后於乾陵。

(十九)武三思使鄭愔告朗州刺史敬暉、亳州刺史韋彥範(七二)、襄州刺史張柬之、郢州刺史袁恕己，均州刺史崔玄暐與王同皎通謀。六月，戊寅，貶暉崖州司馬，彥範瀧州司馬，柬之新州司馬，恕己竇州司馬，玄暐白州司馬(七三)，【考異】唐歷統紀皆於王同皎誅後，即云三思令宣州司功鄭愔誣柬之等，與王同皎謀反，又貶玄暐等四人為僻遠州刺史。按愔若於時已告雲謀反，則豈應猶得刺史？又云告柬之等，而柬之豈得獨不貶？今從實錄。並員外置，仍長任(七四)，削其勳封(七五)，復彥範姓桓氏。

(廿)初，韋玄貞流欽州(七六)而卒，蠻酋寧承基兄弟逼取其女，妻崔氏不與，承基等殺之及其四男洵、浩、洞、泚，上命廣州都督周仁軌使將兵二萬討之，承基等亡入海，仁軌追斬之，以其首祭崔氏墓，殺掠其部眾殆盡。上喜，加仁軌鎮國大將軍(七七)，充五府大使(七八)，賜爵汝南郡公。韋后隔簾拜仁軌，以父事之，及韋后敗，仁軌以黨與誅。【考異】朝野僉載曰：「韋氏遭則天廢廬陵之後，后父韋玄貞與妻女等並流嶺南，被首領寧氏大族逼奪其女，不伏，遂殺貞夫妻七娘等，並奪去。及孝和即位，皇后當途，廣州都督周仁軌將兵誅寧氏走入南海，軌追之，殺掠並盡。韋后隔簾拜，以父事之，用為幷州長史。後阿韋作逆，軌以黨與誅。」今從實錄，參取諸書。

(廿一)秋，七月，戊申，立衛王重俊為太子。太子性明果(七九)，而官屬率貴遊子弟(八〇)，所為多不法，左庶子(八一)姚珽屢諫不聽(八二)。珽，璹之弟也(八三)。

(廿二)丙寅，以李嶠為中書令。

(廿三)上將還西京，辛未，左散騎常侍李懷遠同中書門下三品，充東都留守。

(卌四)武三思陰令人疏(八四)皇后穢行(八五)，牓(八六)於天津橋，請加廢黜。上大怒，命御史大夫李承嘉窮覈(八七)其事，承嘉奏言：「敬暉、桓彥範、張柬之、袁恕己、崔玄暐使人為之，雖云廢后，實謀大逆，請族誅之。」三思又使安樂公主譖之於內(八八)，侍御史鄭愔言之於外，上命法司結竟(八九)，大理丞三原(九〇)李朝隱奏稱：「暉等未經推鞫，不可遽(九一)就誅夷。」大理丞裴談(九二)奏稱：「暉等宜據制書，處斬籍沒，不應更加推鞫。」上以暉等嘗賜鐵券，許以不死，乃長流暉於瓊州，【考異】實錄初云嘉州，後云崖州，新本紀作嘉州，舊傳作崖州，今從統紀新傳。彥範於瀼州，柬之於瀧州，恕己於環州，玄暐於古州(九三)，子弟年十六以上皆流嶺外。擢承嘉為金紫光祿大夫，進爵襄武郡公(九四)，談為刑部尚書，出李朝隱為聞喜(九五)令。三思又諷太子上表，請夷(九六)暉等三族，上不許(九七)，中書舍人崔湜說三思曰：「暉等異日(九八)北歸，終為後患，不如遣使矯制殺之。」三思問誰可使者，湜薦大理正(九九)周利用(一〇〇)，利用先為五王所惡，貶嘉州司馬，乃以利用攝右臺侍御史，奉使嶺外，比至，柬之、玄暐已死，遇彥範於貴州(二一)，令左右縛之，曳於竹槎之上，肉盡至骨，然後杖殺。得暉，咼而殺之。恕己素服黃金，利用逼之，使飲野葛(二二)汁，盡數升，不死，不勝毒憤，掊地，爪甲殆盡，仍捶殺之。利用還，擢拜御史中丞。薛季昶累貶儋州司馬，飲藥死(二三)。

(七五)三思既殺五王，權傾人主，常言：「我不知代間(二四)何者謂之善人，何者謂之惡人，但於我(二五)善者，則為善人，於我惡者，則為惡人耳。」時兵部尚書宗楚客、將作大匠宗晉卿、大府卿紀處訥、鴻臚卿甘元柬皆為三思羽翼(二六)，御史中丞周利用、侍御史冉祖雍、大僕丞李俊(二七)、光祿丞宋之遜、監察御史姚紹之皆為三思耳目(二八)，時人謂之五狗(二九)(三〇)。

(七六)九月，戊午，左散騎常侍同中書門下三品李懷遠薨。

(七七)初李嶠為吏部侍郎，欲樹私恩(三一)，再求入相，奏大置員外官，廣引貴勢(三二)親識(三三)。既而為相，銓衡(三四)失序(三五)，府庫減耗(三六)，乃更表言濫官之弊，且請遜位(三七)，上慰諭(三八)不許(三九)。

(七八)冬，十月，己卯，車駕發東都，以前檢校并州長史張仁愿、檢校左屯衛大將軍兼洛州長史，戊戌，車駕至西京，十一月，乙巳，赦天下。

(廿九)丙辰，以蒲州刺史竇從一為雍州刺史。從一，德玄之子⑳也，初名懷貞，避皇后父諱㉑，更名從一，多諂附權貴，太平公主與僧寺碾磑㉒，雍州司戶㉓李元紘判歸僧寺，從一大懼，亟命元紘改判，元紘大署判後㉔曰：「南山可移，此判無動㉕。」從一不能奪。元紘，道廣之子也㉖。

(卅)初，秘書監鄭普思納其女於後宮，監察御史靈昌㉗崔日用劾奏之，上不聽。普思聚黨於雍岐二州，謀作亂，事覺㉘，西京留守蘇瓌收繫窮治之，普思妻第五氏，以鬼道得幸於皇后，上敕瓌勿治，及車駕還西京，瓌廷爭之㉙，上抑瓌而佑普思。侍御史范獻忠進曰：「請斬蘇瓌。」上曰：「何故？」對曰：「瓌為留守大臣，不能先斬普思，然後奏聞，使之熒惑㉚聖聽，其罪大矣。且普思反狀明白，而陛下曲為申理，臣聞王者不死㉛，殆謂是乎！臣願先賜死，不能北面事普思㉜。」魏元忠曰：「蘇瓌、長者，用刑不枉㉝，普思法當死。」上不得已，戊午，流普思於儋州㉞，餘黨皆伏誅㉟。

(卅一)十二月，己卯，突厥默啜寇鳴沙㊱，靈武軍大總管沙吒忠義與戰，軍敗，死者六千餘人。丁巳，突厥進寇原會㊲等州，掠隴右牧馬萬餘匹而去，免忠義官㊳。安西大都護郭元振詣突騎施烏質勒牙帳議軍事，天大風雪，元振立於帳前，與烏質勒語，久之雪深，元振不移足，烏質勒老不勝寒，會罷而卒。其子娑葛勒兵將攻元振，副使御史中丞解琬知之，勸元振夜逃去，元振曰：「吾以誠心待人，何所疑懼！且深在寇庭㊴，逃將安適㊵？」安臥不動，明旦入哭甚哀，娑葛感其義，待元振如初㊶。戊戌，以娑葛襲嗢鹿州都督㊷、懷德王。

(卅二)安樂公主恃寵驕恣，賣官鬻獄㊸，勢傾㊹朝野，或自為制㊺敕，掩其文㊻，令上署㊼之，上笑而從之，竟不視也㊽。自請為皇太女，上雖不從，亦不譴責㊾㊿。【考異】統紀云：「安樂公主私請廢太子，而立己為皇太女。帝以問魏元忠，元忠曰，皇太子國之儲君，生人之本，今既無罪，豈得輒有動搖，欲以公主為皇太女，駙馬復若為名號，天下必甚怪愕，恐非公主自安之道。公主知之，乃奏曰，元忠山東木強田舍漢，豈足與論國家權宜盛事，儀注好惡，阿母子尚自為天子，況兒是公主，作皇太女，有何不可。」按中宗雖愚，豈不知立皇太女為不可，何必待元忠之言。今從舊傳。

【今註】㈠制太平、長寧、安樂、宜城、新都、定安、金城公主並開府：按《新唐書・諸公主傳》，中宗八女，自長寧以下，皆中宗女。㈡忌：畏。㈢賜閿鄉僧萬回號法雲公：胡三省曰：「萬回，姓張氏，初母祈於觀音像，而妊回，回生而愚，八九歲乃能語，雖父母亦以豚犬畜之。其兄戍役於安西，音問隔絕，父母遣其問訊，一日，朝齎所備而往，夕返其家，父母異之，弘農去安西萬里，以其萬里而回，因號萬回。武后賜之錦袍金帶。」㈣賜爵郡縣公：《唐六典》卷二：「凡爵有九等：四曰郡公，正二品，食邑二千戶；五曰縣公，從二品，食邑一千五百戶。」㈤史崇恩：《舊唐書・中宗紀》作史崇玄。㈥除國子祭酒同正：胡三省曰：「唐會要：『永徽五年，蔣孝璋除尚藥奉御員外特置，仍同正員。』員外官自此始也。」㈦金紫光祿大夫：《唐六典》卷二：「凡敍階二十九，正三品曰金紫光祿大夫。」㈧左右臺：即左右肅政臺，光宅元年，改御史臺而為此名。㈨十道巡察使：按《舊唐書・馬懷素傳》作十道黜陟使。〈李傑傳〉作巡察黜陟使，蓋其全銜，乃為巡察黜陟也。㈩直獄：理直獄訟。⑪二年一代：猶二年一任。⑫魏人姜師度，臨漳源乾曜，靈昌盧懷慎，滏陽李傑：據《舊唐書・地理志》，魏縣屬河北道魏州，臨漳、滏陽屬河北道相州，靈昌屬河南道滑州。⑬唐休璟致仕：按《新唐書・中宗紀》作：「戊申，唐休璟罷。」當從添戊申二字。⑭少府監丞：《舊唐書・職官志》三：「少府監丞四人，從六品下，掌判監事，凡五署所修之物，則申尚書省下所司以供給焉。」⑮弘農：據《舊唐書・地理志》一，弘農縣，屬河南道虢州。⑯州司倉：《舊唐書・職官志》三：「上州司倉參軍事一人，從七品下，掌公廨度量庖廚倉庫，租賦徵收田園市肆之事。」⑰壽春：今安徽省壽縣。⑱勒：猶率。⑲闕：宮闕。⑳參驗：參加驗問。㉑宮壼：宮壼謂皇后所居之地，此指韋皇后言，音ㄎㄨㄣˇ。㉒陽寐：謂假裝睡寐，陽猶佯。㉓反接：縛其雙手於背。㉔檛：擊。㉕吾已負汝：按下考異引《御史臺記》：「仲之大呼天者六七，謂紹之：『反賊，我臂且折矣，已輸你，當訴爾於天曹。』」是負乃謂輸敗也。㉖傾危：傾覆危亡。㉗行當：將當。㉘自剄：猶自刎。㉙周憬亡入比干廟中……恨不及見耳，遂自剄：按此段雖錄自《舊唐書・忠義王同皎附周憬傳》，而字句則改易處頗多。㉚京官：謂在京職官，亦謂之京司官。㉛朝散大夫：按《舊唐書・職官志》一，朝散大夫，文散官，從五品下。㉜崔玄暐為均州刺史，桓彥範為亳州刺史，袁恕己為郢州刺史：據《舊唐書・地理志》，山南東道均州，在京師東南九百三十里；河南道亳州，至京師一千七百里；山南東道郢州，在京師東南一千四百四十里。㉝魏元忠自端州還為相：魏元忠先貶端州高要尉。㉞與時俯仰：謂時俯則俯，時仰則仰，逢迎時意，不自作主張也。㉟酸棗：據《舊唐書・地理志》一，酸棗縣屬河南道滑州。㊱服：服膺。㊲大化：重大政化。㊳循默：循順上意，緘默不言。㊴緇衣：僧徒。㊵俳優小人：為優倡之小人。㊶貨：財貨。㊷長亂之階：增長禍亂之階梯。㊸自便：自己隨便。㊹九失：指言上官婕妤，賀婁尚官之類。㊺熒惑：炫惑，音ㄧㄥˊ。㊻十失：胡三省曰：「指言葉靜能，鄭普思之類。」㊼君侯：尊宰相及大官之稱。㊽愧謝：慚愧謝罪。㊾后四弟：《舊唐書・外戚韋溫傳》：「玄貞有四子，洵、浩、洞、泚，亦死於容州。」㊿潛通：暗通。(51)推按：推究按驗。(52)屣履：謂未及提履，拖之而行。(53)側門：胡三省曰：「側門非正出之門。程大昌曰：『唐大明宮朝堂外左右金吾仗之側，有曰側門者，以其在端門旁側也。』以長安大明宮之側門推之，則洛陽宮之側門，從可知也。」(五四)中宮：皇后。(五五)解：解除。(五六)違：違背。(五七)與杖：即決杖。(五八)平曉：猶平旦。(五九)詆：毀謗。(六〇)附會：《舊唐書・尹思貞傳》作附託，是附會猶附託也。(六一)不軌：猶叛逆。(六二)出為青州刺史：據《舊唐書・地理志》一，河南道，青州，在京師東北二千二百五十里。(六三)御史大夫李承嘉附武三思……出為青州刺史：按此段乃錄自《舊唐書・尹思貞傳》，字句大致相同。(六四)訥於言：謂言語遲鈍。(六五)折：撓折。(六六)敏：敏速。(六七)激：激盪。(六八)陵：欺陵。(六九)不受屈：《新唐書・尹思貞傳》作不辱，是其的釋。(七〇)或謂思貞曰……亦不知言之從何而至也：按此段《新唐書・尹思貞傳》亦載之，字句大致相同。(七一)貝州刺史：《舊唐書・地理志》二河北道：「貝州，在京師東北一千七百八十二里。」(七二)韋彥範：桓彥範時賜姓韋，因而稱之。(七三)貶暉崖州司馬，彥範瀧州司馬，柬之新州司馬，恕己竇州司馬，玄暐白州司馬：據《舊唐書・地理志》四嶺南道，崖州至京師七千四百六十里。瀧州，隋永熙郡之瀧水縣，武德四年，平蕭銑，置瀧州。新州至京師五千五十二里。竇州至京師，水陸六千一百里。白州至京師六千一百七十五里。(七四)長任：永久為之。(七五)勳封：勳爵封邑。(七六)韋玄貞流欽州：見卷二百三武后光宅元年。(七七)加仁軌鎮國大將軍：胡三省曰：「唐武散官，無鎮國大將軍，蓋中宗創置，以寵仁軌也。」(七八)充五府大使：五府：廣、桂、邕、容、瓊五都督府。(七九)明果：明睿果決。(八〇)貴遊子弟：謂顯貴子弟。(八一)左庶子：《舊唐書・職官志》三：「太子左春坊，左庶子二人，正四品上，掌侍從贊相，駁正啟奏。」

(八二)立衞王重俊為太子……姚珽屢諫不聽：按此段乃錄自《舊唐書・節愍太子重俊傳》，字句大致相同。(八三)珽，璹之弟也：姚璹相武后。(八四)疏：謂書列。(八五)穢行：淫穢之行。(八六)牓：揭貼。(八七)窮覈：窮極覈驗。(八八)三思又使安樂公主譖之於內：安樂公主下嫁三思子崇訓，故得使之譖五王。(八九)結竟：胡三省曰：「結竟者，結其罪，竟其獄也。或曰：『竟，盡也，盡其命也。』」按或曰之說，不合事理，蓋君上下諭法司，令結竟其獄，即已含有從嚴速決之意，不煩直言盡其性命。且雖不言之，而法司率已會其意旨。既如此，故或曰之說，實不足採。(九〇)三原：今陝西省三原縣。(九一)遽：立即。(九二)大理丞裴談：按《舊唐書・桓彥範傳》，大理丞作大理卿，以《通鑑》下文於此案完結時，談以功擢為刑部尚書推之，當以作大理卿為是。(九三)長流暉於瓊州，彥範於瀼州，恕已於環州，玄暐於古州：長流謂永久流竄。《舊唐書・地理志》四嶺南道：「瓊州，兩京與崖州道里相類，（按崖州至京師七千四百六十里。）瀼州，無兩京地理，北至容州二百八十二里。環州，貞觀十二年，清平公李弘節開拓生蠻置，無兩京道里。」胡三省曰：「古州，亦李弘節開夷獠置。」(九四)為金紫光祿大夫，進爵襄武郡公：《唐六典》卷二：「正三品曰金紫光祿大夫，四曰郡公，正二品，食邑二千戶。」(九五)聞喜：今山西省聞喜縣。(九六)夷：誅夷。(九七)武三思陰令人疏皇后穢行……請夷暉等三族，上不許：按此段乃錄自《舊唐書・桓彥範傳》，字句大致相同。(九八)異日：猶他日。(九九)大理正：《舊唐書・職官志》三：「大理寺正二人，從五品下，掌參議刑辟，詳正科條之事。」(一〇〇)周利用：按《舊唐書・酷吏周利貞傳》及〈桓彥範傳〉，與《新唐書・酷吏傳》及〈外戚武士彠附三思傳〉，皆作周利貞，當改從之。㉑貴州：《舊唐書・地理志》四嶺南道：「貴州，隋鬱林郡，武德四年平蕭銑，置南尹州，貞觀九年改南尹為貴州。至京師五千三百八十里。」㉒野葛：《嶺表錄異》：「野葛，毒草也，俗呼為胡蔓草，誤食之，則用羊血解之。」㉓薛季昶累貶儋州司馬，飲藥死：按《舊唐書・酷吏周利貞傳》：「玄宗正位，利貞與薛季昶、宋之問，同賜死於桂州驛。」所說有異。據《舊唐書・地理志》四，嶺南道儋州，至京師七千四百四十二里。㉔代間：即世間，代乃避世諱而改。㉕於我：謂對於我。㉖羽翼：猶輔佐。㉗太僕丞李俊：按《舊唐書・外戚武承嗣附三思傳》，李俊作李悛，核《通鑑》同年上文有校書郎李悛為宋之遜之甥，此亦與宋之遜並列，知俊乃係悛之訛誤，悛音ㄑㄩㄢ。㉘耳目：謂代其伺候動靜。㉙五狗：詈人之辭。㉚時兵部尚書宗楚客……時人謂之五狗：按此段乃錄自《舊唐書・外戚武承嗣附三思傳》，字句大致相同。㉛樹私恩：謂樹立私恩。㉜貴勢：顯貴權勢。㉝親識：親戚知識。㉞銓衡：銓選衡量。㉟失序：謂次序紊亂。㊱減耗：減少消耗。㊲遜位：讓位。㊳慰諭：安慰勸諭。㊴初李嶠為吏部侍郎……上慰諭不許：按此段乃錄自《舊唐書・李嶠傳》，字句大致相同。㊵從一，德玄之子：竇德玄見卷二百一高宗麟德元年。㊶皇后父諱：韋皇后父名韋玄貞。㊷碾磑：碾，磨，所以轢物之器；磑，合兩石，琢其中為齒，相切以資磨物。此所言之碾磑，乃利用水力沖激，不勞人功，而自運轉。音ㄋㄧㄢˇ，ㄨㄟˋ。㊸州司戶：《舊唐書・職官志》三：「上州，司戶參軍事一人，從七品下。掌戶籍計帳，道路逆旅，婚田之事。」㊹判後：判書之後。㊺此判無動：此判不可改動。㊻元紘，道廣之子也：李道廣見卷二百五武后萬歲通天元年。㉗靈昌：據《舊唐書・地理志》一，屬河南道滑州。㉘覺：發覺。㉙普思聚黨於雍岐二州……瓌廷爭之。按此段乃錄自《舊唐書・蘇瓌傳》，字句大致相同。㉚熒惑：炫惑。㉛王者不死：為王公者，不會死亡。㉜北面事普思：謂普思將為王公。㉝枉：枉濫。㉞儋州：《舊唐書・地理志》四嶺南道：「儋州至京師七千四百四十二里。」㉟魏元忠曰蘇瓌……餘黨皆伏誅：按此段乃錄自《舊唐書・蘇瓌傳》，字句大致相同。㊱嗚沙：據《舊唐書・地理志》一，嗚沙縣屬關內道靈州。㊲原會等州：原會二州，俱屬關內道。㊳突厥默啜寇嗚沙……免忠義官：按此段乃錄自《舊唐書・突厥傳》上，字句大致相同。㊴寇庭：此指牙帳言。㊵適：至。㊶安西大都護郭元振……待元振如初：按此段乃錄自《舊唐書・郭元振傳》，字句大致相同。㊷以娑葛襲嗢鹿州都督：高宗顯慶元年，以突騎施、索莫遏賀部，置嗢鹿州都督府。㊸鬻獄：謂凡出錢者，則使其訴訟得直。㊹傾：壓倒。㊺制敕：皆屬詔書之類。㊻掩其文：掩覆其所書之文字。㊼署：簽署。㊽竟不視也：竟不視其所書之文。㊾譴責：猶斥責。㊿安樂公主特寵驕恣……亦不譴責：按此段乃錄自《舊唐書・中宗韋庶人傳》，字句大致相同。

景龍元年（西元七〇七年）㈠

㈠春，正月，庚戌，制以突厥默啜寇邊，命內外官各進平突厥之策。右補闕盧俌上疏，以為：「郤縠悅禮樂，敦詩書，為晉元帥㊁，杜預射不穿札㊂，建平吳之勳。是知中權㊃制謀，不取一夫之勇，如沙吒忠義驍將㊄之材，本不足以當大任㊅。又鳴沙之役㊆，主將先逃，宜正邦憲㊇，賞罰既明，敵無不服，又邊州刺史，宜精擇其人，使之蒐卒乘㊈，積資糧，來則禦之，去則備之。去歲四方旱災，未易⑩興師，當理內以及外，綏⑪近以來遠，俟倉廩實，士卒練⑫，然後大舉以討之。」上善之。

(二)二月，丙戌，上遣武攸暨、武三思詣乾陵祈雨，既而雨降，上喜，制復武氏崇恩廟及昊陵、順陵⑬，【考異】舊本紀：「正月己巳，遣武攸暨、武三思往乾陵，祈雨於則天皇后。」新本紀：「甲午，褒德榮先陵置令丞。」按長曆正月庚子朔無己巳，二月庚午朔無甲午，今從實錄。因名酆王廟⑭曰褒德，陵曰榮先。又詔崇恩廟齋郎⑮取五品子⑯充⑰，太常博士⑱楊孚曰：「太廟皆取七品已下子為齋郎，今崇恩廟取五品子，未知太廟當如何？」上命太廟亦準⑲崇恩廟，孚曰：「以臣準君，猶為僭逆，況以君準臣乎⑳！」上乃止。

(三)庚寅，敕改諸州中興寺觀為龍興㉑，自今奏事不得言中興㉒。

右補闕權若訥上疏，以為：「天地日月等字㉓，皆則天能事㉔，賊臣敬暉等輕紊前規㉕，今削之無益於淳化㉖，存之有光於孝理㉗，又神龍元年制書，一事以上，並依貞觀故事，豈可近捨母儀㉘，遠尊祖德！」疏奏，手制㉙褒美㉚。

㈣三月，庚子，吐蕃遣其大臣悉薰熱入貢㉛。

㈤夏，四月，辛巳，以上所養雍王守禮女金城公主妻吐蕃贊普。

㈥五月，戊戌，以左屯衞大將軍張仁愿為朔方道大總管㉜，以備突厥。

㈦上以歲旱穀貴，召太府卿紀處訥謀之，明日，武三思使知太史事迦葉志忠㉝奏：「是夜攝提入太微宮，至帝座㉞，主大臣宴見㉟，納忠於天子。」上以為然，敕稱處訥忠誠，徹於玄象，賜衣一襲，帛六十段㊱。

㈧六月，丁卯朔，日有食之。

㈨姚巂道㊲討擊使、監察御史晉昌㊳唐九徵擊姚州㊴叛蠻，破之，斬獲三千餘人。

㈩皇后以太子重俊非其所生㊵，惡之，特進德靜王武三思尤忌㊶太子，上官婕妤以三思故，每下制敕推尊武氏，安樂公主與駙馬左衞將軍武崇訓常陵侮太子，或呼為奴，崇訓又教公主言於上，請廢太子，立己為皇太女。太子積不能平㊷。秋，七月，辛丑，太子與左羽林大將軍李多祚、將軍李思沖、李承況、獨孤禕㊸、沙吒忠義等，矯制發羽林千騎兵㊹三百餘人，殺三思、崇訓於其第㊺，幷親黨十餘人，又使左金吾大將軍成王千里及其子天水王禧㊻，分兵守宮城諸門，太子與多祚引兵自肅章門㊼斬關㊽而入，叩閤㊾索上官婕妤，【考異】舊紀作庚子，今從實錄。實錄云：「斬關而入，索韋氏所在。」舊重俊傳亦云：「求韋庶人及安樂公主所在。」今從舊后妃傳。婕妤大言曰㊿：「觀其意，欲先索婉兒(51)，次索皇后，次及大家(52)(53)。」上乃與韋后、安樂公主、上官倢伃(54)登玄武門(55)樓，以避兵鋒，使右羽林大將軍劉景仁(56)帥飛騎(57)百餘人屯於樓下以自衞。楊再思、蘇瓌、李嶠與兵部尚書宗楚客、左衞將軍紀處訥擁兵二千餘人，屯太極殿前，閉門自守(58)。多祚先至玄武樓(59)下，欲升樓，宿衞拒之，多祚與太子狐疑(60)，按兵(61)不戰，冀上問之，宮闈令(62)石城(63)楊思勗在上側，請擊之，多祚壻羽林中郎將野呼利為前鋒總管，思勗挺刃(六四)斬之，多祚軍奪氣。上據檻俯謂多祚所將千騎曰：「汝輩皆朕宿衛之士，何為從多祚反？苟能斬反者，勿患(六五)不富貴。」於是千騎斬多祚、承況、禕之、忠義，餘眾皆潰，成王千里、天水王禧攻右延明門(六六)，將殺宗楚客、紀處訥，不克而死。太子以百騎走終南山，至鄠(六七)西，能屬者(六八)纔數人，憩於林下，為左右所殺，上以其首獻太廟，及祭三思崇訓之柩，然後梟之朝堂，更成王千里姓曰蝮氏，同黨皆伏誅(六九)。東宮僚屬無敢近太子尸者，唯永和縣丞(七〇)寧嘉勗解衣裹(七一)太子首，號哭，貶興平(七二)丞。

(十)太子兵所經諸門，守者皆坐流，韋氏之黨奏請悉誅之，上更命法司推斷，大理卿宋城鄭惟忠曰：「大獄始決，人心未安，若復有改推(七三)，則反仄(七四)者眾矣。」上乃止(七五)。

(十一)以楊思勗為銀青光祿大夫(七六)，行內常侍(七七)。癸卯，赦天下，贈武三思太尉、梁宣王，武崇訓開府儀同三司、魯忠王。安樂公主請用永泰公主故事，以崇訓墓為陵(七八)。給事中盧粲駮之，以為：

「永泰事出特恩(79)，今魯王主壻，不可為比。」上手敕曰：「安樂與永泰無異，同穴之義(80)，今古不殊。」粲又奏：「陛下以膝下之愛(81)，施及其夫，豈可使上下無辨(82)，君臣一貫(83)哉！」上乃從之，公主怒，出粲為陳州刺史。

(13)襄邑(84)尉襄(85)陽席豫聞安樂公主求為太女，歎曰：「梅福譏切王氏(86)，獨何人哉(87)！」乃上書請立太子，言甚深切(88)，太平公主欲表為諫官，豫恥之，逃去。

(14)八月，戊寅，皇后及王公已下表上尊號曰應天神龍皇帝，改玄武門為神武門，樓為制勝樓。宗楚客又帥百官表請加皇后尊號曰順天翊聖皇后，上並許之。

(15)初右臺大夫(89)蘇珦治太子重俊之黨，囚有引相王者，珦密為之申理，上乃不問(90)。自是安樂公主及兵部尚書宗楚客日夜謀譖相王，使侍御史冉祖雍誣奏相王及太平公主，云：「與重俊通謀，請收付制獄。」上召吏部侍郎兼御史中丞蕭至忠使鞫之，至忠泣曰：「陛下富有四海(91)，不能容一弟一妹，而使人羅織(92)害之乎！」

相王昔為皇嗣，固請於則天，以天下讓陛下(九三)，累日(九四)不食，此海內所知，奈何以祖雍一言而疑之？」上素友愛，遂寢(九五)其事(九六)。

(六)右補闕浚儀(九七)吳兢聞祖雍之謀，上疏以為：「自文明以來，國之祚胤(九八)，不絕如線(九九)，陛下龍興，恩及九族，求之瘴海(〇〇)，升之闕庭。況相王同氣(〇一)至親，六合無貳(〇二)，而賊臣日夜連謀，乃欲陷之極法，禍亂之根，將由此始。夫任以權，則雖疏必重，奪其勢，則雖親必輕。自古委信異姓，猜忌(〇三)骨肉，以覆國亡家者，幾何人矣(〇四)！況國家枝葉(〇五)無幾，陛下登極未久，而一子以弄兵受誅(〇六)至，一子以愆違遠竄(〇七)，惟餘一弟，朝夕左右，尺布斗粟之譏(〇八)，不可不慎。青蠅之詩(〇九)，良可畏也(一〇)。」【考異】實錄載此事於今年八月，而兢疏云：「陛下登極，於今四稔。」則是明年所上也。蓋至忠所對在今年，而實錄因載兢疏耳。相王寬厚恭謹，安恬(一一)好讓，故經武韋之世，竟免於難。

(七)初，右僕射中書令魏元忠以武三思擅權，意常憤鬱(一二)，及太子重俊起兵，遇元忠子太僕少卿升於永安門(一三)，脅以自隨，太子死，升為亂兵所殺，元忠揚言曰：「元惡已死(一四)，雖鼎鑊何傷，但惜太子隕沒㉕耳。」上以其有功，且為高宗武后所重，故釋㉖不問。兵部尚書宗楚客、太府卿紀處訥等共證元忠云：「與太子通謀，請夷其三族。」制不許，元忠懼，表請解官爵，以散秩還第。丙戌，上手敕聽解僕射，以特進㉗齊公致仕。【考異】實錄元忠致仕在九月，今從舊本紀。仍朝朔望㉘。

㈥九月，丁卯，以吏部侍郎蕭至忠為黃門侍郎，兵部尚書宗楚客為左衞將軍兼太府卿，紀處訥為太府卿，並同中書門下三品㉙。中書侍郎同中書門下三品于惟謙罷為國子祭酒。

㈦庚子，赦天下，改元㉚。

㈧宗楚客等引右衞郎將㉛姚廷筠為御史中丞，使劾奏魏元忠，以為：「侯君集社稷元勳，及其謀反，太宗就羣臣乞其命而不得，竟流涕斬之㉜，其後房遺愛、薛萬徹、齊王祐等為逆㉝，雖復懿親㉞，皆從國法。元忠功不逮㉟君集，身又非國戚㊱，與李多祚等謀反，男入逆徒，是宜赤族污宮㊲。但有朋黨飾辭㊳營救，以惑聖聽，陛下仁恩，欲掩其過，臣所以犯龍鱗，忤聖意者，正以事關宗社㊴耳。」上頗然之，元忠坐繫大理，貶渠州㊵司馬。

(廿一)宗楚客令給事中冉祖雍奏言：「元忠既犯大逆，不應出佐渠州。」楊再思、李嶠亦贊[31]之，上謂再思等曰：「元忠驅使日久，朕特矜容[32]，制命已行，豈容[33]數改！輕重之權，應自朕出，卿等頻奏，殊非朕意。」再思等惶懼拜謝。監察御史袁守一復表彈[34]元忠曰：「重俊乃陛下之子，猶加昭憲[35]，元忠非勳非戚[36]，焉得獨漏嚴刑。」甲辰，又貶元忠務川[37]尉。頃之，楚客又令袁守一奏言：「則天昔在三陽宮，不豫[38]，狄仁傑奏請陛下監國，元忠密奏，以為不可，此則元忠懷逆日久，請加嚴誅。」上謂楊再思等曰：「以朕思之，人臣事主必在一心，豈有主上小疾，遽請太子知事[39]，此乃仁傑欲樹私恩，未見元忠有失[40]。守一欲借前事，以陷元忠，其可乎[41]！」楚客乃止。元忠行至涪陵[42]而卒[43]。

(廿二)銀青光祿大夫、上庸公聖善中天西明三寺主[44]慧範於東都作聖善寺，長樂坡[45]作大像，府庫為之虛耗[46]，上及韋后皆重之，勢傾[47]內外，無敢指目[48]者。戊申，侍御史魏傳弓發其姦贓四十餘萬，請寘極法[49]，上欲宥[50]之，傳弓曰：「刑賞國之大事，陛下賞已妄加(五一)，豈宜刑所不及！」上乃削黜慧範，放(五二)於家。

(七三)宦官左監門大將軍薛簡等有寵於安樂公主，縱暴不法，傳弓奏請誅之，御史大夫竇從一懼，固止之。時宦官用事，從一為雍州刺史及御史大夫，誤見訟者無須(五三)，必曲加承接。

(七四)以楊再思為中書令，韋巨源、紀處訥並為侍中(五四)。【考異】新表：「九月辛亥，蘇瓌罷為行吏部尚書。」按二年，瓌請察正員官殿負者，擇員外官代之，三年，面折祝欽明請皇后亞獻，於時更為侍中，表云今年罷，誤也。

(七五)壬戌，改左右羽林千騎為萬騎。

(七六)冬，十月，丁丑，命左屯衛將軍張仁愿(五五)充朔方道大總管，以擊突厥，比至(五六)，虜已退，追擊，大破之。

(七七)習藝館(五七)內教蘇安恒矜高(五八)好奇，太子重俊之誅武三思也，安恒自言此我之謀，太子敗，或告之，戊寅，伏誅。

(七八)十二月，己丑朔，日有食之。

(七九)是歲，上遣使者分道詣江淮贖生(五九)，中書舍人房子(六〇)李乂上疏諫曰：「江南鄉人，采捕(六一)為業，魚鼈之利，黎元(六二)所資(六三)，雖雲雨之私(六四)，有霑於末利(六五)，而生成之惠(六六)，未洽(六七)於平人(六八)。何則？

江湖之饒(六九)，生育無限(七〇)，府庫之用(七一)，支供易殫(七二)，費之若少，則所濟何成(七三)，用之儻多，則常支有闕(七四)。在其拯物(七五)，豈若憂人。且鬻生之徒(七六)，惟利是視，錢刀(七七)日至，網罟年滋(七八)，施之一朝(七九)，營之百倍(八〇)，未若迴(八一)救贖之錢物，減貧無(八二)之徭賦(八三)，活國愛人(八四)，其福勝彼(八五)(八六)。」

【今註】(一)是年九月方改元。(二)郤縠悅禮樂，敦詩書，為晉元帥：《左傳》僖公二十七年：「晉文公作三軍，謀元帥。趙衰曰：『郤縠可，臣亟聞其言矣，說禮樂而敦詩書。詩書，義之府也，禮樂，德之則也。德義，利之本也。君其試之！』乃使郤縠將中軍。」(三)射不穿札：札，甲葉，謂射不能穿透一層甲葉，極喻其力之小。(四)中權：《左傳》杜注：「中權，中軍也。」(五)驍將：驍勇之將。(六)以當大任：以當元帥之大任。(七)嗚沙之役：嗚沙之敗，亦指言沙吒忠義。(八)邦憲：國法。(九)蒐卒乘：蒐集兵卒車乘。(一〇)未易：不容易。(一一)綏：安。(一二)士卒練：士卒熟練。(一三)制復武氏崇恩廟，及昊陵順陵：帝既復辟，改武氏崇尊廟為崇恩廟，太后崩，廢崇恩廟。昊陵、順陵見卷二百四天授二年。(一四)酆王廟：去年追封后父韋玄貞為酆王。(一五)齋郎：祭祀時執事之吏。(一六)五品子：五品官之子。(一七)充：猶為之。(一八)太常博士：《舊唐書・職官志》三：「太常寺博士四人，從七品上，掌五禮之儀式，本先王之法制，適變隨時而損益焉。」(一九)準：準依。(二〇)況以君準臣乎：言其更不可也。(二一)改諸州中興寺觀為龍興：《唐會要》：「神龍元年，勑天下諸州各置大唐中興寺觀。」蓋以示帝之復辟，乃為中興唐業。龍乃指天子言。㉒自今奏事，不得言中興：以示襲武氏後，而不改其政。㉓天地日月等字：改制字見卷二百四武后天授元年。㉔能事：猶盛事。㉕輕紊前規：謂輕易省改以前規制。㉖淳化：淳美之政化。㉗孝理：猶孝道。㉘儀：儀法。㉙手制：親為制勅。㉚褒美：褒獎贊美。㉛庚子，吐蕃遣其大臣悉薰熱入貢：按《舊唐書・中宗紀》，庚子作丙子，悉薰熱作悉董熱，同書〈吐蕃傳〉則作悉薰然，《新唐書・吐蕃傳》作悉董熱，諸文各不相同。㉜以左屯衞大將軍張仁愿為朔方道大總管：按新、舊《唐書・中宗紀》，張仁愿皆作張仁亶，查《舊唐書・張仁愿傳》：「本名仁亶，以音類睿宗諱，改焉。」是二者乃一人之異名。㉝迦葉志忠：姓譜，迦葉天竺姓，是志忠乃天竺人也。㉞攝提入太微宮，至帝座：《晉書・天文志》：「攝提六星，直斗杓之南，主建時節，伺禨祥。」太微宮中有太極之座。㉟宴見：宴通燕，謂暇時謁見。㊱上以歲旱穀貴……衣一襲，帛六十段：按此段乃錄自《舊唐書・蕭至忠附紀處訥傳》，字句大致相同。㊲姚嶲道：蓋以劍南道之姚州嶲州，合以為名也，音髓。㊳晉昌：據《舊唐書・地理志》三，晉昌縣屬隴右道、瓜州。㊴姚州：同書志四劍南道：「姚州，漢武開西南夷，置益州郡，後置永昌郡，雲南、哀牢、博南皆屬邑也。武德四年，安撫大使李英，以此州內人多姓姚，故置姚州，至京師四千九百里。」㊵皇后以太子重俊非其所生：按《舊唐書・節愍太子重俊傳》，重俊乃後宮所生，不知其母之姓氏。㊶忌：忌嫉。㊷積不能平：積謂積累，不能平猶不勝忿恨。㊸將軍李承況、獨孤禕：按《舊唐書・節愍太子重俊傳》，獨孤禕作獨孤禕之，《通鑑》下文亦作禕之，當從添之字。㊹羽林千騎兵：羽林千騎，乃二種兵名。千騎具見於《新唐書・兵志》，文曰：「貞觀初，太宗擇善射者百人，為二番於北門長上，曰百騎，以從田獵。武后改百騎曰千騎。」㊺第：第宅。㊻成王千里及其子天水王禧：按千里及禧，乃太宗子吳王恪之孫，見〈吳王恪傳〉。㊼肅章門：《唐六典》卷七：「宮城南北三門，中曰承天，承天北曰太極門，太極次北曰朱明門，左曰虔化門，右曰肅章門。」㊽斬關：斬斷門之管鍵。㊾叩閤：叩擊閤門，閤同閣。㊿大言曰：大聲言曰。(51)婉兒：乃上官婕妤名。(52)大家：《獨斷》：「親近侍從官稱天子曰大家。」是漢代已有此稱矣。(53)自肅章門斬關而入……次及大家：按此段乃錄自《舊唐書・后妃中宗上官昭容傳》，字句大致相同。(54)上官倢伃：按當改書婕妤，以期一律。(55)玄武門：據《唐六典》卷七，為大明宮之北門。(56)使右羽林大將軍劉景仁：按新舊《唐書・中宗子節愍太子重俊傳》，皆作劉仁景，當改從之。(57)飛騎：《新唐書・兵志》：「貞觀十二年，始置左右屯營於玄武門，領以諸衛將軍，號飛騎。」(58)屯太極殿前，閉門自守：據《唐六典》卷七，太極殿周圍之門，南為太極門，北為朱明門，東西有東上西上二閣門，東西廊有左延明右延明二門。(59)玄武樓：即玄武門樓。(60)狐疑：謂猶豫不決。(61)按兵：猶停兵。(62)宮闈令：《舊唐書・職官志》三：「內侍省，宮闈局令二人，從七品下，掌侍奉宮闈，出入管鑰。」(63)石城：《舊唐書・地理志》四嶺南道：「羅州，石城縣，漢合浦郡地，宋將檀道濟於陵羅江口築石城，因置羅州。唐置石城縣。」(64)挺刃：拔刃。(65)患：憂。(66)右延明門：已見上。(67)鄠：據《舊唐書・地理志》一，鄠縣屬關內道京兆府，音戶。(六八)能屬者：能連屬者，亦即能跟上者。(六九)皇后以太子重俊非其所生……更成王千里姓曰蝮氏，同黨皆伏誅：按除已標明之上官婕妤一段，係錄自〈上官昭容傳〉外，餘則係揉合《舊唐書・節愍太子重俊傳》、〈李多祚傳〉及〈吳王恪附千里傳〉而成，字句大致相同。(七〇)永和縣丞：據《舊唐書・地理志》二，永和縣屬河東道隰州。(七一)裹：包裹。(七二)興平：胡三省曰：「興平，新書作平興，平興漢高要縣地，宋置平興縣，帶宋熙郡，隋廢郡，以平興縣屬端州。岐州有興平，畿內也，永和，外縣，嘉勖若自外縣丞，得畿縣丞，則非貶矣。此必貶嶺外之興平也。當從新書。」(七三)改推：改行推斷。(七四)反仄：仄，側傾，反仄，謂不安也。(七五)太子兵所經諸門……則反仄者眾矣，上乃止：按此段乃錄自《舊唐書・鄭惟忠傳》，字句大致相同。(七六)銀青光祿大夫：《舊唐書・職官志》一：「銀青光祿大夫，從三品。」(七七)內常侍：同志三：「內侍省，內常侍六人，正五品下。內侍之職，掌在內侍奉，出入宮掖宣傳之事，內常侍為之貳。」(七八)請用永泰公主故事，以崇訓墓為陵：永泰主死見上卷元年，帝復辟，以主禮改葬，特恩號墓為陵。(七九)特恩：特殊恩賜。(八〇)同穴之義：謂夫妻之義，蓋乃含夫可因妻而貴。(八一)膝下之愛：子女之愛。(八二)無辨：無別。(八三)一貫：同一事體。(八四)襄邑：據《舊唐書・地理志》一，襄邑屬河南道，宋州。(八五)襄陽：據《舊唐書・地理志》二，襄陽屬山南道襄州。(八六)梅福譏切王氏：梅福事見卷三十一漢成帝永和三年。譏切猶譏貶。(八七)獨何人哉：意謂有為者亦當若是。(八八)深切：深沈懇切。(八九)右臺大夫：即右御史臺御史大夫。(九〇)初右臺大夫蘇珦……為之申理，上乃不問：按此段乃錄自《舊唐書・蘇珦傳》，字句大致相同。(九一)富有四海：謂有四海之富。(九二)羅織：謂蒐羅編織。(九三)固請於則天，以天下讓陛下：事見卷二百六武后聖曆元年。(九四)累日：猶積日，謂多日也。(九五)寢：寢息。(九六)自是安樂公主及兵部尚書宗楚客……上素友愛，遂寢其事：按此段乃錄自《舊唐書・蕭至忠傳》，字句大致相同。(九七)浚儀：據《舊唐書・地理志》一，浚儀縣，屬河南道汴州。(九八)祚胤：祚位後胤。(九九)不絕如線：猶一髮千鈞，喻甚危殆。(一〇〇)瘴海：指嶺南言。(一〇一)同氣：兄弟曰同氣。(一〇二)六合無貳：謂天地中之最稀罕者。(一〇三)猜忌：猜疑忌嫉。(一〇四)幾何人矣：謂甚多也。(一〇五)枝葉：猶宗支。(一〇六)一子以弄兵受誅：指重俊。(一〇七)一子以愆違遠竄：愆違，猶愆失；竄，流竄，此指重福。(一〇八)尺布斗粟之譏：見卷七十四漢文帝七年。(一〇九)青蠅之詩：《詩・小雅》篇名，序謂大夫刺幽王信讒也。(一一〇)右補闕浚儀吳兢……良可畏也：按此文《新唐書・吳兢傳》亦載之，字句間有不同。(一一一)安恬：安靜恬淡。(一一二)憤鬱：憤恨鬱悒。(一一三)永安門：《唐六典》卷七：「宮城在皇城之北，南面三門：中曰承天，東曰長樂，西曰永安。」(一一四)元惡已死：指武三思言。(一一五)隕沒：猶死亡。(一一六)釋：捨。(一一七)特進：《舊唐書・職官志》一：「特進，文散官，正二品。」(一一八)初右僕射中書令魏元忠……仍朝朔望：按此段乃錄自《舊唐書・魏元忠傳》，字句大致相同。(一一九)以兵部尚書宗楚客為左衞將軍，兼太府卿，紀處訥為太府卿，並同中書門下三品：按新、舊《唐書・中宗紀》，俱作：「兵部尚書宗楚客，左衞將軍兼太府卿紀處訥並同中書門下三品。」其不同處，當俱改如本紀所書。(一二〇)改元：改元景龍。(一二一)右衞郎將：《舊唐書・職官志》三：「左右衞左右郎將各一人，正五品上。」(一二二)侯君集社稷元勳，及其謀反，太宗就羣臣乞其命而不得，竟流涕斬之：見卷一百九十七太宗貞觀十七年。(二三)房遺愛、薛萬徹、齊王祐等為逆：房薛見卷一百九十九高宗永徽四年；齊王祐見卷一百九十六貞觀十七年。(二四)懿親：懿，美，此猶云至親。(二五)逮：及。(二六)國戚：皇家之親戚。(二七)赤族污宮：謂夷滅其族，掘其宮以為瀦水之池。(二八)飾辭：粉飾其言辭。(二九)宗社：宗廟社稷。(三〇)渠州：《舊唐書・地理志》三劍南道：「渠州在京師西南二千二百七十里。」(三一)贊：贊同。(三二)矜容：矜憫包容。(三三)容：容許。(三四)表彈：上表彈劾。(三五)昭憲：明法。(三六)非勳非戚：非為勳舊，非屬國戚。(三七)務川：《舊唐書・地理志》三江南西道：「思州，務川，武德元年，招慰使冉安昌以務川當牂柯要路，請置務川，八年改為思州，在京師南三千八百三十九里。」(三八)不豫：謂有疾。(三九)知事：即監國。(四〇)有失：有過。(四一)其可乎：謂不可也。(四二)涪陵：今四川省涪陵縣，音浮。(四三)按自宗楚客等引右衞郎將姚廷筠為御史中丞，使劾奏魏元忠，至元忠行至涪陵而卒。絕非一日或一月間所生之事，特以俱係奏劾元忠，故遂併書於一處，此亦編年體之變例也。(四四)聖善中天西明三寺主：胡三省曰：「聖善寺，蓋為武后資福，取母氏聖善之義。唐會要：『聖善寺在長安城中章善坊，神龍二年，中宗為武后追福。西明寺在延康坊，本隋越國公楊素宅，貞觀初賜濮王泰，泰死，乃立為寺。』」(四五)長樂坡：胡三省曰：「長樂坡在長安城東，亦謂之滻坡。」(四六)虛耗：空虛消耗。(四七)勢傾：勢力傾倒。(四八)無敢指目：謂無有敢指斥及目視者。(四九)寘：猶置。(五〇)宥：捨。(五一)妄加：謂不應加而加。(五二)放：放置。(五三)無須：須通鬚，宦官率無髭鬚。(五四)以楊再思為中書令，韋巨源、紀處訥並為侍中：按《舊唐書・中宗紀》，列此事於九月庚辰，《新唐書》本紀及〈宰相表〉，則列於辛亥，而《通鑑》則不言其日。諸書各不相同。〔五五〕左屯衞將軍張仁愿：按《舊唐書・張仁愿傳》，將軍上當添一大字。〔五六〕比至：將至。〔五七〕習藝館：胡三省曰：「習藝館本名內文學館，選宮人有文學者一人為學士，教習宮人。武后改為習藝館，又改為翰林內教坊，以地在禁中故也。新書曰：『掌教習宮人書算眾藝。』」〔五八〕矜高：誇自己高於一切。〔五九〕上遣使者，分道詣江淮贖生：帝以江淮之人，採捕魚鼈為傷生，分道遣使，以錢物贖之。〔六〇〕房子：據《舊唐書・地理志》二，房子縣屬河北道、趙州。〔六一〕采捕：採獲捕捉。〔六二〕黎元：百姓。〔六三〕資：資給。〔六四〕雲雨之私：雲雨猶雨露，謂恩澤也。私亦恩意。〔六五〕有霑於末利：按此乃贖魚鼈而放之，故末利當如《舊唐書・李乂傳》作末類為是。〔六六〕惠：恩惠。〔六七〕洽：洽霑。〔六八〕平人：即平民，人乃避諱而改者。〔六九〕饒：富饒。〔七〇〕無限：猶言甚多。〔七一〕用：指財貨言。〔七二〕殫：盡。〔七三〕則所濟何成：謂所欲救濟者，將成效甚微。〔七四〕闕：闕乏。〔七五〕拯物：拯救庶物。〔七六〕鬻生之徒：此指販賣魚鼈者言。〔七七〕錢刀：古有金刀錢布，故曰錢刀。〔七八〕年滋：謂年年滋增。〔七九〕施之一朝：謂贖生之舉，不過一時。〔八〇〕營之百倍：謂經營採捕之業者，則積年累月，永無斷歇。〔八一〕迴：轉移。〔八二〕貧無：貧窮及絕無者。〔八三〕徭賦：徭役賦稅。〔八四〕愛人：即愛民。〔八五〕其福勝彼：謂其所得之福祿，必勝於彼贖生者。〔八六〕上遣使者分道詣江淮贖生……其福勝彼：按此段乃錄自《舊唐書・李乂傳》，字句大致相同。

卷二百九　唐紀二十五

司馬光編集
曲守約註

起著雍涒灘，盡上章閹茂七月，凡二年有奇。（戊申至庚戌，西元七〇八年至七一〇年）

中宗大和大聖大昭孝皇帝下

景龍二年（西元七〇八年）

㈠春，二月，庚寅，宮中言皇后衣笥㊀裙上有五色雲起㊁，上令圖以示百官，韋巨源請布之天下，從之。仍赦天下。

㈡迦葉志忠奏：「昔神堯皇帝㊂未受命㊃，天下歌桃李子㊄，文武皇帝未受命，天下歌秦王破陣樂㊅，天皇大帝未受命，天下歌堂堂㊆，則天皇后未受命，天下歌娬媚娘，應天皇帝㊇未受命，天下歌英王石州㊈，順天皇后㊉未受命，天下歌桑條韋⑪，蓋天意以為順天皇后，宜為國母，主蠶桑之事，謹上桑韋歌十二篇，請編之樂府，皇后祀先蠶⑫，則奏之。」太常卿鄭愔又引而申之，上悅，皆受厚賞⑬。右補闕趙延禧上言：「周唐一統，符命同歸⑭，故高宗封陛下為周王(一五)。則天時唐同泰獻洛水圖(一六)，孔子曰：『其或繼周者，雖百代可知也(一七)。』陛下繼則天子孫(一八)，當百代王天下。」上悅，擢延禧為諫議大夫(一九)。

(三)丁亥，蕭至忠上疏，以為：「恩倖者(二〇)止可富之金帛，食以粱肉(二一)，不可以公器(二二)為私用(二三)。今列位已廣(二四)，冗員倍之(二五)，干求(二六)未厭(二七)，日月增數(二八)，陛下降不貲(二九)之澤，近戚有無涯之請(三〇)，買官利己，鬻法徇私(三一)，臺寺(三二)之內，朱紫(三三)盈滿，忽事(三四)則不存職務(三五)，恃勢則公違憲章(三六)，徒忝(三七)官曹(三八)，無益時政。」上雖嘉(三九)其意，竟不能用(四〇)。

(四)三月，丙辰，朔方道大總管張仁愿築三受降城於河上(四一)。初，朔方軍與突厥以河為境，河北有拂雲祠(四二)，突厥將入寇，必先詣祠祈禱，牧馬料兵(四三)，而後度河。時默啜悉眾西擊突騎施，仁愿請乘虛奪取漠南地，於河北築三受降城，首尾相應，以絕其南寇(四四)之路。太子少師唐休璟以為：「兩漢以來，皆北阻大河(四五)，今築城寇境，恐勞人費功，終為虜有。」仁愿固請不已，上竟從之。仁愿表留歲滿鎮兵㊻以助其功㊼，咸陽兵㊽二百餘人逃歸，仁愿悉擒之，斬於城下，軍中股慄，六旬而成㊾。以拂雲祠為中城，距東西兩城各四百餘里，皆據津要㊿，拓㊿一地三百餘里。於牛頭朝那山㊿三北置烽候千八百所，以左玉鈐衛將軍論弓仁為朔方軍前鋒遊奕使㊿三，戍諾真水㊿四為邏衛，自是突厥不敢度山畋牧㊿五，朔方無復寇掠，減鎮兵數萬人。仁愿建三城，不置壅門㊿六及備守之具㊿七，或問之，仁愿曰：「兵貴進取，不利退守，寇至，當併力㊿八出戰，回首望城者，猶應斬之，安用守備，生其退恧㊿九之心也！」其後常元楷為朔方軍總管，始築壅門，人是以重仁愿而輕元楷㊿六〇㊿六一。

㈤夏，四月，癸未，置修文館大學士四員，直學士八員，學士十二員㊿六二，選公卿以下善為文者李嶠等為之，每遊幸禁苑㊿六三，或宗戚㊿六四宴集，學士無不畢從，賦詩屬和㊿六五，使上官昭容㊿六六第其甲乙㊿六七，優者賜金帛。同預宴者，惟中書門下及長參㊿六八王公親貴數人而已，至大宴，方召八座㊿六九九列㊿七〇諸司五品以上預焉，於是天下靡然㊿七一，爭以文華㊿七二相尚，儒學忠讜㊿七三之士，莫得進矣。

㈥秋，七月，癸巳，以左屯衛大將軍、朔方道大總管張仁愿同中書門下三品。

㈦甲午，清源尉呂元泰上疏，以為：「邊境未寧，鎮戍不息(七四)，士卒困苦，轉輸疲弊(七五)，而營建佛寺，日廣(七六)月滋(七七)，勞人費財，無有窮極(七八)。昔黃帝堯舜禹湯文武，惟以儉約仁義，立德垂名，晉宋以降，塔廟競起，而喪亂相繼，由其好尚失所，奢靡相高(七九)，人不堪命(八〇)故也。伏願回(八一)營造之資，充疆埸(八二)之費，使烽燧永息，羣生(八三)富庶，則如來慈悲之施(八四)，平等之心，孰(八五)過於此！」疏奏不省(八六)。

㈧安樂、長寧公主(八七)及皇后妹郕國夫人、上宮婕妤、婕妤母沛國夫人鄭氏、尚宮(八八)柴氏、賀婁氏(八九)、女巫第五英兒、隴西夫人趙氏，皆依勢用事(九〇)，請謁(九一)受賕(九二)，雖屠沽(九三)臧獲，用錢三十萬，則別降墨敕(九四)除官，斜封付中書，時人謂之斜封官(九五)。錢三萬則度(九六)為僧尼，其員外、同正、試攝、檢校、判知官(九七)凡數千人。西京東都各置兩吏部侍郎，為四銓(九八)，選者歲數萬人。

(九)上官婕妤及後宮多立外第(九九)，出入無節(一〇〇)，朝士往往從之遊處(一〇一)，以求進達(一〇二)。安樂(一〇三)公主尤驕橫(一〇四)，宰相以下多出其門，與長寧公主競起第舍(一〇五)，以侈麗相高(一〇六)，擬(一〇七)於宮掖，而精巧過之。安樂公主請昆明池，上以百姓蒲魚(一〇八)所資(一〇九)，不許，公主不悅，乃更奪民田，作定昆池(一一〇)(一一一)，延袤數里，【考異】新傳云：「四十九里，直抵南(一一二)山。」蓋併上田言之，今從舊傳。累石(一一三)象華山，引水象天津(一一四)，欲以勝昆明，故名定昆。安樂有織成裙，直錢一億，花卉鳥獸皆如粟粒(一一五)，正視旁視，日中影中，各為一色(一一六)。上好擊毬，由是風俗相尚，駙馬武崇訓、楊慎交灑油以築毬場(一一七)。慎交，恭仁曾孫(一一八)也。

(十)上及皇后公主多營佛寺，左拾遺京兆辛替否上疏諫，略曰：「臣聞古之建官，員不必備(一一九)，士有完行(一二〇)，家有廉節(一二一)，朝廷有餘俸，百姓有餘食。伏惟陛下百倍行賞，十倍增官(一二二)，金銀不供其印(一二三)，束帛不充於錫(一二四)，遂使富商豪賈，盡居纓冕(一二五)之流，鬻伎行巫(一二六)，或涉膏腴之地(一二七)。」又曰：「公主陛下之愛女，然而用(一二八)不合於古義，行不根(一二九)於人心，將恐變愛成憎(一三〇)，翻福(一三一)為禍。何者？

竭人之力，費人之財，奪人之家，愛數子[32]而取三怨，使邊疆之士[33]不盡力，朝廷之士不盡忠，人之散矣，獨持[34]所愛，何所恃乎[35]！君以人為本，本固則邦寧[36]，邦寧則陛下之夫婦母子，長相保[37]也。」又曰：「若以造寺必為理體[38]，養人不足經邦，則殷周已往皆暗亂，漢魏已降[39]皆聖明，殷周已往為不長[40]，漢魏已降為不短[41]矣。陛下緩其所急，急其所緩，親未來[42]，而疏見在[43]，失真實而冀虛無，重俗人之為，輕天子之業[44]，雖以陰陽為炭[45]，萬物為銅[46]，役不食之人，使不衣之士，猶尚不給[47]，況資[48]於天生地養[49]，風動雨潤[50]，而後得之乎？一日風塵[51]再擾，霜雹荐臻[52]，沙彌[53]不可操干戈，寺塔不足攘[54]饑饉，臣竊惜[55]之。」疏奏不省[56][57]。

(十一)時斜封官皆不由兩省[58]而授，兩省莫敢執奏[59]，即宣示所司，吏部員外郎李朝隱前執破[60]一千四百餘人，怨謗紛然[61]，朝隱一無所顧[62]。

(十二)冬，十月，己酉，修文館直學士、起居舍人[63]武平一上表，請抑損外戚權寵(六四)，不敢斥(六五)言韋氏，但請抑損己家，上優制(六六)不許。平一，名甄，以字行，載德之子(六七)也。

(十三)十一月，庚申，突騎施酋長娑葛自立為可汗，殺唐使者御史中丞馮嘉賓，遣其弟遮努等帥眾犯塞。初娑葛既代烏質勒統眾，父時故將闕啜忠節不服，【考異】郭元振傳作阿史那闕啜忠節，突厥傳止謂之闕啜忠節，文館記謂之阿史那忠節。元振疏皆云忠節，乃其名也。突厥有五啜，其一曰胡祿居闕啜，或者忠節官為闕啜歟！今從突厥傳。(六八)數相攻擊，忠節眾弱不能支，金山道行軍總管郭元振奏追忠節入朝宿衛，忠節行至播仙城，經略使(六九)右威衛將軍周以悌說之曰：「國家不愛高官顯爵以待君者，以君有部落之眾故也，今脫身入朝(七〇)，一老胡耳(七一)，豈惟不保(七二)寵祿，死生亦制(七三)於人手。方今宰相宗楚客、紀處訥用事，不若厚賂二公，請留(七四)不行，發安西兵及引吐蕃，以擊娑葛，求阿史那獻(七五)為可汗，以招十姓，使郭虔瓘發拔汗那(七六)兵以自助，既不失部落，又得報仇。比於入朝，豈可同日語哉(七七)！」郭虔瓘者，歷城(七八)人，時為西邊將，忠節然其言(七九)，遣間使(八〇)賂楚客處訥，請如以悌之策。

(十四)元振聞其謀，上疏，以為：「往歲吐蕃所以犯邊，正為求十姓四鎮之地不獲故耳。比者息兵請和(八一)，非能慕悅中國之禮義也，直以國多內難(八二)，人畜疫癘(八三)，恐中國乘其弊(八四)，故且屈志求自暱(八五)。使其國小安，豈能忘取十姓四鎮之地哉！今忠節不論(八六)國家大計，直欲為吐蕃鄉導(八七)，恐四鎮危機，將從此始。頃緣默啜憑陵，所應(八八)者多，兼四鎮兵疲弊，勢未能為忠節經略(八九)，非憐(九〇)突騎施也。忠節不體(九一)國家中外之意，而更求吐蕃，吐蕃得志，則忠節在其掌握，豈得復事唐也。往年吐蕃無恩於中國，猶欲求十姓四鎮之地，今若破娑葛有功，請分于闐疏勒，不知以何理抑(九二)之。又其所部諸蠻及婆羅門等，方不服，若借唐兵助討之，亦不知以何詞拒之。是以古之智者，皆不願受夷狄之惠，蓋豫憂其求請無厭(九三)，終為後患故也。又彼請阿史那獻者，豈非以獻為可汗子孫，欲依之以招懷(九四)十姓乎？按獻父元慶、叔父僕羅、兄俀子及斛瑟羅懷道等，皆可汗子孫也，往者唐及吐蕃，偏(九五)曾立之，以為可汗，欲以招撫十姓，皆不能致，尋(九六)自破滅。何則？此屬非有過人之才，恩威不足以動眾，雖復可汗舊種(九七)，眾心終不親附，況獻又疏遠於其父(九八)兄乎！若使忠節兵力自能誘脅(九九)十姓，則不必求立可汗子孫也。又欲令郭虔瓘入拔汗那發其兵，虔瓘前此(一〇〇)已嘗與忠節擅入拔汗那發兵，不能得其片甲匹馬(一〇一)，而拔汗那不勝侵擾(一〇二)，南引吐蕃，奉俀子還侵四鎮，時拔汗那四旁無彊寇為援，虔瓘等恣為侵掠，如獨行無人之境，猶引俀子為患。今北有娑葛，急則與之并力(一〇三)，內則諸胡堅壁(一〇四)拒守，外則突厥伺隙邀遮(一〇五)，臣料虔瓘等此行，必不能如往年之得志。內外受敵，自陷危亡，徒與虜結隙，令四鎮不安。以臣愚揣之，實為非計。」楚客等不從建議，遣馮嘉賓持節安撫忠節，侍御史呂守素處置四鎮，以將軍牛師獎為安西副都護，發甘涼以西兵，兼徵(一〇六)吐蕃以討娑葛。娑葛遣使娑臘獻馬在京師，聞其謀，馳還報娑葛，於是娑葛發五千騎出安西，五千騎出撥換，五千騎出焉耆，五千騎出疏勒入寇。元振在疏勒，柵(一〇七)於河口，不敢出，忠節逆嘉賓於計舒河口，娑葛遣兵襲之，生擒忠節，殺嘉賓，擒呂守素於僻城，縛於驛柱，咼而殺之(一〇八)。【考異】御史臺記云：「嘉賓為中丞，神龍中起復持節甘涼，時郭元振都督涼州，奏中書令宗楚客受娑葛金兩石，請紹封可汗，楚客憾之，既用事，時議云，委嘉賓與侍御史，呂守素按元振，元振竊知之，乃諷番落害嘉賓於驛中，獲函中敕云，元振父亡，匿不發喪，至是為發之，仍按其不臣之狀，便誅之，元振以為偽敕，具以聞。」今從舊傳。

（十五）上以安樂公主將適左衛中郎將武延秀，遣使召太子賓客武攸緒於嵩山，攸緒將至，上敕禮官於兩儀殿〔二九〕設別位〔三〇〕，欲行問道之禮，聽以山服〔三一〕葛巾入見，不名〔三二〕不拜。仗入〔三三〕，通事舍人引攸緒就位〔三四〕，攸緒趨立辭見班中〔三五〕，再拜如常儀，上愕然，竟不成所擬之禮。上屢延之內殿，頻煩〔三六〕寵錫〔三七〕，皆謝不受。親貴〔三八〕謁候〔三九〕，寒溫之外，不交一言〔四〇〕〔四一〕。初武崇訓之尚公主也，延秀數得侍宴〔四二〕，延秀美姿儀〔四三〕，善歌舞，公主悅之〔四四〕，及崇訓死，遂以延秀尚焉，己卯，成禮，假皇后仗〔四五〕，分禁兵，以盛其儀衛，命安國相王障車〔四六〕。庚辰，赦天下，【考異】實錄新舊紀皆云己卯大赦，今從景龍文館記成禮之明日。以延秀為太常卿兼右衛將軍。辛巳，宴羣臣於兩儀殿〔四七〕，命公主出拜公卿，公卿皆伏地稽首〔四八〕〔四九〕。

（十六）癸未，牛師獎與突騎施娑葛戰於火燒城，師獎兵敗沒，娑葛遂陷安西〔五〇〕，斷四鎮路，遣使上表，求宗楚客頭。楚客又奏以周以悌代郭元振統眾，徵元振入朝。以阿史那獻為十姓可汗，置軍焉者，以討娑葛。娑葛遺元振書，稱：「我與唐初(三一)無惡，但讐闕啜，宗尚書受闕啜金，欲枉破奴部落(三二)。馮中丞、牛都護(三三)相繼而來，奴豈得坐而待死。又聞史獻(三四)欲來，徒擾軍州(三五)，恐未有寧日，乞大使商量(三六)處置。」元振奏娑葛書，楚客怒，奏言元振有異圖(三七)，召將罪之。元振使其子鴻間道具奏其狀，乞留定西土。不敢歸，周以悌竟坐流白州(三八)，復以元振代以悌，【考異】元載玄宗實錄、舊傳皆云：「復以元振代以悌，元振奏稱西土未寧，逗留不敢歸京師。」按既代以悌，則復留居西邊矣，何所逗留？今從新傳。赦娑葛罪，冊為十四姓可汗(三九)(四〇)。

㈦以婕妤上官氏為昭容(四一)。

㈧十二月，御史中丞姚廷筠奏稱：「比見諸司(四二)不遵律令格式(四三)，事無大小，皆悉聞奏，臣聞為君者任臣(四四)，為臣者奉法(四五)，萬機叢委(四六)，不可徧覽，豈有修一水竇(四七)，伐一枯木，皆取斷宸衷(四八)。自今若軍國大事及條式(四九)無文者，聽奏取進止(五〇)，自餘(五一)各準法處分(五二)。其有故(五三)生疑滯(五四)，致有稽失(五五)，望令御史糾彈。」從之。

㈨丁巳晦，敕中書門下與學士、諸王，駙馬入閣守歲(五六)，設庭燎，置酒奏樂。酒酣，上謂御史大夫竇從一曰：「聞卿久無伉儷，朕甚憂之，今夕歲除為卿成禮㊲㊳。」從一但唯唯拜謝，俄而內侍㊴引燭籠、步障、金縷羅扇，自西廊而上，扇後有人衣禮衣花釵㊵，令與從一對坐，上命從一誦却扇詩數首㊶，扇却去花，易服而出，徐視之，乃皇后老乳母王氏，本蠻婢㊷也，上與侍臣大笑，詔封莒國夫人，嫁為從一妻。俗謂乳母之壻曰阿奢，從一每謁見及進表狀，自稱翊聖皇后阿奢，時人謂之國奢㊸，從一欣然有自負㊹之色㊺。

【今註】㊀衣笥：衣箱。㊁有五色雲起：五色雲即五色彩雲，而彩雲古多視為祥瑞，故一名五色祥雲。㊂神堯皇帝：謂高祖。㊃未受命：猶未為天子。㊄歌桃李子：桃李子見卷一百八十隋煬帝大業十三年。㊅歌秦王破陣樂：破陣樂見卷一百九十二太宗貞觀元年。㊆歌堂堂：胡三省曰：「調露初，景城民謠有側堂堂，撓堂堂之言，太常丞李嗣真曰：『側者不正，撓者不安。自隋以來，樂府有堂堂曲，再言堂者，唐再受命之象。』」《新唐書・禮樂志》十二：「玉樹後庭花堂堂，陳後主作也。」㊇應天皇帝：謂中宗。㊈歌英王石州：胡三省曰：「其歌不見於史志，忠以上初封英王，遂傳會，以為受命之符。」㊉順天皇后：謂韋后。⑪歌桑條韋：胡三省曰：「永徽末，里歌有桑條韋也，女時韋也樂，志忠遂傅會，以為后妃之德，專蠶桑，供宗廟事，上桑韋歌十二篇。」⑫先蠶：

養蠶之祖。⑬宮中言皇后衣笥裙上有五色雲起，……上悅，皆受厚賞：按此段乃錄自《舊唐書・中宗韋庶人傳》，字句大致相同。⑭符命同歸：符命歸於一起。⑮故高宗封陛下為周王：顯慶二年帝封周王，儀鳳二年，徙封英王。⑯則天時唐同泰獻洛水圖：見卷二百四武后垂拱三年。⑰孔子曰：其或繼周者，雖百代可知也：為《論語・為政》篇文。代原作世，此以避世諱故而改。⑱繼則天子孫：謂繼則天及其子孫。⑲諫議大夫：《舊唐書・職官志》二：「門下省，諫議大夫四員，正五品上，掌侍從贊相，規諫諷諭。」⑳恩倖者：謂承恩倖進之徒。㉑粱肉：謂精米肥肉。㉒公器：指國家之爵位言。㉓私用：私人賞賜之用。㉔列位已廣：謂官吏在職位者已多。㉕冗員倍之：謂冗員更倍於在職之官。㉖干求：干謁請求。㉗厭：足。㉘增數：增多其數目。㉙不貲：無量。㉚請：請求。㉛徇私：營私。㉜臺寺：皆官署名，與臺省頗相類。㉝朱紫：指五品以上之官員言。㉞怱事：玩忽公事。㉟則不存職務：存，問，猶不理職務。㊱公違憲章：謂公然違犯法律。㊲忝：辱。㊳官曹：曹乃官職之一種，二者皆指官位而言。㊴嘉：嘉美。㊵蕭至忠上疏……上雖嘉其意，竟不能用：按此段乃錄自《舊唐書・蕭至忠傳》，字句大致相同。㊶築三受降城於河上：河上謂黃河之旁。宋祁曰：「中城南直朔方，西城南直靈武，東城南直榆關。」宋白曰：「東受降城，東北至單于都護府百二十里，東南至朔州四百里，西南渡河至勝州八里，西至中受降城三百里，本漢雲中郡地。中受降城，西北至天德軍二百里，南至麟州四百里，北至磧口五百里，本秦九原郡地，在榆林，漢更名五原，開元十年，於此置安北大都護府。西受降城，東南度河至豐州八十里，西南至定遠城七百里，東北至磧口三百里。」㊷拂雲祠：祠在拂雲堆，因以為名，拂雲謂高可擊雲，以喻堆之高也。㊸料兵：猶支度軍隊。㊹南寇：南犯。㊺北阻大河：北境以黃河為險阻。㊻歲滿鎮兵：鎮戍而歲滿當歸之兵。㊼以助其功：以助城築之功。㊽咸陽兵：指咸陽戍邊之兵。㊾軍中股慄，六旬而成：股慄下當如《舊唐書・張仁愿傳》，添役者盡力四字，然後意勢方足。㊿津要：津渡及要害之處。(51)拓：開拓。(52)朝那山：注見卷二百三高宗弘道元年。(53)遊奕使：領遊兵以巡奕者。杜佑曰：「遊奕，於軍中選驍勇，諳山川泉井者充，日夕邏候於亭障之外，捉生問事。其副使子將，並久軍行人，取善騎射人。」(54)諾真水：胡三省曰：「中受降城西二百里，至大同川，北行二百四十餘里，至步越多山，又東北三百餘里，至帝割達城，又東北，至諾真水。」（詳細道里，可參看《新唐書・地理志》七下，自夏州北渡烏水條。）(55)畋牧：畋獵遊牧。(56)甕門：謂城門外復築一如甕之小城，以資遮蔽，所謂甕城是也，其門則曰甕門。(57)及備守之具：據《舊唐書・張仁愿傳》，乃指卻敵戰格之具而言。(58)併力：合力。(59)退恧：退縮慚懼，音ㄋㄩˋ。(60)輕元楷：輕視元楷。(61)朔方道大總管張仁愿築三受降城……人是以重仁愿而輕元楷：按此段乃錄自《舊唐書・張仁愿傳》，字句大致相同。(62)置修文館大學士四員，直學士八員，學士十二員：胡三省曰：「武德四年，置修文館於門下省，九年，改曰弘文館，五品已上曰學士，六品已上曰直學士，又有文學直館，皆它官領之。武后垂拱後，以宰相兼領館事，號曰館主。神龍元年，避孝敬皇帝諱，改曰昭文館，二年，改曰修文館。上官昭容勸帝置大學士四人，以象四時，置學士八人，以象八節，學士十二人，以象十二時。」(63)禁園：猶御園。(六四)宗戚：宗室國戚。(六五)屬和：相連屬而應和之。(六六)上官昭容：據《舊唐書‧后妃序》，昭容為九嬪之一，正二品。此昭容名婉兒。(六七)第其甲乙：品評其甲乙等級。(六八)長參：長久參謁。(六九)八座：唐以左右僕射及令、六尚書為八座。(七〇)九列：漢以太常、光祿勳、衞尉、太僕、廷尉、大鴻臚、宗正、大司農、少府，謂之九寺大卿。北齊依漢制，改廷尉為大理，少府為太府，逕稱九寺；隋唐以後均仍之。見《通典‧職官》。(七一)靡然：如草木之隨風披靡。(七二)文華：猶辭藻。(七三)讜：直言，音黨。(七四)不息：不停息。(七五)疲弊：疲勞困弊。(七六)廣：唐代用廣，常含多意。(七七)滋：滋增。(七八)窮極：窮盡。(七九)奢靡相高：謂崇尚奢靡。(八〇)堪命：猶聊生。(八一)回：回轉。(八二)疆埸：按埸應作場，謂邊界也，此指邊界防禦而言，音ㄧˋ。(八三)羣生：謂百姓。(八四)施：恩施。(八五)孰：何。(八六)不省：原意為不省視，而事實上，則為省而不納，故實與不報之辭相同。(八七)安樂、長寧公主：據《新唐書‧諸公主傳》，皆中宗皇后韋氏所生。(八八)尚宮：《舊唐書‧職官志》三：「內官，尚宮二人，正五品，掌導引中宮，總司記、司言、司簿、司闈四司之官屬。」(八九)賀婁氏：後為臨淄王所誅。(九〇)用事：猶管事。(九一)請謁：謂招納請謁而求官者。(九二)賕：謂法當有罪，而以財求免，音求。(九三)屠沽：屠謂屠戶，沽謂賣酒者，古率以稱執賤業者。(九四)墨敕：謂墨筆所書之詔敕，恒逕由禁中頒發而不由中書門下。(九五)安樂長寧公主……時人謂之斜封官：按此段乃錄自《舊唐書‧中宗韋庶人傳》，字句大致相同。(九六)度：凡人詣僧寺等出家，師為之剃除鬚髮曰剃度，亦單曰度，謂度其離俗出生死也。(九七)其員外、同正、試攝、檢校、判、知官：員外謂員額之外；同正謂同正員；試官攝官，皆非真除者；檢校與攝代之性質相似；判謂判某官事；知謂知某官事。（九八）各置兩吏部侍郎，為四銓：《舊唐書・楊國忠傳》：「故事，吏部三銓、三注、三唱。」此則增為四銓。（九九）外第：猶外宅。（〇〇）無節：無節度。（〇一）遊處：遊居。（〇二）進達：《舊唐書・中宗韋庶人傳》作：「祈其賞秩，以至要官。」是其詳釋。（〇三）上官婕妤及後宮……以求進達：按此段乃錄自《舊唐書・中宗韋庶人傳》，字句大致相同。（〇四）驕橫：驕傲豪橫。（〇五）第舍：猶第宅。（〇六）相高：謂相陵壓。（〇七）擬：比。（〇八）蒲魚：指蒲葦魚鼈言。（〇九）所資：所取給。（一〇）作定昆池：《新唐書・諸公主安樂公主傳》：「自鑿定昆池，延袤數里，定言可抗訂之也。」（一一）延袤：謂延伸之周長。（一二）考異：「新傳云：『四十九里，直抵南山。』蓋併上田言之，今從舊傳。」：按《朝野僉載》：「定昆池方四十九里，直抵南山。」是四十九里之說，乃《朝野僉載》所言，新傳云當改作《朝野僉載》云。又延袤數里乃係新傳之文，今從舊傳，當以改作今從新傳為是。（一三）累石：積石。（一四）天津：謂天河。（一五）粟粒：謂如粟粒之貼著裙上。（一六）日中影中，各為一色：謂在日光之下，及陰影之中，則色俱不同。（一七）灑油以築毬場：取其可使毬場堅硬。（一八）慎交，恭仁曾孫：恭仁，楊師道之兄。（一九）員不必備：人數不必全備。（二〇）完行：完美之德行。（二一）家有廉節：謂家有廉節之人。（二二）十倍增官：謂官員人數，增加十倍。（二三）金銀不供其印：金銀不足以供鑄印章。（二四）錫：賜、予。（二五）纓冕：謂仕宦。（二六）鬻伎行巫：乃最卑賤之人。（二七）或涉膏腴之地：謂涉足於華美之地，亦即為顯宦也。（二八）用：任用，亦即賜以官爵。（二九）根：根據。（三〇）憎：恨。（三一）翻福：猶變福。（三二）子：兼指子與女言。（三三）邊疆之士：謂戍守邊疆之士卒。（三四）持：猶攜。（三五）何所恃乎：謂將依恃何人乎。(36)君以人為本，本固則邦寧：《書・五子之歌》：「民惟邦本，本固邦寧。」(37)長相保：謂得長相保。(38)理體：即治體，乃避高宗諱而改。(39)已降：猶已下。(40)為不長：謂國祚為不長。(41)不短：亦指國祚言。(42)親未來：猶重未來之福。(43)而疏見在：謂而疏忽現在之位。(44)重俗人之為，輕天子之業：《舊唐書・辛替否傳》作：「重俗人之所為，輕天子之功業。」是其完全之意。(45)炭：充燃料之物。(46)萬物為銅：言銅者，乃因用以營造寺塔及佛像也。(47)不給：不足供給。(48)資：依據。(49)地養：猶地長。(50)風動雨潤：風吹拂之，雨滋潤之，蓋萬物必須風雨之作用，始能生化成長也。(51)風塵：指變亂言。(52)荐臻：謂重疊而至。(53)沙彌：僧徒。(54)攘：除、去。(55)惜：惋惜。(56)疏奏不省：〈辛替否傳〉作：「疏奏不納。」是不省即不納也。(57)左拾遺、京兆辛替否上疏諫……臣竊惜之，疏奏不省。按此段乃錄自《舊唐書・辛替否傳》，字句大致相同。(58)兩省：謂中書省及門下省。(59)執奏：執而再行奏聞。(60)執破：謂執而不宣及毀廢者。(61)紛然：謂紛亂甚多。(62)一無所顧：謂全無所顧忌。(63)起居舍人：《舊唐書・職官志》一：「起居舍人，從六品上。」(64)權寵：權柄恩寵。(65)斥：指。(66)優制：謂下制優奬贊之。(67)平一，載德之子：武氏盛時，載德封潁川郡王。(68)考異：「今從突厥傳」：胡三省曰：「今按西突厥亦姓阿史那氏，闕，部落之名，啜，官名也，忠節，人名也。諸家有書阿史那闕啜忠節者，詳書之也，或書官以綴其名，或書姓以綴其名者，約文也。」(69)經略使：唐置四鎮經略使於安西府。(70)脫身入朝：脫離部落，獨身入朝。(71)一老胡耳：言其力寡無用。(72)保：保全。(73)制：控制。(74)留：停留。(75)阿史那獻：據《舊唐書・突厥傳》下，乃彌射之孫，元慶之子。〔七六〕拔汗那：杜環《經行紀》：「拔汗那國在怛邏斯南千里，東隔山，去疏勒二千餘里，西去石國千餘里。」〔七七〕豈可同日語哉：同日即同時，意謂不能比擬。〔七八〕歷城：今山東省歷城縣。〔七九〕然其言：謂以其言為是。〔八〇〕間使：非正式之使者。〔八一〕比者息兵請和：謂入貢而金城公主下嫁。〔八二〕直以國多內難：直，只。內難謂贊普南征而死，國中大亂，嫡庶競立，將相爭權，自相屠滅。〔八三〕癘：疾疫。〔八四〕弊：困弊。〔八五〕昵：親。〔八六〕論：猶計。〔八七〕鄉導：鄉通嚮，謂引導其道路及方向也。〔八八〕應：響應。〔八九〕經略：猶經營。〔九〇〕憐：愛。〔九一〕體：體會。〔九二〕抑：抑制。〔九三〕厭：足。〔九四〕拒懷：招誘懷來。〔九五〕徧：猶皆。〔九六〕尋：不久。〔九七〕舊種：舊族。〔九八〕又疏遠於其父兄：謂又較其父兄為疏遠。〔九九〕誘脅：招誘脅迫。〔一〇〇〕前此：謂於此以前。〔一〇一〕片甲匹馬：極喻其少，猶言一兵一卒。〔一〇二〕侵擾：侵犯騷擾。〔一〇三〕時拔汗那四旁無彊寇為援，虔瓘等恣為侵掠，如獨行無人之境，猶引俀子為患，今北有娑葛，急則與之并力：按《舊唐書·郭元振傳》述此事云：「拔汗那胡不勝侵擾，南勾吐蕃，即將俀子，重擾四鎮。又虔瓘往入之際，拔汗那四面無賊可勾，恣意侵吞，如獨行無人之境，猶引俀子為蔽，今此有娑葛強寇，知虔瓘等西行，必請相救。」詳審文意，乃謂拔汗那昔尚引俀子為援，今既有強寇娑葛，則自必請以相救，文中之引俀子為患，乃謂欲為患於唐，而於拔汗那言之，則為引俀子以自蔽，以文意晦澀，故不憚詳參釋焉。〔一〇四〕堅壁：謂堅營。〔一〇五〕邀遮：攔截。〔一〇六〕徵：徵調。〔一〇七〕柵：以木建柵，與營壘之作用同。〔一〇八〕突騎施酋長娑葛自立為可汗……咼而殺之：按此段乃錄自《舊唐書·郭元振傳》，字句大致相同。〔一〇九〕兩儀殿：《唐六典》卷七：「京城宮城，在皇城之北，內有兩儀殿，常日聽朝而視事焉，蓋古之內朝也。」⑳別位：特殊之座位。㉑山服：謂野人之服。㉒不名：謂不言姓名，乃所以尊之。㉓仗入：胡三省曰：「自太極殿前，喚仗從東西上閤門入，立於兩儀殿前。」㉔引攸緒就位：引就問道之位。㉕趨立辭見班中：胡三省曰：「凡百官自中朝出為外官，赴朝辭，自外官入朝覲者，引入見，其辭見者不與百官序班，自為班立，謂之辭見班。」杜佑曰：「唐制，供奉官：左右散騎常侍，門下中書侍郎，諫議大夫，給事中，中書舍人，左右拾遺，通事舍人，在橫班；辭見者各從兼官，班在正官之次。品式令，前官被召見及赴朝參，致仕者在本品見任上，以理解官者，同在品下。」㉖煩：猶勞。㉗寵賜：恩寵賜予。㉘親貴：親戚顯貴。㉙謁候：謁見候望。㉚寒溫之外，不交一言：謂但談天氣之或寒或煖而已，此即所謂見面語也。又寒溫一辭，通常多作寒暄，意全相同。㉛上以安樂公主將適左衞中郎將武延秀……不交一言：按《新唐書．隱逸武攸緒傳》亦載之，字句大致相同。㉜侍宴：侍崇訓與公主所設之宴。㉝姿儀：姿容儀表。㉞公主悅之，《新唐書．諸公主傳》作：「崇訓死，主素與武延秀亂。」蓋非特悅之而已。㉟假皇后仗：胡三省曰：「《唐六典》，宮官六尚，尚書局有司仗、典仗、掌仗之宮，掌羽儀仗衞之事，又按唐制，皇后乘重翟、厭翟、翟車、安車、四望車、金根車；而公主乘厭翟車，則下皇后一等。此時蓋以重翟及皇后儀衞假之也。」㊱障車：在車之左右，宛似障之。㊲宴羣臣於兩儀殿：〈諸公主傳〉作太極殿。㊳稽首：以首伏地，稍稽始起，與頓首差相類。㊴初武崇訓之尚公主也……皆伏地稽首：按此段《新唐書．諸公主中宗安樂公主傳》亦載之，字句大致相同。㊵安西：安西都護府時在龜茲。㊶初：謂從前。㉜枉破奴部落：枉屈而破餘之部落，稱奴者，蓋自卑也。後代大臣對皇帝自稱曰奴才，殆昉此。㉝馮中丞、牛都護：馮中丞謂嘉賓，牛都護謂師獎，各以其官銜為稱。㉞史獻：即阿史那獻之約。㉟軍州：州中常置軍號，故二者實指一事而言。㊱商量：商度。㊲異圖：異謀。㊳白州：《舊唐書・地理志》四嶺南道：「白州，隋合浦郡之合浦縣地，武德四年置南州，六年改為白州，至京師六千一百七十五里。」㊴冊為十四姓可汗：胡三省曰：「西突厥先有十姓，今併咽麪、葛邏祿、莫賀達干、都摩支為十四姓。」㊵牛師獎與突騎施娑葛戰於火燒城……冊為十四姓可汗：按此段乃錄自《舊唐書・郭元振傳》，字句大致相同。㊶以婕妤上官氏為昭容：按《舊唐書・后妃傳》序，昭容正二品，婕妤正三品。㊷諸司：諸寺署。㊸格式：猶章程條例，為唐代之特創名稱。㊹任臣：任使臣下。㊺奉法：奉行法令。㊻叢委：叢脞委積。㊼水竇：水洞。㊽宸衷：天子之意。㊾條式：即條例格式。㊿取進止：謂聽取行與不行。(51)自餘：即其餘，而古代常作自餘。(52)處分：處置。(53)故：故意。(54)疑滯：疑竇遲滯。(55)稽失：稽延愆失。(56)入閤守歲：胡三省曰：「閤，內殿也。守歲之宴，古無之，梁庾肩吾除夕詩：『聊傾柏葉酒，試奠五辛盤。』蓋江左已有此矣。然未至君臣相與酣適也。隋煬帝淫侈，每除夜，殿前諸院設火山數十，盡沈香木根，每一山皆焚沈香數車，火光暗，則以甲煎沃之，焰起數丈，香聞數十里。一夜之間，用沈香二百餘乘，甲煎過二百餘石。帝之為此，亡隋之續耳。」(57)伉儷：謂相敵之配耦。(58)成禮：成婚禮。(59)內侍：《舊唐書・職官志》三：「內侍省，內侍二員，從四品上，掌在內侍奉，出入宮掖宣傳之事。」(60)衣禮衣花釵：《新唐書・車服志》曰：「命婦之服六，翟衣者，內命婦受冊、從蠶、朝會，外命婦嫁及受冊、從蠶，大朝會之服也。青質繡翟，編次於衣及裳，重為九等。一品，翟九等，花釵九樹；二品，翟八等，花釵八樹；三品至五品，皆降殺以一。禮衣者，內命婦常參，外命婦朝參、辭見、禮會之服也，制同翟衣，加雙佩小綬，去舄加履。」㉑誦卻扇詩數首：唐人成昏之夕，有催粧詩及卻扇詩，蓋新娘於初成禮後，率以扇障面，故詠卻扇詩以卻之也。按此俗，已先有之。《世說・假譎》篇：「溫嶠喪婦，會從姑有女，屬嶠覓壻，嶠密有自婚意；後數日，報姑云：『已覓得壻。』因下玉鏡臺一枚。既婚交禮，女以手披紗扇，笑曰：『我固疑是老奴，果如所卜。』」又庾信〈為上黃侯世子贈婦詩〉：「分杯帳中，卻扇牀前。」皆其證也。㉒蠻婢：蠻女而入宮為婢。㉓國㸙：唐代常以國家為天子之稱，簡稱曰國，如國舅是也。此國㸙即天子之阿㸙，以既為皇后之阿㸙，而皇后與天子一體，故稱為天子之阿㸙，自無不可。然稱為國㸙，未免謔而虐矣。㉔自負：猶得意。㉕酒酣，上謂御史大夫竇從一曰……有自負之色：按此事《新唐書・竇懷貞傳》亦載之，所述者大致相同。

三年（西元七〇九年）

㈠春，正月，丁卯，制廣東都聖善寺㊀，居民失業㊁者數十家。

㈡長寧、安樂諸公主，多縱㊂僮奴，掠百姓子女為奴婢，侍御史袁從之(四)收繫獄(五)，治之(六)。公主訴於上，上手制(七)釋之。從之(八)奏稱：「陛下縱奴掠良人，何以理天下？」上竟釋之(九)。

㈢二月，己丑，上幸玄武門，與近臣觀宮女拔河(一〇)，【考異】唐紀云：「觀宮女大酺。」今從實錄。(一一)又命宮女為市肆(一二)，公卿為商旅，與之交易，因為忿爭(一三)，言辭褻慢(一四)，上與后臨觀為樂(一五)。

㈣丙申，監察御史崔琬對仗(一六)彈宗楚客紀處訥，潛通戎狄，受其貨賂，致生邊患(一七)。【考異】景龍文館記曰：「監察御史崔琬具衣冠，對仗，彈大學士兵部尚書郢國公宗楚客，及侍中紀處訥，時楚客在列，奏言，臣以庸妄，叨居樞密，中外朋結謀臣，臣先奏聞，計垂天鑒。上頷之，謂琬曰，楚客事，朕知，且去，待仗下來。至仗下後，琬方讀奏，敕令於西省對問。中書門下奏，無狀有進止，即令復位。初娑葛父子與阿史那忠節代為仇讎，娑葛頻乞國家為除忠節，安西都護郭元振表，請如其奏；宗楚客固執言忠節竭誠於國，作扞玉關，若許娑葛除之，恐非威彊拯弱之義。上由是不許，無何，娑葛擅殺御史中丞馮嘉賓，殿中侍御史呂守素，破滅忠節，侵擾四鎮。時碎葉鎮守使中郎周以悌率鎮兵數百人大破之，奪其所侵，忠節及于闐部眾數萬口奏到，上大悅，拜以悌左屯衞將軍，仍以元振四鎮經略使授之。敕書簿責元振，宗議發勁卒，令以悌同郭虔瓘北討，仍邀吐蕃及西域諸部計會，同擊娑葛。右臺御史解琬議稱不可，後竟與之和。娑葛聞前事大怨，乃付元振狀，稱宗先取忠節金，上以問之，宗具以前事奏。時太平安樂二公主，以親貴權寵，各立黨與，陰相傾奪，爰自要官宰臣，皆分為兩，時太平尤與宗不善，故諷琬以彈之。外傳取娑葛金，非也，今從實錄記。故事(一八)大臣被彈，俯僂(一九)趨出，立於朝堂待罪(二〇)，至是楚客更憤怒作色(二一)，自陳忠鯁(二二)，為琬所誣，上竟不窮問(二三)，命琬與楚客結為兄弟(二四)，以和解(二五)之，時人謂之和事天子(二六)(二七)。

㈤壬寅，以韋巨源為左僕射，楊再思為右僕射，並同中書門下三品。

㈥上數與近臣學士宴集，令各效(二八)伎藝以為樂，工部尚書張錫舞談容娘，將作大匠宗晉卿舞渾脫(二九)，左衞將軍張洽舞黃麞(三〇)，左金吾將軍杜元談(三一)誦婆羅門呪(三二)，中書舍人盧藏用效道士上章，國子司業河東郭山惲獨曰：「臣無所解(三三)，請歌古詩。」上許之，山惲乃歌鹿鳴蟋蟀(三四)。明日，上賜山惲敕，嘉美其意，賜時服一襲(三五)(三六)。上又嘗宴侍臣，使各為迴波辭(三七)，眾皆為諂語(三八)，或自求榮祿(三九)，諫議大夫(四〇)李景伯曰：「迴波(四一)爾時酒卮，微臣職在箴規(四二)，侍宴既過三爵(四三)，諠譁竊恐非儀(四四)。」上不悅，蕭至忠曰：「此真諫官也。」

㈦三月，戊午，以宗楚客為中書令，蕭至忠為侍中，太府卿韋嗣立為中書侍郎同中書門下三品，【考異】新表云嗣立守兵部尚書。今從實錄。中書侍郎崔湜、趙彥昭並同平章事。崔湜通於上官昭容，故昭容引以為相，彥昭，張掖(四五)人也。時政出多門，濫官(四六)充溢，人以為三無坐處(四七)，謂宰相、御史及員外官也。

㈧韋嗣立上疏，以為：「比者造寺極多，務取崇麗(四八)，大則用錢百數十萬[49]，小則三五萬，無慮[50]所費千萬以上，人力勞弊，怨嗟[51]盈路[52]。佛之為教，要在降伏身心[53]，豈彫畫[54]土木，相誇壯麗！萬一水旱為災，戎狄構患[55]，雖龍象[56]如雲[57]，將何救哉[58]？又食封[59]之家，其數甚眾，昨問戶部云：『用六十餘萬丁，一丁絹兩匹[60]，凡百二十餘萬匹。』臣頃[61]在太府[62]，每歲庸絹[63]多不過百萬，少則六七十萬匹，比之封家[64]，所入殊少[65]。夫有佐命之勳，始可分茅胙土[66]，國初功臣食封者，不過三二十家，今以恩澤食封者[67]，乃踰百數[68]，國家租賦，太半私門[69]，私門有餘，徒益[70]奢侈，公家不足，坐致[71]憂危[72]，制國之方[73]，豈謂為得！封戶之物，諸家自徵，僮僕依勢，陵轢[74]州縣，多索裹頭[75]，轉行[76]貿易，煩擾驅追，不勝其苦。不若悉計丁[77]，輸之太府，使封家於左藏[78]受之，於事為愈[79]。又員外[80]置官，數倍正闕[81]，曹署[82]典吏，困於祇承[83]，府庫倉儲，竭於資奉[84]。又刺史縣令，近年以來，不存[85]簡擇[86]，京官有犯[87]及聲望下[88]者，方遣刺州[89]，吏部選人，衰耄[90]無手筆者[91]，方補縣令。以此理人，何望率化[92]？望自今應除三省[93]

兩臺(九四)及五品以上清望官(九五)，皆先於刺史縣令中選用，則天下理(九六)矣。」上弗聽(九七)。

(九)戊寅，以禮部尚書韋溫為太子少保，同中書門下三品，太常卿鄭愔為吏部尚書同平章事(九八)。溫，皇后之兄也。

(十)太常博士(九九)唐紹以武氏昊陵、順陵(一〇〇)，置守戶(一〇一)五百，與昭陵(一〇二)數同，梁宣王(一〇三)、魯忠王(一〇四)墓守戶，多於親王(一〇五)五倍，韋氏褒德廟(一〇六)衛兵(一〇七)，多於太廟，上疏請量(一〇八)裁減，不聽。紹，臨之孫也(一〇九)(一一〇)。

(十一)中書侍郎兼知吏部侍郎同平章事崔湜、吏部侍郎同平章事鄭愔俱掌銓衡(一一一)，傾附(一一二)勢要(一一三)，贓賄狼籍(一一四)，數外留人(一一五)授擬(一一六)不足，逆用三年闕(一一七)，選法大壞。湜父挹為司業(一一八)，受選人錢，湜不之知，長名放之(一一九)，其人訴曰：「公所親受某賂(一二〇)，奈何不與官？」湜怒曰：「所親為誰？當擒取杖殺之。」其人曰：「公勿杖殺，將使公遭憂(一二一)。」湜大慙。侍御史靳恒與監察御史李尚隱對仗彈之，上下湜等獄，命監察御史裴漼按之，安樂公主諷(一二二)漼寬(一二三)其獄，漼復對仗彈之。夏，五月，丙寅，愔免死流吉州(一二四)，湜貶江州㉕司馬。上官昭容密與安樂公主武延秀曲為申理，明日，以湜為襄州㉖刺史，愔為江州司馬。

(十二)六月，右僕射同中書門下三品楊再思薨㉗。

(十三)秋，七月，突騎施娑葛遣使請降，庚辰，拜欽化可汗㉘，賜名守忠。

(十四)八月，己酉，以李嶠同中書門下三品㉙，韋安石為侍中，蕭至忠為中書令。至忠女適皇后舅子崔無詖，成昏日，上主㉚蕭氏，后主崔氏，時人謂之天子嫁女，皇后娶婦㉛。

(十五)上將祀南郊，丁酉，國子祭酒祝欽明、國子司業郭山惲建言：「古者大祭祀，后祼獻，以瑤爵，皇后當助祭天地。」太常博士唐紹、蔣欽緒駁之，以為：「鄭玄注周禮，內司服惟有助祭先王先公㉜，無助祭天地之文，皇后不當助祭南郊。」國子司業鹽官㉝褚無量議，以為：「祭天惟以始祖為主，不配以祖妣，故皇后不應預祭。」韋巨源定儀注，請依欽明議，上從之，以皇后為亞獻，仍以宰相女為齋娘㉞，助執豆籩。欽明又欲以安樂公主為終獻，紹、欽緒固爭，乃止，以巨源攝太尉為終獻㉟。欽緒，膠水㊱人也。

(十六)己巳，上幸定昆池，命從官賦詩。黃門侍郎㊲李日知詩曰：「所願暫思居者逸，勿使時稱作者勞。」及睿宗即位，謂日知曰：「當是時朕亦不敢言之㊳。」

(十七)九月，戊辰，以蘇瓌為右僕射同中書門下三品。

(十八)太平、安樂公主，各樹朋黨㊴，更相黨毀㊵，上患之。冬，十一月，癸亥，上謂修文館直學士武平一曰：「比聞內外親貴，多不輯睦㊶，以何法和㊷之？」平一以為：「此由讒諂之人，陰為離間，宜深加誨諭㊸，斥逐姦險㊹。若猶未已，伏願捨近圖遠，抑慈㊺存嚴㊻，示以知禁，無令積惡。」上賜平一帛，而不能用其言㊼。

(十九)上召前修文館學士崔湜、鄭愔入陪大禮，乙丑，上祀南郊，赦天下，并十惡㊽咸赦除之，流人並放還，齋娘有壻者，皆改官㊾㊿。

(廿)甲戌，開府儀同三司平章軍國重事(51)豆盧欽望薨。

(廿一)乙亥，吐蕃贊普遣其大臣尚贊咄(52)等千餘人逆金城公主。【考異】實錄：「乙亥，吐蕃大臣尚贊吐等來逆女。」文館記云：「吐蕃使其大首領瑟瑟，告身贊咄。金告身尚欽藏以下來迎金城公主，譯者云，贊咄猶此左僕射，欽藏猶此侍中，」蓋贊咄，即贊吐也。今從文館記。

(廿二)河南道巡察使、監察御史宋務光以於時食實封者[53]，凡一百四十餘家，應出封戶者凡五十四州，皆割上腴[54]之田，或一封分食數州，而太平安樂公主又取高貲[55]多丁者，刻剝[56]過苦[57]，應充封戶者，甚於征役。滑州地出綾縑[58]，人多趨射[59]，尤受其弊，人多流亡。請稍分封戶，散配餘州[60]。又徵封使者，煩擾公私[61]，請附租庸，每年送納[62]。」上弗聽[63]。

(廿三)時流人皆放還，均州刺史、譙王重福獨不得歸[64]，乃上表自陳曰：「陛下焚柴展禮[65]，郊祀上玄[66]，蒼生並得赦除，赤子[67]偏加擯棄[68]，皇天平分之道[69]，固若此乎！天下之人聞者，為臣流涕。況陛下慈念[70]，豈不愍臣棲遑[71]！」表奏，不報[72][73]。

(廿四)前右僕射致仕唐休璟年八十餘，進取彌銳[74]，娶賀婁尚宮[75]養女為其子婦。十二月，壬辰，以休璟為太子少師同中書門下三品。【考異】舊紀誤作壬戌，今從實錄。

(廿五)甲午，上幸驪山溫湯，庚子，幸韋嗣立莊舍[76]，以嗣立與周高士韋敻同族[77]，賜爵逍遙公。嗣立，皇后之疏屬[78]也。由是顧賞[79]

尤重㉕。乙巳，還宮。

㉖是歲，關中饑，米斗百錢，運山東江淮穀輸京師，牛死什八九。羣臣多請車駕復幸東都，韋后家本杜陵㉗，不樂東遷，乃使巫覡㉘彭君卿等說上云：「今歲不利東行。」後復有言者，上怒曰：「豈有逐糧天子㉙邪！」乃止。

【今註】 ㈠廣東都聖善寺：按西京東京皆有聖善寺，悉帝所建，為武后追福。㈡業：產業，此指房屋田地言。㈢縱：縱恣。㈣袁從之：按《新唐書・中宗女安樂公主傳》，袁從之作袁從一。㈤收繫獄：謂收錄而繫於獄。㈥治之：按治之。㈦手制：親自作制書。㈧釋之：釋放所繫之奴。㈨長寧安樂諸公主……上竟釋之：按此段《新唐書・諸公主中宗女安樂公主傳》亦載之，字句大致相同。㈩拔河：胡三省曰：「以麻絙巨竹分朋而挽水，謂之拔河，以定勝負。」按今則只以長絙一條，分兩朋掣之，中劃一線為界，凡一朋氣力不敵而被拖過中線者，則判為負，反之則為勝。⑪考異：「唐紀云：『觀宮女大酺。』今從實錄。」：按《舊唐書・中宗紀》：「景龍三年二月，幸玄武門，與近臣觀宮女大酺，既而左右分曹，共爭勝負。」既而左右分曹，共爭勝負，雖未明言其為何遊戲，然以情理推之，自當為拔河無疑。本此，則該日舉行者，共為二事：一，先為大酺；二，接為拔河。唐紀所言觀宮女大酺，並非無其事，特僅言大酺，而未言拔河耳。《舊唐書》本紀則並載二事，但次條未明言係為拔河，《通鑑》則據實錄而列其拔河之事。此三書異同之概況也。⑫為市肆：謂設市肆。⑬因為忿爭：因矯以交易不合，而興忿爭。⑭褻慢：猥褻傲慢。⑮上幸玄武門……上與后臨觀為樂：按此段乃錄自《舊唐書·中宗紀》，字句大致相同。⑯對仗：謂對立於仗下參朝之百僚，亦即於朝廷公劾之也。⑰潛通戎狄，受其貨賂，致生邊患：謂受闕啜忠節賂，以致娑葛畔換。⑱故事：《舊唐書·蕭至忠附宗楚客傳》作舊制，二者文異意同。⑲俯僂：俯首為俯，傴背為僂。音ㄌㄡˊ。⑳待罪：俟待決罪。㉑作色：變色。㉒自陳忠鯁：謂自陳稟性忠鯁。㉓窮問：謂問個水落石出。㉔結為兄弟：按其全稱乃為義兄弟。㉕和解：調和而解除其爭端。㉖和事天子：蓋譏其不能執行法令，而枉予優容。㉗監察御史崔琬對仗彈宗楚客……時人謂之和事天子：按此段乃錄自《舊唐書·蕭至忠附宗楚客傳》，字句大致相同。㉘效：獻。㉙舞渾脫：胡三省曰：「長孫無忌以烏羊毛為渾脫氈帽，人多效之，謂之趙公渾脫，因演以為舞。」㉚舞黃麞：胡三省曰：「如意初，里歌曰：『黃麞黃麞草裡藏，彎弓射爾傷。』亦演以為舞。」㉛杜元談：按《舊唐書·儒學下郭山惲傳》，談作琰。㉜婆羅門呪：胡三省曰：「今所謂天竺神呪也。」㉝解：曉。㉞鹿鳴蟋蟀：〈鹿鳴〉，《詩·小雅》篇名，燕羣臣也。蟋蟀，《詩·唐風》篇名，取好樂無荒之義。㉟一襲：猶一副，即今言一套。㊱上數與近臣學士宴集……賜時服一襲：按此段乃錄自《舊唐書·儒學下郭山惲傳》，字句大致相同。㊲迴波辭：胡三省曰：「時內宴酒酣，侍臣率起為迴波舞，故使為迴波辭。」㊳諂語：諂媚之言語。㊴榮祿：謂榮秩高祿。㊵諫議大夫：《舊唐書·職官志》二：「門下省，諫議大夫四員，正五品上，掌侍從贊相，規諫諷諭。」(四一)迴波：謂如波浪之旋蕩。(四二)箴規：箴戒規勸。(四三)侍宴既過三爵：《左傳》宣二年：「提彌明趨登曰：『臣侍君宴，過三爵，非禮也。』」(四四)諠譁竊恐非儀：謂競事諠譁，私以為未免不合禮儀。(四五)張掖：今甘肅省張掖縣。(四六)濫官：雜濫之官員。(四七)三無坐處：謂三府寺，官已充滿，而無空席可坐。(四八)崇麗：崇壯宏麗。(四九)大則用錢百數十萬：《舊唐書・韋思謙附嗣立傳》作：「大則耗費百十萬。」是俗語之百十萬，其詳釋乃為百數十萬也。(五〇)無慮：大率。(五一)怨嗟：怨恨嗟嘆。(五二)盈路：滿於道路。(五三)降伏身心：指修心定慧，去除嗜欲而言。(五四)彫畫：彫通雕，謂刻畫。(五五)構患：猶生患。(五六)龍象：佛氏稱修行勇猛，有最大能力者，曰龍象。《智度論》：「是五千阿羅漢，於諸阿羅漢中最大力，以是故言如龍如象；水行中龍力大，陸行中象力大。」(五七)如雲：喻其眾多。(五八)將何救哉：謂將何以救之哉。(五九)食封：謂食封邑，唐有食封及食實封兩種，食實封，乃所食之封邑，為實際之數目也。(六〇)一丁絹兩匹：唐初之制，一丁歲輸絹二匹。(六一)頃：近。(六二)太府：《舊唐書・職官志》三：「太府寺，卿一員，卿掌邦國財貨，凡四方之貢賦，百官之俸秩，謹其出納，而為之節制焉。」(六三)庸絹：〈韋嗣立傳〉作：「庸調絹數。」是兼含調而言。(六四)封家：謂食封之家。(六五)殊少：猶頗少。(六六)分茅胙土：按古封建制度，天子大社，以五色土為壇，封諸侯者，取方面土，苴以白茅授之，謂之授茅土。胙，報也。(六七)今以恩澤食封者：謂今以恩澤之故而食封者。(六八)乃踰百數：按數，中古常賦有餘意，〈韋嗣立傳〉作：「遂至百家已上。」即數為餘之明證。(六九)太半私門：謂太半入於私家。(七〇)徒益：徒但增益。(七一)坐致：猶容易招致。(七二)憂危：憂患危難。(七三)方：猶道。(七四)陵轢州縣：轢亦欺陵，音歷，謂欺陵州縣之民。(七五)裹頭：胡三省曰：「謂行橐齎裹以自資者，今謂荅頭。」(七六)行：猶事。(七七)不若悉計丁：謂不如悉計丁所輸之絹。(七八)左藏：庫名。《舊唐書・楊炎傳》：「國初舊制，天下財賦，皆納於左藏庫，而太府四時以數聞，尚書比部覆其出入，上下相轄，無失遺。」此左藏庫之概況也。(七九)於事為愈：謂勝於封家自徵。(八〇)員外：正員之外。(八一)數倍正闕：謂數目倍於正員之位。(八二)曹署：皆指官署言。(八三)祗承：敬奉承候。(八四)竭於資奉：謂因資給供奉而至罄竭。(八五)不存：謂不留意。(八六)簡擇：猶選擇。(八七)京宮有犯：謂京官有犯罪者。(八八)下：低下。(八九)刺州：謂為州刺史。(九〇)耄：指七十以上年老之人，音ㄇㄠˋ。(九一)無手筆者：謂不擅長文書者。(九二)率化：率之而克致治化。(九三)三省：謂尚書、中書、門下。(九四)兩臺：謂左右御史臺。(九五)清望官：猶清要宮。(九六)理：治，乃因避諱而改。(九七)韋嗣立上疏以為……則天下理矣，上弗聽：按此段乃錄自《舊唐書・韋思謙附嗣立傳》，字句大致相同。(九八)戊寅，以太常卿鄭愔為吏部尚書同平章事：按《新唐書》本紀及〈宰相表〉皆作：「以太常少卿鄭愔守吏部侍郎，同中書門下平章事。」不同處俱當改從之。(九九)太常博士：《舊唐書・職官志》三：「太常寺，博士四人，從七品上，掌五禮之儀式，本先王之法制，適變隨時，而損益焉。」(一〇〇)以武氏昊陵順陵：乃武后父母之陵名。(一〇一)守戶：守墓之人戶。(一〇二)昭陵：太宗陵名。(一〇三)梁宣王：謂武三思。(一〇四)魯忠王：謂武崇訓。(一〇五)多於親王：謂多於親王者。(一〇六)褒德廟：立褒德廟，見上卷元年。(一〇七)衞兵：衞護之兵。(一〇八)量：酌量。(一〇九)紹，臨之孫也：唐臨歷事高祖、太宗、高宗。(一一〇)太常博士唐紹……紹，臨之孫也：按此段乃錄自《舊唐書·唐臨附紹傳》，字句大致相同。㉑銓衡：猶選舉。㉒傾附：傾身結附。㉓勢要：謂權勢顯要之人。㉔狼藉：不堪，此含甚多意。㉕數外留人：謂額外所保留之人。㉖授擬：除授注擬。㉗逆用三年闕：預先支用下三年之空闕。㉘司業：國子司業之約。㉙長名放之：胡三省曰：「高宗總章二年，裴行儉始設長名榜，凡選人之集於吏部者，得者留，不得者放。宋白曰：『長名榜定留放，留者入選，放者不得入選。』」㉚受某賂：某指予言，說已見上。㉛公勿杖殺，將使公遭憂：謂公勿杖殺，若杖殺，則將使公丁憂。㉜諷：諷示。㉝寬：輕減。㉞丙寅，愔免死流吉州：按新舊《唐書·中宗紀》，丙寅皆作丙戌，當改從之。㉟江州：《舊唐書·地理志》三江南西道：「江州，隋九江郡，武德四年平林士弘，置江州，在京師東南二千九百四十八里。」㊱襄州：同志二山南東道：「襄州在京師東南一千一百八十二里。」㊲六月，右僕射同中書門下三品楊再思薨：按新舊《唐書·中宗紀》，皆作六月癸卯，當從添癸卯二字。㊳七月突騎施娑葛遣使請降，庚辰，拜欽化可汗：按新舊《唐書·中宗紀》，皆作丙辰娑葛遣使來降。核史書載此事，多以遣使來降及封拜，書於同日，若此，則庚辰自當改作丙辰。㊴己酉，以李嶠同中書門下三品：按新舊《唐書·中宗紀》，皆作乙酉，當改從之。㊵上主蕭氏：《舊唐書·蕭至忠傳》作：「中宗為蕭氏婚主。」若更詳釋之，則為蕭氏婚姻之主人，此主婚人一稱之完全意蘊也。㊶至忠女適后舅子崔無詖……皇后娶婦：按此段乃錄自《舊唐書·蕭至忠傳》，字句大致相同，又此事乃以蕭至忠為中書令故，因而附書，而絕非發生於蕭至忠封拜之日，此察而可知者也。㊷古者大祭祀后祼獻，以瑤爵，唐紹駁之，以為鄭玄注周禮，內司服惟有助祭先王先公：胡三省曰：「周禮：『內宰，大祭祀，后祼獻則贊，瑤爵亦如之。』注云：『謂祭宗廟，王既祼而出迎牲，后乃從後祼也。獻謂薦腥薦熟，后亦從後獻也。瑤爵謂尸卒食，王既酳尸，后亞獻之，其爵以瑤為飾。』又，『內司服掌王后之六服：褘衣、揄狄、闕狄、鞠衣、展衣、褖衣、素沙。』注云：『褘衣、揄狄、闕狄，三者皆祭服，從王祭先王，則服褘衣，祭先公，則服揄狄，祭羣小祀，則服闕狄。今世有圭衣者，蓋三狄之遺俗。』據周禮，則內宰所謂大祭祀，指言祭宗廟也。祝欽明等因唐制，以天地宗廟並為大祀，遂以周禮大祭祀，傅會其說，以諂韋后，而周禮鄭義所謂祼也，獻也，瑤爵也，乃祭時行禮之三節，今欽明言后祼獻以瑤爵，亦背鄭義，自為之說也。」㉝鹽官：今浙江省海寧縣治。㉞齋娘：執祭祀事之女子。㉟上將祀南郊……以巨源攝太尉，為終獻：按此事及議論，詳載於《舊唐書．褚無量傳》及〈儒下祝欽明傳〉，《通鑑》所書，乃其撮要。㊱膠水：據《舊唐書．地理志》一，膠水縣屬河南道萊州。㊲黃門侍郎：《舊唐書．職官志》二：「門下省，門下侍郎二員，咸亨改為黃門侍郎，正四品上，掌貳侍中之職，凡政之弛張，事之與奪，皆參議焉。」㊳及睿宗即位，謂日知曰：「當是時，朕亦不敢言之」：不敢言之，謂不敢作此言，蓋畏安樂公主勢故。㊴朋黨：朋曹黨與。㊵更相黨毀：謂同則黨之，異則毀之。㊶輯睦：謂安輯和睦。㊷和：《新唐書．武平一傳》作敦和，是其的釋。㊸誨諭：訓誨告諭。㊹姦險：謂姦邪險惡之人。㊺抑慈：抑制仁慈之懷。㊻存嚴：猶以嚴厲處之。㊼太平安樂公主，各樹朋黨……而不能用其言：按此段《新唐書．武平一傳》亦載之，字句大致相同。㊽十惡：

《舊唐書・刑法志》：「又有十惡之條：一曰謀反，二曰謀大逆，三曰謀叛，四曰謀惡逆，五曰不道，六曰大不敬，七曰不孝，八曰不睦，九曰不義，十曰內亂。其犯十惡者，不得依議請之例。」㊾皆改官：謂皆改加官。㊿上祀南郊……皆改官：按此數句，乃錄自《舊唐書・中宗紀》。(51)平章軍國重事：胡三省曰：「平章軍國重事，蓋自豆盧欽望始。」(52)尚贊咄：按《舊唐書・中宗紀》及《吐蕃傳》，皆作尚贊吐。(53)食實封者：胡三省曰：「唐制，食實封者，得真戶，戶皆三丁以上，一分入國。開元定制，以三丁為限，租賦全入封家。」(54)上腴：最肥饒。(55)高貲：謂資財多者。(56)刻剝：猶割剝。(57)過苦：猶過甚。(58)縑：《釋名・釋采帛》：「縑，兼也，其絲細緻，數兼於絹，染兼五色，細緻不漏水也。」音兼。(59)趨射：趨而要取之。(60)請稍分封戶，散配餘州：謂將滑州之封戶數目，稍為減少，而將所減之數，分配於其餘諸州。(61)徵封使者煩擾公私：其弊端，上文韋嗣立奏疏，已慨哉言之。(62)請附租庸，每年送納：謂於納租庸時，將丁所輸之絹，一起繳納。(63)河南道巡察使，監察御史宋務光……每年送納，上弗聽：按此事《新唐書・宋務光傳》亦載之，而文較簡略。(64)均州刺史，譙王重福獨不得歸：重福徙均州，見上卷神龍元年。(65)展禮：謂陳布禮儀。(66)上玄：即上天。(67)赤子：重福乃中宗第二子，故對其父自稱赤子，此赤子猶孺子也。(68)擯棄：擯斥棄逐。(69)皇天平分之道：原指天平分四時言，此則為公平之意。(70)慈念：猶慈懷，唐代恭維天子，多冠以慈字。(71)棲遑：離索憂迫之意。(72)不報：猶不納。(73)時流人皆放還……愍臣棲遑，表奏不報：按此段乃錄自《舊唐書・中宗子庶人重福傳》，字句大致相同。(74)彌銳：謂愈厲。(75)賀婁尚宮：見本卷，景龍二年。㉖莊舍：別業為莊，唐多以田莊或莊園連言。㉗周高士韋瓊同族：韋解事見卷一百六十七陳高祖永定三年。㉘疏屬：疏遠之宗屬。㉙顧賞：猶顧遇。㉚幸韋嗣立莊舍……由是顧賞尤重：按此段乃錄自《舊唐書・韋思謙附嗣立傳》，字句大致相同。㉛杜陵：古地名，亦曰樂遊原，在今陝西省長安縣東南，漢宣帝築陵葬此，因曰杜陵。㉜覡巫：在男曰覡，在女曰巫，音ㄒㄧˊ。㉝逐糧天子：逐隨糧食而行之天子。

睿宗玄真大聖大興孝皇帝上

景雲元年（西元七一〇年）㊀

㈠春，正月，丙寅夜㊁，中宗與韋后微行㊂觀燈於市里㊃，又縱宮女數千人出遊，多不歸者㊄。

㈡上命紀處訥送金城公主㊅適吐蕃，處訥辭，又命趙彥昭，彥昭亦辭。丁丑，命左驍衛大將軍楊矩送之。己卯，上自送公主至始平，二月，癸未，還宮。公主至吐蕃，贊普為之別築城以居之㊆。

㈢庚戌，上御㊇梨園㊈毬場，命文武三品以上拋毬㊉，及分朋⑪拔河，韋巨源、唐休璟衰老，隨⑫絙踣地⑬，久之不能興⑭，上及皇后妃主⑮臨觀，大笑。

㈣夏，四月，丙戌，上遊芳林園⑯，命公卿馬上摘櫻桃。

㈤初則天之世，長安城東隅民王純家井溢，浸⑰成大池數十頃，號隆慶池⑱，相王子五王⑲列第於其北，望氣者言：「常鬱鬱⑳有帝王氣，比日尤盛。」乙未，上幸隆慶池，【考異】景龍文館記以為其月十二日，按長曆是月壬午朔，今從實錄、本紀。結綵㉑為樓，宴侍臣，泛舟戲象以厭之㉒。

㈥定州人郎岌上言：「韋后宗楚客將為逆亂。」韋后白上，杖殺之。五月，丁卯，許州司兵參軍㉓偃師㉔燕欽融復上言：「皇后淫亂，干預國政，宗族強盛，安樂公主、武延秀、宗楚客圖危宗社㉕。」上召欽融面詰㉖之，欽融頓首抗言㉗，神色不撓㉘，上默然。宗楚客矯制，令飛騎㉙撲殺㉚之，投於殿庭石上，折頸而死，楚客大呼稱快。上雖不窮問，意頗怏怏㉛不悅。由是韋后及其黨始憂懼。

㈦己卯，上宴近臣，國子祭酒祝欽明自請作八風舞㉜，搖頭轉目，備諸醜態㉝，上笑，欽明素以儒學著名。吏部侍郎盧藏用私謂諸學士㉞曰：「祝公五經，掃地盡矣㉟。」

㈧散騎常侍馬秦客以醫術，光祿少卿楊均以善烹調㊱，皆出入宮掖，得幸於韋后，恐事泄被誅。安樂公主欲韋后臨朝，自為皇太女，乃相與合謀，於餅餤㊲中進毒。六月，壬午，中宗崩於神龍殿㊳，韋后祕不發喪，自總庶政。癸未，召諸宰相入禁中，徵諸府兵㊴五萬人屯京城，使駙馬都尉韋捷、韋灌㊵、衞尉卿韋璿、左千牛中郎將韋錡、長安令韋播、郎將高嵩分領之。【考異】景龍文館記：「徵諸兵士二千人，屯皇城，左右衞令韋捷韋濯押當，又令韋錡押羽林軍，韋播高嵩分押左右營萬騎，韋元巡六街。」實錄兵五萬人，韋濯作韋灌，今從之。璿，溫之族弟；播，從子㊶；嵩，其甥也。中書舍人韋元徼巡六街㊷，又命左監門大將軍兼內侍㊸薛思簡㊹等將兵五百人，馳驛戍均州，以備㊺譙王重福。以刑部尚書裴談、工部尚書張錫並同中書門下三品，仍充東都留守。吏部尚書張嘉福、中書侍郎岑羲、吏部侍郎崔湜並同平章事。羲，長倩之從子也。

㈨太平公主與上官昭容謀草遺制，立溫王重茂為皇太子，皇后知政事，相王旦參謀政事。宗楚客密謂韋溫曰：「相王輔政，於理非宜，且於皇后，嫂叔不通問㊻，聽朝之際㊼，何以為禮㊽？」遂帥諸宰相，表請皇后臨朝，罷相王政事㊾。蘇瓌曰：「遺詔豈可改邪？」溫、楚客怒，瓌懼而從之，乃以相王為太子太師。甲申，梓宮㊿遷御太極殿(51)，集百官發喪，皇后臨朝攝政(52)，赦天下，改元唐隆，進相王旦太尉，雍王守禮為豳王，壽春王成器為宋王，以從人望(53)。命韋溫總知內外守捉兵馬事。

㈩丁亥，殤帝即位，時年十六，尊皇后為皇太后，立妃陸氏為皇后。壬辰，命紀處訥持節巡撫關內道，岑羲河南道，張嘉福河北道。宗楚客與太常卿武延秀、司農卿趙履溫、國子祭酒葉靜能及諸韋，共勸韋后遵武后故事(54)，南北衛軍(55)，臺閣要司(56)，皆以韋氏子弟領(57)之，廣聚黨眾，中外(58)連結。楚客又密上書稱引圖讖(59)，謂韋氏宜革唐命，【考異】舊傳：「安樂府曹苻鳳說武延秀曰，天下之心，未忘武氏，讖云黑衣神孫被天裳，公，神皇之孫也，大周之業，可以再興。勸延秀常衣皂袍以應之。」中宗實錄云：「宗楚客與弟將作大匠晉卿、太常少卿李悛、將作少監李守貞，日夜潛圖，令延秀速起事。」太上實錄云：「楚客，神龍初為太僕卿，與武三思潛謀篡逆，累遷同三品。及三思誅，附安樂，而韋氏尤信任之。楚客嘗謂所親曰，始吾在單位，尤愛宰相，及居之，又思太極，南面一日，足矣。」雖附韋氏，志窺宸極，此所謂天下之惡皆歸焉者也，今所不取。謀害殤帝，深忌相王及太平公主，密與韋溫安樂公主謀去之。

(十)相王子臨淄王隆基先罷潞州別駕[60]，在京師，陰聚才勇之士，謀匡復[61]社稷。初太宗選官戶及蕃口[62]驍勇者，著虎文衣[63]，跨豹文[64]，從遊獵，於馬前射禽獸，謂之百騎，則天時稍增為千騎，隸左右羽林[65]，中宗謂之萬騎，置使以領之。隆基皆厚結其豪傑[66]，兵部侍郎崔日用素附韋武，與宗楚客善，知楚客謀，恐禍及己，遣寶昌寺僧普潤密詣隆基告之，勸其速發[67]，隆基乃與太平公主及公主子衞尉卿薛崇暕[68]、苑總監[69]灨[70]人鍾紹京、尚衣奉御[71]王崇曄、前朝邑尉劉幽求、利仁府折衝[72]麻嗣宗，謀先事誅之。韋播、高嵩數榜捶萬騎，欲以立威，萬騎皆怨。果毅葛福順、陳玄禮見隆基訴之，隆基諷[73]以誅諸韋，皆踴躍，請以死自效[74]。萬騎果毅李仙鳧亦預其謀。或謂隆基當啟相王，隆基曰：「我曹為此，以徇社稷[75]，事成福歸於王[76]，不成以身死之，不以累[77]王也。今啟而見從，則王預危事[78]，不從，將敗大計。」遂不啟。庚子晡時[79]，隆基微服[80]與幽求等入苑中[81]，會鍾紹京廨舍[82]，紹京悔欲拒之，其妻許氏曰：「忘身徇國，神必助之，且同謀素定[83]，今雖不行，庸㈧㈣得免乎！」紹京乃趨出拜謁，隆基執其手與坐㈧㈤。時羽林將士皆屯玄武門，逮夜，葛福順、李仙鳧皆至隆基所，請號而行㈧㈥，向二鼓㈧㈦，天星散落如雪，劉幽求曰：「天意如此，時不可失。」福順拔劍，直入羽林營，斬韋璿、韋播，高嵩以徇㈧㈧曰：「韋后酖殺先帝，謀危社稷，今夕當共誅諸韋，馬鞍以上，皆斬之㈧㈨，立相王以安天下。敢有懷兩端，助逆黨者，罪及三族。」羽林之士㈨〇皆欣然聽命，乃送璿等首於隆基，隆基取火視之，遂與幽求等出苑南門㈨㈠，紹京帥丁匠二百餘人，執斧鋸以從，使福順將左萬騎攻玄德門，仙鳧將右萬騎攻白獸門㈨㈡，約會於凌煙閣前，即大譟㈨㈢。福順等共殺守門將，斬關而入，隆基勒兵玄武門外，三鼓㈨㈣，聞譟聲，帥總監及羽林兵而入，諸衞兵在太極殿宿衞梓宮者㈨㈤，聞譟聲，皆被甲應之，韋后惶惑，走入飛騎營，有飛騎斬其首獻於隆基，安樂公主方照鏡畫眉，軍士斬之，斬武延秀於肅章門外，斬內將軍賀婁氏㈨㈥於太極殿西。

㈩㈠初上官昭容引其從母㈨㈦之子王昱為左拾遺，昱說昭容母鄭氏曰：「武氏天之所廢，不可興也，今婕妤附於三思，此滅族之道也，願姨思之。」鄭氏以戒昭容，昭容弗聽，及太子重俊起兵討三思，索昭容(九八)，昭容始懼思昱言，自是心附帝室，與安樂公主各樹朋黨。及中宗崩，昭容草遺制，立溫王，以相王輔政，宗韋(九九)改之。及隆基入宮，昭容執燭，帥宮人迎之，以制草示劉幽求，幽求為之言，隆基不許，斬於旗下。時少帝在太極殿，劉幽求曰：「眾約今夕共立相王，何不早定？」隆基遽止之，捕索諸韋在宮中及守諸門，并素(一〇〇)為韋后所親信者，皆斬之，比曉，內外皆定。辛巳，隆基出見相王，叩頭謝不先啟之罪，相王抱之，泣曰：「社稷宗廟，不墜於地，汝之力(一〇一)也。」遂迎相王，入輔少帝，閉宮門及京城門，分遣萬騎收捕諸韋親黨，斬太子少保同中書門下三品韋溫於東市之北，中書令宗楚客衣斬衰(一〇二)，乘青驢(一〇三)，逃出至通化門(一〇四)，門者曰：「公，宗尚書也。」去布帽，執而斬之，並斬其弟晉卿。【考異】太上實錄云：「斬楚客于春明門外。」今從僉載。太上錄，殺晉卿於定陵。按定陵，中宗陵也，於時未有，今不取。相王奉少帝御安福門(一〇五)，慰諭百姓。

(十三)初趙履溫傾國資⑯以奉安樂公主，為之起第舍，築臺穿池無休已，攝紫衫以項挽公主犢車⑰，公主死，履溫馳詣安福樓下，舞蹈稱萬歲，聲未絕，相王令萬騎斬之，百姓怨其勞役，爭割其肉，立盡。祕書監汴王邕娶韋后妹崇國夫人，與御史大夫竇從一各手⑱斬其妻首以獻。邕，鳳之孫⑲也。左僕射同中書門下三品韋巨源聞亂，家人勸之逃匿，巨源曰：「吾位大臣，豈可聞難不赴！」出至都街⑳，為亂兵所殺，時年八十㉑。於是梟馬秦客、楊均、葉靜能等首，尸韋后於市。崔日用將兵誅諸韋於杜曲㉒，襁褓兒㉓無免者，諸杜濫死㉔非一。是日赦天下，云：「逆賊魁首㉕已誅，自餘支黨㉖，一無所問。」以臨淄王隆基為平王，兼知內外閑廄㉗，押左右廂萬騎㉘，薛崇暕賜爵立節王，以鍾紹京守中書侍郎，劉幽求守中書舍人，並參知機務。麻嗣宗行右金吾衛中郎將㉙，武氏宗屬，誅死流竄殆盡㉚。侍中紀處訥行至華州，吏部尚書同平章事張喜福㉛行至懷州，皆收斬之。

(十四)壬寅，劉幽求在太極殿，有宮人與宦官令幽求作制書，立太后，幽求曰：「國有大難，人情不安，山陵未畢，遽立太后，不可。」平王隆基曰：「此勿輕言。」遣十道使齎璽書宣撫，及詣均州宣慰譙王重福，貶竇從一為濠州(二二)司馬，罷諸公主府官(二三)。

(十五)癸卯，太平公主傳少帝命，請讓位於相王，相王固辭，以平王隆基為殿中監同中書門下三品，以宋王成器為左衛大將軍，衡陽王成義為右衛大將軍，巴陵王隆範為左羽林大將軍，彭城王隆業為右羽林大將軍，光祿少卿嗣道王微，檢校右金吾衛大將軍。微，元慶之孫也(二四)。以黃門侍郎李日知、中書侍郎鍾紹京並同中書門下三品。太平公主之子薛崇訓為右千牛衛將軍。隆基有二奴，王毛仲、李守德(二五)皆趫(二六)勇，喜騎射，常侍衛左右，隆基之入苑中也，毛仲避匿不從，事定數日方歸，隆基不之責，仍超拜將軍。毛仲，本高麗也(二七)。

(十六)汴王邕貶沁州刺史，左散騎常侍駙馬都尉楊愼交貶巴州(二八)刺史，中書令蕭至忠貶許州刺史，兵部尚書同中書門下三品韋嗣立貶宋州刺史，中書侍郎同平章事趙彥昭貶絳州刺史，吏部侍郎同平章事崔湜貶華州刺史。

㈦劉幽求言於宋王成器、平王隆基曰：「相王疇昔已居宸極㉙，羣望所屬，今人心未安，家國事重，相王豈得尚守小節，不早即位，以鎮天下㉚乎！」隆基曰：「王性恬淡㉛不以代事㉜嬰懷㉝，雖有天下，猶讓於人㉞，況親兄之子，安肯代之乎！」幽求曰：「眾心不可違，王雖欲高居㉟獨善㊱，其如社稷何！」成器、隆基入見相王，極言其事，相王乃許之。甲辰，少帝在太極殿東隅西向，相王立於梓宮旁，太平公主曰：「皇帝欲以此位讓叔父，可乎？」幽求跪曰：「國家多難，皇帝仁孝，追蹤㊲堯舜，誠合至公㊳。相王代之任重㊴，慈愛尤厚矣。」乃以少帝制傳位相王，時少帝猶在御座，太平公主進曰：「天下之心，已歸相王，此非兒座㊵。」遂提下㊶之。睿宗即位，御承天門㊷，赦天下，復以少帝為溫王。

㈧以鍾紹京為中書令。鍾紹京少為司農錄事㊸，既典㊹朝政，縱情㊺賞罰，眾皆惡之，太常少卿薛稷勸其上表禮讓，紹京從之，稷入言於上曰：「紹京雖有勳勞，素無才德，出自胥徒㊻，一旦超居元宰[47]，恐失聖朝具瞻之美[48]。」上以為然，丙午，改除戶部尚書，尋出為蜀州[49]刺史。

(十九)上將立太子，以宋王成器嫡長，而平王隆基有大功，疑[50]不能決。成器辭曰：「國家安則先嫡長[51]，國家危則先有功，苟違其宜[52]，四海失望。臣死[53]不敢居平王之上。」涕泣固請者累日[54]，大臣亦多言平王功大宜立，劉幽求曰：「臣聞除天下之禍者，當享天下之福，平王拯社稷之危，救君親之難，論功莫大，語德[55]最賢，無可疑者。」上從之。丁未，立平王隆基為太子，【考異】劉子玄先撰太上皇實錄，盡傳位後，又撰睿宗實錄，終橋陵，文字頗不同。睿宗錄及舊紀皆云：「丙午立太子。」今從太上皇錄。隆基復表讓成器，不許。

(廿)則天大聖皇后復舊號為天后，追諡雍王賢曰章懷太子。

(廿一)戊申，以宋王成器為雍州牧、揚州大都督、太子太師。置溫王重茂於內宅。

(廿二)以太常少卿薛稷為黃門侍郎，參知機務，稷以工書，事上於藩邸，其子伯陽尚仙源公主[56]，故為相。

(廿三)追削武三思武崇訓爵謚，斲棺暴尸，平[57]其墳墓

(廿四)以許州刺史姚元之為兵部尚書同中書門下三品，宋州刺史韋嗣立、許州刺史蕭至忠為中書令，絳州刺史趙彥昭為中書侍郎，華州刺史崔湜為吏部侍郎，並同平章事。

(廿五)越州長史宋之問、饒州(五八)刺史冉祖雍坐諂附韋武，皆流嶺表。

(廿六)己酉，立衡陽王成義為申王，巴陵王隆範為岐王，彭城王隆業為薛王，加太平公主實封滿萬戶。太平公主沈敏(五九)多權略，武后以為類己，故於諸子(六〇)中獨愛幸，頗得預密謀，然尚畏武后之嚴(六一)，未敢招權勢(六二)，及誅張易之，公主有力焉(六三)。中宗之世，韋后安樂公主皆畏之，又與太子共誅韋氏，既屢立大功，益尊重(六四)，上常與之圖議大政，每入奏事，坐語移時(六五)，或時不朝謁(六六)，則宰相就第咨(六七)之。每宰相奏事，上輒問：「嘗與太平議否？」又問：「與三郎議(六八)否？」然後可之(六九)。三郎，謂太子也。公主所欲，上無不聽，自宰相以下，進退繫其一言，其餘薦士(七〇)，縣(七一)歷清顯者，不可勝數，權傾人主，趨附其門者如市(七二)。子薛崇行、崇敏、崇簡，皆封王，田園遍於近甸(七三)，收市(七四)營造諸器玩，遠至嶺蜀(七五)，輸送者相屬於路，居處奉養，擬於宮掖（七六）（七七）。秋，七月，庚戌朔，贈韋月將宣州刺史（七八）。

（廿七）追贈郎岌、燕欽融諫議大夫。

（廿八）癸丑，以兵部侍郎崔日用為黃門侍郎，參加機務。

（廿九）追復故太子重俊位號（七九），雪（八〇）敬暉、桓彥範、崔玄暐、張柬之、袁恕己、成王千里、李多祚等罪（八一），復其官爵。

（卅）丁巳，以洛州長史宋璟檢校吏部尚書同中書門下三品，岑羲罷為右散騎常侍兼刑部尚書，璟與姚元之協心（八二）革中宗弊政，進忠良，退不肖，賞罰盡公（八三），請託不行，綱紀修舉（八四），當時翕然（八五），以為復有貞觀永徽（八六）之風（八七）。

（卅一）壬戌，崔湜罷為尚書左丞，張錫為絳州刺史，蕭至忠為晉州刺史，韋嗣立為許州刺史，趙彥昭為宋州刺史。丙寅，姚元之兼中書令，兵部尚書同中書門下三品李嶠貶懷州刺史。丁卯，太子少師同中書門下三品唐休璟致仕，右武衛大將軍同中書門下三品張仁愿罷為左衛大將軍。

(卅二)黃門侍郎參知機務崔日用與中書侍郎參知機務薛稷，爭於上前，稷曰：「日用傾側（八八），鼎（八九）附武三思，非忠臣，賣友邀功（九〇），非義士。」日用曰：「臣往雖有過，今立大功（九一），稷外託國姻（九二），內附張易之、宗楚客，非傾側而何？」上由是兩罷之，戊辰，以日用為雍州長史，稷為左散騎常侍。

(卅三)己巳，赦天下，改元（九三），凡韋氏餘黨未施行（九四）者，咸赦之。

(卅四)乙亥，廢武氏崇恩廟及昊陵、順陵（九五），追廢韋后為庶人，安樂公主為悖逆庶人。

(卅五)韋后之臨朝也，吏部侍郎鄭愔貶江州司馬，潛過均州，與刺史譙王重福及洛陽人張靈均謀舉兵誅韋氏，未發，而韋氏敗，重福遷集州（九六）刺史，未行，靈均說重福曰：「大王地居嫡長，當為天子。相王雖有功，不當繼統（九七）。東都士庶，皆願王來，若潛入洛陽，發左右屯營兵（九八），襲殺留守，據東都，如從天而下也（九九）。然後西取陜州，東取河南北（一〇〇），天下指麾可定（一〇一）。」重福從之，靈均乃密與愔結謀，聚徒數十人。時愔自祕書少監左遷沅州（一〇二）刺史，遲留㉓洛陽，以俟重福，草制立重福為帝，改元為中元克復，【考異】太上皇實錄云：「改元為中宗克復元年。」今從新書。尊上為皇季叔，以溫王為皇太弟，愔為左丞相、知內外文事，靈均為右丞相、天柱大將軍㉔，知武事，右散騎常侍嚴善思為禮部尚書，知吏部事，重福與靈均詐乘驛詣㉕東都，愔先供張㉖駙馬都尉裴巽第，以待重福，洛陽縣官微聞㉗其謀。

【今註】㊀是年六月，改元唐隆，七月始改元景雲。㊁丙寅夜：乃上元夜。㊂微行：私服而行。㊃市里：市肆閭里。㊄正月丙寅夜……多不歸者：按此段乃錄自《舊唐書‧中宗紀》，字句大致相同。㊅金城公主：《舊唐書‧吐蕃傳》上：「中宗以所養雍王宗禮女為金城公主，許嫁之。」㊆上命紀處訥送金城公主適吐蕃……為之別築城以居之：按此段乃錄自《舊唐書‧吐蕃傳》，字句大致相同。㊇御：駕臨。㊈梨園：程大昌曰：「梨園在光化門北，光化門者禁苑南面西頭第一門，在芳林景曜門之西也。中宗令學士自芳林門入，集於梨園，分朋拔河，則梨園在太極宮西禁苑之內矣。開元二年，玄宗置教坊於蓬萊宮，上自教法曲，謂之梨園弟子，至天寶中，即東宮置宜春北苑，命宮女數百人為梨園弟子，即是梨園者，按樂之地，而預教者，名為子弟耳。凡蓬萊宮、宜春院，皆不在梨園之內也。」㊉上御梨園毬場，命文武三品以上拋毬：按此即古之所謂蹴鞠、蹋鞠及打毬也。《漢書‧霍去病傳》：「穿域蹋鞠。」注：「鞠，以毛為之，實以毛，蹴蹋而戲。」此有關於鞠之構造也。至於唐代之抛法，則《唐音癸籤》言之甚晰，文云：「唐變古蹴鞠戲為蹴毬，其法，植修竹，高數丈，絡網於上，為門以度毬，毬工分左右朋，以角勝負。」蓋與近世之踢足球，頗相類同。⑪分朋：猶分曹。⑫絙：大索。⑬踣地：倒地，音ㄅㄛˊ。⑭興：起。⑮妃主：妃嬪、公主。⑯芳林園：胡三省曰：「按唐禁苑廣矣，漢長安都城，盡入唐苑之內，而漕渠首受豐水，北流矩折，入于禁苑，而東流，又矩折北流，而入於渭。苑地自漕渠之東，大安宮垣之西，南出與宮城齊，南列三門，中曰芳林，自芳林門而入禁苑，其地以芳林園為稱。」⑰浸：漸。⑱隆慶池：池在隆慶坊南。程大昌曰：「帝王之興若符瑞，理固有之，然而博會者多。六典所記：『隆慶坊有井，忽湧為小池，周袤十數丈，常有雲氣或黃龍出其中，至景雲間潛復出水，其沼浸廣，里人悉移居，遂頹洞為龍池。』然予詳而考之，長安志曰：『龍池在躍龍門南，本是平地，自垂拱初載後，因雨水流潦為小池，後又引龍首渠水分溉之，日以滋廣，至景龍中，彌亘數頃，深至數丈，常有雲龍之祥，後因謂之龍池。』志又曰：『隋城外東南角有龍首堰，自此堰分滻水北流，至長樂坡，分為二渠，其西渠自永嘉坊西南流，經興慶宮。』則是興慶之能變平地為龍池者，實引滻之力也。至六典所紀，則全沒導滻之實，乃言初時井溢，己乃泉生，合二水以成此池，專以歸諸變化也。」⑲相王子五王：五王為：壽春王成器，臨淄王隆基，衡陽王成義，巴陵王隆範，彭城王隆業。⑳鬱鬱：謂氣盛。㉑結綵為樓：紮樓而結以綵，即俗所謂之綵樓。㉒戲象以厭之：《舊唐書・玄宗紀》作：「結綵為樓船，合巨象踏之。」厭，壓也。㉓司兵參軍：《舊唐書・職官志》三：「上州司兵參軍事一人，從七品下，掌武官選舉、兵甲器仗、門戶管鑰、烽候傳驛之事。」㉔偃師：今河南省偃師縣。㉕宗社：宗廟社稷。㉖詰：詰問。㉗抗言：猶發言。㉘不撓：不折，此猶不畏懼。㉙飛騎：《新唐書・兵志》：「貞觀十二年，始置左右屯營於玄武門，領以諸衛將軍，號飛騎。」㉚撲殺：擊殺。㉛怏怏：心不滿足。㉜八風舞：胡三省曰：「祝欽明所謂八風舞，非春秋魯大夫眾仲所謂：『舞者所以節八音，行八風者也。』借八風之名，而備諸淫醜之態耳。今人謂淫放不返為風，此則欽明所謂八風也。」㉝醜態：醜惡之狀態。㉞諸學士：謂修文館學士及直學士。㉟祝公五經，掃地盡矣：謂祝公雖精五經，而人品則掃地無遺。㊱烹調：亦即烹飪。㊲餅餤：餤亦餅，音談。㊳中宗崩於神龍殿：《新唐書・中宗紀》作：「皇帝崩，年五十五。」《唐六典》卷七：「宮城又北曰兩儀殿，兩儀之北曰甘露門，其內曰甘露殿，左曰神龍門，其內曰神龍殿。」㊴諸府兵：《新唐書・兵志》：「諸府總曰折衝府，凡天下十道，置府六百三十四。」㊵駙馬都尉韋捷韋灌：《新唐書・諸公主傳》：「中宗女成安公主下嫁韋捷，定安公主，神龍時又嫁韋濯。」《舊唐書・中宗韋庶人傳》及〈外戚韋溫傳〉，亦作駙馬韋濯，灌當改作濯。㊶璿，溫之族弟，播從子：按文意，乃謂播為溫之從子。㊷徼巡六街：胡三省曰：「長安城中左右六街，金吾街使主之。」《舊唐書・職官志》三：「左右金吾衛大將軍各一員，掌宮中及京城晝夜巡警之法，以執禦非違。」徼巡，謂徼遮巡察。㊸內侍：《舊唐書・職官志》三：「內侍省，內侍二員，從四品上。」㊹薛思簡：按《舊唐書・中宗韋庶人傳》，作薛崇簡，中宗紀作薛簡，《新唐書・三宗諸子譙王重福傳》，則作薛思簡，各不相同。㊺備：防備。㊻且於皇后，嫂叔不通問：謂嫂叔不通言語，此乃引《禮記・曲禮》之文。㊼聽朝之際：聽朝政之間。㊽禮：禮節。㊾罷相王政事：謂罷相王參謀政事。㊿梓宮：天子之棺。(51)太極殿：西內正殿曰太極殿。(52)攝政：攝理政事。(53)以從人望：以隨從百姓之願望。(54)遵武后故事：謂遵武后易姓故事。(55)南北衛軍：南軍，十六衛軍；北軍，羽林及萬騎。(56)臺閣要司：謂尚書諸重要官司。(57)領：總領。(58)中外：謂朝中朝外。(59)圖讖：圖籙讖緯。(60)先罷潞州別駕：猶罷潞州別駕後。《舊唐書・職官志》三：「上州別駕一人，從四品下，中州，正五品下，下州，從五品上。」(61)匡復：匡正恢復。(62)蕃口：謂蕃人。(63)虎文衣：衣上畫有虎文。(64)豹文韉：韉，馬披具，上畫有豹文。(65)左右羽林：《舊唐書・職官志》三：「左右羽林將軍統領北衙禁兵之法令，而督攝左右廂飛騎之儀仗，以統諸曹之職。」(66)初太宗選官戶及蕃口……皆厚結其豪傑：按此段乃錄自《舊唐書・王毛仲傳》，字句大致相同。(67)兵部侍郎崔日用素附韋武……勸其速發：按此段乃錄自《舊唐書・崔日用傳》，字句大致相同。(68)公主子衛尉卿薛崇暕：按《舊唐書・睿宗紀》，〈玄宗紀〉及《新唐書・諸公主高宗女太平公主傳》，皆作薛崇簡。(69)苑總監：《舊唐書・職官志》三：「京都苑總監，監各一人，從五品下，掌宮苑內館園池之事，凡禽魚果木，皆總而司之。」紹京所為者，乃西京之苑總監。(70)贛：據《舊唐書・地理志》三，贛縣，屬江南道虔州。(71)尚衣奉御：《舊唐書・職官志》三：「殿中省，尚衣局奉御二人，從五品上，掌衣服，詳其制度，辨其名數。」(72)利仁府折衝：《新唐書・兵志》：「凡天下十道，置府六百三十四，皆有名號，而關內二百六十有一，置府折衝都尉一人，左右果毅都尉各一人。」利仁府當係關內諸府之一。(七三)諷：諷示。(七四)韋播高嵩數榜捶萬騎……請以死自效：按此段乃錄自《舊唐書・王毛仲傳》，字句大致相同。(七五)以徇社稷：謂以謀社稷之大事。(七六)王：相王。(七七)累：連累。(七八)預危事：參預危險之事。(七九)晡時：申時，音ㄅㄨ。(八〇)微服：私服，與官服有別。(八一)入苑中：胡三省曰：「唐禁苑在皇城之北，苑城東西二十七里，南北三十里，東抵霸水，西連故長安城，南連京城，北枕渭水。苑內離宮亭觀二十四所。漢長安故城東西十三里，皆隸入苑中。」(八二)廨舍：廨署之舍。(八三)素定：早定。(八四)庸：豈。(八五)隆基執其手與坐：以示親切不拘之意。(八六)請號而行：胡三省曰：「凡用兵下營及攻襲，就主帥取號，以備緩急。」(八七)向二鼓：猶近二鼓，二鼓俗謂之二更。(八八)以徇：以徇於眾。(八九)馬鞍以上皆斬之：胡三省曰：「言諸韋男女，長及馬鞍以上者，皆斬。」(九〇)羽林之士羽林之兵士。(九一)出苑南門：禁苑南門，直宮城之玄武門。(九二)攻玄德門，攻白獸門：胡三省曰：「白獸門即白獸闥，即杜甫北征詩所謂：『寂寞白獸闥』者是也。與玄德門皆通內諸門之數。」獸乃唐避太祖諱，其實乃為虎字。(九三)大譟：猶大呼喊。(九四)三鼓：謂夜三鼓之時。(九五)諸衞兵在太極殿宿衞梓宮者：胡三省曰：「此南牙諸衞兵也。」(九六)斬內將軍賀婁氏：時韋氏以婦人為內將軍，蓋即賀婁尚宮為之。(九七)從母：母之姊妹，謂之從母，又名姨母。(九八)及太子重俊起兵討三思，索昭容：事見上卷，景龍元年。(九九)宗韋：謂宗楚客、韋后。(一〇〇)素：平常。(一〇一)力：猶功。(一〇二)斬衰：凡喪服，上曰衰，下曰裳，斬不緝也，為五服中之最重者，蓋變服以圖逃遁。(一〇三)青驢：即黑驢。(一〇四)通化門：為京城東面北來第門。(一〇五)安福門：《唐六典》卷七：「皇城在京城之中，西面二門，北曰安福，南曰順義，安福門西直開遠門。」⑯傾國資：謂盡國庫之錢。⑰犢車：牛所駕之車。⑱手斬：謂親斬。⑲邕，鳳之孫：鳳，高祖之子。⑳都街：為西京之重要街衢，意猶大街。㉑左僕射同中書門下三品韋巨源……為亂兵所殺，時年八十：按此段乃錄自《舊唐書・韋安石附巨源傳》，字句大致相同。㉒杜曲：在京城南，以杜姓居之而得名。㉓襁褓兒：在襁褓中之小兒。㉔濫死：謂枉濫而死。㉕魁首：首領。㉖支黨：宗支黨與。㉗內外閑廄：《唐六典》卷十一：「尚乘奉御掌內外閑廄之馬。六閑：一曰飛黃，二曰吉良，三曰龍媒，四曰騊駼，五曰駃騠，六曰天苑，左右凡十有二閑，分為二廄：一曰祥麟，二曰鳳苑，以繫飼馬。今仗內有飛龍、祥麟、鳳苑、鵷鑾、吉良、六郡等六廄，奔星內駒等兩閑，仗外有左飛、右飛、左萬、右萬等四閑，東南內、西北內等兩廄。」㉘押左右廂萬騎：押猶管，為唐代所創之習用字，如押衙等是。左右廂萬騎，即上文之左萬騎，右萬騎。㉙右金吾衛中郎將：《舊唐書・職官志》三：「左右金吾衛翊府中郎將一人，四品下。」㉚流竄殆盡：竄亦流意。胡三省曰：「武氏宗屬，至是時，誅竄宜盡矣，而史曰殆盡者，攸緒、平一能避權遠勢，而武惠妃者，猶足以成殺三子之禍也。」㉛吏部尚書同平章事張喜福：據上景龍四年文，張喜福當是張嘉福之誤。㉜濠州：《舊唐書・地理志》三淮南道：「濠州，隋為鍾離郡，武德三年改為濠州，在京師東南二千一百五十里。」㉝罷諸公主府官：中宗時，太平安樂等七公主，皆開府置官屬。㉞微，元慶之孫也：道王元慶，高祖之子。㉟隆基有二奴，王毛仲、李守德：《舊唐書・王毛仲傳》：「毛仲，本高麗人也，父游擊將軍職事求妻，犯事沒官，生毛仲，因隸於玄宗。及玄宗出兼潞州別駕，又見李宜德趫捷善騎射，為人蒼頭，以錢五萬買之。玄宗還長安，以二人挾弓矢為翼。」此所謂奴之事實也。李守德又作李宜德。㉖趫：捷疾，音喬。㉗隆基有二奴……毛仲本高麗也：按此段乃錄自《舊唐書・王毛仲傳》，字句大致相同。㉘巴州：《舊唐書・地理志》二山南道：「巴州，至京師二千三百六十里。」㉙相王疇昔已居宸極：嗣聖元年，則天廢中宗而立相王，及革命，以王為皇嗣。㉚鎮天下：鎮撫天下。㉛恬淡：恬靜淡泊。㉜代事：即世事，乃避諱而改。㉝嬰懷：猶去懷。㉞雖有天下，猶讓於人：謂既讓武后，又讓中宗。㉟高居：猶高蹈。㊱獨善：獨善其身。㊲追蹤：猶效法。㊳至公：謂至公之道。㊴任重：任重大之事。㊵此非兒座：太平公主於少帝為姑，且帝又年少，故呼之曰兒。㊶提下：提而令其離座。㊷承天門：京城西內正門曰承天門。㊸少為司農錄事：少謂年輕時。唐九寺皆有錄事，官九品，蓋流外也。㊹典：知。㊺縱情：恣意。㊻胥徒：猶胥吏，凡流外者，多係胥吏。㊼元宰：首宰。㊽恐失聖朝具瞻之美：《詩・小雅・節南山》：「赫赫師尹，民具爾瞻。」疏：「下民俱仰汝而瞻之。」㊾蜀州：《舊唐書・地理志》四劍南道：「蜀州，垂拱二年，分益州四縣置，至京師三千三百三十二里。」㊿疑：猶疑。(51)先嫡長：謂以嫡長為先。(52)宜：猶當。(53)臣死：謂臣雖死。(54)上將立太子……涕泣固請者累日：按此段乃錄自《舊唐書・讓皇帝憲傳》，字句大致相同。(55)語德：猶論德，與上之論功為互文。(56)其子伯陽尚仙源公主：《新唐書・諸公主傳》：「睿宗女荊山公主，下嫁薛伯陽。」知其先名仙源公主。(57)平：平毀。(58)越州饒州：據《舊唐書・地理志》三，俱屬江南道。(59)沈敏：深沈聰敏。(60)於諸子：古婦女亦得曰子。(六一)嚴：嚴明。(六二)招權勢：招攬權勢。(六三)及誅張易之，公主有力焉：事見卷二百七中宗神龍元年。(六四)尊重：尊貴重要。(六五)移時：謂時頗久。(六六)時不朝謁：謂有時未朝謁。(六七)咨：咨問。(六八)議：商議。(六九)可之：謂贊同而施行之。《新唐書・諸公主太平公主傳》作：「天子殆晝可而已。」即此所謂可也。(七〇)其餘薦士：其他所薦之人。(七一)驟：猶迅速。(七二)如市：謂如市廛，以喻其多。(七三)近甸：郊外曰甸。(七四)收市：謂收購。(七五)嶺蜀：嶺南巴蜀。(七六)宮掖：猶宮庭。(七七)太平公主沈敏多權略……擬於宮掖：按所述者，亦多見於《新唐書・諸公主太平公主傳》。(七八)贈韋月將宣州刺史：韋月將死，見上卷中宗神龍二年。(七九)追復故太子重俊位號：位號，謂爵位封號。重俊死，見上卷中宗景龍元年。(八〇)雪：雪洗。(八一)成王千里李多祚等罪：千里多祚與重俊同死，見景龍元年。(八二)協心：合心。(八三)盡公：謂皆公。(八四)修舉：修理振舉。(八五)翕然：翕謂引，引其舌，乃贊美之意，音ㄒㄧ。(八六)永徽：高宗年號。(八七)風：風格。(八八)傾側：謂不正。(八九)鄉：同鄉、嚮，昔也。(九〇)邀功：求功。(九一)今立大功：立大功，謂誅韋氏之謀，係日用發之。(九二)稷外託國姻：謂稷子伯陽尚主。(九三)改元：改元景雲。(九四)未施行：謂未誅者。(九五)廢武氏崇恩廟，及昊陵順陵：中宗景龍元年，復武氏陵廟。(九六)集州：《舊唐書・地理志》二山南道：「集州，隋漢川郡之難江縣，武德元年置集州，在京師西南一千四百二十五里。」(九七)繼統：繼天子之大統。(九八)左右屯營兵：東都置左右屯營兵，以衞宮城。(九九)如從天而下也：喻行動之出人意表。(一〇〇)河南北：大河南北之地。(一〇一)指麾可定：謂以手指，以旗揮，即可使之聽隨。(一〇二)沅州：《舊唐書・地理志》三江南道：「巫州，天授二年改為沅州，在京師南三千一百五十八里。」㉝遲留：遲延稽留。㉞天柱大將軍：與上柱國之意頗相類。㉟詐乘驛：謂詐言他事而乘驛以行。㊱先供張：謂先為供張。㊲微聞：稍聞。

卷二百一十 唐紀二十六

司馬光編集
曲守約註

起上章閹茂八月，盡昭陽赤奮若，凡三年有奇。（庚戌至癸丑，西元七一〇年至七一三年）

睿宗玄真大聖大興孝皇帝下

景雲元年（西元七一〇年）

㈠八月，庚寅，往巽第按問㈠，重福奄至㈡，縣官馳出白留守，羣官皆逃匿，洛州長史崔日知獨帥眾討之。留臺㈢侍御史李邕遇重福於天津橋，從者已數百人，馳至屯營㈣，告之曰：「譙王得罪先帝㈤，今無故入都，此必為亂，君等宜立功，取富貴。」又告皇城㈥，使閉諸門，重福先趣左右屯營，營中射之，矢如雨下，乃還趣左掖門㈦，欲取留守兵，見門閉，大怒，命焚之，火未及然㈧，左屯營兵出逼之，重福窘迫，策馬㈨出上東㈩，逃匿山谷，明日，留守大出兵搜捕，重福赴漕渠㈡溺死。【考異】睿宗實錄、舊本紀皆云：「癸巳，重福反。」今從太上皇實錄。日知，日用之從父兄也，以功拜東都留守。鄭愔貌醜多須㈢，既敗，梳髻著婦人服，匿車中，擒獲被鞫，股慄㊂不能對。張靈均神氣自若㊃，顧愔曰：「吾與此人舉事，宜其敗也。」與愔皆斬於東都市。

㈡初愔附來俊臣得進，俊臣誅，附張易之，易之誅，附韋氏，韋氏敗又附譙王重福，竟坐族誅。嚴善思免死，流靜州㊄。

㈢萬騎恃討諸韋之功，多暴橫，長安中㊅苦之，詔並除外官㊆，又停以戶奴為萬騎㊇，更置飛騎，隸左右羽林。

㈣姚元之、宋璟及御史大夫畢構上言：「先朝斜封官㊈，悉宜停廢。」上從之，癸巳，罷斜封官凡數千人。

㈤刑部尚書同中書門下三品裴談貶蒲州刺史。

㈥贈蘇安恒諫議大夫㊉。

㈦九月，辛未，以太子少師致仕唐休璟為朔方道大總管。

㈧冬，十月，甲申，禮儀使㊁姚元之宋璟奏：「大行皇帝神主應祔太廟，請遷義宗神主於東都㊂，別立廟。」從之。

㈨乙未，追復天后尊號為大聖天后。

(十)丁酉，以幽州鎮守經略節度大使薛訥為左武衛大將軍兼幽州都督，節度使之名自訥始㉓。【考異】統紀：「景雲二年四月，以賀拔延秀為河西節度使。」節度之名自此始。會要云：「景雲二年，賀拔延嗣為涼州都督充河西節度，始有節度之號。」又云：「范陽節度，自先天二年始除甄道一。」新表景雲元年，置河西諸軍州節度支度營田大使。按訥先已為節度大使，則節度之名不始於延嗣也。今從太上皇實錄。

(十一)太平公主以太子年少，意頗易㉔之，既而憚其英武，欲更擇闇弱㉕者立之，以久其權，數為流言㉖云：「太子非長，不當立。」己亥，制戒諭中外，以息浮議㉗。公主每覘伺㉘太子所為，纖介㉙必聞於上，太子左右亦往往為公主耳目，太子深不自安。謚故太子重俊曰節愍，太府少卿萬年㉚韋湊上書，以為：「賞罰所不加者㉛，則考行立謚，以褒貶㉜之。故太子重俊與李多祚等稱兵㉝入宮，中宗登玄武門以避之，太子據鞍㉞督兵㉟自若㊱，及其徒倒戈，多祚等死，太子方逃竄，曏使宿衛不守㊲，其為禍也，胡可忍言㊳。明日中宗雨泣㊴，謂供奉官㊵曰：『幾不與卿等相見。』其危㊶如此。今聖朝禮葬㊷，謚為節愍，臣竊惑㊸之。夫臣子之禮，過廟㊹必下，過位㊺必趨，漢成帝之為太子，不敢絕馳道㊻，而重俊稱兵宮內，跨馬御前㊼，無禮甚矣。若以其誅武三思父子而嘉㊽之，則興兵以誅姦臣而尊君父可也，今欲自取之，是與三思競為逆也，又足嘉乎（四九）！若以其欲廢韋氏而嘉之，則韋氏於時逆狀未彰（五〇），大義（五一）未絕，苟無中宗之命而廢之，是脅（五二）父廢母也，庸（五三）可乎！漢戾太子困（五四）於江充之讒，發忿殺充，雖興兵交戰，非圍逼君父也，兵敗而死，及其孫為天子，始得改葬，猶諡曰戾（五五）（五六），況重俊可諡之曰節愍乎？臣恐後之亂臣賊子，得引以為比（五七），開悖逆之原（五八），非所以彰善癉惡（五九）也。請改其諡。多祚等從重俊興兵，不為無罪，陛下今宥之可也，名之為雪（六〇），亦所未安（六一）。」上甚然其言，而執政以為制命已行，不為追改（六二），但停多祚等贈官而已（六三）。

(十二)十一月，戊申朔，以姚元之為中書令。

(十三)己酉，葬孝和皇帝於定陵（六四），廟號中宗，朝議以韋后有罪，不應祔葬，追諡故英王妃（六五）趙氏曰和思順聖皇后，求其瘞，莫有知者（六六），乃以禕衣招魂（六七），覆以夷衾，祔葬定陵（六八）。

(十四)壬子，侍中韋安石罷為太子少保，左僕射同中書門下三品蘇瓌罷為少傅。

(十五)甲寅，追復裴炎官爵。初裴伷(六九)先自嶺南逃歸，復杖一百，徙北庭，至徙所，殖貨任俠(七〇)，常遣客詗(七一)都下(七二)事，武后之誅流人(七三)也，伷先先知之，逃奔胡中，北庭都護追獲，囚之以聞，使者至，流人盡死，伷先以待報(七四)未殺，既而武后下制安撫流人，有未死者悉放還，伷先由是得歸，至是求炎後，獨伷先在，拜詹事丞(七五)。

(十六)壬戌，追復王同皎官爵(七六)。

(十七)庚午，許文貞公蘇瓌薨，制起復(七七)其子頲為工部侍郎，頲固辭，上使李日知諭旨(七八)，日知終坐不言而還，奏曰：「臣見其哀毀(七九)，不忍發言，恐其隕絕(八〇)。」上乃聽其終制(八一)。

(十八)十二月，癸未，上以二女西城隆昌公主(八二)為女官，以資天皇太后之福(八三)，仍欲於城西造觀，諫議大夫寧原悌上言，以為：「先朝悖逆庶人，以愛女(八四)驕盈(八五)而及禍，新城宜都(八六)以庶孽(八七)抑損(八八)而獲全。又釋道二家，皆以清淨為本，不當廣營寺觀，勞人費財，梁武帝致敗於前，先帝取災於後，殷鑒不遠。今二公主入道，將為之置觀(八九)，不宜過為崇麗(九〇)，取謗四方(九一)。又先朝所親狎(九二)諸僧，尚在左右，宜加屏斥(九三)。」上覽而善之。

(九)宦者閻興貴以事屬(九四)長安令李朝隱，朝隱繫於獄，上聞之，召見朝隱，勞之曰：「卿為赤縣令(九五)，能如此(九六)，朕復何憂。」因御承天門(九七)，集百官及諸州朝集使(九八)，宣示以朝隱所為，且下制稱：「宦官遇寬柔(九九)之代，必弄威權，朕覽前載(一〇〇)，每所歎息，能副朕意，實在斯人。可加一階為太中大夫(一〇一)，賜中上考(一〇二)及絹百匹(一〇三)。」

(廿)壬辰，奚霫犯塞(一〇四)，掠漁陽雍奴(一〇五)，出盧龍(一〇六)塞而去，幽州都督薛訥追擊之，弗克。

(廿一)舊制，三品以上官冊授，五品以上制授，六品以下敕授(一〇七)，皆委尚書省奏擬(一〇八)，文屬吏部，武屬兵部，尚書曰中銓，侍郎曰東西銓(一〇九)。中宗之末，嬖倖用事，選舉混淆(一一〇)，無復綱紀(一一一)，至是以宋璟為吏部尚書，李乂、盧從愿為侍郎，皆不畏彊禦(一一二)，請謁(一一三)路絕，集者萬餘人，留者三銓(一一四)不過二千(一一五)，人服其公。以姚元之為兵部尚書，陸象先、盧懷慎為侍郎，武選亦治(一一六)。從愿，承慶之族子(一一七)；象先，元方之子也(一一八)。

(廿二)侍御史藁城(十九)倪若水奏彈國子祭酒祝欽明、司業郭山惲亂常改作，希旨病君(二十)，於是左授欽明饒州(二十一)刺史，山惲括州(二十二)長史。

(廿三)侍御史楊孚彈糾不避權貴，權貴毀(二十三)之，上曰：「鷹搏(二十四)狡兔，須急救之，不爾(二十五)，必反為所噬。御史繩(二十六)姦慝(二十七)亦然，苟非人主保衛之，則亦為姦慝所噬矣。」孚，隋文帝之姪孫也。

(廿四)置河西節度支度營田等使(二十八)，領涼甘肅伊瓜沙西七州，治涼州。

(廿五)姚州羣蠻先附吐蕃，攝監察御史李知古請發兵擊之，既降，又請築城，列置州縣，重稅之。黃門侍郎徐堅以為不可，不從。知古發劍南兵築城，因欲誅其豪傑(二十九)，掠子女為奴婢，羣蠻怨怒，蠻酋傍名引吐蕃攻知古，殺之，以其尸祭天。由是姚嶲(三十)路絕，連年不通(三十一)。

(廿六)安西都護張玄表侵掠吐蕃北境，吐蕃雖怨，而未絕和親，乃賂鄯州都督楊矩，請河西九曲之地(三十二)，以為公主湯沐邑(三十三)，矩奏與之(三十四)。

【今註】(一)往巽第按問：此承上卷洛陽縣官微聞其謀。(二)奄至：忽至。(三)留臺：謂留洛陽之御史臺。㈣屯營：即洛城左右屯營。㈤譙王得罪先帝：言重福得罪中宗，居之均州。㈥皇城：《唐六典》卷七：「東都皇城在都城之西北隅，皇城在東城之內，百僚廨署，如京城之制。」㈦左掖門：同書：「皇城南面三門：中曰端門，左曰左掖門，右曰右掖門。」㈧然：通燃。㈨策馬：謂鞭馬使之速行。㈩上東：《唐六典》卷七：「東都城東面三門：中曰建春，南曰永通，北曰上東。」⑪漕渠：運漕之水渠。⑫須：通鬚。⑬慄：戰慄。⑭自若：自如。⑮靜州：《舊唐書・地理志》四嶺南道：「富州，隋始安郡之龍平縣，武德四年平蕭銑，置靜州，至京師五千一百三十里。」⑯長安中：謂長安中之人。⑰外官：京外之官。⑱又停以戶奴為萬騎：胡三省曰：「戶奴為萬騎，蓋必起於永昌之後。」⑲先朝斜封官：見上卷中宗景龍三年。⑳贈蘇安恒諫議大夫：蘇安恒死見卷二百八中宗景龍元年。㉑禮儀使：胡三省曰：「唐世凡有國恤，皆以宰相為禮儀使，掌山陵祔廟等事。」㉒遷義宗神主於東都：義宗祔廟見附二百八中宗神龍元年。㉓節度使之名自訥始：胡三省曰：「是後天寶緣邊御戎之地，置八節度使，其任愈重。受命之日，賜雙旌雙節，得以專制軍事；行則建節，樹六纛；入境，州縣築節樓，迎以鼓角，衙仗居前，旌幢居中，大將鳴珂，金鉦鼓角居後，州縣齎印迎於道左。又唐之制，有節度大使、副大使、節度使，其親王領節度大使而不出閤，則在鎮知節度者為副大使，其異姓為節度使者，有節度副使。」㉔易：輕易。㉕闇弱：闇昧軟弱。㉖流言：謂無主名者之言。㉗浮議：指上太子非長不當立言。㉘覘伺：候而伺之。㉙纖介：謂微小之事。㉚萬年：據《舊唐書・地理志》一，萬年屬關內道京兆府。㉛賞罰所不加者：謂其人已死，不可加以賞罰。〔三二〕褒貶：褒獎貶責。〔三三〕稱兵：猶舉兵。〔三四〕據鞍：謂騎於馬上。〔三五〕督兵：督使兵士。〔三六〕自若：自如，謂見君父而不知敬懼。〔三七〕宿衛不守：謂宿衛之卒，不為中宗而守。〔三八〕胡可忍言：謂豈可忍言，意為甚大而不忍言。〔三九〕雨泣：謂淚下如雨。〔四〇〕供奉官：中書門下兩省官，謂之供奉官。〔四一〕危：危險。〔四二〕禮葬：以禮改葬。〔四三〕惑：疑惑。〔四四〕廟：宗廟。〔四五〕位：君主所居之位。〔四六〕漢成帝之為太子，不敢絕馳道：胡三省曰：「漢成帝為太子，初居桂宮，元帝嘗急召之，太子出龍樓門，不敢絕馳道，西至直城門，得絕，乃度，還入作室門；上遲之，問其故，以狀對。乃著令，太子得絕馳道。」絕謂越度。〔四七〕御前：君上之前。〔四八〕嘉：嘉獎。〔四九〕又足嘉乎：謂又豈足嘉乎。〔五〇〕彰：顯著。〔五一〕大義：謂母子之義。〔五二〕脅：脅迫。〔五三〕庸：豈。〔五四〕困：迫。〔五五〕漢戾太子困於江充之讒，發忿殺充，兵敗而死：事見卷二十二武帝征和二年。〔五六〕及其孫為天子，始得改葬，猶謚曰戾：事見卷二十四宣帝本始元年。〔五七〕比：況。〔五八〕原：原由。〔五九〕彰善癉惡：彰，明；癉，病。明其為善，病其為惡也。〔六〇〕雪：雪洗。〔六一〕未安：心中有所未安，亦即不妥。〔六二〕追改：追加改易。〔六三〕謚故太子重俊曰節愍……但停多祚等贈官而已：按此段乃錄自《舊唐書・韋湊傳》，字句大致相同。〔六四〕葬孝和皇帝於定陵：《新唐書・地志理》一：「京兆府，富平，定陵在西北十五里。」〔六五〕故英王妃：英王乃中宗未登位前，所為之王名。〔六六〕求其瘞，莫有知者：瘞，葬所，妃死見卷二百二高宗上元二年。〔六七〕乃以褘衣招魂：《新唐書・車服志》：「皇后之服三，褘衣者，受冊、助祭、朝會大事之服也。深青織成，為之畫翬，赤質五色十二等，素紗中單，黼領，朱羅縠，褾襈，蔽膝，隨裳色，以緅領為緣，用翟為章，三等，青衣革帶，大帶隨衣色，裨紐約佩綬，如天子青韈，舄加金飾。」(六八)朝議以韋后有罪……祔葬定陵：按此段乃錄自《舊唐書・后妃中宗和思皇后趙氏傳》，字句大致相同。(六九)伷：音胄。(七〇)殖貨任俠：謂貨殖及交結任俠。(七一)詗：刺探，音偵。(七二)都下：都中，古多以下為中。(七三)武后之誅流人：裴炎死，伷先流嶺南，見卷二百三武后光宅元年；誅流人見卷二百五長壽二年。(七四)待報：謂待詔報。(七五)詹事丞：《舊唐書・職官志》三：「太子詹事一員，正三品，丞二人，正六品上，掌判詹事府事。」(七六)追復王同皎官爵：王同皎死見卷二百八中宗神龍二年。(七七)起復：起於家而復為官。(七八)諭旨：曉諭上意。(七九)哀毀：哀傷毀性。(八〇)隕絕：謂隕絕而倒於地。(八一)終制：終喪制。(八二)西城隆昌公主：《新唐書・諸公主睿宗十一女傳》：「金仙公主始封西城縣主，景雲初進封，太極元年，與玉真公主皆為道士，築觀京師。玉真公主字持盈，始封崇昌縣主。」崇乃以避玄宗隆基之諱而改。(八三)以資天皇太后之福：謂以為天皇太后祈求冥福。(八四)以愛女：以係親愛之女。(八五)驕盈：驕傲滿盈。(八六)新城宜都：《新唐書・諸公主中宗八女傳》：「新都公主下嫁武延暉。宜城公主始封義安郡主，下嫁裴巽。」新城作新都，宜都作宜城，文不相同。(八七)庶孽：非嫡長者，皆名庶孽。(八八)抑損：抑制減損。(八九)置觀：營構寺觀。(九〇)崇麗：崇大宏麗。(九一)四方：謂四方之鄰國。(九二)親狎：親昵狎習。(九三)屏斥：屏棄斥逐。(九四)屬：請託。(九五)赤縣令：唐於京畿之要縣，名曰赤縣。(九六)能如此：謂能不畏權貴。(九七)承天門：皇城之正門。(九八)朝集使：唐諸道於歲時遣使者朝觀天子，並謁宰執報告政務及歲計出入，謂之朝集使。(九九)寬柔：寬大柔和。(一〇〇)前載：以前載籍。(一〇一)可加一階為太中大夫：據《舊唐書・職官志》

三，長安令正五品上，太中大夫從四品上，故謂加一階也。㉒中上考：謂上中下三等中，中等中之上級。㉓宦者閻興貴……賜中上考及絹百匹：按此段乃錄自《舊唐書・李朝隱傳》，字句大致相同。㉔塞：關塞。㉕漁陽雍奴：據《舊唐書・地理志》二，漁陽屬河北道薊州，雍奴，後漢迄唐初皆為雍奴，天寶元年改為武清，屬河北道幽州。㉖盧龍：據同志二，盧龍屬河北道平州。㉗三品以上官冊授，五品以上制授，六品以下敕授：胡三省曰：「唐王言之制有七：一曰冊書，二曰制書，三曰慰勞制書，四曰發敕，五曰敕旨，六曰論事敕書，七曰敕牒。」㉘奏擬：奏聞注擬。㉙尚書曰中銓，侍郎曰東西銓：即所謂三銓也。㉚混淆：混雜淆亂。㉛綱紀：猶法紀。㉜彊禦：謂彊梁禦善之人。㉝請謁：請託拜謁。㉞留者三銓：謂留者經三銓之後。㉟中宗之末，嬖倖用事……留者三銓不過二千：按此段乃參稽《舊唐書・宋璟傳》而成。㊱亦治：謂亦銓綜有敍。㊲從愿，承慶之族子：盧承慶見卷二百高宗顯慶四年。㊳象先，元方之子：陸元方見卷二百五天后證聖元年。㊴藁城：據《舊唐書・地理志》二，藁城屬河北道恒州。㊵亂常改作，希旨病君：常，典常，病君，為君之累，指郊祀請以韋后亞獻而言。㊶饒州：《舊唐書・地理志》三江南道：「饒州，隋鄱陽郡，武德四年饒州，在京師東南三千二百六十三里。」㊷括州：同志三江南道：「處州，隋永嘉郡，武德四年平李子通，置括州，在京師東南四千二百七十八里。」㊸毀：毀謗。㊹搏：擊。㊺不爾：不如此。㊻繩：繩糾。㊼慝：邪惡，音ㄊㄜˋ。㊽置河西節度支度營田等使：胡三省曰：「唐制，凡天下邊軍，皆有支度使，以計軍資糧仗之用，節度不兼支度者，支度自為一司，其兼支度者，則節度使自支度。凡邊防鎮守，轉運不給，則開置屯田，以益軍儲，於是有營田使。」㉙豪傑：猶豪右。㉚姚嶲：謂姚州嶲州。㉛姚州羣蠻，先附吐蕃……連年不通：按此段乃錄自《舊唐書・徐堅傳》及〈吐蕃傳〉上，字句大致相同。㉜河西九曲之地：胡三省曰：「九曲者，去積石軍三百里，水甘草良，宜畜牧，蓋即漢大小榆谷之地，吐蕃置洪濟、大漠門等城以守之。」㉝湯沐邑：謂沐浴休息之邑。㉞安西都護張玄表……矩奏與之：按此段乃錄自《舊唐書・吐蕃傳》上，字句大致相同。

二年（西元七一一年）

㈠春，正月，癸丑，突厥可汗默啜遣使請和，許之。

㈡己未，以太僕卿郭元振、中書侍郎張說並同平章事。

㈢以溫王重茂為襄王㊀，充集州㊁刺史，遣中郎將將兵五百就防之。

㈣乙丑，追立妃劉氏曰肅明皇后，陵曰惠陵，德妃竇氏㊂曰昭成皇后，陵曰靖陵，皆招魂葬於東都城南，立廟京師，號儀坤廟㊃。竇氏，太子之母也㊄。

㈤太平公主與益州長史竇懷貞等結為朋黨，欲以危太子，使其壻唐晙邀韋安石至其第，安石固辭不往。上嘗密召安石謂曰：「聞朝廷皆傾心東宮(六)，卿宜察之(七)。」對曰：「陛下安得亡國之言，此必太平之謀耳。太子有功於社稷，仁明孝友，天下所知，願陛下無惑讒言(八)。」上瞿(九)然曰：「朕知之矣，卿勿言。」時公主在簾下(一〇)竊聽之，以飛語(一一)陷(一二)安石，欲收按之，賴郭元振救之，得免(一三)。公主又嘗乘輦，邀宰相於光範門(一四)內，諷以易置東宮，眾皆失色，宋璟抗言(一五)曰：「東宮有大功於天下，真宗廟社稷之主，公之奈何忽有此議(一六)！」璟與姚元之密言於上曰：「宋王，陛下之元子，豳王，高宗之長孫(一七)，太平公主交構(一八)其間，將使東宮不安，請出宋王及豳王皆為刺史，罷岐薛二王左右羽林(一九)，使為左右率(二〇)，以事太子。太平公主請與武攸暨，皆於東都安置。」上曰：「朕更無兄弟，惟太平一妹，豈可遠置東都！諸王惟卿所處(二一)。」乃先下制云：「諸王駙馬自今毋得典禁兵(二二)，見任者皆改它官。」頃之，上謂侍臣曰：「術者(二三)言五日中，當有急兵入宮，卿等為朕備之。」張說曰：「此必讒人欲離間東宮，願陛下使太子監國，則流言自息矣(二四)。」姚元之曰：「張說所言，社稷之至計(二五)也。」上說。二月，丙子朔，以宋王成器為同州刺史，豳王守禮為豳州刺史，左羽林大將軍岐王隆範為左衛率，右羽林大將軍薛王隆業為右衛率，太平公主蒲州安置。丁丑，命太子監國，六品以下除官〔二六〕及徒罪以下，並取太子處分〔二七〕。

㈥殿中侍御史崔莅、太子中允〔二八〕薛昭素言於上曰：「斜封官皆先帝所除〔二九〕，恩命〔三〇〕已布，姚元之等建議，一朝盡奪〔三一〕之，彰先帝之過，為陛下招怨。今眾口沸騰，徧於海內，恐生非常之變〔三二〕。」太平公主亦言之，上以為然，戊寅，制諸緣斜封別敕授官先停任者，並量材敘用〔三三〕。【考異】朝野僉載云：「宋璟畢構出後，見鬼人彭君卿受斜封人賄，奏云：孝和怒曰，我與人官，何因奪卻。於是斜封皆復舊職。」今不取。

㈦太平公主聞姚元之宋璟之謀，大怒，以讓〔三四〕太子，太子懼，奏元之璟離間姑兄〔三五〕，請從極法〔三六〕。甲申，貶元之為申州刺史〔三七〕，璟為楚州刺史。丙戌，宋王豳王亦寢刺史之命。

㈧中書舍人參知機務劉幽求罷為戶部尚書，以太子少保韋安石為侍中。安石與李日知代姚宋為政，自是綱紀紊亂〔三八〕，復如景龍之世矣。前右率府鎧曹參軍〔三九〕柳澤上疏，以為：「斜封官皆因僕妾汲引㊵，豈出孝和㊶之意，陛下一切黜㊷之，天下莫不稱明㊸，一旦忽盡收敍㊹，善惡不定，反覆相攻㊺，何陛下政令之不一也！議者咸稱太平公主令胡僧慧範曲引此曹，誑誤㊻陛下，臣恐積小成大，為禍不細㊼。」上弗聽。澤，亨之孫也㊽㊾。

㈨左右萬騎與左右羽林為北門四軍，使葛福順等將之。

㈩三月，以宋王成器女為金山公主，許嫁突厥默啜。

(十一)夏，四月，甲申，宋王成器讓司徒，許之，以為太子賓客，以韋安石為中書令。

(十二)上召羣臣三品以上謂曰：「朕素懷澹泊㊿，不以萬乘為貴(五一)，曩為皇嗣，又為太弟(五二)，皆辭不處。今欲傳位太子，何如？」羣臣莫對，太子使右庶子李景伯固辭，不許。殿中侍御史和逢堯附太平公主，言於上曰：「陛下春秋(五三)未高，方為四海所依仰，豈得遽爾！」上乃止。戊子，制：「凡政事皆取太子處分，其軍旅死刑及五品已上除授，皆先與太子議之，然後以聞。」

(十三)辛卯，以李日知守侍中。

㈣壬寅，赦天下。

㈤五月，太子請讓位於宋王成器，不許，請召太平公主還京師，許之。

㈥庚戌，制則天皇后父母墳仍舊為昊陵順陵，量(五四)置官屬，太平公主為武攸暨請之也(五五)。

㈦辛酉，更以西城為金仙公主，隆昌為玉真公主，各為之造觀(五六)，逼奪民居(五七)甚多，用功數百萬。右散騎常侍魏知古、黃門侍郎李乂諫，不聽。

㈧壬戌，殿中監竇懷貞為御史大夫同平章事。

㈨僧慧範恃太平公主勢，逼奪民產(五八)，御史大夫薛謙光與殿中侍御史慕容珣奏彈之，公主訴於上，出謙光為岐州刺史。【考異】統紀曰：「監察御史慈容珣奏彈西明寺僧慧範，以其通宮人張氏，張即太平公主乳母也，侵奪百姓。上以為御史當不避豪貴，見公主出居蒲州，乃敢彈射，在日不言，狀涉離間骨肉，遂貶為密州員外司馬。」今從舊傳。

㈩時遣使按察十道(五九)，議者以山南所部闊遠(六〇)，乃分為東西道，又分隴右為河西道。六月，壬午，又分天下，置汴、齊、兗、魏、冀、并、蒲、鄜、涇、秦、益、綿、遂、荊、岐、通、梁、襄、楊、安、閩、越、洪、潭二十四都督，各糾察所部刺史以下善惡，惟洛及近畿州(六一)不隸都督府。太子右庶子李景伯、舍人盧俌(六二)等上言：「都督專殺生之柄(六三)，權任太重，或用非其人，為害不細。今御史秩卑望重，以時巡察，姦宄(六四)自禁。」其後竟罷都督，但置十道按察使而已。

(廿一)秋，七月，癸巳，追復上官昭容諡曰惠文(六五)。

(廿二)乙卯，以高祖故宅枯柿復生，赦天下(六六)。

(廿三)己巳，以右御史大夫解琬為朔方大總管，琬考按三城戍兵(六七)，奏減十萬人。

(廿四)庚午，以中書令韋安石為左僕射兼太子賓客同中書門下三品，太平公主以安石不附己，故崇(六八)以虛名，實去其權也。

(廿五)九月，庚辰，以竇懷貞為侍中，懷貞每退朝必詣太平公主第，時修金仙、玉真二觀，羣臣多諫，懷貞獨勸成之，身自(六九)督役，時人謂懷貞前為皇后阿奢(七〇)，今為公主邑司(七一)(七二)。【考異】睿宗實錄云：「乙卯，御史大夫竇懷貞為侍中。」太上皇實錄云：「庚辰，御史大夫同中書門下三品竇懷貞為侍中，知金仙玉真公主邑司事。」舊紀：「己卯，懷貞為侍中。」新紀新表：「乙亥，懷貞守侍中。」按是月癸酉朔無乙卯。又懷貞以自督脩二觀之故，時人語曰竇懷貞前為國奢，今為公主邑丞，非真知邑司也。今從舊紀。

(廿六)冬，十月，甲辰，上御承天門，引韋安石、郭元振、竇懷貞、李日知、張說宣制，責以政教多闕，水旱為災，府庫益竭(七三)，僚吏日滋(七四)，雖朕之薄德，亦輔佐非才，安石可左僕射東都留守，元振可吏部尚書，懷貞可左御史大夫，日知可戶部尚書，說可左丞，並罷政事。以吏部尚書劉幽求為侍中，右散騎常侍魏知古為左散騎常侍，太子詹事崔湜為中書侍郎，並同中書門下三品，中書侍郎陸象先同平章事，皆太平公主之志也。象先清淨寡欲，言論高遠，為時人所重。湜私侍太平公主，公主欲引以為相，湜請與象先同升，公主不可，湜曰：「然則湜亦不敢當。」公主乃為之并言於上，上不欲用湜，公主涕泣以請，乃從之(七五)。【考異】朝野僉載云：「湜妻美，並二女皆得幸於太子，時人牓之曰：『託庸才於主第，進豔婦於春宮。』」今不取。

(廿七)右補闕辛替否上疏，以為：「自古失道破國亡家者，口說不如身逢(七六)，耳聞不如目覩，臣請以陛下所目覩者言之。太宗皇帝，陛下之祖也，撥亂返正(七七)，開基立極，官不虛授，財無枉費(七八)，不多造寺觀而有福，不多度僧尼而無災，天地垂祐(七九)，風雨時若(八〇)，粟帛充溢，蠻夷率服(八一)，享國久長，名高萬古(八二)。陛下何不取而法之？中宗皇帝，陛下之兄，棄祖宗之業，徇(八三)女子之意，無能而祿者數千人，無功而封者百餘家，造寺不止，費財貨者數百億，度人無窮，免租庸者數十萬(八四)，所出日滋(八五)，所入日寡，奪百姓口中之食，以養貪殘(八六)，剝萬人體上之衣，以塗土木(八七)，於是人怨神怒，眾叛親離，水旱並臻(八八)，公私俱罄(八九)，享國不永，禍及其身。陛下何不懲(九〇)而改之？自頃以來，水旱相繼，兼以霜蝗，人無所食，未聞賑恤(九一)，而為二女造觀(九二)，用錢百餘萬緡，陛下豈可不計當今府庫之蓄積有幾(九三)，中外之經費有幾，而輕用百餘萬緡，以供無用之役乎？陛下族(九四)韋氏之家，而不去韋氏之惡，忍棄太宗之法，不忍棄中宗之政乎？且陛下與太子，當韋氏用事之時，日夕憂危，切齒(九五)於羣兇(九六)，今幸而除之，乃不改其所為，臣恐復有切齒於陛下者也。然則陛下又何惡於羣兇而誅之？昔先帝之憐悖逆(九七)也，宗晉卿為之造第，趙履溫為之葺(九八)園，殫(九九)國財，竭人力，第成不暇居，園成不暇遊，而身為戮沒，今之造觀崇侈者，必非陛下公主之本意，殆有宗趙之徒從而勸之，不可不察也。陛下不停斯役，臣恐人之愁怨，不減前朝之時，人人知其禍敗，而口不敢言，言則刑戮隨之矣。韋月將、燕欽融之徒，先朝誅之，陛下賞之，豈非陛下知直言之有益於國乎？臣今所言，亦先朝之直⑳也。惟陛下察之。」上雖不能從，而嘉其切直㉑㉒。

(廿八)御史中丞和逢堯攝鴻臚卿㉓使於突厥，說默啜曰：「處密堅昆聞可汗結昏於唐，皆當歸附，可汗何不襲㉔唐冠帶㉕，使諸胡知之，豈不美哉！」默啜許諾，明日，襆頭衣紫衫㉖，南向再拜稱臣，遣其子楊我支及國相隨逢堯入朝。十一月，戊寅，至京師，逢堯以奉使功，遷戶部侍郎。

(廿九)壬辰，令天下百姓二十五入軍，五十五免。

(卅)十二月，癸卯，以興昔亡可汗阿史那獻為招慰十姓使。

(卅一)上召天台山㉗道士司馬承禎，問以陰陽數術，對曰：「道者損之又損，以至於無為，安肯勞心以學術數乎？」上曰：「理身無為則高矣，如理國何㊳？」對曰：「國猶身也，順物自然，而心無所私，則天下理矣。」上歎曰：「廣成㊴之言，無以過也。」承禎固請還山，上許之㊵。尚書左丞盧藏用指終南山㊶謂承禎曰：「此中大有佳處，何必天台！」承禎曰：「以愚觀之，此乃仕宦之捷徑㊷耳。」藏用嘗隱終南，則天時徵為左拾遺，故承禎言之㊸。

【今註】㊀以溫王重茂為襄王：按新、舊《唐書・睿宗紀》皆作：「甲子，徙封重茂為襄王。」當從添甲子二字。㊁集州：《舊唐書・地理志》二山南道：「集州在京師西南一千四百二十五里。」㊂追立妃劉氏、德妃竇氏：二妃死見卷二百五武后長壽二年。㊃儀坤廟：意謂可儀式之女子之廟宇，《唐會要》：「儀坤廟，在親仁里。」㊄追立妃劉氏……竇氏，太子之母也：按此段乃錄自《舊唐書》后妃睿宗肅明及昭成二皇后傳，字句大致相同。㊅聞朝廷皆傾心東宮：謂朝廷之臣，皆傾向太子。㊆察：詳察。㊇無惑讒言：無為讒言所迷惑。㊈瞿：通矍，驚視之貌。㊉簾下：《舊唐書・韋安石傳》作簾中，足知下猶中也。⑪飛語：猶流言。⑫陷：陷害。⑬太平公主與益州長史……賴郭元振救之，得免：按此段乃錄自《舊唐書・韋安石傳》，字句大致相同。⑭光範門：《唐六典》卷七：「大明宮其北曰宣政門，門內曰宣政殿，宣政殿前西廊曰月華門，門西中書省，省西南北街，南直昭慶門，出光範門。」⑮抗言：謂用高聲而言曰。⑯公主又嘗乘輦……奈何忽有此議：按此段乃錄自《舊唐書・宋璟傳》，字句大致相同。⑰國王高宗之長孫：豳王守禮，章懷太子賢之子。⑱交構：交相扇構。⑲羅岐薛二王左右羽林：韋氏初平，二王領左右羽林。⑳使為左右率：《舊唐書・職官志》三：「太子左右衞率，率各一員，正四品上，掌東宮兵仗羽衞之政令，總諸曹之事。」㉑所處：所處置。㉒禁兵：指左右羽林衞等之兵士言。㉓術者：謂方術之士。㉔頃之，上謂侍臣曰……則流言自息矣：按此段乃錄自《舊唐書・張說傳》，字句大致相同。㉕至計：最重要之計策。㉖除官：除任之官。㉗處分：猶處置。㉘太子中允：《舊唐書・職官志》三：「東宮官屬，太子左春坊，左庶子二人，正四品上，中允二人，正五品下。左庶子掌侍從贊相，駁正啟奏，中允為之貳。」㉙斜封官，皆先帝所除：斜封官見上卷中宗景龍二年。㉚恩命：命，制命，以係降予恩澤，故曰恩命。㉛奪：奪免。㉜變：變故。㉝戊寅，制諸緣斜封別敕授官先停任者，並量材敍用：緣，因，敍，錄。按《舊唐書・睿宗紀》戊寅作戊子，以上之丙戌推之，當以作戊子為是。㉞讓：責。㉟離間姑兄：姑謂太平公主，兄謂宋王豳王。㊱極法：極刑，亦即死罪。㊲中州：據《舊唐書・地理志》，中州至京師一千七百九十六里，楚州在京師東南二千五百一里。㊳紊亂：紛亂。㊴前右率府鎧曹參軍：據《舊唐書・職官志》三，即太子右衞率府冑曹參軍，從八品下。㊵汲引：提攜拔引。㊶孝和：中宗謚孝和皇帝。㊷黜：罷黜。㊸稱明：稱為明斷。㊹收敍：收錄敍用。㊺反覆相攻：謂前言其惡，而後言其善，前後自陷矛盾。㊻詿誤：猶欺誤。㊼細：小。㊽澤，亨之孫也：柳亨歷事高祖太宗，位至檢校岐州刺史。㊾前右率府鎧曹參軍柳澤上疏……澤，亨之孫也：按此段乃錄自《舊唐書・柳亨附澤傳》，字句大致相同。(五〇)澹泊：猶恬澹。(五一)貴：貴重。(五二)曩為皇嗣，又為太弟：為皇嗣見卷二百四天授元年；辭太弟見卷二百八神龍元年。(五三)春秋：年齡。(五四)量：酌量。(五五)太平公主為武攸暨請之也：武攸暨乃太平公主之壻。(五六)金仙公主、玉真公主，各為之造觀：胡三省曰：「金仙玉真二觀，皆造於京城內輔興坊，玉真觀本竇誕舊宅，與金仙觀相對。」(五七)民居：民宅。(五八)民產：指田宅言。(五九)時遣使按察十道：胡三省曰：「太宗貞觀十八年，遣十七道巡察，武后垂拱初，亦嘗遣九道巡察，天授二年，又遣十道存撫使，至是分為十道按察使，以廉按州郡。」(六〇)闊遠：寬闊廣遠。(六一)洛及近畿州：雍、華、同、商、岐、豳為京畿，洛汝為都畿。(六二)太子右庶子李景伯，舍人盧俌：按《舊唐書・職官志》三：「太子右春坊，右庶人二人，正四品下，舍人四人，正六品上，舍人掌行令書令旨，及表啟之事。」此舍人即太子右春坊之舍人也。俌音甫。(六三)柄：謂權柄。(六四)宄：外為盜，內為宄，音軌。(六五)追復上官昭容謚曰惠文：謂追復其昭容之位，而加之以謚。(六六)乙卯，以高祖故宅枯柿復生，赦天下：按《舊唐書・睿宗紀》作：「八月乙卯，詔以興聖寺是高祖舊宅，有柿樹天授中枯死，至是重生，大赦天下。」此故宅枯柿復生之經過也，又乙卯上，當從添八月二字。(六七)三城戍兵：三城，謂三受降城。(六八)崇：高。(六九)身自督役：《舊唐書・外戚竇德明附懷貞傳》作：「躬自監役。」堪為上文之恰釋。(七〇)皇后阿奢：事見上卷，中宗景龍二年。(七一)公主邑司：〈懷貞傳〉作邑丞，則更將其官職具體舉出。胡三省曰：「唐公主有邑司令丞，掌其主家財貨出入，田園徵封之事。」(七二)以竇懷貞為侍中……今為公主邑司：按此段乃錄自《舊唐書・外戚竇德明附懷貞傳》，字句大致相同。(七三)竭：耗竭。(七四)滋：滋多。(七五)象先清淨寡欲……公主涕泣以請，乃從之：按此段乃錄自《舊唐書・陸元方附象先傳》，字句大致相同。(七六)身逢：親遇。(七七)撥亂返正：謂治亂世使之復正。(七八)枉費：濫費。(七九)祐：福祐。(八〇)若：順。(八一)率服：相率歸服。(八二)名高萬古：猶名冠萬古。(八三)徇：隨順。(八四)數十萬：指數十萬人言。(八五)滋：謂滋多。(八六)貪殘：謂貪殘之人。(八七)以塗土木：以塗飾土木之偶像。(八八)並臻：皆至。(八九)罄：竭盡。(九〇)懲：懲戒。(九一)賑恤：賑濟救恤。(九二)而為二女造觀：指金仙玉真二觀。(九三)有幾：謂有多少。(九四)族：謂族誅。(九五)切齒：深恨。(九六)羣兇：胡三省曰：「謂韋、溫、宗楚客等。」(九七)悖逆：帝追廢安樂公主為悖逆庶人。(九八)葺：修葺。(九九)殫：盡。(一〇〇)亦先朝之直：謂亦同先朝之直諫。(一〇一)切直：懇切忠直。(一〇二)右補闕辛替否上疏……而嘉其切直：按此段乃錄自《舊唐書・辛替否傳》，字句大致相同。(一〇三)鴻臚卿：《舊唐書・職官志》三：「鴻臚寺卿一員，從三品，掌賓客及凶儀之事。」(一〇四)襲：謂取著。(一〇五)冠帶：猶衣冠。(一〇六)襆頭衣紫衫：襆頭紫衫，唐三品以上之服。胡三省曰：「襆頭起於後周，便武事者也。太宗時馬周上議，以禮無服衫之文，請加襴袖褾襈。」(一〇七)天台山：《臨海記》：「天台山超然秀出，山有八重，視之如一，高一萬八千丈，周回八百里，又有飛泉，垂流千仞。」(一〇八)如理國何：《舊唐書・隱逸司馬承禎傳》作：「理國無為如何。」是其詳釋。(一〇九)廣成子：上古仙人，隱居崆峒山石室中，黃帝向之問以治身之要，見《莊子・在宥》。(一一〇)上召天台山道士司馬承禎……承禎固請還山，上許之：按此段乃錄自《舊唐書・隱逸司馬承禎傳》，字句大致相同。(一一一)終南山：程大昌曰：「終南山橫亘關中南面，西起秦隴，東抵藍田，凡雍、岐、郿、鄠、長安、萬年，相去且八百里，而連綿峙據其南者，皆此山也。」㈢仕宦之捷徑：謂求仕宦之便捷途徑。㈢尚書左丞盧藏用……故承禎言之：按此段《新唐書．盧藏用傳》亦載之，字句大致相同。

玄宗至道大聖大明孝皇帝上之上

先天元年（西元七一二年）

㈠春，正月，【考異】新紀表：「壬辰，以陸象先同中書門下三品。」大上皇睿宗實錄、舊紀皆無之，不知新書何出，今不取。辛巳，睿宗祀南郊初用諫議大夫賈曾議，合祭天地㈠。曾，忠之子也㈡。

㈡戊子，幸滻東㈢，耕籍田。

㈢己丑，赦天下，改元太極。

㈣乙未，上御安福門，宴突厥楊我支，以金山公主示之，既而會上傳位，昏竟不成。

㈤以左御史大夫竇懷貞、戶部尚書岑羲並同中書門下三品。

㈥二月，【考異】太上皇實錄云：「命皇太子送金山公主往并州，令幽州都督裴懷古節度內發三萬兵赴黑山道，并州長史薛訥節度內發四萬兵於汾州，迎皇太子。右御史大夫朔方大總管解琬節度內發二萬兵赴單于道。太子既親征，諸軍一事以上，並取處分。」按以軍法從事，它書皆無此事。按太子送公主與突厥和親，安用九萬兵，又豈得謂之親征，今不取。辛酉，廢右御史臺㊃。

㈦蒲州刺史蕭至忠自託於太平公主，公主引為刑部尚書，【考異】舊傳及劉餗小說皆云：「自晉州刺史入為尚書。」今從太上皇睿宗錄。㊄華州刺史蔣欽緒，其妹夫也，謂之曰：「如子之才，何憂不達㊅！勿為非分㊆妄求。」至忠不應，欽緒退歎曰：「九代卿族㊇，一舉滅之，可哀也哉！」至忠素有雅望，嘗自公主第門出，遇宋璟，璟曰：「非所望於蕭君也㊈。」至忠笑曰：「善乎！宋生⑩之言。」遽策馬而去⑪。

㈧幽州大都督薛訥鎮幽州二十餘年⑫，吏民安之，未嘗舉兵出塞，虜亦不敢犯。與燕州刺史李璡有隙⑬，璡毀之於劉幽求，幽求薦左羽林將軍孫佺代之。三月，丁丑，以佺為幽州大都督，徙訥為并州長史。

㈨夏，五月，益州獠反。

㈩戊寅，上祭北郊。

(十一)辛巳，赦天下，改元延和。

(十二)六月，丁未，右散騎常侍武攸暨卒，追封定王。

(十三)上以節愍太子之亂，岑羲有保護之功(一四)，癸丑，以羲為侍中。

(十四)庚申，幽州大都督孫佺與奚酋李大酺戰於泠陘(一五)，全軍覆沒。是時佺帥左驍衞將軍李楷洛、左威衞將軍周以悌，發兵二萬、騎八千，分為三軍，以襲奚、契丹。將軍烏可利諫曰：「道險而天熱，懸軍(一六)遠襲，往必敗。」佺曰：「薛訥在邊積年(一七)，竟不能為國家復營州(一八)，今乘其無備，往必有功。」使楷洛將騎四千前驅，遇奚騎八千，楷洛戰不利，佺怯懦不敢救，引兵欲還，虜乘(一九)之，唐兵大敗，佺阻山(二〇)為方陳以自固，大酺使謂佺曰：「朝廷既與我和親，今大軍何為而來？」佺曰：「吾奉敕來招慰耳，楷洛不稟(二一)節度，輒與汝戰，請斬以謝(二二)。」大酺曰：「若然，國信(二三)安在？」佺悉斂軍中帛，得萬餘段，并紫袍金帶魚袋(二四)以贈之。大酺曰：「請將軍南還，勿相驚擾。」將士懼，無復部伍(二五)，虜追擊之，士卒皆潰，佺、以悌為虜所擒，獻於突厥默啜，皆殺之，楷洛可利脫歸。

(十五)秋，七月，彗星出西方，經軒轅，入太微(二六)，至於大角。

㈥有相者謂同中書門下三品竇懷貞曰：「公有刑厄㉗。」懷貞懼，請解官為安國寺㉘奴，敕聽解官㉙，乙亥，復以懷貞為左僕射兼御史大夫、平章軍國重事。

㈦太平公主使術者言於上曰：「彗所以除舊布新，又帝座及心前星㉚皆有變，皇太子當為天子。」上曰：「傳德㉛避災，吾志決矣㉜。」太平公主及其黨皆力諫，以為不可，上曰：「中宗之時，羣姦用事，天變屢臻，朕時請中宗擇賢子立之，以應災異㉝，中宗不悅，朕憂恐數日不食，豈可在彼則能勸之，在己則不能邪！」太子聞之，馳入見，自投㉞於地，叩頭請曰：「臣以微功，不次㉟為嗣，懼不克堪㊱，未審陛下遽㊲以大位傳之，何也？」上曰：「社稷所以再安，吾之所以得天下，皆汝力也，今帝座有災㊳，故以授汝，轉禍為福，汝何疑邪！」太子固辭，上曰：「汝為孝子，何必待柩前㊴然後即位邪！」太子流涕而出。壬辰，制傳位於太子，太子上表固辭，太平公主勸上雖傳位，猶宜自總大政。上乃謂太子曰：「汝以天下事重，欲朕兼理之邪！昔舜禪禹，猶親巡狩㊵，朕雖傳位，豈忘家國，其軍國大事當兼省之。」【考異】太上皇錄全以為上皇之意，睿宗錄云：「太子既為太平公主所構，或唯遣皇帝知三品以下除授及徒罪，其軍國大務并重刑獄，上仍兼省之，五日一受朝於太極殿。」今兩取之。

(十八)八月，庚子，玄宗即位，尊睿宗為太上皇，上皇自稱曰朕，命曰誥，五日一受朝於太極殿；皇帝自稱曰予，命曰制敕，日受朝於武德殿㊶，三品以上除授及大刑政，決於上皇，餘皆決於皇帝㊷。

(十九)壬寅，上大聖天后尊號曰聖帝天后。

(廿)甲辰，赦天下，改元。

(廿一)乙巳，於鄭州㊸北置渤海軍，恒定州境置恒陽軍㊹，媯蔚州境置懷柔軍，屯兵五萬。

(廿二)丙午，立妃王氏為皇后，以后父仁皎為太僕卿。仁皎，下邽㊺人也。戊申，立皇子許昌王嗣直為郯王，真定王嗣謙為郢王。

(廿三)以劉幽求為右僕射、同中書門下三品，魏知古為侍中，崔湜為檢校中書令。

(廿四)初河內人王琚預於王同皎之謀㊻，亡命㊼傭書㊽於江都，上之為太子也，琚還長安，選補諸暨㊾主簿，過謝太子㊿，琚至廷中，故徐行高視，宦者曰：「殿下在簾內(五一)。」琚曰：「何謂殿下？當今獨有太平公主耳。」太子遽召見與語，琚曰：「韋庶人弒逆，人心不服，誅之易耳。太平公主，武后之子(五二)，凶猾(五三)無比，大臣多為之用，琚竊憂之。」太子引與同榻(五四)坐，泣曰：「主上同氣(五五)，唯有太平，言之，恐傷主上之意，不言為患日深，為之奈何？」琚曰：「天子之孝，異於匹夫，當以安宗廟社稷為事(五六)。蓋主漢昭帝之姊，自幼供養，有罪猶誅之(五七)，為天下者，豈顧小節(五八)。」太子悅曰：「君有何藝(五九)，可以與寡人遊？」琚曰：「能飛煉詠嘲(六〇)。」太子乃奏為詹事府司直(六一)，日與遊處，累遷太子中舍人(六二)，及即位，以為中書侍郎(六三)。【考異】鄭綮開天傳信記云：「上於藩邸時，每戲遊城南韋杜之間，因逐狡兔，意樂忘返，與其徒十數人倦甚，休息於封部大樹下，適有書生延上過其家，甚貧，止於村妻一驢而已。上坐未久，書生殺驢拔蒜備饌，酒肉霧霈，上顧而奇之。及與語，磊落不凡，問其姓名，乃王琚也。自是上每遊韋杜間，必過琚家，琚所諮議合上意，上益親善焉。及韋氏專制，上憂甚，獨密言於琚，琚曰，亂則殺之，又何疑也。上遂納琚之謀，戡定禍難，累拜為中書侍郎，實預配享焉。」今從舊傳。是時宰相多太平公主之黨，劉幽求與右羽林將軍張暐謀以羽林兵誅之，使暐密言於上曰：「竇懷貞、崔湜、岑羲皆因公主得進，日夜為謀不輕(六四)，若不早圖，一旦事起，太上皇何以得安？請速誅之。」【考異】舊傳云：「幽求自謂功在朝臣之右，志求左僕射兼領中書令，俄而竇懷貞為左僕射，崔湜為中書令，幽求心甚不平，形於言色，乃與張暐請誅之。」按幽求素盡心於玄宗，湜等附太平，非幽求因私忿而害之也，今不取。臣已與幽求定計，惟俟陛下之命。」上深以為然，暐洩其謀於侍御史鄧光賓，上大懼，遽列上其狀(六五)。丙辰，幽求下獄。有司奏幽求等離間骨肉，罪當死，上為言幽求有大功，不可殺，癸亥，流幽求於封州(六六)，張暐於峯州(六七)，光賓於繡州(六八)(六九)。初崔湜為襄州刺史，密與譙王重福通書，重福遺之金帶，重福敗，湜當死，張說劉幽求營護(七〇)得免，既而湜附太平公主，與公主謀，罷說政事，以左丞分司東都(七一)。及幽求流封州，湜諷廣州都督周利貞使殺之(七二)，桂州都督王晙知其謀，留幽求不遣，利貞屢移牒(七三)索之，晙不應，利貞以聞，湜屢逼晙，使遣幽求，幽求謂晙曰：「公拒執政而保(七四)流人，勢不能全，徒仰累(七五)耳。」因請詣廣州，晙曰：「公所坐非可絕於朋友者也(七六)，晙因公獲罪，無所恨。」竟逗遛(七七)不遣，幽求由是得免。

(五五)九月，丁卯朔，日有食之。

(五六)辛卯，立皇子嗣昇為陜王，【考異】睿宗實錄作甲申，太上皇錄作甲午，今從玄宗實錄。嗣昇母楊氏，士達之曾孫也(七八)，王后無子，母養之(七九)。

（廿七）冬，十月，庚子，上謁太廟，赦天下。

（廿八）癸卯，上幸新豐，獵於驪山之下。

（廿九）辛酉，沙陀、金山遣使入貢，沙陀者，處月之別種也（八〇），姓朱邪氏。【考異】薛居正五代史後唐太祖紀曰：「太祖姓朱邪氏，始祖拔野古，貞觀中為墨離軍使，太宗平薛延陀，分同羅僕骨之人置沙陀都督府，蓋北庭有磧曰沙陀，因以名焉。永徽中，以拔野古為都督，其後子孫五世相承，曾祖盡忠貞元中繼為沙陀府都督。」歐陽修五代史記曰：「李氏之先，蓋出於西突厥，本號朱邪，至其後世，別自號曰沙陀，而以朱邪為姓，拔野古為始祖。其自序云，沙陀者，北庭之磧也，當唐太宗時，破西突厥諸部，分同羅僕骨之人，於此磧置沙陀府，而以其始祖拔野古為都督，且傳子孫，數世皆為沙陀都督，故其後世因自號沙陀。然予考於傳記，其說皆非也。夷狄無姓氏，朱邪部族之號耳，拔野古與朱邪同時人，非其始祖，而唐太宗時未嘗有沙陀府也。唐太宗破西突厥，分其諸部置十三州，以同羅為龜林都督府，僕骨為金微都督府，拔野古為幽陵都督府，未嘗有沙陀府也。當是時，西突厥有鐵勒薛延陀阿史那之類為最大，其別部有同羅、僕骨、拔野古以十數，蓋其小者也。又有處月處密諸部，又其小者也。朱邪者，處月別部之號耳。太宗二十二年已降拔野古，其明年阿史那賀魯叛，至高宗永徽二年，處月朱邪孤注從賀魯戰於牢山，為契苾何力所敗，遂沒不見。後百五六十年，當憲宗時，有朱邪盡忠及子執宜，見於中國，而自號沙陀，以朱邪為姓矣。蓋沙陀者，大磧也，在金莎山之陽，蒲類海之東，自處月以來居此磧，號沙陀突厥，而夷狄無文字傳記，朱邪又微不足錄，故其後世自失其傳。至盡忠孫始賜姓李氏，李氏後大，而夷狄之人遂以沙陀為貴種云。」今從之。

（卅）十一月，乙酉，奚契丹二萬騎寇漁陽（八一），幽州都督宋璟閉城不出，虜大掠而去。

（卅一）上皇誥遣皇帝巡邊，西自河隴，東及燕薊，選將練卒。甲午，以幽州都督宋璟為左軍大總管、并州長史薛訥為中軍大總管、朔方大總管，兵部尚書郭元振為右軍大總管。

(卅二)十二月，刑部尚書李日知請致仕，日知在官不行捶撻而事集(八二)，刑部有令史，受敕三日，忘不行(八三)，日知怒，索杖集羣吏欲捶之，既而謂曰：「我欲捶汝，天下人必謂汝能撩(八四)李日知嗔(八五)，受李日知杖，不得比於人(八六)，妻子亦將棄汝矣。」遂釋之。吏皆感悅，無敢犯者，脫有稽失(八七)，眾共謫之。

【今註】㊀祀南郊，初用諫議大夫賈曾議，合祭天地：《新唐書．禮樂志》三：「太常博士獨孤及議曰：『古者祭天於圓丘，在國之南，祭地於澤中之方丘，在國之北，所以順陰陽，因高下，而事天地以其類也。而後世有合祭之文，則天天冊萬歲元年，親享南郊，始合祭天地。睿宗即位，將有事於南郊，諫議大夫賈曾議曰：祭法，有虞氏禘黃帝而郊嚳，夏後氏禘黃帝而郊鯀，郊之與廟，皆有禘也，禘於廟則祖宗合食於太祖，禘於郊則地祇羣望，皆合於圓丘，以始祖配享，蓋有事之大祭，非常祀也。三輔故事，祭於圓丘，上帝后土位皆南面，則漢嘗合祭矣。國子祭酒褚無量、司業郭山惲等，皆以曾言為然。』」㊁曾，言忠之子也：言忠見卷二百一高宗總章元年。㊂滻東：胡三省曰：「《水經注》，霸水北歷藍田川，又左合滻水，滻水逕長樂坡西，是後，韋堅引為廣運潭，在京師苑城之東，此地又在滻水之東。」㊃廢右御史臺：《唐六典》卷十三：「御史大夫一人，從三品，光宅元年改曰左右肅政臺，神龍元年改為左右御史臺，猶置二大夫，延和元年廢右臺，先天二年二月復置。」

[五]考異：「今從太上皇睿宗錄。」：按錄即實錄之約。[六]不達：不顯達。[七]非分：謂軼出本分。[八]九代卿族：卿族，謂卿士之族，至忠，蕭德言之曾孫，故云然。[九]蕭君：《新唐書・蕭至忠傳》作蕭傳，以至忠時為宰相，位與保傅相同，故遂以其時之官職稱之，自較為恰切，且較為隆重。[一〇]宋生：謂宋先生。[一一]蒲州刺史蕭至忠自託於太平公主……遽策馬而去：按此段《新唐書・蕭至忠傳》亦載之，字句大致相同。[一二]薛訥鎮幽州二十餘年：按武后聖曆元年，薛訥始自藍田令擢為安東道經略。[一三]與燕州刺史李璡有隙：《舊唐書・地理志》二河北道：「燕州，隋遼西郡，寄治於營州，武德元年，改為燕州總管府，六年，自營州南遷，寄治於幽州城內。」既如此，故自易發生衝突。[一四]上以節愍太子之亂，岑羲有保護之功：節愍之難，冉祖雍誣帝及太平與太子連謀，賴羲與蕭至忠保護得免。[一五]幽州大都督孫佺與奚酋李大酺戰於冷陘：按《舊唐書・睿宗紀》及〈北狄奚傳〉，孫佺作孫儉，酺作輔，陘作硎，《新唐書》本紀及奚傳，則全與《通鑑》相同，是其所據之原始資料，乃有二種不同寫法。[一六]懸軍：提軍。[一七]積年：猶累年。[一八]不能為國家復營州：營州陷見卷二百五武后萬歲通天元年。[一九]乘：猶陵。[二〇]阻山：以山為險阻，猶依山也。[二一]稟：稟受。[二二]以謝：以謝罪。[二三]國信：國家之信物。[二四]魚袋：《舊唐書・輿服志》：「高宗永徽二年五月，開府儀同三司及京官文武職事四品五品，並給隨身魚。垂拱二年正月，諸州都督刺史並准京官帶魚袋。」《唐六典》卷八：「隨身魚符之制，左二右一，太子以玉，親王以金，庶官以銅。隨身魚符皆題云某位姓名，並以袋盛，其袋三品已上飾以金，五品已上飾以銀。」[二五]無復部伍：謂無復部伍行列。[二六]七月，彗星出

西方，經軒轅，入太微：按《舊唐書・天文志》下作：「太極元年七月四日，彗入太微。」是其確日，乃為七月四日。《新唐書・睿宗紀》則作七月辛未，辛未蓋即四日，當從添辛未二字。㉗公有刑厄：公有受刑罰之厄運。㉘安國寺：《雍錄》：「安國寺在朱雀街東第四街之長樂坊。」《唐會要》：「景雲元年，勅捨潛龍舊宅為寺，便以本封安國為名。」㉙解官：謂解去官職。㉚帝座及心前星：胡三省曰：「帝座在中宮華蓋之下，心三星，中星為明堂天子位，前星為太子。」㉛傳德：傳位於有德之人。㉜太平公主使術者言於上曰……吾志決矣：按此段乃錄自《舊唐書・玄宗紀》，字句大致相同。㉝以應災異：謂以應災異之所告戒。㉞自投：自擲。㉟不次：猶越次。㊱克堪：謂能勝任。㊲遽：忽。㊳帝座有災：即上之帝座有變。㊴待柩前：猶待死後。㊵昔舜禪禹，猶親巡狩：舜既禪禹，南巡狩而崩於蒼梧，引此以為據。㊶日受朝於武德殿：《唐六典》卷七：「太極門次北曰朱明門，左曰虔化門，虔化之東，曰武德西門，其內有武德殿。」日謂每日。㊷庚子玄宗即位……餘皆決於皇帝：按此段乃錄自《舊唐書・睿宗紀》，字句大致相同。㊸鄚州：《舊唐書・地理志》二河北道：「莫州本瀛州之鄚縣，景雲二年於縣置莫州，開元十三年以鄚字類鄭字，改為莫。」㊹恒定州境置恒陽軍：同志一：「范陽節度使臨制奚、契丹，恒陽軍在恒州城東，管兵三千五百人。」㊺下邽：故址在今陝西省渭南縣境。㊻王同皎之謀：謂中宗神龍元年，王同皎謀殺武三思。㊼亡命：《史記・張耳傳》索隱：「亡，無也，命，名也；逃匿則削除名籍，故以逃為亡命。」㊽傭書：傭賃於人為書寫之事。㊾諸暨：今浙江省諸暨縣。㊿過謝太子：謂至太子處謝恩。(51)殿下在簾內：意令其勿徐行高視。(52)子：亦即女，蓋古常用子代女。(53)凶猾：凶險狡猾。(54)同榻：同牀。(55)同氣：猶同胞。(56)為事：猶為重。(57)蓋主漢昭帝之姊，自幼供養，有罪猶誅之：事見漢紀。(58)小節：小節操，亦即小行。(59)藝：技藝。(60)飛煉詼嘲：飛煉謂飛丹砂以煉丹也。《舊唐書・王琚傳》作：「飛丹煉藥，談諧嘲詠，堪與優人比肩。」是其詳釋。(61)詹事府司直：《舊唐書・職官志》三：「太子詹事府，司直一人，九正品上，掌彈劾宮寮，糾舉職事。」(62)太子中舍人：《唐六典》卷二十六：「太子右春坊，太子中舍人二人，正五品上，職擬中書侍郎。」(63)初河內人王琚預於王同晈之謀……以為中書侍郎：按此段乃錄自《舊唐書・王琚傳》，字句大致相同。(64)日夜為謀不輕：《舊唐書・劉幽求傳》作：「見作方計，其事不輕。」似當從添其事二字，以求文氣充暢。又不輕乃指變改帝位而言。(65)狀：情狀。(66)封州：《舊唐書・地理志》四嶺南道：「封州，隋蒼梧郡之封川縣，武德四年平蕭銑，置封州，至京師水陸四千五百一十里。」(67)峯州：同志四嶺南道：「峯州，隋交趾郡之嘉寧縣，武德四年置峯州，西北至京師七千七百一十里。」(68)繡州：同志四嶺南道：「繡州，隋鬱林郡之阿林縣，武德四年置林州，六年改為繡州，至京師六千九十里。」(69)是時宰相多太平公主之黨……光賓於繡州：按此段乃錄自《舊唐書・劉幽求傳》，字句大致相同。(70)營護：營救保護。(71)以左丞分司東都：按唐東都亦設有中樞相同之機構，故曰分司。(72)及幽求流封州，湜諷廣州都督周利貞使殺之：封州屬廣州都督轄地。(73)牒：乃文書之一種，多行使於同等機關。(74)保：保護。(75)仰累：謂牽累，仰乃敬語。(76)公所坐非可絕於朋友者也：謂公雖坐罪，朋友不可絕之。㊆逗遛：猶遷延。㊇嗣昇母楊氏，士達之曾孫也：楊士達仕隋，官至納言。㊈母養之：謂收以為子而撫養之。㊉沙陀者處月之別種也：《新五代史・唐本紀》：「處月居金莎山之陽，蒲類海之東，有大磧，名沙陀，故號沙陀。」㊁漁陽：今河北省薊縣。㊂事集：事成。㊃忘不行：謂遺忘而未施行。㊄撩：挑動。㊅嗔：怒，音ㄔㄣ。㊆不得比於人：猶為人所不齒。㊇脫有稽失：脫、謂萬一，稽失謂稽遲誤失。

開元元年（西元七一三年）㈠

㈠春，正月，乙亥，詔衞士自今二十五入軍，五十免，羽林、飛騎並以衞士簡補㈡。

㈡以吏部尚書蕭至忠為中書令。

㈢皇帝巡邊改期，所募兵各散遣㈢，約八月復集，竟不成行。

㈣二月，庚子，夜開門然燈㈣，又追作去年大酺㈤，大合伎樂，上皇與上御門樓臨觀㈥，或以夜繼晝，凡月餘，左拾遺華陰嚴挺之上疏諫，以為：「酺者因人所利，合醵㈦為歡，今乃損萬人之力㈧，營百戲之資㈨，非所以光㈩聖德，美風化㈡也。」乃止㈢。

㈤初高麗既亡，其別種大祚榮徙居營州，及李盡忠反⑬，祚榮與靺鞨乞四北羽⑭聚眾東走，阻險自固⑮，盡忠死，武后使將軍李楷固討其餘黨，楷固擊乞四北羽，斬之，引兵踰天門嶺⑯，逼祚榮，祚榮逆戰⑰，楷固大敗，僅以身免，祚榮遂帥其眾東據東牟山⑱，築城居之。祚榮驍勇善戰，高麗靺鞨之人，稍稍歸之，地方二千里，戶十餘萬，勝兵數萬人，自稱振國王，附於突厥。時奚契丹皆叛，道路阻絕，武后不能討，中宗即位，遣侍御史張行岌招慰之，祚榮遣子入侍，至是以祚榮為左驍衛大將軍、渤海郡王，以其所部為忽汗州，令祚榮兼都督⑲。

㈥庚申，敕以嚴挺之忠直，宣示百官，厚賞之。

㈦三月，辛巳，皇后親蠶⑳。【考異】玄宗實錄脫此年二月三月事，祀先蠶詔乃三月丁卯也。而唐歷承其誤，云：「正月辛巳，皇后祀先蠶。」太上皇錄云：「三月辛巳，皇后親蠶，自嗣聖光宅以來廢闕此禮，至是重行。」太上皇睿宗實錄、舊本紀，皆云：「辛卯。」按制書云：「以今月十八日祀先蠶。」是月甲子朔，今從玄宗實錄。

㈧晉陵尉楊相如上疏言時政㉑，其略曰：「煬帝自恃其彊，不憂時政，雖制敕交行，而聲實㉒舛謬㉓，言同堯舜，迹如桀紂，舉天下之大，一擲而棄之。」又曰：「隋氏縱欲㉔而亡，太宗抑欲而昌，願陛下詳擇之。」又曰：「人主莫不好忠正而惡佞邪㉕，然忠正者常疏㉖，佞邪者常親，以至於覆國危身而不寤㉗者，何哉？誠由忠正者多忤意，佞邪者多順指㉘，積忤生憎，積順生愛，此親疏之所以分也。明主則不然，愛其忤以收忠賢，惡其順以去佞邪，則太宗太平之業，將何遠哉㉙！」又曰：「夫法貴簡而能禁㉚，罰貴輕而必行，陛下方興崇至德㉛，大布新政，請一切除去碎密㉜，不察小過，小過不察，則無煩苛㉝，大罪不漏，則止姦慝，使簡而難犯，寬而能制，則善矣。」上覽而善之。

㈨先是修大明宮，未畢。夏，五月，庚寅，敕以農務方勤，罷之，以待閑月㉞。

㈩六月，丙辰，以兵部尚書郭元振同中書門下三品㉟。【考異】六月辛丑，郭元振同三品，下注曰舊紀在丙辰，今從睿宗實錄。

(十一)太平公主依上皇之勢，擅權用事，與上有隙，宰相七人，五出其門，【考異】唐歷曰：「宰相有七，四出其門，天子孤立而無援。」新舊傳皆云：「宰相七人，五出主門下。」按是時，竇懷貞、蕭至忠、岑羲、崔湜與主連謀，其不附主者，郭元振、魏知古、陸象先三人也。薛稷太子少保不為宰相者，新舊傳并象先數之，唐歷不數象先耳。文武之臣，大半附之，與竇懷貞、岑羲、蕭至忠、崔湜及太子少保薛稷、雍州長史新興王晉、左羽林大將軍常元楷、知右羽林將軍事李慈、左金吾將軍李欽、中書舍人李猷、右散騎常侍賈膺福、鴻臚卿唐晙及僧慧範等謀廢立，又與宮人元氏謀於赤箭粉中㊱寘毒，進於上。晉，德良之孫也㊲。元楷、慈數往來主第，相與結謀。王琚言於上曰：「事迫矣，不可不速發。」左丞張說自東都遣人遺上佩刀，意欲上斷割㊳。荊州長史崔日用入奏事，言於上曰：「太平謀逆有日，陛下往在東宮，猶為臣子，若欲討之，須用謀力㊴，今既光臨大寶㊵，但下一制書，誰敢不從。萬一姦宄得志，悔之何及！」上曰：「誠如卿言，直㊶恐驚動上皇。」日用曰：「天子之孝，在於安四海㊷，若姦人得志，則社稷為墟㊸，安在其為孝乎？請先定北軍㊹，後收逆黨，則不驚動上皇矣。」上以為然，以日用為吏部侍郎㊺。

(十一)秋，七月，魏知古告：「公主欲以是月四日作亂，【考異】上皇錄云：「公主謀不利於上與今上，更立皇子，獨專權，期以是月七日作亂。今上密知其事，勒左右禁兵誅之。」按是月壬戌朔，玄宗以三日甲子誅之，今從玄宗錄。令元楷、慈以羽林兵突入武德殿㊻，懷貞、至忠、羲等於南牙㊼舉兵應之。」上乃與岐王範、薛王業、郭元振及龍武將軍㊽王毛仲、殿中少監姜皎、太僕少卿李令問、尚乘奉御王守一、內給事㊾高力士、果毅李守德等定計誅之。皎，謩之曾孫；令問，靖弟客師之孫㊿；守一，仁皎之子；力士，潘州(51)人也。甲子，上因王毛仲取閑廄馬及兵三百餘人，自武德殿入虔化門(52)，召元楷、慈先斬之，擒膺福、猷於內客省(53)以出，執至忠、義於朝堂(54)，皆斬之。【考異】玄宗實錄作乙丑。按僉載：「七月三日誅常元楷。」今從睿宗上皇實錄、唐歷、新舊本紀。舊王琚傳：「琚與岐王範、薛王業、姜皎、王毛仲等，並預誅逆，以鐵騎至承天門，時睿宗聞鼓譟聲，召郭元振升承天樓，宜詔下關，令侍御史任知古召募數百人於朝堂，不得入，頃間，琚等從玄宗至樓上。」太上皇實錄：「公主期以是月七日，令常元楷以羽林兵自北門入，竇懷貞等於南衙舉兵應之，今上密知其事，登時勒左右禁兵出北門，召常元楷、李慈即斬於闕下，還至承天門，執岑羲、蕭至忠，斬於朝堂。」舊蕭至忠傳曰：「至忠遽遁入山寺，數日，捕而伏誅。」蓋以太平公主事為至忠事，今從玄宗實錄。朝野僉載曰：「羽林將軍常元楷，三代告密得官，至先天二年七月三日，楷以反逆誅，家口配沒。」玄宗實錄云：「上誅凶逆，睿宗恐宮中有變，御承天門，號令南衙兵士以備非常。郭元振帥兵侍衞，登樓奏曰，皇帝前奉誥誅竇懷貞等，惟陛下勿憂，睿宗大喜。」今擇其可信者取之。懷貞逃入溝中，自縊死，戮其尸，改姓曰毒。上皇聞變，登承天門樓，郭元振奏：「皇帝前奉誥(55)誅竇懷貞等，無它(56)也。」上尋至樓上，上皇乃下誥，罪狀懷貞等，因赦天下，惟逆人親黨不赦，薛稷賜死於萬年獄(57)。

(十三)乙丑，上皇誥：「自今軍國政刑，一皆取皇帝處分，【考異】舊本紀云：「七月三日，誅懷貞等，睿宗明日下詔，軍國政刑並取皇帝處分。」新本紀云：「乙丑，始聽政。」唐歷亦無乙丑下誥，唯玄宗實錄云丙寅，今從諸書。朕方無為養志，以遂素心(五八)。」是日徙居百福殿(五九)。

(十四)太平公主逃入山寺，三日乃出，賜死於家，【考異】新傳云：「三日乃出。」太上皇實錄曰：「公主聞難作，遁入山寺，數日方出，禁錮終身，諸子皆伏誅。」今從新舊傳、睿宗實錄。公主諸子及黨與，死者數十人。薛崇簡以數諫其母被撻，特免死，賜姓李，官爵如故。籍公主家，財貨山積，珍物侔(六〇)於御府(六一)，廄牧羊馬，田園息錢(六二)，收之數年不盡(六三)。慧範家亦數十萬緡，改新興王晉之姓曰厲。

(十五)初上謀誅竇懷貞等，召崔湜，將託以心腹，湜弟滌謂湜曰：「主上有問，勿有所隱。」湜不從，懷貞等既誅，湜與右丞盧藏用俱坐私侍太平公主，湜流竇州(六四)，藏用流瀧州(六五)。新興王晉臨刑歎曰：「本為此謀者崔湜，今吾死湜生，不亦冤乎！」會有司鞫宮人元氏，元氏引湜同謀進毒，乃追賜死(六六)於荊州(六七)。薛稷之子伯陽，以尚主免死，流嶺南，於道自殺。

(十六)初太平公主與其黨謀廢立，竇懷貞、蕭至忠、岑羲、崔湜皆以為然，陸象先獨以為不可，公主曰：「廢長立少(六八)，已為不順，且又失德(六九)，若之何不去？」象先曰：「既以功立，當以罪廢(七○)，今實無罪，象先終不敢從。」公主怒而去，上既誅懷貞等，召象先謂曰：「歲寒知松栢(七一)，信哉。」時窮治公主枝黨(七二)，當坐者眾，象先密為申理(七三)，所全甚多，然未嘗自言，當時無知者(七四)。百官素(七五)為公主所善及惡之者，或黜或陟，終歲不盡。丁卯，上御承天門樓，赦天下。己巳，賞功臣郭元振等官爵第舍金帛有差。

(七)以高力士為右監門將軍，知內侍省事。初太宗定制，內侍省不置三品官(七六)，黃衣廩食，守門傳命而已；天后雖女主，宦官亦不用事；中宗時嬖倖猥多(七七)，宦官七品以上至千餘人，然衣緋者尚寡(七八)；上在藩邸，力士傾心奉之(七九)，及為太子，奏為內給事，至是以誅蕭岑功賞之，是後宦官稍增(八○)至三千餘人，除三品將軍者浸(八一)多，衣緋紫至千餘人，宦官之盛自此始。

(八)壬申，遣益州長史畢構等六人宣撫十道。

(九)乙亥，以左丞張說為中書令。

(廿)庚辰，中書侍郎同平章事陸象先罷為益州長史、劍南按察使。

八月，癸巳，以封州流人劉幽求為左僕射平章軍國大事。

(廿一)丙辰，突厥可汗默啜遣其子楊我支來求昏，丁巳，許以蜀王女南和縣主妻之。

(廿二)中宗之崩也，同中書門下三品李嶠密表韋后，請出相王諸子於外。上即位，於禁中得其表，以示侍臣，嶠時以特進致仕，或請誅之，張說曰：「嶠雖不識逆順，然為當時之謀則忠矣。」上然之。九月，壬戌，以嶠子率更令(八二)暢為虔州刺史，令嶠隨暢之官(八三)。

(廿三)庚午，以劉幽求同中書門下三品。

(廿四)丙戌，復置右御史臺，督察諸州，罷諸道按察使。

(廿五)冬，十月，辛卯，引見京畿縣令(八四)，戒以歲饑，惠養黎元(八五)之意。

(廿六)己亥，上幸新豐，癸卯，講武於驪山之下，徵兵二十萬，旌旗連亘五十餘里，以軍容(八六)不整，坐兵部尚書郭元振於纛(八七)下，將斬之，劉幽求張說跪於馬前諫曰：「元振有大功於社稷，不可殺。」乃流新州(八八)(八九)，斬給事中知禮儀事唐紹，以其制軍禮不肅故也。上始欲立威，亦無殺紹之意，金吾衛將軍李邈遽(九〇)遽宣敕斬之，上尋罷遐官，廢棄終身。時二大臣得罪，諸軍多震懾失次(九一)，惟左軍節度(九二)薛訥、朔方道大總管解琬二軍不動，上遣輕騎召之，皆不得入其陳，上深歎美，慰勉之。

(廿七)甲辰，獵於渭川(九三)，上欲以同州刺史姚元之為相，張說疾之，使御史大夫趙彥昭彈之，上不納；又使殿中監姜皎言於上曰：「陛下常欲擇河東總管，而難其人(九四)，臣今得之矣。」上問為誰，皎曰：「姚元之文武全才，真其人也。」上曰：「此張說之意也，汝何得面欺(九五)，罪當死。」皎叩頭首服(九六)，上即遣中使召元之詣行在，既至，上方獵，引見，即拜兵部尚書同中書門下三品。【考異】世傳升平源以為吳兢所撰，云：「姚元崇初拒太平，得罪，上頗德之。既誅太平，方任元崇以相，進拜同州刺史，張說素不叶，命趙彥昭騾彈之，不許。居無何，上將獵於渭濱，密召元崇會於行所。初元崇聞上講武於驪山，謂所親曰，準式，車駕行幸，三百里內刺史合朝覲，元崇必為權臣所擠，若何？參軍李景初進曰，某有兒母者，其父即教坊長入內，相公儻致厚賂，使其冒法進狀，可達。公然之，輒効。燕公說使姜皎入曰，陛下久卜河東總管，重難其人，臣有所得，何以見賞？上曰，誰邪？如愜，有萬金之賜。乃曰，馮翊太守姚崇，文武全材，即其人也。上曰，此張說意也，卿罔上當誅，皎首服萬死，即詔中官追公行在。上方獵於渭濱，公至，拜馬首，上曰，卿頗知獵乎？元崇曰，臣少孤，居廣成澤，目不知書，唯以射獵為事，四十年方遇張憬藏，謂臣當以文學備位將相，無為自弃，爾來折節讀書，今雖官位過忝，至於馳射，老而猶能。於是呼鷹放犬，遲速稱旨。上大悅。上曰，朕久不見卿，思有顧問，卿可於宰相行中行。公行猶後，上縱轡久之，顧曰，卿行何後！公曰，臣官疏賤，不合參宰相行。上曰，可兵部尚書同平章事，公不謝，上顧訝焉。至頓，上命宰臣坐，公跪奏臣適奉作弼之詔而不謝，欲以十事上獻，有不可行，臣不敢奉詔。上曰，悉數之，朕當量力而行，然定可否。公曰，自垂拱以來，朝廷以刑法理天下，臣請聖政先仁義，可乎？上曰，朕深心有望於公也。又曰，聖朝自喪師青海，未有牽復之悔，臣請三數十年，不求邊功，可乎？上曰，可。又曰，自太后臨朝以來，喉舌之任，或出於閹人之口，臣請中官不預公事，可乎？上曰，懷之久矣。又曰，武氏諸親，猥侵清切權要之地，繼以韋庶人、安樂、太平用事，班序荒雜，臣請國親不任臺省官，凡有斜封待闕員外等官，悉請停罷，可乎？上曰，朕素志也。又曰，比來近密佞幸之徒，冒犯憲綱，皆以寵免，臣請行法，可乎？上曰；朕切齒久矣。又曰，比因豪家戚里，貢獻求媚，延及公卿方鎮亦為之，臣請除租庸賦稅之外，悉杜塞之，可乎？上曰，願行之。又曰，太后造福先寺，中宗造聖善寺，上皇造金仙玉真觀，皆費鉅百萬，耗蠹生靈，凡寺觀宮殿，臣請止絕建造，可乎？上曰，朕每覩之，心即不安，而況敢為者哉！又曰，先朝褻狎大臣，或虧君臣之敬，臣請陛下接之以禮，可乎？上曰，事誠當然，有何不可。又曰，自燕欽融、韋月將獻直得罪，由是諫臣沮色，臣請凡在臣子，皆得觸龍麟，犯忌諱，可乎？上曰，朕非唯能容之，亦能行之。又曰，呂氏產祿幾危西京，馬竇閻梁亦亂東漢，萬古寒心，國朝為甚，臣請陛下書之於史冊，永為殷鑒，作萬代法，可乎？上乃潸然良久，曰，此事真可為刻肌刻骨者也。公再拜曰，此誠陛下致仁政之初，是臣千載一遇之日，臣敢當弼諧之地，天下幸甚，天下幸甚。又再拜蹈舞，稱萬歲者三，從官千萬，皆出涕，上曰坐公坐於燕公之下。燕公讓不敢坐，上問，對曰，元崇是先朝舊臣，合首坐。公曰，張說是紫微宮使，今臣是客，宰相不合首坐。上曰可，紫微宮使居首座。」果如所言，則元崇進不以正，又當時天下之事，止此十條，須因事啟沃，豈一旦可邀，似好事者為之，依託兢名，難以盡信。今不取。元之吏事明敏，三為宰相(九七)，皆兼兵部尚書，緣邊屯戍斥候，士馬儲械，無不默記。上初即位，勵精(九八)為治，每事訪於元之，元之應答如響(九九)，同僚唯諾(一〇〇)而已，故上專委任之。元之請抑權倖，愛爵賞(一〇一)，納諫諍，却(一〇二)貢獻，不與羣臣褻狎，上皆納之。

(廿八)乙巳，車駕還京師。

(廿九)姚元之嘗奏請序進郎吏，【考異】此出李德裕次柳氏舊聞，不知郎吏為何官，若郎中員外郎則是清要官，不得云秩卑，恐是郎將，又不敢必，故仍用舊文。上仰視殿屋，元之再三言之，終不應，元之懼，趨出。罷朝，高力士諫曰：「陛下新總萬機，宰臣奏事當面加可否(一〇三)，奈何一不省察㉔！」上曰：「朕任元之以庶政㉕，大事當奏聞共議之，郎吏卑秩，乃㉖一一以煩朕邪㉗。」會力士宣事至省中，為元之道㉘上語，元之乃喜，聞者皆服上識君人之體㉙。左拾遺曲江㉚張九齡，以元之有重望，為上所信任，奏記勸其遠諂躁㉛，進純厚㉜，其略曰：「任人當才㉝，為政大體，與之共理，無出此途。而曏之用才，非無知人之鑒，其所以失，溺㉞在緣情㉟之舉。」又曰：「自君侯㊱職㊲相國之重，持用人之權，而淺中弱植之徒㊳，已延頸企踵而至，諂親戚以求譽，媚賓客以取容㊴，其間豈不有才，所失在於無恥㊵。」元之嘉納其言。新興王晉之誅也，僚吏皆奔散，惟司功㊶李撝步從，不失在官之禮，仍哭其尸，姚元之聞之曰：「欒布之儔也㊷。」及為相，擢為尚書郎。

(卅)己酉，以刑部尚書趙彥昭為朔方道大總管。

(卅一)十一月，乙丑，劉幽求兼侍中。

(卅二)辛巳，羣臣上表，請加尊號為開元神武皇帝，從之，戊子，受冊。

(卌三)中書侍郎王琚為上所親厚，羣臣莫及，每進見，侍笑語，逮(二三)夜方出，或時休沐，往往遣中使召之。或言於上曰：「王琚權譎(二四)縱橫之才，可與之定禍亂，難與之守承平(二五)。」上由是浸疏之，是月，命琚兼御史大夫，按行北邊諸軍(二六)。【考異】朝野僉載曰：「琚以諂諛自進，未周年，為中書侍郎。其母氏聞之，自洛赴京，戒之曰，汝徒以諂媚取容，色交自達，朝廷側目，海內切齒，吾恐汝家墳隴，無人守之。琚慙懼，表請侍母。上初大怒，後許之。」按舊傳，琚未嘗去官侍母，今不取。舊傳又云：「使琚按行天兵以北諸軍。」按五年，始置天兵軍於并州，蓋琚傳追言之耳。

(卌四)十二月，庚寅，赦天下，改元(二七)。尚書左右僕射為左右丞相，中書省為紫微省，門下省為黃門省，侍中為監，雍州為京兆府，洛州為河南府，長史為少尹，司馬為少尹(二八)(二九)。

(卌五)甲午，吐蕃遣其大臣來求和。

(卌六)壬寅，以姚元之兼紫微令，元之避開元尊號，復名崇(三〇)。

(卌七)敕都督、刺史、都護將之官，皆引面辭畢，側門取進止(三一)。

(卌八)姚崇既為相，紫微令張說懼，乃潛詣岐王申款(三二)，它日，崇對於便殿，行微蹇(三三)，上問「有足疾乎？」對曰：「臣有腹心之疾，非足疾也。」上問其故，對曰：「岐王，陛下愛弟，張說為輔臣(三四)，而密㊲乘車入王家，恐為所誤㊳，故憂之。」癸丑，說左遷相州刺史。【考異】松窗雜錄：「姚崇為相，忽一日，對於便殿，舉右足不甚輕利。上曰，卿有足疾邪？崇奏曰，臣有腹心之疾，非足疾也。因前奏張說罪狀數百言。上怒曰，卿歸中書，宜宣與御史中丞，共按其事。而說未之知，會朱衣吏報午後三刻，說乘馬先歸，崇急呼御史中丞李林甫以前詔付之，林甫語崇曰，說多智謀，是必困之，宜以劇地。崇曰，丞相得罪，未宜太逼。林甫又曰，公必不忍，即說當無害。林甫止將詔付於小御史，中路以馬墜告。說未遭崇奏前旬月，家有教授書生，通於說侍兒最寵者，會擒得姦狀，以聞於說，說怒甚，將窮獄於京兆尹。書生厲聲言曰，覩色不能禁，人之常情也，公貴為宰相，豈無緩急用人，胡靳靳於一婢女邪？說奇其言，而釋之，兼以侍兒與歸。書生跳迹去，旬餘，無所聞知，忽一日直訪於說，憂色滿面，而言曰，某感公之恩，當有謝者久矣，今聞公為姚相所構，外獄將具，公不之知，危將至矣，某願得公平生所寶者，用計於九公主，必能立釋之。說因自歷持狀所寶者，書生皆曰未足解公之難，又凝思久之，忽曰，近有雞林郡夜明簾，為寄信者，書生曰，吾事濟矣。因請說手筆數行，懇以情言，遂急趨出，逮夜始及九公主邸第，書生具以說言之，兼用夜明簾為贄，且謂主曰，上獨不念在東宮時，思必始終恩加於張丞相乎？而今反用快不利張丞相者之心邪！明早，公主上謁，具為奏之，上感動，因急命高力士就御史臺，宣前所按獄事，並宜罷之。書生迄亦不再見於張丞相也。」此說亦似出於好事者。又元崇開元四年罷相，林甫十四年始為御史中丞，今從新傳。

㊴右僕射同中書門下三品劉幽求亦罷為太子少保，甲寅，以黃門侍郎盧懷慎同紫微黃門平章事。

【今註】㊀開元元年：是年十二月方改元。㊁簡補：簡選補充。㊂散遣：謂放散遣歸。㊃庚子夜開門然燈：按《舊唐書・嚴挺之傳》：「先天二年正月望，胡僧婆陀請夜開門，燃百千燈。」是此事乃由胡僧所發。㊄追作去年大酺：元年受內禪，不及賜天下酺，乃追為之，音蒲。㊅御門樓臨觀：按《舊唐書・睿宗紀》及〈嚴挺之傳〉，所御者為安福門樓。㊆醵：合錢飲酒，音遽。㊇力：謂勞力之所得。㊈營百戲之資：謂為經營百戲之資財。㊉光：大。⑪風化：風俗教化。⑫夜開門然燈……美風化也，乃止：按此段乃錄自《舊唐書・嚴挺之傳》，字句大致相同。⑬及李盡忠反：李盡忠反，見卷二百五武后萬歲通天元年。⑭與靺鞨乞四北羽：按新舊《唐書・渤海靺鞨傳》，乞四北羽皆作乞四比羽。靺鞨音末曷。⑮阻險自固：謂依險阻以自固守。⑯天門嶺：胡三省曰：「新書：『天門嶺在土護真河北三百里。』」⑰逆戰：迎戰。⑱東牟山：據《新唐書・渤海傳》，東牟山在挹婁界，地直營州東二千里，南北新羅，以泥河為境，東窮海，西契丹。⑲初高麗既亡……令祚榮兼都督：按此段乃錄自《舊唐書・渤海靺鞨傳》，字句大致相同。⑳皇后親蠶：胡三省曰：「舊制，有皇后祀先蠶親桑之禮。後周制，皇后衣十二等，採桑服鴇衣；唐制，皇后親蠶，服鞠衣，黃羅為之。」㉑時政：猶時務。㉒聲實：謂言語與事實。㉓舛謬：錯亂謬誤，音喘。㉔縱欲：縱恣嗜欲。㉕佞邪：諂佞邪惡。㉖常疏：常見疏遠。㉗寤：醒寤。㉘指：通旨，意也。㉙將何遠哉：謂將何遠之有。㉚禁：禁止。㉛至德：至高之德。㉜碎密：煩碎瑣密。㉝煩苛：煩碎苛刻。㉞閑月：謂農功畢入之後。㉟丙辰，以兵部尚書郭元振同中書門下三品：據下考異之文，則丙辰當作辛丑。㊱赤箭粉中：陶弘景曰：「赤箭亦是芝類，莖赤如箭簳，葉生其端，根如人足，又如芋魁，有十二子為衞，其苗為粉，久服，益氣力，長陰肥健，輕身增年。」㊲晉，德良之孫也：德良，長平王叔良之弟，武德初封新興王。㊳欲上斷割：謂欲上去除一切，當機立斷。㊴謀力：謂計謀及兵力。㊵大寶：指帝位言。㊶直：只。㊷安四海：猶安天下。㊸墟：丘墟。㊹北軍：謂左右羽林，左右萬騎。㊺荊州長史崔日用入奏事……以日用為吏部侍郎：按此段乃錄自《舊唐書・崔日用傳》，字句大致相同。㊻以羽林兵突入武德殿：時上於武德殿受羣臣朝，故欲突入為變。㊼於南牙：胡三省曰：「西內以太極殿為正牙，自北門言之，曰南牙。」㊽龍武將軍：《新唐書・兵志》：「睿宗又改千騎曰萬騎，分左右營，及玄宗以萬騎平韋氏，改為左右龍武軍。」《舊唐書・職官志》一：「龍武將軍，從三品。」㊾內給事：《舊唐書・職官志》三：「內侍省，內給事八人，從五品下。掌判省事，凡元正冬至，羣臣朝賀中宮，則出入宣傳；凡宮人衣服費用，則具其品秩，計其多少，春秋二時宣送中書。」㊿晈，謩之曾孫：姜謩見卷一百八十四隋恭帝義寧元年。(51)潘州：《舊唐書・地理志》四嶺南道：「潘州，隋合浦郡之定川縣，武德四年置南宕州，貞觀八年改為潘州，以潘水為名。」(52)自武德殿入虔化門：《唐六典》卷七：「太極門次北曰朱明門，左曰虔化門，虔化之東曰武德西門，其內有武德殿。」(53)擒膺福、猷於內客省：胡三省曰：「四方館隸中書省，故內客省在焉。中書省在太極門之右，膺福猷皆中書省官也。」(54)朝堂：胡三省曰：「東西朝堂在承天門內，分左右。」(55)前奉誥：謂以前已奉誥書。(56)無它：謂無他意。(57)萬年獄：萬年縣獄，萬年縣屬京兆府。(58)素心：夙心。(59)百福殿：《唐六典》卷七：「兩儀殿之右曰宜秋門，宜秋之右曰百福門，其內曰百福殿。」(60)侔：齊等。(61)御府：天子之府庫。(62)息錢：謂所放之利息錢。(63)太平公主逃入山寺……收之數年不盡：按此段《新唐書・諸公主太平公主傳》亦載之，字句大致相同。(64)賨州：《舊唐書・地理志》四嶺南道：「賨州至京師，水陸六千一百里。」(65)瀧州：同志四嶺南道：「瀧州，隋永熙郡之瀧水縣，武德四年平蕭銑，置瀧州。」(66)追賜死：謂遣人追之而賜死也。(67)初上謀誅竇懷貞等……乃追賜死於荊州：按此段乃錄自《舊唐書・崔仁師附湜傳》，字句大致相同。(六八)廢長立少：宋王士成器乃係長子，今廢而不立。(六九)失德：猶無德。(七〇)既以功立，當以罪廢：言上平內難，有大功於天下國家，無罪不可廢黜。(七一)歲寒知松柏：《論語・子罕》：「子曰：『歲寒然後知松柏之後彫也。』」(七二)枝黨：枝屬黨與。(七三)申理：申訴辨理。(七四)初太平公主與其黨謀廢立……當時無知者：按此段《新唐書・陸元方附象先傳》亦載之，字句大致相同。(七五)素：平昔。(七六)初太宗定制，內侍省不置三品官：據《舊唐書・職官志》三，內侍省，內侍二人，從四品上。(七七)猥多：猶繁多。(七八)衣緋者尚寡：《舊唐書・輿服志》：「文武三品已上服紫，四品服深緋，五品服淺緋。」是衣緋乃指四品五品之職位而言。(七九)上在藩邸，力士傾心奉之：《舊唐書・宦官高力士傳》：「高力士潘州人，本姓馮，少閹，與同類金剛二人，聖曆元年，嶺南討擊使李千里進入宮。內官高延福收為假子，性謹密，能傳詔勅，授宮闈丞。玄宗在藩，力士傾心奉之，接以恩顧。」(八〇)稍增：漸增。(八一)浸：漸。(八二)率更令：《唐六典》卷二十七：「太子率更寺令一人，從四品上，掌宗族次序，禮樂刑罰，及漏刻之政令。」(八三)中宗之崩也……令嶠隨暢之官：按此段乃錄自《舊唐書・李嶠傳》，字句大致相同。(八四)引見京畿縣令：據《新唐書・地理志》一，京城兩赤縣，為萬年，長安，京兆府所屬畿內諸縣，則為次赤或畿。又按《舊唐書・職官志》三，長安、萬年謂之京縣，令各一人，正五品上；京兆所管諸縣謂之畿縣，令各一人，正六品下。(八五)黎元：百姓。(八六)軍容：軍之容儀。(八七)纛：大旗。(八八)新州：《舊唐書・地理志》四嶺南道：「新州至京師五千五十二里。」(八九)以軍容不整……乃流新州：按此段乃錄自《舊唐書・郭元振傳》，字句大致相同。(九〇)遽：立即。(九一)震慴失次：謂震懼慴怖而莫所適從。(九二)左軍節度：時講武分左右軍，以訥為左軍節度。(九三)獵於渭川：此即新豐界之渭川。(九四)而難其人：謂而難得其人。(九五)面欺：當面欺詐。(九六)首服：自首服罪。(九七)三為宰相：姚崇始相武后，後相睿宗，今復為相。(九八)勵精：謂勉勵而振作精神。(九九)如響：如響之應聲，言其速也。(一〇〇)唯諾：謂示贊同。(一〇一)愛爵賞：猶重爵賞，意為封爵賜賞，不應淫濫。(一〇二)却：除止。(一〇三)面加可否：謂宜當面即表示或可或否。(一〇四)省察：省慮考察。(一〇五)庶政：眾政，此猶國政。(一〇六)乃：竟。(一〇七)會力士宣事至省中：胡三省曰：「唐世，凡機事皆使內臣宣旨於宰相。」(一〇八)道：言說。(一〇九)君人之體：謂為君之要領。(一一〇)曲江：今廣東省曲江縣。(一一一)謟躁：謟佞躁競。(一一二)純厚：純粹醇厚。(一一三)任人當才：謂任人當以才為主。(一一四)溺：猶失。(一一五)緣情：緣循情面。(一一六)君侯：以姚元之為相，位同古之諸侯，故尊稱之曰君侯。(一一七)職：任職。(一一八)淺中弱植之徒：謂心胸膚淺，學殖薄弱之流。(一一九)取容：以求容納。(一二〇)所失在於無恥：謂所差失者，乃在於無有廉恥。(一二一)司功：《舊唐書・職官志》三：「上州司功參軍事一人，從七品下，掌官吏考課、祭祀禎祥、道佛學校表疏、醫藥陳設之事。」(一二二)欒布之儔：欒布哭彭越。儔，輩。(一二三)逮：至。(一二四)權譎：權變詭譎。(一二五)承平：謂世世沿承而太平也。(一二六)中書侍郎王琚為上所親厚……按行北邊諸軍：按此段乃錄自《舊唐書・王琚傳》，字句大致相同。(一二七)改元：改元開元。(一二八)長史為尹，司馬為少尹：胡三省曰：「隨以京守為牧，武德初因隋置牧，以親王為之，或不出閤，以長史知府事，至是，改為府，升長史為尹，從三品，專總府事。魏晉以下，州府皆有沿中，隋文帝改為司馬，武德改為治中，求徽避高宗名，改為司馬，至是改為少尹，從四品下。」㊴赦天下改元……司馬為少尹：按此段乃錄自《舊唐書・玄宗紀》，字句大致相同。㊵姚元之避開元尊號，復名崇：據《舊唐書・姚崇傳》，崇本名元崇，武后長安四年命以字行，今復舊名而省元字。㊶側門取進止：胡三省曰：「東內有左右側門，左右側門之外，即金吾左右仗。」㊷申款：申述誠款。㊸蹇：跛。㊹輔臣：輔弼之臣。㊺密：秘密。㊻誤：遺誤。

卷二百一十一 唐紀二十七

司馬光編集
曲守約註

起閼逢攝提格，盡強圉大荒落，凡四年。（甲寅至丁巳，西元七一四年至七一七年）

玄宗至道大聖大明孝皇帝上之中

開元二年（西元七一四年）

㈠春，正月，壬申，制選京官㊀有才識者，除都督刺史，都督刺史有政績者，除京官，使出入常均㊁，永為恒式㊂。

㈡己卯，以盧懷慎檢校黃門監㊃。

㈢舊制，雅俗之樂，皆隸太常㊄，上精曉音律，以太常禮樂之司，不應典倡優雜伎，乃更置左右教坊，以教俗樂㊅，命右驍衛將軍范及為之使；又選樂工數百人，自教法曲於梨園㊆，謂之皇帝梨園弟子；又教宮中使習之；又選伎女置宜春院㊇，給賜其家㊈。禮部侍郎張廷珪、酸棗尉袁楚客皆上疏，以為：「上春秋鼎盛㊉，宜崇⑪經術，邇⑫端士，尚樸素，深以悅鄭聲⑬好遊獵為戒。」上雖不能用，咸嘉賞之。

㈣中宗以來，貴戚㉔爭營㉕佛寺，奏度㉖人為僧，兼以偽妄㉗，富戶彊丁，多削髮㉘以避徭役，所在充滿。姚崇上言：「佛圖澄不能存趙㉙，鳩摩羅什不能存秦㉚，齊襄㉛梁武未免禍殃，但使蒼生安樂，即是佛身㉜，何用妄度姦人，使壞正法！」上從之，丙寅，命有司沙汰㉝天下僧尼，以偽妄還俗者，萬二千餘人㉞。

㈤初營州都督治柳城，以鎮撫奚契丹，則天之世，都督趙文翽失政，奚契丹攻陷之㉟，是後寄治幽州東漁陽城。或言：「靺鞨、奚、霫大欲㊱降唐，正㊲以唐不建營州，無所依投，為默啜所侵擾，故且附之，若唐復建營州，則相帥歸化㊳矣。」并州長史、和戎大武等軍㊴州節度大作薛訥信之，奏請擊契丹，復置營州。上亦以冷陘之役㊵，欲討契丹，羣臣姚崇等多諫。甲申，以訥同紫微黃門三品，將兵擊契丹，羣臣乃不敢言。

㈥薛王業之舅王仙童，侵暴㊶百姓，御史彈奏，業為之請，敕紫微黃門覆按，姚崇、盧懷慎等奏：「仙童罪狀明白㊷，御史所言無所枉㉝，不可縱捨。」上從之。由是貴戚斂手㉞。

㈦二月，庚寅朔，太史奏太陽應虧㉟不虧，姚崇表賀，請書之史冊，從之。

㈧乙未，突厥可汗默啜遣其子同俄特勒、及妹夫火拔頡利發、【考異】舊郭虔瓘傳云，默啜壻，今從舊突厥傳及唐歷。舊虔瓘傳作移江可汗，突厥傳作移涅可汗，今從唐紀。石阿失畢將兵圍北庭都護府，都護郭虔瓘擊破之。同俄單騎逼城下，虔瓘伏壯士於道側，突起斬之。突厥請悉軍中資糧，以贖同俄，聞其已死，慟哭而去㊱。丁未，敕自今所在㊲，毋得創建佛寺，舊寺頹壞應葺㊳者，詣有司陳牒檢視㊴，然後聽之。

㈨閏月，以鴻臚少卿、朔方軍副大總管王晙兼安北大都護、朔方道行軍大總管，令豐安、定遠㊵、三受降城及旁側諸軍，皆受晙節度㊶，徙大都護府於中受降城，置兵屯田。

㈩丁卯，復置十道按察使，以益州長史陸象先等為之。

(十一)上思徐有功用法平直，乙亥，以其子大理司直㊷惀為恭陵令，竇孝諶之子光祿卿、豳公希瑊等，請以己官爵讓惀㊸，以報其德，由是倫累遷申王府司馬(四五)。

(十二)丙子，申王成義請以其府錄事閻楚珪為其府參軍(四六)，上許之。姚崇、盧懷慎上言：「先嘗得旨(四七)云：『王公駙馬有所奏請，非墨敕(四八)，皆勿行(四九)。』臣竊以量材授官，當歸有司，若緣親故之恩，得以官爵為惠，踵習(五〇)近事(五一)，實紊紀綱。」事遂寢，由是請謁(五二)不行。

(十三)突厥石阿失畢(五三)既失同俄，不敢歸，癸未，與其妻來奔，以為右衞大將軍，封燕北郡王(五四)，命其妻曰金山公主(五五)。

(十四)或告太子少保劉幽求、太子詹事鍾紹京有怨望語(五六)，下紫微省(五七)按問(五八)，幽求等不服，姚崇、盧懷慎、薛訥言於上曰：「幽求等皆功臣，乍(五九)就閑職，微有沮喪(六〇)，人情或然，功業既大，榮寵亦深，一朝下獄，恐驚遠聽(六一)。」戊子，貶幽求為睦州(六二)刺史，紹京為果州(六三)刺史。【考異】幽求傳曰：「姚崇素嫉忌之，乃奏言，幽求鬱怏於散職，兼有怨言，貶授睦州刺史。」紹京傳曰：「姚崇素惡紹京之為人，因奏紹京發言怨望，左遷綿州刺史。」今從實錄。紫微侍郎王琚行邊軍未還(六四)，亦坐幽求黨，貶澤州刺史。

(十五)敕涪(六五)州刺史周利貞等十三人，皆天后時酷吏，比周興等情狀差輕(六六)，宜放歸草澤(六七)，終身勿齒(六八)。

(七六)西突厥十姓酋長都擔叛。二月，己亥，磧西節度使阿史那獻克碎葉等鎮，擒斬都擔，降其部落二萬餘帳。【考異】實錄，此月云：「獻擒賊帥都擔，六月梟都擔首。」蓋此月奏擒之，六月傳首方至耳。實錄此月又云：「以西域二萬餘帳內附。」六月云：「擒其部落五萬餘帳。」新傳雲三萬帳，蓋兵家好虛聲，今從其少者。

(七七)御史中丞姜晦以宗楚客等改中宗遺詔(六九)，青州刺史韋安石、太子賓客韋嗣立、刑部尚書趙彥昭、特進致仕李嶠，於時同為宰相，不能匡(七〇)正，令監察御史郭震彈之；且言彥昭拜巫趙氏為姑，蒙婦人服(七一)，與妻乘車詣其家。甲辰，貶安石為沔州別駕(七二)，嗣立為嶽州別駕，彥昭為袁州別駕，【考異】彥昭傳曰：「姚崇素惡彥昭之為人。」今從實錄。嶠為滁州別駕。安石至沔州，晦又奏安石嘗檢校定陵(七三)，盜隱(七四)官物，下州(七五)徵贓；安石歎曰：「此祇應須我死耳。」憤恚(七六)而卒。晦，皎之弟也(七七)。

(七八)毀天樞(七八)，發匠鎔其鐵錢，歷月不盡。先是韋后亦於天街(七九)作石臺，高數丈，以頌功德，至是，并毀之。

(七九)夏，四月，辛巳，突厥可汗默啜復遣使求昏，自稱乾和永清大駙馬、天上得果報天男(八〇)、突厥聖天骨咄祿可汗。

(廿)五月，己丑，以歲饑，悉罷員外試檢校官(八一)，自今非有戰功及別敕，毋得注擬(八二)。

(廿一)己酉，吐蕃相坌達延遺宰相書，請先遣解琬至河源，正二國封疆(八三)，然後結盟，琬嘗為朔方大總管，故吐蕃請之。前此，琬以金紫光祿大夫致仕，復召拜左散騎常侍而遣之。又命宰相復坌達延書，招懷之。琬上言：「吐蕃必陰懷叛計，請預屯兵十萬於秦渭等州，以備之(八四)。」

(廿二)黃門監魏知古本起小吏，因姚崇引薦，以至同為相(八五)，崇意輕之，請知古攝吏部尚書知東都選事，遣吏部尚書宋璟於門下過官(八六)，知古銜之(八七)。崇二子分司東都(八八)，恃其父有德(八九)於知古，頗招權請託(九〇)，知古歸，悉以聞；它日，上從容問崇：「卿子才性(九一)何如？今何官也？」崇揣知(九二)上意，對曰：「臣有三子，兩仕東都，為人多欲而不謹，是必以事干(九三)魏知古，臣未及問之耳。」上始以崇必為其子隱，及聞崇奏，喜，問卿安從知之，對曰：「知古微時，臣卵而翼之(九四)，臣子愚，以為知古必德臣(九五)，容(九六)其為非，故敢干之耳。」上於是以崇為無私，而薄知古負崇，欲斥之，崇固請曰：「臣子無狀（九七），撓（九八）陛下法，陛下赦其罪，已幸矣，苟用臣逐知古（九九），天下必以陛下為私於臣，累（一〇〇）聖政矣。」上久乃許之。辛亥，知古罷為工部尚書。【考異】舊知古傳：「二年還京，上屢有顧問，恩意甚厚，尋改紫微令；姚崇深忌憚之，陰加讒毀，乃除工部尚書，罷知政事。」新傳亦云：「由黃門監改紫微令。」今據實錄。知古自黃門監罷政事，其所以罷，從柳氏舊聞。

(廿三)宋王成器、申王成義，於上，兄也；岐王範、薛王業，上之弟也；豳王守禮，上之從兄也。上素友愛，近世帝王莫能及，初即位，為長枕大被，與兄弟同寢，諸王每旦，朝於側門（一〇一），退則相從宴飲，鬭雞擊毬（一〇二），或獵於近郊，遊賞別墅，中使存問（一〇三），相望於道（一〇四）（一〇五）。上聽朝罷，多從諸王遊，在禁中，拜跪如家人禮，飲食起居，相與同之，於殿中設五幄（一〇六），與諸王更（一〇七）處其中，或講論賦詩，間以飲酒博奕遊獵，或自執絲竹，成器善笛，範善琵琶，與上更奏之。諸王或有疾，上為之終日不食，終夜不寢，業嘗疾，上方臨朝，須臾之間，使者十返（一〇八），上親為業煮藥，回飆（一〇九）吹火，誤爇（一一〇）上須（一一一），左右驚救之，上曰：「但使王飲此藥而愈，須何足惜！」成器尤恭慎，未嘗議及時政，與人交(一二)結，上愈信重之，故讒間之言，無自而入；然專以聲色畜養(一三)娛樂之，不任以職事。羣臣以成器等地逼，請循(一四)故事，出刺外州。六月，丁巳，以宋王成器兼岐州刺史，申王成義兼豳州刺史，【考異】實錄舊傳作幽州，今從唐曆舊紀。豳王守禮兼虢州刺史，令到宮，但領大綱(一五)，自餘(一六)州務，皆委上佐(一七)主之。是後，諸王為都護、都督、刺史者，並準此(一八)。

(廿四)丙寅，吐蕃使其宰相尚欽藏來獻盟書(一九)。

(廿五)上以風俗奢靡。秋，七月，乙未，制：「乘輿服御(二〇)、金銀器玩，宜令有司銷毀，以供軍國之用；其珠玉錦繡，焚於殿前；后妃以下，皆毋得服珠玉錦繡。」戊戌，敕：「百官所服帶、及酒器、馬銜鐙(二一)，三品以上聽飾以玉，四品以金，五品以銀，自餘皆禁之。婦人服飾從其夫子(二二)，其舊成錦繡，聽染為皂(二三)。自今天下，更毋得采珠玉(二四)，織錦繡等物，違者杖一百，工人減一等(二五)。」罷兩京織錦坊。

臣光曰：「明皇之始欲為治，能自刻厲節儉如此，晚節(二六)猶以奢敗㉗，甚哉奢靡之易以溺人也！詩云：『靡不有初，鮮克有終㉘。』可㉙不慎哉！」

(七六)薛訥與左監門衞將軍杜賓客、定州刺史崔宣道等將兵六萬，【考異】舊傳云兵二萬，僉載云八萬人皆沒，今從唐紀。㉚出檀州擊契丹。賓客以為：「士卒盛夏負戈甲，齎資糧㉛，深入寇境，難以成功。」訥曰：「盛夏草肥，羔犢㉜孳息㉝，因糧㉞於敵，正得天時，一舉滅虜，不可失也。」行至灤水㉟山峽中，契丹伏兵遮㊱其前後，從山上擊之，唐兵大敗，死者十八九，訥與數十騎，突圍得免，虜中嗤㊲之，謂之薛婆㊳。崔宣道將後軍㊴，聞訥敗，亦走。訥歸罪於宣道，及胡將李思敬等八人，制悉斬之於幽州，庚子，敕免訥死，削除其官爵，獨赦杜賓客之罪㊵。

(七七)壬寅，以北庭都護郭虔瓘為涼州刺史、河西諸軍州節度使。

(七八)果州刺史鍾紹京心怨望，數上疏妄陳休咎㊶，乙巳，貶溱州刺史。

(七九)丁未，房州刺史襄王重茂薨，輟朝三日，追諡曰殤皇帝㊷。

(卌)戊申，禁百官家毋得與僧尼道士往還(四三)。壬子，禁人間(四四)鑄佛(四五)寫經。

(卌一)宋王成器等請獻興慶坊宅為離宮，甲寅，制許之，始作興慶宮(四六)，仍各賜成器等宅，環於宮側(四七)。又於宮西南置樓，題其西曰花萼相輝之樓，南曰勤政務本之樓(四八)。上或登樓，聞王奏樂，則召升樓同宴，或幸其所居盡歡，賞賚(四九)優渥(五〇)。

(卌二)乙卯，以岐王範兼絳州刺史，薛王業兼同州刺史，【考異】實錄云：「八月乙卯。」據長曆，八月丙辰朔，實錄自此以下脫少，今取唐歷、舊本紀補之。仍敕宋王以下，每季二人入朝，周而復始(五一)。

(卌三)民間訛言(五二)上采擇女子，以充掖庭(五三)，上聞之。八月，乙丑，令有司具車牛(五四)於崇明門(五五)，自選後宮無用者，載還其家，敕曰：「燕寢之內(五六)，尚令罷遣，閭閻(五七)之間，足可知悉(五八)。」

(卌四)乙亥，吐蕃將坌達延乞力徐帥眾十萬寇臨洮軍、蘭州，至於渭源(五九)，掠取牧馬(六〇)，命薛訥白衣(六一)攝(六二)左羽林將軍，為隴右防禦使，以右驍衛將軍、常樂(六三)郭知運為副使，與大僕少卿王晙帥兵擊之（六四）。辛巳，大募勇士詣河隴，就訥教習（六五）。初鄯州都督楊矩以九曲之地與吐蕃（六六），其地肥饒（六七），吐蕃就之畜牧，因以入寇，矩悔懼自殺。

（四五）乙酉，太子賓客薛謙光獻武后所製豫州鼎銘（六八），其末云：「上玄（六九）降鑒（七〇），方建隆基（七一）。」以為上受命之符（七二），姚崇表賀，且請宣示史官，頒告中外。

臣光曰：「日食不驗（七三），太史之過也，而君臣相賀，是誣（七四）天也。采偶然之文，以為符命，小臣之諂也。而宰相因而實之（七五），是侮其君也。上誣於天，下侮其君，以明皇之明，姚崇之賢，猶不免於是，豈不惜哉！」

（四六）九月，戊申，上幸驪山溫湯。敕以歲稔傷農，令諸州修常平倉法（七六），江、嶺、淮、浙、劍南地下濕，不堪貯積，不在此例。

（四七）突厥可汗默啜衰老，昏虐（七七）愈甚，壬子，葛邏祿等部落詣涼州降。

（四八）冬，十月，吐蕃復寇渭源，丙辰，上下詔欲親征，發兵十餘萬人，馬四萬匹。

(三九)戊午，上還宮。

(四〇)甲子，薛訥與吐蕃戰於武街(七八)，大破之。時太僕少卿、隴右羣牧使王晙帥所部二千人，與訥會擊吐蕃，坌達延將吐蕃兵十萬，屯大來谷，晙選勇士七百，衣胡服，夜襲之，多置鼓角(七九)於其後五里，前軍遇敵大呼，後人鳴鼓角以應之，虜以為大軍至，驚懼，自相殺傷，死者萬計。訥時在武街，去大來谷二十里，虜軍塞其中間，晙復夜出襲之，虜大潰，始得與訥軍合，追奔至洮水，復戰於長城堡(八〇)，又敗之，前後殺獲數萬人，豐安軍使王海賓戰死(八一)。

(四一)戊辰，姚崇、盧懷慎等奏：「頃者，吐蕃以河為境，神龍中尚公主，遂踰河築城，置獨山九曲兩軍，去積石三百里，又於河上造橋，今吐蕃既叛，宜毀橋拔城(八二)。」從之。以王海賓之子忠嗣為朝散大夫、尚輦奉御(八三)，養之宮中(八四)。

(四二)己巳，突厥可汗默啜又遣使求昏，上許以來歲迎公主。

(四三)突厥十姓胡祿屋等諸部(八五)，詣北庭(八六)請降，命都護郭虔瓘撫存(八七)之。

(四四)乙酉，命左驍衛郎將尉遲瓌使於吐蕃，宣慰金城公主；吐蕃遣其大臣宗俄因矛至洮水，請和，用敵國禮(八八)，上不許，自是連歲犯邊。【考異】唐曆：「四年七月丁丑，吐蕃以去年之敗，遣其大臣宋俄因矛款塞請和，自恃兵彊，求敵國之禮，天子忿之。」按自此至四年，非去年也，既云以敗請和，又何得云自恃兵彊？既云天子忿之？又當年八月已許其和，今從舊傳。

(四五)十一月，辛卯，葬殤皇帝。

(四六)丙申，遣左散騎常侍解琬詣北庭，宣慰突厥降者，隨便宜區處(八九)。

(四七)十二月，壬戌，沙陀、金山入朝。

(四八)甲子，置隴右節度大使，須嗣、鄯、奉、河、渭、蘭、臨、武、洮、岷、郭(九〇)、疊、宕十二州，以隴右防禦副使郭知運為之。

(四九)乙丑，立皇子嗣真為鄫王，【考異】實錄於此作鄫王於後作郯一王，今從舊傳。(九一)嗣初為鄂王(九二)，嗣主為鄄王。辛巳，立郢王嗣謙為皇太子。嗣真，上之長子，母曰劉華妃(九三)；嗣謙，次子也，母曰趙麗妃(九四)，麗妃以倡進，有寵於上，故立之。

（九四）是歲，置幽州節度、經略、鎮守大使，領幽、易、平、檀、嬀、燕六州。突騎施可汗守忠之弟遮弩，恨所分部落，少於其兄，遂叛入突厥，請為鄉導，以伐守忠；默啜遣兵二萬擊守忠，虜之而還，【考異】舊傳以為景龍三年事。按實錄，娑葛既為十四姓可汗，自後無娑葛名，但屢云突騎施守忠入朝，或者守忠即娑葛賜名邪！景雲以後，守忠猶在。又開元二年六月，阿史那獻奏：「有龍見於北庭，為鎮將妻馮言之曰，突騎施娑葛三年後破散，默啜八年後自滅。」然則娑葛於時尚在也，竟不知死於何年，故附此。謂遮弩曰：「汝叛其兄，何有於我（九五）！」遂并殺之（九六）。

【今註】（一）京官：即在朝官。（二）常均：謂常常均勻。（三）恒式：常式。（四）檢校黃門監：去年改門下省為黃門省，侍中為監，檢校黃門監即檢校侍中。（五）太常：《唐六典》卷十四：「太常寺卿一人，正三品，掌邦國禮樂，郊廟社稷之事。率太樂之官屬，設樂縣以供其事，燕會亦如之。」（六）俗樂：謂俚俗之樂。（七）梨園：梨園在禁苑，注已見前。（八）宜春院：胡三省曰：「宜春院當在西內宜春門內。」（九）給賜其家：於其家中，給賜以俸物。（十）春秋鼎盛：謂年齡方當壯盛之時。（十一）崇：崇尚。（十二）邇端士：親近端正之士。（十三）鄭聲：謂靡靡之音。（十四）貴戚：貴幸宗戚。（十五）營：營建。（十六）度：削度。（十七）偽妄：謂詐偽虛妄。（十八）削髮：即為僧。（十九）佛圖澄不能存趙：石虎敬重佛圖澄，澄死而趙亡。（二十）鳩摩羅什不能存秦：姚興師鳩摩羅什，興死而秦亡。（二一）齊襄：北齊文襄。（二二）佛身：按《舊唐書・姚崇傳》：「崇奏曰：『佛不在外，求之於心。』」是佛身猶佛心也。（二三）沙汰：猶今之淘汰。（二四）中宗以來，貴戚爭營佛寺……以偽妄還俗者，萬二千餘人：按此段乃錄自《舊唐書・姚崇傳》，字句大致相同。㉕則天之世，都督趙文翽失政，奚契丹攻陷之：見卷二百五武后萬歲通天元年。㉖大欲：猶甚欲。㉗正：只。㉘歸化：歸順王化。㉙大武軍：大武軍在代州北，後改曰大同軍。㉚冷陘之役：冷陘敗見上卷先天元年。㉛侵暴：謂侵佔橫暴。㉜明白：猶昭著。㉝枉：冤枉。㉞斂手：謂不敢為惡。㉟太陽應虧：謂曰蝕也。㊱突厥可汗默啜遣其子同俄特勒……慟哭而去：按此段乃揉合《舊唐書》郭虔瓘及突厥二傳而成，字句大致相同。㊲自今所在：其全文乃為自今以後所在之地。㊳葺：修葺。㊴陳牒檢視：謂上牒俟檢視屬實後。㊵豐安定遠軍：杜佑曰：「豐安軍在靈武西，黃河外百八十餘里。定遠軍在靈武東北二百里，黃河外。」㊶徙大都護府於中受降城：杜佑曰：「安北府東至榆林三百五十里，南至朔方八百里，西至九原二百五十里，北至回紇界七百里。」㊷大理司直：《舊唐書・職官志》三：「大理寺司直六人，從六品上。」㊸竇孝諶之子請以己官爵讓倫：竇孝諶事見卷二百五武后長壽二年。㊹申王府司馬：《舊唐書・職官志》三：「親王府司馬一人，從四品下。」㊺上思徐有功用法平直……累遷申王府司馬：按此段乃錄自《舊唐書・徐有功傳》，字句大致相同。㊻申王成義請以其府錄事閻楚珪為其府參軍：《舊唐書・職官志》三：「親王府錄事一人，從九品上，功、倉、戶、兵、騎、法、士等七曹參軍事各一人，正七品上。」㊼得旨：謂得聖旨。㊽墨敕：指天子之制敕。㊾皆勿行：謂皆不得通行。㊿踵習：繼習。(51)近事：謂中宗朝濫官之弊。(52)請謁：謂請謁以求官爵。(53)突厥石阿失畢：按《舊唐書・突厥傳》上，其全名乃為火拔頡利發石阿失畢，故有僅言火拔者，亦有單作石阿失畢者，其實皆指該一人而言。(54)封燕北郡王：《舊唐書・玄宗紀》，作燕山郡王，此則從《舊唐書・突厥傳》文。(55)突厥石阿失畢既失同俄……命其妻曰金山公主：按此段乃錄自《舊唐書・突厥傳》，字句大致相同。(56)怨望語：猶怨恨語。(57)紫微省：開元元年，中書省改。(58)按問：按驗訊問。(59)乍：突。(60)沮喪：猶悒鬱。(61)恐驚遠聽：恐驚動遠方之聽聞。(62)睦州：《舊唐書・地理志》三江南道：「睦州在京師東南三千六百五十九里。」(63)果州：同志四劍南道：「果州至京師二千五百五十八里。」(64)紫微侍郎王琚，行邊軍未還：去年遣王琚按行北邊諸軍。(65)涪：音浮。(66)差輕：較輕。(67)草澤：猶田野。(68)勿齒：謂勿列於常人之倫。(69)以宗楚客等改中宗遺詔：事見卷二百九睿宗景雲元年。(70)匡：正。(71)蒙婦人服：猶著婦人服。(72)沔州別駕：《舊唐書・職官志》三：「上州，別駕一人，從四品下，中州，別駕一人，正五品下，下州，別駕一人，從五品上。」(73)又奏安石嘗檢校定陵：按《舊唐書・韋安石傳》作：「安石嘗檢校定陵造作。」造作謂工事也，此二字不可少，當從添入。(74)盜隱：盜竊隱匿。(75)下州：謂以勒符下於沔州。(76)恚：忿怒，音ㄏㄨㄟˋ。(77)安石至沔州……晦皎之弟也：按此段乃錄自《舊唐書・韋安石傳》，字句大致相同。(78)毀天樞：造天樞，見卷二百五武后延載元年。(79)天街：胡三省曰：「天街即京城朱雀街。」(80)天男：猶云天子。(81)罷員外試檢校官：員外謂員額之外者，試；試署，檢校與試相類。罷之，以其冗濫，且靡俸廩故也。(82)自今非有戰功及別敕，毋得注擬：此三項官，今後非有戰功及別敕特行錄用，吏兵部毋得注擬。(83)封疆：邊疆處設有封誌，故曰封疆。(八四)前此、琬以金紫光祿大夫致仕……於秦渭等州以備之：按此段乃錄自《舊唐書．解琬傳》，字句大致相同。(八五)以至同為相：黃門監即宰相之職。(八六)於門下過官：胡三省曰：「唐制、凡文武職事官，六品以下，吏兵部進擬，必過門下省，量其階資，校其才用，以審定之，若擬職不當，隨其優屈，退而量焉，謂之過官。」(八七)銜之：謂銜恨之。(八八)分司東都：分為東都之有司。(八九)有德：謂有恩德。(九〇)招權請託：謂招納權賄，代人請託。(九一)才性：才能性格。(九二)揣知：測知。(九三)干：干求。(九四)臣卵而翼之：《左傳》哀十六年：「子西曰：『勝如卵，余翼而長之。』」喻撫育也。(九五)必德臣：謂必感臣之恩德。(九六)容：容許。(九七)無狀：無善狀。(九八)撓：回亂。(九九)苟用臣逐知古：謂苟以臣故，放逐知古。(〇〇)累：疵累。(〇一)朝於側門：據《唐六典》卷七，側門指太極門北之左虔化門，右肅章門言。(〇二)擊毬：按又名蹴鞠。(〇三)存問：存恤問候。(〇四)相望於道：猶絡繹不絕。(〇五)上素友愛……相望於道：按此段乃錄自《舊唐書．睿宗諸子讓皇帝憲傳》，字句大致相同。(〇六)幄：帷幄，音ㄨㄛˋ。(〇七)更：更遞。(〇八)十返：十次往返。(〇九)颷：疾風。(一〇)爇：燒。(一一)須：通鬚。(一二)未嘗議及時政，與人交結：按〈讓皇帝憲傳〉作：「未嘗干議時政，及與人交結。」考同書〈惠文太子範傳〉：「時上（玄宗）禁約王公，不合與外人交結，駙馬都尉裴虛已，坐與範遊讌，兼私挾讖緯之書，配徙嶺外。」足知與人交結亦為上之所忌，故與人上之及字，必不可少。(一三)畜養：指犬馬等言。(一四)循：依。(一五)大綱：重大事之綱要。(一六)自餘：猶其餘。(一七)上佐主之：上佐謂長史司馬；主，主持之。(一八)準此：謂以此為準繩。(一九)盟書：結盟誓之書。(二〇)服御：謂衣服及所御用者。(二一)馬銜：謂馬之銜勒及鐙。(二二)從其夫子：胡三省曰：「夫子者，夫若子也。」㉓皂：黑色。㉔采珠玉：採掘珠玉。㉕違者杖一百，工人減一等：胡三省曰：「唐法，杖二百，決臀，杖二十減一等，杖八十。」㉖晚節：猶晚年。㉗以奢敗：以奢侈而致敗亡。㉘靡不有初，鮮克有終：《詩・大雅・蕩》之辭，意謂人降命之初，無不善者，然少能以善道自終。㉙可：豈可。㉚考異曰今從唐紀：按此唐紀，即《舊唐書》本紀之省文。㉛齎資糧：謂攜帶軍資糧械，音躋。㉜羔犢：小羊曰羔，小牛曰犢。㉝孳息：孳生，此猶言蕃息。㉞因糧：依藉糧草。㉟灤水：上源曰上都河，出察哈爾省沽源縣，入熱河省境，始曰灤河，又南入河北省喜峯口，至盧龍縣合青龍河，入渤海。㊱遮：遮斷。㊲嗤：嗤笑。㊳謂之薛婆：胡三省曰：「俗謂婦人之老曰婆，言薛訥老怯，如老婦人也。」㊴薛宣道將後軍：按上文作定州刺史崔宣道，《舊唐書・薛訥傳》亦作崔宣道，薛乃崔字之誤。㊵薛訥與左監門衞將軍杜賓客……獨赦杜賓客之罪：按此段乃錄自《舊唐書・薛訥傳》，字句大致相同。㊶休咎：休祥凶咎。㊷追謚曰殤皇帝：王乃中宗第四子，曾為韋后所立，故仍謚曰皇帝。㊸禁百官家毋得與僧尼道士往還：以與僧尼道士往還，頗易滋生事端，而萌發不軌之事。㊹人間：即民間避諱而改者。㊺鑄佛：鑄造佛像。㊻始作興慶宮：《唐六典》卷七：「興慶宮在皇城之東南，東距外郭城東垣，即今上龍潛舊宅也。開元初以為離宮，至十四年，又取永嘉、勝業坊之半，以置朝。自大明宮東夾羅城複道，經通化門磴道潛通焉。」㊼仍各賜成器等宅，環於宮側：胡三省曰：「寧王，岐王宅、在安興坊，薛王宅在勝業坊，二坊相連，皆在興慶宮西。寧王，即宋王也。」㊽花蕚相輝之樓：取詩人棠棣之義以為名。㊾賚：

賜，音睞。(五〇)始作興慶宮……賞賚優渥：按此段乃錄自《舊唐書．睿宗諸子讓皇帝憲傳》，字句大致相同。(五一)周而復始：謂依四季入朝完畢後，則復循原始之次第而繼行之。(五二)訛言：謠言之錯誤者。(五三)掖庭：即宮掖。(五四)具車牛：按六朝以至唐代，多以牛輓車。《舊唐書．劉子玄傳》：「進議曰：『古者自大夫已上，皆乘車，而以馬為騑服，魏晉已降，迄乎隋代，朝士又駕牛車，歷代經史具有其事。』」同書〈李義府傳〉：「三原令李孝節私課丁夫車牛，為其載土築墳。」同書〈李巨傳〉：「充東京留守，於城市橋梁稅出入車牛等錢，以供國用，頗有乾沒，士庶怨讟。」《唐六典》卷五：「諸司皆置車牛，以備遞運之事。」皆其例證。(五五)崇明門：《唐六典》卷七：「大明宮其內曰紫宸殿，即內朝正殿也，殿之南面紫宸門，左曰崇明門，右曰光順門。」(五六)燕寢之內：謂燕寢內之宮女。(五七)閭閻：閭，里中門，此與閭里意頗相同，謂平民所居之處。(五八)足可知悉：謂足可知曉其無采擇女子之事。(五九)渭源：據《舊唐書．地理志》三，渭源屬隴右道渭州。(六〇)取牧馬：按此乃唐諸牧監所牧養之馬匹也。(六一)白衣：無宮職平民所著之服。(六二)攝：代理。(六三)常樂：據《舊唐書．地理志》三，常樂縣屬隴右道瓜州。(六四)吐蕃將坌達延乞力徐帥眾十萬……與太僕少卿王晙帥兵擊之：按此段乃錄自《舊唐書．薛訥傳》，字句大致相同。(六五)就訥教習：謂至薛訥處接受教練。(六六)初鄯州都督楊矩以九曲之地與吐蕃：事見上卷睿宗景雲元年。(六七)肥饒：肥沃富饒。(六八)武后所製豫州鼎銘：武后鑄九州鼎，自製銘。(六九)上玄：上蒼。(七〇)降鑒：降而鑒臨。(七一)隆基：隆盛之基業。(七二)符：符瑞。(七三)不驗：不靈驗。(七四)誣：罔。(七五)實之：視為事理之當然。(七六)敕以歲稔傷農，令諸州修常平倉法：胡三省曰：「太宗時置義倉及常平倉，以備凶荒，高宗以後，稍假以給他費，至神龍中略盡，至是復置之。」(七七)昏虐：昏眊暴虐。(七八)武街：胡三省曰：「唐為武街驛，與大來谷皆屬臨洮渭源縣界。」(七九)鼓角：鼓以擊，角以吹者。(八〇)長城堡：秦築長城，起臨洮，因以名堡。(八一)時太僕少卿王晙……豐安軍使王海賓戰死：按此段乃錄自《舊唐書・王晙傳》，字句大致相同。(八二)拔城：拔去其城。(八三)尚輦奉御：《舊唐書・職官志》三：「殿中省尚輦局奉御二人，從五品上。」(八四)以王海賓之子忠嗣……養之宮中：按此數句乃錄自《舊唐書・王忠嗣傳》，字句大致相同。(八五)突厥十姓胡祿屋等諸部：按此乃西突厥之部落。(八六)北庭：為北庭都護府之省。(八七)撫存：安撫存恤。(八八)用敵國禮：謂用對等國之禮儀。(八九)區處：謂區分處置，與處分之意頗相同。(九〇)置隴右節度大使須嗣、鄯、奉、臨、郭：胡三省曰：「須當作領，嗣字衍，奉當作秦，郭當作廓。臨州本漢隴西之狄道地，晉置武始郡，隋廢郡復為狄道縣，屬蘭州，天寶三載始分置臨州，新舊志皆云然，據此，則已置臨州久矣。」(九一)考異曰：「實錄於此作鄫王，於後作郯王，今從舊傳。」：胡三省曰：「余詳考新舊二史，嗣真是年與嗣初、嗣玄同封，然嗣真實帝之第四子，非長子也，長子乃嗣直也，次子則嗣謙也。先天元年，封嗣直郯王，嗣謙郢王。」本此則嗣真所封者，實為鄫王，至有作郯王，乃誤以嗣直為嗣真耳。(九二)嗣主為鄄王：新舊《唐書・玄宗紀》，嗣主皆作嗣玄，當改從之。(九三)嗣真上之長子，母曰劉華妃：按〈玄宗諸子傳〉，奉天皇帝琮，玄宗長子也，本名嗣直，母劉華妃，是嗣真乃係嗣直之訛。(九四)劉華妃、趙麗妃：《舊唐書・后妃傳》序：「開元中於皇后之下，立惠妃、麗妃、華妃等三位，以代三夫人，為正一品。」(六五)何有於我：謂何能忠於我。(六六)突騎施可汗守忠之弟遮弩……遂并殺之：按此段乃錄自《舊唐書・突厥傳》下，字句大致相同。

三年（西元七一五年）

㈠春，正月，癸卯，以盧懷慎檢校吏部尚書，兼黃門監。懷慎清謹儉素㊀，不營資產，雖貴為卿相，所得俸賜，隨散㊁親舊，妻子不免饑寒，所居不蔽風雨。姚崇嘗有子喪㊂，謁告㊃十餘日，政事委積㊄，懷慎不能決㊅，惶恐入謝㊆於上，上曰：「朕以天下事委㊇姚崇，以卿坐鎮雅俗耳。」崇既出㊈，須臾裁決俱盡，頗有得色㊉，顧謂紫微舍人(一一)齊澣曰：「余為相，可比何人？」澣未對，崇曰：「何如管晏？」澣曰：「管晏(一二)之法雖不能施於後(一三)，猶能沒身(一四)，公所為法，隨復更之，似不及也。」崇曰：「然則，竟如何？」澣曰：「公可謂救時之相耳。」崇喜投筆曰：「救時之相，豈易得乎！」懷慎與崇同為相，自以才不及崇，每事推之(一五)，時人謂之伴食宰相(一六)。

臣光曰：「昔鮑叔之於管仲，子皮之於子產⑰，皆位居其上，能知其賢而下之⑱，授以國政，孔子美之。曹參自謂不及蕭何，一遵其法，無所變更，漢業以成⑲。夫不肖用事，為其僚⑳者，愛身保祿而從之，不顧國家之安危，是誠罪人也。賢智用事，為其僚者，愚惑以亂㉑其治，專固㉒以分其權，媢㉓嫉以毀其功，愎戾㉔以竊其名，是亦罪人也。崇，唐之賢相，懷慎與之同心戮力㉕，以濟明皇太平之政，夫何罪哉！秦誓曰：『如有一個臣，斷斷㉖猗㉗無它技，其心休休㉘焉，其如有容，人之有技，若己有之，人之彥㉙聖，其心好之，不啻如自其口出㉚，實能容㉛之，以保我子孫黎民亦職㉜有利哉。』懷慎之謂矣。」

㈡御史大夫宋璟坐監朝堂杖人，杖輕㉝，貶睦州㉞刺史。

㈢突厥十姓降者，前後萬餘帳，高麗莫離支㉟文簡，十姓之壻也㊱。二月，與跌跌都督思泰等亦自突厥帥眾來降。【考異】實錄：「二年九月壬子，葛邏祿車鼻施失鉢羅俟斤等十二人詣涼州內屬。乙卯，胡祿屋闕及首領等一千三百十一人來降。十月庚辰，胡祿二萬帳詣北庭內屬，明年正月，突厥葛邏祿下首領裴羅達干來降。二月，突厥十姓部落左相五咄陸啜㊲右廂五弩失畢俟斤等，相繼內屬，前後二千餘帳。三月，突厥支副忌等來朝。詔曰，胡祿屋大首領之匐忌。四月，三姓葛邏祿率眾歸國，五月，詔葛邏陸，胡屋鼠尼施等。又云，宜令北庭都護湯嘉惠與葛邏祿胡屋等相應，安西都護呂休璟與鼠尼施相應；又云，及新來十姓大首領，計會掎角。」唐歷：「九月云，胡祿屋闕啜，十月云，胡祿屋二萬帳。」新傳：「前云胡六屋，後云胡屋。」按十姓有胡祿居闕啜鼠尼施處半啜，諸書名號雖各參差，要之葛邏胡祿屋鼠尼施為三姓必矣。然胡祿屋以二萬帳，而云十姓內屬，前後二千餘帳，參差難據，今從舊傳。制皆以河南㊳地處之。

㈣三月，胡祿屋酋長支匐忌等入朝，上以十姓降者浸多。夏，四月，庚申，以右羽林大將軍薛訥為涼州鎮大總管，赤水等軍㊴㊵並受節度，居涼州；左衛大將軍郭虔瓘為朔州鎮大總管，和戎等軍並受節度，居并州，勒兵以備默啜。默啜發兵擊葛邏祿、胡祿屋鼠尼施等，屢破之，敕北庭都護湯嘉惠、左散騎常侍解琬等發兵救之。五月，壬辰，敕嘉惠等與葛邏祿、胡祿屋鼠尼施，及定邊道大總管阿史那獻，互相應援。

㈤山東大蝗，民或於田旁焚香膜拜㊶，設祭而不敢殺，姚崇奏遣御史督州縣捕而瘞㊷之，【考異】舊傳：「開元四年，山東蝗大起，崇奏請捕瘞。」按本紀：「三年六月山東諸州大蝗，姚崇奏差御史下諸道促官吏，遣人驅撲焚瘞，從之。是歲田收有獲，人不甚饑。四年又云，是夏山東河南河北蝗蟲大起，遣使分捕而瘞之。」又實錄：「今年十一月，制以間者河南河北災蝗水潦，明年正月辛未，以右丞倪若水為汴州刺史，五月，敕曰今年蝗暴乃是孳生，所由官司，不早除遏，信蟲成長，看食田苗，不恤人災，自為身計，向若信其拘忌，不有指麾，則山東之苗，掃地俱盡。」然則三年有蝗，崇令討捕不能盡，明年又有蝗也。今從本紀。議者以為蝗眾多，除不可盡，上亦疑之；崇曰：「今蝗滿山東，河南北之人，流亡殆盡，豈可坐視食苗，曾不救乎？借使㊸除之不盡，猶勝養以成災。」上乃從之。盧懷慎以為殺蝗太多，恐傷和氣㊹，崇曰：「昔楚莊吞蛭而愈疾㊺，孫叔殺蛇而致福㊻，奈何不忍於蝗，而忍人之饑死乎㊼！若使殺蝗有禍，崇請當之㊽。」

㈥秋，七月，庚辰朔，日有食之。

㈦上謂宰相曰：「朕每讀書，有所疑滯㊾，無從質㊿問，可選儒學之士，日使(51)入內侍讀(52)。」盧懷慎薦太常卿馬懷素。九月，戊寅，以懷素為左散騎常侍，使與右散騎常侍褚無量，更日(53)侍讀，每至閤門，令乘肩輿(54)以進，或在別館道遠，聽於宮中乘馬，親送迎之，待以師傅之禮(55)，以無量羸老，特為之造腰輿(56)，在內殿，令內侍舁(57)之(58)。

㈧九姓思結都督磨散等來降，己未，悉除官遣還。

㈨西南蠻寇邊，遣右驍衛將軍李玄道，發戎、瀘、夔、巴、梁、鳳等州兵三萬人，并舊屯兵，討之(59)。

㈩壬戌，以涼州大總管薛訥為朔方道行軍大總管，太僕卿呂延祚、靈州刺史杜賓客副之，以討突厥。

(十一)甲子，上幸鳳泉湯（六〇）。十一月，己卯，還京師。

(十二)劉幽求自杭州刺史徙郴州（六一）刺史，憤恚，甲申，卒於道。

(十三)丁酉，以左羽林大將軍郭虔瓘兼安西大都護、四鎮經略大使，虔瓘請自募關中兵萬人，詣安西討擊，皆給遞馱（六二）及熟食（六三），敕許之，將作大匠韋湊上疏，以為：「今西域服從，雖或時有小盜竊（六四），舊鎮兵足以制（六五）之，關中常宜充實，以彊幹弱枝。自頃西北二虜寇邊，凡在丁壯（六六），征行略盡（六七），豈宜更募驍勇，遠資（六八）荒服（六九）。又一萬征人，行六千餘里，咸給遞馱熟食，道次（七〇）州縣，將何以供？秦隴之西，戶口漸少，涼州已往（七一），沙磧悠然（七二），遣（七三）彼居人，如何取濟（七四）？縱令必克（七五），其獲幾何！儻稽（七六）天誅（七七），無乃甚損。請計所用所得，校其多少，則知利害（七八）。昔唐堯之代，兼愛夷夏（七九），中外乂安（八〇），漢武窮兵遠征，雖多克獲，而中國疲耗（八一），今論帝王之盛德者，皆歸（八二）唐堯，不歸漢武，況邀（八三）功不成者，復何足比議（八四）乎！」時姚崇亦以虔瓘之策為不然，既而虔瓘卒無功（八五）。

(十四)初，監察御史張孝嵩奉使廓州，還陳磧西利害，請往察其形勢，上許之，聽以便宜從事。拔汗那者，古烏孫也，內附歲久，吐蕃與大食共立阿了達為王，發兵攻之，拔汗那王兵敗，奔安西，求救，孝嵩謂都護呂休璟曰：「不救，則無以號令西域[八六]。」遂帥旁側戎落兵萬餘人，出龜茲西數千里，下數百城，長驅[八七]而進。是月，攻阿了達於連城，孝嵩自擐甲[八八]，督士卒急攻，自巳至酉，屠其三城，俘斬千餘級，阿了達與數騎逃入山谷[八九]。孝嵩傳檄諸國，威振西域，大食、康居、大宛、罽[九〇]賓等八國，皆遣使請降。會有言其贓污[九一]者，坐[九二]繫涼州獄，貶靈州兵曹參軍[九三]。

㈤京兆尹崔日知貪暴不法，御史大夫李傑將糾之，日知反構[九四]傑罪。十二月，侍御史楊瑒廷奏[九五]曰：「若糾彈之司[九六]，使姦人得而恐愒[九七]，則御史臺可廢矣。」上遽命傑視事如故，貶日知為歙縣[九八]丞。或上言：「按察使徒煩擾公私，【考異】開元宰臣奏云，李伯等，不知伯何人也，今去其名。請精簡刺史縣令，停按察使。」上命召尚書省官議之，姚崇以為：「今止[九九]擇十使，猶患未盡得人，況天下三百餘州，縣多數倍[一〇〇]，安得刺史縣令皆稱[一〇一]其職乎！」乃止。

(十六)尚書左丞韋玢奏郎官多不舉職㉒，請沙汰改授它官，玢尋出為刺史，宰相奏擬冀州，敕改小州；姚崇奏言：「臺郎㉓寬怠㉔，及不稱職，玢請沙汰，乃是奉公㉕，臺郎甫爾㉖改官，玢即貶黜於外，議者皆謂郎官謗傷，臣恐後來左右丞指㉗以為戒，則省事㉘何從而舉矣？伏望聖慈㉙詳察，使當官者無所疑懼。」乃除冀州刺史。

(十七)突騎施守忠既死，默啜兵還，守忠部將蘇祿鳩集餘眾，為之酋長，蘇祿頗善綏撫㉚，十姓部落稍稍㉛歸之，有眾二十萬，遂據有西方，尋遣使入見，是歲，以蘇祿為左羽林大將軍、金方道㉜經略大使㉝。

(十八)皇后妹夫尚衣奉御㉞長孫昕，以細故㉟與御史大夫李傑不協㊱。

【今註】㊀儉素：節儉樸素。㊁隨散：謂得俸賜後，隨而分散之。㊂子喪：兒子之喪事。㊃謁告：謂請假。㊄委積：委亦積。㊅決：斷決。㊆謝：謝罪。㊇委：任。㊈崇既出：謂崇既出而任事。㊉得色：自得之色。⑪紫微舍人：中書舍人所改。⑫管晏：管仲晏嬰。⑬施於後：施行於後世。⑭猶能沒身：謂猶能施及其死。⑮推之：推讓之。⑯伴食宰相：謂為宰相，而徒資陪食而已，譏其不負責處理政務也。⑰昔鮑叔之於管仲，子皮之於子產：胡三省曰：「管仲請囚於魯，鮑叔受之以歸，言於桓公曰：『管夷吾治於高傒，使相可也。』桓公用之，遂霸諸侯。鄭子皮當國，授子產政，子產辭，子皮曰：『虎帥以聽，孰敢不聽？』遂授以政，鄭國大治。」⑱而下之：謂而身居其下。⑲曹參自謂不及蕭何，一遵其法，無所變更，漢業以成：事見卷十二漢惠帝二年。⑳僚：僚屬。㉑亂：紊亂。㉒專固：專擅固執。㉓媢：妬，音冒。㉔愎戾：剛愎暴戾，音ㄅㄧˋ。㉕戮力：合力。㉖斷斷：誠一貌。㉗猗：語辭，《大學》作兮。㉘休休：易直好善之意。㉙容：有所受也。㉚彥：美士。㉛不啻如自其口出：謂心之所好，甚於口之所言。㉜職：主也。㉝杖輕：此可有二釋：一所用之杖，不合規定格式，而較輕小；一為刑杖時，刑人不肯用力，致犯人受傷之程度輕淺，然核之情理，當以後釋為較合。㉞睦州：《舊唐書・地理志》三江南道：「睦州在京師東南三千六百五十九里。」㉟莫離支：乃高麗之官名。㊱文簡，十姓之壻也：按下胡三省曰：「而高文簡則默啜之子壻也。」核《通鑑》云文簡為十姓之壻，乃本自《舊唐書・突厥傳》，文云：「明年十姓部落左廂五咄六啜，右廂五努失畢五俟斤，及子壻高麗莫離支高文簡、䟲跌都督䟲跌思泰等，各率其眾，相繼來降，前後總萬餘帳。」而胡言為默啜之壻，則乃沿依《新唐書・突厥傳》之說，文云：「默啜屢擊葛邏祿等，詔在所都護總管掎角應援，虜勢寖削，其壻高麗莫離支高文簡、與䟲跌都督思太、高麗大酋高拱毅，合萬餘帳，相踵款邊。」所言較晰，自當以《新唐書》之說為正。㊲考異左相五咄陸啜：據《舊唐書・突厥傳》上，左相乃係左廂之訛。㊳河南：按此乃指黃河以南、今河套一帶之地而言。㊴以薛訥為涼州鎮大總管：據《新唐書・突厥傳》，鎮乃指鎮軍而言，蓋為該地鎮守軍隊之大總管也。㊵赤水軍：《新唐書・地理志》四隴右道：「涼州又有赤水軍，本赤烏鎮，有赤青泉，因名之，幅員五千一百八十里，軍之最大者也。」㊶膜拜：《穆天子傳》郭注：「今之胡人禮佛，舉手加頭，稱南膜拜者，即此類也。」音莫。㊷瘞：埋，音一、。㊸借使：假使。㊹和氣：和祥之氣。㊺昔楚莊吞蛭而愈疾：賈誼書：「楚王食寒菹而得蛭，因遂吞之，腹有疾而不能食。令尹入問疾，曰：『吾食菹而得蛭，不行其罪，是法廢，而威不力也；譴而誅之，恐監食者皆死，遂吞之。』令尹曰：『天道無親，唯德是輔，王有仁德，疾不為傷。』王疾果愈。」蛭，動物名，屬環蟲類，音ㄓ、。㊻孫叔殺蛇而致福：《說苑》：「孫叔敖為兒時，出遊，見兩頭蛇，殺而埋之；還家而哭，母問其故，曰：『見兩頭蛇，恐死。』母曰：『蛇安在？』曰：『聞見兩頭蛇者死，恐人復見，已殺而埋之矣。』母曰：『毋憂，汝不死矣，吾聞有陰德者，天必報以福。』」㊼而忍人之饑死乎：據上句奈何不忍於蝗文例，則此乃係而忍於人之饑死乎之變者。㊽山東大蝗……崇請當之：按此段乃錄自《舊唐書・姚崇傳》，字句大致相同。㊾疑滯：疑惑壅滯。㊿質：亦問。(51)日使：謂每日使。(52)上謂宰相曰，朕每讀書……日使入內侍讀：按此段乃錄自《舊唐書・玄宗紀》三年文，字句大致相同。(53)更日：謂每人每隔一天。(54)肩輿：以抬者將其抬之於肩而得名。(55)以懷素為左散騎常侍……待以師傅之禮：按此段乃錄自《舊唐書・馬懷素傳》，字句大致相同。(56)腰輿：胡三省曰：「腰輿，令人舉之，適與腰平。」(57)舁：共舉，音餘。(58)以無量羸老……令內侍舁之：按此段乃錄自〈褚無量傳〉，字句大致相同。(59)九月西南蠻寇邊，遣右驍衛將軍李玄道討之：按《新唐書・玄宗紀》作：「十月辛酉，嶲州蠻寇邊，右驍衛將軍李玄道伐之。」是西南蠻上，當據添十月辛酉四字。〔六〇〕鳳泉湯：《新唐書・地理志》一關內道：「鳳翔府，郿縣：有鳳泉湯。」〔六一〕郴州：《舊唐書・地理志》三江南道：「郴州在京師東南三千三百里。」〔六二〕遞馱：胡三省曰：「遞馱者，沿路遞發馬牛驢，馱運兵器什物也。」《唐六典》卷三：「河南、河北、河東、關內等四道，諸州運租庸雜物等腳，每馱一百斤，一百里一百文，山阪處，一百二十文。其山陵險難驢少處，不得過一百五十文，平易處不得下八十文，其有人負處，兩人分一馱。」〔六三〕及熟食：又給熟食，欲其速達安西。〔六四〕小盜竊：猶小變亂。〔六五〕制：制服。〔六六〕凡在丁壯：謂凡在籍之丁壯。〔六七〕略盡：猶幾盡。〔六八〕資：給。〔六九〕荒服：為九服中之較遠者。〔七〇〕次：謂依次而經過也。〔七一〕涼州已往：此謂涼州已西。〔七二〕悠然：悠遠。〔七三〕遣：使。〔七四〕取濟：謂得以完成供給。〔七五〕克：勝。〔七六〕稽：稽遲。〔七七〕天誅：天子之誅討。〔七八〕則知利害：謂則知為利抑為害矣。〔七九〕唐堯之代，兼愛夷夏：唐堯協和萬邦，韋湊所謂兼愛夷夏也。〔八〇〕乂安：治平無事，乂通作艾。〔八一〕疲耗：疲弊耗竭。〔八二〕歸：歸於。〔八三〕邀：求。〔八四〕比議：猶與議。〔八五〕以左羽林大將軍郭虔瓘……既而虔瓘卒無功：按此段乃錄自《舊唐書・郭虔瓘傳》，字句大致相同。〔八六〕無以號令西域：對於西域，不能發號施令，蓋雖發亦無效也。〔八七〕長驅：謂驅馳迅疾而無阻攔。〔八八〕擐甲：貫甲。〔八九〕逃入山谷：以避藏之。〔九〇〕罽：音計。〔九一〕贓污：猶貪污。〔九二〕坐：坐罪。〔九三〕兵曹參軍：即司兵參軍，據《舊唐書・職官志》三，上州司兵參軍，從七品下。〔九四〕構：構訴。〔九五〕廷奏：於朝廷羣臣前奏之。〔九六〕糾彈之司：御史臺職司糾彈，故云。〔九七〕恐愒：恐嚇而止息之，音ㄏㄜˋ。〔九八〕歙縣：

今安徽省歙縣，音翕。㊈止：只。㊉縣多數倍：謂縣較州之數，又多數倍。㊉一稱：能勝任之謂。㊉二舉職：猶任職。㊉三臺郎：謂臺省之郎宮。㊉四寬怠：鬆弛懈怠。㊉五奉公：謂忠於公家。㊉六甫爾：爾，語助無意；甫，剛纔。㊉七指：謂指該事。㊉八省事：謂尚書省之事。㊉九聖慈：唐代大臣上疏，皆稱天子曰聖慈，蓋謂天子甚仁慈也。㊁〇綏撫：安撫。㊁一稍稍：漸漸。㊁二金方道：西方屬金，故曰金方道。㊁三突騎施守忠既死……金方道經略大使：按此段乃錄自《舊唐書・突厥傳》下，字句大致相同。㊁四尚衣奉御：《舊唐書・職官志》三：「殿中省，尚衣局奉御二人，從五品上，掌衣服，詳其制度，辨其名數，直長為之貳。」㊁五細故：小事故。㊁六不協：不協和。

四年（西元七一六年）

㈠春，正月，昕與其妹夫楊仙玉於里巷伺傑而毆㊀之，傑上表自訴曰：「髮膚見毀，雖則痛身㊁，冠冕㊂被陵㊃，誠為辱國㊄。」上大怒，命於朝堂杖殺，以謝㊅百僚，仍以敕書慰傑曰：「昕等朕之密戚㊆，不能訓導，使陵犯衣冠，雖寘以極刑，未足謝罪，卿宜以剛腸疾惡㊇，勿以凶人介意㊈。」

㈡丁亥，宋王成器更名憲，申王成義更名撝㊉。

㈢乙酉，隴右節度使郭虔瓘奏，奴石良才等八人，皆有戰功，請除游擊將軍㈡，敕下，盧懷慎等奏曰：「郭虔瓘恃其微效㈢，輒侮彝章㈢，為奴請五品㈣，實亂綱紀，不可許。」上從之。

㈣丙午，以郿王嗣真為安北大都護，安撫河東、關內、隴右諸蕃大使，以安北大都護張知運為之副，陝王嗣昇為安西大都護，安撫河西四鎮諸蕃大使，以安西都護郭虔瓘為之副，二王皆不出閤㈤，諸王遙領節度㈥，自此始。

㈤二月，丙辰，上幸驪山溫湯。

㈥吐蕃圍松州㈦。

㈦丁卯，上還宮。

㈧辛未，以尚書右丞倪若水為汴州刺史，兼河南采訪使㈧。上雖欲重都督刺史㈨，選京官才望者為之，然當時士大夫猶輕⑳外任，揚州采訪使班景倩入為大理少卿，過大梁㉑，若水餞之行㉒，立望其行塵㉓，久之，乃返，謂官屬曰：「班生此行，何異登仙㉔。」

㈨癸酉，松州都督孫仁獻襲擊吐蕃於城下，大破之。

(十)上嘗遣宦官，詣江南取鵁鶄㉕鸂鶒㉖等，欲置苑中，使者所至煩擾，道過汴州，倪若水上言：「今農桑方急，而羅捕禽鳥，以供園池之翫，遠自江嶺㉗，水陸傳送，食以粱肉㉘，道路觀者，豈不以陛下賤人而貴鳥乎？陛下方當以鳳凰為凡鳥㉙，麒麟為凡獸，況鵁鶄鸂鶒，曷足貴也！」上手敕㉚謝若水，賜帛四十段，縱散㉛其鳥㉜。

(十一)山東蝗復大起，姚崇又命捕之，倪若水謂蝗乃天災，非人力所及㉝，宜修德以禳之。劉聰時常捕埋之，為害益甚，拒御史，不從其命。崇牒㉞若水曰：「劉聰偽主，德不勝妖㉟，今日聖朝，妖不勝德。古之良守，蝗不入境，若其修德可免，彼豈無德致然㊱。」若水乃不敢違㊲。夏，五月，甲辰，敕委使者，詳察州縣捕蝗勤惰者，各以名聞，由是連歲蝗災，不至大饑。

(十二)或言於上曰，今歲選敍㊳大濫，縣令非才，及入謝，上悉召縣令於宣政殿庭㊴，試以理人策，惟鄄城令韋濟詞理㊵第一，擢為醴泉令㊶，餘二百餘人不入第，且令之官，四十五人放歸學問㊷㊸，吏部侍郎盧從愿左遷㊹豫州刺史，李朝隱左遷滑州刺史。【考異】韋濟傳云：「問安人策一道。」今從唐歷盧從愿傳曰：「上盡召新授縣令，一時於殿庭策試，考入下第者，一切放歸學問。」唐歷試在四月，從愿朝隱貶在五月。朝隱傳云：「四年春，以授縣非其人貶㊺。」今從唐歷。又韋濟傳曰：「時有人密奏上曰，今歲吏部選敍大濫，縣令非才，全不簡擇。及縣令謝官日，引入殿庭，問安人策，試者一百餘人，獨濟策第一，或有不書紙者，擢濟為醴泉令，二十餘人還舊官，四十五人放歸習讀。」今亦從唐歷。從愿典選六年，與朝隱皆名㊻稱職。初高宗之世，馬載、裴行儉在吏部最有名，時人稱吏部前有馬裴，後有盧李㊼。濟，嗣立之子也。

(十三)有胡人上言海南㊽多珠翠㊾奇寶，可往營致㊿，因言市舶(51)之利，又欲往師子國(52)求靈藥及善醫之嫗(53)，寘之宮掖。上命監察御史楊範臣與胡人偕往求之，範臣從容奏曰：「陛下前年，焚珠玉錦繡，示不復用，今所求者，何以異於所焚者乎？彼市舶與商賈爭利，殆非王者之體(54)。胡藥之性，中國多不能知，況於胡嫗，豈宜寘之宮掖，夫御史，天子耳目之官，必有軍國大事，臣雖觸冒(55)炎瘴(56)，死不敢辭，此特胡人眩惑求媚(57)，無益聖德，竊恐非陛下之意，願熟思之。」上遽(58)自引咎，慰諭而罷之。

(十四)六月，癸亥，上皇崩於百福殿。【考異】睿宗玄宗實錄皆曰：「甲子。」按下云：「己巳，睿宗一七齋度萬安公主為女道士，」今從舊本紀唐歷。己巳，以上女萬安公主(59)為女官(60)，欲以追福。

(十五)癸酉，拔曳固斬突厥可汗默啜首來獻，時默啜北擊拔曳固，大破之於獨樂水，恃勝輕歸，不復設備，遇拔曳固迸卒(六一)頡質略，自柳林突出斬之。時大武軍子將(六二)郝靈荃奉使在突厥，頡質略以其首歸之，【考異】唐歷作勃曳固，今從實錄。唐歷又云：「靈荃引特勒回紇部落，斬默啜於毒樂河。」今從舊傳，舊傳云：「入蕃使郝靈儉。」今從唐歷。又新舊紀皆云：「六月癸酉，斬默啜。」唐歷亦在六月。玄宗實錄：「七月戊寅，詔書與降附突厥云，乘其衰弱，早就翦除，其能捉獲默啜者，已立賞格。」蓋未奏到耳。與偕詣闕，懸其首於廣街，拔曳固、回紇、同羅、霫、僕固五部，皆來降，置於大武軍北。默啜之子小可汗立，骨咄祿(六三)之子闕特勒擊殺之，及默啜諸子親信(六四)略盡，立其兄右賢王默棘連，是為毗伽可汗，國人謂之小殺，毗伽以國固讓闕特勒，闕特勒不受，乃以為左賢王，專典兵馬(六五)。

(十六)秋，七月，壬辰，太常博士陳貞節、蘇獻以太廟七室已滿，請遷中宗神主於別廟，奉睿宗神主祔(六六)太廟，從之。又奏遷昭成皇后祔睿宗室，肅明皇后留祀於儀坤廟(六七)。八月，乙巳，立中宗廟於太廟之西。

(十七)辛未，契丹李失活、奚李大酺帥所部來降，制以失活為松漠郡王，行㊏金吾大將軍、兼松漠都督，因其八部落酋長，拜為刺史㊐。又以將軍薛泰督軍鎮撫之，大酺為饒樂郡王，行金吾大將軍、兼饒樂都督。失活，盡忠之從父弟也㊐。

㈥吐蕃復請和，上許之。

㈦突厥默啜既死，奚、契丹、拔曳固等諸部皆內附，突騎施蘇祿復自立為可汗，突厥部落多離散，毗伽可汗患之，乃召默啜時牙官暾欲谷以為謀主，暾欲谷年七十餘，多智略，國人信服之，突厥降戶處河曲者，聞毗伽立，多復叛歸之㊐。

㈧并州長史王晙上言：「此屬徒以其國喪亂，故相帥來降，若彼安寧，必復叛去，今置之河曲，此屬桀黠㊐，實難制御㊐，往往不受軍州㊐約束，興兵剽掠，聞其逃者，已多與虜聲問㊐往來，通傳委曲，乃是畜養此屬，使為間諜，日月滋久㊐，姦詐逾深，窺伺邊隙，將成大患，虜騎南牧㊐，必為內應，來逼軍州，表裏㊐受敵，雖有韓彭㊐，不能取勝矣。願以秋冬之交㊐，大集兵眾，諭㊐以利害，給其資糧，徙之地內，二十年外㊐，漸變舊俗，皆成勁兵，雖一時暫勞，然永久安靖。比者守邊將吏，及出境使人㈧㈢，多為謏辭㈧㈣，皆非事實。或云北虜破滅，或云降戶妥帖㈧㈤，皆欲自衒㈧㈥其功，非能盡忠徇國㈧㈦。願察斯利口㈧㈧，勿忘遠慮。議者必曰：『國家曏時已嘗寘降戶於河曲，皆獲安寧，今何所疑。』此則事同時異，不可不察㈧㈨。曏者頡利既亡，降者無復異心，故得久安無變，今北虜尚存㈨㈩，此屬或畏其威，或懷其惠，或其親屬，豈樂南來，較之彼時，固不侔㈨㈠矣！以臣愚慮，徙之內地，上也；多屯士馬，大為之備，華夷相參㈨㈡，人勞費廣㈨㈢，次也；正如今日，下也。願審茲三策，擇利而行，縱使因徙逃亡㈨㈣，得者皆為唐有㈨㈤，若留至河冰㈨㈥，恐必有變。」疏奏，未報㈨㈦。

㈡㈠降戶跌跌思泰、阿悉爛等果叛。冬，十月，甲辰，命朔方大總管薛訥發兵追討之，王晙引并州㈨㈧兵西濟河，晝夜兼行，追擊叛者，破之，斬獲三千級。

㈡㈡先是，單于副都護張知運悉收降戶兵仗㈨㈨，令度河而南，降戶怨怒，御史中丞姜晦為巡邊使，降戶訴無弓矢，不得射獵，晦悉(一〇〇)還之，降戶得之遂叛，張知運不設備，與之戰於青剛嶺(一〇一)，為虜所擒，欲送突厥，至綏州境，將軍郭知運以朔方兵邀擊之，大破其眾於黑山呼延谷，虜釋張知運而去。上以張知運喪師，斬之以徇(一〇二)(一〇三)。

(七三)毗伽可汗既得思泰等，欲南入為寇，暾欲谷曰：「唐主英武(一〇四)，民和年豐，未有間隙，不可動也。我眾新集，力尚疲羸(一〇五)，且當息養(一〇六)數年，始可觀變(一〇七)而舉。」毗伽又欲築城，并立寺觀，暾欲谷曰：「不可，突厥人徒(一〇八)稀少，不及唐家百分之一，所以能與為敵者，正以逐(一〇九)水草，居處無常(一一〇)，射獵為業，人皆習武，彊則進兵抄掠，弱則竄伏山林，唐兵雖多，無所施用(一一一)。若築城而居，變更舊俗，一朝失利，必為所滅。釋老之法，教人仁弱，非用武爭勝之術，不可崇(一一二)也。」毗伽乃止(一一三)。

(七四)庚午，葬大聖皇帝于橋陵(一一四)，廟號睿宗。御史大夫李傑護(一一五)橋陵作，判官王旭犯贓，傑按(一一六)之，反為所構(一一七)，左遷衢州(一一八)刺史(一一九)。

(七五)十一月，己卯，黃門監盧懷慎疾亟，上表薦宋璟、李傑、李朝隱、盧從愿，並明時重器（二〇），所坐（二一）者小，所弃（二二）者大，望垂矜錄（二三）。上深納之，乙未，薨，【考異】鄭處誨明皇雜錄云：「懷慎為黃門監、吏部尚書，臥病既久，宋璟盧從愿相與訪焉，懷慎常器重二人，持一人手，謂曰，公出入為藩輔，主上求治甚切，然享國歲久，近者稍倦於勤，必有人乘此而進矣，君其志之。」按懷慎初為吏部時，璟貶睦州，及卒，璟猶未歸，從愿未嘗入相，又四年，未為享國歲久，今不取。家無餘蓄，惟一老蒼頭（二四），請自鬻以辦喪事（二五）。

（廿六）丙申，以尚書左丞源乾曜為黃門侍郎、同平章事。姚崇無居第，寓居（二六）罔極寺（二七），以病痁（二八）謁告（二九），上遣使問飲食起居狀（三〇），日數十輩（三一），源乾曜奏事或稱旨（三二），上輒曰：「此必姚崇之謀也。」或不稱旨，輒曰：「何不與姚崇議之。」乾曜常謝實然（三三），每有大事，上常令乾曜就寺問崇，癸卯，乾曜請遷崇於四方館（三四），仍（三五）聽家人入侍疾，上許之。崇以四方館有簿書（三六），非病者所宜處（三七），固辭，上曰：「設四方館，為官吏也，使卿居之，為社稷也，恨不可使卿居禁中耳，此何足辭！」崇子光祿少卿彝，宗正少卿異，廣通（三八）賓客，頗受饋遺（三九），為時所譏。主書（四〇）趙誨為崇所親信，受胡人賂，事覺（四一），上親鞫問，下獄當死（四二），崇復營救，上由是不悅，會曲赦京城，敕特標（四三）誨名，杖之一百，流嶺南。【考異】朝野僉載：「紫微舍人倪若水贓至八百貫，因諸王內宴，姚元崇諷之曰，倪舍人正直，百司嫉之，欲成事，何不為上言之？諸王大眾共救之，遂釋，一無所問。主書趙誨受蕃餉一刀子，或直六七百錢，元崇宣敕處死，後有降，崇乃劄曰，別敕處死者決一百，配流大理，決趙誨一百，不死，夜遣給使縊殺之。」劄蓋批字也，今從舊傳。崇由是憂懼，數請避相位，薦廣州都督宋璟自代㊹。十二月，上將幸東都，以璟為刑部尚書、西京留守，令馳驛詣闕㊺，遣內侍將軍楊思勗㊻迎之。璟風度凝遠㊼，人莫測其際㊽，在塗竟不與思勗交言，思勗素貴幸，歸訴於上，上嗟歎良久㊾，益重璟。

(七七)丙辰，上幸驪山溫湯，乙丑，還宮。

(七八)閏月，己亥，姚崇罷為開府儀同三司，源乾曜罷為京兆尹、西京留守，以刑部尚書宋璟守吏部尚書、兼黃門監、紫微侍郎蘇頲同平章事。璟為相務㊿在擇人，隨材授任，使百官各稱其職，刑賞無私(五一)，敢犯顏(五二)直諫，上甚敬憚之，雖不合意，亦曲從之。

(七九)突厥默啜，自則天世為中國患，朝廷旰食(五三)，傾天下之力不能克，郝靈荃得其首，自謂不世之功(五四)，璟以天子好武功，恐好事者競生心徼倖(五五)，痛抑(五六)其賞，逾年，始授郎將(五七)，靈荃慟哭而死。

璟與蘇頲相得甚厚(五八)，頲遇事多讓(五九)於璟，璟每論事，則頲為之助，璟嘗謂人曰：「吾與蘇氏父子，皆同居相府，僕射(六〇)寬厚(六一)，誠為國器，然獻可替否(六二)，吏事精敏(六三)，則黃門(六四)過其父矣(六五)。」姚宋相繼為相，崇善應變成務，璟善守法持正，二人志操(六六)不同，然協心輔佐，使賦役寬平(六七)，刑罰清省(六八)，百姓富庶，唐世賢相，前稱房杜，後稱姚宋，它人莫得比焉。二人每進見，上輒為之起，去則臨軒(六九)送之。及李林甫為相，雖寵任過於姚宋，然禮遇(七〇)殊卑薄矣。紫微舍人高仲舒博通典籍，齊澣練習(七一)時務，姚宋每坐二人(七二)，以質(七三)所疑，既而歎曰：「欲知古問高君，欲知今問齊君，可以無闕政(七四)矣。」

(卅)辛丑，罷十道按察使(七五)。

(卅一)舊制，六品以下官，皆委尚書省奏擬，是歲，始制員外郎、御史、起居、遺補不擬(七六)。

【今註】㊀毆：同毆，擊也。㊁痛身：使身體痛苦。㊂冠冕：指士宦。㊃陵：陵辱。㊄辱國：謂有辱國體。㊅以謝：以謝罪。㊆密戚：密近之姻親。㊇疾惡：疾恨惡人。㊈勿以凶人介意：謂勿以凶人陵君之故，有介於懷，而不糾彈姦慝。⑩宋王成器更名憲，申王成義更名撝：據《舊唐書・玄宗紀》，二王因成字犯昭成皇后謚號，故改今名。⑪游擊將軍：《舊唐書・職官志》一：「游擊將軍，從五品下。」⑫微效：微功。⑬彝章：常典。⑭請五品：即上之游擊將軍。⑮出閤：出內殿。⑯遙領節度：謂領而不親職也。⑰吐蕃圍松州：《新唐書・玄宗紀》作：「辛酉，吐蕃寇松州。」當從添辛酉二字。⑱河南采訪使：胡三省曰：「唐會要：『開元二十二年二月十九日，初置十道採訪處置使。』據此，則先置采訪使，二十二年，始置採訪處置使也。」⑲欲重都督刺史：謂欲重都督刺史之任。⑳輕：輕視。㉑大梁：唐汴州，治浚儀縣，古之大梁。㉒餞之行：謂為之餞行。㉓行塵：行路時所起之塵埃。㉔登仙：指至京師任清要之職，由之可知當時人士之如何企慕為京官矣。㉕鵁鶄：《爾雅》：「翼鳩似鳧而脛高，有毛冠，江東人養之以厭火災；又謂之交精。精，目精也，其目精交也。」㉖鸂鶒：陸佃《埤雅》：「鸂鶒五色，尾有毛如船柂，小於鴨，性食短狐，在山澤中，無復毒氣。」㉗江嶺：江南嶺表。㉘食以梁肉：《舊唐書・良吏倪若水傳》作：「飯之以魚肉，間之以稻粱。」蓋二者皆係水鳥，其所食者自以魚為主，《通鑑》特以簡括原文，而刪去魚字，稍失其實。梁當作粱。㉙凡鳥：平凡而無足貴重之鳥。㉚手敕：親手所撰之敕。㉛縱散：放散。㉜上嘗遣宦官……縱散其鳥：按此段乃錄自《舊唐書・良吏倪若水傳》，字句大致相同。㉝非人力所及：謂非人力所能去。㉞牒：公文之一種，多用於同等機關。㉟妖：妖怪。㊱彼豈無德致然：謂蝗所至之郡，豈皆由太守之無德乎。㊲山東蝗復大起……若水乃不敢違：按此段乃錄自《舊唐書‧姚崇傳》，字句大致相同。㊳選敘：銓選敘錄。㊴宣政殿：《唐六典》卷七：「大明宮正殿曰含元殿，其北曰宣政門，內曰宣政殿。」㊵詞理：文詞道理。㊶醴泉令：自緊縣擢為次赤縣。㊷放歸學問：謂免歸而重行肄習。㊸或言於上曰，今歲選敘太濫……四十五人放歸學問：按此段乃錄自《舊唐書‧韋思謙附濟傳》，字句大致相同。㊹左遷：猶貶謫。㊺考異曰：「朝隱傳云：『四年春，以授縣非其人，貶。』」：據《舊唐書‧李朝隱傳》，縣下有令字，當從添。㊻皆名：皆稱。㊼從愿典選六年……後有盧李：按此段乃錄自《舊唐書‧盧從愿傳》，字句大致相同。㊽海南：指林邑、扶南、真臘諸國言。㊾珠翠：珍珠翡翠。㊿營致：營求獲致。(51)市舶：舶，船舶，謂與駕船舶之人互相交易。(52)師子國：《新唐書‧西域師子傳》：「師子居西南海中，延袤二千餘里，有稜伽山，多奇寶，以寶置洲上，商船償直輒取去，後鄰國人稍往居之，能馴養師子，因以名國。」按即今之錫蘭。(53)嫗：老婦，音ㄩˋ。(54)體：指政體言。(55)觸冒：觸犯蒙冒。(56)炎瘴：炎氣瘴癘。(57)媚：媚幸。(58)遽：立。(59)上女萬安公主：按《新唐書‧諸公主傳》，萬安公主乃玄宗之女。(60)女官：即女道士。(61)迸卒：謂迸散之卒。(62)子將：胡三省曰：「子將，小將也。唐令制，每軍大將一人，別奏八人，傔十六人，副二人，分掌軍務。奏傔減大軍半，判官二人、典四人、總管四人，二主左右虞候，二主左右押衙，傔各五人，子將八人，資其分行陣，辯金鼓，及部署，傔各二人。」(63)骨咄祿：為默啜之兄。(64)及默啜諸子親信：謂及默啜之子及默啜之親信。(65)拔曳固斬突厥可汗默啜……乃以為左賢王，專典兵馬：按此段乃錄自《舊唐書‧突厥傳》上，字句大致相同。

(六六)祔：後死者合食於先祖。(六七)昭成皇后祔睿宗室肅明皇后留祀於儀坤廟：《舊唐書・后妃傳》，肅明皇后為睿宗後，昭成皇后為睿宗妃，特以生玄宗，升祔睿宗，而肅明后則祀於別廟。儀坤廟見上卷景雲二年。(六八)行：階高擬卑曰行。(六九)因其八部落酋長，拜為刺史：《新唐書・地理志》七：「契丹州十七，歸順州歸化郡，本彈汗州，貞觀二十二年，以內屬契丹別帥析紇便部置，開元四年更名。松漠都督府，貞觀二十二年以內屬契丹窟哥部置，其別帥七部，分置峭落等八州，李盡忠叛後廢，開元二年復置。以達稽部置峭落州，獨活部置無逢州，芬問部置羽陵州，突便部置白連州，芮奚部置徒何州，墜斤部置萬丹州，伏部置疋黎州及赤山州。」(七〇)契丹李失活……失活，盡忠之從父弟也：按此段乃錄自《舊唐書》契丹、奚傳，字句大致相同。(七一)突厥默啜既死……聞毗伽立，多復叛歸之：按此段乃錄自〈突厥傳〉上，字句大致相同。(七二)桀驁：桀驁狡黠。(七三)制御：控制駕御。(七四)軍州：唐設有某軍或某州，乃係兩種機構。(七五)聲問：聲氣音問。(七六)滋久：益久。(七七)南牧：亦即南侵。(七八)表裏：裏外。(七九)韓彭：韓信、彭越。(八〇)秋冬之交：猶秋冬之際。(八一)論：曉諭。(八二)二十年外：外，以外，亦即二十年以後之意。(八三)出境使人：謂使蕃使者。(八四)諛辭：阿諛之辭。(八五)妥帖：猶安穩。(八六)衒：誇賣。(八七)徇國：徇求國家之利。(八八)利口：孔子曰：「惡利口之覆邦家者。」利口猶巧言也。(八九)察：察知。(九〇)今北虜尚存：謂默啜雖死，毗伽又立。(九一)侔：齊等。(九二)相參：相參雜。(九三)費廣：費用巨多。(九四)因徙逃亡：因遷徙而有逃亡。(九五)得者皆為唐有：謂其不逃亡者，自皆為唐之臣民。(九六)河冰：河水結冰。(九七)未報：即不納。(九八)并州長史王晙上言……恐必有變，疏奏未報：按此段乃錄自《舊唐書．王晙傳》，字句大致相同。(九九)兵仗：兵甲器仗。(一〇〇)悉：盡。(一〇一)青剛嶺：胡三省曰：「青剛嶺在慶州，方渠縣北，靈州之南。」(一〇二)以徇：以徇示於眾。(一〇三)先是單于副都護張知運……以張知運喪師，斬之以徇：按此段乃錄自《舊唐書．突厥傳》上，字句大致相同。(一〇四)英武：英俊勇武。(一〇五)疲羸：疲困羸弱，音ㄌㄟˊ。(一〇六)息養：休息養育。(一〇七)變：變故。(一〇八)人徒：人眾。(一〇九)逐：隨。(一一〇)無常：猶無定。(一一一)施用：施展使用。(一一二)崇：崇尚。(一一三)毗伽可汗既得思泰等……毗伽乃止：按此段乃錄自《舊唐書．突厥傳》上，字句大致相同。(一一四)橋陵：《新唐書．地理志》一關內道：「同州，奉先縣，故蒲城，開元四年更名，隸京兆府，橋陵在西北三十里豐山。」(一一五)護：監護。(一一六)按：按問。(一一七)構：捏構。(一一八)衢州：《舊唐書．地理志》三江南道：「衢州在京師東南四千七百十三里。」(一一九)御史大夫李傑護橋陵作……左遷衢州刺史：按此段乃錄自《舊唐書．李傑傳》，字句大致相同。(一二〇)重器：猶大材。(一二一)所坐：謂所坐之罪。(一二二)所弃：謂所貶弃，弃同棄。(一二三)矜錄：謂矜憫而錄用之。(一二四)老蒼頭：老僕。(一二五)黃門監盧懷慎疾亟……請自鬻以辦喪事：按此段乃錄自《舊唐書．盧懷慎傳》，字句大致相同。(一二六)寓居：寄居。(一二七)罔極寺：《唐會要》：「神龍元年，太平公主為天后立罔極寺於太寧坊，開元二十年，改為興唐寺。」(一二八)痁：瘧疾，音店。(一二九)謁告：請假。(一三〇)狀：狀況。(一三一)日數十輩：謂每日數十人。(一三二)稱旨：合意。(一三三)常謝實然：常謝恩曰，實在如此。(一三四)四方館：四方館屬中書省。(一三五)仍：因。(一三六)有簿書：謂辦公之地。(一三七)處：居。(一三八)通：交通。(一三九)饋遺：饋贈遺給。(一四〇)主書：《唐六典》卷九：「中書省主書四人，從七品上。」(一四一)覺：發覺。(一四二)當死：合於死罪。(一四三)標：

標舉。㊹崇子光祿少卿彝……薦廣州都督宋璟自代：按此段乃錄自《舊唐書・姚崇傳》，字句大致相同。㊺詣闕：猶言至京師。㊻內侍將軍楊思勗：據《舊唐書・宦官楊思勗傳》，思勗時為右監門衞將軍。又按同書〈職官志〉三：「內侍省，內侍二員，從四品上，內常侍六人，正五品下。」㊼凝遠：凝重閑遠。㊽際：涯際。㊾嗟歎：此含贊賞意。㊿務：專。(51)私：偏私。(52)犯顏：冒犯顏色，亦即使對方感覺難堪。(53)朝廷旰食：此朝廷指天子言；旰食，後時而食。(54)不世之功：謂非每代所可有之功勞。(55)徼倖：謂徼倖以求邊功。(56)痛抑：猶力抑。(57)郎將：《舊唐書・職官志》三：「十二衞大將軍府，屬有郎將，正五品上。」(58)相得甚厚：猶甚相得。(59)讓：推讓。(60)僕射：指蘇瓌。(61)寬厚：寬恕忠厚。(62)替否：謂廢除其不當者。(63)精敏：精練敏捷。(64)黃門：據《舊唐書・蘇瓌附頲傳》，頲開元四年，遷紫微侍郎，同紫微黃門平章事，故以黃門稱之。(65)璟與蘇頲相得甚厚……則黃門過其父矣：按此段乃錄自《舊唐書・蘇瓌附頲傳》，字句大致相同。(66)志操：志向操守。(67)寬平：寬恕公平。(68)清省：清明簡省。(69)臨軒：蒞臨軒檻處。(70)禮遇：禮節待遇。(71)練習：精練熟習。(72)每坐二人：謂每請二人使坐。(73)質：質問。(74)闕政：闕失之政事。(75)罷十道按察使：開元二年，復置按察使。(76)始制員外郎、御史、起居，遺補不擬：據《舊唐書・職官志》一，尚書諸司員外郎，從六品上，侍御史，從六品下，監察御史，正八品上，起居郎，從六品上，左右拾遺，從八品上，左右補闕，從七品上。

五年（西元七一七年）

㈠春，正月，癸卯，太廟四室壞，上素服避正殿㊀。時上將幸東都，以問宋璟蘇頲，對曰：「陛下三年之制未終㊁，遽爾㊂行幸，恐未契㊃天心，災異為戒㊄，願且停車駕。」又問姚崇，對曰：「太廟屋材皆苻堅時物，歲久朽腐而壞，適㊅與行期相會㊆，何足異也！且王者以四海為家，陛下以關中不稔㊇幸東都，百司供擬㊈已備，不可失信，但應遷神主於太極殿，更修太廟，如期㊉自行耳。」上大喜，從之，賜崇絹二百匹。己酉，上行享禮㊀於太極殿，命姚崇五日一朝，仍入閤供奉㊁，恩禮更厚，有大政輒訪焉。右散騎常侍褚無量上言：「隋文帝富有天下㊂，遷都之日，豈取苻氏舊材以立太廟乎，此特諛臣之言耳，願陛下克謹㊃天戒，納忠諫，遠㊄諂諛。」上弗聽。

㈡辛亥，行幸東都，過崤谷，道隘㊅不治，上欲免河南尹及知頓使㊆官，宋璟諫曰：「陛下方事巡幸，今以此罪二臣，臣恐將來民受其弊⑱。」上遽命釋之。璟曰：「陛下罪之，以臣言而免之，是臣代陛下受德也，請令待罪朝堂，而後赦之。」上從之⑲。【考異】實錄：「五月乙巳，以李朝隱為河南尹。」宋璟傳云：「上次永寧之崤穀，馳道隘狹，車騎停擁，河南尹李朝隱、知頓使王怡，失於部伍，上令黜其官爵。」二傳相違，蓋當時河南尹不知何人，非朝隱耳。又明皇雜錄曰：「上幸東都，至繡嶺宮，當時炎酷，上以行宮狹隘，謂左右曰，此有佛寺乎？吾將避暑於廣廈。或云，六軍填委於其中，不可速行，上謂高力士曰，姚崇多計，第往覘之，力士回奏，云姚崇方衫絺綌乘小駟，按轡於木陰下。上悅曰，吾得之矣，遽命小駟，而頓消暑溽，乃歎曰，小事尚如此，觸類而長之，天下固受其惠矣。」按正月東幸，二月至東都，未炎暑也，今不取。

㈢二月，甲戌，至東都，赦天下。

㈣奚、契丹既內附，貝州刺史宋慶禮建議，請復營州。三月，庚戌，制復置營州都督於柳城，兼平盧軍使⑳，管內州縣鎮戍，皆如其舊㉑，以太子詹事姜師度為營田支度㉒使，與慶禮等築之，三旬而畢。慶禮清勤嚴肅，開屯田八十餘所，招安㉓流散，數年之間，倉廩充實，市里㉔浸繁㉕。

㈤夏，四月，甲戌，賜奚王李大酺妃辛氏號固安公主㉖。

㈥己丑，皇子嗣一卒，追立為夏王，謚曰悼，嗣一母，武惠妃，攸止之女也㉗。

㈦突騎施酋長左羽林大將軍蘇祿部眾浸彊，雖職貢不乏，陰㉘有窺邊之志。五月，十姓可汗阿史那獻欲發葛邏祿兵擊之，上不許。

(八)初上微時，與太常卿姜皎親善，及誅竇懷貞(二九)等，皎預(三〇)有功，由是寵遇，羣臣莫及，常出入臥內，與后妃連榻宴飲，賞賜不可勝紀(三一)；弟晦亦以皎故，累遷吏部侍郎。宋璟言皎兄弟權寵太盛，非所以安之，上亦以為然。秋，七月，庚子，以晦為宗正卿(三二)，因下制曰：「西漢諸將，以權貴不全(三三)，南陽故人，以優閑自保(三四)，皎宜放歸田園，散官勳封(三五)，皆如故(三六)。」

(九)壬寅，隴右節度使郭知運大破吐蕃於九曲。

(十)安西副大都護湯嘉惠奏突騎施引大食吐蕃謀取四鎮，圍鉢換(三七)及大石城(三八)，已發三姓葛邏祿兵與阿史那獻擊之。

(十一)并州長史張嘉貞上言：「突厥九姓新降者，散居太原以北，請宿(三九)重兵以鎮之。」辛酉，置天兵軍於并州，集兵八萬，以嘉貞為天兵軍大使(四〇)。

(十二)太常少卿王仁惠奏：「則天立明堂，不合古制，又明堂尚質(四一)，而窮極奢侈，密邇宮掖，人神雜擾(四二)。」甲子，制復以明堂為乾元殿(四四)，冬至元日受朝賀，季秋大享，復就圓丘。

(十三)九月，中書、門下省、及侍中，皆復舊名(四五)。

(十四)貞觀之制，中書門下及三品官入奏事，必使諫官史官隨之(四六)，有失則匡正，美惡必記之，諸司皆於正牙奏事，御史彈百官，服豸冠(四七)，對仗(四八)讀彈文，故大臣不得專君，而小臣不得為讒慝(四九)，及許敬宗、李義府用事，政多私僻(五〇)，奏事官多俟仗下(五一)，於御坐前屏左右密奏，監奏御史(五二)及待制官(五三)，遠立以俟其退，諫官史官皆隨仗出(五四)，仗下後事(五五)，不復預聞，武后以法制(五六)羣下，諫官御史得以風聞(五七)言事，自御史大夫至監察(五八)，得互相彈奏，率以險詖(五九)相傾覆，及宋璟為相，欲復貞觀之政，戊申，制自今事非的須(六〇)秘密者，皆令對仗(六一)奏聞，史官自依故事(六二)。

(十五)冬，十月，癸酉，伊闕人孫平子上言：「春秋譏魯躋僖公(六三)，今遷中宗於別廟，而祀睿宗，正與魯同，兄臣於弟，猶不可躋(六四)，況弟臣於兄(六五)，可躋之於兄上乎！若以兄弟同昭(六六)，則不應出兄，置於別廟，願下羣臣博議。」遷中宗入廟，事下禮官(六七)。太常博士陳貞節、馮宗、蘇獻議，以為：七代之廟，不數兄弟，殷代或兄弟(六八)四人，相繼為君(六九)，若數以為代，則無祖禰(七〇)之祭矣。今睿宗之室，當亞(七一)高宗，故為中宗特立別廟，中宗既升新廟，睿宗乃祔高宗，何嘗躋居中宗之上？而平子引躋僖公為證，誣罔聖朝，漸不可長。」時論多是平子，上亦以為然，故議久不決。蘇獻，頲之從祖兄也，【考異】唐歷曰：「獻、頲之再從叔。」今從舊志新表。故頲右之(七二)，卒從禮官議，平子論之不已，謫為康州都城尉(七三)。

(十六)新廟成(七四)，戊寅，神主祔廟。

(十七)上命宋璟、蘇頲為諸皇子制名及國邑之號，又令別制一佳名及佳號進之，璟等上言：「七子均養，著於國風(七五)，今臣等所制名號，各三十餘，輒混同(七六)以進，以彰陛下覆燾(七七)無偏之德(七八)。」上甚善之(七九)。

(十八)十一月，丙申，契丹王李失活入朝。【考異】長歷十一月丁酉朔，丙申十月晦也，與實錄差一日。舊紀唐歷皆云：「十一月己亥，契丹李失活來朝。」今從實錄。十二月，壬午，以東平王(八〇)外孫楊氏為永樂公主，妻之。

㈨秘書監馬懷素奏省中書(八二)散亂訛(八三)缺，請選學術之士二十人，整比(八三)校補(八四)，從之，於是搜訪逸書，選吏繕寫(八五)，命國子博士尹知章、桑泉尉(八六)韋述等二十人同刊正，【考異】舊傳為櫟陽尉，今從韋述集賢注記。以左散騎常侍褚無量為之使，於乾元殿(八七)前編校羣書(八八)。

【今註】㊀素服避正殿：素服，喪服；避正殿，謂避正殿而不居。皆係謝罪之儀式。㊁陛下三年之制未終：去年六月睿宗崩，故云然。㊂遽爾：立即。㊃契：合。㊄戒：警戒。㊅適：恰。㊆會：遇。㊇稔：穀熟。㊈供擬：供給準備。㊉如期：依期。(十一)享禮：祭祖先之禮。(十二)入閤供奉：胡三省曰：「入閤供奉者，應內殿朝參，立於供奉班中，姚崇舊相也，蓋立於供奉班首。」(十三)富有天下：謂有天下之富庶。(十四)克謹：能謹慎。(十五)遠：去。(十六)隘：狹隘。(十七)知頓使：車駕行幸有知頓使，頓謂頓舍。(十八)今以此罪二臣，臣恐將來民受其弊：蓋若以道隘不治，罪知事臣吏，則後臣吏遇此事，必廣費民力以修治之，如此，則庶民焉有不困者乎！(十九)行幸東都，過崤谷……而後赦之，上從之：按此段乃錄自《舊唐書・宋璟傳》，字句大致相同。(二十)兼平盧軍使：《新唐書・地理志》三：「營州有平盧軍，開元初置。」(廿一)管內州縣鎮戍，皆知其舊：武后萬歲通天元年，營州陷，至是乃復。(廿二)支度：謂支度軍政所用財物。(廿三)招安：招撫安集。(廿四)市里：市肆閭里。(廿五)浸繁：漸告繁榮。(廿六)賜奚王李大酺妃辛氏，號固安公主：按《舊唐書・奚傳》作：「詔封從外甥女辛氏為固安公主，以妻之。」同書〈玄宗紀〉云：「以辛景初女封為固安縣主，妻于奚首領饒樂郡主大酺。」是辛氏乃辛景初女而上之外甥女也。㉗嗣一母，武惠妃，攸止之女也：武攸止，武后從子。㉘陰：暗。㉙誅竇懷貞：誅竇懷貞，見上卷元年。㉚預：參預。㉛勝紀：勝載。㉜宗正卿：《舊唐書‧職官志》三：「宗正寺，卿一員，從三品上，掌九族六親之屬籍，以別昭穆之序，并領崇玄署。」㉝西漢諸將，以權貴不全：指漢高帝時。㉞南陽故人，以優閑自保：指漢光武時，優閑謂優遊閑散。㉟散官勳封：據《舊唐書‧姜謩附皎傳》，皎爵銀青光祿大夫，封楚國公。㊱初上微時，與太常卿姜皎親善……散官勳封皆如故：按此段乃錄自《舊唐書‧姜謩附皎傳》，字句大致相同。㊲鉢換：即鉢換城。㊳大石城：胡三省曰：「蓋石國城也。」㊴宿：猶屯。㊵天兵軍大使：天兵軍在并州城中。㊶并州長史張嘉貞上言……為天兵軍大使：按此段乃錄自《舊唐書‧張嘉貞傳》，字句大致相同。㊷質：質樸。㊸雜擾：夾雜煩擾。㊹復以明堂為乾元殿：毀乾元殿見卷二百四武后垂拱四年。㊺中書、門下省及侍中，皆復舊名：改中書、門下省及省官名，見上卷元年。㊻有失則匡正，美惡必記之：有失則匡正，乃諫官之事，美惡必記之，為史官所掌者。㊼御史彈百官，服豸冠：《隋書‧禮儀志》六：「法冠，一名柱後，或謂之獬豸冠，高五寸，以縱為展筩，鐵為柱卷，取其不曲撓也。凡執法官皆服之。」豸音ㄓˋ。㊽對仗：謂對在仗內之百官。㊾慝：姦慝。㊿私僻：陰私邪僻。(51)仗下：謂百官隨御仗而退散也。(52)監奏御使：意即殿中侍御史。(53)待制官：胡三省曰：「永徽中，命弘文館學士二人，日待制於武德殿西門，文明元年，詔京官五已上清官，日一人，待制于章善明福門，先天末，又以朝集使六品已上二人，隨仗待制。」(54)仗出：隨御仗而出。(55)仗下後事：謂散朝以後之事。(56)制：制裁。(57)風聞：謂聞其風聲，而不顧其是否真確，與傳聞頗相似。(58)至監察：至監察御史。(59)險詖：險詐偏詖，通頗。(60)的須：確須。(61)對仗：謂對上朝之百官。(62)史官自依故事：胡三省曰：「唐制，天子御正殿，則左右俯陛而聽，有命，則退而書之；若仗在紫宸內閤，則夾香案分立殿下。自永徽之後，唯得對仗承旨，仗下之後，謀議皆不得預聞。」(63)春秋譏魯躋僖公：《春秋》文二年：「八月丁卯，大事於大廟，躋僖公。」《左傳》曰：「逆祀也，君子以為失禮。禮無不順，祀，國之大事也，而逆之，可謂禮乎！子雖齊聖，不先父食久矣。故禹不先鯀，湯不先契，文武不先不窋，宋祖帝乙，鄭祖厲王，猶上祖也。」(64)兄臣於弟，猶不可躋：謂魯僖公嘗臣於閔公。(65)況弟臣於兄：謂睿宗之於中宗。(66)昭：昭為昭穆之昭，謂同列也。(67)禮官：指太常言。(68)不數兄弟，兄弟不在其數內。(69)殷代或兄弟四人，相繼為君：殷時陽甲、盤庚、小辛、小乙兄弟四人，相繼為君。(70)禰：《公羊傳》隱元年注：「生稱父，死曰考，入廟稱禰。」(71)亞：次。(72)右之：祖護之。(73)康州都城尉：據《舊唐書・地理志》四，都城屬嶺南道康州，康州至京師五千七百五十里。(74)新廟成：謂更作太廟成。(75)七子均養，著於國風：《詩・曹風・鳲鳩》：「鳲鳩在桑，其子七兮，叔人君子，其儀一兮。」注：「鳲鳩之養其子，朝從上下，暮從下上，平均如一。」(76)混同：合同。(77)覆燾：燾亦覆，音ㄉㄠˋ。(78)德：德行。(79)上命宋璟蘇頲為諸皇子制名……覆燾無偏之德，上甚善之：按此段乃錄自《舊唐書・宋璟傳》，字句大致相同。(80)東平王：東平王續，紀王慎之子；

慎，太宗子。(八二)省中書：指秘書省之書籍言。(八三)訛：錯誤。(八四)整比：整齊排比。(八五)校補：校正補充。(八五)繕寫：《正字通》：「編錄文籍曰繕寫。」(八六)桑泉尉：胡三省曰：「桑泉縣隋開皇十六年分猗氏縣置，屬蒲州。」(八七)乾元殿：《舊唐書・褚無量傳》作：「令於東都乾元殿。」是乃在東都也。(八八)秘書監馬懷素奏……編校羣書：按此段乃錄自《舊唐書・馬懷素傳》及〈褚無量傳〉，字句大致相同。

卷二百一十二　唐紀二十八

司馬光編集
曲守約註

起著雍敦牂，盡旃蒙赤奮若，凡八年。（戊午至乙丑，西元七一八年至七二五年）

玄宗至道大聖大明孝皇帝上之下

開元六年（西元七一八年）

㈠春，正月，辛丑，突厥毗伽可汗來請和，許之。

㈡廣州吏民為宋璟立遺愛碑㊀，璟上言：「臣在州無它異迹㊁，今以臣光寵，成彼諂諛，欲革此風，望自臣始。請敕下禁止。」上從之，於是它州皆不敢立。

㈢辛酉，敕禁惡錢㊂，重二銖四分以上乃得行㊃，斂㊄人間惡錢鎔之，更鑄如式錢㊅，於是京城紛然㊆，賣買殆絕㊇。宋璟、蘇頲請出太府㊈錢二萬緡，置南北市㊉，以平價買百姓不售之物，可充[一一]官用者，及聽兩京百官豫假[一二]俸錢，庶[一三]使良錢流布人間。從之。

㈣二月，戊子，移蔚州橫野軍於山北[一四]，屯兵三萬，為九姓之援，以拔曳固都督頡質略、同羅都督毗伽末啜、霫都督比言、回紇都督夷健頡利發、僕固都督曳勒歌等，各出騎兵，為前後左右軍討擊大使，皆受天兵⑮軍節度，【考異】實錄：「壬辰，制大舉擊突厥，五都督及拔悉密、金山道總管處木昆執米啜、堅昆都督骨篤祿毗伽、契丹都督李失活、奚都督李大酺及默啜之子右賢王默特勒逾輸等，夷夏之師，凡三十萬，並取朔方道大總管王晙節度。」而於後俱不見出師勝敗。按此年正月，突厥請和，帝有答詔，而二月伐之，恐無此事。舊紀及王晙突厥傳皆無此月出兵事，新突厥傳云：「默棘連遣使請和，帝以不情，答而不許，俄下詔伐之，以王晙統之，期以八年並集稽落水。」上行兵貴密，不應前二年半先下詔，蓋取實錄附會舊傳耳。有所討捕，量宜⑯追集，無事各歸部落營生⑰，仍常加存撫。

㈤三月，乙巳，徵嵩山處士盧鴻入見，拜諫議大夫⑱，鴻固辭。【考異】舊傳作盧鴻一，本紀新傳皆作鴻。按中嶽真人劉君碑云：「盧鴻撰」今從之。

㈥天兵軍使張嘉貞入朝，有告其在軍奢僭及贓賄⑲者，按驗無狀⑳，上欲反坐告者㉑，嘉貞奏曰：「今若罪之，恐塞言路㉒，使天下之事，無由上達㉓，願特赦之。」其人遂得減死，上由是以嘉貞為忠，有大用之意㉔。

㈦有薦山人㉕范知瓊文學者㉖，并獻其所為文，宋璟判之曰㉗：「觀其良宰論㉘，頗涉佞諛，山人當極言讜議㉙，豈宜偷合苟容㉚，文章若高，自宜從選舉㉛求試，不可別奏。」

(八)夏，四月，戊子，河南參軍(三二)鄭銑、朱陽(三三)丞郭仙舟投匭(三四)獻詩，敕曰：「觀其文理(三五)，乃崇道法(三六)，至於時用，不切事情，宜各從所好。」並罷官(三七)，度為道士。

(九)五月，辛亥，以突騎施都督蘇祿為左羽林大將軍、順國公、充金方道經略大使。

(十)契丹王李失活卒，癸巳，以其弟娑固代之(三八)。

(十一)秋，八月，頒鄉飲酒禮於州縣，令每歲十二月行之(三九)。

(十二)唐初，州縣官俸，皆令富戶掌錢出息以給之(四〇)(四一)，息至倍稱(四二)，多破產者，秘書少監崔沔上言：「請計州縣官所得俸，於百姓常賦之外，微有所加以給之(四三)。」從之。

(十三)冬，十一月，辛卯，車駕至西京。

(十四)戊辰，吐蕃奉表請和，乞舅甥親署誓文(四四)，又令彼此宰相皆著名(四五)於其上。

(十五)宋璟奏：「括州員外司馬(四六)李邕、儀州(四七)司馬鄭勉，並有才略(四八)文詞，但性多異端(四九)，好是非改變(五〇)，若全引進，則咎悔(五一)必至，若長㉜棄捐，則才用㉝可惜，請除渝硤二州刺史。又奏：「大理卿元行冲，素稱㉞才行，初用之時，實允僉議㉟，當事㊱之後，頗非稱職，請復以為左散騎常侍，以李朝隱代之。陸象先閑㊲於政體，寬不容非㊳，請以為河南尹。」從之。

【今註】㊀廣州吏民為宋璟立遺愛碑：去年宋璟自廣州入相。㊁異迹：優異之政績。㊂敕禁惡錢：胡三省曰：「武德四年，鑄開元通寶錢，其後盜鑄漸起。顯慶五年，以惡錢多，官為市之，以一善錢售五惡錢，民間藏惡錢，以待禁弛。乾封以後，私錢犯法日蕃，有以舟筏鑄於江中者，詔所在納惡錢，而姦亦不息。武后時，錢非穿穴及鐵錫銅液，皆得用之，熟銅排斗沙澀之錢皆售，自是盜鑄蜂起，吏莫能捕。先天之際，兩京錢益濫，或鎔錫模錢，須臾百十。故禁之。」㊃行：行使。㊄斂：收斂。㊅如式錢：謂如格式之錢，亦即須重二銖四分以上。㊆紛然：亂貌。㊇殆絕：幾絕。㊈太府：《舊唐書．職官志》三：「太府寺，卿一員，從三品，掌邦國財貨，總京師四市、平準、左右藏、常平八署之官屬，舉其綱目，修其職務。」㊉南北市：指京師之南北市。⑪充：為。⑫豫假：豫借。⑬庶：庶幾。⑭移蔚州橫野軍於山北：杜佑曰：「橫野軍在蔚州東北百四十里，去太原九百里。」此殆指開元時所移之地。⑮天兵軍：天兵軍在并州城中。⑯量宜：量度事之機宜。⑰營生：謀生。⑱諫議大夫：《舊唐書．職官志》二：「門下省諫議大夫，武德四年勅置四員，正五品上。」

⑲贓賄：謂貪贓納賄。⑳無狀：謂無事狀。㉑反坐告者：反坐告者，以誣告人所得罪坐之。㉒言路：言者之路。㉓上達：達於君上。㉔天兵軍使張嘉貞入朝……有大用之意：按此段乃錄自《舊唐書・張嘉貞傳》，字句大致相同。㉕山人：意為山野之人，此稱，在斯時甚為流行，實一有趣之現象也。㉖范知璿文學者：謂范知璿有文學者。㉗判之曰：謂批文云。㉘觀其良宰論：良宰論蓋稱美當時宰相。㉙讜議：直言，音黨。㉚苟容：苟且取容。㉛從選舉：謂從選舉之途。㉜河南參軍：指河南府參軍言。《舊唐書・職官志》三：「京兆河南太原等府，功倉戶兵法士等六曹參軍事，各二人，正七品下，參軍事六人，正八品下。」《新唐書・百官志》四下：「西都東都參軍事，掌出使贊導，武德初改行書佐曰行參軍，尋又改曰參軍事。」㉝朱陽：據《舊唐書・地理志》一，朱陽縣屬河南道虢州。㉞投匭：匭乃盛物之匣，設於宮禁之外，所以接受民間之投書也。㉟文理：文辭義理。㊱道法：道家之法。㊲度：剃度。㊳以其弟娑固代之：按《舊唐書・契丹傳》作：「以其從父弟娑固代之。」是娑固乃其從父弟，而非其胞弟。㊴頒鄉飲酒禮於州縣，令每歲十二月行之：《新唐書・禮樂志》卷九：「行鄉飲酒之禮，皆刺史為主人，先召鄉致仕有德者謀之，賢者為賓，其次為介，又其次為眾賓，與之行禮。季冬之月，正齒位則縣令為主人，鄉之老人年六十以上有德望者一人為賓，次一人為介，又其次為三賓，又其次為眾賓。年六十者三豆，七十者四豆，八十者五豆，九十者及主人皆六豆。主賓介三賓眾賓既升即席，工持瑟，升自階，就位，鼓鹿鳴，卒歌笙，入立於堂下，北面奏南陔，乃間歌歌南有嘉魚、笙、崇丘，乃合樂周南、關睢、召南、鵲巢，司正升自西階

（按自工持瑟至此，皆上文而轉錄於此，次序微有顛倒。）贊禮揚觶而戒之以忠孝之本，賓主以下皆再拜，奠酬既畢，乃行，無算爵，無算樂。」㊵令富戶掌錢，出息以給之：令富戶掌管錢財，而出利息以與官家。胡三省述之曰：「唐初，在京諸官司及天下官，置公廨本錢，以典吏主之，收贏十之七，富戶倖免徭役，貧者破產甚眾。」其屬病民，自不待言矣。㊶息至倍稱：謂利息常多於舉借本錢之一倍。㊷倍稱：倍於所舉借者。㊸於百姓常賦之外，微有所加以給之：胡三省曰：「時沔請計戶均出，每丁加升尺以給之。」㊹吐蕃奉表請和，乞舅甥親署誓文：吐蕃以尚文成公主，因與唐為舅甥之國。㊺著名：猶署名。㊻員外司馬：謂正額之外而特設之司馬。㊼儀州：胡三省曰：「先天元年，避帝名，改箕州為儀州。」㊽才略：才幹謀略。㊾異端：與普通人異。㊿是非改變：謂改變是非。(51)咎悔：災咎悔恨。(52)長：長久。(53)才用：才能幹用。(54)素稱：早著。(55)僉議：眾議。(56)當事：猶執事。(57)閑：閑練。(58)寬不容非：謂寬平而不含容為非之人。

七年（西元七一九年）

㈠春，二月，俱密王那羅延㊀、康王烏勒伽㊁、安王篤薩波提，皆上表言為大食所侵掠，乞兵救援。

㈡敕太府及府縣㊂出粟十萬石，糶之，以斂人間㊃惡錢，送少府㊄

銷毀。

㈢三月，乙卯，以左武衛大將軍、檢校內外閑廄使㊅苑內營田使王毛仲行太僕卿㊆，毛仲嚴察有幹力㊇，萬騎功臣、閑廄官吏皆憚之，苑內所收常豐溢，上以為能，故有寵，雖有外第㊈，常居閑廄側內宅[一〇]，上或時不見，則悄然[一一]若有所失，宦官楊思勗、高力士皆畏避之[一二]。

㈣渤海王大祚榮卒，【考異】實錄：「六月丁卯，祚榮卒，遣左監門率吳思謙攝鴻臚卿，充使弔祭。」按此月丙辰，已云祚榮卒，蓋六月方遣思謙弔祭耳。丙辰，命其子武藝襲位。

㈤夏，四月，壬午，開府儀同三司、祁公王仁皎[一三]薨，其子駙馬都尉守一[一四]請用竇孝諶例[一五]，築墳高五丈二尺，上許之。宋璟、蘇頲固爭，以為：「準令[一六]，一品墳高一丈九尺，其陪陵[一七]者高出三丈而已[一八]，竇太尉墳，議者頗譏其高大，當時無人極言其失，豈可今日復踵[一九]而為之！昔太宗嫁女，資送過於長公主[二〇]，魏徵進諫，太宗既用其言，文德皇后亦賞之[二一]，豈若韋庶人崇其父墳，號曰酆陵，以自速[二二]其禍乎！夫以后父之尊，欲高大其墳，何足為難，而臣等再三進言者，蓋欲成中宮㉓之美耳。況今日所為，當傳無窮，永以為法，可不慎乎？」上悅曰：「朕每欲正身率下㉔，況於妻子，何敢私之！然此乃人所難言，卿能固守典禮，以成朕美，垂法㉕將來，誠所望也。」賜璟頲帛四百匹㉖。

㈥五月，己丑朔，日有食之，上素服以俟變，徹樂㉗減膳，命中書門下察繫囚，賑餓乏，勸農功。辛卯，宋璟等奏曰：「陛下勤恤人隱㉘，此誠蒼生之福，然臣聞日食修德，月食修刑㉙，親君子，遠小人，絕女謁㉚，除讒慝㉛，所謂修德也。君子恥言浮於行㉜，苟推至誠而行之，不必數下制書也。」

㈦六月，戊辰，吐蕃復遣使，請上親署誓文，上不許，曰：「昔歲誓約已定，苟信不由衷㉝，亟誓何益！」

㈧秋，閏七月，右補闕盧履冰上言：「禮，父在為母服周年，則天皇后改服齊衰三年㉞㉟，請復其舊。」上下其議，左散騎常侍褚無量以履冰議為是，諸人爭論，連年不決。八月，辛卯，敕自今五服並依喪服傳文，然士大夫議論猶不息，行之各從其意，無量歎曰：「聖人豈不知母恩之厚乎，厭降㊱之禮，所以明尊卑，異戎狄㊲也，俗情膚淺，不知聖人之心，一紊㊳其制，誰能正之？」

㈨九月，甲寅，徙宋王憲為寧王㊴。上嘗從複道㊵中見衛士食畢，棄餘食於竇中，怒欲杖殺之，左右莫敢言，憲從容諫曰：「陛下從複道中窺人過失而殺之，臣恐人人不自安；且陛下惡棄食於地者，為食可以養人也，今以餘食殺人，無乃失其本乎！」上大悟，蹶然起㊶曰：「微兄㊷，幾至濫刑。」遽釋衛士。是日上宴飲極歡，自解紅玉帶并所乘馬以賜憲。

㈩冬，十月，辛卯，上幸驪山溫湯，癸卯，還宮。

(十一)壬子，冊拜突騎施蘇祿為中順可汗㊸。

(十二)十一月，壬申，上以岐山㊹令王仁琛，藩邸故吏，墨敕㊺令與五品官。宋璟奏：「故舊恩私㊻，則有大例㊼，除官資歷，非無公道㊽，仁琛曏緣舊恩，已獲優改㊾，今若再蒙超獎㊿，遂於諸人不類(51)，又是后族(52)，須杜輿(53)言。乞下吏部檢勘(54)，苟無負犯(55)，於格(56)應留，請依資稍優注擬。」從之。

㈢選人宋元超於吏部自言侍中璟之叔父，冀得優假(五七)，璟聞之，牒吏部云：「元超，璟之三從叔，常在洛城，不多參見(五八)，既不敢緣尊輒隱(五九)，又不願以私害公。向者無言，自依大例，既有聲聽(六〇)，事須矯枉請放(六一)。」寧王憲奏選人薛嗣先請授微官，事下中書門下，璟奏：「嗣先兩選齋郎(六二)，雖非灼然應留，以懿親(六三)之故，固應微假(六四)官資。在景龍中，常有墨敕處分，謂之斜封，自大明(六五)臨御(六六)，茲事杜絕(六七)，行一賞，命一官，必是緣功與才，皆歷中書門下，至公之道，唯聖(六八)能行。嗣先幸預姻戚，不為屈法，許臣等商量，望付吏部，知不出正敕。」從之。

㈣先是朝集使往往齎貨入京師，及春將還，多遷官，宋璟奏一切勒還(六九)，以革其弊(七〇)。

㈤是歲，置劍南節度使，領益彭等二十五州

【今註】㊀俱密王那羅延：胡三省曰：「俱密國治山中，在吐火羅東北，南臨黑河，其王突厥延陀種。」㊁康王烏勒伽：《新唐書．西域康國傳》：「康國在那密水南，君姓溫，本月氏人，始居祁連北昭武城，為突厥所破，稍南，依葱嶺，即有其地。」㊂府縣：府謂京兆府，縣謂京縣及畿縣。

㊃人間：為民間之避諱而改。㊄少府：《舊唐書・職官志》三：「少府監，掌供百工伎巧之事。」㊅內外閑廄使：同志三：「殿中省，尚乘局，初尚乘局掌六閑馬，後置內外閑廄使，專掌御馬，開元初，以尚乘局隸閑廄使。」㊆太僕卿：同志三：「太僕寺，卿一員，從三品，掌邦國廄牧車輿之政令。」㊇幹力：猶今言之幹勁。㊈外第：謂賜予之莊宅。⑩側內宅：謂側旁之宅。⑪悄然：憂也。⑫以左武衞大將軍王毛仲……皆畏避之：按此段乃錄自《舊唐書・王毛仲傳》，字句大致相同。⑬四月壬午，開府儀同三司祁公王仁皎薨：按《舊唐書・玄宗紀》，壬午作癸酉。⑭其子駙馬都尉守一：據《舊唐書・外戚王仁皎傳》，守一尚玄宗女清陽公主。⑮請用竇孝諶例：竇孝諶，上之外祖。⑯準令：猶據令。⑰陪陵：謂陪葬於皇帝陵寢之四周。⑱高出三丈而已：《舊唐書・宋璟傳》作：「墳高三丈已上，四丈已下。」故因云然。⑲踵：猶繼。⑳長公主：皇帝之姑姊名長公主。㉑文德皇后亦賞之：事見卷一百九十四太宗貞觀六年。㉒速：召。㉓中宮：謂皇后。㉔率下：謂為臣下之表率。㉕垂法：垂法式。㉖開府儀同三司祁公王仁皎薨……賜璟頲帛四百匹：按此段乃錄自《舊唐書・外戚王仁皎傳》，字句大致相同。㉗徹樂：去樂。㉘人隱：謂民之隱疾。㉙刑：法。㉚女謁：女子之謁求。㉛慝：姦慝。㉜君子恥言浮於行：浮，過。《論語》：「孔子曰：『君子恥其言而過其行。』」㉝苟信不由衷：謂苟誠信不出自內衷。㉞亟：屢。㉟則天皇后改服齊衰三年：事見卷二百二高宗上元元年。㊱厭降：抑降。㊲異戎狄：謂使與戎狄有別。㊳紊：紊亂。㊴九月甲寅，徙宋王憲為寧王：按《新唐書・玄宗紀》，甲寅作甲戌。㊵複道：猶閣道，棧道。㊶蹶然

起：謂躍然而起。㊷微兄：猶無兄。㊸冊拜突騎施蘇祿為中順可汗：按《舊唐書・突厥傳》下作忠順可汗，似以作忠為佳。㊹岐山：據《舊唐書・地理志》一，岐山屬關內道鳳翔府。㊺墨敕：謂所下制敕，不由中書門下二省。㊻恩私：有私人之恩誼。㊼例：條例。㊽公道：公家之法式。㊾優改：優予改遷。㊿超獎：不次之獎。(51)不類：不同。(52)又是后族：王仁琛蓋仁皎羣從。(53)輿：眾。(54)檢勘：檢核勘驗。(55)負犯：猶違犯。(56)格：格式。(57)優假：優予假借。(58)不多參見：謂璟不常參見之。(59)緣尊輒隱：因緣尊長而便加隱諱。(60)聲聽：猶聲聞。(61)矯枉請放：謂應矯枉過正而放降之。(62)齋郎：祭祀時執事之吏。(63)懿親：美親，懿乃係尊敬辭。(64)假：謂優假。(65)大明：謂大明之君。(66)臨御：謂臨御天下。(67)杜絕：杜塞斷絕。(68)聖：聖人。(69)一切勒還：謂皆以原職，勒令還州。(70)先是朝集使……以革其弊：按此段乃錄自《舊唐書・宋璟傳》，字句大致相同。

八年（西元七二〇年）

㈠春，正月，丙辰，左散騎常侍褚無量卒㊀。【考異】舊本紀：「正月甲子朔，皇太子加元服，壬申，右散騎常侍褚無量卒。」按長歷，正月甲寅朔，甲子十一日也，唐歷亦云壬申無量卒，今從實錄。

㈡辛酉，命右散騎常侍元行沖整比㊁羣書。

㈢侍中宋璟疾㊂負罪而妄訴不已者，悉付御史臺治之，謂中丞李謹度曰：「服[四]不更訴者出之，尚訴未已者，且繫[五]。」由是人多怨者。會天旱有魃[六]，優人作魃狀，戲於上前，問魃何為出，對曰：「奉相公處分[七]。」又問何故[八]，魃曰：「負冤者三百餘人，相公悉以繫獄抑[九]之，故魃不得不出[一〇]。」上心以為然。時璟與中書侍郎同平章事蘇頲建議，嚴禁惡錢，江淮間惡錢尤甚，璟以監察御史蕭隱之充使括[一一]惡錢，隱之嚴急煩擾[一二]，怨嗟[一三]盈路，上於是貶隱之官。辛巳，罷璟為開府儀同三司，頲為禮部尚書。【考異】唐歷云二十八日辛卯，舊紀云己卯，按是月無辛卯，今從實錄。以京兆尹源乾曜為黃門侍郎，并州長史張嘉貞為中書侍郎，並同平章事，於是弛[一四]錢禁，惡錢復行矣。

(四)二月，戊戌，皇子敏卒，追立為懷王，諡曰哀。

(五)壬子，敕以役莫重於軍府，一為衛士，六十乃免[一五]，宜促[一六]其歲限[一七]，使百姓更迭[一八]為之。

(六)夏，四月，丙午，遣使賜烏長王、骨咄[一九]王、俱位[二〇]王冊命，三國皆在大食之西，大食欲誘之叛唐，三國不從，故褒之。

(七)五月，辛酉，復置十道按察使[二一]。

㈧丁卯，以源乾曜為侍中，張嘉貞為中書令，乾曜上言：「形要㉒之家，多任京官，使俊乂㉓之士，沈廢於外㉔，臣三子皆在京，請出其二人。」上從之，因下制稱乾曜之公，命文武官㉕効之，於是出者百餘人㉖。張嘉貞吏事彊敏㉗，而剛躁㉘自用㉙，中書舍人苗延嗣、呂太一、考功員外郎員㉚嘉靜、殿中侍御史崔訓，皆嘉貞所引進，常與之議政事，四人頗招權㉛，時人語曰：「令公四俊，苗呂崔員㉜。」

㈨六月，瀍穀漲溢，漂溺幾二千人。【考異】實錄云：「漂居人四百餘家。」舊紀云：「漂沒九百餘戶，溺死八百餘人，掌閑溺死者千一百餘人㉝。」今從舊紀人數。

㈩突厥降戶僕固都督勺磨及𧿹跌部落，散居受降城側，朔方大使王晙言其陰引突厥，謀陷軍城㉞，密奏請誅之，誘勺磨等宴於受降城，伏兵悉殺之，河曲降戶殆盡㉟，拔曳固、同羅諸部，在大同、横野軍㊱之側者，聞之皆忷㊲懼。秋，并州長史、天兵節度大使張說引二十騎持節㊳，即其部落慰撫之，因宿其帳下，副使李憲以虜情難信，馳書止之，說復書曰：「吾肉非黃羊㊴，必不畏食，血非野馬(40)，必不畏刺(41)，士見危致命(42)，此吾效死(43)之秋(44)也。」拔曳固同羅由是遂安(45)。

(十一)冬，十月，辛巳，上行幸長春宮，壬午，畋(46)於下邽。

(十二)上禁約諸王，不使與羣臣交結，光祿少卿、駙馬都尉裴虛己與岐王範遊宴，仍(47)私挾(48)讖緯，戊子，流虛己於新州(49)，離其公主(50)。萬年尉劉庭琦、太祝(51)張諤數與範飲酒賦詩，貶庭琦雅州(52)司戶，諤山茌(53)丞，然待範如故。謂左右曰：「吾兄弟自無間(54)，但趨競之徒，彊相託附(55)耳，吾終不以此責兄弟也(56)。」上嘗不豫，薛王業妃弟內直郎(57)韋賓，與殿中監(58)皇甫恂私議休咎(59)，事覺，賓杖死，恂貶錦州(60)刺史，業與妃惶懼待罪，上降階執業手曰：「吾若有心猜(61)兄弟者，天地實殛(62)之。」即與之宴飲，仍慰諭妃，令復位(63)(64)。

(十三)十一月，乙卯，上還京師。

(十四)辛未，突厥寇甘涼(65)等州，【考異】唐歷突厥寇涼州，在九月。舊突厥傳云：「八年冬，御史大夫王晙為朔方大總管，奏請西徵拔悉密，東發奚契丹兩蕃，期以明年秋初，引朔方兵，數道俱入，掩突厥牙帳於稽落河上。」按王晙此月為幽州都督，今從實錄舊紀。敗河西節度使(66)楊敬述，掠契苾部落㊅而去。先是，朔方大總管王晙奏請西發拔悉密㊅，東發奚契丹，期以今秋掩㊈毗伽牙帳於稽落水㊆上，毗伽聞之，大懼；暾欲谷曰：「不足畏也，拔悉密在北庭，與奚契丹去絕遠㊆，勢不相及㊆，朔方兵，計㊆亦不能來此，若必能來，俟其垂至，徙牙帳北行三日，唐兵食盡，自去矣。且拔悉密輕而好利，得王晙之約，必喜而先至，晙與張嘉貞不相悅，奏請多不相應㊆，必不敢出兵。晙兵不出，拔悉密獨至，擊而取之，勢甚易耳。」既而拔悉密果發兵逼突厥牙帳，而朔方及奚契丹兵不至，拔悉密懼引退，毗伽欲擊之，暾欲谷曰：「此屬去家千里，將死戰，未可擊也，不如以兵躡之㊆。」去北庭二百里，暾欲谷分兵間道先圍北庭，因縱兵㊆擊拔悉密，大破之，拔悉密眾潰，走趨北庭，不得入，盡為突厥所虜。暾欲谷引兵，還出赤亭，掠涼州羊馬，楊敬述遣裨將㊆盧公利、判官元澄將兵邀㊆擊之，暾欲谷謂其眾曰：「吾乘勝而來，敬述出兵，破之必矣。」公利等至刪丹㊆，與暾欲谷遇，唐兵大敗，公利、澄脫身走，毗伽由是大振，盡有默啜之眾㊇。

（十五）契丹牙官可突干，驍勇得眾心，李娑固猜畏㉒，欲去之，是歲，可突干舉兵擊娑固，娑固敗，奔營州，營州都督許欽澹遣安東都護薛泰帥驍勇五百，與奚王李大酺奉娑固以討之，戰敗，娑固李大酺皆為可突干所殺，生擒薛泰，營州震恐，許欽澹移軍入渝關㉓。可突干立娑固從父弟鬱干為主，遣使請罪，上赦可突干之罪，以鬱干為松漠都督㉔，以李大酺之弟魯蘇為饒樂都督。

【今註】㊀左散騎常侍褚無量卒：胡三省曰：「按通鑑例，惟公輔書薨，偏王者公輔書卒，今書褚無量卒，以整比羣書未竟，改命元行沖，故書以始事。」㊁整比：整齊排比。㊂疾：恨惡。㊃服：服罪。㊄繫：繫於獄。㊅魃：旱神。《神異經》：「南方有人，長二三尺，袒身，目在頂上，走行如風，其名曰魃，所見之國大旱，赤地千里。一名旱母。遇者得之，投溷中即死。」㊆奉相公處分：以宋璟位為宰相，故稱曰相公，處分即處置。㊇又問何故：謂又問何故而出。㊈抑：抑困。㊉故魃不得不出：謂因囹圄充塞，故魃不得不出至外間。⑪括：搜括。⑫煩擾：煩瑣騷擾。⑬怨嗟：怨恨嗟嘆。⑭弛：解。⑮六十乃免：謂六十乃能免役。⑯促：謂縮短。⑰歲限：年歲期限。⑱更迭：更互。⑲骨咄：《新唐書・西域傳》：「骨咄或曰珂咄羅，王治思助建城。」⑳俱位：胡三省曰：「俱位或曰商彌，治阿賒颰師多城，在大雪山勃律河北，地寒，冬窟室。」㉑復置十道按察使：

罷按察使見上卷五年。㉒形要：謂形勢權要。㉓俊乂：才德過人之稱，音一、。㉔外：京外。㉕劾：劾法。㉖乾曜上言……於是出者百餘人：按此段乃錄自《舊唐書・源乾曜傳》，字句大致相同。㉗彊敏：精彊敏練。㉘剛躁：剛強暴躁。㉙自用：謂用事。㉚員：音運。㉛頗招權：謂頗招攬權勢。㉜張嘉貞吏部彊敏……苗呂崔員：按此段乃錄自《舊唐書・張嘉貞傳》，字句大致相同。㉝考異曰，掌閑溺死者千二百餘人：按《舊唐書・玄宗紀》，掌閑下有番兵二字，當從添。㉞軍城：朔方軍所駐之城。㉟突厥降戶，僕固都督勺磨……降戶殆盡：按此段乃錄自《舊唐書・王晙傳》，字句大致相同。㊱大同橫野軍：大同軍即大武軍，武后大足元年更名。《舊唐書・地理志》一：「河東節度使統大同橫野等四軍。大同軍在代州北三百里，橫野軍在蔚州東北一百四十里。」㊲恟：擾恐，音凶。㊳持節：持旌節。㊴肉非黃羊：胡三省曰：「北人謂麞為黃羊。」㊵野馬：非人家及廐牧所畜，而自孳生於野者，謂之野馬。㊶必不畏刺：蓋突厥人飲馬血時，率刺馬以取之。㊷士見危致命：《論語・子張篇》子張之言，致猶授。㊸效死：致死命。㊹秋：猶時。㊺拔曳固同羅諸部……由是遂安：按此段乃錄自《舊唐書・張說傳》，字句大致相同。㊻畋：畋獵。㊼仍：因。㊽挾：挾帶。㊾新州：《舊唐書・地理志》四嶺南道：「新州至京師五千五十二里。」㊿離其公主：《新唐書・諸公主傳》：「睿宗女霍國公主，下嫁裴虛己。」(51)太祝：《舊唐書・職官志》三：「太常寺，太祝六人，正九品上。」(52)雅州：《舊唐書・地理志》四劍南道：「雅州在京師西南二千七百二十三里。」(53)山茌：《舊唐書・地理志》一河南道：「齊州，長清縣，舊志有豐齊縣，古山茌邑也，天寶元年，改為豐齊。」（五四）無間：無間隙。（五五）相託附：謂相託附以逞私計。（五六）上禁約諸王……吾終不以此責兄弟也：按此段乃錄自《舊唐書・睿宗子惠文太子範傳》，字句大致相同。（五七）內直郎：《唐六典》卷二十六：「東宮有內直局，內直郎二人，從六品下。掌符璽繖扇几案衣服之事。」（五八）殿中監：《舊唐書・職官志》三：「殿中省，監一員，從三品。」（五九）休咎：休祥殃咎。（六〇）錦州，《舊唐書・地理志》三江南道：「錦州，垂拱二年，分辰州麻陽縣地，並開山洞置錦州，至京師三千五百里。」（六一）猜：猜忌。（六二）殛：誅。（六三）令復位：令復其原位。（六四）上嘗不豫……仍慰諭妃，令復位：按此段乃錄自《舊唐書・睿宗子惠宣太子業傳》，字句大致相同。（六五）寇甘涼：涼州西至甘州五百里。（六六）河西節度使：《舊唐書・地理志》一：「河西節度使，治在涼州。」（六七）契苾部落：貞觀中，契苾來降，處其部落於涼州。（六八）拔悉密：拔悉密酋長姓阿史那氏，蓋亦突厥之種，居北庭。（六九）掩：掩襲。（七〇）稽落水：稽落水蓋導源於稽落山。（七一）絕遠：甚遠。（七二）相及：《舊唐書・突厥傳》上作：「相合。」文異意同。（七三）計：計算。（七四）不相應：不應諾。（七五）躡：躡其後。（七六）縱兵：謂恣兵士之力。（七七）裨將：偏將。（七八）邀：截。（七九）刪丹：據《舊唐書・地理志》三，刪丹縣屬隴右道甘州。（八〇）突厥寇甘涼等州……盡有默啜之眾：按此段乃錄自《舊唐書・突厥傳》上，字句大致相同。（八一）猜畏：猜忌畏懼。（八二）渝關：《新唐書・地理志》三河北道：「營州柳城郡，西四百八十里有渝關守捉城。」（八三）契丹牙官可突干……以鬱干為松漠都督：按此段乃錄自《舊唐書・契丹傳》，字句大致相同。

九年（西元七二一年）

㈠春，正月，制削楊敬述官爵，以白衣檢校涼州都督，仍充諸使㊀。

㈡丙辰，改蒲州為河中府，置中都官僚，一準㊁京兆河南。

㈢丙寅，上幸驪山溫湯，乙亥，還宮。

㈣監察御史宇文融上言：「天下戶口逃移，巧偽甚眾，請加檢括㊂。」融，弼之玄孫㊃也。源乾曜素愛其才，贊成之。二月，乙酉，敕有司議招集流移，按詰㊄巧偽之法，以聞。

㈤丙戌，突厥毗伽復使來求和，上賜書諭以：「曩昔國家與突厥和親，華夷安逸㊅，甲兵休息，國家買突厥羊馬，突厥受國家繒帛，彼此豐給㊆。自數十年來，不復如舊，正由默啜無信，口和心叛㊇，數出盜兵，寇抄邊鄙，人怨神怒，隕身喪元㊈，吉凶之驗㊉，皆可汗所見。今復蹈前迹，掩襲甘涼，隨遣使人，更來求好，國家如天之覆，如海之容⑪，但取來情⑫，不追往咎。可汗果有誠心，則共保遐福㉓，不然，無煩使者，徒爾往來。若其侵邊，亦有以待。可汗其審圖㉔之！」

⑹丁亥，制：「州縣逃亡戶口，聽百日自首㉕，或於所在附籍㉖，或牒歸故鄉，各從所欲，過期不首，即加檢括，謫徙邊州㉗，公私㉘敢容庇㉙者，抵罪㉚。」以宇文融充使，括逃移戶口及籍外田㉛，所獲巧偽㉜甚眾，遷兵部員外郎兼侍御史。融奏置勸農判官十人㉝，並攝御史，分行天下，其新附客戶，免六年賦調。使者競為刻急，州縣承風㉞勞擾㉟，百姓苦之。陽翟㊱尉皇甫憬上疏，言其狀，上方任融，貶憬盈川尉，州縣希旨㊲，務於獲多，虛張㊳其數，或以實戶為客㊴，凡得戶八十餘萬，田亦稱是㊵。

⑺蘭池州胡康待賓誘諸降戶同反。夏，四月，攻陷六胡州㊶，【考異】實錄：「四月庚寅，康待賓反，命王晙討平之，斬於都市。五月丁巳，既誅康待賓，下詔云云，壬寅，叛胡康待賓偽稱葉護安慕容以叛，七月癸酉，王晙擒康待賓至京師，腰斬之。」前後重複，交錯相違，今從舊紀。有眾七萬，進逼夏州，命朔方大總管王晙、隴右節度使郭知運共討之。

⑻戊戌，敕京官五品以上、外官刺史四府上佐㊷，各舉縣令一

人，視其政善惡，為舉者賞罰㉞。

㈨以太僕卿王毛仲為朔方道防禦討擊大使，與王晙及天兵軍節度大使張說相知㉟，討康大賓㊱。

㈩六月，己卯，罷中都，復為蒲州。蒲州刺史陸象先政尚寬簡，吏民有罪，多曉諭遣之，州錄事㊲言於象先曰：「明公不施箠撻㊳，何以示威？」象先曰：「人情不遠㊴，此屬豈不解吾言邪！必欲箠撻以示威，當從汝始。」錄事慙而退。象先嘗謂人曰：「天下本無事，但庸人擾之㊵耳，苟清其源，何憂不治㊶㊷？」

(十一)秋，七月，己酉，王晙大破康待賓，生擒之，殺叛胡萬五千人。辛酉，集四夷酋長，腰斬康待賓於西市。先是叛胡潛與党項通謀，攻銀城連谷㊸，據其倉庾㊹，張說將步騎萬人出合河關㊺，掩擊大破之，退至駱駝堰，党項乃更與胡戰，胡眾潰，西走入鐵建山，說安集党項，使復其居業。討擊使阿史那獻以党項翻覆，請并誅之，說曰：「王者之師，當伐叛柔服㊻，豈可殺已降邪！」因奏置麟州，以鎮撫党項餘眾㊼。

(十二)九月，乙巳朔，日有食之。

(十三)康待賓之反也，詔郭知運王晙相知㊽討之，晙上言：「朔方兵自有餘力，請敕知運還本軍。」未報，知運已至，由是與晙不協㊾，晙所招降者，知運復縱兵擊之，虜以晙為賣己，由是復叛。上以晙不能遂定羣胡，丙午，貶晙為梓州㊿刺史(五一)。

(十四)丁未，梁文獻公姚崇薨，遺令：「佛以清淨慈悲為本，而愚者寫經造像，冀以求福，昔周齊分據天下，周則毀經像而修甲兵，齊(五二)則崇塔廟而弛(五三)刑政，一朝合戰，齊滅周興。近者諸武諸韋，造寺度人，不可勝紀，無救族誅(五四)。汝曹勿效兒女子(五五)終身不寤，退薦冥(五六)福，道士見僧獲利，效其所為，尤不可延(五七)之於家，當永為後法(五八)。」

(十五)癸亥，以張說為兵部尚書同中書門下三品。【考異】朝野僉載曰：「說為并州刺史，諂事王毛仲，毛仲巡邊，說於天兵軍大設酒餚，恩敕忽降，授兵部尚事同中書門下三品，謝訖，便抱毛仲起舞，吮其靴鼻。」今不取。

(十六)冬，十月，河西隴右節度大使郭知運卒，知運與同縣右衛副率王君㚟(五九)，皆以驍勇善騎射，著名西陲(六〇)，為虜所憚，時人謂之王郭，㚟遂自知運麾下㊅㊁，代為河西隴右節度使，判涼州都督㊅㊂。

㈦十一月，丙辰，國子祭酒元行沖上羣書四錄㊅㊃，【考異】集賢注記在九年春，今從唐歷、統紀、舊紀。凡書四萬八千一百六十九卷。

㈧庚午，赦天下。

㈨十二月，乙酉，上幸驪山溫湯，壬辰，還宮。

㈩是歲，諸王為都督刺史者，悉召還京師㊅㊄。

㈩㈠新作蒲津橋，鎔鐵為牛以繫絙㊅㊅。

㈩㈡安州別駕劉子玄卒㊅㊆，子玄即知幾也，避上嫌名㊅㊇，以字行。

㈩㈢著作郎吳兢撰則天實錄，言宋璟激張說使證魏元忠事㊅㊈，說修史見之，知兢所為，謬曰㊆㊀：「劉五殊不相借㊆㊀。」兢起對曰：「此乃兢所為，史草具在㊆㊁，不可使明公㊆㊂枉怨㊆㊃死者。」同僚皆失色，其後說陰祈兢改數字，兢終不許，曰：「若徇㊆㊄公請，則此史不為直筆，何以取信於後！」

㈩㈣太史上言麟德曆㊆㊅浸疏，日食屢不効㊆㊆，上命僧一行更造新曆㊆㊇，率府兵曹㊆㊈梁令瓚造黃道遊儀㊇㊀，以測候七政。

(廿五)置朔方節度使，領單于都護府、夏、鹽等六州、定遠、豐安二軍，三受降城(三三)。

【今註】㊀仍充諸使：諸使指節度、支度、營田等言。㊁一準：完全準依。㊂檢括：《舊唐書・宇文融傳》作：「奏請檢察偽濫，搜括逃戶。」由知檢括，即檢察搜括也。㊃融，弼之玄孫：宇文弼見卷一百七十二陳宣帝太建七年。㊄按詰：推按詰問。㊅安逸：平安逸豫。㊆豐給：豐富充給。㊇口和心叛：謂口言思和，而心欲叛離。㊈喪元：元，首；斬默啜事見上卷四年。㊉驗：證。(一一)如天之覆，如海之容：極喻度量之大，無所不容也。(一二)來情：遣來使之真情。(一三)遐福：猶永久之福。(一四)審：審慎。(一五)自首：自己首告。(一六)附籍：附入籍貫。(一七)邊州：謂遠惡之州。(一八)公私：謂官家及私人。(一九)容庇：收容包庇。(二〇)置勸農判官十人：《通典》及《新唐書》並云二十九人。(二一)抵罪：猶置之於法。(二二)籍外田：籍簿以外之田畝。(二三)巧偽：巧黠偽濫之人田。(二四)承風：承隨風氣。(二五)勞擾：煩勞騷擾。(二六)陽翟：《舊唐書・地理志》一，陽翟縣屬河南道許州。(二七)希旨：承望旨意。(二八)虛張：虛設。(二九)為客：即為客戶。(三〇)稱是：謂與此相仿。(三一)以宇文融充使……田亦稱是：按此段乃錄自《舊唐書・宇文融傳》，字句大致相同。(三二)蘭池州胡康待賓誘諸降戶同反，攻陷六胡州：胡三省曰：「高宗調露元年，於靈夏南境，以降突厥置魯州、麗州、含州、塞州、依州、契州，以唐人為刺史，謂之六胡州。長安二年，併為匡長二州，神龍三年，置蘭池都督府，分六州為縣。」宋白曰：

「六胡州在夏州德靜縣地。」㉝四府上佐：四府謂：京兆府、河南府、河中府、太原府。上佐指少尹等言。㉞為舉者賞罰：謂為薦舉者賞罰之依據。㉟相知：謂互相知會。㊱討康大賓：按上下文及《舊唐書・玄宗紀》，皆作康待賓，此亦當從之。㊲州錄事：《舊唐書・職官志》三：「上州錄事三人，從九品上。」㊳施箠撻：亦即行杖。㊴人情不遠：謂人類之情，皆相去不遠。㊵擾：攪擾。㊶苟清其源，何憂不治：《舊唐書・陸元方附象先傳》作：「但當靜之於源，則亦何憂不簡。」於上意較為緊湊。㊷蒲州刺史陸象先……何憂不治：按此段乃錄自《舊唐書・陸元方附象先傳》，字句大致相同。㊸銀城連谷：《舊唐書・地理志》一關內道：「麟州，天寶元年，王忠嗣奏請割勝州連谷、銀城兩縣，置麟州。」㊹倉庾：庾亦倉。㊺合河關：胡三省曰：「嵐州合河縣北有合河關。」宋白曰：「合河縣城下有蔚汾水，西與黃河合，故曰合河。」㊻柔服：安撫歸服者。㊼先是叛胡潛與党項通……以鎮撫党項餘眾：按此段乃錄自《舊唐書・張說傳》，字句大致相同。㊽相知：相知會。㊾協：和協。㊿梓州：《舊唐書・地理志》四劍南道：「梓州至京師二千九百里。」胡三省曰：「王晙貶官，未必離任也，如婁師德以素羅汗山之敗，貶亦此類。」(51)康待賓之反也……貶晙為梓州刺史：按此段乃錄自《舊唐書・王晙傳》，字句大致相同。(52)周齊：此指北周北齊言。(53)弛：弛廢。(54)無救族誅：謂無救於族誅之禍。(55)兒女子：謂見解幼稚之人。(56)冥：陰冥。(57)延：請。(58)梁文獻公姚崇薨……當永為後法：按此段乃錄自《舊唐書・姚崇傳》，字句大致相同。(59)知運與同縣右衛副率王君㚟：據《舊唐書・郭知運王君㚟傳》，二人俱為瓜州常樂人。又右衛謂右武衛也。

(六〇)西陲：西邊。(六一)麾下：猶部下。(六二)判涼州都督：謂判涼州都督府事。(六三)河西隴右節度大使郭知運卒……判涼州都督：按此段乃錄自《舊唐書・郭知運傳》及〈王君㚟傳〉，字句大致相同。(六四)上羣書四錄：甲部經錄，乙部史錄，丙部子錄，丁部集錄。(六五)諸王為都督刺史者，悉召還京師：開元二年，有司請依故事，出諸王刺外州。(六六)新作蒲津橋，鎔鐵為牛以繫絙：胡三省曰：「時鑄八牛，牛下有山，皆鐵也，夾岸以維浮梁。蒲津東岸即河東縣，西岸即河西縣。」絙，大索，音ㄍㄥ。(六七)安州別駕劉子玄卒：書劉子玄卒，義乃為重史臣。(六八)避上嫌名：上名隆基，知幾犯其嫌名。(六九)言宋璟激張說使證魏元忠事：事見卷二百七武后長安三年。激，激使。(七〇)謬曰：故意訛曰。(七一)劉五殊不相借：胡三省曰：「知幾第五，唐人多以第行相呼。」借，假借。(七二)具在：全在。(七三)明公：尊張說之稱。(七四)枉怨：猶濫怨。(七五)徇：徇從。(七六)麟德曆：《新唐書・曆志》二：「高宗時，戊寅曆益疏，淳風作甲子元曆以獻，詔太史起麟德二年頒用，謂之麟德曆。」(七七)不効：不驗。(七八)命僧一行更造新曆：《新唐書・曆志》三上：「開元九年，麟德曆署日蝕，比不效，詔僧一行作新曆，推大衍數，立術以應之，較經史所書氣朔、日名、宿度可考者，皆合。十五年，草成，而一行卒。」(七九)率府兵曹：《唐六典》卷二十八：「太子十率府各有兵曹參軍事，從八品下，左右率府兵曹，掌判勾若大朝會，及皇太子備禮出入，則從鹵簿之法，而監其羽儀。」(八〇)造黃道遊儀：胡三省曰：「一行更造新曆，欲知黃道進退，而太史無黃道儀，令瓚以木為遊儀，一行是之，請更鑄銅鐵，使黃道運行，以追列舍之變，因二分之中，以立黃道，交於奎軫之間，二至升降，各十四度，黃道內施，白道月環，用究陰陽朓朒，動合天運，七政日月五星也。」㈡三受降城：謂東西中三受降城。

十年（西元七二二年）

㈠春，正月，丁巳，上行幸東都，以刑部尚書王志愔為西京留守。

㈡癸亥，命有司收公廨錢，以稅錢充百官俸㈠。

㈢乙丑，收職田㈡，畝率給倉粟二斗。

㈣二月，戊寅，上至東都。

㈤夏，四月，己亥，以張說兼知朔方軍節度使。

㈥五月，伊、汝水溢㈢，漂溺數千家。

㈦閏月，壬申，張說如朔方巡邊。

㈧己丑，以餘姚縣主女慕容氏為燕郡公主，妻契丹王鬱干。

㈨六月，丁巳，博州河決，命按察使蕭嵩等治之。嵩，梁明帝之孫㈣也。

㈩己巳，制增太廟為九室，遷中宗主還太廟㈤。

⑪秋，八月，癸卯，武彊㈥令裴景仙坐贓五千匹，事覺㈦，亡命㈧，

上怒，命集眾斬之。大理卿李朝隱奏，景仙贓皆乞取(九)，罪不至死，又其曾祖寂有建義大功，載初中以非罪破家(一〇)，惟景仙獨存，今為承嫡，宜宥(一一)其死，投之荒遠，其辭略曰：「十代宥賢，功實宜錄(一二)，一門絕祀，情或可哀。」制令杖殺。朝隱又奏曰：「生殺之柄，人主得專，輕重有條(一三)，臣下當守。今若乞取得罪，便處斬刑，後有枉法當科(一四)，欲加何辟(一五)？所以為國惜(一六)法，期守律文，非敢以法隨人(一七)，曲矜仙命。」又曰：「若寂勳都(一八)棄，仙罪特加，則叔向之賢，何足稱者(一九)，若敖之鬼，不其餒而(二〇)？」上乃許之，杖景仙一百，流嶺南惡處(二一)。【考異】實錄云：「初上令集眾殺之，李朝隱執奏，又下制云，集眾決殺，朝隱又奏，乃流嶺南。」蓋本欲斬之也。

(十一)安南賊帥梅叔焉(二二)等攻圍州縣，遣驃騎將軍兼內侍楊思勗討之，【考異】舊紀云：「八月丙戌。」按八月庚子朔，無丙戌，思勗傳云：「首領梅玄成自稱黑帝，與林邑真臘國通，謀陷安南府。」今從本紀。思勗募羣蠻子弟，得兵十餘萬，襲擊，大破之，斬叔焉，積尸為京觀(二三)而還(二四)。

(十二)初上之誅韋氏也，王皇后頗預密謀，及即位數年，色衰愛弛(二五)，武惠妃有寵，陰懷傾奪(二六)之志，后心不平，時對上有不遜語，上愈不悅㉗，密與秘書監姜皎謀以后無子廢之，皎泄其言，嗣滕王嶠㉘，后之妹夫也，奏之，上怒，張嘉貞希旨，構成其罪，云：「皎妄談休咎。」甲戌，杖皎六十，流欽州㉙，弟吏部侍郎晦貶春州㉚司馬，親黨坐流死者數人，皎卒於道㉛。己亥，敕宗室外戚駙馬㉜，非至親，毋得往還，其卜相占候之人，皆不得出入百官之家㉝㉞。

(十四)己卯夜，左領軍兵曹㉟權楚璧與其黨李齊損等作亂，立楚璧兄子梁山為光帝，詐稱襄王之子㊱，擁左屯營兵數百人入宮城，求留守王志愔，不獲，比曉㊲，屯營兵自潰，斬楚璧等，傳首東都，志愔驚怖而薨。楚璧，懷恩之姪㊳；齊損，迥秀之子㊴也㊵。壬午，遣河南尹王怡如㊶京師，按問宣慰。

(十五)癸未，吐蕃圍小勃律㊷王沒謹忙，謹忙求救於北庭節度使張嵩㊸曰：「勃律唐之西門，勃律亡，則西域皆為吐蕃矣㊹。」嵩乃遣疏勒副使張思禮將蕃漢步騎四千，救之，晝夜倍道㊺，與謹忙合擊吐蕃，大破之，斬獲數萬，自是累歲吐蕃不敢犯邊㊻。

(十六)王怡治權楚璧獄，連逮(四七)甚眾，久之不決(四八)，上乃以開府儀同三司宋璟為西京留守，璟至，止誅同謀數人，餘皆奏原(四九)之(五〇)。

(十七)康待賓餘黨康願子反，自稱可汗，張說發兵追討，擒之，其黨悉平，徙河曲六州殘胡五萬餘口於許、汝、唐、鄧、仙、豫(五一)等州，空河南朔方千里之地。先是緣邊戍兵(五二)，常六十餘萬，說以時無彊寇，奏罷二十餘萬，使還農。上以為疑，說曰：「臣久在疆場(五三)，具知其情，將帥苟以自衛，及役使營私(五四)而已，若禦敵制勝，不必多擁冗卒(五五)，以妨農務。陛下若以為疑，臣請以闔門百口(五六)保之。」上乃從之。初，諸衛府兵自成丁從軍，六十而免，其家又不免雜徭，浸(五七)以貧弱，逃亡略盡，百姓苦之。張說建議：「請召募壯士，充宿衛，不問色役(五八)，優為之制(五九)，逋逃者必爭出應募。」上從之，旬日得精兵十三萬，分隸諸衛，更番(六〇)上下(六一)，兵農之分，從此始矣(六二)。

(十八)冬，十月，癸丑，復以乾元殿為明堂(六三)。

(十九)甲寅，上幸壽安興泰宮(六四)，獵於上宜川，庚申，還宮。

(廿)上欲耀兵北邊，丁卯，以秦州都督張守潔等為諸衞將軍。

(廿一)十一月，乙未，初令宰相共食實封三百戶(六五)。

(廿二)前黃州都督裴伷先下獄，上與宰相議其罪，張嘉貞請杖之，張說曰：「臣聞刑不上大夫(六六)，為其近於君，且所以養廉恥(六七)也，故士可殺不可辱(六八)。臣曏巡北邊，聞杖姜皎於朝堂，皎官登(六九)三品，亦有微功，有罪應死則死，應流則流，奈何輕加笞辱，以皁(七〇)隸待之，姜皎事往(七一)，不可復追，伷先據狀當流，豈可復蹈(七二)前失。」上深(七三)然之。嘉貞不悅，退謂說曰：「何論事之深也。」說曰：「宰相時來(七四)則為之，若國之大臣皆可笞辱，但恐行(七五)及吾輩，吾此言，非為伷先，乃為天下士君子也。」嘉貞無以應(七六)。

(廿三)十二月，庚子，以十姓可汗阿史那懷道(七七)女為交河公主(七八)，嫁突騎施可汗蘇祿。

(廿四)上將幸晉陽，因還長安，張說言於上曰：「汾陰脽(七九)上有漢家后土祠(八〇)，其禮久廢，陛下宜因巡幸，修之(八一)為農祈穀。」上從之。

(廿五)上女永穆公主將下嫁(八二)，敕資送如太平公主故事，僧一行諫曰：「武后惟太平一女，故資送特厚[八三]，卒以驕敗，奈何為法[八四]？」上遽止之。

【今註】㊀命有司收公廨錢，以稅錢充百官俸：胡三省曰：「武德元年，制京司及州縣官，各給公廨田，課其管種，以供公私之費，又有公廨園、公廨地，皆收其稅，以給百官俸。」㊁收職田：《唐六典》卷三：「凡諸州及都護府官人職分田，二品十二頃，三品四品以二頃為差，五品至八品以一頃為差，九品二頃五十畝。鎮戍關津嶽瀆及在外監官，五品五頃，六品三頃五十畝，七品三頃，八品二頃，九品一頃五十畝。」胡三省曰：「唐文武官有職分田：一品十二頃，品十頃，三品九頃，四品七頃，五品六頃，六品四頃，七品三頃五十畝，八品二頃五十畝，九品二頃，皆給百里內之地。」（按此乃京官職分田之數目也。）㊂五月伊汝水溢：按《新唐書・玄宗紀》作：「五月辛酉，伊汝水溢。」當從添辛酉二字。㊃嵩，梁明帝之孫：後梁主巋謚明帝。㊄遷中宗主還太廟：中宗遷別廟，見上卷五年。㊅武彊：據《舊唐書・地理志》二，武強縣屬河北道深州，彊同強。㊆事覺：事情發覺。㊇亡命：削除名籍而逃亡也。㊈乞取：謂乞求而取得者。㊉載初中以非罪破家：據《舊唐書・裴寂傳》，寂孫承先，則天時為酷吏所殺。[一一]宥：赦。[一二]錄：簿錄。[一三]有條：有條格。[一四]當科：謂當科以罪。[一五]何辟：謂何法文之罪。[一六]惜：愛。[一七]隨人：隨人之情況。[一八]都：全。[一九]則叔向之賢，何足稱者：《左傳》：「晉祁奚請，叔向曰：『社稷之固也，猶將十世宥之。』」謂其賢，乃指主十世宥之而言。⑳若敖之鬼，不其餒而：《左傳》宣四年：「令尹子文曰：『鬼猶求食，若敖氏之鬼，不其餒而。』」後多引以喻無嗣者。㉑武彊令裴景仙……流嶺南惡處：按此段乃錄自《舊唐書・李朝隱傳》，字句大致相同。㉒安南賊帥梅叔焉：按新、舊《唐書・玄宗紀》，俱作梅叔鸞。㉓京觀：積尸封土其上，以誇耀武功。㉔安南賊帥梅叔焉等……為京觀而還：按此段乃錄自《舊唐書・宦官楊思勗傳》，字句大致相同。㉕愛弛：猶愛減。㉖傾奪：傾軋篡奪。㉗不遜：不謙遜。㉘皎泄其言嗣滕王嶠：按《舊唐書・姜謩附皎傳》作：「嗣濮王嶠。」又同書〈太宗諸子濮王泰傳〉：「泰子欣封嗣濮王，欣子嶠，中興初封嗣濮王，開元十二年，以王守一妹壻，貶邵州別駕。」是滕當係濮無疑。㉙欽州：《舊唐書・地理志》四嶺南道：「欽州至京師五千二百五十一里。」㉚春州：同志四嶺南道：「春州在京師東南六千四百四十八里。」㉛密與秘書監姜皎謀……皎卒於道：按此段乃錄自《舊唐書・姜謩附皎傳》，字句大致相同。㉜己亥，敕宗室外戚駙馬：按《舊唐書・玄宗紀》作乙亥，以上之甲戌推之，當以作乙亥為是。㉝其卜相占候之人，皆不得出入百官之家：蓋恐百官受其蠱惑，而易生叛亂故也。㉞敕宗室外戚駙馬……出入百官之家：按此段乃錄自《舊唐書・玄宗紀》，字句大致相同。㉟左領軍兵曹：《舊唐書・職官志》三：「左右領軍衞、兵曹參軍各二人，正八品下。」㊱襄王之子：景雲二年，重茂改封襄王。㊲比曉：近曉。㊳楚璧，懷恩之姪：權懷恩為吏，以嚴能稱。㊴齊損，迥秀之子：李迥秀始見卷一百六武后神功元年。㊵左領軍兵曹權楚璧……迥秀之子也：按此段乃錄自《舊唐書・王志愔傳》，字句大致相同。㊶如：至。㊷小勃律：《新唐書・西域大勃律傳》：「小勃律去京師九千里而贏，東少南三千里距吐蕃贊普牙。」㊸張嵩：同傳作張孝嵩。㊹勃律亡，則西域皆為吐蕃矣：謂西域皆沒為吐蕃，或皆為吐蕃所得矣。㊺倍道：謂晝夜兼行。㊻吐蕃圍小勃律王沒謹忙……自是累歲吐蕃不敢犯邊：按此段乃錄自《新唐書・西域大勃律傳》，字句大致相同。㊼逮：及。㊽決：決斷。㊾原：原宥。㊿王怡治權楚璧獄……餘皆奏原之：按此段乃錄自《舊唐書・宋璟傳》，字句大致相同。(51)許汝唐鄧仙豫：據《舊唐書・地理志》一，許、汝屬河南道；志二，唐鄧屬山南東道。仙州，據志一許州條云：「開元四年，割葉襄城置仙州，二十六年仙州廢。」豫州，據志一蔡州條云：「蔡州，隋汝南郡，武德三年置豫州總管府，豫州領安陽、平輿、真陽、吳房、上蔡五縣。」(52)戍兵：戍守之兵。(53)疆埸：邊疆，埸音易。(54)營私：為己經營私務。(55)冗卒：閑冗兵卒。(56)闔門百口：闔門謂全家，百口指全家之人數。中古時率以一家百口為言。《顏氏家訓・序致》：「年始九歲，便丁荼蓼，家塗離散，百口索然，慈兄鞠養，苦辛備至。」《南史・王景文傳》：「若見念者，當為我百口計。」《舊唐書・李揆傳》：「江淮養疾，既無祿俸，家復貧乏，孀孤百口，丐食取給。」又同書〈張說傳〉：「若禦敵制勝，不在多擁閑冗，以妨農務，陛下若以為疑，臣請以闔門百口為保。」文中俱言百口，亦足見古代家庭人口之眾多，稱為大家庭，洵屬名實相符。(57)浸：漸。(58)不問色役：色役謂諸種徭役，亦即上之雜徭。不問色役，謂不令其家充雜役也。(59)優為之制：〈張說傳〉作：「優為條例。」亦即優為規定。(60)番：番次。(61)上下：謂上值下值。(62)康待賓餘黨康願子反……兵農之分，從此始矣：按此段乃錄自《舊唐書・張說傳》，字句大致相同。㊃復以乾元殿為明堂：以東都明堂復為乾元殿，見上卷五年。㊄壽安興泰宮：《舊唐書・地理志》一河南道：「河南府，壽安縣，長安四年立興泰宮，分置興泰縣，神龍元年，廢併入壽安。」㊅令宰相共食實封三百戶：《唐會要》：「舊制，凡有功之臣，賜實封者，皆以課戶充準戶數，州縣與國官邑官執帳，供其租調，各準配租調遠近，州縣官司收其腳直，然後附國邑，官司其丁準，此入國邑者收其庸。」㊆刑不上大夫：上猶及，為《禮記・曲禮》之言。㊇養廉恥：謂養其廉恥之心。㊈士可殺不可辱：《禮記・儒行》之言。㊉登：至。㊆阜隸：皆古賤役之稱。㊆事往：事情已過。㊆蹈：猶履。㊆深：猶甚。㊆時來：時會來時。㊆行：猶施。㊆前黃州都督裴伷先……嘉貞無以應：按此段乃錄自《舊唐書・張嘉貞傳》，字句大致相同。㊆十姓可汗阿史那懷道：武后長安四年，冊懷道為十姓可汗。㊆為交河公主：按《新唐書・突厥傳》下作交河，《舊唐書》同傳則作金河。㊆脽：音誰。㊇漢家后土祠：立后土祠見卷二十漢武帝元鼎四年。㊇修之：謂修其禮。㊇上女永穆公主將下嫁：《新唐書・諸公主傳》：「玄宗女求穆公主，下嫁王繇。」㊇特厚：特別豐厚。㊇奈何為法：奈何以為法則。

十一年（西元七二三年）

㈠春，正月，己巳，車駕自東都北巡，庚辰，至潞州，給復五年㈠，辛卯，至并州，置北都，以并州為太原府，刺史為尹，二月，戊申，還至晉州。

㈡張說與張嘉貞不平㈡，會嘉貞弟金吾將軍嘉祐贓發，說勸嘉貞素服待罪於外㈢，己酉，左遷嘉貞幽州刺史㈣。

㈢壬子，祭后土於汾陰。乙卯，貶平遙㈤令王同慶為贛㈥尉，坐㈦廣為儲偫㈧，煩擾百姓也。

㈣癸亥，以張說兼中書令。

㈤己巳，罷天兵、大武等軍，以大同軍為太原以北節度使，領太原、遼㈨、石、嵐、汾、代、忻、朔、蔚、雲十州。

㈥三月，庚午，車駕至京師。

㈦夏，四月，甲子，以吏部尚書王晙為兵部尚書，同中書門下三品。

㈧五月，己丑，以王晙兼朔方軍節度大使，巡河西、隴右、河東、河北諸軍。

㈨上置麗正書院，聚文學之士，秘書監徐堅、太常博士㈩會稽賀知章、監察御史鼓城(一一)趙冬曦等，或修書，或侍講，以張說為修書使以總之，有司供給優厚，中書舍人、洛陽陸堅以為此屬無益於國，徒為糜費(一二)，欲悉奏罷之，【考異】舊傳作徐堅(一三)，今從集賢注記。張說曰：「自古帝王，於國家無事之時，莫不崇宮室(一四)，廣聲色(一五)，今天子獨延禮(一六)文儒，發揮典籍，所益者大，所損者微，陸子之言，何不達(一七)也！」上聞之，重說而薄堅。

(十)秋，八月，癸卯，敕：「前令檢括逃人，慮成煩擾，天下大同，宜各從所樂，令所在州縣安集(一八)，遂其生業。」

(十一)戊申，追尊宣皇帝(一九)廟號獻祖，光皇帝(二〇)廟號懿祖，祔於太廟九室。

(十二)先是吐谷渾畏吐蕃之彊，附之者數年。九月，壬申，帥眾詣沙州降，河西節度使張敬忠撫納之。

(十三)冬，十月，丁酉，上幸驪山，作溫泉宮(二一)，甲寅，還宮。

(十四)十一月，禮儀使(二二)張說等奏，以高祖配昊天上帝，罷三祖並配之禮(二三)，戊寅，上祀南郊，赦天下。【考異】實錄：「癸酉日長至，戊寅祀南郊。」唐歷：「戊寅冬至，祀南郊。」按長歷，去年閏五月，來年閏十二月，唐歷近是。

㈤戊子，命尚書左丞蕭嵩與京兆、蒲、同、岐、華州長官選府兵及白丁一十二萬，謂之長從㉔宿衛，一年兩番㉕，州縣毋得雜役使㉖。

㈥十二月，甲午，上幸鳳泉湯，戊申，還宮。

㈦庚申，兵部尚書同中書門下三品王晙，坐黨引疏族，貶蘄州㉗刺史。【考異】舊傳云：「上親郊祀，追晙赴京，以會大禮。晙以時屬冰壯，恐虜騎乘隙入寇，表辭不赴。手敕慰勉，仍賜衣一副。會許州刺史王喬家奴告喬與晙潛謀搆逆，敕侍中源乾曜、中書令張說鞫其狀，晙既無反狀，乃以違詔追不到，罪之。」今從實錄。

㈧是歲，張說奏改政事堂曰中書門下，列五房於其後，分掌庶政㉘。

㈨初監察御史、濮陽㉙杜暹因按事至突騎施，突騎施饋㉚之金，暹固辭，左右曰：「君寄身異域，不宜逆㉛其情㉜。」乃受之，埋於幕下，出境，移牒令取之，虜大驚，度磧追之，不及，及安西都護闕㉝，或薦暹往使安西，人服其清慎㉞，時暹自給事中居母憂。

【今註】㈠至潞州，給復五年：給復，謂免其租賦徭役。所以如此者，以上嘗為潞州別駕故。㈡不平：猶不協。㊂待罪於外：待罪於行在所之宮外。㊃張說與張嘉貞不平……左遷嘉貞幽州刺史：按此段乃錄自《舊唐書・張嘉貞傳》，字句大致相同。㊄平遙：據《舊唐書・地理志》二，平遙縣屬河東道汾州。㊅贛：今江西省贛縣，音ㄍㄢˋ。㊆坐：坐罪。㊇偫：儲物待用，音峙。㊈遼：《舊唐書・地理志》二河東道：「北京太原府，樂平，隋縣，武德三年於縣置遼州。」㊉上置麗正書院，聚文學之士：胡三省曰：「漢魏以來，有秘書之職，梁於文德殿內藏聚羣書，北齊有文林館學士，後周有麟趾殿學士，皆掌著述，隋寫羣書正副二本，藏於宮中，其餘以實秘書外閣，煬帝於東都觀文殿東西廂貯書。自漢延嘉至隋，皆秘書掌圖籍，而禁中之書，時或有焉。太宗在藩置學士十八人，其後弘文崇文二館，皆有學士。（按以上乃本《唐六典》卷九，集賢殿書院條之文。）開元五年，乾元殿寫四部書，置乾元院使，有刊正官四人，知書官八人，分掌四庫書。六年，更號麗正修書院，置使及檢校官，改修書官為麗正殿學士，八年，加文學直，又加修撰，校理，刊正，校勘官，十一年，置麗正院修書學士，十三年，改麗正修書院為集賢殿書院，五品以上為學士，六品以下為直學士，宰相一人為學士，知院事常侍一人為副知院事，又置判院一人，押院中使一人，又置集賢院侍講學士，侍讀直學士，其後又增修撰官、校理官、待制官、留院官、知檢討官、文學直之類。」⑪鼓城：據《舊唐書・地理志》二，鼓城屬河北道定州。⑫糜費：損耗。⑬考異曰舊傳作徐堅：按《舊唐書・徐堅傳》，無諫罷設文學之士之文，未知何據。⑭崇宮室：崇建宮室。⑮廣聲色：廣徵聲色。⑯延禮：延聘禮敬。⑰不達：不達事理。⑱安集：安撫懷集。⑲宣皇帝：宣皇帝諱熙，涼武昭王暠之曾孫，涼王歆之孫，弘農太守重耳之子。㉐光皇帝：光皇帝諱天賜，宣皇帝長子。㉑幸驪山，作溫泉宮：《雍錄》：「驪山溫湯在臨潼縣南一百五十步，直驪山之西北。」《十道志》：「泉有三所，其一處即皇堂石井，後周宇文護所造，隋文帝又修屋宇，並植松柏千餘株，貞觀十八年，詔閻立本營建宮殿，御湯名湯泉宮。開元十一年，更名溫泉宮，而改作之。」㉒禮儀使：此因郊祭置禮儀使。㉓以高祖配昊天上帝，罷三祖並配之禮：胡三省曰：「武德初定令，圜丘以景帝配，明堂以元帝配，貞觀，奉高祖配圜丘，永徽二年，又奉太宗配明堂，垂拱初，用元萬頃議，奉高宗配圜丘，自是郊祀之禮，三祖並配。三祖，謂高祖、太宗、高宗。」㉔長從：謂永遠隨從。㉕一年兩番：謂一年兩番上直。㉖毋得雜役使：謂毋得役以雜役。㉗蘄州：《舊唐書・地理志》三淮南道：「蘄州至京師二千五百六十里。」㉘奏改政事堂曰中書門下，列五房於其後，分掌庶政：胡三省曰：「舊制，宰相常於門下省議事，謂之政事堂，永淳元年，中書令裴炎以中書執政事筆，遂移政事堂於中書省，至是說改政事堂為中書門下，其政事印改為中書門下之印。五房：一曰吏房，二曰樞機房，三曰兵房，四曰戶房，五曰刑禮房。」㉙濮陽：據《舊唐書・地理志》一，濮陽屬河南道、濮州。㉚饋：遺。㉛逆：違逆。㉜情：情誼。㉝闕：空闕。㉞人服其清慎：《舊唐書・杜暹傳》作：「蕃人伏其清慎。」清慎謂清廉謹慎。

十二年（西元七二四年）

㈠春，三月，甲子，起㊀暹為安西副大都護磧西節度等使。

㈡神龍初，追復澤王上金官爵㊁，求得庶子義珣於嶺南，紹其故封，許王素節之子瓘，利其爵邑，與弟璆謀，使人告義珣非上金子，妄冒㊂襲封，復流嶺南，以璆繼上金後為嗣澤王。至是，玉真公主㊃表義珣實上金子，為瓘兄弟所擯㊄。夏，四月，庚子，復立義珣為嗣澤王，削璆爵，貶瓘鄂州㊅別駕。壬寅，敕宗室旁繼為嗣王者，並令歸宗㊆㊇。【考異】舊紀在癸卯，今從實錄。

㈢壬子，命太史監㊈南宮說等，於河南北平地，測日晷及極星，夏至日中立八尺之表㊉，同時候之，陽城⑪晷長一尺四寸八分弱，夜視北極，出地高三十四度十分度之四，浚儀嶽臺晷⑫長一尺五寸微強，【考異】新志云：「浚儀嶽臺晷尺五寸三分。」今從僧一行大衍曆議及舊志。極高三十四度八分，南至朗州，晷長七寸七分，極高二十九度半，北至蔚州，晷長二尺二寸九分，極高四十度，南北相距三千六百八十八里九十步，晷差⑬一尺五寸二分，極差⑭十度半，又南至交州，晷出表南三寸三分。八月，海中南望老人星⑮下，眾星粲然⑯，皆古所未名，大率去南極二十度以上，星皆見〔一七〕〔一八〕。

(四)五月，丁亥，停諸道按察使。

(五)六月，壬辰，制：「聽逃戶自首，闢所在閑田，隨宜〔一九〕收稅，毋得差科，征役租庸，一皆蠲免〔二〇〕。」仍以兵部員外郎兼侍御史宇文融為勸農使，巡行州縣，與吏民議定賦役。

(六)上以山東旱，命臺閣〔二一〕名臣以補刺史。壬午，以黃門侍郎王丘、中書侍郎長安崔沔、禮部侍郎知制誥韓休等五人，出為刺史。丘，同皎之從父兄子〔二二〕；休，大敏之孫〔二三〕也。初張說引崔沔為中書侍郎，故事，承宣制〔二四〕，皆出宰相，侍郎署位〔二五〕而已，沔曰：「設官分職，上下相維〔二六〕，各申所見，事乃無失，侍郎、令之貳也〔二七〕，豈得拱默〔二八〕而已。」由是遇事多所異同〔二九〕，說不悅，故因是出之〔三〇〕〔三一〕。

(七)秋，七月，突厥可汗遣其臣哥解頡利發來求昏。

(八)溪州〔三二〕蠻覃行璋反，以監門衛大將軍楊思勗為黔中道招討使，將兵擊之，癸亥，思勗生擒行璋，斬首三萬級而歸，加思勗輔國大將軍〔三三〕，俸祿防閤，皆依品給〔三四〕，赦行璋，以為洵水府別駕〔三五〕。

(九)姜皎既得罪，王皇后愈憂畏不安，然待下有恩，故無隨而譖(三六)之者，上猶豫不決者累歲(三七)。后兄太子少保守一，以后無子，使僧明悟為后祭南北斗，剖霹靂木(三八)，書天地字及上名，合而佩之，祝曰：「佩此有子，當如則天皇后。」事覺，己卯，廢為庶人，移別室安置(三九)，貶守一潭州別駕，中路賜死(四〇)；戶部尚書張嘉貞坐(四一)與守一父通，貶台州(四二)刺史。

(十)八月，丙申，突厥哥解頡利發還其國，以其使者輕(四三)，禮數(四四)不備，未許昏。

(十一)己亥，以宇文融為御史中丞，融乘驛(四五)周流(四六)天下，事無大小，諸州先牒上勸農使，後申中書，省司(四七)亦待融指撝(四八)，然後處決(四九)。時上將大攘(五〇)四夷，急於用度(五一)，州縣畏融，多張(五二)虛數，凡得客戶八十餘萬，田亦稱是(五三)，歲終增緡錢數百萬，悉進入宮，由是有寵，議者多言煩擾，不利百姓，上亦令集百寮於尚書省議之，公卿已下，畏融恩勢(五四)，不敢立異(五五)，惟戶部侍郎楊瑒獨抗議，以為：「括客免稅，不利居人(五六)，徵籍(五七)外田稅，使百姓困弊，所得不補所失。」未幾瑒出為華州刺史(五八)。

(十二)壬寅，以開府儀同三司宋璟為西京留守。

(十三)冬，十月，丁酉，謝颶(五九)王特勒遣使入奏，稱：「去年五月，金城公主遣使詣箇失密(六〇)國，云欲走歸汝箇失密王，從臣國王(六一)借兵，共拒吐蕃，王遣臣入取進止(六二)。」上以為然，賜帛遣之。

(十四)廢后王氏卒，后宮(六三)思慕(六四)後不已，上亦悔之。

(十五)十一月，庚午，上幸東都，戊寅，至東都。

(十六)辛巳，司徒申王撝薨，贈諡惠莊太子。

(十七)羣臣屢上表請封禪，閏月(六五)，丁卯，制以明年十一月十日有事(六六)於泰山。時張說首建封禪之議，而源乾曜不欲為之，由是與說不平。

(十八)是歲，契丹王李鬱干卒，弟吐干襲位。

【今註】㊀起：謂杜暹自居母憂而起復也。㊁追復澤王上金官爵：上金死見卷二百四武后天授元年。㊂妄冒：胡妄頂冒。㊃玉真公主：據《新唐書・諸公主傳》，玉真公主乃睿宗女。㊄擯：擯排。㊅鄂州：《舊唐書・地理志》三江南道：「鄂州在京師東南二千三百四十六里。」㊆歸宗：歸本宗。㊇神龍初追復澤王上金官爵……並令歸宗：按此段乃錄自《舊唐書・高宗子澤王上金傳》，字句大致相同。㊈太史監：《舊唐書．職官志》二：「司天臺，舊太史局隸秘書監，龍朔二年改為秘閣局，景雲元年改為太史監，監一人，從三品。掌觀察天文，稽定曆數。」㊉夏至日中立八尺之表：其法，據《新唐書．天文志》一，為設水準繩墨植表，而以引度之。⑪陽城：《舊唐書．地理志》一河南道：「河南府，告成，隋陽城縣，貞觀三年，以陽城屬洛州，登封元年，將有事嵩山，改為告成縣。」⑫浚儀嶽臺晷：項安世曰：「按日行黃道，每歲有差，地中亦當隨之，故測日景以求地中，周在洛邑，漢在潁州陽城，唐在汴州浚儀也。」⑬極差：北極星差。⑭出表南：謂日影在表之南。⑮老人星：《史記．天官書》：「狼比地有大星曰南極老人。」《辭海》老人條：「老人星距天狼南約三十六度，僅於二月頃現於南天地平附近，故吾人逢此壽星之機會甚少，一萬二千年後，織女為北極星時，此星變為南極星。」⑯粲然：明爛貌。⑰二十度以上星皆見：謂二十度以上之星，皆可見之。⑱命太史監南宮說等：……二十度以上星皆見：按《新唐書．天文志》一亦載之，文字大致相同。⑲隨宜：隨事之所宜。⑳蠲免：除免。㉑臺閣：猶臺省。㉒丘，同皎之從父兄子：胡三省曰：「王同皎預誅二張，死於武三嗣之手。」㉓休，大敏之孫：按《舊唐書．韓休傳》作：「伯父大敏，則天初，以雪反者賜死。休父曰大智。」是孫當改作姪。㉔承宣制：指承宣及承制言。㉕署位：署職銜及姓名。㉖維：維繫。㉗侍郎，令之貳也：侍郎乃中書令之副貳。㉘拱默：謂垂拱緘默，亦即不言不動。㉙多所異同：猶多所主張。㉚故因是出之：按《新唐書．崔沔傳》，所出者乃為魏州刺史。㉛初張說引崔沔為中書侍郎……因是出之：按此段《新唐書．崔沔傳》亦載之，字句大致相同。㉜溪州：《舊唐書・地理志》三江南道：「辰州，天授二年分大鄉、三亭兩縣置溪州。」㉝輔國大將軍：《舊唐書・職官志》一：「輔國大將軍正二品，武散官。」唐制宦官不得登三品，今思勗竟階至二品。㉞俸祿防閤，皆依品給：胡三省曰：「貞觀初，百官得上考者，給祿一季，未幾，得上下考者，給祿一年。出使者，稟其家，新至官者，計日給糧。中書舍人高季輔言：『外官卑品貧匱，宜給祿養親。』自後，以地租，春秋給京官，歲凡五十萬一千五百餘斛，外官降京官一等。一品以五十石為一等，二品、三品以三十石為一等，四品、五品以一十石為一等，六品、七品以五石為一等，八品、九品以二石五斗為一等。典粟，則以鹽為祿。職事官又有防閤庶僕，一品、防閤九十六人，二品、七十二人，三品、四十八人，四品、三十二人，五品、二十四人，六品、庶僕十五人，七品、四人，八品、三人，九品、二人，外官以州府縣上中下為差。」㉟以為洵水府別駕：胡三省曰：「唐志，商州有洵水府。又按唐制，諸府無別駕，各有別將一人，上府、正七品下，中府、從七品上，下府、從七品下，別駕當為別將。」㊱譖：謗毀。㊲累歲：猶數歲。㊳霹靂木：胡三省曰：「霹靂木者，霹靂所震之木。今為張道陵之術者，用霹靂木為印，云有雷氣，可以鎮服鬼物。」㊴安置：與幽禁之意頗相同。㊵后兄太子少保守一……中路賜死：按此段乃錄自《舊唐書・玄宗廢后王氏傳》，字句大致相同。㊶坐：坐罪。㊷台州：《舊唐書・地理志》三江南道：「台州在京師東南四千一百七十七里。」㊸使者輕：謂使者之爵位輕。㊹禮數：猶禮秩。㊺乘驛：乘驛之傳車。㊻周流：猶周行。㊼省司：謂尚書都省左右司之主者。㊽撝：同揮。㊾處決：處斷。

㊿擴：除。㊀用度：猶用錢。㊁張：設。㊂凡得客戶八十餘萬，田亦稱是：融獻策括籍外羨田，逃戶自占者，給復五年，每丁稅錢千五百，州縣希旨，以正田為羨，編戶為客。㊃恩勢：謂君主待之之恩及其權勢。㊄立異：不敢標立異議。㊅居人：居民。㊆籍：簿籍。㊇以宇文融為御史中丞……未幾出瑒為華州刺史：按此段乃錄自《舊唐書・宇文融傳》，字句大致相同。㊈謝颸：《新唐書・西域謝颸傳》：「謝颸居吐火羅西南，本曰漕矩吒，顯慶時謂訶達羅支，武后改今號。東距罽賓四百里，南婆羅門，西波斯。」㊉箇失密：《新唐書・西域箇失蜜傳》：「箇失蜜距勃律五百里，環地四千里，山回繚之，他國無能攻伐。」㊀臣國王：即謝颸王。㊁進止：謂或進或止之命令。㊂後宮：指後宮之人言。㊃思慕：猶思念。㊄閏月：據新舊《唐書・玄宗紀》，是年閏十二月，閏下當添十二二字。㊅有事：謂祭祀。

十三年（西元七二五年）

㈠春，二月，庚申，以御史中丞宇文融兼戶部侍郎，制以所得客戶稅錢，均充㊀所在常平倉本，又委使司㊁與州縣議，作勸農社，使貧富相恤㊂，耕耘以時。

㈡乙亥，更命㊃長從宿衞之士曰彍騎，分隸十二衞㊄，總十二萬人，為六番㊅。

㈢上自選諸司長官㊆有聲望者，大理卿源光裕、尚書左丞楊承令、兵部侍郎寇泚等十一人為刺史，命宰相諸王及諸司長官、臺郎㊇御史，餞於洛濱，供張㊈甚盛，賜以御膳㊉，太常具樂，內坊歌妓㊁，上自書十韻詩賜之。光裕，乾曜之從孫也。

㈣三月，甲午，太子嗣謙更名鴻，徙郯王，嗣真為慶王，更名潭㊂，陝王嗣昇為忠王，更名浚，鄫王嗣真為棣王，更名洽，鄂王嗣初更名涓，鄄王嗣玄㊂為榮王，更名滉；又立子琚為光王，濰為儀王，澐為潁王，澤為永王，清為壽王，洄為延王，沭為盛王，溢為濟王。

㈤丙申，御史大夫程行湛㊃奏：「周朝酷吏來俊臣等二十三人，情狀尤重，子孫請皆禁錮㊄，傅遊藝等四人差輕，子孫不聽近任㊅。」從之。

㈥汾州刺史楊承令不欲外補㊆，意怏怏㊇，自言吾出守有由㊈，上聞之，怒，壬寅，貶睦州㊉別駕。

㈦張說草封禪儀獻之。夏，四月，丙辰，上與中書門下及禮官㉑學士宴於集仙殿，上曰：「仙者憑虛㉒之論，朕所不取，賢者濟理㉓之具，朕今與卿曹㉔合宴，宜更名曰集賢殿㉕。」其書院官五品以上為學士，六品以下為直學士。以張說知㉖院事，右散騎常侍徐堅副之，上欲以說為大學士，說固辭而止。

㈧說以大駕㉗東巡，恐突厥乘間入寇㉘，議加兵守邊，召兵部郎中裴光庭謀之，光庭曰：「封禪者，告成功也，今將升中于天㉙，而戎狄是懼，非所以昭㉚盛德也。」說曰：「然則若之何？」光庭曰：「四夷之中，突厥為大，比屢求和親，而朝廷羈縻未決許㉛也，今遣一使，徵其大臣，從封泰山，彼必欣然承命，突厥來，則戎狄君長無不皆來，可以偃旗臥鼓㉜，高枕有餘㉝矣。」說曰：「善，說所不及。」即奏行之。光庭，行儉之子㉞也㉟。上遣中書直省㊱袁振攝㊲鴻臚卿，諭旨於突厥，小殺與闕特勒、暾欲谷環坐㊳帳中，置酒謂振曰：「吐蕃狗種㊴，奚契丹本突厥奴也㊵，皆得尚主，突厥前後求昏，獨不許，何也？且吾亦知入蕃公主，皆非天子女，今豈問真偽，但屢請不獲，愧(四一)見諸蕃耳。」振許為之奏請，小殺乃使其大臣阿史德頡利發入貢，因扈從東巡(四二)。

(九)五月，庚寅，妖賊劉定高帥眾夜犯通洛門，悉捕斬之。

(十)秋，八月，張說議封禪儀，請以睿宗配皇地祇，從之。

(十一)九月，丙戌，上謂宰臣曰：「春秋不書祥瑞，惟記有年(四三)，敕自今州縣，毋得更奏祥瑞。」

(十二)冬，十月，癸丑，作水運渾天(四四)成，上具列宿(四五)，注水激輪(四六)，令其自轉，晝夜一周，別置二輪，絡(四七)在天外，綴(四八)以日月，逆天而行(四九)，淹速(五〇)合度。置木匱為地平令儀，半在地下(五一)，又立二木人，每刻擊鼓，每辰(五二)擊鐘，機械皆藏匱中(五三)。辛酉，車駕發東都，百官貴戚、四夷酋長從行，每置頓(五四)，數十里中，人畜被野(五五)，有司輦載供具(五六)之物，數百里不絕。

(十三)十一月，丙戌，至泰山下，御馬(五七)登山，【考異】實錄、唐歷、統紀皆云：「備法駕，登泰山。」開天傳信記云：「上將封泰山，益州進白騾，上親乘之，不知登降之倦，纔下山，無疾而殪，謚曰白騾將軍。」按泰山非法駕可登，白騾近怪，今從舊志。留從官於谷口，獨與宰相及祠官(五八)俱登，儀衛(五九)環列於山下百餘里，上問禮部侍郎賀知章曰：「前代玉牒之文，何故(六〇)秘之？」對曰：「或密求神仙，故不欲人見。」上曰：「吾為蒼生祈福耳。」乃出玉牒，宣示羣臣。庚寅，上祀昊天上帝於山上，羣臣祀五帝百神於山下之壇，其餘倣乾封故事(六一)。辛卯，祭皇地祇於社首，壬辰，上御帳殿(六二)，受朝覲，赦天下，封泰山神為天齊王，禮秩(六三)加三公一等(六四)。張說多引兩省(六五)吏，及以所親攝官登山，禮畢，推恩(六六)，往往加階，超入五品，而不及百官，中書舍人張九齡諫不聽，又扈從士卒，但加勳(六七)而無賜物，由是中外怨之。

(十四)初隋末國馬(六八)皆為盜賊及戎狄所掠，唐初纔得牝牡三千匹於赤岸澤，徙之隴右，命太僕張萬歲掌之(六九)，【考異】統紀云：「萬歲三世典羣牧，恩信行隴右，故隴右人謂馬歲為齒，為張氏諱也。」按公羊傳：「晉獻公謂荀息曰，吾馬之齒，則已長矣。」然則謂馬歲為齒，有自來矣。萬歲善於其職，自貞觀至麟德，馬蕃息(七〇)及七十萬匹，分為八坊四十八監，各置使以領之(七一)。是時天下以一縑易一馬，垂拱以後，馬潛耗(七二)大半，上初即位，馬有二十四萬匹，以太僕卿王毛仲為內外閑廄使，少卿張景順副之，至是，有馬四十三萬匹，牛羊稱是(七三)(七四)。上之東封，以牧馬數萬匹，色別為羣(七五)，望之如雲錦(七六)，上嘉毛仲之功，癸巳，加毛仲開府儀同三司(七七)。甲午，車駕發泰山，庚申，幸孔子宅(七八)，致祭。上還至宋州，宴從官於樓上，刺史寇泚預焉，酒酣，上謂張說曰：「曏者屢遣使臣，分巡諸道(七九)，察吏善惡，今因封禪，歷諸州，乃知使臣負(八〇)我多矣。懷州刺史王丘，餼牽(八一)之外，一無它獻，魏州刺史崔沔供張無錦繡(八二)，示我以儉，濟州刺史裴耀卿表數百言，莫非規諫，且曰：『人或重擾(八三)，則不足以告成(八四)。』朕常寘之坐隅，且以戒左右，如三人者不勞人以市恩(八五)，真良吏矣。」顧謂寇泚曰：「比亦屢有以酒饌不豐訴於朕者，知卿不借譽於左右(八六)也。」自舉酒賜之，宰臣帥羣臣起賀，樓上皆稱萬歲，由是以丘為尚書左丞，沔為散騎侍郎，耀卿為定州刺史。耀卿，叔業之七世孫也(八七)。

十二月，乙巳，還東都。

(十五)突厥頡利發(八八)辭歸，上厚賜而遣之，竟不許昏。

(十六)王毛仲有寵於上，百官附之者輻湊(八九)，毛仲嫁女，上問何須(九〇)，毛仲頓首對曰：「臣萬事已備，但未得客。」上曰：「張說源乾曜輩，豈不可呼邪！」對曰：「此則得之。」上曰：「知汝所不能致者，一人耳，必宋璟也。」對曰：「然。」上笑曰：「朕明日為汝召客。」明日，上謂宰相：「朕奴毛仲(九一)有昏事，卿等宜與諸達官(九二)悉詣其第。」既而日中，眾客未敢舉筯(九三)，待璟，久之方至，先執酒西向拜謝(九四)，飲不盡卮(九五)，遽(九六)稱腹痛而歸，璟之剛直，老而彌篤(九七)。

(十七)先是契丹王李吐干與可突干復相猜忌，攜公主來奔，不敢復還，更封遼陽王，留宿衛，可突干立李盡忠之弟邵固為主，車駕東巡，邵固詣行在，因從至泰山，拜左羽林大將軍、靜折軍(九八)經略大使(九九)。

(十八)上疑吏部選試不公，時選期已迫，御史中丞宇文融密奏，請分吏部為十銓，甲戌，以禮部尚書蘇頲等十人掌吏部選，試判(一〇〇)將畢，遽召入禁中決定，吏部尚書、侍郎，皆不得預，左庶子吳兢上表，以為：「陛下曲受讒言，不信有司，非居上臨人(一〇一)，推誠感物(一〇二)之道。昔陳平邴吉，漢之宰相，尚不對錢穀之數，不問鬬死之人㉓，況大唐萬乘之君，豈得下行㉔銓選之事乎！凡選人書判，並請委之有司，停此十銓。」上雖不即從，明年復故㉕。

(十九)是歲，東都斗米十五錢，青齊五錢㉖，粟三錢㉗。

(廿)于闐王尉遲眺陰結突厥及諸胡謀叛，安西副大都護杜暹發兵捕斬之，更為立王㉘。

【今註】㊀均充：皆為。㊁使司：勸農使司。㊂恤：救濟。㊃更命：更名。㊄十二衛：《唐六典》卷二十四左右衛條：「至隋始置左右衛、左右武衛、左右候、左右武候、左右領軍、左右率府，各有大將軍一人，國家因之。」㊅為六番：據《唐六典》卷五兵部，六番即六月上直。㊆諸司長官：指省寺監之長官言。㊇臺郎：臺郎謂尚書郎，先是改尚書為中臺。㊈供張：供設。㊉御膳：為殿中省尚食奉御所掌，乃天子日供之常膳。⑪內坊歌妓：內坊，內教坊，即開元二年選置宜春院之妓女。⑫嗣真為慶王，更名潭：按《舊唐書・玄宗諸子靖德太子琮傳》，嗣真當改作嗣直。⑬鄄王嗣玄：按同書〈靖恭太子琬傳〉，鄄作甄，《新唐書・玄宗紀》亦同之。⑭御史大夫程行湛：按《舊唐書・玄宗紀》，湛作諶。⑮禁錮：謂禁閉錮封，亦即不許為宦。⑯不聽近任：謂不許於近處為官。⑰外補：補外州之任。⑱怏怏：心不滿足。⑲自言吾出守有由：謂為他人所擯排也。⑳睦州：《舊唐書・地理志》三江南道：「睦州在京師東南三千六百五十九里。」㉑禮官：謂太常博士。

㉒憑虛：憑空。㉓濟理：成治。㉔卿曹：卿輩。㉕集賢殿：《唐六典》卷七：「洛陽皇宮，南面三門：中曰應天，左曰興教，右曰光政。光政之內曰廣運，其北曰明福，明福之西曰崇賢門，其內曰集賢殿。」㉖知：掌。㉗大駕：天子之駕曰大駕。㉘入寇：猶入犯。㉙升中於天：《禮記》：「因名山升中於天。」注：「謂封泰山也。」㉚昭：彰。㉛未決許：未決定允許。㉜偃旗臥鼓：謂橫旗於地，息鼓不鳴，皆無戰爭而和平之象。㉝高枕有餘：謂深可不必憂慮。㉞光庭，行儉之子：裴行儉事高宗，為將頗著功名。㉟說以大駕東巡……光庭，行儉之子也：按此段乃錄自《舊唐書・裴行儉附光庭傳》，字句大致相同。㊱中書直省：胡三省曰：「以他官直中書省，謂之直省，今之直省吏職也。」㊲攝：代理。㊳環坐：圍坐。㊴吐蕃狗種：胡三省曰：「西戎古曰犬戎，故謂吐蕃為狗種。」㊵奚契丹本突厥奴也：胡三省曰：「夷言奴，猶華言臣也。」㊶愧：羞愧。㊷上遣中書直省袁振……因扈從東巡：按此段乃錄自《舊唐書・突厥傳》上，字句大致相同。㊸有年：年歲豐收。㊹水運渾天：謂渾天儀以水運轉之。㊺列宿：各種星宿。㊻激輪：激動輪軸。㊼絡：連絡。㊽綴：連綴。㊾逆天而行：《舊唐書・天文志》上：「又別置二輪，絡在天外，綴以日月，令得運行。每天西轉一匝，日東行一度，月行十三度十九分度之七，凡二十九轉有餘，而日月會，三百六十五轉而日行匝。」此逆天而行之詳況也。㊿淹速：遲速。(51)置木匱為地平令儀，半在地下：同志上作：「置木櫃以為地平令儀，半在地下，晦明朔望，遲速有準。」是匱同櫃，其用途亦可由述文知之。(52)辰：時，一辰當今之兩句鐘。(53)作水運渾天成……機械皆藏匱中：按此段乃錄自《舊唐

書・天文志》上，字句大致相同。(五四)頓：頓舍之處。(五五)被野：猶遍野。(五六)供具：謂供備。(五七)御馬：謂乘馬。(五八)祠官：祭祠之官。(五九)儀衛：儀仗侍衛。(六〇)秘：秘密。(六一)倣乾封故事：倣，依照。乾封故事見卷一百一高宗乾封元年。(六二)帳殿：野次連幄以為殿，因謂之帳殿。(六三)禮秩：禮數。(六四)加三公一等：古制，四嶽視三公。(六五)兩省：謂中書省、門下省。(六六)推恩：天子推廣恩德。(六七)加勳：加策勳。(六八)國馬：國家之牧馬。(六九)命太僕張萬歲掌之：按《新唐書・兵志》，萬歲之真實官職，乃為太僕少卿。(七〇)蕃息：蕃殖生息。(七一)分為八坊、四十八監，各置使以領之：胡三省曰：「唐制，凡馬五千匹為上監，三千匹以上為中監，一千匹以上為下監。麟德中置八使，分總監坊，秦蘭原渭四州及河曲之地，凡監四十八，南使有監十五，西使有監十六，北使有監七，鹽州使有監八，嵐州使有監二。自京師西屬隴右，有七馬坊，置隴右三使領之。」《新唐書・兵志》：「置八坊岐豳涇寧間，地廣千里，一曰保樂，二曰甘露，三曰南普閏，四曰北普閏，五曰岐陽，六曰太平，七曰宜祿，八曰安定。八坊之田千二百三十頃，募民耕之，以給芻秣。八坊之馬為四十八監，而馬多地狹不能容，又析八監列布河西豐曠之野。」(七二)潛耗：謂不注意而消耗。(七三)稱是：與其數相類。(七四)初隋末國馬皆為盜賊及戎狄所掠……牛羊稱是：按此段《新唐書・兵志》亦載之，字句大致相同。(七五)色別為羣：諸色中，以毛色相同者為一羣。(七六)雲錦：五彩錦繡。(七七)上之東封……加毛仲開府儀同三司：按此段乃錄自《舊唐書・王毛仲傳》，字句大致相同。(七八)庚申幸孔子宅：按《舊唐書・玄宗紀》作丙申，以上之甲午推之，當以作丙申為是。(七九)屢遣使臣，分巡諸道：指上所遣之十道按察使言。(八〇)負：辜負。(八一)餽牽：餽，禾米；牽，牛羊豕。(八二)供張無錦繡：謂供張之物，不用錦繡。(八三)人或重擾：謂民或重蒙騷擾。(八四)告成：告成功。(八五)以市恩：以市買君恩。(八六)不借譽於左右：不賄買君王之左右，以求其譽己。(八七)耀卿，叔業之七世孫也：裴叔業仕魏有顯名。(八八)突厥頡利發：按其全稱乃為阿史德頡利發。(八九)輻湊：言如車輻之聚於轂，亦即歸聚之意。(九〇)須：求，要。(九一)朕奴毛仲：以父犯事沒官，毛仲隸於玄宗，為僮僕而伏事左右，故遂以奴呼之。(九二)達官：顯達之官。(九三)筯：同箸。(九四)西向拜謝：謝為君命而來，而非為毛仲而來。(九五)巵：酒杯之一種。(九六)遽：突。(九七)篤：重。(九八)靜折軍：按新舊《唐書．契丹傳》，靜折皆作靜析。(九九)先是契丹王李吐干……靜折軍經略大使：按此毀乃錄自《舊唐書．契丹傳》，字句大致相同。(一〇〇)試制：考試書判。(一〇一)臨人：即臨民。(一〇二)感物：猶感人。(一〇三)昔陳平邴吉，漢之宰相，尚不對錢穀之數，不問鬬死之人：陳平事見卷十三漢文帝元年，邴吉事見卷二十六漢宣帝神爵三年。(一〇四)下行：代臣下施行。(一〇五)復故：復舊。(一〇六)青齊五錢：謂青齊斗米五錢，蓋承上而省。(一〇七)粟三錢：謂粟斗三錢。(一〇八)于闐王尉遲眺……更為立王：按此數句乃錄自《舊唐書．杜暹傳》。

卷二百一十三 唐紀二十九

起柔兆攝提格，盡昭陽作噩，凡八年。（丙寅至癸酉，西元七二六年至七三三年）

司馬光編集
曲守約註

玄宗至道大聖大明孝皇帝中之上

開元十四年（西元七二六年）

㈠春，正月，癸未，更立契丹松漠王李邵固為廣化王㈠，奚饒樂王李魯蘇為奉誠王，以上從甥陳氏為東華公主㈡，妻邵固，【考異】東華出降，實錄在三月壬子，於此終言之。以成安公主之女韋氏㈢為東光公主，妻魯蘇㈣。

㈡張說奏：「今之五禮，貞觀顯慶兩曾修纂，前後頗有不同，其中或未折衷㈤，望與學士等討論古今，刪改施行。」制從之。

㈢邕州封陵獠梁大海等據賓、橫州反㈥。二月，己酉，遣內侍楊思勗發兵討之。【考異】舊紀作庚戌朔，今從實錄。

㈣上召河南尹崔隱甫欲用之，中書令張說薄其無文㈦，奏擬金吾大將軍、前殿中監崔日知素與說善，說薦為御史大夫，上不從。

丙辰，以日知為左羽林大將軍，丁巳，以隱甫為御史大夫。隱甫由是與說有隙，說有才智而好賄，百官白[八]事，有不合者，好面折[九]之，至於叱罵。惡御史中丞宇文融之為人，且患其權重[一〇]，融所建白，多抑[一一]之。中書舍人張九齡言於說曰：「宇文融承恩用事[一二]，辯給[一三]多權數，不可不備。」說曰：「鼠輩[一四]何能為！」夏，四月，壬子，隱甫、融及御史中丞李林甫共奏彈說：「引術士占星[一五]，徇私僭侈[一六]，受納賄賂。」敕源乾曜及刑部尚書韋抗、大理少卿明珪[一七]、與隱甫等同於御史臺鞫之。林甫，叔良之曾孫[一八]；抗，安石之從父兄子也。

(五)丁巳，以戶部侍郎李元紘為中書侍郎同平章事，元紘以清儉著，故上用為相。

(六)源乾曜等鞫張說事，頗有狀，上使高力士視說，力士還奏說蓬首[一九]垢面，席藁[二〇]，食以瓦器，惶懼待罪，上意憐之；力士因言說有功於國，上以為然，庚申，但罷說中書令，餘如故[二一]。

(七)丁卯，太子太傅岐王範薨，贈謚惠文太子，上為之撤膳累旬，百官上表固請，然後復常。

(八)丁亥，太原尹張孝嵩奏：「有李子嶠者，自稱皇子，云生於潞州，母曰趙妃。」上命杖殺之。

(九)辛丑，於定、恒、莫、易、滄五州置軍㉒，以備突厥。

(十)上欲以武惠妃為皇后，或上言：「武氏乃不戴天㉓之讎，豈可以為國母㉔！人間盛言張說欲取立后之功，更圖入相之計，且太子非惠妃所生，惠妃復自有子，若登宸極㉕，太子必危。」上乃止，

【考異】唐會要云：「侍御史潘好禮，聞上欲以惠妃為皇后，進疏諫曰，臣聞禮記曰，父母之讎，不可共戴天，公羊傳曰，子不復父仇，不子也。昔齊襄公復九世之讐，丁蘭報木母之怨，陛下豈得欲以武氏為國母，當何以見天下之人乎！不亦取笑於天下乎！又惠妃再從叔三思，再從父延秀等，並干紀亂常，遞窺神器，豺狼同穴，梟獍共林，且匹夫匹婦欲結髮為夫妻者，尚相揀擇，況陛下是累聖之貴，天子之尊乎！伏願詳察古今，鑒戒成敗，慎擇華族之女，必在禮義之家，稱神祇之心，允億兆之望。又見人間盛言尚書右丞相張說，自被停知政事之後，每諂附惠妃，欲取立后之功，更圖入相之計。伏願杜之於將漸，不可悔之於已成。且太子本非惠妃所生，惠妃復自有子，若惠妃一登宸極，則儲位實恐不安，古人所以諫其漸者，良為是也。昔商山四皓，雖不食漢庭之祿，尚能輔翊太子，況臣愚昧，職忝憲府。」蘇冕駁曰：「此表非潘好禮所作。且好禮先元年為侍御史，開元十二年為溫州刺史，致仕表是十四年獻，而云職忝憲府，若題年恐錯，則武惠妃先天元年，始年十四，王皇后有寵未衰，張說又未為右丞相，竟未知此表是誰獻之。今除其名。」然宮中禮秩，一如皇后。

(十一)五月，癸卯，戶部奏今歲戶七百六萬九千五百六十五，口四千一百四十一萬九千七百一十二。

(十二)秋，七月，河南北大水，溺死者以千計。

(十三)八月，丙午朔，魏州言河溢。

(十四)九月，己丑，以安西副大都護磧西節度使杜暹同平章事。自王孝傑克復四鎮㉖，復於龜茲置安西都護府，以唐兵三萬戍之，百姓苦其役，為都護者，惟田楊名、郭元振、張嵩及暹，皆有善政，為人所稱。

(十五)冬，十月，庚申，上幸汝州廣成湯㉗，**【考異】**令狐峘代宗實錄云：「上以開元十四年十月十三日生，時玄宗幸汝州之溫湯，有望氣者云，宮中有天子氣。玄宗即日還宮，是夜，代宗降誕。」按玄宗實錄，此月十六日庚申，始幸溫湯，己巳，乃還宮，與代宗實錄不同。舊紀云：「十二月十三日生。」舊后妃傳：「章敬皇后吳氏，坐父事，沒入掖庭，開元二十三年，玄宗幸忠王邸，見王服御蕭然，傍無媵侍，命將軍高力士選掖庭宮人以賜之，而吳后在籍中，明年，生代宗皇帝，十八年薨㉘。」按代宗此年生，而云二十三年以吳后賜忠王，十八年薨，蓋誤以十三年為二十三年也。次柳氏舊聞：「肅宗在東宮為李林甫所構，勢幾危者數矣，無何，須鬢斑白。嘗早朝，上見之，愀然曰，汝歸第，吾當奉汝。及上至，顧見宮庭殿宇皆不灑掃，而樂器塵埃，左右使令，無有妓女，上為之動色；使力士詔掖庭閱視得三人，乃以賜太子，而章敬吳皇后在選中，生代宗。」按開元二十三年，李林甫初為相，二十五年廢太子瑛，二十六年乃立肅宗為太子，天寶五年，李林甫始構韋堅之獄，舊聞所記事皆虛誕，年月不合。新書后妃傳全取之；今皆不取。己酉，還宮㉙。

(十六)十二月，丁巳，上幸壽安㉚，獵於方秀川，壬戌，還宮。

(十七)楊思勗討反獠，生擒梁大海等三千餘人，斬首二萬級而還。

(十八)是歲，黑水靺鞨㉛遣使入見，上以其國為黑水州。仍為置長史㉜以鎮之。渤海靺鞨王武藝曰：「黑水入唐，道由我境，往者請吐屯於突厥㉓，先告我，與我偕行，今不告我，而請吏於唐，是必與唐合謀，欲腹背攻我也。」遣其母弟門藝與其舅任雅㉔，將兵擊黑水，門藝嘗為質子於唐，諫曰：「黑水請吏於唐，而我以其故㉕擊之，是叛唐也，唐，大國也，昔高麗全盛之時，彊兵三十餘萬，不遵唐命，掃地無遺㉖，況我兵不及高麗什之一二，一旦與唐為怨㉗，此亡國之勢也。」武藝不從，彊遣之。門藝至境上，復以書力諫，武藝怒，遣其從兄大壹夏代之將兵，召欲殺之，門藝棄眾，閒道㉘來奔，制以為左驍衛將軍。武藝遣使上表，罪狀門藝，請殺之，上密遣門藝詣安西，皆其使者，別遣報云，已流門藝於嶺南，武藝知之，上表稱：「大國當示人以信，豈得為此欺誑！」固請殺門藝，上以鴻臚少卿㉙李道邃、源復不能督察官屬，致有漏泄，皆坐左遷㊵，暫遣門藝詣嶺南，以報之㊶。

臣光曰：「王者所以服四夷，威信㊷而已，門藝以忠獲罪，自歸天子，天子當察其枉，直㊸賞門藝而罰武藝，為政之體㊹也，縱不能討，猶當正㊺以門藝之無罪告之，今明皇威不能服武藝，恩不能庇㊻門藝，顧㊼效小人為欺誑之語，以取困於小國，乃罪鴻臚之漏泄，不亦可羞㊽哉！」

㈨杜暹為安西都護，突騎施交河公主遣牙官以馬千匹，詣安西互市，使者宣公主教㊾，暹怒曰：「阿史那女㊿，何得宣教於我！」杖其使者，留不遣，馬經雪死盡，突騎施可汗蘇祿大怒，發兵寇四鎮，會暹入朝，趙頤貞代為安西都護，嬰城(51)自守，四鎮人畜儲積皆為蘇祿所掠，安西僅存(52)；既而蘇祿聞暹入相，稍引退，尋遣使入貢(53)。

【今註】㈠癸未，更立契丹松漠王李邵固為廣化王：按《舊唐書·玄宗紀》，癸未作癸亥。㈡上從甥陳氏為東華公主：同書〈玄宗紀〉作：「封宗室外甥女。」以係宗室女之女，故遂稱曰從甥。㈢成安公主之女韋氏：《新唐書·諸公主傳》：「中宗女成安公主，下嫁韋捷。」㈣更立契丹松漠王李邵固……妻魯蘇。按此段乃錄自《舊唐書·契丹傳》、〈奚傳〉，字句大致相同。㈤折衷：宋均曰：「折，斷也；中，當也。若折斷其物，與度相中當也。」按衷與中通。㈥邕州封陵獠梁大海等據賓橫州反：據《舊唐書·地理志》四，邕賓橫三州皆屬嶺南道，封陵乃邕州屬縣，為開碟洞置。㈦文：文學。㈧白：陳。㈨折：折撓。㈩且患其權重：宇文融既居風憲之地，又貳戶部，故患其權重。

㉑抑：抑壓。㉒用事：猶執政。㉓辯給：謂口才敏捷。㉔鼠輩：乃詈人語，唐人常使用之。㉕占星：占候星象。㉖僭侈：僭分奢侈。㉗大理少卿明珪：按《舊唐書・張說傳》，明珪作胡珪。㉘林甫，叔良之曾孫：長平王叔良，高祖從父弟。㉙蓬首：謂頭髮散亂，如飛蓬也。㉚席藁：坐於藁草之上。㉛上使高力士視說……但罷說中書令，餘如故：按此段乃錄自《舊唐書・張說傳》，字句大致相同。㉜於定恒莫易滄五州置軍：據《舊唐書・地理志》一，定州置北平軍，恒州置恒陽軍，莫州置唐興軍，易州置高陽軍，滄州置橫海軍。㉝不戴天：謂不共戴天，意為不與之共同生存。㉞國母：天子之後。㉟若登宸極：謂武惠妃若登皇后之位。㊱王孝傑克復四鎮：復四鎮見卷二百五武后長壽元年。㊲汝州廣成湯：《新唐書・地理志》二河南道：「汝州，梁縣，西南五十里有溫湯，可以熟米，又有黃女湯，高宗置溫泉頓。」胡三省曰：「按漢廣成苑，在唐汝州梁縣界，其地有湯泉。」是廣成湯乃以漢之廣成苑而得名也。又以高宗置溫泉頓推之，知汝州梁縣之溫湯，實甚馳名，且頗眾多。㊳考異：「舊后妃傳：『明年生代宗皇帝，十八年薨。』」：按《舊唐書・肅宗章敬皇后傳》作：「二十八年薨。」而非為十八年。㊴己酉還宮：按《舊唐書・玄宗紀》，己酉作己巳，以上之庚申推之，當以作己巳為是。㊵壽安：據《舊唐書・地理志》，壽安屬河南道，河南府。㊶黑水靺鞨：胡三省曰：「黑水靺鞨在流鬼國西南，女真即其遺種也。」㊷仍為置長史：胡三省曰：「長史恐當作長吏。」㊸請吐屯於突厥：突厥置吐屯，以領諸服從之國。㊹與其舅任雅：按新舊《唐書・渤海靺鞨傳》，任雅皆作任雅相，當從添相字。㊺以其故：謂以其此故。㊻掃地無遺：謂國亡無遺

育也。㊲為怨：猶為仇。㊳間道：小道。㊴鴻臚少卿：《舊唐書・職官志》三：「鴻臚寺，少卿二人，從四品上。卿之職掌賓客及凶儀之事，少卿為之貳。」㊵左遷：謂貶謫。㊶是歲黑水靺鞨遣使入見……暫遣門藝詣嶺南以報之：按此段乃錄自《舊唐書・渤海靺鞨傳》，字句大致相同。㊷威信：威勢信用。㊸直：直接。㊹體：猶要。㊺正：謂正正當當。㊻庇：庇護。㊼顧：猶反。㊽羞：羞恥。㊾教：教令。㊿阿史那女：交河公主，阿史那懷道之女。(51)嬰城：嬰含繞意，此謂據四面城垣。(52)僅存：纔得存全。(53)杜暹為安西都護……尋遣使入貢：按此段乃錄自《舊唐書・突厥傳》下，字句大致相同。

十五年（西元七二七年）

㈠春，正月，辛丑，涼州都督王君㚟破吐蕃於青海之西。初吐蕃自恃其彊，致書用敵國禮，辭指㈠悖慢㈡，上意常怒之，返自東封，張說言於上曰：「吐蕃無禮，誠宜誅夷㈢，但連兵十餘年，甘涼河鄯，不勝其幣㈣，雖師屢捷，所得不償所亡，聞其悔過求和，願聽其款服㈤，以紓邊人㈥。」上曰：「俟吾與王君㚟議之。」說退謂源乾曜曰：「君㚟勇而無謀，常思僥倖㈦，若二國和親，何以為功〔八〕，吾言必不用矣。」及君毚入朝，果請深入討之〔九〕。去冬、吐蕃大將悉諾邏寇大斗谷，進攻甘州，焚掠而去，君毚度其兵疲，勒兵〔一〇〕躡其後，【考異】吐蕃傳云：「君毚畏其鋒，不敢出。」今從君毚傳。會大雪，虜凍死者甚眾，自積石軍〔一一〕西歸，君毚先遣人間道入虜境，燒道旁草，悉諾邏至大非川，欲休士馬，而野草皆盡，馬死過半，君毚與秦州都督張景順追之，及於青海之西，乘冰而度，悉諾邏已去，破其後軍，獲其輜重羊馬萬計〔一二〕，而還。【考異】君毚傳曰：「十六年冬，吐蕃大將悉諾邏帥眾入寇大斗谷，又移攻甘州，焚燒市里而去。君毚襲其後，敗之於青海之西。」據實錄及吐蕃傳，入寇在十四年冬，此云十六年冬，誤也。君毚以功遷左羽林大將軍，拜其父壽為少府監致仕，上由是益事邊功〔一三〕〔一四〕。

(二)初洛陽人劉宗器上言：「請塞汜水〔一五〕舊汴口，更於滎澤引河入汴。」擢宗器為左衛率府胄曹〔一六〕，至是新渠填塞不通，貶宗器為循州〔一七〕安懷戍主，命將作大匠范安及發河南懷鄭汴滑衞三萬人，疏〔一八〕舊渠，旬日而畢。

(三)御史大夫崔隱甫、中丞宇文融，恐右丞相張說復用，數奏毀之，各為朋黨，上惡之。二月，乙巳，制〔一九〕說致仕，隱甫免官侍母，融出為魏州刺史。

㈣乙卯，制諸州逃戶，先經勸農使括定按比⑳，後復有逃來者，隨到準㉑白丁例，輸當年租庸，有征役者先差㉒。

㈤夏，五月，癸酉，上悉以諸子慶王潭等領州牧、刺史、都督、節度大使、大都護、經略使，實不出外㉓。初太宗愛晉王㉔，不使出閤，豫王亦以武后少子不出閤，及自皇嗣為相王，始出閤，中宗之世，譙王㉕失愛，謫居外州，溫王㉖年十七，猶居禁中。上即位，附苑城為十王宅㉗，以居皇子，宦官押㉘之，就夾城參起居㉙，自是，不復出閤，雖開府，置官屬，及領藩鎮㉚，惟侍讀㉛時入授書，自餘王府官屬，但歲時通名起居㉜，其藩鎮官屬，亦不通名，及諸孫浸多，又置百孫院，太子亦不居東宮，常在乘輿所幸之別院㉝。

㈥上命妃嬪以下，宮中育蠶，欲使之知女功，丁酉，夏至，賜貴近絲人一綟㉞。

㈦秋，七月，戊寅，冀州河溢。

㈧己卯，禮部尚書許文憲公蘇頲薨。

㈨九月，丙子，吐蕃大將悉諾邏恭祿及燭龍莽布支攻陷瓜州，執刺史田元獻及河西節度使王君㚟之父㉟，進攻玉門軍㊱，縱所虜僧，使歸涼州，謂君㚟曰：「將軍常以忠勇許國㊲，何不一戰？」君㚟登城，西望而泣，竟不敢出兵㊳。莽布支別攻常樂縣㊴，縣令賈師順帥眾拒守，及瓜州陷，悉諾邏悉兵會攻之㊵，旬餘日，吐蕃力盡不能克，使人說降之，不從，吐蕃曰：「明府㊶既不降，宜斂㊷城中財相贈，吾當退。」師順請脫士卒衣，悉諾邏知無財，乃引去，毀瓜州城，師順遽開門收器械，修守備，虜果復遣精騎還覘㊸城中，知有備，乃去。師順，岐州人也㊹。

㈩初突厥默啜之彊也，迫奪鐵勒之地，故回紇、契苾、思結、渾四部，度磧徙居甘涼之間以避之，王君㚟微時往來四部，為其所輕，及為河西節度使，以法繩㊺之，四部恥怨，密遣使詣東都自訴，君㚟遽發驛㊻奏四部難制，潛有叛計，上遣中使往察㊼之，諸部竟不得直㊽，於是瀚海大都督回紇承宗流瀼州㊾，渾大德流吉州（五〇），賀蘭都督契苾承明流藤州（五一），盧山都督思結歸國流瓊州（五二），以回紇伏帝難為瀚海大都督。己卯，貶右散騎常侍李令問為撫州（五三）別駕，坐其子與承宗交遊故也（五四）。

(十)丙戌，突厥毗伽可汗遣其大臣梅錄啜入貢。吐蕃之寇瓜州也，遺毗伽書，欲與之俱入寇，毗伽并獻其書，上嘉之，聽於西受降城為互市，每歲齎縑帛數十萬匹，就市戎馬（五五）（五六），以助軍旅，且為監牧之種（五七），由是國馬益壯（五八）焉。

(十一)閏月，庚子，吐蕃贊普與突騎施蘇祿圍安西城，安西副大都護趙頤貞擊破之。

(十二)回紇承宗族子、瀚海司馬護輸糾合黨眾，為承宗報仇，會吐蕃遣使間道詣突厥，王君㚟帥精騎邀之於肅州，還至甘州南鞏筆驛（五九），護輸伏兵突起，奪君㚟旌節（六〇），先殺其判官宋貞（六一），剖其心曰：「始謀者汝也。」君㚟帥左右數十人力戰，自朝至晡（六二），左右盡死，護輸殺君㚟，載其尸奔吐蕃，涼州兵追及之，護輸棄尸而走（六三）。【考異】舊傳云：「回紇既殺君㚟，上命郭知運討逐。」按知運九年已卒，君㚟代鎮涼州。舊傳誤也。

(十四)庚申，車駕發東都。冬，己卯，至西京[六四]。

(十五)辛巳，以左金吾衛大將軍、信安王禕為朔方節度等副大使[六五]。禕，恪之孫[六六]也。以朔方節度使蕭嵩為河西節度等副大使[六七]。時王君㚟新敗，河隴[六八]震駭，嵩引刑部員外郎裴寬為判官，與君㚟判官牛仙客俱掌軍政[六九]，人心浸安。寬，漼之從弟也。仙客，本鶉觚[七〇]小吏，以才幹軍功，果遷至河西節度判官，為君㚟腹心[七一]。嵩又奏以建康軍使[七二]、河北[七三]張守珪為瓜州刺史，帥餘眾築故城，板榦[七四]裁[七五]立，吐蕃猝至，城中相顧失色[七六]莫有鬭志，守珪曰：「彼眾我寡，又瘡痍[七七]之餘，不可以矢刃相持[七八]，當以奇計取勝。」乃於城上置酒作樂[七九]，虜疑其有備，不敢攻而退，守珪縱兵擊之，虜敗走，守珪乃修復城市，收合流散，皆復舊業[八〇]。朝廷嘉其功，以瓜州為都督府，以守珪為都督[八一]。悉諸邏威名甚盛，蕭嵩縱反間於吐蕃，云：「與中國通謀。」贊普召而誅之，吐蕃由是少衰[八二]。

(十六)十二月，戊寅，制以吐蕃為邊患，令隴右道及諸軍團兵[八三]五萬六千人，河西道及諸軍團兵四萬人，又徵關中兵萬人，集臨洮，朔方兵萬人集會州防秋，至冬初無寇而罷，伺㊃虜入寇，互出兵腹背擊之。

㈦乙亥，上幸驪山溫泉，丙戌，還宮。

【今註】㊀辭指：文辭旨意。㊁悖慢：荒悖傲慢。㊂誅夷：誅戮夷平。㊃弊：困弊。㊄款服：誠服。㊅以紓邊人：謂以紓解邊人之困。㊆僥幸：謂僥幸立功。㊇若二國和親，何以為功：謂若二國和親，則無立功之機會矣。㊈涼州都督王君㚟破吐蕃於青海之西……果請深入討之：按此段乃錄自《舊唐書・吐蕃傳》上，字句大致相同。㊉勒兵：猶率兵。⑪積石軍：胡三省曰：「廓州達化縣西有積石軍，本靜邊鎮，儀鳳二年為軍，東有黃沙戍。」⑫萬計：謂以萬為單位而計數之。⑬益事邊功：謂愈益從事於拓邊之武功。⑭去冬吐蕃大將悉諾邏……上由是益事邊功：按此段乃錄自《舊唐書・王君㚟傳》，字句大致相同。⑮氾水：氾音祀。⑯左衞率府胄曹：《舊唐書・職官志》三：「太子左右衞率府胄曹參軍一人，從八品下。」⑰循州：《舊唐書・地理志》四嶺南道：「循州至東都四千八百里。」⑱疏：疏濬。⑲制：下制。⑳按比：按驗排比。㉑準：準依。㉒差：差遣。㉓不出外：亦即不出閤。㉔晉王：晉王治，是為高宗。㉕譙王：譙王重福。㉖溫王：溫王重茂。㉗附苑城為十王宅：《舊唐書・玄宗諸子傳》：「朱雀街東第五街，有安國寺，寺東附苑城為大宅，分處十王，十王謂：慶、忠、棣、鄂、榮、光、儀、潁、永、濟也。其後盛、壽、陳、豐、恒、涼六王，又就封入內宅，是為十六宅。」㉘押：管。㉙參起居：參謁上之起居。㉚藩鎮：指州府言。㉛侍讀：《新唐書》：「唐王府侍讀無定員。」《舊唐書・玄宗諸子傳》：「又引詞學工書之人入教，謂之侍讀。」㉜通名起居：謂通名刺問候起居，而問候起居，亦即請安之意。㉝初太宗愛晉王……常在乘輿所幸之別院：按此段乃錄自《舊唐書・玄宗諸子傳》，字句大致相同。㉞綖：杜佑曰：「唐令，綿六兩為屯，絲五兩為絇，麻三斤為綖。」未知絲綖輕重何如。㉟執王君㚟之父：按王君㚟之父壽，時以少府監致仕，居鄉里。㊱玉門軍：宋白曰：「肅州玉門縣，漢罷玉門關屯，徙其人於此，故曰玉門縣。石門周匝山間，經三十里，眾流北入延興海。」㊲許國：許與國家。㊳吐蕃大將悉諾邏……竟不敢出兵：按此段乃錄自《舊唐書・王君㚟傳》，字句大致相同。㊴常樂縣：據《舊唐書・地理志》三，常樂縣屬隴右道，瓜州。㊵悉兵會攻之：謂傾兵卒合攻之。㊶明府：唐人常稱縣令曰明府。㊷歛：收歛。㊸覘：視。㊹莽布支別攻常樂縣……師順，岐州人也：按此段乃錄自《舊唐書・王君㚟附賈師順傳》，句字大致相同。㊺繩：糾治。㊻發驛：遣使乘馳傳。㊼察：按察。㊽竟不得直：謂理竟不得伸。㊾瀼州：《舊唐書・地理志》四嶺南道：「瀼州北至容州二百八十二里。」㊿吉州：同志三江南道：「吉州隋廬陵郡，武德五年，討平林士弘，置吉州。」(51)藤州：同志四嶺南道：「藤州至京師五千五百九十六里。」(52)瓊州：同志四嶺南道：「瓊州至京師七千四百六十里。」(53)撫州：同志三江南道：「撫州在京師東南三千三百一十二里。」(54)初突厥默啜之彊也……坐其子與承宗交遊故也：按此段乃錄自《舊唐書・王君㚟傳》，字句大致相同。(55)戎馬：

戰馬。㊅突厥毗伽可汗遣其大臣……就市戎馬：按此段乃錄自《舊唐書·突厥傳》上，字句大致相同。㊆監牧之種：為監牧之馬種。㊇益壯：益強壯。㊈甘州南鞏筆驛：胡三省曰：「甘州張掖縣西南，有鞏筆驛。」㊉旌節：旌旆符節。㊀殺其判官宋貞：按《舊唐書·王君㚟傳》，宋作宗，同書〈牛仙客傳〉，則作宋貞。㊁哺：申時，當今下午二至四時。㊂回紇承宗族子……護輸棄尸而走：按此段乃錄自《舊唐書·王君㚟傳》，字句大致相同。㊃冬己卯至西京：冬字下脫十月二字，當添入。㊄為朔方節度等副大使：按此官銜乃為朔方節度副大使，等字應刪。㊅禕，恪之孫：吳王恪，太宗之子。㊆河西節度等副大使：此等字亦應刪。㊇河隴：河西隴右。㊈軍政：謂軍事及民政。㊉鶉觚：《舊唐書·地理志》一關內道：「涇州靈臺縣，隋鶉觚縣，天寶元年改為靈臺。」㊀仙客本鶉觚小吏……為君㚟腹心：按此數句乃錄自《舊唐書·牛仙客傳》，字句大致相同。㊁建康軍使：胡三省曰：「甘州西北百九十里，祁連山有建康軍。」㊂河北：據《舊唐書·地理志》一，河北縣屬河南道陝州。㊃板榦：《詩》：「縮板以載。」縮板兩旁，內土其中而築之。榦亦板，孔安國曰：「旁曰榦。」㊄裁：《漢書·功臣表》注：「裁與纔同。」㊅失色：失神，乃恐懼之貌。㊆瘡痍：皆受傷之意。㊇相持：猶相拒。㊈作樂：奏音樂。㊉業：生業。㊀嵩又奏以建康軍使……以守珪為都督：按此段乃錄自《舊唐書·張守珪傳》，字句大致相同。㊁悉諾邏威名甚盛……吐蕃由是少衰：按此段乃錄自《舊唐書·吐蕃傳》，字句大致相同。㊂團兵：胡三省曰：「府兵廢，行一切之法，團結民兵，謂之團兵。」㊃伺：窺伺。

十六年（西元七二八年）

㈠春，正月，壬寅，安西副大都護趙頤貞敗吐蕃於曲子城。

㈡甲寅，以魏州刺史宇文融為戶部侍郎兼魏州刺史，充河北道宣撫使。乙卯，春瀧等州㊀獠陳行範、廣州獠馮璘、何遊魯反，【考異】本紀作馮仁智，今從楊思勗傳。陷四十餘城，行範稱帝，遊魯稱定國大將軍，璘稱南越王，欲據嶺表，命內侍楊思勗發桂州及嶺北近道兵討之㊁。

㈢丙寅，以魏州刺史宇文融檢校汴州刺史，充河南北溝渠堤堰決㊂九河使，融請用禹貢九河故道㊃，開稻田，并回易陸運錢㊄，官收其利，興役不息，事多不就㊅。

㈣二月，壬申，以尚書右丞相致仕張說兼集賢殿學士，說雖罷政事，專文史之任㊆，朝廷每有大事，上常遣中使訪之。

㈤壬辰，改彍騎為左右羽林軍飛騎。

㈥秋，七月，吐蕃大將悉末朗寇瓜州，都督張守珪擊走之，乙巳，河西節度使蕭嵩、隴右節度使張忠亮，大破吐蕃於渴波谷㊇，

【考異】實錄、唐歷蕭嵩傳作張志⑨亮，今從舊本紀、吐蕃傳。忠亮追之，拔其大莫門城，擒獲甚眾，焚其駱駝橋而還⑩。

㈦八月，乙巳，特進張說上開元大衍曆⑪，行之。

㈧辛卯，左金吾將軍杜賓客破吐蕃於祁連城下⑫，時吐蕃復入寇，蕭嵩遣賓客將彊弩⑬四千擊之，戰自辰至暮，吐蕃大潰，獲其大將一人，虜散走投山⑭，哭聲四合⑮⑯。

㈨冬，十月，己卯，上幸驪山溫泉，己丑，還宮。【考異】實錄：「十二月丁卯。」又云：「幸溫泉宮。」不言其還。唐歷：「丁卯幸溫泉，丁丑還宮。」按此月已幸溫泉，恐複，不取。

㈩十一月，癸巳，以河西節度副大使蕭嵩為兵部尚書同平章事。

(十一)十二月，丙寅，敕長征兵無有還期，人情難堪，宜分五番，歲遣一番還家，洗沐⑰五年，酬勳五轉。

(十二)是歲，制戶籍三歲一定，分為九等。

(十三)楊思勗討陳行範，至瀧州破之，擒何遊魯、馮璘，行範逃於雲際、盤遼二洞⑱，思勗追捕，竟生擒斬之，凡斬首六萬。思勗為人嚴⑲，偏裨⑳白事者，不敢仰視，故用兵所向有功，然性忍酷㉑，所得俘虜，或生剝面皮，或以刀劈㉒髮際，掣去頭皮，蠻夷憚之㉓。

【今註】㈠春瀧等州：據《舊唐書・地理志》四，皆在嶺南道，瀧州在春州西北，境相毗連。㈡春瀧等州獠陳行範……及嶺北近道兵討之：按此段乃錄自《舊唐書・宦官楊思勗傳》，字句大致相同。㈢決：開掘。㈣用禹貢九河故道：謂用《書・禹貢》所言九河之故道。㈤回易陸運錢：《舊唐書・宇文融傳》作：「迴易陸運本錢。」意為將陸運之本錢，改轉作他用。㈥以魏州刺史宇文融……事多不就：按此段乃錄自《舊唐書・宇文融傳》，字句大致相同。㈦專文史之任：《舊唐書・張說傳》作：「仍令在家修史。」是文史主要為指修史而言。㈧渴波谷：據《舊唐書・吐蕃傳》，渴波谷在青海西南。㈨考異曰：「實錄、唐歷蕭嵩傳作張志亮，今從舊本紀吐蕃傳」：按《舊唐書・玄宗紀》，亦作張志亮而不作張忠亮，惟同書〈吐蕃傳〉則全作張忠亮。㈩吐蕃大將悉末朗寇瓜州……焚其駱駝橋而還：按此段乃錄自《舊唐書・吐蕃傳》，字句大致相同。⑪開元大衍曆：胡三省曰：「僧一行推大衍數，立術，以應氣朔及日食，以造新曆，故曰大衍曆。」⑫祁連城下：胡三省曰：「祁連城在甘州張掖縣祁連山。」⑬彊弩：即硬弩。⑭投山：謂投奔山谷之中。⑮四合：謂由所起之四方，而合於一。⑯左金吾將軍杜賓客……哭聲四合：按此段乃錄自《舊唐書・吐蕃傳》，字句大致相同。⑰洗沐：休假之代辭，古則曰休沐。⑱雲際盤遼二洞：據《舊唐書・宦官楊思勗傳》，二洞皆在深州界。⑲嚴：嚴厲。⑳偏裨：謂將校。㉑忍酷：猶殘酷。㉒劈：割。㉓楊思勗討陳行範……蠻夷憚之：按此段乃錄自《舊唐書・宦官楊思勗傳》，字句大致相同。

十七年（西元七二九年）

㈠春，二月，丁卯，嶲州都督張守素㈠破西南蠻，拔昆明㈡及鹽城，殺獲萬人。

㈡三月，瓜州都督張守珪、沙州刺史賈師順，擊吐蕃大同軍，大破之㈢。

㈢甲寅，朔方節度使、信安王禕攻吐蕃石堡城，拔之。初吐蕃陷石堡城，留兵據之，侵擾㈣河右，上命禕與河西隴右同議攻取，諸將咸以為石堡據險而道遠，攻之不克，將無以自還，且宜按兵觀釁㈤；禕不聽，引兵深入，急攻拔之，乃分兵據守要害，令虜不得前。自是河隴諸軍遊奕㈥，拓境千餘里，上聞大悅，更命石堡城㈦曰振武軍㈧。

㈣丙辰，國子祭酒楊瑒上言，以為：「省司㈨奏限天下明經進士㈩及第，每年不過百人，竊見流外㈡出身，每歲二千餘人，而明經進士不能居其什一，則是服勤〔一二〕道業〔一三〕之士，不如胥吏之得仕也。臣恐儒風浸墜，廉恥日衰〔一四〕。若以出身人太多，則應諸色〔一五〕裁損，不應獨抑明經進士也。」又奏：「諸司帖試明經〔一六〕，不務求述作大指，專取難知，問以孤經絕句〔一七〕，或年月日，請自今並帖平文〔一八〕。」上甚然之。

㈤夏，四月，庚午，禘於太廟，唐初，祫則序昭穆，禘則各祀於其室，至是，太常少卿韋縚等奏如此，禘與常饗不異，請禘祫皆序昭穆，從之。縚，安石之兄子也。

㈥五月，壬辰，復置十道及京都兩畿〔一九〕按察使。

㈦初張說、張嘉貞、李元紘、杜暹相繼為相用事，源乾曜以清謹自守，常讓事於說等，唯諾署名〔二〇〕而已，元紘、暹議事多異同〔二一〕，遂有隙，更相奏列，上不悅。六月，甲戌，貶黃門侍郎同平章事杜暹荊州長史，中書侍郎同平章事李元紘曹州刺史，罷乾曜兼侍中，止為左丞相〔二二〕。以戶部侍郎宇文融為黃門侍郎，兵部侍郎裴光庭為中書侍郎，並同平章事，蕭嵩兼中書令，遙領河西〔二三〕。

㈧開府王毛仲與龍武將軍葛福順為昏，毛仲為上所信任，言無不從，故北門諸將多附之，進退唯其指使，吏部侍郎齊澣乘間言於上曰：「福順典禁兵㉕，不宜與毛仲為昏，毛仲小人，寵過則生姦，不早為之所㉖，恐成後患。」上悅曰：「知卿忠誠，朕徐思其宜㉗。」澣曰：「君不密，則失臣㉘，願陛下密之。」會大理丞麻察坐事左遷興州㉙別駕，澣素與察善，出城餞之，因道禁中諫語，察性輕險，遽奏之，上怒召澣責之曰：「卿疑朕不密，而以語麻察，詎㉚為密邪！且察素無行㉛，卿豈不知邪！」澣頓首謝。秋，七月，丁巳，下制澣察交構將相，離間君臣，澣可高州良德㉜丞，察可潯州皇化㉝尉㉞。

㈨八月，癸亥，上以生日宴百官於花蕚樓下，【考異】實錄云：「癸亥朔。」按長曆，是月己未朔，癸亥五日也。顧況歌曰：「八月五夜佳氣新，昭成太后生聖人。」實錄誤也。左丞相乾曜、右丞相說帥百官上表，請以每歲八月五日為千秋節㉟，布於天下，咸令宴樂㊱，尋又移社就千秋節㊲。

㈩庚辰，工部尚書張嘉貞薨㊳。嘉貞不營㊴家產，有勸其市田宅者，嘉貞曰：「吾貴為將相，何憂寒餒，若其獲罪，雖有田宅，亦無所用。比見朝士廣占㊵良田，身沒之日，適㊶足為無賴子弟酒色之資㊷，吾不取也。」聞者是之㊸。

㈩辛巳，敕以人間㊹多盜鑄錢，始禁私賣銅鉛㊺錫及以銅為器皿㊻，其采銅鉛錫者，官為市取㊼。

（十一）宇文融性精敏，應對辯給㊽，以治財賦，得幸於上，始廣置諸使，競為聚斂，由是百官浸失其職，而上心益侈，百姓皆怨苦之。為人疏躁㊾多言，好自矜伐㊿，在相位，謂人曰：「使吾居此數月，則海內無事(51)矣。」信安王禕以軍功(52)有寵於上，融疾(53)之，禕入朝，融使御史李寅(54)彈之，泄於所親，禕聞之，先以白上，明日，寅奏果入，上怒。九月，壬子，融坐貶汝州刺史，【考異】舊傳曰：「殿中侍御史李宙，驛召禕，將下獄，禕既申訴得理，融坐阿黨李宙貶。」今從唐曆。凡為相百日而罷。是後言財利以取貴仕(55)者，皆祖於融。

（十二）冬，十月，戊午朔，日有食之，不盡如鉤。

（十三）宇文融既得罪，國用不足，上復思之，謂裴光庭曰：「卿等皆

言融之惡，朕既黜之矣，今國用不足，將若之何？卿等何以佐朕？」光庭等懼不能對，會有飛狀告融贓賄事，又貶平樂尉(五六)，

【考異】唐歷云：「裴光庭等諷有司劾之，積其贓鉅萬計。」舊傳曰：「裴光庭時兼御史大夫，又彈融交遊朋黨，及男受贓等事。」今從實錄統紀。又唐歷云：「十月乙未。」按長歷十月戊午朔，無乙未，今從統紀。

至嶺外，歲餘，司農少卿蔣岑奏融在汴州，隱沒官錢鉅萬(五七)計，制窮治其事，融坐流巖州(五八)，道卒(五九)。

(十五)十一月，辛卯，上行謁橋、定、獻、昭、乾五陵(六〇)。

(十六)戊申，還宮，赦天下，百姓今年地稅，悉蠲(六一)其半。

(十七)十二月，辛酉，上幸新豐溫泉(六二)，壬申，還宮。

【今註】㊀巂州都督張守素：按新舊《唐書・玄宗紀》，張守素皆作張審素。㊁昆明：《舊唐書・地理志》四劍南道：「巂州昆明縣，漢定莋縣，屬越巂郡，後周置定莋鎮，武德二年鎮為昆明縣，蓋南接池故也。」㊂三月，瓜州都督張守珪擊吐蕃大同軍，大破之：按《新唐書・玄宗紀》作：「三月戊戌。」當從添戊戌二字。㊃侵擾：侵犯騷擾。㊄舋：同釁。㊅奕：遊奕。㊆石堡城：宋白曰：「石堡城在龍支縣西，四面懸崖數千仞，石路盤屈，長三四里，西至赤嶺三十里。」㊇朔方節度使信安王禕……更名石堡城曰振武軍。按此段乃錄自《舊唐書・吳王恪附信安王禕傳》，字句大致相同。㊈省司：指尚書省之禮部尚書及侍郎。(一〇)明經進士：乃屬二科。(一一)流外：指九品以外之小吏。

⑫服勤：服膺精勤。⑬道業：此指儒術言。⑭衰：微。⑮諸色：色，種，謂諸種科目。⑯諸司帖試明經：《唐六典》卷四：「凡明經先帖經，然後口試並答策，取粗有文理者為通。舊制、諸明經試，每經十帖，孝經三帖，論語八帖，老子兼注五帖；每帖三言，通六已上，然後試策十條，通七即為高第。開元二十五年，敕諸明經先帖經，通五已上，然後口試，每經通問大義十條，通六已上，並答時務策三道。凡進士，先帖經，然後試雜文及策文，取華實兼舉，策須義理愜當者為通。舊例帖一小經並注，通六已上，帖老子兼注，通三已上，然後試雜文兩道，時務策五條。」《通典》：「唐制，帖經者以所習經，掩其兩端，其間惟開一行，裁紙為帖，凡帖三字，隨時增損，可否不一，或得四得五得六者為通。」⑰孤經絕句：皆指生僻之經文。⑱平文：平常之經文。⑲京都兩畿：雍、同、華、商、岐、邠為京畿，洛汝為都畿。⑳唯諾署名：唯諾，允許聲，署名則係簽字。㉑異同：此指異言，同字乃連類而及者，無意。㉒初張說張嘉貞……議事多異同：按此段乃錄自《舊唐書・源乾耀傳》，字句大致相同。㉓罷源乾耀兼侍中，止為左丞相：胡三省曰：「開元初，改尚書左右僕射為左右丞相。唐初僕射之職，無所不統，是正丞相也。至中宗神龍元年，豆盧欽望專為僕射，不敢預政事，是後，專拜僕射者，不復知政事，雖有丞相之名，非復唐初丞相之職矣。今源乾曜止為左丞相，是止為尚書左儀射，不復預政事也。」㉔遙領河西：謂遙領河西節度使。㉕福順典禁兵：此禁兵指萬騎言。㉖不早為之所：不早為之地，地謂地步，亦即準備工作。㉗宜：便宜。㉘君不密，則失臣：《易・大傳》之言。㉙興州：《舊唐書・地理志》二山南道：「興州至京師九百四十

八里。」㉚詎：豈。㉛無行：謂無善行。㉜高州良德：《舊唐書・地理志》四嶺南道：「高州至京師六千二百六十二里。」㉝潯州皇化：同志四嶺南道：「潯州至京師五千九百六十里。」㉞吏部侍郎齊澣乘間言於上曰……察可潯州皇化尉：按此段乃錄自《舊唐書・文苑齊澣傳》，字句大致相同。㉟千秋節：謂千秋萬歲，蓋祝其祿壽綿長也。㊱宴樂：設宴為樂。㊲尋又移社就千秋節：自古以來，社用戊日。㊳八月庚辰，工部尚書張嘉貞薨：按《舊唐書・玄宗紀》作：「七月辛丑，張嘉貞卒。」㊴營：經營。㊵占：占據。㊶適：恰。㊷資：資用。㊸工部尚書張嘉貞薨……聞者是之：按此段乃錄自《舊唐書・張嘉貞傳》，字句大致相同。㊹人間：即民間。㊺鋊：同鉛。㊻皿：飯食之用器。㊼官為市取：謂官為收買。㊽應對辯給：謂應對博辯敏捷。㊾疏躁：粗疏躁急。㊿矜伐：矜持誇伐。(51)海內無事：謂天下太平無事。(52)軍功：戰功。(53)疾：恨。(54)李寅：按新舊《唐書・宇文融傳》，李寅皆作李宙。(55)貴仕：猶顯宦。(56)平樂：據《舊唐書・地理志》四，平樂屬嶺南道昭州，昭州至京師四千四百三十六里。(57)鉅萬：萬萬。(58)巖州：《舊唐書・地理志》四嶺南道：「巖州至京師五千三百二十七里。」(59)又貶平樂尉……坐流巖州，道卒：按此段乃錄自《舊唐書・宇文融傳》，字句大致相同。(60)行謁橋、定、獻、昭、乾五陵：行謁五陵，以車駕經行先後為次。(61)蠲：除免。(62)新豐溫泉：即驪山溫泉，驪山在新豐縣。

十八年（西元七三〇年）

㈠春，正月，【考異】實錄云：「癸酉，上禦含元殿受朝賀。」按長歷，是月甲戌朔，無癸酉，實錄此年事與本紀唐歷統紀皆不同，正月甲子全差誤，疑本書闕亡，後人附益之。新紀止據舊紀，全不取此年實錄。又云：「丁巳，新迎氣於東郊，下制，十八年正月五日以前天下囚徒，常赦所不免者，咸赦放之。」按是月無丁巳，諸書及會要皆無十八年親迎氣事，唐歷在二十六年正月七日丙子，統紀在二十六年正月，實錄二十六年正月丁丑，又載迎氣大赦，其制文推恩大略與此年相似，或者實錄誤重出於此，今不取。辛卯，以裴光庭為侍中。

㈡二月，癸酉，初令百官於春月旬休〔一〕，選勝行樂〔二〕，自宰相至員外郎，凡十二筵，各賜錢五千緡。上或御花萼樓，邀其歸騎〔三〕留飲，迭使起舞〔四〕，盡歡而去。

㈢三月，丁酉，復給京官職田〔五〕。

㈣夏，四月，【考異】實錄云：「乙巳，駕幸溫泉宮，丁未，至自溫泉宮。」按長歷，是月乙卯朔，無乙巳丁未。舊紀、唐歷亦無幸溫泉事，今不取。丁卯，築西京外郭，九旬而畢〔六〕。

㈤乙丑，以裴光庭兼吏部尚書。先是選司注〔七〕官，惟視其人之能否，或不次〔八〕超遷，或老於下位，有出身〔九〕二十餘年不得祿〔一〇〕者，又州縣亦無等級〔一一〕，或自大入小〔一二〕，或初久後遠〔一三〕，皆無定制〔一四〕。光庭始奏用循資格，各以罷官若干選而集〔一五〕，官高者選少，卑者選多，無問能否，選滿即注〔一六〕，限年躡級〔一七〕，毋得踰越，非負譴者〔一八〕，皆有升無降，其庸愚沈滯〔一九〕者皆喜，謂之聖書〔二〇〕，而才俊之士，無不怨歎。宋璟爭之不能得，光庭又令流外行署㉑，亦過門下省審㉒。

㈥五月，吐蕃遣使致書於境上求和。

㈦初契丹王李邵固遣可突干入貢，同平章事李元紘不禮焉，左丞相張說謂人曰：「奚契丹必叛，可突干狡而狠㉓，專其國政久矣，人心附之㉔，今失其心，必不來矣。」己酉，可突干弒邵固，帥其國人，并脅㉕奚眾，叛降突厥；奚王李魯蘇及其妻韋氏、邵固妻陳氏㉖皆來奔；制幽州長史趙含章討之，又命中書舍人裴寬、給事中薛侃等，於關內、河東、河南北分道募勇士㉗。六月，【考異】唐朝年代記云：「初裴光庭娶武三思女，高力士私焉，光庭有吏材，力士為之推轂，因以入相，時彥鄙之。宋璟王晙酒後舞回波樂，以為戲謔，光庭患之，乃奏天下三十餘州缺刺史，升平日久，人皆不樂外官，請重臣兼外官，領刺史，以雄其望。於是擬璟揚州，晙魏州，陸象先荊州，凡十餘人。蕭嵩執奏，天下務重，實賴舊臣宿德，訪其得失，今盡失之，則朝廷空矣。上乃悟，遂止。」按實錄是歲閏六月，以太子少保陸象先兼荊州長史，璟晙未嘗除外官，今不取。丙子，以單于大都護、忠王浚領河北道行軍元帥，以御史大夫李朝隱、京兆尹裴伷先副之，帥十八總管以討奚契丹㉘，命浚與百官相見於光順門。張說退謂學士孫逖、章述㉙曰：「吾嘗觀太宗畫像，雅類㉚忠王，此社稷之福也。」可突干寇平盧㉛，先鋒使張掖㉜烏承玼破之於捺祿山。【考異】韓愈烏氏先廟碑云：「尚書諱承治，開元中，管平盧先鋒軍，屢破奚契丹，從戰捺祿，走可突干。」新傳云：「承玼開元中與族兄承恩皆為平盧先鋒，沈勇而決，號轅門二龍。」據此，則承玼承治一人也。今從新書。

(八)壬午，洛水溢，溺東都千餘家。

(九)秋，九月，丁巳，以忠王浚兼河東道元帥，然竟不行。

(十)吐蕃兵數敗而懼，乃求和親，忠王友㉝皇甫惟明因奏事，從容言和親之利；上曰：「贊普嘗遺吾書悖慢㉞，此何可捨㉟！」對曰：「贊普當開元之初，年尚幼稺㊱，安能為此書？殆邊將詐為之，欲以激怒陛下耳。夫邊境有事，則將吏得以因緣盜匿㊲官物㊳，妄述功狀㊴，以取勳爵，此皆姦臣之利，非國家之福也。兵連㊵不解，日費千金，河西隴右，由茲困敝，陛下誠命一使，往視公主㊶，因與贊普面相約結㊷，使之稽顙㊸稱臣，永息邊患，豈非御夷狄之長策㊹乎！」上悅，命惟明與內侍㊺張元方使於吐蕃，贊普大喜，悉出貞觀以來所得敕書，以示惟明。冬，十月，遣其大臣論㊻名悉獵隨惟明入貢，【考異】實錄：「十九年七月癸巳，吐蕃遣其大臣名悉獵來朝，請固和好之約，且獻書云云。」按長歷，十九年七月丁未朔，無癸巳，今從唐歷、舊本紀、吐蕃傳。表稱：「甥世尚公主，義同一家，中間張玄表等先興兵寇鈔㊼，遂使二境㊽交惡，甥深識㊾尊卑，安敢失禮，正㊿為邊將交構(五一)，致獲罪於舅，屢遣使者入朝，皆為邊將所遏（五二）。今蒙遠降使臣，來覲公主，甥不勝喜荷（五三），儻使復修舊好，死無所恨。」自是吐蕃復款附（五四）（五五）。

(十一)庚寅，上幸鳳泉湯，癸卯，還京師。

(十二)甲寅，護密王羅真檀（五六）入朝，留宿衞。

(十三)十一月，丁卯，上幸驪山溫泉，丁丑，還宮。

(十四)是歲，天下奏死罪止二十四人。

(十五)突騎施遣使入貢，上宴之於丹鳳樓（五七），突厥使者預焉，二使爭長（五八），突厥曰：「突騎施小國，本突厥之臣，不可居我上。」突騎施曰：「今日之宴，為我設也，我不可以居其下。」上乃命設東西幕，突厥在東，突騎施在西（五九）。

(十六)開府儀同三司、內外閑廐監牧都使（六〇）、霍國公王毛仲恃寵，驕恣日甚，上每優容（六一）之，毛仲與左領軍大將軍葛福順、左監門將軍唐地文、左武衞將軍李守德、右威衞將軍王景耀、高廣濟親善，福順等倚其勢，多為不法，毛仲求兵部尚書，不得，怏怏（六二）形於辭色，上由是不悅。

（七）是時上頗寵任宦官，往往為三品將軍（六三），門施棨戟（六四），奉使過諸州，官吏奉之，惟恐不及（六五），所得賂遺（六六），少者不減（六七）千緡，由是京城郊畿，田園參半（六八），皆宦官矣（六九）。楊思勗、高力士尤貴幸，思勗屢將兵征討，力士常居中侍衛，而毛仲視宦官貴近者若無人（七〇），甚卑品者（七一），小忤意（七二），輒詈（七三）辱如僮僕（七四），力士等皆害（七五）其寵，而未敢言。

（八）會毛仲妻產子三日，上命力士賜之酒饌（七六）金帛甚厚，且授其兒五品官，力士還，上問：「毛仲喜乎？」對曰：「毛仲抱其襁中兒（七七）示臣曰，此兒豈不堪作三品邪！」上大怒曰：「昔誅韋氏，此賊心持兩端（七八），朕不欲言之，今日乃敢以赤子怨我（七九）。」力士因言：「北門奴官（八〇）太盛，相與一心（八一），不早除之，必生大患。」上恐其黨驚懼為變。

【今註】（一）春月旬休：唐制，官吏十日一休假。王勃〈滕王閣序〉：「十旬休假，勝友如雲。」元稹詩：「朝士還旬休，豪家得春賜。」《新唐書・選舉志》上：「弘文館生，旬給假一日。」皆其明證。又以十日一休假，而古休假名曰休沐，遂將上中下旬之假期，稱為上中下澣，而此上中下澣，皆為表示十日休息之意，此由各種資料，可窺索而出者也。㈡選勝行樂：胡三省曰：「令尋選勝地，行遊而宴樂也。」㈢歸騎：謂騎馬或騎驢而行遊歸來之百官。㈣迭使起舞：迭，更迭。按唐代於筵席中，率賓主翩翩起舞。《通鑑・唐紀》卷一武德元年條：「元文都喜於和解，謂天下可定，於上東門置酒作樂，自段達已下皆起舞，王世充作色。」《舊唐書・燕王忠傳》：「太宗酒酣起舞，以屬羣臣，在位於是遍舞，盡日而罷。」以萬乘之尊，尚離席起舞，則其餘臣庶，自不問可知矣。㈤復給京官職田：收職田，見上卷十年。㈥四月丁卯，築京外郭，九旬而畢：按新舊《唐書・玄宗紀》，丁卯皆作乙卯。古代之城，多為兩重，外郭即外城也。㈦注：擬注。㈧不次：不依階次。㈨出身：指已獲得入仕之資格。㈩祿：此指官職。⑪亦無等級：謂亦無一定次序可循。⑫或自大入小：謂或自高階而遷入低階。⑬或初久後遠：按遠疑速之訛，謂初時淹滯甚久，後則遷轉甚為迅速。⑭定制：一定之規制。⑮各以罷官若干選而集：胡三省曰：「謂罷官之後，經選凡幾，各以多少為次，而集於吏部。」⑯選滿即注：選舉滿數，即行注擬。⑰躡級：謂歷級而升。⑱非負譴者：謂非負違譴責者。⑲沈滯：沈潛淹滯。⑳聖書：謂天子詔書，蓋天子詔書多宣告陞遷也。㉑行署：攝理署任之吏。㉒省審：省察審核。㉓狠：狠毒。㉔人心：此謂契丹國之人心。㉕脅：脅裹。㉖奚王李魯蘇及其妻韋氏，邵固妻陳氏：韋陳，皆中國以為公主，嫁兩蕃，事見上十四年。㉗初契丹王李邵固……河南北，分道募勇士：按此段乃錄自《舊唐書・契丹傳》，字句大致相同。㉘以單于大都護忠王浚……十八總管以討奚契丹：按此段乃錄自《舊唐書・玄宗紀》，字句大致相同。㉙謂學士孫逖韋述：此學士乃集賢書院學士。㉚雅類：甚似。㉛平盧：《舊唐書・地理志》一：「平盧軍節度使，治在營州，平盧軍在營州城內。」㉜張掖：今甘肅省張掖縣。㉝忠王友：《舊唐書・職官志》三：「王府官屬，友一人，從五品下，掌陪侍規諷。」按友與太子賓客意正相似，特太子名曰賓客，而王則曰友耳。㉞贊普嘗遺吾書悖慢：吐蕃請用敵國禮，見卷二百十一，二年。㉟捨：宥捨。㊱贊普當開元之初，年尚幼稚：胡三省曰：「武后長安三年贊普立，方七歲，至開元初猶是幼年也。」㊲盜匿：盜竊匿藏。㊳官物：公家之財物。㊴功狀：立功之狀況。㊵兵連：謂戰爭連結。㊶往視公主：謂金城公主。㊷約結：締結盟約。㊸稽顙：猶頓首。㊹長策：高計。㊺內侍：《舊唐書・職官志》三：「內侍省，內侍二員，從四品上。」㊻論：乃吐蕃官名。㊼張玄表等先興兵寇鈔：武后時張玄表為安西都護，與吐蕃互相侵掠。㊽二境：謂二國邊境。㊾識：知。㊿正：只。(51)交構：交相讒構。(52)遏：阻止。(53)喜荷：欣喜感荷。(54)款服：誠服。(55)吐蕃兵數敗而懼……自是吐蕃復款附：按此段乃錄自《舊唐書・吐蕃傳》，字句大致相同。(56)護密王羅真檀：胡三省曰：「護密或曰達摩悉鐵帝，或曰鑊侃，元魏所謂鉢和者，亦吐火羅故地，東北直京師九千里而嬴，北臨烏滸河，當四鎮入吐火羅道。」(57)丹鳳樓：《唐六典》卷七：「大明宮南面五門，正南曰丹鳳門。」丹鳳樓即丹鳳門上之樓也。(58)爭長：謂爭上座。(59)突騎施遣使入貢……突騎施在西：按此段乃錄自《舊唐書・突厥傳》下，字句大致相同。(60)內外閑廄監牧都使：內外十二閑、八坊、四十八監，與沙苑等監及諸牧皆屬之，故曰都使。都使，猶總使也。(六一)優容：優予含容。(六二)怏怏：心不平貌。(六三)往往為三品將軍：楊思勗、高力士之徒皆是。(六四)門施棨戟：《唐六典》卷四：「凡太廟、太社、及諸宮殿門、東宮及一品以下諸州門，施戟有差。國公、及上護軍、護軍、帶職事三品，若下都督、中下州門，各一十戟。」項安世曰：「棨戟，殳也，以赤油衣韜之，亦曰油戟。」音啟。(六五)不及：猶不滿其意。(六六)賂遺：餽遺之財物。(六七)減：少於。(六八)參半：胡三省曰：「參半者，或居三分之一，或居其半。」(六九)皆宦官矣：謂皆屬宦官，或皆宦官者矣。(七〇)若無人：謂不在眼中。(七一)甚卑品者：胡三省曰：「甚當作其。」(七二)小忤意：稍逆意。(七三)詈：詈罵。(七四)如僮僕：謂如待僮僕然。(七五)害：猶畏。(七六)酒饌：酒食。(七七)襁中兒：謂襁褓中兒。(七八)昔誅韋氏，此賊心持兩端：事見卷二百九睿宗景雲元年。(七九)以赤子怨我：謂以赤子之封薄故怨我。(八〇)北門奴官：王毛仲、李守德皆帝奴；又葛福順等皆出於萬騎，中宗以戶奴補萬騎，故云然。(八一)一心：同心。

十九年（西元七三一年）

㈠春，正月，壬戌，下制但述毛仲不忠怨望㈠，貶瀼州㈡別駕，

【考異】實錄：「十八年六月乙丑，王毛仲貶瀼州。」按唐曆、統紀、舊紀，毛仲貶皆在十九年正月。今從之。

福順、地文、守德、景耀、廣濟皆貶遠州別駕，毛仲四子皆貶遠州參軍，連坐者數十人，

毛仲行至永州，追賜死。自是宦官勢益盛，高力士尤為上所寵信，嘗曰：「力士上直㊂，吾寢則安。」故力士多留禁中，稀至外第，四方表奏，皆先呈力士，然後奏御㊃，小者力士即決之，勢傾內外。金吾大將軍程伯獻、少府監馮紹正與力士約為兄弟㊄，力士母麥氏卒，伯獻等被髮受弔㊅，擗㊆踴㊇哭泣，過於己親。力士娶瀛州呂玄晤女為妻，擢玄晤為少卿，子弟皆王傅㊈，呂氏卒，期野爭致祭，自第至墓，車馬不絕。然力士小心恭恪㊉，故上終親任(一一)之(一二)。

㈡辛未，遣鴻臚卿崔琳使於吐蕃。琳，神慶之子(一三)也。吐蕃使者稱公主求毛詩、春秋、禮記。正字(一四)于休烈上疏，【考異】實錄：「十一年七月壬申，敕遣崔琳充入吐蕃使，癸未，命有司寫毛詩、禮記等，賜金城公主，于休烈諫。丁亥，以崔琳為御史大夫，八月辛卯，降書與吐蕃。」按吐蕃傳，此年十月論名悉獵至京師，本紀唐歷皆同，十九年正月辛未，乃遣崔琳報使，二月甲午，以琳為御史大夫，三月乙酉，琳享于吐蕃，金城公主因名悉獵請書，于休烈乃諫。實錄皆誤在前年七月八月，按七月癸丑朔，亦無丁亥。以為：「東平王(一五)，漢之懿親，求史記諸子，漢猶不與，況吐蕃國之寇讎，今資之以書，使知用兵權略，愈生變詐，非中國之利也(一六)。」事下中書門下議之，裴光庭等奏：「吐蕃聾昧頑嚚(一七)，久叛新服，因其有請，賜以詩書，庶使之漸陶(一八)聲教，化流無外(一九)，休烈徒知書有權略變詐之語，不知忠信禮義，皆從書出也。」上曰：「善。」遂與之。休烈，志寧之玄孫⑳也。

㈢丙子，上躬耕於興慶宮側，盡三百步。

㈣三月，突厥左賢王闕特勒卒，賜書弔之㉑。

㈤丙申，初令兩京諸州各置太公㉒廟，以張良配享，選古名將以備十哲㉓，以二八月上戊致祭㉔，如孔子禮。

臣光曰：「經緯天地之謂文，戡定㉕禍亂之謂武，自古不兼斯二者，而稱聖人，未之有也。故黃帝、堯舜、禹湯、文武、伊尹、周公，莫不有征伐之功，孔子雖不試，猶能兵萊夷，卻費人㉖，曰我戰則克，豈孔子專文，而大公專武乎！孔子所以祀㉗於學者，禮有先聖先師故也，自生民以來，未有如孔子者，豈太公得與之抗衡㉘哉。古者有發㉙，則命大司徒，教士以車甲㉚，羸股肱，決射御㉛，受成獻馘㉜，莫不在學，所以然者，欲其先禮義而後勇力也㉝。君子有勇而無義，為亂，小人有勇而無義，為盜，若專訓之以勇力，而不使之知禮義，奚㉞所不為矣。自孫吳以降㉟，皆以勇力相勝，狙詐㊱相高，豈足以數㊲於聖賢之門，而謂之武哉！乃復誣㊳引，以偶十哲之目㊴，為後世學者之師，使太公有神㊵，必羞與之同食矣。」

(六)五月，壬戌，初立五嶽真君祠㊶。

(七)秋，九月，辛未，吐蕃遣其相論尚它硉入見，請於赤嶺㊷為互市，許之。

(八)冬，十月，丙申，上幸東都。

(九)或告巂州都督、解㊸人張審素贓污，制遣監察御史楊汪按之，總管董元禮將兵七百圍汪，殺告者，謂汪曰：「善奏審素，則生，不然，則死。」會救兵至，擊斬之，汪奏審素謀反，十二月，審素坐斬㊹，籍沒其家㊺。

(十)浚苑中洛水，六旬而罷。

【今註】㈠怨望：望亦怨。㈡瀼州：《舊唐書・地理志》四嶺南道：「瀼州北至容州二百八十二里。」㈢上直：猶當值。㈣奏御：進奏。㈤約為兄弟：結為兄弟。㈥披髮受弔：《舊唐書・宦官高力士傳》作：「伯獻於靈筵，散髮具縗絰，受賓弔答。」按所以如此者，以其自顧居於子姪之列。

㊆擗：拊胸。㊇踴：跳踴，二者皆示哀痛之狀。㊈皆王傅：《舊唐書・職官志》三：「親王府，傅一人，從三品，掌輔相贊導，而匡其過失。」㊉恪：敬，音ㄎㄜˋ。⑪親任：親近信任。⑫高力士尤為上所寵信……故上終親任之：按此段乃錄自《舊唐書・宦官高力士傳》，字句大致相同。⑬琳，神慶之子：崔神慶進用於武后之時。⑭正字：《舊唐書・職官志》二：「秘書省，正字四人，正九品下。」⑮東平王：漢成帝弟。⑯吐蕃使者稱公主求毛詩……非中國之利也：按此段乃錄自《舊唐書・吐蕃傳》，字句大致相同。⑰頑嚚：冥頑愚嚚，音銀。⑱陶：薰陶。⑲無外：謂無不與者。⑳休烈，志寧之玄孫：于志寧事太宗、高宗，得罪於武后。㉑突厥左賢王闕特勒卒，賜書弔之：闕特勒殺默啜之子，而立毗伽，威行於其國，故賜書弔之。㉒太公：呂尚。㉓選古名將以備十哲：選者為：田穰苴、孫武、吳起、樂毅、白起、韓信、諸葛亮、李靖、李勣。㉔以二八月上戊致祭：上戊為月初之戊日，此為祠武成王之始。㉕戡定：克定。㉖孔子猶能兵萊夷，卻費人：胡三省曰：「魯定公與齊會於夾谷，孔子相，齊使萊夷以兵卻魯公；孔子曰：『士兵之，兩君合好，而裔夷以兵亂之，非齊君所以命諸侯也。』齊侯聞之，遽辟之。乃攝行相事，將墮三都，於是叔孫氏墮郈，季氏將墮費，公山不狃，叔孫輒帥費人以襲魯，仲尼命申句須、樂頎伐之，費人北，國人追之，敗諸姑蔑，二子奔齊，遂墮費。」費音秘。㉗祀：祭祀。㉘抗衡：齊平。㉙有發：謂有軍事發卒。㉚教士以車甲：謂教以乘兵車衣甲之儀。㉛贏股肱，決射御：謂擐衣出其臂脛，使之射御，決勝負見勇力。㉜受成獻馘：《詩・魯頌・泮水》：「矯矯虎臣，在泮獻馘。」朱注：「蓋古者出兵，受成於

學，及其反也，釋奠於學，而以訊馘告。」㉝欲其先禮義而後勇力也：先後，猶重輕也。㉞奚：何。㉟以降：猶以下，以後。㊱狙詐：謂伺間隙使用陰謀。㊲數：猶列。㊳誣：罔。㊴目：稱。㊵有神：有神靈。㊶初立五嶽真君祠：《舊唐書・隱逸司馬承禎傳》：「承禎上言：『今五嶽神祠皆是山林之神，非正真之神也，五嶽皆有洞府，各有上清真人，降任其職，山川風雨，陰陽氣序，是所理焉，冠冕章服，佐從神仙，皆有名數，請別立齋祠之所。』玄宗從其言，因勅五嶽各置真君祠一所，其形象制度，皆令承禎推按道經，創意為之。」㊷赤嶺：胡三省曰：「石堡城西二十里至赤嶺。」㊸解：據《舊唐書・地理志》二，解縣屬河東道，河中府。㊹坐斬：坐罪被斬。㊺或告內州都督解人張審素……籍沒其家：按此段乃錄自《舊唐書・孝友張琇傳》，字句大致相同。

二十年（西元七三二年）

㈠春，正月，乙卯，以朔方節度副大使、信安王禕為河東河北行軍副大總管，將兵擊奚契丹，壬申，以戶部侍郎裴耀卿為副總管。

㈡二月，癸酉朔，日有食之㈠。

㈢上思右驍衛將軍安金藏忠烈㈡。三月，賜爵代國公，仍於東西嶽立碑，以銘其功，金藏竟以壽終。

㈣信安王禕帥裴耀卿及幽州節度使趙含章，分道擊契丹，含章與虜遇，虜望風㊂遁去，平盧先鋒將烏承玼言於含章曰：「二虜劇賊也，前日遁去，非畏我，乃誘我也，宜按兵以觀其變。」含章不從，與虜戰於白山㊃，果大敗，承玼別引兵出其右，擊虜破之。己巳，禕等大破奚契丹，俘斬甚眾。【考異】唐歷作庚午，今從實錄。可突干帥麾下遠遁，餘黨潛竄山谷，奚酋李詩瑣高帥五千餘帳來降，禕引兵還，賜李詩爵歸義王，充歸義州都督㊄，徙其部落，置幽州境內。

㈤夏，四月，乙亥，宴百官於上陽東洲㊅，醉者賜以衾褥㊆，肩輿以歸，相屬㊇於路。

㈥六月，丁丑，加信安王禕開府儀同三司，上命裴耀卿齎絹二十萬匹，分賜立功奚㊈官。耀卿謂其徒曰：「戎狄貪婪⑩，今齎重貨，深入其境，不可不備。」乃命先期⑪而往，分道并進⑫，一日給之俱畢。突厥室韋果發兵邀隘道⑬，欲掠之，比至，耀卿已還⑭。趙含章坐贓巨萬，杖於朝堂，流瀼州，道死。

㈦秋，七月，蕭嵩奏：「自祠后土以來⑮，屢獲豐年，宜因還京賽祠(一六)。」上從之。

(八)敕裴光庭、蕭嵩分押左右廂兵(一七)。

(九)八月，辛未朔，日有食之。

(十)初上命張說與諸學士刊定五禮，說薨，蕭嵩繼之，起居舍人王仲丘請依：「明慶(一八)禮，祈穀、大雩、明堂，皆祀昊天上帝。」嵩又請依：「上元敕父在為母齊衰三年。」皆從之。以高祖配圓丘方丘，太宗配雩祀及神州地祇，睿宗配明堂。九月，乙巳，新禮成，上之，號曰開元禮(一九)。

(十一)勃海靺鞨王武藝遣其將張文休帥海賊寇登州，殺刺史韋俊，上命右領軍將軍葛福順發兵討之(二〇)。

(十二)壬子，河西節度使牛仙客加六階，初蕭嵩在河西，委軍政於仙客，仙客廉勤，善於其職，嵩屢薦之，竟代嵩為節度使(二一)。

(十三)冬，十月，壬午，上發東都，辛卯，幸潞州，辛丑，至北都。十一月，庚申，祀后土於汾陰，赦天下。十二月，辛未，還西京。

(十四)是歲，以幽州節度使兼河北采訪處置使增領衞、相、洺、貝、冀、魏、深、趙、恒、定、邢、德、博、棣、營、鄭十六州及安東都護府㉓。

㊶天下戶七百八十六萬一千二百三十六，口四千五百四十三萬一千二百六十五。

【今註】㊀二月癸酉朔，日有食之：按《新唐書・玄宗紀》作：「二月甲戌朔，日有食之。」《舊唐書・天文志》下，則作二月癸酉朔，此從《舊唐書》文。㊁上思右驍衞將軍安金藏忠烈：金藏事見卷二百五武后長壽二年。㊂望風：望風塵。㊃白山：胡三省曰：「白山，後漢時烏桓所居，在五阮關外大荒中。」㊄充歸義州都督：胡三省曰：「高宗總章中，以新羅降戶置歸義州於良鄉縣廣陽城，後廢，今復置以處李詩部落。」㊅上陽東洲：《唐六典》卷七：「東都上陽宮南臨洛水，西拒穀水。」引洛水為中洲於宮之東。㊆肩輿：謂乘肩輿。㊇屬：連屬。㊈奚官：奚族之官員。㊉婪：貪，音ㄌㄢˊ。㊀先期：猶提前。㊁并進：猶齊進。㊂隘道：狹隘之道路。㊃上命裴耀卿齎絹二十萬匹……比至，耀卿已還：按此段乃錄自《舊唐書・裴耀卿傳》，字句大致相同。㊄自祠后土以來：祠后土，見卷十，十一年。㊅賽祠：祭神以為酬也。㊆分押左右廂兵：此分押南牙左右廂兵。㊇明慶：即顯慶，避中宗諱，改曰明慶。㊈號曰開元禮：《新唐書・禮樂志》一：「大唐開元禮，一百五十卷。」㉀上命右領軍將軍葛福順發兵討之：胡三省曰：「去年春，葛福順方以黨附王毛仲貶，今則仍為宿衞。蓋毛仲既誅，福順等復敍用也。開元九年貶王晙梓州，已而復為尚書，復居邊任事，亦類此。」惟《舊唐書・玄宗紀》則作蓋福順，《新唐書》同紀則作蓋福慎而皆不作蓋福順。㊁河西節度使牛仙客……竟代嵩為節度使：按此段乃錄自《舊唐書・牛仙客傳》，字句大致相同。㊂安東都護府：安東都護府時治平州。

二十一年（西元七三三年）

㈠春，正月，乙巳，祔肅明皇后於太廟，毀儀坤廟㊀。

㈡丁巳，上幸驪山溫泉。

㈢上遣大門藝詣幽州發兵，以討勃海王武藝。【考異】新書烏承玼傳云：「可突干殺其王邵固降突厥，而奚亦亂，是歲，奚契丹入寇，詔承玼擊之，破於捺祿山。」又云：「勃海大武藝引兵至馬都山，屠城邑，承玼窒要路，塹以大石，亘四百里，於是流人得還，士少休，脫鎧而耕，歲省度支運錢。」按韓愈為烏重胤作碑，敍重胤父承洽云：「屢破契丹，從戰捺祿，走可突干勃海上，至馬都山，吏民逃徙失業，尚書領所部兵塞其道，塹原累石，綿四百里，深高皆三丈，寇不得進，民還其居，歲罷錢三千萬。」疑新書約此碑作承玼傳。廟按新舊帝紀及勃海傳，皆無武藝入寇至馬都山事，或者韓碑云走可突干勃海上，至馬都山，謂破走可突干勃海上，追之至馬都山耳。二十一年，郭英傑與可突干戰都山，然則都山蓋契丹之地也。吏民逃徙失業，蓋因可突干入寇而然，與上止是一事，新書承之致誤。然未知新書承玼傳中餘事，別據何書。庚申，命太僕員外卿㊁金思蘭㊂使於新羅，發兵擊其南鄙㊃，會大雪丈餘，山路阻隘，士卒死者過半，無功而還。武藝怨門藝不已，密遣客㊄刺門藝於天津橋南，不死，上命河南㈥搜捕賊黨，盡殺之㈦。

㈣二月，丁酉，金城公主請立碑於赤嶺，以分唐與吐蕃之境，許之。

㈤三月，乙巳，侍中裴光庭薨，太常博士孫琬議光庭用循資格，失勸獎之道，請謚曰克，其子稹訟之，上賜謚忠獻㈧。上問蕭嵩可以代光庭者，嵩與右散騎常侍王丘善，將薦之，固讓於右丞韓休嵩言休於上，甲寅，以休為黃門侍郎同平章事。休為人峭直㈨，不干(一〇)榮利，及為相，甚允(一一)時望。始嵩以休恬和(一二)，謂其易制，故引之，及與共事，休守正不阿(一三)，嵩漸惡之，宋璟歎曰：「不意(一四)韓休乃能如是(一五)。」上或宮中宴樂，及後苑遊獵，小有過差(一六)，輒謂左右曰：「韓休知否？」言終諫疏已至。上嘗臨鏡，默然不樂，左右曰：「韓休為相，陛下殊瘦於舊(一七)，何不逐之！」上歎曰：「吾貌雖瘦，天下必肥(一八)。蕭嵩奏事常順指，既退，吾寢不安，韓休常力爭，既退，吾寢乃安。吾用韓休為社稷耳，非為身(一九)也。」

㈥有供奉侏儒(二〇)名黃𩨗，性警黠(二一)，上常馮(二二)之以行，謂之肉几(二三)，寵賜甚厚。一日晚入，上恠㉔之，對曰：「臣歸入宮，道逢捕盜官，與臣爭道，臣撝之㉕墜馬，故晚。」因下階叩頭，上曰：「但使外無章奏，汝亦無憂。」有頃，京兆奏其狀，上即叱出，付有司杖殺之。

㈦閏月，癸酉，幽州道副總管郭英傑與契丹戰於都山，敗死。時節度薛楚玉遣英傑將精騎一萬及降奚，擊契丹，屯於榆關㉖之外，可突干引突厥之眾來合戰，奚持兩端，散走保險㉗，唐兵不利，英傑戰死，餘眾六千餘人，猶力戰不已，虜以英傑首示之，竟不降，盡為虜所殺㉘。楚玉，訥之弟也。

㈧夏，六月，癸亥，制：「自今選人有才業操行㉙，委吏部臨時擢用，流外奏用㉚，不復引過門下㉛。」雖有此制，而有司以循資格，便於己，猶踵㉜行之。

㈨是時，官自三師以下，一萬七千六百八十六員，吏自佐史以上，五萬七千四百一十六員，而入仕之塗甚多，不可勝紀。

㈩秋，七月，乙丑朔，日有食之。

(十一)九月，壬午，立皇子沔為信王，泚為義王，漼為陳王，澄為豐王(三三)，潓為恒王，漎為梁王(三四)，滔為汴王。

(十二)關中久雨，穀貴，上將幸東都，召京兆尹裴耀卿謀之，對曰：「關中帝業所興，當百代不易(三五)，但以地狹谷少，故乘輿時幸東都以寬(三六)之。臣聞貞觀永徽之際，祿稟(三七)不多，歲漕關東一二十萬石，足以周贍(三八)，乘輿得以安居。今用度浸廣，運數倍於前(三九)，猶不能給，故使陛下數冒(四〇)寒暑，以恤西人。今若使司農(四一)租米，悉輸東都，自都轉漕，稍實關中，苟關中有數年之儲，則不憂水旱矣。且吳人不習河漕，所在停留，日期既久，遂生隱盜(四二)(四三)，臣請於河口置倉(四四)，使吳船至彼，即輸(四五)米而去，官自雇載，分入河洛，又於三門東西各置一倉(四六)，至者貯納(四七)，水險則止，水通則下(四八)，或開山路，車運而過(四九)，則無復留滯(五〇)，省費鉅萬矣。河渭之濱，皆有漢隋舊倉，葺(五一)之非難也。」上深然其言(五二)。

(十三)冬，十月，庚戌，上幸驪山溫泉，己未，還宮。

(十四)戊子，左丞相宋璟致仕(五三)，歸東都。

㈤韓休數與蕭嵩爭論於上前，面折㈣嵩短，上頗不悅，嵩因乞骸骨，上曰：「朕未厭㈤卿，卿何為遽去？」對曰：「臣蒙厚恩，待罪宰相㈥，富貴已極，及陛下未厭臣，故臣得從容引去，若已厭臣，臣首領且㈦不保，安能自遂㈧！」因泣下，上為之動容，曰：「卿且㈨歸，朕徐思之。」丁巳，嵩罷為左丞相㈩，休罷為工部尚書，以京兆尹裴耀卿為黃門侍郎，前中書侍郎張九齡時居母喪，起復中書侍郎，並同平章事。

㈥是歲，分天下為京畿、都畿、關內、河南、河東、河北、隴右、山南東道、山南西道、劍南、淮南、江南東道、江南西道、黔中、嶺南，凡十五道，各置采訪使㈥，以六條檢察非法，兩畿以中丞領之，餘皆擇賢刺史領之，非官有遷免，則使無廢更㈥，惟變革舊章㈥，乃須報可㈥，自餘聽便宜從事㈥，先行後聞㈥。

㈦太府卿㈥楊崇禮，政道之子㈥也，在太府二十餘年，前後為太府者莫能及，時承平日久，財貨山積，嘗經楊卿者，無不精美，每歲句駮省便㈥，出錢數百萬緡。

(十八)是歲，以戶部尚書致仕，年九十餘矣。上問宰相，崇禮諸子，誰能繼其父者，對曰：「崇禮三子〔七〇〕慎餘、慎矜、慎名，皆廉勤有才〔七一〕，而慎矜為優。」上乃擢慎矜，自汝陽令為監察御史，知太府出納，慎名攝監察御史，知含嘉倉〔七二〕出給，亦皆稱職，上甚悅之。慎矜奏諸州所輸布帛有漬〔七三〕污穿〔七四〕破者，皆下〔七五〕本州徵折估錢〔七六〕，轉市輕貨〔七七〕，徵調始繁矣。

【今註】㊀祔肅明皇后於太廟，毀儀坤廟：肅明留祀儀坤，見卷二百十一，四年。㊁太僕員外卿：謂太僕卿員外置。㊂金思蘭：思蘭新羅王之侍子，留京師。㊃南鄙：南邊。㊄客：刺客。㊅河南：謂河南府。㊆上遣大門藝詣幽州發兵……上命河南搜捕賊黨盡殺之：按此段乃錄自《舊唐書・渤海靺鞨傳》，字句大致相同。㊇侍中裴光庭薨……上賜謚忠獻：按此段乃錄自《舊唐書・裴行儉附光庭傳》，字句大致相同。㊈峭直：峭峻，此猶嚴直。㊉干：求。〔一一〕允：孚。〔一二〕恬和：恬淡和易。〔一三〕阿：阿媚。〔一四〕不意：不料。〔一五〕以休為黃門侍郎……韓休乃能如是：按此段乃錄自《舊唐書・韓休傳》，字句大致相同。〔一六〕過差：過失差錯。〔一七〕殊瘦於舊：謂較舊日為瘦。〔一八〕天下必肥：謂天下之人必肥。〔一九〕身：己。〔二〇〕侏儒：短小之人。〔二一〕警黠：機警狡黠。〔二二〕馮：通憑。〔二三〕肉几：几，几案，以係人，故曰肉几。〔二四〕恠：同怪。〔二五〕掀：自一邊而舉起之。〔二六〕榆關：胡三省曰：「榆當作渝，此渝關在營平之間，古所謂臨渝之險者也。又唐勝州界有榆關，隋之榆林郡界，二關有渝榆之異，史家傳寫，混淆無別，故詳辨之。」㉗保險：保守險阻之地。㉘幽州道副總管郭英傑……盡為虜所殺：按此段乃錄自《舊唐書・契丹傳》，字句大致相同。㉙操行：操守行為。㉚流外奏用：流外吏胥而奏用之。㉛門下：謂門下省。㉜踵：繼續。㉝澄潙豐王：潙當改作為。㉞漎為梁王：按新舊《唐書・玄宗紀》作漩為涼王。《舊唐書・玄宗諸子涼王璿傳》云：「璿初名漎，二十三年七月封為涼王。」是梁當作涼，漎漩則有二說。㉟不易：不能更易。㊱寬：寬解。㊲祿廩：官吏俸祿所付之粟米。㊳周贍：普遍贍給。㊴運數倍於前：按《舊唐書・裴耀卿傳》及〈食貨志〉，運上皆有漕字，添之，文意較為充足。㊵冒：冒犯。㊶司農：謂司農寺，《舊唐書・職官志》三：「司農寺，卿一員，掌邦國倉儲委積之事。」故文云然。㊷隱盜：隱匿盜竊。㊸召京兆尹裴耀卿謀之……遂生隱盜：按此段乃錄自《舊唐書・裴耀卿傳》，字句大致相同。㊹河口置倉：河口，汴水達河之口，河口倉謂之武牢倉。㊺輸：輸交。㊻三門東西各置一倉：胡三省曰：「禹鑿底柱，二石見於水中，若柱然，故曰底柱。河水至此，分為三派，流出其間，故亦謂之三門。時於三門東置集津倉，西置鹽倉。」㊼貯納：謂納而貯之。㊽則下：此下猶運。㊾或開山路，車運而過：時於三門旁側，鑿山路十八里，以陸運，以避底柱之險。㊿留滯：停留淹滯。(51)葺：修葺。(52)臣請於河口置倉……上深然其言：按此段乃錄自《舊唐書・食貨志》下，字句大致相同。(53)戊子左丞相宋璟致仕：按《舊唐書・玄宗紀》作：「十一月戊子」。戊子上當添十一月三字。(54)折：猶指摘。(55)厭：厭惡。(56)待罪宰相：謂待罪於宰相之位。(五七)且：尚。(五八)自遂：謂自遂引去之願。(五九)且：姑且。(六〇)丁巳，嵩罷為左丞相：按《舊唐書・玄宗紀》作十二月丁未，《新唐書》同紀則作十二月丁巳，然無論如何，乃係十二月中之事無疑，丁巳上自當添十二月三字。(六一)分天下為京畿、都畿、關內、河南、河東、河北、隴右、山南東道、山南西道、劍南、淮南、江南東道、江南西道、黔中、嶺南，凡十五道，各置采訪使：按各道采訪使治所，《舊唐書・地理志》一云：「京畿採訪使理京師城內，都畿理東都城內，關內以京官遙領，河南理汴州，河東理蒲州，河北理魏州，隴右理鄯州，山南東道理襄州，山南西道理梁州，劍南理益州，淮南理揚州，江南東道理蘇州，江南西道理洪州，黔中理黔州，嶺南理廣州。」其後有以邊鎮節度領采訪使者，則關中道固不拘京官，而諸道采訪使治所亦難概拘以定所也。(六二)廢更：廢止更換。(六三)章：章程。(六四)報可：謂朝廷允許，而報曰可。(六五)從事：謂處理。(六六)先行後聞：謂先施行之，然後奏聞。(六七)太府卿：《舊唐書・職官志》三：「太府寺，卿一員，從三品，掌邦國財貨，總京師四市、平準、左右藏、常平八署之官屬，舉其綱目，修其職務。」(六八)楊崇禮，政道之子：楊政道，隋煬帝之孫，齊王暕之子。(六九)句駮省便：胡三省曰：「句音鉤。句者，句考其出入，或多或少；駮者，按文籍有並緣欺弊，則駮異之；省者，節其冗濫之費；便者，貿遷各隨其便以取贏。」駮同駁。(七〇)崇禮子三：按當改書作崇禮三子。(七一)有才：謂有才幹。(七二)含嘉倉：含嘉倉在東都。(七三)漬：水漬。(七四)穿：穿洞。(七五)下：下令。(七六)徵折估錢：將貨物折價，而徵其不足之錢。(七七)輕貨：指絹言。(七八)太府卿楊崇禮……徵調始繁矣：按此段乃錄自《舊唐書・楊慎矜傳》，字句大致相同。

卷二百一十四　唐紀三十

司馬光編集
曲守約註

起閼逢閹茂，盡重光大荒落，凡八年。（甲戌至己卯，西元七三四年至七四一年）

玄宗至道大聖大明孝皇帝中之中

開元二十二年（西元七三四年）

㈠春，正月，己巳，上發西京，己丑，至東都，張九齡自韶州入見。【考異】唐紀：「二十六日戊子，至東都，己丑，張九齡至自韶州。」今從實錄。求終喪不許。

㈡二月，壬寅，秦州地連震，壞公私屋殆盡，吏民壓死者四千餘人㈠，命左丞相蕭嵩賑恤。

㈢方士張果自言有神仙術，誑人云：「堯時為侍中，於今數千歲，多往來恒山㈡中。」則天以來，屢徵不至，相州刺史韋濟薦之，上遣中書舍人徐嶠齎璽書迎之，庚寅至東都，肩輿㈢入宮，恩禮甚厚㈣。

㈣張九齡請不禁鑄錢。三月，庚辰，敕百官議之，裴耀卿等皆曰：「一啟此門㊄，恐小人棄農逐利㊅，而濫惡更甚。」祕書監崔沔曰：「若稅銅㊆折役㊇，則官冶可成，計估度庸㊈，則私鑄無利，易而可久⑩，簡而難誣⑪。且夫錢之為物，貴以通貨⑫，利不在多⑬，何待私鑄，然後足用也！」右監門錄事參軍⑭劉秩曰：「夫人富則不可以賞勸，貧則不可以威⑮禁，若許其私鑄，貧者必不能為之，臣恐貧者益貧，而役於富⑯，富者益富，而逞其欲。漢文帝時，吳王濞富埒天子，鑄錢所致也⑰。」上乃止⑱。秩，子玄之子也。

㈤夏，四月，壬辰，以朔方節度使信安王禕兼關內道采訪處置使⑲，增領涇原等十二州。

㈥吏部侍郎李林甫，柔佞多狡數⑳，深結宦官及妃嬪家，伺候上動靜，無不知之，由是，每奏對常稱旨，上悅之。時武惠妃寵幸傾㉑後宮，生壽王清，諸子莫得為比，太子㉒浸疏薄；林甫乃因宦官，言於惠妃，願盡力保護壽王，惠妃德之，陰為內助，由是擢黃門侍郎㉓。【考異】舊傳云：「初侍中裴光庭妻武三思女，詭譎有材略，與林甫私，中官高力士本出三思家，及光庭卒，武氏銜哀，祈於力士，請林甫代其夫位，力士未敢言。玄宗使中書令蕭嵩擇相，久之，以右丞韓休對，玄宗然之，乃令草詔，力士遽漏於武氏，乃令林甫白休，休既入相，甚德林甫，與嵩不和，乃薦林甫堪為宰相，惠妃陰助之，因拜黃門侍郎。玄宗眷遇益深。」按光庭妻一寡婦耳，豈敢遽引所私，代其夫為相，韓休正直，雖得林甫先報，必不至薦之為相，今不取。五月，戊子，以裴耀卿為侍中，張九齡為中書令，林甫為禮部尚書同中書門下三品。

(七)上種麥於苑中，帥太子以下親往芟㉔之，謂曰：「此所以薦㉕宗廟，故不敢不親㉖，且欲使汝曹知稼穡艱難耳。」又徧以賜侍臣，曰：「比遣人視田中稼，多不得實㉗，故自種以觀之㉘。」

(八)六月，壬辰，幽州節度使張守珪大破契丹，【考異】實錄：「守珪大破林胡。」按會要，契丹事，二十二年守珪大破之。蓋實錄以契丹即戰國時林胡地，故云然。遣使獻捷。

(九)薛王業疾病，上憂之，容髮為變㉙。七月，己巳，薨，贈謚惠宣太子。

(十)上以裴耀卿為江淮河南轉運使，【考異】舊紀云：「充江淮以南回造使。」今從舊食貨志。於河口㉚置輸場㉛。八月，壬寅，於輸場東置河陰倉，西置柏崖倉㉜，三門東置集津倉，西置鹽倉，鑿漕渠十八里㉝，以避三門之險。先是舟運江淮之米，至東都含嘉倉，僦車陸運三百里，至陝，率兩斛用十錢㉞，耀卿令江淮舟運，悉輸河陰倉，更用河舟運至含嘉倉及太原倉，自太原倉入渭輸關中，凡三歲運米七百萬斛，省僦㉟車錢三十萬緡㊱。【考異】舊志云：「四十萬貫。」今從耀卿傳。舊志又云：「明年，耀卿拜侍中，蕭炅代焉。」按耀卿二十一年，建此議，今年為侍中，始置河陰倉，後三年，方見成効，則非作侍中時，解此職也。或說耀卿獻所省錢，耀卿曰：「此公家贏縮之利㊲耳，柰何以之市寵乎！」悉奏以為市糴錢㊳㊴。

(十)張果固請歸恒山，制以為銀青光祿大夫，號通玄先生，厚賜而遣之，後卒，好異者㊵奏以為尸解㊶，上由是頗信神僊。

(十一)冬，十二月，戊子朔，日有食之。

(十二)乙巳，幽州節度使張守珪斬契丹王屈烈及可突干，傳首。【考異】舊守珪傳，屈烈作屈剌，契丹傳，來年正月傳首，今從實錄。時可突干連年為邊患，趙含章、薛楚玉皆不能討，守珪到官㊷，屢擊破之，可突干困迫，遣使詐降，守珪使管記㊸王悔就撫之，悔至其牙帳，察契丹上下，殊㊹無降意，但稍徙營帳近西北，密遣人引突厥，謀殺悔以叛，悔知之，牙官李過折【考異】舊契丹傳作遇折，今從實錄及守珪傳。與可突干分典兵馬，爭權不叶㊻，悔說過折使圖㊼之，過折夜勒兵斬屈烈及可突干，盡誅其黨，帥餘眾來降；守珪出師紫蒙川㊽，大閱㊾以鎮撫之，梟屈烈可突干首於天津之南㊿(51)。突厥毗伽可汗為其大臣梅錄啜所毒，未死，討誅梅錄啜，及其族黨，既卒，子伊然可汗立，尋卒，弟登利可汗立，【考異】舊傳：「伊然立，詔宗正卿李詮弔祭，冊立伊然為立碑廟，無幾，伊然病卒，又立其弟為登利可汗。」按張九齡集敕登利可汗書云：「今又遣從叔金吾大將軍佺弔祭。」又云：「建碑立廟，貽範紀功。」然則告喪時，登利已立矣。實錄詮亦作佺。庚戌，來告喪[52]。

(十四)禁京城匄[53]者，置病坊以廩之[54]。

【今註】㊀秦州地連震，壞公私屋殆盡，吏民壓死者四千餘人：按關於此次秦州地震之詳情，《舊唐書・玄宗紀》及〈五行志〉皆有記載，欲知其細況，可參看之。㊁恒山：主峯在河北省曲陽縣西北。㊂肩輿：乘肩輿。㊃方士張果自言有神仙術……恩禮甚厚：按此段乃錄自《舊唐書・方伎張果傳》，字句大致相同。㊄一啟此門：猶一開此途。㊅逐利：謂鑄錢。㊆稅銅：稅採礦之銅。㊇折役：折變徭役而充鑄冶。㊈計估度庸：計算錢之成本及庸工之費。㊉易而可久：謂此舉既容易又可長久。⑪簡而難誣：謂所鑄之錢雖簡易而難誣欺。⑫通貨：謂通貨物之流行。⑬利不在多：其便利處，並不在錢之多。⑭右監門錄事參軍：《唐六典》卷二十四：「十六衞錄事參軍事各一人，正八品上，掌印，及受諸曹五府及外府百司所由之事，以發付句檢稽失。」⑮威：威刑。⑯而役於富：謂而為富室所役使。⑰漢文帝時，吳王濞富埒天子，鑄錢所致也：事見卷十四漢文帝五年。埒，等。⑱右監門錄事參軍劉秩曰……鑄錢所致也，上乃止：按此段乃錄自《舊唐書・食貨志》上，字句大致相同。⑲柔佞：柔媚諂佞。⑳多狡數：多狡黠之計數。㉑傾後宮：猶掩蓋後宮。㉒太子：

太子瑛。㉓吏部侍郎李林甫……由是擢黃門侍郎：按此段乃錄自《舊唐書・李林甫傳》，字句大致相同。㉔芟：刈草，音ㄕㄢ。㉕薦：進。㉖不親：謂不親植之。㉗多不得實：《舊唐書・玄宗紀》作：「所對多不實。」是其確釋。㉘上種麥於苑中……故自種以觀之：按此段乃錄自《舊唐書・玄宗紀》，字句大致相同。㉙容髮為變：容貌髮色，俱為改變，言憂之甚也。㉚考異：舊紀云：「充江淮以南回造使。今從舊食貨志。」：按武英殿本《舊唐書・玄宗紀》亦作：「裴耀卿充江淮河南轉運使。」未知考異據何書而云如此。㉛輸場：運輸之場。㉜柏崖倉：胡三省曰：「高宗咸亨二年，於洛州河陽縣柏崖置倉，開元十年廢，今復因舊基置之。」㉝鑿漕渠十八里：據《舊唐書・食貨志》下，乃是鑿山開車路十八里，非漕渠也。㉞兩斛用十錢：按以下文運米七百萬斛，省僦車錢三十萬緡推之，十錢當係千錢之訛。㉟僦：雇。㊱上以裴耀卿為江淮河南轉運使……省僦車錢三十萬緡：按此段乃錄自《舊唐書・食貨志》下，字句大致相同。㊲贏縮之利：謂贏餘及省縮所得之利。㊳以為市糴錢：《舊唐書・裴耀卿傳》作：「奏充所司和市和糴等錢。」是和市和糴簡稱市糴也。㊴或說耀卿獻所省錢……悉奏以為市糴錢：按此段乃錄自《舊唐書・裴耀卿傳》，字句大致相同。㊵好異者：謂好奇異者。㊶尸解：仙家所謂尸解，譬猶蟬蛻，蟬飛而蛻在也。㊷到官：謂到任。㊸管記：即管記室。㊹殊：頗。㊺考異：「舊契丹傳作遇折，今從實錄及守珪傳」：按今本《舊唐書・契丹傳》，皆作李過折，而不作李遇折。㊻不叶：不和協。㊼圖：圖謀。㊽紫蒙川：胡三省曰：「據晉書載記，秦漢之間，東胡邑于紫蒙之野。唐書地理志，平州有紫蒙、白狼、昌黎等戍。蓋平州之北境，契丹之南界也。」㊾大閱：大檢閱。㊿天津之南：東都天津橋之南。㊿㊀幽州節度使張守珪斬契丹王屈烈……梟屈烈可突干首於天津之南：按此段乃錄自《舊唐書・張守珪傳》，字句大致相同。㊿㊁突厥毗伽可汗為大臣……庚戌來告喪：按此段乃錄自《舊唐書・突厥傳》上，字句大致相同。㊿㊂匄：同丐。㊿㊃置病坊以廩之：胡三省曰：「時病坊分置於諸寺，以悲田養病，本於釋教也。」

二十三年（西元七三五年）

㈠春，正月，契丹知兵馬中郎李過折來獻捷，制以過折為北平王，檢校松漠州都督。【考異】實錄云：「同幽州節度副大使。」舊傳云：「授特進，檢校。松漠州都督。」按過折雖有功，唐未必肯使為幽州節度使，今從舊傳。

㈡乙亥，上耕籍田，九推乃止㈠，公卿以下皆終畝，赦天下，都城㈡酺三日，上御五鳳樓酺宴，觀者諠隘㈢，樂不得奏，金吾白挺如雨㈣不能遏㈤，上患之，高力士奏河南丞㈥嚴安之為理㈦嚴，為人所畏，請使止之，上從之，安之至，以手板繞場畫地曰：「犯此㈧者死。」於是盡三日，人指其畫以相戒，無敢犯者。時命三百里內刺史縣令各帥所部音樂，集於樓下，各較勝負，懷州刺史以車載樂工數百，皆衣文繡，服箱[九]之牛，皆為虎豹犀象之狀[一〇]，魯山[一一]令元德秀惟遣樂工數人，連袂歌于蔿，【考異】明皇雜錄作於蔿，新傳作于蔿于，未詳其義，今從雜錄。上曰：「懷州之人，其塗炭乎[一二]！」立以刺史為散官[一三]，德秀性介潔[一四]質樸，士大夫皆服其高[一五]。上美張守珪之功，欲以為相，張九齡諫曰：「宰相者，代天理物[一六]，非賞功之官也。」上曰：「假以其名，而不使任其職，可乎！」對曰：「不可，惟名與器，不可以假人[一七]，君之所司[一八]也。且守珪纔破契丹，陛下即以為宰相，若盡滅奚厥[一九]，將以何官賞之？」上乃止。二月，守珪詣東都獻捷，拜右羽林大將軍兼御史大夫，賜二子官，賞賚甚厚。

㈢初殿中侍御史楊汪既殺張審素[二〇]，更名萬頃，審素二子瑝琇皆幼，坐流嶺表，尋逃歸，謀伺便復讎。三月，丁卯，手殺萬頃於都城，繫表於斧，言父冤狀，欲之江外，殺與萬頃同謀陷其父者，至汜水，為有司所得。議者多言二子父[二一]死非罪，穉年孝烈[二二]，能復父讎，宜加矜宥[二三]。張九齡亦欲活之，裴耀卿、李林甫以為如此壞國法，上亦以為然，謂九齡曰：「孝子之情，義不顧死㉔，然殺人而赦之，此塗不可啟也。」乃下敕曰：「國家設法，期於止殺，各伸為子之志，誰非徇孝之人，展轉相讎，何有限極㉕。咎繇作士㉖，法在必行，曾參殺人，亦不可恕。宜付河南府杖殺。」士民皆憐之，為作哀誄，牓㉗於衢路，市人歛錢，葬之於北邙，恐萬頃家發之，仍為疑冢㉘數處㉙。

㈣唐初，公主實封止三百戶，中宗時，太平公主至五千戶，率以七丁為限，開元以來，皇妹止千戶，皇女又半之，皆以三丁為限，駙馬皆除三品員外官㉚，而不任以職事，公主邑入至少，至不能具車服，左右或言其太薄；上曰：「百姓租賦，非我所有，戰士出死力，賞不過束帛㉛，女子何功，而享多戶邪！且欲使之知儉嗇㉜耳。」秋，七月，咸宜公主㉝將下嫁，始加實封至千戶，公主，武惠妃之女也，於是諸公主皆加至千戶㉞。

㈤冬，十月，戊申，突騎施寇北庭及安西撥換城。

㈥閏月，壬午朔㉟，日有食之。**【考異】**舊紀作十一月壬申朔。按長歷，十一月壬子朔，今從實錄唐歷。

㈦十二月，乙亥，冊故蜀州司戶楊玄琰女為壽王妃。【考異】實錄載冊文云：「玄璬長女。」按陳鴻長恨歌傳云：「詔高為士潛搜外宮，得楊玄琰女於壽邸。」舊貴妃傳云：「玄琰女早孤，養於叔父玄璬。」又云：「或奏玄琰女，容色冠代，宜蒙召見。時妃衣道士服，號太真。」新傳云：「始為壽王妃云云，遂召內禁中，即為自出妃意者，丐藉女官，號太真，更為壽王娶韋昭訓女，而太真得幸。」舊史蓋諱之耳。玄琰，汪之曾孫㊱也。

㈧是歲，契丹王過折為其臣涅禮所殺，【考異】舊傳過折為可突干餘黨泥裏所殺，不云朝廷如何處置泥裏，今據張九齡集，有此賜契丹都督涅禮敕，又有賜張守珪敕云：「涅禮自擅，難以義責，而未有名位，恐其不安，卿可宣示朝旨，使知無它也。」蓋泥裏即涅禮也。并其諸子，一子刺乾奔安東㊲，得免。涅禮上言：「過折用刑殘虐，眾情不安，故殺之。」上赦其罪，因以涅禮為松漠都督，且賜書責之曰：「卿之蕃法，多無義㊳於君長，自昔如此，朕亦知之，然過折是卿之王，有惡輒殺之，為此王者，不亦難㊴乎！但恐卿為王，後人亦爾，常不自保㊵，誰願作王！亦應防慮後事，豈得取快目前。」突厥尋引兵東侵奚契丹，涅禮與奚王李歸國擊破之㊶。

【今註】㊀上耕籍田，九推乃止：杜佑曰：「是年親耕。有司進儀注，天子三推，公卿九推，庶人終畝。帝欲重耕籍，遂進耕五十餘步，盡隴乃止。」㊁都城：謂東都。㊂諠隘：謂諠鬨擁擠。㊃白挺如雨：挺疑作梃，謂以白梃在空中亂揮，如雨點然。㊄遏：止。㊅河南丞：《舊唐書．職官志》三：「河南，洛陽謂之京縣，丞二人，從七品。」㊆理：避高宗諱治改。㊇犯此：踰越此線。㊈服箱：駕車。⑩皆為虎豹犀象之狀：謂皆衣以畫有虎豹犀象之衣。⑪魯山：據《舊唐書・地理志》一，魯山，屬河南道汝州。⑫其塗炭乎：以刺史務為侈靡，百姓必不聊生。⑬散宮：無職事。⑭介潔：耿介廉潔。⑮高：高卓。⑯理物：治人。⑰惟名與器，不可以假人：《左傳》成二年引孔子之言。⑱司：掌。⑲奚厥：謂奚與突厥。⑳初殿中侍御史楊汪既殺張審素：事見上卷十九年，惟該文作監察御史楊汪，與此不同。《舊唐書・玄宗紀》二十三年文，亦作殿中侍御使。按往按張審素贓污時，楊汪為監察御史，而歸後以出使有功，因轉為殿中侍御史，《通鑑》本年遂以後來之官職為稱述耳。㉑二子父：謂二子之父。㉒孝烈：孝順節烈。㉓矜宥：矜憫原宥。㉔不顧死：謂不管死，亦即不懼死也。㉕限極：限極意同，猶極止。㉖作士：為士師。㉗牓：揭牓。㉘疑冢：多作冢以疑之，使莫知其所葬之的處。㉙初殿中侍御史楊汪……仍為疑冢數處：按此段乃錄自《舊唐書・孝友張琇傳》，字句大致相同。㉚員外官：指員額外置而言。㉛束帛：共五匹。㉜儉嗇：猶節儉。㉝咸宜公主：據《新唐書・諸公主玄宗女傳》，咸宜公主下嫁揚洄。㉞唐初，公主實封止三百戶……皆加至千戶。按此段《新唐書・諸公主玄宗女萬安公主傳》亦載之，字句大致相同。㉟閏月壬午朔：按《新唐書・玄宗紀》作：「閏十一月壬午朔。」閏下當添十一月三字。㊱玄琰，汪之曾孫：楊汪見卷一百八十三隋煬帝大業十二年。㊲安東：開元三年，移安東都護府於平州。㊳義：謂禮義。㊴難：危難。㊵保：保全。㊶涅禮與奚王李歸國擊破之：按《舊唐書・奚傳》，此時奚王乃為李詩，詩歸國後封為歸義王，俱不作李歸國，當以改作李詩為是。

二十四年（西元七三六年）

㈠春，正月，庚寅，敕天下逃戶，聽盡今年內自首，有舊產者，令還本貫㊀，無者，別俟進止㊁，踰限不首，當命專使搜求，散配㊂諸軍。

㈡北庭都護蓋嘉運擊突騎施，大破之㊃。

㈢二月，甲寅，宴新除縣令於朝堂，上作令長㊄新戒一篇，賜天下縣令。

㈣庚午，更皇子名，【考異】舊紀，唐歷二十三年七月景子，皇太子諸王皆改名，今從實錄。鴻曰瑛，潭曰琮，浚曰璵，洽曰琰，涓曰瑤，滉曰琬，涺曰琚，潍曰璲，澐曰璬，澤曰璘，清曰瑁，洄曰玢，沐曰琦，溢曰環，沔曰理，泚曰玼，灌曰珪，澄曰珙，滮曰瑱，漎曰璿，滔曰璥。

㈤舊制，考功員外郎㊅掌試貢舉人，有進士李權陵侮員外李昂，議者以員外郎位卑，不能服眾。三月，壬辰，敕自今委禮部侍郎試貢舉人㊆。

㈥張守珪使平盧討擊使、左驍衛將軍安祿山討奚契丹叛者，祿山恃勇輕進，為虜所敗。夏，四月，辛亥，守珪奏請斬之，祿山臨刑呼曰：「大夫㊇不欲滅奚契丹邪？柰何殺祿山！」守珪亦惜其驍勇，乃更執送京師，張九齡批㊈曰：「昔穰苴誅莊賈㊉，孫武斬宮嬪㊁，守珪軍令若行，祿山不宜免死。」上惜其才，敕令免官，以白衣將領㊂。九齡固爭曰：「祿山失律喪師，於法不可不誅，且臣觀其貌，有反相，不殺，必為後患。」上曰：「卿勿以王夷甫識石勒㊂，枉害忠良。」竟赦之。【考異】玄宗實錄：「四月辛亥，張守珪奏祿山統戎失律，挫敗軍威，請依軍法決斬。許之。祿山臨刑，抗聲言曰，兩蕃未和，忍殺壯士，豈為大夫謀也！守珪以祿山嘗捷於擒生，聞其言，遂捨之以聞。」肅宗實錄云：「祿山為互市牙郎，盜羊事發，守珪怒，追捕至，欲擊殺之。祿山大呼曰，大夫不欲滅奚契丹兩蕃邪？而殺壯士。守珪奇其貌，壯其言，遂釋之。」姚汝能作祿山事迹，其盜羊事與肅宗實錄同。又云：「二十一年，守珪令祿山奏事，中書令張九齡見之，謂裴光庭曰，亂幽州者，此胡也。」又云：「二十四年，祿山為平盧將，討奚契丹失利，守珪奏請斬之，九齡批曰，穰苴出征，必誅莊賈，孫武行令，亦斬宮嬪。守珪軍令若行，祿山不宜免死。玄宗惜其勇銳，但令免官，白衣展効。九齡奏請誅之，玄宗曰，卿豈以王夷甫識石勒，便臆斷祿山難制邪！竟不誅之。」孫樵作西齋錄，其序曰：「張守珪以安祿山叛者，何貸刑咈教，稔禍階也，祿山乃張守珪部將，嘗犯令，張曲江令守珪斬之，不從，果使亂天下，故書曰，張守珪以安祿山叛。」舊張九齡傳云：「張守珪以裨將安祿山討奚契丹敗衂，執送京師，請行朝典。九齡奏劾曰，穰苴出軍，必誅莊賈，孫武教戰，亦斬宮嬪，守珪軍令必行，祿山不宜免死。上特捨之。九齡奏曰，祿山狼子野心，面有逆相，臣請因罪戮之，冀絕後患。上曰，卿勿以王夷甫知石勒故事，誤害忠良，遂放歸蕃。」新傳語裴光庭事如事迹，執送京師事如舊傳。舊祿山傳盜羊事如事迹，而無失利請斬事，新傳亦然。舊傳仍云：「二十年，守珪為幽州節度使，祿山盜羊事覺。」按裴光庭二十一年卒，是年冬，九齡乃為相，云與光庭語，誤也。孫樵云：「曲江令守珪斬之。」尤為失實。實錄，二十一年守珪猶在隴右，與吐蕃立分界碑，未至幽州。舊傳云：「二十年為節度。」亦誤也。按祿山若始為互市牙郎，守珪安能知其終亂天下，釋而不殺，孫樵豈得以叛罪加之邪？若如舊九齡傳，守珪執送京師，玄宗自赦之，則守珪何罪，而時人咎之也？若謂盜羊喪師，兩次當死，則祿山豈祇用辭而得免兩死邪？若如玄宗實錄，守珪奏請行法，得報聽許，感其一言，輒舍之，則守珪必不敢輕易反覆如此。且九齡何從而得見其面，而云面有逆相邪？若云守珪未嘗奏請行法，則張九齡集有賜守珪敕云：「祿山等輕我兵威，曾不審料，致今損失，宜其就誅，卿既行之，軍灋合爾。」又賜平盧將士敕云：「安祿山之誅，緣輕敵太過，勿因此畏懦，致失後圖。」是當時曾許之行誅矣。若云守珪自捨之，非玄宗意，則又賜守珪敕云：「祿山勇而無謀，遂至失利，衣甲資盜，挫我軍威，論苴其輕敵，合加重罪。然初聞勇鬬，亦有誅殺。又寇戎未滅，軍令從權，故不以一敗棄之將，欲收其後效也，不行薄責，又無所懲，宜且停官，令白衣將領，卿更審量本狀，亦任隨事處之。」今以諸書參考，蓋祿山失律，守珪奏請行法，故前敕云：「卿既行之，軍法合爾。」又云：「祿山之誅，緣輕敵太過。」似謂守珪已誅之矣。既而守珪感其言，惜其驍勇，欲殺則不忍，欲捨則先已奏聞，且恐不能厭服將士之心；或者報未到，故執送京師，使上自裁之，冀上見其材力，而赦之，亦猶陳平執樊噲衞青囚蘇建耳。上因是欲赦之，而九齡執奏云：「守珪軍令若行，祿山不宜免死。」是并劾守珪不斷於閫外，乃更執以諉上之辭也。九齡因此見之，而云面有逆相，上終欲赦之，故九齡不得已草敕云：「卿更審量本狀，隨事處之。」守珪得此敕，即捨之以聞。如此，則與玄宗實錄相應，而於人情差是相近。

(七)安祿山者，本營州雜胡，初名阿犖山(一四)，其母巫也，父死，母攜之，再適突厥安延偃，會其部落破散，與延偃兄子思順俱逃來，故冒姓(一五)安氏，名祿山。又有史窣干者，與祿山同里閈(一六)，先後一日生，【考異】舊傳云：「思明除日生，祿山元日生。」按祿山事迹，天寶十載正月二十日，上及貴妃為祿山作生日。今不取。皆為互市牙郎(一七)，以驍勇聞。張守珪以祿山為捉生將(一八)，祿山每與數騎出，輒擒契丹數十人而返，狡猾善揣人情(一九)，守珪愛之，養以為子。窣干嘗負官債，亡入奚中，為奚遊奕(二〇)所得，欲殺之，窣干紿(二一)曰：「我唐之和親使也，汝殺我，禍且及汝國。」遊奕信之，送詣牙帳㉒，奚干見奚王，長揖不拜，奚王雖怒，而畏唐不敢殺，以客禮館之㉓，使百人隨奚干入朝，奚干謂奚王曰：「王遣人雖多，觀其才皆不足以見天子，聞王有良將瑣高者㉔，何不使之入朝？」奚王即命瑣高與牙下三百人，隨奚干入朝，奚干將至平盧，先使人謂軍使裴休子曰：「奚使瑣高與精銳俱來，聲云入朝，實欲襲軍城㉕，宜謹為之備，先事圖之。」休子乃具軍容㉖出迎，至館悉阬殺其從兵，執瑣高送幽州。張守珪以奚干為有功，奏為果毅，累遷將軍，後入奏事，上與語，悅之，賜名思明。

㈧故連州司馬武攸望之子溫眘坐交通權貴，杖死。乙丑，朔方河東節度使、信安王禕貶衢州刺史㉗，廣武王承宏貶房州㉘別駕，涇州刺史薛自勸貶灃州㉙別駕，皆坐與溫眘交遊故也。承宏，守禮之子㉚也。辛未，蒲州刺史王琚貶通州刺史，坐與禕交書㉛也。

㈨五月，醴泉妖人劉志誠作亂，驅掠㉜路人，將趣咸陽，村民走告縣官，焚橋㉝斷路以拒之，其眾遂潰，數日悉擒斬之㉞。

㈩六月，初分月給百官俸錢㉟。

(十)初上因籍田赦，命有司議增宗廟籩豆之薦，及服紀未通(三六)者，太常卿韋縚奏請宗廟每坐籩豆十二，兵部侍郎張均、職方郎中(三七)韋述議曰：「聖人知孝子之情深，而物類之無限(三八)，故為之節制。人之嗜好，本無憑準(三九)，宴私之饌，與時遷移，故聖人一切同歸(四〇)於古，屈到嗜芰，屈建不以薦(四一)，以為不以私欲干國之典，今欲取甘旨肥濃，皆充祭用，苟踰舊制，其何限焉(四二)。書曰：『黍稷非馨，明德惟馨(四三)。』若以今之珍饌，平生所習(四四)，求神無方(四五)，何必泥(四六)古，則簠簋可去，而盤盂盃按(四七)，當在御(四八)矣，韶濩(四九)可息，而箜篌(五〇)箏笛，當在奏矣。既非正物，後嗣何觀(五一)。夫神以精明(五二)臨人者也，不求豐大，苟失於禮，雖多何為，豈可廢棄禮經，以從流俗。且君子愛人以禮，不求苟合，況在宗廟，敢忘舊章(五三)。」太子賓客崔沔議曰：「祭祀之興，肇(五四)於太古，茹毛飲血，則有毛血之薦，未有麴糵(五五)，則有玄酒(五六)之奠(五七)，施(五八)及後王，禮物漸備，然以神道致敬，不敢廢也(五九)。籩豆簠簋樽罍(六〇)之實(六一)，皆周人之時饌也，其用通於宴饗賓客，而周公制禮，與毛血玄酒同薦鬼神，國家由禮立訓(六二)，因時制範(六三)，清廟時饗，禮饌畢陳，用周制也，園陵(六四)上食，時膳具設，遵漢法也，職貢(六五)來祭，致(六六)遠物也，有新必薦，順時令也，苑囿之內，躬稼所收，蒐狩之時，親發(六七)所中，莫不薦而後食，盡誠敬(六八)也。若此至(六九)矣，復何加焉。但當申敕有司，無或簡怠(七〇)，則鮮美肥濃，盡在是矣，不必加籩豆之數也(七一)。」上固欲量加品味，紹又奏：「每室加籩豆各六，四時各實以新果珍羞。」從之。

(十一)紹又奏：「喪服，舅緦麻(七二)三月，從母，外祖父母皆小功五月，外祖至尊，同於從母之服，姨(七三)舅一等，服則輕重有殊，堂姨舅親，即(七四)未疏恩絕(七五)，不相為服，舅母來承外族，不如同爨(七六)之禮。竊以古意，猶有所未暢者也(七七)。請加外祖父母為大功九月，姨舅皆小功五月，堂舅、堂姨、舅母，並加至袒免(七八)。」崔沔議曰：「正家之道，不可以二，總一定義(七九)，理歸本宗(八〇)，是以內有齊(八一)斬，外皆緦麻，尊名所加，不過一等，此先王不易之道也。願守八年明旨(八二)，一依古禮，以為萬代成法(八三)(八四)。」韋述議曰：「喪服傳曰：『禽獸知母而不知父，野人曰父母何等(八五)焉，都邑(八六)之士，則知尊禰(八七)矣，大夫及學士，則知尊祖矣，聖人究(八八)天道而厚於祖禰，繫族姓(八九)而親其子孫，母黨比於本族，不可同貫(九〇)明矣。今若外祖與舅加服(九一)一等，堂舅及姨列於服紀，則中外之制，相去幾何，廢禮徇情，所務者末(九二)。古之制作者，知人情之易搖(九三)，恐失禮之將漸(九四)，別其同異，輕重相懸(九五)，欲使後來之人，永不相雜(九六)，微旨斯在(九七)，豈徒然(九八)哉！苟可加也，亦可減也，往聖可得而非，則禮經可得而隳(九九)矣，先王之制，謂之彝倫(一〇〇)，奉以周旋(一〇一)，猶恐失墜，一紊其敍(一〇二)，庸(一〇三)可止乎。請依儀禮喪服為定(一〇四)。」禮部員外郎(一〇五)楊仲昌議曰：「鄭文貞公魏徵始加舅服，至小功五月，雖文貞賢也，而周孔聖也，以賢改聖(一〇六)，後學何從(一〇七)。竊恐內外乖序(一〇八)，親疏奪倫(一〇九)，情之所沿(一一〇)，何所不至，昔子路有姊之喪而不除，孔子曰：『先王制禮，行道之人(一一一)，皆不忍也。』子路除之。此則聖人援事(一一二)抑情(一一三)之明例也。記曰：『毋輕議禮(一一四)。』明其蟠於天地(一一五)，並彼日月(一一六)，賢者由之，安敢損益也。」敕姨舅既服小功，舅母不得全降㉗，宜服緦麻，堂姨舅宜服袒免㉘。均，說之子也。

(十三)秋，八月，壬子，千秋節，羣臣皆獻寶鏡㉙，張九齡以為以鏡自照見形容，以人自照㉚見吉凶㉛，乃述前世興廢之源，為書五卷，謂之千秋㉜金鏡錄，上之，上賜書褒美。

(十四)甲寅，突騎施遣其大臣胡祿達干來請降，許之。

(十五)御史大夫李適之，承乾之孫也，以才幹得幸於上，數為承乾論辯，甲戌，追贈承乾恒山愍王㉝。

(十六)乙亥，汴哀王璥薨。

(十七)冬，十月，戊申，車駕發東都，先是敕以來二月二日，行幸西京，會宮中有怪，明日，上召宰相，即議西還，裴耀卿張九齡曰：「今農收未畢，請俟仲冬。」李林甫潛知上指，二相退，林甫獨留，言於上曰：「長安洛陽，陛下東西宮耳，往來行幸，何更㉞擇時，借使㉟妨於農收，但應蠲㊱所過租稅而已。臣請宣示百司，即日西行。」上悅，從之。過陝州，以刺史盧奐有善政，題贊㊲於其聽事㊳而去。奐，懷慎之子也。丁卯，至西京。朔方節度使牛仙客前在河西，能節用度（二九），勤職業，倉庫充實，器械精利（三〇），上聞而嘉之，欲加尚書；張九齡曰：「不可，尚書，古之納言，唐興以來，惟舊相及揚歷中外有德望者，乃為之，仙客本河湟使典（三一），今驟居清要（三二），恐羞朝廷（三三）。」上曰：「然則，但加實封，可乎？」對曰：「不可，封爵所以勸有功也，邊將實倉庫，修器械，乃嘗（三四）務耳，不足為功，陛下賞其勤（三五），賜之金帛可也，裂土封之，恐非其宜。」上默然。李林甫言於上曰：「仙客，宰相才也，何有於尚書（三六）？九齡書生，不達（三七）大體。」【考異】舊林甫傳曰：「林甫以九齡言告仙客，仙客翌日見上，泣讓官爵。」按時不聞仙客在京，今從唐歷。上悅，明日，復以仙客實封為言，九齡固執如初，上怒，變色曰：「事皆由卿邪！」九齡頓首謝曰：「陛下不知臣愚（三八），使待罪宰相（三九），事有未允（四〇），臣不敢不盡言。」上曰：「卿嫌仙客寒微，如卿有何閥閱（四一）！」九齡曰：「臣嶺海（四二）孤賤，不如仙客生於中（四三）華，然臣入臺閣，典司誥命（四四），有年矣，仙客，邊隅小吏，目不知書（四五），若大任之，恐不愜（四六）眾望。」林甫退而言曰：「苟有才識，何必辭學，天子用人，有何不可（四七）！」十一月，戊戌，賜仙客爵隴西縣公，食實封三百戶。

㈥初上欲以李林甫為相，問於中書令張九齡，九齡對曰：「宰相繫國安危(48)，陛下相林甫，臣恐異日為廟社(49)之憂。」上不從。時九齡方以文學為上所重，林甫雖恨，猶曲意事之。侍中裴耀卿與九齡善，林甫并疾之。是時上在位歲久，漸肆(50)奢欲，怠於政事，而九齡遇事無細(51)大，皆力爭，林甫巧伺上意，日思所以中(52)傷之。

㈦上之為臨淄王也，趙麗妃、皇甫德儀、劉才人(53)，皆有寵，麗妃生太子瑛，德儀生鄂王瑤，才人生光王琚，及即位，幸武惠妃，麗妃等愛皆弛(54)，惠妃生壽王瑁，寵冠諸子(55)，太子與瑤琚會於內第(56)，各以母失職(57)，有怨望語，駙馬都尉楊洄尚咸宜公主(58)，常伺三子過失，以告惠妃，惠妃泣訴於上曰：「太子陰結黨與，將害妾母子(59)，亦指斥(60)至尊。」上大怒，以語宰相，欲皆廢之，九齡曰：「陛下踐阼(61)，垂(62)三十年，太子諸王不離深宮，日受聖訓，天下之人，皆慶(63)陛下享國久長，子孫蕃昌(64)，今三子皆已成人，不聞大過，陛下奈何一旦以無根(65)之語，喜怒之際(66)，盡廢之乎！且太子天下本(六七)，不可輕搖(六八)。昔晉獻公聽驪姬之讒，殺申生，三世大亂(六九)；漢武帝信江充之誣，罪戾太子，京城流血(七〇)；晉惠帝用賈后之譖，廢愍懷太子，中原塗炭；隋文帝納獨孤后之言，黜太子勇，立煬帝，遂失天下：由此觀之，不可不慎。陛下必欲為此，臣不敢奉詔(七一)。」上不悅(七二)，林甫初無所言，退而私謂宦官之貴幸者曰：「此主上家事，何必問外人。」上猶豫未決，惠妃密使官奴牛貴兒謂九齡曰：「有廢必有興，公為之援(七三)，宰相可長處(七四)。」九齡叱之，以其語白上，上為之動色，故訖(七五)九齡罷相，太子得無動。林甫日夜短(七六)九齡於上，上浸疏之。【考異】明皇雜錄云：「林甫請見，屢陳仙客實封，九齡頗懷誹謗，于時方秋，上命高力士以白羽扇賜之，九齡惶恐，作賦以獻。」新傳亦云然。按實錄，仙客加實封在十月，而九齡集白羽扇賦序云：「開元二十四年夏，盛暑，奉敕，使大將軍高力士賜宰相白羽扇，九齡預焉，竊有所感，立獻賦云云。敕報曰，朕近賜羽扇，聊以滌暑，佳彼勁翮，方資利用，與夫棄捐篋笥，義不同也。」然則上以盛夏遍賜宰臣扇，非以秋日獨賜九齡，但九齡因此獻賦，自寄意耳。

林甫引蕭炅為戶部侍郎，炅素不學(七七)，嘗對中書侍郎嚴挺之讀伏臘為伏獵(七八)，挺之言於九齡曰：「省中豈容(七九)有伏獵侍郎。」由是出炅為岐州刺史，故林甫怨挺之。九齡與挺之善，欲引以為相，嘗謂之曰：「李尚書(八〇)方承恩，足下宜一造(八一)門，與之款暱(八二)。」挺之素負氣(八三)，薄(八四)林甫為人，竟不之詣，林甫恨之益深(八五)。挺之先娶妻，出之，更嫁蔚州刺史王元琰，元琰坐贓罪，下三司按鞫，挺之為之營解(八六)，林甫因左右使於禁中白上，上謂宰相曰：「挺之為罪人請屬所由(八七)。」九齡曰：「此乃挺之出妻，不宜有情(八八)。」上曰：「雖離，乃復有私。」於是上積前事，以耀卿九齡為阿黨(八九)，壬寅，以耀卿為左丞相，九齡為右丞相，並罷政事(九〇)(九一)，以林甫兼中書令，仙客為工部尚書，同中書門下三品，領朔方節度如故，【考異】唐歷曰：「宰相遙領節度，自仙客始。」按蕭嵩已遙領河西，非始此。嚴挺之貶洺州刺史，王元琰流嶺南。上即位以來，所用之相，姚崇尚通，宋璟尚法，張嘉貞尚吏(九二)，張說尚文(九三)，李元紘、杜暹尚儉，韓休、張九齡尚直(九四)，各其所長也。九齡既得罪，自是朝廷之士，皆容身(九五)保位，無復直言。

(廿)李林甫欲蔽塞人主視聽，自專大權，明(九六)召諸諫官，謂曰：「今明主在上，羣臣將順(九七)之不暇，烏(九八)用多言，諸君不見立仗馬(九九)乎？食三品料，一鳴(一〇〇)輒斥去，悔之何及。」補闕杜璡嘗上書言事，明日，黜為下邽令(一〇一)。自是諫爭路絕(一〇二)矣。牛仙客既為林甫所引，專給唯諾而已㉓，然二人皆謹守格式㉔，百官遷除，各有常度㉕，雖奇才異行，不免終老常調㉖，其以巧詔邪險自進者，則超騰不次㉗，自有它蹊㉘矣。林甫城府㉙深密，人莫窺其際㉚，好以甘言啗㉛人，而陰中傷之㉜，不露辭色㉝，凡為上所厚者，始則親結㉞之，及位勢稍逼㉟，輒以計去之，雖老姦㊱巨猾㊲，無能逃於其術者㊳㊴。

【今註】㊀本貫：原本籍貫。㊁進止：謂所去之處。㊂散配：分散而配於。㊃北庭都護蓋嘉運擊突騎施，大破之：《新唐書・玄宗紀》，列蓋嘉運破突騎施於丙午，當於北庭上添丙午二字。㊄令長：大縣曰令，小縣曰長，此均指縣令言。㊅考功員外郎：據《舊唐書・職官志》二，考功員外郎屬吏部，從五品上，禮部侍郎，正四品下。㊆舊制考功員外郎……禮部侍郎試貢舉人：按此段《新唐書・選舉志》一亦載之，文字大致相同。㊇大夫：指張守珪言，節度使古大夫之列也。㊈批：判。㊉昔穰苴誅莊賈：《史記・司馬穰苴傳》：「齊景公使司馬穰苴為將，穰苴曰：『願得君之寵臣以監軍。』景公使莊賈往，賈素驕貴，穰苴與之約，日中會於軍門，夕時乃至，穰苴以賈後期，斬之，以令三軍。」⑪孫武斬宮嬪：《史記・孫子傳》：「孫武以兵法見於吳王闔廬，吳王曰：『可以勒兵小試於婦人乎？』曰：『可。』於是出宮中美女百八十人，分為二隊，以王寵姬二人，各為隊長，皆令持戟。約束既布，三令五申，於是鼓之右，婦人大笑，孫子曰：『約束不行，申令不熟，將之罪也。』復三令五申，而鼓之左，婦人復大笑，孫子斬左右隊長以徇，用其次為隊長，而復鼓，婦人左右前後跪起，皆中繩墨規矩。於是吳王知孫子能用兵，以為將。」⑫以白衣將領：謂以白衣為將，領軍。⑬卿勿以王夷甫識石勒：《晉書・石勒載記》：「石勒年十四，隨邑人行販洛陽，倚嘯上東門；王衍見而異之，顧謂左右曰：『向者胡雛，吾觀其聲，視有奇志，恐將為天下之患。』馳遣收之，會勒已去。」⑭阿犖山：新舊《唐書・安祿山傳》，皆作軋犖山。⑮冒姓：謂取他人之姓以為己姓。⑯里閈：閈，里門，此猶鄉里。⑰牙郎：胡三省曰：「牙郎，駔儈也，南北物價定於其口，而後相與貿易。」⑱捉生將：謂人有勇力，能生捉活者，唐遂取以為軍將之稱。⑲人情：人之情意。⑳遊奕：奕亦遊，謂巡邏兵卒。㉑紿：詐。㉒牙帳：謂夷狄君王所居之帳。㉓館之：館待之。㉔有良將瑣高者：胡三省曰：「瑣高者，蓋奚中酋豪之號，非人名也，前已有李詩瑣高。」㉕實欲襲軍城：按《舊唐書・地理志》一，平盧軍在營州城內，是軍城即營州城也。㉖軍容：謂軍隊及儀仗。㉗信安王禕貶衢州刺史：《舊唐書・地理志》三江南道：「衢州在京師東南四千七百十三里。」㉘房州：同志二山南東道：「房州在京師南一千二百九十五里。」㉙澧州：同志三江南道：「澧州在京師東南一千八百九十三里。」㉚承宏守禮之子：豳王守禮，章懷太子賢之子。㉛交書：交通書信。㉜驅掠：驅使虜掠。㉝焚橋：《舊唐書・玄宗紀》作：「焚便橋。」便橋乃渭水上之橋。㉞醴泉妖人劉志誠……數日悉擒斬之：按此段乃錄自《舊唐書・玄宗紀》，字句大致相同。㉟初分月給百官俸錢：按以前皆一次發給，自此，將全年者，依每月分發之。㊱服紀未通：謂服制法紀之不合理者。㊲職方郎中：《舊唐書・職官志》三：「兵部尚書屬職方郎中一員，從五品上。」㊳物類之無限：謂物類數量甚多。㊴憑準：謂可憑依之準繩。㊵同歸：同歸依。㊶屈到嗜芰，屈建不以薦：《國語・楚語》上：「屈到嗜芰，有疾，召其宗老而屬之曰：『祭我必以芰。』及祥，宗老將薦芰，屈建命去之曰：『國君有牛享，大夫有羊饋，士有豚犬之奠，庶人有魚炙之薦，籩豆脯醢，則上下共之。不羞珍異，不陳庶侈，不以其私欲，干國之典。』遂不用。」《武陵記》：「四角三角曰芰，兩角曰菱。」音ㄐㄧˋ。㊷其何限焉：謂將無限極。㊸書曰黍稷非馨，明德惟馨：書成王命君陳之言。㊹習：熟習。㊺無方：無一定之道。㊻泥：拘泥。㊼按：通案，小几。㊽御：用。㊾韶濩：舜樂曰韶，湯樂曰濩。㊿箜篌：《舊唐書・音樂志》二：「箜篌，今按其形，似瑟而小，七絃，用撥彈之如琵琶。」(五一)後嗣何觀：謂後嗣於何得觀禮度。(五二)精明：精爽神明。(五三)章：規章。(五四)肇：始。(五五)麴蘖：皆造酒之原料，蘖萌芽，音孽。(五六)玄酒：《禮記・禮運》疏：「玄酒，謂水也，以其色黑謂之玄，而太古無酒，此水當酒所用，故謂之玄酒。」(五七)奠：置祭。(五八)施：行。(五九)然以神道致敬，不敢廢也：按《舊唐書・孝友崔沔傳》作：「然以神道至玄，可存而不可測也，祭禮主敬，可備而不敢廢也。」神道致敬，明為上二句凝縮而成，然此四字，未能包含上二句之要旨，若改作祭神主敬，似較為賅括。(六〇)罍：酒樽，音雷。(六一)實：充於中者。(六二)訓：教訓。(六三)範：規範。(六四)園陵：又名陵寢。(六五)職貢：州郡及藩屬貢獻土物。(六六)致：呈獻。(六七)發：射箭。(六八)誠敬：謂誠敬之忱。(六九)至：猶極。(七〇)簡怠：簡陋怠慢。(七一)太子賓客崔沔議曰……不必加籩豆之數也：按此段乃錄自《舊唐書・孝友崔沔傳》，字句大致相同。(七二)緦麻：以熟布為之，音思。(七三)姨：即從母。(七四)即：猶則。(七五)未疏恩絕：謂血緣未遠，而恩誼已斷。(七六)同爨：同炊，亦即同室。(七七)猶有所未暢者也：按此未暢即上文之未通，而未通亦即不合理也。(七八)袒免：胡三省曰：「五服止於緦麻，此外有袒免之服，袒者，偏脫衣袖，而露其肩；免者，以布廣一寸，從項中而前交於額上，又卻向後，繞於髻。免音問。」(七九)總一定義：按〈崔沔傳〉作：「總一之義。」似較勝。(八〇)本宗：己之宗族。(八一)齊：緝也，以其緝邊，故曰齊衰，音咨。(八二)願守八年明旨：崔沔所謂詔旨，見卷二百十二，七年，曰八年者，乃通帝即位先天之年數之。(八三)成法：謂一成不變之法。(八四)請加外祖父母為大功九月……以為萬代成法：按此段乃錄自《舊唐書・孝友崔沔傳》，字句大致相同。(八五)何等：猶何物。(八六)都邑：謂城市。(八七)禰：《公羊傳》注：「生稱父，死稱考，入廟稱禰。」音濔。(八八)究：窮。(八九)繫族姓：為族姓之所維繫。(九〇)同貫：猶同籍。(九一)加服：加喪服。(九二)末：猶輕。(九三)搖：動搖。(九四)漸：浸漸。(九五)相懸：謂相懸殊。(九六)雜：混淆。(九七)斯在：在此。(九八)徒然：空然，謂無意義。(九九)隳：墮廢。(一〇〇)彝倫：彝，常；倫，道理次序。(一〇一)周旋：迴旋，猶使用。(一〇二)敍：次序。(一〇三)庸：豈。(一〇四)定：猶斷。(一〇五)禮部員外郎：《舊唐書・職官志》二：「禮部員外郎一員，從六品上，掌貳尚書侍郎，舉其儀制而辯其名數。」(一〇六)以賢改聖：以賢人之分，改聖人之制。(一〇七)何從：何所適從。(一〇八)乖序：次序違亂。(一〇九)奪倫：奪其常次，按與乖序同意。(一一〇)沿：同沿，沿襲。(一一一)行道之人：謂不相識之人。(一一二)援事：援據事理。(一一三)抑情：抑制感情。(一一四)母輕議禮：謂禮義之事不可輕加議論。(一一五)蟠於天地：蟠結於天地之間。(一一六)並彼日月：與日月並行。⑰全降：全行降除。⑱祖免：當改作祖免。⑲千秋節羣臣皆獻寶鏡：按《舊唐書・張九齡傳》作：「時天長節，百寮上壽，多獻珍異，唯九齡獻金鏡錄五卷。」核羣臣上壽，必不能皆獻寶鏡，必有獻其他珍異者，九齡傳文，較得其實。⑳以人自照：謂以賢惡人之行事為鑑。㉑見吉凶：猶知吉凶之驗。㉒千秋：含永久不變之意。㉓追贈承乾恒山愍王：承乾廢見卷一百九十七太宗貞觀十七年。㉔更：另。㉕借使：假使。㉖蠲：免。㉗贊：稱人之美曰贊。㉘聽事：唐代聽事多書作廳事。㉙節用度：用度節省。㉚精利：精良犀利。㉛河湟使典：謂為河西節度使判官。㉜清要：尚書為清要之職。㉝恐羞朝廷：謂恐遺朝廷之羞。㉞嘗：古嘗常時相通用。㉟勤：勞。㊱何有於尚書：謂於為尚書，何難之有。㊲達：通。㊳不知臣愚：謂不知臣之愚暗。㊴待罪宰相：謂待罪於宰相之位。㊵未允：未合。㊶閥閱：閥，同伐，積功也；閱，經歷也。㊷嶺海：九齡，唐嶺南道韶州人。㊸仙客生於中華：牛仙客，關內道涇州人。㊹出入臺閣，典司誥命：九齡歷司勳員外郎，中書舍人。㊺目不知書：謂目不識字。㊻愜：當。㊼復以仙客實封為言……有何不可：按此段乃錄自《舊唐書・李林甫傳》，字句大致相同。㊽繫國安危：謂國家安危之所繫託。㊾廟社：宗廟社稷。㊿肆：縱恣。(51)細：小。(52)中：猶射。(53)趙麗妃、皇甫德儀、劉才人：《舊唐書・后妃傳》序：「玄宗乃於皇后之下，立惠妃、麗妃、華妃等三位，以代三夫人，為正一品；又置芳儀六人為正二品；美人四人為正三品，才人七人為正四品。」德儀即六儀之一。(54)弛：鬆衰。(55)冠諸子：謂在諸子之上。(56)太子與瑤琚會於內第：時太子諸王皆居禁中。(57)失職：謂失位。(58)楊洄尚咸宜公主：咸宜公主為武惠妃女，故楊洄黨於惠妃。(五九)害妾母子：中古雖皇后自稱亦曰妾。(六〇)指斥：指言。(六一)踐阼：猶登極。(六二)垂：將。(六三)慶：慶幸。(六四)蕃昌：蕃衍昌盛。(六五)無根：無根由。(六六)際：間。(六七)本：根本。(六八)輕搖：謂隨意加以動搖。(六九)昔晉獻公聽驪姬之讒，殺申生，三世大亂：《左傳》，晉獻公殺其世子申生，立驪姬之子，里克殺之，公子夷吾重耳及子圉爭國，三世大亂。(七〇)漢武帝信江充之誣，罪戾太子，京城流血：事見漢紀。(七一)奉詔：謂奉詔而宣行之。(七二)上之為臨淄王也……臣不敢奉詔，上不悅：按此段乃錄自《舊唐書・玄宗諸子廢太子瑛傳》，字句大致相同。(七三)援：支援。(七四)宰相可長處：謂宰相之位，可長居之。(七五)訖：終。(七六)短：短毀。(七七)不學：不讀書。(七八)伏臘：謂伏日臘日，乃冬夏之季節。(七九)容：容許。(八〇)李尚書：李林甫時以禮部尚書為相。(八一)造：至。(八二)款暱：款誠親暱。(八三)負氣：謂使直氣。(八四)薄：鄙。(八五)林甫引蕭炅為戶部侍郎……林甫恨之益深：按此段乃錄自《舊唐書・嚴挺之傳》，字句大致相同。(八六)營解：營救寬解。(八七)請屬所由：謂請託所由之官司。(八八)有情：即下文之有私，亦即曖昧之情。(八九)阿黨：阿私營黨。(九〇)並罷政事：按當作並罷知政事。(九一)挺之先娶妻……九齡為右丞相，並罷政事：按此段乃錄自《舊唐書・李林甫傳》，字句大致相同。(九二)尚吏：重吏治。(九三)尚文：重文飾。(九四)尚直：重正直。(九五)容身：猶全身。(九六)明：猶今語之公開。(九七)將順：將從順隨。(九八)烏：何。(九九)立仗馬：《舊唐書・職官志》三：「殿中省、尚乘局，奉御二人。進馬舊儀，每日尚乘以廐馬八疋，分為左右廂，立於正殿側宮門外，候仗下即散；若大陳設，即馬在樂懸之北，與大象相次。進馬二人，戎服執鞭，侍立於馬之左，隨馬進退。」㉚一鳴：一鳴叫。㉛黜為下邽令：胡三省曰：「唐制，上縣令從六品上，補闕從七品上，以此言之，則非黜也。蓋唐人重內官，而品之高下不論也；況遺補供奉官，地居清要乎！」㉜絕：謂不通。㉝專給唯諾而已：謂專供作唯諾署字而已。㉞格式：規格程式。㉟度：法度。㊱常調：謂上之循資格。㊲不次：不依次第。㊳蹊：蹊徑。㊴城府：謂胸腹，蓋胸腹深邃，有如城府，故遂以城府而為喻焉。㊵際：涯際。㊶啗：飼。㊷陰中傷之：於暗地射而傷之。㊸辭色：言語神色。㊹親結：親近交結。㊺稍逼：謂稍有威脅。㊻老姦：老練之姦邪。㊼巨猾：巨大之狡黠。㊽術：權術。㊾林甫城府深密……無能逃於其術者：按此段乃錄自《舊唐書・李林甫傳》，字句大致相同。

二十五年（西元七三七年）

㈠春，正月，初置玄學博士㈠，每歲依明經舉。

㈡二月，敕曰：「進士以聲韻㈡為學，多昧古今㈢，明經以帖誦㈣為功，罕窮㈤旨趣㈥，自今明經問大義十條，對時務策三首，進士試大經十帖㈦。」

㈢戊辰，新羅王興光卒，子承慶襲位。

㈣乙酉，幽州節度使張守珪破契丹於捺祿山。

㈤己亥，河西節度使崔希逸襲⑻吐蕃⑼，破之於青海西。初希逸遣使謂吐蕃乞力徐曰：「兩國通好⑽，今為一家，何必更置兵守捉⑾，妨人耕牧，請皆罷之。」乞力徐曰：「常侍忠厚⑿，言必不欺，然朝廷未必專以邊事相委⒀，萬一姦人交鬭⒁其間，掩⒂吾不備，悔之何及。」希逸固請，乃刑白狗為盟⒃，各去守備。於是吐蕃畜牧被野，時吐蕃西擊勃律，勃律來告急，上命吐蕃罷兵，吐蕃不奉詔，遂破勃律，上甚怒，會希逸傔人⒄孫誨入奏事，自欲求功，奏稱吐蕃無備，請掩擊，必大獲。上命內給事⒅趙惠琮與誨偕往，審察事宜⒆，惠琮等至，則矯詔⒇令希逸襲之，希逸不得已，發兵自涼州南入吐蕃二千餘里，至青海西，與吐蕃戰，大破之，斬首二千餘級，乞力徐脫身走，惠琮、誨皆受厚賞。自是吐蕃復絕朝貢㉑。

㈥夏，四月，辛酉，監察御史周子諒彈牛仙客非才，引讖書為證。上怒，命左右撲於殿庭，絕而復蘇，仍杖之朝堂，流瀼州，至藍田㉒而死。【考異】舊紀云：「子諒以妄陳休咎於朝堂，決殺㉓。」實錄此月則曰：「子諒彈奏仙客非才，引妖讖為證，上怒，召入禁中責之，左右拉者數四，氣絕而蘇。」及仙客傳則云：「子諒竊言於御史大夫李適之曰，牛仙客不才，濫登相位，大夫國之懿親，豈得坐觀其事。適之遽奏子諒之言，上大怒，廷詰子諒，子諒辭窮，於朝堂決杖，配流瀼州，行至藍田死。」舊仙客傳亦然，今從此月實錄及舊紀。柳宗元周君墓碣云：「有唐貞臣汝南周氏，諱某，字某。」又曰：「在天寶年，有以謟諛至相位，賢臣放退，公為御史，抗言以白其事，得死於墀下。」宗元集，此碣雖無名字，然其事則子諒也。云在天寶年，誤矣。李林甫言：「子諒，張九齡所薦也。」甲子，貶九齡荊州長史。

㈦楊洄又奏太子瑛、鄂王瑤、光王琚，云：「與太子妃兄駙馬薛鏽㉔潛構異謀㉕。」【考異】新傳曰：「二十五年，洄復構瑛瑤琚與妃之兄薛鏽異謀，惠妃使人詭召太子二王曰，宮中有賊，請介以入，太子從之。妃白帝曰，太子二王謀反，甲而來。帝使中人視之，如言，遽召宰相林甫議，荅曰，陛下家事，非臣所宜豫。帝意決，乃廢瑛等。」按瑛等與惠妃相猜忌已久，雖承妃言，豈肯遽被甲入宮？又按廢太子制書云：「陷元良於不友，誤二子於不義。」不言被甲入宮也。蓋洄譖瑛等云欲害壽王瑁耳，今從舊傳，但云潛構異謀。上召宰相謀之，李林甫對曰：「此陛下家事，非臣等所宜豫㉖。」上意乃決，乙丑，使宦者宣制於宮中，廢瑛、瑤、琚為庶人，【考異】獨孤及作裴稹行狀云：「公為起居郎，三庶人以罪廢，壽王以母寵子愛，議者頗有奪宗之嫌，道路憪默，朝野疑懼。公乃從容請閒，慷慨獻諫，上述新城之殷鑒，下陳戾園之元龜，謂興亡之由，在廢立之地，天子感悟，改容以謝，因詔以給事中授公。公曰，陛下絕招諫之路，為日固久，今臣一言，而荷殊寵，則言者眾矣，何以錫之！上善其敏，而多其讓，乃止不拜。尋除尚書祠部員外郎。」按稹，光庭之子，當是時周子諒杖死，張九齡遠貶，稹若敢為太子直冤，則聲振宇宙，豈得湮沒無聞！而諸書皆不言此事，蓋出於及之虛美耳。流鏽於瀼州，瑛、瑤、琚尋賜死城東驛，鏽賜死於藍田㉗。瑤、琚皆好學，有才識，死不以罪，人皆惜之。丙寅，瑛舅家趙氏、妃家薛氏、瑤舅家皇甫氏、坐流貶者數十人，惟瑤妃家韋氏，以妃賢得免。

(八)五月，夷州[二八]刺史楊濬坐贓當死，上命杖之六十，流古州[二九]。左丞相裴耀卿上疏，以為：「決杖贖死[三〇]，恩則甚優，解體[三一]受笞，事頗為辱，止[三二]可施之徒隸[三三]，不當及於士人。」上從之。

(九)癸未，敕以方隅[三四]底定[三五]，令中書門下與諸道節度使，量[三六]軍鎮[三七]閑劇[三八]利害，審計兵防定額，於諸色[三九]征人及客戶中，召募丁壯，長充[四〇]邊軍，增給田宅，務[四一]加優恤[四二]。

(十)辛丑，上命有司選宗子[四三]有才者，授以臺省及法官、京縣官，敕曰：「違道慢常[四四]，義無私於王法[四五]，修身効節[四六]，恩豈薄於它人[四七]，期於帥先[四八]，勵[四九]我風俗。」

(十一)秋，七月，己卯，大理少卿徐嶠。【考異】舊紀作徐岵，今從刑法志、通典。奏：「今歲天下斷[五〇]死刑五十八，大理獄院[五一]，由來相傳，殺氣大[五二]盛，鳥雀不棲[五三]，今有鵲巢其樹。」於是百官以幾致刑措[五四]，上表稱賀，上歸功宰輔，庚辰，賜李林甫爵晉國公，牛仙客豳國公[五五]。【考異】實錄：「七月戊寅，有司奏囚減少，上歸美宰臣，制曰，斷獄五十，殆至無刑，遂封二人。又十月丙午，上因聽政，問京城囚徒，有司奏有五十人，怡然有喜色，下制曰，日者叢棘之地，烏鵲來巢，今結諸刑名，纔逾五十，其刑部侍郎鄭少微等，各賜中上考。」二者未詳其為一事二事，今從舊紀。

上命李林甫牛仙客與灋官刪修律令格式成，九月，壬申，頒行之。

(十二)先是，西北邊數十州多宿(五六)重兵，地租營田，皆不能贍(五七)，始用和糴(五八)之法。有彭果者，因牛仙客獻策，請行糴法於關中。戊子，敕以歲稔(五九)，穀賤傷農，命增時價什二三，和糴東西畿(六〇)粟，各數百萬斛，停今年江淮所運租，自是關中蓄積羨溢(六一)，車駕不復幸東都矣。癸巳，敕河南北租應輸含嘉、太原倉(六二)者，皆留輸本州(六三)。

(十三)太常博士王璵【考異】舊傳不言璵鄉里世系，新傳云：「方慶六世孫。」又新舊傳皆云：「抗疏請置春壇，因遷太常博士。」不知其本何官也。新表，王方慶五世孫璵事肅宗。按方慶長安二年卒，距此才三十六年，不應已有五世六世孫能上疏，恐璵偶與之同名，實非也。今不取。上疏，請立青帝壇(六四)以迎春，從之。冬，十月，辛丑，制自今立春，親迎春於東郊。時上頗好祀神鬼，故璵專習祠祭(六五)之禮以干時(六六)，上悅之，以為侍御史，領祠祭使，璵祈禱或焚紙錢(六七)，類巫覡，習禮者羞之(六八)。

(十四)壬申，上幸驪山溫泉(六九)，乙酉，還宮。

(十五)己丑，開府儀同三司、廣平文貞公宋璟薨(七〇)。

(十六)十二月，丙午，惠妃武氏薨，贈諡貞順皇后。

(十七)是歲，命將作大匠康僐(七一)素之東都毀明堂，僐素上言毀之勞人，請去上層，卑(七二)於舊九十五尺，仍舊為乾元殿，從之。

(十八)初令租庸調(七三)租資課，皆以土物輸京都(七四)。

【今註】(一)玄學博士：胡三省曰：「崇玄學、習老子、莊子、文子、列子，亦曰道舉。」(二)聲韻：指詩賦言。(三)多昧古今：謂多不知古今之大道。(四)帖誦：謂熟誦帖括。(五)窮：窮究。(六)旨趣：謂意旨。(七)自今明經問大義十條，對時務策三首，進士試大經十帖：按此具載於《唐六典》禮部尚書條，又大經據該條曰：「凡正經有九，禮記、左氏春秋為大經。」(八)襲：掩襲。(九)己亥，河西節度使崔希逸襲吐蕃：按此事《新唐書・玄宗紀》列於三月，己亥上當添三月二字。(一〇)通好：謂通使結好。(一一)置兵守捉：唐代廣置守捉使，故此辭甚為流行，守捉即把守也。(一二)常侍忠厚：崔希逸蓋帶散騎常侍鎮河西，故稱之。(一三)朝廷未必專以邊事相委：《舊唐書・吐蕃傳》上作：「朝廷未必皆相信任。」是其確釋。(一四)交鬭：同傳作交搆，較佳。(一五)掩：掩襲。(一六)乃刑白狗為盟：刑，殺。古代漢人率歃牛血以盟，而今與吐蕃則刑白狗，儀制頗有不同。(一七)傔人：胡三省曰：「唐制，凡諸軍鎮大使、副使以下，皆有傔人別奏，以為之使。大使傔二十五人，別奏十人，副使傔二十人，別奏八人。」傔人，即承差之類，音歉。(一八)內給侍：《舊唐書・職官志》三：「內侍省，內給事八人，從五品下。掌判省事，凡元正冬至，羣臣朝賀中宮，則出入宣傳。凡宮人衣服費用，則具其品秩，計其多少，春秋二時，宣送中書。」(一九)事宜：事之機宜。(二〇)矯詔：假託詔旨。(二一)初希逸遣使謂吐蕃乞力徐曰……自是吐蕃復絕朝貢：按此段乃錄自《舊唐書・吐蕃傳》上，字句大致相同。(二二)藍田：今陝西省藍田縣。(二三)考異：「舊紀云：『子諒以妄陳休咎，於朝堂決殺。』」：按《舊唐書・玄宗紀》作：「監察御史周子諒上書忤旨，搒之殿庭朝堂，決杖死之。」所引與舊紀文，未免出入頗大。(二四)駙馬薛鏽：《新唐書・諸公主玄宗女傳》：「唐昌公主下嫁薛鏽。」(二五)異謀：叛異之謀。(二六)豫：參豫。(二七)楊洄又奏太子瑛……鏽賜死於藍田：按此段乃錄自《舊唐書・玄宗子廢太子瑛傳》，字句大致相同。(二八)夷州：據《舊唐書・地理志》三，夷州屬江南道黔州都督府。(二九)古州：據同志四，古州屬嶺南道容州都督府。(三〇)決杖贖死：謂以杖擊之，而贖其死刑。(三一)解體：解去身上之衣服。(三二)止：只。(三三)徒隸：猶奴僕。(三四)方隅：四方。(三五)底定：平定，底通抵，至也。(三六)量：量度。(三七)軍鎮：唐代兵制，通常大者為軍，小者為鎮。(三八)閑劇：閑散忙劇。(三九)諸色：諸種。(四〇)長充：永充。(四一)務：專心致力。(四二)優恤：優予存恤。(四三)宗子：宗室之子。(四四)常：常經。(四五)無私於王法：謂王法不得私之。(四六)効節：猶効身。(四七)它人：謂非宗枝者。(四八)帥先：在前為他人之領帥。(四九)勵：敦勵。(五〇)斷：決斷。(五一)大理獄院：謂大理寺牢獄之庭院。(五二)大：讀作太。(五三)栖：栖止。(五四)刑措：謂刑設不用。(五五)大理少卿徐嶠奏……牛仙客豳國公：按此段乃錄自《舊唐書・刑法志》，字句大致相同。(五六)宿：長駐。(五七)贍：足。(五八)和糴：在買賣雙方同意之價格下，進行糧粟之收購，謂之和糴。(五九)歲稔：稔，穀熟，此謂年歲豐收。(六〇)東西畿：謂京兆府，河南府。(六一)羨溢：羨亦溢，意為富餘。(六二)含嘉太原倉：含嘉倉在洛陽，太原倉，據《舊唐書・李泌傳》在陝州西。(六三)留輸本州：留而輸交本州倉中。(六四)青帝壇：按《舊唐書・王璵傳》作：「請置春壇，祀青帝於國東郊。」是其壇固名春壇也，當改作春壇為合。(六五)祠祭：猶祭祀。(六六)干時：求合時好。(六七)焚紙錢：《新唐書・王璵傳》：「漢以來葬者皆有瘞錢，後世里俗稍以紙寓錢為鬼事，至是璵乃用之。」按《杜詩辨證》：「齊東昏侯好鬼神之事，剪紙為錢，以代束帛，至唐盛行其事。」皆為言紙錢起源及演變之文獻也。(六八)太常博士王璵……習禮者羞之：按此段乃錄自《舊唐書・王璵傳》，字句大致相同。(六九)壬申，上幸驪山溫泉：按新舊《唐書・玄宗紀》，皆作十一月壬申，當從添十一月三字。(七〇)己丑，廣平文貞公宋璟薨：按《舊唐書・玄宗紀》，己丑作丁丑，以上之壬申推之，當以作丁丑為是。又廣平乃璟之祖貫，以璟功業之顯赫，不書其籍貫，亦足知之，故此實可刪去。(七一)諐：諐與愆同，乃籀文，音ㄑㄧㄢ。(七二)卑：低。(七三)初令庸調：按當改書作初令租庸調。(七四)租資課皆以土物輸京都：胡三省曰：「租庸調，高祖太宗之法，租資庸課必開元以來之法。」京都謂西京、東都。

二十六年（西元七三八年）

㈠春，正月，乙亥，以牛仙客為侍中。

㈡丁丑，上迎氣於滻水之東。

㈢制邊地長徵兵召募向足㈠，自今鎮兵勿復遣，在彼者縱還㈡。令天下州縣，里別置學㈢。

㈣壬辰，以李林甫領隴右節度副大使，以鄯州都督杜希望知留後。二月，乙卯，以牛仙客兼河東節度副大使。

㈤己未，葬貞順皇后於敬陵㈣。

㈥壬戌，敕河曲六州胡，坐康待賓散隸㈤諸州者，聽還故土，於鹽夏之間置宥州㈥，以處之。

㈦三月，吐蕃寇河西，節度使崔希逸擊破之。鄯州都督、知隴右留後杜希望攻吐蕃新城，拔之，以其地為威戎軍㈦，【考異】舊傳作威武軍，今從實錄。置兵一千戍之。

㈧夏，五月，乙酉，李林甫兼河西節度使。丙申，以崔希逸為河南尹。希逸自念失信於吐蕃㈧，內懷愧恨，未幾而卒。

㈨太子瑛既死，李林甫數勸上立壽王瑁，上以忠王璵年長，且仁孝恭謹，又好學，意欲立之，猶豫歲餘不決，自念春秋浸高，三子同日誅死，繼嗣未定，常忽忽㈨不樂，寢膳為之減。高力士乘問請其故，上曰：「汝我家老奴，豈不能揣[一〇]我意！」力士曰：「得非以郎君[一一]未定邪？」上曰：「然。」對曰：「大家[一二]何必如此，虛勞聖心，但推長[一三]而立，【考異】統紀敍力士語云：「但從太枒。」注：「謂肅宗也。」大枒語不可曉，今從新傳。誰敢復爭？」上曰：「汝言是也，汝言是也。」由是遂定，六月，庚子，立璵為太子。

(十)辛丑，以岐州刺史蕭炅為河西節度使，總留後事，鄯州都督杜希望為隴右節度使，太僕卿王昱為劍南節度使，【考異】舊傳作王昊，今從實錄、唐歷。分道經略吐蕃，仍毀所立赤嶺碑[一四]。

(十一)突騎施可汗蘇祿素廉儉，每攻戰所得，輒與諸部分之，不留私蓄，由是眾樂為用，既尚唐公主，又潛通突厥及吐蕃，突厥吐蕃各以女妻之，蘇祿以三國女為可敦，又立數子為葉護，用度浸廣，由是攻戰所得，不復更分，晚年病風，一手攣縮[一五]，諸部離心。酋長莫賀達干，都摩度兩部最彊，【考異】會要作莫賀咄達干，今從實錄，新傳作都摩支，今從實錄舊傳。其部落又分為黃姓黑姓[一六]，互相乖阻，於是莫賀達干勒兵，夜襲蘇祿，殺之。都摩度初與莫賀達干連謀，既而復與之異，立蘇祿之子骨啜為吐火仙可汗，以收其餘眾，與莫賀達干相攻，莫賀達干遣使告磧西節度使蓋嘉運，上命嘉運招集突騎施、拔汗那以西諸國，吐火仙與都摩度據碎葉城（一七）（一八），黑姓可汗爾微特勒據怛邏斯城，【考異】唐歷作怛邏斯，今從實錄。相與連兵以拒唐。

（十二）太子將受冊命，儀注有中嚴外辦及絳紗袍（一九），太子嫌與至尊同稱，表請易之；左丞相裴耀卿奏停中嚴，改外辦曰外備，改絳紗袍為朱明服。秋，七月，己巳，上御宣政殿冊太子。【考異】元載肅宗實錄云：「二十七年七月壬辰，行典禮。」今從玄宗實錄。故事，太子乘輅至殿門，至是太子不就輅（二〇），自其宮步入，是日赦天下，己卯，冊忠王妃韋氏為太子妃。

（十三）杜希望將鄯州之眾，奪吐蕃河橋，築鹽泉城於（二一）河左，吐蕃發兵三萬逆戰，希望眾少不敵，將卒皆懼（二二）；左威衞郎將王忠嗣帥所部先犯其陳，所向辟易，殺數百人，虜陳亂，希望縱兵乘之，虜遂大敗，置鎮西軍（二三）於鹽泉，忠嗣以功遷左金吾將軍（二四）。

（十四）八月，辛巳，勃海王武藝卒，子欽茂立。

（十五）九月，丙申朔，日有食之。

(十六)初儀鳳中吐蕃陷安戎城而據之，其地險要，唐屢攻之不克，劍南節度使王昱，築兩城於其側，頓軍蒲婆嶺㉕下，運資糧以逼之，吐蕃大發兵救安戎城，昱眾大敗，死者數千人，【考異】舊傳：「將士數萬人，皆沒於賊。」今從實錄。昱脫身走，糧仗㉖軍資皆棄之，貶昱括州刺史，再貶高要㉗尉而死㉘。戊午，冊南詔蒙歸義為雲南王。歸義之先，本哀牢夷㉙地，居姚州之西，東南接交趾，西北接吐蕃，蠻語謂王曰詔，先有六詔：曰蒙舍，曰蒙越，曰越析，曰浪穹，曰樣備，曰越澹，【考異】新書：「六詔曰蒙嶲、越析、浪穹、澄睒、施浪、蒙舍。」今從竇滂雲南別錄。兵力相埒㉚，莫能相壹，歷代因之，以分其勢。蒙舍最在南，故謂之南詔，高宗時，蒙舍細奴邏初入朝，細奴邏生邏盛，邏盛生盛邏皮，盛邏皮生皮邏閣㉛，【考異】新傳云：「蒙氏父子，以名相屬，細奴邏生邏盛炎，邏盛炎生炎閣，武后時，邏盛炎身入朝，妻方娠，生盛邏皮，喜曰，我又有子，雖死唐地，足矣。炎閣立死，開元時，弟盛邏皮立，生皮邏閣，授特進、臺登郡王。炎閣未有子時，以閣羅鳳為嗣，及生子，還其宗，而名承閣，遂不改。按邏盛炎之子盛邏皮，豈得云以名相屬？既有炎閣，豈得云我又有子，雖死唐地足矣。」今從舊南詔傳及楊國忠傳、雲南別錄。又舊南詔傳閣皆作閤，今從新傳。皮邏閣浸彊大，而五詔微弱，會有破洱河㉜蠻之功，乃賂王昱，求合六詔為一，昱為之奏請，朝廷許之，仍賜名歸義，於是以兵威脅服羣蠻，不從者滅之，遂擊破吐蕃，徙居大和城㉝，其後卒為邊患。

(十七)冬，十月，戊寅，上幸驪山溫泉。壬辰，上還宮。

(十八)是歲，於西京東都往來之路，作行宮千餘間。

(十九)分左右羽林置龍武軍，以萬騎營隸焉。

(廿)潤州刺史齊澣奏：「自瓜步濟江，迂六十里，請自京口埭㉔下直濟江，穿伊婁河二十五里，即達楊子縣㉕，立伊婁埭。」從之。

【今註】㊀向足：猶漸足。㊁縱還：放還。㊂令天下州縣，里別置學：按《舊唐書・玄宗紀》作：「制天下州縣，每鄉一學。」作鄉較為近理。㊃乙卯，以牛仙客兼河東節度副大使，己未，葬貞順皇后於敬陵：按《舊唐書・玄宗紀》作：「庚申，葬貞順皇后於敬陵，乙卯，以牛仙客遙領河東道節度使。」貞順皇后之葬日，雖一作己未，一作庚申，然前後相差，僅為一日，而其在乙卯之前，則信無足疑，應將乙卯、以牛仙客兼河東節度副大使一條，移書於敬陵之下，方是。又貞順乃武惠妃之諡，敬陵據《新唐書・地理志》，在京兆萬年縣東南四十里。㊄散隸：分散隸屬。㊅宥州：據《舊唐書・地理志》，宥州屬關內道，去京師二千一百里。㊆以其地為威戎軍：《新唐書・地理志》四隴右道：「渭州，星宿川西北三百五十里，有威戎軍。」㊇希逸自念失信於吐蕃：以背乞力徐之盟。㊈忽忽：悠悠忽忽，失意貌。㊉揣：揣度。⑪郎君：謂太子。⑫大家：呼天子之稱。

㉓推長：推擇年長者。㉔以岐州刺史蕭炅……仍毀所立赤嶺碑：按此段乃錄自《舊唐書・吐蕃傳》，字句大致相同。㉕攣縮：拳曲不伸。㉖又分為黃姓黑姓：《新唐書・突厥傳》：「突騎施種人，自謂娑葛後者為黃姓，蘇祿部為黑姓。」㉗碎葉城：《新唐書・地理志》七下：「安西出谷至碎葉川口，八十里至裴羅將軍城，又西四十里至碎葉城，城北有碎葉水。」蓋城以水而得名也。㉘突騎施可汗蘇祿素廉儉……據碎葉城：按此段乃錄自《舊唐書・突厥傳》下，字句大致相同。㉙儀注有中嚴外辦及絳紗袍：胡三省曰：「唐制，皇帝大祀致齋之日，晝漏上水一刻，侍中版奏，請中嚴，諸衛入陳於殿庭，文武五品以上，袴褶陪位，諸侍從之官，服其器服，諸侍臣齋者，結佩，詣閤奉迎；二刻，侍中版奏外辦，乘輿乃出朝會，諸衛立仗，百官就列，已定，侍中亦奏外辦，不請中嚴，皇帝將出，駕發前七刻，擊一鼓為一嚴，前五刻擊二鼓為再嚴，侍中版奏請中嚴，有司陳鹵簿，前二刻，擊三鼓為三嚴，諸衛以次入，立於殿庭，羣官立朝堂，侍中、中書令已下，奉迎於西階，侍中奉寶，乘黃令進路，於太極殿西階南向，千牛將軍執長刀，立路前，北向，黃門侍郎立侍臣之前，贊者二人，既外辦，太僕卿攝衣而升，正立執轡，乘輿出升路。太后皇后，亦有中嚴外辦，皆尚儀版奏。皇太子中嚴外辦，左庶子版奏。皇帝冠通天冠，則服絳紗袍，冬至受朝賀，祭還，燕羣臣，養老之服也。太子冠遠遊冠，亦服絳紗袍，謁廟還宮，元日朔日，入朝釋奠之服也。」㉚不就輅：即不乘輅。㉛杜希望將鄯州之眾……將卒皆懼：按此段乃錄自《舊唐書・吐蕃傳》，字句大致相同。㉜辟易：謂避開而易位也，亦即避散之意。㉝鎮西軍：《新唐書・地理志》四隴右道：「河州西百八十里有鎮西

軍，開元二十六年置。」㉔左威衛郎將王忠嗣……遷左金吾將軍：按此段乃錄自《舊唐書・王忠嗣傳》，字句大致相同。㉕蒲婆嶺：按新舊《唐書・吐蕃傳》，蒲婆皆作蓬婆，在雪山外。㉖糧仗：糧草器仗。㉗高要：據《舊唐書・地理志》四，高要縣屬嶺南道端州，端州至京師四千九百三十五里。㉘初儀鳳中，吐蕃陷安戎城……再貶高要尉而死：按此段乃錄自《舊唐書・吐蕃傳》，字句大致相同。㉙哀牢夷：哀牢夷，漢明帝之時內附。㉚埒：等。㉛細奴邏生邏盛，邏盛生盛邏皮，盛邏皮生皮邏閣：按此命名之法，即《新唐書・南詔傳》所云：「王蒙氏父子以名相屬」者也，而此以名相屬，乃南詔諸蠻族，所常採用之式，故於研究民族學上，堪稱為最珍貴之資料。㉜洱河：《舊唐書・南詔傳》作洱河，即西洱河，音ㄦˇ。㉝大和城：《新唐書・南詔傳》：「夷語，山坡陀為和，故謂大和。」㉞埭：壅水為堰曰埭，音代。㉟穿伊婁河二十五里，即達楊子縣：胡三省曰：「按舊書本紀，齊澣開伊婁河於揚州南瓜州浦，則今之瓜州運河是也。但楊子縣今為真州治所，安能二十五里即達楊子縣？若自瓜洲達楊子橋，則二十五里而近，今之楊子橋或者唐之楊子縣治所，橋以此得名也。」

二十七年（西元七三九年）

㈠春，正月，壬寅，命隴右節度大使榮王琬自至本道，巡按㊀處置諸軍，選募關內河東壯士三五萬人，詣隴右防遏㊁，至秋末，無寇聽還㊂。

㈡羣臣請加尊號曰聖文。二月，己巳，許之，因赦天下，免百姓今年田租。

㈢夏，四月，癸酉，敕諸陰陽術數，自非昏喪卜擇，皆禁之。

㈣己丑，以牛仙客為兵部尚書兼侍中，李林甫為吏部尚書兼中書令，總文武選事㊃。

㈤六月，癸酉，以御史大夫李適之兼幽州節度使，幽州將趙堪、白真陀羅矯節度使張守珪之命，使平盧軍使烏知義擊叛奚餘黨於橫水㊄之北，知義不從，白真陀羅矯稱制指，以迫之，知義不得已，出師與虜遇，先勝後敗，守珪隱其敗狀，以克獲㊅聞，事頗泄，上令內謁者監㊆牛仙童往察之，守珪重賂仙童，歸罪於白真陀羅，逼令自縊死㊇。仙童有寵於上，眾宦官疾之，共發其事，上怒，甲戌，命楊思勗杖殺之。思勗縛格，杖之數百，刳取其心，割其肉，啗之。守珪坐貶括州刺史。太子太師蕭嵩嘗賂仙童以城南良田數頃，李林甫發之，嵩坐貶青州刺史。

㈥秋，七月，乙亥，磧西節度使蓋嘉運擒突騎施可汗吐火仙，嘉運攻碎葉城，吐火仙出戰，敗走，擒之於賀邏嶺，分遣疏勒鎮守使夫蒙靈詧，與拔汗那王阿悉爛達干，潛引兵突入怛邏斯城，擒黑姓可汗爾微，遂入曳建城，取交河公主，悉收散髮之民數萬以與拔汗那王，威震西陲㊈。

㈦壬午，吐蕃寇白草安人等軍㊉，隴右節度使蕭炅擊破之。

㈧甲申，追謚孔子為文宣王㊁。先是，祀先聖先師，周公南向，孔子東向坐，制自今孔子南向坐，被㊂王者之服，釋奠用宮懸㊂。追贈弟子，皆為公侯伯㊃㊄。

㈨九月，戊午，處木昆、鼠尼施、弓月等諸部，先隸突騎施者，皆帥眾內附，仍請徙居安西管內㊅。

㈩太子更名紹。

⑪冬，十月，辛巳，改脩東都明堂。

⑫丙戌，上幸驪山溫泉㊆。十一月，辛丑，還宮。

㈢甲辰，明堂成。

㈣劍南節度使張宥文吏，不習軍旅，悉以軍政委團練副使㈥章仇兼瓊，兼瓊入奏事，盛言安戎城可取，上悅之，丁巳，以宥為光祿卿。十二月，以兼瓊為劍南節度使㈨。

㈤初睿宗喪既除，祫於太廟，自是三年一祫，五年一禘，是歲夏既禘，冬又當祫；太常議以為祭數則瀆⑳，請停今年祫祭，自是通計五年，一祫一禘㉑，從之。

【今註】㈠榮王琬自至本道巡按：按唐代王子封節度大使，多係遙領，而不出閤，今命其親至本道巡按，故特書曰自至。㈡防遏：遏，止，防遏猶防禦也。㈢聽還：謂任其歸還。㈣總文武選事：蓋今牛仙客總武選，李林甫總文選也。㈤橫水：新舊《唐書・張守珪傳》，橫水皆作湟水，當改從之。胡三省曰：「志云：『自營州度松陘嶺，北行四百里，至潢水。』」㈥克獲：克勝俘獲。㈦內謁者監：《舊唐書・職官志》三：「內侍省，內謁者監六人，正六品下，掌內宣傳，凡諸親命婦，朝會所司，籍其人數，送內侍省。」㈧幽州將趙堪，白真陀羅……逼令自縊死：按此段乃錄自《舊唐書・張守珪傳》，字句大致相同。㈨磧西節度使蓋嘉運……威震西陲：按此段《新唐書・突厥傳》亦載之，字句大致相同。㈩白草安人等軍：胡三省曰：「白草軍在蔚茹水之西，又鄯州、星宿州之西有安人軍，蔚茹水在原州蕭關縣，此時吐蕃兵不能至，疑白草軍當作白水軍。」按《舊唐書・吐蕃傳》，先言吐蕃寇白草安人等軍，後云白水軍守捉使高束于拒守連旬。該文堪充胡云當作白水軍之佐證。㈡甲申，追諡孔子為文宣王：按《舊唐書・玄宗紀》，甲申上有八月二字，當從添。㈢被：猶穿著。㈢宮懸：《周禮・春官・小胥》：「正樂縣之位，王宮縣，諸侯軒縣。」注：「宮縣四面縣，象宮室四面有牆，故謂之宮縣；軒縣三面，其形曲，去南面，辟王也。」㈣追贈弟子，皆為公侯伯：胡三省曰：「顏淵兗公，閔子騫費侯，冉伯牛鄆侯，仲弓薛侯，冉有徐侯，季路衞侯，宰我齊侯，子貢黎侯，子游吳侯，子夏魏侯，曾參成伯，顓孫師陳伯，澹臺滅明江伯，宓子賤單伯，原憲原伯，公冶長莒伯，南宮适郯伯，公晳哀郳伯，曾點宿伯，顏路杞伯，商瞿蒙伯，高柴共伯，漆雕開漆伯，公伯寮任伯，司馬牛向伯，樊遲樊伯，有若卞伯，公西赤邵伯，巫馬期鄫伯，梁鱣梁伯，顏柳蕭伯，冉孺郜伯，曹恤豐伯，伯虔鄒伯，公孫龍黃伯，冉季產東平伯，秦子南少梁伯，漆雕斂武城伯，顏子驕琅邪伯，漆雕徒父須句伯，壤駟赤北徵伯，商澤睢陽伯，石作蜀郈邑伯，任不齊任城伯，公夏首亢父伯，公良孺東牟伯，后處營丘伯，秦開彭衙伯，奚容箴下邳伯，公肩定新伯，顏襄臨沂伯，鄡單銅鞮伯，句井疆淇陽伯，罕父黑乘丘伯，秦商上洛伯，申黨召陵伯，公祖子之期思伯，榮子期雩婁伯，縣成軍野伯，左人郢臨淄伯，燕伋漁陽伯，鄭子徒榮陽伯，秦非汧陽伯，施常乘氏伯，顏噲朱虛伯，步叔乘停于伯，顏之僕東武伯，原亢籍萊蕪伯，樂欬昌平伯，廉潔莒父伯，顏何開陽伯，叔仲會任丘伯，狄黑臨濟伯，邽巽平陸伯，孔忠汶陽伯，公西與如重丘伯，公西箴祝阿伯。」㈤追諡孔子為文宣王……皆為公侯伯：按此段乃錄自《舊唐書・禮儀志》四，字句大致相同。㈥安西管內：謂安西都護府所管之界內。㈦丙戌上幸驪山溫泉：按《舊唐書・玄宗紀》，丙戌作戊戌，以下文之辛丑推之，當以作戊戌為是。㈧團練副使：胡三省曰：「據舊志，上元後置團練使。余考唐制，凡有團結兵之地，則置團練使，此時蜀有黎、雅、印、翼、茂五州鎮防團結兵，故有團練副使，安史亂後，諸州皆置團練使矣。」㈨劍南節度使張宥……以兼瓊為劍南節度使：按此段乃錄自《舊唐書・吐蕃傳》，字句大致相同。㈩祭數則瀆：謂祭祀頻繁則反形褻瀆。㈪通計五年一祫一禘：史言如此，乃合於五年再殷祭之義。

二十八年（西元七四〇年）

㈠春，正月，癸巳，上幸驪山溫泉，庚子，還宮。

㈡二月，荊州長史張九齡卒，上雖以九齡忤旨，逐之，然終愛重其人㈠，每宰相薦士，輒問曰：「風度㈡得如九齡不㈢。」

㈢三月，丁亥朔，日有食之。

㈣章仇兼瓊潛與安戎城中吐蕃翟都局、及維州別駕董承晏結謀，使局開門引內㈣唐兵，盡殺吐蕃將卒，使監察御史許遠將兵守之㈤。

遠，敬宗之曾孫也。

㈤甲寅，蓋嘉運入獻捷，上赦吐火仙罪，以為左金吾大將軍，嘉運請立阿史那懷道之子昕為十姓可汗，從之。【考異】舊傳云：「嘉運請立懷道之子昕為可汗，以鎮撫之，莫賀達干不肯，曰，討平蘇祿，本是我之元謀，若立史昕為主，則國家何以酬賞於我！乃不立史昕，便令莫賀達干統眾。二十七年，嘉運詣闕獻俘，仍令將吐火仙獻於太廟。」會要：「二十九年，以斛瑟羅之子昕為可汗，遣兵送之，元寶元年，昕至碎葉西南俱南城，為莫賀咄達干所殺。三年，安西節度使馬靈詧斬之，更立其酋長為在地米里骨咄祿毗伽可汗。」按實錄：「開元二十八年三月甲寅，蓋嘉運俘吐火仙來獻，四月辛未，冊十姓可汗阿史那昕妻李氏為交河公主。十二月乙卯，突騎施可汗莫賀達干率其妻子及纛官首領百餘帳內屬。初莫賀達干與烏蘇萬洛扇誘諸蕃，叛於我，上命蓋嘉運宣恩招諭，皆相率而降。」新傳云：「達干不肯立昕，即誘部落叛，詔嘉運招諭，乃率妻子等降，遂命統其眾。後數年，復以昕為可汗，遣兵護送昕至俱蘭城，為莫賀咄所殺，莫賀咄自為可汗，安西節度使夫蒙靈詧誅斬之。」若如舊傳所言，嘉運便以莫賀達干為可汗統眾，則莫賀不應復叛，且立可汗，當須朝廷冊命，嘉運豈得擅立於塞外也！若未以為可汗，則實錄十二月，不應謂突騎施可汗莫賀達干也。若如會要所言，二十九年始立昕為可汗，則實錄二十八年四月，不應已謂昕為十姓可汗也。蓋嘉運既平突騎施，即奏立昕為十姓可汗，故莫賀達干不服而叛，明皇乃以莫賀達干為小可汗，止統突騎施之眾，使嘉運招諭之，故來降。然昕為十姓可汗，兼統諸部，故明皇遣兵送之，而為莫賀達干所殺，事或然也。但實錄脫略，疑不敢質，故略采諸書所見，存其梗槩書之。

㈥夏，四月，辛未，以昕妻李氏為交河公主。

㈦六月，吐蕃圍安戎城。

㈧上嘉蓋嘉運之功，以為河西隴右節度使，使之經略吐蕃。嘉運恃恩，流連⑥不時⑦發。左丞相裴耀卿上疏，以為：「臣近與嘉運同班⑧，觀其舉措，誠勇烈有餘，然言氣⑨矜誇⑩，恐難成事。

昔莫敖忸於蒲騷之役，卒喪楚師㈡，今嘉運有驕敵之色，臣竊憂之。況防秋非遠㈢，未言發日，若臨事始去，則士卒尚未相識，何以制敵㈢！且將軍受命，鑿凶門而出，今乃酣飲朝夕㈣，殆非憂國愛人之心，若不可改易，宜速遣進塗㈤，仍乞聖恩，嚴加訓勵。」上乃趣㈥嘉運行，已而嘉運竟無功。

㈨秋，八月，甲戌，幽州奏破奚契丹。

㈩冬，十月，甲子，上幸驪山溫泉，辛巳，還宮。

(十一)吐蕃寇安戎城及維州，發關中彍騎㈦救之，吐蕃引去，更命安戎城曰平戎㈧。

(十二)十一月，罷牛仙客朔方河東節度使。

(十三)突騎施莫賀達干聞阿史那昕為可汗，怒曰：「首誅蘇祿，我之謀也，今立史昕㈨，何以賞我？」遂帥諸部叛，上乃立莫賀達干為可汗，使統突騎施之眾，命蓋嘉運招諭之。十二月，乙卯，莫賀達干降。

(十四)金城公主薨㈩，吐蕃告喪，且請和，上不許。

(十五)是歲，天下縣千五百七十三，戶八百四十一萬二千八百七十一，口四千八百一十四萬三千六百九，西京東都米斛直錢不滿二百，絹匹亦如之，海內富安(二十一)，行者雖萬里，不持寸兵(二十二)。

【今註】㈠終愛重其人：謂始終愛重其人。㈡風度：風格器度。㈢荊州長史張九齡卒……得如九齡不：按此段乃錄自《舊唐書・張九齡傳》，字句大致相同。㈣內：讀曰納。㈤章仇兼瓊潛與安戎城中吐蕃……許遠將兵守之：按此段乃錄自《舊唐書・吐蕃傳》，字句大致相同。㈥流連：謂在京師，流連酒色。㈦不時：不應時。㈧同班：上朝時在同一班列。㈨言氣：言語氣概。㈩矜誇：矜持誇張。(十一)莫敖伍於蒲騷之役，卒喪楚師：《左傳》桓十三年：「春屈瑕伐羅，鬭伯比送之，曰：『莫敖必敗，舉趾高，心不固矣。』遂見楚子，楚子入告夫人鄧曼，鄧曼曰：『莫敖狃於蒲騷之役，將自用也。君若不鎮撫，其不設備乎！』莫敖果不設備，及羅，羅與盧戎兩軍之，大敗之。」(十二)防秋非遠：謂距防秋之日期非遠。(十三)制敵：制服敵人。(十四)酣飲朝夕：謂朝夕酣飲，亦即日日酣飲。(十五)進塗：登路。(十六)趣：讀曰促。(十七)彊騎：按《舊唐書・吐蕃傳》，彊騎作彍騎，當改從之。(十八)吐蕃寇安戎城……更命安戎城曰平戎：按此段乃錄自《舊唐書・吐蕃傳》，字句大致相同。(十九)史昕：乃阿史那昕之省，唐代於阿史那氏，常簡稱曰史。(二十)金城公主薨：金城公主事，見卷二百八中宗景龍元年。(二十一)富安：富足安寧。(二十二)寸兵：極言行人之不持武器。

二十九年（西元七四一年）

㈠春，正月、癸巳，上幸驪山溫泉。

㈡丁酉，制：「承前㊀諸州饑饉，皆待奏報㊁，然始㊂開倉賑給，道路悠遠㊃，何救懸絕㊄！自今委㊅州縣長官與采訪使量事㊆，給訖奏聞。」

㈢庚子，上還宮。

㈣上夢玄元皇帝告云：「吾有像在京城西南百餘里，汝遣人求之，吾當與汝興慶宮相見。」上遣使求，得之於盩厔㊇樓觀山間。夏，閏四月，迎置興慶宮，五月，命畫玄元真容㊈，分置諸州開元觀。

㈤六月，吐蕃四十萬眾入寇，至安仁軍，渾崖峯騎將臧希液帥眾五千，擊破之㊉。【考異】舊傳作盛希液，今從唐歷。

㈥秋，七月，庚寅，突厥遣使來告登利可汗之喪。初登利從叔二人，分典兵馬，號左右殺，登利患兩殺之專，與其母謀，誘右殺斬之，自將其眾，左殺判闕特勒勒兵攻登利，殺之，立毗伽可汗之子為可汗，俄為骨咄葉護所殺，更立其弟，尋又殺之，骨咄葉護自立為可汗。【考異】舊傳云：「左殺自立為烏蘇米施可汗。」唐歷新傳皆云：「判闕特勒子為烏蘇米施可汗，天寶初立。」今從之。上以突厥內亂，癸酉，命左羽林將軍孫老奴招諭回紇葛邏祿拔悉密等部落㊁。

㈦乙亥，東都洛水溢，溺死者千餘人。

㈧平盧兵馬使安祿山傾巧㊂善事人，人多譽之，上左右至平盧者，祿山皆厚賂之，由是上益以為賢。御史中丞張利貞為河北采訪使，至平盧，祿山曲事利貞，乃至左右皆有賂，利貞入奏，盛稱祿山之美。八月，乙未，以祿山為營州都督，充平盧軍使，【考異】實錄：「此年八月，以幽州節度副大使安祿山為營州刺史，充平盧渤海黑水軍使。」舊紀：「以幽州節度副使安祿山為營州刺史、平盧軍節度副使。」會要：「二十八年，王斛斯為平盧節度使，遂為定額。」按舊傳，祿山自平盧兵馬使為平盧軍使，蓋以平盧兵馬使帶幽州節度副使之名耳。實錄衍大字也。天寶元年始以平盧為節度，會要誤也。兩蕃、渤海、黑水四府經略使㊂。

㈨冬，十月，丙申，上幸驪山溫泉。

㈩壬寅，分北庭安西為二節度。

(十一)十一月，庚戌，司空邠王守禮薨，守禮庸鄙無才識，每天將雨及霽，守禮必先言之，已而皆驗(一四)，岐薛諸王言於上曰：「邠兄有術。」上問其故，對曰：「臣無術，則天時，以章懷之故(一五)，幽閉宮中十餘年，歲賜敕杖者數四，背瘢(一六)甚厚，將雨則沈悶，將霽則輕爽，臣以此知之耳。」因流涕霑襟，上亦為之慘然(一七)。

(十二)辛酉，上還宮。

(十三)辛未，太尉寧王憲薨，上哀惋(一八)特甚，曰：「天下，兄之天下也，兄固讓於我(一九)，為唐太伯(二〇)。」常名(二一)不足以處之，乃諡曰讓皇帝。其子汝陽王璡，上表追述先志謙沖(二二)，不敢當帝號，上不許，斂日，內出服(二三)，以手書致於靈座，書稱隆基白(二四)，又名其墓曰惠陵(二五)，追諡其妃元氏曰恭皇后，祔葬焉(二六)。

(十四)十二月，乙巳，吐蕃屠達化(二七)縣，陷石堡城，蓋嘉運不能禦。

【今註】㈠承前：承奉以前之制。㈡奏報：謂上奏及報可。㈢然始：謂然後方始。㈣悠遠：遼遠。㈤懸絕：猶一髮千鈞，喻孔急也。㈥委：委任。㈦量事：量度事宜。㈧盩厔：據《舊唐書・地理志》一，盩厔屬關內道，岐州，音舟窒。㈨真容：肖像。㈩吐蕃四十萬眾入寇……帥眾五千擊破之：按此段乃錄自《舊唐書・吐蕃傳》，字句大致相同。(一一)初登利從叔二人……回紇葛邏祿拔悉密等部落：按此段《新唐書・突厥傳》上亦載之，字句大致相同。㉒傾巧：傾佞巧黠。㉓平盧兵馬使安祿山……四府經略使：按此段乃錄自舊《唐書・安祿山傳》，字句大致相同。㉔驗：靈驗。㉕以章懷之故：守禮乃章懷之子。㉖背瘢：背上之瘡瘢。㉗司空邠王守禮薨……上亦為之慘然：按此段乃錄自《舊唐書・章懷太子賢附守禮傳》，字句大致相同。㉘哀惋：哀悼惋惜。㉙兄固讓於我：事見卷二百十睿宗景雲元年。㉚太伯：周太王之長子，讓位於其弟季歷。㉛常名：平常之名。㉜謙沖：猶謙遜。㉝內出服：乃天子之服。㉞書稱隆基白：隆基乃玄宗之名，自稱名所以示人以敬也。㉟惠陵：《新唐書・地理志》一，惠陵在同州奉先縣西北十里。㊱太尉寧王憲薨……追謚其妃元氏曰恭皇后，祔葬焉：按此段乃錄自《舊唐書・睿宗子讓皇帝憲傳》，字句大致相同。㊲達化：《舊唐書・地理志》三隴右道：「廓州達化縣，吐渾澆河城在縣西一百二十里。」

卷二百一十五 唐紀三十一

司馬光編集
曲守約註

起玄黓敦牂，盡彊圉大淵獻十一月，凡五年有奇。（壬午至丁亥，西元七四二年至七四七年）

玄宗至道大聖大明孝皇帝中之下

天寶元年（西元七四二年）

㈠春，正月，丁未朔，上御勤政樓㊀，受朝賀，赦天下，改元。

㈡壬子，分平盧別為節度，以安祿山為節度使。

㈢是時天下聲教㊁所被之州三百三十一，【考異】舊紀云：「三百六十二。」按地理志，開元二十八年，州府三百二十八，至此纔二年，不應遽增三十餘州，今從唐曆、會要、統紀。羈縻之州八百，置十節度經略使以備邊。安西節度撫寧㊂西域，統龜茲、焉耆、于闐、疏勒㊃四鎮，治龜茲城，兵二萬四千；北庭節度防制突騎施堅昆，統瀚海、天山、伊吾三軍㊄，屯伊西二州之境，治北庭都護府，兵二萬人；河西節度斷隔吐蕃突厥，統赤水、大斗、建康、寧寇、玉門、墨離、豆盧、新泉八軍，張掖、交城、白亭三守捉，屯涼、肅、瓜、沙、會五州之境㈥，治涼州，兵七萬三千人，朔方節度捍禦突厥，統經略、豐安、定遠三軍，三受降城、安北、單于二都護府㈦，屯靈、夏、豐三州之境，治靈州，兵六萬四千七百人；河東節度與朔方掎角以禦突厥，統天兵、大同、橫野、岢嵐四軍，雲中守捉，屯太原府、忻、代、嵐三州之境，治㈧太原府，兵五萬五千人；范陽節度臨制奚契丹，統經略、威武、清夷、靜塞、恒陽、北平、高陽、唐興、橫海九軍㈨，屯幽、薊、嬀、檀、易、恒、定、漠、滄九州之境，治幽州，兵九萬一千四百人；平盧節度鎮撫室韋、靺鞨，統平盧、盧龍二軍，楡關守捉，安東都護府㈩，屯營平二州之境，治營州，兵三萬七千五百人；隴右節度備禦吐蕃，統臨洮、河源、白水、安人、振威、威戎、漠門、寧塞、積石、鎮西十軍、綏和、合川、平夷三守捉㈡，屯鄯、廓、洮河之境，治鄯州，兵七萬五千人，劍南節度西抗吐蕃，南撫蠻獠，統天寶、平戎、昆明、寧遠、澄川、南江、六軍㈢，屯益、翼、茂、當、嶲、拓、松、維、恭、雅、黎、姚、悉十三州之境，治益州，兵三萬九百人，嶺南五府經略綏靜夷獠，統經略，清海二軍，桂、容、邕、交、四管㉓，治廣州，兵萬五千四百人。此外，又有長樂經略，福州領之，兵千五百人；東萊守捉，萊州領之，東牟守捉，登州領之，兵各千人。凡鎮兵四十九萬人，【考異】此兵數，唐歷所載也。舊紀：「是歲，天下健兒團結彍騎等，總五十七萬四千七百三十三。」此蓋止言邊兵，彼并京畿諸州彍騎數之耳。馬八萬餘匹，開元之前，每歲供邊兵衣糧，費不過二百萬，天寶之後，邊將奏益兵㉔浸多，每歲用衣千二十萬匹㉕，糧百九十萬斛，公私勞費，民始困苦矣。

㈣甲寅，陳王府參軍㉖田同秀上言：「見玄元皇帝於丹鳳門㉗之空中，告以我藏靈符在尹喜故宅。」上遣使於故函谷關尹喜㉘臺旁求得之㉙。

㈤陝州刺史李齊物穿三門運渠，辛未，渠成。齊物，神通之曾孫㉚也。

㈥壬辰，羣臣上表，以：「函谷靈符，潛應年號，先天不違㉛，請於尊號加天寶字。」從之。

㈦二月，辛卯，上享玄元皇帝於新廟㉜，甲午，享太廟，丙申，合祀天地於南郊，赦天下。改侍中為左相，中書令為右相，尚書左右丞相復為僕射，東都北都皆為京，州為郡，刺史為太守，改桃林縣曰靈寶㉔。田同秀除朝散大夫㉕，時人皆疑寶符同秀所為，閒一歲，清河人崔以清復言：「見玄元皇帝於天津橋北，云：『藏符在武城㉖紫微山。』」敕使往求，亦得之。東都留守王倕知其詐，按問果首服㉗，奏之，上亦不深罪，流之而已。

㈧三月，以長安令韋堅為陝郡太守，領江淮租庸轉運使㉘。初宇文融既敗，言利者稍息，及楊慎矜得幸，於是韋堅、王鉷之徒，競以利進，百司有利權者㉙，稍稍㉚別置使以領之，舊官充位而已。堅，太子之妃兄也，為吏，以幹敏㉛稱，上使之督江淮租運，歲增巨萬㉜，上以為能，故擢任之。王鉷，方翼之曾孫㉝也，亦以善治租賦，為戶部員外郎，兼侍御史。

㈨李林甫為相，凡才望㉞功業出己右㉟，及為上所厚，勢位將逼己㊱者，必百計去之，尤忌文學之士，或陽與之善，啗㊲以甘言，而陰陷之，世謂李林甫口有蜜，腹有劍。

(十)上嘗陳樂於勤政樓，垂簾觀之，兵部侍郎盧絢謂上已起(三八)，垂鞭(三九)按轡，橫過樓下，絢風標(四〇)清粹，上目送之，深歎其蘊藉(四一)。林甫常厚以金帛，賂上左右，上舉動(四二)，必知之，乃召絢子弟，謂曰：「尊君(四三)素望清崇(四四)，今交廣籍才(四五)，聖上欲以尊君為之，可乎？若憚遠行，則當左遷，不然，則以賓詹分務東洛(四六)，亦優賢之命(四七)也。何如？」絢懼，以賓詹為請，林甫恐乖(四八)眾望，乃除華州刺史，到官未幾，誣其有疾，州事不理，除詹事員外同正(四九)。上又嘗問林甫以嚴挺之今安在，是人亦可用，挺之時為絳州刺史，林甫退，召挺之弟損之，諭以上待尊兄意甚厚，盍為見上之策(五〇)，奏稱風疾(五一)，求還京師就醫。挺之從之，林甫以其奏白上，云：「挺之衰老得風疾，宜且授以散秩(五二)，使便醫藥。」上歎吒(五三)久之。夏，四月，壬寅，以為詹事(五四)。又以汴州刺史、河南采訪使齊澣為少詹事(五五)，皆員外同正，於東京養疾，澣亦朝廷宿望(五六)，故并忌之。

(十一)上發兵納十姓可汗阿史那昕於突騎施，至俱蘭城(五七)，【考異】會要作俱南城，胡語不明耳。為莫賀達干所殺，突騎施大纛官都摩度來降(五八)。六月，乙未，冊都摩度為三姓葉護(五九)。

(十二)秋，七月，癸卯朔，日有食之。

(十三)辛未，左相牛仙客薨。八月，丁丑，以刑部尚書李適之為左相。

(十四)突厥拔悉密、回紇、葛邏祿三部共攻骨咄葉護，殺之，推拔悉密酋長為頡跌伊施可汗(六〇)，回紇葛邏祿自為左右葉護，突厥餘眾共立判闕特勒之子為烏蘇米施可汗，以其子葛臘哆為西殺(六一)。上遣使諭烏蘇，令內附，烏蘇不從(六二)，朔方節度使王忠嗣盛兵磧口(六三)，以威之(六四)，【考異】新舊書忠嗣傳皆曰：「是歲，忠嗣北伐，與奚、怒皆戰于桑乾河，三敗之，大虜其眾。」又曰：「明年，再破怒皆突厥之眾，自是塞外晏然。」按朔方不與奚相接，不知所云奚、怒皆何也？今闕之。烏蘇懼請降，而遷延(六五)不至，忠嗣知其詐，乃遣使說拔悉密、回紇、葛邏祿使攻之，烏蘇遁去，忠嗣因出兵擊之，取其右廂(六六)以歸(六七)。丁亥，突厥西葉護阿布思及西殺葛臘哆、默啜之孫勃德支、伊然小妻毗伽登利之女，帥部眾千餘帳，相次來降，【考異】實錄舊紀皆云：「突厥阿布思之孫，登利可汗之女，與其黨屬來降。」唐曆云：「烏蘇米施可汗遁逃，其西葉護阿布思、及毗伽可汗可敦男、西殺葛臘哆，率其部千餘帳來降。」舊王忠嗣傳云：「三部落攻米施可汗，走之，忠嗣因出兵伐之，取其右廂而歸。其西葉護及毗伽可墩男葛臘哆，率其部落千餘帳入朝。」突厥傳云：「西殺妻子及默啜之孫勃德支、特勒毗伽可汗女太洛公主、伊然可汗小妻余塞匐，登利可汗女余燭公主、及阿布思頡利發等，並帥其部眾，相次來降。」今參取用之。突厥遂微。九月，辛亥，上御花蕚樓宴突厥降者，【考異】本紀作辛卯。按長歷，是月己卯朔，無辛卯，唐歷云九月辛卯，亦誤也。賞賜甚厚。

(十五)護密先附吐蕃，戊午，其王頡吉里匐遣使請降。

(十六)冬，十月，丁酉，上幸驪山溫泉，己巳，還宮(六八)。十二月，隴右節度使皇甫惟明奏破吐蕃大嶺等軍，戊戌，又奏破青海道莽布支營三萬餘眾，斬獲五千餘級(六九)。庚子，河西節度使王倕奏破吐蕃漁海及遊奕等軍。

(十七)是歲，天下縣一千五百二十八，鄉一萬六千八百二十九，戶八百五十二萬五千七百六十三，口四千八百九十萬九千八百。回紇葉護骨力裴羅遣使入貢，【考異】舊傳云：「天寶初，其酋長葉護軍利吐發遣使入朝，封奉義王。」唐歷：「天寶三載，突厥拔志蜜可汗又為回紇葛羅祿等部落襲殺之，立回紇為主，是為骨咄祿毗伽闕可汗，遣使立為奉義王，又加懷仁可汗。」新突厥傳云：「回紇葛邏祿殺拔悉蜜可汗(七〇)，奉回紇骨力裴羅定其國，是為國咄祿毗伽闕可汗。」按奉義王懷仁可汗是一人，而新突厥回紇傳，其名不同，然新傳自吐迷度以來，世系皆有譜，今從之。賜爵奉義(七一)王。

【今註】㊀勤政樓：《舊唐書．睿宗子讓皇帝憲傳》：「玄宗於興慶宮西南置樓，西面題曰花萼相輝之樓，南面題曰勤政務本之樓。」㊁聲教：謂聲威教化。㊂撫寧：猶撫綏。㊃統龜茲、焉耆、于闐、疏勒：《舊唐書．地理志》一：「安西都護府治所在龜茲國城內。焉耆治所在府東八百里，于闐在府南二千里，疏勒在府西二千餘里。」㊄防制突騎施、堅昆，統瀚海、天山、伊吾三軍：《舊唐書・地理志》一：「突騎施牙帳在北庭府西北三千餘里，堅昆在府北七千里，瀚海軍在北庭府城內，天山軍在西州城內，伊吾軍在伊州西北三百里。」㊅統赤水、大斗、建康、寧寇、玉門、墨離、豆盧、新泉八軍，張掖、交城、白亭三守捉，屯涼、肅、瓜、沙、會五州之境：同志一：「赤水軍在涼州城內，大斗軍在涼州西二百餘里，建康軍在涼州西二百里，寧寇軍在涼州東北千餘里，玉門軍在肅州西二百里，墨離軍在瓜州西北千里，豆盧軍在沙州城內，新泉軍在會州西北二百餘里，張掖守捉在涼州南二百里，交城守捉在涼州西二百里，白亭守捉在涼州西北五百里。」唐制，大曰軍，小曰守捉。趙珣《聚米圖經》：「自甘州西至肅州五百里，自肅州西至瓜州四百五十里，自瓜州西至沙州二百八十里，自沙州西至伊州四百里，會州東至鹽州八百里，西至涼州六百里，北至靈州六百里。」

㊆統經略、豐安、定遠、西受降城、東受降城、安北單于二都護府：同志一：「經略軍理靈州城內，豐安軍在靈州西黃河外百八十里，定遠城在靈州東北二百里黃河外，西受降城在豐州北黃河外八十里，安北都護府治在中受降城黃河北岸，東受降城在勝州東北二百里，振武軍在單于東都護府城內。」

㊇統天兵、大同、橫野、岢嵐四軍，雲中守捉，屯太原府、忻、代、嵐三州之境：同志一：「天兵軍理太原府城內，大同軍在代州北三百里，橫野軍在蔚州東北一百四十里，岢嵐軍在嵐州北百里，雲中守捉在單于府西北二百七十里。忻州在太原府北百八十里，代州至太原府五百里，嵐州在太原府西北二百五十里。」㊈統經略、威武、清夷、靜塞、恒陽、北平、高陽、唐興、橫海九軍：同志一：「經略軍在幽州城內，威武軍在檀州城內，清夷軍在嬀州城內，靜塞軍在薊州城內，恒陽軍在恒州城東，

北平軍在定州城西，高陽軍在易州城內，唐興軍在漠州城內，橫海軍在滄州城內。」⑩統平盧、盧龍二軍，榆關守捉，安東都護府：同志一：「平盧軍在營州城內，盧龍軍在平州城內，榆關守捉在營州城西四百八十里，安東都護府在營州東二百七十里。」㈡統臨洮、河源、白水、安人、振威、威戎、漠門、寧塞、積石、鎮西十軍，綏和、合川、平夷三守捉：同志一：「臨洮軍在鄯州城內，河源軍在鄯州西百二十里，白水軍在鄯州西北二百三十里，安人軍在鄯州界星宿川西，振威軍在鄯州西三百里，威戎軍在鄯州西北三百五十里，莫門軍在洮州城內，塞寧軍在鄯州城內，積石軍在鄯州西百八十里，鎮西軍在河州城內，綏和守捉在鄯州西南二百五十里，合川守捉在鄯州南百八十里，平夷守捉在河州西南四十里。」按胡三省注，莫門作漠門，寧塞軍、積石軍俱在廓州，而不在鄯州。㈢統天寶、平戎、昆明、寧遠、澄川、南江六軍：同志一：「天寶軍在恭州東南九十里，平戎城在恭州南八十里，昆明軍在嶲州南，寧遠城在嶲州西，澄川守捉在姚州東六百里，南江郡管兵三百人。」㈢統經略、清海二軍，桂、容、邕、交四管：同志一：「經略軍在廣州城內，清海軍在恩州城內。桂管經略使治桂州，容管經略使治容州，邕管經略使治邕州，安南經略使治安南都護府，即交州。」㈣益兵：增添兵士。㈤每歲用衣千二十萬匹：據《舊唐書·地理志》一，安西衣賜六十二萬疋段，北庭衣賜四十八萬疋段，河西衣賜百八十萬疋段，朔方衣賜二百萬疋段，河東衣賜百二十六萬疋段，糧五十萬石，范陽衣賜八十萬疋段，糧五十萬石，平盧失衣糧數，隴右衣賜二百五十萬疋段，劍南衣賜八十萬疋段，糧七十萬石。㈥陳王府參軍：玄宗子陳王珪府參軍。㈦丹鳳門：《唐六典》卷七：「大明宮南面五門，正南曰丹鳳門。」〔一八〕尹喜：《列仙傳》：「關令尹喜者，周大夫也，老子西遊，喜先見其氣候，物色而迹之，果得老子，老子亦知其旨，為著道德經。」〔一九〕陳王府參軍田同秀……尹喜臺旁求得之：按此段乃錄自《舊唐書・玄宗紀》，字句大致相同。〔二〇〕齊物：神通之曾孫：神通為高祖從父弟，封淮安王。〔二一〕先天不違：《易・乾》：「先天而天弗違，後天而奉天時。」〔二二〕上享玄元皇帝於新廟：《舊唐書・玄宗紀》：「時置玄元廟於大寧坊。」〔二三〕改桃林縣曰靈寶：據《舊唐書・地理志》，靈寶縣屬河南道陝州。〔二四〕二月辛卯上享玄元皇帝於新廟……改桃林縣曰靈寶：按此段乃錄自《舊唐書・玄宗紀》，字句大致相同。〔二五〕朝散大夫：《舊唐書・職官志》：「朝散大夫從五品下，文散官。」〔二六〕武城：今山東省武城縣。〔二七〕首服：自首而服有罪。〔二八〕領江淮租庸轉運使：胡三省曰：「先天中李傑為陝州刺史，領水陸發運使，置使，自傑始也。裴耀卿之後，命堅始以租庸使入銜。」〔二九〕百司有利權者：謂有利權之寺署。〔三〇〕稍：漸。〔三一〕幹敏：幹練敏捷。〔三二〕巨萬：謂萬萬。〔三三〕王鉷方翼之曾孫：王方翼於高宗武后朝，著功名於西域。〔三四〕才望：才能名望。〔三五〕出己右：出己上。〔三六〕勢位將逼己：謂將奪林甫宰相之位。〔三七〕啗：同啖。〔三八〕已起：謂已離位而去。〔三九〕垂鞭：猶揮鞭，蓋舉鞭而欲擊馬後部之姿態也。〔四〇〕風標：猶風格。〔四一〕蘊藉：含蓄有餘之意。〔四二〕上舉動：謂上之一舉一動。〔四三〕尊君：尊敬他人父親之稱。〔四四〕清崇：清高。〔四五〕交廣籍才：謂交阯廣州需要人才，籍當作藉。〔四六〕則以賓詹分務東洛：謂以太子賓客或太子詹事，分司東都。〔四七〕命：任命。〔四八〕乖：違。〔四九〕詹事員外同正：謂太子詹事員外置同正員。〔五〇〕見上之策：謁見君上之計。〔五一〕風疾：《舊唐書・嚴挺之傳》作風氣，是風疾唐代名風氣也。(五二)散秩：閑散之秩位。(五三)歎吒：吒同咤，謂嗟嘆痛惜也。(五四)上又嘗問林甫以嚴挺之……四月壬寅以為詹事：按此段乃錄自《舊唐書・嚴挺之傳》，字句大致相同。(五五)少詹事：《舊唐書・職官志》三：「東宮官屬，太子少詹事一員，正四品上。」(五六)宿望：舊德望。(五七)俱蘭城：俱蘭國所都城也。《新唐書・吐火羅傳》：「俱蘭或曰俱羅弩，曰屈浪拏，與吐火羅接。」(五八)突騎施大纛官都摩度來降：按《新唐書・突厥傳》下，都摩度作都摩支。(五九)上發兵納十姓可汗阿史那昕……冊都摩度為三姓葉護：按此段《新唐書・突厥傳》下亦載之，字句大致相同。(六〇)推拔悉蜜酋長為頡跌伊施可汗：按《新唐書・突厥傳》下，跌作趹。(六一)為西殺：突厥以其親屬分掌東西兵，號左右殺，亦曰東西殺，西殺右殺也。(六二)突厥拔悉密，回紇葛邏祿三部……烏蘇不從：按此段《新唐書・突厥傳》亦載之，字句大致相同。(六三)盛兵磧口：謂盛陳兵於磧口。(六四)以威之：以威振之。(六五)遷延：謂徘徊遲延。(六六)右廂：突厥左右殺所部，謂之左右廂。(六七)朔方節度使王忠嗣……取其右廂以歸：按此段乃錄自《舊唐書・王忠嗣傳》，字句大致相同。(六八)己巳還宮：按新《舊唐書・玄宗紀》，皆作十一月己巳，當從添十一月三字。(六九)隴右節度使皇甫惟明……斬獲五千餘級：按此段《新唐書・吐蕃傳》亦載之，字句大致相同。(七〇)考異：「新突厥傳：『奉回紇骨力裴羅定其國，是為國咄祿毗伽闕可汗』」：按《新唐書・突厥傳》下，國咄祿作骨咄祿，當改從之。(七一)奉義：猶歸義。

二年（西元七四三年）

㈠春，正月，安祿山入朝，上寵待甚厚，謁見無時㈠，祿山奏言：「去年營州蟲食苗，臣焚香祝天云：『臣若操心㈡不正，事君不忠，願使蟲食臣心；若不負神祇，願使蟲散。』即有羣鳥從北來，食蟲立盡，請宣付㈢史官。」從之。

㈡李林甫領吏部尚書，日在政府㈣，選事悉委侍郎宋遙、苗晉卿，御史中丞張倚新得幸於上，遙、晉卿欲附之，時選人集者以萬計，入等㈤者六十四人，倚子奭為之首，羣議沸騰，前薊令蘇孝韞以告安祿山，祿山入言於上，上悉召入等人面試之，奭手持試紙，終日不成一字，時人謂之曳白㈥，癸亥，遙貶武當㈦太守，晉卿貶安康㈧太守，倚貶淮陽㈨太守㈩，同考判官禮部郎中裴朏等，皆貶嶺南官。晉卿，壺關⑪人也。

㈢三月，壬子，追尊玄元皇帝父周上御大夫為先天太皇，又尊皐繇為德明皇帝⑫，涼武昭王為興聖皇帝⑬。

㈣江淮南租庸等使韋堅引滻水，抵苑㉔東望春樓下為潭㉕，以聚江淮運船，役夫匠通漕渠，發人丘壟㉖，自江淮至京城，民間蕭然㉗愁怨，二年而成，丙寅，上幸望春樓新潭，堅以新船數百艘，扁榜郡名㉘，各陳郡中珍貨於船背㉙，陝尉㉚崔成甫著錦半臂㉛，缺胯綠衫以裼㉜之，紅袹首㉝，居前船，唱得寶歌，使美婦百人，盛飾而和之，連檣數里㉞；堅跪進諸郡輕貨㉟，仍上百牙盤食㊱，上置宴，竟日而罷。觀者山積。夏，四月，加堅左散騎常侍，其僚屬吏卒，褒賞有差，名其潭曰廣運㊲。時京兆尹韓朝宗亦引渭水，置潭於西街，以貯材木㊳。

㈤丁亥，皇甫惟明引軍出西平㊴，擊吐蕃，行千餘里，攻洪濟城㊵，破之。

㈥上以右贊善大夫㊶楊慎矜知御史中丞事，時李林甫專權，公卿之進，有不出其門者，必以罪去之，慎矜由是固辭，不敢受。五月，辛丑，以慎矜為諫議大夫㊷。

㈦冬，十月，戊寅，上幸驪山溫泉，乙卯，還宮㊸。【考異】舊紀：「十月戊寅，幸溫泉宮，十一月乙卯，還宮。」與實錄同。「十二月戊申，又幸溫泉宮，丙辰，還宮。」實錄無。按十二月丙寅朔，無戊申、丙辰，唐歷：「十一月戊申，幸溫泉宮，丙辰，還宮。」又與實錄、本紀不同，今皆不取。

【今註】㈠無時：無一定之時，謂甚頻繁。㈡操心：持心。㈢宣付：宣命交付。㈣政府：謂政事堂。㈤入等：入第。㈥曳白：猶持白，謂持執白紙。㈦武當：《舊唐書・地理志》二山南東道：「均州，天寶元年改為武當郡，在京師東南九百三十里。」㈧安康：同志二山南西道：「金州，天寶元年改為安康郡，在京師南七百三十七里。」㈨淮陽：同志一河南道：「陳州，天寶元年改為淮陽郡，在京師東一千五百二十里。」㈩李林甫領吏部尚書……倚貶淮陽太守：按此段乃錄自《舊唐書・苗晉卿傳》，字句大致相同。⑪壺關：據《舊唐書・地理志》二，壺關縣屬河東道潞州。⑫又尊皐繇為德明皇帝：胡三省曰：「唐虞之世，皐陶為理，唐以為李氏得姓之始，故追尊為德明皇帝。」⑬涼武昭王為興聖皇帝：涼武昭王暠高祖之七世祖，建國於瓜沙，李氏由是而興，故尊為興聖皇帝。⑭苑：禁苑。⑮望春樓下為潭：《舊唐書・韋堅傳》：「潭在長安城東九里。」⑯發人丘壟：掘發人家之墳墓。⑰蕭然：蕭條。⑱扁榜郡名：扁額上標各郡之名稱。⑲船背：據〈韋堅傳〉，謂於船之栿背上。⑳陝尉：陝縣尉。㉑錦半臂：猶今之坎肩，截去衣之雙袖。㉒裼：袒衣，音ㄒㄧ。㉓紅袹首：〈韋堅傳〉作：「紅羅抹額。」即其的釋。㉔連檣數里：檣，桅檣；連檣數里亦即連船數里。㉕輕貨：謂絹帛。㉖百牙盤食：《演繁露》：「唐少府監御饌器用九飣食，以牙盤九枚裝食味於上，置上前，亦謂之看食。」㉗江淮南租庸等使韋堅……名其潭曰廣運：按此段乃錄自《舊唐書・韋堅傳》，字句大致相同。㉘材木：材料木頭。㉙西平：《舊唐書・地理志》三隴右道：「鄯州，天寶元年改為西平郡。」㉚洪濟城：杜佑曰：「廓州達化縣有洪濟鎮，周武帝逐吐谷渾所築，在縣西二百七十里。」㉛右贊善大夫：《唐六典》卷二十六：「太子右春坊太子右贊善大夫五人，正五品上，掌翼贊太子以規諷。」㉜上以右贊善大夫楊慎矜……以慎矜為諫議大夫：按此段乃錄自《舊唐書・楊慎矜傳》，字句大致相同。㉝乙卯還宮：按新舊《唐書・玄宗紀》，皆作十一月乙卯，又戊寅至乙卯，凡三十八日，足知乙卯上之應添十一月三字矣。

三載（西元七四四年）

㈠春，正月，丙申朔，改年曰載，辛丑，上幸驪山溫泉。二月，庚午，還宮。

㈡辛卯，太子更名亨。

㈢海賊吳令光等抄掠台明㊀。命河南尹裴敦復將兵討之。

㈣三月，己巳，以平盧節度使安祿山兼范陽節度使，以范陽節度使裴寬為戶部尚書，禮部尚書席建侯為河北黜陟使，稱祿山公直，李林甫、裴寬皆順旨㊁稱其美，三人皆上所信任，由是祿山之寵，益固㊂不搖矣㊃。

㊄夏，四月，裴敦復破吳令光，擒之。

㊅五月，河西節度使夫蒙靈詧討突騎施莫賀達干，斬之，【考異】會要作伊地米里骨咄祿毗伽，今從實錄。更請立黑姓伊里底蜜施骨咄祿毗伽。【考異】會要作馬靈詧，今從實錄。

㊆六月，甲辰，冊拜骨咄祿毗伽為十姓可汗。

㊇秋，八月，拔悉蜜攻斬突厥烏蘇可汗，傳首京師，國人立其弟鶻隴匐白眉特勒，是為白眉可汗，於是突厥大亂；敕朔方節度使王忠嗣出兵乘之，至薩河內山，破其左廂阿波達干等十一部，右廂未下，會回紇葛邏祿共攻拔悉蜜頡跌伊施可汗，殺之，回紇骨力裴羅自立為骨咄祿毗伽闕可汗㊄，遣使言狀，上冊拜裴羅為懷仁可汗，於是懷仁南據突厥故地，立牙帳於烏德犍山㊅，舊統藥邏葛等九姓，其後又併拔悉蜜葛邏祿，凡十一部，各置都督，每戰則以二客部為先㊆㊇。

㊈李林甫以楊真矜屈附於己㊈。九月，甲戌，復以慎矜為御史中

丞，充諸道鑄錢使。

(十)冬，十月，癸巳，上幸驪山溫泉，十一月，丁卯，還宮。

(十一)術士蘇嘉慶上言：「遁甲術，有九宮貴神[一〇]，典司[一一]水旱，請立壇於東郊，祀以四孟月[一二]。」從之，禮[一三]在昊天上帝下，太清宮太廟上，所用牲玉，皆侔天地[一四]。

(十二)十二月，癸巳，置會昌縣於溫泉宮下[一五]。

(十三)戶部尚書裴寬素為上所重，李林甫恐其入相，忌之，刑部尚書裴敦復擊海賊還，受請託，廣序[一六]軍功，寬微奏[一七]其事，林甫以告敦復，敦復言寬亦嘗以親故屬敦復，林甫曰：「君速奏之，勿後於人[一八]。」敦復乃以五百金賂女官楊太真之姊，使言於上，甲午，寬坐貶[一九]睢陽[二〇]太守。

(十四)初武惠妃薨，上悼念[二一]不已，後宮數千無當意[二二]者，或言壽王妃楊氏之美，絕世[二三]無雙[二四]，上見而悅之，乃令妃自以其意乞為女宮，號太真，更為壽王娶左衛郎將韋昭訓女，潛內[二五]太真宮中，太真肌態[二六]豐豔，曉[二七]音律，性警穎[二八]，善承迎[二九]上意，不朞歲[三〇]，寵遇如惠妃，宮中號曰娘子，凡儀體㉑皆如皇后㉒。

(十五)癸卯，以宗女為和義公主，嫁寧遠奉化王阿悉爛達干㉓。

(十六)癸丑，上祀九宮貴神，赦天下。

(十七)初令百姓十八為中，二十三成丁。

(十八)初上自東都還，李林甫知上厭㉔巡幸，乃與牛仙客謀增近道粟賦及和糴，以實關中，數年蓄積稍豐，上從容謂高力士曰：「朕不出長安近十年㉕，天下無事，朕欲高居無為，悉以政事委林甫，何如？」對曰：「天子巡狩，古之制也，且天下大柄，不可假人㉖，彼威勢既成，誰敢復議之者！」上不悅，力士頓首自陳，臣狂疾㉗發妄言，罪當死，上乃為力士置酒，左右皆呼萬歲，力士自是不敢深言㉘天下事矣。

【今註】㊀台明：據《舊唐書．地理志》三，台州明州皆在江南東道，即今之浙江省。㊁順旨：順帝之意。㊂益固：謂愈益堅固。㊃禮部尚書席建侯……益固不搖矣：按此段乃錄自舊《唐書．安祿山傳》，字句大致相同。㊄八月，拔悉蜜攻斬突厥烏蘇可汗……自立為骨咄祿毗伽闕可汗：按此段《新唐書．突厥傳》下亦載之，字句大致相同。㊅立牙帳於烏德犍山：《新唐書．回鶻傳》：「南居突厥故地，徙牙烏德鞬山、昆河之間，南距西城千七百里，北盡磧口三百里，悉有九姓地。」㊆為先：謂為先鋒。㊇回紇骨力裴羅……則以二客部為先：按此段《新唐書・回鶻傳》亦載之，字句大致相同。㊈李林甫以楊慎矜屈附於己：指上年以慎矜知御史中丞，而慎矜以除授不由林甫之門，由是固辭不敢受言。㊉九宮貴神：胡三省曰：「九宮貴神，蓋易乾鑿度所謂太乙也。時置九宮貴神壇，其壇三成，成三尺，四階，其上依位置九壇，壇尺五寸，東面曰招搖，正東曰軒轅，東北曰太陰，正南曰天一，中央曰天符，正北曰太乙，西南曰攝提，正西曰咸池，西北曰青龍，五為中，戴九履一，左三右七，二四為上，六八為下，符於遁甲，仍編於勑曰：『九宮貴神，實司水旱，功佐上帝，德庇下人。』又黃帝九宮經：一宮，其神太一，其星天蓬，其卦坎，其行水，其方白；二宮，其神攝提，其星天內，其卦坤，其行土，其方黑；三宮，其神軒轅，其星天衝，其卦震，其行木，其方碧；四宮，其神招搖，其星天輔，其卦巽，其行木，其方綠；五宮，其神天符，其星天禽，其卦離，其行土，其方黃；六宮，其神青龍，其星天心，其卦乾，其行金，其方白；七宮，其神咸池，其星天柱，其卦兌，其行金，其方赤；八宮，其神太陰，其星天任，其卦艮，其行土，其方白；九宮，其神天一，其星天英，其卦離，其行火，其方紫。」⑪典司：知掌。⑫四孟月：謂四季之首月。⑬禮：禮儀。⑭皆侔天地：皆同祭天地之儀。⑮置會昌縣於溫泉宮下：《舊唐書・地理志》一關內道：「京兆府，昭應縣，隋新豐縣，天寶二年分新豐、萬年，置會昌縣，七載改會昌為昭應，治溫泉宮之西北。」⑯廣序：大事次第。⑰微奏：猶潛奏。⑱人：他人。⑲貶：貶謫。⑳睢陽：《舊唐書・

地理志》：「河南道：『宋州，天寶元年改為睢陽郡。』」㊁悼念：哀悼思念。㊂當意：合意。㊃絕世：世所稀絕。㊄無雙：猶無兩。㊅內：通納。㊆肌態：肌肉體態。㊇曉：通。㊈警穎：機警穎悟。㊉承迎：承奉迎接。㊀不朞歲：不滿一年。㊁儀體：謂禮儀體制，《舊唐書‧玄宗楊貴妃傳》作禮數，意實相類。㊂初武惠妃薨……凡儀體皆如皇后。按此段乃錄自《舊唐書‧玄宗楊貴妃傳》，字句大致相同。㊂嫁寧遠奉化王阿悉爛達干：《新唐書》西域寧遠傳：「寧遠者，本拔汗那，開元二十七年，王阿悉爛達干助平吐火仙，冊拜奉化王，天寶三載，改其國號寧遠。」㊃厭：厭倦。㊄朕不出長安近十年：開元二十四年，上自東都還，自是不復東幸。㊅假人：假借於人。㊆狂疾：瘋狂之疾。㊇深言：猶甚言。

四載（西元七四五年）

㈠春，正月，庚午，上謂宰相曰：「朕比以甲子日，於宮中為壇，為百姓祈福，朕自草黃素㈠，置案上，俄飛升天，聞空中語云：『聖壽延長。』又朕於嵩山鍊藥成，亦置壇上，及夜，左右欲收之，又聞空中語云：『藥未須收，此自守護㈡。』達曙，乃收之。」太子諸王宰相皆上表賀。

㈡回紇懷仁可汗擊突厥白眉可汗，殺之，傳首京師，突厥毗伽可敦㊂帥眾來降，於是北邊晏然㊃，烽燧無警㊄矣。回紇斥地㊅愈廣，東際㊆室韋，西抵金山，南跨大漠，盡有突厥故地。懷仁卒，子磨延啜立，號葛勒可汗㊇。

㈢二月，己酉，以朔方節度使王忠嗣兼河東節度使，忠嗣少以勇敢自負㊈，及鎮方面，專以持重⑩安邊為務，常曰：「太平之將⑪，但當撫循⑫訓練士卒而已，不可疲中國之力，以邀⑬功名。」有漆弓百五十斤，常貯之櫜⑭中，以示不用，軍中日夜思戰，忠嗣多遣諜⑮人，伺其間隙，見可勝然後興師，故出必有功。既兼兩道節制⑯，自朔方至雲中，邊陲數千里，要害⑰之地，悉列置⑱城堡，斥地⑲各數百里，邊人以為自張仁亶⑳之後，將帥皆不及㉑㉒。三月，壬申，上以外孫獨孤氏為靜樂公主，嫁契丹王李懷節，甥楊氏為宜芳公主，嫁奚王李延寵㉓。

㈣乙巳，以刑部尚書裴敦復充嶺南五府經略等使，五月，壬申，敦復坐逗留不之官，貶淄川㉔太守，以光祿少卿彭杲代之。上嘉敦復平海賊之功，故李林甫陷之。

(五)李適之與李林甫爭權有隙，適之領兵部尚書，駙馬張垍為侍郎，林甫亦惡之，使人發兵部銓曹姦利㉕事，收吏六十餘人付京兆㉖，與御史對鞫㉗之，數日竟不得其情㉘，京兆尹蕭炅使法曹㉙吉溫鞫之，溫入院，置兵部吏於外，先於後廳取二重囚訊之，或杖或壓，號呼之聲，所不忍聞，皆曰：「苟存餘生㉚，乞紙盡荅㉛。」兵部吏素聞溫之慘酷，引入皆自誣㉜服，無敢違溫意者，頃刻而獄成，驗囚無榜掠之迹。六月，辛亥，敕誚責前後知銓侍郎及判南曹郎官㉝，而宥之。垍，均之兄；溫，頊之弟子㉞也。

(六)溫始為新豐丞，太子文學㉟薛嶷薦溫才，上召見，顧嶷曰：「是一不良人，朕不用也。」蕭炅為河南尹，嘗坐事西臺㊱，遣溫往按之，溫治炅甚急，及溫為萬年丞，未幾，炅為京兆尹，溫素與高力士相結，力士自禁中歸，溫度炅必往謝官㊲，乃先詣力士，與之談謔，握手甚歡，炅後至，溫陽為驚避，力士呼曰：「吉七㊳不須避。」謂炅曰：「此亦吾故人也。」召還，與炅坐，炅接之甚恭，不敢以前事為怨。它日，溫謁炅曰：「曩者，溫不敢隳國家法，自今請洗心㊴事公。」炅遂與盡歡，引為法曹。【考異】唐歷云：「溫聯按大獄，附邪以出入人命者，凡十餘年，性巧詆，忍而不忌，失意眉睫間，必引而陷之，其欲膠固之，雖王公大人，立可親也。初蕭炅以贓下獄，溫深竟其罪，後為萬年縣丞，炅拜京兆尹，溫見炅於高力士第，乃與之相結，為膠漆之交，引為法曹，而薦於林甫。溫之進也，反以炅力。」舊傳云：「炅為河南尹，有事京臺，差溫推詰，堅執不捨，及溫選，炅已為京兆尹，一唱萬年尉，即就其官，人為危之。」今參取二書用之。及林甫欲除不附己者，求治獄吏，炅薦溫於林甫，林甫得之大喜，溫常曰：「若遇知己，南山白額虎不足縛也㊵。」時又有杭州人羅希奭，為吏深刻，林甫引之，自御史臺主簿再遷殿中侍御史，二人皆隨林甫所欲深淺，鍛鍊成獄，無能自脫者，時人謂之羅鉗吉網。

(七)秋，七月，壬午，冊韋昭訓女為壽王妃。八月，壬寅，冊楊太真為貴妃㊶，【考異】統紀：「八月，冊女道士楊氏為貴妃。」本紀甲辰，唐歷甲寅，今據實錄，壬寅，贈太真妃父玄琰等官。甲辰、甲寅皆在後，恐冊妃在贈官前。新本紀亦云：「八月壬寅，立太真為貴妃。」今從之。贈其父玄琰兵部尚書，以其叔父玄珪為光祿卿，從兄銛為殿中少監，錡為駙馬都尉，癸卯，冊武惠妃女為太華公主，命錡尚之，【考異】實錄、舊傳，皆以銛錡為再從兄，國忠為從祖兄，然則從祖亦再從也。推恩之時，何以及銛錡，而不及國忠？新傳謂之宗兄，唐歷以銛為玄琰之子，借使非子，比於國忠，必應稍親，今但謂之從兄。舊傳云：「錡為侍御史。」今從實錄。及貴妃三姊皆賜第京師，寵貴赫然㊷。

㈧楊釗貴妃之從祖兄也，不學無行，為宗黨㊸所鄙，從軍於蜀，得新都㊹尉，考滿㊺，家貧，不能自歸㊻，新政㊼富民鮮于仲通常資給之㊽，楊玄琰卒於蜀，釗往來其家，遂與其中女通㊾，鮮于仲通名向，以字行，頗讀書，有材智，劍南節度使章仇兼瓊引為采訪支使㊿，【考異】唐歷云：「為節度巡官。」按顏真卿所作仲通碑，見存云：「為采訪支使。」今從之。委以心腹，嘗從容謂仲通曰：「今吾獨為上所厚，苟無內援，必為李林甫所危(51)。聞楊妃新得幸，人未敢附之(52)，子能為我至長安，與其家相結，吾無患矣。」仲通曰：「仲通蜀人，未嘗遊上國(53)，恐敗公事，今為公更求得一人。」因言釗本末，兼瓊引見，釗儀觀(54)豐偉，言辭敏給，兼瓊大喜，即辟(55)為推官，往來浸親密，乃使入獻春綵於京師，將別，謂曰：「有少物在郫(56)，以具一日之糧，子過，可取之。」釗至郫，兼瓊使親信大齎蜀貨精美者遺之，可直萬緡，釗大喜過望，晝夜兼行，至長安，歷抵諸妹(57)，以蜀貨遺之，曰：「此章仇公所贈也。」時中女新寡(58)，釗遂館於其室中，分蜀貨以與之，於是諸楊日夜譽兼瓊，且言釗善樗蒲(59)，引之見上，得隨供奉官出入禁中(六〇)，改金吾兵曹參軍。

(九)九月，癸未，以陝郡太守、江淮租庸轉運使韋堅為刑部尚書，罷其諸使，以御史中丞楊慎矜代之，【考異】舊食貨志：「三載，以楊釗為水陸運使。」誤也，今從實錄。堅妻姜氏(六一)，皎之女，林甫之舅子也，故林甫昵(六二)之，及堅以通漕有寵於上，遂有入相之志，又與李適之善，林甫由是惡之，故遷以美官，實奪之(六三)權也(六四)。

(十)安祿山欲以邊功市寵(六五)，數侵掠奚契丹，奚契丹各殺公主以叛，祿山討破之。

(十一)隴右節度使皇甫惟明與吐蕃戰於石堡城(六六)，為虜所敗，副將褚詡戰死(六七)。【考異】新傳作諸葛詡。今從實錄。

(十二)冬，十月，甲午，安祿山奏臣討契丹，至北平郡(六八)，夢先朝名將李靖、李勣從臣求食，遂命立廟；又奏薦奠之日，廟梁產芝。

(十三)丁酉，上幸驪山溫泉。

(十四)上以吏部郎中王鉷為戶口色役使，敕賜百姓復除(六九)，鉷奏徵其輦運之費，廣張(七〇)錢數，又使市本郡輕貨(七一)，百姓所輸，乃甚於不復除(七二)。舊制，戍邊者免其租庸，六歲而更(七三)，時邊將恥敗，士卒死者，皆不申牒(七四)，貫籍不除(七五)，王鉷志在聚斂，以有籍無人者皆為避課(七六)，按籍戍邊，六歲之外，悉徵其租庸，有併徵(七七)三十年者，民無所訴。上在位久，用度日侈，後宮賞賜無節(七八)，不欲數於左右藏(七九)取之，鉷探知上指，歲貢額外錢百億萬，貯於內庫，以供宮中宴賜，曰此皆不出於租庸調，無預經費(八〇)，上以鉷為能富國，益厚遇之。鉷務為割剝(八一)以求媚，中外嗟怨。丙子，以鉷為御史中丞、京畿采訪使(八二)楊釗侍宴禁中，專掌樗蒲文簿(八三)，鉤校(八四)精密，上賞其彊明(八五)，曰好度支郎(八六)，諸楊數徵(八七)此言於上，又以屬(八八)王鉷，鉷因奏充判官。

(五)十二月，戊戌，上還宮。

【今註】(一)黃素：黃色之帛。(二)此自守護：謂空中自有守護之者。(三)毗伽可敦：毗伽可汗之妻。(四)晏然：安然。(五)烽燧無警：謂無烽燧之警訊。(六)斥地：拓地。(七)際：接。(八)回紇懷仁可汗擊突厥白眉可汗……號葛勒可汗：按此段《新唐書．回鶻傳》亦載之，字句大致相同。(九)自負：猶自矜。(一〇)持重：持以穩重。(一一)太平之將：謂國家太平時之為將軍者。(一二)撫循：猶安撫。(一三)邀：要。(一四)槖：

袋。(一五)諜：間諜。(一六)節制：猶節度。(一七)要害：猶險要。(一八)列置：依次設置。(一九)斥地：拓地。(二〇)張仁亶：張仁愿本名仁亶，以與睿宗諱音近，而改名仁愿。(二一)將帥皆不及：全文乃為其餘將帥皆不能及。(二二)以朔方節度使王忠嗣兼河東節度使……將帥皆不及：按此段乃錄自《舊唐書・王忠嗣傳》，字句大致相同。(二三)壬申上以外孫獨孤氏……嫁奚王李延寵：按此段乃錄自《舊唐書・玄宗紀》，字句大致相同。(二四)淄川：《舊唐書・地理志》一河南道：「淄州天寶元年復為淄川郡，在京師東北二千一百三十三里。」(二五)姦利：謂姦贓。(二六)付京兆：付京兆尹。(二七)對鞫：猶共鞫。(二八)情：實。(二九)法曹：《舊唐書・職官志》三：「京兆府，法曹參軍事二人，正七品下。」(三〇)餘生：餘命。(三一)乞紙盡荅：乞予紙張，盡行作答。(三二)誣：誣罔。(三三)判南曹郎官：宋白曰：「南曹起於總章二年，司列常伯李敬玄奏置。未置已前，銓中自勘責。故事，兩轉廳，至建中二年，侍郎邵說奏挾闕替南曹郎中王鋗，已後遂不轉廳。文宗開成二年，宰相李石奏定長定選格，吏部請加置南曹郎中一人，別置印，以新置南曹之印為文。蓋吏部先以郎官判南曹，開成間因置南曹郎也。」(三四)溫，項之弟子：吉項進用於武后之時。(三五)太子文學：《唐六典》卷二十六：「司經局文學三人，正六品，掌分知經籍，侍奉文章，總輯經籍，繕寫裝染之功，筆札給用之數，皆料度之。」(三六)西臺：西京御史臺。(三七)謝官：謝命官提攜之恩。(三八)吉七：吉溫第七，故以七呼之。(三九)洗心：謂洗心革面，大加改換也。(四〇)李適之與李林甫爭權……南山白額虎不足縛也：按此段乃錄自《舊唐書・酷吏吉溫傳》，次序雖有顛倒，然字句則大致相同。(四一)冊楊太真為貴妃：《舊唐書・后妃傳》序：「唐因隋制，皇后之下有貴妃、淑妃、德妃、賢妃各一人，為夫人，正一品。」是貴妃乃僅次於皇后之妃嬪也。㊷赫然：赫赫然，顯盛貌。㊸宗黨：宗族鄉黨。㊹新都：據《舊唐書・地理志》四，新都屬劍南道成都府。㊺考滿：考績年滿，唐代任滿，通為三年。㊻不能自歸：謂無旅費可以歸家。㊼新政：據《舊唐書・地理志》四，新政屬劍南道閬州。㊽常資給之：常以資財供給之。㊾通：私通。㊿采訪支使：胡三省曰：「唐采訪節度等使幕屬，有判官，有支使，有掌書記、推官、巡官、衙推等。」(51)危：傾危。(52)人未敢附之：按作人未暇附之，似較妥。(53)上國：上京。(54)儀觀：猶儀表。(55)辟：辟召。(56)郫：《九域志》：「郫縣在成都府西四十五里。」(57)歷抵諸妹：依次抵至諸妹之宅。(58)中女：即楊玄琰之中女，而舊與國忠相通者。(59)樗蒱：賭博。(60)得隨供奉官出入禁中：胡三省曰：「唐制，中書門下省官，皆供奉官也，外官得隨朝士入見者，謂之仗內供奉，隨翰林院官班者，謂之翰林供奉，宦官謂之內供奉，又有朝士供奉禁中者。」(61)娶妻姜氏：按娶上當添一堅字，然後眉目方為清晰。(62)昵：親昵。(63)之：猶其。(64)以陝郡太守、江淮租庸轉運使……實奪之權也：按此段乃錄自《舊唐書・韋堅傳》，字句大致相同。(65)市寵：猶邀寵。(66)隴右節度使皇甫惟明與吐蕃戰於石堡城：按《新唐書・玄宗紀》作：「甲申，皇甫惟明及吐蕃戰于石堡城。」隴右上當從添甲申二字。(67)副將褚詡戰死：考異曰新傳作諸葛詡，今從實錄：按《舊唐書・玄宗紀》則作褚直廉，是共有三異說也。(68)北平郡：原平州，天寶元年改為北平郡。(69)敕賜百姓復除：《舊唐書・王鉷傳》作：「勅給百姓一年復。」謂蠲免百姓一年之租庸調。(70)廣張：謂多增。(71)輕貨：細絹。(72)上以吏部郎中王鉷……乃甚於不復除：按此段乃錄自《舊唐書・王鉷傳》，字句大致相同。⑬六歲而更：謂六歲後而更改之，亦即復令輸納。⑭中牒：謂行牒中報。⑮貫籍不除：謂本貫之籍簿，不除去之。⑯避課：逃避課役。⑰併徵：合徵。⑱節：節制。⑲左右藏：謂左右藏庫。⑳無預經費：謂於經費無干。㉑割剝：猶剝削。㉒上在位久……以鉷為京畿采訪使：按此段乃錄自《舊唐書・王鉷傳》，字句大致相同。㉓樗蒲文簿：謂賭博之帳簿。㉔鉤校：鉤稽校核。㉕彊明：彊幹明敏。㉖度支郎：唐戶部度支郎中及員外郎，掌判天下租賦之多少，而會計每歲之費用。楊釗以鉤校精密，故玄宗稱之曰好度支郎。㉗徵：徵引。㉘屬：屬託。

五載（西元七四六年）

㈠春，正月，乙丑，以隴右節度使皇甫惟明兼河西節度使。

㈡李適之性疏率㊀，李林甫嘗謂適之曰：「華山有金礦，采之，可以富國，主上未之知也。」他日，適之因奏事言之，上以問林甫，對曰：「臣久知之，但華山陛下本命㊁，王氣㊂所在，鑿之非宜，故不敢言。」上以林甫為愛己，薄適之慮事不熟㊃，謂曰：「自今奏事，宜先與林甫議之，無得輕脫㊄。」適之由是束手㊅

矣。適之既失恩，韋堅失權，益相親密，林甫愈惡之。初太子之立，非林甫意㈦，林甫恐異日為己禍，常有動搖東宮之志，而堅又太子之妃兄也，皇甫惟明嘗為忠王友，時破吐蕃，入獻捷，見林甫專權，意頗不平，時因見上，乘間微㈧勸上去林甫，林甫知之，使楊慎矜密伺其所為。會正月望夜，太子出遊，與堅相見，堅又與惟明會於景龍觀㈨道士之室，慎矜發其事，以為堅戚里㈩，不應與邊將狎暱⑪。林甫因奏堅與惟明結謀，欲共立太子，堅、惟明下獄⑫，林甫使慎矜與御史中丞王鉷、京兆府法曹吉溫共鞫之，【考異】舊林甫傳云：「林甫潛令慎矜伺堅隙奏上。」慎矜傳云：「鉷推堅，慎矜引身中立以候望，鉷恨之，林甫亦憾焉。」二傳自相矛盾，今從唐歷。上亦疑堅與惟明有謀，而不顯其罪，癸酉，下制責堅以干進⑬不已，貶縉雲⑭太守，【考異】舊紀貶括蒼太守，今從實錄及舊傳。惟明以離間君臣，貶播川⑮太守，仍別下制，戒百官。

㈢以王忠嗣為河西隴右節度使，兼知朔方河東節度事，忠嗣始在朔方河東，每互市，高估⑯馬價，諸胡聞之，爭賣馬於唐，忠嗣皆買之，由是胡馬少，唐兵益壯。及徙隴右、河西，復請分朔方河東馬九千匹以實之，其軍亦壯。忠嗣杖四節㈦，控制萬里，天下勁兵重鎮，皆在掌握，與吐蕃戰於青海積石，皆大捷，又討吐谷渾於墨離軍㈧，虜其全部而歸㈨。

㈣夏，四月，癸未，立奚酋娑固為昭信王，契丹酋楷落為恭仁王。

㈤己亥，制自今四孟月，皆擇吉日祀天地九宮。

㈥韋堅等既貶，左相李適之懼，自求散地⑳，庚寅，以適之為太子少保，罷政事，其子衞尉少卿霅嘗盛饌召客，客畏李林甫，竟日㉑無一人敢往者。

㈦以門下侍郎、崇玄館大學士陳希烈同平章事㉒。希烈，宋州人，以講老莊得進，專用神仙符瑞，取媚於上，李林甫以希烈為上所愛，且柔佞㉓易制㉔，故引以為相，凡政事一決於林甫，希烈但給唯諾㉕。故事，宰相午後六刻㉖乃出，林甫奏今太平無事，巳時㉗即還第，軍國機務，皆決於私家㉘，主書㉙抱成案㉚，詣希烈書名而已㉛。

㈧五月，壬子朔，日有食之。

㈨乙亥，以劍南節度使章仇兼瓊為戶部尚書，諸楊引之也。

㈩秋，七月，丙辰，敕流貶人多在道逗留，自今左降官，日馳十驛以上㉜，是後流貶者，多不全矣㉝。

(十一)楊貴妃方有寵，每乘馬，則高力士執轡授鞭㉞，織繡㉟之工專供貴妃院者七百人，中外爭獻器服珍玩，嶺南經略使張九章、廣陵㊱長史王翼，以所獻精美，九章加三品，翼入為戶部侍郎，天下從風而靡，民間歌之曰：「生男勿喜女勿悲，君今看女作門楣㊲。」妃欲得生荔支，歲㊳命嶺南馳驛致之㊴，比至㊵長安，色味不變。至是，妃以妬悍不遜，上怒，命送歸兄銛之第，是日，上不懌㊶，比日中，猶未食，左右動不稱旨㊷，橫被㊸捶撻，高力士欲嘗㊹上意，請悉載院中儲偫㊺送貴妃，凡百餘車，上自分御膳以賜之，及夜，力士伏奏請迎貴妃歸院，遂開禁門而入㊻，自是恩遇愈隆，後宮莫得進矣㊼。

(十二)將作少匠韋蘭、兵部員外郎韋芝為其兄堅訟冤，且引太子為言，上益怒，太子懼，表請與妃離昏，乞不以親廢法，丙子，再貶堅江夏(48)別駕，蘭芝皆貶嶺南。然上素知太子孝謹，故譴怒不及。李林甫因言堅與李適之等為朋黨，後數日，堅長流臨封(49)，適之貶宜春(50)太守，太常少卿韋斌貶巴陵(51)太守，嗣薛王琄貶夷陵(52)別駕，睢陽太守裴寬貶安陸(53)別駕，河南尹李齊物貶竟陵(54)太守，凡堅親黨坐流貶者，數十人。斌，安石之子；琄，業之子(55)，堅之甥也，琄母亦令隨琄之官。

(13)冬，十月，戊戌，上幸驪山溫泉。十一月，乙巳，還宮。

(14)贊善大夫杜有鄰女為太子良娣(56)，良娣之妹為左驍衛兵曹柳勣妻，勣性狂疏(57)，好功名，喜交結豪俊，淄川(58)太守裴敦復薦於北海(59)太守李邕，邕與之定交，勣至京師，與著作郎王曾等為友，皆當時名士也，勣與妻族不協(60)；欲陷之，為飛語(61)告：「有鄰妄稱圖讖，交構(62)東宮，指斥乘輿(63)。」林甫令京兆士曹(64)吉溫與御史鞫之，乃勣首謀也，溫令勣連引曾等入臺。十二月，甲戌，有鄰、勣及曾等皆杖死，積尸大理(65)，【考異】舊紀唐歷皆作辛未，今從實錄。實錄云：「勣與其黨並伏法。」詔書則曰：「猶寬極刑，俾從杖罪，其王曾等，各決重杖一百。杜有鄰、柳勣，念以微親，特寬殊死，決一頓，貶嶺南新興尉。」吉溫傳則云：「勣等杖死，積尸於大理寺。」蓋詔雖與杖，其實皆死杖下也。妻子流遠方，中外震慄，嗣虢王巨(六六)貶義陽(六七)司馬。巨，邕之子也。別遣監察御史羅希奭往按李邕，太子亦出良娣為庶人。乙亥，鄴郡(六八)太守王琚坐贓貶江華(六九)司馬，琚性豪侈，與李邕皆自謂耆舊(七〇)，久在外，意怏怏(七一)，李林甫惡其負材(七二)使氣(七三)，故因事除之(七四)。

【今註】(一)疏率：粗疏直率。(二)陛下之本命：玄宗製華嶽碑曰：「予小子之生也，歲景戌，月仲秋，膺小皞之盛德，協太華之本命，故常寤寐靈嶽，肸蠁神交。」故林甫云然。(三)王氣：王者氣數。(四)李適之性疏率……薄適之慮事不熟：按此段乃錄自《舊唐書．李適之傳》，字句大致相同。(五)輕脫：輕易脫忽。(六)束手：謂束手無策。(七)初太子之立非林甫意：事見卷二百十開元二十六年。(八)微：暗。(九)景龍觀：胡三省曰：「景龍觀在長安城中崇仁坊，申公高士廉宅西北左金吾衞。神龍元年，併為長寧公主宅，韋庶人敗後，遂立為觀，仍以中宗年號為名。」(一〇)戚里：帝室之親戚。(一一)狎暱：狎習親暱。(一二)會正月望夜……堅、惟明下獄：按此段乃錄自《舊唐書．韋堅傳》，字句大致相同。(一三)干進：求進。(一四)縉雲：《舊唐書．地理志》三江南道：「處州，天寶元年改為縉雲郡，在京師東南四千二百七十八里。」(一五)播川：《舊唐書．地理志》三江南道：「播州，天寶元年改為播川郡，在京師南四千四百五十里。」(一六)估：估計。(一七)杖四節：持四旌節，亦即領四節度使也。(一八)墨離軍：《舊唐書．地理志》一：「河西節度使統墨離軍，墨離軍在瓜州西北千里。」(一九)忠嗣杖四節……虜其全部而歸：按此段乃錄自《舊唐書・王忠嗣傳》，字句大致相同。⑳散地：閑散之職。㉑竟日：盡日。㉒以門下侍郎陳希烈同平章事：按新舊《唐書・玄宗紀》皆作：「丁酉，陳希烈同平章事。」以上當據添丁酉二字。㉓柔佞：柔和佞媚。㉔易制：易於控制。㉕但給唯諾：謂但充唯諾署字而已。㉖午後六刻：約當今日午後一句半鐘。㉗巳時：上午十時。㉘私家：己之家中。㉙主書：按主書當即《舊唐書・職官志》二尚書都省之令史及書令史，該文云：「令史掌案文簿。」是其佐證。㉚成案：已草成之文案。㉛故事，宰相午後六刻乃出……詣希烈書名而已：按此段乃錄自《舊唐書・楊國忠傳》，字句大致相同。㉜日馳十驛以上：《唐六典》卷五：「凡三十里一驛，若地勢險阻，及須依水草，不必三十里。」㉝多不全矣：謂多喪生。㉞執轡授鞭：謂侍候其上馬也。㉟織繡：織錦刺繡。㊱廣陵：廣陵郡即揚州。㊲門楣：胡三省曰：「凡人作室，自外至者，見其門楣宏敞，則為壯觀，言楊家因生女而宗門崇顯也。或曰門以楣而撐拄，言生女能撐拄門戶也。」㊳生荔支：猶鮮荔支。㊴命嶺南馳驛致之：自蘇軾諸人，皆云此時荔支，自涪州致之，非嶺南也。㊵比至：及至。㊶懌：悅，音一ˋ。㊷動不稱旨：謂一舉一動，皆不稱旨。㊸橫被：謂無原無故而被。㊹嘗：試。㊺偫：儲物以待用，音峙。㊻遂開禁門而入：《唐六典》卷八：「城門郎四人，從六品上。掌京城、皇城、宮殿諸門開闔之節，奉其管鑰而出納之。開則先外而後內，闔則先內而後外，所以重中禁，尊皇居也。候其晨昏擊鼓之節，而啟閉之。皇城宮城闔門之鑰，先酉而出，後戌而入；開門之鑰，後丑而出，夜盡而入。京城闔門之鑰，後申而出，先子而入；開門之鑰，後子而出，先卯而入。

若非其時而有命啟閉，則詣閤覆奏，奉旨合符，而開闔之。殿門及城門，若有敕夜開，受敕人具錄須開之門，宣送中書門下，其牙內諸門，城門郎與監直監門將軍、郎將各一人，俱詣閤覆奏，御注聽，即請合符，門鑰對勘符，然後開之。」㊼至是妃以妒悍不遜……後宮莫得進矣：按此段乃錄自《舊唐書・玄宗楊貴妃傳》，字句大致相同。㊽江夏：《舊唐書・地理志》三江南道：「鄂州，天寶元年改為江夏郡，在京師東南二千三百四十六里。」㊾臨封：同志四嶺南道：「封州，天寶元年改為臨封郡，至京師水陸四千五百一十里。」㊿宜春：同志三江南道：「袁州，天寶元年改為宜春郡，在京師東南三千五百八十里。」(51)巴陵：同志三江南道：「岳州，天寶元年改為巴陵郡，在京師東南二千二百三十七里。」(52)夷陵：同志二山南東道：「硤州，天寶元年改為夷陵郡，在京師東南一千八百十八里。」(53)安陸：同志三淮南道：「安州，天寶元年改為安陸郡，在京師東南二千五十一里。」(54)竟陵：同志二山南東道：「復州，天寶元年改為竟陵郡，在京師東南一千八百里。」(55)琄，業之子：業，上之弟。(56)太子良娣：胡三省曰：「唐太子內官，良娣，正三品。」(57)狂疏：張狂疏放。(58)淄川：本淄州。(59)北海：本青州。(60)協：和睦。(61)飛語：無言者真姓名之語。(62)交構：煽惑。(63)乘輿：天子。(64)京兆士曹：《舊唐書・職官志》三：「京兆士曹，正七品下，掌津梁舟車舍宅，百工眾藝之事。」(65)大理：大理寺獄。(66)嗣虢王巨：高祖之子虢王鳳，其曾孫巨嗣虢王。(67)義陽：胡三省曰：「義陽郡，申州，舊志申州至京師一千七百九十六里。」(68)鄴郡：本相州。(69)江華：《舊唐書・地理志》三江南道：「道州，天寶元年改為江華郡。」(70)耆舊：謂耆老舊德。(71)快快：心不滿足。㉒負材：自恃才能。㉓使氣：使用氣勢。㉔鄴郡太守王琚……故因事除之：按此段乃錄自《舊唐書・王琚傳》，字句大致相同。

六載（西元七四七年）

㈠春，正月，辛巳，李邕、裴敦復皆杖死。邕才藝出眾，盧藏用常語之曰：「君如干將莫邪㊀，難與爭鋒㊁，然終虞缺折㊂耳。」邕不能用。林甫又奏分遣御史即貶所賜皇甫惟明、韋堅兄弟等死，羅希奭自青州如嶺南，所過殺遷謫者，郡縣惶駭，排馬牒㊃至宜春，李適之憂懼，仰藥㊄自殺；至江華，王琚仰藥不死，聞希奭已至，即自縊。希奭又迂路㊅過安陸，欲怖殺裴寬，寬向希奭叩頭祈生，希奭不宿而過，乃得免。李適之子霅迎父喪至東京，李林甫令人誣告霅，杖死於河南府，給事中房琯坐與適之善，貶宜春太守。琯，融之子也㊆。林甫恨韋堅不已，遣使於循河㊇及江淮州縣求堅罪，收繫綱典船夫㊈，溢於牢獄，徵剝逋負㊉，延⑪及鄰伍，皆裸露死於公府，至林甫薨，乃止⑫。

㈡丁亥，上享太廟，戊子，合祭天地於南郊，赦天下，制免百姓今載田租，又令削[一三]絞斬條，上慕好生之名，故令應絞斬者皆重杖，流嶺南，其實，有司率杖殺之。又令天下為嫁母[一四]服三載。

㈢上欲廣求天下之士，命通一藝[一五]以上，皆詣京師，李林甫恐草野[一六]之士對策，斥言[一七]其姦惡，建言[一八]：「舉人多卑賤愚聵[一九]，恐有俚言[二〇]，污濁聖聽。」乃令郡縣長官，精加試練[二一]，灼然[二二]超絕者，具名送省[二三]，委尚書覆試，御史中丞監之，取名實相副[二四]者聞奏，既而至者，皆試以詩賦論[二五]，遂無一人及第者。林甫乃上表賀野無遺賢[二六]。

㈣戊寅，以范陽平盧節度使安祿山兼御史大夫，祿山體充肥，腹垂過膝，嘗自稱腹重三百斤，外若癡直[二七]，內實狡黠，常令其將劉駱谷留京師，詗朝廷指趣[二八]，動靜皆報之，或應有牋表者，駱谷即為代作通之[二九]，歲獻俘虜、雜畜[三〇]、奇禽、異獸、珍玩之物，不絕於路，郡縣疲於遞運。祿山在上前，應對敏給[三一]，雜以詼諧，上嘗戲指其腹曰：「此胡腹中何所有？其大乃爾[三二]！」對曰：「更無餘物㉝，正㉞有赤心耳。」上悅。又嘗命見太子，祿山不拜，左右趣㉟之拜，祿山拱立曰：「臣胡人，不習㊱朝儀，不知太子者何官。」上曰：「此儲君㊲也，朕千秋萬歲後，代朕君汝㊳者也。」祿山曰：「臣愚，曏者惟知有陛下一人，不知乃更有儲君。」不得已，然後拜。上以為信然，益愛之。上嘗宴勤政樓，百官列坐樓下，獨為祿山於御座東間設金雞障㊴，置榻，使坐其前，仍命卷簾，以示榮寵，命楊銛、楊錡、貴妃三姊皆與祿山敘兄弟㊵，祿山得出入禁中，因請為貴妃兒㊶，上與貴妃共坐，祿山先拜貴妃，上問何故，對曰：「胡人先母而後父。」上悅。

㈤李林甫以王忠嗣功名日盛，恐其入相，忌之，安祿山潛蓄異志，託以禦寇，築雄武城㊷，大貯兵器，請忠嗣助役，因欲留其兵。忠嗣先期而往，不見祿山而還，數上言祿山必反，林甫益惡之。

㈥夏，四月，忠嗣固辭兼河東朔方節度，許之。

㈦冬，十月，己酉，上幸驪山溫泉，【考異】舊紀、唐曆，皆作戊申，今從之。㊸改溫泉宮曰華清宮。

㈧河西隴右節度使王忠嗣以部將哥舒翰為太斗軍副使㊹，李光弼為河西兵馬使㊺，充赤水軍㊻使。翰父祖，本突騎施別部酋長㊼，光弼，契丹王楷洛之子也，皆以勇略為忠嗣所重，忠嗣使翰擊吐蕃，有同列為之副，倨慢㊽不為用，翰檛殺之㊾，軍中股慄㊿，累功(51)至隴右節度副使。每歲積石軍(52)麥熟，吐蕃輒來穫之，無能禦者，邊人謂之吐蕃麥莊(53)，翰先伏兵於其側，虜至，斷其後，夾擊之，無一人得返者，自是不敢復來(54)。

㈨上欲使王忠嗣攻吐蕃石堡城(55)，忠嗣上言：「石堡險固，吐蕃舉國(56)守之，今頓(57)兵其下，非殺數萬人不能克，臣恐所得不如所亡(58)，不如且厲兵(59)秣馬，俟其有釁，然後取之。」上意不快。將軍董延光自請將兵取石堡城，上命忠嗣分兵助之，忠嗣不得已奉詔，而不盡副(60)延光所欲，延光怨之。李光弼言於忠嗣曰：「大夫(61)以愛士卒之故，不欲成延光之功，雖迫於制書，實奪其謀(62)也，何以知之？今以數萬眾授之，而不立重賞，士卒安肯為之盡力乎！然此天子意也，彼無功，必歸罪於大夫，大夫軍府充牣(63)，何愛數萬段帛，不以杜(六四)其讒口乎！」忠嗣曰：「今以數萬之眾，爭一城，得之未足以制敵(六五)，不得亦無害於國，故忠嗣不欲為之，忠嗣今受責天子，不過以金吾羽林一將軍歸宿衛(六六)，其次不過黔中上佐(六七)，忠嗣豈以數萬人之命，易(六八)一官乎！李將軍，子誠愛我矣，然吾志決矣，子勿復言。」光弼曰：「曏者恐為大夫之累，故不敢不言，今大夫能行古人之事，非光弼所及也。」遂趨出。延光過期不克，言忠嗣沮撓(六九)軍計，上怒，李林甫因使濟陽(七〇)別駕魏林告忠嗣嘗自言：「我幼養宮中，與忠王相愛狎(七一)，欲擁兵以尊奉太子(七二)。」敕徵忠嗣入朝，委三司鞫之(七三)。

(十)上聞哥舒翰名，召見華清宮，與語悅之。十一月，辛卯，以翰判西平(七四)太守，充隴右節度使，以朔方節度使安思順判武威(七五)郡事，充河西節度使。

(十一)戶部侍郎兼御史中丞楊慎矜為上所厚，李林甫浸忌之，慎矜與王鉷父晉，中表兄弟也(七六)，少與鉷狎，鉷之入臺，頗因慎矜推引(七七)，及鉷遷中丞，慎矜與語，猶名之(七八)，鉷自恃與林甫善，意稍不平(七九)，慎矜奪鉷職田(八〇)，鉷母本賤，慎矜嘗以語人，鉷深銜之(八一)，慎矜猶以故意(八二)待之，嘗與之私語讖書，慎矜與術士史敬忠善，敬忠言天下將亂，勸慎矜於臨汝(八三)山中買莊(八四)，為避亂之所，會慎矜父墓田中草木皆流血，慎矜惡之，以問敬忠，敬忠請禳(八五)之，設道場於後園，慎矜退朝，輒裸(八六)貫桎梏(八七)坐其中(八八)，旬日血止，慎矜德之(八九)。慎矜有侍婢明珠色美，敬忠屢目之，慎矜即以遺(九〇)敬忠，車載過貴妃姊柳氏樓下(九一)，姊邀敬忠上樓，求車中美人，敬中(九二)不敢拒，明日姊入宮以明珠自隨，上見而異之，問所從來，明珠具以實對，上以慎矜與術士為妖法，惡之，含怒未發，楊釗以告鉷，鉷心喜，因侮慢(九三)慎矜，慎矜怒，林甫知鉷與慎矜有隙，密誘使圖(九四)之，【考異】

明皇雜錄曰：「慎矜父墓封域之內，草木流血，慎矜大懼，問術者史敬思，敬思曰，禳之，可以免。於慎矜後園，大陳法事，令貫桎梏坐於叢林間以厭之。」唐歷云：「敬思本胡人，出家還俗，涉獵書傳陰陽玄象，慎矜與之善，每言天下將亂，居於臨汝山中，亦勸慎矜於臨汝買得山莊，良田數十頃。嘗於慎矜第，夜坐談宴，怒婢春草，將杖殺之，敬思曰，七郎何須虛殺卻十頭壯牛。慎矜曰，何謂也？敬思曰，賣卻買牛，每年耕田十頃。慎矜雅厚敬思，曰，任公收取。明旦至市，賣與太真柳氏姊，得錢百二十千文，買牛以歸。柳氏數得春草，來往宮中，玄宗見其狀兒壯大，應對分明，數目之，謂柳曰，幾錢買得此婢？以實對，遂留之。玄宗曾晝寢，問春草曰，汝本何人，何以得至柳家，春草曰，本楊慎矜婢，賣與柳家。玄宗曰，慎矜豈少錢而賣你？春草曰，不是要錢，本將殺某，敬思救得不殺，所以賣之。玄宗素聞敬思名，因詰問，春草以實對曰，每夜，坐中庭，或說天文，遙指宿曜，某亦盡知其言。玄宗怒，變色良久，後王鉷因奏事，言引慎矜，玄宗悖然曰，慎矜與卿有親，更不須相往來。鉷初內怨慎矜淩己，常忍隱不泄，至是，覺上意異，楊釗先知之，以告鉷，鉷心喜，數悖慢以侵之，慎矜尤怒。」明皇雜錄又曰：「慎矜之婢有美者，字明珠，敬思數目之，慎矜即以遺之，兼以囊橐甚厚，以車送之。敬思乘馬隨之，路經貴妃妹八姨樓下，方登樓張樂，姨素與敬思相識，固邀敬思登樓，乃曰，車中美人，請以見遺。敬思不敢拒，姨明日入宮，婢從，上見而異之，問所從來，明珠曰，本楊慎矜家人也，近贈史敬思。上曰，敬思何人，而慎矜輒贈以婢。明珠乃具言厭勝之事。上大怒，曰，彼為妖乎！遂告林甫，林甫素忌慎矜才，恐其作相，以告中丞吉溫，溫險害亦有憾於慎矜，因構成其事。」今參取書之。

鉷乃遣人以飛語告：「慎矜隋煬帝孫(九五)，與凶人往來，家有讖書，謀復祖業。」上大怒，收慎矜繫獄，命刑部大理與侍御史楊釗、殿中侍御史盧鉉同鞫之，太府少卿張瑄，慎矜所薦也，盧鉉誣瑄嘗與慎矜論讖，栲掠(九六)百端，瑄不肯答辯(九七)，乃以木綴其足，使人引其枷柄向前挽之，身加長數尺，腰細欲絕，眼鼻出血，瑄竟不荅；又使吉溫捕史敬忠於汝州，敬忠與溫父素善，溫之幼也，敬忠常抱撫(九八)之，及捕獲，溫不與交言(九九)，鎖其頸，以布蒙首，驅之馬前，至戲水(一〇〇)，溫使吏誘之曰：「楊慎矜已款服(一〇一)，惟須子一辯(一〇二)，若解人意則生，不然必死。前至溫湯(一〇三)，則求首(一〇四)不獲矣。」敬忠顧謂溫曰：「七郎求一紙。」溫陽(一〇五)不應，去溫湯十餘里，敬忠祈請哀切，乃於桑下令荅三紙，辯皆如溫意，溫徐謂曰：「丈人(一〇六)且勿怪。」因起拜之，至會昌，始鞫慎矜，以敬忠為證，慎矜皆引服，惟搜讖書不獲，林甫危之，使盧鉉入長安搜慎矜家，鉉袖讖書入閤中，詬⑰而出曰：「逆賊深藏祕記⑱。」至會昌，以示慎矜，慎矜歎曰：「吾不蓄讖書，此何從⑲在吾家哉！吾應死而已。」丁酉，賜慎矜及兄少府少監慎餘、洛陽令慎名自盡，敬忠杖百，妻子皆流嶺南，暄杖六十，流臨封，死於會昌。嗣虢王巨雖不預謀，坐與敬忠相識，解官⑳，南賓㉑安置，自餘連坐者數十人，慎名聞敕，神色不變，為書別姊，慎餘合掌指天㉒而縊。

(十二)三司按王忠嗣，上曰：「吾兒居深宮，安得與外人通謀，此必妄也。」【考異】新傳：「李林甫屢白太子宜有謀，上云云。」按林甫雖志欲害太子，亦未肯自言之，今不取。但劾忠嗣沮撓軍功。哥舒翰之入朝也，或勸多齎金帛以救忠嗣，翰曰：「若直道㉓尚存，王公必不冤死，如其將喪，多賂何為㉔？」遂單囊而行。三司奏忠嗣罪當死，翰始遇知於上，力陳忠嗣之冤，且請以己官爵贖忠嗣罪，上起入禁中，翰叩頭隨之，言與淚俱，上感寤㉕，己亥，貶忠嗣漢陽㉖太守。

(十三)李林甫屢起大獄，別置推事院於長安，以楊釗有掖庭㉗之親，出入禁闈㉘，所言多聽，乃引以為援，擢為御史，事有微涉東宮者，皆指擿，使之奏劾，付羅希奭吉溫鞫之，釗因得逞其私志，所擠陷㉙誅夷者數百家，皆釗發之。幸太子仁孝謹靜，張垍高力士常保護於上前，故林甫終不能間也。【考異】明皇雜錄云：「上與李林甫議立太子，意屬忠王。林甫從容言於上曰，古者建立儲君，必推賢德，苟非有大勳於社稷，則惟元子。上默然，曰，朕長子琮，往年因獵苑中，所傷，面目尤甚。林甫曰，破面不猶愈於破國乎！陛下其圖之。上微感其言，徐思之。林甫亦素知其有疾，意欲動搖肅宗，而託附武惠妃，因以壽王瑁為請，竟以肅宗孝友聰明，中外所屬，故姦邪之計，莫得行焉。」按是時，忠王若未為太子，上用林甫之言，則琮為太子矣，安能及瑁！新書林甫傳云：「林甫數危太子，未得志，一日，從容曰，古者立儲君，非有大勳於宗稷，則莫若元子。帝久之，曰，慶王獵為貐傷面甚。答曰，破面不愈於破國乎。帝頗惑曰，朕徐思之。」此則情理似近，然新書此事必出於雜錄，若太子已立，則不當云止與林甫議立太子，意屬忠王也。今雜錄本，於所傷字上，脫為貐兩字，別本必有之。按說文：「貐獸名，無前足。」此非常有之物，或者豹字字誤為貐字耳。事既可疑，今不取。

(十四)十二月，壬戌，發馮翊、華陰㉚民夫築會昌城，置百司，王公各置第舍，土畝直千金，癸亥，上還宮。

(十五)丙寅，命百官閱天下歲貢物於尚書省，既而悉以車載賜李林甫家，上或時不視朝㉛，百司悉集林甫第門，臺省為空，陳希烈雖坐府㉜，無一人入謁者。林甫子岫為將作監，頗以滿盈為懼，嘗從林甫遊後園，指役夫言於林甫曰：「大人久處鈞軸㉝，怨仇滿天下，一朝禍至，欲為此㉞得乎！」林甫不樂曰：「勢已如此，將若之何！」先是宰相皆以德度㉟自處，不事威勢，騶從㊱不過數人，士民或不之避，林甫自以多結怨，常虞刺客，出則步騎百餘人，為左右翼㉗，金吾靜街，則驅㉘在數百步外，公卿走避，居則重關㉙複壁，以石甃地㉚，牆中置板，如防大敵，一夕屢徙牀，雖家人莫知其處，宰相騶從之盛，由林甫始。

（十六）初將軍高仙芝本高麗人，從軍安西㉛，仙芝驍勇，善騎射，節度使夫蒙靈詧屢薦至安西副都護、都知兵馬使，充四鎮節度副使。吐蕃以女妻小勃律㉜王，及其旁二十餘國，皆附吐蕃，貢獻不入，前後節度使討之，皆不能克，制以仙芝為行營節度使，將萬騎討之，自安西行百餘日，乃至特勒滿川，分軍為三道㉝，期以七月十三日，會吐蕃連雲堡㉞下，有兵近萬人，不意唐兵猝至，大驚，依山拒戰，礮㉟檑㊱如雨，仙芝以郎將高陵、李嗣業為陌刀㊲將，令之曰：「不及日中，決須㊳破虜。」嗣業執一旗，引陌刀緣險先登力戰，自辰至巳，大破之，【考異】舊嗣業傳云：「天寶七載。」今從實錄及封常清傳。斬首五千級，捕虜千餘人，餘皆逃潰。中使邊令誠㊴以入虜境已深，懼不敢進，仙芝乃使令誠以羸弱三千守其城，復進，三日至坦駒嶺，下峻阪四十餘里，前有阿弩越城，仙芝恐士卒憚險不肯下，先令人胡服，詐為阿弩越城守者迎降云：「阿弩越赤心[40]歸唐，娑夷水藤橋，已斫斷矣。」娑夷水即弱水[41]也，其水不能勝草芥[42]，藤橋者，通吐蕃之路也。仙芝陽喜，士卒乃下，又三日，阿弩越城迎者果至，明日，仙芝入阿弩越城，遣將軍席元慶將千騎前行，謂曰：「小勃律聞大軍至，其君臣百姓，必走山谷[43]，第呼出，取繒帛稱敕賜之[44]，大臣至，盡縛之，以待我。」元慶如其言，悉縛諸大臣，王及吐蕃公主逃入石窟，取不可得，仙芝至，斬其附吐蕃者大臣數人，藤橋去城猶六十里，仙芝急遣元慶往斫之，甫畢，吐蕃兵大至，已無及矣，藤橋闊盡一矢力[45]，修之朞年[46]乃成。八月，仙芝虜小勃律王及吐蕃公主而還。九月，至連雲堡，與邊令誠俱，月末至播密川，遣使奏狀[47]，至河西[48]，夫蒙靈詧怒仙芝不先言已[49]，而遽[50]發奏，一[51]不迎勞，罵仙芝曰：「噉狗糞[52]高麗奴，汝官皆因誰得，而不待我處分[53]，擅奏捷書，高麗奴，汝罪當斬，但以汝新[54]有功。不忍耳。」仙芝但謝罪，邊令誠奏仙芝深入萬里，立奇功，今旦夕憂死(55)(56)。

【今註】㊀干將莫邪：吳王所鑄寶劍。㊁鋒：鋒鋩。㊂虞缺折：憂有缺折之患。㊃排馬牒：胡三省曰：「御史所過，沿路郡縣給驛馬，故未至先有排馬牒。」㊄仰藥：飲藥。㊅迂路：繞路。㊆琯，融之子也：房融見卷二百七武后長安四年。㊇循河：緣河。㊈綱典船夫：胡三省曰：「十船為一綱，以吏為綱，典船夫輓船，及駕船之夫也。」㊉徵剝逋負：徵收剝割所負欠者。⑪延：擴延。⑫林甫恨韋堅不已……至林甫薨乃止：按此段乃錄自《舊唐書．韋堅傳》，字句大致相同。⑬削：除去。⑭嫁母：改嫁之母。⑮一藝：一經。⑯草野：草莽田野。⑰斥言：指言。⑱建言：建議曰。⑲聵：聾，引伸為不達事理之辭，音ㄎㄨㄟˋ。⑳俚言：鄙言。㉑試練：試驗選練。㉒灼然：昭著。㉓省：尚書省。㉔相副：猶相合。㉕詩賦論：詩賦及策論。㉖上表賀野無遺賢：以所試者，無一人及第，故知無有賢者，遺棄在野。㉗癡直：癡騃鯁直。㉘指趣：意旨趨向。趣，朱駿聲謂為趨之假。㉙通之：上之。㉚雜畜：謂馬牛羊等。㉛敏給：敏捷辯給。㉜乃爾：竟乃如此。㉝餘物：猶他物。㉞正：只。㉟趣：讀曰促。㊱習：熟習。㊲儲君：儲備之君主。㊳君汝：謂為汝之君上。㊴金雞障：障，坐障，畫金雞為飾。㊵敍兄弟：敍次兄弟姊妹之行列。㊶貴妃兒：舊《唐書．安祿山傳》作：「請為貴妃養兒。」亦即貴妃之義子也。㊷雄武城：《新唐書．地理志》三河北道：「薊州又有雄武軍，故廣漢川也。」㊸十月己酉上幸驪山溫泉，考異：「舊紀唐歷皆作戊申，今從之。」：按言今從之，則當書作戊申，而不應寫作己酉，知今從之句中，當有缺誤。㊹大斗軍副使：據《舊唐書・地理志》一，大斗軍屬河西節度使，在涼州西二百餘里。㊺河西兵馬使：胡三省曰：「兵馬使，節鎮衙前軍職也，總兵權，任甚重，至德以後，都知兵馬使率為藩鎮儲帥。」㊻赤水軍：《舊唐書・地理志》一，赤水軍在涼州城內，屬河西節度使。㊼翰父祖本突騎施別部酋長：《舊唐書・突厥傳》下：「弩失畢有五俟斤，二曰哥舒闕俟斤。」即其部落之名也。㊽倨慢：猶傲慢。㊾撾殺之：以撾擊殺之。㊿股慄：腿股為之戰慄。(51)累功：積功。(52)積石軍：據《舊唐書・地理志》一，積石軍在鄯州西百八十里，屬隴右節度使。(53)吐蕃麥莊：謂為吐蕃而設之麥莊。莊，田莊。(54)忠嗣使翰擊吐蕃……自是不敢復來：按此段乃錄自《舊唐書・哥舒翰傳》，字句大致相同。(55)石堡城：石堡城陷，見上卷開元二十九年。(56)舉國：謂以全國之力。(57)頓：停頓。(58)不如所亡：謂不及所亡者之多。(59)厲兵：銳厲兵士之氣勢。(60)盡副：猶盡滿。(61)大夫：胡三省曰：「唐中世以前，率呼將帥為大夫，白居易詩所謂：『武官稱大夫。』是也。」(62)謀：計劃。(63)充牣：充滿。(64)杜：塞。(65)制敵：制服敵人。(66)不過以金吾羽林一將軍歸宿衛：謂受罪責後，不過左遷為金吾或羽林將軍，而歸京師宿衛天子。(67)黔中上佐：胡三省曰：「黔中一道，皆溪峒蠻徭雜居，貶謫而不過嶺者處之。上佐，長史、司馬也。」(68)易：換。(69)沮撓：沮喪撓折。(70)濟陽：《新唐書・地理志》二河南道：「鄆州盧縣，本濟州，武德四年折東平郡置，隋曰濟北郡，天寶元年更名濟陽郡。」(71)我幼養宮中，與忠王相愛狎：據《舊唐書・王忠嗣傳》，忠嗣年九歲，父海賓死王事，帝養於宮中，太子時為忠王，與之遊處。(七二)以尊奉太子：謂奉太子為天子。(七三)上欲使王忠嗣攻吐蕃石堡城……委三司鞫之：按此段乃錄自《舊唐書・王忠嗣傳》，字句大致相同。(七四)西平：原鄯州，天寶元年改為西平郡。(七五)武威：原涼州，天寶元年改為武威郡。(七六)慎矜與王鉷父晉，中表兄弟也：按《舊唐書・楊慎矜傳》，中表兄弟作中外兄弟，此名稱驟觀，似甚奇異，然細思之，外與表意正相同，故表兄弟亦可作外兄弟，然究以獨特，故鮮採用焉。(七七)推引：推薦援引。(七八)猶名之：謂猶呼為王鉷。(七九)意稍不平：〈楊慎矜傳〉作：「漸不平之。」是稍意為漸之明證。(八〇)職田：唐官吏多有職田，以收其租賦而供其私人使用。(八一)深銜之：深銜恨之。(八二)故意：故舊之意。(八三)臨汝：原汝州，天寶元年改為臨汝郡。(八四)買莊：買田莊。(八五)禳：除。(八六)躶：同裸。(八七)貫桎梏：謂帶桎梏。(八八)坐其中：坐於道場之中。(八九)德之：感其功德。(九〇)遺：贈。(九一)過貴妃姊柳氏樓下：據考異所引《明皇雜錄》及《舊唐書・玄宗楊貴妃傳》，知柳氏即八姨封秦國夫人者。(九二)敬中：據上下文當作敬忠。(九三)侮慢：侮辱怠慢。(九四)圖：圖謀。(九五)慎矜隋煬帝孫：〈楊慎矜傳〉作：「隋煬帝玄孫。」(九六)栲掠：當作拷掠。(九七)答辯：胡三省曰：「辯者鞫問之辭，今人謂之問頭。」(九八)抱撫：抱而撫摸之，乃示親愛之態。(九九)交言：通言。(一〇〇)戲水：戲水在新豐東。(一〇一)款服：誠服。(一〇二)一辯：猶一言。(一〇三)溫湯：即會昌，時置會昌縣於溫泉宮下。(一〇四)則求首：〈楊慎矜傳〉作：「即求首陳。」首，自首也。(一〇五)陽：猶佯。(一〇六)丈人：年老行高者之稱。(一〇七)詬：罵詈，音ㄍㄡˋ。(一〇八)秘記：指讖書言。(一〇九)何從：由何，亦即何故。(一一〇)解官：免官。(一一一)南賓：《舊唐書・地理志》二：「忠州，天寶元年改為南賓郡，在京師南二千二百二十里。」⑫合掌指天：行佛家禮懺之儀。⑬直道：謂正直之道。⑭何為：猶何用。⑮感寤：感動悔悟。⑯漢陽：原沔州，天寶元年改為漢陽郡。⑰掖庭：宮掖。⑱禁闥：禁闈。⑲擠陷：排擠陷害。⑳發馮翊華陰：馮翊郡本同州，華陰郡本華州。㉑視朝：通作上朝。㉒府：相府。㉓鈞軸：猶鈞樞，即宰輔。㉔此：指役夫。㉕德度：德行禮度。㉖騶從：前後侍從之騎卒。㉗翼：翼衛。㉘前驅：前驅之騎卒。㉙重闢：重門。㉚以石甃地：以防穿穴而入。㉛安西：安西都護府。㉜小勃律：《新唐書・西域大勃律國傳》：「小勃律去京師九千里而贏，東少南三千里距吐蕃贊普牙。」㉝特勒滿川，分軍為三道：據《舊唐書・高仙芝傳》，特勒滿川即五識匿國所居，三道：一自北谷道，一自赤佛堂路，一自護密國路。㉞連雲堡：據〈高仙芝傳〉，連雲堡南依山，北據婆勒川以為固。㉟礮：礮石。㊱檑：檑木。㊲陌刀：《唐六典》卷十六：「武庫令，掌藏天下之兵仗器械，凡刀之制有四：一曰儀刀，二曰鄣刀，三曰橫刀，四曰陌刀。陌刀，長刀也，步兵所持，蓋古之斷馬劍。」㊳決須：定要。㊴中使邊令誠：邊令誠時為監軍使。㊵赤心：誠心。㊶弱水：《新唐書・西域大勃律傳》：「小勃律王居孽多城，臨娑夷水。」㊷其水不能勝草芥：謂雖草芥亦不能漂浮，而告下沈，斯所以名弱水也。㊸小勃律聞大軍至，其君臣百姓必走山谷：按〈大勃律傳〉，小勃律王名蘇失利之。㊹稱敕賜之：謂稱係敕命賜予之。㊺闊盡一矢力：謂闊為一箭之程。㊻朞年：滿一年。㊼奏狀：奏捷狀於京師。㊽至河西：胡三省曰：「此河西，白馬河西也，自安西西出拓厥關，度白馬河。」㊾不先言己：謂不先告己。㊿遽：立即。(51)一：全。(52)狗糞：即狗屎。㉝處分：猶處理。㉞新：猶纔。㉟今旦夕憂死：指為夫蒙靈詧所迫而言。㊱初將軍高仙芝……今旦夕憂死：按此段乃錄自《舊唐書‧高仙芝傳》，字句大致相同。

卷二百一十六　唐紀三十二

司馬光編集
曲守約註

起彊圉大淵獻十二月，盡昭陽大荒落，凡六年有奇。（丁丑至癸巳，西元七四七年至七五四年）

玄宗至道大聖大明孝皇帝下之上

天寶六載（西元七四七年）

㈠十二月，己巳，上以仙芝為安西四鎮節度使，徵靈詧入朝，靈詧大懼，仙芝見靈詧趨走如故㊀，靈詧益懼，副都護、京兆程千里、押牙㊁畢思琛及行官㊂王滔等，皆平日構㊃仙芝於靈詧者也，仙芝面責千里、思琛曰：「公面如男子，心如婦人，何也？」又捽㊄滔等欲笞之，既而皆釋之，謂曰：「吾素所恨於汝者，欲不言，恐汝懷憂，今既言之，則無事矣㊅。」軍中乃安㊆。初仙芝為都知兵馬使，猗氏㊇人封常清少孤貧，細瘦纇目㊈，一足偏短㊉，求為仙芝傔㊁，不納，常清日候仙芝出入，不離其門，凡數十日，仙芝不得已，留之，會達奚部叛，夫蒙靈詧使仙芝追之，斬獲略盡，常清私⑫作捷書以示仙芝，皆仙芝心所欲言者，由是一府奇之，仙芝為節度使，即署常清判官，仙芝出征，常為留後⑬。仙芝乳母子鄭德詮為郎將，仙芝遇之如兄弟，使典家事，威行軍中⑭。常清嘗出，德詮自後走馬突⑮之而過，常清至使院⑯，使召德詮，每過一門，輒闔之，既至，常清離席⑰謂曰：「常清本出寒微，郎將所知，今日中丞⑱命為留後，郎將何得於眾中相陵突！」因叱之曰：「郎將須蹔⑲死，以肅軍政⑳。」遂杖之六十，面仆地，曳出，仙芝妻及乳母於門外號哭，救之不及，因以狀白仙芝，仙芝覽之，驚曰：「已死邪？」及見常清，遂不復言，常清亦不之謝㉑，軍中畏之㉒惕息㉓。

㈡自唐興以來，邊帥皆用忠厚名臣，不久任，不遙領，不兼統，功名著者，往往入為宰相，其四夷之將，雖才略如阿史那社爾、契苾何力，猶不專大將之任㉔㉕，皆以大臣為使以制之；及開元中，天子有吞四夷之志，為邊將者十餘年不易㉖，始久任矣；皇子，則慶忠諸王㉗，宰相，則蕭嵩、牛仙客始遙領矣；蓋嘉運、王忠嗣專制數道，始兼統(二八)矣。李林甫欲杜邊帥入相之路，以胡人不知書(二九)，乃奏言：「文臣為將，怯當矢石，不若用寒畯(三〇)胡人，胡人，則勇決(三一)習戰，寒族，則孤立無黨，陛下誠以恩洽(三二)其心，彼必能為朝廷盡死(三三)。」上悅其言，始用安祿山。至是諸道節度盡用胡人(三四)(三五)，精兵咸戍北邊，天下之勢偏重，卒使祿山傾覆天下，皆出於林甫專寵固位之謀也。

【今註】(一)趨走如故：謂執下屬之禮如舊。(二)押牙：押牙者，盡管節度使牙門之事。(三)行官：胡三省曰：「行官主將命往來京師及鄰道及巡內郡縣。」(四)構：構譖。(五)捽：持頭髮，音ㄗㄨㄛˊ。(六)則無事矣：謂則恨盡釋矣。(七)上以仙芝為安西四鎮節度使……軍中乃安：按此段乃錄自《舊唐書・高仙芝傳》，字句大致相同。(八)猗氏：據《舊唐書・地理志》二，猗氏屬河東道，河中府。(九)類目：目有病，音累。(一〇)一足偏短：即所謂跛也。(一一)傔：侍從，音歉。(一二)私：猶潛。(一三)即署常清判官，仙芝出征，常為留後：胡三省曰：「唐諸使之屬，判官位次副使，盡總府事。又節度使或出征，或入朝，或罷而未有代，皆有知留後事，其後遂以節度留後為稱。」(一四)威行軍中：謂軍中皆畏之。(一五)突：凌。(一六)使院：胡三省曰：「使院，留後治事之所，節度使便坐治事，亦或就使院。」(一七)離席：離坐位。(一八)中丞：中丞謂高仙芝，唐邊鎮諸帥，或帶御史中丞、大夫時，隨其所帶官稱之。(一九)塹：

同暫，猶立。⑳遂：竟。㉑謝：謝罪。㉒畏之：應作為之。㉓惕息：屏息惕懼。㉔初仙芝為都知兵馬使……軍中畏之惕息：按此段乃錄自《舊唐書・封常清傳》，字句大致相同。㉕雖才略如阿史那社爾、契苾何力，猶不專大將之任：社爾討高昌，侯君集為元帥，何力討高麗，李勣為元帥。㉖為邊將者，十餘年不易：王晙、郭知運、張守珪等人是。㉗皇子則慶忠諸王：諸王事見卷二百十三開元十五年。㉘兼統：兼領。㉙不知書：不識文字。㉚寒畯：胡三省曰：「寒謂卑賤，畯嘗有事農耕者也。」音俊。㉛勇決：勇敢果決。㉜洽：融洽。㉝盡死：盡死力。㉞至是諸道節度盡用胡人：胡三省曰：「安祿山、安思順、哥舒翰、高仙芝皆其例。」㉟李林甫欲杜邊帥入相之路……盡用胡人：按此段乃錄自《舊唐書・李林甫傳》，字句大致相同。

七載（西元七四八年）

㈠夏，四月，辛丑，左監門大將軍、知內侍省事①高力士加驃騎大將軍②，力士承恩③歲久，中外畏之，太子亦呼之為兄，諸王公呼之為翁，駙馬輩直謂之爺④，自李林甫、安祿山輩，皆因之以取將相，其家富厚不貲⑤，於西京作寶壽寺，寺鍾成，力士作齋以慶之，舉朝畢集，擊鍾一杵⑥，施錢百緡，有求媚者，至二十杵，少者不減十杵，然性和謹，少過，善觀時俯仰㈦，不敢驕橫，故天子終親任之，士大夫亦不疾惡㈧也。

㈡五月，壬午，羣臣上尊號曰開元天寶聖文神武應道皇帝，赦天下，免百姓來載租庸，擇後魏子孫一人為三恪㈨。

㈢六月，庚子，賜安祿山鐵券㈩。

㈣度支郎中兼侍御史楊釗善窺上意，所愛惡而迎⑪之，以聚歛驟⑫遷，歲中領十五餘使⑬，甲辰，遷給事中兼御史中丞，專判度支事，恩幸日隆⑭。

蘇冕論曰：「設官分職，各有司存⑮，政有恒而易守，事歸本⑯而難失，經遠之理，捨此奚據！洎姦臣廣言利以邀恩，多立使以示寵⑰，刻⑱下民以厚歛，張虛數⑲以獻狀，上心蕩⑳而益奢，人望怨而成禍，使天子有司，守其位而無其事㉑，受厚祿而虛其用㉒，宇文融首唱其端，楊愼矜王鉷繼遵其軌㉓，楊國忠終成其亂。仲尼云：『寧有盜臣而無聚歛之臣㉔。』誠哉是言。前車既覆，後轍未改，求達化本㉕，不亦難乎！」

㈤冬，十月，庚戌，上幸華清宮。

㈥十一月，癸未，以貴妃姊適崔氏者為韓國夫人，適裴氏者為虢國夫人，適柳氏者為秦國夫人，三人皆有才色，上呼之為姨，出入宮掖，並承恩澤，勢傾天下，每命婦入見㉖，玉真公主㉗等皆讓不敢就位，三姊與銛錡五家㉘，凡有請託，府縣承迎㉙，峻㉚於制敕，四方賂遺，輻湊㉛其門，惟恐居後，朝夕如市㉜。十宅諸王及百孫院㉝昏嫁，皆以錢千緡賂韓虢，使請㉞無不如志㉟，上所賜與，及四方獻遺，五家如一，競開第舍，極其壯麗，一堂之費，動踰千萬㊱，既成，見它人有勝己者，輒毀而改為，虢國尤為豪蕩，一旦帥工徒㊲突入韋嗣立宅，即撤去舊屋，自為新第，但授韋氏以隙地十畝而已；中堂既成，召工圬墁㊳，約錢㊴二百萬，復求賞技㊵，虢國以絳羅五百段賞之，嗤而不顧，曰：「請取螻蟻蜥蜴㊶，記其數，置堂中，苟失一物，不敢受直㊷。」

㈦十二月，戊戌，或言玄元皇帝降於朝元閣㊸，制改會昌縣曰昭應，廢新豐入昭應，辛酉，上還宮㊹。

㈧哥舒翰築神威軍於青海上，吐蕃至，翰擊破之；又築城於青海中龍駒島㊺，謂之應龍城㊻，吐蕃屏迹，不敢近青海㊼。

㈨是歲，雲南王歸義卒，子閣羅鳳嗣，以其子鳳迦異為陽瓜州刺史㊽。

【今註】㊀知內侍省事：《舊唐書．職官志》三：「內侍省，內侍二員，從四品上，武德復為中侍，中言之貴，極於此矣。若有殊勳懋績，則有拜大將軍者，仍兼內侍之官。」㊁加驃騎大將軍：同志一：「驃騎大將軍從一品，武散官。」㊂承恩：承上恩。㊃爺：《陔餘叢考》：「爺用為尊貴之稱，蓋起於唐世。通鑑（按為《通鑑》卷二百一十六天寶七載。）高力士承恩久，中外畏之，駙馬輩直呼為爺。此今世俗所稱王爺、公爺、老爺所自來矣。」㊄不貲：胡三省曰：「言不可計算也。」㊅擊鍾一杵：謂以杵擊鍾一下，鍾同鐘。㊆善觀時俯仰：謂善觀時勢而隨和之。㊇疾惡：恨惡。㊈三恪：恪，敬也，義取王之所敬。杜佑曰：「歷代至今，皆以三代為三恪，以此考之，蓋以後魏子孫與周隋子孫為三恪也。」㊉賜鐵券：賜鐵券，乃有其死罪而不刑之，文皆載於鐵券之上，以鐵者，為求其永久而不磨滅也。⑪迎：迎合。⑫驟：屢。⑬領十五餘使：洪邁《隨筆》：「楊國忠為度支郎，領十五餘使，至宰相凡領四十餘使，新舊唐史皆不詳載其職，案其拜相制前銜曰：『御史大夫判度支、權知太府卿事、兼蜀郡長史、劍南節度支度營田等副大使、本道兼山南西道采訪處置使、兩京太府出納、監倉祠祭木炭宮市、長春九成宮等使、關內道及京畿采訪處置使、拜右相、兼吏部尚書、集賢殿崇玄館學士、修國史、太清紫微宮使。』自餘所領，又有管當租庸鑄錢等使，以是觀之，概可見矣。」餘猶今言多個。⑭隆：隆盛。⑮司存：管視。⑯歸本：歸依本道。⑰多立使以示寵：謂多立使院，以賜寵於下。⑱刻：侵刻。⑲張虛數：設虛偽之數目。⑳蕩：搖蕩。㉑無其事：猶無其職。㉒虛其用：謂無其功。㉓軌：軌道。㉔寧有盜臣而無聚斂之臣：《禮記．大學》：「百乘之家，不畜聚斂之臣，與其有聚斂之臣，寧有盜臣。」朱注：「君子寧亡己之財，而不忍傷民之力，故寧有盜臣，而不畜聚斂之臣。」㉕化本：治化之本。㉖命婦入見：命婦，命婦外命婦也。㉗玉真公主：乃睿宗之女。㉘三姊與銛錡五家：按三姊改稱三夫人，較為普通。㉙承迎：猶承接。㉚峻：嚴峻。㉛輻湊：匯聚。㉜如市：如市之川流不息。㉝十宅諸王及百孫院：十王宅百孫院見卷二百十三開元十五年。㉞使請：使向上奏請。㉟如志：猶如意。㊱動踰千萬：謂不動則已，一動則踰千萬，質言之，亦即皆踰千萬。㊲工徒：工匠徒眾。㊳圬墁：塗飾，圬音污。㊴約錢：預約與錢。㊵復求賞技：謂復於此外，請求賜賞工人之費。㊶蜥蜴：師古曰：「爾雅云，『蠑螈、蜥蜴、蝘蜓、守宮。』是則一類耳。」音ㄒㄧ ㄧˋ。㊷苟失一物，不敢受直：按螻蟻蜥蜴爬行地上，最易走失，而此云苟失一物，不敢受直，意乃嫌其微少，不欲收受，然不肯明言，故設奇特事物以為喻耳。㊸朝元閣：胡三省曰：「上於華清宮中起老君殿，殿之北為朝元閣，以或言老君降於此，改曰降聖閣。」㊹上還宮：自溫泉宮還。㊺青海中龍駒島：胡三省曰：「海周八九百里，中有山，須冰合，遊牝馬其上，明年生駒，號龍種，故謂之龍駒島。」」㊻謂之應龍城：《舊唐書・哥舒翰傳》：「有白龍見，遂名為應龍城。」此城得名之原由也。㊼哥舒翰築神威軍……不敢近青海：按此段乃錄自《舊唐書・哥舒翰傳》，字句大致相同。㊽子閤羅鳳嗣，以其子鳳迦異為陽瓜州刺史：按其子鳳迦異與其父閤羅鳳之末一字相同，乃遵父子姓名相屬制而命定者。

八載（西元七四九年）

㈠春，二月，戊申，引百官觀左藏㈠，賜帛有差。是時州縣殷富㈡，倉庫積粟帛，動以萬計，楊釗奏請所在糶變為輕貨㈢，及徵丁租地稅皆變布帛，輸京師，屢奏帑藏㈣充牣㈤，古今罕儔㈥，故上帥羣臣觀之，賜釗紫衣金魚㈦以賞之。上以國用豐衍㈧，故視金帛如糞壤㈨，賞賜貴寵之家，無有限極。

㈡三月，朔方節度等使張齊丘，於中受降城西北五百餘里木剌山，築橫塞軍㈩，以振遠軍㈡使、鄭㈢人郭子儀為橫塞軍使。

㈢夏，四月，咸寧㈢太守趙奉璋告李林甫罪二十餘條，狀未達，林甫知之，諷㈣御史逮捕，以為妖言㈤，杖殺之㈥。

㈣先是折衝府皆有木契銅魚，朝廷徵發，下敕書契魚(一七)，都督郡府參驗(一八)皆合，然後遣之，自募置彍騎(一九)，府兵日益墮(二〇)壞，死及逃仁者，有司不復點補(二一)，其六馱馬(二二)牛、械器、糗(二三)糧，耗散略盡。府兵入宿衛者，謂之侍官，言其為天子侍衛也，其後本衛多以假人(二四)，役使(二五)如奴隸，長安人羞之，至以相詬病(二六)(二七)，其戍邊者，又多為邊將苦使(二八)，利其死，而沒(二九)其財，由是應為府兵者皆逃匿，至是無兵可交(三〇)。五月，癸酉，李林甫奏停折衝府上下魚書，是後府兵徒有官吏而已。其折衝果毅，又歷年不遷(三一)，士大夫亦恥為之，其彍騎之法，天寶以後，稍亦變廢，應募者皆市井負販(三二)無賴(三三)子弟，未嘗習兵(三四)。時承平日久，議者多謂中國兵可銷(三五)，於是民間挾(三六)兵器者有禁，子弟為武官，父兄擯不齒(三七)，猛將精兵皆聚於西北，中國(三八)無武備矣。

㈤太白山(三九)人李渾等上言：「見神人言：『金星洞有玉板石記，聖主福壽之符命(四〇)。』」御史中丞王鉷入仙遊谷，求而獲之，上以符瑞相繼，皆祖宗休烈(四一)。六月，戊申，上聖祖號曰大道玄元皇帝㊷，上高祖謚曰神堯大聖皇帝，太宗謚曰文武大聖皇帝，高宗謚曰天皇大聖皇帝，中宗謚曰孝和大聖皇帝，睿宗謚曰玄真大聖皇帝，竇太后以下皆加謚，曰順聖皇后。

㈥辛亥，刑部尚書、京兆尹蕭炅坐贓，左遷汝陰㊸太守。

㈦上命隴右節度使哥舒翰帥隴右河西及突厥阿布思兵，益以朔方河東兵凡六萬三千，攻吐蕃石堡城，其城三面險絕㊹，惟一徑可上，吐蕃但以數百人守之，多貯糧食，積檑木及石，唐兵前後屢攻之，不能克，翰進攻數日，不拔，召裨將㊺高秀巖、張守瑜，欲斬之，二人請三日期可克㊻，如期拔之，獲吐蕃鐵刃悉諾羅等四百人，唐士卒死者數萬，果如王忠嗣之言。頃之，翰又遣兵於赤嶺西開屯田，以謫卒㊼二千戍龍駒島，冬冰合，吐蕃大集，戍者盡沒㊽。

㈧閏月，乙丑，以石堡城為神武軍，又於劍南西山索磨川，置保寧都護府。

㈨丙寅，上謁太清宮。丁卯，羣臣上尊號曰開元天地大寶聖文神武應道皇帝，赦天下，禘祫，自今㊾於太清宮聖祖前設位序正㊿。

(十)秋，七月，冊突騎施移撥為十姓可汗。八月，乙亥，護密王羅真檀入朝，請留宿衛，許之，拜左武衛將軍。

(土)冬，十月，乙丑，上幸華清宮。

(士)十一月，乙未，吐火羅葉護失里怛伽羅遣使，表稱：「朅師㊄王親附吐蕃，困苦小勃律，鎮軍㊅，阻其糧道，臣思破凶徒，望發安西兵，以來歲正月至小勃律，六月至大勃律㊆。」上許之。

【今註】㈠左藏：《唐六典》卷二十：「左藏署，有東庫、西庫、朝堂庫。左藏令掌邦國庫藏之事，凡天下賦調，先於輸場，簡其合尺度斤兩者，卿及御史監閱，然後納於庫藏，皆題以州縣年月，所以別麤良，辯新舊也。」按雍錄，太極宮中有東左藏庫、西左藏庫，東庫在恭禮門之東，西庫在安仁門之西；大明宮中有左藏庫，在麟德殿之左。」㈡殷富：殷盛富饒。㈢糶變為輕貨：謂糶賣積粟而改買絹帛。㈣帑藏：儲藏之錢帛。㈤充牣：充滿，音刃。㈥儔：匹。㈦紫衣金魚：乃三品以上之服飾。㈧豐衍：豐富饒衍。㈨糞壤：即糞土。㈩橫塞軍：胡三省曰：「參考諸書，橫塞軍即橫野軍，天寶元年書河東節度統橫野軍，開元六年所移者也。此築橫塞軍，在可敦城者也。」㈡振遠軍：胡三省曰：「振遠軍在單于府界。」㈢鄭：據《舊唐書・地理志》一，鄭縣屬關內道華州。㈢咸寧：咸寧郡本丹州丹陽郡，天寶元年更郡名。㈣諷：諷示。㈤以為妖言：謂以為製造妖言。㈥咸寧太守趙奉璋……以為妖言，杖殺之：按此段乃錄自《舊唐書・李林甫傳》，字句大致相同。⑰先是折衝府皆有木契、銅魚，朝廷徵發，下敕書契魚：《唐六典》卷八：「符寶郎掌國之符節，辨其所用，有事則請於內，既事則奉而藏之。一曰銅魚符，所以起軍旅，易守長，兩京留守若諸州諸軍折衝府、諸處捉兵鎮守之所、及宮總監，皆給銅魚符。四曰木契，所以重鎮守，慎出納。車駕巡幸，皇太子監國，有兵馬受處分者，為木契；若王公以下兩京留守、及諸州有兵馬受處分、並行軍所及，領兵五百人者以上，馬五百匹以上，征討亦各給木契。魚符之制，王畿之內，左三右一，王畿之外，左五右一。左者在內，右者在外，行用之日，從第一為首，後事須用以次發之，周而復始。」《演繁露》：「唐世左魚之外，又有敕牒將之，故兼名魚書。」⑱參驗：參稽考驗。⑲自募置彍騎：彍騎見卷二百一十二開元十三年。⑳墮：墮讀曰隳，壞也。㉑點補：點召而補充之。㉒六䭾馬：負物，音ㄊㄨㄛˊ。《新唐書・兵志》：「十人為火，火備六䭾馬。」㉓糗：謂熬米麥使熟，又搗以為粉。㉔本衞多以假人：謂本衞長官多將之假借與他人。㉕役使：被役使。㉖詬病：猶恥辱。㉗其六䭾馬牛……至以相詬病：按此段《新唐書・兵志》亦載之，字句大致相同。㉘苦使：辛苦役使。㉙沒：沒收。㉚可交：可交於中樞。㉛遷：遷調。㉜負販：負物以販賣者，今謂肩擔小販。㉝無賴：猶浮浪。㉞習兵：練習兵事。㉟兵可銷：兵器可以銷廢。㊱挾：持。㊲擯不齒：謂擯棄而不與同列。㊳中國：此處指中原言。㊴太白山：《新唐書・地理志》一關內道：「鳳翔府，郿縣，有太白山。」㊵符命：符瑞命數。㊶休烈：休美之功烈。㊷六月戊申，上聖祖號曰大道玄元皇帝：按《舊唐書・

玄宗紀》，六月戊申作閏六月丙寅。核《通鑑》下文接載：「閏月丙寅，上謁太清宮。丁卯，羣臣上尊號。」按謁太清宮，端為冊封諸帝，由此愈知六月戊申下所載之事，當移錄於閏六月丙寅中矣。㊸汝陰：汝陰郡原潁州，天寶元年改為汝陰。㊹險絕：險峻懸絕。㊺裨：偏。㊻克：攻克。㊼謫卒：犯罪而貶謫之人。㊽沒：覆沒。㊾自今：謂自今以後。㊿設位序正：《舊唐書・玄宗紀》，序正作序昭穆，是其詳釋。(51)朅師：《新唐書・西域吐火羅傳》作羯師，乃西域人所建之國名。(52)困苦小勃律鎮軍：同書〈西域小勃律傳〉：「高仙芝執小勃律王，詔改其國號歸仁，置歸仁軍，募千人鎮之。」鎮軍即指此而言。(53)大勃律：同書〈大勃律傳〉：「大勃律直吐蕃，西與小勃律接。」

九載（西元七五〇年）

㈠春，正月，己亥，上還宮。

㈡羣臣屢表請封西嶽，許之。

㈢二月，楊貴妃復忤旨，送歸私第㊀，戶部郎中吉溫因宦官言於上曰：「婦人識慮㊁，不遠，違忤聖心，陛下何愛宮中一席之地，不使之就死㊂，豈忍辱之於外舍㊃邪！」上亦悔之，遣中使賜以御膳，妃對使者涕泣曰：「妾罪當死，陛下幸不殺而歸之㊄，今當永離掖庭㈥，金玉珍玩皆陛下所賜，不足為獻，惟髮者父母所與，敢以薦誠㈦。」乃翦髮一繚㈧而獻之，上遽使高力士召還，寵待益深㈨。時諸貴戚競以進食相尚，上命宦官姚思藝為檢校㈩進食使，水陸珍羞數千盤，一盤費中人㈡十家之產。中書舍人竇華嘗退朝，值公主進食，列於中衢㈢傳呼按轡出其間㈢，宮苑小兒㈣數百，奮梃於前㈤，華僅以身免㈥。

㈣安西節度使高仙芝破朅師，虜其王勃特沒。【考異】實錄：「去載十一月，吐火羅葉護請使安西兵討朅師，上許之。」不見出師，「今載三月庚子，冊朅師國王勃特沒兄素迦為王，冊曰，頃勃特沒於卿不孝，於國不忠。」不言師為誰所破。按十載正月高仙芝擒朅師王來獻，然則朅師為仙芝所破也。三月，庚子，立勃特沒之兄素迦為朅師王。

㈤上命御史大夫王鉷鑿華山路，設壇場於其上。是春，關中旱，辛亥，嶽祠災㈦，制罷封西嶽。

㈥夏，四月，己巳，御史大夫宋渾坐贓巨萬，流潮陽㈧。初吉溫因李林甫得進，及兵部侍郎兼御史中丞楊釗，恩遇浸深，溫遂去林甫而附之，為釗畫排執甫政之策，蕭炅及渾，皆林甫所厚也，求得其罪，使釗奏而逐之，以翦其心腹㈨，林甫不能救也。

(七)五月，乙卯，賜安祿山爵東平⑳郡王，唐將帥封王，自此始。

(八)秋，七月，乙亥，置廣文館㉑於國子監，以教諸生習進士者。

(九)八月，丁巳，以安祿山兼河北道采訪處置使。

(十)朔方節度使張齊丘給糧失宜㉒，軍士怒，毆其判官，兵馬使郭子儀以身捍㉓齊丘，乃得免，癸亥，齊丘左遷濟陰㉔太守，以河西節度使安思順權知㉕朔方節度事。

(十一)辛卯，處士崔昌上言：「國家宜承周漢，以土代火，周隋皆閏位㉖，不當以其子孫為二王後。」事下公卿集議，集賢殿學士衛包上言：「集議之夜，四星聚於尾，天意昭然。」上乃命求殷、周、漢後為三恪，廢韓介酅公㉗，以昌為左贊善大夫，包為虞部員外郎。

(十二)冬，十月，庚申，上幸華清宮。

(十三)太白山人王玄翼上言：「見玄元皇帝言：『寶仙洞有妙寶真符。』」【考異】舊志：「王鉷奏玄翼見玄元於寶仙洞中，遣鉷與張均、王倕、王濟、王翼、王嶽靈，於洞中得玉石函，上清護國經、寶券紀籙等，獻之。」今從實錄云。命刑部尚書張均等往求得之，時上遵道教㉘，慕長生，故所在爭言符瑞，羣臣表賀無虛月，李林甫等皆請捨宅為觀㉙，以祝聖壽，上悅。

(十四)安祿山屢誘奚契丹，為設會，飲以莨菪酒㉚，醉而阬㉛之，動數千人，函㉜其酋長之首以獻，前後數四㉝，至是請入朝，上命有司先為起第於昭應㉞，祿山至戲水，楊釗兄弟姊妹皆往迎之，冠蓋㉟蔽野，上自幸望春宮以待之，辛未，祿山獻奚俘八千人，上命考課之日，書上上考。前此㊱，聽祿山於上谷鑄錢五爐㊲，祿山乃獻錢樣㊳千緡。

(十五)楊釗，張易之之甥也，【考異】鄭審天寶故事云：「楊國忠本張易之之子，天授中，張易之恩幸莫比，每歸私第，詔令居樓上，仍去其梯，母恐張氏絕嗣，乃密令女奴蠙珠上樓，遂有娠，而生國忠。」其說曖昧無稽，今不取。奏乞昭雪易之兄弟㊴，庚辰，制引㊵易之兄弟迎中宗於房陵之功，復其官爵，【考異】唐歷在七月二十五日，今從實錄。仍賜一子官。釗以圖讖有金刀，請更名，上賜名國忠。

(十六)十二月，乙亥，上還宮。

(十七)關西遊奕使王難得擊吐蕃，克五橋，拔樹敦城，以難得為白水軍使。

(十八)安西四鎮節度使高仙芝偽與石國約和，引兵襲之，虜其王及部眾以歸，悉殺其老弱。仙芝性貪，掠得瑟瑟㊶十餘斛，黃金五六橐駝，其餘口馬㊷雜貨稱是，皆入其家㊸。

㈨楊國忠德鮮于仲通㊹，薦為劍南節度使，仲通性褊㊺急，失蠻夷心。故事，南詔常與妻子俱謁都督，過雲南㊻，雲南太守張虔陀皆私之，又多所徵求，南詔王閤羅鳳不應，虔陀遣人詈辱之，仍密奏其罪，閣羅鳳忿怨，是歲發兵反，攻陷雲南，殺虔陀，取夷州㊼三十二㊽。

【今註】㊀私第：謂楊氏之宅。㊁識慮：識見思慮。㊂不使之就死：謂不使之就死宮中。㊃外舍：宮外之第舍。㊄歸之：令之歸還私第。㊅掖庭：猶宮闈。㊆薦誠：謂薦進以表誠心。㊇一繚：猶一綹。㊈楊貴妃復忤旨……寵待益深：按此段乃錄自《舊唐書．玄宗楊貴妃傳》，字句大致相同。㊉檢校：考察。⑪中人：中等人家。⑫中衢：街衢之中。⑬傳呼按轡出其間：謂不停呼喊，按轡徐行，而通過其行列。⑭宮苑小兒：宮苑使領之。⑮奮梃於前：謂羣欲舉梃擊華。⑯華僅以身免：謂華僅得逃出性命。⑰灾：同災。⑱御史大夫宋渾坐贓巨萬流潮陽：按《舊唐書．玄宗紀》作：「御史中丞宋渾坐贓及姦，長流高要郡。」⑲剪其心腹：謂剪除其心腹之人。⑳東平：河南道鄆州，天寶元年改為東平郡。㉑置廣文館：胡三省曰：「時廣文館置博士二員，助教一員。」

㉒失宜：猶失當。㉓捍：捍護。㉔濟陰：原齊州，天寶元年改為濟陰。㉕權知：暫知。㉖閏位：非正位，乃附加者，猶本月與閏月然。㉗廢韓介酇公：韓，元魏後；介，後周後；酇，隋後。㉘遵道教：謂遵奉道教。㉙捨宅為觀：捨住宅以為道觀。㉚莨菪酒：《本草》：「莨菪子生海邊川谷，今處處有之，四月開花，結實有殼，作罌子狀，如小石榴，房中子至細，青白如米粒，毒甚，煮一二日，而芽方生，以釀酒，其毒尤甚。」㉛阬：同坑。㉜函：盛。㉝數四：嫌再三尚少，故改用數四，以示多意。㉞先為起第於昭應：時王公皆私置第於昭應，獨祿山以承恩，命有司起第。㉟冠蓋：顯要官員。㊱前此：與先是同意。㊲鑄錢五鑪：謂設五鑪鑄錢。㊳錢樣：堪充所鑄錢之模樣者。㊴昭雪易之兄弟：謂昭明雪洗。易之兄弟誅見卷二百七中宗神龍元年。㊵引：引據。㊶瑟瑟：《廣雅》：「瑟瑟，碧珠也。」㊷口馬：據《舊唐書・高仙芝傳》，口乃名之訛。㊸安西四鎮節度使高仙芝……皆入其家：按此段乃錄自《舊唐書・高仙芝傳》，字句大致相同。㊹楊國忠德鮮于仲通：鮮于仲通資給國忠，又推轂之，事見上卷四載。㊺褊：褊窄，音ㄅㄧㄢˇ。㊻雲南：原劍南道姚州。㊼夷州：胡三省曰：「謂西南夷歸化羈縻之州。」㊽故事，南詔常與妻子……取夷州三十二：按此段乃錄自《舊唐書・南詔傳》，字句大致相同。

十載（西元七五一年）

㈠春，正月，壬辰，上朝獻太清宮，癸巳，朝享太廟，甲子，合祭天地於南郊(一)，赦天下，免天下今載地稅。丁酉，命李林甫遙領朔方節度使，以戶部侍郎李暐知留後事

㈡庚子，楊氏五宅(二)夜遊，與廣平公主(三)從者爭西市門(四)，楊氏奴揮鞭及公主衣(五)，公主墜馬，駙馬程昌裔(六)下(七)扶之，亦被數鞭，公主泣訴於上，上為之杖殺楊氏奴，明日免昌裔官，不聽朝謁(八)。

㈢上命有司為安祿山治第於親仁坊，敕令但窮壯麗(九)，不限(一〇)財力，既成，具幄帟(一一)，器皿充牣其中，有帖白檀牀(一二)二，皆長丈闊六尺，銀平脫(一三)屏風帳，方丈六尺，於廚廄(一四)之物，皆飾以金銀，金飯罌(一五)二，銀淘盆(一六)二，皆受五斗(一七)，織銀絲筐(一八)及笊籬(一九)各一，它物稱是(二〇)，雖禁中服御之物，殆不及也。上每令中使為祿山護役(二一)，築第及造儲偫(二二)賜物，常戒之曰：「胡眼大(二三)，勿令笑我。」祿山入新第，置酒，乞降墨敕，請宰相至第，是日上欲於樓下擊毬(二四)，遽(二五)為罷戲，命宰相赴之。日遣諸楊與之選勝(二六)遊宴，侑(二七)以梨園教坊樂(二八)，上每食一物，稍美，或後苑校獵獲鮮禽，輒遣中使

走馬㉙賜之，絡繹於路。甲辰，祿山生日，上及貴妃賜衣服寶器酒饌甚厚，後三日，召祿山入禁中，貴妃以錦繡為大襁褓㉚裹祿山，使宮人以綵㉛輿舁㉜之，上聞後宮歡笑，問其故，左右以貴妃三日洗祿兒對㉝，上自往觀之，喜賜貴妃洗兒金銀錢，復厚賜祿山，盡歡而罷。自是祿山出入宮掖不禁，或與貴妃對食，或通宵不出，頗有醜聲聞於外，上亦不疑也。**【考異】**祿山事迹：「正月二十日，祿山生日，玄宗及太真賜祿山器皿衣服，件目甚多，後三日召祿山入內，貴妃以錦繡繃縛祿山，令內人以綵輿舁之，宮中歡呼動地，玄宗使人問之，報云，貴妃與祿兒作三日洗兒；玄宗就觀之，大悅，因賜貴妃洗兒金銀錢物，極歡而罷。自是宮中皆呼祿山為祿兒，不禁其出入。」溫畬天寶亂離西幸記：「祿山諂約楊妃，誓為子母，自號國已下次及諸王，皆戲祿兒，與之促膝娛宴。上時聞後宮三千，合處喧笑，密偵，則祿山果在其內，貴戚猱雜，未之前聞。凡曰釵鬟，皆啗厚利，或通霄禁掖，暱狎嬪嬙，和士開之出入臥內，方此為疏，薊城侯之獲廁刑餘，又奚足尚。」王仁裕天寶遺事云：「祿山常與妃子同食，無所不至，帝恐外人以酒毒之，遂賜金牌子，繫於臂上，每有王公召宴，欲沃以巨觥，即祿山以金牌示之，云，準敕戒酒。」今略取之。

㈣安西節度使高仙芝入朝，獻所擒突騎施可汗、吐蕃酋長、石國王、朅師王，加仙芝開府儀同三司，尋以仙芝為河西節度使，代安思順，思順諷羣胡割耳剺面㉞請留己，制復留思順於河西。

㈤安祿山求兼河東節度。二月，丙辰，以河東節度使韓休珉為左羽林將軍，以祿山代之。戶部郎中吉溫見祿山有寵，又附之，約為兄弟㉟，說祿山曰：「李右丞相㊱，雖以時事親三兄㊲，不必肯以兄為相，溫雖蒙驅使，終不得超擢，兄若薦溫於上，溫即奏兄堪大任，共排林甫出之，為相必矣。」祿山悅其言，數稱溫才於上，上亦忘曩日之言(三八)，會祿山領河東，因奏溫為節度副使，知留後，以大理司直張通儒為留後判官(三九)，河東事悉以委之。是時，楊國忠為御史中丞，方承恩用事，祿山登降殿階，國忠常扶掖(四〇)之，祿山與王鉷俱為大夫，鉷權任亞(四一)於李林甫，祿山見林甫禮貌頗倨(四二)，林甫陽以它事召王大夫，鉷至，趨拜甚謹(四三)，祿山不覺自失(四四)，容貌益恭，林甫與祿山語，每揣(四五)知其情，先言之，祿山驚服(四六)，祿山於公卿皆慢侮之(四七)，獨憚林甫，每見，雖盛冬(四八)，常汗沾衣(四九)，林甫乃引與坐於中書廳(五〇)，撫以溫言(五一)，自解披袍以覆之，祿山忻荷(五二)，言無不盡，謂林甫為十郎(五三)；既歸范陽，劉駱谷每自長安來，必問十郎何言，得美言，則喜，或但云語安大夫，須好檢校(五四)，輒反手據牀(五五)曰：「噫嘻，我死矣(五六)(五七)。」

(六)祿山既兼領三鎮，賞刑己出，日益驕恣，自以曩時不拜太子，見上春秋高，頗內懼，又見武備墮(五八)弛，有輕中國之心。孔目官(五九)

嚴莊、掌書記(六〇)高尚，因為之解(六一)圖讖，勸之作亂。祿山養同羅、奚、契丹降者八千餘人，謂之曳落河，【考異】祿山事蹟云：「養為己子。」按養子必無八千之數，今不取。曳落河者，胡言壯士也，及家僮百餘人，皆驍勇善戰，一可當百，又畜戰馬數萬匹，多聚兵仗(六二)，分遣商胡詣諸道販鬻，歲輸(六三)珍貨數百萬，私作緋紫袍魚袋以百萬計，以高尚、嚴莊、張通儒及將軍孫孝哲為腹心，史思明、安守忠、李歸仁、蔡希德、牛廷玠、向潤容(六四)、李庭望、崔乾祐、尹子奇、何千年、武令珣、能元皓、田承嗣、田乾真、阿史那承慶為爪牙(六五)。尚，雍奴(六六)人，本名不危，頗有辭學(六七)，薄遊(六八)河朔(六九)，貧困不得志(七〇)，常歎曰：「尚不危(七一)，當舉大事而死，豈能齧草根(七二)求活邪！」祿山引置幕府(七三)，出入臥內，尚典牋奏(七四)，莊治簿書。通儒，萬歲之子(七五)；孝哲，契丹也。承嗣，世為盧龍小校(七六)，祿山以為前鋒兵馬使，嘗大雪，祿山按行(七七)諸營，至承嗣營，寂若無人，入閱(七八)士卒，無一人不在者，祿山以是重之。

㈦夏，四月，壬午，劍南節度使鮮于仲通討南詔蠻，大敗於瀘南(七九)。【考異】楊國忠傳：「南蠻質子閤羅鳳亡歸，不獲，帝怒，欲討之；國忠薦閬州人鮮于仲通為益州長史，令帥精兵八萬討南蠻。」按南詔傳：「七年，蒙歸義死，詔閤羅鳳襲雲南王，」不云，嘗為質子亡歸也。九年，姚州自以張虔陀侵之故反，時鮮于仲通已為益州長史。國忠傳與南詔傳相違，新舊書皆如此，恐誤。時仲通將兵八萬，分二道出戎巂州，至曲州靖州(八〇)，南詔王閤羅鳳謝罪，請還所俘掠，城雲南(八一)而去，且曰：「今吐蕃大兵壓境，若不許我，我將歸命吐蕃(八二)，雲南非唐有也。」仲通不許，囚其使，進軍至西洱河，與閤羅鳳戰，軍大敗，士卒死者六萬人，仲通僅以身免(八三)，楊國忠掩(八四)其敗狀，仍敘其戰功。【考異】唐歷云：「令仲通白衣領節度事。」舊傳無之，按既掩敗敘功，豈得復白衣領職！閤羅鳳斂(八五)戰尸築為京觀，遂北臣於吐蕃，蠻語謂弟為鍾，吐蕃命閤羅鳳為贊普鍾，號曰東帝，給以金印(八六)。閤羅鳳刻碑於國門(八七)，言已不得已而叛唐，且曰：「我世世事唐，受其封爵，後世容(八八)復歸唐，當指碑以示唐使者，知吾之叛，非本心也(八九)。」制大募兩京及河南北兵，以擊南詔，人聞雲南多瘴癘，未戰，士卒死者什八九(九〇)，莫肯應募。楊國忠遣御史分道捕人，連枷(九一)送詣軍所(九二)，舊制、百姓有勳(九三)者免征役，時調兵(九四)既多，國忠奏先取高勳，於是行者愁怨，父母妻子送之，所在哭聲振野(九五)。

(八)高仙芝之虜石國王也，石國王子逃詣諸胡，具告仙芝欺誘貪暴之狀，諸胡皆怒，潛引大食，欲共攻四鎮，仙芝聞之，將蕃漢三萬眾擊大食，【考異】馬宇段秀實別傳云：「蕃漢六萬眾。」今從唐歷。深入七百餘里，至恒羅斯城(九六)，與大食遇，相持五日，葛羅祿部眾叛，與大食夾攻唐軍，仙芝大敗，士卒死亡略盡(九七)，所餘纔數千人，右威衛將軍李嗣業勸仙芝宵遁，道路阻隘，拔汗那部眾在前(九八)，人畜塞路，嗣業前驅，奮(九九)大梃擊之，人馬俱斃(一〇〇)，仙芝乃得過(一〇一)，將士相失，別將汧陽(一〇二)段秀實聞嗣業之聲，詬(一〇三)曰：「避敵先奔，無勇也，全己(一〇四)棄眾，不仁也，幸而得達，獨(一〇五)無愧乎！」嗣業執其手謝之(一〇六)留拒追兵，收散卒，得俱免，還至安西，言於仙芝，以秀實兼都知兵馬使，為己判官(一〇七)。

(九)八月，丙辰，武庫火，燒兵器三十七萬(一〇八)。【考異】唐歷云：「四十七萬事。」今從實錄。

(十)安祿山將三道兵六萬以討契丹，以奚騎二千為鄉導，過平盧千餘里，至土護真水(一〇九)，遇雨，祿山引兵晝夜兼行三百餘里，至契丹牙帳，契丹大駭，時久雨，弓弩筋(一一〇)膠皆弛(一一一)，大將何思德言於祿山曰：「吾兵雖多，遠來疲弊，實不可用，不如按甲息兵㉒以臨之，不過三日，虜必降。」祿山怒，欲斬之，思德請前驅效死㉓，思德貌類祿山，虜爭擊殺之，以為已得祿山，勇氣增倍㉔，奚復叛與契丹合，夾擊唐兵，殺傷殆盡，射祿山中鞍，折冠簪，失履㉕，獨與麾下㉖二十騎走，會夜㉗，追騎解㉘，得入師州㉙㉚；歸罪於左賢王哥解，河東兵馬使魚承仙，而斬之。平盧兵馬使史思明懼逃入山谷，近二旬，收散卒，得七百人，平虜守將史定方將精兵二千，救祿山，契丹引去，祿山乃得免。至平盧，麾下皆亡，不知所出，史思明出見祿山，祿山喜，起執其手曰：「吾得汝，復何憂㉛！」思明退謂人曰：「曏使早出，已與哥解并斬矣。」契丹圍師州，祿山使思明擊却之。

(十一)冬，十月，壬子，上幸華清宮。

(十二)楊國忠使鮮于仲通表請己遙領劍南。十一月，丙午，以國忠領劍南節度使。

【今註】㊀甲子，合祭天地於南郊：按《舊唐書．玄宗紀》，甲子作甲午，以上癸巳推之，當以作甲午為是。②楊氏五宅：楊銛、錡，及韓、虢、秦三夫人為五宅。③廣平公主：《新唐書・玄宗貴妃楊氏傳》，作廣寧公主，又同書〈諸公主傳〉，玄宗女廣寧公主，下嫁程昌胤，昌胤與昌裔當係一人之字誤，是廣平應改作廣寧為是。④西市門：長安有東西北四市，每市入口處，皆有大門，以資防閑。⑤及公主衣：謂擊及公主衣。⑥程昌裔：《新唐書》作程昌胤。⑦下：下馬。⑧楊氏五宅夜遊……不聽朝謁：按此段乃錄自《舊唐書・玄宗楊貴妃傳》，字句大致相同。⑨窮壯麗：窮極壯麗。⑩不限：猶不計。⑪幄帟：幄，帷幄；帟，小幕，音奕。⑫帖白檀牀：《本草圖經》：「檀香木如檀，生南海，種有黃白紫之異。」帖白疑為鑲帖白玉之飾。⑬平脫：未詳，當為一種形制。唐代有名條脫者，乃臂飾之釧。《能改齋漫錄》：「唐盧氏雜說：『文宗問宰臣條脫是何物，宰臣未對，上曰，真誥言安妃有金條脫為臂飾，即今釧也。』」由之藉知脫即脫躍突出之意，而平脫即凹凸之剔雕也。⑭廐：馬廐。⑮罌：缶。⑯淘盆：所以淅米。⑰受五斗：猶盛五斗。⑱織銀絲筐：所以只瀝米。⑲笟籬：胡三省曰：「笟籬所以轑釜取食物。」按《六書故》：「今人織竹如勺以漉米，謂之爪籬，俗有笟籬字。」是笟當改作笊。⑳稱是：謂與此相配稱。㉑護役：監護工役。㉒倚：儲物，音崎。㉓眼大：謂眼光大，普通之物，多瞧不上眼。㉔擊毬：蹴鞠之別名。㉕遽：立即。㉖選勝：選擇勝地。㉗侑：佐。㉘梨園教坊樂：梨園，皇帝梨園弟子；教坊，內教坊。㉙走馬：馳馬。㉚襁褓：襁，約小兒於背而負行；褓，小兒被。㉛綵：五綵。㉜舁：共舉，音ㄩˊ。㉝左右以貴妃三日洗祿兒對：按三日洗兒，乃唐代盛行之俗，爰引數則，以窺其情。《愛日齋叢鈔》：「唐章敬吳後生代宗，三日，玄宗臨澡之。王毛仲妻產子，三日，玄宗命高力士賜酒饌金帛。皆以三日為重，今俗以三朝浴兒，殆古意也。」韓偓《金鑾密記》：「天復二年，大駕在岐，皇女生三日，賜洗兒果子，」又《東京夢華錄》：「洗兒會，親朋盛集，煎香湯於盆中，下果子綵錢蔥蒜等，用數丈綵繞之，名曰圍盆，以釵子攪水，謂之攪盆，觀者各散錢於水中，謂之添盆。」其中《東京夢華錄》一書，雖係宋人之作，然宋之習俗，多沿承自唐，故由之亦未嘗不可窺知唐代崖略。總之，唐代洗兒故事，當不外如上所述者矣。㉞剺面：謂以刀割面。㉟約為兄弟：猶結為兄弟。㊱李右丞相：天寶元年，改侍中為左相，中書令為右相，李林甫時為右相，中書令之秩也，丞字衍。㊲三兄：安祿山第三，故以三兄稱之。㊳亦忘曩日之言：言見上卷四載。㊴以大理司直張通儒為留後判官：胡三省曰：「大理司直、從六品上。通儒帶司直而為河東留後判官，是後節鎮有帶六曹尚書，有帶三省長官，有帶三公三師；其屬亦率帶六品以下朝職，謂之帶職。」黃琮曰：「外宮帶職，有憲銜，有檢校。憲銜、自監察御史至御史大夫，檢校、自國子祭酒至三公，唐及五代之制也。」㊵扶掖：扶而攙之。㊶亞：次。㊷倨：倨傲。㊸謹：恭謹。㊹自失：謂失去方纔之倨傲。㊺揣：揣測。㊻驚服：驚惶而佩服。㊼慢侮之：倨慢侮辱之。㊽盛冬：隆冬。㊾常汗沾衣：喻畏懼之甚。㊿中書廳：胡三省曰：「中庭曰聽事，言受事察訟於是也。漢晉皆作聽事，六朝以來，乃始加廣，而徑曰廳。」(51)溫言：溫和之言。(52)忻荷：歡忻感荷，忻同欣。(53)謂林甫為十郎：林甫第十。(54)須好檢校：謂須加意檢點，亦即須加意檢察校正。(55)反手據牀：謂反手抵於牀上，乃半倒之牀。(56)噫嘻我死矣：《舊唐書・安祿山傳》作：「阿與，我死也。」由知阿與乃當時口語之驚嘆辭，與文言噫嘻之意頗相同。而我死矣乃係嚇死我矣之省。(57)祿山見林甫，禮貌頗倨……噫嘻，我死矣：按此段乃錄自《舊唐書・安祿山傳》，字句大致相同。(58)墮：讀曰隳。(59)孔目官：胡三省曰：「孔目宮，衙前吏職也，唐世始有此名，言凡使司之事，一孔一目，皆須經由其手也。」(60)掌書記：胡三省曰：「掌書記，位判官下，古記室參軍之任。」(61)解：解釋。(62)兵仗：刀兵器仗。(63)輸：此謂輸入。(64)向潤容：新舊《唐書・安祿山傳》，潤容皆作潤客，當改從之。(65)爪牙：指鷹犬而言。(66)雍奴：《舊唐書・地理志》二河北道：「幽州，武清縣，後漢雍奴縣，歷代不改，天寶元年改為武清。」(67)辭學：辭藻學術。(68)薄遊：薄，語助，無義，此猶漫遊。(69)河朔：河北。(70)不得志：猶不得意。(71)尚不危：按尚與不危，係其前後之二名，自不能同列書之，尚乃係高字之誤無疑。(72)齧草根：謂吃粗糲。(73)引置幕府：謂引而置於幕府之中。(74)尚，雍奴人……尚典牋奏：按此段乃錄自《舊唐書・安祿山附高尚傳》，字句大致相同。(75)通儒，萬歲之子：胡三省曰：「張萬歲唐初掌廄牧，通儒必非其子，或者其孫也；否則別又有一張萬歲。」(76)小校：將下為校。(77)按行：猶巡行。(78)閱：閱視。(79)瀘南：據《舊唐書・地理志》三，瀘南縣屬劍南道姚州，以在瀘水之南得名。(80)分二道出戎嶲州，至曲州、靖州：胡三省曰：「分為二道：一道出戎州，一道出嶲州也。自戎州開邊縣西行七十里，至曲州，自嶲州西南行八百餘里渡瀘水。」(81)城雲南：去年南詔攻陷雲南城，必有夷毀處，故請城之以謝罪。(82)歸命吐蕃：謂將身命歸於吐蕃。(83)僅以身免：謂僅本人得免於難。(84)掩：掩蓋。(85)斂：

收斂。(八六)分二道出戎巂州……給以金印：按此段乃錄自《舊唐書・南詔傳》，字句大致相同。(八七)國門：京師之門。(八八)容：猶也許，為假設語。(八九)非本心也：謂非出於本心。(九〇)未戰，士卒死者什八九：原文意乃為未戰，士卒已因感染瘴癘，而死亡什之八九，則是凡去者，必難有生還之望。(九一)連枷：謂配帶枷銷，以免其中途逃逸。(九二)軍所：軍隊所在之地。(九三)有勳：有勳勞。(九四)調兵：謂調遣兵卒。(九五)振野：振動郊野。(九六)恒羅斯城：按《舊唐書・段秀實傳》及《新唐書・高仙芝傳》，恒俱作怛，怛羅斯乃中亞名城，故此定係作怛無疑。(九七)略盡：謂幾盡。(九八)拔汗那部眾在前：拔汗那時從仙芝擊大食。(九九)奮：用力舉起。(一〇〇)人馬俱斃：當之者，人與馬俱斃，喻其用力之猛。(一〇一)高仙芝之虜石國王也……仙芝乃得過：按此段乃錄自《舊唐書・李嗣業傳》，字句大致相同。(一〇二)汧陽：今陝西省汧陽縣，音牽。(一〇三)詬：詈責。(一〇四)全己：保全自己。(一〇五)獨：豈。(一〇六)謝之：向之謝罪。(一〇七)別將汧陽段秀實……為己判官：按此段乃錄自《舊唐書・段秀實傳》，字句大致相同。(一〇八)燒兵器三十七萬：按萬下當據《舊唐書・玄宗紀》，添一事字，以表示其數目之單位。又按事即件也。(一〇九)過平盧千餘里，至土護真水：胡三省曰：「自雄武軍東北渡灤河，有古盧龍鎮，有斗陘嶺，自古盧龍北經九荊嶺、受米城、張洪隘，度石嶺，至奚王帳六百里；又東北傍吐護真河五百里，至奚契丹牙帳；又出檀州燕樂縣東北百八十五里，至長城口，又北八百里，有吐護真河，奚王牙帳也。」(一一〇)筋：同筋。(一一一)弛：鬆弛。(一一二)按甲息兵：謂停頓以休息兵卒，甲乃鎧甲精銳之兵。(一一三)效死：致死力。(一一四)增倍：作倍增，似較佳。(一一五)屨：鞋。(一一六)麾下：猶部下。(一一七)會夜：適逢至夜。(一一八)解：謂停而不追。(一一九)師州：《舊唐書・地理志》：河北道：「師州，貞觀三年置，領契丹室韋部落。初置州於營州東北廢陽師鎮，故號師州。」㈢安祿山將三道兵六萬……追騎解得入師州：按此段《新唐書・逆臣安祿山傳》亦載之，字句大致相同。㈢復何憂：謂尚復何憂。

十一載（西元七五二年）

㈠春，正月，丁亥，上還宮㊀。

㈡二月，庚午，命有司出粟帛及庫錢數十萬緡，於兩市易㊁惡錢㊂。【考異】舊紀、唐歷皆作癸酉，今從實錄。先是，江淮多惡錢，貴戚大商，往往以良錢一易惡錢五，載入長安，市井不勝其弊，故李林甫奏請禁之，官為易取，期一月不輸官者，罪之，於是商賈囂然㊃，不以為便，眾共遮㊄楊國忠馬自言，國忠為之言於上，乃更命非鉛錫所鑄及穿穴㊅者，皆聽用之如故㊆。

㈢三月，安祿山發蕃漢步騎二十萬擊契丹，欲以雪去秋之恥。初突厥阿布思來降㊇，上厚禮之，賜姓名李獻忠，累遷朔方節度副使，賜爵奉信王。獻忠有才略，不為安祿山下㊈，祿山恨之，至是奏請獻忠帥同羅數萬騎與俱擊契丹，獻忠恐為祿山所害，白留後張暐㊉請奏留不行，暐不許，獻忠乃帥所部，大掠倉庫，叛歸漠北，祿山遂頓兵不進。

㈣乙巳，改吏部為文部，兵部為武部，刑部為憲部。

㈤戶部侍郎兼御史大夫、京兆尹王鉷權寵日盛，領二十餘使，宅旁為使院，文案盈積，吏求署一字㊁，累日不得前，中使賜賚㊂，不絕於門，雖李林甫亦畏避之。林甫子岫為將作監，鉷子準為衛尉少卿，俱供奉禁中，準陵侮岫，岫常下之㊂，然鉷事林甫謹，林甫雖忌其寵，不忍害也。準嘗帥其徒過駙馬都尉王繇㊃，繇望塵拜伏㊅，準挾彈命中㊆於繇冠，折其玉簪，以為戲笑，既而繇延準置酒，繇所尚永穆公主，上之愛女也，為準親執刀匕㊇，準去，或謂繇曰：「鼠㊈雖挾其父勢，君乃使公主為之具食㊉，有如㊀上聞，無乃非宜！」繇曰：「上雖怒無害，至於七郎㊂，死生所繫，不敢不爾。」鉷弟戶部郎中銲，凶險不法，召術士任海川，問：「我有王者之相否？」海川懼，亡匿，鉷恐事泄，捕得，託以它事，杖殺之。王府司馬韋會，定安公主之子，王繇之同產也㉓，話之私庭，鉷使長安尉賈季鄰收會繫獄，縊殺之，繇不敢言。銲所善邢縡，與龍武萬騎謀殺龍武將軍，以其兵作亂，殺李林甫、陳希烈、楊國忠，前期二日，有告之者。夏，四月，乙酉，上臨朝，以告狀面授鉷，使捕之，鉷意㉔銲在縡所，先使人召之，日晏㉕，乃命賈季鄰等捕縡，縡居金城坊㉖季鄰等至門，縡帥其黨數十人，持弓刀，格鬬㉗突出，鉷與楊國忠引兵繼至，縡黨曰：「勿傷大夫人㉘。」國忠之傔㉙密謂國忠曰：「賊有號㉚，不可戲也。」縡鬬且走㉛，至皇城㉜西南隅，會高力士引飛龍禁軍㉝四百至，擊斬縡，捕其黨，皆擒之，國忠以狀白上曰：「鉷必預謀。」上以鉷任遇深，不應與同逆，李林甫亦為之辯解㉞，上乃特命原銲不問，然意欲鉷表請罪之，使國忠諷㉟之，鉷不忍，上怒，會陳希烈極言鉷大逆，當誅，戊子，敕希烈與國忠鞫之，仍以國忠兼京兆尹，於是任海川、韋會等事皆發，獄具㊱，鉷賜自盡，銲杖死於朝堂，鉷子準偁流嶺南，尋殺之，有司籍其第舍，數日不能徧㊲。鉷賓佐莫敢窺其門，獨采訪判官裴冕收其尸葬之㊳。

㈥初李林甫以陳希烈易制，引為相，政事常隨林甫左右㊴，晚節㊵遂與林甫為敵，林甫懼，會李獻忠叛，林甫乃請解㊶朔方節制㊷，且薦河西節度使安思順自代，庚子，以思順為朔方節度使。

㈦五月，戊申，慶王琮薨，贈靖德太子。

㈧丙辰，京兆尹楊國忠加御史大夫，京畿關內采訪等使，凡王鉷所綰㊸使務，悉歸國忠。初李林甫以國忠微才，且貴妃之族，故善遇之，國忠與王鉷俱為中丞，鉷用林甫薦為大夫，故國忠不悅，遂深探㊹邢縡獄，令引林甫交私㊺鉷兄弟及阿布思事狀，陳希烈、哥舒翰從而證㊻之，上由是疏林甫，國忠貴震天下，始與林甫為仇敵矣㊼。

㈨六月，甲子，楊國忠奏吐蕃兵六十萬救南詔，劍南兵擊破之於雲南，克故隰州等三城，【考異】實錄：「兵部侍郎兼御史中丞、劍南節度使楊國忠，破吐蕃於雲南，拔故隰州等三城，獻俘於朝。」唐歷：「國忠上言，破吐蕃於雲南，拔故洪州等三城。」按國忠時在長安，蓋劍南破吐蕃，以國忠領節制，故使之上表獻俘耳。時國忠已為大夫，雲中丞誤也，隰州，從實錄。捕虜六千三百，以道遠，簡㊽壯者千餘人及酋長降者，獻之。

㈩秋，八月，乙丑㊾，上復幸左藏，賜羣臣帛㊿。癸巳，楊國忠奏有鳳皇見左藏庫屋，出納判官魏仲犀言鳳集庫西通訓門(五一)。

(十一)九月，阿布思入寇，圍永清柵(五二)，柵使張元軌拒却之。

(十二)冬，十月，戊寅，上幸華清宮。

(十三)己亥，改通訓門曰鳳集門，魏仲犀遷殿中侍御史，楊國忠屬吏，率以鳳皇優得調(五三)。

(十四)南詔數寇邊，蜀人請楊國忠赴鎮，左僕射兼右相李林甫奏遣之，國忠將行，泣辭上，言必為林甫所害(五四)(五五)，貴妃亦為之請，上謂國忠曰：「卿蹔到蜀，區處軍事(五六)，朕屈指(五七)待卿，還當入相。」林甫得已有疾，憂懣(五八)不知所為，巫言一見上，可小愈，上欲就視之，左右固諫，上乃令林甫出庭中(五九)，上登降聖閣(六〇)遙望，以紅巾(六一)招之，林甫不能拜(六二)，使人代拜。國忠比至蜀，上遣中使召還，至昭應，謁林甫，拜於牀下(六三)，林甫流涕，謂曰：「林甫死矣，公必為相。」以後事累(六四)公，國忠謝不敢當，汗出覆面(六五)。十一月，丁卯，林甫薨(六六)。上晚年自恃承平，以為天下無復可憂，遂深居禁中；專以聲色(六七)自娛，悉委政事於林甫，林甫媚事左右，迎合上意，以固其寵，杜絕言路，掩蔽聰明，以成其姦，妬賢嫉能，排抑勝己(六八)，以保其位，屢起大獄，誅逐貴臣，以張(六九)其勢，自皇太子以下，畏之側足，凡在相位十九年(七〇)，養成天下之亂，而上不之寤(七一)也。

(十五)庚申，以楊國忠為右相兼文部尚書(七二)，其判使(七三)並如故。國忠為人彊辯，而輕躁，無威儀，既為相，以天下為己任，裁決(七四)機務，果敢不疑(七五)，居朝廷，攘袂扼腕(七六)，公卿以下，頤指(七七)氣使，莫不震慴(七八)，自侍御史至為相，凡領四十餘使，臺省官有才行(七九)時名，不為己用者，皆出之。或勸陝郡(八〇)進士張彖謁國忠曰：「見之，富貴立可圖。」彖曰：「君輩倚楊右相如泰山，吾以為冰山耳，若皎日既出，君輩得無失所恃乎。」遂隱居嵩山。

(十六)國忠以司勳員外郎崔圓為劍南留後，徵魏郡太守吉溫為御史中丞，充京畿關內採訪等使。溫詣范陽(八一)，辭安祿山，祿山令其子慶緒送至境，為溫控馬(八二)出驛數十步，溫至長安，凡朝廷動靜，輒報祿山，信宿(八三)而達。

(十七)十二月，楊國忠欲收人望，建議文部選人，無問賢不肖，選深者(八四)留之，依資據闕(八五)注官(八六)，【考異】唐歷此敕在十月二十七日，統紀在七月，舊紀：「十二月甲戌，國忠奏請兩京選人，銓日便定留放，無長名。」按國忠作相，始兼文部尚書，七月未也。今從舊紀。滯淹者翕然(八七)稱之。國忠凡所施置，皆曲徇(八八)人所欲，故頗得眾譽。

(十八)甲申，以平盧兵馬使史思明兼北平太守，充盧龍軍使。

(十九)丁亥，上還宮。【考異】本紀、唐歷皆云：「已亥還京。」今從實錄。

(廿)丁酉，以安西行軍司馬(八九)封常清為安西四鎮節度使。

(廿一)哥舒翰素與安祿山、安思順不協，上常和解之，使為兄弟。是冬，三人俱入朝，上使高力士宴之於城東，祿山謂翰曰：「我父胡母突厥，公父突厥母胡，族類頗同，何得不相親？」翰曰：「古人云：『狐向窟嗥(九〇)不祥，』為其忘本故也。兄苟見親，翰敢不盡心！」祿山以為譏其胡也，大怒，罵翰曰：「突厥敢爾(九一)。」翰欲應之(九二)，力士目翰(九三)，翰乃止，陽醉而散，自是為怨愈深(九四)。

(廿二)棣王琰有二孺人(九五)爭寵，其一使巫書符，置琰履中，以求媚，琰與監院宦者(九六)有隙，宦者知之，密奏琰祝詛(九七)上，上使人掩其履(九八)，而獲之，大怒，琰頓首謝，臣實不知有符，上使鞫之，果孺人所為，上猶疑琰知之，囚於鷹狗坊(九九)，絕朝請(一〇〇)，憂憤而薨(一〇一)。

(一〇二)故事，兵吏部尚書知政事(一〇三)者，選事悉委侍郎以下，三注三唱，仍過門下省審(一〇四)，自春及夏，其事乃畢，及楊國忠以宰相領文部尚書，欲自示精敏，乃遣令史(一〇五)，先於私第密定名闕(一〇六)。

【今註】(一)丁亥上還宮：按《舊唐書・玄宗紀》，丁亥作辛亥。(二)易：換。(三)江淮多惡錢：據《舊唐書・食貨志》，此惡錢皆係私鑄者所為。(四)囂然：譁然。(五)遮：攔。(六)穿穴：謂錢有穿孔穴者。(七)命有司出粟帛及庫錢數十萬題……皆聽用之如故：按此段乃錄自《舊唐書・食貨志》上，字句大致相同。(八)初突厥阿布思來降：事見上卷，元年。(九)不為安祿山下：謂不肯尊事祿山。(一〇)白留後張暐：安祿山領河東節度使，以張暐為留後。(一一)署一字：《舊唐書・王鉷傳》作：「押一字。」蓋謂簽一名也。(一二)賜賚：賜遺。(一三)戶部侍郎兼御史大夫……岫常下之：按此段乃錄自《舊唐書・王鉷傳》，字句大致相同。(一四)王繇：同皎之子。(一五)望塵：謂望其將至處。(一六)拜伏：拜而稽首。(一七)命中：謂所指名處，即射彈中之。(一八)執刀匕：《禮記》：「杜蕢曰：『蕢也宰夫也，惟刀匕是共。』」匕，飯匙。(一九)鼠：乃唐代用以詈人之語。(二〇)具食：備食。(二一)有如：有，語助，無義；如，如果。

㉒七郎：王鉷第七。㉓韋會，定安公主之子，王繇之同產也：據《新唐書・諸公主傳》，定安公主乃中宗女，下嫁王同皎，同皎得罪，神龍時又嫁韋濯。㉔意：意料。㉕日晏：日晚。㉖金城坊：胡三省曰：「金城坊，朱雀街西第四街之北來第二坊，漢顧成廟、博望苑、戾園皆在焉。」㉗格鬭：謂格拒而爭鬭。㉘勿傷大夫人：謂勿傷鉷所部之人，大夫乃以稱鉷之宮。㉙傔：侍從。㉚有號：胡三省曰：「今人謂私記為號，言賊私為記號，以相號別。」㉛綷鬭且走：謂綷且鬭且走。㉜皇城：京城之內有皇城，皇城之內有宮城。㉝飛龍禁軍：胡三省曰：「飛龍禁軍，乘飛龍廐馬者也，武后置仗內六閑，一曰飛龍，以中官為內飛龍使。」㉞辯解：《說文通訓定聲》：「辯叚借為辨。」謂辨別解釋。㉟諷：諷示。㊱獄具：謂獄具而上之。㊲數日不能徧：極言其第舍之巨廣。㊳銲弟戶部郎中銲……獨采訪判官裴冕收其尸葬之：按此段乃錄自《舊唐書・王鉷傳》，字句大致相同。㊴左右：猶支配。㊵晚節：晚年。㊶解：解去。㊷節制：即節度使。㊸綰：帶，音ㄨㄢˇ。㊹探：探究。㊺交私：交結偏私。㊻證：證明。㊼國忠與王鉷俱為中丞……始與林甫為仇敵矣：按此段乃錄自《舊唐書・楊國忠傳》，字句大致相同。㊽簡：選擇。㊾八月乙丑：胡三省曰：「蜀本作己丑。」按《舊唐書・玄宗紀》亦作己丑。㊿上復幸左藏，賜羣臣帛：按八載已幸左藏，賜羣臣帛，故此書復。(51)出納判官魏仲犀言，鳳集庫西通訓門：宋白曰：「天寶二年，始命張瑄充太府出納使。」其判官諒必置於該時。按閣本太極宮西左藏庫之西為通明門。又《唐六典》卷七：「太極殿東西廊有左延明、右延明二門。」本上諸說，知其門名當為延明無疑。(52)永清柵：胡三省曰：「永清

柵亦曰永濟柵，在中受降城之西二百里大同川。」(五三)率以鳳凰優得調：謂率以鳳凰降之故而優予調遷。(五四)害：陷害。(五五)南詔數寇邊……言必為林甫所害：按此段乃錄自《舊唐書・楊國忠傳》，字句大致相同。(五六)區處軍事：按《舊唐書・李林甫傳》，區處作處置，知二辭之意大略相同。(五七)屈指：謂計日以待。(五八)懣：煩悶，音ㄇㄣˋ。(五九)乃令林甫出庭中：林甫時正臥疾於昭應私第。(六〇)降聖閣：天寶七載十二月，以玄元皇帝見於朝元閣，改為降聖閣，在華清宮中。(六一)以紅巾：胡三省曰：「今富貴之家，帨巾率以臙脂染之為真紅色，唐之遺俗也。」(六二)不能拜：〈李林甫傳〉作：「不能興。」興，起也。(六三)上謂國忠曰，卿蹔到蜀……謁林甫，拜於牀下：按此段乃錄自《舊唐書・李林甫傳》，字句大致相同。(六四)累：麻煩。(六五)汗出覆面：覆，蔽。國忠素憚林甫，故然。(六六)丁卯，林甫薨：按新舊《唐書・玄宗紀》，丁卯皆作乙卯，以下之庚申推之，當以作乙卯為是。(六七)聲色：聲樂女色。(六八)勝己：勝於己者。(六九)張：張大。(七〇)凡在相位十九年：開元二十二年，始相林甫，至是年凡十九年。(七一)寤：醒寤。(七二)文部尚書：即吏部尚書。(七三)判使：判如判度支之類，使謂諸使。(七四)裁決：裁斷。(七五)不疑：不猶豫。(七六)攘袂扼腕：忿怒之態。(七七)頤指：以頤之翕張而指揮之。(七八)以楊國忠為右相……莫不震慴：按此段乃錄自《舊唐書・楊國忠傳》，字句大致相同。(七九)才行：才幹德行。(八〇)陝郡：原陝州，天寶元年改為陝郡。(八一)溫詣范陽，辭安祿山：魏郡屬河北道采訪使，時祿山兼采訪使，故溫往辭。(八二)控馬：猶牽馬。(八三)信宿：此信宿乃示極速之意。(八四)選深者：謂選官資深者。(八五)據闕：據所闕之官職。(八六)注官：注擬官爵。(八七)翕然：合聲。(八八)徇：順。(八九)行軍司馬：胡三省曰：「唐制，行軍司馬位節度副使之上，天寶以後，節鎮以為儲帥。」(九〇)嗥：大叫，音ㄏㄠˊ。(九一)敢爾：敢如此。(九二)欲應之：謂欲與之對罵。(九三)目翰：以目示意於翰。(九四)哥舒翰素與安祿山……自是為怨愈深：按此段乃錄自《舊唐書・哥舒翰傳》，字句大致相同。(九五)二孺人：《唐六典》卷二：「凡親王，孺人二人，視正五品，媵十人，視正六品。」(九六)監院宦者：胡三省曰：「時諸皇子列宿禁城之北，宦者監之。」(九七)祝詛：祈祝詛咒。(九八)掩其履：突搜查其履。(九九)鷹狗坊：屬閑廄使。(一〇〇)朝請：上朝朝見請安。(一〇一)棣王琰有二孺人爭寵……憂憤而薨：按此段乃錄自《舊唐書・玄宗子棣王琰傳》，字句大致相同。(一〇二)知政事：即宰相之職。(一〇三)三注三唱，仍過門下省審：《新唐書・選舉志》下：「六品以下，始集而試，觀其書判，已試而銓察其身言，已銓而注詢其便利，而擬，已注而唱，不厭者得反通其辭，三唱而不厭，聽冬集，厭者為甲，上於僕射，乃上門下省，給事中讀之，黃門侍郎省之，侍中審之，然後以聞，主者受旨而奉行焉，謂之奏受。」(一〇四)令史：按尚書省及諸部皆有令史及書令史，無品秩，乃吏胥也。(一〇五)名闕：姓名及官闕。

十二載（西元七五三年）

㈠春，正月，壬戌，國忠召左相陳希烈及給事中諸司長官，皆集尚書都堂㊀，唱注選人，一日而畢，曰：「今左相、給事中㊁俱在座，已過門下矣。」其間資格差繆㊂甚眾，無敢言者，於是門下不復過官㊃，侍郎但掌試判㊄而已，侍郎韋見素，張倚，趨走門庭，與主事㊅無異㊆。見素，湊之子也。京兆尹鮮于仲通諷選人，請為國忠刻頌㊇，立於省門㊈，制㊉仲通撰其辭，上為改定⑪數字，仲通以金填之⑫。

㈡楊國忠使人說安祿山，誣李林甫與阿布思謀反，祿山使阿布思部落降者，詣闕誣告林甫與阿布思約為父子⑬，上信之，下吏按問，林甫壻諫議大夫楊齊宣懼為所累，附⑭國忠意，證成之，時林甫尚未葬。二月，癸未，制削林甫官爵，子孫有官者，除名流嶺南及黔中⑮，給隨身衣⑯及糧食，自餘貲產並沒官，近親及黨與，坐貶者五十餘人，剖林甫棺，抉取含珠⑰，褫金紫⑱，更以小棺，如庶人禮葬之。己亥，賜陳希烈爵許國公，楊國忠爵魏國公，賞其成林甫之獄也。

㈢夏，五月，己酉，復以魏周隋後為三恪。楊國忠欲攻李林甫之短也，衞包以助邪，貶夜郎⑲尉，崔昌貶烏雷⑳尉。

㈣阿布思為回紇所破，安祿山誘其部落而降之，由是祿山精兵，天下莫及。

㈤壬辰，以左武衛大將軍何復光將嶺南五府兵㉑，擊南詔。

㈥安祿山以李林甫狡猾踰己，故畏服之，及楊國忠為相，祿山視之蔑如也㉒，由是有隙，國忠屢言祿山有反狀，上不聽。隴右節度哥舒翰擊吐蕃，拔洪濟㉓、大漠門等城，悉收九曲㉔部落。

㈦初高麗人王思禮與翰俱為押牙，事王忠嗣，翰為節度使，思禮為兵馬使兼河源軍使，翰擊九曲，思禮後期，翰將斬之，既而復召釋之，思禮徐曰：「斬則遂斬㉕，復召何為㉖？」楊國忠欲厚結翰，共排㉗安祿山，奏以翰兼河西節度使。秋，八月，戊戌，賜翰爵西平郡王，翰表侍御史裴冕為河西行軍司馬。是時中國盛彊，自安遠門㉘西盡唐境萬二千里㉙，閭閻㉚相望，桑麻翳㉛野，天下稱富庶者無如隴右，翰每遣使入奏，常乘白橐駞，日馳五百里。

㈧九月，甲辰，以突騎施黑姓可汗登里伊羅蜜施為突騎施可汗。

㈨北庭都護程千里追阿布思，至磧西，以書諭葛邏祿，使相應，阿布思窮迫，歸葛邏祿，葛邏祿葉護執之，并其妻子麾下數千人，送之㉜，甲寅，加葛邏祿葉護頊毗伽，開府儀同三司，賜爵金山王。

㈩冬，十月，戊寅，上幸華清宮。【考異】舊紀、唐歷皆作戊申。按長歷，是月無戊申，今從實錄。然實錄在辛巳後，蓋誤。楊國忠與虢國夫人，居第相鄰㉝，晝夜往來，無復期度㉞，或並轡走馬入朝，不施障幕㉟，道路為之掩目㊱。三夫人㊲將從車駕幸華清宮，會於國忠第，車馬僕從，充溢㊳數坊，錦繡珠玉，鮮華㊴奪目㊵，國忠謂客曰：「吾本寒家，一旦緣椒房㊶至此，未知稅駕㊷之所，然念終不能致令名㊸，不若且極樂㊹耳。」楊氏五家，隊各為一色衣，以相別，五家合隊，粲若雲錦㊺。國忠仍以劍南旌節引於其前，國忠子暄舉明經，學業荒陋㊻，不及格，禮部侍郎達奚珣畏國忠權勢，遣其子昭應尉撫先白㊼之，撫伺㊽國忠入朝上馬，趨至馬下，國忠意其子必中選，有喜色，撫曰：「大人㊾白相公，郎君所試，不中程式㊿，然亦未敢落(五一)也。」國忠怒曰：「我子何患不富貴，乃令鼠輩相賣(五二)。」策馬(五三)不顧而去，撫惶遽(五四)，書白其父曰：「彼恃挾貴勢(五五)，令人慘嗟(五六)，安可復與論曲直！」

遂置暄上第，及暄為戶部侍郎，珣始自禮部遷吏部，暄與所親言，猶歎己之淹回(五七)，珣之迅疾。國忠既居要地，中外餉(五八)遺輻湊，積縑至三千萬匹。

(十一)上在華清宮，欲夜出遊，龍武大將軍陳玄禮諫曰：「宮外即曠野，安可不備不虞(五九)，陛下必欲夜遊，請歸城闕(六〇)。」上為之引還(六一)(六二)。

(十二)是歲，安西節度使封常清擊大勃律，至菩薩勞城(六三)，前鋒屢捷，常清乘勝逐之，斥候府果毅段秀實諫曰：「虜兵羸而屢北，誘我也。」請搜左右山林，常清從之，果獲伏兵，遂大破之，受降而還(六四)。

(十三)中書舍人宋昱知選事，前進士(六五)廣平(六六)劉迺以選法未善，上書於昱，以為：「禹稷皐陶同居舜朝，禹曰：『載采有九德(六七)，考績以九載(六八)。』近代主司(六九)察言(七〇)於一幅之判(七一)，觀行於一揖之間，何古今遲速不侔(七二)之甚哉！借使(七三)周公孔子今處銓廷(七四)，考其辭華(七五)，則不及徐庾(七六)，觀其利口(七七)，則不若嗇夫(七八)，何暇論(七九)聖賢之事業乎！」

【今註】 ㊀尚書都堂：乃尚書都省之堂。㊁左相、給事中：左相即侍中，與給事中，皆門下省官。㊂繆：同謬。㊃於是門下不復過官：即上文之不復過門下省審。㊄試判：謂試書判。㊅主事：據《舊唐書・職官志》二，吏部司封郎中所屬之主事，從九品上，考功郎中所屬之主事，從八品上。㊆國忠召左相陳希烈……與主事無異：按此段乃錄自《舊唐書・楊國忠傳》，字句大致相同。㊇頌：頌國忠銓選之功德。㊈省門：以國忠為右相，故此省門乃中書省門。㊉制：制令。⑪改定：改正。⑫以金填之：於刻字之凹處，以金填之。⑬約為父子：結為父子。⑭附：附會。⑮流嶺南及黔中：唐代罪重者流嶺南，較輕者則流黔中。⑯隨身衣：謂隨身所著之衣。⑰含珠：口中所含之珠。⑱褫金紫：褫去所穿帶之金魚袋及紫袍。⑲夜郎：《舊唐書・地理志》三江南道：「珍州，夜郎，漢夜郎郡之地，貞觀十七年置於舊播州城，以縣界有隆珍山，因名珍州。」⑳烏雷：帶陸州。㉑嶺南五府兵：五府：廣、桂、邕、容、交。㉒蔑如：謂如無人然。㉓洪濟：《新唐書・地理志》四隴右道：「廓州西南百四十里，洪濟橋有金天軍。」㉔九曲：吐蕃得九曲地，見卷二百十睿宗景雲元年。㉕遂斬：便斬。㉖初高麗人王思禮……復召何為：按此段乃錄自《舊唐書・王思禮傳》，句字大致相同。㉗排：排斥。㉘安遠門：胡三省曰：「長安城西面北來第一門曰安遠門，本隋之開遠門也。」按《唐六典》卷七，仍作開遠門，知天寶後，方改開遠作安遠也。㉙西盡唐境萬二千里：乃併西域內屬諸國言之。㉚閭閻：猶閭里，亦即人煙。㉛翳：蔭蔽。㉜北庭都護程千里……並其妻子麾下數千人送之：按此段乃錄自《舊唐書・忠義程千里傳》，字句大致相同。㉝楊國忠與虢國夫人，居第相鄰：虢國居宣陽坊，國忠居第在其西。㉞晝夜往來，無復期度：期度謂日期限度，惟《舊唐書・楊國忠傳》則作禮度，其意亦可通。㉟障幕：六朝時，婦人出必有障幕以自蔽。㊱道路為之掩目：道路之人，嫌其穢醜，掩目而不忍見之。㊲三夫人：韓、虢、秦。㊳充溢：充填溢滿。㊴鮮華：鮮艷華麗。㊵楊國忠與虢國夫人……鮮華奪目：按此段乃錄自《舊唐書・楊國忠傳》，字句大致相同。㊶椒房：后、妃。㊷稅駕：釋放車駕，以喻辭罷官職。㊸令名：美名。㊹極樂：極力尋樂。㊺雲錦：雲霞錦繡。㊻荒陋：荒疏譾陋。㊼白：告。㊽伺：候。㊾大人：指其父達奚珣言。㊿程式：程限格式。(51)落：黜落。(52)賣：賣弄。(53)策馬：鞭馬。(54)惶遽：惶恐。(55)貴勢：貴幸權勢。(56)慘嗟：悲慘嗟嘆。(57)淹回：淹遲迂回。(58)餉：遺。(59)不虞：不慮。(60)城闕：城中。(61)引還：引馬而還。(62)上在華清宮……上為之引還：按此段乃錄自《舊唐書・王毛仲附陳玄禮傳》，字句大致相同。(63)菩薩勞城：按新舊《唐書・段秀實傳》，皆作賀薩勞城。(64)安西節度使封常清……受降而還：按此段乃錄自《舊唐書・段秀實傳》，字句大致相同。(65)前進士：《唐國史補》：「進士得第，謂之前進士。」《稱謂錄》：「唐代舉人進士，特為不第者之通稱，其已及第者，乃稱前進士。」(66)廣平：本洛州武安郡，天寶元年改為廣平郡。(67)禹曰載采有九德：《書・皐陶謨》：「皐陶曰：『亦行有九德，亦言其人有德，乃言曰載采采。』禹曰：『何？』皐陶曰：『寬而栗，柔而立，愿而恭，亂而敬，擾而毅，直而溫，簡而廉，剛而塞，彊而義，彰厥有常，吉哉！』」(68)考績以九載：《書・舜典》：「三載考績，三考，黜陟幽明，庶績咸熙。」三考九載也。(69)主司：主持此事之有司。(七〇)言：言論。(七一)判：書判。(七二)不侔：不同。(七三)借使：假使。(七四)銓庭：謂吏部銓量選人之所。(七五)辭華：猶辭藻。(七六)徐庾：謂徐陵庾信，唐上元大曆以前，皆尚其文。(七七)利口：謂辯才無礙。(七八)嗇夫：嗇夫事見卷十四漢文帝三年。(七九)論：講論。

卷二百一十七　唐紀三十三

司馬光編集
曲守約註

起閼逢敦牂，盡柔兆涒灘四月，凡二年有奇。（甲午至丙申，西元七五四年至七五六年）

玄宗至道大聖大明孝皇帝下之下

十三載（西元七五四年）㈠

㈠春，正月，己亥，安祿山入朝。【考異】肅宗實錄：「十二載，楊國忠屢言祿山潛圖悖逆。五月，玄宗使輔璆琳伺之，祿山厚賂璆琳，盛言祿山忠於國。國忠又言祿山自此不復見矣。玄宗手詔追祿山，祿山來朝。」舊傳亦同。按玄宗實錄并祿山事迹，遣璆琳送其子於范陽，覘祿山反狀，在十四載五月，而肅宗實錄及舊傳云十二載，誤也。今從唐歷。是時，楊國忠言祿山必反，且曰：「陛下試召之，必不來。」上使召之，祿山聞命即至，庚子，見上於華清宮，泣曰：「臣本胡人，陛下寵擢㈡至此，為國忠所疾㈢，臣死無日矣㈣。」上憐㈤之，賞賜巨萬，由是益親信祿山，國忠之言不能入矣，太子亦知祿山必反，言於上，上不聽。

㈡甲辰，太清宮奏：「學士李琪㈥見玄元皇帝乘紫雲，告以國祚延昌㈦。」

㈢唐初詔敕皆中書門下官有文㈧者為之，乾封以後，始召文士元萬頃、范履冰等草諸文辭，常於北門候進止，時人謂之北門學士；中宗之世，上官昭容專其事，上即位，始置翰林院，密邇禁廷，延文章之士，下至僧道、書畫、琴棊、數術之工，皆處之，謂之待詔㈨，刑部尚書張均及弟太常卿垍，皆翰林院供奉。上欲加安祿山同平章事，已令張垍草制，楊國忠諫曰：「祿山雖有軍功，目不知書㈩，豈可為宰相，制書若下，恐四夷輕唐。」上乃止㈡。乙巳，加祿山左僕射，賜一子三品，一子四品官。

㈣丙午，上還宮。

㈤安祿山求兼領閑廄羣牧，庚申，以祿山為閑廄隴右羣牧等使，祿山又求兼總監㈢，壬戌，兼知總監事。祿山奏以御史中丞吉溫為武部侍郎，充閑廄副使，楊國忠由是惡溫。祿山密遣親信，選健馬堪戰者數千匹，別飼之。

㈥二月，壬申，上朝獻太清宮，上聖祖尊號曰大聖祖高上大道金闕玄元大皇太帝㈢。

(七)癸酉，享太廟，上高祖謚曰神堯大聖光孝皇帝(一四)，太宗謚曰文武大聖大廣孝皇帝，高宗謚曰天皇大聖大弘孝皇帝，中宗謚曰孝和大聖大昭孝皇帝，睿宗謚曰玄真大聖大興孝皇帝，以漢家諸帝皆謚孝故也。甲戌，羣臣上尊號曰開元天地大寶聖文神武證道孝德皇帝，赦天下。

(八)丁丑，楊國忠進位司空，甲申，臨軒(一五)冊命(一六)。

(九)己丑，安祿山奏臣所部將士討奚契丹九姓同羅等，勳效(一七)甚多，乞不拘常格，超資加賞，仍好寫(一八)告身(一九)，付臣軍授之，於是除將軍者五百餘人，中郎將者二千餘人(二〇)。祿山欲反，故先以此收(二一)眾心也。三月，丁酉朔，祿山辭歸范陽，上解御衣以賜之，祿山受之驚喜，恐楊國忠奏留之，疾驅出關(二二)，乘船沿河而下，令船夫執繩板(二三)立於岸側，十五里一更，晝夜兼行，日數百里，過郡縣，不下船，自是有言祿山反者，上皆縛送，由是人皆知其將反，無敢言者(二四)。祿山之發長安也，上令高力士餞之長樂坡(二五)，及還，上問祿山慰意(二六)乎，對曰：「觀其意怏怏(二七)，必知欲命為相而中止故也。」上以告，國忠曰㉘：「此議他人不知，必張垍兄弟告之也。」上怒，貶張均建安㉙太守，垍為盧溪㉚司馬，垍弟給事中埱為宜春㉛司馬㉜。【考異】唐歷云：「垍嘗贊相禮儀，雍容有度，上心悅之，翌日，謂垍曰，朕罷希烈相，以卿代之，垍曰，不敢。貴妃在坐，告國忠斥之。」舊垍傳：「天寶中，玄宗嘗幸垍內宅，謂垍曰，希烈累辭機務，朕擇其代者，孰可？垍錯愕未對，帝即曰，無踰吾愛壻矣，垍降階陳謝。楊國忠聞而惡之。及希烈罷相，舉韋見素代垍，垍深觖望。」按本紀，三月丁酉垍貶官，韋見素八月乃知政事，而云垍深觖望，舊傳誤也。明皇雜錄云：「上幸張垍宅，謂垍曰，中外大臣，才堪宰輔者，與我悉數，吾當舉而用之。垍逡巡不對。上曰，固無如愛子壻。垍降階拜舞，上曰，即舉成命。既逾月，垍頗懷怏怏，意其為李林甫所排。會祿山自范陽入覲，祿山潛賂貴妃求帶平章事，上不許，垍因弘第，備言上前時行幸內第，面許相垍，與明公同制入輔，今既中變，當必為姦臣所排。祿山大懷恚怒，明日，謁見，因流涕請罪；上慰勉久之，因問其故，祿山具以垍所陳對，上命高力士送歸焉，亦以怏怏聞，由是上怒。」按林甫時已死，亦誤也。

(十)哥舒翰亦為其部將論功，敕以隴右十將，特進火拔州都督㉝、燕山郡王火拔歸仁為驃騎大將軍，河源軍使王思禮加特進，臨洮太守成如璆、討擊副使范陽魯炅、皐蘭府都督渾惟明，並加雲麾將軍㉞，隴右討擊副使郭英乂為左羽林將軍。英乂，知運之子也。翰又奏嚴挺之之子武為節度判官，河東呂諲為支度判官㉟，前封丘㊱尉高適為掌書記，安邑㊲曲環為別將。

(十一)程千里執阿布思獻於闕下，斬之，甲子，以千里為金吾大將軍，以封常清權㊳北庭都護、伊西節度使。

㈪夏，四月，癸巳，安祿山奏擊奚破之，虜其王李日越。

㈫六月，乙丑朔，日有食之，不盡如鉤。

㈬侍御史、劍南留後李宓㊴，將兵七萬擊南詔，閤羅鳳誘之，深入至太和城，閉壁㊵不戰，宓糧盡，士卒罹㊶瘴疫及饑死什七八，乃引還㊷，蠻追擊之，宓被擒，全軍皆沒。楊國忠隱其敗，更以捷聞，益發中國兵討之，前後死者㊸幾二十萬人，無敢言者。上嘗謂高力士曰：「朕今老矣，朝事付之宰相，邊事付之諸將，夫復何憂！」力士對曰：「臣聞雲南數喪師，又邊將擁兵太盛，陛下將何以制之？臣恐一旦禍發，不可復救，何得謂無憂也。」上曰：「卿勿言，朕徐思之。」

㈭秋，七月，癸丑，哥舒翰奏於所開九曲之地置洮陽、澆河二郡㊹，及神策軍，以臨洮太守成如璆兼洮陽太守，充神策軍使。

㈮楊國忠忌陳希烈，希烈累表辭位，上欲以武部侍郎吉溫代之，國忠以溫附安祿山，奏言不可，以文部侍郎韋見素和雅㊺易制，薦之。八月，丙戌，以希烈為太子太師，罷政事，以見素為武部尚書同平章事。【考異】舊見素傳曰：「時楊國忠用事，左相陳希烈畏其權寵，凡事唯諾，無敢發明，玄宗知之，不悅。天寶十三年秋，霖雨六十餘日，天子以宰相或未稱職，見此咎議㊻，命楊國忠，精求端士。時兵部侍郎吉溫方承寵遇，上意欲用之，國忠以溫祿山賓佐，懼其威權，奏寢其事，國忠訪於中書舍人竇華宋昱等，華昱言見素方雅，柔而易制，上亦以經事相王府，有舊恩，可之。」希烈傳曰：「國忠用事，素忌疾之，乃引韋見素同列，罷希烈知政事。」按明皇若惡希烈，阿狥國忠，當更自擇剛直之士，豈得尚卜相於國忠。今從希烈傳。

㈦自去歲水旱相繼，關中大饑，國忠惡京兆尹李峴不附己，以災沴㊼歸咎於峴，九月，貶長沙太守。峴，禕之子㊽也。上憂雨傷稼，國忠取禾之善者獻之，曰：「雨雖多，不害稼也。」上以為然。扶風㊾太守房琯言所部水災，國忠使御史推之㊿。

㈧是歲天無敢言災者，高力士侍側，上曰：「淫雨(51)不已，卿可盡言。」對曰：「自陛下以權假宰相(52)，賞罰無章(53)，陰陽失度(54)，臣何敢言。」上默然。

㈨冬，十月，乙酉，上幸華清宮。

(廿)十一月，己未，置內侍監二員，正三品(55)。

(廿一)河東太守兼本道采訪使韋陟，斌之兄也，文雅有盛名，楊國忠恐其入相，使人告陟贓污，事下御史按問，陟賂中丞吉溫，使求救於安祿山，復為國忠所發。閏月，壬寅，貶陟桂嶺(56)尉，溫、澧陽(毛)長史，安祿山為溫訟冤，且言國忠讒疾(夭)，上兩(弄)無所問。

(廿)戊午，上還宮。

(廿)是歲，戶部奏天下郡三百二十一，縣千五百三十八，鄉萬六千八百二十九，戶九百六萬九千一百五十四(公)，口五千二百八十八萬四百八十八。

【今註】㈠十三載：胡三省曰：「卷首當書天寶年號。」㈡寵擢：寵幸擢拔。㈢疾：恨。㈣臣死無日矣：謂臣死無幾日矣，亦即不久之意。㈤憐：憐惜，亦即愛也。㈥學士李琪：此崇玄館學士。㈦延昌：綿延昌隆。㈧有文：有文辭。㈨上即位，始置翰林院，密邇禁廷，謂之待詔：胡三省曰：「唐天子在大明宮，翰林院在右銀臺門內，在興慶宮，院在金明門內，若在西內，院在顯福門內，若在東都及華清宮，皆有待詔之所。其待詔者，有詞學、經術、合鍊、僧道、卜祝、術藝、書弈，各別院以廩之，日晚而退。其所重者詞學，帝即位以來，張說、徐堅、張九齡、徐安貞、張垍等，召入禁中，謂之翰林待詔。王者尊極，一日萬機，四方進奏，中外表疏批答，或詔從中出，宸翰所揮，亦資其檢討，謂之視草，故常簡當局四人，以備顧問。至德以後，天下用兵，多務深謀，密詔皆從中出，名曰翰林學士，得充選者，文士為榮。亦如中書舍人，例置學士六人，內擇年深德重者一人為承旨，所以獨當密命故也。德宗好文，尤難其選，貞元以後，為學士承旨者多至宰相。」㈩目不知書：謂目不識字。⑪上欲加安祿山同平章事……恐四夷輕唐，上乃止：按此段乃錄自《舊唐書・張說附垍傳》，字句大致相同。⑫兼總監：胡三省曰：「此郡牧總監也，唐有四十八監以牧馬，或曰：『此總監，即苑總監。』」⑬上聖祖尊號曰大聖祖高上大道金闕玄元大皇太帝：按新舊《唐書・玄宗紀》，大皇太帝皆作天皇大帝，當改從之。⑭上高祖諡曰神堯大聖光孝皇帝：按《舊唐書・玄宗紀》，光孝作大光孝，核諸帝謚皆有大字，則此亦當有大字無疑。⑮軒：軒檻。⑯冊命：謂宣冊而委命之。⑰勳效：猶勳功。⑱好寫：疑應作寫好。⑲告身：封官之冊書。⑳除將軍者五百餘人，中郎將者二千餘人：據《舊唐書・職官志》三，武官十二衞，將軍從三品，中郎將四品下。㉑收：收攬。㉒出關：出潼關。㉓令船夫執繩板：胡三省曰：「凡挽船夫，用板長二尺許，斜搭胸前，一端至肩，一端至脇，繩貫板之兩端，以接船綷而挽之。」㉔由是人皆知其將反，無敢言者：按無敢上當添一然字，而後文氣方足。㉕長樂阪：按《舊唐書・張說附垍傳》作：「高力士餞於滻坡。」知長樂阪即滻阪也，地在長安城東。㉖慰意：猶滿意。㉗怏怏：心不滿足。㉘上以告國忠曰：按上以告下當更添國忠二字，意方明晰。㉙建安：《舊唐書・地理志》三江南道：「建州，天寶元年改為建安郡，在京師東南四千九百三十五里。」㉚盧溪：同志三江南道：「辰州，天寶元年改為盧溪郡，在京師南微東三千四百五里。」㉛宜春：同志三江南道：「袁州，天寶元年改為宜春郡，在京師東南三千五百八十里。」㉜祿山之發長安也……垍為宜春司馬：按此段乃錄自《舊唐書・張說附垍傳》，字句大致相同。㉝特進、火拔州都督：胡三省曰：「火拔，突厥別部也，開元中置火拔州。唐制，特進文散階，正二品。」㉞雲麾將軍：《舊唐書・職官志》一：「雲麾將軍從三品。」㉟支度判官：胡三省曰：「唐制，邊軍有支度使，以計軍資糧仗之用，其屬有判官巡官。」㊱封丘：據《舊唐書・地理志》一，封丘屬河南道汴州。㊲安邑：今山西省安邑縣。㊳權：暫攝。㊴宓：音密。㊵閉壁：閉營門。㊶罹：染受。㊷引還：引軍而還。㊸前後死者：并鮮于仲通之敗。㊹置洮陽澆河二郡：洮陽澆河二郡，皆置於洮廓二州西南。據《新唐書・地理志》四隴右道，廓州本澆河郡，天寶元年更名為寧塞郡。神策軍在洮州西八十里磨禪川。㊺和雅：溫和文雅。㊻考異：「舊見素傳：『天子以宰相或未稱職，見此咎議。』」：按本傳咎議作咎徵，當改從之。㊼沴：氣不和，音ㄌㄧˋ。㊽峴，禕之子：信安王禕，開元初，以軍功有寵於上。㊾扶風：原岐州，天寶元年改為扶風。㊿使御史推之：宋白曰：「唐故事，侍御史各二人，知東西推，又各分京城諸司及諸道州府，為東西之限，隻日則臺院受事，雙日則殿院受事。又有監察御史，出使推案，謂之推事御史。」按此則監察御史也。(51)淫雨：雨三日已上曰淫。(52)以權假宰相：謂以權勢借於宰相。(53)無章：無法。(54)度：度數。(55)置內侍監二員，正三品：胡三省曰：「唐制，宦官不得過三品，置內侍四人，從四品上，中官之貴，極於此矣。至帝始隳其制，楊思勗以軍功，高力士以恩寵，皆拜大將軍，階至從一品，猶曰勳官也，今置內侍監正三品，則職事官矣。」(56)桂嶺：據《舊唐書・地理志》四，桂嶺屬嶺南道賀州，賀州在京師東南四千一百三十里。(57)澧陽：同志三江南道：「澧州，天寶元年改為澧陽郡，在京師東南一千八百九十三里。」(58)疾：嫉妬。(59)兩：兩方。(60)戶九百六萬九千一百五十四：按《舊唐書．玄宗紀》，戶九百六萬作戶九百六十一萬。

十四載（西元七五五年）

㈠春，正月，蘇毗王子悉諾邏去吐蕃來降㈠。

㈡二月，辛亥，安祿山使副將何千年入奏，請以蕃將三十二人代漢將，上命立進畫㈡，給告身。韋見素謂楊國忠曰：「祿山久有異志，今又有此請，其反明矣。」明日見素當極言，上未允，公其繼之，國忠許諾，壬子，國忠見素入見，上迎謂曰：「卿等有疑祿山之意邪！」見素因極言祿山反已有迹，所請不可許。上不悅，國忠逡巡㈢不敢言，上竟從祿山之請。他日，國忠見素言於上曰：「臣有策可坐消㈣祿山之謀，今若除祿山平章事，召詣闕，以賈循為范陽節度使，呂知誨為平盧節度使，楊光翽為河東節度使，則勢自分矣。」上從之，已草制，上留不發，更遣中使輔璆琳以珍果賜祿山㈤，潛察其變，璆琳受祿山厚賂，還盛言祿山竭忠㈥奉國，無有二心，上謂國忠等曰：「祿山朕推心㈦待之，必無異志，東北二虜⑧，藉其鎮遏，朕自保之⑨，卿等勿憂也。」事遂寢⑩。

【考異】實錄：「正月辛巳，祿山表請以蕃將三十人代漢將，上遣中使袁思藝宣付中書，令即日進畫，便寫告身，楊國忠韋見素相謂曰，流言傳祿山有不臣之心，今又請代漢將，其反明矣，乃請陳事。既見，上先曰，卿等有疑祿山之意邪！國忠等遽走下階，垂涕，具陳祿山反狀，因以祿山表留上前而出。俄頃，上又令袁思藝宣曰，此之一奏，姑容之，朕徐為圖之。國忠奉詔，自後國忠每對，未嘗不懇請其事。國忠曰，臣有一策，可銷其難，伏望下制，以祿山帶左僕射平章事，追赴朝廷，以賈循等分帥三道。上許之。草制訖，留之未行，上潛令輔璆琳送甘子，私候其狀；還固稱無事，其制遂寢。先是，上引宰相對見，常置白麻於座前，及璆琳還，上乃謂宰臣曰，祿山必無二心，其制，朕已焚矣，後璆琳受祿山賄，事泄，上因祭龍堂，遣備儲具，責以不虔，乃命左右撲殺之，始有疑祿山意。」祿山事迹云：「請不以蕃將代漢將，論祿山反狀，及請追祿山赴闕，並是韋見素之意旨，國忠曾無預焉；仍語見素曰，祿山出自寒微，位居眾上，一時所忌嫉，成疑似耳。見素曰，公若實為此見，社稷危矣。將至上前懇論，見素約以事如未諧，公繼之，國忠都無一言，俯僂而退，見素却到中書，嗚咽流涕。此非他也，國忠要祿山速反，以明已之先見耳。」宋巨玄宗幸蜀記云：「是年春二月二十二日辛亥，祿山使何千年表請，以蕃將三十二人，代漢將掌兵，其日，宰相韋見素、楊國忠在省，見素慘然，國忠問曰，堂老何色之戚也？見素曰，祿山逆狀，行路共知，今以蕃酋代漢將，是亂將作矣，與公位當此地，能無戚乎！國忠於是亦惘然久之，乃曰，與奪之間，在於宸斷，豈我輩所能是非邪！見素曰，知禍之萌，而不能防，亦將焉用彼相矣！明日對見，僕必懇論，冀其萬一，若不允，子必繼之。國忠曰，事則不諧，恐虛犯龍顏，自貽伊戚。見素曰，如正其言而獲死，猶愈於阿從而偷生。翌日，壬子，二相入對，見素言祿山潛貯異圖，迹已昭彰，因扣頭流涕，久之。國忠但俯僂逡巡，更無所補。上不悅，遂以它事議之，既退，還省，見素謂國忠曰，聖意未回，計將安出？國忠曰，祿山未必有反意，但時所誹疾，便成疑似耳。見素曰，公若為此見，社稷危矣，遂憫然不言。二十四日癸丑，上又使思藝宣旨，令且依此發遣，卿等所議，後別籌之。自是，見素數奏其凶狀。三月己未朔，見素請以祿山同中書門下平章事，追赴闕庭。及輔璆琳送甘子，祿山給璆琳曰，主上耄年，信任非次，國忠之輩苟狥榮班，今若進逆耳之言，苦口之藥，以吾之心，事將無益，今欲耀兵強諫，以迹鬻拳，此意決矣。祿山以物贈璆琳，璆琳既受金帛，及還奏曰，祿山盡忠奉國，必無二心，特望官家不以東北為慮，上然之，謂宰臣曰，祿山朕自得之，卿勿憂也。見素起曰，臣忤拂聖旨，僭黷大臣，罪合萬死；然愚者千慮，或有一中，願陛下審察之。」自餘與實錄及事迹所述略同。按祿山方賂璆琳，泯其反迹，安肯對之遽出悖語！又國忠平日數言祿山欲反，此際安得不與見素同心？蓋所謂天下之惡皆歸焉者也。今取其可信者。

循，華原人也，時為節度副使。

㈢隴右河西節度使哥舒翰入朝，道得風疾②，遂留京師，家居不出。

㈣三月，辛巳，命給事中裴士淹宣慰河北。

㈤夏，四月，安祿山奏破奚契丹。

㈥癸巳，以蘇毗王子悉諾邏為懷義王，賜姓名李忠信。

㈦安祿山歸至范陽，朝廷每遣使者至，皆稱疾，不出迎，盛陳武備，然後見之，裴士淹至范陽，二十餘日乃得見，無復人臣禮（一二），楊國忠日夜求祿山反狀，使京兆尹圍其第，【考異】肅宗實錄：「國忠日夜伺求祿山反狀，或矯詔以兵圍其宅，或令府縣捕其門客李起、安岱、李方來等，皆令侍御史鄭昂之陰推劾，潛槌殺之。慶宗尚郡主，又供奉在京，密報其父，祿山轉懼。」唐曆：「是夏京兆尹李峴貶零陵太守。先是，楊國忠使門客蹇昂、何盈求祿山陰事，命京兆尹圍捕其宅，得安岱、李方來等與祿山反狀，使侍御史鄭昂之縊殺之。祿山怒，使嚴莊上表自理，具陳國忠罪狀二十餘事，上懼其生變，遂歸過於峴以安之。」安祿山事迹與唐曆同，外有命京兆尹李峴於其宅得李起、安岱、李方來等，又貶吉溫為澧陽長史，以激怒祿山，幸其速反，上竟不之悟。玄宗幸蜀記與事迹同。按李峴傳：「十三載連雨六十餘日，國忠歸咎京兆尹，貶長沙太守。」新宗室宰相傳：「楊國忠使客蹇昂、何盈擿安祿山陰事，諷京兆捕其第，得安岱李方來等與祿山反狀，縊殺之。祿山怒，上書自言，帝懼變，出峴為零陵太守。」今從實錄。捕祿山客李超等，送御史臺獄，潛（一三）殺之，祿山子慶宗尚宗女榮義郡主，供奉在京師（一四），密報祿山，祿山愈懼。六月，上以其子成昏，手詔祿山觀禮，祿山辭疾不至。秋，七月，祿山表獻馬三千匹，每匹執控夫（一五）二人，遣蕃將二十二人部送（一六），河南尹達奚珣疑有變，奏請諭（一七）：「祿山以進馬宜俟至冬，官自給夫⑱，無煩本軍⑲。」於是上稍寤，始有疑祿山之意，會輔璆琳受賂事亦泄⑳，上託以他事撲殺㉑之，上遣中使馮神威齎手詔諭祿山，如珣策，【考異】祿山事迹作承威，今從玄宗幸蜀記。且曰：「朕新為卿作一湯㉒。十月，於華清宮待卿。」神威至范陽宣旨，祿山踞牀微起㉓，亦不拜，曰：「聖人安隱㉔。」又曰：「馬不獻亦可。十月，灼然㉕詣京師耶。」令左右引神威置館舍，不復見，數日遣還，亦無表，神威還，見上泣曰：「臣幾不得見大家㉖。」

(八)八月，辛卯，免今載百姓租庸。

(九)冬，十月，庚寅，上幸華清宮。【考異】舊紀壬辰，今從實錄、新紀。

(十)安祿山專制三道㉗，陰蓄異志，殆將十年，以上待之厚，欲俟上晏駕㉘，然後作亂，會楊國忠與祿山不相悅，屢言祿山且反，上不聽，國忠數以事激㉙之，欲其速反，以取信於上。祿山由是決意遽反，獨與孔目官太僕丞嚴莊、掌書記屯田員外郎高尚、將軍阿史那承慶密謀，自餘將佐皆莫之知，但怪其自八月以來，屢饗㉚士卒，秣馬厲兵而已。會有奏事官自京師還，祿山詐為敕書，悉召諸將示之，曰：「有密旨，令祿山將兵入朝，討楊國忠，諸君宜即從軍。」眾愕然相顧，莫敢異言㉛。十一月，甲子，祿山發所部兵及同羅、奚、契丹、室韋凡十五萬眾，號㉜二十萬，反於范陽，【考異】平致美薊門紀亂曰：「自其年八月後，慰諭兵士，磨厲戈矛，頗異於常，識者竊怪矣。至是，祿山勒兵夜發，將出，命屬官等謂曰，奏事官胡逸自京回，奉密旨，遣祿山將隨身兵馬入朝來，莫令那人知，羣公勿怪，便請隨軍。那人，意楊國忠也。」命范陽節度副使賈循守范陽，平盧節度副使呂知誨守平盧，別將高秀巖守大同㉝，諸將皆引兵夜發，詰朝㉞，祿山出薊城南，大閱誓眾，以討楊國忠為名，牓㉟軍中曰：「有異議，扇動軍人者，斬及三族。」於是引兵㊱而南，祿山乘鐵轝，步騎精銳，煙塵千里，鼓譟㊲震地㊳。時海內久承平，百姓累世㊴不識兵革㊵，猝聞范陽兵起，遠近震駭，河北皆祿山統內㊶，所過州縣，望風㊷瓦解，守令㊸或開門出迎，或棄城竄匿㊹，或為所擒戮，無敢拒之者。祿山先遣將軍何千年、高邈將奚騎二十，聲言獻射生手㊺，乘驛詣太原，乙丑，北京副留守楊光翽出迎，因劫之以去，【考異】肅宗實錄云：「先令千年領壯士數千人，詐稱獻俘，以車千乘，包旌旗戈甲器械，先俟於河陽橋，不見後來所用。」又千年時方詣太原，執楊光翽，未暇向河陽也，今不取。薊門紀亂云：「是月甲午，縛光翽。」按是月有甲子，安得甲午！亦不取。太原具言其狀。東受降城亦奏祿山反，上猶以為惡祿山者詐為之，未之信也。

(十)庚午，上聞祿山定反(46)，乃召宰相謀之，楊國忠揚揚有德色(47)，曰：「今反者獨祿山耳，將士皆不欲也，不過旬日，必傳首詣行在。」上以為然，大臣相顧失色。上遣特進畢思琛詣東京，金吾將軍程千里詣河東，各簡募數萬人，隨便團結(48)，以拒之。

(十一)辛未，安西節度使封常清入朝，上問以討賊方略，常清大言(49)曰：「今太平積久(50)，故人望風憚賊，然事有逆順，勢(51)有奇變，臣請走馬詣東京，開府庫，募驍勇(52)，挑(53)馬箠度河，計日取逆胡之首，獻闕下。」上悅，壬申，以常清為范陽平盧節度使，常清即日(54)乘驛詣東京募兵，旬日得六萬人，乃斷河陽橋，為守禦之備(55)(56)。

(十二)甲戌，祿山至博陵(57)南，何千年等執楊光翽見祿山，責光翽以附楊國忠，斬之以徇。【考異】幸蜀記云：「十九甲戌，至真定南，逢楊光翽。」按唐曆：「祿山遣驍騎何千年等劫光翽歸，遇於博陵郡，殺之。」蓋幸蜀記誤以定州為真定耳。祿山事迹曰：「其年九月，傳太原尹楊光翽首至。」按祿山十一月始反，而事迹云九月取光翽，誤也。祿山使其將安忠志將精兵軍土門(58)，忠志奚人，祿山養為假子(59)，又以張獻誠攝博陵太守。獻誠，守珪之子也。祿山至藁城，常山太守顏杲卿力不能拒，與長史袁履謙往迎之，祿山輒賜杲卿金紫，質其子弟(六〇)，使仍守常山，又使其將李欽湊將兵數千人守井陘口，以備西來諸軍(六一)。杲卿(六二)歸途中指其衣謂履謙曰：「何為著此！」履謙悟其意，乃陰與杲卿謀起兵，討祿山。杲卿，思魯之玄孫也。

(十四)丙子，上還宮，斬太僕卿安慶宗，賜榮義郡主自盡，以朔方節度使安思順為戶部尚書，思順弟元貞為太僕卿，以朔方右廂兵馬使、九原(六三)太守郭子儀為朔方節度使，右羽林大將軍王承業為太原尹(六四)，置河南節度使，領陳留(六五)等十三郡，以衛尉卿、猗氏(六六)張介然為之，【考異】實錄以介然為汴州刺史，舊紀以介然為陳留太守。按是時無刺史，郭納見為太守，介然直為節度使耳。以程千里為潞州長史，諸郡當賊衝者，始置防禦使。丁丑，以榮王琬為元帥，右金吾大將軍高仙芝副之，統諸軍東征，出內府錢帛於京師，募兵十一萬，號曰天武軍，旬日而集，皆市井子弟也。

(十五)十二月，丙戌，高仙芝將飛騎、彍騎及新募兵、邊兵在京師者，合五萬人，發長安，上遣宦者監門將軍邊令誠監其軍，屯於陝。

(十六)丁亥，安祿山自靈昌(六七)度河，以絙(六八)約(六九)敗船(七〇)及草木，橫絕(七一)

河流，一夕冰合如浮梁(七二)，遂陷靈昌郡。祿山步騎散漫(七三)，人莫知其數，所過殘滅(七四)，張介然至陳留纔數日，祿山至，授兵登城，眾恟懼(七五)不能守，庚寅，太守郭納以城降，祿山入北郭，聞安慶宗死，慟哭曰：「我何罪而殺我子。」時陳留將士降者，夾道(七六)近萬人，祿山皆殺之，以快其忿，斬張介然於軍門，【考異】舊紀：「辛卯，陷陳留郡。」祿山事迹：「庚午，陷陳留郡，傳張介然荔非元瑜等首至。」今從實錄。以其將李庭望為節度使，守陳留(七七)。

(十七)壬辰，上下制欲親征，其朔方、河西、隴右兵留守城堡之外，皆赴行營，令節度使自將之，期二十日畢集。

(十八)初平原(七八)太守顏真卿知祿山且反，因霖雨完城浚壕，料(七九)丁壯，實倉廩，祿山以其書生易之(八〇)，及祿山反，牒真卿以平原博平(八一)兵七千人防河津(八二)，真卿遣平原司兵李平閒道奏之，上始聞祿山反，河北郡縣皆風靡(八三)，歎曰：「二十四郡(八四)，曾無一人義士邪(八五)！」及平至，大喜曰：「朕不識顏真卿作何狀(八六)，乃能(八七)如是！」真卿遣親客(八八)密懷購賊牒詣諸郡，由是諸郡多應(八九)者(九〇)。真卿，杲卿之從弟也。

(九)安祿山引兵向滎陽，太守崔無詖拒之，士卒乘城者，聞鼓角聲，自墜如雨(九一)，癸巳，祿山陷滎陽，【考異】唐歷舊紀作甲午，今從實錄。殺無詖，以其將武令珣守之。祿山聲勢益張(九二)，以其將田承嗣、安忠志、張孝忠為前鋒，封常清所募兵皆白徒(九三)，未更(九四)訓練，屯武牢，以拒賊，賊以鐵騎蹂(九五)之，官軍大敗，常清收餘眾，戰於葵園(九六)，又敗，戰上東門(九七)內，又敗，丁酉，祿山陷東京，賊鼓譟，自四門入，縱兵殺掠，常清戰於都亭驛(九八)，又敗，退守宣仁門(九九)，又敗，乃自苑西壞牆(〇〇)西走(〇一)，【考異】常清表云：「自今月七日交兵，至十三日不已。」按七日祿山猶未至滎陽，蓋與賊前鋒戰耳。河南尹達奚珣降於祿山，留守李憕謂御史中丞盧奕曰：「吾曹荷國重任，雖知力不敵，必死之。」奕許諾，憕收殘兵數百欲戰，皆棄憕潰去，憕獨坐府中(〇二)。奕先遣妻子懷印，間道走長安，朝服坐臺中(〇三)，左右皆散。祿山屯於閑廄，使人執憕、奕及采訪判官蔣清，皆殺之(〇四)，奕罵祿山數其罪，顧賊黨曰：「凡為人當知逆順，我死不失節(〇五)，夫復何恨！」憕，文水(〇六)人；奕，懷慎之子(〇七)；清，欽緒之子(〇八)也。祿山以其黨張萬頃為河南尹。

(廿)封常清帥餘眾至陝，陝郡太守竇廷芝已奔河東，吏民皆散，常清謂高仙芝曰：「常清連日血戰，賊鋒不可當，且潼關無兵，若賊豕突(一九)入關，則長安危矣，陝不可守，不如引兵先據潼關，以拒之。」仙芝乃帥見(二〇)兵西趣潼關，【考異】肅宗實錄云：「仙芝領大軍，初至陝，方欲進師，會常清軍敗至，欲廣其賊勢，以雪己罪，勸仙芝班師，仙芝素信常清言，即日夜走保潼關，朝野大駭。」今從本傳。賊尋(二一)至，官軍狼狽走，無復部伍(二二)，士馬相騰踐(二三)，死者甚眾，至潼關，修完守備，賊至不得入而去(二四)。祿山使其將崔乾祐屯陝，臨汝、弘農、濟陰、濮陽(二五)，雲中郡皆降於祿山。

(廿一)是時朝廷徵兵諸道，皆未至，關中恟懼，會祿山方謀稱帝，留東京不進，故朝廷得為之備，兵亦稍集。

(廿二)祿山以張通儒之弟通晤為睢陽太守，與陳留長史楊朝宗將胡騎千餘東略地，郡縣官多望風降走(二六)，惟東平(二七)太守嗣吳王祗、濟南太守李隨，起兵拒之。祗，褘之弟也。郡縣之不從賊者，皆倚吳王為名(二八)。單父(二九)尉賈賁帥吏民南擊睢陽，斬張通晤，李庭望引兵欲東狗地，聞之，不敢進而還。庚子，以永王璘為山南節度使，江陵⑳長史源洧為之副，潁王璬為劍南節度使，蜀郡㉑長史崔圓為之副，二王皆不出閤。洧，光裕之子㉒也。

(廿三)上議親征，辛丑，制太子監國㉓，【考異】唐歷、幸蜀記皆云：「十六日辛丑。」按長歷，辛丑十七日也。實錄又作己丑，尤誤。肅宗實錄云：「詔以上監國，仍令總統六軍，親征寇逆。」按制書云：「今親總六師，率眾百萬，鋪敦元惡，巡撫洛陽。」則是上親征，使太子留守也。今從玄宗實錄。謂宰相曰：「朕在位垂㉔五十載，倦於憂勤㉕，去秋已欲傳位太子，值水旱相仍㉖，不欲以餘災遺子孫㉗，淹留㉘俟稍豐，不意逆胡橫發㉙，朕當親征，且使之監國，事平之日，朕將高枕無為矣。」楊國忠大懼，退謂韓虢秦三夫人曰：「太子素惡吾家專橫，久矣，若一旦得天下，吾與姊妹併㉚命在旦暮㉛矣。」相與聚哭，使三夫人說貴妃，銜土㉜請命於上，事遂寢。

(廿四)顏真卿召募勇士，旬日至萬餘人，諭以舉兵討安祿山，繼以涕泣，士皆感憤，祿山使其黨段子光齎李憕、盧奕、蔣清首狥河北諸郡，至平原，壬寅，真卿執子光，腰斬以狥，取三人首，續以蒲身㉝，棺斂葬之，祭哭受弔㉞。祿山以海運使劉道玄攝景城㉟太守，清池尉賈載、鹽山㊱尉河內穆寧，共斬道玄，得其甲仗五十餘船，攜道玄首謁長吏李暐，暐收嚴莊宗族，悉誅之，是日，送道玄首至平原，真卿召載、寧及清河㊲尉張澹，詣平原計事，【考異】舊穆寧傳：「祿山偽署劉道玄為景城守，寧唱義起兵，斬道玄首，傳檄郡邑，多有應者。賊將史思明來寇郡，寧以攝東光令將兵禦之，思明遣使說誘，寧立斬之，郡懼賊怨深，後大兵至，奪寧兵及攝縣。初寧佐采訪使巡按，嘗過平原，與太守顏真卿密揣祿山必叛，至是，真卿亦唱義，舉郡兵以拒祿山。會間使持書遺真卿曰，夫子為衞君乎。更無它詞，真卿得書大喜，因奏署大理評事河北采訪支使。」按寧以道玄首謁李暐，暐即族嚴莊家，豈有懼賊怨深而奪寧兵乎！真卿既殺段子光，帥州郡以討祿山，寧書中安得尚為隱話？道玄首至平原，真卿已召寧計事，豈待得此書，然後用之！況真卿領采訪使，乃在明年常山陷後。今皆不取。饒陽㊳太守盧全誠據城不受代㊴，【考異】包諝河洛春秋作盧皓，今從殷仲容顏氏行狀。河間司法李奐殺祿山所署長史王懷忠，李隨遣遊奕將訾嗣賢濟河，殺祿山所署博平太守馬冀，各有眾數千或萬人，共推真卿為盟主，軍事皆稟焉㊵。祿山使張獻誠將上谷、博陵、常山、趙郡、文安㊶五郡團結兵㊷萬人，圍饒陽。

（廿五）高仙芝之東征也，監軍邊令誠數以事干㊸之，仙芝多不從，令誠入奏事，具言仙芝常清橈敗㊹之狀，且云常清以賊搖眾，而仙芝棄陝地數百里，又盜減㊺軍士糧賜，上大怒，癸卯，遣令誠齎敕即軍中斬仙芝及常清。初常清既敗，三遣使奉表，陳賊形勢，上皆不之見，常清乃自馳詣闕，至渭南，敕削其官爵，令還仙芝軍，白衣自效㊻，常清草遺表曰：「臣死之後，望陛下不輕此賊，無忘臣言。」時朝議皆以為祿山狂悖，不日㊼授首㊽，故常清云然。令誠至潼關，先引常清宣敕示之，常清以表附令誠上之，【考異】明皇幸蜀記、安祿山事迹皆曰：「常清配隸仙芝軍，感憤頗深，遂作遺表，飲藥而死。令誠至，常清已死。」而舊傳以為敕令卻赴潼關，自草表待罪，是日，臨刑，託令誠上之。蓋一書見常清表有仰天飲鴆，向日封章，即為尸諫之臣，死作聖朝之鬼，故云然，今從舊傳。常清既死，陳尸蘧蒢㊾，仙芝還至聽事，令誠索陌刀手百餘人自隨，乃謂仙芝曰：「大夫亦有恩命。」仙芝遽下，令誠宣敕，仙芝曰：「我遇敵而退，死則宜矣，今上戴天，下履地㊿，謂我盜減糧賜，則誣(51)也。」時士卒在前，皆大呼稱枉(52)，其聲振地，遂斬之(53)，以將軍李承光攝領其眾。

(共)河西隴右節度使哥舒翰病廢在家，【考異】舊金梁鳳傳云：「天寶十三載，哥舒翰入京師，裴冕為河西留後，在武威。」是翰雖病在京師，猶領河西隴右兩鎮也。上藉其威名，且素與祿山不協(54)，召見，拜兵馬副元帥，將兵八萬以討祿山，仍敕天下四面進兵，會攻洛陽。翰以病固辭，上不許，以田良丘為御史中丞，充行軍司馬，起居郎蕭昕為判官，蕃將火拔歸仁等各將部落以從，并仙芝舊卒，號二十萬，軍於潼關。【考異】肅宗實錄云：「以翰為皇太子先鋒兵馬使元帥，領河隴、朔方，募兵十萬，并仙芝舊卒，號二十萬，拒戰於潼關，十二月十七日，大軍發。」

唐歷亦云：「先鋒兵馬使元帥。」舊傳云：「先鋒兵馬元帥。」祿山事迹云：「翰為副元帥，領河隴諸蕃部落奴剌、頡跌、朱邪、契苾、渾、蹛林、奚結、沙陀、蓬子、處蜜、吐谷渾、思結等十三部落，督蕃漢兵二十一萬八千人，鎮於潼關。」舊紀云：「丙午，命翰守潼關。」按玄宗實錄：「癸卯，斬常清仙芝，命翰為兵馬副元帥，統兵八萬鎮潼關。」時榮王為元帥，故以翰副之。蓋誅仙芝之日，即命翰代仙芝。舊紀丙午，肅宗實錄十七日軍發，皆太早也。玄宗實錄所云八萬者，蓋止謂漢兵隨翰東征者耳，并諸蕃部落及仙芝舊兵則及十餘萬，因號二十萬也。翰病不能治事，悉以軍政委田良丘，良丘復不敢專決（五五），使王思禮主騎（五六），李承光主步，二人爭長，無所統壹，翰用法嚴而不恤（五七）士卒，皆懈弛（五八），無鬬志（五九）。

（廿七）安祿山大同軍使高秀巖寇振武軍（六〇），朔方節度使郭子儀擊敗之，子儀乘勝，拔靜邊軍（六一），大同兵馬使薛忠義寇靜邊軍，子儀使左兵馬使李光弼、右兵馬使高濬、左武鋒使僕固懷恩、右武鋒使渾釋之等，逆擊，大破之，阬（六二）其騎七千，【考異】陳雄汾陽王家傳，此戰在十二月十二日，嫌其與祿山陷東都相亂，故并置此。進圍雲中（六三），使別將公孫瓊巖將二千騎擊馬邑，拔之，開東陘關（六四）。甲辰，加子儀御史大夫。懷恩，哥濫拔延之曾孫也，世為金微都督（六五），釋之，渾部酋長，世為皐蘭都督。

（廿八）顏杲卿將起兵，參軍馮虔、前真定令賈深、藁城（六六）尉崔安石、郡人翟萬德、內丘（六七）丞張通幽，皆預其謀，又遣人語太原尹王承業，密與相應，會顏真卿自平原遣杲卿甥盧逖潛告杲卿，欲連兵斷祿山歸路，以緩其西入之謀。時㊅祿山遣其金吾將軍高邈詣幽州徵兵，未還，杲卿以祿山命召李欽湊，使帥眾詣郡，受犒賚㊅，丙午，薄暮㊆，欽湊至，杲卿使袁履謙馮虔等，攜酒食妓樂往勞之，并其黨皆大醉，乃斷欽湊首，收其甲兵，盡縛其黨，明日斬之，悉散井陘之眾；有頃，高邈自幽州還，且至藳城，杲卿使馮虔往擒之；南境又白何千年自東京來，崔安石與翟萬德馳詣醴泉驛，迎千年，又擒之，同日致㊆於郡下㊆。千年謂杲卿曰：「今太守欲輸力㊆王室，既善其始，當慎其終，此郡應募烏合㊆，難以臨敵，宜深溝高壘，勿與爭鋒，俟朔方軍至，併力齊進，傳檄趙魏，斷燕薊要㊆膂㊆，今且宣聲云李光弼引步騎一萬，出井陘，因使人說張獻誠云：『足下所將，多團練之人，無堅甲利兵㊆，難以當山西㊆勁兵。』獻誠必解圍遁去，此亦一奇㊆也。」杲卿悅，用其策，獻誠果遁去，其團練兵皆潰，杲卿乃使人入饒陽城，慰勞將士，命崔安石等徇諸郡，云：「大軍已下井陘，朝夕當至，先平河北諸郡，先下者賞，後至者誅。」於是河北諸郡響應，凡十七郡皆歸朝廷，兵合二十餘萬。【考異】河洛春秋曰：「祿山至藁城，杲卿上書，陳國忠罪惡，宜誅之狀，且曰，鉞下才不世出，天實縱之，所向輒平，無思不服。昔漢高仗赤帝之運，猶納食其之言，魏武應黃星之符，亦用荀彧之策。又曰，今河北殷實，百姓富饒，衣冠禮樂，天下莫敵。孔子曰，十室之邑，必有忠信，萬家之邦，非無豪傑，如或結聚，豈非後患者乎。伏惟精彼前軍，嚴其後殿，所過持重，且詳觀地圖，凡有隘狹，必加防遏，慎擇良吏，委之腹心，自洛已東，且為己有。廣輓芻粟，繕理甲兵，傳檄西都，望風自振。若唐祚未改，王命尚行，君相協謀，士庶奔命，則盛兵鞏洛，東據敖倉，南臨白馬之津，北守飛狐之塞，自當抗衡上國，割據一方；若景命已移，謳歌新繫，即當長驅岐雍，臨馬渭河，黔首歸命，孰有出鉞下之右者！祿山大悅，加杲卿章服，仍舊常山太守，并五軍團練使，鎮井陘口，留同羅及曳落河一百人，首領各一人。其趙邢洺相衞等州並皆替換，及滄瀛深不從祿山。張獻誠圍深州，月餘不下，前趙州司戶包處遂、前原氏尉張通幽、藁城縣尉崔安晟、恒州長史袁履謙等同上書說杲卿曰，明公身荷寵光，位居牧守，乃棄萬全之良計，履必死之畏途，取適於目前，忘累於身後，竊為明公不取。今若拒祿山之命，招十萬之兵，峙乃芻茭，積其食粟，分守要害，大振威聲，通井陘之路，與東都合勢，如此則洪勳盛烈，何可勝言者哉！輕進瞽言，萬無一用，魂銷東岱，先懷屠裂之憂，心拱北辰，殖立忠貞之節。杲卿覽書大悅，於是僉議，偽以祿山命，追井陘鎮兵就恒州宴設，酋長各賜帛三百段，馬一疋，金銀器物各一牀，美人各一，其餘通賜物一萬段，設於州南焦同驛，自時至暮，併以歌妓數百人悅其意，密於酒中致毒，與飲，令盡醉，悉無所覺，乃盡收其器械，一一縛之，明日盡斬，棄尸於滹沱河中。」殷亮顏杲卿傳曰：「祿山起，杲卿計無所出，乃與長史袁履謙謁於藁城縣，祿山以杲卿嘗為己判官，矯詔，賜紫金魚袋，使自守常山郡，以其孫誕、弟子詢為質，俾崇郡刺史蔣欽湊以趙郡甲卒七千人守土門，約杲卿，將見欽湊，以私號召之，杲卿罷歸，途中指其衣服而謂履謙曰，此害身之物也，祿山雖以誅君側為名，其實反矣。我與公世為唐臣，忝居藩翰，寧可從之作逆邪！履謙愀然變色，感歎良久，曰，為之奈何？唯公所命，不敢違杲卿。乃使人告太原尹王承業以殺欽湊，俟其緩急相應，承業亦使報命，杲卿恐漏泄，示已不事事，多委政於履謙，終日不相謁，唯使男泉明往來通其言，召前真定令賈深，處士權渙、郭仲邕就履謙以謀之，適會杲卿從父弟真卿據平原，不殺段子光，使杲卿妹子盧逖并以購祿山所行敕牒，潛告杲卿，大悅，匿逖於家。逖之未至，杲卿先使大以私號召欽湊至，杲卿辭之曰，日暮夜，恐有他盜，城門閉矣，請俟詰朝相見；因遣參軍馮虔、宗室李峻、靈壽尉李栖默、郡人翟萬德等即於亭，伺欽湊夜久醉熟，以斧斫殺之，悉散土門兵。先是，祿山使其腹心偽金吾將軍高邈徵兵於范陽，路出常山，杲卿候知之，其日，邈至於蒲城驛，杲卿令崔安石馮虔殺之，邈前驅數人先至，遽殺之，遂生擒邈，送於郡，遇何千年狎至，安石於路絕行人之南者，馳至醴泉驛，候千年，亦斬其人而擒之，如邈，日未午，二凶偕致。」肅宗實錄：「杲卿初聞祿山起兵於范陽，杲卿召長史袁履謙、前真定令賈深、內丘丞張通幽謂之曰，今祿山一朝以幽并騎，過常山，趨洛陽，有問鼎之志，天子在長安，方欲徵天下兵，東向問罪，事不及矣，如賊軍暴至，吾屬為虜必矣，不若因其未萌，招義徒，西據土門，北通何朔，待海內之救，上以安國家，下以全臣節，此策之上者。遂即日購士，得千餘人，命履謙將兵鎮土門，命賈深防東路，通幽守郡城。

賊將李歸仁令弟欽湊，領步騎五千人，先鎮土門，付令以兵隸於杲卿，又使新下騎將高邈，馳報祿山，令促其行。覘者知其謀，而白杲卿，杲卿召履謙，告之，履謙曰，事將亟矣，若不早誅欽湊，謀不集也。遂詐追欽湊，令赴郡計事，命履謙署人吏以待之，欽湊夜至郡，杲卿命憩於驛，乃使參軍李循、馮虔，縣尉李栖默等，享欽湊於驛，醉乃夜殺之。履謙持欽湊首，謁於杲卿，杲卿與履謙且喜事之捷，又懼賊之來，相對泣，杲卿收淚，厲履謙曰，大丈夫名不掛青史，安用生為！吾與公累世事唐，豈偷安於胡羯，但使死而不朽，亦何恨也。有頃，藁城尉崔安石報高邈自祿山所至，已宿上谷郡界，又使馮虔縣尉翟萬德，并命安石共方略，詰朝，邈騎數人先至驛，虔盡阬之，邈纔至，虔紿之曰，太守將音樂迎候，邈無疑，至廳下馬，虔安石等指揮人吏，以棒亂擊邈仆，生縛之。無何，南界又報何千年自東京宿趙郡，安石、萬德先於郡南醴泉驛候之，千年至，知邈被擒，令麾下騎與安石戰，敗，又生擒千年，並送於郡。」舊傳曰：「祿山陷東都，杲卿忠誠感發，懼賊寇潼關，即危宗社，恃從弟真卿為平原太守，遣信杲卿，相與起義兵，掎角斷賊歸路，以紓西寇之勢。杲卿乃與長史袁履謙、前真定令賈深、前內丘丞張通幽等，謀閉土門以皆之。祿山遣蔣欽湊、高邈帥眾五千，守土門，杲卿欲誅欽湊，開土門之路。時欽湊軍隸常山郡，屬欽湊遣高邈往幽州，未還，杲卿遣吏召欽湊，至郡計事，是月二十二日夜，欽湊至，舍之於傳舍，會飲，既醉，令袁履謙與參軍馮虔、縣尉李棲默，手力翟萬德等，殺欽湊。中夜履謙攜欽湊首見杲卿，相與垂泣，喜事之濟也。是夜藁城尉崔安石，報高邈還至蒲城，即令馮虔、翟萬德與安石往圖之，詰朝，邈之騎從數人，至藁城驛，安石皆殺之，俄而邈至，安石紿之曰，太守備酒於傳樂舍，邈方據廳下馬，馮虔等擒而縶之。是日，賊將何千年自東都來趙郡，馮虔、翟萬德伏兵於醴泉驛，千年至，又擒之。即日，縛二賊，將還郡。」按祿山初自范陽，擁數十萬眾南下，常山當其所出之塗，若杲卿不從命，遽以千餘人拒之，則應時虀粉，安得復守故郡乎？況時祿山猶以誅楊國忠為名，未僭位號，杲卿迎於藁城受其金紫，殆不能免矣。肅宗實錄所云者，蓋欲全忠臣之節耳。然杲卿忠直剛烈，麾軀狥國，舍生取義，自古罕儔，豈肯更上書媚悅祿山，比之漢高魏武，為之畫割據并吞之策，此則粗有知識者，必知其不然也。蓋包諝乃處遂之子，欲言杲卿初無討賊立節之意，由己父上書勸成之，以大其父功耳。觀所載杲卿上祿山書，處遂等上杲卿書，田承嗣上史朝義疏，其文體如一，足知皆諝所撰也。又張通幽兄為逆黨，又教王承業奪杲卿之功，終以反覆被誅，其行事如此；而包諝云，初與處遂同上書，勸杲卿為忠義，尤難信也。舊傳云：「欽湊高邈同守土門，欽湊遣邈往幽州，二將既握兵，同鎮土門，欽湊豈得擅遣邈往幽州。」今從殷亮杲卿傳，祿山自遣邈徵兵，是也。河洛春秋云：「留同羅曳落河百人，」鎮彼井陘，遏山西之軍，重任也，豈百人所能守乎？殷傳云：「七千人守土門。」此七千人又非履謙一夕所能縛也。蓋祿山留精兵百人以為欽湊腹心爪牙，其餘皆團練民兵，脅從者耳，故履謙得醉之以酒，誅欽湊，及百人，而散其餘耳。河洛春秋云：「酒中置毒。」按時履謙等與欽湊同飲，豈得偏置毒於客酒中乎！今不取。舊傳及殷傳，皆云欽湊姓蔣，今從玄宗肅宗實錄，唐歷姓李，玄宗實錄：「十二月己亥杲卿殺賊將李欽湊，執何千年、高邈送京師。」按己亥，十五日也，而真卿以壬寅斬段子光，壬寅十八日也，真卿既殺子光，乃報杲卿，同舉義兵，今從舊傳為二十二日丙午，殺欽湊。肅宗實錄又云：「杲卿之斬欽湊等，因使狥諸郡，曰今上使榮王為元帥，哥舒翰為副，徵天下兵四十萬，東向討逆。」按實錄癸卯始命翰為副元帥，計丙午常山亦未知，今不敢。河洛春秋云：「十三郡悉舉義兵歸朝廷。」殷亮顏氏行狀、舊顏真卿傳、唐歷皆云：「十七郡歸順。」蓋河洛春秋不數平原、景城、河間、饒陽，先定者耳。顏氏行狀曰：「不款者六郡而已。時魏郡亦未下，蓋舉其終數耳。」其附祿山者，唯范陽、盧龍、密雲、漁陽、汲鄴(六〇)六郡而已。

(廿九)杲卿又密使人入范陽招賈循，郟城(六一)人馬燧說循曰：「祿山負恩悖逆(六二)，雖得洛陽，終歸夷滅，公若誅諸將之不從命(六三)者，以范陽歸國，傾其根柢(六四)，此不世之功(六五)也。」循然之，猶豫不時發，別將牛潤容(六六)知之，以告祿山，祿山使其黨韓朝陽召循，朝陽至范陽，引循屏語(六七)，使壯士縊殺之，滅其族(六八)，以別將牛廷玠知范陽軍事。史思明、李立節將蕃漢步騎萬人擊博陵、常山，馬燧亡入西山(六九)，隱者徐遇匿(七〇)之，得免。

(卅)初祿山欲自將攻潼關，至新安，聞河北有變而還，【考異】玄宗實錄：「十五年正月壬戌，祿山將犯潼關，次於新安，聞有備而還。」按祿山以此月丁酉陷東都，至壬戌，凡二十六日，非乘虛掩襲也，豈得至新安，然後知其有備乎！蓋常山有變，則幽薊路絕，故懼而歸耳。今從肅宗本紀。蔡希德將兵萬人，自河內北擊常山。

(卅一)戊申，榮王琬薨，贈謚靖恭太子。

(卅二)是歲，吐蕃贊普乞梨蘇籠獵贊卒，子娑悉籠獵贊立(七一)。

【今註】(一)蘇毗王子悉諾邏去吐蕃來降：去謂離開。《新唐書・吐蕃傳》：「蘇毗，彊部也。」意為蘇毗乃吐蕃之強大部落。㊁進畫：進畫者，命中書省為發日敕，進請御畫而行之。《唐六典》卷八：「凡王言之制有七，四曰發日敕，謂後畫發日敕也，增減官員，廢置州縣，徵發兵馬，除免官爵，授六品已下官則用之。」㊂逡巡：卻退貌，音竣。㊃坐消：謂坐而消除，亦即不費力之意。㊄以珍果賜祿山：即考異前所引以甘子賜祿山事。㊅竭忠：盡忠。㊆推心：謂推心置腹，極信任之。㊇東北二虜：指契丹、奚言。㊈朕自保之：謂朕自保証其無他意。⑩寢：止。⑪風疾：中風之疾，即今所謂之半身不遂。⑫無復人臣禮：謂無復為臣子之禮儀。⑬潛：暗。⑭慶宗供奉在京師：慶宗為太僕卿，得隨供奉官班見。⑮執控夫：猶今言之馬童。⑯部送：部領而遣送之。⑰諭：諭告。⑱夫：即執控夫。⑲本軍：謂本道軍士。⑳泄：洩露。㉑撲殺：擊殺。㉒朕新為卿作一湯：〈津陽門詩〉注：「宮中除供奉兩湯外，內更有湯十六所，長湯每賜諸嬪御，其修廣與諸湯不侔，甃以文瑤密石，中央有玉蓮花，捧湯，噴以成池，又縫綴錦繡為鳧雁，置於水中，上時於其間泛鈒鏤小舟，以嬉遊焉。次西曰太子湯，又次西宜春湯，又次西長湯十六所，今唯太子少陽二湯存焉，又有玉女殿湯，今石星痕湯，玉名甕湯所出也。」㉓踞牀微起：踞坐牀上，欠身微起。㉔聖人安隱：聖人謂君上。胡三省曰：「隱讀曰穩，唐帖多有寫隱字為穩字者。」按安穩即平安也。唐代常喜用此語。《舊唐書・宦官高力士傳》：「玄宗常曰：『力士當上，我寢則穩。』」同書〈王晙傳〉：「雖復一時勞弊，必得久長安穩。……昔年既得康寧，今日還應穩便。」皆喜用穩及安穩之例證也。㉕灼然：猶必須。㉖大家：稱天子之語，亦曰官家。㉗三道：謂三節度使所管之界。㉘晏駕：天子崩。㉙激：激動。㉚饗：犒饗。㉛莫敢異言：似當作莫敢有異言。㉜號：號稱。㉝大同：《新唐書・地理志》三河東道：「朔州，馬邑，開元五年，析善陽於大同軍城置。」㉞詰朝：平旦。㉟牓：揭牓。㊱引兵：領兵。㊲鼓譟：擊鼓及嘩譟之聲。㊳震地：震動天地。㊴累世：累代。㊵兵革：謂戰爭。㊶河北皆祿山統內：祿山兼河北道采訪使，故皆在其管內。㊷望風：謂望風塵，此辭主要者乃在塵字，言望見人馬經行時所揚起之風及塵埃，特以望風塵較為冗長，遂省減作望風耳。㊸守令：太守縣令。㊹竄匿：逃竄藏匿。㊺射生手：擅長射法之兵卒，在唐代為一專名。㊻定反：猶實反。㊼有德色：胡三省曰：「蜀本作得色，當從之。」㊽隨便團結：按本書卷二百十三開元十五年諸軍團兵下，胡三省曰：「團結民兵，謂之團兵。」是意乃為隨便宜而團結民兵也。㊾大言：猶誇言。㊿積久：謂積年月甚久。(51)勢：形勢。(52)開府庫，募驍勇：謂開府庫所藏錢帛，以召募驍勇之士。(53)挑：揚。(54)即日：即時。(55)備：準備。(56)安西節度使封常清入朝……為守禦之備：按此段乃錄自《舊唐書・封常清傳》，字句大致相同。(57)博陵：《舊唐書・地理志》二河北道：「定州，天寶元年改為博陵郡，在京師東北二千九百六里。」(58)軍土門：謂駐軍於土門。(59)假子：猶義子。(60)質其子弟：以其子弟為人質。(61)以備西來諸軍：謂河東路兵，東出井陘口者。(62)杲卿，思魯之玄孫：顏思魯，之推之子，師古之父。(63)九原：原豐州，天寶元年改為九原。(64)太原尹：太原為北都，故置尹。(65)陳留：原汴州，天寶元年改為陳留郡。(66)猗氏：今山西省猗氏縣。(67)靈昌：本滑州，天寶元年改為靈昌郡。(68)絙：巨繩，音ㄍㄥ。(69)約：連束。(70)敗船：破船。(71)絕：渡。

(七二)浮梁：浮橋。(七三)散漫：謂散離。(七四)殘滅：殘毀夷滅。(七五)恟懼：恐懼。(七六)夾道：迎降時之狀。(七七)張介然至陳留……以李庭望為節度使，守陳留：按此段乃錄自《舊唐書・忠義張介然傳》，字句大致相同。(七八)平原：原德州，天寶元年改為平原。(七九)料：料計。(八〇)易之：謂輕易之而不以為意。(八一)博平：原河北道博州，天寶元年改為博平。(八二)河津：黃河下游之津渡處。(八三)風靡：謂望風而靡。靡，偃也。(八四)二十四郡：按《舊唐書・顏真卿傳》作：「河北二十四郡。」雖上文已有河北字樣，然此實不妨重言之，蓋意乃重在河北之二十四郡，而非他處也。(八五)曾無一人義士邪：謂曾無一人為義士耶。文若省作曾無一義士邪，意亦正同，《顏真卿傳》則作：「豈無一忠臣乎！」更較為平直。(八六)作何狀：作何形狀。(八七)乃能：竟能。(八八)親客：親信之賓客。(八九)應：響應。(九〇)初平原太守顏真卿……由是諸郡多應者：按此段乃錄自《舊唐書・顏真卿傳》，字句大致相同。(九一)自墜如雨：自墜如落雨然，喻軍士見戰爭之恐怖情形。(九二)張：張大。(九三)白徒：白衣之流，亦即平民。(九四)更：經歷。(九五)蹂：蹂躪。(九六)葵園：胡三省曰：「葵園在罌子谷南。」(九七)上東門：《唐六典》卷七：「東都，東面三門，北曰上東門。」(九八)都亭驛：在洛陽之南。(九九)宣仁門：《唐六典》卷七：「東都，東城在皇城之東，東曰宣仁門。」(一〇〇)壞牆：毀壞牆垣。(一〇一)封常清所募兵皆白徒……乃自苑西壞牆西走：按此段乃錄自《舊唐書・封常清傳》，字句大致相同。(一〇二)府中：府，留守府。(一〇三)臺中：臺，留御史臺。(一〇四)留守李憕謂御史中丞……判官蔣清皆殺之：按此段乃錄自《舊唐書・忠義李憕傳》，字句大致相同。(一〇五)不失節：不失為人臣之節。(一〇六)文水：今山西省文水縣。(一〇七)奕，懷慎之子：盧懷慎開元初賢相。⑧清，欽緒之子：蔣欽緒見卷二百九中宗景龍三年。⑨豖突：如豖之唐突。⑩見：讀曰現。

⑪尋：不久。⑫部伍：謂部隊行伍。⑬騰踐：騰越踐踏。⑭常清謂高仙芝曰……賊至不得入而去：按此段乃錄自《舊唐書・高仙芝傳》，字句大致相同。⑮臨汝、弘農、濟陰、濮陽：臨汝原汝州，弘農原虢州，濟陰原曹州，濮陽原濮州，皆天寶元年改名。⑯降走：謂或降或走。⑰東平：原鄆州，天寶元年改為東平郡。⑱倚吳王為名：猶倚吳王為領袖。⑲單父：故城在今山東省單縣南，音善。⑳江陵：原荊州，天寶元年改為江陵郡。㉑蜀郡：原益州，天寶元年改為蜀郡。㉒洧，光裕之子：源光裕見卷二百一十二開元十三年。㉓監國：《左傳》閔二年：「冢子，君行則守，有守則從，從曰撫軍，守曰監國。」㉔垂：將近。㉕倦於憂勤：謂厭倦於令人憂勞之國政。㉖相仍：頻仍，相字語助，無意。㉗遺子孫：謂遺子孫憂。㉘淹留：淹稽遲留。㉙橫發：謂無端而起。㉚併：皆。㉛旦暮：不久之意。㉜銜土：按此乃唐代常行之謝罪儀式。《舊唐書・玄宗楊貴妃傳》：「國忠大懼，諸楊聚哭，貴妃銜土陳請，帝遂不行內禪。」同書〈房琯傳〉：「高崇文既至成都，式與王良士、崔從、盧士玫等，白衣麻蹻，銜土請罪，崇文寬禮之。」按銜上謂口中銜有土塊，以示己罪合萬死，應賜死於地下也。㉝續以蒲身：補續以蒲葦所作之身軀。㉞顏真卿召募勇士……祭哭受弔：按此段乃錄自《舊唐書・顏真卿傳》，字句大致相同。㉟景城：原滄州，天寶元年改為景城郡。㊱清池、鹽山：二縣俱屬滄州。㊲清河：今河北省清河縣。㊳饒陽：原深州，天寶元年改為饒陽郡。

㊴據城不受代：謂據城不受安祿山遣人代替。㊵皆禀焉：謂皆禀承。㊶上谷、常山、趙郡、文安：

上谷原易州，常山原鎮州，趙郡原趙州，文安原莫州，皆天寶元年改名。（四二）團結兵：簡稱曰團兵。（四三）干：干求。（四四）橈敗：橈應作撓，折也，謂撓折敗亡。（四五）盜減：偷盜減扣。（四六）效：效力。（四七）不日：不幾日。（四八）授首：謂被殺。（四九）蘧蒢：蘆蓆。（五〇）上戴天，下履地：謂上戴者為天，下踐者為地，蓋指天地以自誓也。（五一）誣：誣罔。（五二）枉：冤枉。（五三）令誠至潼關……其聲振地，遂斬之：按此段乃錄自《舊唐書・封常清傳》，字句大致相同。（五四）協：和協。（五五）專決：專斷。（五六）主騎：主管騎兵。（五七）恤：存恤，亦即愛護。（五八）懈弛：懈怠鬆弛。（五九）翰以病固辭……皆懈弛，無鬭志：按此段乃錄自《舊唐書・哥舒翰傳》，字句大致相同。（六〇）振武軍：杜佑曰：「振武軍在單于都護府城內，西去朔方千七百餘里。」（六一）靜邊軍：宋白曰：「雲中郡西至靜邊軍一百八十里。」（六二）亢：疑係坑之誤。（六三）雲中：原雲州，天寶元年改為雲中郡。（六四）東陘關：杜佑曰：「代州雁門郡，郡南三十里有東陘關。」（六五）哥濫拔延之曾孫也，世為金微都督：哥濫拔延見卷一百九十八太宗貞觀二十年，金微都督府亦置於是年。（六六）真定、藁城：按真定藁城，俱屬河北道鎮州。（六七）內丘：按內丘屬河北道邢州。（六八）時：謂斯時。（六九）犒賚：犒勞賚賜。（七〇）薄暮：迫暮，亦即近暮。（七一）致：獻交。（七二）顏杲卿將起兵……同日致於郡下：按此段乃錄自《舊唐書・忠義顏杲卿傳》，字句大致相同。（七三）輸力：猶效力。（七四）應募烏合：謂應募者皆烏合之眾。（七五）要：讀曰腰。（七六）膂：脊骨，音旅。（七七）堅甲利兵：堅犀之甲胄，銳利之兵器。（七八）山西：常山饒陽，以并代為山西。（七九）奇：謂奇計。（八〇）盧龍、密雲、汲鄴：胡三省曰：「考唐志無盧龍郡，當是改平州北平郡為盧龍郡也。」密雲原檀州，汲原魏州，鄴原相州，皆天寶元年改名。㈢郟城：據《舊唐書・地理志》二，郟城屬河南道，汝州。㈣悖逆：叛逆。㈤不從命：謂不從天子之命令。㈥柢：木根。㈦不世之功：謂非世間所常有之功。㈧牛潤容：按新舊《唐書・馬燧傳》，皆作向潤客，當改從之。㈨屏語：屏人而語。㈩郟城人馬燧……縊殺之，滅其族：按此段乃錄自《舊唐書・馬燧傳》，字句大致相同。㈩西山：范陽郡之西山。㈩匿：藏。㈩吐蕃娑悉籠獵贊立：按娑《舊唐書・吐蕃傳》作婆，《新唐書》同傳作挲。

肅宗文明武德大聖大宣孝皇帝上之上

至德元載（西元七五六年）㈠

㈠春，正月，乙卯朔，祿山自稱大燕皇帝，改元聖武，以達奚珣為侍中，張通儒為中書令，【考異】幸蜀記云：「以珣為左相，通儒為右相。」今從實錄。高尚、嚴莊為中書侍郎。

㈡李隨至睢陽，有眾數萬，丙辰，以隨為河南節度使㈡，以前高要尉許遠為睢陽太守兼防禦使，濮陽㈢客尚衡起兵討祿山，以郡人王栖曜為衙前總管，攻拔濟陰㈣，殺祿山將邢超然。

㈢顏杲卿使其子泉明、賈深、翟萬德，獻李欽湊首及何千年、高邈於京師，張通幽泣請曰：「通幽兄陷賊，乞與泉明偕行，以救宗族。」杲卿哀而許之，至太原，通幽欲自託於王承業，乃教之留泉明等，更㊄其表，多自為功，毀短杲卿，別遣使獻之。杲卿起兵纔八日，守備未完，史思明、蔡希德引兵皆至城下，【考異】河洛春秋云：「十二月乙未，思明希德齊至城下。」杲卿丙午始殺李欽湊，云乙未，誤也。今從諸書。杲卿告急於承業，承業既竊其功，利於城陷，遂擁兵㊅不救，杲卿晝夜拒戰，糧盡矢竭，壬戌，城陷，【考異】實錄癸亥城陷，河洛春秋正月一日城陷，舊思明傳正月六日圍常山，九日拔之。今從玄宗實錄、唐歷、舊紀杲卿傳。賊縱兵殺萬餘人，執杲卿及袁履謙等送洛陽。王承業使者至京師，玄宗大喜，拜承業羽林大將軍，麾下受官爵者以百數㊆，徵顏杲卿為衞尉卿，朝命未至，常山已陷，杲卿至洛陽，祿山數㊇之曰：「汝自范陽戶曹，我奏汝為判官㊈，不數年超至太守㊉，何負⑪於汝而反邪？」杲卿瞋目⑫罵曰：「汝本營州牧羊羯奴⑬，天子擢汝為三道節度使，恩幸無比，何負於汝而反？我世為唐臣，祿位皆唐有⑭，雖為汝所奏，豈從汝反邪！我為國討賊，恨不斬汝，何謂反也。臊羯狗何不速殺我。」祿山大怒，并袁履謙等，縛於中橋之柱而咼之，杲卿、履謙比死(一五)，罵不虛口(一六)，顏氏一門，死於刀鋸者三十餘人(一七)。

㈣史思明、李立節、蔡希德既克常山，引兵擊諸郡之不從者，所過殘滅(一八)，於是鄴、廣平、鉅鹿、趙、上谷、博陵、文安、魏、信都(一九)等郡，復為賊守。饒陽太守盧全誠獨不從，思明等圍之，河間(二〇)司法李奐將七千人，景城長史李暐遣其子祀將八千人救之，皆為思明所敗。

㈤上命郭子儀罷圍雲中，還朔方，益發兵進取東京，選良將一人，分兵先出井陘，定河北，子儀薦李光弼，癸亥，以光弼為河東節度使，分朔方兵萬人與之。【考異】杜牧張保皐傳曰：「安祿山亂，朔方節度使安思順，以祿山從弟，賜死，詔郭汾陽代之。後旬日，奉詔，李臨淮持節，分朔方半兵，東出趙魏當思順，時汾陽臨淮俱為牙門都將，二人不相能，雖同盤飲食，常睇相視，不交一言。及汾陽代思順，臨淮欲亡去，計未決。詔至，分汾陽兵東討，臨淮入請曰：一死固甘，乞免妻子；汾陽趨下，持手上堂偶坐，曰：今國亂主遷，非公不能東伐，豈懷私忿時邪！悉召軍吏，出詔書讀之，如詔約束，及別，執手泣涕，相勉以忠義。」按於時，玄宗未幸蜀，唐之號令猶行於天下，若制書除光弼為節度使，子儀安敢擅殺之，杜或得於傳聞之誤也。今從汾陽家傳及舊傳。

㈥甲子，加哥舒翰左僕射同平章事，餘如故。

㈦置南陽(二一)節度使，以南陽太守魯炅為之，將嶺南、黔中、襄陽(二二)子弟五萬人，屯葉(二三)北，以備安祿山。炅表薛愿為潁川(二四)太守，兼防禦使，龐堅為副使。愿，故太子瑛之妃兄；堅，玉之曾孫㉕也。

(八)乙丑，安祿山遣其子慶緒寇潼關，哥舒翰擊却之。

(九)己巳，加顏真卿戶部侍郎兼本郡防禦使，真卿以李暐為副。

(十)二月，丙戌，加李光弼魏郡太守，河北道采訪使。

(十一)史思明等圍饒陽，二十九日不下，李光弼將蕃漢步騎萬餘人，太原弩手三千人出井陘，【考異】玄宗實錄：「己亥，光弼以朔方馬步五千東出土門，收常山郡。」河洛春秋云：「光弼從大同城下，領蕃漢兵馬步一萬餘人，并太原弩手三千人，救真定。」蓋實錄言朔方元領之兵，河洛言到真定之數耳。己亥，至常山，常山團練兵三千人殺胡兵，執安思義出降，光弼謂思義曰：「汝自知當死否？」思義不應，光弼曰：「汝久更陳㉖行，視吾此眾可敵思明否？今為我計當㉗如何，汝策可取，當不殺汝。」思義曰：「大夫士馬遠來疲弊，猝遇大敵，恐未易當，不如移軍入城，早為備禦，先料勝負，然後出兵，胡騎雖銳，不能持重㉘，苟不獲利，氣沮㉙心離，於時乃可圖㉚矣。思明今在饒陽，去此不二百里㉛，昨暮羽書㉜已去，計其先鋒，來晨必至，而大軍繼之，不可不留意也。」光弼悅，釋其縛，即移軍入城。史思明聞常山不守，立解饒陽之圍，明日未旦㉝，先鋒已至，思明等繼之，合二萬餘騎，直抵城下，光弼遣步卒五千，自東門出戰，賊守門不退，光弼命五百弩於城上齊發射之，賊稍却，乃出弩手千人，分為四隊，使其矢發發㉞相繼，賊不能當，斂軍㉟道北，光弼出兵五千為槍城㊱，於道南夾呼沱水而陳，賊數以騎兵搏戰，光弼之兵射之，人馬中矢者大半，乃退，小憩，以俟步兵。有村民告賊步兵五千自饒陽來，晝夜行百七十里，至九門㊲南逢壁度㊳憩息，光弼遣步騎各二千，匿旗鼓並水㊴潛行，至逢壁，賊方飯，縱兵掩擊，殺之無遺，思明聞之失勢㊵，退入九門。時常山九縣㊶，七附官軍，惟九門、藁城為賊所據，光弼遣裨將張奉璋以兵五百戍石邑㊷，餘皆三百人戍之。

㈩上以吳王祇為靈昌太守，河南都知兵馬使，賈賁前至雍丘，有眾二千，先是譙郡㊸太守楊萬石以郡降安祿山，逼真源㊹令河東張巡使為長史，西迎賊，巡至真源，帥吏民哭於玄元皇帝廟，起兵討賊，吏民樂從者數千人，巡選精兵千人，西至雍丘㊺，與賈賁合。初雍丘令令狐潮以縣降賊，賊以為將，使東擊淮陽㊻救兵於襄邑㊼，破之，俘百餘人，拘於雍丘，將殺之，往見李庭望，淮陽兵遂殺守者，潮棄妻子走，故賈賁得以其間入雍丘。【考異】肅宗實錄曰：「雍丘令令狐潮據城以應祿山，百姓有違令者百餘人，將殺之，覘者報官軍至，潮不及行刑，遂反縛仆於地，令人守之，據出軍以禦官軍；縛者忽一人幸脫，殺守者，互解其縛，閉城門以拒潮，相持累日。賁聞之，入其城，領眾殺潮母妻及子，以堅人志。」舊張巡傳：「潮欲以城降賊，民吏百餘人不從命，潮皆反接仆之於地，將斬之，會賊來攻城，潮據出鬬，而反接者自解其縛，閉城門拒潮召賁，賁與巡引眾入雍丘。」新傳：「潮舉縣附賊，遂自將東，敗淮陽兵，虜其眾，反接在廷，將殺之，暫出行部，淮陽兵更解縛，起殺守者，迎賁等入，潮不得歸，巡乃屠其妻子，磔城上。」按潮既以城降賊，賊來即當出迎，豈有更出鬬者，今從李翰張中丞傳及新傳。庚子，潮引賊精兵攻雍丘，賁出戰，敗死，張巡力戰卻賊，因兼領賁眾，自稱吳王先鋒使。三月，乙卯，潮復與賊將李懷仙、楊朝宗、謝元同等四萬餘眾，奄㊽至城下，眾懼，莫有固志㊾，巡曰：「賊兵精銳，有輕我心，今出其不意㊿，擊之，彼必驚潰，賊勢小折，然後城可守也。」乃使千人乘城(51)，自帥千人，分數隊，開門突出，巡身先士卒，直衝賊陳，人馬辟易(52)，賊遂退，明日復進攻城，設百礮環城，樓堞(53)皆盡(54)，巡於城上立木柵以拒之，賊蟻附(55)而登，巡束蒿(56)灌脂(57)，焚而投之，賊不得上；時伺賊隙出兵擊之，或夜縋(58)斫營，積六十餘日，大小三百餘戰，帶甲(59)而食，裹瘡復戰，賊遂敗走，巡乘勝追之，獲胡兵二千人而還，軍聲大振(60)。

(十三)初戶部尚書安思順知祿山反謀，因入朝奏之，及祿山反，上以思順先奏，不之罪也，哥舒翰素與之有隙[61]，使人詐為祿山遺思順書，於關門擒之以獻，且數思順七罪，請誅之，丙辰，思順及弟太僕卿元貞皆坐死，家屬徙嶺外[62]，楊國忠不能救，由是始畏翰。

(十四)郭子儀至朔方，益選精兵，戊午，進軍於代。

(十五)戊辰，吳王祗擊謝元同，走之，拜陳留太守、河南節度使。

(十六)壬午，以河東節度使李光弼為范陽長史、河北節度使，【考異】實錄云：「乙丑，光弼收趙郡。」按壬午三月二十九日，乙丑十二日也。河洛春秋收趙郡在四月，今從之。加顏真卿河北采訪使，真卿以張澹為支使。先是清河[63]客李萼【考異】顏氏行狀作李華，今從舊傳。年二十餘，為郡人乞師於真卿，曰：「公首唱大義，河北諸郡，恃公以為長城[64]，今清河，公之西鄰[65]，國家平日，聚江淮河南錢帛於彼，以贍北軍[66]，謂之天下北庫，今有布三百餘萬匹，帛八十餘萬匹，錢二十餘萬緡，糧三十餘萬斛，昔討默啜甲兵[67]皆貯清河庫，今有五十餘萬事[68]，戶七萬，口十餘萬，竊計財足以三平原之富[69]，兵足以倍平原之彊，公誠資以[70]士卒，撫而有之，以二郡為腹心，則餘郡如四支，無不隨所使矣。」真卿曰：「平原兵新集(七一)，尚未訓練，自保恐不足，何暇及鄰！雖然，借若諾(七二)子之請，則將何為乎？」蕚曰：「清河遣僕銜命(七三)於公者，非力不足，而借公之師以嘗(七四)寇也，亦欲觀大賢之明義(七五)耳，今仰瞻高意，未有決辭定色(七六)，僕何敢遽(七七)言所為哉！」真卿奇之，欲與之兵眾，以為蕚年少輕慮(七八)，徒分兵力，必無所成，真卿不得已辭之，蕚就館復為書說真卿，以為：「清河去逆効順(七九)，奉粟帛器械以資(八〇)軍，公乃不納而疑之，僕回轅(八一)之後，清河不能孤立，必有所繫託(八二)，將為公西面之彊敵，公能為悔乎(八三)！」真卿大驚，遽詣其館，以兵六千借之，送至境，執手別，真卿問曰：「兵已行矣，可以言子之所為乎！」蕚曰：「聞朝廷遣程千里將精兵十萬，出崞口(八四)討賊，賊據險拒之，不得前，今當引兵先擊魏郡，執祿山所署太守袁知泰，納(八五)舊太守司馬垂，使為西南主人(八六)分兵開崞口，出千里之師，因討汲鄴以北，至於幽陵(八七)，郡縣之未下者，平原清河帥諸同盟，合兵十萬，南臨孟津，分兵循河，據守要害，制(八八)其北走之路，計官軍東討者，不下二十萬，河南義兵西向者(八九)，亦不滅十萬，公但當表朝廷，堅壁(九〇)勿戰，不過月餘，賊必有內潰相圖(九一)之變矣。」真卿曰：「善。」命錄事參軍(九二)李擇交及平原(九三)令范冬馥將其兵，會清河兵四千及博平兵千人，軍於堂邑(九四)西南，袁知泰遣其將白嗣恭(九五)等將二萬餘入來逆戰，三郡兵力戰盡日(九六)，魏兵大敗，斬首萬餘級，捕虜千餘人，得馬千匹，軍資甚眾，知泰奔汲郡(九七)，遂克魏郡，軍聲大振。

(七)時北海(九八)太守賀蘭進明亦起兵，真卿以書召之并力(九九)，進明將步騎五千度河，真卿陳兵逆之，相揖哭於馬上，哀動行伍(一〇〇)，進明屯平原城南，休養士馬，真卿每事咨(一〇一)之，由是軍權稍移於進明矣，真卿不以為嫌。真卿以堂邑之功讓進明，進明奏其狀，取捨任意，敕加進明河北招討使，擇交冬馥微進資級，清河博平有功者皆不錄(一〇二)，進明攻信都郡，久之不克，錄事參軍、長安第五琦勸進明，厚(一〇三)以金帛募勇士，遂克之。【考異】顏氏行狀云：「進明失律於信都城下，有詔抵罪，公縱之，使赴行在，進明之全乃公之護也。」今從舊傳。又唐歷：「三月四日乙酉，真卿充河北采訪使。時進明起義兵，北度河，與真卿同經略。六月，真卿破袁知泰於堂邑，進明再拔信都。」統紀皆在三月，舊紀破知泰於信都，皆在六月。按三月無乙酉，乙酉四月二日也，今從統紀。

(十八)李光弼與史思明相守四十餘日，思明絕常山糧道，城中乏草，馬食薦藉㉔，光弼以車五百乘，之石邑取草，將車者皆衣甲，弩手千人衛之，為方陳而行，賊不能奪，蔡希德引兵攻石邑，張奉璋拒却之，光弼遣使告急於郭子儀，子儀引兵自井陘出。夏，四月，壬辰，至常山，與光弼合蕃漢步騎共十餘萬，甲午，子儀光弼與史思明等戰於九門城㉕南，思明大敗，中郎將渾瑊射李立節，殺之。瑊，釋之之子也。思明收餘眾奔趙郡，蔡希德奔鉅鹿，思明自趙郡如博陵，時博陵已降官軍，思明盡殺郡官，河朔之民苦賊殘暴，所至屯結㉖，多至二萬人，少者萬人，各為營以拒賊，及郭李軍至，爭出自效㉗，庚子，攻趙郡，一日城降，士卒多虜掠，光弼坐城門，收所獲，悉歸之，民大悅，子儀生擒四千人，皆捨之，斬祿山太守郭獻璆。光弼進圍博陵，十日不拔，引兵還恒陽㉘就食。

(十九)楊國忠問士之可為將者於左拾遺、博平㉙張鎬及蕭昕，鎬昕薦左贊善大夫、永壽㉚來瑱，丙午，以瑱為潁州㉛太守，賊屢攻之，瑱前後破賊甚眾，加本郡防禦使，人謂之來嚼鐵㉓。

(廿)安祿山使平盧節度使呂知誨誘安東副大都護馬靈詧㉔殺之，平盧遊奕使、武陟㉕劉客奴、先鋒使董秦及安東將王玄志同謀，討誅知誨，遣使踰海與顏真卿相聞㉖，請取范陽以自效㉗，真卿遣判官賈載齎糧及戰士衣助之，真卿時惟一子頗㉘，纔十餘歲，使詣客奴為質，朝廷聞之，以客奴為平盧節度使，賜名正臣，玄志為安東副大都護，董秦為平盧兵馬使。

(廿一)南陽節度使魯炅立柵於湍水之南，安祿山將武令珣、畢思琛攻之。

【今註】㊀是年七月，太子即位於靈武，始改元至德。㊁河南節度使：胡三省曰：「是載始置河南節度使，治汴州，領陳留、睢陽、靈昌、淮陽、汝陰、譙、濟陰、濮陽、淄川、琅邪、彭城、臨淮、東海十三郡。」㊂濮陽：原濮州，天寶元年改為濮陽。㊃濟陰：原曹州，天寶元年改為濟陰。㊄更：改。㊅擁兵：擁據兵卒。㊆以百數：按王承業官為太原尹，其麾下受官爵者決不能以百數，即百餘亦不為少。特淺入未知唐代數含餘意，遂於百數上妄添以字，致數目遠超逾實際，此以字自當付之刪除。㊇數：責。㊈我奏汝為判官：杲卿為范陽戶曹，祿山表為營田判官。㊉超至太守：謂超拔而至攝常山太守。㈡何負：謂有何違負。㈢瞋目：怒目，音ㄔㄣ。㈢羯奴：《舊唐書・安祿山傳》：「祿山營州柳城雜種胡人。」以古該地曾為羯人所居，故遂以羯呼之，奴乃詈人之語。㈣祿位皆唐有：謂祿位皆唐之所有。㈤比死：及死。㈥虛口：猶絕口。㈦徵顏杲卿為衞尉卿……死於刀鋸者三十餘人：按此段乃錄自《舊唐書・忠義顏杲卿傳》，字句大致相同。㈧殘滅：殘毀夷滅。㈨廣平、鉅鹿、文安、信都：廣平原洺州，鉅鹿原邢州，文安原莫州，信都原冀州，皆天寶元年改名。

㈢河間：原瀛州，天寶元年改為河間郡。㈢南陽：原鄧州，天寶元年改為南陽郡。㈢襄陽：原襄州，天寶元年改為襄陽郡。㈢葉：據《舊唐書・地理志》一，葉縣時屬河南道、汝州。㈣潁川：原許州，天寶元年改為潁川郡。㈤堅，玉之曾孫：龐玉去隋歸唐為將。㈥陳：古通陣。㈦當：抵當。

㈧持重：持以穩重。㈨沮：沮喪。㈢圖：圖謀。㈢去此不二百里：《九域志》：「真定至饒陽二百三十五里。」不二百里者，謂不過二百里左右耳，此種表示里數之文例，古常有之。㈢羽書：亦即羽檄，有急事則加插鳥羽，以示速疾。㈢未旦：未明。㈣發發：謂箭一發一發。㈤歛軍：收軍。

㈥槍城：謂槍戟密立，如城垣然。㈦九門：據《舊唐書・地理志》二，九門屬河北道鎮州，常山郡。

㈧逄壁度：乃津渡名。㈨並水：沿水。㈣聞之失勢：之猶其，謂聞其部下失勢。㈣常山九縣：據《舊唐書・地理志》二，常山九縣為：真定、槀城、石邑、九門、行唐、井陘、平山、獲鹿、靈壽。

㈣以兵五百戍石邑：石邑在井陘，以係通太原之路，故遂多遣兵戍之。㈣譙郡：原亳州，天寶元年改為譙郡。㈣真源：屬亳州，本谷陽，唐以係老子生地，有祠宇在，遂改曰真源。㈣雍丘：據《舊唐書・地理志》一，雍丘屬河南道汴州。㊻淮陽：原陳州，天寶元年改為淮陽郡。㊼襄邑：據《舊唐書・地理志》一，襄邑屬河南道宋州。㊽奄：猝。㊾莫有固志：謂莫有固守之志。㊿不意：猶不料。(51)乘城：登城。(52)辟易：避而更易地位。亦即逃避之意。(53)堞：城上短墻。(54)皆盡：皆被摧毀無遺。(55)蟻附：如蟻之攀附。(56)束蒿：捆束蒿草。(57)灌脂：灌以油脂。(58)縋：以繩縛人自高處垂下。(59)帶甲：謂著鎧甲。(60)潮引賊精兵攻雍丘……軍聲大振：按此段《新唐書・忠義張巡傳》亦載之，字句大致相同。(61)哥舒翰素與之有隙：事見上卷天寶十載。(62)哥舒翰素與之有隙……元貞皆坐死，家屬徙嶺外：按此段乃錄自《舊唐書・哥舒翰傳》，字句大致相同。(63)清河：原貝州，天寶元年改為清河郡。(64)以為長城：謂以為屏藩。(65)清河，公之西鄰：《九域志》：「德州西南至貝州，二百三十里。」(66)北軍：此北軍謂黃河以北之駐軍。(67)昔討默啜甲兵：謂昔討默啜時所用之甲兵。(68)胡注：「一物可以給一事，因謂之事」：按此事通視同件字，且自唐代即已如此，《舊唐書・李泌傳》：「延齡聞之，即時請對，盡以城章中欲論事件，一一先自解。」同書〈食貨志〉上：「天寶十一載，下勅曰：『一事已上，並作條件處分。』」由文中所宣，足知事即件也。尤有進者，此區別事物數目單位狀辭之件字，其含意實與條字相同。《隋書・梁睿傳》：「今謹件南寧州郡縣及事意如別。……今謹件安置北邊城鎮烽候，及人馬糧貯戰守事意如別。」《舊唐書・韋雲起傳》：「臣所以痛心扼腕，不能默已，謹件朋黨人姓名及姦狀如左。」又同書〈崔融傳〉：「臣謹商度今古，料量家國，竊將為不可稅，謹件事跡如左，伏惟聖旨擇焉。」凡此用件字處，亦有作條字者。《後漢書・張皓附綱傳》：「謹條其無君之心十五事，斯皆臣子所切齒者也。」《舊唐書・憲宗紀》：「十二年十月詔：『淮西立功將士，委韓弘、裴度條疏奏聞。』」又同書〈桓彥範傳〉：「彥範嘗表論時政數條，其大略曰。」由上引證，則件與條之意義相類，豈不甚昭彰乎！故知事件條三字，於表示事物數目單位時，其含意實為相似。（六九）三平原之富：謂三倍平原之富。（七〇）資以：資給以。（七一）集：合。（七二）諾：允許。（七三）銜命：銜帶使命。（七四）嘗：嘗試。（七五）明義：猶高義。（七六）決辭定色：謂決定之辭色。（七七）遽：立即。（七八）輕慮：謂遇事不加深思。（七九）去逆效順：謂離去叛逆，效順朝廷。（八〇）資：供給。（八一）回轅：猶回車。（八二）繫託：猶寄託。（八三）能為悔乎：謂能悔而及乎。（八四）崞口：胡三省曰：「崞口在洺州邯鄲縣西，蓋即壺關之險也。」音郭。（八五）納：納而立之。（八六）使為西南主人：通常作使為西南之主。（八七）幽陵：謂幽州。（八八）制：控制。（八九）河南義兵西向者：此指汴州以東之義士言。（九〇）堅壁：堅守營壁。（九一）內潰相圖：謂內部崩潰，自相圖謀。（九二）錄事參軍：據《舊唐書・職官志》三，刺史下有錄事參軍事一人，上州，從七品上，中州，正八品上，下州，從八品上。（九三）平原：今山東省平原縣。（九四）堂邑：今山東省堂邑縣。（九五）白嗣恭：按新舊《唐書・顏真卿傳》，恭皆作深，當改從之。（九六）盡日：竟日。（九七）先是清河客李蕚……知泰奔汲郡：按此段乃錄自《舊唐書・顏真卿傳》，字句大致相同。（九八）北海：原青州，天寶元年改為北海郡。（九九）并力：合力。（一〇〇）哀動行伍：謂悲哀之情，感動全軍。（一〇一）咨：咨詢。（一〇二）錄：敍錄。（一〇三）厚：猶重。（一〇四）薦藉：地及牀上所鋪之草席。（一〇五）九門城：九門之縣城。（一〇六）屯結：屯聚結集。（一〇七）自效：謂效力，自乃語助，無義。（一〇八）恒陽：胡三省曰：「恒陽即恒山郡，以其地在恒山之陽也，唐置恒陽軍於郡北。又博陵郡有恆陽縣，在博陵西十里。」⑲博平：原河北道博州，天寶元年改為博平。⑳永壽：據《舊唐書·地理志》一，永壽縣屬關內道邠州。㉑潁州大守：按當作潁川太守，潁川郡原許州，天寶元年改。㉒來嚼鐵：原測命此綽號之意，殆謂其心口甚為堅硬。㉓楊國忠問士之可為將者……人謂之來嚼鐵：按此段乃錄自《舊唐書·來瑱傳》，字句大致相同。㉔安東副大都護馬靈詧：胡三省曰：「馬靈詧即夫蒙靈詧。開元二年徙安東都護府於北平郡，天寶二年徙於遼西故郡城。」㉕武陟：據《舊唐書·地理志》二，武陟屬河北道懷州。㉖相聞：相聞知。㉗效：效力。㉘時惟一子頗：按頗乃真卿子之名。

卷二百一十八　唐紀三十四

司馬光編集
曲守約註

起柔兆涒灘，五月至九月，不滿一年。（丙申，西元七五六年）

肅宗文明武德大聖大宣孝皇帝上之下

至德元載（西元七五六年）

㈠五月，丁巳，炅眾潰，走保南陽㊀，【考異】玄宗實錄云：「炅擁百姓數千人，奔順陽川。」今從舊傳。賊就圍之。太常卿張垍薦夷陵㊁太守虢王巨有勇略，上徵吳王祗為太僕卿，以巨為陳留、譙郡太守㊂，河南節度使，兼統嶺南節度使㊃何履光、黔中節度使趙國珍㊄、南陽節度使魯炅。國珍，本牂柯㊅夷也。戊辰，巨引兵，自藍田出趣南陽，賊聞之，解圍走。

㈡令狐潮復引兵攻雍丘，潮與張巡有舊㊆，於城下相勞苦，如平生㊇，潮因說巡曰：「天下事去矣㊈，足下堅守危城㊉，欲誰為乎？」㊀巡曰：「足下平生以忠義自許㊁，今日之舉，忠義何在？」潮慚而退。

(三)郭子儀李光弼還常山，史思明收散卒數萬踵〔一三〕其後，子儀選驍騎更挑戰〔一四〕，三日至行唐〔一五〕，賊疲乃退，子儀乘之，又敗之於沙河〔一六〕。蔡希德至洛陽，安祿山復使將步騎二萬人，北就〔一七〕思明，又使牛廷玠發范陽等郡兵萬餘人助思明，合五萬餘人，而同羅、曳落河居五分之一，子儀至恒陽，思明隨至，子儀深溝高壘以待之，賊來則守，去則追之，晝則耀兵〔一八〕，夜斫其營，賊不得休息，數日，子儀光弼議曰：「賊倦矣，可以出戰。」【考異】河洛春秋以此為光弼語，汾陽家傳作子儀語，蓋二人共議耳。壬午，戰於嘉山〔一九〕，【考異】實錄云：「六月壬午。」按長歷，六月癸未朔，壬午五月二十九日也。汾陽家傳、舊祿山傳亦云，六月戰嘉山。河洛春秋云：「六月二十五日，光弼破賊於嘉山。」今從實錄，而改其月。大破之，斬首四萬級，捕虜千餘人，思明墜馬，露髻〔二〇〕跣足〔二一〕，步走，至暮，杖折槍〔二二〕歸營，奔於博陵，光弼就圍之，軍聲大振，於是河北十餘郡皆殺賊守將而降〔二三〕，【考異】河洛春秋云：「五月，蔡希德從東都見祿山，祿山又與馬步二萬人，至邢州，取堯山招慶射，趙州東界劫曲、鼓鹿城閒渡滹池水，入無極，至定州，牛介從幽州，占歸檀幽易兼大同紇蠟共萬餘人，帖思明，思明軍既壯，共五萬餘人，其中精騎萬人，悉是同羅曳落河，精於馳突。光弼以十五萬眾頓軍恒陽，樵採往來，人有難色，召有策者試之。時趙州司戶參軍，先人亡父包處遂，上書與光弼曰，思明用軍，惟將勁悍，觀其舉措，實謂無謀。昔秦趙爭山，先居者勝，豈不為勞逸勢倍，高下相懸！今宜重出軍人有膂力者五萬，被甲兩重，陌刀各二，東有高山甚大，先令五千甲士於山上設伏，後出二千人山東取糧，賊見必追之，則奔山上，伏兵馬與一百個鼓，應山上避賊百姓，壯者亦與器械，令隨大軍，老弱者令居險固守，遙為聲援，賊必圍山攻之，城內出五萬人，擇將二人統之，各領二萬，一將於南面，一將於城北門出，賊營悉在山東，其軍夜出，長去賊三十里行，廣張左右翼，以天曉合圍，其軍每二十五為隊，每隊置旗兩口，鼙鼙鼓子一具，圍落纔合，則動鼓子，賊必不測人之多少；然於城中出軍一萬人布掌底陳，山上亦擊鼓而下，齊攻之，必克勝。光弼尤然此計，乃出朔方，計會出人取糧，賊果然來襲，即奔山上，至六月二十五日，依前計，大破賊於嘉山下，斬首數萬餘級，生擒數千，思明落馬步遁，至暮，拄折槍歸營，希德中槍，索押衙劉旻，斬斷而走，生擒得旻。至二十六日覆陣，二十七日有詔至恒陽，云，潼關失守，駕幸劍南。」包諝專欲歸功其父，而它書皆無之，今不取。漁陽路再絕㉔，賊往來者，皆輕騎㉕竊過，多為官軍所獲，將士家在漁陽者，無不搖心㉖。祿山大懼，召高尚、嚴莊詬之曰：「汝數年教我反，以為萬全，今守潼關，數月不能進，北路已絕，諸軍四合，吾所有者，止汴鄭數州而已，萬全何在？汝自今勿來見我。」尚莊懼，數日不敢見。田乾真自關㉗下來，為尚莊說祿山曰：「自古帝王經營大業，皆有勝敗，豈能一舉而成！今四方軍壘㉘雖多，皆新募烏合之眾，未更㉙行陳，豈能敵我薊北勁銳㉚之兵，何足深憂。尚莊皆佐命㉛元勳，陛下一旦絕之，使諸將聞之，誰不內懼？若上下離心，臣竊㉜為陛下危之。」祿山喜曰：「阿浩，汝能豁我心事㉝。」即召尚莊置酒酣宴，自為之歌以侑㉞酒，待之如初。阿浩，乾真小字也。【考異】祿山事迹作阿法，今從唐歷、統紀、舊傳。祿山議棄洛陽走歸范陽，計未決，是時天下以楊國忠驕縱召亂，莫不切齒㉟，又祿山起兵以誅國忠為名，王思禮密說哥舒翰，使抗表㊱請誅國忠，【考異】玄宗實錄云：「或勸翰留兵三萬守關，悉以精銳回誅楊國忠，此漢挫七國之計也。公以為何如？翰心許之，未發，有客泄其謀於國忠，國忠大懼。」按翰若回兵誅國忠，則正與祿山無異，思禮勸翰抗表言國忠罪，猶不敢，況敢舉兵乎！事必不然，且翰雖心計，它人安得知之，正由翰按兵不進，故國忠及其黨疑懼，恐翰回兵誅之，其實翰無此心也。若果欲誅國忠，則安肯慟哭出關乎！幸蜀記云：「翰使王思禮至陝郡，見賊偽御史中丞無敵將軍平西大使崔乾祐，令傳檄與祿山，數其干紀亂常，背天逆理。且曰，若面縛而來，束身歸死，赦爾九族，罪爾一身，如更屈彊王師，遲疑未決，大軍一鼓，玉石俱焚，爾審思之，悔無及矣。」按翰與乾祐方對壘相攻，思禮軍中大將，豈可使齎罵祿山之檄詣乾祐乎！必無此理，今不取。翰不應，思禮又請以三十騎劫取以來，至潼關殺之，翰曰：「如此乃翰反，非祿山也㊲。」

㈣或說國忠：「今朝廷重兵盡在翰手，翰若援旗㊳西指，於公豈不危哉！」國忠大懼，乃奏：「潼關大軍雖盛，而後無繼，萬一失利，京師可憂，請選監牧小兒㊴三千，於苑中訓練。」上許之，使劍南軍將李福德等領之，又募萬人屯灞上，令所親杜乾運將之，名為禦賊，實備翰也。翰聞之，亦恐為國忠所圖，乃表請灞上軍㊵隸潼關。六月，癸未，召杜乾運詣關，因事斬之，國忠益懼㊶。會有告崔乾祐在陝，兵不滿四千，皆羸弱無備，上遣使趣㊷哥舒翰進兵復陝路㊸，翰奏曰：「祿山久習用兵，今始為逆，豈肯無備，是必羸師以誘我，若往，正墮㊹其計中。且賊遠來，利在速戰，官軍據險以扼㊺之，利在堅守，況賊殘虐失眾，兵勢日蹙㊻，將有內變，因而乘之，可不戰擒也。要在成功㊼，何必務速！今諸道徵兵，尚多未集㊽，請且待之。」郭子儀、李光弼亦上言：「請引兵㊾北取范陽，覆㊿其巢穴，質賊黨妻子以招之，賊必內潰(51)，潼關大軍，唯應固守以弊(52)之，不可輕出。」國忠疑翰謀己，言於上，以賊方無備，而翰逗留，將失機會，上以為然，續遣中使趣之，項背相望(53)，翰不得已，撫膺(54)慟(55)哭，丙戌，引兵出關。【考異】幸蜀記曰：「賊將崔乾祐於陝郡西潛鋒蓄銳，臥鼓偃旗，而偵者奏云，賊全無備，上然之。」又曰：「玄宗久處太平，不練軍事，既被國忠眩惑，中使相繼督責於公，不得已，撫膺慟哭，久之，乃引師出關，國忠又令杜乾運領所募兵於馮翊境上，潛備哥舒公，公曰今軍出關，勢十全矣，更置乾運於側，以為疑軍，人心憂疑，即不俟見賊吾軍潰矣，必當併之，以除內憂。遂令衙前總管叱萬進追軍，誡之曰，若不受追，即便斬頭來，乾運果不肯赴，進詐詞如欲叛哥舒，竊請見，乾運遂喜，遽見之，與語，進忽抽佩刀曰，奉處分，取公頭，乾運驚懼，其左右悉新招募者，悉投仗散走，進遂斬乾運，攜首，至於軍門，眾皆攝氣，乃統其軍赴關。」按翰若擅殺乾運，而奪其軍，則是已反也，朝廷安能趣之出關乎！蓋奏乞以其軍隸潼關，朝廷已許之，翰召乾運受處分，或有所違拒，因託軍法以斬之耳。凌準邠志云：「郭子儀、李光弼將進軍，聞朝廷議出潼關，圖復陝洛，二公議曰，哥舒公老疾昏耄，賊素知諸軍烏合，不足以戰，今祿山悉銳南馳宛洛，賊之餘眾盡委思明，我且破之，使覆其巢，質叛徒之族，取祿山之首，其勢必矣；若潼關出師，有戰必敗，關城不守，京室有讐，天下之亂，何可平之！乃陳利害以聞，且請固關無出。」唐歷：「會偵人自陝至，云崔乾祐所將，眾不滿四千，不足圖也，上大悅。」舊翰傳：「翰既斬乾運，心不自安，又素有風疾，至是頗甚，軍中之務，不復躬親，委政於行軍司馬田良丘，良丘復不敢專斷，教令不一，頗無部伍，其將王思禮、李承光，又爭長不叶，人無鬭志。」今兼采之。

㈤己丑，遇崔乾祐之軍於靈寶(56)西原，乾祐據險以待之，南薄(57)山，北阻河，隘(58)道七十里，庚寅，官軍與乾祐會戰，【考異】肅宗實錄：「乙西，翰與乾祐會戰。」舊傳：「四日，次靈寶西原，八日與賊交戰。」新傳：「丙戌次靈寶西原，庚寅與乾祐戰。」按翰軍既遇賊，必不留四日然後戰，玄宗實錄：「丙戌，翰出關，己丑，遇賊，庚寅，戰。」此近是，今從之。幸蜀記亦然。乾祐伏兵於險，翰與田良丘浮舟中流（五九），以觀軍勢，見乾祐兵少，趣諸軍使進，王思禮等將精兵五萬居前，龐忠等將餘兵十萬繼之，翰以兵三萬登河北阜，望之，鳴鼓以助其勢，乾祐所出兵不過萬人，什什伍伍，散（六〇）如列星，或疏或密，或前或却，官軍望而笑之，乾祐嚴精兵（六一），陳於其後，兵既交，賊偃旗（六二）如欲遁者，官軍懈，不為備，須臾伏兵發，賊乘高下（六三）木石，擊殺士卒甚眾，道隘，士卒如束（六四），槍槊不得用，翰以氈車（六五）駕馬為前驅，欲以衝賊，日過中，東風暴急（六六），乾祐以草車數十乘，塞氈車之前，縱火焚之，【考異】幸蜀記曰：「野中先有官草，積數十堆，因風焚之。」今從舊傳。煙焰所被（六七），官軍不能開目，妄自相殺，謂賊在煙中，聚弓弩而射之，日暮矢盡，乃知無賊。乾祐遣同羅精騎，自南山過出官軍之後，擊之，官軍首尾駭亂，不知所備，於是大敗，或棄甲竄匿山谷，或相擠排，入河溺死，囂聲（六八）振天地，賊乘勝蹙（六九）之，後軍見前軍敗，皆自潰，河北軍望之亦潰，翰獨與麾下數百騎走，自首陽山（七〇）西度河入關，關外先為三塹(七一)，皆廣二丈深丈，人馬墜其中，須臾而滿，餘眾踐之以度，士卒得入關者，纔八千餘人，辛卯，乾祐進攻潼關，克之，翰至關西驛，揭牓(七二)收散卒，欲復守潼關，蕃將火拔歸仁等以百餘騎圍驛，入謂翰曰：「賊至矣，請公上馬。」翰上馬出驛，歸仁帥眾叩頭曰：「公以二十萬眾，一戰棄之，何面目復見天子，且公不見高仙芝封常清乎(七三)？請公東行。」翰不可，欲下馬，歸仁以毛(七四)縶其足於馬腹，及諸將不從者，皆執之以東，會賊將田乾真已至，遂降之，俱送洛陽。安祿山問翰曰：「汝常輕我(七五)，今定何如(七六)！」翰伏地對曰：「臣肉眼不識聖人(七七)，今天下未平，李光弼在常山，李祗在東平(七八)，魯炅在南陽，陛下留臣使以尺書招之，不日皆下矣。」祿山大喜，以翰為司空同平章事，謂火拔歸仁曰：「汝叛主不忠不義，執而斬之。」翰以書招諸將，皆復書責之，祿山知不效(七九)，乃囚諸苑中(八〇)。

(六)潼關既敗，於是河東、華陰、馮翊、上洛(八一)防禦使，皆棄郡走，所在守兵皆散，是日，翰麾下來告急，上不時(八二)召見，但遣李福德等將監牧兵赴潼關，及暮，平安火〔八三〕不至，上始懼，壬辰，召宰相謀之，楊國忠自以身領劍南，聞安祿山反，即令副使崔圓陰具儲偫〔八四〕，以備有急投〔八五〕之，至是，首唱〔八六〕幸蜀之策，上然之。癸巳，國忠集百官於朝堂，惶懅〔八七〕流涕，問以策略，皆唯唯不對，國忠曰：「人告祿山反狀〔八八〕已十年，上不之信，今日之事，非宰相之過。」仗下〔八九〕，士民驚擾，奔走不知所之，市里〔九〇〕蕭條，國忠使韓虢入宮勸上入蜀，甲午，百官朝者什無一二，上御勤政樓，下制云：「欲親征。」聞者皆莫之信，以京兆尹魏方進為御史大夫兼置頓使〔九一〕，京兆少尹、靈昌〔九二〕崔光遠為京兆尹，充西京留守，將軍邊令誠掌宮闈管鑰，託以劍南節度大使潁王璬將赴鎮〔九三〕，令本道設儲偫，是日上移仗北內〔九四〕，【考異】幸蜀記：「上遣中使曹仙，領千人擊鼓於春明門外，又令燒閑廄草積，煙焰燎天。上將乘馬，楊國忠諫，以為當謹守宗祧，不可輕動，韋見素力爭，以為賊勢逼近，人心不固，陛下不可不出避狄，國忠暗與賊通，其言不可聽。往返數四，上乃從見素議，加魏方進御史大夫，充前路知頓使。」按賊陷潼關，鑾輿將出，人心已危，豈有更擊鼓燒草以驚之，國忠久蓄幸蜀之謀，見素乃其所引，豈得上前有此爭論！此蓋宋巨欲歸功見素，事乃近誣，今不取。既夕，命龍武大將軍陳玄禮整比〔九五〕六軍，厚賜錢帛，選閑廄馬九百餘匹，外人皆莫之知，乙未，黎明，上獨與貴妃姊妹、皇子、妃主〔九六〕、皇孫、楊國忠、韋見素，魏方進、陳玄禮及親近宦官宮人出延秋門(九七)，【考異】幸蜀記云：「丙申，百官尚赴朝。」此乙未日事，宋巨誤也。妃主皇孫之在外者，皆委(九八)之而去。上過左藏(九九)，楊國忠請焚之，曰：「無為賊守。」上愀然曰：「賊來不得，必更斂(一〇〇)於百姓，不如與之，無重困(一〇一)吾赤子(一〇二)。」是日，百官猶有入朝者，至宮門，猶聞漏聲(一〇三)，三衞立仗儼然(一〇四)，門既啟，則宮人亂出，中外擾攘(一〇五)，不知上所之，於是王公(一〇六)士民，四出逃竄，山谷細民(一〇七)爭入宮禁及王公第舍，盜取(一〇八)金寶，或乘驢上殿，又焚左藏大盈庫，崔光遠邊令誠帥人救火，又募人攝(一〇九)府縣官分守之，殺十餘人，乃稍定，光遠遣其子東見祿山，令誠亦以管鑰獻之。上過便橋(一一〇)，楊國忠使人焚橋，上曰：「士庶各避賊求生，奈何絕其路(一一一)。」留內侍監(一一二)高力士，使撲滅乃來，上遣宦者王洛卿前行，告諭郡縣置頓，食時(一一三)至咸陽望賢宮(一一四)，洛卿與縣令俱逃，中使徵召吏民莫有應者，日向中(一一五)，上猶未食，楊國忠自市(一一六)胡餅(一一七)以獻，於是民爭獻糲(一一八)飯，雜以麥豆，皇孫輩爭以手匊(一一九)食之，須臾而盡，猶未能飽，【考異】唐曆：「至望賢頓御馬病，上曰，殺此馬，拆行宮舍木，煮食之。眾不忍食。」幸蜀記：「至望賢宮，行從皆飢，上入宮憩於樹下，佛然若有棄海內之意，高力士覺之，遂抱上足，嗚咽開諭，上乃止。」肅宗實錄：「楊國忠自入市，衣袖中盛餬餅，獻上皇。」天寶亂離記：「六月十一日，大駕幸蜀，至望賢宮，官吏奔竄，迨曛黑百姓有稍稍來者，上親問之，卿家有飯否？不擇精麤，但且將來。老幼於是競擔挈壺漿，雜之以麥子飯，送至上前，先給兵士六宮及皇孫已下，咸以手掬而食，頃時又盡，猶不能飽，既乏器用，又無釭燭，從駕稅藉寢止，長幼莫之分別，賴月入戶庭，上與六宮皇孫等差異焉。」按上九日幸蜀，溫畬云十一日，非也，餘則兼采之。上皆酬㉚其直，慰勞之，眾皆哭，上亦掩泣㉛。

有老父郭從謹進言曰：「祿山包藏禍心，固非一日，亦有詣闕告其謀者，陛下往往誅之，使得逞㉜其姦逆，致陛下播越㉝，是以先王務延㉞訪忠良，以廣聰明，蓋為此也。臣猶記宋璟為相，數進直言，天下賴以安平，自頃以來，在廷之臣，以言為諱㉟，惟阿諛㊱取容㊲，是以闕門之外，陛下皆不得而知，草野之臣，必知有今日久矣，但九重㊳嚴邃㊴，區區之心，無路上達，事不至此，臣何由得睹陛下之面，而訴之乎！」上曰：「此朕之不明，悔無所及。」慰諭而遣之。俄而尚食㊵舉御膳而至，上命先賜從官，然後食之，令軍士散詣㊶村落求食，期未時㊷皆集而行，夜將半，乃至金城㊸，縣令亦逃，縣民皆脫身走㊹，飲食器皿㊺具在，士卒得以自給。時從者多逃，內侍監袁思藝亦亡去，驛中無燈，人相枕藉而寢，貴賤無以復辨㊻。

㈦王思禮自潼關至，始知哥舒翰被擒，以思禮為河西隴右節度使，即令赴鎮(37)，收合散卒，以俟東討(38)。丙申，至馬嵬驛(39)，將士飢疲，皆憤怒，陳玄禮以禍由楊國忠，欲誅之，因東宮宦者李輔國以告太子，太子未決，會吐蕃使者二十餘人遮(40)國忠馬，訴以無食，國忠未及對，軍士呼曰：「國忠與胡虜謀反。」或射之中鞍(41)，國忠走至西門內(42)，軍士追殺之，屠割支(43)體，以槍揭其首於驛門外，並殺其子戶部侍郎暄及韓國、秦國夫人。御史大夫魏方進曰：「汝曹(44)何敢害宰相！」眾又殺之。韋見素聞亂而出，為亂兵所檛(45)，腦血流地，眾曰：「勿傷韋相公(46)。」救之得免。軍士圍驛，上聞諠譁，問外何事，左右以國忠反對，上杖屨(47)出驛門，慰勞軍士，令收隊(48)，軍士不應，上使高力士問之，玄禮對曰：「國忠謀反，貴妃不宜供奉，願陛下割恩正法(49)。」上曰：「朕當自處(50)之。」入門倚杖，傾首而立，久之，京兆司錄(51)韋諤前言曰：「今眾怒難犯(52)，安危在晷刻(53)，願陛下速決。」因叩頭流血，上曰：「貴妃常居深宮，安知國忠反謀！」高力士曰：「貴妃誠無罪，然將士已殺國忠，而貴妃在陛下左右，豈敢自安，願陛下審思之，將士安[五四]，則陛下安矣。」上乃命力士引貴妃於佛堂，縊殺之，輿尸寘驛庭，召玄禮等入視之，玄禮等乃免冑[五五]釋甲，頓首請罪，上慰勞之，令曉諭軍士，玄禮等皆呼萬歲，再拜而出，於是始整[五六]部伍為行計。諤，見素之子也。國忠妻裴柔與其幼子晞及虢國夫人，夫人子裴徽皆走，至陳倉[五七]，縣令薛景仙帥吏士[五八]追捕，誅之。丁酉，上將發馬嵬，朝臣惟韋見素一人，乃以韋諤為御史中丞，充置頓使，將士皆曰：「國忠謀反，其將吏皆在蜀，不可往。」或請之河隴，或請之靈武，或請之太原，或言還京師，上意在入蜀，慮違眾心，竟不言所向，韋諤曰：「還京，當有禦賊之備，今兵少未易東向，不如且至扶風，徐圖去就。」

【考異】幸蜀記曰：「上意將幸西蜀，有中使常清奏曰，國忠久在劍南，又諸將吏或有連謀，慮遠防微，須深詳議。中官陳全節奏曰，太原城池，固莫之比，可以久處，請幸北京。中官郭希奏曰，朔方地近，被帶山河，鎮遏之雄，莫之與比，以臣愚見，不及朔方。中使駱承休奏曰，姑臧一郡，嘗霸中原，秦隴河蘭，皆足徵取，且巡隴右，駐蹕涼州，翦彼鯨鯢，事將取易。左右各陳其意見者十餘輩，高力士在側，而無言，上顧之曰，以卿之意，何道堪行？力士曰，太原雖固，地與賊鄰，本屬祿山，人心難測；朔方近塞，半是蕃戎，不達朝章，卒難教馭；西涼懸遠，沙漠蕭條，大駕順動，人馬非少，先無備擬，必有闕供，賊騎起來，恐見狼狽；劍南雖窄，土富人繁，表裏江山，內外險固，以臣所料，蜀道可行。上然之，即除韋諤御史中丞，充置頓使。」今從唐歷。上詢於眾，眾以為然，乃從之。

(八)及行，父老皆遮道請留曰：「宮闕，陛下家居(五九)，陵寢，陛下墳墓，今捨此欲何之！」上為之按轡(六〇)久之，乃令太子於後宣慰父老，父老因曰：「至尊既不肯留，某等(六一)願帥子弟從殿下(六二)，東破賊，取長安，若殿下與至尊皆入蜀，使中原百姓，誰為之主(六三)？」須臾眾至數千人，太子不可，曰：「至尊遠冒(六四)險阻，吾豈忍朝夕離左右，且吾尚未面辭(六五)，當還白至尊，更稟(六六)進止。」涕泣跋馬(六七)欲西，建寧王倓與李輔國執鞚(六八)諫曰：「逆胡犯闕，四海分崩，不因人情，何以興復，今殿下從至尊入蜀，若賊兵燒絕棧道，則中原之地，拱手授賊矣。人情既離(六九)，不可復合，雖欲復至此，其可得乎！不如收西北守邊之兵，召郭李於河北，與之併力東討逆賊，克復兩京，削平(七〇)四海，使社稷危而復安，宗廟毀而更存，掃除宮禁，以迎至尊，豈非孝之大者乎！何必區區(七一)溫清(七二)，為兒女之戀乎！」【考異】舊宦者傳：「李靖忠啟太子請留，張良娣贊成之。」按太子獨還，宣慰百姓，良娣不在旁，何以得贊成留討？今不取。天寶亂雜記：「大駕至岐州，上取褒斜路幸蜀，儲皇取彭原路抵靈武。」此誤也。廣平王俶(七三)亦勸太子留，父老共擁太子馬，不得行，太子乃使俶馳白上，上總轡(七四)待太子，久不至，使人偵(七五)之，還白狀，上曰：「天也。」乃分後軍二千人，及飛龍廄馬[七六]從太子，且諭將士曰：「太子仁孝，可奉宗廟，汝曹善輔佐之。」又諭太子曰：「汝勉之，勿以吾為念，西北諸胡，吾撫之素厚，汝必得其用。」太子南向，號泣而已[七七]，又使送東宮內人[七八]於太子，且宣旨欲傳位，太子不受，俶倓皆太子之子也。

(九)己亥，上至岐山[七九]，或言賊前鋒且至，上遽過[八〇]，宿扶風郡[八一]，士卒潛懷去就，往往流言[八二]不遜[八三]，陳玄禮不能制[八四]，上患之，會[八五]成都貢春綵十餘萬匹至扶風，上命悉陳之於庭，召將士入，臨軒諭之曰：「朕比來衰耄[八六]，託任[八七]失人，致逆胡亂常[八八]，須遠避其鋒，知卿等皆蒼猝從朕，不得別父母妻子，茇涉[八九]至此，勞苦至矣，朕甚愧之。蜀路阻長[九〇]，郡縣褊[九一]小，人馬眾多，或不能供，今聽卿等各還家，朕獨與子孫中官前行入蜀，亦足自達，今日與卿等訣別[九二]，可共分此綵[九三]，以備資糧[九四]，若歸見父母及長安父老，為朕致意，各好自愛[九五]也。」因泣下霑襟，眾皆哭曰：「臣等死生[九六]從陛下，不敢有貳[九七]。」上良久曰：「去留[九八]聽卿[九九]。」自是流言始息。

㈩太子既留，莫知所適⑳，廣平王俶曰：「日漸晏㉑，此不可駐，眾欲何之？」皆莫對。建寧王倓曰：「殿下昔嘗為朔方節度大使㉒，將吏歲時㉓致啟㉔，倓略識㉕其姓名，今河西隴右之眾，皆敗降賊，父兄子弟多在賊中，或生異圖㉖，朔方道近，士馬㉗全盛，裴冕衣冠名族㉘，必無貳心，賊入長安，方虜掠，未暇狥地㉙，乘此速往就之，徐圖大舉，此上策也。」眾皆曰：「善。」至渭濱，遇潼關敗卒，誤與之戰，死傷甚眾，已乃收餘卒，擇渭水淺處，乘馬涉度，無馬者涕泣而返。太子自奉天㉚北上，比至新平㉛，通夜㉜馳三百里，士卒器械，失亡過半，所存之眾，不還數百。新平太守薛羽棄郡走，太子斬之，是日至安定㉝，太守徐嗀亦走，又斬之㉞，庚子，以劍南節度留後崔圓為劍南節度等副大使，辛丑，上發扶風，宿陳倉。

【今註】㈠炅眾潰，走保南陽：胡三省曰：「炅不書姓，承上卷安祿山將攻魯炅事也，炅自潁川走保南陽。」㈡夷陵：原山南東道峽州，天寶元年改為夷陵郡。㈢以巨為陳留、譙郡太守：二郡而一太守，為唐代之始見者。㊃嶺南節度使：《新唐書・方鎮表》六：「至德元載，升五府經略討擊使為嶺南節度使，領廣、韶、循、潮、康、瀧、端、新、封、春、勤、羅、潘、高、思、雷、崖、瓊、震、儋、萬安、滕二十二州，治廣州。」㊄黔中節度使趙國珍：胡三省曰：「趙國珍牂柯別部充州蠻酋趙君道之裔，楊國忠兼劍南節度，以國珍有方略，授黔中都督，護五溪，十餘年，天下方亂，其所部獨寧。按新書方鎮表，開元二十六年，黔州置五溪諸州經略使，天寶十四載，增領守捉使，代宗大曆四年，始置辰、溪、巫、錦、業五州都團練守捉觀察處置使，唐末始於黔州置節鎮，疑此時趙國珍未得建節，至明年通鑑書置黔中節度，必有所據。」㊅牂柯：按隋唐之牂柯，在今貴州德江縣一帶，牂音臧。㊆有舊：有故舊之誼。㊇如平生：如平常。㊈天下事去矣：謂天下事已不可挽救。㊉危城：危急之城。⑪欲誰為乎：謂欲為誰乎。⑫自許：猶自期勉。⑬踵：繼。⑭更挑戰：更番挑戰。⑮行唐：今河北省行唐縣。⑯沙河：胡三省曰：「沙河在新樂、行唐二縣之間。」⑰就：赴而與之相合。⑱耀兵：炫耀其兵力。⑲嘉山：按《舊唐書・安祿山傳》，嘉山在常山郡東。⑳露髻：墜冠。㉑跣足：謂失去鞋韈。㉒杖折槍：拄扶斷折之槍。㉓郭子儀、李光弼還常山……河北十餘郡皆殺賊守將而降：按此段乃錄自《舊唐書・郭子儀傳》，字句大致相同。㉔漁陽路再絕：胡三省曰：「漁陽即謂范陽也，范陽郡、幽州，其後又分置薊州漁陽郡，二郡始各有分界，然范陽節度盡統幽、易、平、檀、嬀、燕等州，賊之根本實在范陽也。唐人於此時，多以范陽漁陽通言之，白居易詩所謂漁陽鼙鼓動地來，是以范陽通為漁陽也。前此，顏杲卿以常山返正，漁陽路絕矣，杲卿敗而復通，今郭李破史思明，故再絕。」㉕輕騎：謂騎馬而不帶沈重物品。㉖搖心：謂心中發生動搖。
㉗關：潼關。㉘軍壘：猶軍營。㉙更：歷。㉚勁銳：強勁銳利。㉛佐命：輔佐王命。㉜竊：私。
㉝豁我心事：謂開豁我心內所思之事。㉞侑：勸，音一ㄡˋ。㉟切齒：痛恨。㊱抗表：上表。㊲王思禮密說哥舒翰……非祿山也：按此段乃錄自《舊唐書・王思禮傳》，字句大致相同。㊳援旗：猶舉旗。㊴監牧小兒：時監牧五坊禁苑之卒，率謂之小兒。㊵灞上軍：即灞上之軍。㊶或說國忠今朝廷重兵……國忠益懼：按此段乃錄自《舊唐書・哥舒翰傳》，字句大致相同。㊷趣：讀曰促。㊸復陝路：據下考異引凌準《邠志》：「郭子儀聞朝廷議出潼關，圖復陝洛。」則路當係洛之訛，而應改作洛字。㊹墮：陷。㊺扼：扼持。㊻蹙：蹙縮。㊼要在成功：謂重要者乃在成功。㊽集：合。
㊾引兵：率兵。㊿覆：傾覆。(51)內潰：內部崩潰。(52)弊：疲弊。(53)項背相望：與冠蓋相望意略同。(54)膺：胸。(55)慟：大哭，音ㄊㄨㄥˋ。(56)靈寶：靈寶縣更名，見卷二百十五天寶元年。(57)薄：迫。(58)隘道：狹隘之道路。(59)浮舟中流：謂浮舟於黃河之中。(60)散：散佈。(61)嚴精兵：猶具精兵。(62)偃旗：臥下旗幟。(63)下：滾下。(64)士卒如束：以道隘人眾，故士卒擠於一起，如束縛然。
(65)氈車：以氈裹輪，疑與蒲輪之作用相同。(66)暴急：驟急。(67)所被：所蔽。(68)囂聲：謂號叫之聲。
(69)蹙：蹙迫。(70)首陽山：胡三省曰：「首陽山當是首山，衍陽字。首山在蒲州河東縣界，與湖城縣之荊山，隔河相對。」(71)塹：壕溝。(72)揭牓：謂揭牓示帖。(73)不見高仙芝封常清乎：謂軍敗必誅，事見上卷上年。(74)以毛：謂以毛所製之繩。(75)汝常輕我：事見卷二百十六天寶十一載。(76)今定何如：按《舊唐書・哥舒翰傳》作：「今日如何。」今日較今定為普通。(七七)肉眼不識聖人：按肉眼指凡人眼睛，與神眼恰正相對。又俗語之肉眼不識泰山，當係由此蛻化而出。聖人指天子言。(七八)李祗在東平：李祗即吳王祗，東平原河南道鄆州。(七九)不效：即無效。(八〇)安祿山問翰曰……祿山知不效，乃囚諸苑中：按此段乃錄自《舊唐書・哥舒翰傳》，字句大致相同。(八一)河東、華陰、馮翊、上洛：河東郡原蒲州，華陰郡原華州，馮翊郡原同州，上洛郡原商州，皆天寶元年改。(八二)不時：謂不立時。(八三)平安火：胡三省曰：「六典，唐鎮立烽候，所至大率相去三十里，每日初夜，放煙一炬，謂之平安火。時守兵已潰，無人復舉火。」(八四)偫：儲物以待用，音峙。(八五)投：投依。(八六)唱：猶言。(八七)惶懅：惶急。(八八)祿山反狀：祿山將造反之奏狀。(八九)仗下：朝罷，則左右三衞立仗者，皆休下。(九〇)市里：市廛閭里。(九一)置頓使：謂供給天子行幸停次時所需事物之使者。(九二)靈昌：據《舊唐書・地理志》一，靈昌縣屬河南道滑州。(九三)赴鎮：謂赴所鎮守之地。(九四)移仗北內：移仗，移衞仗。北內，胡三省曰：「唐都長安，以太極宮為西內，大明宮為東內，興慶宮為南內，北內當在玄武門內。又以地望言之，則自興慶宮移仗歸大明宮，興慶宮在南，大明宮在北，故亦謂大明宮為北內。」(九五)整比：猶整編。(九六)妃主：妃嬪公主。(九七)延秋門：胡三省曰：「延秋門唐長安禁苑之西門也。程大昌雍錄有漢唐要地參出圖，唐禁苑西北，包漢長安故城，未央宮唐後改為通光殿，西出，即延秋門。」(九八)委：棄。(九九)左藏：即左藏庫。(一〇〇)斂：賦斂。(一〇一)重困：更困。(一〇二)赤子：此言百姓。(一〇三)漏聲：擊漏刻之聲，亦即擊更之聲。(一〇四)三衞立仗儼然：胡三省曰：「唐朝會之制，三衞番上，分為五仗，號衙內五衞：一曰供奉仗，以左右衞為之；二曰親仗，以親衞為之；三曰勳仗，以勳衞為之；四曰翊仗，以翊衞為之；五曰散手仗，以親勳翊衞為之。平明傳點畢，內門開，百官入立班，皇帝升御坐，金吾將軍一人奏左右廂內外平安，通事舍人贊宰相兩省官再拜，升殿，內謁者承旨喚仗，左右羽林將軍勘以木契，自東西閤而入。朝罷，皇帝步入東序門，然後放仗，內外仗隊七刻乃下，常參輟朝日，六刻即下。」儼然，齊肅貌。(105)擾攘：紛亂貌。(106)王公：王侯公卿。(107)細民：小民，亦即平民。(108)盜取：偷取。(109)攝：攝理。(110)便橋：橋在渭水上。(111)絕其路：斷其逃生之路。(112)內侍監：玄宗始置內侍監，秩三品。(113)食時：謂早食之時，約在八句鐘左右。(114)咸陽望賢宮：胡三省曰：「咸陽縣在京城西四十里，望賢宮在縣東。」(115)日向中：日近午。(116)市：買。(117)胡餅：後之蒸餅。高似孫曰：「胡餅言以胡麻著之也。」(118)糲：粗。(119)匊：通掬，謂以雙手捧之。(120)酬：酬報。(121)掩泣：猶抆淚。(122)逞：猶肆。(123)播越：播遷越逸，亦即流亡。(124)延：延聘。(125)以言為諱：謂以直言為忌諱。(126)阿諛：阿媚諂諛。(127)取容：以求容身。(128)九重：指天子所居之處。(129)嚴邃：嚴密深邃。(130)尚食：尚，主，主御膳之官，有奉御，有直長。(131)散詣：分散去至。(132)未時：二至四時。(133)金城：《舊唐書・地理志》一：「京兆府，興平縣，景龍四年，中宗送金城公主入蕃，別於此，因改金城縣；至德二年十月，改興平縣。」(134)脫身走：謂離家出走。(135)皿：飯盒之用具，音ㄇㄧㄣˇ。(136)辨：辨別。(137)赴鎮：赴往鎮守之處。(138)以俟東討：謂以俟命東討。(139)馬嵬驛：在今陝西省興平縣西二十五里。馬嵬本人名，晉時築城於此以避兵，後因以名地。古來稱為馬嵬城，又稱驛，亦稱坡，或稱堡。（四〇）遮：攔。（四一）中鞍：中於鞍韉。（四二）西門內：馬嵬驛之西門。（四三）支：通肢。（四四）汝曹：汝輩。（四五）所檛：謂以檛擊之。（四六）相公：以見素為宰相，故呼曰相公。（四七）上仗屨：謂上扶杖著屨。（四八）收隊：將隊伍收入營中。（四九）割恩正法：割捨恩愛，而正之於法。（五〇）處：處置。（五一）司錄：《唐六典》卷三十：「京兆府司錄參軍事二人，正七品上，隋煬帝罷州置郡，有東西曹掾及主簿，皇朝省主簿，置錄事參軍，開元初改為司錄參軍。」（五二）眾怒難犯：引《左傳》鄭子產之言。（五三）晷刻：猶頃刻。（五四）將士安：謂將士之心安。（五五）胄：兜鍪。（五六）整：整頓。（五七）陳倉：故城在今陝西省寶雞縣東。（五八）吏士：吏胥士卒。（五九）家居：猶家舍。（六〇）按轡：抑轡停而不行。（六一）某等：即我等，唐代自言某即自言我也。（六二）殿下：呼太子之稱。（六三）使中原百姓，誰為之主：謂使誰可為中原百姓之主。（六四）冒：冒犯。（六五）面辭：親自辭別。（六六）更稟：另稟。（六七）跋馬：胡三省曰：「跋馬者，勒馬使回轉也。」（六八）鞚：馬勒，音控。（六九）離：離散。（七〇）削平：削除平定。（七一）區區：小貌。（七二）溫清：《禮記・曲禮》：「凡為人子之禮，冬溫而夏清。」謂冬日溫之禦其寒，夏日清之致其涼。（七三）廣平王俶：即後之代宗。（七四）總轡：謂攬轡。（七五）偵：偵察。（七六）飛龍廐馬：仗內六廐，飛龍廐為最上乘馬。（七七）太子南向，號泣而已：上已南邁，而太子留在後，故南向號泣。（七八）東宮內人：指太子之妃嬪言。（七九）岐山：《舊唐書・地理志》一關內道：「鳳翔府岐山，隋縣，武德元年移治張堡，七年移治龍尾城，貞觀八年移治豬驛南，即今治所是。」（八〇）遽過：謂急過而未停留。（八一）扶風郡：原鳳翔府，天寶元年改為扶風郡，據《舊唐書・地理志》一，扶風之首縣為天興，蓋乃宿於天興縣也。（八二）流言：猶出言。（八三）不遜：不遜順。

(六四)制：制止。(六五)會：逢。(六六)耄：年老者之稱，音ㄇㄠˋ。(六七)託任：託付委任。(六八)亂常：紊亂綱常。(六九)茇涉：茇通跋，草行為跋，水行為涉。(七〇)阻長：險阻修長。(七一)褊：狹。(七二)訣別：訣亦別，此謂分別。(七三)綵：綵帛。(七四)資糧：資財糧飲。(七五)好自愛：謂善自愛惜身體。(七六)死生：意乃著重於死一方面，生乃連類而及，謂雖死亦隨從陛下。(七七)貳：貳心。(七八)去留：謂或去或留。(七九)聽卿：從卿之意。(八〇)適：至。(八一)晏：晚。(八二)殿下昔嘗為朔方節度大使：事見卷二百十三開元十五年。(八三)歲時：謂四季及新年。(八四)啟：牋啟。(八五)識：記。(八六)異圖：指叛變言。(八七)士馬：即唐代常言之兵馬。(八八)裴冕衣冠名族：時裴冕為河西行軍司馬。(八九)狗地：猶略地。(九〇)奉天：《舊唐書・地理志》一關內道：「京兆府，奉天縣，文明元年以管乾陵，分醴泉置。」在長安西北一百五十里。(九一)新平：據同志一，新平縣屬關內道，邠州，郡亦名新平。(九二)通夜：全夜。(九三)安定：原涇州，天寶元年改為安定郡。(九四)至渭濱，遇潼關敗卒……徐轂亦走，又斬之：按此段乃錄自《舊唐書・肅宗紀》，字句大致相同。

㈠太子至烏氏㊀，彭原㊁太守李遵出迎，獻衣及糗㊂糧，至彭原，募士得數百人，是日至平涼㊃，閱監牧馬，得數萬匹，又募士得五百餘人，軍勢稍振。

㈡壬寅，上至散關㊄，分扈從將士為六軍㊅，使穎王璬先行詣劍南，【考異】肅宗實錄：「七月景寅，上皇入匱門，幸普安郡，命穎王璬先入蜀。」今從玄宗實錄。康駢劇談錄：「上至駱谷山，登高望遠，嗚咽流涕，謂高力士曰，吾昔若取九齡語，不到此，命中使往韶州祭之。」按玄宗入蜀，不自駱谷，康駢誤也。舊張九齡傳曰：「上皇在蜀，思張九齡之先覺，下詔贈司徒，仍遣就韶州致祭。」㈦案其詔，乃德宗贈九齡司徒詔也，張九齡事迹云：「建中元年七月詔。」舊傳誤也。壽王瑁等分將六軍以次之㈧。

㈢丙午，上至河池郡㈨，崔圓奉表迎車駕，具陳蜀土豐稔，甲兵全盛，上大悅，即日以圓為中書侍郎同平章事，蜀郡長史如故，以隴西公瑀為漢中王、梁州都督、山南西道采訪防禦使，瑀，璡之弟㈩也。

㈣王思禮至平涼，聞河西諸胡亂，還詣行在。初河西諸胡部落，聞其都護皆從哥舒翰沒於潼關，故爭自立，相攻擊，而都護賓從翰在北岸不死，又不與火拔歸仁俱降賊，上乃以河西兵馬使周泌為河西節度使，隴右兵馬使彭元耀為隴右節度使，【考異】肅宗實錄：「即位之日，以泌為河西，耀為隴右節度使。」或者玄宗已命以二鎮，二人至靈武見肅宗，又加新命乎！唐歷作周秘，今從玄宗實錄。與都護思結進明等俱之鎮㈡，招其部落，以思禮為行在都知兵馬使。

㈤戊申，扶風民康景龍等自相帥，擊賊所署宣慰使薛總，斬首二百餘級，庚戌，陳倉令薛景仙殺賊守將，克扶風而守之。

㈥安祿山不意㈢上遽西幸，遣使止崔乾祐兵留潼關，凡十日，乃遣孫孝哲將兵入長安，【考異】肅宗實錄、祿山事迹，惟載七月丁卯、己巳，祿山害諸妃主，諸書皆無賊入長安之日，惟亂離記云：「六月二十三日，孫孝哲等攻陷長安，害諸妃主皇孫。七月一日，祿山遣殿中御史張通儒為西京留守。」此書多牴牾，不足為據。然以月日計之，賊以六月八日破潼關，其入長安，必在此月內矣。新傳云：「賊不謂天子能遽去，駐兵潼關十日，乃西行，時已至扶風。」按玄宗十六日至扶風縣，十七日至扶風郡，若賊駐潼關十日，則於時未能至長安也。又云：「祿山使張通儒守東京，田乾真為京兆尹。」又云：「祿山未至長安，士人皆逃入山谷，羣不逞剽左藏大盈庫，百司帑藏竭，乃火其餘，祿山至怒，乃大索三日。」按舊傳通儒為西京留守，徧檢諸書，祿山自反後，未嘗至長安，新傳誤也。以張通儒為西京留守，崔光遠為京兆尹，使安忠順將兵屯苑中㉓，以鎮關中。孝哲為祿山所寵任，尤用事，常與嚴莊爭權，祿山使監關中諸將，通儒等皆受制於孝哲，孝哲豪侈，果㉔於殺戮，賊黨畏之。祿山命搜捕百官、宦者，宮女等，每獲數百人，輒以兵衞送㉕洛陽，王侯將相、扈從車駕家留長安者，誅及嬰孩，陳希烈以晚節㉖失恩，怨上，與張均張垍等皆降於賊，祿山以希烈、垍為相，自餘朝士皆授以官，於是賊勢大熾㉗，西脅汧隴㉘，南侵江漢㉙，北割河東之半。然賊將皆麤猛，無遠略㉚，既克長安，以為得志，日夜縱酒，專以聲色寶賄㉛為事，無復西出之意，故上得安行入蜀，太子北行，亦無追迫之患。

(七)李光弼圍博陵，未下，聞潼關不守，解圍而南，史思明躡其後㉜，光弼擊却之，與郭子儀皆引兵入井陘，留常山太守王俌，將景城河間㉓團練兵守常山。

㈧平盧節度使劉正臣將襲范陽，未至，史思明引兵逆擊之，正臣大敗，棄妻子走，士卒死者七千餘人。

㈨初顏真卿聞河北節度使李光弼出井陘，即斂㉔軍還平原，以待光弼之命，聞郭李西入井陘，真卿始復區處㉕河北軍事。

㈩太子至平涼數日，朔方留後杜鴻漸、六城水陸運使㉖魏少遊、節度判官崔漪、支度判官盧簡金、鹽池判官㉗李涵，相與謀曰：「平涼散地㉘，非屯兵之所，靈武㉙兵食完富㉚，若迎太子至此，北收諸城兵，西發河隴勁騎，南向以定中原，此萬世一時也㉛。」乃使涵奉牋於太子，且籍朔方士馬甲兵穀帛軍須之數，以獻之，涵至平涼，太子大悅㉜，會河西司馬裴冕入為御史中丞，至平涼，見太子，亦勸太子之朔方，太子從之。鴻漸，暹之族子㉝；涵，道之曾孫也㉞。鴻漸、漪使少遊居後，葺次舍㉟，庀㊱資儲，自迎太子於平涼北境，說太子曰：「朔方，天下勁兵處也，今吐蕃請和，回紇內附，四方郡縣，大抵㊲堅守拒賊，以俟興復。殿下今理兵㊳

靈武，按轡(三九)長驅，移檄四方，收攬忠義，則逆賊不足屠(四〇)也(四一)。」少遊盛治宮室、帷帳，皆倣禁中，飲膳備水陸(四二)。秋，七月，辛酉，太子至靈武，悉命撤之。

㈩甲子，上至普安(四三)，憲部(四四)侍郎房琯來謁見。上之發長安也，羣臣多不知，至咸陽，謂高力士曰：「朝臣，誰當來(四五)，誰不來。」對曰：「張均張垍父子，受陛下恩最深，且連戚里(四六)，是必先來。時論皆謂房琯宜為相，而陛下不用，又祿山嘗薦之，恐或不來。」上曰：「事未可知。」及琯至，上問均兄弟，對曰：「臣帥與偕來，逗遛不進，觀其意，似有所蓄(四七)，而不能言也。」上顧力士曰：「朕固知之矣。」即日以琯為文部(四八)侍郎同平章事。初張垍尚寧親公主(四九)，聽於禁中置宅，寵渥(五〇)無比，陳希烈求解政務，上幸垍宅，問可為相者，垍未對，上曰：「無若愛壻。」垍降階拜舞，既而不用，故垍懷怏怏(五一)，上亦覺之。是時，均垍兄弟及姚崇之子尚書右丞奕、蕭嵩之子兵部侍郎華、韋安石之子禮部侍郎陟、太常少卿斌，皆以才望至大官，上嘗曰：「吾命相，當徧舉(五二)故相子弟耳。」既而皆不用。

(十二)裴冕、杜鴻漸等上太子牋，請遵馬嵬之命，即皇帝位，太子不許，冕等言曰：「將士皆關中人，日夜思歸，所以崎嶇(五三)從殿下，遠涉沙塞(五四)者，冀尺寸(五五)之功，若一朝離散，不可復集。願殿下勉狥(五六)眾心，為社稷計(五七)。」牋五上，太子乃許之。是日，肅宗即位於靈武城南樓，羣臣舞蹈，上流涕歔欷(五八)，尊玄宗為上皇天帝，赦天下，改元(五九)，以杜鴻漸崔漪並知中書舍人事，裴冕為中書侍郎同平章事，改關內采訪使為節度使(六〇)，徙治安化(六一)，以前蒲關(六二)防禦使呂崇賁為之，以陳倉令薛景仙為扶風太守兼防禦使，隴右節度使郭英乂為天水(六三)太守兼防禦使(六四)。

(十三)時塞上精兵，皆選入討賊，惟餘老弱守邊，文武官不滿三十人，披(六五)草萊，立(六六)朝廷，制度草創，武人驕慢(六七)，大將管崇嗣在朝堂，背闕而坐，言笑自若(六八)，監察御史李勉奏彈之，繫於有司，上特原(六九)之，歎曰：「吾有李勉，朝廷(七〇)始尊。」勉，元懿之曾孫(七一)也(七二)。旬日間，歸附者漸眾。

(十四)張良娣姓巧慧(七三)，能得上意，從上來朔方時，從兵單寡(七四)，良娣每寢，常居上前，上曰：「禦寇，非婦人所能。」良娣曰：「蒼猝(七五)之際，妾以身當之，殿下可從後逸去(七六)。」至靈武，產子，三日起縫戰士衣，上止之，對曰：「此非妾自養(七七)之時。」上以是益憐(七八)之(七九)。

(十五)丁卯，上皇制以太子亨充天下兵馬元帥(八〇)，領朔方、河東、河北、平盧節度都使，南取長安洛陽，以御史中丞裴冕兼左庶子，隴西郡(八一)司馬劉秩試守(八二)右庶子，永王璘充山南東道、嶺南、黔中、江南西道節度都使，以少府監竇紹為之傅，長沙太守李峴為都副大使(八三)，盛王琦充廣陵大都督、領江南東路及淮南河南等路節度都使，以前江陵都督府長史劉彙為之傅，廣陵郡長史李成式為都副大使，豐王珙充武威都督、仍領河西隴右安西北庭等路節度都使，以隴西太守濟陰(八四)鄧景山為之傅，充都副大使(八五)(八六)，應須(八七)士馬甲仗糧賜等，並於當路自供，其諸路本節度使虢王巨等並依前充使(八八)，其署置官屬及本路郡縣官，並任(八九)自簡擇，署訖(九〇)聞奏(九一)。

時琦珙皆不出閤(九二)，惟璘赴鎮，置山南東道節度使，領襄陽等九郡(九三)，升五府經略使為嶺南節度，領南海等二十二郡，升五溪經略使為黔中節度，領黔中等諸郡，分江南為東西二道，東道領餘杭(九四)，西道領豫章(九五)等諸郡。先是四方聞潼關失守，莫知上所之，及是制下，始知乘輿所在。彙，秩之弟也。

(十六)安祿山使孫孝哲殺霍國長公主(九六)及王妃駙馬等於崇仁坊，刳其心，以祭安慶宗，凡楊國忠高力士之黨，及祿山素所惡者，皆殺之，凡八十三人，或以鐵棓揭其腦蓋，流血滿街，已巳，又殺皇孫及郡縣主(九七)二十餘人。

(十七)庚午，上皇至巴西(九八)，太守崔渙迎謁，【考異】肅宗實錄作辛未，今從玄宗實錄。次柳氏舊聞：「上始入斜谷，天尚早，煙霧甚昧，知頓使給事中韋倜於墅中，得新熟酒一壺，跪獻於馬首者數四，上不為之舉，倜懼，乃注於他器，自引滿於前，上曰，卿以我為疑也，始吾御宇之初，嘗大醉，損一人；吾悼之，因以為戒，迨今四十年矣，未嘗甘酒味。指力士近臣曰，此皆知之，非紿卿也。從者聞之，無不感悅。」幸蜀記：「上皇在巴西郡，宰臣請高力士奏，蜀中氣候溫瘴，宜數進酒；上皇命高力士宣旨曰，朕本嗜酒，斷之已久，終不再飲，深愧卿等意也。力士因說上皇開元四年，因醉，怒殺一人，明日，都不記得，猶召之，左右具奏，上愴然不言，乃賜御庫絹五百匹，用給喪事，更令力士就宅，宣旨致祭，從茲斷酒，雖下藥亦不輒飲。」按玄宗荒於聲色，幾喪天下，斷酒小善，夫何足言，今不取。上皇與語悅之，房琯復薦之，即日拜門下侍郎同平章事，以韋見素為左相。渙，玄暐之孫(九九)也。

(十八)初京兆李泌幼以才敏著聞，玄宗使與忠王(〇〇)遊，忠王為太子，泌已長，上書言事，玄宗欲官之，不可，使與太子為布衣交，太子常謂之先生；楊國忠惡之，奏徙蘄(〇一)春，後得歸，隱居潁陽(〇二)。上自馬嵬北行，遣使召之，謁見於靈武，【考異】舊傳云：「謁見於彭原。」今從泌子繁所為鄴侯家傳云：「即位八九日矣。」上大喜，出則聯轡(〇三)，寢則對榻，如為太子時，事無大小皆咨之，言無不從，至於進退將相，亦與之議，上欲以泌為右相，泌固辭曰：「陛下待以賓友，則貴於宰相矣，何必屈其志！」上乃止。【考異】舊傳：「泌稱山人，固辭官秩，得以散官寵之。」得當作特(〇四)解褐，拜銀青光祿大夫，俾掌樞務。鄴侯家傳曰：「初欲拜為右相，恐戎事，固辭爵，願以客從，曰，陛下待以賓友，則貴於宰相矣，何必屈其志，上無以逼。」今從之。

(十九)同羅突厥從安祿山反者，屯長安苑中，甲戌，其酋長阿史那從禮帥五千騎，竊廄馬二千匹，逃歸朔方，謀邀結(〇五)諸胡，盜據邊地，上遣使宣慰之，降者甚眾。【考異】肅宗實錄：「忽聞同羅突厥背祿山，走投朔方，與六州羣胡共圖河朔，諸將皆恐。上曰，因之招諭，當益我軍威。上使宣慰，果降者過半。」舊崔光遠傳云：「同羅背祿山，以廄馬二千出至滻水，孫孝哲、安神威從而召之，不得，神威憂死。」陳翃汾陽王家傳云：「安祿山多譎詐，更謀河曲熟蕃，以為己屬，使蕃將阿史那從禮領同羅突厥五千騎，偽稱叛，乃投朔方，出塞門，說九姓府六胡州，悉已來矣，甲兵五萬，部落五十萬，蟻聚於經略軍北。」按同羅叛賊，則當西出，豈得復至滻水，此舊傳誤也。若祿山使從禮偽叛，則孝哲何故召之，神威何為怖死，又必須先送降款於肅宗，如此，則諸將當喜而不恐，賊之陰計，豈徒取河曲熟蕃也。蓋同羅等久客思歸，故叛祿山，欲乘世亂，結諸胡，據邊地耳。肅宗錄所謂共圖河朔者，欲據河朔西方兩道，猶言河隴也。

肅宗從而招之，必有降者，若又太半，則似太多。今參取諸書可信者存之。

(廿)賊遣兵寇扶風，薛景仙擊却之。

(廿一)安祿山遣其將高嵩，以敕書繒綵誘河隴將士，大震關㉖使郭英乂擒斬之。

(廿二)同羅突厥之逃歸也，長安大擾㉗，官吏竄匿，獄囚自出，京兆尹崔光遠以為賊且遁矣，遣吏卒守孫孝哲宅，孝哲以狀白祿山，光遠乃與長安令蘇震帥府縣官㉘十餘人來奔，己卯，至靈武，上以光遠為御史大夫，兼京兆尹，使之渭北，招集吏民㉙，【考異】天寶亂離記：「祿山以張通儒為西京留守，通儒素憚侍中苗公晉卿，內史崔公光遠，二人並偽於通儒處請分本職，通儒許之，由是微中存撫兩街百姓，長安稍見寧帖，密宣諭人主蒼惶西幸之意，老幼對悲泣不自勝，皆感恩旨。苗公乘驢，間道赴蜀奔駕，光遠亦潛去焉，通儒素憚兩公名德，內特寬之。」按舊苗晉卿傳，潛遁山谷，南投金州，未嘗受賊官，今不取。以震為中丞。震，瓌之孫也㉚。

(廿三)祿山以田乾真為京兆尹。侍御史呂諲、右拾遺楊綰、奉天令安平㉛崔器，相繼詣靈武，以諲器為御史中丞，綰為起居舍人、知制誥㉜。

(廿四)上命河西節度副使李嗣業，將兵五千赴行在，【考異】段秀實別傳曰：「詔嗣業將安西五萬眾，赴行在。」今從舊傳。嗣業與節度使梁宰謀，且緩師，以觀變㉓，綏德府折衝段秀實讓㉔嗣業曰：「豈有君父告急，而臣子晏然㉕不赴者乎！特進㉖常自謂大丈夫，今日視之，乃兒女子耳㉗。」嗣業大慚，即白宰，如數㉘發兵，以秀實自副，將之詣行在㉙。上又徵兵於安西行軍司馬李栖筠，發精兵七千人，勵以忠義而遣之。

(五五)敕改扶風為鳳翔郡。庚辰，上皇至成都，從官及六軍至者，千三百人而已。

(五六)令狐潮圍張巡於雍丘，相守四十餘日，朝廷聲問㉚不通，潮聞玄宗已幸蜀，復以書招巡，有大將六人，官皆開府㉛特進，白巡：「以兵勢不敵，且上存亡不可知，不如降賊。」巡陽許諾，明日堂上設天子畫像，帥將士朝㉜之，人人皆泣，巡引六將於前，責以大義，斬之，士心益勸㉝，城中矢盡，巡縛藁㉞為人千餘，被以黑衣，夜縋㉟城下，潮兵爭射之，久乃知其藁人，得矢數十萬，其後，復夜縋人，賊笑不設備，乃以死士五百名斫潮營，潮軍大亂，焚壘而遁，追奔十餘里。潮慚，益兵圍之㊱，上與潮相聞㉗，賊弩射之，面中六矢而不動，潮疑其木人，使諜問之㉘，乃大驚，遙謂巡曰：「向見雷將軍，方知足下軍令矣，然其如天道何！」巡謂之曰：「君未識人倫㉙，焉知天道。」未幾，出戰，擒賊將十四人，斬首百餘級，賊乃夜遁，收兵入陳留，不敢復出。頃之，賊步騎七千餘眾屯白沙渦㉚，巡夜襲擊，大破之，還至桃陵㉛，遇賊救兵四百餘人，悉擒之，分別其眾，媯檀及胡兵悉斬之，滎陽陳留脅從兵，皆散㉜令歸業㉝。【考異】張中丞傳：「自三月二日，潮至雍丘城下，攻守六十餘日，潮大敗而走。」則於時已五月初矣。又云：「未幾，潮又帥眾來攻，謂巡曰，本朝危蹙，兵不出關。」則是潼關未破也。又巡答潮書：「主上緣哥舒被衂㉞，幸于西蜀，孝義皇帝收河隴之馬，取太原之甲，蕃漢雲集，不減四十萬眾。前月二十七日，已到土門，蜀漢之兵，吳楚驍勇，循江而下，永王申王，部統已到申息之南門。竊料胡虜遊魂，終不臘矣。」則是七月十五日丁卯以後也。其曰前月二十七日，兵到土門，蓋圍城中傳聞之誤也。又云：「相守四十餘日，潮收兵入陳留，不敢出。」其下乃云：「五月，魯炅敗於葉，六月，哥舒翰敗於潼關。」「上皇幸蜀，皇帝北巡靈武，六月九日，賊將翟伯玉據圉城，十二日，賊遁白沙渦，十四日丁卯，襲破之，七月十二日，潮伯玉至雍丘，又破之。」其日月前後，差舛不可考，蓋李翰亦得於傳聞，不能精審，今但置關破以前事於五月，關破以後事於七月耳。旬日間，民去賊來歸者萬餘戶。

(七)河北諸郡猶為唐守，常山太守王俌欲降賊，諸將怒，因擊毬，縱馬踐殺之㉟。時信都太守烏承恩麾下，有朔方兵三千人，諸將遣使者宗仙運帥父老詣信都，迎承恩鎮常山，承恩辭以無詔命，仙運說承恩曰：「常山地控燕薊，路通河洛，有井陘之險，足以扼其咽喉。頃屬車駕南遷㊱，李大夫收軍㊲，退守晉陽，王太守權統㊳後軍，欲舉城降賊，眾心不從，身首異處，大將軍㊴兵精氣肅㊵，遠近莫敵，若以家國為念，移據常山，與大夫㊶首尾相應，則洪勳盛烈㊷，孰與為比；若疑而不行，又不設備，常山既陷，信都豈能獨全。」承恩不從。仙運又曰：「將軍不納鄙夫之言，必懼兵少故也，今人不聊生㊸，咸思報國㊹，競相結聚，屯據鄉村，若懸賞㊺招之，不旬日十萬可致，與朔方甲士三千餘人，相參用之，足成王事；若捨要害以授人，居四通㊻而自安，譬如倒持劍戟㊼，取敗之道也。」承恩竟疑㊽不決。承恩，承玼之族兄也㊾。

【考異】 韓愈烏氏先廟碑云：「承恩，承治之兄。」今從新傳。

【今註】 ㊀烏氏：胡三省曰：「烏氏，漢縣，故墟在彭原東南。據舊書，烏氏驛名康曰，是年改烏氏曰保定。余按保定縣本漢安定縣，唐為涇州治所，在彭原西一百二十里，保定縣固是此年更名，然非烏氏之地。」㊁彭原：原寧州，天寶元年改為彭原郡。㊂糗：乾飯，音ㄑㄧㄡˇ。㊃平涼：原原州，天寶元年改為平涼郡。㊄散關：在陳倉縣西南。㊅分扈從將士為六軍：扈從謂隨從天子車駕之人。自古言天子有六軍，故茲亦分為六軍，以符天子之建制。㊆考異：「舊張九齡傳曰：『下詔贈司徒，仍遣就韶州致祭』」：據《舊唐書・張九齡傳》，遣下脫使字，當從添。⑧以次之：以繼次其後。⑨河池郡：原鳳州，天寶元年改為河池郡。⑩瑀，璡之弟：汝陽王璡，寧王憲之嫡長子。⑪與都護思結進明等俱之鎮：胡三省曰：「突厥之皐蘭州、興昔府，思結之蹛林州、金水州、賀蘭州、盧山府，皆羈屬河西。又隴右道有突厥州三、府二十七。」⑫不意：不料。⑬使安忠順將兵屯苑中：按新、舊《唐書・安祿山傳》，安忠順皆作安守忠，豈守忠一名忠順歟！又此苑乃西京之禁苑。⑭果：果敢，亦即勇也。⑮衞送：監護押送。⑯晚節：晚年。⑰熾：盛。⑱西脇汧隴：脇，威脅；汧指鳳翔一帶而言，音牽，隴則指隴右諸地。⑲南侵江漢：圍南陽則南侵江漢。⑳遠略：遠大之謀略。㉑寶賄：珍寶貨賄。㉒踵其後：尾隨其後。㉓景城、河間：景城原滄州，河間原瀛州，皆天寶元年改名。㉔斂：收。㉕區處：區分處置。㉖六城水陸運使：胡三省曰：「朔方所統有三受降城，及豐安、定遠、振武三城，皆在黃河北。」㉗鹽池判官：靈鹽二州皆有鹽池，故置判官。㉘散地：四散之地。㉙靈武：原震州，天寶元年改為靈武郡，乃朔方節度使治所。㉚完富：完備富饒。㉛南向以定中原，此萬世一時也：按《舊唐書・杜鴻漸傳》作：「大兵一舉，可復二京。」核該時最迫切者，乃為收復二京，故此當改作東向以收二京，方較恰切。又此萬世一時也，語意亦嫌誇張欠當，似不若改作此人臣報國之良圖也，較為平妥。㉜太子至平涼數日……涵至平涼，太子大悅：按此段乃錄自《舊唐書・杜鴻漸傳》，字句大致相同。㉝鴻漸，暹之族子：杜暹，開元中為相。㉞涵，道之曾孫也：道，永安王孝基兄子，嗣孝基後。㉟葺次舍：葺，修葺，音緝。次舍，次頓時所住之屋舍。㊱庀：備具，音ㄆㄧˇ。㊲大抵：大概。㊳理兵：治兵，乃避諱而改者。㊴按轡：含穩行意。㊵屠：滅。㊶自迎太子於平涼北境……則逆賊不足屠也：按此段乃錄自《舊唐書・杜鴻漸傳》，字句大致相同。㊷備水陸：謂備水陸之珍。㊸普安：原劍南道劍州，天寶五年改為普安郡。㊹憲部：原刑部，天寶十一載改。㊺當來：合來。㊻連戚里：謂垍尚主。㊼蓄：含藏。㊽文部：天寶十一載，改吏部曰文部。㊾寧親公主：由興信徙封，為玄宗女。㊿寵渥：寵幸優渥。(51)怏怏：不滿意貌。(52)偏舉：普偏舉用。(53)崎嶇：傾側不平，此謂冒山谷崎嶇之艱難。(54)沙塞：塞外毗連大漠，故曰沙塞。(55)尺寸：謂些許。(56)徇：俯從。(57)計：計謀。(58)上流涕歔欷：自此以後，凡書上者，皆謂肅宗。歔欷謂悲泣氣咽而抽息。(59)赦天下改元：至是方改天寶十五載為至德元載。(60)改關內采訪使為節度使：關內采訪使以京官領，無治所，今改為節鎮，治安化，領京兆、同、岐、金、商五州。(61)安化：原慶州，天寶元年改為安化郡。(62)蒲關：即蒲津關。(63)天水：原隴右道秦州，天寶元年改為天水郡。(64)是日，肅宗即位於靈武城南樓……郭英乂為天水太守兼防禦使：按此段乃錄自《舊唐書・肅宗紀》，字句大致相同。(65)披：披開。(66)立：設立。(67)驕慢：驕橫傲慢。(68)言笑自若：謂無所畏忌。(69)原：原宥。(70)朝廷：此謂天子。(71)勉，元懿之曾孫：鄭王元懿，高祖之子。(72)武人驕慢……勉，元懿之曾孫也：按此段乃錄自《舊唐書・李勉傳》，字句大致相同。(73)張良娣姓巧慧：姓乃性之誤；巧慧，靈巧敏慧。《唐六典》卷二：「皇太子良娣二員，正三品。」(74)單寡：單薄寡少。(75)蒼猝：猶倉皇，謂急促也。(76)逸去：逃去。(77)自養：自己保養。(78)憐：愛。(79)張良娣性巧慧……上以是益憐之：按此段乃錄自《舊唐書・肅宗張皇后傳》，字句大致相同。〔八〇〕丁卯，上皇制以太子亨充天下兵馬元帥：按甲子太子即位靈武，丁卯，上皇竟下此制，蓋道里相去遼遠，蜀中未知故也。〔八一〕隴西郡：隴西郡原渭州，天寶元年改名隴西郡。〔八二〕試守：試，試署，守謂以卑攝高。〔八三〕李峴為都副大使：謂為節度都副大使。〔八四〕濟陰：曹州，天寶元年改為濟陰，其帶郡縣亦名濟陰。〔八五〕充都副大使：胡三省曰：「諸道各有節度使，以諸王為都使以統之，其不赴鎮者，都副大使攝統。」〔八六〕盛王琦充廣陵大都督……鄧景山為之傅，充都副大使：按此段乃錄自《舊唐書・玄宗諸子傳》，字句大致相同。〔八七〕應須：按此應即後代語彙之一應，一應猶一切也，應須謂一切所須。〔八八〕依前充使：謂依前為節度使。〔八九〕任：聽任。〔九〇〕署訖：署任畢。〔九一〕聞奏：奏而聞之。〔九二〕不出閤：不出宮闈。〔九三〕領襄陽等九郡：領襄州襄陽郡、鄧州南陽郡、隨州漢東郡、唐州淮安郡、均州武當郡、房州房陵郡、金州安康郡、及商州上洛郡。〔九四〕餘杭：原杭州，天寶元年改為餘杭郡。〔九五〕豫章：原洪州，天寶元年改為豫章郡。〔九六〕霍國長公主：睿宗女，下嫁裴虛己。〔九七〕郡縣主：《唐六典》卷二：「太子之女封郡主，視從一品，王之女封縣主，視正二品。」〔九八〕巴西：原劍南道緜州，天寶元年改為巴西郡。〔九九〕渙，玄暐之孫：中宗復辟，崔玄暐之功列於五王。〔一〇〇〕忠王：即後之肅宗。〔一〇一〕蘄春：原淮南道蘄州，天寶元年改為蘄春郡。〔一〇二〕潁陽：據《舊唐書・地理志》一，潁陽縣屬河南道，河南府。〔一〇三〕聯轡：猶並騎。〔一〇四〕考異：「舊傳：『泌稱山人，固辭官秩，得以散官寵之。』得當作特」：按得乃誤字，故下校正云：「得當作特，」而不意竟誤羼入正文，此得當作特四字，當挑出而置於本條考異之末。⑮邀結：要結。⑯大震關：胡三省曰：「大震關在隴州汧源縣西隴山。」⑰擾：擾亂。⑱府縣官：府，京兆府；縣，長安、萬年。⑲同羅突厥之逃歸也……使之渭北，招集吏民：按此段乃錄自《舊唐書・崔光遠傳》，字句大致相同。⑳震，環之孫也：蘇環事武后中睿三朝，歷位台輔。㉑安平：據《舊唐書・地理志》二，安平屬河北道深州。㉒知制誥：胡三省曰：「唐制誥皆中書舍人掌之，以他官掌制誥者，謂之知制誥。」㉓以觀變：以觀時局之變化。㉔讓：責。㉕晏然：安然。㉖特進：《舊唐書・職官志》一：「特進，文散官，正二品。」㉗乃兒女子耳：按此子乃係名辭之語尾助辭，唐宋常有此用法。《舊唐書・褚遂良傳》：「如臣愚見，陛下兒子內，年齒尚幼，未堪臨人者。」王安石〈廣西轉運使孫君墓碑〉：「五男子，二女子。」同人〈曾公夫人墓誌銘〉：「夫人男子四，女子三。」皆其例證。故兒女子亦即兒女也。㉘如數：猶照數。㉙上命河西節度副使李嗣業……將之詣行在：按此段乃錄自《舊唐書・段秀實傳》，字句大致相同。㉚聲問：音信。㉛開府：即開府儀同三司，文散官，從一品。㉜朝：朝謁。㉝勸：勸勉。㉞藳：藳草。㉟縋：以繩懸之使下。㊱令狐潮圍張巡於雍丘……潮慙，益兵圍之：按此段《新唐書・忠義張巡傳》亦載之，字句大致相同。㊲相聞：相知聞。㊳使諜問之：按問疑當作間，謂間偵之。㊴未識人倫：言叛君附賊，未識君臣之倫。㊵白沙渦：《九域志》：「開封中牟縣有白沙鎮。」㊶桃陵：胡三省曰：「司馬彪郡國志，東郡燕縣有桃城，燕縣唐為滑州胙城縣。」㊷散：放。㊸歸業：歸己之田園。㊹考異主上緣哥舒被衂：按被疑係敗之誤。㊺因擊毬，縱馬踐殺之：由知唐代之擊毬，已改在馬上為之。㊱車駕南遷：謂自長安南幸巴蜀。㊲李大夫：謂李光弼。㊳權統：猶暫統。㊴大將軍：大乃尊之，非真為大將軍也。㊵氣肅：猶律嚴。㊶大夫：謂李光弼。㊷盛烈：盛功。㊸不聊生：謂無可賴以生存。㊹報國：報効國家。㊺懸賞：懸賞格。㊻居四通而自安：言信都之地，平夷四達，非可居之以自安。㊼倒持劍戟：謂倒持劍戟，而授人以柄。㊽疑：猶疑。㊾承恩承玼之族兄也：烏承玼見卷二百十三開元二十年。

㈠是月，史思明、蔡希德將兵萬人南攻九門，旬日九門偽降，伏甲於城上，思明登城，伏兵攻之，思明墜城，鹿角㊀傷其左脇，夜奔博陵。

㈡顏真卿以蠟丸㊁達表於靈武，以真卿為工部尚書兼御史大夫，依前河北招討采訪處置使，并致赦書，亦以蠟丸達之，真卿頒下河北諸郡，又遣人頒於河南江淮，由是諸道始知上即位於靈武，狥國之心益堅矣。

㈢郭子儀等將兵五萬，自河北至靈武，靈武軍威始盛，人有興復之望㊂矣。八月，壬午朔，以子儀為武部尚書㊃、靈武長史，以李光弼為戶部尚書、北都留守㊄，並同平章事，餘如故。光弼以景城河間兵五千赴太原，先是河東節度使王承業軍政不修㊅，朝廷遣侍御史崔眾交其兵㊆，尋遣中使誅之㊇，眾侮易㊈承業，光弼素㊉不平，至是敕交兵於光弼，眾見光弼不為禮，又不時㊁交兵，光弼怒，收斬之，軍中股栗㊂。【考異】肅宗實錄：「八月壬午，子儀光弼皆於常山郡嘉山，大破賊，子儀等俱奉詔，領士馬五萬，至自河北，以子儀為某官，光弼為某官。」汾陽家傳：「六月八日，破史思明於嘉山之下。公謂光弼曰，賊散矣，其餘幾何，可長驅而南，以定天下。其月，發恒陽，至常山，中使邢延恩至，奉詔取河北路，席卷而南，會哥舒翰敗績，玄宗幸蜀，肅宗如朔方，公聞之，獨總精兵五萬，奔肅宗行在。玄宗有誥，以肅宗嗣皇帝位，肅宗奉誥，歔欷哀不自勝，公諫云云，跪上天子璽，以七月十三日，即皇帝位，二十七日，制可武部尚書平章事。」幸蜀記：「六月十一日，玄宗追郭子儀赴京，李光弼守太原。」河洛春秋：「六月二十五日，大破賊於嘉山，二十六日覆陳，二十七日有詔至恒陽，云潼關失守，駕幸劍南，儲君又往靈武，由是拔軍入井陘口。」邠志：「六月八日，敗史思明於嘉山，會潼關失守，二公班師。」唐歷：「七月二十八日，子儀光弼並加平章事。又詔子儀收軍赴朔方，光弼赴太原。」河洛春秋又云：「光弼至太原，殺王承思，固守晉陽。」舊紀與實錄同，子儀傳：「七月，肅宗即位，以賊據兩京，方謀收復，詔子儀班師。八月，子儀與光弼帥步騎五萬，至自河北。」光弼傳：「肅宗理兵於靈武，遣中使劉智遠追光弼子儀赴行在。」又云：「以景城河間之卒五千，赴太原。」玄宗實錄：「六月壬午，光弼子儀破史思明於嘉山。」舊紀：「六月癸未朔，庚寅，哥舒翰敗於靈寶，其日，光弼破史思明於嘉山。」子儀光弼傳皆云六月，無日，諸書言李郭事，不同如此。按歲朔曆，六月癸未朔，與舊紀同，玄宗實錄云壬午，誤也。肅宗實錄：「八月壬午，朔日也，子儀光弼皆於嘉山大破賊，領士馬，至自河北，以為某官某官。」蓋壬午乃拜官日，因言已前事耳，汾陽家傳、邠志皆云：「六月八日破思明。」與舊紀同。家傳云：「勸肅宗即位，上璽。」則恐不然。哥舒翰以六月八日敗，亦須旬日，方傳至河北，肅宗七月十三日即位，若六月二十七日班師，七月十三日，豈能便達靈武也！河洛春秋二十五日破賊，與諸書皆不合，恐太後也。今據舊玄宗紀、汾陽家傳、邠志、唐歷皆云：「六月八日破史思明。」宜可從。幸蜀記：「十一日，玄宗召子儀光弼。」事或如此，但二傳皆云肅宗召之，恐是二人在河北，聞潼關不守，已收軍赴難，在道遇肅宗中使，遂趨靈武，今從舊傳。唐歷拜相在七月二十八日，汾陽家傳二十七日，肅宗實錄八月一日，三書皆不相遠。子儀傳云八月，雖無日，與實錄亦略相應，今從實錄。據舊傳光弼亦曾到靈武，疑朔方兵盡從肅宗，故光弼但領河北兵赴太原耳。河洛春秋月日尤疏，所云殺王承恩，固守晉陽，必誤也。

㊃回紇可汗、吐蕃贊普相繼遣使請助國討賊，宴賜而遣之。

㈤癸未，上皇下制赦天下。【考異】玄宗實錄、舊紀，皆云：「八月癸未朔。」肅宗實錄、唐歷、舊紀、長歷皆云：「壬午朔。」今從之。

㈥北海㈢太守賀蘭進明遣錄事參軍第五琦入蜀奏事，琦言於上皇，以為：「今方用兵，財賦為急，財賦所產㈣，江淮居多，乞假臣一職，可使軍無乏用。」上皇悅，即以琦為監察御史、江淮租庸使㈤㈥。

㈦史思明再攻九門，辛卯，克之，所殺數千人，引兵東圍藁城。

㈧李庭望將蕃漢二萬餘人東襲寧陵、襄邑，夜去雍丘城三十里置營，張巡帥短兵㈦三千掩擊，大破之，殺獲大半，庭望收軍夜遁。

㈨癸巳，靈武使者至蜀㈧，上皇喜曰：「吾兒應天順人㈨，吾復何憂！」丁酉，制：「自今改制敕為誥，表疏稱太上皇，四海軍國事皆先取皇帝進止㈩，仍奏朕知，俟克復上京㈠，朕不復預事㈡。」己亥，上皇臨軒，命韋見素、房琯、崔渙奉傳國寶、玉冊，詣靈武傳位。【考異】肅宗實錄：「癸未，上奉表至蜀。」玄宗實錄：「八月癸未朔，赦天下。時皇太子已至靈武，七月甲子即位，道路險澁，表疏未達，及下是詔數日，北使方至，具陳羣臣懇請，太子辭避之旨。辛卯，下詔，稱太上皇，庚子，遣韋見素等奉冊。」今從舊紀唐歷。

㈩辛丑，史思明陷藁城。

㈩初上皇每酺宴㉓，先設太常雅樂㉔、坐部立部㉕，繼以鼓吹㉖、胡樂、教坊府縣散樂、雜戲，又以山車㉗陸船載樂往來，又出宮人舞霓裳羽衣㉘，又教舞馬百匹銜盃上壽㉙，又引犀象入場，或拜或舞㉚，安祿山見而悅之，既克長安，命搜捕樂工，運載樂器舞衣，驅舞馬犀象，皆詣洛陽。

臣光曰：「聖人以道德為麗㉛，仁義為樂㉜，故雖茅茨㉝土階，惡衣菲㉞食，不恥其陋，惟恐奉養之過㉟，以勞民費財。明皇恃其承平，不思後患，殫㊱耳目之玩，窮聲技之巧，自謂帝王富貴，皆不我如㊲，欲使前莫能及，後無以踰，非徒娛己，亦以誇人，豈知大盜在旁，已有窺窬㊳之心，卒致鑾輿播越㊴生民塗炭，乃知人君崇華靡以示人，適足為大盜之招㊵也。」

(十一)祿山宴其羣臣於凝碧池㊶，盛奏眾樂，梨園弟子往往歔欷泣下，賊皆露刃睨㊷之，樂工雷海清不勝悲憤，擲樂器於地，西向慟哭，祿山怒，縛於試馬殿前，支解之。祿山聞嚮日百姓乘亂，多盜庫物，既得長安，命大索㊸三日，并其私財盡掠㊹之，又令府縣推按，銖兩㊺之物，無不窮治㊻，連引搜捕，支蔓㊼無窮，民間騷然，益思唐室。

⑬自上離馬嵬北行，民間相傳，太子北收兵㊽來取長安，長安民日夜望之，或時相驚曰：「太子大軍至矣。」則皆走，市里為空，賊望見北方塵起，輒驚欲走，京畿豪傑往往殺賊官吏，遙應官軍，誅而復起㊾，相應不絕，賊不能制。其始自京畿鄜坊，至於岐隴，皆附之，至是西門㊿之外，率為敵壘，賊兵力所及者，南不出武關，北不過雲陽(51)，西不過武功(52)。江淮奏請貢獻，之蜀之靈武者，皆自襄陽取上津(53)路抵扶風，道路無壅(54)，皆薛景仙之功也。

⑭九月，壬子，史思明圍趙郡，丙辰，拔之，又圍常山，旬日城陷，殺數千人。

⑮建寧王倓性英果(55)，有才略，從上自馬嵬北行，兵眾寡弱，屢逢寇盜，倓自選驍勇，居上前後，血戰以衛上，上或過時未食，倓悲泣不自勝，軍中皆屬目(56)向之，上欲以倓為天下兵馬元帥，使統諸將東征，李泌曰：「建寧誠元帥才，然廣平兄也，若建寧功成，

豈可使廣平為吳太伯(五七)乎。」上曰：「廣平家嗣(五八)也，何必以元帥為重。」泌曰：「廣平未正位東宮(五九)，今天下艱難，眾心所屬(六〇)，在於元帥，若建寧大功既成，陛下雖欲不以為儲副，同立功者，其肯已(六一)！太宗上皇，即其事也(六二)。」上乃以廣平王俶為天下兵馬元帥，諸將皆以屬(六三)焉(六四)。【考異】鄴侯家傳曰：「以李光弼為元帥左廂兵馬使，出井陘，以攻常山，圖范陽。郭子儀為右廂兵馬使，帥眾南取馮翊河東。」按汾陽家傳，時郭子儀方北討同羅，未向河東也。鄴侯家傳又曰：「上召光弼子儀，議征討計，二人有遷延之言，上大怒，作色叱之，二人皆仆地，不畢詞，而罷。上告公曰，二將自偏裨，一年遇國家有難，朕又即位於此，遂至三公將相，自已有驕色，商議征計，欲遷延，適來，叱之皆倒，方圖克復，而將已驕，朕深憂之，朕今委先生戎事，府中議事，因示以威令，使其知懼。對曰，陛下必欲使畏臣，二人未見廣平，伏望令王亦暫至府，二人至，將寒，臣與飲酒，二人必請謁王，臣因為酒令，約不起，王至，但談笑共臣同慰安，酒散，乃諭其修謁於元帥，則二人見元帥，以帝子之尊，俯從臣酒令，可以知陛下方寵任臣，軍中之令必行，它時或失律，能死生之也。上稱善。又奏曰，伏望言於廣平，知是聖意，欲李郭之畏臣，非臣敢恃恩然也。上曰，廣平於卿，豈有形迹。對曰，帝子國儲，以陛下故親臣，臣何人，敢不懼！明日將曉，王亦至，及李郭至，具軍容修敬，乃坐飲，二人因言，未見元帥，乃使報王，王將至，執盞為令，並不得起，及王至，先公曰，適有令許二相公不起。王曰，寡人不敢，遽就座飲，李郭失色，談笑皆歡。先生曰，二人起謝。廣平曰，先生能為二相公如此，復何憂，寡人亦盡力。今者同心，成宗社大計，以副聖意。既出，李謂郭曰，適來飲令，非行軍意，皆上旨也，欲令吾徒稟令耳。」按肅宗溫仁，二公沈勇，必無面叱仆地之事，今不取。俶聞之，謝泌曰：「此固俶之心也。」

(十六)上與泌出行軍(六五)，軍士指之，竊言曰：「衣黃者，聖人也(六六)，衣白者，山人(六七)也。」上聞之，以告泌曰：「艱難之際，不敢相屈以官，且衣紫袍(六八)以絕羣疑(六九)。」泌不得已受之，服之入謝，上笑曰：「既服此，豈可無名稱。」出懷中敕，以泌為侍謀軍國元帥府行軍長史(七〇)；泌固辭，上曰：「朕非敢相臣(七一)，以濟(七二)艱難耳，俟賊平，任行高志。」泌乃受之，置元帥府於禁中，俶入則泌在府，泌入俶亦如之。泌又言於上曰：「諸將畏憚天威(七三)，在陛下前敷陳軍事，或不能盡所懷(七四)，萬一小差，為害甚大，乞先令與臣及廣平熟議，臣與廣平從容奏聞，可者行之，不可者已之。」上許之。時軍旅務繁，四方奏報，自昏至曉無虛刻(七五)，上悉使送府，泌先開視(七六)，有急切者及烽火重封(七七)，隔門通進(七八)，餘則待明，禁門鑰契(七九)，悉委俶與泌掌之。

㈦阿史那從禮說誘九姓府、六胡州、諸胡數萬眾，聚於經略軍北(八〇)，將寇朔方，上命郭子儀詣天德軍(八一)，發兵討之，【考異】汾陽家傳云：「甲兵五萬，部落五十萬。」今從舊子儀傳。汾陽家傳又云：「九月十九日，駕欲幸彭原，命公赴天德軍，伐叛蕃。」按實錄：「戊辰，行幸彭原。」戊辰，十七日也，汾陽傳誤。左武鋒使僕固懷恩之子玢將別兵與虜戰，兵敗，降之，既而復逃歸，懷恩叱(八二)而斬之，將士股栗(八三)，無不一當百，遂破同羅。上雖用朔方之眾，欲借兵於外夷，以張軍勢，以豳王守禮之子承寀為敦煌王，與僕固懷恩使於回紇以請兵，又發拔汗那兵，且使轉輸城郭諸國(八四)，許以厚賞，使從安西兵入援(八五)，李泌勸上且幸彭原(八六)，俟西北兵將至，進幸扶風，以應之，於時庸調亦集，可以贍(八七)軍。上從之，戊辰，發靈武。

(十八)內侍邊令誠復自賊中逃歸，上斬之。

(十九)丙子，上至順化(八八)。韋見素等至自成都，奉上寶冊(八九)，上不肯受，曰：「比(九〇)以中原未靖(九一)，權總(九二)百官，豈敢乘危，遽為傳襲(九三)！」羣臣固請，上不許，寘寶冊於別殿，朝夕事之，如定省之禮(九四)。上以韋見素本附楊國忠(九五)，意薄之，素聞房琯名，虛心(九六)待之。琯見上言時事，辭情慷慨，上為之改容(九七)，由是軍國事，多謀於琯，琯亦以天下為己任，知無不為，諸相拱手避之(九八)(九九)。

(廿)上皇賜張良娣七寶鞍(一〇〇)，李泌言於上曰：「今四海分崩，當以儉約示人，良娣不宜乘此，請撤其珠玉付庫吏，以俟有戰功者賞之。」良娣自閤中言曰：「鄉里之舊(一〇一)，何至於是。」上曰：「先生為社稷計也。」遽命撤之，建寧王倓泣於廊下，聲聞於上，上驚召問之，對曰：「臣比憂禍亂未已，今陛下從諫如流(二二)，不日當見陛下迎上皇還長安，是以喜極而悲耳。」良娣由是惡李泌及倓。

(廿)上嘗從容與泌語及李林甫，欲敕諸將克長安，發其冢，焚骨揚灰，泌曰：「陛下方定天下，奈何讎死者，彼枯骨何知，徒示聖德之不弘(二三)耳！且方今從賊者，皆陛下之讎也，若聞此舉，恐阻其自新之心。」上不悅曰：「此賊昔日百方(二四)危朕，當是時，朕弗保朝夕，朕之全，特天幸(二五)耳。林甫亦惡卿，但未及害卿而死耳，奈何矜(二六)之！」對曰：「臣豈不知，上皇有天下，向(二七)五十年，太平娛樂，一朝失意，遠處巴蜀，南方地惡，上皇春秋高，聞陛下此敕，意必以為用韋妃之故(二八)，內慚不懌(二九)，萬一感憤成疾，是陛下以天下之大，不能安君親(三〇)。」言未畢，上流涕被面，降階仰天拜曰：「朕不及此(三一)，是天使先生言之也。」遂抱泌頸，泣不已。它夕，上又謂泌曰：「良娣祖母，昭成太后之妹也，上皇所念(三二)，朕欲使正位中宮(三三)，以慰上皇心，何如？」對曰：「陛下在靈武，以羣臣望尺寸之功，故踐大位，非私己也(三四)，至於家事，宜待上皇之命，不過晚歲月之間耳㉕。」上從之。

(廿)南詔乘亂陷越巂會同軍，據清溪關㉖，【考異】唐歷：「是月，吐蕃陷巂州。」新傳：「是歲，閤羅鳳乘釁，取巂州會同軍云云。」蓋二國兵共陷巂州也。尋傳、驃國㉗皆降之。

【今註】㊀鹿角：舊時軍營之防禦物，用帶枝樹木削尖，埋植地上，以阻敵人之行近，形如鹿角，故名。㊁蠟丸：將奏疏摺疊成小團，而外裹以蠟，以其形如丸，故曰蠟丸。㊂人有興復之望：謂每人皆具有興復之希望。㊃武部尚書：天寶十一載，改兵部為武部。㊄北都留守：《舊唐書・地理志》二河東道：「北京太原府，天授元年置北都，天寶元年改北都為北京，」是年復曰北都。㊅不修：不修治。㊆交其兵：謂令王承業交出其兵權。㊇尋遣中使誅之：按《舊唐書・李光弼傳》，在此期中，無遣中使誅之之事，而僅云：「頃中使至，除眾御史中丞，懷其勑問眾所在。」是尋遣中使誅之。當改作尋遣中使除眾為御史中丞，然後方與事實相符。㊈侮易：侮辱輕易。㊉素：猶早已。⑪不時：謂不依時。⑫股栗：兩腿為之戰慄。⑬北海：原青州，天寶元年改為北海郡。⑭財賦所產：《舊唐書・第五琦傳》作：「財賦所出。」較為明顯。⑮江淮租庸使：開元十一年，宇文融除勾當租庸地稅使，此租庸使之首次設置。⑯北海太守賀蘭進明遣錄事參軍……江淮租庸使：按此段乃錄自《舊唐書・第五琦傳》，字句大致相同。⑰短兵：謂執短兵器之兵。⑱癸巳，靈武使者至蜀：七月甲子即位，至是凡三十日，使者方至蜀。⑲應天順人：謂應天意順人心。⑳進止：謂決定或行或不行。㉑上京：長安。㉒預事：謂參預事情，亦即管事之意。㉓酺宴：謂天子詔賜臣民會飲為樂，音蒲。㉔太常雅樂：為唐初祖孝孫、張文收所定。㉕坐部立部：《新唐書・禮樂志》十二：「玄宗又分樂為二部，堂下立奏謂之立部伎，堂上坐奏謂之坐部伎，太常閱坐部不可教者隸立部，又不可教者，乃習雅樂。立部伎八：一安舞，二太平樂，三破陣樂，四慶善樂，五大定樂，六上元樂，七聖壽樂，八光聖樂。坐部伎六：一燕樂，二長壽樂，三天授樂，四鳥歌萬歲樂，五龍池樂，六小破陣樂。」㉖鼓吹，胡樂、教坊府縣散樂、雜戲：胡三省曰：「鼓吹，鼓吹署令所掌鐃歌鼓吹曲也。胡樂者，龜茲、疏勒、高昌、天竺諸部樂也。教坊者，內教坊及梨園法曲也。府縣者，京兆府、及長安萬年兩赤縣，散樂雜戲也。」㉗山車陸船：山車者，車上施棚閣，加以綵繒，為山林之狀；陸船者，縛竹木為船形，飾以繒綵，列人於中，舁之以行。㉘舞霓裳羽衣：《新唐書・禮樂志》十二：「河西節度使楊敬忠獻霓裳羽衣曲十二遍。」㉙又教舞馬百匹，銜杯上壽：《新唐書・禮樂志》十二：「玄宗又嘗以馬百匹，盛飾，分左右，施三重榻，舞傾盃數十曲，壯士舉榻，馬不動。」《舊唐書・音樂志》一：「即內閑廄引蹀馬三十匹，傾杯樂曲，奮首鼓尾，縱橫應節，又施三層校牀，乘馬而上，抃轉如飛。」㉚又引犀象入場，或拜或舞：《舊唐書・音樂志》一：「五方使引大象入場，或拜或舞，動容鼓振，（胡注引作從容鼓旅，）中於音律。」㉛以道德為麗：謂以道德為美行。㉜仁義為樂：謂以仁義為事樂。㉝茅茨：以茅草所覆之屋蓋。㉞菲：菲薄。㉟過：過度。㊱殫：窮盡。㊲不我如：謂不及我。㊳窺窬：窬，門旁小竇，謂窺伺間隙，以奪取之。㊴播越：

播遷。(四〇)招：猶鵠的。(四一)凝碧池：《唐六典》卷七：「東都禁苑中，有芳樹金谷二亭，凝璧之池。」凝璧之池當即此凝碧池。(四二)睨：斜視，音ㄋ一ˋ。(四三)大索：大搜索。(四四)掠：奪。(四五)銖兩：謂極微小而不值錢。(四六)治：案治。(四七)支蔓：猶牽連。(四八)收兵：收集兵卒。(四九)誅而復起：誅殺之後，又有人繼之而起。(五〇)西門：謂長安城西門。(五一)雲陽：屬京兆府。(五二)武功：亦屬京兆府。(五三)上津：據《舊唐書・地理志》一，上津縣屬關內道商州。(五四)壅：壅塞。(五五)英果：英駿果毅。(五六)屬目：注目。(五七)吳太伯：周太王之子，後讓位於其弟季歷，逃而至吳。(五八)家嗣：嫡長子。(五九)正位東宮：謂未正式即東宮之位。(六〇)屬：屬意。(六一)已：罷止。(六二)太宗上皇，即其事也：謂皆以有定天下功，承大統。(六三)屬：附屬。(六四)建寧王倓性英果……諸將皆以屬焉：按此段乃錄自《舊唐書・肅宗子承天皇帝倓傳》，字句大致相同。(六五)出行軍：出而巡行軍中。(六六)衣黃者，聖人也：天子衣黃，故指衣黃者曰天子。(六七)山人：據《舊唐書・李泌傳》：「泌自稱曰山人。」山人蓋謂山野之人。又此時自稱曰某某山人者甚多，實乃一時風尚使然。(六八)衣紫袍：謂為三品以上之官員。(六九)羣疑：猶羣惑，蓋以絕眾人對天子何以與白衣（亦即白丁）偕行之疑惑也。(七〇)以泌為侍謀軍國元帥府行軍長史：按此官爵乃特為泌而創制者。(七一)相臣：謂以為臣。(七二)濟：救。(七三)天威：皇帝之威嚴。(七四)所懷：所懷之意。(七五)虛刻：謂虛時。(七六)開視：以奏表多係函封，欲閱視必先拆開，故曰開視。(七七)重封：謂包封兩層，以示其事關機密及重要。(七八)隔門通進：胡三省曰：「凡宮禁官府門側，置輪盤，或遇夜門已閉，外有急切文書，納諸輪盤，旋轉向內以通之。」(七九)鑰契：鑰匙木契。(八〇)九姓府、六胡州諸胡數萬眾，聚於經略軍北：時九姓胡皆居河曲，猶各帶舊置府號。按《舊唐書・李吉甫傳》，經略軍乃唐末之宥州，天寶移經略軍於靈武城內，以宥州寄治經略軍，元和九年，遂於經略軍故城置宥州，於郭下置延恩縣。宋白曰：「經略軍在夏州西北三百里，天寶中，王忠嗣奏於榆多勒城置軍，今屬靈武，去靈武六百餘里。」

(八一)天德軍：胡三省曰：「天德軍在大同川，天寶十二年，安思順奏廢橫塞軍，請於大同城西築城置軍，玄宗賜名天安軍，乾元後改為天德軍。東南至中受降城二百里，西度河至豐州百六十里，西至西受降城百八十里，北至磧口三百里，西北至橫塞軍二百里。」(八二)叱：叱責。(八三)股栗：謂駭懼。(八四)且使轉輸城郭諸國：轉輸疑係轉諭之訛。西域諸國皆有城郭，故謂之城郭諸國。(八五)左武鋒使僕固懷恩……使從安西兵入援：按此段乃錄自《舊唐書・僕固懷恩傳》，字句大致相同。(八六)彭原：原寧州，天寶元年改為彭原郡。(八七)贍：給。(八八)順化：原慶州，天寶元年改曰安化，至德元載更名順化。(八九)寶冊：謂傳國寶及玉冊。(九〇)比：近。(九一)靖：平靖。(九二)總：總領。(九三)傳襲：謂傳位而承襲之。(九四)如定省之禮：《禮記・曲禮》：「凡為人子之禮，冬溫而夏清，昏定而晨省。」注：「定，安其牀衽也；省，問其安否何如。」(九五)韋見素本附楊國忠：事見上卷天寶十三載、十四載。(九六)虛心：猶謙沖。(九七)改容：動容。(九八)諸相拱手避之：《舊唐書・房琯傳》作：「諸將無敢預言。」是其的釋。(九九)上素聞房琯名……諸相拱手避之：按此段乃錄自《舊唐書・房琯傳》，字句大致相同。(一〇〇)七寶鞍：謂以七種珍寶所裝飾之馬鞍，七寶之飾初盛行於釋氏，後華人亦競襲效。(一〇一)鄉里之舊：良娣母家新豐，泌居京兆，故云然。(一〇二)從諫如流：如流謂如流水，言極其暢隨。(一〇三)弘：寬弘。(一〇四)百方：百計。

㉕天幸：謂天意及僥倖。㉖矜：矜憫。㉗向：猶近。㉘用韋妃之故：用，以。廢韋妃事，見卷二百十五天寶五載。㉙懌：悅。㉚君親：玄宗於肅宗，義則君臣，分則父子，故曰君親。㉛朕不及此：謂朕慮不及此。㉜良娣祖母，昭成太后之妹也，上皇所念：玄宗幼失昭成後，母視良娣祖母，鞠愛篤備，帝即位封為鄧國夫人，其子去逸生良娣。㉝正位中宮：謂以為皇后。㉞非私己也：謂非為己之私利。㉟晚歲月之間耳：謂遲晚一年半載而已。㊱越嶲會同軍，據清溪關：越嶲原嶲州，天寶元年改為越嶲郡。胡三省曰：「會同軍當在越嶲會川縣，當瀘津關要路，清溪關在大定城北。」㊲尋傳驃國：《新唐書・尋傳傳》：「俗無絲纊，跣履荊棘，不以為苦，射豪豬，生食其肉，戰以竹籠頭，如兜鍪。」同書〈驃國傳〉：「驃古朱波也，在永昌南二千里，去京師萬四千里，南屬海，北南詔。」

卷二百一十九　唐紀三十五

司馬光編集
曲守約註

起柔兆涒灘十月，盡彊圉作噩閏月，不滿一年。（丙申至丁酉，西元七五六年至七五七年）

肅宗文明武德大聖大宣孝皇帝中之上

至德元載（西元七五六年）

㈠冬，十月，辛巳朔，日有食之，既㊀。

㈡上發順化，癸未，至彭原㊁。

㈢初李林甫為相，諫官言事，皆先白宰相，退，則又以所言白之；御史言事，須大夫同署㊂。至是敕盡革其弊，開諫諍之塗，又令宰相分直政事，筆、承旨㊃，旬日而更，懲林甫及楊國忠之專權故也。

㈣第五琦見上於彭原，請以江淮租庸市輕貨㊄，泝江漢而上，至洋川㊅，令漢中王瑀陸運至扶風，以助軍。【考異】鄴侯家傳云：「薦元載，令於鄖鄉縣置院以督運。」按載傳，是時在蘇州及洪州，未嘗在鄖鄉，今不取。上從之，尋加琦山南等五道度支使㊆，琦作榷鹽法，用以饒㈧。

㈤房琯喜賓客，好談論，多引拔知名之士，而輕鄙庸俗㈨，人多怨之，北海太守賀蘭進明詣行在，上命琯以為南海太守兼御史大夫⑩、充嶺南節度使，琯以為攝御史大夫⑪，進明入謝，上怪之，進明因言與琯有隙，且曰：「晉用王衍為三公⑫，祖尚⑬浮虛，致中原板蕩⑭，今房琯專為迂闊大言，以立虛名，所引用皆浮華之黨，真王衍之比⑮也。陛下用為宰相，恐非社稷之福。且琯在南朝⑯，佐上皇，使陛下與諸王分領諸道節制⑰，仍置陛下於沙塞⑱空虛之地，又布私黨於諸道⑲，使統大權，其意以為上皇一子，得天下⑳，則己不失富貴，此豈忠臣所為乎！」上由是疏之㉑。

㈥房琯上疏，請自將兵復兩京，上許之，【考異】唐曆：「上以房琯有重名，虛己以待之，禮遇加等，琯推誠謇諤，亦以天下為己任，知無不為，其所引進，皆一時名士，其嫉惡太甚，雅有宰相望，其於彌綸天下，非所長也。後頗以直忤旨，上以名高隱忍，漸不能容矣，琯遂請兵為元帥，許之。」今從實錄。加持節㉒招討西京、兼防禦蒲潼兩關兵馬節度等使，琯請自選參佐㉓，以御史中丞鄧景山為副，戶部侍郎李揖為行軍司馬，給事中劉秩為參謀，既行，又令兵部尚書王思禮副之，琯悉以戎務㉔委李揖劉秩，二人皆書生，不閑㉕軍旅，琯謂人曰：「賊曳落河雖多，安能敵我劉秩！」琯分為三軍，使裨將㉖楊希文將南軍，自宜壽㉗入，劉貴哲將中軍，自武功入，李光進將北軍，自奉天㉘入㉙。光進，光弼之弟也。

㈦以賀蘭進明為河南節度使。

㈧潁王璬之至成都也，崔圓迎謁，拜於馬首，璬不之止㉚，圓恨之，璬視事兩月，吏民安之，圓奏罷璬，使歸內宅㉛㉜，以武部侍郎李峘為劍南節度使，代之。【考異】肅宗實錄：「明年正月甲寅，以峘為劍南節度使。」蓋峘已受上皇命，而肅宗申命之也。峘，峴之兄也。上皇尋命璬與陳王珪詣上宣慰，至是見上於彭原。延王玢從上皇入蜀，追車駕不及，上皇怒，欲誅之，漢中王瑀救之，乃命玢亦詣上所。【考異】明皇雜錄：「賀蘭進明之初守北海也，城卑不完，儲積於外，寇又將至，懼資其用，進明遂焚之。適有寺人至北海，求貨於進明，不獲，歸以損軍用聞於上，遂詔罷郡守。屬延王玢從上不及，遣中使訪之，而加刑焉，會進明赴蜀，遇使訪于路，曰，王罪不宜及刑，願少留於路。使者感而受約。既至蜀，進明言於上曰，延王，陛下之愛子也，無兵權以變其心，無郡國以驕其志，枉道於豺狼，乃責其不以時至，陛下罪之，人復何望，臣恐漢武望思之築，將見於聖朝矣。因遽馳使赦之，謂進明曰，俾父子如初，卿之力也。遂遣進明往靈武，道遇延王，進明馳馬亦慰之，王望之降車，稽首而去。肅宗謂之曰，卿解平原之圍，阻賊寇之軍，而不以讒口介意，復全我兄弟，乃社稷之臣。因授御史大夫。」今從舊傳。

㈨甲申，令狐潮、王福德復將步騎萬餘攻雍丘，張巡出擊，大破之，斬首數千級，賊遁去。

(十)房琯以中軍北軍為前鋒，庚子，至便橋，辛丑，二軍遇賊將安守忠於咸陽之陳濤斜(二三)，琯效古法用車戰，以牛車二千乘，馬步夾之，賊順風鼓譟，牛皆震駭，賊縱火焚之，人畜大亂，官軍死傷者四萬餘人，存者數千而已。癸卯，琯自以南軍(二四)戰又敗，楊希文、劉貴哲皆降於賊，上聞琯敗，大怒，李泌為之營救(二五)，上乃宥(二六)之，待琯如初(二七)。

(十一)以薛景仙為關內節度副使。

(十二)敦煌王承寀至回紇牙帳，回紇可汗以女妻之，遣其貴臣與承寀及僕固懷恩皆來(二八)，見上於彭原，上厚禮其使者，而歸之，賜回紇女號毗伽公主(二九)。

(十三)尹子奇圍河間四十餘日，不下，史思明引兵會之，顏真卿遣其將和琳將萬二千人救河間，思明逆擊，擒之，遂陷河間，執李奐，送洛陽殺之，又陷景城，太守李暐赴湛水死。思明使兩騎齎尺書，以招樂安(四〇)，樂安即時舉(四一)郡降，又使其將康沒野波將先鋒攻平原，兵未至，顏真卿知力不敵，壬寅，棄郡渡河南走，思明即以平原兵攻清河、博平〔四二〕，皆陷之。【考異】河洛春秋云：「蔡希德引兵攻貝州，貝州陷，攻博州，五日城陷。」今從肅宗實錄。思明引兵圍烏承恩於信都〔四三〕，承恩降，親導思明入城，交兵馬倉庫，馬三千匹，兵五萬人，思明送承恩詣洛陽，祿山復其官爵。饒陽裨將束鹿〔四四〕張興力舉千鈞〔四五〕，性復明辨〔四六〕，賊攻饒陽，彌年不能下〔四七〕，【考異】此事出河洛春秋，前云：「賊攻深州，經月不下，」後云：「興戰守彌年，而城池轉固。」蓋前云經月者，今次攻城也，後云彌年者，并在前後之數也。及諸郡皆陷，思明并力圍之，外救俱絕，太守李系窘迫赴火死，城遂陷，思明擒興立於馬前，謂曰：「將軍真壯士，能與我共富貴乎。」興曰：「興唐之忠臣，固無降理，今數刻之人〔四八〕耳，願一言而死。」思明曰：「試言之。」興曰：「主上待祿山，恩如父子，羣臣莫及，不知報德，乃興兵指闕〔四九〕，塗炭生人〔五〇〕，大丈夫不能翦除凶逆，乃北面為之臣乎！僕有短策〔五一〕，足下能聽之乎？足下所以從賊，求富貴耳，譬如鷰巢於幕〔五二〕，豈能久安！何如乘間取賊，轉禍為福，長享富貴，不亦美乎！」思明怒，命張於木上，鋸殺之，詈不絕口，以至於死。

(七四)賊每破一城，城中衣服、財賄、婦人皆為所掠，男子壯者使之負擔，羸病老幼皆以刀槊戲殺之。祿山初以卒三千人授思明，使定河北，至是河北皆下之，郡置防兵三千，雜以胡兵鎮之，思明還博陵，尹子奇將五千騎度河，略北海，欲南取江淮，會回紇可汗遣其臣葛邏支將兵入援，先以二千騎奄(五三)奄至范陽城下，子奇聞之，遽引兵歸。

(七五)十二月，戊午，回紇至帶汗谷(五四)，與郭子儀軍合，辛酉，與同羅及叛胡戰於榆林河北(五五)，大破之，斬首三萬，捕虜一萬，河曲皆平，子儀還軍洛交(五六)。

(七六)上命崔渙宣慰江南，兼知選舉。

(七七)令狐潮帥眾萬餘，營雍丘城北，張巡邀擊(五七)，大破之，賊遂走。

(七八)永王璘幼失母(五八)，為上所鞠養(五九)，常抱之以眠，從上皇入蜀，上皇命諸子分總天下節制(六〇)，諫議大夫高適諫以為不可，上皇不聽，璘領四道節度都使(六一)，鎮江陵，時江淮租賦，山積(六二)於江陵，璘召募勇士數萬人，日費巨萬(六三)，璘生長深宮，不更(六四)人事，子襄城王瑒有勇力，好兵，有薛鏐等為之謀主，以為今天下大亂，惟南方完富(六五)，璘握四道兵，封疆(六六)數千里，宜據金陵，保有(六七)江表，如東晉故事(六八)。上聞之，敕璘歸覲於蜀，璘不從，江陵長史李峴辭疾赴行在，上召高適與之謀，適陳江東利害，且言璘必敗之狀(六九)。十二月，置淮南節度使，領廣陵等十二郡(七〇)，以適為之，置淮南西道節度使，領汝南等五郡(七一)，以來瑱為之，使與江東節度使(七二)韋陟共圖璘。

(十九)安祿山遣兵攻潁川(七三)，城中兵少，無蓄積，太守薛愿、長史龐堅悉力(七四)拒守，繞城百里，廬舍林木皆盡，朞年，救兵不至，祿山使阿史那承慶益兵攻之，晝夜死鬭十五日，城陷，執愿堅送洛陽，祿山縛於洛濱冰上，凍殺之(七五)。

(廿)上問李泌曰：「今敵彊如此，何時可定？」對曰：「臣觀賊所獲子女金帛，皆輸之范陽，此豈有雄據四海之志邪！今獨虜將或為之用，中國之人，惟高尚等數人，自餘皆脅從(七六)耳，以臣料之，不過二年，天下無寇矣。」上曰：「何故？」對曰：「賊之驍將不過史思明、安守忠、田乾真、張忠志、阿史那承慶等數人而已，今若令李光弼自太原出井陘，郭子儀自馮翊入河東，則思明忠志不敢離范陽常山，守忠乾真不敢離長安，是以兩軍縶(七七)其四將也。從祿山者獨承慶耳，願敕子儀勿取華陰，使兩京之道常通，陛下以所徵之兵，軍於扶風，與子儀光弼互出擊之，彼救首則擊其尾，救尾則擊其首，使賊往來數千里，疲於奔命(七八)，我常以逸待勞，賊至，則避其鋒，去，則乘其弊，不攻城，不遏(七九)路，來春復命建寧為范陽節度大使，並塞(八〇)北出，與光弼南北犄角，以取范陽(八一)，覆(八二)其巢穴，賊退則無所歸，留則不獲安，然後大軍四合而攻之，必成擒矣。」上悅。

(廿一)時張良娣與李輔國相表裏，皆惡泌，建寧王倓謂泌曰：「先生舉倓於上，得展臣子之效(八三)，無以報德，請為先生除害。」泌曰：「何也？」倓以良娣為言。泌曰：「此非人子所言(八四)，願王姑置之(八五)，勿以為先(八六)。」倓不從。

(廿二)甲辰，永王璘擅引兵東巡，沿江而下，軍容甚盛，然猶未露割據之謀。吳郡(八七)太守兼江南東路采訪使李希言平牒(八八)璘，詰(八九)其擅引兵東下之意，璘怒，分兵，遣其將渾惟明襲希言於吳郡，季廣琛襲廣陵長史、淮南采訪使李成式於廣陵，璘進至當塗(九〇)，希言遣其將元景曜及丹徒(九一)太守閻敬之將兵拒之，李成式亦遣其將李承慶拒之，璘擊斬敬之以狥，景曜、承慶皆降於璘，江淮大震，高適與來瑱韋陟會於安陸(九二)，結盟誓眾，以討之(九三)。

(廿三)于闐王勝聞安祿山反，命其弟曜攝國事，自將兵五千入援，上嘉之，拜特進兼殿中監。

(廿四)令狐潮李庭望攻雍丘，數月不下，乃置杞州，築城於雍丘之北，以絕其糧援，賊常數萬人，而張巡眾纔千餘，每戰輒克(九四)，河南節度使虢王巨屯彭城(九五)，假巡先鋒使(九六)。是月，魯、東平、濟陰(九七)陷於賊，賊將楊朝宗帥馬步二萬將襲寧陵(九八)，斷巡後，巡遂拔雍丘，東守寧陵以待之，始與睢陽(九九)太守許遠相見，是日，楊朝宗至寧陵城西北，巡遠與戰，晝夜數十合(一〇〇)，大破之，斬首萬餘級，流尸塞汴而下，賊收兵夜遁，敕以巡為河南節度副使；巡以將士有功，遣使詣虢王巨，請空名告身㉑及賜物，巨唯與折衝果毅㉒告身三十通㉓，不與賜物，巡移書責巨，巨竟不應。

(七五)是歲，置北海節度使，領北海等四郡㉔，上黨節度使領上黨等三郡㉕，興平節度使領上洛等四郡㉖。

(七六)吐蕃陷威戎、神威、定戎、宣威、制勝、金天、天成等軍，石堡城、百谷城、雕窠城㉗。

(七七)初林邑王范真龍為其臣摩訶漫多伽獨所殺，盡滅范氏㉘，國人立其王頭黎之女為王，女不能治國，更立頭黎之姑子諸葛地，謂之環王，妻以女王。

【今註】㊀既：盡。㊁彭原：原寧州，天寶元年改為彭原郡。㊂御史言事，須大夫同署：按《舊唐書・職官志》三，御史臺大夫一員，正三品，中丞二員，正四品下，殿中侍御史六人、從七品下，監察御史十員，正八品上。謂凡御史臺諸御史言事，皆須言事者與御史大夫共同簽字，然後方得上奏。㊃分直政事筆承旨：胡三省曰：「令宰相在政事堂，分日當筆及承上旨。」㊄輕貨：絹帛。㊅洋川：原山南西道洋州，天寶元年改為洋州郡。㊆山南等五道度支使：宋白曰：「故事，度支案，郎中判入，員外判出，侍郎總統押案而已，官銜不言專判度支。開元已後，時事多故，遂有他官來判者，乃曰度支使，或曰判度支，或曰知度支事，或曰勾當度支使，雖名稱不同，其事一也。」㊇琦作榷鹽法，用以饒：按用上當添一「國」字，語意方足。琦作之榷鹽法，具載於《舊唐書・第五琦傳》，文云：「於是創立鹽法，就山海井竈，收榷其鹽，官置吏出糶，其舊業戶並浮人願為業者，免其雜傜，隸鹽鐵使；盜煑私市罪有差。百姓除租庸外，無得橫賦，入不益稅，而上用以饒。」㊈輕鄙庸俗：輕視鄙賤庸俗之人。㊉南海太守兼御史大夫：南海原廣州，天寶元年改為南海郡。胡三省曰：「是時兵興，方鎮重任，必兼臺省長官，以至外府僚佐亦帶朝銜，迄於五季，遂為永制。其帶臺銜，自監察御史至御史大夫為憲銜。」⑪攝御史大夫：攝為攝理，非正除也。⑫三公：即宰相。⑬祖尚：猶崇尚。⑭板蕩：板與蕩並《詩・大雅》篇名，刺周室大壞，天下無綱紀，後沿用為亂世之代辭。⑮比：猶倫。⑯琯在南朝：上皇在成都，其地在關山之南，故謂之南朝。⑰節制：即節度使。⑱沙塞：瀕臨沙漠之邊塞。⑲又布私黨於諸道：蓋指李峴、李揖、鄧景山等。⑳以為上皇一子得天下：謂以為只要上皇任何一子得天下。㉑房琯喜賓客……上由是疏之。按此段乃錄自《舊唐書・房琯傳》，字句大致相同。㉒持節：持節於部下員屬，有先斬後奏之權。㉓參佐：參謀及賓佐。㉔戎務：軍務。㉕閑：習。㉖裨將：偏將。㉗宜壽：《新唐書・地理志》一關內道：「鳳翔府盩厔，天寶元年更名宜壽。」㉘武功奉天：二縣俱屬京兆府。㉙房琯上疏請自將兵……李光進將北軍自奉天入：按此段乃錄自《舊唐書・房琯傳》，字句大致相同。㉚不之止：謂不止其拜。㉛內宅：京師有十宅，以處諸王未出閤者，此時在成都，亦即行宮為內宅。㉜潁王璬之至成都也……使歸內宅：

按此段乃錄自《舊唐書・玄宗子潁王璬傳》，字句大致相同。㉝陳濤斜：胡三省曰：「陳濤斜在咸陽縣東，其路斜出，故曰陳濤斜。又宋敏求退朝錄引唐人文集曰：唐宮人墓謂之宮人斜，四仲遣使者祭之。然則陳濤斜者，豈亦因內人所葬地而名之邪！」㉞南軍：宜壽之軍。㉟營救：營護援救。㊱宥：捨。㊲房琯以中軍北軍為前鋒。……待琯如初：按此段乃錄自《舊唐書・房琯傳》，字句大致相同。㊳皆來：皆當係偕之訛。㊴敦煌王承寀至回紇牙帳……號毗伽公主：按此段乃錄自《舊唐書・回紇傳》，字句大致相同。㊵樂安：原棣州，天寶元年改為樂安郡。㊶舉：猶將。㊷清河博平：清河原貝州，博平原博州，皆天寶元年改。㊸信都：原冀州，天寶元年改為信都郡。㊹束鹿：據《舊唐書・地理志》二，束鹿屬河北道深州饒陽郡。㊺鈞：三十斤。㊻明辨：謂明辨是非。㊼彌年不能下：彌，滿，此謂踰年。饒陽受攻，事始卷二百十七天寶十四載。㊽今數刻之人：興志在必死，故言命在晷刻。㊾指闕：猶犯闕。㊿生人：即生民。(51)短策：猶小計。(52)譬如燕巢於幕：引《左傳》襄二十九年吳季札之言，喻所處甚為危險。(53)奄：速。(54)回紇至帶汗谷：《新唐書・回鶻傳》，帶汗谷作呼延谷。(55)榆林河北：原勝州，大河經其北。(56)洛交：原鄜州，天寶元年改為洛交郡。(57)邀擊：攔擊。(58)永王璘幼失母：璘，郭順儀之子，生數歲而母死。(59)鞠養：鞠亦養。(60)上皇命諸子分總天下節制：事見上卷七月。(61)璘領四道節度都使：璘所領之四道為山南東路、嶺南、黔中及江南西路。(62)山積：喻絹粟之眾多。(63)巨萬：萬萬。(64)不更：謂未經歷。(65)完富：完整富庶。(66)對疆：謂疆域。(67)保有：謂持有。(68)故事：舊制。(69)狀：形狀。(70)置淮南節度使領廣陵等十二郡：淮南節度使領揚州廣陵郡，楚州山陽郡，滁州全椒郡，和州歷陽郡，壽州淮南郡，廬州合肥郡，舒州同安郡，光州弋陽郡，蘄州蘄春郡，安州安陸郡，黃州齊安郡，申州義陽郡，沔州漢陽郡，凡十三郡，尋以光州隸淮西。(七一)淮南西道節度使領汝南等五郡：淮南西道節度使領：蔡州汝南郡，鄭州滎陽郡，許州潁川郡，光州弋陽郡，申州義陽郡。按此乃據《新唐書・方鎮表》文，然義陽已屬淮南節度，而此又復列於淮南西道節度下，未審何故。(七二)江東節度使：據《新唐書・方鎮表》，至德二載置江東防禦使，治杭州。江東蓋謂浙江之東也。韋陟所節度者，蓋江南東道，其巡屬兼有浙東西及昇宣歙諸州。(七三)潁川：原許州，天寶元年改為潁川郡。(七四)悉力：盡力。(七五)安祿山遣兵攻潁川……凍殺之：按此段乃錄自《舊唐書・忠義薛愿傳》，字句大致相同。(七六)脅從：謂被脅迫而隨從。(七七)縶：絆。(七八)奔命：奔赴主動者之命令。(七九)遏：止絕。(八〇)並塞：並猶沿循。(八一)與光弼南北犄角，以取范陽：胡三省曰：「泌欲使建寧自靈夏並豐、勝、雲、朔之塞，直擣嬀、檀，攻范陽之北，光弼自太原取恒、定，以攻范陽之南。」(八二)覆：傾覆。(八三)效：功效。(八四)此非人子所宜言：謂此非人子所宜言。(八五)姑置之：姑且擱置之。(八六)勿以為先：謂勿先為此事。(八七)吳郡：原蘇州，天寶元年改為吳郡。(八八)平牒：方鎮位任平等者，行文書用平牒之式。(八九)詰：問，中含有責意。(九〇)當塗：今安徽省當塗縣。(九一)丹徒：《舊唐書・地理志》三江南道：「潤州，天寶元年改為丹陽郡。」丹徒當改作丹陽。(九二)高適與來瑱、韋陟會於安陸：安陸，原淮南道安州，天寶元年改為安陸郡。韋陟蓋赴鎮，因中道聞變，遂會於安陸。(九三)永王璘擅引兵東巡……結盟誓眾以討之：按此段乃錄自《舊唐書・玄宗子永王璘傳》，字句大致相同。(九四)克：捷。(九五)彭城：原徐州，天寶元年改為彭城郡。(九六)假巡先鋒使：使巡攝先鋒使之職。(九七)魯東平濟陰：魯郡原兗州，東平郡原鄆平，濟陰郡原曹州，皆天寶元年改。(九八)寧陵：據《舊唐書．地理志》一，寧陵縣屬河南道宋州。范成大《北使錄》：「雍丘百二十里至寧陵。」(九九)睢陽：原宋州，天寶元年改為睢陽郡，音雖。(一〇〇)數十合：謂數十次交鋒。(一〇一)空名告身：謂告身而不填寫委官者姓名，由任命者自填寫之。(一〇二)折衝果毅：《舊唐書．職官志》三：「諸府折衝都尉各一人，上府都尉正四品上，中府從四品下，下府正五品下。左右果毅都尉各一人，上府果毅從五品下，中府正六品上，下府從六品下。」(一〇三)通：原為一卷，此猶一份。(一〇四)置北海節度使，領北海等四郡：領青州北海郡，密州高密郡，登州東牟郡，萊州東萊郡。(一〇五)上黨節度使領上黨等三郡：領潞州上黨郡，澤州長平郡，沁州陽城郡。(一〇六)興平節度使領上洛等四郡：領商州上洛郡，金州安康郡，均州武當郡，房州房陵郡。鳳翔郡郿縣東，原先有興平軍，因置為節鎮。(一〇七)吐蕃陷威戎、神威、定戎、宣威、制勝、金天、天成等軍，石堡城、百谷城、雕窠城：胡三省曰：「定戎軍在石堡城北隔澗七里，廓州西南百四十里有洪濟橋金天軍，其東南八十里有百谷城，河州西八十里索恭川有天成軍，西百餘里有雕窠城，皆天寶十三載置。」(一〇八)初林邑王范真龍為其臣摩訶漫多伽獨所殺，盡滅范氏：據《舊唐書．林邑傳》，此事在貞觀十九年。《通鑑》因其改國號環王，書之以始事，范氏自晉以來世有林邑，至是而滅。

二載（西元七五七年）

㈠春，正月，上皇下誥，以憲部㊀尚書李麟同平章事，總理百司，命崔圓奉誥赴彭原。麟，懿祖之後㊁也。

㈡安祿山自起兵以來，目漸㊂昏，至是不復睹物，又病疽㊃，性益躁暴，左右使令，小不如意，動加箠撻，或時㊄殺之；既稱帝，深居禁中，大將希得見其面，皆因嚴莊白事，莊雖貴用事，亦不免箠撻㊅，閹宦李豬兒被撻尤多，左右人不自保㊆，祿山嬖妾段氏，生子慶恩，欲以代慶緒為後，慶緒常懼死，不知所出㊇，莊謂慶緒曰：「事有不得已者，時不可失。」慶緒曰：「兄有所為，敢不敬從。」又謂豬兒曰：「汝前後受撻，寧㊈有數乎！不行大事⑩，死無日矣。」豬兒亦許諾，莊與慶緒夜持兵⑪立帳外，豬兒執刀直入帳中，斫祿山腹，左右懼，不敢動，祿山捫⑫枕旁刀⑬，不獲，撼帳⑭竿曰：「必家賊也。」腸已流出數斗，遂死，掘牀下深數尺，以氈裹其尸埋之，誡⑮宮中不得泄。乙卯旦，莊宣言於外云：

「祿山疾亟⑯，立晉王慶緒為太子。」尋即帝位，尊祿山為太上皇，然後發喪。慶緒性昏懦⑰，言辭無序⑱，莊恐眾不服，不令見人，慶緒日縱酒為樂，兄事莊，以為御史大夫馮翊王，事無大小，皆取決焉，厚加諸將官爵，以悅其心⑲。

㈢上從容謂李泌曰：「廣平為元帥踰年，今欲命建寧專征，又恐勢分，立廣平為太子，何如？」對曰：「臣固嘗言之矣，戎事交切⑳，須即區處㉑，至於家事，當俟上皇，不然，後代何以辨㉒陛下靈武即位之意邪！此必有人欲令臣與廣平有隙耳，臣請以語廣平，廣平亦必未敢當。」泌出以告廣平王俶，俶曰：「此先生深知其心，欲曲成其美也。」乃入固辭曰：「陛下猶未奉晨昏㉓，臣何心敢當儲副㉔，願俟上皇還宮，臣之幸也。」上賞慰㉕之。

㈣李輔國本飛龍小兒㉖，粗閑㉗書計㉘，給事太子宮，上委信之，輔國外恭謹寡言，而內狡險，見張良娣有寵，陰附會㉙之，與相表裏㉚，建寧王倓數於上前詆訐㉛二人罪惡，二人譖之於上，曰：「倓恨不得為元帥，謀害廣平王。」上怒，賜倓死。【考異】鄴侯家傳曰：「肅宗自馬嵬北行，至同官縣，食於土豪李謙家，張良娣稱腹痛，不能乘馬，併小女寄謙家而去，上即位，使人迎之，迎者或有他說，建寧聞而數以為言。」舊傳曰：「倓屢言良娣頗專恣，與護國連結內外，欲傾動皇嗣。」未知孰是。實錄、新舊本紀皆無倓死年月，列傳云：「倓死明年冬，廣平王復兩京。」然則倓死在至德元載也。按鄴侯家傳：「上從容言曰，廣平為元帥經年，今欲命建寧為元帥。」則是至德二載，倓猶在也。又云：「代宗使自彭原，迎倓喪。」故置於此。護國當作輔國。於是廣平王俶及李泌皆內懼㉜，俶謀去輔國及良娣，泌曰：「不可，王不見建寧之禍乎？」俶曰：「竊為先生憂之。」【考異】鄴侯家傳曰：「先公在內院未起，輔國體肥重，因近牀語，遂以身壓先公，先公素服氣，乃閉氣良久而去。」按泌方為上所厚，恐輔國亦不敢擅殺，今不取。泌曰：「泌與主上有約矣，俟平京師則去還山，庶㉝免於患。」俶曰：「先生去，則俶愈危矣。」泌曰：「王但盡人子之孝，良娣婦人，王委曲順㉞之，亦何能為㉟！」

㈤上謂泌曰：「今郭子儀李光弼已為宰相，若克兩京，平四海，則無官以賞之，奈何？」對曰：「古者官以任能㊱，爵以酬功，漢魏以來，雖以郡縣治民，然有功則錫以茅土㊲，傳之子孫，至於周隋皆然，唐初未得關東，故封爵皆設虛名㊳，其食實封者㊴，給繒布而已。貞觀中，太宗欲復古制，大臣議論不同而止㊵，由是賞功者多以官。夫以官賞功，有二害，非才，則廢事㊶，權重，則難制㊷，是以功臣居大官者，皆不為子孫之遠圖，務乘一時之權以邀㊸利，無所不為，驟使祿山有百里之國，則亦惜之，以傳子孫，不反矣㊹。為今之計，俟天下既平，莫若疏㊺爵土，以賞功臣，則雖大國，不過二三百里，可比今之小郡，豈難制哉，於人臣，乃萬世之利也。」上曰善。【考異】鄴侯家傳曰：「泌既與上論封爵之事，因曰：若臣者受賞與它人異。上曰，何故？公曰，臣絕粒無家，祿位與茅土皆非所要，為陛下帷幄運籌，收京師後，但枕天子膝睡一覺，使有司奏客星犯帝座，一動天文足矣。上大笑。及南幸扶風，每頓皆令先公領元帥兵先發，清行宮，收管鑰，奏報，然後上至。至保定郡，先公於本院寐，上來入院，不令人驚，登牀捧先公首，置於膝上，久方覺，上曰天子膝已枕睡了，尅復効在何時！還朕可也。欲起謝恩，持之不許，對曰，當如郡名，必保定矣。」此近戲謔，今不取。

㈥上聞安西、北庭及拔汗那、大食諸國兵至涼鄯㊻，甲子，幸保定㊼。

㈦丙寅，劍南兵賈秀等五千人謀反，將軍席元慶、臨邛㊽太守柳奕討誅之。

㈧河西兵馬使蓋庭倫與武威九姓商胡安門物等殺節度使周泌，聚眾六萬，武威大城之中，小城有七㊾，胡據其五，二城堅守，支度判官崔稱與中使劉日新，以二城兵攻之，旬有七日平之。

㈨史思明自博陵，蔡希德自太行，高秀巖自大同，牛廷介自范陽，引兵共十萬，寇太原，李光弼麾下精兵皆赴朔方，餘團練烏合之眾，不滿萬人，思明以為太原指掌(五〇)可取，既得之，當遂長驅，取朔方河隴(五一)，太原諸將皆懼，議修城以待(五二)之，光弼曰：「太原城周四十里(五三)，賊垂至，而興役(五四)，是未見敵，先自困(五五)也。」乃帥士卒及民於城外鑿壕以自固，作墼(五六)數十萬，眾莫知所用，及賊攻城於外，光弼用之，增壘於內，壞輒補之。思明使人取攻具於山東，以胡兵三千衛送之，至廣陽(五七)，別將慕容溢、張奉璋邀擊，盡殺之。思明圍太原，月餘不下，乃選驍銳為遊兵(五八)，戒之曰：「我攻其北，則汝潛趣其南，攻東，則趣西，有隙則乘之。」而光弼軍令嚴整(五九)，雖寇所不至，警邏(六〇)未嘗少懈(六一)，賊不得入。光弼購募(六二)軍中，苟有小技皆取之，人盡其用，得安邊軍錢工三(六三)善穿地道，賊於城下仰而侮詈(六四)，光弼遣人從地道中曳其足而入，臨城(六五)斬之，自是賊行皆視地。賊為梯衝土山以攻城，光弼為地道以迎之，近城輒陷，賊初逼城急，光弼作大礮飛巨石，一發，輒斃二十餘人，賊死者什二三，乃退營於數十步外(六六)，圍守益固。光弼遣人詐與賊約，刻日(六七)出降，賊喜，不為備，光弼使穿地道，周賊營中，搘(六八)之以木，至期，光弼勒兵在城上，遣裨將將數千人出，如降狀，賊皆屬目(六九)，俄而營中地陷，死者千餘人，賊眾驚亂，官軍鼓譟乘之，俘斬萬計。會安祿山死，慶緒使思明歸守范陽，留蔡希德等圍太原。

(十)慶緒以尹子奇為汴州刺史、河南節度使，甲戌，子奇以歸檀(七〇)及同羅奚兵十三萬趣睢陽，許遠告急於張巡，巡自寧陵引兵入睢陽(七一)，巡有兵三千人，與遠兵合六千八百人(七二)，賊悉眾逼城，巡督勵(七三)將士，晝夜苦戰，或一日至二十合，凡十六日，擒賊將六十餘人，殺士卒二萬餘，眾氣自倍。遠謂巡曰：「遠懦不習(七四)兵，公智勇兼濟(七五)，遠請為公守(七六)，公請為遠戰。」自是之後，遠但調(七七)軍糧，修戰具，居中應接而已，戰鬬籌畫(七八)，一出(七九)於巡，賊遂夜遁。

(十一)郭子儀以河東居兩京之間(八〇)，得河東則兩京可圖，時賊將崔乾祐守河東，丁丑，子儀潛遣人入河東，與唐官陷賊者謀，俟官軍至為內應。

(十二)初平盧節度使劉正臣自范陽敗歸(八一)，安東都護王玄志鴆殺之，祿山以其黨徐歸道為平盧節度使，玄志復與平盧將侯希逸襲殺之㈧㈡，又遣兵馬使董秦將兵，以葦筏㈧㈢度海，與大將田神功擊平原樂安㈧㈣，下之，防河招討使李銑承制㈧㈤，以秦為平原太守。

㈢二月，戊子，上至鳳翔。

㈣郭子儀自洛交㈧㈥引兵趣河東，分兵取馮翊㈧㈦，己丑夜，河東司戶韓旻等翻河東城㈧㈧迎官軍，殺賊近千人，崔乾祐踰城得免，發城北兵攻城，且拒官軍，子儀擊破之，乾祐走，子儀追擊之，斬首四千級，捕虜五千人，乾祐至安邑㈧㈨，安邑人開門納之，半入，閉門擊之，盡殪，乾祐未入，自白逕嶺㈨㈠亡去，遂平河東㈨㈠。

㈤上至鳳翔旬日，隴右、河西、安西、西域之兵皆會，江淮庸調亦至洋川㈨㈡漢中，上自散關通表成都，信使駱驛㈨㈢，長安人聞車駕至，從賊中自拔㈨㈣而來者，日夜不絕，西師憩息既定㈨㈤，李泌請遣安西及西域之眾如前策，並塞東北㈨㈥，自歸檀㈨㈦南取范陽，上曰：「今大眾已集，庸調亦至，當乘兵鋒㈨㈧！擣㈨㈨其腹心，而更引兵東北數千里，先取范陽，不亦迂㈠〇〇乎！」對曰：「今以此眾直取兩京，必得之，然賊必再彊，我必又困，非久安之策。」上曰：「何也？」對曰：「今所恃者，皆西北守塞及諸胡之兵，性耐寒而畏暑，若乘其新至之銳，攻祿山已老之師，其勢必克兩京，春氣已深(二一)，賊收其餘眾，遁歸巢穴，關東地熱，官軍必困(二二)而思歸，不可留也。賊休兵秣馬，伺官軍之去，必復南來，然則征戰之勢，未有涯(二三)也。不若先用之於寒鄉，除其巢穴，則賊無所歸，根本永絕矣。」上曰：「朕切於晨昏之戀(二四)，不能待此決矣(二五)。」

(十六)關內節度使王思禮軍武功(二六)，兵馬使郭英乂軍東原(二七)，王難得軍西原，丁酉，安守忠等寇武功，郭英乂戰不利，矢貫其頤而走，王難得望之不救，亦走，思禮退軍扶風，賊遊兵至大和關，去鳳翔五十里，鳳翔大駭，戒嚴。

(十七)李光弼將敢死士出擊蔡希德，大破之，斬首七萬餘級，希德遁去。

(十八)安慶緒以史思明為范陽節度使、兼領恒陽軍(二八)事，封嬀川王，以牛廷介領安陽軍(二九)事，張忠志為常山太守、兼團練使，鎮井陘口，餘各令歸舊任[20]，募兵以禦官軍。先是安祿山得兩京，珍貨悉輸范陽[21]，思明擁彊兵，據富資[22]，益驕橫，浸[23]不用慶緒之命，慶緒不能制。

(九)戊戌，永王璘敗死，【考異】新舊紀傳、實錄、唐歷，皆不見璘敗在何處，若在當塗，不應登城望見瓜步楊子，李白永王東巡歌云：「龍盤虎踞帝王州，帝子金陵訪古丘。」又云：「初從雲夢開朱邸，更取金陵作小山。」如此似已據金陵。但於諸書別無所見，疑未敢質。[24]其黨薛鏐皆伏誅。時李成式與河北招討判官李銑合兵討璘，銑兵數千軍於楊子[25]，成式使判官裴茂將兵三千，軍於瓜步，廣張[26]旗幟，列於江津，璘與其子瑒登城望之，始有懼色。李廣琛[27]召諸將謂曰：「吾屬從王至此，天命未集[28]，人謀已隳[29]，不如及兵鋒未交，早圖去就，死於鋒鏑[30]，永為逆臣矣。」諸將皆然之，於是，廣琛以麾下奔廣陵，渾惟明奔江寧[31]，馮季康奔白沙[32]，璘憂懼不知所出[33]，其夕江北之軍，多列炬火[34]，光照水中，一皆為兩，璘軍又以火應之，璘以為官軍已濟江，遽[35]挈家屬與麾下潛遁[36]，及明不見濟者，乃復入城，收兵具舟楫而去。成式將趙侃等濟江至新豐[37]，璘使瑒及其將高仙琦將兵擊之，侃等逆戰，射瑒中肩，璘兵遂潰，璘與仙琦收餘眾南奔鄱陽㉘，收庫物甲兵，欲南奔嶺表，江西采訪使㉙皇甫侁遣兵追討，擒之，潛殺之於傳舍㉚，瑒亦死於亂兵㉛，侁使人送璘家屬還蜀，上曰：「侁既生得㉜吾弟，何不送之於蜀，而擅㉝殺之邪！」遂廢侁不用㉞。

【今註】㊀憲部：天寶十一載，改刑部為憲部。㊁麟，懿祖之後：懿祖光皇帝諱天錫，太祖之父，麟，懿祖次子乞豆之後。㊂昏：昏茫。㊃疽：癰瘡。㊄或時：或有時。㊅亦不免箠撻：謂亦不免於箠撻。㊆不自保：不自保其性命。㊇不知所出：不知計之所出。㊈寧：豈。㊉大事：謂行弒。⑪持兵：持兵器。⑫捫：摸。⑬枕旁刀：《舊唐書．安祿山傳》：「祿山眼無所見，牀頭常有一刀。」⑭帳：幄帳。⑮誡：告誡。⑯亟：猶急。⑰昏懦：昏庸怯懦。⑱無序：無次序。⑲安祿山自起兵以來……厚加諸將官爵以悅其心：按此段乃錄自《舊唐書．安祿山傳》，字句大致相同。⑳交切：猶交迫。㉑區處：區分處置，亦即處分之謂。㉒辨：辨明。㉓晨昏：謂人子晨昏定省之禮。㉔儲副：謂太子。㉕賞慰之：贊賞而慰安之。㉖飛龍小兒：凡廄牧五坊禁苑給使者，皆謂之小兒。㉗閑：習。㉘書計：書寫及計算。㉙附會：附合。㉚表裏：猶內外。㉛詆訐：詆毀及攻發其陰私。㉜內懼：謂心懷恐懼。㉝庶：冀。㉞順：順從。㉟亦何能為：謂亦不忍陷害之。㊱官以任能：設官乃以任才能之士。㊲茅土：天子大社以五色土為壇，封諸侯者取方面土，苴以白茅授之，故謂之授茅土。㊳虛名：虛有其郡縣之名，而非實際所有者。㊴其食實封者：胡三省曰：「唐制，食實封者，凡一戶，則以二丁之歲調給之。」㊵貞觀中，太宗欲復古制，大臣議論不同而止：見卷一百九十五貞觀十三年。㊶廢事：廢弛政事。㊷難制：難控制。㊸邀：猶求。㊹以傳子孫不反矣：按不反矣，若添作而不反矣，則文氣似較為充暢。㊺疏：疏列。㊻涼鄯：皆州名，屬隴右道。㊼保定：原涇州安定郡，至德元載改為保定郡。㊽臨邛：原劍南道邛州，天寶元年改為臨邛郡。㊾武威大城之中，小城有七：胡三省曰：「武威郡涼州，治姑臧舊城，匈奴所築，南北七里，東西三里，張氏據河西，又增築四城箱，各千步，並舊城為五，餘二城未知誰所築也。」㊿指掌：謂如指諸掌，此猶反掌。(51)河隴：河西隴右。(52)待：對待。(53)太原城周四十里：胡三省曰：「太原都城，左汾右晉，潛丘在中，長四千三百二十一步，廣二千一百二十二步，周萬五千一百五十三步。宮城在都城西北，周二千五百二十步。汾東曰東城，貞觀十一年，長史李勣所築。兩城之間曰中城，武后築，以合東城。周四十里者，止言都城耳。」(54)興役：興修城之役。(55)困：困弊。(56)墼：範土為之。(57)廣陽：《新唐書・地理志》三河東道：「太原府，廣陽縣，本石艾，天寶元年更名，東有井陘故關，東北有槃石故關，葦澤故關。」皆通山東之道。(58)遊兵：遊奕之兵。(59)嚴整：嚴肅整齊。(60)警邏：警戒巡邏。(61)懈：懈弛。(62)購募：懸賞召募。(63)得安邊軍錢工二：胡三省曰：「安邊軍在蔚州興唐縣，蔚州有銅冶，有錢官，故有錢工，時得其二人也。」(64)侮詈：侮辱詈罵。(65)臨城：臨於城上。(66)退營於數十步外：退營於礮所不能及之處。(67)刻日：規定日期。(68)揞：扗，音ㄓ。（六九）屬目：謂注目視之。（七〇）歸檀：胡三省曰：「歸當作媯，媯州也。唐人雜史多有作歸檀者，蓋誤也。」（七一）巡自寧陵引兵入睢陽：自寧陵東至睢陽四十五里。（七二）與遠兵合六千八百人：按文例合下當添一共字。（七三）督勵：督率鼓勵。（七四）習：閑習。（七五）兼濟：濟本成意，此可釋為兼長。（七六）請為公守：謂請為公居守。（七七）調：調動。（七八）籌畫：籌度計畫。（七九）一出：皆出。（八〇）河東居兩京之間：河東郡蒲州，自河東進兵攻取潼關，則兩京之路中斷，然後可圖。（八一）初平盧節度使劉正臣自范陽敗歸：事見上卷上年。（八二）平盧將侯希逸襲殺之：按《舊唐書・侯希逸傳》作：「平盧裨將。」當添一裨字，以使其職位更為明確。又襲謂掩襲。（八三）葦筏：筏，小船，謂以蘆葦所造之小船。按詩雖有一葦杭之之語，然此不過以言決心之能克服一切，而事實上，絕渡洪濤之渤澥，究非葦筏所能奏效。葦筏疑為葦茷之訛。（八四）樂安：原河南道棣州，天寶元年改為樂安郡。（八五）承制：謂先署任而後奏報，此乃天子所予之特權。（八六）洛交：原關內道鄜州，天寶元年改為洛交郡。治洛交縣，乃取洛水之交以為名也。（八七）馮翊：原同州，天寶元年改為馮翊郡。（八八）翻河東城：謂翻轉河東城。（八九）安邑：今山西省安邑縣。（九〇）白逕嶺：胡三省曰：「白逕嶺在解縣東。」（九一）郭子儀自洛交引兵……遂平河東：按此段乃錄自《舊唐書・郭子儀傳》，字句大致相同。（九二）洋川：原山南西道洋州，天寶元年改為洋川郡。（九三）駱驛：通絡繹，往來不絕貌。（九四）拔：脫離。（九五）既定：已畢。（九六）並塞東北：謂循塞東北行。（九七）歸檀：當作媯檀，說見上。（九八）當乘兵鋒：謂當乘兵鋒銳利之際。（九九）擣：擊。（一〇〇）迂：迂遠。（一〇一）春氣已深：猶春時已晚。（一〇二）困：疲困。（一〇三）涯：涯際。（一〇四）切於晨昏之戀：言急於復兩京，迎上皇。（一〇五）不能待此決矣：

謂決不能從泌之策。⑯軍武功：軍於武功，武功屬京兆府。⑰郭英乂軍東原：胡三省曰：「此即武功之東原西原，蜀諸葛亮駐師之地。」⑱恒陽軍：《唐會要》：「恒陽軍置於恒州郭下。」⑲安陽軍：時慶緒分兵屯鄴郡安陽縣，因所屯之地而曰安陽軍。⑳舊任：謂原來任所。㉑輸范陽：輸送於范陽。㉒富資：富饒之資貨。㉓浸：漸。㉔考異曰，疑未敢質：胡三省曰：「余詳考下文，璘所登以望瓜步楊子者，蓋登丹陽郡城也，璘自當塗進兵，擊斬丹陽太守閻敬之，遂據丹陽城，然後可以望見揚子，及瓜步江津之兵，及其敗也，自丹陽奔晉陵，以趣鄱陽，其道里節次可驗。」㉕楊子：屬揚州，永淳元年，分江都縣置。㉖廣張：謂多設。㉗李廣琛：按新舊《唐書・玄宗子永王璘傳》，李皆作季，當改從之。㉘未集：未降。㉙隳：敗。㉚死於鋒鏑：謂死於鋒刃矢鏑之下。㉛江寧：《舊唐書・地理志》三江南道：「上元縣，貞觀九年改為江寧縣，至德二年二月，置江寧郡。」㉜白沙：胡三省曰：「今真州治所，唐之白沙鎮也，時屬廣陵郡。」㉝不知所出：謂計劃不知所出。㉞炬火：以束草或木燃之，謂之炬火。㉟遽：急。㊱潛遁：猶偷遁。㊲新豐：胡三省曰：「新書曰新豐陵，考其地在晉陵界，蓋南朝山陵之名。」㊳鄱陽：原饒州，天寶元年改為饒陽郡。㊴江西采訪使：江西乃江南西道之省稱。㊵傳舍：郵驛之廬舍。㊶亦死於亂兵：謂亦死於亂兵之中。㊷生得：活得。㊸擅：專。㊹永王璘敗死……遂廢佚不用：按此段乃錄自《舊唐書・玄宗子永王璘傳》，字句大致相同。

㈠庚子，郭子儀遣其子旰及兵馬使李韶光、大將王祚濟河，擊潼關，破之，【考異】實錄：「三月，朔方節度使郭子儀大破賊於潼關。」汾陽家傳云：「正月二十八日，使宗子懷文潛募郭俊苟文俊入河東，搆忠義，與大軍約期，以翻城。公乃進軍，出洛交，分兵收馮翊。二月十一日，郭俊等伺大將軍至，中夜舉火，剋斬幽檀勁卒千人，崔乾祐尋縋而免。乾祐先置兵於城北廢府，遂以三千兵攻城，自領馬步五千伏於關城中，公使旰及僕固懷恩等先擊之，賊大破，遽焚橋，我軍蹈之而滅，乾祐棄關城，尋白逕嶺而逸，遂收河東郡。」舊子儀傳曰：「二年三月，子儀大破賊於潼關，崔乾祐退保蒲津，時永樂尉趙復、河東司戶韓旻、司士徐炅、宗子李藏鋒等，陷賊在蒲州，四人密謀，伺王師至，則為內應；及子儀攻蒲州，趙復等斬賊守陴者，開門納子儀，乾祐與麾下數千人北走，安邑百姓偽降，乾祐兵入將半，下懸門擊之，乾祐未入，遂得脫身東走，子儀遂收陝郡永豐倉，自是潼陝之間，無復寇鈔。」唐歷云：「子儀收蒲州，又襲下潼關。」按潼關在河東馮翊之南，若未破河東馮翊，安能先取潼關？又實錄云三月取河東，而下復載三月戊戌以後事，與舊傳皆誤也。今從汾陽傳及唐歷。斬首五百級，安慶緒遣兵救潼關，郭旰等大敗，死者萬餘人，李韶光王祚戰死，僕固懷恩抱馬首，浮度㈠渭水，退保河東。【考異】汾陽家傳云：「偽關西節度安守忠帥兵至，二十九日，公使僕固懷恩、王仲昇陳於永豐倉南，及暮，百戰，斬一萬級，李韶光王祚決戰而死。」唐歷：「子儀襲下潼關及同州，盛兵潼關以守之，賊將李歸仁來救，子儀戰，大敗，死者萬餘眾，退守河東，歸仁遂攻陷同州，刺史蕭賁死之，盡屠城中。」舊僕固懷恩傳云：「懷恩退至渭水，無舟楫，抱馬以度，存者僅半，奔歸河東。」按子儀不得馮翊，則西路不通，後奉詔赴鳳翔，歷馮翊而去，則馮翊不陷也。潼關者、兩京往來之路，賊所必爭也，子儀若不敗，則何以棄潼關而不守？今參取眾書可信者，存之。

㈡三月，辛酉，以左相韋見素為左僕射、中書侍郎同平章事，裴冕為右僕射，並罷政事。初楊國忠惡憲部㈡尚書苗晉卿，安祿山之反也，請出晉卿為陝郡太守，兼守弘農防禦使，晉卿固辭老病㈢，上皇不悅，使之致仕，及長安失守，晉卿潛竄山谷㈣，上至鳳翔，手敕㊄徵之為左相，軍國大務悉咨㊅之㊆。上皇思張九齡之先見㊇，為之流涕，遣中使至曲江祭之，厚恤㊈其家。

㈢尹子奇復引大兵攻睢陽，張巡謂將士曰：「吾受國恩，所守正死耳㊉，但念諸君捐軀命⑪，膏草野⑫，而賞不酬勳，以此痛心耳。」將士皆激勵請奮⑬，巡遂椎牛⑭，大饗⑮士卒，盡軍出戰，賊望見兵少，笑之，巡執旗，帥諸將，直衝賊陳，賊乃大潰，斬將三十餘人，殺士卒三千餘人，逐之數十里。明日，賊又合軍至城下，巡出戰，晝夜數十合，屢摧其鋒，而賊攻圍不輟⑯。

㈣辛未，安守忠將騎二萬寇河東，郭子儀擊走之，斬首八千級，捕虜五千人。

㈤夏，四月，顏真卿自荊襄北詣鳳翔，上以為憲部尚書。

㈥上以郭子儀為司空，天下兵馬副元帥，【考異】唐歷：「四月，子儀為司空，尋以廣平王為元帥，子儀為副元師。」按鄴侯家傳，廣平在靈武已為元帥，唐歷誤也。使將兵赴鳳翔。庚寅，李歸仁以鐵騎五千，邀之於三原北，子儀使其將僕固懷恩、王仲昇、渾釋之、李若幽⑰【考異】汾陽家傳作桑如珪，今從舊傳。伏兵擊之於白渠⑱留運橋，殺傷略盡，歸仁游⑲水而逸⑳。若幽，神通之玄孫㉑也。子儀與王思禮軍合於西渭橋㉒，進屯潏西㉓，安守忠、李歸仁軍於京城西清渠㉔，相守七日，官軍不進。五月，癸丑，守忠偽退，子儀悉師逐之，賊以驍騎九千為長蛇陳，官軍擊之，首尾為兩翼，夾擊官軍，官軍大潰，判官韓液、監軍孫知古皆為賊所擒，軍資器械盡棄之，子儀退保武功，中外戒嚴㉕。

【考異】汾陽家傳曰：「賊帥安守忠李歸仁領八萬兵，屯於昆明池西，五月三日，陳於清渠之側，公大破之，追奔十餘里，斬首二萬級。六日，救兵至，又陳於清渠，我師敗績，以冒暑毒，師人多病，遂收兵赴鳳翔。」今從舊傳。

(七)是時府庫無蓄積，朝廷專以官爵賞功，諸將出征，皆給空名告身，自開府、特進、列卿㉖、大將軍下至中郎、郎將㉗，聽臨事㉘注名㉙，其後，又聽以信牒㉚授人，官爵有至異姓王者㉛，諸軍但以職任㉜相統攝㉝，不復計官爵高下，及清渠之敗，復以官爵收散卒，由是官爵輕而貨重，大將軍告身一通纔易一醉㉞，凡應募入軍者，一切㉟衣金紫，至有朝士僮僕㊱，衣金紫稱大官㊲，而執賤役者，名器之濫，至是而極焉。

(八)房琯性高簡，時國家多難，而琯多稱病不朝謁，不以職事為意㊳，日與庶子劉秩、諫議大夫李揖高談釋老，或聽門客董庭蘭鼓琴㊴，庭蘭以是大招權利㊵，御史奏庭蘭贓賄，丁巳，罷琯為太子少師，以諫議大夫張鎬為中書侍郎同平章事㊶。上常使僧數百人為道場於內㊷，晨夜誦佛㊸，鎬諫曰：「帝王當修德以弭㊹亂安人，未聞飯僧㊺，可致太平也。」上然之㊻。

㈨庚申，上皇追冊上母楊妃為元獻皇后㊼。

㈩山南東道節度使魯炅守南陽，賊將武令珣、田承嗣相繼攻之，城中食盡，一鼠直錢數百，餓死者相枕籍㊽，上遣宦官將軍㊾曹日昇往宣慰，圍急不得入，日昇請單騎入致命㊿，襄陽太守魏仲犀不許，會顏真卿自河北至(五一)，曰：「曹將軍不顧萬死，以致帝命(五二)，何為沮(五三)之？借使不達，不過亡一使者，達則一城之心固矣。」日昇與十騎偕往，賊畏其銳，不敢逼，城中自謂望絕，及見日昇，大喜，日昇復為之至襄陽取糧，以千人運糧而入，賊不能遏(五四)，炅在圍中凡周歲(五五)，晝夜苦戰，力竭不能支(五六)，壬戌夜，開城帥餘兵數千突圍而出，奔襄陽，承嗣追之，轉戰(五七)二日，不能克而還。時賊欲南侵江漢，賴炅扼其衝要，南夏(五八)得全(五九)。

(十一)司空郭子儀詣闕請自貶(六〇)，甲子，以子儀為左僕射。

(十二)尹子奇益兵圍睢陽，益急，張巡於城中，夜鳴鼓嚴隊(六一)，若將出擊者，賊聞之，達旦儆(六二)備，既明，巡乃寢兵(六三)絕鼓，賊以飛樓(六四)瞰(六五)城中，無所見，遂解甲休息，巡與將軍南霽雲、郎將雷萬春等十餘將，各將五十騎，開門突出，直衝賊營，至子奇麾下(六六)，營中大亂，斬賊將五十餘人，殺士卒五千餘人，巡欲射子奇而不識，乃剡(六七)蒿為矢，中者喜，謂巡矢盡，走白子奇，乃得其狀(六八)，使霽雲射之，喪(六九)其左目，幾獲之，子奇乃收軍退還。

(十三)六月，田乾真圍安邑，會陝郡賊將楊務欽密謀歸國，河東太守馬承光以兵應之，務欽殺城中諸將不同己者，踰(七〇)城來降，乾真解安邑遁去。

(十四)將軍王去榮以私怨殺本縣令，當死，上以其善用礮，壬辰，敕免死，以白衣於陝郡効力，【考異】實錄云：「於河東承天軍効力。」據賈至集：「陝郡也。」今從之。中書舍人賈至不即行下(七一)，上表以為：「去榮無狀殺本縣之君(七二)，易曰：

『臣弒其君，子弒其父，非一朝一夕之故，其所由來者漸矣[七三]。』若縱去榮，可謂生漸矣。議者謂陝郡初復，非其人不可守，然則它[七四]無去榮者，何以亦能堅守乎！陛下若以礮石一能[七五]，即免殊死[七六]，今諸軍技藝絕倫[七七]者，其徒實繁[七八]，必恃其能，所在犯上，復何以止之！若止捨去榮，而誅其餘者，則是法令不一[七九]，而誘人觸罪[八〇]也。今惜一去榮之材而不殺，必殺十如去榮之材者，不亦其傷益多乎！夫去榮，逆亂之人也，焉有逆於此，而順[八一]於彼，亂於富平，而治[八二]於陝郡，悖[八三]於縣君，而不悖於大君[八四]歟！伏惟明主全[八五]其遠者大者，則禍亂不日[八六]而定矣。」上下其事，令百官議之，太子太師韋見素等議，以為：「法者，天地大典[八七]，帝王猶不敢擅殺，是臣下之權[八八]，過於人主也。去榮既殺人不死，則軍中凡有技能者，亦自謂無憂，所在暴橫，為郡縣者不亦難乎！陛下為天下主，愛無親疏[八九]，得一去榮，而失萬姓，何利之有！於律殺本縣令，列於十惡[九〇]，而陛下寬之，王法不行，人倫道屈[九一]，臣等奉詔，不知所從。夫國以法理[九二]，軍以法勝，有恩無威，慈母不能使(九三)其子，陛下厚養戰士，而每戰少利，豈非無法邪。今陝郡雖要，不急於法(九四)也，有法，則海內無憂不克，況陝郡乎？無法，則陝郡亦不可守，得之何益！而去榮末技(九五)，陝郡不以之存亡，王法有無，國家乃為之輕重，此臣等所以區區(九六)，願陛下守貞觀之法。」上竟捨(九七)之。至，曾之子也(九八)。

(十五)南充(九九)土豪(一〇〇)何滔作亂，執本郡防禦使楊齊魯，劍南節度使盧元裕發兵討平之。

(十六)秋，七月，河南節度使賀蘭進明克高密琅邪(一〇一)，殺賊二萬餘人。

(十七)戊申夜，蜀郡兵郭千仞等反，六軍兵馬使陳玄禮、劍南節度使李峘討誅之。

(十八)壬子，尹子奇復徵兵數萬攻睢陽，先是，許遠於城中積糧至六萬石，虢王巨以其半給濮陽濟陰(一〇二)二郡，遠固爭之，不能得，既而濟陰得糧，遂以城叛，而睢陽城至是食盡，將士人稟米(一〇三)，日一合，雜以茶紙樹皮為食，而賊糧運通，兵敗復徵，睢陽將士死不加益，諸軍饋救(一〇四)不至，士卒消耗至一千六百人，皆飢病不堪鬬，遂為賊所圍，張巡乃修守具以拒之，賊為雲梯㉕，勢如半虹，置精卒二百於其上，推之臨城，欲令騰入㉖，巡豫於城鑿三穴，候梯將至，於一穴中出大木，末置鐵鉤鉤之，使不得退，一穴中出一木柱之，使不得進，一穴中出一木，木末置鐵籠盛火焚之，其梯中折，梯上卒盡燒死；賊又以鉤車鉤城上棚㉗閣，鉤之所及，莫不崩陷㉘，巡以大木末置連鏁㉙，鏁末置大鐶，搨㉚其鉤頭，以革車拔之入城，截㉛其鉤頭，而縱車令去；賊又造木驢攻城，巡鎔金汁灌之，應投銷鑠㉜；賊又於城西北隅以土囊積柴為磴道㉝，欲登城，巡不與爭利，每夜潛以松明㉞乾蒿，投之於中，積十餘日，賊不之覺，因出軍大戰，使人順風持火焚之，賊不能救，經二十餘日，火方滅。巡之所為皆應機㉟立辦，賊服其智，不敢復攻，遂於城外，穿三重㊱壕，立木柵以守㊲巡，巡亦於內作壕以拒之。

(十九)丁巳，賊將安武臣攻陝郡，楊務欽戰死，賊遂屠陝。

(廿)崔渙在江南選補㊳，冒濫㊴者眾。八月，罷渙為餘杭㊵太守，江東采訪防禦使。

(廿一)以張鎬兼河南節度采訪等使，代賀蘭進明。

(廿二)靈昌太守許叔冀為賊所圍，救兵不至，拔眾㉑奔彭城㉒。【考異】實錄云：「拔其眾，南投睢陽郡。」按張中丞傳云：「許叔冀在譙郡。」蓋叔冀欲投睢陽，為賊所圍，遂投彭城譙郡耳。今從新紀。

(廿三)睢陽士卒，死傷之餘，纔六百人，張巡許遠分城而守之，巡守東北，遠守西南，與士卒同食茶紙，不復下城。賊士攻城者，巡以逆順說之，往往棄賊來降，為巡死戰，前後二百餘人。是時許叔冀在譙郡㉓，尚衡在彭城，賀蘭進明在臨淮㉔，皆擁兵㉕不救，城中日蹙㉖，巡乃令南霽雲將三十騎犯圍㉗而出，告急於臨淮，霽雲出城，賊眾數萬遮㉘之，霽雲直衝其眾，左右馳射，賊眾披靡㉙，止亡兩騎；既至臨淮見進明，進明曰：「今日睢陽不知存亡，兵去何益！」霽雲曰：「睢陽若陷，霽雲請以死謝大夫㉚。且睢陽既拔，即及臨淮，譬如皮毛相依㉛，安得不救！」進明愛霽雲勇壯，不聽其語，強留之，具食與樂㉜，延㉝霽雲坐，霽雲慷慨㉞泣且語曰：「霽雲來，睢陽之人不食月餘矣，霽雲雖欲獨食，且不下咽㉟，大夫坐擁㊱彊兵，觀睢陽陷沒，曾無分災救患之意，豈忠臣義士之所為乎！」因齧㊲落一指，以示進明【考異】韓愈書張中丞傳後云：「因拔所佩刀，斷一指，血淋漓，以示賀蘭，一座大驚，皆感激，為雲泣下。」按柳宗元霽雲碑云：「自噬其指，曰噉此足矣。」今從舊傳。曰：「霽雲既不能達㊳主將㊴之意，請留一指以示信㊵歸報㊶。」座中往往㊷為泣下，霽雲察進明終無出師意，遂去，至寧陵，與城使廉坦㊸同將步騎三千人。閏月，戊申夜，冒㊹圍且戰且行至城下，大戰，壞賊營，死傷之外，僅得千人入城，城中將吏知無救，皆慟哭，賊知援絕，圍之益急。初房琯為相，惡賀蘭進明，以為河南節度使，以許叔冀為進明都知兵馬使，俱兼御史大夫，叔冀自恃麾下精銳，且官與進明等，不受其節制，故進明不敢分兵，非惟疾㊺巡遠功名，亦懼為叔冀所襲也。

(廿四)戊辰，上勞饗㊻諸將，遣攻長安，謂郭子儀曰：「事之濟否，在此行也。」對曰：「此行不捷，臣必死之。」【考異】汾陽家傳：「閏八月二十三日，肅宗授代宗鉞，俾誅元惡，詔公為副元帥，二十三日出鳳翔。」實錄：「九月丁亥，元帥領兵十五萬辭出。」又云：「戊子，回紇葉護至扶風。」蓋郭子儀以閏月二十三日先行，屯扶風，九月十三日，廣平乃發也。

(廿五)辛未，御史大夫崔光遠破於駱谷，光遠行軍司馬王伯倫、判官李椿將二千人攻中渭橋，殺賊守橋者千人，乘勝至苑門㊼，賊有先屯武功者，聞之奔歸，遇於苑北，合戰，殺伯倫，擒椿送洛陽，然自是賊不復屯武功矣。

(共)賊屢攻上黨㊻，常為節度使程千里所敗，蔡希德復引兵圍上黨。

【今註】㈠浮度：謂浮水而度。㈡憲部：原刑部，天寶十一載改憲部。㈢老病：謂年老有病。㈣晉卿潛竄山谷：《舊唐書・苗晉卿傳》作：「晉卿潛遁山谷，南投金州。」是其所潛竄之山谷，乃為指向行在之處所也。㈤手敕：謂親自作敕。㈥咨：咨詢。㈦初楊國忠惡憲部尚書苗晉卿……軍國大務悉咨之：按此段乃錄自《舊唐書・苗晉卿傳》，字句大致相同。㈧上皇思張九齡之先見：謂識祿山有反相，事見卷二百十四開元二十二年。㈨恤：存恤。㈩正死耳：只死耳。(十一)軀命：軀體性命。(十二)膏草野：血肉塗草莽田野。(十三)請奮：請奮勇出戰。(十四)椎牛：擊牛而殺之。(十五)饗：宴饗。(十六)輟：止。(十七)李若幽：據《舊唐書・李國貞傳》，國貞本名若幽，是即後之李國貞也。(十八)白渠：白渠漢白公所開，因名。(十九)游：游泳。(二十)使將兵赴鳳翔……歸仁游水而逸：按此段乃錄自《舊唐書・僕固懷恩傳》，字句大致相同。(二十一)若幽，神通之玄孫：淮安王神通，隋義寧初起兵應高祖。(二十二)合於西渭橋：唐都長安跨渭為三橋，東曰東渭橋，中曰中渭橋，西曰西渭橋。程大昌曰：「秦漢唐架渭者凡三橋，在咸陽西十里名便橋，漢武帝造，在咸陽東南二十二里者名中渭橋，秦始皇造，在萬年縣東南四十里者為東渭橋，不知始於何世。」(二十三)潏西：《水經注》：「潏水出杜陵之樊川，過漢長安城西，而北注於渭。」㉔京城西清渠：程大昌《雍錄》有漢唐要地參出圖，內云：「唐京城西有漕渠，南出豐水，逕延平金光二門，至京城西北角，屈而東流，逕漢故長安城南，至芳林園西，又屈而北流，入渭，清渠在漕渠之東，直秦之故杜南城，稍東即香積寺北。」㉕戒嚴：謂戒備。㉖列卿：各部之卿。㉗中郎、郎將：據《舊唐書・職官志》三，親府勳一府勳三府，每府中郎一人，四品下，左右郎將各一人，正五品上。㉘臨事：遇事。㉙注名：填注其姓名。㉚信牒：胡三省曰：「信牒者未有告身，先給牒以為信也。」㉛異姓王者：非天子宗族而為王者。㉜職任：職位。㉝統攝：統屬攝管。㉞纔易一醉：纔換得一醉。㉟一切：所有皆。㊱朝士僮僕：謂朝廷官員之僮僕。㊲稱大官：銜為大官。㊳為意：猶去懷。㊴鼓琴：彈琴。㊵權利：利指賄言。㊶房琯性高簡……張鎬為中書侍郎、同平章事：按此段乃錄自《舊唐書・房琯傳》，字句大致相同。㊷使僧數百人為道場於內：按此即所謂內道場也。㊸誦佛：《舊唐書・張鎬傳》作念佛，是誦即念也。㊹弭：止。㊺飯僧：一名齋僧。㊻上常使僧數百人為道場……可致太平也，上然之：按此段乃錄自《舊唐書・張鎬傳》，字句大致相同。㊼追冊上母楊妃為元獻皇后：妃隋納言士達之曾孫，景雲初，入東宮為良媛，實生上。㊽枕籍：當作枕藉，謂相枕相藉，以喻人死之多。㊾宦官將軍：以宦官而為將軍，故謂之宦官將軍。《舊唐書・魯靈傳》作中官，意亦同。㊿致命：猶宣命。(51)會顏真卿自河北至：是年夏四月，顏真卿已自荊襄北詣靈武，則曹日昇之至襄陽，必在四月之前。(52)帝命：皇帝之命令。(53)沮：沮止。(54)遏：遏止。(55)炅在圍中凡周歲：自去年五月被圍，至是凡一周歲。(56)支：支持。(57)轉戰：輾轉戰鬬。（五八）南夏：謂江漢一帶之地。（五九）山南東道節度使魯炅……南夏得全：按此段乃錄自《舊唐書・魯炅傳》，字句大致相同。（六〇）貶：貶黜。（六一）嚴隊：準備隊伍。（六二）儆：通警。（六三）寢兵：息兵。（六四）飛樓：猶雲樓。（六五）瞰：俯視。（六六）麾下：旗下。（六七）剡：削之使尖，音一ㄢˇ。（六八）乃得其狀：乃得知其形狀。（六九）喪：壞。（七〇）飜：翻轉。（七一）行下：將詔書降下。（七二）本縣之君：縣令乃一縣之主，主猶君也，故又曰縣君。（七三）臣弒其君，子弒其父，非一朝一夕之故，其所由來者漸矣：《易・坤卦》文言之辭。（七四）它：謂它處。（七五）一能：一種技能。（七六）殊死：斬刑。（七七）絕倫：冠絕倫儕。（七八）其徒實繁：謂其人實多。（七九）不一：不劃一。（八〇）觸罪：犯罪。（八一）順：馴順。（八二）治：謂守法。（八三）悖：悖亂。（八四）大君：謂天子。（八五）全：顧全。（八六）不日：謂甚迅速。（八七）大典：最大之常道。（八八）權：權柄。（八九）愛無親疏：愛護臣民無親疏之分。（九〇）於律殺本縣令，列於十惡：胡三省曰：「唐初房玄齡依隋定律，有十惡之條：一曰謀反，二曰謀大逆，三曰謀叛，四曰謀惡逆，五曰不道，六曰大不敬，七曰不孝，八曰不睦，九曰不義，十曰內亂。犯十惡者，不得依議請之例。其不義之條注曰：『謂殺本屬府主、刺史、縣令，見受業師，吏卒殺本部五品已上官長，及聞夫喪匿不舉哀若作樂，釋服從吉及改嫁。』」（九一）屈：謂不得伸。（九二）法理：法治，乃避諱而改者。（九三）使：指使或吩咐。（九四）不急於法：謂較之法律，並不急重。（九五）末技：小技。（九六）區區：猶殷懇。（九七）捨：宥。（九八）至，曾之子也：賈曾見卷二百十先天元年。（九九）南充：原劍南道果州，天寶元年改為南充郡。（一〇〇）土豪：本土之豪右。（一〇一）高密琅邪：高密原河南道密州，琅邪原沂州，皆天寶元年改。（一〇二）濮陽濟陰：濮陽原濮州，濟陰原曹州，皆天寶元年改。⑬廩米：胡三省曰：「廩當作稟，給也。」⑭饋救：饋輸救援。⑮雲梯：杜佑曰：「以大木為牀，下置六輪，上六雙牙，牙有檢，梯節長丈二尺，有四桄，桄相去五尺，勢微回，遞互相檢，飛於雲間，以窺城中，有上城梯，首冠雙轆轤，枕城而上，謂之飛雲梯。」⑯騰入：騰躍而入。⑰棚閣：胡三省曰：「棚閣者，於城上架木為棚，跳出城外四五尺許，上有屋，可以蔽風雨，戰士居之以臨禦外敵，今人謂之敵樓。」⑱崩陷：崩毀陷落。⑲鏁：同鎖。⑳搨：《辭海》：「通搭，挂也。」㉑截：截斷。㉒應投銷鑠：謂凡金汁投到之處，立即銷化。㉓磴道：階道。㉔松明：謂松枯而油存，可燎之以為明。㉕應機：適應事之機宜。㉖三重：三層。㉗守：圍守。㉘選補：銓選補充。㉙冒濫：冒名雜濫。㉚餘杭：原杭州，天寶元年改為餘杭郡。《寰宇記》：「禹捨舟登陸於此，因名餘杭。」㉛拔眾：謂率眾拔營。㉜彭城：原徐州，天寶元年改為彭城郡。㉝譙郡：原亳州，天寶元年改為譙郡。㉞臨淮：原泗州，天寶元年改為臨淮郡。㉟擁兵：據兵。㊱城中日蹙：謂城中之勢力日減。㊲犯圍：突圍。㊳遮：攔。㊴披靡：謂如風之拂草，皆紛披靡偃。㊵大夫：唐人稱節制曰大夫。㊶皮毛相依：所謂皮之不存，毛將焉附。㊷樂：伎樂。㊸延：請。㊹慷慨：悲壯貌。㊺咽：咽喉。㊻坐擁：猶安擁。㊼齧：咬。㊽達：致達。㊾主將：謂張巡。㊿信：信驗，謂為確來之證據。(51)歸報：謂而得回歸以報告主將。(52)往往：猶多。(53)至寧陵，與城使廉坦：胡三省曰：「張巡自寧陵入睢陽，蓋使廉坦守寧陵城。城使，巡所署置也。」(54)冒：猶犯。(55)疾：通嫉，嫉妒。(56)勞饗：慰勞宴饗。(57)苑門：長安苑門。(58)上黨：原河東道潞州，天寶元年改為上黨郡。

卷二百二十 唐紀三十六

司馬光編集
曲守約註

起彊圉作噩九月，盡著雍閹茂，凡一年有奇。（丁酉至戊戌，西元七五七年至七五八年）

肅宗文明武德大聖大宣孝皇帝中之下

至德二載（西元七五七年）

㈠九月，丁丑，希德以輕騎至城下挑戰，千里帥百騎開門突出㈠，欲擒之，會㈡救至，收騎退還，橋壞，墜塹中㈢，反為希德所擒，仰㈣謂從騎曰：「吾不幸至此，天也，歸語諸將，善為守備，寧失帥㈤不可失城。」希德攻城竟不克，送千里於洛陽，安慶緒以為特進，囚之客省㈥㈦。

㈡郭子儀以回紇兵精㈧，勸上益㈨徵其兵以擊賊，懷仁可汗遣其子葉護及將軍帝德等，將精兵四千餘人，來至鳳翔，上引見葉護，宴勞賜賚㈩，惟其所欲⑪。丁亥，元帥廣平王俶將朔方等軍、及回紇西域之眾十五萬，號二十萬，發鳳翔，俶見葉護約為兄弟⑫，葉護大喜，謂(一三)俶為兄。回紇至扶風，郭子儀留宴三日，葉護曰：「國家有急(一四)，往來相助(一五)，何以食為(一六)？」宴畢即行，日給其軍羊二百口、牛二十頭、米四十斛(一七)。庚子，諸軍俱發，壬寅，至長安西，陳於香積寺北澧水之東(一八)，李嗣業為前軍，郭子儀為中軍，王思禮為後軍，賊眾十萬陳於其北，李歸仁出挑戰，官軍逐之，逼於其陳，賊軍齊進，官軍却，為賊所乘，軍中驚亂，賊爭趣輜重，李嗣業曰：「今日不以身餌賊(一九)，軍無孑遺(二〇)矣。」乃肉袒執長刀，立於陳前，大呼奮擊(二一)，當其刀者，人馬俱碎(二二)，殺數十人(二三)，陳乃稍定。於是嗣業帥前軍各執長刀，如牆而進，身先士卒，所向摧靡(二四)(二五)，都知兵馬使王難得(二六)救其裨將，賊射之中眉，皮垂鄣(二七)目，難得自拔箭，掣去其皮(二八)，血流被面，前戰(二九)不已，賊伏精騎於陳東，欲襲官軍之後，偵者知之，朔方左廂兵馬使僕固懷恩引回紇就擊之，翦滅殆盡，賊(三〇)由是氣索(三一)。李嗣業又與回紇出賊陳後，與大軍夾擊，自午及酉(三二)，斬首六萬級，填溝塹死者甚眾，賊遂大潰，餘眾走入城，迨夜，囂聲(三三)不止(三四)。

㈢僕固懷恩言於廣平王俶曰：「賊棄城走矣，請以二百騎追之，縛取安守忠、李歸仁等。」俶曰：「將軍戰亦疲矣，且㉟休息，俟明日圖㊱之。」懷恩曰：「歸仁、守忠，賊之驍將，驟勝㊲而敗，此天賜我也，奈何縱㊳之，使復得眾，還㊴為我患，悔之無及，戰尚神速，何明日也㊵！」俶固止之，使還營。懷恩固請，往而復反，一夕四五起㊶，遲明㊷諜至，守忠、歸仁與張通儒、田乾真皆已遁矣㊸。

㈣癸卯，大軍入西京。初上欲速得京師，與回紇約曰：「克城之日，土地士庶歸唐，金帛子女㊹皆歸回紇。」至是，葉護欲如約㊺，廣平王俶拜於葉護馬前曰：「今始得西京，若遽㊻俘掠，則東京之人，皆為賊固守，不可復取矣。願至東京，乃如約。」葉護驚躍下馬答拜，跪捧王足㊼，曰：「當為殿下徑㊽往東京。」即與僕固懷恩引回紇西域之兵，自城南過，營於滻水之東㊾，百姓軍士胡虜見俶拜，皆泣曰：「廣平王真華夷之主。」上聞之，喜曰：「朕不及也。」俶整眾入城，百姓老幼夾道，歡呼悲泣，俶留長安鎮撫三日，引大軍東出，以太子少傅虢王巨為西京留守。

㈤甲辰，捷書至鳳翔，百寮入賀，上涕泗交頤(50)，即日遣中使啖庭瑤入蜀奏上皇，命左僕射裴冕入京師，告郊廟(51)及宣慰百姓。

㈥上以駿馬召李泌於長安(52)，既至，上曰：「朕以表請上皇東歸，朕當還東宮，復修臣子之職(53)。」泌曰：「表可追乎！」上曰：「已遠矣。」泌曰：「上皇不來矣。」上驚問故，泌曰：「理勢自然(54)。」上曰：「為之奈何？」泌曰：「今請更為羣臣賀表。」言：「自馬嵬請留，靈武勸進(55)，及今成功，聖上思戀晨昏(56)，請速還京，以就(57)孝養之意，則可矣。」上即使泌草表，上讀之，泣曰：「朕始以至誠，願歸萬機(58)，今聞先生之言，乃寤其失。」立命中使奉表入蜀，因就泌飲酒同榻(59)而寢，而李輔國請取契鑰付泌，泌請使輔國掌之(60)，上許之。泌曰：「臣今報德足矣，復為閑人(61)，何樂如之！」上曰：「朕與先生，累年(62)同憂患，今方相同(63)娛樂，奈何遽欲去乎！」泌曰：「臣有五不可留，願陛下聽臣去，免臣於死。」上曰：「何謂也？」對曰：「臣遇陛下太早(64)，陛下任臣太重，寵臣太深，臣功太高，迹太奇(六五)，此其所以不可留也。」上曰：「且眠矣，異日(六六)議之。」對曰：「陛下今就臣榻臥，猶不得請，況異日香按(六七)之前乎！陛下不聽臣去，是殺臣也。」上曰：「不意(六八)卿疑朕如此，豈有如朕而辦殺卿邪(六九)！是直(七〇)以朕為句踐也。」對曰：「陛下不辦殺臣，故臣求歸，若其既辦，臣安敢復言？且殺臣者非陛下也，乃五不可也。陛下嚮日(七一)，待臣如此，臣於事猶有不敢言者，況天下既安，臣敢言乎！」上良久曰：「卿以朕不從卿北伐之謀乎(七二)？」對曰：「非也，所不敢言者，乃建寧耳(七三)。」上曰：「建寧，朕之愛子，性英果(七四)，艱難時有功(七五)，朕豈不知之！但因此為小人所教，欲害其兄，圖繼嗣，朕以社稷大計，不得已而除之，卿不細知(七六)其故邪？」對曰：「若有此心，廣平當怨之，廣平每與臣言其冤，輒流涕嗚咽，臣今必辭陛下去，始敢言之耳。」上曰：「渠(七七)嘗夜捫(七八)廣平，意欲加害。」對曰：「此皆出讒人之口，豈有建寧之孝友聰明，肯為此乎！且陛下昔欲用建寧為元帥，臣請用廣平，建寧若有此心，當深憾(七九)於臣，而以臣為忠，益相親善，陛下以此，可察其心矣！」上乃泣下曰：「先生言是也，既往不咎(八〇)，朕不欲聞之(八一)。」泌曰：「臣所以言之者，非咎既往，乃欲使陛下慎將來耳。昔天后有四子，長曰太子弘，天后方圖稱制(八二)，惡其聰明，酖殺之，立次子雍王賢，賢內憂懼(八三)，作黃臺瓜辭，冀以感悟(八四)天后，天后不聽，賢卒死於黔中，其辭曰：『種瓜黃臺下，瓜熟子離離，一摘使瓜好，再摘使瓜稀，三摘猶為可，四摘抱蔓歸(八五)。』今陛下已一摘矣(八六)，慎無再摘。」上愕然(八七)曰：「安有是哉！卿錄是辭，朕當書紳(八八)。」對曰：「陛下但識(八九)之於心，何必形於外(九〇)也。」是時廣平王有大功，良娣忌之，潛搆(九一)流言，故泌言及之(九二)。

(七)郭子儀引蕃漢兵追賊至潼關，斬首五千級，克華陰、弘農二郡，關東獻俘百餘人，敕皆斬之。監察御史李勉言於上曰：「今元惡(九三)未除，為賊所污(九四)者半天下，聞陛下龍興，咸思洗心(九五)以承(九六)聖化(九七)，今悉誅之，是驅之使從賊也。」上遽使赦之(九八)。

(八)冬，十月，丁未，啖庭瑤至蜀。

㈨壬子，興平軍奏㊈破賊於武關，克上洛郡㊉。

㈩吐蕃陷西平㊀。

㈩㈠尹子奇久圍睢陽，城中食盡，議棄城東走，張巡許遠謀，以為：「睢陽江淮之保障，若棄之去，賊必乘勝長驅，是無江淮也。且我眾飢羸，走必不達，古者戰國諸侯，尚相救恤㊁，況密邇㊂羣帥乎，不如堅守以待之。」茶紙既盡，遂食馬，馬盡，羅雀㊃掘鼠，雀鼠又盡，巡出愛妾殺以食士，遠亦殺其奴，然後括㊄城中婦人食之，繼以男子老弱㊅，人知必死，莫有叛者，所餘纔四百人，癸丑，賊登城，將士病不能戰，巡西向再拜曰：「臣力竭矣，不能全城，生既無以報陛下，死當為厲鬼㊆以殺賊。」城遂陷，巡遠俱被執，尹子奇問巡曰：「聞君每戰，眥㊇裂齒碎，何也？」巡曰：「吾志吞逆賊，但力不能耳。」子奇以刀抉其口，視之，所餘纔三四，子奇義其所為，欲活之，其徒曰：「彼守節者也，終不為用，且得士心，存之，將為後患。」乃并南霽雲、雷萬春等三十

【考異】唐人皆以全江淮為巡遠功，按睢陽雖當江淮之路，城既被圍，賊若欲取江淮，繞出其外，睢陽豈能障之哉！蓋巡善用兵，賊畏巡為後患，不滅巡則不敢越過其南耳。

六人，皆斬之。【考異】新傳曰：「號王巨之走臨淮，巡有妹嫁陸氏[一九]，遮巨勸勿行，不納，賜百縑，弗受，為巡補縫行間，軍中號陸家姑，先巡被害。」按巨在彭城，若走臨淮，陸姊在睢陽城，何以得遮之？今不取。巡且死，顏色[二〇]不亂，揚揚[二一]如常，生致許遠於洛陽。

巡初守睢陽時，卒僅萬人，城中居人亦且數萬，巡一見問姓名，其後無不識[二二]者，前後大小戰凡四百餘，殺賊卒十二萬人，巡行兵不依古法，教戰陳，令本將[二三]各以其意教之，人或問其故，巡曰：「今與胡虜戰，雲合鳥散[二四]，變態不恒[二五]，數步之間，勢有同異[二六]，臨機應猝[二七]，在於呼吸之間[二八]，而動詢大將[二九]，事不相及[三〇]，非知兵之變者也，故吾使兵識[三一]將意，將識士[三二]情，投之[三三]而往，如手之使指，兵將相習[三四]，人自為戰，不亦可乎！」自興兵，器械甲仗皆取之於敵，未嘗自修，每戰，將士或退散，巡立於戰所，謂將士曰：「我不離此，汝為我還決[三五]之。」將士莫敢不還死戰，卒破敵，又推誠待人，無所疑隱[三六]，臨敵應變，出奇[三七]無窮，號令明，賞罰信，與眾共甘苦寒暑，故下爭致[三八]死力。

(十二)張鎬聞睢陽圍急，倍道[三九]亟進，檄浙東、浙西、淮南、北海諸節度[四〇]、及譙郡[四一]太守閭丘曉，使共救之，曉素傲很[四二]，不受鎬命，比鎬至，睢陽城已陷三日，鎬召曉，杖殺之。【考異】舊傳作濠州刺史，新傳作濠州刺史，統紀作亳州刺史。按濠州在淮南，去睢陽遠，亳州與睢陽接境，必亳州也，今從統紀。

(三二)張通儒等收餘眾走保陝。安慶緒悉發洛陽兵，使其御史大夫嚴莊將之，就通儒，以拒官軍，并舊兵步騎猶十五萬。己未，廣平王至曲沃(三三)，回紇葉護使其將軍鼻施吐撥裴羅等，引軍旁(三四)南山搜伏(三五)，因駐軍嶺北，郭子儀等與賊遇於新店(三六)，賊依山而陳，子儀等初與之戰不利，賊逐之下山，回紇自南山襲其背，於黃埃中發十餘矢，賊驚顧曰：「回紇至矣。」遂潰，官軍與回紇夾擊之，賊大敗，僵尸(三七)蔽野，嚴莊、張通儒等棄陝東走，廣平王俶郭子儀入陝城，僕固懷恩等分道追之，嚴莊先入洛陽，告安慶緒，庚申夜，慶緒帥其黨自苑門(三八)出，走河北，【考異】實錄無新店戰日，但云：「子儀與嗣業等至新店，遇賊，大破之，逐北五十餘里，人馬相枕藉，器械戈甲，自陝至洛城，委棄道路無空地，庚申，慶緒走，其夜自東都苑門，帥其眾黨奔河北，壬戌，元帥廣平王與子儀收陝郡。」汾陽家傳：「九月，安慶緒自洛疾使諸將至陝，兼收敗卒，猶十五萬。十月四日，於陝西依山而陳，彼則憑高下擊，此乃進軍上衝，賊屹立不動，公使偽退，引令下山，使回紇驀澗走險，以襲其背，賊乃敗績，斬九萬級，擒一萬人。」汾陽家傳：「十月四日破賊於陝西，八日收洛陽」；年代記，十月己未破賊於新店，辛酉慶緒聞軍敗，率其黨投相州；舊紀，庚申，慶緒奔河北，壬戌，廣平王入東京；新紀，戊申敗賊新店，克陝郡，壬子，復東京。按陝洛之間幾三百里，汾陽傳新紀太早，實錄壬戌收陝郡，太晚，今從年代記、幸蜀記。殺所獲唐將哥舒翰、程千里等三十餘人而去，許遠死於偃師。

【考異】實錄舊傳皆曰：「尹子奇執送洛陽，與哥舒翰程千里俱囚於客省，及安慶緒敗，度河北走，使嚴莊皆害之。」張中丞傳：「相里造誄曰：唐故御史中丞張許二君，以守城睢陽陷，張君遇害，許君為羯賊所擒，求死不得，降，逼至偃師縣，亦被兵焉。」今從之。壬戌，廣平王俶入東京，回紇意猶未厭㊴，俶患之，父老請出羅錦㊵萬匹以賂回紇，回紇乃止。

【今註】㊀突出：衝出。㊁會：適逢。㊂塹中：壕中。㊃仰：仰首。㊄寧失帥：謂寧可喪失元帥。㊅客省：省寺之掌客館者。㊆希德以輕騎至城下挑戰……囚之客省：按此段乃錄自《舊唐書・忠義程千里傳》，字句大致相同。㊇兵精：兵士精良。㊈益：增。㊉賜賚：賜予。⑪惟其所欲：謂其有所欲，則必給之，以滿其意。⑫約為兄弟：謂明約誓而結為兄弟。⑬謂：稱。⑭國家有急：《舊唐書・回紇傳》作：「國家有難。」是急即難也。⑮往來相助：〈回紇傳〉作：「遠來相助。」較恰。⑯何以食為：謂何必宴饗之。⑰郭子儀以回紇兵精……米四十斛：按此段乃錄自《舊唐書・回紇傳》，字句大致相同。⑱陳於香積寺北灃水之東：程大昌曰：「香積寺，呂圖在子午谷正北微西，郭子儀收長安，陳於寺北，距灃水，臨大川，大川者、沈水交水，唐永安渠也。蓋寺在灃水之東，交水之西也。」⑲以身餌賊：謂以身為餌，亦即犧牲一己。⑳無孑遺：謂無一人得存。㉑奮擊：奮力攻擊。㉒碎：碎裂。㉓殺數十人：按《舊唐書・李嗣業傳》作：「殺十數人。」查數，餘也，六朝多具此意，十數即十餘也。似以依原文載錄之數目為宜。㉔摧靡：摧折披靡。㉕李嗣業為前軍……所向摧靡：按此段乃錄自《舊唐書・李嗣業傳》，字句大致相同。㉖都知兵馬使王難得：胡三省曰：「王難得為鳳翔都知兵馬使，時上在鳳翔，蓋御營大將也。」㉗部：遮。㉘皮：眉皮。㉙前戰：向前奮戰。㉚賊伏精騎於陳東……剪滅殆盡：按此段乃錄自《舊唐書．回紇傳》，字句大致相同。㉛氣索：氣盡。㉜自午及酉：自十二時至下午八時。㉝囂聲：諠譁之聲。㉞李嗣業又與回紇……迨夜囂聲不止：按此段乃錄自《舊唐書．李嗣業傳》，字句大致相同。㉟且：暫且。㊱圖：圖謀。㊲驟勝：屢勝。㊳縱：放。㊴還：復。㊵何明旦也：謂為何必俟明旦始圖謀之。㊶一夕四五起：此起原為起身前去之意，然引申之，則可釋為次，今視起為次為件者，皆由此等敘述而來。㊷遲明：及明。㊸僕固懷恩言於廣平王俶曰……皆已遁矣：按此段乃錄自《舊唐書．僕固懷恩傳》，字句大致相同。㊹子女：按此處所重者，乃為女子。㊺如約：謂照條約行事。㊻遽：立即。㊼跪捧王足：回紇以拜跪捧足為敬。㊽徑：直。㊾自城南過，營於滻水之東：胡三省曰：「過京城南，歷安化門、明德門、啟夏門外，遶京城東南角，轉北，歷延興、春明、通化三門之外，至滻水。滻水出藍田縣境之西北，行過白鹿原西，又北入於霸水。」㊿交頤：滿頤。(51)郊廟：告祀天地之壇場及宗廟。(52)召李泌於長安：李泌時從軍在長安。(53)職：職位。(54)理勢自然：謂按諸道理形勢，自然不來。(55)勸進：勸進位為天子。(56)思戀晨昏：思戀對慈親之定省。(57)就：完成。(58)願歸萬機：天子日理萬機，故萬機實指天子而言。此句之意，乃為願歸天子之位於上皇。(59)榻：牀。(60)李輔國請取契鑰付泌，泌請使輔國掌之：胡三省曰：「泌掌契鑰見卷二百十八上年九月，今付輔國，宮禁之權，盡歸之矣。」(61)閑人：閑散之人。(62)累年：猶多年。(63)相同：相共。(64)臣遇陛下太早：

謂臣受知遇於陛下太早，意為年代甚短，歷史不深。(六五)奇：奇異。(六六)異日：他時。(六七)香按：胡三省曰：「唐制，凡朝日，殿上設黼扆躡席，熏爐香案，皇帝升御座，宰執當香案前奏事。」查香按之按當係桉之訛。(六八)不意：不料。(六九)而辦殺卿邪：謂而能作出殺卿之事耶。(七〇)直：只。(七一)曏日：昔日。(七二)卿以朕不從卿北伐之謀乎：謂不從使建寧王自媯檀取范陽之策也，肅宗以意言之。(七三)乃建寧耳：乃建寧被殺之事耳。(七四)英果：英俊果毅。(七五)艱難時有功：謂馬嵬勸留，及北赴靈武，血戰以衞上也。事見卷二百十八元載六月。(七六)細知：詳知。(七七)渠：彼。(七八)捫：摸。(七九)憾：恨。(八〇)不咎：猶不罪。(八一)朕不欲聞之：猶願先生勿言。(八二)稱制：謂為皇帝。(八三)內憂懼：謂內懷憂懼。(八四)感悟：感動省悟。(八五)抱蔓歸：謂瓜全盡矣，只得空抱蔓而歸。(八六)已一摘矣：謂已摘去一個矣。(八七)愕然：駭然。(八八)書紳：書於紳帶，以永誌不忘。(八九)識：記。(九〇)形於外：謂表露於外面。(九一)搆：捏造。(九二)上曰建寧朕之愛子……故泌言及之：按此段乃錄自《舊唐書・肅宗子承天皇帝倓傳》，字句大致相同。(九三)元惡：首惡。(九四)汚：玷汚。(九五)洗心：謂洗心革面。(九六)承：承接。(九七)聖化：聖為恭維辭，化謂政化。(九八)關東獻俘百餘人……上遽使赦之：按此段乃錄自《舊唐書・李勉傳》，字句大致相同。(九九)興平軍奏：胡三省曰：「時王難得領興平軍。」(一〇〇)上洛郡：原關內道商州，天寶元年改為上洛郡。(一〇一)西平：原鄯州，天寶元年改為西平郡。(一〇二)古者戰國諸侯，尚相救恤：謂春秋列國，同盟有急，則相救恤，救恤言援救存恤。(一〇三)邇：近。(一〇四)羅雀：以網捕雀。(一〇五)括：搜括。(一〇六)男子老弱：謂男子之老弱者。(一〇七)厲鬼：鬼無所歸者為厲。(一〇八)眥：目皮之兩端上下相連處。(一〇九)考異：「新傳曰：『巡有妹嫁陸氏』」：按《新唐書・忠義張巡傳》，妹作姊，當改從之。又陸姊在睢陽城，按陸姊改稱陸家姑，似較妥當。⑩顏色：謂神色。⑪揚揚：謂精神煥發。⑫識：認識。⑬本將：本部之將。⑭雲合鳥散：喻變化無定。⑮不恒：謂無常。⑯同異：此辭乃指異言，同乃連類而及者，無義。⑰猝：謂突變。⑱呼吸之間：喻時間之短促。⑲大將：謂主將。⑳事不相及：謂將必遲誤。㉑識：知。㉒士：兼括士卒而言。㉓投之：猶遣之。㉔習：狎習。㉕還決：還回決戰。㉖疑隱：猜疑隱藏。㉗出奇：出奇計。㉘致：猶盡。㉙倍道：謂晝夜兼行。㉚浙東、浙西、淮南諸節度：胡三省曰：「按新書方鎮表，浙東浙西明年方置節度使，時崔渙在浙東，李希言在浙西，皆非節度使。淮南則為李成式。」㉛譙郡：胡三省曰：「余按通鑑改統紀之亳州為譙郡，以此時未復郡為州也，讀者宜知之。」㉜傲很：驕傲強悍。㉝曲沃：《水經注》：「弘農東十三里有好陽亭，又東有曲沃城。」即指此地而言。㉞旁：通傍。㉟搜伏：搜索埋伏。㊱新店：據《舊唐書・郭子儀傳》，新店在陝城西。㊲僵尸：猶死尸。㊳苑門：東都苑門。㊴厭：足。㊵羅錦：綾羅錦帛。

㈠成都使還㊀，上皇誥曰：「當與我劍南一道自奉㊁，不復來矣。」上憂懼不知所為，後使者至㊂，言上皇初得上請歸東宮表，彷徨㊃不能食，欲不歸，及羣臣表至，乃大喜，命食作樂，下誥定行日㊄。上召李泌告之曰：「皆卿力也。」泌求歸山不已，上固留之，不能得，乃聽歸衡山[六]，勑郡縣為之築室於山中，給三品料[七]。

㈡癸亥，上發鳳翔，遣太子太師韋見素入蜀，奉迎上皇。

㈢乙丑，郭子儀遣左兵馬使張用濟、右武鋒使渾釋之，將兵取河陽及河內，嚴莊來降，陳留人殺尹子奇，舉郡[八]降，田承嗣圍來瑱於潁川，亦遣使來降，郭子儀應之緩[九]，承嗣復叛，與武令珣皆走河北，【考異】舊魯炅傳云：「炅保南陽，賊使武令珣攻之，令珣死，又令田承嗣攻之。」下又云：「王師收兩京，承嗣令珣奔河北。」唐歷：「慶緒據鄴，武令珣自唐鄧至。」炅傳云：「武令珣死。」誤也。制以瑱為河南節度使。

㈣丙寅，上至望賢宮[一〇]，得東京捷奏，丁卯，上入西京，百姓出國門[一一]奉迎，二十里不絕，舞躍[一二]呼萬歲，有泣者，上入居大明宮[一三]，御史中丞崔器令百官受賊官爵者，皆脫巾徒跣[一四]，立於含元殿[一五]前，搏膺頓首[一六]請罪，環[一七]之以兵，使百官臨視之[一八]，太廟為賊所焚，上素服向廟哭三日，是日上皇發蜀郡[一九]。

㈤安慶緒走保鄴郡[二〇]，改鄴郡為安成府，改元天成，【考異】唐歷曰：「改元天和。」薊門紀亂曰：「改元至成。」與實錄年號不同，紀年通譜兩存之，今從實錄。從騎不過三百，步卒不過千人，諸將阿史那承慶等散投[二一]常山、趙郡、范陽，旬日間蔡希德自上黨，田承慶自潁川，武令珣自南陽，各帥所部兵歸之，又召募河北諸郡人眾，至六萬，軍聲(二二)復振。

(六)廣平王俶之入東京也，百官受安祿山父子官者陳希烈等三百餘人，皆素服悲泣請罪，俶以上旨釋之，尋勒赴(二三)西京，己巳，崔器令詣朝堂(二四)請罪，如西京百官之儀(二五)，然後收繫大理京兆獄(二六)，其府縣所由祗承人(二七)等，受賊驅使，追捕(二八)者皆收繫之。初汲郡(二九)甄濟有操行(三〇)，隱居青巖山(三一)，安祿山為采訪使，奏掌書記，濟察祿山有異志，詐得風疾(三二)，舁(三三)歸家，祿山反，使蔡希德引行刑者二人封刀(三四)召之，濟引首待刀，希德以實病白(三五)祿山，後安慶緒亦使人強舁至東京，月餘，會廣平王俶平東京，濟起詣軍門(三六)上謁，俶遣詣京師，上命館之於三司(三七)，令受賊官爵者列拜，以愧其心，以濟為秘書郎、國子司業(三八)。源明稱病，不受祿山官，上擢為考功郎中，知制誥。壬申，上御丹鳳門，下制(三九)：「士庶受賊官祿(四〇)為賊用者，令三司條件(四一)聞奏，其因戰被虜，或所居密近，因與賊往來者，皆聽自首(四二)除罪，其子女為賊所汚(四三)者勿問。」

㈦癸酉，回紇葉護自東京還，上命百官迎之於長樂驛㊹，上與宴於宣政殿㊺，葉護奏以軍中馬少，請留其兵於沙苑㊻，自歸取馬，還為陛下掃除范陽餘孽。上賜而遣之。

㈧十一月，廣平王俶、郭子儀來自東京，上勞子儀曰：「吾之家國，由卿再造。」

㈨張鎬帥魯炅、來瑱、吳王祗、李嗣業、李奐五節度狥㊼河南河東郡縣，皆下之，惟能元皓據北海，高秀巖據大同㊽，未下。

㈩己丑，以回紇葉護為司空、忠義王，歲遺回紇絹二萬匹，使就朔方軍受之。

(十一)以嚴莊為司農卿。

(十二)上之在彭原也，更以栗為九廟主㊾，庚寅，朝享於長樂殿㊿。

(十三)丙申，上皇至鳳翔，從兵六百餘人，上皇命悉以甲兵(51)輸郡庫，上發精騎三千奉迎。十二月，丙午，上皇至咸陽，上備法駕迎於望賢宮，上皇在宮南樓，上釋(52)黃袍，著紫袍，望樓下馬趨進，拜舞於樓下，上皇降樓，撫上而泣，上捧上皇足，嗚咽不自勝，上皇索黃袍，自(五三)為上著之，上伏地頓首固辭，上皇曰：「天數(五四)人心，皆歸於汝，使朕得保養餘齒(五五)，汝之孝也。」上不得已受之，父老在仗外(五六)歡呼且拜，上令開仗，縱千餘人入謁上皇曰：「臣等今日復睹二聖(五七)相見，死無恨矣。」上皇不肯居正殿(五八)，曰：「此天子之位也。」上固請，自扶上皇登殿，尚食(五九)進食，上品嘗(六〇)而薦(六一)之。丁未，將發行宮，上親為上皇習馬(六二)而進之上皇，上皇上馬(六三)，上親執鞚(六四)行數步，【考異】幸蜀記云：「執轡鞚，出宮門，上皇令左右扶上馬。」今從實錄。上皇止之，上乘馬前引(六五)，不敢當馳道(六六)，上皇謂左右曰：「吾為天子五十年未為貴(六七)，今為天子父，乃貴耳。」左右皆呼萬歲。上皇自開遠門(六八)入大明宮，御含元殿，慰撫百官，乃詣長樂殿謝九廟主，慟哭久之，即日(六九)幸興慶宮，遂居之，上累表請避位還東宮，上皇不許。

(四)辛亥，以禮部尚書李峴、兵部侍郎呂諲為詳理使(七〇)，與御史大夫崔器共按陳希烈等獄，峴以殿中侍御史李栖筠為詳理判官，栖筠多務平恕(七一)，故人皆怨諲器之刻深(七二)，而峴獨得美譽。

(七二)戊午，上御丹鳳樓，赦天下，惟與安祿山同反，及李林甫、王鉷、楊國忠子孫不在免(七三)例，立廣平王俶為楚王，加郭子儀司徒，李光弼司空，【考異】實錄：「光弼舊守司徒。」按舊傳，光弼檢校司徒耳，實錄誤也。自餘蜀郡靈武扈從(七四)立功之臣，皆進階賜爵，加食邑有差(七五)。李憕、盧奕、顏杲卿、袁履謙、許遠、張巡、張介然、蔣清、龐堅(七六)等皆加贈官，其子孫戰亡之家，給復(七七)二載，郡縣來載租庸，三分蠲(七八)一，近所改郡名官名，一依故事(七九)，以蜀郡為南京，鳳翔為西京，西京為中京(八〇)，以張良娣為淑妃，立皇子南陽王係為趙王，新城王僅為彭王，潁川王僩為兗王，東陽王侹為涇王，僙為襄王，倕為杞王，偲為召王，佋為興王，侗為定王。議者或罪張巡以守睢陽不去，與其食人，曷若(八一)全人，其友人李翰為之作傳，表上之，以為：「巡以寡擊眾，以弱制彊，保江淮以待陛下之師，師至而巡死(八二)，巡之功大矣。而議者或罪巡以食人，愚巡以守死(八三)，善遏(八四)惡揚，錄瑕(八五)棄用(八六)，臣竊(八七)痛之。巡所以固守者，以待諸軍之救，救不至而食盡，食既盡而及人，乖(八八)其素(八九)志。設使巡守城之初，已有食人之心，損數百之眾以全天下，臣猶曰功過相掩(九〇)，況非其素志乎！今巡死大難，不睹休明(九一)，唯有令名，是其榮祿(九二)，若不時紀錄(九三)，恐遠(九四)而不傳，使巡生死不遇(九五)，誠可悲焉。臣敢撰傳一卷獻上，乞編列史官(九六)。」眾議由是始息，是後赦令無不及李憕(九七)等，而程千里獨以生執賊庭，不沾(九八)褒贈。

(十六)甲子，上皇御宣政殿(九九)，以傳國寶授上，上始涕泣而受之(一〇〇)。

(十七)安慶緒之北走(一〇一)也，其大將北平王李歸仁及精兵曳落河、同羅六州胡數萬人，皆潰歸范陽，所過俘掠(一〇二)，人物無遺(一〇三)，史思明厚為之備，且遣使逆招(一〇四)之，范陽境曳落河六州胡皆降，同羅不從，思明縱兵(一〇五)擊之，同羅大敗，悉奪其所掠餘眾(一〇六)，走歸其國。慶緒忌思明之彊，遣阿史那承慶、安守忠往徵兵，因密圖之，判官耿仁智說思明曰：「大夫崇重(一〇七)，人莫敢言，仁智願一言而死。」思明曰：「何也？」仁智曰：「大夫所以盡力於安氏者，迫於凶威耳，今唐室中興，天子仁聖，大夫誠帥所部歸之，此轉禍為福之計也。」裨將(一〇八)烏承玼亦說思明曰：「今唐室再造(一〇九)，慶緒葉上露⑳耳，大夫奈何與之俱亡！若歸款㉑朝廷，以自湔洗㉒，易於反掌耳。」思明以為然。承慶、守忠以五千勁騎自隨，【考異】舊傳云三千騎，今從實錄。至范陽，思明悉眾數萬逆之，相距一里所㉓，使人謂承慶等曰：「相公及王遠至，將士不勝其喜，然邊兵怯懦，懼相公之眾不敢進㉔，願弛弓㉕以安之。」承慶等從之，思明引承慶入內廳樂飲，別遣人收其甲兵㉖，諸郡兵皆給糧縱遣㉗之，願留者厚賜，分隸諸營，明日囚承慶等，遣其將竇子昂奉表，以所部十三郡㉘及兵八萬來降，並帥其河東節度使高秀巖，亦以所部來降。乙丑，子昂至京師，【考異】河洛春秋：「乾元元年四月，烏承恩受命入幽州，陳禍福，思明乃有表。」今從實錄。實錄曰：「明日，遂拘承慶，斬守忠之首以狥。」舊傳亦曰：「遂拘承慶，斬守忠李立節之首以徇。」新烏承玼傳曰：「思明斬承慶。」按實錄：「明年二月，承慶守忠遣人齎表狀歸順。」舊郭子儀傳：「明年七月，破賊河上，擒安守忠以獻。」則此際未死也，蓋二人既被拘，則降於思明，復為之用耳。上大喜，以思明為歸義王、范陽節度使，【考異】河洛春秋及舊傳，皆云：「河北節度使。」按安祿山為范陽節度使兼河北采訪使，思明蓋襲祿山舊官耳，今從實錄。子七人，皆除顯官，遣內侍李思敬與烏承恩往宣慰，使將所部兵討慶緒。

㈥先是慶緒以張忠志為常山太守，思明召忠志還范陽，以其將薛萼攝恒州㉙刺史，開井陘路，招趙郡太守陸濟降之，命其子朝義將兵五千人攝冀州刺史，以其將令狐彰為博州刺史，烏承恩所至宣布詔旨，滄、瀛、安⑳深、德、棣等州皆降，雖相州㉑未下，河北率㉒為唐有矣。

(十九)上皇加上尊號曰光天㉓文武大聖孝感皇帝。

(廿)郭子儀還東都，經營河北。

(廿一)崔器、呂諲上言：「諸陷賊官，背國從偽，準律㉔皆應處死㉕。」上欲從之，李峴以為：「賊陷兩京，天子南巡，人自逃生㉖，此屬皆陛下親戚，或勳舊㉗子孫，今一槩以叛法處死，恐乖仁恕之道。且河北未平，羣臣陷死者尚多，若寬之，足開自新之路，若盡誅，是堅其附賊之心也。書曰：『殲厥渠魁，脅從罔理』㉘諲器守文㉙，不達大體㉚，惟陛下圖之㉛。」爭之累日，上從峴議㉜，以六等定罪，重者，刑之於市，次，賜自盡，次，重杖一百，次，三等流貶㉝。壬申，斬達奚珣等十八人於城西南獨柳樹㉞下，陳希烈等七人賜自盡於大理寺，應受杖者，於京兆府門。

(廿二)上欲免張均張垍死，上皇曰：「均垍事賊，皆任權要，均仍為賊毀吾家事(三五)，罪不可赦。」上叩頭再拜曰：「臣非張說父子，無有今日，臣不能活均垍，使死者有知，何面目見說於九泉(三六)！」因俯伏流涕，上皇命左右扶上起曰：「張垍為汝長流嶺表，張均必不可活，汝更勿救。」上泣而從命。【考異】柳埕常侍言旨云：「太上皇召肅宗謂曰，張均弟兄，皆與逆賊作權要官，就中張均更與賊毀阿奴三哥家事，雖犬彘之不若也，其罪無赦。肅宗下殿，叩頭再拜曰，臣比在東宮，被人誣譖，三度賜死，皆張說保護，得全首領，以至今日，說兩男一度合死，臣不能力爭，儻死者有知，臣亦何面目見張說於地下！嗚咽俯伏。太上皇命左右曰，扶皇帝起。仍皇帝起，乃曰，與阿奴處置，張垍宜長流遠惡處，張均宜棄市，阿奴更不要苦救這賊也。肅宗掩泣奉詔。」按肅宗為李林甫所危，時說已死，乃得均垍之力，均垍以說遺言，盡心於肅宗耳。今略取其意。安祿山所署河南尹張萬頃，獨以在賊中能保庇(三七)百姓，不坐(三八)。

(廿三)頃之，有自賊中來者，言：「唐羣臣從安慶緒在鄴者，聞廣平王赦陳希烈等，皆自悼恨(三九)，失身(四〇)賊庭，及聞希烈等誅，乃止。」上甚悔之。

臣光曰：「為人臣者，策名委質(四一)，有死無貳(四二)。希烈等或貴為卿相，或親連肺腑(四三)，於承平(四四)之日，無一言以規(四五)人主之失，救社稷之危，迎合苟容(四六)，以竊(四七)富貴，及四海橫潰(四八)，乘輿播越(四九)，偷生苟免(五〇)，顧戀妻子，媚賊稱臣，為之陳力(五一)，此乃屠酤(五二)之所差，犬馬之不如(五三)，儻各全其首領(五四)，復其官爵，是謟諛之臣，無往(五五)而不得計也。彼顏杲卿、張巡之徒，世治，則擯斥外方(五六)，沈抑下僚(五七)，世亂，則委棄(五八)孤城，齏粉(五九)寇手，何為善者之不幸(六〇)，而為惡者之幸！朝廷待忠義之薄，而保(六一)姦邪之厚(六二)邪！至於微賤之臣，巡徼(六三)之隸，謀議不預(六四)，號亦令不及，朝聞親征之詔，夕失警蹕之所(六五)，乃復責其不能扈從，不難(六六)哉！六等議刑，斯亦可矣，又何悔焉。」

(七四)故妃韋氏既廢為尼，居禁中，是歲卒(六七)。

(七五)置左右神武軍，取元從子弟充(六八)，其制皆如四軍，總謂之北牙六軍(六九)，又擇善騎射者千人為殿前射生手(七〇)，分左右廂(七一)，號曰英武軍。

(七六)升河中防禦使為節度，領蒲、絳等七州(七二)，【考異】諸地理書皆云：「某郡，乾元元年復為某州，」不見在何月日。是歲十二月戊午，赦云：「近日所改百官額及郡名官名，一切依故事。」蓋此即復以郡為州之文也。比頒下四方，已涉明年矣，故皆云乾元元年也。分劍南為東西川節度，東川領梓、遂等十二州(七三)，又置荊澧節度，領荊、澧等五州(七四)，夔峽節度，領夔、峽等五州(七五)，更安西曰鎮西。

【今註】㊀成都使還：此還者為啖庭瑤。㊁自奉：以自奉養。㊂後使者至：此奉羣臣賀表之中使。㊃彷徨：猶躊躇。㊄定行日：定東行歸京之日。㊅衡山：主峯在今湖南省衡山縣西北，衡陽縣北。㊆料：飲食之物料。《唐六典》卷四：「三品已上常食料九盤，每日細米二升二合，粳米八合，麪二升四合，酒一升半，羊肉四分，醬四合，醋四合，瓜三顆，鹽豉蔥薑葵韮之類各有差，木橦春二分，冬三分五釐，炭春三斤，冬五斤。」㊇舉郡：以郡。㊈緩：遲緩。㊉望賢宮：《雍錄》：「望賢宮在咸陽縣東數里。」⑪國門：京師城門。⑫舞躍：舞蹈抃躍。⑬大明宮：高宗咸亨元年，改蓬萊宮為大明宮，即東內。⑭脫巾徒跣：脫巾即脫帽，徒跣即赤足，皆為謝罪之儀式。⑮含元殿：含元殿，東內前殿，當丹鳳門內。⑯搏膺頓首：搏膺，擊胸，與頓首亦皆謝罪之禮儀。⑰環：圍。⑱臨視之：蒞臨而觀之。⑲發蜀郡：謂發於蜀郡，或發自蜀郡。⑳鄴郡：原河北道相州，天寶元年改為鄴郡。㉑散投：分散投奔。㉒軍聲：軍之聲勢。㉓勒赴：猶押赴。㉔朝堂：胡三省曰：「此東內之朝堂也，在含元殿左右，左曰東朝堂，右曰西朝堂。」㉕儀：儀式。㉖大理京兆獄：謂大理寺及京兆府之牢獄。㉗所由祇承人：所由人，謂有所監典者；祇承人，謂聽指呼給使令者。㉘追捕：謂朝廷所緝捕者。㉙汲郡：原河北道衞州，天寶元年改為汲郡。㉚操行：節操行為。㉛青巖山：胡三省曰：「五代志：『汲郡隋興縣有蒼巖山。』隋興縣唐時當省入汲縣。」㉜詐得風疾：詭裝染有中風之疾。㉝舁：共舉，音ㄩˊ。㉞封刀：謂君上所封之刀，其效力與詔書同，可以制人之生死。㉟白：告。㊱軍門：營門。㊲館之於三司：謂館之於三司之署舍。㊳為秘書郎、國子司業：

據《舊唐書・職官志》三，秘書省秘書郎四員，從九品上，國子監司業二員，從四品下。㊴壬申，上御丹鳳門下制：按《舊唐書・肅宗紀》作：「十一月壬申朔，上御丹鳳樓，下制。」按紀既明言十一月壬申朔，則是日當為月朔無疑，既如此，則十一月三字自宜移書於壬申之上。又東內端門曰丹鳳門。㊵官祿：官爵俸祿。㊶條件：謂一條一條，一件一件，此辭乃唐代所常用者。㊷自首：自己首陣。㊸汚：點汚。㊹長樂驛：在滻東長樂坡。㊺宣政殿：《唐六典》卷七：「大明宮含元殿之北曰宣政門，門內曰宣政殿。」㊻沙苑：李吉甫《郡國圖》：「沙苑一名沙阜，在同州馮翊縣南十二里，東西八十里，南北三十里。」㊼狥：行略。㊽大同：《新唐書・地理志》三河東道：「代州，其北有大同軍。」是大同乃指大同軍之駐地而言。㊾更以栗為九廟主：胡三省曰：「禮虞主用桑，練主用栗，作栗主則埋桑主。上皇幸蜀，九廟之主委之賊手，故彭原更以栗為之。」㊿長樂殿：胡三省曰：「長樂殿、考雍錄及呂圖皆無之，以下文：『上皇入大明宮，御含元殿見百官，次詣長樂殿謝九廟主，』則是殿亦在大明宮中也。大明宮圖有長樂門，則長樂殿蓋在長樂門內。」(51)甲兵：謂鎧甲兵器。(52)釋：猶脫。(53)自：親自。(54)天數：天之曆數。(55)餘齒：猶餘年。(56)仗外：車駕所在，衞士立仗。(57)二聖：唐人稱天子曰聖人。(58)居正殿：此為行宮正殿。(59)尚食：乃殿中省尚食局所屬之吏員。(60)品嘗：每物皆嘗之。(61)薦：進。(62)習馬：調馬。(63)上親為上皇習馬而進之上皇，上皇上馬：按連用三上皇，未免稍多，進之下之上皇二字，應行刪去。(64)鞚：馬勒，音控。(65)前引：猶前導。(66)當馳道：謂沿馳道而行，蓋古者馳道為天子出所獨行之路，他人皆不得經行。（六七）貴：尊貴。（六八）開遠門：長安城西面北來第一門。（六九）即日：即時。（七〇）詳理使：因按獄特置此官。（七一）平恕：平易寬恕。（七二）刻深：苛刻深峭。（七三）免：赦免。（七四）匿從：隨從天子車駕之人。（七五）有差：有差別。（七六）李憕、盧奕、顏杲卿、袁履謙、許遠、張巡、張介然、蔣清、龐堅：李憕、盧奕、蔣清以守洛死，顏杲卿、袁履謙以守常山死，許遠、張巡守睢陽死，張介然以守滎陽死，龐堅以守潁川死。（七七）給復：除其賦役。（七八）蠲：除免，音ㄐㄩㄢ。（七九）近所改郡名官名，一依故事：天寶元年改兩省長官為左右相，州為郡，刺史為太守。十一載又改吏部為文部，兵部為武部，刑部為憲部，今皆復舊。（八〇）西京為中京：以長安在洛陽、鳳翔、蜀郡、太原之中，故為中京。（八一）曷若：豈若。（八二）師至而巡死：謂張鎬之師至，而睢陽之城已陷三日也。（八三）愚以守死：以守死為巡愚。（八四）善遏：善行見遏止。（八五）瑕：瑕疵。（八六）棄用：猶棄功。（八七）竊：私。（八八）乖：違。（八九）素：夙。（九〇）功過相掩：功過互相掩蓋，亦即功過相抵。（九一）休明：清平之時。（九二）唯有令名是其榮祿：謂其榮祿唯令名而已。（九三）紀錄：紀述載錄。（九四）遠：久遠。（九五）不遇：不遇於時。（九六）編列史官：謂編列於史官所掌之史冊。（九七）是後赦令無不及李憕：謂此後赦褒之命令，無不提及李憕。（九八）沾：沾受。（九九）宣政殿：大明宮之中朝。（一〇〇）以傳國寶授上，上始涕泣而受之：上不敢受傳國寶，見卷二百一十八元載九月。（一〇一）安慶緒之北走：謂自東京北走度河。（一〇二）俘掠：俘虜劫掠。（一〇三）人物無遺：謂人及物皆無遺餘。（一〇四）逆招：迎招。（一〇五）縱兵：大出兵。（一〇六）餘眾：餘遺之人眾。（一〇七）大夫崇重：謂大夫地位高崇重要。（一〇八）裨將：偏將。（一〇九）再造：猶再興。（一一〇）葉上露：朝日一出，葉上之露即晞。（一一一）歸款：歸誠。⑫湔洗：滌洗。⑬一里所：猶言一里許。⑭不敢進：不敢向前。⑮弛弓：謂弓放下。⑯甲兵：鎧甲兵器。⑰縱遣：放遣。⑱所部十三郡：十三郡為：范陽、北平、媯川、密雲、漁陽、柳城、文安、河間、上谷、博陵、渤海、饒陽、常山。⑲恒州：《舊唐書・地理志》二河北道：「鎮州，義旗初復置恒州，天寶元年改為常山郡。」⑳安州：後魏置安州，治方城，唐檀州即其地，唐無安州在河北，此安州殆或指檀州而言歟！㉑相州：時為安慶緒所據。㉒率：大率。㉓光天：謂天壤間之光大者。㉔準律：依律。㉕處死：謂處以死刑。㉖人自逃生：謂每人各自奔逃，以保性命。㉗勳舊：謂有功勳及屬舊德之家。㉘書曰：「殲厥渠魁，脅從罔理」：《書・胤征》之辭。《傳》：「渠，大；魁，帥也。」理乃避治諱而改。㉙守文：守文法之吏。㉚大體：大要。㉛圖之：計之。㉜崔器呂諲上言……上從峴議：按此段乃錄自《舊唐書・李峘附峴傳》，字句大致相同。㉝三等流貶：《舊唐書・刑法志》：「流刑三條，自流二千里，遞加五百里，至三千里。」㉞城西南獨柳樹：據《舊唐書・肅宗紀》，獨柳樹在長安子城西南隅。㉟毀吾家事：猶毀吾家業。㊱九泉：地下。㊲保庇：保佑庇護。㊳不坐：不坐罪。㊴悼恨：悼息悔恨。㊵失身：謂失節。㊶策名委質：策名，謂書其名於策。質，《說文通訓定聲》：「通摯、贄。」《國語・晉語》韋注：「質，贄也，士質以雉，委質而退。」按此皆欲仕時所應辦之手續。㊷無貳：猶無他。㊸親連肺腑：《漢書補注》引王念孫曰：「肺腑皆謂木皮，肺為柿之假借，腑為附之假借，言己為帝室微末之親，如木皮之託於木也。」㊹承平：太平相承不絕。㊺規：規勸。㊻苟容：苟且容身。㊼竊：竊取富貴。㊽橫潰：

猶大潰。(49)擴越：猶擴遷。(50)苟免：謂苟免於難。(51)陳力：展力。(52)屠酤：指低賤之人。(53)犬馬之不如：謂不如犬馬。(54)全其首領：謂全其性命。(55)無往：無論至何處。(56)擯斥外方：排斥之於外處。(57)下僚：低下之僚佐。(58)委棄：謂棄而委任守一孤城。(59)齏粉：謂粉身碎骨，音躋。(60)不幸：不幸運。(61)保：保全。(62)厚：優厚。(63)巡徼：謂巡察徼遮。(64)預：參預。(65)夕失警蹕之所：謂天子已遠行也。(66)難：猶謬。(67)故妃韋氏既廢為尼，居禁中，是歲卒：韋妃廢見卷二百十五天寶六載。(68)取元從子弟充：元從子弟，謂從帝馬嵬北行，及自靈武還京師者。(69)北牙六軍：北牙六軍為：左右羽林、左右龍武、左右神武。(70)射生手：謂能射飛禽走獸之兵士。(71)廂：邊。(72)升河中防禦使為節度，領蒲絳等七州：至德元載，置河中防禦守捉蒲關使，今升為節度，領蒲、絳、隰、慈、晉、虢、同七州，治蒲州。(73)東川領梓遂等十二州：東川領梓、遂、綿、劍、龍、閬、普、陵、瀘、榮、資、簡十二州，治梓州。(74)荊澧節度領荊澧等五州：荊南節度本領十州，今分兩鎮，荊澧兼領朗、郢、復，共五州。(75)夔峽節度領夔峽等五州：夔峽兼領涪、忠、萬，共五州。

乾元元年（西元七五八年）㈠

㈠春，正月，戊寅，上皇御宣政殿授冊，加上尊號，【考異】實錄：「戊寅，玄宗御宣政殿，授上傳國寶，禮畢，冊上加尊號。上上言讓曰，伏奉聖旨，賜臣典冊曰光天文武大聖孝感皇帝，授傳國寶符受命寶符各一。」按去年十二月癸亥，上已授國璽告太清宮，甲子，玄宗御宣政殿，授上傳國璽於殿下，涕泣拜受，今又云授寶事，似複重。唐曆統紀年代記舊紀皆云：「去年十二月，授傳國璽，此年正月戊寅，冊尊號。」今從之。

上固辭大聖之號，上皇不許，上尊上皇曰太上至道聖皇天帝。

㈡先是官軍既克京城，宗廟之器及府庫資財，多散在民間，遣使檢括㈡，頗有煩擾㈢，乙酉，敕盡停之，乃命京兆尹李峴安撫坊市㈣。

㈢二月，癸卯朔，以殿中監李輔國兼太僕卿，輔國依附張淑妃，判元帥府行軍司馬㈤，勢傾朝野。

㈣安慶緒所署北海節度使能元皓舉所部來降，以為鴻臚卿，充河北招討使。

㈤丁未，上御明鳳門㈥，赦天下，改元㈦，盡免百姓今載租庸，復以載為年㈧。

㈥庚午，以安東副大都護王玄志為營州刺史，充平盧節度使。

㈦三月，甲戌，徙楚王俶為成王。戊寅，立張淑妃為皇后。

㈧鎮西北庭行營節度使㈨李嗣業屯河內，癸巳，北庭兵馬使王惟良謀作亂，嗣業與裨將荔非元禮討誅之。

(九)安慶緒之北走也，其平原太守王暕，清河太守宇文寬，皆殺其使者來降，慶緒使其將蔡希德、安太清攻拔之，生擒以歸，咼於鄴市，凡有謀歸者[一〇]，誅及種族，乃至部曲州縣官屬連坐死者甚眾，又與其羣臣歃血[一一]盟於鄴南，而人心益離。慶緒聞李嗣業在河內。夏，四月，與蔡希德、崔乾祐將步騎二萬，涉沁水[一二]攻之，不勝而還。

(十)癸卯，以太子少師虢王巨為河南尹[一三]，充東京留守。

(十一)辛卯，新主入太廟[一四]，甲寅，上享[一五]太廟，遂祀昊天上帝，乙卯，御明鳳門，赦天下。

(十二)五月，壬午，制停采訪使，改黜陟使為觀察使[一六]。

(十三)張鎬性簡澹[一七]，不事中要[一八]，聞史思明請降，上言：「思明凶險，因亂竊位，力彊則眾附，勢奪[一九]則人離，彼雖人面，心如野獸，難以德懷，願勿假以威權。」又言：「滑州防禦使許叔冀，狡猾多詐，臨難[二〇]必變，請徵入宿衛。」時上以[二一]寵納思明，會中使自范陽及白馬[二二]來，皆言思明叔冀，忠懇[二三]可信，上以鎬為不切事機㉔，戊子，罷為荊州防禦使㉕，以禮部尚書崔光遠為河南節度使。

(十四)張后生興王佋，纔數歲，欲以為嗣，上疑㉖未決，從容謂考功郎中知制誥李揆曰：「成王長，且有功，朕欲立為太子，卿意何如？」揆再拜，賀曰：「此社稷之福，臣不勝大慶㉗。」上喜曰：「朕意決㉘矣。」庚寅，立成王俶為皇太子。揆，玄道之玄孫㉙也㉚。

(十五)乙未，以崔圓為太子少師，李麟為少傅，皆罷政事。上頗好鬼神，太常少卿王璵專依鬼神以求媚㉛，每議禮儀，多雜以巫祝俚俗，上悅之，以璵為中書侍郎同平章事。【考異】舊傳云：「三年七月。」今從實錄。

(十六)贈故常山太守顏杲卿太子太保，諡曰忠節，以其子威明為太僕丞。杲卿之死也，楊國忠用張通幽之譖，竟無褒贈㉜，上在鳳翔，顏真卿為御史大夫，泣訴於上，上乃出通幽為普安㉝太守，具奏其狀於上皇，上皇杖殺通幽，杲卿子泉明為王承業所留，因寓居壽陽㉞，為史思明所虜，裹以牛革，送於范陽，會安慶緒初立，有赦得免，思明降，乃得歸，求其父尸於東京，得之，遂并袁履謙尸，棺斂㉟以歸。杲卿姊妹女及泉明之子，皆流落河北，真卿時為蒲州刺史，使泉明往求之，泉明號泣求訪，哀感路人㊱，久乃得之，泉明詣親故乞索㊲，隨所得多少贖之㊳，先姑姊妹而後其子，姑女為賊所掠，泉明有錢二百緡，欲贖己女，閔其姑愁悴㊴，先贖姑女，比更㊵得錢，求其女，已失所在，遇羣從姊妹，及父時將吏袁履謙等妻子流落者，皆與之歸㊶，凡五十餘家，三百餘口，均減資糧㊷，一如親戚㊸。至蒲州，真卿悉加贍給㊹，久之，隨其所適㊺，而資送㊻之。袁履謙妻疑履謙衣衾㊼儉薄㊽，發棺視之，與杲卿無異，乃始慙服㊾。

㈦六月，己酉，立太一壇㊿於南郊之東，從王璵之請也。上嘗不豫(五一)，卜云：「山川為祟(五二)。」璵請遣中使與女巫乘驛(五三)，分禱天下名山大川，巫恃勢，所過煩擾州縣，干求(五四)受贓，黃州有巫，盛年美色，從無賴少年數十，為蠹(五五)尤甚，至黃州(五六)，宿於驛舍，刺史左震晨至驛，門扃鏁(五七)不可啟，震怒，破鏁(五八)而入，曳巫於堦下斬之，所從少年悉斃之，籍(五九)其贓數十萬，具以狀聞，且請以其贓代貧民租，遣中使還京師，上無以罪也。

(十八)以開府儀同三司李嗣業為懷州刺史，充鎮西北庭行營節度使(六〇)。

(十九)山人韓穎改造新曆(六一)，丁巳，初行穎曆。

(廿)戊午，敕兩京陷賊官，三司推究未畢者，皆釋之，貶降者續處分(六二)。太子少師房琯既失職(六三)，頗怏怏(六四)，多稱疾(六五)不朝，而賓客朝夕(六六)盈門，其黨為之揚言於朝云：「琯有文武才，宜大用。」上聞而惡之，下制數(六七)琯罪，貶豳州刺史。前祭酒劉秩貶閬州刺史，京兆尹嚴武貶巴州刺史，皆琯黨也。

(廿一)初史思明以列將(六八)事平盧軍使烏知義，【考異】舊傳：「知義為節度使。」按安祿山始為平盧節度使，舊傳誤也。知義善待之，知義子承恩為信都太守，以郡降思明，思明思舊恩，而全之，及安慶緒敗，承恩勸思明降唐，李光弼以思明終當(六九)叛亂，而承恩為思明所親信，因使圖之，又勸上以承恩為范陽節度副使，賜阿史那承慶鐵券(七〇)，令共圖思明，上從之。承恩多以私財募部曲，又數衣婦人服，詣諸將營說誘(七一)之，諸將以白思明，思明疑未察(七二)，會承恩入京師，上使內侍(七三)李思敬與之俱至范陽宣慰(七四)，承恩既宣旨，思明留承恩，館於府中，帷其床(七五)，伏二人於床下，承恩少子在范陽，思明使省(七六)其父，夜中，承恩密謂其子曰：「吾受命除此逆胡，當以吾為節度使。」二人於牀下大呼而出，思明乃執承恩，索其裝囊(七七)，得鐵券及光弼牒，牒云：「承慶事成，則付鐵券，不然，不可付也。」又得簿書數百紙(七八)，皆先從思明反者將士名，思明責之曰：「我何負(七九)於汝，而為此！」承恩謝曰：「死罪(八〇)，此皆李光弼之謀也。」思明乃集將佐(八一)吏民，西向大哭曰：「臣以十三萬眾降朝廷，何負陛下，而欲殺臣！」遂榜殺承恩父子，【考異】唐歷舊傳皆云：「四月殺承恩。」今據河洛春秋，四月始為節度副使，六月死。連坐死者二百餘人，承恩弟承玼走免(八二)。

(廿)思明囚思敬，表(八三)上其狀，上遣中使慰諭思明曰：「此非朝廷與光弼之意，皆承恩所為，殺之甚善。」會三司議陷賊官罪狀至范陽，思明謂諸將曰：「陳希烈輩皆朝廷大臣，上皇自棄之幸蜀，今猶不免於死，況吾屬本從安祿山反乎！」諸將請思明表求誅光弼，思明從之，命判官耿仁智與其僚(八四)張不矜為表云：「陛下不為臣誅光弼，臣當自引兵㊇就太原誅之。」不矜草表，以示思明，及將入函㊈，仁智悉削去之，寫表者以白思明，思明命執二人斬之，仁智事思明久，思明憐㊉欲活之，復召入，謂曰：「我任使㊇汝，垂㊈三十年，今日非我負汝。」仁智大呼曰：「人生會㊈有一死，得盡忠義，死之善者也，今從大夫反，不過延歲月㊈，豈若速死之愈乎㊈！」思明怒，亂捶之，腦流於地。烏承玼奔太原，李光弼表為昌化郡㊈王，充石嶺軍使㊈。

㊈秋，七月，丙戌，初鑄當十㊈大錢，文曰乾元重寶㊈，從御史中丞第五琦之謀也。

㊈丁亥，冊命回紇可汗曰英武威遠毗伽闕可汗，以上幼女寧國公主妻之，以殿中監漢中王瑀為冊禮使，右司郎中李巽副之，命左僕射裴冕送公主至境上㊈，戊子，又以司勳員外郎鮮于叔明為瑀副。叔明，仲通之弟也。甲子，上送寧國公主至咸陽㊈，公主辭訣㊈曰：「國家事重㊉，死且無恨。」上流涕而還。瑀等至回紇牙帳，可汗衣赭袍㊉胡帽，坐帳中榻上，儀衞㊉甚盛，引瑀等立於帳外，

瑀不拜而立，可汗曰：「我與天可汗兩國之君，君臣有禮，何得不拜！」瑀與叔明對曰：「曏者唐與諸國為昏，皆以宗室女為公主，今天子以可汗有功，自以所生女妻可汗，恩禮至重，可汗奈何以子壻傲婦翁，坐榻上受冊命邪！」可汗改容起受冊命，明日，立公主為可敦(一三)，舉國(一四)皆喜(一五)。

(七五)乙未，郭子儀入朝。【考異】實錄：「郭子儀擒逆賊將安太清，送闕下。」按上元元年李光弼拔懷州，始擒太清，實錄誤也。唐歷本紀等皆無之。舊子儀傳：「七月，破賊河上，擒安守忠以獻。」諸書亦無之，今不取。

(七六)八月，壬寅，以青登等五州節度使許叔冀為滑濮等六州節度使。【考異】實錄云：「青徐等五州節度使季廣琛，青登等五州節度使許叔冀。」按青州豈可屬兩節度，又廣琛先為荊州長史，今年五月為右常侍，九月，討安慶緒，時實錄稱鄭蔡節度使，汾陽家傳稱淮西荊灃，舊紀稱荊州，未嘗鎮青徐，實錄於此稱青徐，恐誤也。(一六)

(七七)庚戌，李光弼入朝，丙辰，以郭子儀為中書令，光弼為侍中，丁巳，子儀詣行營。

(七八)回紇遣其臣骨啜特勒及帝德將驍騎三千，助討安慶緒，上命朔方左武鋒使、僕固懷恩領之。

(七九)九月，庚午朔，以右羽林大將軍趙泚為蒲同虢三州節度使(一七)。

(卅)丙子，招討党項使王仲昇斬党項酋長拓拔戎德(一八)，傳首。

(卅一)安慶緒之初至鄴也，雖枝黨(一九)離析(二〇)，猶據七郡(二一)六十餘城，甲兵(二二)資糧豐備，慶緒不親政事(二三)，專以繕(二四)臺沼(二五)樓船，酣飲為事，其大臣高尚、張通儒等爭權不叶(二六)，無復綱紀(二七)，蔡希德有才略，部兵精銳，而性剛好直言，通儒譖而殺之，【考異】河洛春秋：「十月，蔡希德有密欵歸國，將襲殺慶緒，以為內應，左右泄之，慶緒斬希德於鄴中。」又曰：「慶緒既殺希德，始有土崩之兆矣。」薊門紀亂：「史思明常畏希德，自知謀策果斷英武，皆不及之。時希德在相州，為慶緒竭節展效，思明未敢顯背，無何，希德為慶緒所殺，思明初聞，驚疑不信，及知其實，大喜，見於顏色焉。」今從實錄。麾下(二八)數千人皆逃散，諸將怨怒，不為用，以崔乾祐為天下兵馬使，總中外兵，乾祐愎(二九)戾好殺，士卒不附。

(卅二)庚寅，命朔方郭子儀、淮西魯炅、興平李奐、滑濮許叔冀、鎮西北庭李嗣業、鄭蔡季廣琛、河南崔光遠七節度使，及平盧兵馬使董秦，將步騎二十萬討慶緒，又命河東李光弼、關內澤潞王思禮(三〇)二節度使，將所部兵助之。【考異】實錄有李奐無崔光遠，而云凡九節度。汾陽家傳有光遠無奐，又有河東兵馬使薛兼訓。蓋實錄脫光遠，汾陽傳脫奐名耳。兼訓蓋光弼裨將，光弼未至間，先遣赴鄴城也。汾陽傳又以炅為襄鄧，廣琛為淮西荊澧，舊本紀廣琛為荊州，今從實錄。汾陽傳又云：「公九月十二日出洛，師涉河而東。」今從實錄。涉庚二十一日也。(三一)上以子儀光弼皆元勳，難相統屬，故不置元帥，但以宦官開府儀同三司魚朝恩為觀軍容宣慰處置使，觀軍容㉜之名自此始。

(廿三)癸巳，廣州奏大食波斯圍州城㉝，刺史韋利見踰城㉞走，二國兵掠倉庫，焚廬舍，浮海㉟而去。

(廿四)冬，十月，甲辰，冊太子，【考異】實錄云：「可大赦天下。頃者頻興大典，累洽殊私，率土之閒，屢經蕩滌，猶慮近者或滯狴牢，其天下見禁囚徒已下罪，一切放免。」按既云大赦，則死罪皆免，豈有但免徒以下罪邪！恐可大赦天下是衍字耳，今不書赦。更名曰豫㊱，自中興以來，羣下無復賜物，至是，始有新鑄大錢㊲，百官六軍霑賚有差㊳。

(廿五)郭子儀引兵自杏園㊴濟河，東至獲嘉㊵，破安太清，斬首四千級，捕虜五百人，太清走保衞州，子儀進圍之，丙午，遣使告捷。魯炅自陽武㊶濟，季廣琛崔光遠自酸棗㊷濟，與李嗣業兵，皆會子儀於衞州，慶緒悉舉鄴中之眾七萬救衞州，分三軍，以崔乾祐將上軍，田承嗣將下軍，慶緒自將中軍，子儀使善射者三千人，伏於壘垣㊸之內，令曰：「我退，賊必逐我，汝乃登壘鼓譟㊹而射之。」既而與慶緒戰，偽退，賊逐之，至壘下，伏兵起，射之，矢如雨注㊺，賊還走，子儀復引兵逐之，慶緒大敗，獲其弟慶和，殺之，遂拔衞州；慶緒走，子儀等追之，至鄴，許叔冀、董秦、王思禮及河東兵馬使薛兼訓皆引兵繼㊱至，慶緒收餘兵，拒戰於愁思岡㊲，【考異】汾陽家傳：「十月五日，戰愁岡。」據實錄，癸丑子儀破賊，擒安慶和，癸丑十四日也，蓋捷奏始到。又敗，前後斬首三萬級，捕虜千人，慶緒乃入城固守，子儀等圍之㊳。慶緒窘急，遣薛嵩求救於史思明，且請以位讓之，思明發范陽兵十三萬，欲救鄴，觀望未敢進，先遣李歸仁將步騎一萬軍於滏陽㊴，遙為慶緒聲勢。

(四六)甲寅，上皇幸華清宮。十一月，丁丑，還京師。

(四七)崔光遠拔魏州，丙戌，以前兵部侍郎蕭華為魏州防禦使，會史思明分軍為三，一出邢洺，一出冀貝，一自洹水㊵趣魏州，郭子儀奏以崔光遠代華。十二月，癸卯，敕以光遠領魏州刺史。

(四八)甲辰，置浙江西道節度使，領蘇潤等十州㊶，以昇州刺史韋黃裳為之，庚戌，置浙江東道節度使，領越睦等八州㊷，以戶部尚書李峘為之，兼淮南節度使。

(四九)己未，羣臣請上尊號曰乾元大聖光天文武孝感皇帝，許之。

(五〇)史思明乘崔光遠初至，引兵大下，光遠使將軍李處崟拒之，賊勢盛，處崟連戰不利，還趣城，賊追至城下，揚言〔四三〕曰：「處崟召我來，何為不出！」光遠信之，腰斬處崟，處崟驍將，眾所恃，既死，眾無鬭志，光遠脫身走還汴州，丁卯，思明陷魏州，所殺三萬人。

(四一)平盧節度使王玄志薨，上遣中使往撫〔四四〕將士，且就察軍中所欲立者，授以旌節〔四五〕，高麗人李懷玉為裨將，殺玄志之子，推侯希逸為平盧使，希逸之母，懷玉姑也，故懷玉立之，朝廷因以希逸為節度副使，節度使由軍士廢立，自此始。

臣光曰：「夫民生有欲，無主則亂〔四六〕，是故聖人制禮以治之，自天子諸侯至於卿大夫士庶人，尊卑有分，大小有倫〔四七〕，若綱條之相維〔四八〕，臂指之相使〔四九〕，是以民服事其上，而下無覬覦〔五〇〕，其在周易，上天下澤，履象曰：『君子以辨上下，定民志。』此之謂也。凡人君所以能有其臣民者，以八柄〔五一〕存乎己也，苟或捨之，則彼此之勢均〔五二〕，何以使其下哉！肅宗遭〔五三〕唐中衰，幸而復國，是宜正上下之禮，以綱紀四方，而偷取一時之安，不思永久之患，彼命將帥，統藩維(五四)，國之大事也，乃委一介之使，狥行伍(五五)之情，無問賢不肖，惟其所欲，與(五六)者則授之，自是之後，積習為常，君臣循守(五七)，以為得策，謂之姑息(五八)，乃至偏裨士卒殺逐主帥，亦不治其罪，因以其位任授之，然則爵祿廢置，殺生予奪(五九)，皆不出於上，而出於下，亂之生也，庸(六〇)有極乎！且夫有國家者，賞善而誅惡，故為善者勸(六一)，為惡者懲(六二)，彼為人下而殺逐其上，惡孰大焉，乃使之擁旄秉鉞(六三)，師長(六四)一方，是賞之也，賞以勸惡，惡其何所不至乎(六五)！書云：『遠乃猷(六六)。』詩云：『猷之未遠，是謂大諫(六七)。』孔子曰：『人無遠慮，必有近憂(六八)。』為天下之政，而專事姑息，其憂患可勝校乎(六九)！由是為下者，常眄眄(七〇)焉伺其上，苟得間，則攻而族之，為上者常惴惴(七一)焉畏其下，苟得間(七二)，則掩(七三)而屠之，爭務先發，以逞(七四)其志，非有相保養(七五)，為俱利久存之計也，如是而求天下之安，其可得乎！迹其厲階(七六)，肇(七七)於此矣。蓋古者治軍，必本於禮，故晉文公城濮之戰，見其師少長有禮，知其可用(七八)，今唐治軍，而不顧禮，使士卒得以陵(七九)偏裨(八〇)，偏裨得以陵將帥，則將帥之陵天子，自然之勢也，由是，禍亂繼起(八一)，兵革不息，民墜塗(八二)炭，無所控訴(八三)，凡二百餘年，然後大宋受命，太祖始制(八四)軍法，使以階級(八五)相承，小有違犯，咸伏斧質(八六)，是以上下有敍(八七)，令行禁止(八八)，四征(八九)不庭(九〇)，無思不服(九一)，宇內乂安(九二)，兆民允殖(九三)，以迄於今，皆由治軍以禮故也，豈非詒(九四)謀之遠哉。」

(四二)是歲，置振武節度使，領鎮北大都護府(九五)麟、勝二州，又置陝虢華及豫許汝二節度使，安南經略使為節度使，領交、陸等十一州(九六)。

(四三)吐蕃陷河源軍。

【今註】㊀是年二月改元。㊁檢括：檢查搜括。㊂煩擾：煩勞騷擾。㊃坊市：長安城中，盡分為坊，故坊市亦即長安城內也。㊄判元帥府行軍司馬：謂判元帥府行軍司馬事。㊅明鳳門：《唐會要》：「至德三載，改丹鳳門曰明鳳門，通化門為達禮門，安上門為先天門，凡坊名有安者悉改之，尋卻如舊。」㊆改元：改元乾元。㊇復以載為年：改年為載，自上皇天寶三載始。㊈鎮西北庭行營節度使：行營節度使始此。㊉凡有謀歸者：胡三省曰：「歸下當有國字。」(十一)歃血：古時盟者所以示信，歃謂以口微吸之。(十二)涉沁水：沁水出沁州沁源縣東南，出山而東流，過河內縣北，慶緒自鄴攻河內，須度沁水。⑬癸卯，以太子少師虢王巨為河南尹：按《舊唐書・肅宗紀》作：「四月癸卯。」癸卯上當添四月二字。⑭辛卯，新主入太廟：按新舊《唐書・肅宗紀》，辛卯皆作辛亥，又以下文之甲寅推之，自應作辛亥無疑。新主係自長樂殿奉入太廟。⑮享：祭饗。⑯改黜置使為觀察使：胡三省曰：「觀察使始此。貞觀初遣大使十人，巡省天下諸州，水旱則有巡察、安撫、存撫之名；神龍二年以五品以上二十人為十道巡察使，按舉州縣，再周而代；景雲二年置都督二十四人，察刺史以下善惡，當時以為權重難制，罷之，置十道按察使；開元二年曰十道按察采訪處置使，四年罷，八年復置按察使，秋冬巡視州縣，二十年曰採訪處置使，分十五道，天寶末又兼黜陟使；是年改曰觀察處置使。」⑰簡澹：簡靜恬澹。⑱中要：謂中人居權要者。⑲勢奪：猶勢去。⑳臨難：臨當危難。㉑以：通已。㉒白馬：滑州治白馬縣。㉓忠懇：忠貞誠懇。㉔不切事機：謂不切合於事之機宜。㉕張鎬性簡澹……罷為荊州防禦使：按此段乃錄自《舊唐書・張鎬傳》，字句大致相同。㉖疑：猶疑。㉗不勝大慶：謂不勝慶祝。㉘決：定。㉙揆：玄道之玄孫：李玄道，武德中為天策府學士。㉚張后生與王佋……揆，玄道之玄孫也：按此段乃錄自《舊唐書・李揆傳》，字句大致相同。㉛媚：媚幸。㉜褒贈：褒獎封贈。㉝普安：原劍州，天寶元年改為普安郡。㉞壽陽：屬河東道太原府。㉟棺斂：裝斂而以棺盛之。㊱哀感路人：其悲哀，使路人為之感動。㊲乞索：乞索錢財。㊳贖之：謂以贖其親人。㊴愁悴：哀愁憔悴。㊵比更：及再。㊶皆與之歸：謂皆攜之歸。㊷均減資糧：資糧則均分之，其或有不足，則減常數而均之。㊸親戚：此指家人言。㊹贍給：供給。㊺適：

至。(46)資送：謂以資財送之使行。(47)衾：被。(48)儉薄：猶非薄。(49)贈故常山太守顏杲卿……乃始慙服：按此段乃錄自《舊唐書・忠義顏杲卿傳》，字句大致相同。(50)立太一壇：項安世曰：「中宮天極一星，其神太一，列宿之中最尊，所臨之方，則嘉應洊臻，漢武帝始祀之。」(51)不豫：不逸豫，亦即有病。(52)祟：神禍。(53)乘驛：乘驛傳。(54)干求：干託請求。(55)蠱：蠱害。(56)黃州：據《舊唐書・地理志》三，黃州屬淮南道。(57)扃鐍：扃，關閉；鐍，同鎖。(58)破鐍：壞鎖。(59)籍：籍沒。(60)以李嗣業為懷州刺史，充鎮西北庭行營節度使：李嗣業以鎮西北庭兵屯懷州，就任為刺史，征調以給軍。(61)山人韓穎改造新曆：胡三省曰：「時韓穎上言大衍曆或誤，帝疑之，以穎直司天臺，損益其術，每節增二日，更名至德曆。」(62)處分：處理，處置。(63)失職：謂罷相。(64)快快：心不滿足。(65)稱疾：告病。(66)朝夕：猶整日。(67)數：猶列。(68)列將：諸將。(69)終當：猶終必。(70)鐵券：賜鐵券乃恕以不死，其恕不死之數目，俱刻於鐵券之上。(71)說誘：遊說引誘。(72)未察：未察明。(73)內侍：《舊唐書・職官志》三：「內侍省，內侍二員，從四品上。」(74)宣慰：宣敷聖旨，並加撫慰。(75)帷其床：床上置帷幄。(76)省：省視。(77)裝囊：凡行者之裝，盛以囊橐，故曰裝囊。(78)數百紙：謂數百張紙。(79)負：違負。(80)死罪：謂僕罪當死。(81)將佐：將校賓佐。(82)走免：逃走得免。(83)表：上表。(84)僚：僚屬。(85)引兵：率兵。(86)入函：凡表皆函封。(87)憐：憐惜。(88)任使：任用指使。(89)垂：將。(90)會：合。(91)延歲月：謂苟延歲月。(92)愈：猶佳。(93)昌化郡：原河東道石州，天寶元年改為昌化郡。(94)石嶺軍使：石嶺軍在忻州秀容縣。(95)當十：猶充十。(96)乾元重寶：胡三省曰：

「乾元錢徑一寸，每緡重十斤，與開元通寶並行。」(97)境上：猶界首。(98)甲子，上送寧國公主至咸陽：按《舊唐書・回紇傳》，甲子作甲午，以上之丁亥推之，當以作甲午為是。(99)辭訣：告辭訣別。(100)重：重大。(101)赭袍：〈回紇傳〉作：「赭黃袍。」蓋其色乃為黃中帶紅。(102)儀衞：儀仗宿衞。(103)可敦：回紇可汗號其正室曰可敦。(104)舉國：全國。(105)丁亥冊命回紇可汗曰英武威遠毗伽闕可汗……舉國皆喜：按此段乃錄自《舊唐書・回紇傳》，字句大致相同。(106)考異曰恐誤也：胡三省曰：「余按新書方鎮表，至德元載，置青密節度使，領北海、高密、東牟、東萊四郡，乾元元年，青密節度增領滑濮二州。青密節度即前所云北海節度也，領青密登萊四州，增領滑濮，是為六州節度使，若以青登五州增滑濮二州，則七州矣，其數不合。」(107)以趙泚為蒲同虢三州節度使：胡三省曰：「去年置河東節度使，領蒲絳等七州，今趙玭節度蒲同虢三州而已，蓋兵興之際，分命節帥，以扼險要，其所統之增減離合，隨時制宜耳。」(108)斬党項酋長拓拔戎德：按《舊唐書・党項傳》，貞觀以後，吐蕃強盛，拓拔氏漸為所逼，遂請內徙，始移其部落於慶州，置靜邊等州以處之。又《新唐書・地理志》七，党項州芳池州都督府，僑治懷安，皆野利氏種落。至德以來，中國亂，党項因寇邠寧二州。(109)枝黨：謂宗枝黨羽。(110)離析：分離析散。(111)猶據七郡：七郡為：汲、鄴、趙、魏、平原、清河、博平。(112)甲兵：鎧甲兵械。(113)不親政事：謂不親理政事。(114)繕：修。(115)沼：池沼。(116)不叶：不和。(117)綱紀：猶紀律。(118)麾下：麾，旗，此猶部下。(119)愎：很，音ㄅㄧˋ。(120)關內澤潞王思禮：王思禮先為關內節度使，時兼領澤潞節度使，鎮潞州。(121)考異涉庚，二十一日也：胡三省曰：「余按涉庚當作庚寅。」㉒觀軍容：按唐代屢用軍容二字，今彙錄之，以明其意蘊。〈鄴侯家傳〉：「及李郭至，具軍容修敬，乃坐飲。」《舊唐書・李嗣業傳》：「十里間軍容不斷。」同書〈封常清傳〉：「何得無禮，對中使相淩，因叱之曰：『郎將須暫死，以肅軍容。』」按《通鑑》卷二百十六天寶六載引此文，軍容則作軍政。是軍容乃謂軍之儀容或軍政也。㉓廣州奏大食波斯圍州城：廣州治南海縣。㉔踰城：越城，亦即棄城。㉕浮海：即泛海。㉖更名曰豫：胡三省曰：「初太子生之歲，豫州獻嘉禾，於是以為祥，更名豫。」㉗新鑄大錢：謂乾元重寶錢。㉘霑賚有差：霑受賜賚，各有等差。㉙杏園：《九域志》：「衞州汲縣有杏園鎮。」㉚獲嘉：據《舊唐書・地理志》二，獲嘉縣屬河北道懷州。㉛陽武：據同志一，陽武屬河南道鄭州。㉜酸棗：據同志一，酸棗屬河南道滑州。㉝壘垣：營墻。㉞鼓譟：擊鼓譁譟。㉟雨注：雨下。㊱繼：繼續。㊲愁思岡：胡三省曰：「愁思岡在鄴城西。薛居正曰：『湯陰縣界有一岡，土人謂之愁思岡。』」㊳慶緒悉舉鄴中之眾……子儀等圍之：按此段乃錄自《舊唐書・郭子儀傳》，字句大致相同。㊴滏陽：磁州治滏陽，南至鄴城六十里。㊵洹水：據《舊唐書・地理志》二，洹水屬河北道相州。㊶置浙江西道節度使，領蘇潤等十州：《新唐書・方鎮表》八：「浙西道節度使兼江寧軍使，領昇、潤、宣、歙、饒、江、蘇、常、杭、湖十州，治昇州。」㊷浙江東道節度使，領越睦等八州：《新唐書・方鎮表》八：「浙東道節度使領越、睦、衢、婺、台、明、處、溫八州，治越州。」㊸揚言：大聲言曰。㊹撫：安撫。㊺旌節：旌旗符節。㊻夫民生有欲，無主則亂：《書・仲虺之誥》之言。㊼有倫：有行輩。㊽若綱條之相維：《書・說命》：「若網在綱，有條而不紊。」(四九)臂指之相使：《漢書・賈誼傳》：「如身之使臂，臂之使指，莫不制從。」(五〇)覬覦：謂非分之希望，音冀俞。(五一)八柄：《周禮・天官・太宰》：「以八柄詔王馭羣臣：一曰爵，以馭其貴；二曰祿，以馭其富；三曰予，以馭其幸；四曰置，以馭其行；五曰生，以馭其福；六曰奪，以馭其貧；七曰廢，以馭其罪；八曰誅，以馭其過。」注：「柄所秉執以起事者也。」按古柄與權常相連文，故八柄亦即八權。(五二)均：平均。(五三)遭：遇。(五四)統藩維：謂統領藩翰。(五五)行伍：猶言軍士。(五六)與：給與。(五七)循守：遵循沿守。(五八)姑息：姑，且；息，安。謂且求目前之安。(五九)爵祿廢置，殺生予奪：此即上文所謂之八柄。(六〇)庸：豈。(六一)勸：勸勉。(六二)懲：懲戒。(六三)秉鉞：鉞，大斧；秉鉞則掌生殺之權。(六四)師長：猶君長。(六五)何所不至乎：謂安能不至乎。(六六)書云：「遠乃猷」：《書・康誥》之言。猷，謀也。(六七)詩云：「猷之未遠，是謂大諫」：《詩・大雅・板》之辭。朱傳本謂作用，言是以大加諫諍。(六八)人無遠慮，必有近憂：《論語・衞靈公篇》所載孔子之言。(六九)可勝校乎：按校常與計連文，故此校亦即計也，意謂可勝計乎。(七〇)眄眄：目偏合而斜視，音麪。(七一)惴惴：憂懼貌。(七二)間：間隙。(七三)掩：乘其不備。(七四)逞：快。(七五)保養：保護奉養。(七六)厲階：謂為惡之原因。(七七)肇：始。(七八)見其師少長有禮，知其可用：《左傳》僖二十八年：「晉侯登有莘之虛以觀師，曰：『少長有禮，其可用也。』遂戰，楚師敗績。」(七九)陵：欺陵。(八〇)偏裨：副末之將校。(八一)繼起：相繼而起。(八二)塗：泥。(八三)控訴：申告。(八四)制：制定。(八五)階級：二字意同，謂官階也。(八六)斧質：質通鑕，鐵椹。(八七)敍：次序。(八八)令行禁止：謂所令者行，所